U0940686

QINGYANG YEARBOOK

2015 年鉴

庆阳市统计局 编

中国统计出版社
China Statistics Press

图书在版编目（CIP）数据

庆阳年鉴. 2015 / 庆阳市统计局编.

北京：中国统计出版社, 2015.9

ISBN 978-7-5037-7604-5

Ⅰ.①庆… Ⅱ.①庆… Ⅲ.①庆阳市－2015－年鉴Ⅳ.①Z524.23

中国版本图书馆CIP数据核字(2015)第211217号

庆阳年鉴-2015

作　　者 / 庆阳市统计局
责任编辑 / 陈越月
装帧设计 / 杨学刚
出版发行 / 中国统计出版社
地　　址 / 北京市丰台区西三环南路甲6号　邮政编码 / 100073
电　　话 / 邮购(010)63376909　书店(010)68783171
网　　址 / http://csp.stats.gov.cn
印　　刷 / 兰州万易印务有限责任公司
经　　销 / 新华书店
开　　本 / 890×1240毫米　1/16
字　　数 / 861千字
印　　张 / 43
版　　别 / 2015年9月第1版
版　　次 / 2015年9月第1次印刷
定　　价 / 288元

如有印装差错，由本社发行部调换。

编写说明

一、《庆阳年鉴》是庆阳市统计局主办按年编辑出版的综合年鉴。旨在全面、准确、系统、及时地记载庆阳市年度政治、经济、社会等方面的基本情况和各行各业取得的新进展、新成就，旨在为各级领导科学决策提供依据，为国内外各界人士了解庆阳、研究庆阳、投资庆阳、建设庆阳提供权威的市情资料，同时也是一本鉴史察今的重要工具资料。

二、《庆阳年鉴》2015年刊由文字叙述、统计资料两部分组成。文字叙述分特载、大事记、庆阳概况、政治、法制、农业、工业、建设、交通邮政通信、贸易、财政税务金融、经济管理、社会事业、社会保障、县区概况、乡镇概况和附录十七部分；统计资料分综合、人口与劳动力、农业、工业、建筑业、固定资产投资、交通邮电业、劳动工资、财政税收、金融保险、批发零售贸易及餐饮业、物价、城乡居民生活、城市建设、对外经济贸易及旅游、教育科技及文化、体育卫生及广播电视和其他十八部分，全面记录了2014年庆阳政治、经济、社会发展取得的成绩。

三、《庆阳年鉴》2015年刊文字资料由各县区人民政府、市直各部门和各单位供稿，经编委会审定后选用。所使用的数据均以统计部门统计结果为准，统计公报数据与统计资料数据不相符的，以统计资料为准。

四、《庆阳年鉴》2015年刊经过全体编辑人员努力，如期出版。在编辑过程中得到了诸多单位的协助与支持，在此，谨向所有为年鉴编辑出版付出辛勤劳动、给予积极支持的单位和个人，深表感谢。由于我们水平有限，错讹和疏漏之处在所难免，恳请批评指正。

编　者

二〇一五年八月

目　录

经济管理

社会事业

社会保障

县区概况

乡镇概况

统计资料

综　合

人口与劳动力

农　业

工　业

建筑业

固定资产投资

交通邮电业

劳动工资

财政、税收

金融、保险

批发、零售贸易及住宿、餐饮业

物 价

城乡居民生活

城市建设

对外经济贸易及旅游

教育、科技及文化

体育、卫生及广播电视

其　他

附　录

特　载

在市委三届八次全委扩大会议上的讲话

副省长、市委书记　夏红民

（2014年8月8日）

这次市委全委（扩大）会议的主要任务是：贯彻落实省委十二届八次全委（扩大）会议精神，兑现2013年目标责任制考核结果，审议市委关于落实党风廉政建设主体责任的实施办法，总结上半年工作，分析当前经济形势，研究部署后几个月工作，进一步凝聚全市干部群众的智慧和力量，为全面完成全年目标任务、推进教育实践活动、落实深化改革各项任务而奋斗。

根据市委常委会的意见，我讲三个方面的问题。

一、代表常委会报告三届七次全委（扩大）会议以来的工作

市委三届七次全委（扩大）会议以来，面对错综复杂的外部环境，肩负改革发展稳定的繁重任务，市委常委会坚持以科学发展观为指导，全面贯彻党的十八大、十八届二中、三中全会及习近平总书记系列重要讲话精神，坚持以改革创新统揽经济社会发展大局，在转变发展方式中化解经济下行压力，在深化改革开放中激发内生动力，在开展党的群众路线教育实践活动中凝聚发展合力，全市经济运行态势向好，各项改革有序推进，社会大局和谐稳定。

（一）围绕转型升级发展，加强对经济工作的领导。牢牢把握稳中求进、改革创新这个核心，紧紧抓住提高发展质量和效益这一中心，坚持富民与强市并重，一手抓改革发展，一手抓民生改善，全力推动经济持续健康发展。**一是始终坚持科学发展理念。**树立转型升级、提质增效的科学发展鲜明导向，常委会带头认真学习贯彻中央、全省经济工作和城镇化工作会议精神，全面深刻领会习总书记关于“不简单以国内生产总值增长论英雄”的重要论断，深入研究分析经济增长的合理区间、全面小康的客观标准等事关全市发展大局的重大问题，突出强调又好又快发展始终是解决一切问题的关键所在，明确要求全市上下从思想认识和发展实践两个层面，正确处理快与好的关系，积极谋求不破坏生态环境、不透支发展潜力、不留下后遗症的可持续发展。科学发展理念的进一步树立，推动了工作部署的重大调整，全市上下集中精力转方式、调结构、惠民生的自觉性主动性明显增强。**二是积极有效应对形势变化。**面对国家宏观政策调整、央企投资规模缩减的不利形势，常委会科学谋划对策措施，变被动为主动，变压力为动力。特别是针对一季度各项经济指标增速回落的状况，要求全市上下围绕既定目标、推动任务落实，着力在转化政策机遇、推动项目落地、扩大对外开放、强化改革措施和培育富民产业等方面想办法、出实招、求突破，向全市发出强烈信号，指出努力方向，带头推动发展。半年来，通过积极衔接争取国家政策、推动重大项目开工建设、深化关键环节改革、转变作风提升决策执行能力，赢得了工作主动。**三是全力推动重点工作突破。**始终紧盯能源资源开发这个优势，围绕打造“两个千亿元产业链”，在全力推进油煤气资源勘探开发的同时，积极谋划上下游产业链项目和重点配套项目，原油产量和加工量稳中有增，核桃峪煤矿顺利实现“三井”贯通，刘园子煤矿正式投产出煤。特别是经过积极汇报争取，陇东能源基地开发规划获得国家能源局批复，省政府与江西省达成能源战略合作协议，将对统筹开发利用能源资源，促进我市经济社会转型升级发展产生强大助推作用。始终扭住项目建设这个关键，工农并举，大小齐抓，上半年全市实施500万元以上各类项目1796个，完成投资542.5亿元。一批重大基础设施项目的实施，有效遏制了项目投资下滑颓势；以农村交通为重点的基础扶贫项目全面拉开，进一步改善了贫困乡村基础面貌；一批招商引资项目顺利落地实施，掀开了开放开发新局面。始终紧抓产业富民和扶贫开发不动摇，大力推进“1236”扶贫攻坚和“266”现代农业发展行动计划，持续加大农业基础建设投入，制定农村土地承包经营权流转推进办法。夏粮作物获得丰收，规模养殖、设施瓜菜、苹果栽植等特色产业持续推进，以中盛农牧为代表的农业产业化项目建成投产并发挥出较好示范效应，以春季造林绿化为牵引的苗林经济蓬勃兴起，实现经济生态效益双提升。**四是加快建设战略发展平台。**按照“一区四园、一线八域”的科学发展布局，倾力打造各类战略发展平台，加快形成协同推进、互为支撑的发展格局。在打造经济发展平台上，坚持用开放开发的思维和办法，推进长庆桥、驿马、西川等工业集中区建设，突出抓基础设施完善，重点抓转移产业承接，重视抓招商引资推介，初步形成多管齐下、多点发力的工作格局。上半年，全市17个工业集中区新入园企业10户，承接产业转移项目72个，投入项目建设资金16.7亿元。在打造文化发展平台上，完成文化与旅游深度融合、大景区建设等一系列规划，庆阳民俗文化产业园、南梁红色小镇等一批重点文化产业项目快速推进。对外文化交流合作取得丰硕成果，纪录片《黄土大塬》，电影《腊月的春》、《红盾先锋》等一批文化影视作品的拍摄完成，扩大了对外影响力。**五是协调发展各项社会事业。**始终把加快发展的出发点和落脚点放在增加人民福祉上，加大公共财政投入力度，推动各项事业健康发展。教育教学质量稳步提升，高考二本以上进线率达到26.7%。坚持以创业促就业，启动实施“1125”公益岗位计划，组织开展就业援助月、民营企业招聘周、创业项目推介等招聘活动，新增城镇就业3.26万人。社会保障全面加强，城乡低保标准和补助水平以及农村五保供养标准普遍提高。省市确定的民生实事有序推进，解决了一些事关群众生产生活的具体困难。

（二）立足市情实际，积极稳妥推进改革。坚持把推进全面深化改革作为重大政治任务，认真贯彻落实中央、省委决策部署，把握正确方向，遵循科学规律，突出工作重点，合理掌握节奏，坚定有力有序地推进各项改革工作。**一是着力夯实思想基础。**常委会深刻领会和准确把握中央、省委全面深化改革的精神要求，不断增强贯彻执行的思想行动自觉，先后召开常委会和改革领导小组会议，学习改革重大部署，研究改革具体措施。坚持把工作层面与改革层面、政策问题与体制问题、长期目标与年度任务、中央事权与地方作为有机结合起来，从学习中央精神入手，从深度调查研究入手，研究制定了市委全面深化改革的实施意见，为全市深化改革提供了理论支撑和行动遵循。**二是健全完善工作机构。**常委会及时研究成立了市委全面深化改革领导小组及6个专项小组，市委、市政府主要领导和副书记担任组长、副组长，市委常委分别担任专项小组组长。领导小组第一次全体会议审议通过了全面深化改革的实施意见、相关机构工作规则及章程，并将各项改革任务分解到具体小组和责任部门，改革工作全面启动。**三是认真开展深度调研。**在深入学习理解贯彻中央《决定》和省委《意见》的基础上，按照省委的安排和市委的部署，先后开展了陇东能源化工基地建设、资源有偿使用、生态环境保护、政务服务下沉等一系列深度调研，为重大改革任务落实奠定了基础，提供了参考。**四是稳妥推进重点改革。**加大行政管理体制改革，全面推行财政授权支付，正式启动公共交通运营管理体制改革，积极推进金融服务改革。特别是依托庆阳能化集团，吸纳多种经济成分参股投资，在发展混合所有制经济上率先破题。同时，农村综合改革稳步推进，其它各项改革正在有步骤地展开。

（三）把握基层特点，深入开展教育实践活动。今年以来，市委常委会按照中央部署和省委要求，扎实开展党的群众路线教育实践活动，取得了比较明显的阶段性成效。**一是学习教育突出实践特色。**坚持把学习中央规定篇目与庆阳自编教材、学习优良传统与弘扬创新精神紧密结合起来，充分利用我市丰富的红色革命资源，组织党员干部学习革命传统，接受思想洗礼。全面开展“做老实人、当好干部”主题活动，组织先进典型巡回演讲，引导党员干部远学焦裕禄、近学身边人，在全市形成学榜样、比奉献、争先进的浓厚氛围。市县党政主要领导带头上党课、讲形势、作辅导，使广大党员干部坚定了理想信念，增强了发展信心。特别是通过召开领导干部警示教育大会，通报违规违纪典型案例，组织观看警示教育片，进一步增强了广大党员干部尤为领导干部严守纪律、廉洁从政的自觉性。**二是征求意见突出问题导向。**坚持真开门、开大门，广泛发动群众参与，真诚听取意见建议。尤其是常委分头，上门听取离退休老干部的意见，座谈听取“两代表一委员”、党外人士和社会各界的意见建议，开通微博、电子信箱，真心听取群众有辣味的意见，为整改落实和开展批评与自我批评奠定了基础。**三是即知即改回应群众关切。**始终把即知即改与学习教育结合起来，与治热点、挖根源、建立长效机制结合起来，市级班子和县区领导班子带头，市县机关、执法监管部门和窗口服务单位呼应联动，全方位、梯次型推进即知即改。市委从征求到的意见中精心筛选出拖欠农民工工资、环境整治等21项问题，作为第一批即知即改事项，领导包抓，限时整改，并在媒体公示，接受群众监督。针对群众反映强烈的城区环境脏乱堵问题，市县区联手开展“城市管理攻坚年”活动，组织万名机关干部扫街道、清垃圾、清除“牛皮癣”，群众反响良好。针对群众反响强烈的文山会海、形象工程、效能低下、铺张浪费等“四风”问题，市委常委会带头制止“舌尖上的浪费”和“车轮上的腐败”，促进了社会风气好转。**四是批评与自我批评体现民主团结。**市委常委会率先召开班子专题民主生活会，深入查摆自身问题，坦诚开展相互批评，深刻剖析思想根源，明确提出整改方向，达到了团结—批评—团结的效果。

（四）着眼强化组织保障，不断提升党建科学化水平。**一是自觉加强常委会班子建设。**健全优化常委会议事决策程序，不断完善和制定出台落实中央“八项规定”和省委“双十条”的制度规定，严格实行重大项目重点工作“三个一”包抓责任制，常委会带头谋大事、抓落实、促发展，领导科学发展的能力进一步增强。**二是重视加强思想政治建设。**组织开展党的政策理论“六进”、三中全会精神“千场报告进基层”和“陇东大讲堂”活动，持续深化核心价值观、中国特色社会主义理论体系和“中国梦”系列宣传教育，组织实施“高端媒体看庆阳”、“知名网络庆阳行”系列外宣战役，深入推进全国文明城市等群众性精神文明创建，公民文明素质和社会文明程度显著提高。**三是大力加强干部队伍和基层组织建设。**按照好干部“五个标准”，坚持正确选人用人导向，拓宽干部识别考察视野，加大年轻干部、女干部、非中共干部培养选拔力度，充实加强了部分县区和市直部门领导班子，选人用人的透明度和公信力有新提高。深入开展基层组织建设年活动，实施“能人强村”战略、“能人带富”工程和一村一名农民大学生后续培养计划，实行乡镇干部驻村制度，探索村级农村党支部、社区公共服务中心、村民自治和互助组织“三位一体”的管理服务机制，集中转化提升软弱涣散村级班子，基层组织得到进一步夯实。**四是持续加强和创新社会治理。**以提升社会治理能力和深化“平安庆阳”建设为统揽，着力推进和完善矛盾化解长效机制、社会治安防控体系等“五大建设”，强化道路交通、食品药品、校园安全、网络信息和安全生产监管，集中化解处理群众来信来访和信访积案，着力提升维稳处突应急水平，有力地维护了社会大局和谐稳定。**五是重视加强统一战线和民族宗教工作。**深入开展“和谐寺观教堂”创建活动，建立健全宗教领域矛盾调处、稳定风险评估等10项规章制度，真心解决少数民族群众生产生活困难，确保了民族和谐、宗教和顺。重视非公经济发展，落实援建藏区任务，加强对台文化交流，巩固和扩大了爱国统一战线。

二、关于落实党风廉政建设主体责任工作

党的十八大以来，新一届党中央把党风廉政建设和反腐败斗争摆上了更加突出的位置。习总书记指出，全党上下要从党和国家生死存亡的高度认识反腐倡廉建设的重要性，清醒认识当前反腐倡廉形势的严峻性，对落实党委主体责任、纪委监督责任提出了明确要求。王岐山同志进一步指出，“两个责任”是党章赋予的重要职责，是深入推进党风廉政建设和反腐败斗争的“牛鼻子”。省委十二届八次全委（扩大）会议立足于全省改革发展稳定的战略全局，审议通过了《中共甘肃省委关于落实党风廉政建设主体责任的意见》，深刻分析了当前反腐败斗争的严峻形势，对全省各级党组织落实主体责任提出了严格要求和明确指导。按照中央和省委的要求，市委研究制定了《中共庆阳市委关于落实党

风廉政建设主体责任的实施办法》，提请这次全委（扩大）会议审议通过后即印发实施。

总体上看，我市在发挥党委在反腐倡廉建设中的统一领导作用、促进各级党组织主体责任落实方面做得是好的，在一些方面进行了积极的探索和有益的尝试，取得了比较明显的成效：一是建立约谈制度。通过个别谈话、集体约谈和分级约谈，除对市委常委，市人大、市政协、市法检两院党组主要负责人和县区党政一把手、纪委书记、组织部长落实“两个责任”提出明确要求外，还逐级延伸约谈至乡镇党政主要负责人，层层传导压力，形成责任链条。二是健全责任网络。初步建立起具体透明的图表式分责、链条式传导、网格式覆盖、倒逼式追责的“两个责任”标准化责任体系。三是严查突出问题。在狠抓中央“八项规定”、省委“双十条”和市委《实施细则》执行的同时，部署开展惠农政策落实、基层党风廉政建设活动和不作为慢作为专项整治行动，查处违反“八项规定”精神案件57起，给予党政纪处分56人，组织处理42人。特别是对典型案件点名道姓公开曝光，起到了很好的警示教育作用。我们也应清醒地看到，当前全市党风廉政建设和反腐败工作的形势依然不容乐观，“两个责任”在一些地方仍然落得不实，一些县区和部门因担心查办案件会损害形象、影响发展，存在压案不报、瞒案不查的问题，对违纪违规党员干部的处理失之于宽、失之于软，甚至一些党组织负责同志不抓不管，放任自流，使一些小错误酿成大问题，教训是深刻的。我们一定要按照中央、省委和市委的最新要求，把落实“两个责任”作为党要管党的重大政治任务，切实抓紧抓实抓出成效。

（一）切实增强党委履行主体责任的政治自觉。落实党委主体责任是党的性质所决定的。坚决反对腐败、防止党在长期执政条件下腐化变质，是全党必须始终紧抓不放的重大政治任务。要坚决纠正那种“只挂帅不出征”以及只重业务不重党风、只看发展指标不抓惩治腐败的错误倾向，切实把党风廉政建设作为各级党组织的分内之事和应有之责，强化在管党治党上的职责义务，做党风廉政建设的清醒人、明白人、引路人、带头人。要进一步强化敢抓敢管的担当意识。当前滋生腐败的土壤依然存在，一些不正之风和腐败问题影响恶劣，亟待解决。我们要深刻认识到，越是加快发展，越要加大反腐力度；反腐败形势越严峻、任务越艰巨，落实管党治党的要求就越要严格。全市各级党组织要把思想统一到中央、省委和市委对当前反腐败形势的准确判断上来，把行动落实到中央、省委和市委的安排部署上来。牢固树立不抓党风廉政建设就是严重失职的意识，切实把主体责任扛在肩上、抓在手上、落实到行动上。各级党委（党组）书记要切实履行第一责任人职责，带头抓班子、带队伍，管好自己的“一亩三分地”；要持续不懈地抓作风建设、抓严明纪律、抓惩治腐败，始终做到守土有责、守土负责、守土尽责。要深刻学习领会新一届中央领导集体，特别是习总书记关于反腐倡廉建设的新思想新观点，深刻分析反腐败斗争面临的新形势新变化，在认真落实中央部署和省委、市委要求的基础上，不断创新党风廉政建设和反腐败工作的思路举措、体制机制和方法手段，坚持经济社会发展与党风廉政建设一起考虑，深化改革与防治腐败同步推进，以党风廉政建设和反腐败工作的新成效，为改革发展稳定助力护航。

（二）健全横向到边纵向到底的主体责任体系。按照“谁主管谁负责”的原则，加快建立上下互动、有机衔接的主体责任体系，努力形成上下贯通、层层负责的完整链条和一级抓一级、层层抓落实的工作新格局。**一要厘清领导班子集体责任。**从“全面领导责任”到“主体责任”，就是要求各级党委在党风廉政建设中，不仅要做部署工作的领导者，还要当好直接主抓的推动者、全面落实的执行者，把反腐倡廉建设贯穿于改革发展稳定全过程，贯穿于“五位一体”建设总布局，列入领导班子、领导干部目标管理，统一研究部署、统一组织实施、统一检查考核，真正做到具体抓、抓具体。要加强组织领导，定期听取党风廉政建设和反腐败工作情况汇报，分析党风廉政建设形势，研究制定目标任务和工作计划，进行责任分解，推动工作落实。要健全工作机制，改革和完善落实党风廉政建设责任制领导小组职能，明确职责任务，督促和推动县区、部门充分履职，齐抓共管，形成合力。要严格执行《党政领导干部选拔任用工作条例》，健全完善科学的选人用人机制，注重选拔使用信念坚定靠得住、为民服务本领高、勤政务实敢担当、清正廉洁有正气的干部，坚决整治和严厉查处选人用人上的不正之风和腐败问题。要坚持不懈解决“四风”突出问题，坚决纠正损害群众利益的不正之风，使为民务实清廉成为党员干部的行为准则和永恒追求。要领导和支持执纪执法机关依纪依法履行职责，加快构建决策科学、执行坚决、监督有力的权力运行体系，推进源头治理，保持高压态势，强化权力制约监督，确保权力阳光运行，做到有案必查、有腐必惩，努力形成不想腐、不能腐、不敢腐的长效机制。**二要明确班子成员个人责任。**各级党组织主要负责同志要对党风廉政建设和反腐败重要工作亲自部署、重大问题亲自过问、重点环节亲自协调、重要案件亲自督办，坚持原则，敢抓敢管，敢当正风肃纪的“黑脸包公”，不做和稀泥抹光墙的“老好人”。班子其他成员要按照“一岗双责”要求，加强对分管部门、分管领域党员干部的经常性教育管理，检查督促分管部门及其负责人的从政行为和作风建设情况，做到业务工作管到哪里，党风廉政建设就深入到哪里。**三要完善层层负责的主体责任链条。**各级党委在带头履行主体责任的同时，还要注重做好指导同级人大、政府、政协和法检两院党组履行主体责任，领导组织、宣传、统战、政法等部门形成反腐倡廉整体合力。要坚持以上率下、上下联动，把主体责任延伸到农村、社区、企业、学校和医院等基层单位，形成上下贯通、层层负责的完整链条。

（三）改革创新推动主体责任落实的机制制度。加强学习研究，既要明确责任主体、解决“谁来干”的问题，又要规范责任内容、解决“干什么”的问题，更要健全运行程序，解决“怎么干”的问题。**一要强化制度建设。**探索建立主体责任运行机制，明确党委班子和领导干部落实主体责任的工作程序、方法步骤和相关要求，做到“落实有程序、程序有控制、控制有标准”。突出抓好党委主体责任双报告、党委负责人述廉、廉政约谈、纪委约谈、检查考核、社会评价等6项制度落实。**二要改进督导检查。**探索建立常态化立体式检查督导机制，选取权力相对集中、资金较为密集、信访反映较多、腐败案件易发多发的重点地区、领域和关键岗位，开展专项检查，实行定性与定量相结合的考核评价，形成重视主体责任落实的工作导向。**三要深化改革创新。**积极推进党委部门纪检机构设置工作，实现派驻监督对党委、政府部门全覆盖，督导检查工作对县区、部门和企事业单位全覆盖。各级党委要自觉接受纪委监督，旗帜鲜明地支持纪检监察机关履行职责、查处案件，积极为纪检监察机关转职能、转方式、转作风提供支持。**四要严格责任追究。**这是贯彻落实党风廉政建设责任制的最后一道防线。事实告诉我们，如果责任不明确，出了问题不追究，制度就变成纸老虎、稻草人，党要管党从严治党就成为一句空话。要始终坚持严肃有力的责任追究制度，建立健全并严格执行责任追究办法，区分个人责任与集体责任、直接责任与领导责任，增强问责刚性，对责任不落实、工作不力导致不正之风滋长蔓延，或者屡屡出现重大腐败问题而不制止、不查处、不报告的，坚决实行“一案双查”，切实做到“真兑现”、“硬挂钩”，真正发挥党风廉政建设责任追究的惩戒作用和警示效果。

三、下一阶段的重点工作

当前，我们面临的任务和压力十分繁重，需要对内外环境形势、经济运行态势和全市改革发展大势做出科学的分析和准确的研判。从大的方面看，世界经济复苏缓慢，国内市场需求动力偏弱，特别是大宗能源、矿产品价格持续低迷，对传统能源资源开发和能化基地建设带来一定冲击和影响；投资和消费的拉动能力短时间内不会有大的提升，需要向深化改革要动力，向调整结构要助力，向改善民生要潜力；全面深化改革已到攻坚阶段，由此带来的利益调整、引发的矛盾冲突增多，增加了改革难度，也给稳定工作带来挑战。从自身发展看，受大环境影响，部分经济指标没有达到增长预期；三次产业发展不够均衡，非公经济增长缓慢，经济结构性矛盾更加凸显，转方式、调结构、促增长的任务艰巨；一些地方和部分干部出现懈怠情绪，发展意识、忧患意识、责任意识、担当意识明显不足，影响了市委、市政府决策部署的贯彻落实。

在看到不利因素的同时，我们更应看到利好的政策和发展的机遇。一方面，国家更加注重定向调控，将围绕激发市场活力和社会创造力、加快基础设施建设、增加公共产品有效供给、支持实体经济发展等方面实施微刺激政策，给我们对接争取国家重大利好政策带来新的机遇。另一方面，我省向西开放战略的深入推进、丝绸之路经济带建设的谋划启动和重大战略发展平台的加快建设，给我们扩大对外开放、引进合作伙伴、承接产业转移搭建起新的平台，也为即期经济增长增添新的动力。我们一定要认真贯彻中央和省委、省政府的一系列重大决策部署，进一步加强党对经济工作的领导，按照“两手抓两手硬、双促进双落实”的总要求，科学把握、冷静应对、扬长避短，坚持稳中求进总基调，培育新的经济增长点，奋战三、四季度，确保完成或超额完成全年目标任务。具体工作克军同志随后要作全面安排部署，请大家抓好落实。我重点强调以下几个方面：

*一要全力加快能源资源开发，确保强市战略顺利推进。*抓住用好《陇东能源基地开发规划》获批实施的难得机遇，紧紧围绕打造两个千亿元产业链，积极主动地开展能源基地开发深度调研，努力探索资源市场化配置和综合高效利用的新路径，力争上升到省级和国家战略层面。要着眼长远、立足当前，按照与中石油达成的增储上产、改造升级目标，协调长庆油田加速推进陇东千万吨级产能建设规划，争取中石油加快实施庆阳石化600万吨炼油升级改造项目，今年的原油生产和炼化计划必须不折不扣地落实。要确定专门力量，一对一衔接争取规划计划中的煤矿核准，点对点协调落实已敲定的煤炭精深加工利用项目。在这方面，我们一定要增强拼抢意识，无论体制机制怎么改，天上永远不会掉馅饼，项目永远不会自找上门，只有盯紧跟牢，衔接争取，才会使我们谋划的重大项目立项批复落地实施。要坚持多点突围、重点突破，统筹抓好天然气综合利用、页岩气勘探抽采、风电项目建设和小微企业发展，以工业经济的全面突破，推动发展的转型升级。要秉持以产业融合为主的地企深度融合发展理念，依托庆阳能化集团合作平台，抓紧实施与中石油达成的合资合作项目，吸引多种投资主体，吸纳各类资金资本，大力发展混合所有制经济，延伸产业链条，壮大地方工业，为陇东能源基地建设助力加油，为地方发展和群众增收创造条件。

*二要抢抓国家微刺激政策机遇，确保重大项目落地实施。*保持经济运行处在合理区间，实现全年经济社会发展预期目标，必须抓住项目建设这个关键，充分发挥投资的主拉动作用。坚定不移地深入推进“3341”项目工程，对市列70个重点项目和40个市级领导包抓项目，严格实行“三个一”责任制，挂图作战，压茬推进。在集中精力抓好在建项目的同时，准确把握国家政策和投资导向，结合我市发展优势，盯住交通、城镇化建设和棚户区改造等重点，认真谋划实施一批大项目、好项目。持续加快工业集中区建设，进一步创新“一区四园”管理服务模式，发挥园区集聚作用，吸引更多有实力的企业落户发展。要突出抓好兰洽会等重大活动签约项目的落地实施，切实提高项目履约率和资金到位率。

*三要强力推进产业开发和扶贫攻坚，确保富民目标完成。*把群众增收的着力重点放在以现代畜牧业全产业链建设为龙头的农业产业化发展上，放在标准化果园建设和经营管理上，放在设施瓜菜生产、苗林经济和劳务经济上，组织和动员各级干部群众抓生产、抓管理，抓营销、促增收，确保农民收入稳定增长。全力抓好“1236”扶贫攻坚行动，推进扶贫攻坚和双联行动深度融合，加快贫困乡村水、电、路、田、房等基础设施建设，大力推进美丽乡村建设，进一步改善贫困乡村生产生活条件。

*四要坚定不移全面深化改革，确保改革红利最大释放。*当前，改革已进入深水区，必然带来一些利益和关系的调整，必然会触及部分人的既得利益，必然会遇到这样那样的阻力。譬如，我们正在推进的公共交通运营管理体制改革，是教育实践活动中广大市民集中反映并强烈呼吁的焦点问题，也是市委、市政府经过深入调研，慎重决定的改革先声工程，得到了全社会的热切拥护和普遍支持，但由于触及到少数人的既得利益，部分出租车停工停运。市委、市政府对此事的处置积极稳妥，赢得了市民群众和舆情的广泛支持。从这件事情上，也进一步坚定了我们全面深化改革的决心和信心，只要是认准了的事情，只要是符合大多数群众利益的改革事项，就一定要顶住压力，保持定力，坚定不移地推下去。我们要按照王三运书记“在工作调动上上下结合，在重点任务上缓急有序、在推进落实上谋干有方”的要求，充分发挥经济体制改革的牵引作用，积极稳妥地推进重点领域和关键环节改革。市委全面深化改革领导小组要切实担负起领导责任，及时研究解决全市深化改革重大问题，指导、推动和督促重大改革决策的落实。领导小组成员要切实承担起分管领导责任，结合各自分管领域的工作实际，抓好相关重要改革事项的落实。各专项小组和有关方面要按照市委全面深化改革的《实施意见》、《工作要点》和《分工方案》，尽快形成具体的实施方案和工作措施。目前要把重点放在改革调

研上，梳理改革事项，开展深度调研，广泛听取方方面面的意见建议，认真借鉴先行地区的经验做法，力争把全市改革的着力重点找得更准，措施办法定得更实，推进节奏把得更稳。

*五要加大民生实事办理力度，确保为民承诺全面兑现。*全力办好民生实事，既能增加百姓福祉，又能为发展释放更大潜力。要尽快落实王三运书记、刘伟平省长多次要求的，靠实我们与中石油廖永远总经理形成共识的，并与长庆油田公司早已达成一致的油区道路等和谐稳定工程项目，共建共管共用，让老区人民分享能源资源开发红利。同时，年初我们确定的各项民生实事，既下发了红头文件，又在各种会议和场合对群众作出承诺，必须全部落到实处，决不能开空头支票。全市各级党委、政府要对照年初的承诺书，一项一项抠进度，一件一件抓落实。要大力实施就业优先战略，突出抓好高校毕业生、复转军人创业就业工作。要统筹推进科技、教育、文化、医疗卫生均衡发展，精心组织筹办好第八届全省少数民族运动会。要发挥好社会保障兜底线的重要作用，加强动态管理，注重公平公正，扩大社会保障覆盖面，增强社会保障透明度。要进一步加强和创新社会治理，深化平安庆阳建设，推进“三位一体”服务，有效化解矛盾纠纷，妥善处置突发事件，确保社会和谐稳定。

*六要持续推进党的群众路线教育实践活动，确保党建工作上水平。*按照省委“一以贯之标准不能降、上下联动问题不能搁、建章立制成果不能丢”的总体要求，坚持持续发力，从严从实，精心组织开展好教育实践活动后续环节的各项工作。要在继续抓好学习教育、征求意见、查找问题的同时，把活动重点转向整改落实和建章立制，努力形成一批人民群众最关心、最直接、最期盼的教育实践成果和制度成果，用刚性的制度规定和严格的制度执行，防止“四风”问题反弹。要始终把“四风”问题的查摆同严肃查处党员干部不正之风和违纪违法行为结合起来、同加强基层党组织建设结合起来，上下同频共振，放大活动效应。要以群众路线教育实践活动为牵引，统筹推进党的思想、组织、作风建设，重视加强宣传、统战、工青妇等各项工作，为经济社会发展提供坚强保障，凝聚强大力量。要以严肃认真的态度和高度负责的精神，组织好陕甘边区苏维埃政府成立80周年纪念活动，让南梁精神焕发时代光辉，成为激励全市人民加快建成全面小康社会的强大动力。

同志们，“为政不难于始，而难于克终”。我们一定要以对待事业的正确态度，提高履职尽责的谋划水平，永葆攻坚克难的担当精神，增强抓实见效的执行力度，鼓足干劲，改革创新，拼搏进取，全面落实年初确定的各项目标任务，努力谱写庆阳经济社会发展的崭新篇章！

在市委三届九次全委扩大会议暨全市经济工作会议上的讲话

市委书记　栾克军

（2015年1月5日）

这次市委三届九次全委（扩大）会暨全市经济工作会议，主要任务是贯彻落实中央、全省经济工作会议精神和省委王三运书记来庆阳调研检查时的重要指示精神，总结过去一年市委工作和全市经济工作，安排部署我市当前和今后一个时期改革发展稳定各项工作，动员全市上下进一步凝聚共识和力量，激发热情和干劲，突出重点，合力攻坚，聚力落实，努力开创改革创新、转型升级、富民兴市的崭新局面。下面，我讲八个方面的问题。

一、把握发展新特征，市委常委会工作富有成效

2014年，面对复杂多变的国际国内形势和艰巨繁重的改革发展任务，市委常委会团结带领全市各级党组织和广大干部群众，认真贯彻落实习近平总书记系列重要讲话精神和中央、省委各项决策部署，深入开展党的群众路线教育实践活动，坚持改革创新、稳中求进，着力加强经济、政治、文化、社会建设以及生态文明建设，全面推进党的建设新的伟大工程，圆满完成了市委三届七次全委扩大会议确定的各项目标任务。

*一是突出稳中求进，经济发展态势良好。*面对经济下行压力加大、能源市场波动等诸多不利影响，我们坚持稳中求进工作总基调，遵循新常态下的经济运行规律，有针对性地加强党对经济工作的领导，保持定力，精准发力，呈现出经济持续稳定增长、主要指标位次稳步前移、就业形势总体稳定、市场物价保持平稳、经济增长基础稳固“五个稳中有进”的良好态势，为建设富强庆阳、美丽庆阳、活力庆阳、幸福和谐庆阳奠定了坚实基础。

*二是突出产业延伸培育，转型升级提速提质。*把扩大总量的着力点放在调整结构、提质增效上，优势资源开发在两个千亿级产业的延链、补链、扩链中加快转型升级，能源化工基地建设上升到国家战略层面,首位产业的主导地位进一步凸显，能源外送、清洁能源开发加速推进。全产业链、全价值链、全循环链的“中盛模式”引领我市“三农”工作迈上新台阶。消费对经济增长的拉动作用持续增强，第三产业发展提速、效益提升、服务提质，聚集带动经济增长效应日渐明显。

*三是突出扶贫攻坚带动，贫困面貌明显改善。*我们不断强化工作抓手和制度保障，着力推进以交通为牵引的基础设施建设和以“五变”为牵引的特色产业培育攻坚战，部分群众行路难、吃水难、用电难等问题得到有效缓解。引导农民宜农则农、宜牧则牧、宜果则果、宜林则林，极大地拓宽了农民持续增收空间。扶贫开发从“大水漫灌”转为“定向喷灌”、“精准滴灌”，吹响了我市精准扶贫的进军号。苗林产业政策导向明确，激发了广大群众参与开发的强大活力，走出了大地增绿、农民增收的“双赢”之路。

*四是突出瓶颈制约破解，基础支撑更加牢固。*我们大力实施“3341”项目建设工程，不断增强经济发展后劲，庆阳至上海、银川新航线的顺利开通，架起了连接华东和宁夏的“空中走廊”。银西铁路获得国家发改委批复，老区人民的铁路梦想真正进入了倒计时；甜罗高速列入国家公路网规划，将成为打通我市南北的交通“大动脉”。莲花寺、小盘河和巴家咀调蓄水库可研报告得到批复，必将构筑起提升我市水资源保障能力的“蓄水库”。“再造一个子午岭”和“固沟保塬”两大生态工程加快推进，支撑我市绿色崛起的战略支点更加有力。

*五是突出重点领域改革，创新实践活力迸发。*我们聚焦破解发展难题，稳步推进10个方面改革。简政放权，成为深化改革的“先手棋”。农村综合改革全面铺开。公共交通运营体制改革顺应民心、稳步推进。地方金融体系不断健全，金融支撑发展能力进一步增强。户籍制度改革逐步推进，新型城镇化建设步伐加快。地企深度融合发展，混合所有制经济发展迈出坚实步伐。

六是突出保障改善民生，社会大局和谐稳定。

坚持保障改善民生、发展社会事业与创新社会治理齐抓共进，科教文卫服务体系日趋完善，基本公共服务水平稳步提升。“5个100”便民工程和民生实事办理全面落实。安全生产大检查、打非治违、隐患排查治理专项活动深入开展。矛盾纠纷排查调处和公共应急管理机制不断健全，社会治理科学化水平得到提升，社会大局保持和谐稳定。

七是突出从严管党治党，干部队伍建设不断加强。聚焦整治“四风”顽疾，扎实开展党的群众路线教育实践活动，“南梁精神”的弘扬传承提升到了新的战略高度，作风建设取得新突破。服务型党组织建设扎实推进，党群干群关系进一步密切。党风廉政“两个责任”标准化建设创新实施，党内民主监督得到加强，严肃查处了一批违纪违法案件，党风廉政建设成效明显。

回顾一年的工作，市委常委会高举中国特色社会主义伟大旗帜，坚持党的领导、人民当家作主、依法治市有机统一，全力支持人大、政府、政协和人民团体依法履行职能，有效发挥了总揽全局、协调各方的政治核心作用；全面深化各项改革，吹响了推动转型升级、富民兴市的奋进号角；广泛汇聚强大正能量，奏响了全面建成小康社会、建设幸福美好新庆阳的主旋律；扎实推进基层党组织和干部队伍建设，筑牢了立党为公、执政为民的坚实根基；着力强化“3783”党风廉政建设主体责任落实，打响了“党要管党、从严治党”的持久之战；全面深化平安庆阳建设，保持了安定团结、和谐稳定的良好形势。

分析一年的发展，我们要深刻领会习近平总书记提出的“九大趋势性变化”、“四个转向”和省委王三运书记“六个阶段性特征”的新判断，认识新常态，适应新常态，引领新常态。从宏观层面看，世界经济持续复苏，但风险性、不确定性因素仍然较多，经济复苏难以有大的改善。供给方面的制约因素和金融条件收紧对经济增长大环境的不利影响还将持续。从中观层面看，国家一系列定向调控政策效应逐步显现，全面深化改革的重大举措初见成效，国内经济发展的基本面良好。但经济下行压力依然较大，国家产业政策调整的传导连带作用给传统能源发展带来较多制约。从微观层面看，尽管我市发展总体态势良好，但经济发展外向度不高，区域融合发展不够紧密，资源开发企业工作推进不快，优势资源转化慢；土地、资本等供给因素进一步趋紧，经济增长约束增多。有的干部抓落实、干到位上还存在懒政、庸政等“新发病”；有的干部发展意识、忧患意识、责任意识不强，有些工作落得不实；党风廉政建设主体责任的落实仍有差距，从严管党治党任务十分艰巨。这些都需要我们高度重视、着力解决。

总结一年的实践，全市上下在应对挑战中砥砺了克难奋进的意志，在改革攻坚中打开了思想解放的空间，在奋力赶超中增强了转型升级的信心，为建设幸福美好新庆阳打下了坚实基础。我们深切地体会到：

第一，群众路线是推动发展的制胜法宝。群众路线是党的生命线，也是我们的根本工作路线。昔日的南梁，革命先辈就是依靠群众路线这一法宝，推动根据地不断发展壮大。今日的庆阳，我们通过深入开展群众路线教育实践活动，特别是大力弘扬以“面向群众、坚守信念、顾全大局、求实开拓”为主要内容的南梁精神，推动整改落实，持续优化环境，党员干部宗旨意识进一步强化，各级各部门主动作为、推动发展的劲头和效能提升，赢得了群众的一致认可。未来的庆阳，更需我们高举“南梁精神”大旗，树牢群众观点，汲取群众智慧，做好改革发展稳定各项工作。

第二，转型升级是遵循规律的必然选择。推动转型升级是适应发展“新常态”、谋求质量效益双提升的必由之路。一年来，我们紧紧抓牢提质增效这一核心，准确把握发展速度和发展质量的平衡点，准确把握经济发展和民生改善的契合点，既坚持“转型”这一要求，又突出“升级”这一关键，使经济发展方式逐步从“规模速度型粗放增长”转向“质量效率型集约增长”，经济结构逐步从“增量扩能为主”转向“做大总量、做优质量并存”，实现了更高质量、更好效益的发展。

第三，改革创新是克难奋进的力量源泉。没有改革的先导，就不会有行动上的突破；没有创新的驱动，就不会有思想上的破冰。正是由于深化改革，我们才进一步冲破了体制机制障碍，逐步理顺政府与市场的关系，明晰部门、行业的职责界限，提升了工作效能；正是由于创新实践，我们才不断打破思想藩篱、推动制度创新，开辟一个又一个新天地。

第四，富民强市是加快发展的不懈追求。富民是发展的根本目的，强市是发展的美好愿景，是全面建成小康社会的“真道理”和“硬任务”。我们始终把实现好、维护好、发展好人民群众根本利益作为一切工作的出发点和落脚点，坚持从群众最关心、最现实、最急迫的问题入手，修道路、兴水利、育产业，激发了群众奔向全面小康的信心和动力，使改革发展的成果更多地惠及全市人民。

*第五，管党治党是成就事业的坚强保障。*办好庆阳的事情，关键在从严管党治党，重点在党员干部。我们坚持思想建党、从严治党、制度治党，全面落实讲政治、讲大局、讲规矩、讲团结“四讲要求”，做到了责任干事、为民谋事、勤奋理事、合作成事“四个坚持”，努力形成了简单共事、真诚相待、作风民主、自律严格“四点共识”，广泛凝聚热爱庆阳、维护庆阳、建设庆阳、宣传庆阳“四种力量”，为经济社会发展提供了坚强的政治保障。

*第六，实干兴市是振兴崛起的关键所在。*习近平总书记指出，一切难题只有在实干中才能破解，一切办法只有在实干中才能见效。我们严格落实项目建设“三个一”包抓责任制，坚持以上率下，躬身实干，把国家政策与自身实际很好地结合起来，创造性地推动各项工作上台阶、上水平。今后，我们要锁定目标不动摇，一张蓝图干到底，始终保持敢为人先的闯劲、百折不挠的韧劲、一抓到底的干劲，扑下身子、协力争先，以真抓实干加快富民兴市，推动老区振兴崛起。

奋斗充满艰辛，成绩来之不易。这些成绩的取得，是全市各级党政组织、广大党员和干部群众艰苦奋斗、共同努力的结果，是社会各界积极参与、大力支持的结果。在此，我谨代表市委常委会，向全市广大党员和干部群众，向所有关心支持庆阳改革发展的社会各界人士，表示崇高的敬意和衷心的感谢！

二、适应发展新常态，奋力开创各项工作新局面

2015年是全面深化改革的关键之年，是全面推进依法治市的开局之年，也是全面完成“十二五”规划的收官之年，做好新一年各项工作意义重大。在历届市委、市政府工作的基础上，我们通过深入调查研究，准确把握新常态下阶段性特征，在继承中创新，在创新中发展，提出当前和今后一个时期全市发展思路是:以党的十八大和十八届三中、四中全会精神为指针，紧盯一个目标（与全国、全省同步全面建成小康社会），强化一个动力（全面深化改革），创建三个生态（风清气正的政治生态、活力迸发的经济生态、山清水秀的自然生态），实施四大战略（产业兴市、工业强市、生态立市、依法治市），建设十项工程（千亿级产业链建设、扶贫攻坚、生态建设、基础设施建设、“一区四园”建设、新型城镇化、先进文化引领、农民技能培训、民生保障提升、党的建设新的伟大工程），加快建设幸福美好新庆阳。

按照这一思路，今年全市经济工作的总体要求是：全面贯彻落实党的十八届三中、四中全会和中央、全省经济工作会议精神，坚持稳中求进工作总基调，以全面深化改革为动力，以引领经济发展新常态为导向，打好交通大会战，突出扶贫攻坚，突出项目建设，着力稳增长、调结构、转方式，着力打基础、破瓶颈、谋长远，着力察民情、解民忧、惠民生，确保经济在合理区间运行。

确定这样的思路，是我们在深入把握全面建成小康社会、全面深化改革、全面推进依法治国、全面从严治党逻辑关系的基础上形成的，既与中央和省委、省政府的部署安排保持一致，与全省目标相衔接，又与我市实际相结合。

指导方针上，以党的十八大和十八届三中、四中全会及中央、全省经济工作会议精神为指针，明确了发展遵循，适应了时代要求，是我们奋力前行的指南。

目标设计上，提出紧盯“与全国、全省同步全面建成小康社会”的目标，这是党的十八大提出的“两个一百年”奋斗目标的重要组成部分，是共圆中国梦、开创庆阳美好未来的宏大愿景。

保障动力上，提出强化“全面深化改革”，这是党的十八届三中全会作出的重大决策部署，通过全面深化改革，破除发展道路上的艰难险阻，让发展的空间更广、动力更足、活力更强。

发展理念上，提出创建风清气正的政治生态、活力迸发的经济生态、山清水秀的自然生态，这是适应发展新常态、符合市情新特征的系统工程。风清气正的政治生态，就是大力弘扬南梁精神，持续改进工作作风，营造良好的政策环境、人文环境和法治环境，构建风正劲足、政通人和、干事创业的良好政治生态。活力迸发的经济生态，就是坚持思想转变、经济转型同步，创新引领、创造开发并举，从各个层面激活发展要素，让一切发展源泉充分涌流，加快建设朝气勃发、生机盎然的活力庆阳。山清水秀的自然生态，就是加快转变发展方式，走出一条生态文明与经济文明高度融合之路。

发展战略上，提出实施产业兴市、工业强市、生态立市、依法治市“四大战略”，突出了我市的特色优势和战略重点，体现了党的十八届四中全会的精神。产业兴市就是全力建设石油石化、煤炭生产转化两个千亿级产业链，做大做强以草畜、苹果、蔬菜、苗林为主导的区域特色产业，努力形成“全产业链、全价值链、全循环链”的产业集群，积极推进产业、区域、地企、文化旅游融合，提升产业在促进转型升级、创造幸福生活中的核心带动能力。工业强市就是坚定不移地走新型工业化道路，依托丰富的油煤气、绿色农产品等资源优势，坚持大型国企、中小企业“两轮”驱动，工业化、城镇化“两化”互动，支持入驻我市的大型企业加快石油石化、煤炭生产转化和新能源开发，扶持中小企业发展壮大，形成大工业多点支撑、中小企业多元发展的新局面。生态立市就是以有质量、有效益、可持续的发展为引领，加快“绿色崛起”，建设美丽家园。依法治市就是党的十八届四中全会治国方略在我市的深入贯彻和具体实践，把法治思维和法治方式贯穿于“五位一体”建设全过程，尊重法律、敬畏法律，营造严格执法、公正司法、全民守法的良好氛围，创造公平正义的社会环境。

工作重点上，明确提出建设“十项工程”：1、千亿级产业链建设工程，就是秉持绿色、高效、融合、可持续四个开发的理念，加快石油石化、煤炭生产转化“两个千亿级产业链”建设，着力在链式开发、高效利用、绿色发展上创新突破。2、扶贫攻坚工程，就是抓好以交通为牵引的基础设施建设和以“五变”为牵引的特色产业培育，加快农村道路、安全饮水、弱电改造、移民搬迁等基础建设，改善群众生产生活条件；大力发展肉羊、苹果、蔬菜、苗林等特色产业，促进农民实现“五变”。3、生态建设工程，就是深入实施“再造一个子午岭”和“固沟保塬”生态工程，分类推进生态保护区、重点开发区、人居环境区、生态脆弱区“四区”生态文明建设，构建黄土高原生态安全屏障。4、基础设施建设工程，就是论证、实施一批交通、水利、电力等重大工程，着力破解交通滞后、水资源短缺、电力保障薄弱等瓶颈制约，打基础、谋长远，为当前和长远发展提供强有力的基础保障。5、“一区四园”建设工程，就是积极创建庆阳国家级经济技术开发区，持续推进长庆桥、驿马、西川3个工业园和庆阳民俗文化产业园建设，增强承接产业转移能力和辐射带动能力。6、新型城镇化建设工程，就是紧紧抓住省上在我市开展新型城镇化试点的机遇，坚持市区、县城、重点小城镇、中心村“四轮驱动”，以人的城镇化为核心，以棚户区改造为牵引，完善城市功能，提高承载能力，加快农业人口市民化进程。7、先进文化引领工程，就是立足庆阳悠久的历史和灿烂的文化，积极融入丝绸之路经济带甘肃黄金段和陇东南国家中医药养生保健旅游创新区建设，着力打造红色南梁、岐黄故里、周祖圣地、民俗庆阳“四张名片”，形成强大的品牌吸引力和辐射力。8、农民技能培训工程，就是增强农民“造血”功能，每年培训农村劳动力10万人，确保每个农村家庭至少有一人掌握一门实用技术，使农村劳动力普遍具备脱贫致富技能。9、民生保障提升工程，就是以维护社会公平正义为目标，优先发展教育事业，优先保障基本医疗，努力实现充分就业，提高公共服务均等化水平，为广大人民群众提供更优的公共服务、更多的公共产品。10、党的建设新的伟大工程，就是坚持从严治党，落实管党治党责任，围绕党的执政能力建设、先进性和纯洁性建设这条主线，持续加强作风建设，以党风促政风、带民风，全面提高党的思想、组织、作风、反腐倡廉和制度建设工作水平。

发展愿景上，就是加快建设经济繁荣、社会和谐、生态优良、人民富裕的幸福美好新庆阳。这是省委、省政府对我市发展的深切厚望，也是全市人民的殷切期盼，更是各级干部肩负的神圣使命。

围绕这一思路，实现上述目标，我们必须处理好稳进与转型的耦合关系，树立稳增长与调结构平衡发展的理念，稳中有进，转中有升，做到速度与效益“两不误、两促进”；处理好发展与环境的辩证关系，突出环境保护这一硬条件，促进协调、可持续发展，做到发展与环境“两手抓、两手硬”；处理好改革与稳定的互促关系，以改革破难题、促稳定，以稳定聚合力、助改革，做到改有成效，稳有定力；处理好外力与内力的互补关系，巧借外力，激活内力，抢抓机遇，发挥优势，不断增强把握大势的敏锐性、跟进措施的针对性和具体实践的高效性。总之，只要我们适应新常态、紧扣总要求、抓住大机遇、突出关键点、加快奔小康，就一定能够在新的起点上开创各项工作新局面。

三、聚焦发展第一要务，全力推动经济转型升级

新常态下的全市经济发展，不仅是总量问题、结构问题，更有重点问题、科学统筹问题。我们要按照省委王三运书记提出的“正确认识合理区间、

准确把握发展导向、积极培育新增长点、着力优化空间格局”的要求，紧扣提高发展质量和效益这个中心，按照新常态的思维去遵循发展规律、确立科学理念、转变发展方式，做到换挡不失速、调速不减势、量增质更优，创建活力迸发的经济生态。

第一，突出项目建设这一“活力源泉”，打造经济生态新引擎。项目带动投资导向，牵动经济走向，引领发展方向，是增强经济韧性、拓展回旋余地的重要途径。对我市发展来讲，大体量、高规格的项目建设，是我们加快崛起的力量之源；大规模、高传导的投资实物量，是我们转型升级的基本要求。各级各部门要把投资作为拉动全市经济增长的主引擎，把各类园区作为吸引生产要素聚集、促进项目落地建设的重要载体，大力实施“3341”项目建设工程，夯实经济发展、转型升级的“底盘”。高起点谋划落实项目，围绕编制“十三五”规划，在能源开发、现代农业发展、文化旅游融合、重大基础建设等方面，谋划一批科技含量高、技术应用高、开发效益高、辐射传导高的好项目。多渠道创新拓展项目，牢固树立“服务资源、延伸资源、不唯资源”的理念，对当前我市资源链式开发的“中盛模式”、天富亿现代生态农业等可复制的好做法、好经验，要积极推广、全面推进，每个县区都要培育一个符合自身实际的“中盛模式”示范项目，打造经济转型升级的“航母级项目群”。大力度推进建设项目，牢固树立“基础优先”的战略取向，对事关全市当前和长远发展的铁路、高速公路和骨干水利、高压输电线路、城乡建设等重大项目，大手笔运作、高效率推进，着力解决项目建设中的供地、环评、融资、服务等方面的困难问题，形成大项目顶天立地，小项目铺天盖地的项目建设高潮。

第二，突出结构调整这一“核心抓手”，催生经济生态新支点。结构优化是新常态的显著特点和内在要求。我们要大力推进经济结构战略性调整，在增量扩容中形成新的增长点，在扶优扶强中延伸产业链，在创新创造中提高劳动生产率，着力构建现代产业体系。

一是坚定不移走绿色、循环、低碳发展之路，以首位产业高端转型稳增长。我市以石油煤炭为核心的能源经济发展正处于集中突破、凸显优势的关键期，我们要按照近期与中石油集团会谈商定达成的共识，在石油石化、煤炭生产转化两个千亿级产业的延链、补链、扩链上创新创造，加快原油开采加工“双千万吨”、百亿立方米天然气综合利用等工程建设，加快矿井、电厂、煤化工和煤层气开发等“煤电化冶材一体化”建设步伐，探索形成终端产品倒逼追溯资源开发的发展模式。全力推进环县、华池百万千瓦风电基地建设，提高可再生能源规模和效益。

二是坚定不移走增产、增收、增效发展之路，以特色产业提质转型促增长。业不兴，民不富。特色产业的选择既要符合当地农业资源禀赋、农村发展条件，还要符合农民的生产理念和习惯，这样才能在产业富民上事半功倍。我们要因地制宜、科学布局，牢固树立高产、优质、高效、生态、安全的理念，突出“五区特色优势”（北部山区、中南部原区、川台区、子午岭林缘区和宜林荒山区、城镇和园区），抓好“四大主导产业”发展（草畜、苹果、苗林、蔬菜），坚定不移地向“1000万只肉羊、200万亩苹果、100万亩蔬菜、700万亩苗林”特色产业培育的目标迈进，推动农业提质、农民增收。

三是坚定不移走融合、创新、特色发展之路，以第三产业扩容转型助增长。第三产业特别是现代服务业是应对经济下行压力，扩大消费、培育新的经济增长点的重要举措，也是转方式、调结构的重点。要通过创新方式、彰显特色，促进“四个深度融合”。在融入新丝绸之路甘肃黄金段建设上培育新增长点，加强与中亚、西亚等国家和地区的交流合作，健全完善现代贸易流通体系，提高发展的外向度和融合力；在促进文化旅游深度融合上培育新增长点，加快形成辐射陇东南乃至陕甘宁的大文化、大旅游、大融合发展新格局，带动电子商务、现代物流、金融保险、养老保健等现代服务业发展，进一步打响“红色南梁、岐黄故里、周祖圣地、民俗庆阳”四大文化品牌；在融入关天经济区、西咸经济圈上培育新增长点，创新探索合作共赢机制；在加快地企深度融合上培育新增长点，推动资源开发与地方同步发展。

第三，突出扶贫攻坚这一“重点任务”，激活经济生态新领域。我市贫困人口多、开发任务重、攻坚难度大的实际，是明显的“短板”，也是发展的“潜力”。实践证明，按照省委、省政府“1236”扶贫攻坚行动的总体部署，深入实施的基础设施建设和特色产业培育“两大攻坚战”，既是改善发展条件、扩大有效投资的现实需要，也是加快农业发展、加快全面建成小康社会的有效路径。我们要盯住最贫困的乡村、最困难的群体、最迫切需要解决的问题，倒排进度抓落实，精准施策见实效。

一要全民总动员，掀起以通村公路建设为牵引的交通大会战新高潮。这是打好扶贫攻坚战的基础性、先导性工程，是群众最期盼、最迫切的民心工程、德政工程。各县区、各有关部门要以路为基、以水为要、以电为先、以房为本，一个村庄、一个乡镇、一个区域攻坚突破、整体推进，年内争取80%的行政村通油路（水泥路），让困难群众出行更方便、用水更安全、用电更便捷、住房更舒心、发展致富更有信心。

二要全社会参与，凝聚以“双联”行动为载体的扶贫济困新力量。“双联”行动上应国家要求，下顺百姓期盼。要充分发挥“双联”行动这一扶贫攻坚的大平台、直通车作用，“零距离”帮助农户落实增收计划。各级干部要牢固树立群众情怀，用真心真情帮联，出实招实力帮扶，实施动态精准帮扶，确保帮联村户全面脱贫。规划的项目要跟踪落实，坚决实施到位，不讲空话；已经实施的，要开展评估，充分听取群众意见，力争发挥最大效益；正在争取的，要多方衔接，确保一批资金“打包”、资源“整合”的富民增收项目落地开花。

三要上下联动，构建以机制创新为动力的政策扶贫新模式。打好扶贫攻坚战，战略重点在片，战术关键在村，战果体现在户。处理好战略、战术和战果的关系，关键要创新富有效率的体制机制，聚合扶贫的强大力量。其一，要建立扶贫监督考核机制和资金效益评估机制，创新责任、投入、落实和奖惩机制，杜绝“撒胡椒面”的做法，集中资金、力量和项目，做到精细配置资源，精确落实政策。其二，要坚持分类指导，因村施策、因户施法，妥善实施贫困村、贫困户退出机制，实事求是地把扶贫资源用到最需要的村、最迫切的户、最贫困的人，强化资金使用监管，确保有限的资金发挥最大的实效。其三，要建立完善金融与扶贫攻坚深度融合新机制，为贫困群众提供更多的金融产品和更好的金融服务，着力破解“三农”资金难题，走出以金融助推产业发展、群众致富的新路子。

四、坚持以人为本，着力保障和改善民生

检验我们一切工作的成效，最终都要看人民是否真正得到了实惠，生活是否真正得到了改善。各级各部门要把人民放在心中最高位置，多思民生之需，多谋民生之利，多解民生之忧，促进社会公平正义，维护社会和谐稳定。

要深入基层倾听民意。社情民意体现着群众的呼声，反映着群众的意愿，也蕴含着群众的聪明才智。各级组织要眼睛向下、重心下移、力量下沉，把握民生脉动、关注百姓诉求。特别是市县领导干部每年至少拿出60天以上的时间，深入基层、深入实际开展调查研究，倾听群众呼声，感受群众疾苦，总结群众经验，密切党同人民群众的血肉联系，做到问题在一线发现、矛盾在一线解决、工作在一线落实。

要心系群众纾解民困。一饭膏粱，维系万家；柴米油盐，关乎大局。我们要始终秉承群众利益无小事的理念，着力解决好群众上学、看病、饮水、行路、住房、用电、取暖等现实问题，持续不懈地抓好“5个100”便民工程，把更多的时间和精力用在为民办实事、做好事、解难事上，让困难群众生存有尊严、生计有保障、生活有盼头。

要统筹推进民生保障。按照“守住底线、突出重点、完善制度、引导舆论”的总要求，持续加大投入、强化落实，加快重大民生工程建设，统筹推进科技、教育、文化、卫生等各项事业。积极拓宽就业渠道、开发就业岗位，扶持全民创业促进就业。健全社会保障体系，提升统筹层次和保障水平，让广大群众得到更多实惠。

五、弘扬法治精神，加快建设法治庆阳

党的十八届四中全会为我们全面推进依法治市指明了方向、提供了遵循。各级各部门要深刻领会全会精神实质，准确把握法治建设规律，按照省委贯彻落实《中共中央关于全面推进依法治国若干重大问题的决定》的意见精神，坚持依法治市、依法执政、依法行政共同推进，法治庆阳、法治政府、法治社会一体建设，实现科学立法、严格执法、公正司法、全民守法。

第一，树立法治理念，推进依法决策。依法决策是依法执政的内在要求。各级党委、人大、政府、政协以及人民团体要充分发挥职能作用，把牢正确方向、着眼问题导向、坚持为民取向，为人民掌好权、履好职、尽好责。强化法治约束，凡是想问题、作决策、办事情，都要遵守“法律、制度、程序”的第一原则，健全决策机制，推进决策科学化、民主化、法治化。科学集中民智，建立重大决策民主协商和征求意见制度、重大事项专家咨询制度以及社会公示、听证制度，听民意、集民智、增共识、聚合力、促和谐，不断促进科学决策、民主决策。推进法治经济，始终秉持“社会主义市场经济本质是法治经济”这一理念，突出市场在资源配置中的决定性作用，用法治思维和法治方式调控治理经济、推动改革发展，向法治要经济活力、发展动力、增长潜力。

第二，强化法治思维，依法执政理政。社会主义法治必须坚持党的领导，党的领导必须依靠社会主义法治。我们要加强党对全面推进依法治市的统一领导、统一部署、统筹协调，健全党委统一领导和各方分工负责、齐抓共管的责任落实机制，确保各项部署落到实处。要把法治建设贯穿于“五位一体”建设的总体布局中，使各项建设在法治的框架下循法而行、依法推进。要提高运用法治思维和依法办事能力，各级领导干部要带头学法、遵法、守法、用法，时时处处以法律为准绳，引导全体公民做社会主义法治的忠实崇尚者、自觉遵守者、坚定捍卫者。政法委和公检法机关要认真贯彻落实习近平总书记提出的“四个决不允许”的要求，严格执法，公正司法，切实维护和保障全体公民的合法权益。

第三，运用法治方式，加强和创新社会治理。更加注重系统治理，坚持在党委的统一领导下，充分发挥政府主导作用，鼓励和支持社会各方面参与，实现政府治理和社会自我调节、居民自治良性互动。更加注重依法治理，健全依法维权和化解纠纷机制，在法治轨道上统筹社会力量、平衡社会利益、调解社会关系、规范社会行为，让“办事依法、遇事找法、解决问题用法、化解矛盾靠法”成为全社会的思想自觉和行为自觉。更加注重综合治理，把推动法治与践行社会主义核心价值观结合起来，发挥道德力量在社会治理中的示范和引导作用，推动社会治理手段从单一向多种手段综合运用转变。更加注重源头治理，坚持标本兼治、重在治本，把工作重心从治标转向治本、从事后处置转向事前预防，使社会治理关口前移，着力解决好土地征用、房屋拆迁、环境污染治理过程中引发的矛盾，继续加大重点领域安全生产隐患排查力度，把社会治理触角延伸到最末梢，把服务工作做到群众的身边，全力维护社会和谐稳定。

六、建设生态文明，推动庆阳绿色崛起

对庆阳这样的资源型城市和生态脆弱型地区来说，创建山清水秀的自然生态，加快建设生态文明，既顺应全市干部群众对建设美好家园的强烈期盼，也符合科学发展、持续发展的总体要求。

牢固树立既要金山银山、又要绿水青山“这一理念”。自觉遵守经济规律，主动顺应自然规律，把生态文明建设放在与经济发展同等重要的位置协调推进，从根本上转变资源开发路径和经济发展方式，扩大环境容量，加快转型升级，为子孙后代创造天蓝地绿、文明和谐的美好家园。

突出抓好再造一个子午岭和固沟保塬“两大生态工程”建设。各级各部门要着眼长远，创新机制，以科学规划指导生态布局优化，以项目带动全市上下积极投身“两大工程”建设，全面营造“栽历史、栽环境、栽文化”的良好氛围，持续改善生态，提高承载能力，让人民共享“生态红利”、分享“绿色福利”。

坚守不上污染项目、不做短期项目、不搞政绩项目“三条铁律底线”。允许开发区要高标准落实环评措施，严格控制高污染、高耗能项目；限制开发区要依法加强保护；生态脆弱区要舍得投入、加快修复，促进生产、流通、消费过程的减量化、再利用、资源化。

严格控制化学需氧量、氨氮排放量、二氧化硫排放量、氮氧化物排放量和万元GDP能耗“五项指标”。以“低消耗、低排放、高效率”为目标，加强矿区标准化建设、“两废”处置和生态、水源保护，抓好重点行业、重点领域污染防治和环保治理，提倡绿色消费，加快技术改造，淘汰落后产能，确保各项约束性指标控制在省上下达的范围之内。

探索建立生态环境保护补偿机制和资源开发收益分配的“长效机制”。积极争取国家、省上在“完善环境治理和生态修复制度”方面给予支持，促进产业发展与环境保护互利双赢，经济效益与生态效益有机统一。

七、坚持创新驱动，打好全面深化改革“组合拳”

改革是一场深刻的革命。可以说，改革走到今天，面对的都是难啃的“硬骨头”、棘手的“硬任务”。各级各部门要按照全面深化改革的路线图、时间表、责任书，精准对接政策，精深谋划措施，精确制导推进，以全面深化改革增强发展动力、提高质量效益。

以极大的政治智慧和力量加快改革。找准牵一发而动全身的突破口，既在统筹规划中把握规律，又在基层首创中推进改革。紧扣创建“风清气正的政治生态”，着力推进民主法制、社会治理、党的建设等领域改革，努力在行政审批、事业单位改革、考核考评机制和政府购买服务等方面取得突破。紧扣创建“活力迸发的经济生态”，加快投资、特许经营、资本市场、财税金融、农村土地经营权流转、混合所有制经济发展、资源市场配置等领域改革，最大限度地激发市场和社会活力。紧扣创建“山清水秀的自然生态”，着力推进生态文明体制改革，在资源开发生态补偿、生态修复、水土保持、流域治理、节能减排等体制机制上探索创新。

以创新的劲头和精神推进改革。改革越到基层，措施更加具体，任务更加艰巨。各级各部门要把推进改革与促进发展、落实任务与创新驱动结合起来，既要做好“规定动作”，更要探索“自选动作”，确保改革前有部署、后有落地，加快形成符合实际的资源开发新机制、产业发展新导向、扶贫攻坚新举措和融合发展新模式。

以法治的思维和方式保障改革。凡属重大改革都要于法有据、有法可依，让改革成果起到管根本、利长远的作用。建立健全调查研究、台账管理、协调推进、督查考核、舆论引导“五项机制”，寻求改革效益的“最大公约数”，形成创新驱动、充满活力、富有效率的发展局面。

八、从严管党治党，全面推进党的建设新的伟大工程

党是我们事业的领导核心。建设幸福美好新庆阳，必须把党的建设作为重中之重，摆在最突出的位置。要按照习近平总书记强调的“八项重点工作”和省委王三运书记提出的落实“四个责任”的要求，坚持从巩固党的执政地位的大局看问题，把抓好党建看作是最大的政绩，坚持党建工作和中心工作一起谋划、一起部署、一起考核，把每条战线、每个领域、每个环节的党建工作抓具体、抓深入。要强化党委主体责任，靠实班子成员分管责任，突出“一把手”第一责任，用责任传导压力，用压力推动落实，从严管党治党，努力提升党的建设科学化水平。

*一要坚持思想建党，切实拧紧总开关。*坚持把思想建党作为党建的首要任务，不断夯实坚固的思想基础。要坚定理想信念，进一步加强党性教育，引导党员干部坚定理想信念，坚守共产党人的精神追求，认真学习马克思列宁主义、毛泽东思想特别是中国特色社会主义理论体系和习总书记系列重要讲话精神，教育广大党员干部始终拧紧“总开关”，正确处理公私关系，树立正确的世界观、人生观、价值观、权力观，坚决贯彻执行党的路线方针政策，在政治立场上清醒坚定，在重大问题上旗帜鲜明。要加强道德教育，大力弘扬社会主义核心价值观，遵守社会公德和家庭美德，形成崇德向善的良好风尚。要凝聚发展合力，组织开展“宣讲庆阳好故事、传播庆阳好声音、维护庆阳好形象”系列宣传活动，弘扬主旋律，汇聚正能量，努力把思想建设的成果转化为勇于担当、促进发展的实际成效。要不断加强学习，各级干部要养成持续学习知识、持续思考问题、持续研究工作的良好习惯，自觉用新理论、新观点、新方法武装头脑、指导实践、推动工作。

*二要坚持制度治党，切实建好铁笼子。*要以改革创新的精神健全完善制度。坚持问题导向，善于把经过实践检验的成功做法上升为法规制度，织密制度的“铁笼子”，形成既简便易行又务实管用的制度体系，确保制度立得住、行得通、管得了、见实效。要以铁面无私的态度执行党纪党规。各级领导干部要把执行和维护制度视为自己的基本职责，增强制度意识和规则意识，要求别人做到的自己首先做到，禁止别人做的自己坚决不做，不闯“红灯”，不触“高压线”。严格按照制度规范言行，坚决消除权高于法、情大于法的特权思想，做到制度面前人人平等、执行制度没有例外，坚决维护制度的严肃性和权威性。要深刻认识反腐败斗争的长期性、复杂性、艰巨性，强化党对党风廉政建设和反腐败工作的统一领导，强化反腐败体制机制创新和制度保障，以猛药去疴、重典治乱的决心，以刮骨疗毒、壮士断腕的勇气，保持惩治腐败的高压态势，坚决把党风廉政建设和反腐败斗争进行到底。

*三要坚持选贤任能，切实打造强班子。*各级领导班子和领导干部的素质如何，很大程度上决定着庆阳的发展。要以正确的用人导向引领班子建设，不断提高各级领导班子领导发展的能力、驾驭复杂局面的能力、破解难题的能力、依法行政的能力。要把习近平总书记提出的好干部的“五条标准”具体化，坚持“德才兼备、以德为先、以廉为基”，打破潜规则，确立明规则，刹住说情风，杜绝打招呼，让干部用德行说话、凭业绩晋位，把合适的人用到合适的岗位，为合适的岗位配备合适的人选。要优先使用群众公认的标杆干部，广辟进贤渠道，实现“用一贤人则群贤毕至、见贤思齐则蔚然成风”那样一种良好的局面。要加强各级组工干部队伍建设，把公道正派的干部选配到组织部门，加强对干部的平时了解和组织工作规律的研究，提高干部工

作的科学性、系统性、前瞻性。要立足于从整体上加强干部队伍建设，要特别是各级党政机关要把好入口关，从源头上优化干部队伍结构。要深化干部人事制度改革，采取多种措施，调动和激发各级各类干部干事创业的积极性，建设一支素质优良、结构合理，与庆阳发展需要相适应的干部队伍。坚持以严的标准要求干部，以严的措施管理干部，以严的纪律约束干部。

*四要坚持常抓不懈，形成作风新常态。*作风建设永远在路上，没有休止符。要以持续努力、久久为功的态度，不断巩固和拓展党的群众路线教育实践活动成果，找准着力点，持续发力，抓好各项整改任务的落实，决不允许出现“烂尾工程”，决不能让“四风”问题反弹回潮。坚决整改作风问题的“新发病”。针对一些党员干部思想、工作、生活方面存在的突出问题，特别是懒政、庸政、超标准住房、“二次接待”等现象，要找准根源，强化措施，坚决整改。努力形成作风建设的“新常态”。持续完善作风建设的长效机制，各级纪检机关要聚焦监督主责、突出监督主业，深化转职能、转方式、转作风，执好纪、把好关、问好责，形成作风建设新常态。要从解决“四风”问题延伸开来去，努力改进思想作风、工作作风、领导作风、干部生活作风，加强治本工作，使党员干部不仅不敢沾染歪风邪气，而且不能、不想沾染歪风邪气，使党的作风全面纯洁起来。

*五要坚持务实创新，开创基层新局面。*基础不牢，地动山摇。贯彻党要管党、从严治党方针，必须扎实做好抓基层、打基础的工作，使每个基层党组织都成为坚强战斗堡垒。各级都要重视基层、关心基层、支持基层，加大投入力度，加强带头人队伍建设，确保基层党组织有资源、有能力为群众服务。要把热情关心和严格要求结合起来，对广大基层干部充分理解、充分信任，格外关心、格外爱护。要力戒形式主义，用更务实的作风、更有效的举措，切实加强农村、城市社区、非公经济组织和机关党建，夯实党的执政基础。从今年起，每季度召开党建工作现场会、评议会，每年举行一次“联述联评联考”大会，加大宣传力度，在全社会营造抓党建、强基础的浓厚氛围，推动基层党建工作上台阶、上水平。农村党建要突出“能人”强村、“好人”治村，以党建引领产业大发展，推动“党建强社、合作富民”；社区党建要突出抓硬件、强基础，大力开展“社区建设年”活动，形成以社区党委为核心、驻区单位共建的区域化大党建新格局；非公企业党建要突出扩大党组织覆盖面，特别要推广以权有让为代表的非公企业党建“甘肃模式”，成熟一个、组建一个、巩固一个；机关党建要严格落实民主生活会和组织生活会制度，从严加强党员干部教育管理，促进党建工作常态化、长效化。要严肃党内政治生活，认真执行党的民主集中制，健全和认真落实民主集中制的各项具体制度，促使各级领导干部特别是主要领导干部带头执行民主集中制。要发扬党内民主，营造民主讨论的良好氛围。要坚持和发扬实事求是、理论联系实际、密切联系群众、批评和自我批评等优良传统，依法依规做好职权范围内该做的事，增强角色意识和政治担当，把爱党、忧党、兴党、护党落实到工作生活各个环节；上下之间、左右之间人际关系简简单单、纯净如水；待人处事坦诚相见、出以公心；重大决策发扬民主，集体讨论决定；推动工作率先垂范、干净清白。

同志们，新常态下的发展要树立新理念、建立新机制、锻造新能力、激发新状态。各级各部门要把思想和行动统一到中央、省、市的各项决策部署上来，坚定信心，克难奋进，为推动改革创新、转型升级、富民兴市，加快建设幸福美好新庆阳不懈奋斗！

政府工作报告

——2015年2月5日在庆阳市第三届人民代表大会第五次会议上

市委副书记、代市长　贠建民

各位代表：

现在，我代表市人民政府向大会报告工作，请予审议，并请各位政协委员和列席人员提出意见。

2014年工作的回顾

2014年，在省委、省政府和市委的坚强领导下，我们深入贯彻党的十八大和十八届三中、四中全会精神，牢牢把握稳中求进、改革创新的总基调、总要求，攻坚克难，开拓进取，全市经济平稳增长，民生持续改善，社会和谐稳定。

经济发展进入运行稳健、结构优化的新常态。积极应对经济下行压力加大、能源市场波动等不利影响，统筹推进稳增长、调结构、转方式、惠民生、防风险的一系列措施，经济增长处在合理区间，发展的质量和效益不断提升，完成了市人大常委会批准调整后的各项预期目标。预计全年生产总值完成669亿元，增长10.5%。规模以上工业增加值369亿元，增长11.3%。地方固定资产投资总额981亿元，增长23%。社会消费品零售总额165亿元，增长13%。财政大口径收入149.25亿元，公共预算收入61.54亿元，同口径比较分别增长1.1%和8.27%。城镇居民人均可支配收入21106元，增长12.5%。农民人均纯收入5612元，增长14.8%。

富民产业步入规模扩大、提质增效的新阶段。粮食生产喜获丰收，总产量164.2万吨，创历史新高。畜牧产业发展取得突破，“中盛模式”带动肉鸡产业跨越发展，引领我市现代畜牧业发展迈上新台阶。肉羊养殖规模快速扩大，成为群众脱贫致富的短、平、快项目。新增各类规模养殖场235个。苹果产业效益明显提升，“庆阳苹果”品牌效应初步显现，预计销售收入23.7亿元。苗林产业走出了大地增绿、农民增收的“双赢”之路，政策创新激发了广大群众参与开发的强大活力，全年造林113万亩。蔬菜产业规模不断扩张，设施蔬菜种植面积达到13万亩。产业化经营水平持续提升，新建、改扩建农产品加工企业30户，新增农民专业合作社1122个。扶贫攻坚成效明显，投入各类资金72.8亿元，实施整村推进120处、易地搬迁103处，减少贫困人口13.54万人。第三产业持续发展，交通运输、商贸物流等服务业平稳增长，汽车、信息、旅游消费日趋活跃。陇禧、宁南物流园基本建成，市区10个专业市场开工建设。南梁红色旅游景区建成投用，庆阳民俗文化产业园、太白陕甘红军纪念园、山城堡纪念园等景区建设进展良好。

优势资源取得链式开发、转型升级的新进展。陇东能源基地开发规划和“两个千亿级产业链”建设方案分别获得国家能源局和省政府批复。油气开发再上台阶，原油产量达到722.9万吨、加工量330.4万吨，庆阳石化600万吨炼油升级改造和天然气综合利用项目稳步推进。煤炭开发步伐加快，3个区块完成普查、详查；刘园子煤矿建成投产，产煤50万吨；核桃峪煤矿“四井”贯通，甜水堡2号矿井即将建成；新庄、马福川2个矿井和正宁电厂获得国家发改委核准，环县电厂已列入省内火电建设规划。风电基地建设快速推进，毛井一期40万千瓦项目即将建成，毛井二期40万千瓦和甜水堡、紫坊、乔河3个5万千瓦项目取得“路条”。“一区四园”建设进展顺利，庆阳经济技术开发区发展规划已经省政府批准并上报国务院待批，四个园区“七通一平”基础建设加快推进，实施各类项目49个，新增入驻企业10户。

基础建设实现投入加大、进度加快的新突破。“3341”项目工程深入实施，全年建设500万元以上项目2459个，其中亿元以上项目102个，是项目实施规模、建设体量最大的一年。交通建设完成投资23.2亿元，机场航站楼主体工程完工，开通了庆阳至上海、银川新航线。银西铁路获得国家批复，甜罗高速公路可研上报国家发改委、交通运输部待批。新修通村油路（水泥路）1669公里，是我市历史上投入最大、建设里程最长的一年。水利建设完成投资9.4亿元，西峰雨洪集蓄保塬生态项目主体工程基本建成，莲花寺、小盘河水库和巴家嘴水库新增调蓄工程可研报告得到批复。马莲河枢纽工程进入国务院重点支持的全国重大水利工程名录，前期工作有序推进。建设农村饮水工程2万处，解决了18.8万人饮水问题。城乡电网建设完成投资4.7亿元，环县330千伏输变电工程完成年度建设计划，3个110千伏输变电工程建成投运，新增供电能力17.4万千伏安。改造低电压村（组）896个、农电户4.5万户。生态环境建设完成投资13亿元，“再造一个子午岭”和“固沟保塬”工程扎实推进。治理流域380平方公里，新修梯田31.5万亩。创建国家和省级生态乡镇80个，建设美丽示范村和环境整洁村136个。城镇建设完成投资27亿元，实施道路、供排水、供热、污水和垃圾处理等基础设施项目160个。市县29个片区、112万平方米棚户区改造全面拉开。建设保障性住房1.46万套，改造农村危房（窑）1.53万户。13个城市综合体项目启动实施，县城旧城改造、新区开发和重点小城镇建设步伐加快，城镇化率提高2个百分点。

*改革开放开启体制创新、活力增强的新局面。*行政审批制度改革力度加大，承接省级下放行政审批项目80项，市级取消调整42项，累计减幅达到78%。进驻政务大厅的服务事项344项。工商注册便利化改革成效明显，新增各类市场主体1.6万户。市、县（区）政府机构改革进展顺利，撤销整合市直部门（单位）8个。95%的行政村建立了便民服务中心，打通了服务群众的“最后一公里”。财税管理制度改革加快推进，国库集中支付率达到94.6%，消化逾期历史债务10%。混合所有制经济发展取得新突破，庆阳能源化工集团吸纳多种经济成分参股投资，成立股份制子公司11个，吸引社会资本5.8亿元，承接央企辅业、服务资源开发的能力快速提升。公交体制改革取得成效，公共交通集团组建运营，新增城区公交线路5条，投放节能环保公交车68辆、出租车200辆，为市民出行创造了便利条件。金融服务体系进一步完善，交通银行庆阳分行开业运营，甘肃银行庆阳分行实现县域机构全覆盖。融资渠道不断拓宽，直接融资规模达到27亿多元。农村综合改革稳步推进，累计流转耕地108万亩、林地33.1万亩，国有林场改革进展顺利。耕地保护利用不断加强，陇东百万亩土地整治庆阳片区项目顺利实施。开放合作迈出新步伐，与意大利卡布拉罗拉市签署了6个经济合作项目，在保加利亚、斯洛伐克、奥地利、新加坡等国家开展了经贸洽谈活动。全市完成外贸出口7000万美元。招商引资成效明显，积极参加重点节会招商，开展“千名陇商回家乡”活动，实施招商引资项目301个，到位资金591.6亿元，增长31%。

*社会事业呈现服务加强、全面进步的新气象。*教育质量稳步提升，高考录取率83.19%，高出全省6.09个百分点；改造农村薄弱学校258所，建设农村学校小伙房757个，新建改扩建乡镇幼儿园37所。庆阳职业技术学院获省政府批复。科技推广成效明显，实施农业科技创新项目52项，完成科技开发项目153项，科技贡献率达到50%。医疗卫生服务水平不断提高，实施卫生基础项目332个，公立医院改革列为全国试点，县级综合医院、乡镇卫生院住院费用和药品费用明显下降。计划生育工作完成了年度人口控制目标。文化事业繁荣发展，电视专题片《黄土大塬》在央视播出受到好评，编排历史陇剧9部，拍摄电影6部，新建乡村舞台507个、文化集市48个，群众文化活动丰富多彩。承办了全省第8届少数民族运动会，在第十三届全省运动会上取得了优异成绩。民生实事办理扎实有效，省、市确定的38件民生实事落实到位，“五个百”便民工程加快实施。城乡社会保障统筹推进，城乡低保、农村五保供养和社会保险待遇进一步提高。创业促就业和高校毕业生安置富有成效，新增公益性岗位1168个，城镇新增就业5.6万人，城镇登记失业率控制在2.27%。完成城乡居民技能培训14.6万人，劳务输转60.7万人。社会治理持续加强，安全生产大检查、打非治违、隐患排查治理、农民工工资清欠四个专项行动深入开展，矛盾纠纷排查调处和信访工作扎实有效，社会大局和谐稳定。质量监督、国防动员、双拥、统计、规划、地震、档案、老龄、残疾人等工作取得了新进步。

*政风建设取得效能提升、环境优化的新成效。*政府系统党的群众路线教育实践活动深入开展，

"四风"问题得到有效遏制。效能风暴行动深入推进，政府效能明显提高，法治政府建设稳步推进。办理人大代表建议105件、政协委员提案146件。全面贯彻中央"八项规定"、省委"双十条"规定和市委"实施细则"，廉政建设责任和廉政风险防控措施有效落实，审计、监察和政务公开力度加大，政府工作人员艰苦奋斗、勤俭节约的意识增强。全市"三公"经费同比下降38.8%，会议费下降46.2%。

各位代表，过去一年的工作能够在发展中突破、在挑战中前行，我们深切地体会到：**一是**牢牢把握稳中求进总基调，积极适应发展新常态，稳增长、调结构、促发展，开启了推进转型升级的新征程；**二是**坚持改革创新的办法破除体制机制障碍，抓产业、惠民生、促和谐，创造了促进科学发展的新业绩；**三是**充分利用一切有利机遇，抓谋划、建项目、争资金，一些事关庆阳长远发展的重大项目取得突破性进展，强化了富民兴市的新支撑；四是弘扬南梁精神，践行群众路线，兴办民生实事，集聚了干部群众支持发展、参与发展的新活力；五是大力倡导实干兴市之风，抓落实，干到位，求实效，营造了风清气正、干事创业的新局面。

各位代表，我市经济社会发展取得的成绩来之不易，这是省委、省政府和市委正确领导的结果，是市人大、市政协监督支持的结果，是全市广大干部群众共同努力的结果。在此，我谨代表市人民政府，向各位代表和政协委员，向各民主党派、工商联、人民团体和无党派人士，向离退休老同志，向驻庆人民解放军、武警官兵和中央、省属单位，向奋战在全市各条战线上的劳动者，向所有关心、支持庆阳发展的社会各界人士，致以崇高的敬意和衷心的感谢！

同时，我们清醒认识到，前进道路上还有不少困难和问题。从目标任务看，一些重大项目、重点工程未能实现预期，原油生产和加工量未完成年初计划。从体制机制看，农村"三权"改革、资源市场改革等一些改革任务推进缓慢，融资难题和结构性矛盾还没有得到有效解决。从民生保障看，公共服务水平较低，食品安全、医疗服务、环境保护、城市管理等方面与群众的期盼还有差距。从干部作风看，一些政府工作人员担当意识不强，工作效率不高、落实不力，难以适应新形势下经济社会发展的需要。对存在的问题，政府要先从自身找原因、想办法，牢记责任使命，扎实有效解决，决不辜负人民的厚望。

2015年主要工作任务

2015年，是全面深化改革的关键之年，是全面推进依法治市的开局之年，是完成"十二五"规划的收官之年，是谋划"十三五"发展的重要之年。根据市委"紧盯一个目标、强化一个动力、创建三个生态、实施四大战略、建设十项工程"的发展思路，今年政府工作的总体要求是：全面贯彻落实党的十八大、十八届三中、四中全会和中央、全省经济工作会议精神，坚持稳中求进工作总基调，以全面深化改革为动力，以提高经济发展质量和效益为中心，打好交通大会战，突出扶贫攻坚，突出项目建设，着力稳增长、调结构、转方式，着力打基础、破瓶颈、谋长远，着力察民情、解民忧、惠民生，加快建设幸福美好新庆阳。

经济社会发展主要预期目标是：生产总值增长9%，固定资产投资总额增长18%，规模以上工业增加值增长10%，社会消费品零售总额增长12%，财政大口径收入和公共预算收入均增长10%，城镇居民人均可支配收入增长11%，农民人均纯收入增长13%，人口自然增长率控制在7.8‰以内，居民消费价格总水平涨幅控制在3%以内，单位GDP能耗、主要污染物排放完成"十二五"控制指标。

上述预期目标，体现了新常态的趋势性、稳增长的必要性、调结构的紧迫性。我们将正视和积极应对新常态下面临的新情况、新变化，全力抓好"十二五"规划的任务落实，认真编制"十三五"发展规划，精心谋划、统筹推进重点工程、重大项目和重要工作，全面完成今年的预期目标，为努力同全国、全省一道全面建成小康社会奠定坚实基础。

重点抓好七个方面的工作：

（一）以扶贫攻坚为总揽，持续抓好"三农"工作。把扶贫攻坚作为最大的政治和最紧迫的任务，全民动员、精准施策，公共资源向农村配置，项目向农村整合，资金向农村倾斜，啃下"硬骨头"，打好"大会战"。

着力改善农村基础条件。新修农村公路2700公里，实现80%的行政村通油路（水泥路）。新建和改造一批农村小型水利工程，确保5万农村人口实现安全饮水。新建改造10千伏线路852公里，治理低电压村组236个，完成447个村组通动力电。按照农民自愿、先易后难、突出重点的原则，整合资源、逐村推进，实施移民搬迁5300户、2.4万人。

培育壮大特色富民产业。坚持以“五变”促增收，转变农业发展方式，促进农业结构向优质特色产品调，向种、养、加、销全产业链调。草畜产业，提升肉鸡“三链”生产经营水平，力争年产能达到5000万只、出栏3600万只。争取新上200万只肉羊屠宰分割项目，新建规模养殖场和养殖小区200个，种植（更新）紫花苜蓿100万亩。苹果产业，坚持抓栽植扩规模，抓管理提品质，抓宣传促销售，新栽苹果10万亩，打响“庆阳苹果”品牌。苗林产业，按照“因地制宜、适地适树”的原则，推动种苗培育和荒山造林同步协调发展，全年造林100万亩以上。蔬菜产业，加快推进高原夏菜和设施蔬菜基地建设，蔬菜面积稳定在100万亩以上，其中设施种植达到14万亩。大力推广“中盛模式”，扶强做大年销售收入过亿元的农字号企业10户以上，新增各类农民专业合作组织200个，让“中盛模式”在各个县区、各个产业落地生根、开花结果。大力发展农产品精深加工业，积极拓展优势资源开发配套服务业，引导农民向二三产业转移、向中心城镇集中，减少农民、富裕农民。强化粮食安全保障，落实全膜双垄沟播面积350万亩以上，确保粮食总产量稳定在150万吨以上。

持续提高农民致富技能。整合扶贫、农牧、职教、科技、人社等资源，创新培训方式，强化技能培训，提升农民科技、文明、文化和法律素质。全年培训农村劳动力10万人，其中培训农村实用人才、种养大户、农民合作社负责人1000人。发挥“两后生”和致富领军人才的示范引导作用，鼓励支持有能力、有技术、有资金、有经验的务工返乡青年创办实业，带领农民致富增收。加快推进农业机械化、信息化，加强农业产前、产中、产后服务，提高农业社会化服务水平。

深入开展精准扶贫。以巩固拓展“双联”行动为载体，创新完善帮联、投入、协作、考核机制，集中资金、力量和项目，做到精细配置资源，精确落实政策，重点抓好100个整村推进项目建设，确保扶贫资源真正用在贫困地区、用在贫困户身上。充分发挥行业扶贫、专项扶贫、社会扶贫和各级财政“四支扶贫力量”的攻坚作用，切实用好国开行支持产业扶贫政策，扩大“双联”惠农贷款、小额担保贷款等信贷规模，努力破解资金短缺难题，力争9万人稳定脱贫。

（二）以两个千亿级产业链建设为牵引，持续抓好优势资源开发。围绕建设国家级重要的能源化工基地，秉持“低碳、高效、可持续”的理念，努力在石油石化、煤炭生产转化“两个千亿级产业链”延链、补链、扩链上创新创造，把庆阳最大的资源优势转化为富民兴市的经济优势。

推进石油石化千亿级产业链建设。按照增储上产、改造升级、合资合作、和谐共建的原则，支持油田企业高效开发，落实投资生产计划，争取原油产量达到750万吨。支持庆阳石化公司扩大生产，确保原油加工量达到350万吨以上，力争600万吨炼油升级改造项目核准并开工建设，超前谋划石油石化后续产业发展。加快“气化庆阳”等项目建设，力争年内生产天然气1.5亿立方米。强化天然气综合利用和管理，保障居民生活和交通等领域用气。

抓好煤炭生产转化千亿级产业链建设。支持刘园子矿井达产达标。全力推进核桃峪、新庄、马福川和甜水堡2号等4个矿井建设，争取九龙川、毛家川、钱阳山等3个矿井前期工作取得突破性进展。加快正宁电厂一期建设，确保环县电厂一期获得核准并开工建设，力争西峰热电联产项目获得核准，抓紧开展电力外送工程前期工作。持续推进晋煤集团煤、电、气一体化项目。加快煤层气实验性开采步伐，启动下游产业项目前期工作。

加快百万千瓦风电基地建设。确保环县毛井一期40万千瓦、甜水堡5万千瓦建成并网发电，力争毛井二期40万千瓦和山城、紫坊、乔河3个5万千瓦项目开工建设。

扶强做大地方工业。认真落实各项政策措施，从资金支持、财税优惠、创业基地建设、促进企业信息互联互通等方面，扶持非公经济和小微企业健康发展。积极开展千户企业扶创活动，着力解决企业融资难题，鼓励企业家和创业人士创办新企业，新增小微企业2000户以上。加快地方企业提质改造，做大做强能化集团等骨干企业，促进产品升级换代，拓宽销售渠道，增强市场竞争力。积极争取庆阳经济技术开发区获得国家批复，大力推进“一区四园”基础设施建设，主动承接央企和东部地区产业转移，重点拓展装备制造产业链，延伸食品医药产业链，打造新材料产业链，努力提高地方工业的比重。

（三）以开放融合为引领，持续抓好第三产业发展。抢抓国家实施新一轮对外开放的机遇，加快产业、区域、地企深度融合发展，促进第三产业发展提速、比重提高、水平提升。

加快文化旅游深度融合。抢抓建设华夏文明传承创新区和陇东南中医药养生保健旅游创新区的机遇，着力在规划引领、转型升级、景区建设、配套服务上下功夫。立足丰富的革命遗迹，打造红色南梁品牌；立足庆阳独有的岐黄养生文化，打造岐黄故里品牌；立足底蕴深厚的农耕文化，打造周祖圣地品牌；立足丰富多彩的民俗文化，打造民俗庆阳品牌。加快文化旅游大景区建设，完成庆阳民俗文化产业园北城墙、北门楼等主体工程，持续推进山城堡战役纪念园、太白陕甘红军纪念园、岐黄中医药文化生态园、北石窟寺、正宁调令关森林公园等景区建设。彰显地域特色，谋划开发“春季赏花、夏季避暑、秋季采摘、冬季观冰”等旅游项目。积极对接西安、延安旅游线路，努力形成辐射陇东南乃至陕甘宁的大文化、大旅游、大融合发展新格局。

强化区域合作交流。抢抓建设丝绸之路经济带甘肃黄金段和向西开放的战略机遇，努力打造以庆阳为重要节点、辐射带动周边地区的物流集散地。组织企业参加中西亚、中东欧国家和国内有关城市举办的特色产品展销和项目推介会，开拓丝绸之路经济带沿线国家市场，推动庆阳优质农畜产品和特色文化产品“走出去”。加强与关天、西咸经济区商贸流通、基础网络和生态建设对接，探索共同谋划产业布局、共同推进资源开发的共赢机制。

推动地企融合发展。按照“央企做主业、做核心，地方做辅业、做服务”的思路，重点推进能化集团煤制气、油气合作开发和装备制造、风力光伏发电等项目建设，辐射带动能源开发配套服务业快速发展，实现以产业融合促进地企融合。

加快发展现代服务业。持续推进市区10个专业市场和大型物流园区建设，完善农畜产品综合交易市场，努力实现商品配送中心覆盖到县，农贸市场覆盖到乡镇，农家店覆盖到村，健全城乡商贸流通网络。大力实施“电子商务进农家”工程，推动协会、品牌、物流、网店、宣传“五位一体”发展，新建100个农村电子商务示范店。加快“智慧城市”创建步伐，积极发展物联网，延伸普及宽带网。稳定住房消费，升级旅游文体消费，鼓励养老健康家政消费，促进绿色消费，培育新的消费热点。

扩大对外招商引资。坚持外向型战略取向，立足富集的油煤气资源、优质的农产品资源、丰厚的文化旅游资源，创新运用优势资源、优惠政策、人文环境、高效服务、良好法制环境“五个招商”模式，紧盯世界500强、国内50强企业，在引新、引高、引强上求突破，力争招商引资到位资金增长20%以上。

（四）以强化基础支撑为重点，持续抓好项目建设。深入实施“3341”项目工程，坚持交通、水利、电力、城镇基础建设“四措并举”，抓项目、破瓶颈，努力构建互促共进、协调发展的基础网络体系。

交通建设，抢抓国家重点支持中西部铁路、高速公路建设的机遇，统筹推进立体交通网络建设，确保机场航站楼、西合二级公路建成投用。开工建设银西铁路和甜罗高速、华池打扮梁至庆城高速公路，着力构建贯通南北、连接东西的交通大动脉。

水利建设，坚持大、中、小工程结合，“四水”齐抓，民生水利和骨干水利并重，争取葫芦河供水、正宁电厂四郎河供水工程建成投用，力争小盘河水库、葫芦河莲花寺水库、巴家嘴水库新增调蓄工程开工建设，加快马莲河枢纽工程前期工作。推进节水型社会建设，加强现有水资源综合利用，为城乡居民安全饮水和能源化工基地建设提供水资源保障。

电力建设，加快推进5个110千伏变电站（正宁周家、镇原金龙、西峰西庄、合水、环县）、3个330千伏变电站（环县木钵、庆城驿马、宁县长庆桥）建设，完善城乡供电网络，提升电力供应保障能力。积极探索以建设地方自备电厂为载体，以220千伏线路为主、110千伏及以下线路为辅的区域电网架构，以优惠电价吸引企业入驻，构建企地联合循环产业发展区。

新型城镇化建设，紧紧抓住国家推进新型城镇化的政策机遇，因地制宜，顺势而为，加快新型城镇化进程。抓好棚户区改造，强力推进市县35个片区、80万平方米的棚户区改造工程，新建保障性安居工程8933套。落实户籍制度改革政策，按照“优先解决存量、合理引导增量”的原则，建立财政转移支付、城镇建设用地增加与农业转移人口市民化挂钩机制，推进全市30多万城镇常住人口市民化，促进人口向城镇有序规模集中，力争城镇化率提高2个百分点。坚持市县乡村四轮驱动，市区突出规划引领，旧城改造抓功能提升，新区建设抓设施配套，重点抓好13条城市道路和13个城市综合体建设，加大投入，着力抓好集中供水、供热、供气管网改造等工程建设；规范居民住宅小区物业管理；加大交通整治、卫生管理和噪音污染治理力度，广泛开展市民文明素质教育提升活动，争创全国文明城市、卫生城市。县城加快旧城改造、新区开发和基础配套建设，构建一县城一特色、一风貌的格局。乡镇突出设施完善和“五化”综合治理，建设功能齐全、环境优美的小城镇。村庄突出环境治理和公共服务配套，加快美丽乡村建设，创建美丽示范村20个、环境整洁村164个，改善农村人居环境。

（五）以绿色发展为导向，持续抓好生态环境建设。牢固树立“既要金山银山、又要绿水青山”的理念，抢抓全省建设国家生态安全屏障综合试验区的重大机遇，积极创建山清水秀的自然生态。

加快生态建设。深入实施“再造一个子午岭”和“固沟保塬”两大生态工程，争取董志塬区固沟保塬综合治理工程列入国家计划立项实施，全面建成西峰雨洪集蓄保塬生态工程。加快北部荒漠化治理、百万亩土地整治和百万亩梯田工程建设，治理水土流失370平方公里，新修梯田27万亩。

加强环境保护。坚决不上污染项目、不做短期项目、不搞政绩项目。在重点开发区，高标准落实环评措施，严格控制高污染、高耗能项目；在限制开发区，依法加强保护；在禁止开发区，加大投入，加快修复。加强油区环境治理、城市大气污染防治、农村面源污染治理和饮用水源地保护，大力发展环保产业，扎实开展环境保护大检查，持续改善环境质量。

强化节能减排。以“低消耗、低排放、高效率”为目标，加强矿区标准化建设、“两废”处置和生态、水源保护，抓好重点行业、重点领域污染防治和清洁生产，提倡绿色消费，加快技术改造，淘汰落后产能，确保化学需氧量、氨氮排放量、二氧化硫排放量、氮氧化物排放量控制在省上下达的范围之内。

（六）以体制机制创新为核心，持续抓好重点领域改革。从群众最期盼的领域抓起，从制约发展最突出的问题改起，找准改革的主攻点和发力点，在法治轨道上推进重点领域改革。

加快转变政府职能，继续深化行政审批制度改革，简化行政审批事项，规范行政审批行为，做好“接、放、管”工作，加快建立行政权力清单、部门责任清单、财政专项资金管理清单和政务服务网“三张清单一张网”。深化注册资本登记制度和“先照后证”改革。分类推进事业单位改革，提升基层政务服务水平。

加快投融资体制机制改革，创新重点领域投融资体制机制，推动政府和社会资本合作，加强公共服务、基础设施、资源环境等薄弱环节建设，适时推出一批吸引社会资本投资的项目。改革竞争性领域财政资金投入方式，探索建立基金带动社会资本投资的模式，设立财政参股的科技创新驱动基金、产业投资引导基金、贷款融资担保基金，吸引社会资本投资科技创新驱动发展、产业结构调整优化等重点领域。

稳步推进混合所有制经济发展，在市场准入、政策落实、要素配置等方面，实行本地企业与招引企业、大型国企与民营企业一视同仁、同等对待，促进民企与央企、国企合作发展。支持非公经济投资参股国有企业和其它鼓励社会资本投资的项目，抓好各类中小微企业培育壮大和个体工商户转企业工作。

有序推动农村改革，稳步扩大农村土地承包经营权、集体经济收益分配权、宅基地用益物权“三权”综合改革试点，全面开展农村土地承包经营权确权登记工作，引导农村土地规范有序流转。大力培育和扶持种植大户、家庭农场、农业企业和农民合作社发展，让农民成为农村改革的积极参与者和真正受益者。

深入推进财税金融改革，全面深化预算制度改革，推进政府采购改革，完善国有资产管理，全面完成“营改增”任务。加强政府性债务管理，坚决杜绝乡村举债建设。继续实施“引行入庆”战略，加快直接融资进程，支持市内中小企业在省股权交易中心挂牌融资，支持符合条件的中小企业进入“新三板”。积极推进农村产业发展资金互助合作组织和农村产权交易平台建设，加快农村资源资产化、农村资产资本化进程。坚决打击非法集资，防范金融风险，维护金融安全。

推进资源配置市场化改革，争取国家、省上支持建立能源资源有偿开发制度，依据市场规则、市场价格、市场竞争配置资源，把优势资源配置给优势企业，实现效益最大化。

（七）以保障改善民生为根本，持续抓好社会事业发展。坚持优先保障民生投入、优先安排民生项目、优先解决民生问题，促进社会公平正义，维护社会和谐稳定。

统筹推进各项社会事业。**促进教育提质协调发展**，加强学前教育，抓好义务教育，推进高中阶段教育，深化素质教育，全面提高育人水平。深入实施“全面改薄”项目，争取改造农村薄弱学校168所。加快庆化实验学校、长庆中学、庆阳思源实验学校等重点项目建设，着力改善办学条件。加快建设庆阳职业技术学院，完善职业教育集团化发展模式。积极支持陇东学院发展，提升高等教育水平。增强科技服务能力，推进科技创新平台建设，构建以企业为主体的技术创新体系，加快培育科技型中小企业。完善创新成果转化机制，大力实施一批科技项目，让科技成果惠及人民群众。加快构建公共文化服务体系，开工建设大剧院等重点工程，加快推进传媒大厦建设，深入推动“三馆、一站、一屋”免费开放，持续开展“文化进万家”和“千台大戏送农村”活动，加强文化遗产传承保护。新建村级体育活动场所100处。提高卫生计生服务水平，全面推进公立医院改革，严格落实新农合、国家基本药物和基本公共卫生服务均等化制度，加强医德医风建设，改善就医环境。加快市妇女儿童医院、全科医师培训基地、市二院等项目建设，深入实施“城乡居民健康素养提升工程”，全力推动卫生计生事业创新发展。加强食品药品安全监管，加快乡镇食品药品监管所标准化建设，落实网格化、追溯式和风险评估监管，确保人民群众“舌尖上的安全”。更加注重产品质量安全，创建全国质量强市示范城市。抓好安全生产工作，加强道路交通、消防、校园等领域安全管理，提升应急保障和企业安全生产能力，落实企业主体责任，筑牢安全生产防线。依法做好民族宗教工作，继续实施“1+9”扶贫规划，支持民族乡村加快发展。加强国防教育、“双拥”共建和民兵预备役、人民防空工作。支持工会、共青团、妇联、科协、残联等群团组织工作。发展外事侨务、档案、地方志等事业。

加强就业和社会保障。认真落实就业创业和就业援助政策，大力实施产业促进就业行动，积极开发就业岗位，做好高校毕业生、失业人员、复转军人、困难家庭就业帮扶工作，确保城镇登记失业率控制在4%以内。稳定和扩大社会保障覆盖面，稳步推进机关事业单位工作人员养老保险制度改革，完善养老服务和社会救助体系，探索建立医疗救助“一站式”服务模式，全面推进社会保障“一卡通”。进一步完善全民医保体系和居民大病保险制度，深化医保付费方式改革，提升异地就医结算水平。加强企业劳动用工监管，维护劳动者合法权益。大力发展民政福利和残疾人、慈善事业，加强防灾减灾能力建设。推行新型社区管理服务模式，提升为民服务的能力。

扎实办好民生实事。在认真落实惠民政策、完成省上确定为民办实事的同时，全力办好9件市列民生实事：扶持1800名高校毕业生到非公企业就业；救助困难职工及农民工子女大学生1000名；为全市1360所农村中小学校和市直11所学校配备饮水设施设备；建设36个乡镇综合文化站、428个“乡村舞台”和8个县（区）文化集市；实施15个乡镇卫生院“温暖工程”；继续实行婚前医学免费检查；落实市级计划生育家庭奖励扶助政策；新建和改扩建城乡社区日间照料中心、互助老人幸福院110个；持续推进“五个百”便民工程建设。

全面推进法治政府建设

做好新常态下的政府工作，必须以党的十八届四中全会精神为指针，以创建“三个生态”为载体，以法治庆阳建设为统领，着力加强法治政府建设，努力开创政府工作新局面。

高扬法治精神，建设法治政府。始终把法治精神、法治思维、法治方式贯穿于政府工作的全过程，坚持在市委的领导下开展工作、在法治的轨道上推动发展。自觉接受人大依法监督、政协民主监督和行政、司法、审计、社会监督。邀请人大代表、政协委员、知名专家视察政府工作，认真听取民主党派、工商联、无党派人士和各人民团体的意见，积极办理人大代表议案和政协委员提案，健全行政机关负责人出庭应诉制度。坚持依法、科学、民主决策，健全公众参与、专家论证、风险评估、合法性审查和集体讨论决定的重大行政决策机制，全面推行政府法律顾问制度，促进决策科学化、民主化、法治化。强化“法无授权不可为、法定职责必须为”的意识，依法行政、依法办事，加强行政法规、规章和规范性文件清理工作，积极推进政府机构、权限、程序、责任法定化。理顺行政执法管理机制，着力解决权责交叉、多头执法、多层执法问题。坚持严格、规范、公正、文明执法。加大对各类违法行为的惩处力度，坚决纠正有令不行、有禁不止、失职渎职行为，坚决惩治以权谋私、以权压法、徇私枉法行为，使法律成为“高压线”、制度成为“硬约束”。深化政务公开，完善公开办事制度，公开审批流程，推进政务公开信息化建设，打造“阳光政府”。

创新社会治理，维护公平正义。牢固树立“以民为本、执法为民”的理念，依法保障公民人身权、财产权、基本政治权利不受侵犯，保障公民经济、文化、社会权利得到落实，着力促进社会公平正义。加大普法宣传教育力度，深入推进“六五”普法和法律“七进”活动，扩大法律援助覆盖面，教育引导广大群众做法治的忠实崇尚者、自觉遵守者和坚定捍卫者，使办事依法、遇事找法、解决问题用法、化解矛盾靠法成为广大群众的思想自觉和行动自觉。坚持系统、依法、综合、源头治理，深化平安和谐庆阳建设，健全立体化社会治安防控体系，依法打击各类违法犯罪活动，提升人民群众的安全感。健全依法维权和化解纠纷机制，大力推行“阳光信访”，加快网上信访信息系统建设，畅通群众利益诉求渠道，持续唱响改善环境“好声音”，广泛凝聚干事创业“正能量”。

大兴实干之风，持续改进作风。秉持“作风建设永远在路上”的理念，高标准遵守中央“八项规定”、国务院“约法三章”、省委“双十条”和市委22条实施细则等规定。巩固拓展党的群众路线教育实践活动成果，扎实开展“三严三实”专项教育。按照市委“弘扬南梁精神、推动整改落实、持续优化环境”的部署，扎实整改损害群众切身利益的突出问题，清政风、纠行风、正社风，促进作风建设常态化、法治化。建立健全一抓到底、定责问效的工作落实机制，加强对“十二五”规划目标任务落实的考核评估，以“钉钉子”的精神和奋发有为的劲头全力抓落实、干到位。坚决治庸、治散、治懒，着力解决不作为、慢作为、乱作为的问题，努力形成责任干事、为民谋事、勤奋理事、合作成事的强大合力。

树立清风正气，强化廉政建设。按照市委创建风清气正的政治生态的要求，教育政府工作人员讲政治、讲大局、讲规矩、讲团结，廉洁奉公，勤勉尽责。始终把廉政建设与经济工作同部署、同落实、同考核，落实“图表式分责、链条式传导、网格式覆盖、倒逼式追责”，靠实政府系统党风廉政建设主体责任，强化制度约束，层层传导压力，健全风险预警和权力运行监控机制，加强对权力集中、资金密集的部门和岗位的监管。坚持无禁区、全覆盖、零容忍，严肃查处腐败案件，筑牢法治“防线”，遏制权力“越线”，健全不敢腐、不能腐、不想腐的约束机制，努力营造简单共事、真诚相待、作风民主、自律严格的良好氛围。

各位代表，人民赋予重托，实干创造未来。我们一定在省委、省政府和市委的坚强领导下，在市人大、市政协的监督支持下，紧紧依靠和团结带领全市人民，开拓创新，扎实工作，圆满完成今年各项目标任务，为全面建成小康社会、建设幸福美好新庆阳作出更大贡献！

注解：

1、市人大常委会批准调整后的2014年各项预期目标：生产总值增幅由年初确定的13%调整为10%，地方固定资产投资由28%调整为21%，社会消费品零售总额由15%调整为12%，公共预算收入由13%调整为5%，城乡居民收入分别由13%、16%调整为12%、14%。这是充分考虑适应经济发展新常态、权衡各种因素后作出的调整，为实现有质量、有效益、可持续的发展腾出了空间。

2、中盛模式：以高科技、高品质、高效益“三高”为标准，坚持现代畜牧业发展全价值链、全产业链、全循环链的“三链”要求，建成“饲料加工、良种繁育、规模养殖、屠宰分割、转化利用、市场销售”六大板块，形成了“公司＋基地＋农户”互利双赢链式开发模式。

3、两个千亿级产业链：围绕建设国家级重要的能源化工基地的战略定位，以石油、煤炭、天然气、煤层气、页岩气开采转化为牵引，建设油气煤电化冶材一体化循环经济产业体系，形成石油石化、煤炭生产转化两个千亿级循环经济产业链。

4、“四井”贯通：指煤矿的主、副、风、措施井井底顺利实现全面贯通。

5、路条：指国家发改委同意开展工程前期工作的批文。

6、一区四园：庆阳国家级经济技术开发区，长庆桥、驿马、西川3个工业园和庆阳民俗文化产业园。

7、"3341"项目工程：是省委、省政府的重大战略部署，即打造三大政策性战略平台、实施三大基础建设、瞄准四大产业方向，确保到2016年全省固定资产投资规模超过1万亿元。三大政策性战略平台是以兰州新区开发建设和国家循环经济示范区建设为重点的经济战略平台，以华夏文明传承创新区建设为重点的文化战略平台，以国家生态安全屏障综合试验区建设为重点的生态战略平台。三大基础建设是交通提升、信息畅通和城镇化建设。四大产业方向是战略新兴产业、特色优势产业、富民多元产业、区域首位产业。

8、再造一个子午岭：每年利用宜林荒山100万亩培育林业种苗产业，到2020年完成宜林荒山造林700万亩，相当于在我市境内"再造一个子午岭"。

9、固沟保塬生态工程：以治理水土流失为重点，着力构建"塬面径流调控、坡面生态治理、沟道水沙集蓄"3道防线，控制塬面侵蚀和萎缩。

10、"五个百"便民工程：新建、改造100所城乡幼儿园、100个小区蔬菜销售点、100个便民公厕、100个停车场，治理100条城市巷道。

11、四风：形式主义、官僚主义、享乐主义和奢靡之风。

12、"三公"经费：政府部门人员因公出国（境）经费、公务车购置及运行费、公务招待费。

13、三权：农村土地承包经营权、集体经济收益分配权、宅基地用益物权。

14、一个目标：与全国、全省同步全面建成小康社会。

15、一个动力：全面深化改革。

16、三个生态：风清气正的政治生态、活力迸发的经济生态、山清水秀的自然生态。

17、四大战略：产业兴市、工业强市、生态立市、依法治市。

18、十项工程：千亿级产业链建设、扶贫攻坚、生态建设、基础设施建设、"一区四园"建设、新型城镇化、先进文化引领、农民技能培训、民生保障提升、党的建设新的伟大工程。

19、五变：在北部山区，鼓励群众漫山遍野种草、家家户户养畜，引导粮农变牧民；在中南部原区，大力发展苹果产业，引导粮农变果农；在川台地，扶持发展设施蔬菜，引导粮农变菜农；在子午岭林缘区和宜林荒山区，大力发展苗林产业，引导粮农变林农；在城镇和园区，大力发展农产品精深加工业和优势资源开发配套服务业，引导农民变市民。

20、两后生：即初、高中毕业未能继续升学的学生。

21、气化庆阳：从2010年开始，规划利用西气东输二线庆阳支线，建设市区、县城天然气管道和天然气终端利用等项目，保障城市居民燃气、公共服务用气、工业用气需求，改善大气环境，提高市民生活质量。

22、智慧城市：利用先进的信息技术，实现城市智慧式管理和运行，为市民创造更美好的生活，促进城市和谐、可持续发展。

23、四水齐抓：天上水、地表水、地下水、境外水全面利用。

24、五化：绿化、亮化、畅化、美化、净化。

25、营改增：营业税改征增值税，减少了重复纳税环节，是国家实施结构性减税的一项重大税制改革。

26、新三板：全国非上市中小企业股权交易平台。

27、全面改薄：全面改善义务教育薄弱学校基本办学条件。

28、三馆一站一屋：公共图书馆、文化馆、博物馆，乡镇文化站，农家书屋。

29、"1+9"：指1个少数民族乡和9个少数民族村。

30、乡村舞台：即在整合农村宣传文化、党员教育、图书出版、电影放映、体育健身、科学普及等方面的资金、项目、场所、设施、人才等资源的基础上，充分利用乡镇文化站、村社文化室、党员活动室、农家书屋、体育健身工程等现有阵地，组建村级民间自办文化社团，建立群众自娱自乐的综合性文化服务中心。

31、温暖工程：对全市没有供暖设施的乡镇卫生院，配套供暖、给排水系统，并完善职工宿舍等附属设施。

32、法律"七进"：即法律进机关、进乡村、进社区、进学校、进企业、进单位、进宗教场所。

33、国务院"约法三章"：即本届政府任期内，政府性楼堂馆所一律不得新建，财政供养人员只减不增，公费接待、公费出国、公费购车只减不增。

34、三严三实：严以修身、严以用权、严以律己，谋事要实、创业要实、做人要实。

在市委三届九次全委扩大会议暨全市经济工作会议上的讲话

市委副书记、代市长 贠建民

（2015年1月5日）

刚才，栾书记全面总结了过去一年的工作，深入分析了新常态下我市发展的阶段性特征，提出了全市的发展思路、总体要求和主要任务，为我们做好今年各项工作，推动改革创新、转型升级、富民兴市，加快建设幸福美好新庆阳指明了方向、提供了遵循。下面，我就贯彻落实好这次会议精神和栾书记的重要讲话，讲几点意见。

一、2014年经济社会发展情况

2014年，在市委的坚强领导下，全市上下深入贯彻党的十八大、十八届三中、四中全会和中央、全省经济工作会议精神，牢牢把握稳中求进总基调、总要求、总方略，攻坚克难、综合施策，取得了经济稳健增长、民生持续改善、社会和谐稳定、发展后劲增强的良好成效。在全国、全省经济进入新常态的大背景下，全市经济发展呈现出“六个鲜明特点”：

第一，经济发展取得新进步。面对国际形势复杂多变、国内经济下行压力加大、传统能源市场面临诸多挑战等不利影响，市委、市政府积极适应新常态，统筹推进稳增长、调结构、转方式、惠民生、防风险一系列措施，主要经济指标保持高速增长。预计全年生产总值完成669亿元，增长10.5%，总量和增速均居全省前三位。规模以上工业增加值369亿元，增长11.3%，经受住了能源市场波动的考验。地方固定资产投资981亿元，增长23%，发挥了投资支撑经济增长的作用。社会消费品零售总额165亿元，增长13%，保持了消费活跃的态势。财政大口径收入149.25亿元，小口径收入61.54亿元,同口径比较分别增长1.1%和8.27%。城镇居民人均可支配收入20825元，增长11%。农民人均纯收入5523元，增长13%。单位GDP能耗、CPI、污染物排放量等约束性指标均可控制在省列目标之内。

第二，富民产业培育取得新成效。粮食喜获丰收，旱作农业技术推广成效明显，粮食总产量164.2万吨，创历史新高。畜牧产业发展取得重大突破，肉鸡产业实现飞跃式发展，肉羊养殖规模快速扩大，新增规模养殖场235个。苹果产业效益明显提升，销售收入突破23.7亿元。苗林产业政策激发了群众参与、支持生态文明建设的积极性，苗林结合培育113万亩。蔬菜产业规模不断扩张，设施蔬菜种植面积13万亩。产业化经营水平持续提升，新建改扩建农产品加工企业30户，新增农民专业合作社1122个。扶贫攻坚成效明显，全市减少贫困人口13.54万人，减贫率20.6%。第三产业持续发展，2个物流园基本建成，10个专业市场开工建设，县级商品配送中心和标准化农家店建设加快，传统服务业提升和现代服务业培育取得新成效。

第三，能源产业开发实现新突破。《陇东能源基地开发规划》、《“两个千亿级产业链”建设方案》分别获得国家能源局和省政府批复，从顶层设计、政策支持、项目审批等方面把能源化工基地建设提升到了国家战略层面。油气开发再上台阶，新打油井2000口，原油产量突破700万吨、加工量330万吨，庆阳石化600万吨炼油升级改造和天然气综合利用项目取得新进展。煤电开发稳步推进，环县沙井子南部、宁县付家山、宁县和盛—泾川荔堡3个区块完成普查、详查，刘园子煤矿建成投产、产煤50万吨，新庄、马福川2个矿井获得国家发改委核准，核桃峪煤矿“三井”贯通，甜水堡2号即将建成。正宁电厂获得核准，环县电厂已列入省内火电项目消纳建设规划。电力外送通道建设有望启动前期工作。风电基地建设快速推进，环县毛井一期40万千瓦即将建成，毛井二期40万千瓦和甜水堡、紫坊、乔河各5万千瓦项目取得“路条”。“一区四园”建设扎实有效，庆阳经济技术开发区发展规划已经省政府批准并上报国务院待批，四个园区“七通一平”基础建设加快推进，实施各类项目49

个，新增入驻企业10户。

第四，城乡面貌有了新变化。“3341”项目工程深入实施，全年建设500万元以上项目2459个，是项目实施规模和建设体量最大的一年。交通建设完成投资23.2亿元，机场航站楼主体工程完工。银西铁路获得国家批复，甜罗高速公路可研上报国家发改委、交通运输部。新修农村公路1669公里，是近年来投入最大、建设里程最长、受益群众最多的一年。水利建设完成投资9.4亿元，新城南区雨洪集蓄保塬生态项目主体工程基本建成，莲花寺、小盘河水库和巴家咀水库新增调蓄工程可研报告得到批复，马莲河枢纽工程进入国务院重点支持的全国重大水利工程名录。建设农村饮水工程2万处，解决了18.8万人饮水问题。城乡电网建设完成投资4.7亿元，环县330千伏和3个110千伏输变电工程建成投运，新增供电能力17.4万千伏安。改造低电压村（组）896个、农电4.5万户。生态环境建设完成投资13亿元，“再造一个子午岭”和“固沟保塬”两大生态工程深入实施。流域治理380平方公里，新修梯田31.5万亩。城镇建设完成投资27亿元，实施基础设施项目160个；市县29个片区、112万平方米的棚户区改造全面拉开，13个城市高端商务综合体项目启动实施，县城和重点小城镇建设步伐加快，城镇化率提高2个百分点。

第五，改革开放迈出新步伐。改革创新纵深推进，行政审批制度改革力度加大，承接省级下放行政审批项目80项，市级取消调整42项，累计减幅达到78%。政府机构改革进展顺利，撤销整合部门（单位）8个，95%的行政村建立了便民服务中心。工商注册便利化改革成效明显，新增各类市场主体1.6万户。财税管理制度改革加快推进，财政授权集中支付率达到94.6%，消化逾期历史债务10%。混合所有制经济快速发展，能化集团成立股份制子公司11个，吸引外部注册资本5.8亿元，合并后总资产达到16.57亿元。公交集团组建运营，新增城区公交线路5条，投放节能环保车辆268辆。金融服务体系进一步完善，交通银行庆阳分行开业运营，8亿元债券全部发行完毕。农村综合改革扎实推进，耕地保护利用不断加强，累计流转耕地108万亩、林地33.1万亩，国有林场改革顺利实施。对外开放不断扩大，参加了第二次“中国—中东欧国家地方领导人会议暨2014年中国投资论坛”，与意大利卡布拉罗拉市签署6个经济合作项目，外贸出口创汇7000万美元，实施招商引资项目301个，到位资金588亿元，增长30.3%。

第六，社会建设得到新加强。教育、科技、卫生、文化等各项社会事业快速发展。各类学校基础条件明显改善，庆阳职业技术学院获省政府批复。公立医院改革步伐加快。南梁红色旅游景区全面建成，正宁子午岭人文生态景观带等一批景区建设进展良好。省、市确定的38件民生实事全部落实到位，“5个百”便民工程等民生项目加快实施。城乡低保、农村五保供养和社会保险标准进一步提高。建设保障性住房1.46万套，改造农村危窑（房）1.53万户。城乡居民技能培训14.6万人，劳务输转60.7万人，新增公益性岗位1168个、城镇就业5.6万人。安全生产大检查、打非治违、隐患排查治理、农民工工资清欠行动深入开展，矛盾纠纷排查调处和信访综治维稳等工作扎实有效。“四风”问题得到有效遏制，全市“三公”经费同比下降38.8%，会议费同比下降46.2%，干部作风、行政效能、工作纪律得到加强。

一年来，我市经济社会发展取得的成绩实属不易，面临的困难和挑战仍然很多。我们要用发展的眼光、辩证的思维，冷静分析、客观估价、深入研究。

一是正确把握新常态下的经济规律。经济发展进入新常态是中央审时度势作出的重大战略判断，是经济发展阶段性特征的必然反映。经济发展新常态呈现速度变化、结构优化、动力转换三大特点，带来经济运行新特征、新规律、新要求。在这一新常态下，消费拉动乏力、外需支撑不足，投资增长势头减弱的现象还将延续，改变这种趋势还需要一个过程。从全市来说，2014年生产总值、规模以上工业增加值、固定资产投资、财政收入等主要经济指标增幅有所放缓。从县区来看，据初步掌握，除2个县区完成市列计划外，其他6个县都有不同程度的欠账，最多的有5项指标未达到市列计划。对于我们这样一个欠发达市来讲，发展仍是解决所有问题的关键和基础，没有一定的发展速度，遇到的问题会更多，面临的困难会更大。我们要立足实际、把握规律、主动作为，积极做好发现和培育新增长点的加法，压缩落后产能的减法，全面推进科技、管理、市场、商业模式创新的乘法，扩大分子、缩小分母、提高劳动生产率和资本回报率的除法，在提质增效的前提下加快发展步伐，努力实现又好又快发展。

二是积极顺应现阶段的改革大势。全面深化改革是党的十八届三中全会作出的重大部署，是不可逆转的历史潮流。新常态下的经济发展要实现更高质量、更有效益、更利就业的增长，必须依靠深化改革提供源源不竭的动力。受主客观因素影响，年初部署的农村金融体系建设、农村“三权”改革、资源市场改革、生态文明制度建设等改革任务推进缓慢，融资难题、体制问题和结构性矛盾还没有得到彻底解决。我们既要认清客观因素、增强改革信心，又要找出主观原因、顺应改革大势，坚定不移地把各项改革推向深入。

三是高度关注发展中的民生问题。长期以来，受发展基础、区域条件等因素影响，我市交通、水利、生态等建设相对滞后，公共服务均等化水平比较低，就业、教育、医疗、交通安全、食品安全、环境保护等工作与群众期盼仍有差距。我们要更加注重保障和改善民生，着力打基础、破瓶颈、谋长远，着力察民情、解民忧、惠民生，让人民群众过上更加幸福美好的生活。

四是着力解决新形势下的工作落实问题。市委栾书记提出“实干兴市是振兴崛起的关键所在。”目前，一些干部责任担当意识不强，工作效率不高、落实不力，难以适应新形势下实干兴市的要求，与人民群众的期盼还有一定差距。对此，我们要高度重视，认真纠改，以“钉钉子”的精神全力推动各项工作落实。

二、今年主要预期目标和政策机遇

按照市委提出的“紧盯一个目标、强化一个动力、创建三个生态、实施四大战略、建设十项工程”的发展思路和“三个把握、三项重点、三个着力”的总体要求，我们要主动适应经济发展新常态，牢牢把握稳中求进总基调，充分激发改革创新源动力，全面奏响转型升级主旋律，奋力开创富民兴市新局面。

今年全市经济发展的预期目标是：生产总值增长9%左右，固定资产投资增长18%左右，规模以上工业增加值增长10%左右，社会消费品零售总额增长12%左右，财政大口径收入和公共预算收入均增长10%左右，城镇居民可支配收入增长11%左右，农民人均纯收入增长13%左右，单位GDP能耗、CPI、主要污染物排放完成省上下达的控制指标。

确定这样的目标，主要考虑是：**第一，**中央和省上对今年经济形势的研判是下行压力会更大，困难会更多。在这种大势下，我市和全国、全省一样，有必要对预期目标作相应下调安排，这有利于更加集中精力抓好结构调整、提高经济发展质量和效益。**第二，**我市经济增长依靠投资拉动的特征明显，今年要保持9%左右的经济增速，按照投资效应系数估算，需要18%的投资增速来拉动，加之一些大项目、好项目将在今年实施，可以为实现固定资产投资目标发挥支撑作用。**第三，**我市工业增加值中，长庆油田和庆化占比相当大，考虑到原油生产量缓价跌，原油加工处于稳产状态，煤炭开发产能尚未释放，工业增加值比上年调低1.3个百分点。**第四，**公共预算收入增长10%左右，这是保障民生的现实需要，也与全省的公共预算收入增速保持一致。**第五，**城镇居民可支配收入和农民人均纯收入增速高于GDP增速，潜力在于政策性增资有望落实，社会保障水平继续提高，特色富民产业培育成效显现。

做好今年经济工作，实现预期目标，既要正视存在的问题，攻坚克难，更要抢抓机遇，用足用活用好政策。

一是扩大内需的政策机遇。消费方面，国家将加快培育新的消费增长点，支持社会力量举办养老、健康、医疗等服务机构，加快推进宽带提速普及。投资方面，国家积极的财政政策将加力增效，中央预算内投资进一步加大，对农村和中西部地区重大基础设施建设的投入，重点投向铁路、高速公路、重大水利工程和农村饮水、道路、高标准农田，以及城市地下管网、节能环保、生态建设等领域。

二是转方式调结构的政策机遇。今年国家把转方式调结构、发现培育新的增长点作为经济工作的重点，由直接支持具体项目改为设立投资基金，吸引社会资金投入。农业方面，加大农业结构调整、农业科技创新和重大技术推广力度，积极发展多种形式的适度规模经营。创新发展方面，搭建开发共享的科技创新平台，设立400亿的新兴产业创业投资引导基金和1200亿的集成电路产业基金，加快企业技术改造，促进传统产业创新产品、创新管理、创新模式，培育新的增长动力和竞争优势。新兴业态发展方面，推动电子商务、文化创意等产业融合

发展，推广现代流通方式和加强流通基础设施建设。生态环保方面，推进企业节能环保技改、城镇污水垃圾处理设施建设，扩展城市矿产示范基地建设，扩大重点生态功能区、退耕还林还草范围，提高天然林补助标准，推进国土江河整治试点。

三是保障和改善民生的政策机遇。继续实施棚户区改造、保障房建设、农村危房改造，继续提高新农合和城镇居民医保财政补助标准、基本公共卫生服务经费财政补助标准，全面实施城乡居民大病保险，完善基本养老和社会救助制度体系，支持贫困地区基本公共服务均等化。

四是扩大对外开放的政策机遇。国家已经出台“一带一路”建设战略规划，省上出台丝绸之路经济带甘肃段建设总体方案，鼓励工商企业结合中西亚国家市场需求，走出去拓展业务，这将促进我市与周边地区和中西亚国家加强互联互通、经贸往来、产业对接、人文交流。

各县区、各有关部门要结合编制“十三五”规划，及时吃透、消化国家政策，加强向上汇报衔接和政策对接，争取把我市谋划的重大工程、重点项目纳入国家和省上规划范围，力争更多的政策、项目、资金支持，努力把政策机遇转化为加快我市发展的具体举措和实际成效。

三、2015 年工作的着力重点

今年全市经济社会发展任务十分繁重，必须聚焦重点，统筹推进，做到“六个持续不懈”：

（一）持续不懈抓扶贫、促增收，提升“三农”工作水平。加快扶贫攻坚，与全国、全省同步全面建成小康社会，是我市发展的根本大局，是各级政府的历史使命。各县区、各部门要把扶贫攻坚作为最大的政治和最紧迫的任务，全民动员、精准施策，项目向农业整合，资金向农村倾斜，政策向农民惠及，啃下“硬骨头”，打好“攻坚战”。

一要在“四项基础工程”建设上集中攻坚。从贫困地区最紧迫、最直接、最现实的问题入手，整合项目资金，倒排任务工期，集中解决群众行路、吃水、用电、住房等困难。大力实施农村公路通畅工程，2015 年，我们计划新修农村公路 2700 公里，相当于 2013 年的 2.7 倍、2014 年的 1.6 倍。各县区及交通等有关部门要积极整合各方资源，全力以赴加快进度，坚决完成建设任务，确保 80%的行政村通油路（水泥路）。大力实施农村饮水安全工程，由水务部门负责，新建和改造一批机井、小电井、泵站扬水和集雨水窖等农村小型水利工程，使 5 万农村人口实现安全饮水。大力实施用电质量提高工程，由电力公司负责，新建改造 10 千伏线路 852 公里，治理低电压、供电瓶颈村组 236 个，完成 447 个村组动力通电。大力实施易地扶贫搬迁工程，由发改、扶贫等部门负责，按照农民自愿、先易后难、突出重点的原则，落实移民搬迁 5300 户、2.4 万人，建设安置区 112 个。

二要在“四个富民产业”培育上取得实效。扶贫攻坚的核心是要有脱贫致富的特色产业。各县区和农口部门要加快推进农业现代化，着力转变农业发展方式，调整种植、养殖、农林布局结构，大力推广“中盛模式”，推进肉羊、苹果优势主导产业和蔬菜、苗木区域特色产业规模化发展、集约化经营，让“中盛模式”在各县区、各产业落地生根、开花结果。要培育壮大草畜产业，以打造现代畜牧业全产业链、全循环链、全价值链为方向，以设施养殖、饲草利用和畜产品加工为重点，提升肉鸡“三链”养殖水平，争取新上 200 万吨肉羊屠宰分割项目，新建规模养殖场（区）200 个，更新种植紫花苜蓿 100 万亩，肉绒羊、肉牛、生猪饲养量分别达到 560 万只、75 万头和 140 万头。要培育壮大苹果产业，坚持抓栽植扩规模，抓管理提品质，抓宣传创品牌，新栽苹果 10 万亩，打响“庆阳苹果”品牌。要培育壮大苗林产业，坚持“因地制宜、适地适树”的原则，推动种苗培育和荒山造林同步协调发展，全年造林 100 万亩以上。要培育壮大蔬菜产业，加快推进高原夏菜和设施蔬菜基地建设，蔬菜面积稳定在 100 万亩以上，其中设施种植 14 万亩。同时，要坚持粮食生产中心地位不动摇，加快推进粮食安全保障工程建设，开工建设 2.5 万吨粮食仓库及加工项目，落实双垄沟播面积 350 万亩以上，确保粮食总产量稳定在 150 万吨以上。坚持农业产业化经营方向不动摇，扶强做大年销售收入过亿元的农字号企业 10 户以上，新增各类农民专业合作组织 200 个，提高农业生产的规模化和组织化程度。

三要在农民“四项基本素质”提升上加大力度。素质和能力是群众打开脱贫致富之门的“金钥匙”。要着力提升农民科技素质，着眼增强农民自我“造血”功能，全年培训农村劳动力 10 万人；鼓励支持有能力、有技术、有资金、有经验的务工返乡青年创办实业，带领农民致富增收。要着力提升农民文明素质，加强社会公德、家庭美德、个人品德教育，引导农民树立良好的生产生活习惯，大力弘扬尊老爱幼、感恩社会、团结邻里、崇尚科学的文明风尚。要着力提升农民文化素质，深入开展丰富多彩的文化活动，用健康向上的文化生活丰富群众的精神世界,满足群众的精神需求。要着力提升农民法律素质。认真做好普法宣传教育工作，让办事依法、遇事找法、解决问题用法、化解矛盾靠法成为农民的思想自觉和行为自觉。

四要在“四项扶贫机制”创新上谋求突破。建立科学合理的长效机制，是打赢扶贫攻坚战的根本保障。各县区、各部门要在完善投入机制上下功夫，充分发挥行业扶贫、专项扶贫、社会扶贫和各级财政“四支扶贫力量”的攻坚作用，切实用好国开行支持产业扶贫政策措施，扩大“双联惠农贷款”和小额担保贷款等信贷规模，为贫困群众脱贫致富提供重要保障。要在完善领导机制上下功夫，把扶贫攻坚作为各级领导干部的第一责任，建立完善主要领导牵头抓总、分管领导亲自抓促的工作协调机制。深入实施100个整村推进项目，确保9万人稳定脱贫。要在完善协作机制上下功夫，把扶贫攻坚与双联行动结合起来，对贫困人口精细化管理、对扶贫资源精确化配置、对贫困农户精准化扶持，打好扶贫攻坚“组合拳”。要在完善考核机制上下功夫，完善扶贫开发工作考核指标体系，把提高贫困人口生活水平和减贫数量作为主要内容，发挥考核“指挥棒”作用。

（二）持续不懈抓产业、延链条，推动能源化工基地向高端化方向发展。丰富的油煤气资源是我市最突出的优势，也是转型升级的强大引擎。各县区、各部门要秉持“低碳、高效、可持续”的理念，紧盯油、煤、气和新能源等优势资源，做好资源开发这篇大文章。

一要在建设石油石化千亿级产业链上持续发力。按照12月15日我市与中石油集团会谈商定的事项，以实施原油开采加工“双千万吨”工程为抓手，做到“四个不动摇”：一是坚持增储上产抓开采不动摇，全力支持油田企业推动致密油气田高效开发，落实投资生产计划，力争原油产量达到750万吨以上。二是坚持升级改造抓炼化不动摇，尽最大可能压缩检修时间，确保原油加工量达到350万吨以上，力争庆化600万吨炼油升级改造项目核准及合资合作建设。三是坚持链式开发抓延伸不动摇，超前谋划石油石化后续产业发展，科学论证和新上乙烯、丙烯、苯、碳四等下游深度开发核心项目。四是坚持综合开发抓利用不动摇，尽快拿出我市天然气上下游开发利用方案，加快“气化庆阳”、庆阳瑞华天然气综合利用及深加工等项目建设，力争年内生产天然气1.5亿立方米，保障我市城市、工业和交通等领域燃料用气。

二要在建设煤炭生产转化千亿级产业链上谋求突破。强化对刘园子矿井的生产调度，尽快实现达产达标。全力推进核桃峪、新庄、马福川和甜水堡2号井等4个矿井建设，力争甜水堡2号井达到试生产条件。争取九龙川、毛家川、钱阳山等3个矿井前期工作有新进展。开工建设正宁电厂一期，争取环县电厂一期、西峰热电联产项目核准，抓紧开展电力外送工程前期工作，持续推进晋煤集团煤、电、气化一体化项目。加快煤层气实验性开采，新增探井5口，建设煤层气压缩站、加气站、煤层气液化厂等配套项目。

三要在风电基地建设上加快进度。充分利用北部丰富的风能资源，争取毛井一期40万千瓦建成并网发电，力争毛井二期40万千瓦和甜水堡、紫坊、乔河各5万千瓦风电项目开工建设。

四要在扶强做大地方工业上弥补短板。认真落实扶持小微企业发展的各项政策措施，积极开展千户企业扶创活动，鼓励企业家和创业人士瞄准市场创办新企业，新增小微企业2000户以上，培育壮大一批规模以上工业企业，做大做强市属国有企业。要加快工业集中区基础设施建设，力争庆阳经济技术开发区获得国家批复。要依托园区平台，主动承接央企和东部地区产业转移，重点拓展装备制造、食品医药、新材料产业链条，逐步形成多元支撑、特色鲜明的地方工业体系。

（三）持续不懈抓特色、促融合，加快服务业创新发展。把培育壮大服务业作为稳增长、调结构、扩内需、增就业的重要途径，深化“四个融合”，加快“三个创新”，向更大空间、更优格局要动力、要效益。

“四个融合”：一是积极融入新丝绸之路经济带甘肃黄金段建设，加强与中西亚各国的交流合作，努力打造以庆阳为重要节点、辐射带动周边地区的物流集散地，让先进的思想理念、前沿的信息技术、高端的人才资源汇聚庆阳。**二是**积极融入关天经济区、西咸经济圈，立足日益密切的经贸往来、同根同源的地域特征、前景广阔的合作空间，创新探索共同谋划产业布局、共同推进资源开发的合作共赢机制。**三是**积极推动地企深度融合，按照“央企做主业、做核心，地方做服务、做配套”的思路，发挥庆阳能源化工集团龙头作用，以产业融合促进地企融合，辐射带动配套相关服务业快速发展。**四是**积极促进文化旅游深度融合，抢抓建设华夏文明传承创新示范区和陇东南国家中医药养生保健旅游创新区的机遇，着力在规划引领、转型升级、景区建设、配套服务上下功夫，高端化“建点”、精品化“连线”、一体化“布面”，立足丰富的革命遗迹，打造红色旅游品牌；立足底蕴深厚的农耕文化和岐黄文化，打造历史文化旅游品牌；立足丰富多彩的民俗文化，打造民俗文化旅游品牌；立足“天下黄土第一原”和子午岭自然风光，打造黄土生态、乡村旅游品牌，充分挖掘景区、景点的丰富内涵和独特魅力，进行全方位包装、精细化雕琢，使每一处景观特色鲜明、引人入胜，加快形成辐射陇东南乃至陕甘宁的大文化、大旅游、大融合发展新格局。

“三个创新”：一是创新完善流通网络，以市区10个专业市场和2条商贸物流产业带建设为重点，加快宁南等物流园区建设，完善农畜产品综合交易市场，健全商贸流通体系，实现商品配送中心覆盖到县，农贸市场覆盖到重点乡镇，农家店覆盖到村。**二是**创新搭建商务平台，加快“智慧城市”创建步伐，积极发展以大数据为引领的网络购物、信息咨询等新兴产业，大力实施“电子商务进农家”工程，推动协会、品牌、物流、网店、宣传“五位一体”发展，新建100个农村电子商务示范店。**三是**创新培育消费热点，促进绿色低碳消费，升级旅游休闲消费，提升教育文体消费，鼓励养老健康家政消费，充分挖掘大众消费潜力。

（四）持续不懈抓项目、破瓶颈，提升基础支撑能力。抓项目、破瓶颈、强支撑，是我市当前和今后一个时期的核心任务。各县区、各部门要以“3341”项目工程为总抓手，突出抓好以基础设施为重点的项目建设，强化服务保障，加大项目谋划实施力度，力争固定资产投资突破1100亿元。

一要加快建设骨干交通网络。抢抓国家重点支持中西部铁路、高速公路建设的机遇，主动加强与国家、省上的沟通衔接，积极配合建设单位，确保机场航站楼建成运营，银西铁路、甜罗高速公路、华池打扮梁至平凉高速公路开工建设，着力构建贯通南北、连接东西的交通大动脉。围绕“十三五”规划编制，提早谋划庆阳至兰州高铁、平凉至镇原至黄陵铁路等一批重大交通项目，力争更多的项目进入国家、省级交通建设规划。

二要强化骨干水利支撑。坚持大、中、小工程结合，“四水”齐抓，民生水利和骨干水利并举，争取葫芦河供水、正宁电厂一期四郎河供水工程建成投用，确保小盘河水库、葫芦河莲花寺水库、巴家咀水库新增调蓄工程开工建设，完成马莲河枢纽工程前期工作，争取境内最大的河流早日发挥效益。加快节水型社会建设，积极推进工业节水和污水处理回用，保障群众生产生活和能源化工基地建设用水需求。

三要提升电力保障能力。积极推进5个110千伏变电站（正宁周家、合水、西峰西城、西峰西庄、庆城白马）、3个330千伏变电站（环县、庆中、长庆桥）建设，加快建设“三网合一”电力信息基础项目，完善城乡供电网络。积极探索以建设地方自备电厂为载体，以220千伏线路为主、110千伏及以下线路为辅的区域电网架构，为构建企地联合循环产业区打造强大的区域电网支撑。

四要持续改善生态环境。以“再造一个子午岭”和“固沟保塬”两大生态工程为抓手，加快推进造林绿化、天然林保护、退耕还林、碳汇林基地建设等重点生态工程；坚持保塬、护坡、固沟“三措”并举，争取固沟保塬综合治理工程列入国家计划立项实施，加快实施百万亩土地整治、农村面源污染和荒漠化防治等工程，建成市区雨洪集蓄保塬生态项目，力争治理水土流失370平方公里，新修梯田27万亩，全面构筑塬面、塬边、沟头、沟道“四道防线”。要坚持不懈地推进节能减排，既要有立竿见影的措施，更要有可持续的制度安排，坚持源头严防、过程严管、后果严惩，治标治本多管齐下，加强油区生态环境治理、大气污染防治、饮用水源地污染治理，抓好重点行业清洁生产，大力发展环保产业。

五要加快新型城镇化建设。紧紧抓住省上把我市列入全国新型城镇化试点的机遇，因地制宜、顺势而为推进新型城镇化。要大力实施棚户区改造，强力推进市县35个片区、80万平方米的棚户区改造工程，使棚户区改造这项稳增长、扩投资、夯基础的民生工程落到实处。要着力提高城镇化水平，按照“优先解决存量、合理引导增量”的原则，推进城镇常住人口市民化，促进人口向城镇有序规模集中。要统筹推进城乡基础建设，市区要突出规划引领、功能提升，重点抓好庆化大道、北京大道等13条城市道路建设，完成集中供热、供水管网改造、污水处理等工程建设，加快推进支撑城市发展的南盘旋改造、万辉国际城等重点工程建设；县城要加快旧城改造、新区开发和基础配套建设，构建一县城、一特色、一风貌的格局；乡镇要以30个重点小城镇建设为重点，突出设施完善和“五化”综合治理，打造设施完备、功能齐全、环境优美的小城镇；村庄要突出环境综合治理和公共服务配套，加快美丽乡村建设，创建美丽示范村20个、环境整洁村164个，改善农村人居环境。

（五）持续不懈抓改革、促开放，最大限度释放发展活力。从老百姓最期盼的领域抓起，从制约发展最突出的问题改起，以改革激发活力，以开放促进增长。

以创建“三个生态”为引领，聚焦发力“六项重点改革”。**一要**继续深化行政审批制度改革。加快转变政府职能，消减行政审批事项，简化行政审批流程，规范行政审批行为，做好“接、放、管”工作，加快建立行政权力清单、部门责任清单、财政专项资金管理清单和政务服务网“三张清单一张网”，深化注册资本登记制度和“先照后证”改革，提升政务服务水平。**二要**稳妥推进事业单位改革。分类梯次推进承担行政职能和从事生产经营活动的事业单位改革，逐步形成基本服务优先、供给水平适度、布局结构合理、服务公平公正的公益服务体系。**三要**加快发展混合所有制经济。积极推动地方企业融入能源开发转化的大型央企和知名民企，激发各种所有制经济的活力和创造力。支持非公经济投资参股国有企业和其它鼓励社会资本投资的项目，抓好规下转规上、限下转限上和个体工商户转企业工作。**四要**深化农村综合改革。稳步扩大农村土地承包经营权、集体经济收益分配权、宅基地用益物权“三权”综合改革试点，全面开展农村土地承包经营权确权登记工作，引导农村土地规范有序流转，探索创新经营方式，发展适度规模经营，推进农村产权交易平台建设，让农民成为农村改革的积极参与者和真正受益者。**五要**深入推进财税金融改革。全面落实财政预算管理改革措施，大幅整合存量资金和各部门管理的专项资金，全面完成“营改增”任务。创新重点领域投融资体制机制，改革竞争性领域财政资金投入方式，探索建立基金带动社会资本投资的模式，设立财政参股的科技创新驱动基金、产业投资引导基金、贷款融资担保基金，吸引社会资本投资。深入实施“引行入庆”行动，争取招商、中信、光大、浙商银行在我市设立分支机构。加快债券发行进程，争取年内为重点项目发行15亿元左右的建设债券。支持各类金融机构在农村和社区设立金融综合服务点、便民服务站和社区银行。争取在全市50%的乡镇、20%的行政村成立农村产业资金互助组织。六要落实资源配置市场化改革。争取国家、省上支持建立油煤气资源有偿开发制度，加快建立科学配置、有偿配置资源制度，延长产业链条，壮大地方工业。依据市场规则、市场价格、市场竞争配置资源，把优势资源配置给优势企业，实现效益最大化。

以“五个招商”为抓手，进一步扩大对外开放。坚持外向型战略取向，以优势资源、优惠政策、人文环境、高效服务、良好法制环境“五个招商”模式，紧盯世界500强、国内50强企业，在引新、引高、引强上求突破，力争招商引资资金到位率增长20%以上。要支持企业开拓丝绸之路经济带沿线国家市场，加强商贸流通、基础网络和生态建设对接，实现优势互补、共同发展。

（六）持续不懈抓法治、促和谐，全力保障改善民生。经济下行压力再大，民生保障和社会建设工作也不能受到影响。各县区、各部门要更加注重保障基本民生，更加注重维护公平正义，更加重视社会和谐稳定。

一要全面推进法治政府建设。树牢“法无授权不可为、法定职责必须为”的理念，把法治的思维、精神和方式贯穿于政府各项工作，敬畏法律，崇尚法治，依法行政，依法办事，严格、规范、公正、文明执法，强化对行政权力的制约和监督，全面推进政务公开，坚决纠正有令不行、有禁不止的行为，加大对各类违法行为的查处和惩治力度，使法治成为“高压线”、制度成为“硬约束”。

二要统筹发展各项社会事业。教育部门要强化教育管理创新，提高教育质量，深入实施“全面改薄”项目，争取改造168所农村薄弱学校，加快庆阳七中、庆化学校二期、长庆中学一期、庆阳思源实验学校等重点项目建设。要加快庆阳职业技术学院建设，完善职业教育集团化发展模式。要积极支持陇东学院发展，提升高等教育水平。科技部门要积极推进科技创新平台建设，构建以企业为主体的技术创新体系，加快培育科技型中小企业，完善创新成果转化机制，大力实施一批科技项目，让科技成果惠及人民群众。文化部门要强力推进重点文化项目建设，开工建设大剧院、传媒大厦，新建乡镇综合文化站36个、乡村舞台240个、文化集市8个，深入推进“三馆、一站、一屋”免费开放，持续开展“文化进万家”和“千台大戏送农村”活动。卫生部门要加快推进公立医院改革，巩固完善新农合、国家基本药物和基本公共卫生服务均等化制度。要加快市妇女儿童医院、全科医师培训基地、市二院等项目建设，深入实施“城乡居民健康素养提升工程”，提升卫生服务水平。

三要加强就业和社会保障。大力实施创业促进就业行动，认真落实就业促进、创业扶持和就业援助政策，着力引导高校毕业生面向基层、中小微企业和非公经济组织就业，切实抓好就业困难人员、复转军人、下岗失业人员等特殊人群的就业工作，确保城镇登记失业率控制在4%以内。要稳定和扩大社会保障覆盖面，加快推进养老保险制度改革，探索完善养老服务、医疗救助、大病统筹、社会保险等“一站式”服务体系，大力发展民政福利和残疾人、慈善事业，进一步提高社会保障水平。

四要创新和加强社会治理。深化平安和谐庆阳建设，健全立体化社会治安防控体系，依法打击各类违法犯罪活动。加大矛盾纠纷化解力度，大力推行“阳光信访”，落实领导干部带案下访制度，加快网上信访信息系统建设，扩大法律援助覆盖面，畅通群众利益诉求渠道。加快乡镇食品药品监管所标准化建设，落实网格化、追溯式和风险评估监管，切实提高产品质量和食品药品安全水平。持续抓好安全生产工作，加强道路交通、消防、校园等领域安全管理，强化应急保障、防灾减灾和企业安全生产能力，真正落实企业主体责任，筑牢安全生产防线。

四、全力抓好工作落实

一分部署，九分落实。今年经济社会发展各项任务已经明确，关键在于落实。各县区、各部门要全心干事业，全面抓落实，全力求实效。

*第一，以更加解放的思想创新干事。*牢固树立世界眼光和全球思维，善于用“放大镜”来审视形势、洞察全局，谋划好新常态下的经济工作。强化创新发展的理念，善于用改革的办法破解发展难题，看哪些突出矛盾需要着力解决，哪些薄弱环节需要着力加强，哪些隐性风险需要着力规避，哪些增长潜力需要着力挖掘，创造性地开展工作。

*第二，以更加务实的作风埋头干事。*自觉践行“三严三实”要求，大力弘扬求真务实的工作作风，对确定的各项任务，一步一个脚印推进，一件一件逐项落实。按照市委“弘扬南梁精神、推动整改落实、持续优化环境”的部署要求，巩固拓展教育实践活动成果，通过抓整改推动作风转变，通过作风转变推动工作落实。

*第三，以更加有力的担当责任干事。*对今年各项任务，以指标定量、工作定责的形式，分解到部门、到单位、到人头，明确分管领导、牵头部门、配合单位、完成时限，盯紧抓牢每个节点、每个月份、每个季度，做到见事早、行动快、效率高。健全完善目标责任考核体系和督查问效机制，确保完成各项工作任务。

*第四，以更加严明的纪律干净干事。*各级干部要严格遵守各项纪律和制度，带头执行中央“八项规定”、省委“双十条”规定和市委22条实施细则等规定，持续深入反对“四风”，持续优化发展环境，努力形成凝心聚力、干事创业的良好氛围。

年关岁首，各县区、各有关部门要高度重视市场商品供应和质量、价格监管，认真组织开展扶贫济困送温暖活动，妥善安排好困难群众生活，坚决禁止奢侈浪费行为，统筹做好春运工作，全力抓好安全生产和社会稳定，确保全市人民过一个欢乐、祥和的春节。

同志们，新的一年发展时不我待，工作意义重大。我们要在市委的坚强领导下，振奋精神，扎实工作，努力为全面建成小康社会、建设幸福美好新庆阳作出新的更大贡献！

关于庆阳市2014年财政预算执行情况和2015年全市及市级财政预算（草案）的报告（书面）

——2015年2月6日在庆阳市第三届人民代表大会第五次会议上

庆阳市财政局局长 郭光能

各位代表：

受市人民政府委托，现将2014年全市财政预算执行情况和2015年全市及市级财政预算（草案）报告，提请市三届人大五次会议审议，并请各位政协委员及列席人员提出意见。

2014年全市及市级财政预算执行情况

2014年，全市财政工作坚持“稳中求进、改革创新”总基调，紧紧围绕市委、市政府的总体部署，认真落实市三届人大四次会议有关决议，千方百计稳增长、保民生，群策群力求创新、推改革，持之以恒抓收入、促发展，较好地完成了各项目标任务。

（一）全市财政预算执行情况

全市公共财政收入完成615358万元，占调整预算的103.05%，同口径增长8.27%。大口径财政收入完成1492520万元，同口径增长1.11%。全市公共财政支出完成1857321万元，较上年1833559万元增支23762万元，增长1.3%。

支出分项目完成情况是：

一般公共服务312562万元，占变动预算的98.58%，比上年增长2.49%；

国防508万元，占变动预算的100%，比上年增长1.6%；

公共安全76519万元，占变动预算的99.73%，比上年增长0.27%；

教育327259万元，占变动预算的96.53%，比上年增长1.34%；

科学技术17076万元，占变动预算的100%，比上年增长 8.74%；

文化体育与传媒35363万元，占变动预算的97.63 %，比上年下降2.85%；

社会保障和就业302846万元，占变动预算的99.01%，比上年增长6.93%；

医疗卫生与计划生育162715万元，占变动预算的96.02%，比上年增长2.94%；

节能环保50490万元，占变动预算的93.99%，比上年增长0.49%；

城乡社区事务82691万元，占变动预算的97.26%，比上年下降2.83%；

农林水事务260320万元，占变动预算的94.15%，比上年下降1.95%；

交通运输81789万元，占变动预算的99.38%，比上年下降1.19%；

资源勘探电力信息等事务9383万元，占变动预算的97.51%，比上年增长2.74%；

商业服务业等事务7672万元，占变动预算的95.83%，比上年下降4.81%；

金融监管等事务101万元，占变动预算的100%，比上年增长3.06%；

国土资源气象等事务20400万元，占变动预算的78.71%，比上年下降0.98%；

住房保障101292万元，占变动预算的99.02%，比上年下降5.51%；

粮油物资储备管理等事务3418万元，占变动预算的100%，比上年增长3.51%；

债务付息869万元，占变动预算的100%，比上年下降0.91%；

其他支出4048万元，占变动预算的88.33%，比上年下降10.92%。

全市9个预算单位均实现当年财政收支平衡。

（二）市级财政预算执行情况

市级公共财政收入完成356876万元，占预算325000万元的109.81%，占调整预算356500万元的100.11%，同口径增长15%。大口径财政收入完成 1086648 万元，占预算 1051600 万元的 103.33%，占调整预算 1085500 万元的 100.11%，同口径增长 0.43%。市级公共财政支出完成 293563 万元，占变动预算 313153 万元的 93.74%，较上年 351787 万元减少 58224 万元，下降 16.55%。支出下降的原因：一是煤田“两权”价款短收；二是市财政进一步加大了对县区的补助力度，这部分支出最终反映在县区。

支出分项目完成情况是：

一般公共服务 66317 万元，占变动预算的 94.36%，比上年增长 0.57%；

国防 398 万元，占变动预算的 100%，比上年下降 5.24%；

公共安全 19166 万元，占变动预算的 99.04%，比上年下降 8.34%；

教育 31651 万元，占变动预算的 99.35%，比上年增长 2.39%；

科学技术 3505 万元，占变动预算的 100%，比上年增长 7.12%；

文化体育与传媒 16002 万元，占变动预算的 100%，比上年下降 66.21%；

社会保障和就业 57250 万元，占变动预算的 97%，比上年增长 2.84%；

医疗卫生与计划生育 19685 万元，占变动预算的 77.38%，比上年下降 17.97%；

节能环保 7820 万元，占变动预算的 90.09%，比上年下降 2.95%；

城乡社区事务 6087 万元，占变动预算的 100%，比上年下降 13.12%；

农林水事务 35435 万元，占变动预算的 91.57%，比上年下降 18.6%；

交通运输 12306 万元，占变动预算的 98.33%，比上年下降 44.92%；

资源勘探电力信息等事务 2356 万元，占变动预算的 95.93%，比上年下降 10.72%；

商业服务业等事务 1420 万元，占变动预算的 88.31%，比上年下降 8.45%；

国土资源气象等事务 3378 万元，占变动预算的 57.3%，比上年下降 24.83%；

住房保障 9888 万元，占变动预算的 95.64%，比上年下降 21.86%；

粮油物资储备管理等事务 827 万元，占变动预算的 100%，比上年下降 14.12%；

债务付息 72 万元，占变动预算的 100%，比上年下降 1.37%。

2014 年，重点做了以下工作：

（一）着力促增收抓节支，支持保障能力稳步提高。**一是完善机制抓收入。**面对原油价格持续下滑、煤田“两权”价款短收严重等不利因素，各级财税部门紧密协调配合，积极主动应对，科学研判形势，强化税源监控，开发增量税源，挖掘潜在税源，坚持依法治税，加强零散税源管理，加大非税收入征缴力度，健全收缴动态监控机制，努力实现以小补大、应收尽收。**二是抢抓机遇勤争取。**认真研究、准确把握上级支持政策和投资取向，千方百计争取财力性转移支付和各类专项补助。当年上级下达各类补助 122.46 亿元，增加 6.02 亿元，增长 5.17%，有效缓解了市县（区）财政支出压力。**三是厉行节约控支出。**坚决执行中央八项规定、国务院“约法三章”、省委“双十条”规定、市委实施细则等一系列规定和要求，制定出台了市级会议费、差旅费、培训费等管理办法，大力压缩一般性支出，“三公”经费预算标准只减不增，取消车辆购置经费和新建楼堂馆所经费，严格控制非政策性新增专项，切实降低行政运行成本。全市“三公”经费同比下降 38.8%，会议费同比下降 46.2%，其中，市本级“三公”经费同比下降 44%，会议费同比下降 59.6%。

（二）着力转方式破瓶颈，服务发展能力不断增强。不断拓宽筹资渠道，盘活存量资金，全力支持“3341”工程、“一区四园”、能源开发、城区改造等重大项目建设。市级安排基本建设资金 3.28 亿元，支持传媒大厦、养老基地等重点项目建设；落实 2 亿元，支持西峰城区建设；安排 2.1 亿元，支持西合、西镇公路建设、农村公路养护及民航、公交事业发展；安排 1.2 亿元，重点支持园区基础设施建设和招商引资；安排 1500 万元，扶持规模以上企业、循环经济和非公经济发展；安排 1090 万元，支持防污治污、节能减排和生态市创建；稳步推进“营改增”工作，为企业、群众减负 1.41 亿元。

（三）着力强基础惠三农，财政支农力度持续加大。加大“三农”投入，推动现代农业发展。市级筹措资金 4.33 亿元，支持“1236”扶贫攻坚行动、整村推进、“美丽乡村”、农村基础设施建设；整合资金2.96亿元，支持“365”现代农业发展行动、特色产业发展、农业技术推广和标准化示范区建设；安排资金8000万元，支持小盘河、莲花寺和巴家咀水库、“千吨万人”集中供水等水利工程建设；安排资金2000万元，支持宜林荒山苗林产业培育、国有林场育苗基地等林业生态建设；落实资金1498.7万元，提高村干部报酬和村办公经费标准；投入资金1959.5万元，支持发展壮大村级集体经济、村（社区）便民服务中心和基层人大代表活动场所建设；全市投入财政奖补资金2.1亿元，实施村级公益事业“一事一议”财政奖补项目457个，项目完成总投资3.34亿元；兑付惠农补贴20多项19.71亿元；累计发放双联惠农贷款11.05亿元，落实贴息资金6889万元。

（四）着力调结构保重点，保障改善民生更加有力。按照“保基本、兜底线、促公平、可持续”的原则，调整优化支出结构，统筹安排民生投入，公共服务均等化水平进一步提高。支持教育优先发展。全市教育支出32.73亿元，占总支出的比重达到17.63%。市级安排3.1亿元，全力支持薄弱学校改造、消除D级危房、小伙房、城区学校改扩建等工程建设，办学条件得到明显改善。支持医疗卫生事业发展。全市医疗卫生支出16.27亿元，增长2.94%。支持开展城乡居民大病保险试点工作，全面落实基本药物制度；基本公共卫生财政补助经费人均标准提高到35元；兑付市级公立医院药品销售差价补贴2311万元；安排资金1500万元，支持开展妇女两癌普查；食品药品安全监管、卫生监督执法等公共卫生服务项目得到有效保障。支持完善社会保障“安全网”。全市社会保障和就业支出30.28亿元，增长6.93%。城市低保月补助标准提高15%；农村五保户集中及分散供养年人均补助标准分别提高到3310元和3110元；职工大病救助支付额度大幅提高；落实公益性岗位等六大补贴2702万元；市级安排资金4318万元，扶持创业带动就业和高校毕业生到非公企业就业；落实资金1922万元，解决残疾人、困难企业特殊人员及遗属、伤残军人等困难人群的生活和医疗难题；城镇居民医疗保险、新农合人均筹资标准分别提高到420元和380元。市级当年筹集社会保险基金4.44亿元，基金抗风险能力明显增强。支持保障性安居工程建设。全市住房保障支出10.13亿元，农村危窑（房）、廉租房、公共租赁房和林业棚户区改造工程建设顺利推进，城乡困难群众住房问题得到有效解决。支持公共文化事业繁荣发展。全市文化体育与传媒支出3.54亿元。市级安排资金8843万元，支持重点旅游景区、“乡村舞台”、“农村文化集市”和“农家书屋”工程建设，公共文化服务体系进一步完善。确保科技投入稳步增长。全市科技支出1.71亿元，增长8.74%。科技成果转化、推进创新型城市建设和科技富民工程得到有效保障。同时，社会管理创新、政法综治、信访维稳等工作得到有力保障；调整机关事业单位职工津贴、补贴标准，兑现落实职工应休未休假补贴、取暖补贴、科学发展绩效考评奖，干部职工收入稳定增长。

（五）着力推改革建机制，理财内生动力显著增强。坚持向改革要效益，以创新促发展，进一步释放财政体制机制活力。**一是**深化预算管理制度改革，基本建立起公共财政、政府性基金、国有资本经营、社会保险基金四位一体政府预算体系，起草并提请市政府出台了《全面推进部门预算绩效管理的实施意见》、《市级财政投资项目清单管理制度》等制度办法，落实部门主体责任，有效增强了预算的执行力和约束力。**二是**加快国库集中支付和公务卡改革步伐，扩大财政直接支付范围，积极推行授权支付，集中支付率达到94.6%，努力实现公务卡正常刷卡。**三是**加强政府性债务管理，起草并提请市政府出台了《政府性债务管理暂行办法》和《关于加快化解政府性债务的实施意见》，建立完善了债务风险预警和考核机制，完成消化10%逾期债务的目标任务。**四是**加快推进政府采购改革，优化采购流程，积极开展公车改革摸底和政府购买社会服务试点工作。同时，完善国有资产管理信息系统，规范资产处置程序，稳步推进国有资产管理改革。进一步简化优化财政工作流程，提高工作效率。

（六）着力强监管促公开，财政资金使用更加规范。按照“全员参与、全面覆盖、全程监控”的大监督理念，以预算编制和执行监督为核心，实施监督流程再造工程，推动财政监督工作转型。起草并提请市政府出台了《关于进一步加强和改进财政监督工作的意见》，制定了《市财政局内部监督管理办法》等制度办法。扎实开展了中央“八项规定”、“小金库”专项治理、重大政策、重点项目、民生资金落实情况及行政事业单位会计信息质量等专项检查。严格落实会议费、差旅费、培训费等管理办法，督促预算单位加强内控机制建设，从严执行新财务制度。积极推进政府预决算和“三公”经费公开工作，市本级和8县区全部公开了政府预决算和“三公”经费汇总预算，全市1272个单位及时公开了部门预决算和“三公”经费预算。完成财政投资项目评审176个，核减造价4890万元。财政信息化管理系统全面升级优化，预算执行动态监控水平进一步提高。

2014年，全市财政经济运行平稳，各项工作扎实推进，但受多种因素影响，收支形势严峻，困难凸显。**一是财源结构单一。**我市财政收入主要依靠油田税收和煤田出让价款。当前由于能源市场疲软，原油、原煤价格大幅下滑，产能增加有限，导致我市主体税收严重减收，煤田出让价款无法按期缴纳，造成财政收入下行压力加剧，增收异常困难。**二是收支矛盾突出。**由于进一步规范津补贴、提高科学发展业绩奖、休假补贴、取暖补贴、保障法定支出、政策性配套等刚性支出逐年迅猛增加，县区财力普遍紧缺。同时，随着棚户区改造和重大水利工程贷款的落实，政府性债务规模进一步增大，各级财政还本付息压力加剧，收支矛盾更加突出。**三是预算绩效管理工作亟待加强。**我市预算绩效管理工作刚刚起步，还存在制度不健全、评价结果应用效果不明显等问题。对存在的这些问题，需在今后工作中努力加以解决。

2015年全市及市级财政预算（草案）编制情况

（一）全市一般公共预算（草案）编制情况

2015年，受财税体制改革、宏观经济环境和收入结构影响，财政增收减收因素较为明显。综合分析，收入增长渠道比较单一，下行压力仍然较大，收支形势依然严峻。**收入方面，**煤炭资源税实行从价计征，原油资源税和成品油消费税税率提高，8项政府性基金纳入一般公共预算管理，将促进相关税收和非税收入增长。但由于原油价格持续大幅下降，产量增加不多，成品油加工又受检修影响，由此造成的减收完全抵消了税制改革带来的增收。加之营业税改征增值税范围扩大，实施支持小微企业税收优惠政策，取消、停征和免征部分行政事业性收费、省上调整资源税分成比例等政策性减收因素叠加，能源市场特别是煤电市场不景气，煤炭企业生产销售不畅，下欠煤田“两权”价款入库存在不确定性。**支出方面，**支持重大项目建设、保障改善民生、各项社会事业发展、重点领域和关键环节改革、偿还债务资金等方面投入需求迅猛增加，支出压力进一步增大，收支矛盾仍然比较突出。

根据全市经济社会发展战略、规划目标和经济增长预期，结合重大政策和重点税源变化情况，本着积极稳妥的原则，建议2015年全市大口径财政收入预算安排164.2亿元，地方公共财政收入预算安排67.7亿元，均比2014年实际完成数增长10%，其中，煤田探矿权、采矿权价款收入预算20亿元。全市财政可用包干财力128亿元，支出预算相应安排128亿元。加上上年结转专项、预计上级下达专项和新增财力补助安排支出，总支出可达到190亿元左右。

（二）市级一般公共预算（草案）编制情况

2015年市级财政收入预算，坚持实事求是、科学合理的基本原则，充分考虑到资源税、消费税税率提高等有利因素和原油价格持续下滑、增量较少、煤田“两权”价款收入不确定等不利因素，结合保障各项重点支出的财力需要，通过逐户企业、逐个税源测算确定。建议大口径财政收入预算安排107.7亿元，地方公共财政收入预算安排24.2亿元。其中，煤田探矿权、采矿权价款收入预算6亿元，资源税按新政策省与市5:5分成。

市级公共财政收入分科目情况是：增值税73011万元，企业所得税1020万元，个人所得税374万元，资源税47750万元，城市维护建设税18665万元，其他税收1730万元，国有资源（资产）有偿使用收入500万元，行政性收费6800万元，罚没收入2500万元，专项收入89150万元（排污费1600万元，水资源费700万元，城市教育费附加9650万元，探矿权采矿权价款收入60000万元，地方教育费附加12000万元，残疾人就业保障金收入700万元，水利建设基金收入4500万元），其他收入500万元。

根据上述收入测算，2015年市级财政预算可用财力为31.3亿元，其中，公共财政收入24.2亿元，省补助收入8.06亿元，上解省支出9631万元。

市级财政支出预算遵循以下基本原则：

一是深化改革原则。从严贯彻新《预算法》、国务院《关于深化预算管理制度改革的决定》和财政部《关于完善政府预算体系有关问题的通知》等一系列顶层设计和制度安排，全面深化预算管理制度改革，加快转变财政职能，完善管理制度，创新管理方式，用好增量资金，提高使用绩效，构建全面规范、公开透明的现代财政制度。

二是厉行节约原则。继续深入贯彻中央“八项规定”、国务院“约法三章”等中央、省、市关于改进作风、厉行节约、反对浪费的一系列规定，从严执行差旅费、会议费、培训费、出国考察费、接待费等管理制度，严格控制一般性支出，规范“三公”经费管理，车辆运行费、公务接待费和会议费预算继续实行“零增长”，新建政府性楼堂馆所资金不予安排。

三是保主保重原则。优先保证工资、津贴、社会保障、医疗救助、救灾救济、教育卫生、公共安全等支出项目。项目预算坚持向民生倾斜、向公共产品倾斜、向社会服务倾斜、向重点领域倾斜、向基层倾斜、向促进经济转型升级倾斜。

四是细化明晰原则。对重点支出根据推进改革的需要和确需保障的内容统筹安排，优先保障，不再采取先确定支出总额再安排具体项目的办法。取消切块专项资金，全面细化支出预算内容，将所有项目支出预算一次性编制到最基层单位、最底层科目和最低级项目。

五是滚动预算原则。加快建立财政支出预算项目库，试编三年中期规划，按照轻重缓急和项目排序滚动安排年度预算。严格控制预算追加，年度预算执行中除救灾等应急支出通过动支预备费解决外，一般不出台增加当年支出的政策，一些必须出台的政策，通过以后年度预算安排资金。

按照上述原则和《预算法》“收支平衡”的基本要求，2015年市级财政支出预算建议安排31.3亿元。

市级主要支出科目预算安排情况：一般公共服务支出57950万元，国防支出300万元，公共安全支出11265万元，教育支出44500万元，科学技术支出6198万元，文化体育与传媒支出14670万元，社会保障和就业支出32400万元，医疗卫生与计划生育支出14720万元，节能环保支出2334万元，城乡社区支出17240万元，农林水支出59862万元，交通运输支出10734万元，资源勘探信息等支出2990万元，商业服务业等支出3258万元，金融支出288万元，国土海洋气象等支出2331万元，住房保障支出3039万元，粮油物资储备支出2038万元，还本付息支出17883万元，预备费9000万元。

（三）市级政府性基金预算、社会保险基金预算和国有资本经营预算（草案）编制情况

1、市级政府性基金预算

市级政府性基金预算收入8578万元，其中：政府住房基金收入2708万元，散装水泥专项基金收入140万元，新型墙体材料专项基金收入400万元，价格调节基金收入1700万元，污水处理费650万元，庆西公路车辆通行费1400万元，宁长二级公路车辆通行费1580万元。当年预算收入加上上年结余7011万元，收入总计15589万元。

市级政府性基金支出预算安排11612万元。其中：政府住房基金支出2426万元，散装水泥专项基金支出650万元，新型墙体材料专项基金支出640万元，价格调节基金支出1525万元，污水处理费700万元，庆西公路车辆通行费4139万元，宁长二级公路车辆通行费1532万元。

收支相抵，市级政府性基金滚存结余3977万元。

2、社会保险基金预算

市级社会保险基金预算收入44450万元，其中：企业职工基本养老保险基金收入19424万元，城镇职工基本医疗保险基金收入7867万元，城镇居民基本医疗保险基金收入5964万元，工伤保险基金收入2552万元，失业保险基金收入8215万元，生育保险基金收入428万元。当年预算收入加上上年结余61509万元，收入总计105959万元。

市级社会保险基金支出预算安排46295万元，其中：企业职工基本养老保险基金支出28906万元，城镇职工基本医疗保险基金支出7400万元，城镇居民基本医疗保险基金支出5341万元，工伤保险基金支出2043万元，失业保险基金支出2455万元，生育保险基金支出150万元。

收支相抵，市级社会保险基金滚存结余59664万元。

3、国有资本经营预算

近几年，为了扶持地方国有企业做大做强，市级财政先后为能源化工集团公司、交通投资集团公司、水务投资集团公司、经济发展投资公司、公交

集团公司、小额担保贷款公司等6户市属国有企业注资7.84亿元，其中，4.64亿元充实了国有资本金，3.2亿元作为国有股权由市经济发展投资公司代表市政府参股甘肃银行和甘肃能源集团公司。2014年底，市财政委托第三方中介机构会计事务所对6户企业经营情况进行了全面审计评估。按照现行企业利润分配体制，国有企业目前仍暂不向国家上交利润，参股企业分配的国有股利继续用于增资扩股，因此2015年暂无上缴国有资本经营收入。

2015年全市财政重点工作

全市财政工作的指导思想是：全面贯彻落实党的十八大、十八届三中、四中全会和中央、省市经济工作会议精神，紧紧围绕市委、市政府决策部署，坚持稳中求进、改革创新，主动适应经济发展新常态，全面深化财政体制改革，促进经济发展方式转变，提高经济发展质量和效益，全力提升公共财政保障能力，为创建三个"生态"和加快建设幸福美好新庆阳提供坚实的财力保障和优质的财政服务。

重点抓好七个方面工作：

一是以提升收入质量为核心，规范财税收入征管，不断壮大地方财政实力。充分发挥财政资金导向作用，放大资金乘数效应，择优重点扶持高效支柱财源，巩固优势优质财源，培植新兴后续财源，优化区域特色财源，开拓挖掘潜在财源，促进财政收入高质量平稳增长。积极推进建筑业、房地产业、生活性服务业和金融业纳入"营改增"试点，认真落实资源税从价计征改革、小微企业税收优惠政策，清理规范各类税收优惠政策及行政事业性收费和政府性基金。拓展综合治税的广度和深度，加强零散税源社会化管理，强化税源动态监控，深入挖掘增收潜力，确保应收尽收。健全非税收入征管机制，完善国有资源资产有偿使用制度。系统分析研究上级支持政策，全力争取上级补助资金。

二是以建设节约型政府为目标，严控一般性支出，切实降低行政运行成本。严格执行中央八项规定、国务院"约法三章"和省市关于改进工作作风、密切联系群众的各项规定，坚决落实《党政机关厉行节约反对浪费条例》和省、市委规定、细则，坚持从严从简，勤俭办一切事业，建设节约型机关。进一步清理和规范庆典、研讨会、论坛等活动，严格控制差旅、会议、出国、培训等公务支出，集中财力保重点办大事。硬化预算约束，强化预算执行效力，严格部门主体责任，有效防止违规支出行为，提高财政资金使用效益，着力建立健全厉行节约反对浪费长效机制。

三是以促进转变经济发展方式为主线，强化财税政策扶持，全面加快产业转型升级。创新机制，整合资金，聚集重点，大力支持交通水利骨干工程、重点生态工程、新型城镇化、城市基础设施、循环经济等重大项目建设。围绕支持建设石油化工、煤炭生产转化"两个千亿级产业链"，推动油田企业扩能上产、庆阳石化600万吨炼油升级改造、煤制气、"气化庆阳"、风力发电等优势资源开发项目建设。支持加快园区建设。加快债券发行进程，加强地企银企合作，激励银行增加信贷投放，支持地方经济发展。支持专业市场、电子商务建设，加快"智慧城市"创建步伐，多层次培育新的经济增长点，推动资源优势转化为富民兴市的经济优势，提高其对地方公共财政的贡献率。

四是以打好扶贫攻坚战为重点，加大三农支持力度，促进农业可持续发展。认真落实中央、省市各项强农惠农富农政策，建立健全支农投入稳定增长机制，创新扶持模式，提高资金使用精准度，扎实推进"1236"扶贫攻坚行动，全力支持农村道路畅通、饮水安全、农电提质、异地扶贫搬迁"四项基础工程"、整村推进、整乡推进、粮食安全保障工程等项目建设。支持草畜、苹果、苗林、蔬菜"四个富民产业"、农业产业化龙头企业、农民专业合作社发展及新型农业经营主体和农业社会化服务体系建设。督促县区做好"双联惠农贷款"发放回收工作，支持提升农民"四项基本素质"，有效推动贫困人口脱贫致富。创新"一事一议"财政奖补资金投入方式，改善农村人居环境，推进美丽乡村建设和城镇化进程。

五是以持续加强民生保障为中心，优化财政支出结构，促进基本公共服务均等化。把保障和改善民生放在更加突出的位置，不断调整优化支出结构，全力支持各项社会公共服务均衡发展。坚持教育优先发展，支持实施"全面改薄"、庆阳七中整体搬迁、庆阳思源实验学校、庆阳职业技术学院等重点项目建设，推进城乡教育均衡发展。支持科技创新平台建设，提升科技服务能力，让科技成果惠及人民群众。支持构建现代公共文化服务体系，促进文化旅游深度融合。支持推进大剧院、庆阳传媒业务技术用房、乡村舞台、文化集市等重点文化惠民工程。支持公立医院综合改革和市妇女儿童医院、全科医生培训基地、市二院等项目建设。落实提高城乡居民基础养老金最低标准政策，提高基本公共卫生服务、新型农村合作医疗和城镇居民基本医疗保险财政补助标准，建立城乡居民大病保险制度，推进机关事业单位薪酬制度和养老保险并轨改革。落实就业创业扶持政策，促进重点群体就业。支持加快保障性住房、农村危房危窑及棚户区改造工程建设。完善道路交通、消防、食品药品、校园安全、产品质量和安全生产监管经费保障机制，支持创新社会治理。为省市确定的各项民生实事提供财力保障。

六是以深化财政改革为动力，完善预算管理体系，切实提高资金管理使用绩效。推进预算管理制度改革。以构建法治财政为目标，建立“全口径”政府预算，将所有财政性资金和政府性债务纳入预算管理，构建科学完整的政府预算体系；加大政府性基金预算、国有资本经营预算与一般公共预算的统筹力度；推进基本支出和项目支出定额标准体系建设；设立预算稳定调节基金，探索建立跨年度预算平衡机制；建立财政专项资金管理清单制度和定期评估退出机制；完善结转结余资金定期清理机制，加大统筹使用力度；扩大预算绩效管理范围，健全绩效评价体系，强化评价结果应用。深化国库集中支付改革。全面推行市级授权支付，加快乡镇国库集中支付改革进程；扎实推进公务卡改革，提高刷卡率；清理整顿财政专户，进一步规范暂存款、暂付款管理；加强预算执行日常监管，提高预算执行效率。推进政府采购改革。加强政府采购预算管理，提高政府采购执行效率，强化监管主体责任，规范政府采购行为，扎实推进政府购买社会服务项目采购，配合相关部门做好公车改革。深化国有资产管理改革。建立国有资本经营预算制度，完善国有资产管理信息平台，健全从资产配置、使用、处置到收益管理的全过程监管体系。深化国有企业改革，推进国企产权多元化，实现国有资本有序流动和保值增值。推进投融资体制改革。创新重点领域投融资体制机制，改革竞争性领域财政资金投入方式，一般采取股权投资、产业基金、财政贴息、以奖代补等方式，充分发挥财政资金杠杆作用，积极引导金融资本、社会资金加大投入，减少事前补助、直接补助等行政性分配。

七是以创新绩效管理方式为突破，健全完善体制机制，全面提升财政监督水平。围绕构建财政“大监督”格局，建立预算编制、预算执行、监督检查既相互制衡又有机衔接，嵌入业务流程的“三位一体”财政监督运行机制，实现全方位、多角度、动态化监管。加强与审计、监察等部门的资源共享，积极整改存在的问题。继续开展中央“八项规定”、国务院“约法三章”、会计信息质量、重大项目和民生资金专项监督检查。认真履行职责，加强对省直管县财政业务指导和监管。扎实做好政府、部门预决算和“三公”经费预决算公开工作，逐步由预决算公开向财政政策和项目公开推进，不断提高财政工作透明度，努力打造阳光财政、法制财政和高效财政。

各位代表，2015年，是全面完成“十二五”规划的收官之年，也是全面推进依法治国、实施新《预算法》和国务院深化预算制度改革决定的开局之年，做好财政工作意义重大。我们要在市委的坚强领导下，自觉接受市人大的监督和指导，虚心听取市政协的意见和建议，积极发挥职能作用，深化改革，砥砺奋进，开拓创新，攻坚克难，确保完成财政各项工作任务，为开创全市改革创新、转型升级、富民兴市崭新局面作出更大贡献。

关于2014年全市国民经济和社会发展计划执行情况及2015年国民经济和社会发展计划（草案）的报告（书面）

——2015年2月6日在庆阳市第三届人民代表大会第五次会议上

庆阳市发展和改革委员会主任　王　尧

各位代表：

受市人民政府委托，我向大会报告2014年全市国民经济和社会发展计划执行情况及2015年全市国民经济和社会发展计划（草案），请予审议，并请各位政协委员和列席人员提出意见。

一、2014年全市国民经济和社会发展计划执行情况

2014年，在市委的坚强领导和市人大的依法监督下，全市上下紧紧围绕市三届人大四次会议审议通过的年度计划和“十二五”规划目标，全面贯彻落实党的十八大、十八届三中、四中全会精神，坚持把“稳增长、调结构、促改革”与全市发展紧密结合起来，正确把握“稳中求进”总基调，突出“十大工程”主抓手，努力化解经济下行压力加大、能源资源市场波动、市场消费相对低迷等诸多不利因素，攻坚克难求突破，凝心聚力抓落实，全方位推进各项工作，取得了经济平稳增长、结构调整加快、民生持续改善、社会和谐稳定的良好成效。

（一）主要指标持续平稳增长。2014年，由于受全球经济放缓，全国经济下行压力加大、国家宏观调控政策和产业政策调整及我市特殊的经济结构影响，部分经济指标增长不及预期。为了准确引领和指导全市经济社会发展，为实现有质量、有效益、可持续的发展腾出空间，经提请市人大常委会批准，对6项经济指标计划作了调整。生产总值由年初确定的13%调整为10%，地方固定资产投资由28%调整为21%，社会消费品零售总额由15%调整为12%，公共预算收入由13%调整为5%，城乡居民收入分别由13%、16%调整为12%、14%。据全年预期情况看，国内生产总值完成669亿元，同比增长10.5%，占市调整计划100.5%；地方固定资产投资完成981亿元，同比增长23%，占市调整计划101.8%；公共财政收入完成61.54亿元，同口径增长8.27%，占市调整计划103%；社会消费品零售总额完成165亿元，同比增长13%，占市调整计划100.6%；城镇居民人均可支配收入完成21106元，同比增长12.5%，占市调整计划100.4%；农民人均纯收入完成5612元，同比增长14.8%，占市调整计划100.7%；居民消费价格指数控制在103%以内；城乡养老保险、失业参保、医疗参保、大专院校毕业生和复转军人就业安置等民生指标均有提升；人口自增率、城镇登记失业率、节能降耗减排等约束性指标均控制在省、市计划目标范围之内。

（二）能源资源开发成效凸显。依托油、煤、气优势资源开发，坚持把能源化工作为全市首位产业，全力推进石油石化、煤炭加工转化两个千亿元产业链建设。《陇东能源基地开发规划》获得国家能源局批复，两个千亿元产业链建设方案获得省政府批复，能源资源开发路径进一步明晰。预计全年原油产量、加工量分别达到722.97万吨、330.38万吨，庆化600万吨/年炼油升级改造项目前期工作取得新进展。煤炭开发稳步推进，刘园子煤矿建成投产，年产煤可达50万吨；核桃峪、新庄、甜水堡2号3个在建矿井进展良好；马福川矿井获得国家核准；毛家川、钱阳山、九龙川矿井前期工作积极推进。煤电项目前期工作取得突破，正宁电厂一期获得国家核准；环县电厂一期获得国家能源局批复纳入甘肃省火电建设规划；西峰热电联产项目

前期工作顺利开展。省政府与江西省政府就合作开发煤炭资源、加快电力外送通道建设达成协议，陇东至江西特高压直流输电线路有望纳入国家规划，庆阳至徐州特高压直流外送工程已启动研究工作。新能源开发势头强劲，百万千瓦风电基地建设快速推进，南湫20万千瓦项目建成发电，毛井一期40千瓦项目即将建成，毛井二期40万千瓦、甜水堡、紫坊、山城、乔河各5万千瓦项目取得“路条”。天然气开发进展顺利，当年完钻22口，产量达到1亿方。

（三）重大项目建设有序推进。深入实施“3341”项目工程，不断加大抓项目、稳投资的工作力度，项目工作取得明显成效，全年实施500万元以上项目2459个。**交通方面，**庆阳机场新建航站楼主体工程已完工，庆阳至上海、银川航线顺利开通；银西铁路项目可研已经国家发改委批复；甜水堡至罗儿沟圈高速公路可研已上报国家发改委、交通运输部；西合二级公路正在抓紧建设；新修农村公路达到1669公里。**城乡电网方面，**华池、早胜、驿马3个110千伏输变电工程建成投运，环县330千伏输变电工程完成变电站和部分线路工程，改造低电压村（组）896个，农电户4.5万户。**水利建设方面，**市新城南区雨洪集蓄保塬生态项目、华能正宁电厂一期供水主体工程基本建成；小盘河水库、莲花寺水库、巴家咀水库新增调蓄工程前期工作已取得实质性进展；完成农村饮水工程2万处，解决了18.8万人饮水问题。**生态建设方面，**抢抓全省建设国家生态安全屏障综合试验区的重大机遇，在全力实施好天保工程、退耕还林、百万亩土地整治等项目的基础上，因地制宜，启动实施了“再造一个子午岭”和“固沟保塬”两大生态工程，着力构建黄土高原生态安全屏障。全年完成苗林结合培育113万亩，流域治理380平方公里，新修梯田31.5万亩；环县被列入全国生态保护与建设示范区和全国第一批苦咸水淡化试点县。**城镇建设方面，**实施道路、供排水、供热等基础设施项目160个，市区、县城和重点小城镇基础设施日臻完善；建设保障性住房1.46万套，改造农村危（窑）房1.53万户；启动实施了市、县29个片区、112万平方米的棚户区改造工程。**工业方面，**庆阳经济技术开发区发展规划已经省发改委批复，设立国家级经济技术开发区专项报告已经省政府上报国务院审查；各工业集中区基础设施加快建设，新增入驻企业10户；庆阳瑞华天然气综合利用及深加工、庆阳能化集团装备制造园等重大项目建设进展顺利；全面落实省政府《推动非公有制经济跨越发展实施意见》，加快简政放权，激活发展动力，加大小微企业扶持力度；市级财政用于扶持发展资金1.66亿元，争取国省扶持资金6370万元，落实税收优惠资金4113万元，推动了一批小微企业蓬勃发展。**节能减排方面，**实施重点耗能企业动态跟进制度和能耗统计分析制度，加大工业节能监管，全年实施公共机构节电、节水项目13个，推广节能灯48万只；我市申报的石油输油管道伴热系统节能改造项目通过国家发改委认定，标志着我市合同能源管理项目实现了零的突破；宁县、正宁和环县甜水堡、镇原孟坝等县城区、重点乡镇污水、垃圾处理项目加快推进，污水、垃圾处理能力进一步提升。

（四）农业生产持续向好。坚持以“五变”促增收，全力组织实施“365”现代农业发展行动计划，深入推进农业农村改革，农业生产形势总体稳定，农村经济运行良好。2014年粮食产量预计达到164.2万吨，增长3.3%。草畜产业发展取得突破，“中盛模式”带动了肉鸡产业的跨越发展；全市新建规模养殖场（小区）235个，环县“双百双万”工程和宁县“30+1”养羊模式带动起8万多专业养殖大户，以牛、羊、猪为主的家畜饲养量稳步提升。当年新栽苹果10万亩，形成了一批规模化优质苹果生产基地及示范园区，苹果产业开发势头持续向好，已经成为农民增收的主渠道之一。大力开展“百千万”工程建设，瓜菜产业规模不断扩张，设施蔬菜种植面积达到13万亩。

（五）第三产业持续发展。交通运输、现代物流、餐饮服务等服务业平稳增长，汽车、信息等消费持续升温。市区10个专业市场建设、县乡农贸市场标准化改造加快推进，宁县大型煤炭综合物流园、长庆桥陇禧物流园、陇东汽车城等物流园区建设进展顺利。大力推动文化旅游融合发展，加快庆阳民俗文化产业园建设，积极培育养生保健、文化创意等新兴服务业态。强化市场价格监管力度，大力宣传国家价格政策，认真落实价格调控措施，价格水平总体运行平稳；利用价调基金建成100个农副产品直销店，配套建设“菜篮子”蔬菜生产基地

6处（每处10座日光温室）、农贸市场8个、冷藏储备设施3处，基本形成产储销全产业链条。

（六）财政金融平稳运行。财政在极度困难下完成了年度收支任务。受煤炭“两权”价款收缴入库不足、原油价格波动、营改增等因素影响，财政增收形势十分严峻，但在市、县政府和财税部门的积极努力下，公共财政收入同口径仍增长8.27%，超额完成了年度计划。金融服务体系进一步健全，引进的交通银行正式运营，甘肃银行在各县（区）均设立了网点；总额8亿元的“庆阳13经投债”已全部发行完毕；信贷投放快速增长，全市金融机构各项存款余额669.31亿元，同比增长11.6%；贷款余额447.54亿元，同比增长32.5%，存贷比为1:0.67；金融对实体经济及民生等领域的支持力度逐步加大。

（七）基本公共服务协调发展。教育质量稳步提升，全市高考录取率达到83.19%，高出全省6.09个百分点；改造农村薄弱学校258所、建设农村学校小伙房757个、新建改扩建乡镇幼儿园37所，庆化实验学校、市青少年校外综合实践基地建设加快实施，教育教学条件明显改善；庆阳职业技术学院获得省政府批复，职业教育办学层次得到提升。医疗卫生体制改革深入推进，基础设施建设步伐加快，实施卫生基础项目332个，公共医疗保障服务水平进一步提升。文化惠民工程深入实施，市数字图书馆建成免费开放，新建乡村舞台507个，编排历史陇剧9部，拍摄电影6部，“文化进万家”六送活动、“千台大戏送农村”等活动蓬勃开展。创业促就业和高校毕业生安置富有成效，落实城乡居民技能培训14.6万人，劳务输转60.7万人，新增公益性岗位1168个，城镇新增就业5.6万人。校园、食品药品、道路交通和消防安全监管不断强化，安全隐患排查整治活动深入开展，社会管理持续加强，平安和谐庆阳创建工程成效明显。省列22件、市列16件为民办实事全部落实到位。

（八）改革创新与开放合作迈出新步伐。深入贯彻中央、省上一系列深化改革的部署要求，承接省级下放行政审批事项80项，市级调整42项，减幅达到78%；国有林场改革试点全面启动，公车改革已启动前期准备；实现了市、县、乡、村四级政务服务信息应用平台联网运行；全面推行财政授权支付，集中支付率达到94.6%；土地流转、集体林权改革进一步深化，资源市场、生态文明制度建设有序开展，推动转型升级的改革红利逐步释放。积极融入丝绸之路经济带甘肃黄金段建设，全面加强与中亚、西亚等丝绸之路经济带沿线国家和地区的合作交流，与意大利卡布拉罗拉市正式签署了友城结好协议，达成了经贸、农业等6方面务实合作意向；参加了第二次“中国—中东欧国家地方领导人会议暨2014年中国投资论坛”，成功举办了纪念陕甘边苏维埃政府成立80周年活动；元方实业集团与吉尔吉斯斯坦格拉芙股份有限公司就并购该公司股份签订了合同，标志着我市对外经贸合作迈出了实质性步伐。借助“民企陇上行”、津洽会、文博会、兰洽会、西交会等平台载体积极开展招商活动，全年实施招商引资项目301个，到位资金591.6亿元，同比增长31%。

虽然我市经济发展保持了平稳增长的良好态势，但发展中仍存在着许多困难和问题。主要表现为：

一是产业结构不尽合理。目前，全市三次产业结构为12.7∶62.9∶24.4，二产占比过大而三产规模偏小；二产中，原油生产和加工占工业增加值比例高达88%，地方工业弱小的格局仍未改变，一旦原油生产、加工和原油价格出现波动，全市经济总量便会受到较大影响；第三产业增长形势严峻，行业内部发展不均衡，商贸餐饮等传统行业占比高，但对经济贡献度低；现代物流、信息、电子商务等现代服务业起步晚，对第三产业增长尚未能形成支撑作用。

二是资源开发面临困难。长庆油田产能建设投资较往年同期下降，原油产量增长不及预期；受当前国家产业政策调整、煤炭产能过剩、市场需求不足、价格下跌的影响，国家对煤电开发项目采取慎之又慎的审批态度，加之我市电力外送通道尚未解决，致使煤炭资源开发前期审批难度增大。同时，煤炭、煤电项目建设现状与全市上下的期望尚有一定差距。

三是项目建设压力加大。项目储备不足，入库大项目少，将直接影响固定资产投资增幅和投资拉动效应；石化、煤电、煤化以及铁路、高速公路等事关全市长远发展的重大项目前期工作难度加大；部分项目受征地拆迁难、资金缺口大等因素影响，进展未达预期。

四是扶贫攻坚任务艰巨。目前，全市尚有47.08万贫困人口，贫困率20.6%，贫困面广量大，且相对集中在生态环境脆弱、基础建设滞后地区，贫困程度深、扶贫成本大、返贫率高，致使扶贫攻坚任务艰巨。

五是财政金融风险加大。主体税源不稳，受原油价格波动影响，加之部分企业煤田“两权”价款未能按协议落实，财政增收压力大；政府债务规模较大，对财政经济的平稳安全运行造成了一定影响；国有银行贡献度不高，存贷比失调，对地方经济发展贡献有限。

二、2015年全市国民经济和社会发展主要目标及重点任务

2015年是全面完成“十二五”规划的收官之年，是全面深化改革、加快经济结构调整、适应经济发展新常态的重要一年，我们将按照市委“紧盯一个目标、强化一个动力、创建三个生态、实施四大战略、建设十项工程”的发展思路和对全市经济社会发展的总体部署，凝心聚力，奋发有为，全力做好全市经济社会转型跨越发展各项工作。

（一）总体要求：全面贯彻落实党的十八大、十八届三中、四中全会和中央、全省经济工作会议精神，坚持稳中求进工作总基调，以全面深化改革为动力，以提高经济发展质量和效益为中心，打好交通大会战，突出扶贫攻坚，突出项目建设，着力稳增长、调结构、转方式，着力打基础、破瓶颈、谋长远，着力察民情、解民忧、惠民生，加快建设幸福美好新庆阳。

（二）发展目标：根据市委关于2015年全市经济社会发展的总体思路，按照稳中求进的总基调，在综合分析全市经济运行态势、发展潜力的基础上，突出全面建成小康社会总目标，坚持既积极向上、适度超前，又切实可行、通过努力可以实现的原则，提出2015年全市国民经济和社会发展的主要预期指标：

生产总值增长9%，其中：第一产业增加值增长6%，第二产业增加值增长10%，第三产业增加值增长9%；

规模以上工业增加值增长10%；

地方固定资产投资总额增长18%；

社会消费品零售总额增长12%；

出口总额增长7%；

财政大口径和公共财政收入均增长10%；

城镇居民人均可支配收入增长11%；

农民人均纯收入增长13%；

居民消费价格指数控制在103%以内；

城镇化率新增2个百分点；

人口自然增长率、城镇登记失业率、节能减排等控制性指标均控制在省下达计划以内。

确定这样的目标，是我们主动适应经济发展“新常态”作出的重大战略调整，是着力打造经济转型升级“新引擎”的内在要求，是顺应人民群众“新期待”的现实需要。**一是**考虑到中央和省上对今年经济形势的研判是下行压力会更大，困难会更多。在这种大势下，我市和全国、全省一样，有必要对预期目标作相应下调安排，这有利于更加集中精力抓好结构调整、提高经济发展质量和效益。**二是**考虑到我市经济增长依靠投资拉动的特征明显，保持9%的经济增速，按照投资效应系数估算，需要18%以上的投资增速来拉动，加之一些大项目、好项目将在今年实施，可以为实现固定资产投资目标发挥支撑作用。**三是**考虑到我市工业增加值中，长庆油田和庆化占比相当大，由于原油生产量缓价跌，原油加工处于稳产状态，煤炭开发产能尚未释放，工业增加值比上年调低1.3个百分点。**四是**考虑到公共预算收入是保障民生的现实需要，增长10%是与全省的增速保持一致的。**五是**考虑到今年政策性增资有望落实，社会保障水平继续提高，特色富民产业培育成效显现，城镇居民人均可支配收入和农民人均纯收入增速高于GDP增速。

（三）重点工作与主要任务

按照上述思路和主要预期目标，我们将重点做好以下10方面工作。

1、全力推进大型能源化工基地建设。全面加快石油、煤炭生产加工转化两个“千亿元”产业链建设。原油生产加工方面，争取原油产量达到750万吨，确保加工量达到350万吨以上；力争庆化600万吨/年炼油升级改造项目核准并开工建设。煤电方面，强化刘园子矿井生产调度，确保达产达标；加快核桃峪、新庄和甜水堡2号矿井建设，力争甜水堡2号达到试生产条件；开工建设马福川煤矿；力争毛家川、九龙川、钱阳山3个矿井前期工作取得突破性进展；力争宁正和沙井子2个矿区总体规划（修编）获得国家批复。开工建设正宁电厂一期，争取环县电厂一期获得核准并开工建设，力争西峰热电联产项目获得核准；持续推进晋煤集团煤、电、气一体化项目；抓紧开展电力外送工程前期工作，力争庆阳—徐州、陇东—江西±800特高压输变电项目前期工作取得实质性进展。风电方面，确保环县毛井一期40万千瓦、甜水堡5万千瓦风电项目年内建成并网发电，力争环县毛井二期40万千瓦、山城和华池乔河、紫坊各5万千瓦风电项目开工建设，风电装机容量突破120万千瓦。煤层气方面，在去年完钻试验井8口的基础上，新开钻5口，启动煤层气下游产业链项目前期工作。天然气方面，加大钻采力度，力争产量达到1.5亿立方米；加快"气化庆阳"建设步伐，确保取得实质性进展。

2、不断强化重大基础设施建设。抢抓国家投资重点支持水利、中西部铁路以及推进中西部地区城市群之间的快速铁路、高速公路建设的机遇，加快推进基础设施建设。围绕增强交通支撑能力建设，确保西合二级公路建成通车，开工建设银西铁路和甜水堡至罗儿沟圈高速公路、打扮梁至庆城至镇原高速公路；积极开展平凉至镇原至黄陵铁路前期工作。围绕提高水资源保障能力，全面完成市新城南区雨洪集蓄保塬生态工程、华能正宁电厂一期供水工程等项目建设任务；开工建设蒲河小盘河水库、莲花寺水库和巴家咀水库新增调蓄工程（五台山水库）；持续推进马莲河上游水质改造和马莲河水库项目前期工作。围绕增强电力保障输转能力，加快推进5个110千伏变电站（西峰西庄、镇原金龙、正宁周家、合水、环县）、3个330千伏变电站（环县木钵、庆城驿马、宁县长庆桥）建设；积极探索以建设地方自备电厂为载体，以220千伏线路为主、110千伏及以下线路为辅的区域电网架构，为构建企地联合循环产业区打造强大的区域电网支撑。

3、着力加快地方工业发展。坚持地企融合发展，以产业融合为切入点，力促庆阳能源集团积极参与能源资源开发；加快"一区四园"建设，力争庆阳经济技术开发区获得国家批复；重点实施好庆阳瑞华天然气综合利用及深加工、庆阳能化集团的装备制造、机械维修、石油钻采等项目。大力激励和支持民营经济和小微企业发展，不断激发各类市场主体的动力和活力，推动地方工业快速发展，新增小微企业2000户以上，培育壮大一批规模以上工业企业。依托园区平台，主动承接央企和东部地区产业转移，重点拓展装备制造、食品医药、新材料产业链条，逐步形成多元支撑、特色鲜明的地方工业体系。

4、全面推进生态环境建设。围绕创建国家级生态市、黄土高原生态文明示范区、环保模范城市和省级园林城市，深入实施"再造一个子午岭"和"固沟保塬"两大生态工程。突出重点开发区、人居环境区、生态脆弱区、生态保护区"四区"主战场，重点发展以苗林结合产业为主的林木繁育工程，以治理水土流失、保护水土资源为主的固沟保塬工程，以油区、矿区复绿为主的生态修复工程，以生态城镇、生态乡村、绿色油田和绿色社区建设为主的生态文明建设。坚持以大规划指导生态布局大优化，以大项目带动城乡环境质量大提升，以大载体支撑生态环境大改善。全年完成造林100万亩以上；争取固沟保塬综合治理工程列入国家计划立项实施；加快实施百万亩土地整治、百万亩梯田建设工程、农村面源污染和荒漠化防治等工程，治理水土流失面积370平方公里，新修梯田27万亩；坚持不懈地推进节能减排，持续抓好大气污染防治、饮用水源地污染治理和重点行业清洁生产；全力推进美丽庆阳建设，着力构建山清水秀的自然生态。

5、持续推进农业产业化和扶贫攻坚行动。坚持以增加农民收入为核心，按照"五变"总体要求，推进肉羊、苹果优势主导产业和蔬菜、苗林区域特色产业规模化发展、集约化经营。确保粮食总产量稳定在150万吨以上，新建规模养殖场和养殖小区200个，更新种植紫花苜蓿100万亩，新栽苹果10万亩，蔬菜面积稳定在100万亩以上，设施种植达到14万亩。围绕持续增加贫困人口收入，全力抓好基础设施扶贫攻坚、优势产业扶贫攻坚。力争完成农村公路2700公里以上，实现80%的行政村通油路（水泥路）目标；新建和改造一批农村小型水利工程，使5万农村人口实现安全饮水；新建改造10千伏线路852公里，治理低电压、供电瓶颈村组236个，完成447个村组动力通电；落实移民搬迁5300户、2.4万人，实施整村推进项目100个，力争9万人稳定脱贫。

6、加快新型城镇化建设。紧紧抓住国家推进新型城镇化的机遇，大力实施棚户区改造，推进市县35个片区、80万平方米的棚户区改造工程，新建保障性住房8933套；着力提高城镇化水平，推进全市30多万城镇常住人口市民化，促进人口向城镇有序规模集中；统筹推进城乡基础建设，加快市区南盘旋旧城改造、万辉国际广场、西环路改造等项目建设；加快县城旧城改造、新区开发和基础配套建设，构建一县城、一特色、一风貌的格局；突出乡镇设施完善和“五化”综合治理，打造设备完备、功能齐全，环境优美的小城镇；加快美丽乡村建设，创建美丽示范村20个、环境整洁村164个，改善农村人居环境。

7、全力促进第三产业协调发展。第三产业是全市经济发展的一个短板，对经济总量贡献小，与全国、全省相比分别低21.7、15.6个百分点，对此，我们将以“四个融合”、“三个创新”为抓手，加快第三产业提速发展。一方面促进交通运输、商贸物流、金融保险、餐饮住宿等传统产业改造提升，扎实推进宁县大型煤炭综合物流园后续工程、“万村千乡”农贸市场、西峰综合建材市场、陇东汽车城等物流项目建设。另一方面推进科技服务、电子商务、文化旅游、健康养生等新兴产业的培育壮大，加快“智慧城市”创建步伐，促进信息消费升级；加快庆阳民俗文化产业园、市传媒技术业务用房、山城堡战役遗址红色旅游景区、陕甘红军纪念园等开发建设，全面提升南梁红色小镇、岐黄中医药文化生态园等文化旅游聚集辐射带动能力，促进文化旅游融合发展；健全完善“1个中心城市、7个特色县城、30个重点小城镇、4个工业园区”的人流、物流、信息流通网络，做大做强城市经济。

8、统筹社会事业协调发展。继续改善教育、卫生等社会事业基础设施条件。深入实施“全面改薄”项目，争取改造168所农村薄弱学校；加快庆化实验学校、长庆中学、市思源实验学校和青少年校外综合实践基地等项目建设。全力推进市妇女儿童医院、市第二人民医院、市人民医院全科医生培养基地、乡镇卫生附属设施建设。加快实施市养老服务基地建设，不断完善养老服务体系。积极落实政策扶持就业，加强人力资源开发稳定就业，全面创业推动就业，做好高校毕业生、失业人员、复转军人、困难家庭就业帮扶工作，确保城镇登记失业率控制正在4%以内。稳定和扩大社会保障覆盖面，加快“五险合一”系统建设，全面实现社会保障“一卡通”。全力实施城镇保障、社会慈善民生项目，妥善解决水、电、路、气、宅、就业、就学、就医等群众生产生活困难。强化价格监管，规范市场行为，维护市场秩序，加大对群众关注的生产资料和生活用品价格、食品药品安全等关系国计民生消费领域的综合整治力度。充分利用价调基金，继续做好蔬菜定点生产、定点储备、统一配送和直销惠民的项目建设。全面落实国家、省出台降低流通费用和社会求助政策，保障群众特别是低收入群体基本生活稳定。将省、市列为民办事做实做细做好。

9、深化经济体制改革和区域合作。按照中央、省、市关于全面深化改革工作的部署和省委“两手抓两手硬、双促进双落实”要求，以创建“三个生态”为引领，力争在行政审批制度改革、投融资体制改革、农村改革、公车改革、国有林场改革等重点改革方面取得新进展；加快规划体制改革，健全空间规划体系，积极推进市县“多规合一”。抢抓国家推动建设“丝绸之路经济带”和全省实施向西开放战略的重大机遇，突出地域特色，找准合作切入点，采取多种形式，加强与中西亚各国的交流合作，努力打造以庆阳为重要节点、辐射带动周边地区的物流集散地；积极融入关天经济区、西咸经济圈，在资源开发、基础对接、文化旅游等领域深层次、全方位扩大合作交流，实现优势互补、共同发展。进一步扩大对外招商引资，持续优化“三心环境”，以“五个招商”模式，紧盯世界500强、国内50强企业，在引新、引高、引强上求突破，力争招商引资资金到位率增长20%以上。

10、扎实做好“十三五”规划编制工作。认真贯彻全国、全省“十三五”规划编制工作会议精神，以缜密的思维、科学的精神、严谨的态度，认真总结“十二五”以来的发展成就和经验，抓住经济发展中的主要矛盾和突出问题，加强对全局性、战略性重大问题的前瞻研究，提出科学合理、切实可行的阶段性目标、任务和措施，全力编制完成更加适应我市发展要求、更加符合发展规律、更加反映人民意愿的“十三五”发展规划。

各位代表，实现2015年全市经济社会发展各项目标任务十分艰巨。我们要以党的十八大、十八届三中、四中全会精神为指引，在市委的坚强领导下，在市人大常委会的依法监督下，真抓实干，奋发有为，以更加坚定的信心，更加饱满的热情、更加务实的作风，为全面完成全市经济社会发展目标、建设幸福美好新庆阳而努力奋斗！

庆阳市机构及组成人员

（截止 2014 年 12 月 31 日）

中共庆阳市委员会

书　记：栾克军
副书记：负建民
常　委：李　银
董建镇
李学宏（女）
黄正军
章志兼
闫晓峰
周普生
黄书伴
委　员（44 人，以姓氏笔画为序）：
马　斌　王　尧　王　谦
王小庆　卢化栋　田　金
田雁青(女)　付振伟　白恒玺
白振海　任尔昕　负建民
刘洪涛　闫晓峰　李　银
李学宏(女)　李崇暄　杨献忠
吴丽华(女)　何英禅　辛少波(女)
沈文祥　张万福　张文礼
张龙杰　周普生　郑银生
赵昌军　南玉璞　侯昌明
贺建宏　秦　华　柴　春
栾克军　郭光能　黄书伴
黄正军　黄占俊　黄继宗
章志兼　彭益民　葛　宏
董建镇　解　平
候补委员：左江华　王勤贵　左自刚
石建洲　张　赟　赵自元
曹维斌　刘　聪　苏秀霞（女）
秘 书 长：闫晓峰
副秘书长：王勤贵（正县）
杨广玉（正县）
吕世福（正县）
杨树钧
赵玉发
董文雅
胡正平

庆阳市人民代表大会常务委员会

主　任：付振伟
副主任：刘秉宁
刘至祥（兼职）
吴秉儒
雷沫里（女）
秘书长：蔡森贵
副秘书长：王会轩（正县）
白克金（正县）
邓世文（正县）
王小虎

庆阳市人民政府

市　长：负建民
副市长：李　银
辛刚国
黄继宗
秦　华
田雁青（女）
白振海
周继军
朱国庆（挂职）
党组成员：郑银生（副地）
沈结苟（正县，挂职）
秘 书 长：贺建宏
副秘书长：左自刚（正县）
豆亚平（正县）
段建龙（正县，兼）
贺立峰（正县，兼）
许建宇（正县，兼）
李福东（正县，兼）

马文哲

政协庆阳市委员会

主　席：张文礼
副主席：刘晓利
郭晓霞（女）
黄国锋
李　伟
黄占俊
窦宏邦
秘书长：杨静仁
副秘书长：雷清刚（正县）
胡振宁（正县）
刘焕明（正县）

中共庆阳市纪律检查委员会

书　记：李学宏（女）
副书记：高仲林（正县）
丁晓峰（正县）
卢化文（正县）
常　委：李学宏（女）
高仲林
丁晓峰
卢化文
王庆坤
任万隆
吴建平
齐雪柏
李廷位
委　员：（29人，以姓氏笔画为序）
丁晓峰　马光荣　马海英（女）
王文剑　王庆坤　王富强
卢化文　任万隆　刘凤江
刘俊峰　齐雪柏　芮安善
李廷位　李学宏（女）杨万香（女）
杨广玉　吴建平　何骁玲（女）
张　恢　张　强　陈　琳（女）
尚书录　俄向军　柴世伟
高存川　高仲林　高鹏程
梁世刚　梁运通

庆阳市中级人民法院

院　长：任尔昕
副院长：钱文科（正县）
尚书录（正县）
刘宏伟（正县）
李海红（女，正县）
纪检组长：郭新红（正县）
政治部主任：祁焕能（女）
政治部副主任：杨建仁
审委会专职委员：葛家勇
李玉峰
刑事审判一庭庭长：余振文
刑事审判二庭庭长：李　瑛（女）
行政审判庭庭长：徐向阳
研究室主任：姜会堂
执行局（庭）副局（庭）长：田崇印
审判监督庭庭长：田小平
司法技术处处长：谢敬鸣
司法行政装备处处长：杨志远
正处级审判员：侯升堂
李君林
肖有功
王永军
副处级审判员：岳相儒
杨月平
党　育
赵维忠

林区法院

院　长：曹建梓

庆阳市人民检察院

检察长：田　金
副检察长：高存川（正县）
张正民（正县）
张登坤（正县）
张元珠（正县）
纪检组长：

政治部主任：王晨东
政治部副主任：李惠军
反贪局局长：陈建刚
反贪局副局长：曹 平
法律政策研究室主任：吴广宇
控告申诉检察处处长：曹志强
民事行政检察处处长：
反渎职侵权局局长：刘文军
办公室主任：王立三
监察处处长：刘晓峰
正处级检察员：蔺自谦
田兰生
副处级检察员：勾宏一
樊必选
李平堂
王如涛
王振琪
杨旭红
赵马雄
樊旺谋
南雪琴（女）
副调研员：王 辉

林区检察院

检 察 长：慕若舟

市委工作机构及部门管理机构

中共庆阳市纪律检查委员会机关、庆阳市监察局

监察局局长：高仲林
监察局副局长：王庆坤
连 锴
党群纪工委书记：魏思通
党群纪工委副书记：王凤玲（女）
贺晓宁
办公室主任：齐雪柏
宣教调研室主任：刘学斌
纪检监察一室主任：赵长青
纪检监察二室主任：李廷位
案件审理室主任：吴建平
干部室主任：李会军
执法监察一室主任：王 怀
执法监察二室主任：任万隆
纠风办主任：王永新
党风政风监督室主任：庞宝庆
副县级纪检监察员：胡玲娥（女）
秦 栋
崔怀文

中共庆阳市委员会办公室

主 任：王勤贵
副主任：陈会发
安鹏祥
调研员：张雷欣（女）
副调研员：刘建良
李怀良

市委机关党委

书 记：张 铜
副书记：王景春

中共庆阳市委员会机要局（庆阳市国家密码管理局）

局 长：吕世福（兼）
副局长：高树轶
调研员：白 清
副调研员：孙元述

中共庆阳市委员会保密委办公室（庆阳市保密局）

主任、局长：韩湘波
副主任、副局长：赵世春
副调研员：李道桓
赵雪慧（女）

庆阳市档案局（庆阳市档案馆）

局 长：张君洋
副局长：张培宏
左长寿
副调研员：张会民

中共庆阳市委员会党史工作办公室（党史研究会）

党史研究会会长：
主 任：张桂山
副主任：赵晓红（女）
刘秉政

中共庆阳市委员会组织部

部 长：周普生
常务副部长：
副部长：彭益民（兼）
郭富堂（兼）

雷存树（兼）
张希岳
陈　琳（女）
部务委员：刘选明
耿建民
副县级组织员：寇黎明

庆阳市委人才工作领导小组办公室

主　任：
副主任：

庆阳市委党建工作领导小组办公室

主　任：陈　琳（女，兼）
副主任：郭永明

中共庆阳市委员会老干部工作局

局　长：雷存树
副局长：田小进
刘志豪
调研员：宋文海

庆阳市关心下一代工作委员会办公室

主　任：刘志豪（兼）

庆阳市委老干部休养所

所　长：田小进
副所长：王　博
崔兵琴（女）
副调研员：王学印

中共庆阳市委员会宣传部

部　长：黄正军
常务副部长：左江华
副部长：李永洲（兼）
多　辉（兼）
梁建伟
马海英（女）
副处级记者：谢东峰

庆阳市委讲师团

团　长：马海英（女，兼）
副团长：闫黎明
赵鹏民

庆阳市精神文明办公室

主　任：梁建伟（兼）
副主任：赵　杰
李小虎

庆阳市社会科学界联合会（省社科院陇东分院）

主　席：马启昕

庆阳市委对外宣传办公室

主　任：秦彦超

庆阳市国防办

主　任：徐亚梅（女）

陇东报社

党委书记、社长：多　辉
副社长：方文琳
张巍巍
总　编：方文琳（兼）
副总编：侯志雄（挂职）
丑万涛
正处级编委：李万里
副处级编委：窦　洁（女）
李　钊

中共庆阳市委员会统战部

部　长：闫晓峰
常务副部长：石建洲
副 部 长：郑晓宁
卢建军
副调研员：张养沛
张宏斌

庆阳市民族宗教事务委员会

局　长：石建洲（兼）

庆阳市工商联合会

主　席：辛刚国（兼）
党组书记：卢建军（兼）
常务副主席：何　奎
副主席：王祐涛

庆阳市委台湾工作办公室（市政府台湾事务办公室）

主　任：郑晓宁（兼）

庆阳市归国华侨联合会

主　席：曹旭峰

中共庆阳市委员会政法委员会

书　记：董建镇
副书记：周继军（兼）
常务副书记：刘洪涛
副书记：石建国
窦晓东
委　员：张晓峰
调研员：潘维民
副调研员：李存堂

庆阳市社会治安综合治理委员会办公室

主　任：刘洪涛（兼）

副主任：郑新锋

庆阳市维护稳定工作领导小组办公室

主　任：张晓峰

副主任：朱清晨

庆阳市防范和处理邪教问题办公室

主　任：石建国（兼）

副主任：张金明
　　　　刘向东

副调研员：马建荣

中共庆阳市直属机关工作委员会

书　记：张　赟

副书记：

调研员：张禧仁
　　　　盖宇香（女）

副调研员：冯建宁

中共庆阳市委员会政策研究室

主　任：李晓峰

副主任：胡智有
　　　　张广浩
　　　　韩　超

庆阳市机构编制委员会办公室

主　任：郭富堂

副主任：杨宁瑞
　　　　张新颖

副调研员：张晓武

庆阳市事业单位登记管理局

局　长：范　赟

副局长：韩　韬

中共庆阳市委农村工作部（双联办）

部　长：南玉璞

副部长：周建斌（兼）
　　　　彭晓峰
　　　　高　洁
　　　　马希强
　　　　杨金亭

副调研员：杜　峰

庆阳市信访局

局　长：贺立峰

副局长：宋　弘

纪检组长：何子通

正县级信访专员：梁宗波

副县级信访专员：秦　龙
　　　　　　　　胡文涛

中共庆阳市委党校

校　长：任燕顺（兼）

常务副校长：郭治荣

副校长：赵　明
　　　　何登科
　　　　李广照

校务委员：徐　鹏
　　　　　刘连志

副调研员：吴登高
　　　　　张建功

庆阳市行政干部学校

校　长：李　银（兼）

副校长：彭益民（兼）
　　　　郭治荣（兼）

庆阳市社会主义学院

院　长：闫晓峰（兼）

庆阳市总工会

主　席：闫晓峰（兼）

常务副主席：曹维斌

副主席：武小梅（女）
　　　　杨　伟

副调研员：刘宪刚

共青团庆阳市委员会（青年联合会）

书　记：罗　睿（女）

副书记：冯天宝（正科）

青联主席：张乃丹（女）

庆阳市妇女联合会（妇儿工委办公室）

主　席：苏秀霞（女）

副主席：张子艳（女）
　　　　姜小红（女）

妇儿工委办公室主任：朱　悦（女）

庆阳市残疾人联合会

理 事 长：宇　军

副理事长：敬兴斌
　　　　　张培金
　　　　　吕绒琴（女）

副调研员：贾　坚

庆阳市科学技术协会

主　席：徐生儒

副主席：梁贵荣

　　　　贾　平

副调研员：秦志忠

庆阳市文学艺术界联合会

主　席：秦应平

副主席：范润龙

　　　　郭　云（女）

　　　　安文丽（女）

副调研员：安　石　张新合

中国民主同盟庆阳市委员会

主任委员：郭晓霞（女，兼）

副主任委员：齐生有（兼）

　　　　　　曹建章（兼）

　　　　　　王文虎

红十字会

常务副会长：贾鑫元

副会长：王敏丽（女）

副调研员：焦富全

人大、政协机关

庆阳市人大机关

人大办公室

主　任：王会轩

副主任：李　军

　　　　石永宁

机关党委书记：白克金

副调研员：师梦婕（女）

　　　　　张世宗

代表人事工作委员会

主　任：关天勤

副主任：陈　洁

法制工作委员会

主　任：杨京峰

副主任：罗彦荣

财政经济工作委员会

主　任：陈国强

副主任：王鹤群

　　　　赵振斌

农业与农村工作委员会

主　任：苏　岗

副主任：闫　璞

环境资源工作委员会

主　任：王占林

副主任：张维池

教科文卫工作委员会

主　任：李　莉（女）

副主任：杜桂梅（女）

庆阳市政协机关

政协办公室

主　任：雷清刚

副主任：安广君

　　　　梁　龙

机关党委书记：胡振宁

副调研员：张兆征

提案和社会法制委员会

主　任：肖生有

副主任：郭宏娟（女）

　　　　刘文军

经济委员会

主　任：马立峰

副主任：任晓宁

农业和环境资源委员会

主　任：雍建君

副主任：

科教文卫体委员会

主　任：杨彦福

副主任：张智勇

民族宗教和三胞联络委员会

主　任：李生浩

副主任：马美玉（女）

文史资料和学习宣传委员会

主　任：杜养惠

副主任：李浩滨

原人大政协机关事务管理局

局　长：邓世文

副局长：周敦杰

　　　　杨学峰

政府工作部门

庆阳市人民政府办公室

主　　任：左自刚
副 主 任：丑一斐（兼）
　　　　　牛维宇
　　　　　李啸军
纪检组长：
副调研员：姜文会

市政府机关党委

机关党委书记：
机关党委副书记：

庆阳市发展和改革委员会

主　任：王　尧
副主任：白常珅　（正县）
　　　　卢占钧　（正县）
　　　　孙澜洪（女，正县）
　　　　石环周
　　　　路好学
纪检组长：王爱军（正县）
调研员：张正民
　　　　姚　峰
　　　　刘凤江
副调研员：田　武

庆阳市教育局

局　长：卢化栋
副局长：董建农（正县）
　　　　马咏红（女）
　　　　闫　斐
　　　　杨彦林
纪委书记：韩克旺（正县）
调研员：宋连德
副调研员：李自强

庆阳市科学技术局

局　长：武乾谋
副局长：常玉海（正县）
　　　　周延年
　　　　金建华
　　　　邓冠玉（女）
　　　　左利发
纪检组长：
副调研员：彭　磊

庆阳市工业和信息化委员会（中小企业局）

主　任：白恒玺
副主任：黄生文
　　　　安惠钿
　　　　张　聪
　　　　曹晓军
　　　　徐克蒙
　　　　王金昌
纪委书记：晋晓光
总工程师：徐克蒙（兼）
非公企业党工委书记：袁淑（兼）
非公企业党工委副书记：孙晓明（兼）
副调研员：张步峰
　　　　　张兴平

庆阳市公安局

局长、督察长：郑银生
副局长：蔡伯珍（正县，兼）
　　　　赵青峰（正县）
　　　　杨君峰（正县，兼）
　　　　贾永宏（正县，兼）
　　　　白　杰
纪委书记：
纪委副书记：杨广裕
政治部主任：任志峰
政治部副主任：肖建军
国土资源犯罪侦察支队支队长：齐永辉
国土资源犯罪侦察支队政委：周晓军
指挥中心主任：彭生龙
禁毒警察支队支队长：陈秉剑
经济犯罪侦查支队支队长：刘功林
刑事警察支队支队长：杨斌仁
特警支队支队长：郭　捷
治安警察支队政委：方兴盛
技术侦察支队支队长：郭兴波
技术侦察支队政委：左　旭
网络安全保卫支队支队长：田吉安
正处级侦察员：王富强
　　　　　　　王兴海
　　　　　　　杨君峰
　　　　　　　贾永宏
副处级侦察员：赵忠宁

王新平
白希平
张怀民
贺　雷
胡志升
陆亚东
副调研员：康进忠
俞兆贵
徐江峰
马希军
马承军
段喜宏
张耀华

庆阳市民政局

局　长：赵　明
副局长：邵　青（正县，兼）
刘　勇（正县）
李克智
何巧荣（女）
付怀情
纪检组长：李晓英（女）
调研员：王　琪
副调研员：刘东平
李桧林
苏明焕

庆阳市司法局

局　长：梁世刚
副局长：刘志杰
左淑芬（女）
王　钊
纪检组长：陈有琳
政治部主任：卜拴麟
法教办主任：苏文振

庆阳市财政局

局　长：郭光能
副局长：俄向军（正县）
付玲珍（女）
代永宏
王　超
纪检组长：陈建学（正县）
总会计师：俄向军（兼）
调 研 员：杨　彬
李智华
副调研员：李建存

庆阳市人力资源和社会保障局

局　长：彭益民
副局长：张忠仁（正县）
关晓萍（女，正县）
郭世宁
李晓军
纪检组长：芮安善（正县）
调研员：王　录
副调研员：张灵伟
梁　军

庆阳市国土资源局

局　长：李晓岩
副局长：周宏杰
库　博
姚建民
缑继红
纪委书记：陈志奎（正县）
总工程师：高　峰
副调研员：王元宵
曹炳生
武会明

庆阳市环保局

局　长：杨　漪
副局长：白纪祥（正县）
马宏伟
赵淑娟（女）
纪检组长：赵富生（正县）
总工程师：
副调研员：金晓鹏

庆阳市住房和城乡建设局

局　长：杨献忠
副局长：车治军（正县）
牛军祥（正县）
李永宁（正县，兼）
王金龙
纪委书记：邓世锋（正县）
总工程师：路卫东
调 研 员：赵仲龙
副调研员：秦晓宏
刘仁斌

庆阳市交通运输局

局　长：王小庆
副局长：钱志彪
　　　　白凯军
　　　　王　军
　　　　包　宇（兼）
　　　　张茂龙
纪委书记：刘素梅（女，正县）
总工程师：王　军（兼）
副调研员：张文有
　　　　　付永仓
　　　　　阎广学

庆阳市水务局

局　长：张怀仁
副局长：折武煦（正县，兼）
　　　　孔繁洲（正县）
　　　　田　平（正县）
　　　　何鸿政（正县）
　　　　邢鸿铭（女）
纪检组长：
总工程师：何鸿政（兼）
调研员：翟有吉
副调研员：雷中平

庆阳市农牧局

局　长：赵自元
副局长：田志雄（正县）
　　　　毕万智
　　　　高世武
纪检组长：张英杰（正县）
总农艺师：罗康宁
调研员：刘　明

庆阳市林业局

局　长：樊德民
副局长：夏　华（正县）
　　　　鲁贵林
　　　　杨永科
　　　　胡开阳
纪委书记：王兰夫（12 月 4 日去世）
总工程师：刘越峰
调研员：杨宏耀
副调研员：张兴龙

庆阳市商务局

局　长：杨正才
副局长：张广学　（正县，兼）
　　　　罗清宁
　　　　刘宁刚
　　　　张　瀚
纪检组长：张永良（正县）
调 研 员：史志芳
副调研员：窦志刚

庆阳市文化广播影视新闻出版局（文物管理局）

局　长：李永洲
副局长：于永耀（正县，兼）
　　　　缪中发（正县，兼）
　　　　魏平凡
　　　　石旭东
　　　　张少云
　　　　路永明
　　　　王志勇
　　　　李文长
纪检组长：
调 研 员：王怀宁
　　　　　李亚川

庆阳市卫生和计划生育委员会

主　任：刘　聪
副主任：邓文钰（正县）
　　　　马晓恭
　　　　程同心
　　　　惠得琴（女）
纪委书记：赵小平（正县）
调 研 员：段思圣
　　　　　王天峰
　　　　　闫莲莲（女）
副调研员：周治全
　　　　　姚占学

庆阳市审计局

局　长：刘俊峰
副局长：李崇峰
　　　　汪彦锋
纪检组长：
副县级审计员：魏平征
调研员：李文虎

庆阳市工商行政管理局

局　长：袁　淑

副局长：孙晓明

胡兴升

康建华（女）

何天祎

包建军

纪检组长：黄文博

调研员：杨义明

副调研员：任生芬（女）

高建枫（女）

庆阳市质量技术监督局

局　长：张和先

副局长：刘聪辉

张秉军

纪检组长：李茂峰

调研员：肖辉林

庆阳市安全生产监督管理局、安委办

局　长：王保民

副局长：朱创田

任爱荣（女）

纪检组长：王岁社（正县）

安委办主任：

调 研 员：郑满明

副调研员：辛连有

孙旺儒

庆阳市统计局

局　长：高　强

副局长：鲁军虎

李小龙

纪检组长：杨生慧

总经济师：王选峰

庆阳市政府研究室

主　任：张小强

副主任：郭德全

胡金玉

副调研员：安稳祥

庆阳市粮食局

局　长：朱润岳

副局长：张予峰

王东升

纪检组长：马升明

调研员：杜学军

副调研员：苟培峰

范　莉（女）

庆阳市政府法制办公室

主　　任：贾彦彧

副 主 任：尚小峰

纪检组长：王　瑛（女）

副调研员：贺占斌

庆阳市扶贫开发办公室

主　任：李在春

副主任：刘年先

马希强（兼）

耿文科

纪检组长：周建斌（正县）

调研员：于克兴

副调研员：董建树

张正权

庆阳市食品药品监督管理局（食品安全办）

局　长：安定祥

副局长：麻　旭

邹昌贵

纪检组长：弥来平（正县）

食品安委办专职副主任：刘汉涛

副调研员：邓炎华

庆阳市规划局

局　长：罗俊峰

副局长：樊雁钧

杨兴儒

陈芳玲（女）

纪检组长：

副调研员：班明琪

庆阳市旅游局

局　长：段克清

副局长：白富旺

徐　明

纪检组长：李林芳（女，正县）

副调研员：张　勇

庆阳市督查考核局

局　长：岳中峰

副局长：范学锋

张咏雄

纪检组长：田寿民（正县）

庆阳市政府金融工作办公室

局　长：杨学科

副局长：唐述锋

市直正县级单位

庆阳市机关事务管理局

主　任：许建宇

副主任：闫雨峰

　　　　安世厚

庆阳市政府驻兰州办事处

主　任：段建龙

党支部书记：张　磊（女）

副主任：付海峰

庆阳市政府驻北京联络处

主　任：

副主任：张甫煜

庆阳市政府驻西安办事处

主　任：

副主任：第文超

庆阳宾馆

总经理、党总支书记：李晓虎

庆阳市地方志编纂办公室

主　任：张　玺

庆阳市政府应急管理办公室

主　任：李福东

副主任：李彦晖

庆阳市项目中心

主　任：白常珅

副主任：路　涛

庆阳市价格监督检查局（工农业产品成本调查队）

局长、队长：王永涛

副局长、副队长：田宏峰

　　　　　　　　段正奎

庆阳市政府教育督导室

主　任：张兴芳

副主任：张五承

正县级督学：连登岳

副县级督学：马克峰

　　　　　　赵安虎

庆阳市职业教育中心

主　任：陈　明

副主任：赵鸿林

　　　　杨瑞君

庆阳一中

校　长：窦兴文

党总支书记：石　峰

党总支副书记：刘天眷

副校长：许　海

　　　　杨显斌

　　　　周志坚

庆阳六中

校　长：龙学孝

党总支书记：王有峰

副校长：张武德

　　　　曹惠洲

庆阳七中（庆阳师范）

校　长：王小宁

党委书记：于吉平

副校长：付良仕

　　　　冯国柱

　　　　郑国臣

副县级干部：杨志海

陇东学院附中

校　长：王建勋

党总支书记：杨文明

副校长：张仲明

　　　　李博先

　　　　焦广才

　　　　杨小理

庆阳长庆中学

校　长：苏润身

副校长：赵正委

　　　　刘兴芳

　　　　付光荣

庆阳电大（教师进修学校）

校　长：刘庆川

党委书记：张复悃

副校长：齐文博

　　　　杨卫国

　　　　郭兴海

庆阳市科技开发中心

主　任：冯鹏翔

党支部书记：左鹏贵

副主任：常永旺

庆阳市交警支队（巡逻支队）

支队长：蔡伯珍

政　委：姜效忠

副支队长：芮书虎

王小鹏

谈润祥

副政委：范永庆

副调研员：惠永明

刘晨宇

庆阳市警卫局

局　长：赵青峰

副局长：金建勋

庆阳市双拥办公室

主　任：刘　勇（兼）

副主任：高　扬

庆阳市老龄办

主　任：邵　青

副主任：张梅芳（女）

副调研员：白振远

庆阳市社会救助工作局

局　长：

副局长：刘逢春

庆阳市干湫子安置林场

党委书记：翟艳明

场　长：邓文斌

副场长：王立强

念宏斌

庆阳市非税收入管理局

局　长：田　鹏

副局长：杭丰承

姚培俊

庆阳市投融资管理中心（经济发展投资有限公司）

总 经 理：范宗柏

副总经理：雷普高

庆阳市农业综合开发办公室

主　任：黄耀龙

副主任：马　博

惠琳核

赵乾宁

副调研员：苏振福

邵都成

庆阳理工中专、农民工培训中心（庆阳体校）

校　长：席志慧

党委书记：徐李平

副校长：李效鹏

曹　强

白旭宁

武卫东

张国华

副县级干部：弥克强

庆阳市人防办

主　任：李永宁

副主任：

庆阳市房地产管理局（房改办）

局长、主任：王晓斌

副局长、副主任：刘光彩

王振斌

调 研 员：文连科

副调研员：贾广福

郭光滢

薛亚军

庆阳市建筑业管理局

局　长：张志龙

副局长：王　斌

副调研员：文保平

庆阳市公共资源交易中心

主　任：杨学智

副主任：巩经和

刘晓聪

庆阳市公路局

局　长：何其孔

副局长：赵新炜

强治宪

总工程师：房延宁

庆阳市运管局

局　长：徐存明

党总支书记：侯建华

副局长：杨立民

刘恒立

刘三银

副县级干部：石　晶

庆阳市重大水利项目建设管理局

局　长：赵小芳

副局长：冯建春
左海军
王文化
总工程师：贾工作

庆阳市水保局（黄土高原世行贷款项目办公室）

局长、主任：闫焕智
副局长、副主任：安新平
冯　强
何文钊
总工程师：卢东平
调 研 员：吕　新

庆阳市盐环定扬黄续建工程建设管理局

局　长：折武煦
副局长：刘新善
张远峰
李正军
总工程师：高鹏飞

庆阳市农技推广中心

主　任：郭广宁
副主任：王鹏昭

庆阳市农业科学研究院

院长、党委副书记：柴世伟
党委书记：张春义
副院长：付金元
李可夫
赫春杰

庆阳市绿化办

主　任：白勇龙
副主任：慕友良

庆阳市林科所

所　长：何志华
副所长：贺长青
孙建平
李永刚

合水林业总场

党委书记：赵　琦
场　长：樊旺吉
副场长：魏宏征
杨书宁

正宁林业总场

党委书记：包建强
场　长：刘　锷
副场长：刘宝汉

华池林业总场

党委书记：王润虎
场　长：李华峰
副场长：李英甫
朱晓东

湘乐林业总场

党委书记：祁越峰
场　长：董百赟
副场长：白应统
唐永祥

庆阳市酒类商品管理局

局　长：张广学
副局长：李德峰

庆阳市经济合作局

局　长：罗君伟
副局长：王正锦
方海君
谭文枫（女）
副调研员：申启学
孟占东

庆阳广播电视台

台　长：缪中发
副台长：慕　彬
缪克明
吴　锋（女）
总工程师：王　俭
正县级编委：张培健

庆阳市卫生监督所

所　长：张改英（女）
副所长：王利斌
朱德瑞
调研员：王郁军
副调研员：赵志武

庆阳市疾控中心

主　任：
党支部书记：王文军
副主任：景永峰
正县级干部：尚栋仁
郭　仁

庆阳市人民医院

院　长：张志峰

党委书记：杭小平
党委副书记：闫庆荣
副院长：王宏伟
王长平
高　琪
郭　川
王振运
副县级干部：邓华宁

庆阳市中医院

党委书记、院长：夏小军
党委副书记：钱映华
副院长：张鑫智
陆晓峰
胡胜根

庆阳市妇幼保健院

院　长：王世林
党支部书记：王乃琦
副院长：王桂芳（女）
董永军
李　恒

庆阳市计划生育协会

会　长：邓文钰（兼）
副会长：姚周俊
杨晓成

庆阳市食品稽查局

局　长：姬大宁
副局长：张占林

庆阳市药品稽查局

局　长：门宗全
副局长：赵　明

庆阳市食品检验检测中心

主　任：胡永洲
副主任：王明孝

庆阳市药品检验检测中心

主　任：李万明
副主任：王永红

庆阳市农机局

局　长：冯　良
副局长：徐五平
雷得亮
纪检组长：张仲林
副调研员：刘宗民
范月平

庆阳市供销合作社

主　任：郭新春
副主任：安兴海
惠和平
梁　鹏
纪检组长：胡步刚
副调研员：于全锁

庆阳市体育局

局　长：吕文亮
党组副书记、副局长：马碧涛（正县）
副局长：杨志仁
薛爱芳（女，正县）
纪检组长：
调研员：刘光兴
金惠民
副调研员：吴　军
武　荣

庆阳市外事办

主　任：贺举峰
副主任：任泾平

庆阳市地震局

局　长：刘俞辰
副局长：晋晓庆（女）
宋耀辉
纪检组长：苏文选
副调研员：谢正泰

庆阳市果业局

局　长：贾兴瑞
副局长：孙风华
南建荔
纪检组长：
调研员：王宝钧

庆阳市会展中心

主　任：贺新琪
副主任：豆忠明

庆阳市住房公积金管理中心

党组书记：付振伟（正地，兼）
党组副书记、主任：姚正乾
副主任：尤　渊　王绍军
纪检组长：
副调研员：李敬国

庆阳市石油化工基地协调服务局

主　任：孙澜洪（女）

副主任：王树栋

仇大勇

庆阳市经济技术开发区

主　任：白振海（副地，兼）

常务副主任：贾志升（正县，兼）

副主任：金宣寿（正县，兼）

赵中峰（正县，兼）

米鸿宁（正县，兼）

市直副县级单位

庆阳市政府政务服务中心

主　任：丑一斐

庆阳市政府新闻办

主　任：白　龙

庆阳市经济动员办

主　任：王　波

副主任：陈克龙

庆阳五中

校　长：张建军

党支部书记：郭肇汉

庆阳市知识产权局

局　长：常玉海（正县，兼）

庆阳市老年保健医院

院　长：袁岳鹏

庆阳市外国专家局

局　长：敬宪智

庆阳市人力资源市场管理办公室

主　任：王富鹏

庆阳市社会保险局

局　长：陈耀明

副调研员：刘　敏

庆阳市创业扶持小额贷款担保管理办公室

主　任：罗　茗

庆阳市城乡就业服务局（市政府劳务办）

局长、主任：张　瑾（女）

副调研员：孙明俊

庆阳市医疗保险局

局　长：张忠仁（正县，兼）

庆阳市环境监察支队

支 队 长：樊文斌

庆阳市交战办

主　任：

庆阳市水政监察支队

支队长：王　岩

党支部书记：张继荣

副调研员：李志发

庆阳市黄土高原世行贷款项目培训中心（水土保持生态环境监测分站）

主任、站长：吴俊德

庆阳市兽医局

局　长：郭宗弟

庆阳市森林公安局（森林警察支队）

局　长：毕可江

政　委：吕学海

庆阳市贸促办、商会办

主　任：

副调研员：李奠江

庆阳市文化市场综合执法支队

支队长：

庆阳市地方病防治办公室

主任、党支部书记：刘荣辉

调研员：郑　贵

庆阳市中心血站

站　长：李克举

庆阳市有关企业单位

庆阳能源化工集团公司

董事长、总经理：秦买宁

董事、副总经理：武继荣

金志宏

贺　麟

姚晓斌

监事会主席：杨晓峰

庆阳市公交集团公司

董事长、总经理：张继宗

党委书记、副总经理：朱朝华

庆阳交通投资建设集团有限公司

董事长：王小庆（兼）

总经理：杨生颖

副总经理：耿宏林

庆阳水务发展集团有限公司

董事长：张怀仁（兼）

总经理：赵小芳

副总经理：冯建春

左海军

王文化

总工程师：贾工作

庆阳市盐环定扬黄续建工程建设管理公司

总经理：折武煦

副总经理：刘新善（兼）

张远峰（兼）

李正军（兼）

总工程师：高鹏飞（兼）

庆阳市建筑设计院

院　长：

党支部副书记：祁　剑

副院长：严冬柏

范　群

庆阳市电影发行放映公司

经　理：于永耀

庆阳市黄土缘演艺有限公司

总经理：李永洲（兼）

副总经理：刘治平

协 管 单 位

中国人民银行庆阳市中心支行

行　长：陈永明

纪委书记：崔文瑞

工会主任：张海应

副行长：任鹏飞

吴蔚蓝（女）

周彩南

调 研 员：解树功

助理调研员：李瑞先

中国工商银行庆阳分行

行　长：许国军

副行长：王　虎

白国成

杨永峰

张毛银

李凤飞

行长助理：王　静（女）

李剑锋

高级经理：杨　锐

孙文勇

中国银行庆阳分行

行　长：周玉文

副行长：周湘平

蒋迎娣（女）

中国建设银行庆阳分行

行　长：

纪委书记：李明华

副行长：杨统林

张全生

魏志超

路　星

中国农业银行庆阳分行

党委书记、行长：董东渊

党委副书记：王军平

副行长：吕兴锋

刘永奇

张岩山

纪委书记：李天登

副调研员：倪建国

风险主管：高　鹏

中国农业发展银行庆阳市分行

党委书记、行长：王得绪

副 行 长：黄党民

谢仲锋

闫宁锋

甘肃省农村信用社联合社庆阳稽核审计中心

主　任：李松涛

副主任：王宁忠

米吉锋

张亚东

甘肃银行庆阳分行

行　长：全　恒

副行长：李恩泽

行长助理：权治平

兰州银行庆阳分行

党委书记、行长：肖　非

副行长：李荣辉

徐　峰
吴军让
行长助理：王　宇

甘肃省庆阳公路管理局

党委书记：董明奇
局　长：高保平
副局长：王思用
王振元
纪委书记：史金林
总工程师：张正国
工会主任：苏清平

中国银行业监督管理委员会庆阳监管分局

局　长：赵维峰
纪委书记：刘喜平
副局长：马东锋
秦　健
副调研员：左凤军
张国栋

陇东学院

党委书记：闫庆生
党委副书记、院长：郭维俊
党委副书记：田雁青
纪委书记：白生君
副院长：孙立峰
孙鸣超
许尔忠

中国人寿保险股份有限公司庆阳分公司

总经理：
副总经理：陈效库（主持工作）
刘元智
余鸿林
焦　恩

中国人民财产保险股份有限公司庆阳分公司

党委书记、总经理：
副总经理：李林瑞（主持工作）
王维江
刘克卫
司长庆
李崇宪

中国电信股份有限公司庆阳分公司

总 经 理：张永涛
党委书记：朱麦旺
工会主席：朱麦旺（兼）
副总经理：脱正红
贾学成
李乐基

中国邮政集团公司庆阳分公司

总 经 理：王祥杰
副总经理：许建荣
贾　炯

中国移动通信集团甘肃有限公司庆阳分公司

党委书记、总经理：朱印江
副总经理：蔡宇恒
李　虎
王　璇（女）
纪委书记：蔡宇恒（兼）
工会主席：李捷锋

中国联合网络通信集团有限公司庆阳分公司

总 经 理：杨伟平
党委书记：李自治
副总经理：李自治（兼）
赵裕鹏

中国铁塔股份有限公司庆阳分公司

总 经 理：赵涵波
副总经理：龙爱明

甘肃省电力公司庆阳供电公司

总 经 理：王小举
党委书记：王林信
副总经理：齐兴顺
苏　生
纪委书记：程　明
工会主席：曹　琮
总会计师：田梅林（女）
党委委员、环县供电公司经理：王克勃
调研员：李竑亚

庆阳市气象局

局　长：王　琎
副局长：吴爱敏（女）
纪检组长：刘发俊

庆阳市地方税务局

局　长：李　涛
副局长：马联鹏
刘浩文
纪检组长：申世博

庆阳市国家税务局

局　长：刘思斌

副局长：张怀洲

帅西平

胡文峰

纪检组长：杜满弟

总经济师：张学东

总会计师：万守江

庆阳市烟草专卖局（公司）

局长、经理：魏小敏

副经理：王清明

梁德华

副局长：王耀峰

纪检组长：李耀程

调 研 员：罗旺林

副调研员：由省顺

中国石油天然气股份有限公司庆阳石化分公司

总 经 理：刘至祥

党委书记：张豫锋

纪委书记：张豫锋（兼）

工会主席：张豫锋（兼）

总会计师：何　瑛（女）

副总经理：张豫锋（兼）

颉天合

俄克斌

魏治中

何　瑛（兼）

安全总监：颉天合（兼）

中国石油天然气股份有限公司庆阳销售分公司

经　理：雷步东

党委书记：杨晓杰

总会计师：杨晓杰（兼）

副 经 理：赵　江

陈克明

刘　琦

纪委书记：陈克明（兼）

工会主席：陈克明（兼）

甘肃陇东鸿业商贸有限公司

董事长：刘庆琳

党委书记：原永红

总经理：

副总经理：韩彦龙

景万福

尚海平

调 研 员：文效成

高廷杰

庆阳林业学校

党委书记：王全才

校　　长：戴兴隆

副 校 长：乔　锐

张元华

王强定

工会主席：刘润元

国家统计局庆阳调查队

队　长：牟耀虎

副队长：王　平

彭群安

纪检组长：刘得弟

调 研 员：徐天有

副调研员：李庆宁

黄河水土保持西峰治理监督局

局　长：赵安成

副局长：脱中平

杜守君

刘　斌

庆阳市邮政管理局

局　长：包　宇

甘肃省无线电管理委员会办公室庆阳管理处

处　长：张立统

甘肃省庆阳公路路政执法管理处

党总支副书记、副处长：李北平

中央储备粮庆阳直属库

主　任：杨成君

副主任：袁大卫

（市委组织部　供）

庆阳市2014年国民经济和社会发展统计公报

庆阳市统计局

（2015年3月13日）

2014年，面对复杂多变的国际国内形势和艰巨繁重的改革发展任务，全市上下在市委、市政府的坚强领导下，深入贯彻党的十八大、十八届三中、四中全会和中央、全省经济工作会议精神，牢牢把握稳中求进总基调、总要求、总方略，攻坚克难、综合施策，在全国、全省经济发展进入新常态的大背景下，取得了经济稳健增长、民生持续改善、社会和谐稳定、发展后劲增强的良好成效。

一、综　合

2014年末全市常住人口222.35万人，比上年末增加0.08万人（常住人口中当年净流出1.51万人），其中城镇人口70.15万人。全年出生人口3.02万人，出生率为13.61‰；死亡人口1.43万人，死亡率为6.45‰；自然增长率为7.16‰。

初步核算，2014年全市实现生产总值668.93亿元，按可比价计算（下同），比上年增长10.2%。其中，第一产业增加值80.62亿元，增长5.8%；第二产业增加值424.14亿元，增长11.4%；第三产业增加值164.17亿元，增长8.9%。国民经济主要比例关系为第一产业增加值占生产总值的比重为12.1%，第二产业增加值比重为63.4%，第三产业增加值比重为24.5%。按常住人口计算，人均生产总值30090元，增长10.1% 。

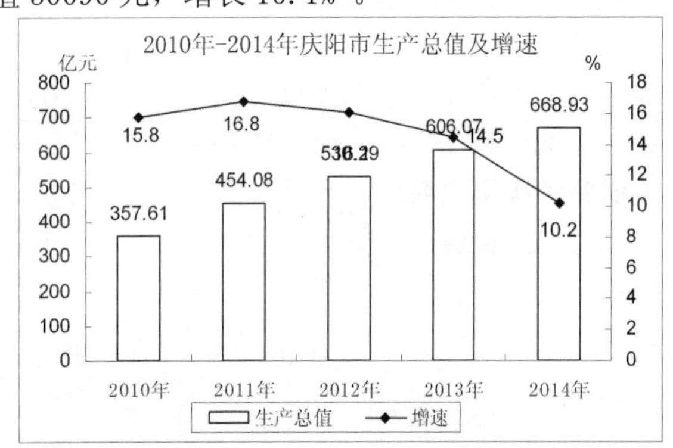

文化产业实现增加值11.03亿元，增长25.4%，占生产总值的1.6%。

年末全市单位从业人员185227人，比上年末增加11105人，增长6.4%。年末城镇登记失业率为1.95%。组织输转富余劳动力60.7万人 ，其中有组织输出32.61万人；劳务总收入达到109.29亿元，增长22.3%。

居民消费价格一季度同比上涨3.2%，二季度上涨1.5%，三季度上涨1.8%，全年居民消费价格总水平比上年上涨1.9%。分类别看，食品类上涨4.1%，

烟酒及用品下降0.2%，衣着类下降0.4%，家庭设备用品及维修服务上涨1.1%，医疗保健和个人用品类上涨0.5%，交通和通讯类下降0.3%，娱乐教育

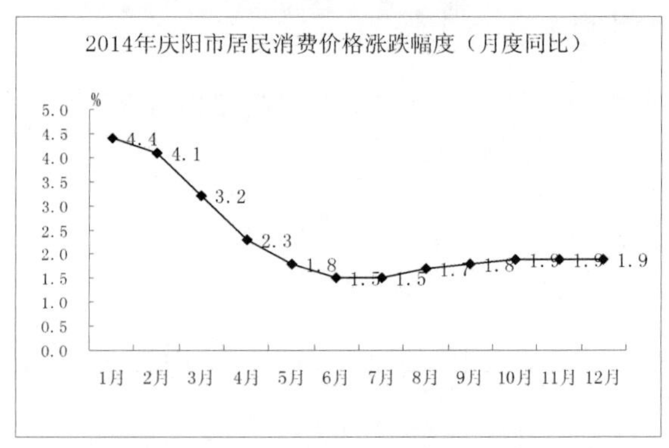

文化用品及服务类上涨5.5%，居住类下降0.5%。商品零售价格上涨2.2%，农业生产资料价格上涨1.0%，工业品出厂价格下降3.8%。

全市大口径财政收入完成149.25亿元，比上年下降3.2%；一般预算收入完成61.54亿元，下降3.4%。各项税收完成134.45亿元，增长2.0%，占财政收入的90.0%。其中国税收入完成87.20亿元，

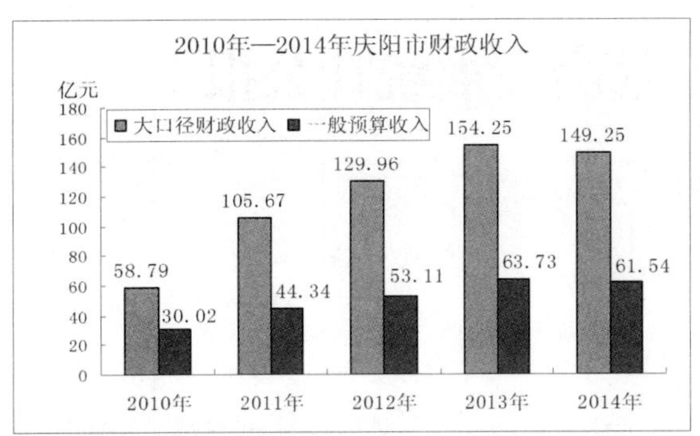

下降3.9%；地税收入完成47.25亿元，增长15.0%。全年财政支出185.68亿元，比上年增长1.3%。

二、农　业

全市粮食作物播种面积696.65万亩，比上年增长1.1%，粮食总产量达到164.23万吨，增长3.3%。其中夏粮播种面积186.57万亩，下降0.1%，总产量40.88万吨，增长20.2%；秋粮播种面积517.70万亩，增长1.5%，总产量123.36万吨，下降1.3%。油料播种面积106.58万亩，下降2.5%，总产量14.67万吨，增产4.5%；蔬菜面积124.09

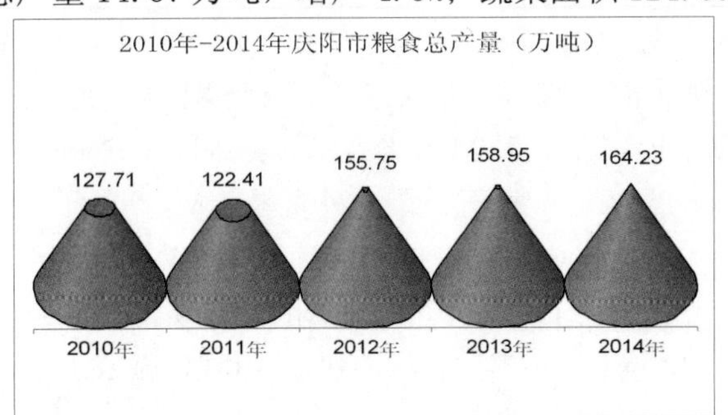

万亩，增长1.5%，产量87.27万吨，增长7.1%；果园面积171.77万亩，其中：当年新栽17.8万亩。水果总产量65.05万吨，增长12.5%，其中苹果面积119.91万亩，产量54.37万吨，增长15.4%。全年完成农业总产值141.97亿元，按可比价格计算，增长5.3%。

表1　2014年全市主要农产品产量

	计　算 单　位	实际完成	比上年 （±%）
粮　食	万吨	164.23	3.3
#夏　粮	万吨	40.88	20.2
秋　粮	万吨	123.36	-1.3
油　料	万吨	14.67	4.5
豆　类	万吨	8.16	-17.4
薯　类	万吨	10.93	-9.6
水　果	万吨	60.05	12.5
#苹　果	万吨	54.37	15.4
杏　子	万吨	6.54	2.4
蔬　菜	万吨	14.67	4.5
#黄花菜	万吨	3.67	2.6
瓜　类	万吨	75.65	-6.5
药　材	万吨	10.06	5.3
肉类总产量	万吨	7.03	8.3
水产品产量	吨	1174.72	18.5

年末大牲畜存栏63.83万头，比上年增长4.9%。其中，牛存栏38.56万头，增长5.2%；牛出栏16.56万头，增长5.1%。猪存栏42.56万口，增长1.8%；猪出栏40.62万头，增长3.8%。羊存栏187.14万只，增长7.6%；羊出栏73.83万只，增长8.0%。肉类总产量7.03万吨，增长8.3%。

全市水产品产量1174.72吨，比上年增长18.5%。

年末有效灌溉面积达到74.68万亩，增长2.0%，占年末耕地面积的11.0%；保证灌溉面积达到51.73万亩，比上年增长1.9%。农业机械总动力179.06万千瓦，比上年增长9.6%。

当年完成造林面积84.78万亩，比上年增长120.4%。

全市共落实扶贫资金34705万元，比上年增加10477万元，增长43.2%。

三、工业和建筑业

全年完成全部工业增加值387.74亿元，比上年增长11.4%。其中，规模以上工业增加值完成371.04亿元，增长11.2%，规模以上工业中地方工

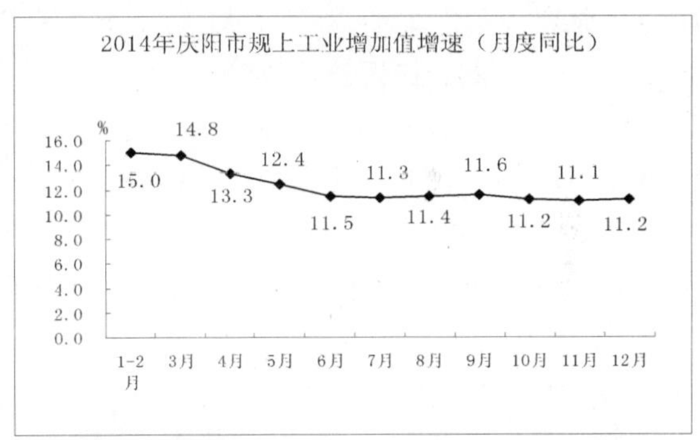

业完成增加值39.58亿元，增长6.4%。规模以上工业完成销售产值688.26亿元，产品销售率为97.1%。

表2　2014年全市工业增加值分类

	计算 单位	实际 完成	比上年 （±%）
全部工业增加值	亿元	387.74	11.4
规模以上工业	亿元	371.04	11.2
规模以下工业	亿元	16.70	14.1
规模以上中：地方工业增加值	亿元	39.58	6.4
规模以上中：国有企业	亿元	334.08	11.4
集体企业	亿元	5.78	-23.2
股份企业	亿元	30.86	13.5
其他企业	亿元	0.32	-13.0
规模以上中：轻工业	亿元	8.96	6.4
重工业	亿元	362.08	11.3

全市规模以上工业企业实现利税总额 282.52 亿元，增长 9.1%，其中利润总额 155.91 亿元，比上年下降 2.5%。地方规模以上工业实现利润 9.19 亿元，增长 22.4%。

表 3　2014 年全市主要工业产品产量

产品名称	计量单位	实际完成	比上年（±%）
原　油	万吨	722.97	9.6
#长庆油田	万吨	700.77	9.9
镇原区块	万吨	22.20	1.8
原油加工量	万吨	330.38	-3.1
汽　油	万吨	125.93	-2.3
柴　油	万吨	141.59	-6.9
液化石油气	吨	171813	-4.7
果汁及饮料	吨	34779	-7.6
中成药	吨	316	-4.7
塑料制品	件	4243	18.0
乳制品	吨	3905	17.0
铁合金	吨	21857	62.7
水　泥	万吨	23.11	2.6
啤　酒	千升	54813	4.0
饲　料	吨	17790	-91.3

全市资质以上建筑企业 79 户，比上年减少 1 户；全年建筑企业实现增加值 36.44 亿元，比上年增长 11.8%。

四、固定资产投资

全市固定资产投资总额完成 1122.57 亿元，比上年增长 17.8%。其中：第一产业投资额 29.99 亿元，增长 2.7 倍；第二产业投资额 802.08 亿元（含长庆油田公司 154.30 亿元），增长 21.4%；第三产业投资额 290.50 亿元，增长 2.1%。在投资总额中，地方完成固定资产投资总额 968.27 亿元，比上年增长 21.5%。

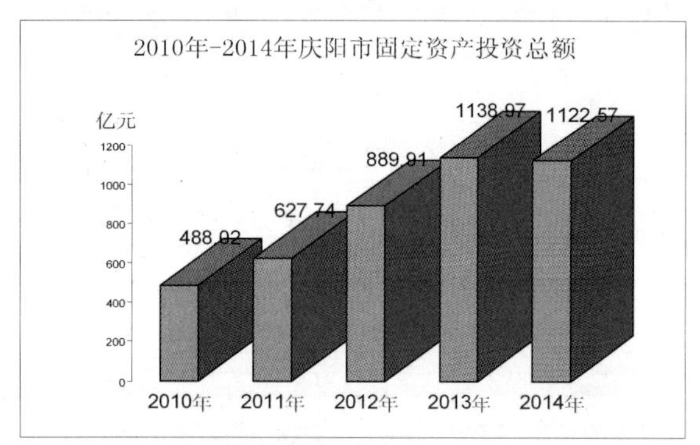

全市投资 500 万元以上的施工项目 2454 个，比上年增长 88.9%。其中当年新开工项目 2011 个，本年投产项目 1597 个，新增固定资产 823.78 亿元。

全年房地产投资完成 39.60 亿元，比上年下降 40.6%。房屋施工面积 433.68 万平方米，增长 7.7%，

表 4 2014 年全市固定资产投资总额完成情况

	单位	实际完成	比上年（±%）
固定资产投资总额	亿元	1122.57	17.8
#房地产	亿元	39.60	-40.6
㈠按属地分			
地　方	亿元	968.27	21.5
油　田	亿元	154.30	-1.0
㈡按产业分			
第一产业	亿元	29.59	2.7 倍
第二产业	亿元	502.08	21.4
第三产业	亿元	290.50	2.1
㈢按构成分			
建筑工程	亿元	848.61	13.0
安装工程	亿元	155.91	110.0
设备工器具购置	亿元	54.62	6.8
其他费用	亿元	63.43	-19.2
在总投资中：			
水利、环境及公共设施管理	亿元	42.72	25.4
电力燃气及水的生产和供应	亿元	43.14	2.2 倍
交通运输、仓储和邮电	亿元	75.83	1.6 倍
年内新开工项目	个	2011	1.3 倍
年内投产项目	个	1597	91.5

房屋竣工面积 51.99 万平方米，下降 40.0%。商品房销售面积 57.33 万平方米，下降 31.3%。建成公租房 1016 套、5.08 万平方米。

五、国内外贸易

全市完成社会消费品零售总额 164.00 亿元，比上年增长 12.6%。其中，城镇消费品零售额 123.02 亿元，增长 11.5%；农村消费品零售额 40.99 亿元，增长 15.9%。分行业看，批发业 36.16 亿元，增长 10.1%；零售业 110.24 亿元，增长 13.9%；住宿业 1.53 亿元，增长 10.4%；餐饮业 16.07 亿元，增长 9.7%。

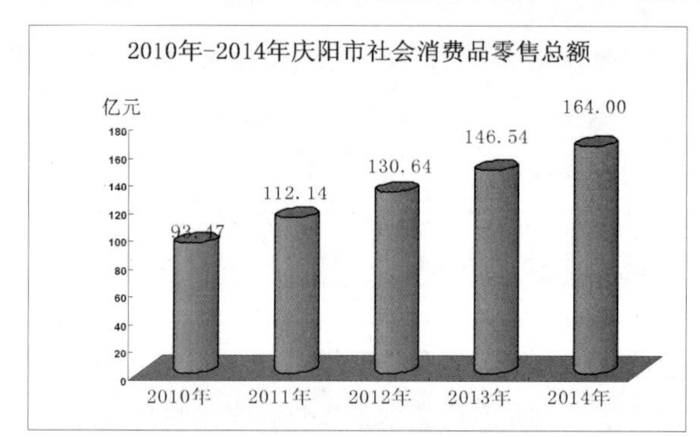

全市外贸出口创汇 7269 万美元，比上年下降 16.1%。

六、交通、邮电和旅游

全市货物运输量 3102.50 万吨，比上年下降 32.6%，货物周转量 606360.84 万吨公里，下降

21.9%；旅客运输量2771.15万人，下降25.7%，旅客周转量175198.61万人公里，增长20.4%。

全市年末汽车保有量达到258207辆（包括三轮汽车和低速货车25235辆），其中营运车辆23537辆，非营运车辆2344544辆。

全年完成邮政通信业务总量17.28亿元，比上年增长16.3%。其中，邮政业务总量0.99亿元，增长13.0%；电信业务总量5.7亿元，增长22.2%；移动通信业务总量9.4亿元，增长4.4%；联通业务总量1.2亿元，增长12.9%。固定电话用户年末累计达到21.31万户，下降4.4%；移动电话年末累计达到227.22万户，增长3.4%；互联网用户年末达到16.74万户，增长19.6%。年末全市各类电话普及率达到111.8 部/百人，每百人比上年增加1.8部。

表5 2014年全市交通、通讯事业发展情况

	计 算 单 位	实际 完成	比上年 （±%）
货物周转量	万吨公里	606360.84	-21.9
旅客周转量	万人公里	175198.61	20.4
邮电业务总量	亿元	17.28	16.3
# 邮政业务总量	亿元	0.99	13.0
电信业务总量	亿元	5.74	22.2
移动业务总量	亿元	9.40	4.4
联通业务总量	亿元	1.15	12.9
年末固定电话用户	万户	21.31	-4.4
年末移动电话用户	万户	227.22	3.4
电话普及率	部/百人	111.80	0.6
年末国际互联网用户	万户	16.74	19.6

全年接待国内外旅游人数449.40万人次，实现旅游收入20.71亿元，分别比上年增长21.7%和25.1%。

七、金融和保险

年末全市金融机构各项存款余额669.31亿元，比上年净增69.33亿元，增长11.6%。其中储蓄存款余额449.13亿元，比上年净增54.08亿元，增长13.7%。各项贷款余额447.54亿元，比上年净增109.76亿元，增长32.5%。

表6 2014年全市金融机构存贷款余额

	单位	期末余额	比上年 （±%）
年末各项存款余额	亿元	669.31	11.6
#储蓄存款	亿元	449.13	13.7
年末各项贷款余额	亿元	447.54	32.5
#个人消费贷款及透支	亿元	227.68	23.2
#个人消费贷款	亿元	52.09	29.9
单位消费贷款及透支	亿元	217.81	44.9

全年保费总收入107398万元，比上年下降3.2%。其中，寿险保费收入50192万元，比上年下降18.2%；财险保费收入57206万元，比上年增长15.3%。支付各类赔款及给付39130万元，比上年增长15.3%。其中，寿险支付11895万元，比上年增长19.8%；财险支付27235万元，比上年增长13.5%。

八、社会保障和人民生活

年末全市参加城镇企业基本养老保险人数7.46万人，比上年末增加0.18万人。其中，参保职工4.84万人，参保离退休人员2.62万人。参加城镇基本医疗保险人数28.24万人，增加0.16万人。其中，参加城镇职工基本医疗保险人数14.09万人，参加城镇居民基本医疗保险人数14.15万人。参加失业保险人数8.26万人，减少0.01万人。参加工伤保险人数5.81万人，增加0.12万人。参加生育保险人数8.88万人，增加0.23万人。新型农村合作医疗参合率98.18%。新型农村合作医疗基金支出总额7.24亿元，累计受益216.97万人次。

全市城市低保21262户、50648人，比上年末减少1873户，减少4873人；农村低保104484户、345379人，减少3141户。

城镇居民人均可支配收入20637元，比上年增

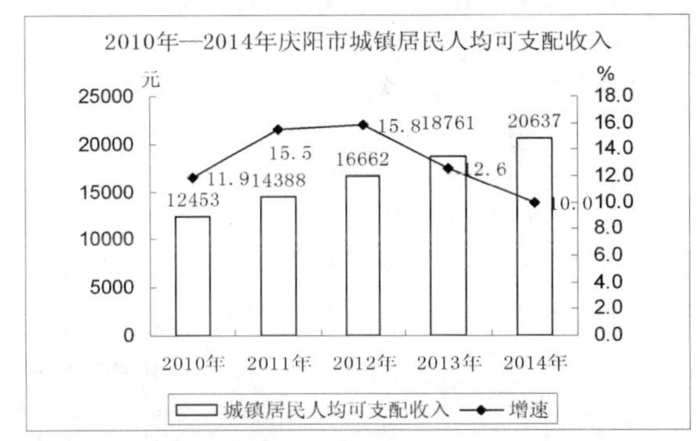

加1876元，增长10.0%；农村居民人均纯收入5499

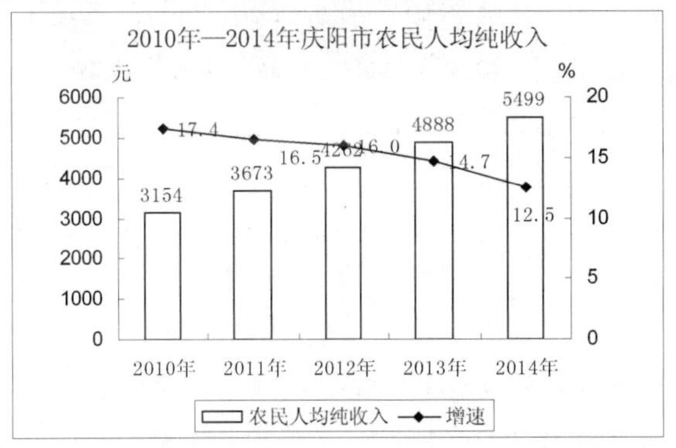

元，比上年增加611元，增长12.5%。居民家庭恩格尔系数城镇为32.4%，比上年下降0.4个百分点；

表 7 2014 年全市城乡居民生活水平

	单位	实际 完成	比上年（±%）
城镇居民人均可支配收入	元	20637	10.0
城镇居民人均消费支出	元	14608	8.6
农民人均纯收入	元	5499	12.5
农民人均消费支出	元	5231	11.3
城镇居民恩格尔系数	%	32.40	下降0.4个百分点
农村居民恩格尔系数	%	38.74	下降0.4个百分点

农村为 38.74%，比上年下降 0.4 个百分点。

九、教育、科学技术和文化体育

全市普通高等学校招生 4069 人，在校学生 16330 人，毕业 3108 人；普通中等专业学校招生 4731 人，在校学生 20447 人，毕业 8775 人；普通高中招生 18793 人，在校学生 60106 人，毕业 22355 人。适龄儿童入学率 99.83%，13—15 岁儿童初等教育普及率达到 99.59%，九年义务教育巩固率达到 92.45%。 全市大专以上高考录取人数 22110 人，比上年增加 1553 人，增长 7.6%；录取率 83.19%，比上年提高 0.49 个百分点。

全市事业单位各类专业技术人员 43757，其中，高级技术人员 2174 人。

全年共组织实施农业、工业、医疗卫生和社会公益事业等各类国家、省、市科技计划项目 259 项，其中国列 6 项，省列 18 项，共投入科技经费 3426 万元。评出市级科技进步奖 108 项，其中一等奖 16 项，二等奖 82 项，三等奖 10 项。

全市共有专业文化艺术表演团体 9 个，全年演出 1648 场（次），观众 220.69 万人次；年末共有公共图书馆 9 个，藏书 68.46 万册；博物馆、纪念馆 13 个，文物藏量 4.3 万件；综合性档案馆 9 个，馆藏各类档案 51.88 万卷、30.17 万件，资料 7.93 万册，照片 2.4 万张；文化站 117 个。

全市有线电视用户增加到 59893 户，电视人口覆盖率达到 100%。广播人口覆盖率达到 100%。

全年《陇东报》出版 365 期，发行 3.04 万份。

全市举办县以上运动会 19 次，参加运动员 31626 人次。在市级以上运动会上我市体育健儿共夺得 31 枚金牌，22 枚银牌，22 枚铜牌。

十、卫 生

全市医疗卫生机构总数 1840 个，比上年减少 5 个。其中，医院 31 个，乡镇卫生院 127 个，社区卫生服务中心（站）56 个，妇幼保健院（站）9 个，疾病预防控制中心 9 个，卫生监督所（中心） 9 个。年末实有医疗床位 8253 张，比上年净增 343 张，增长 4.3%。其中，医院 5396 张，比上年净增 348 张，增长 6.9%；乡镇卫生院 2462 张，比上年净增 36 张，增长 1.5%；社区卫生服务中心（站）171 张，比上年净增 41 张，增长 31.5%；妇幼保健院（站）224 张，比上年净增 3 张，增长 1.4%。全市共有卫生技术人员 8773 人，比上年净增 654 人，增长 8.1%。其中执业医师 2800 人，比上年净增 114 人，增长 4.2%；助理执业医师 721 人，比上年净增 91 人，增长 14.4%；注册护士 2976 人，比上年净增 361 人，增长 13.8%；药师（士）405 人，比上年净增 1 人，增长 0.2%；技师（士）432 人，比上年净增 49 人，增长 12.8%；其他卫生技术人员 1439 人，比上年净增 38 人，增长 2.7%。

十一、环境和安全生产

全市有环境监测机构 9 个，自动监测设备 3 台，环境监测人员 69 人。

全市废水中主要污染物化学需氧量排放量 15000.90 吨，比上年下降 3.3%；氨氮排放量 1776.76 吨，比上年增长 1.0%；大气中主要污染物二氧化硫排放量 15763.07 吨，比上年增加 3.9%；氮氧化物排放量 15830.46 吨，比上年增加 4.4%。全市用于环境保护的资金 5.74 亿元。

2014 年全市共发生各类安全生产事故 422 起，比上年下降 8.3%，死亡 109 人，下降 8.4%；受伤 398 人，下降 13.5%；造成直接经济损失 358.60 万元，下降 8.4%。亿元生产总值生产安全事故死亡率 0.16 人，下降 0.02 个百分点；道路交通万车死亡率 4.1 人，下降 2.8 个百分点。

注： 1、本《公报》各项统计数据为初步统计数。2、《公报》中生产总值、各产业增加值绝对数按现价计算，增长速度按不变价计算。3 规模以上工业统计范围的工业企业为年主营业务收入 2000 万元以上。4、固定资产投资为计划总投资 500 万元及以上项目。5、人口按常住地统计，即公布常住人口；由于流入流出人口影响，出生人口减死亡人口不等于本年新增人口。

数据来源：《公报》中财政数据来自市财政局；外贸数据来自市商务局；旅游数据来自市旅游局；汽车保有量数据来自市交警支队和市运管局；邮政业务总量数据来自市邮政局；电信业务总量、固定电话、移动电话拥有量、互联网用户数据来自市电信公司、移动公司和联通公司；金融数据来自人行庆阳中心支行；教育数据来自市教育局；科技数据来自市科技局；文化、有线电视用户、电视人口覆盖率、广播人口覆盖率来自市文广局；报纸发行量来自《陇东报》社；体育数据来自市体育局；卫生、新农合数据来自市卫生局；城镇新增就业、登记失业率、社会保障、低保、社会救济数据来自市人力资源和社会保障局；环境监测数据来自市环保局；安全生产数据来自市安监局；物价、城镇居民人均可支配收入、农民人均纯收入来自国家统计局庆阳调查队；其他数据均来自市统计局。

2014年庆阳市气候公报

庆阳市气象局

（2015年1月5日）

一、气候基本特征

2014年我市的气候主要特征是：降水正常，气温正常，日照正常。

二、主要气象要素特征

1、降水：2014年降水量517.7～736.1mm，与历年同期相比，环县、华池偏多，其余正常。

2、气温：2014年平均气温8.8～10.4℃，与历年同期相比，西峰、宁县偏高，其余正常。

3、日照：2014年全市日照时数为2068.9～2460.9小时，与历年同期相比均正常。

三、气候影响评价

综合分析2014年的气候条件对农业生产是利大于弊，特别是作物关键生育期的4～5月和伏期降水偏多，对农业生产比较有利。

1、对农业生产的影响评价

春季降水正常，第一场透雨偏早，干旱不明，对冬小麦的起身、拔节有利；对冬油菜抽苔也有利。春播时，土壤墒情好，春播质量高。伏期降水正常，干旱也不明显，对玉米和复种作物有利。初秋降水充沛，对秋播工作有利。

2、对其它行业的影响评价

2014年降水日数较多，对农业生产有利，而且对植树造林、水库蓄水都比较有利。

7、8月和秋季明显降水过程多，对植被的生长也比较有利。由于出现了多次大暴雨和多次中雨与大雨，对河流、水库和水窖的蓄水也有比较有利，增加了河流流量，补充了水库和水窖蓄水。

2014年庆阳市环境质量概要

庆阳市环境保护局

（2015年2月）

2014年全市环境质量总体平稳向好。重点流域水环境质量有所改善，城市集中饮用水源地水质监测指标达标率达到100%，声环境质量良好，环境空气质量保持稳定。

一、环境空气质量状况

2014年，市环境监测站3个环境空气自动监测站对市区环境空气质量进行了24小时连续监测，监测项目为二氧化硫、二氧化氮、可吸入颗粒物。对7县县城的21个环境空气监测点进行了手工监测，全年监测2次，每次5天，监测项目为二氧化硫、二氧化氮、可吸入颗粒物。

1、城市空气质量总体状况

按照《环境空气质量标准》（GB3095—1996）评价，市区环境空气质量达到二级标准；7个县城环境空气质量达到二级标准的有合水县、华池县、宁县、正宁县4个县，占57.1%；达到三级标准的有镇原县、环县、庆城县3个县，占42.9%。首要污染物为可吸入颗粒物。

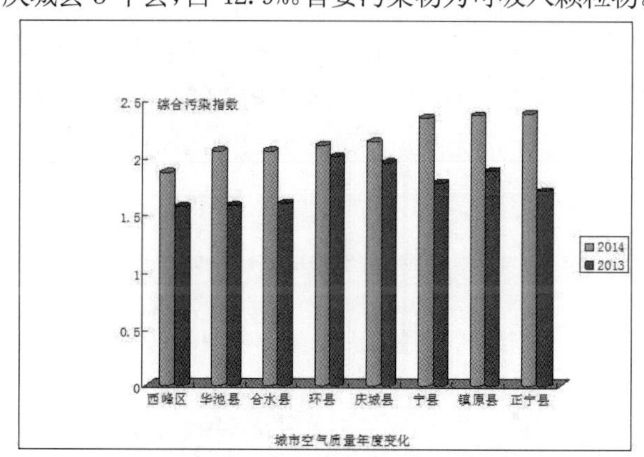

市区二氧化硫年均值达到国家二级标准，各县县城二氧化硫年均值均达到国家一级标准。

全市2014年度环境空气质量状况

县（区）		二氧化硫 年均值(mg/m³)	二氧化硫 达标情况	二氧化氮 年均值(mg/m³)	二氧化氮 达标情况	可吸入颗粒物 年均值(mg/m³)	可吸入颗粒物 达标情况	城市空气质量	综合污染指数
西峰区		0.032	达到二级	0.026	达到一级	0.069	达到二级	二级	1.87
合水县		0.012	达到一级	0.022	达到一级	0.090	达到二级	二级	1.65
华池县		0.013	达到一级	0.024	达到一级	0.080	达到二级	二级	1.62
环县		0.015	达到一级	0.026	达到一级	0.105	达到三级	三级	1.95
宁县		0.015	达到一级	0.026	达到一级	0.094	达到二级	二级	1.84
庆城县		0.015	达到一级	0.023	达到一级	0.120	达到三级	三级	2.02
镇原县		0.020	达到一级	0.023	达到一级	0.117	达到三级	三级	2.08
正宁县		0.015	达到一级	0.027	达到一级	0.095	达到二级	二级	1.88
标准（年平均）	一级	0.02		0.04		0.04			
	二级	0.06		0.04		0.10			
	三级	0.10		0.08		0.15			

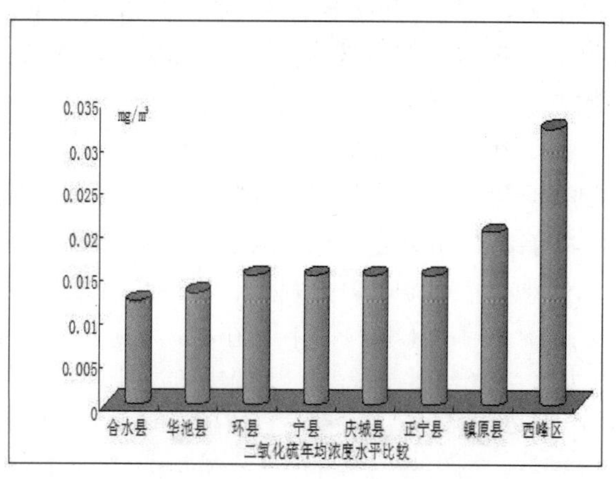

市区及各县县城二氧化氮年均值均达到国家一级标准。

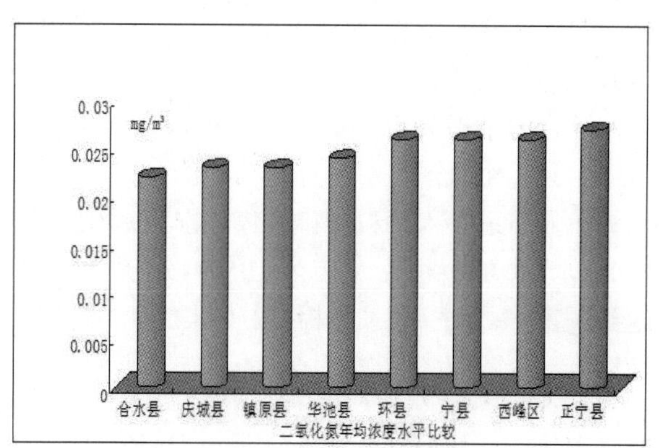

市区及合水县、华池县、宁县、正宁县县城可吸入颗粒物年均值 达到国家二级标准。镇原县、环县、庆城县可吸入颗粒物年均值达到国家三级标准。

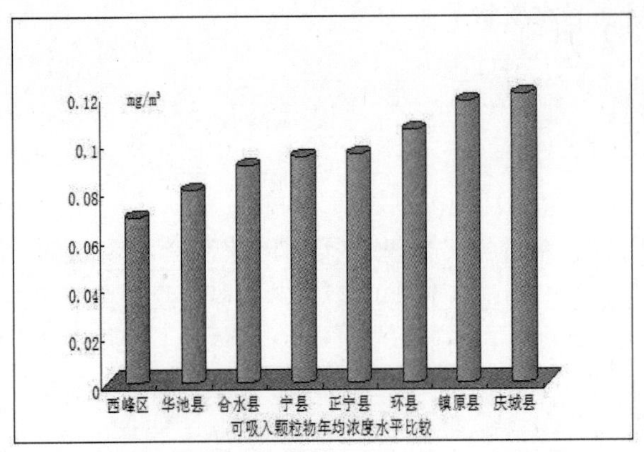

2、主要城市空气质量状况

市区：空气质量综合评价为二级，二氧化硫、二氧化氮、可吸入颗粒物年均值分别为0.032毫克/立方米、0.026毫克/立方米、0.069毫克/立方米，达到《环境空气质量标准》（GB3095—1996）二级标准，空气质量优良天数是356天，占总天数的97.5%。综合污染指数为1.87，与上年相比上升19.9%。

合水县：空气质量综合评价为二级，二氧化硫、二氧化氮、可吸入颗粒物年均值分别为0.012毫克/立方米、0.022毫克/立方米、0.090毫克/立方米，达到《环境空气质量标准》（GB3095—1996）二级标准，综合污染指数为1.65，与上年相比上升3.8%。

华池县：空气质量综合评价为二级，二氧化硫、二氧化氮、可吸入颗粒物年均值分别为0.013毫克/立方米、0.024毫克/立方米、0.080毫克/立方米，达到《环境空气质量标准》（GB3095—1996）二级标准，综合污染指数为1.62，与上年相比上升3.2%。

环县：空气质量综合评价为三级，二氧化硫、二氧化氮、可吸入颗粒物年均值分别为0.015毫克/立方米、0.026毫克/立方米、0.105毫克/立方米，达到《环境空气质量标准》（GB3095—1996）三级标准，综合污染指数为1.95，与上年相比下降2.5%。

宁县：空气质量综合评价为二级，二氧化硫、二氧化氮、可吸入颗粒物年均值分别为0.015毫克/立方米、0.026毫克/立方米、0.094毫克/立方米，达到国家《环境空气质量标准》（GB3095—1996）二级标准，综合污染指数为1.84，与上年相比上升4.0%。

庆城县：空气质量综合评价为三级，二氧化硫、二氧化氮、可吸入颗粒物年均值分别为0.015毫克/立方米、0.023毫克/立方米、0.120毫克/立方米，达到《环境空气质量标准》（GB3095—1996）三级标准，综合污染指数为2.02，与上年相比上升3.6%。

镇原县：空气质量综合评价为三级，二氧化硫、二氧化氮、可吸入颗粒物年均值分别为0.020毫克/立方米、0.023毫克/立方米、0.117毫克/立方米，达到《环境空气质量标准》（GB3095—1996）三级标准，综合污染指数为2.08，与上年相比上升10.6%。

正宁县：空气质量综合评价为二级，二氧化硫、二氧化氮、可吸入颗粒物年均值分别为0.015毫克/立方米、0.027毫克/立方米、0.095毫克/立方米，达到《环境空气质量标准》（GB3095—1996）二级标准，综合污染指数为1.88，与上年相比上升10.6%。

二、水环境质量状况

依据《地表水环境质量评价办法（试行）》，水质类别评价Ⅰ～Ⅱ类为优，Ⅲ类为良好，Ⅳ类为轻度污染，Ⅴ为中度污染，劣Ⅴ为重度污染。

1、地表水水质状况

（1）监测断面达标情况

2014年全市监测12个断面中，8个监测断面水质达到功能区划水质要求，占监测断面总数的66.7%，4个监测断面水质未达到功能区划水质要求，占监测断面总数的33.3%，与上年相比达标断面增加2个；水质评价为优的监测断面2个，占监测断面总数的16.7%，较上年无变化；水质良好的监测断面3个，占监测断面总数的25%，较上年增加1个；水质轻度污染的监测断面5个，占监测断面总数的41.7%，较上年增加1个；水质中度污染的监测断面2个，占监测断面总数的16.7%，较上年减少2个，无水质重度污染的监测断面。

断面水质状况及按功能类别达标情况统计

类别 年度	Ⅰ	Ⅱ	Ⅲ	Ⅳ	Ⅴ	劣Ⅴ	按功能区达标断面
2014年	0	2	3	5	2	0	8
2013年	0	2	2	4	4	0	6

（2）省控监测断面水质状况

全市6个省控监测断面中，姚新庄、马头坡、宁县桥头和巴家嘴水库监测断面水质优于或达到功能区划水质要求，曲子大桥、韩家湾监测断面水质超出功能区划水质要求。

省控断面水质状况

河段	监测断面	功能区划类别	2014年		2013年	
			监测水质类别	水质状况（超标项目）	监测水质类别	水质状况（超标项目）
马莲河	曲子大桥	IV类	V	中度污染（化学需氧量六价铬）	V	中度污染（化学需氧量、六价铬）
	韩家湾	IV类	V	中度污染（化学需氧量六价铬）	V	中度污染（化学需氧量、六价铬）
	宁县桥头	IV类	III	良好	IV	轻度污染（化学需氧量）
蒲河	姚新庄	III类	II	优	II	优
	马头坡	III类	III	良好	III	良好
水库	巴家嘴水库	III类	II	优	II	优

马莲河

马莲河流域 3 个监测断面中，曲子大桥、韩家湾监测断面水质为Ⅴ类，超出功能区划水质要求，超标项目为化学需氧量、六价铬；宁县桥头监测断面水质为 III 类，优于功能区划水质要求。与上年度相比，曲子大桥、韩家湾监测断面水质无明显变化，宁县桥头监测断面水质有所好转（水质由 IV 类转为 III 类）。

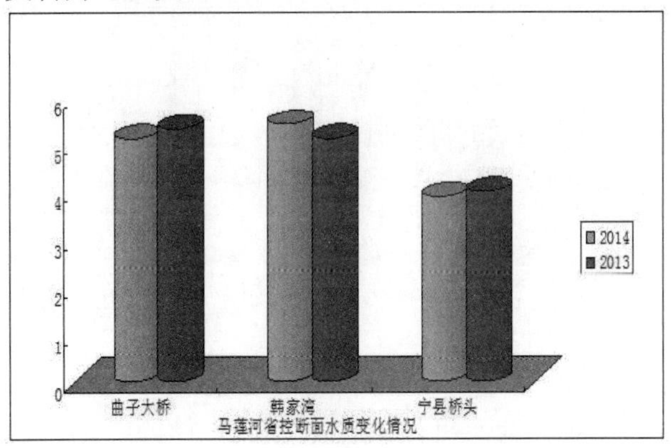

蒲河

蒲河流域 2 个监测断面中，姚新庄监测断面水质为 II 类，优于功能区划水质要求；马头坡监测断面水质为 III 类，达到功能区划水质要求。与上年度相比，无明显变化。

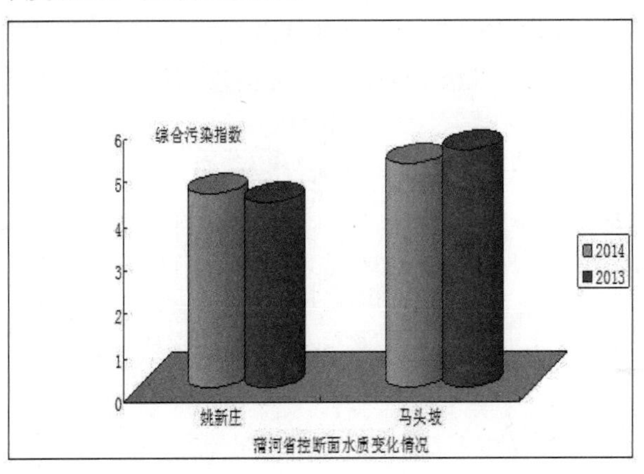

水库

巴家嘴水库监测断面水质为 II 类，优于功能区划水质要求，与上年度相比水质无明显变化。

（3）市控监测断面（各县主要河流出境监测断面）水质状况

全市共设市控监测断面 7 个，其中马莲河流域 5 个、蒲河流域 1 个、四郎河流域 1 个。马莲河流域 5 个监测断面中，环县曲子大桥监测断面水质为Ⅴ类，超出功能区划水质要求，超标项目为化学需氧量和六价铬；华池县柔远河监测断面水质为 IV 类，超出功能区划水质要求，超标项目为化学需氧量；庆城县杨渠电站、合水县铁李川、宁县九龙川监测断面水质为 IV 类，达到功能区划水质要求。蒲河流域镇原县茹河出境监测断面水质为Ⅳ类，超出功能区划水质要求，超标项目为化学需氧量。四郎河流域正宁县出境监测断面水质为Ⅲ类，达到功能区划水质要求。与上年度相比，庆城县杨渠电站、华池县柔远河出境断面由Ⅴ类转为 IV 类，其它断面水质均无明显变化。

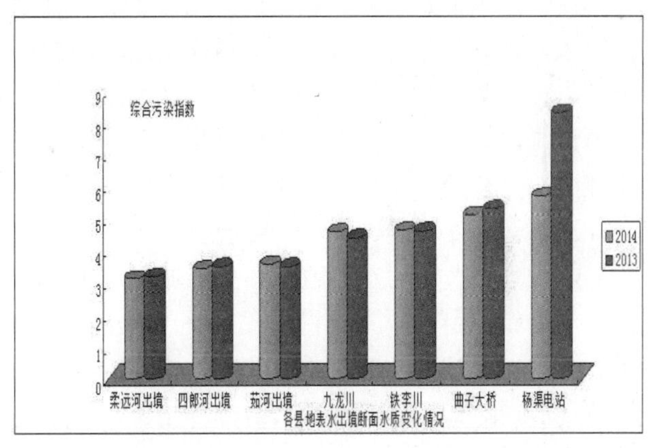

各县地表水出境断面水质状况

河段	断面	功能区划类别	2014年		2013年	
			监测水质类别	水质状况（超标项目）	监测水质类别	水质状况（超标项目）
马莲河	环县曲子大桥	Ⅳ类	V	中度污染（化学需氧量、六价铬）	V	中度污染（化学需氧量、六价铬）
	华池县柔远河出境	Ⅲ类	Ⅳ	轻度污染（化学需氧量）	V	中度污染（化学需氧量）
	庆城县杨渠电站	Ⅳ类	Ⅳ	轻度污染	V	中度污染（化学需氧量、总磷）
	合水县铁李川	Ⅳ类	Ⅳ	轻度污染	Ⅳ	轻度污染（化学需氧量、氨氮）
	宁县九龙川	Ⅳ类	Ⅳ	轻度污染	Ⅳ	轻度污染
蒲河	镇原县茹河出境	Ⅲ类	Ⅳ	轻度污染（化学需氧量）	Ⅳ	轻度污染（化学需氧量）
四郎河	正宁县四郎河出境	Ⅲ类	Ⅲ	良好	Ⅲ	良好

（4）河流水质状况

马莲河流域水质为轻度污染，蒲河、四郎河流域水质良好。与上年度相比，马莲河流域水质有所好转，蒲河、四郎河水质无明显变化。

河流水质评价

河流	断面数（个）	2014年各类别水域中断面数（个）						水质状况	
		Ⅰ	Ⅱ	Ⅲ	Ⅳ	Ⅴ	劣Ⅴ	2014年	2013年
马莲河	7			1	4	2		轻度污染	中度污染
蒲河	4		2	1	1			良	良
四郎河	1			1				良	良

2、饮用水源地水质状况

2014年，市环境监测站对全市9处在用的城市集中式饮用水水源地进行了例行监测，分别为市区的巴家咀水库、正宁县的庵里水库、合水县的新村水库、宁县的城北河、庆城县的马岭东沟、华池县的柔远东沟和鸭儿洼、环县的庙儿沟、镇原县的尤家坪。

市区饮用水源地巴家嘴水库每月监测1次，8月份监测109项指标，其它月份监测62项指标，均达到国家饮用水源地水质标准(GB3838-2002)III类标准，水质达标率为100%。县城饮用水源地中，5个地表水饮用水源地（华池县县城饮用水源地鸭儿洼和柔远东沟、庆城县县城饮用水源地马岭东沟、合水县县城饮用水源地新村水库、正宁县县城饮用水源地庵里水库）水质每季度监测1次，第三季度监测109项指标，其它季度监测62项指标，均达到《地表水环境质量标准》（GB3838-2002）Ⅲ类标准，水质达标率为100%。3处县城地下水饮用水源地（环县县城饮用水源地庙儿沟、镇原县城饮用水源地尤家坪、宁县县城饮用水源地城北河）水质每季度监测1次，第三季度监测39项指标，其它季度监测23项指标，均达到《地下水质量标准》（GB14848-93）Ⅲ类标准，水质达标率为100%。

三、声环境质量状况

城市声环境质量按照《声环境质量标准》（GB3096-2008）、《声环境质量评价方法技术规定》(总站物字[2003]52号)进行评价，全市声环境质量良好。

1、城市区域声环境质量

市区及各县县城区域噪声平均等效声级介于51.6-55.3分贝之间。其中，市区52.7分贝、合水县54.6分贝、华池县51.8分贝、环县52.8分贝、宁县54.1分贝、庆城县51.7分贝、镇原县51.6分贝、正宁县55.3分贝。

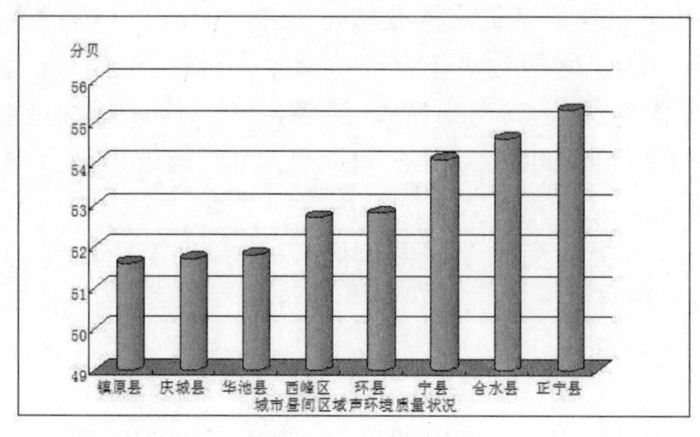

城市县间区域声环境质量状况

2、城市道路交通声环境质量

市区及各县县城城市道路交通声平均等效声级介于64.7-68.6分贝之间。其中，市区64.8分贝；华池县68.2分贝；宁县66.8分贝、环县64.7分贝、镇原县67.1分贝、正宁县67.2分贝、合水县68.6分贝；庆城县67.3分贝。

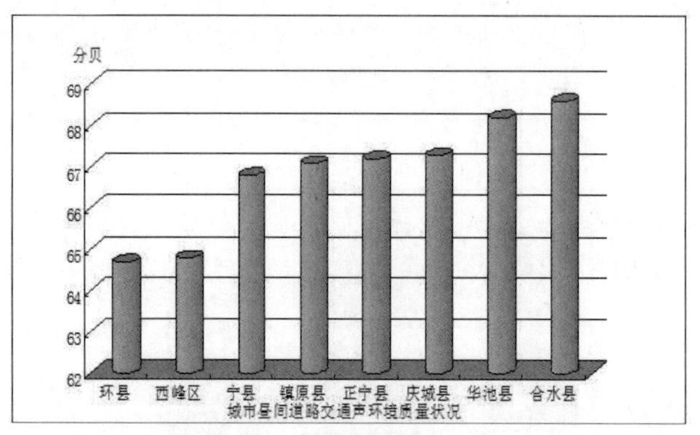

城市县间道路交通声环境质量状况

3、 城市功能区声环境质量

根据庆阳市城区噪声功能区划，I类区测点为陇东学院、市直机关小区；II类测点区为庆发绿色食品公司、小什字工商银行；III类测点区为庆阳石化公司；IV类区测点为庆阳五中、急救中心。

1类（居民文教区）：昼间等效声级为52.4dB(A)，达到《声环境质量标准》(GB3096-2008) 1类昼夜标准，小时等效声级全部达标，达标率100%；夜间等效声级为40.0dB(A)，达到《声环境质量标准》（GB3096-2008）1类夜间标准，小时等效声级全部达标，达标率100%。

2类（混合区）：昼间等效声级为57.3dB(A)，达到《声环境质量标准》（GB3096-2008）2类昼夜标准，小时等效声级100%达标；夜间等效声级为46.3dB(A)，达到《声环境质量标准》（GB3096-2008）2类夜间标准，小时等效声级全部达标，达标率100%。

3类（工业区）：昼间等效声级为63.6dB(A)，

达到《声环境质量标准》（GB3096-2008）3类昼夜标准，小时等效声级全部达标，达标率100%；夜间等效声级为53.8dB(A)，达到《声环境质量标准》（GB3096-2008）3类夜间标准，小时等效声级全部达标，达标率75%。

4类（交通干线两侧区域）：昼间等效声级为64.3dB(A)，达到《声环境质量标准》（GB3096-2008）4类昼夜标准，小时等效声级超标数31个，达标率96.9%；夜间等效声级为51.0dB(A)，达到《声环境质量标准》（GB3096-2008）4类夜间标准，小时等效声级达标数14个，达标率87.5%。

四、生态环境状况

1、土壤环境质量状况

2014年，市环境监测站按照《甘肃省土壤环境质量例行监测方案》，对宁县城北河、华池县鸭儿洼2个集中式饮用水源地周边土壤环境质量开展了监测，每个水源地周边各设5个点位，监测项目为土壤PH、有机质含量、阳离子交换量、镉、汞、砷、铅、铬、铜、锌、镍、锰、钴、钒、银、铊和锑、六六六、滴滴涕、苯并[a]芘。

监测结果表明，监测的2个集中式饮用水源地周边土壤环境质量总体较好，参与评价的污染物指标单项污染指数均小于1，综合污染指数均小于0.7，土壤环境质量等级为清洁。

2、农村环境质量状况

2014年，市环境监测站按照《甘肃省农村环境质量监测方案》，对庆城县驿马镇上关村、庆城县白马乡太乐村和庆城县南庄乡柴家塬村3个村庄的环境空气、地下饮用水源地水质、上壤环境质量进行了监测。

（1）环境空气

在3个村庄各设监测点位3个，每季度监测1次，每次监测5天，监测项目为二氧化硫、二氧化氮、可吸入颗粒物，监测结果表明，3个村庄二氧化硫、二氧化氮、可吸入颗粒物年均值均达到《环境空气质量标准》（GB3095—1996）二级标准。

（2）饮用水源

在3个村庄各选择1个饮用水源井，每季度监测1次，监测23项指标均达到《地下水质量标准》(GB/T14848-93)Ⅲ类标准，水质达标率为100%。

（3）土壤

在3个村庄的基本农田、园地（果园等）、饮用水源地周边各布设1个监测点位，共3个点位；同时根据村庄环境状况，在重点土壤污染区域选取两类污染类型各布设1个监测点位，每个村庄共布设监测点位5个。全年监测1次，监测项目为pH（无量纲）、阳离子交换量(cmol/kg)、镉、汞、砷、铜、铅、铬、锌、镍、硒、钴、666总量、DDT总量。监测结果均达到了《土壤环境质量标准》（GB15618-1995）二级标准（旱田）。

3、生态环境状况评价

（1）生态环境质量分级

根据《生态环境状况评价技术规范（试行)》，生态环境质量分为五级，即优、良、一般、较差和差。

级别	优	良	一般	较差	差
指数	EI≥75	55≤EI<75	35≤EI<55	20≤EI<35	EI<20

生态环境质量指数（EI）＝0.25×生物丰度指数＋0.2×植被覆盖指数＋0.2×水网密度指数＋0.2×土地退化指数＋0.15×环境质量指数）

（2）生态环境质量评价结果

甘肃省环境监测站根据2013年度卫星遥感影像解译数据和相关统计数据，对全省2013年度生态环境质量状况进行了评价。

我市生物丰度指数为41.72，植被覆盖指数为48.76，水网密度指数为10.86，土地退化指数为-46.23，环境质量指数为99.81，EI值为28.08，生态环境状况为较差。

五、生态市创建

2014年，我市国家级生态市建设实施了生态农业、生态工业、生态城市、生态旅游等9大类83个项目，完成投资127亿元。全市各级申报国家级生态乡镇35个、省级生态乡镇27个、市级生态乡镇7个，生态村323个；命名省级生态乡镇21个、市级生态乡镇4个，生态村127个。止2014年年底，累计命名国家级生态乡镇5个，省级生态乡镇96个，生态村64个，市级生态乡镇101个，生态村618个。

六、污染减排

2014年，全市化学需氧量排放量为15000.90吨，比2013年15512.93吨下降3.30%；氨氮排放量为1776.76吨，比2013年1758.68吨增加1.03%；二氧化硫排放量为15763.07吨，比2013年15167.19吨增加3.93%；氮氧化物排放量为15830.46吨,比2013年15163.89吨增加4.40%，完成了省政府下达的主要污染物排放量控制目标任务。

大事记

一月份

2日　市委副书记、市长栾克军主持召开市政府党组会议。市委常委、常务副市长李银，副市长黄继宗、秦华、田雁青、白振海、蒋杨贵、周继军，市政府党组成员、公安局局长郑银生，市政府党组成员、秘书长贺建宏等出席会议。副市长辛刚国列席会议。

是日，市政府三届第28次常务会议召开。市委副书记、市长栾克军主持，市委常委、常务副市长李银，副市长辛刚国、黄继宗、秦华、田雁青、白振海、蒋杨贵、周继军，市政府党组成员、公安局局长郑银生及市政府秘书长贺建宏等出席会议。

是日，市委常委、常务副市长李银赴“联村联户·为民富民”点合水县何家畔乡，参加何家畔村“双联”户苹果生产技术培训班开班仪式。

3日　全市“三个一”包抓责任制重点项目督查领导小组会议召开。市委副书记任燕顺出席会议并讲话，市委常委、纪委书记李学宏出席会议。市委常委、常务副市长李银主持会议。

是日，副市长黄继宗主持召开市区项目建设会议和市城乡规划委员会第十八次会议。

是日，副市长秦华主持召开会议，研究水利重大项目建设和封山禁牧工作。

3—6日　副市长周继军赴兰州汇报衔接项目工作。

5—8日　省长助理、市委书记夏红民，市委副书记、市长栾克军赴北京汇报衔接工作。副市长黄继宗、市政府秘书长贺建宏陪同。

6日　省长助理、市委书记夏红民，市委副书记、市长栾克军，赴北京与中石油集团总经理廖永远进行会谈。中石油集团规划计划部总经理侯启军，勘探与生产分公司书记赵文智，炼油与化工分公司书记杨继纲，办公厅副主任白智勇，天然气与管道分公司副总经理侯创业和黄继宗参加会谈。

是日，省长助理、市委书记夏红民，市委副书记、市长栾克军，赴国家能源局拜访副局长史玉波、刘琦、许永盛和电力司司长蒋晓华、煤炭司副司长魏鹏远，汇报我市煤电基地建设情况，并就有关建设项目作了进一步衔接。副市长黄继宗、市政府秘书长贺建宏参加。

是日，省长助理、市委书记夏红民，市委副书记、市长栾克军，赴中国铁路总公司拜访副总经理彭开宙和计划统计部主任杨忠民、工程设计鉴定中心主任周孝文，汇报衔接银西铁路可研审核有关事宜。副市长黄继宗、市政府秘书长贺建宏参加汇报会。

是日，副市长白振海在庆阳分会场参加全国《畜禽规模养殖污染防治条例》学习贯彻工作电视电话会。

6—7日　省政府法制办纪检组长李晔，省农牧厅副厅长阎奋民带领省政府依法行政考核组考核我市依法行政工作。市委常委、常务副市长李银陪同。

7日　省长助理、市委书记夏红民，市委副书记、市长栾克军，赴国务院扶贫办拜访国务院扶贫开发领导小组副组长、办公室主任刘永富，国务院扶贫办党组成员、规划财务司司长蒋晓华，开发指导司司长海波，汇报我市扶贫开发工作，并就有关具体工作进行了衔接。副市长黄继宗、市政府秘书长贺建宏参加汇报会。

是日，全市金融支持产业扶贫开发试点工作协调推进会议召开。 市委副书记任燕顺、副市长秦华出席会议并讲话，市委常委、副市长桂泽发主持会议。

是日，副市长辛刚国调研城区市直教育卫生系统工作。

是日，省商务厅农贸市场及农超对接项目验收工作组来我市督查指导工作。副市长田雁青陪同。

是日，市三届人大常委会第十二次会议召开。副市长蒋杨贵列席会议。

是日，副市长周继军主持召开会议，研究全市信访工作。

8日　市委副书记、市长栾克军赴大连万达集团北京总部拜访大连万达商业地产股份公司总裁齐界、万达集团股份公司发展部总经理李伟弘，推介西峰文化产业园项目。市政府秘书长贺建宏陪同。

是日，副市长辛刚国调研市第二人民医院医改工作，在庆阳分会场参加全省食品药品监管工作电视电话会议。

是日，副市长黄继宗在兰州参加全省发展和改革工作会议。

8—9日　省政府办公厅副巡视员李景相带领督查组督查我市党政机关停止新建楼堂馆所和清理办公用房工作。市委常委、常务副市长李银，市委常委、市纪委书记李学宏陪同。

9—10日　省编委办副巡视员周凯带领工作组督查我市机构编制实名制管理工作。市委常委、常务副市长李银陪同。

9日　副市长辛刚国赴兰州参加省政协十一届第4次常委会。

9—10日　副市长周继军赴省公安厅汇报衔接工作。

9—10日　副市长白振海赴兰州汇报衔接工作。

9—10日　省编委办副巡视员周凯带领工作组督查我市机构编制实名制管理工作。市委常委、常务副市长李银陪同。

10日　副市长秦华在兰州参加全省农村工作会议。

是日，副市长田雁青在庆阳分会场参加第20届中国兰州投资贸易洽谈会筹备工作电视电话会议。

是日，市委常委、统战部长、市委秘书长闫晓峰参加市级领导信访接待日活动，现场答复协调办理信访问题。

11日　全省安全生产工作会议暨省安委会2014年第一次全体会议在兰州召开。省长助理、市委书记夏红民，市委副书记、市长栾克军，副市长白振海参加会议。

11—16日　省政协十一届二次会议在兰州召开，市政协主席张文礼，市委常委、统战部长、市委秘书长闫晓峰，陇东学院党委书记闫庆生、副市长辛刚国等参加会议。

12日　出席甘肃省第十二届人民代表大会第二次代表大会的我市代表团第一次会议召开。会议选举省长助理、市委书记夏红民为代表团团长，市委副书记、市长栾克军，市人大常委会主任付振伟为副团长。

13日　甘肃省第十二届人民代表大会第二次代表大会开幕，省委副书记、省长刘伟平代表省政府向大会作《政府工作报告》。

是日，省委副书记、省长刘伟平参加庆阳市代表团审议《政府工作报告》。省长助理、市委书记夏红民，市委副书记、市长栾克军，市人大常委会主任付振伟参加。

是日，副市长黄继宗赴庆城县调研第三次全国经济普查工作。

13—14日　副市长田雁青陪同省政府机关软件正版化验收工作组。

13—14日　国家统计局甘肃调查总队副总队长李瑞虎一行来我市慰问城乡住户调查贫困记账户。副市长黄继宗陪同。

13—17日　甘肃省第十二届人民代表大会第二次代表大会在兰州召开。市委副书记、市长栾克军，副市长蒋杨贵出席会议。

14日　出席省十二届人大二次会议的省人大代表、市委副书记、市长栾克军在兰州接受甘肃电视台公共频道《百姓大家谈“两会”特别节目——一把手上电视》栏目专访。

是日，副市长黄继宗赴宁县调研城乡一体化建设工作。

15日　省人大代表、市委副书记、市长栾克军对省人大常委会工作报告、省高级人民法院工作报告和省人民检察院工作报告进行了审议。

是日，全市党政机关清理办公用房工作会议召开。省长助理、市委书记夏红民，市委副书记、市长栾克军分别作出批示。市委常委、常务副市长李银出席会议并讲话。市委常委、纪委书记李学宏主持会议。

是日，市委常委、政法委书记董建镇，副市长周继军赴华池县、庆城县调研全市道路交通安全工作。

是日，市委常委、副市长桂泽发赴环县木钵镇周湾村、天池乡天池村慰问“联村联户•为民富民”户。

是日，副市长白振海在庆阳分会场参加全国安全生产电视电话会议，出席全市安全生产电视电话会议并讲话。

是日，副市长周继军上午参加2014年春运交通安全启动仪式；下午赴华池县悦乐镇召开“1·14”交通事故处理协调会。

16日 省长助理、市委书记夏红民，市委副书记、市长栾克军在兰州会见北京中华民族园有限公司董事长白若冰，安徽投资控股公司总裁李乃华，全国工商联旅游业商会副秘书长崔树民，中能新兴能源投资有限公司副总裁姚永彪等，就合作开发有关事宜进行座谈。市委常委、统战部长、市委秘书长闫晓峰参加会见。

是日，全市道路交通安全强化整治月活动安排动员视频会召开。省长助理、市委书记夏红民，市委副书记、市长栾克军分别作出批示。市委常委、政法委书记董建镇主持会议。副市长周继军出席会议并讲话。市政府党组成员、公安局局长郑银生出席会议。

是日，副市长白振海陪同全省非公经济考核组，并主持庆阳汇报会，代表市委、市政府汇报了全市工作情况。

是日，我市举行2014年文化科技卫生“三下乡”活动启动仪式。市委常委、宣传部长黄正军出席并讲话。

17日 市委副书记、市长栾克军在兰州参加省政府第五次全体会议、全省文化产业大会。

是日，副市长黄继宗在西峰区调研城市管理与公共服务工作。

是日，副市长秦华赴正宁县部分森林防火形势严峻的乡镇或区域开展森林防火督查工作。

是日，副市长白振海带领市直相关部门和西峰区政府负责人在市区督查春运工作。

是日，副市长周继军上午赴社会福利院慰问孤寡老人和孤残儿童；下午赴西峰区后官寨乡慰问贫困残疾人。

18日 省政府第五次全体会议在兰州召开。市委副书记、市长栾克军参加会议。

18—19日 副市长黄继宗在兰州参加全省统计工作会议。

19日 市委副书记、市长栾克军主持召开市政府三届第29次会议，讨论《政府工作报告（意见征求稿）》，审议2014年市列为民办实事项目等工作。市委常委、常务副市长李银，市委常委、副市长桂泽发，副市长辛刚国、秦华、田雁青、白振海、周继军，市政府党组成员、公安局局长郑银生及市长助理沈结苟出席会议。

是日，省人大常委会副主任、党组副书记陆武成带领省委“送温暖”活动第五慰问组，到我市西峰区、宁县看望慰问部分困难企业及职工、低保户、残疾人困难户、先进工作者，为他们送去新春祝福，并送上慰问品、慰问金。省人大常委会副秘书长、办公厅主任马森，省人社厅党组成员、省外专局局长缑维藩参加慰问。省长助理、庆阳市委书记夏红民，市委常委、西峰区委书记 章志兼，市委常委、统战部长、市委秘书长闫晓峰陪同慰问。

20日 中央党的群众路线教育实践活动第一批总结暨第二批部署（视频）会议在北京召开。省长助理、市委书记夏红民，市委副书记、市长栾克军，市人大常委会主任付振伟，市政协主席张文礼，市委常委、常务副市长李银，市委常委、政法委书记董建镇，市委常委、纪委书记李学宏，市委常委、宣传部长黄正军，市委常委、西峰区委书记章志兼，市委常委、统战部长、市委秘书长闫晓峰，市委常委、副市长桂泽发，市委常委、组织部长周普生，副市长市委常委、庆阳军分区政委黄书伴，市人大常委会副主任吴秉儒、雷沫里、郭文奎，副市长辛刚国、黄继宗、秦华、田雁青、周继军、市政协副主席朱治晖、刘晓利、黄国峰、李伟、黄占俊、窦宏邦、市中级人民法院院长任尔昕，市检察院检察长田金，市政府党组成员、公安局局长郑银生，市长助理沈结苟及市政府秘书长贺建宏、陇东学院党委书记闫庆生，在庆阳分会场参加会议。

是日，三届市委常委会第42次会议召开。省长助理、庆阳市委书记夏红民主持会议并讲话。传达学习习近平总书记在中央纪委全会上的重要讲话精神，研究确定今年全市经济社会发展指标和为民办实事项目。

是日，副市长白振海赴兰州参加全省环境保护工作会议。

21日 市委三届七次全委（扩大）会议暨全市经济工作会议召开。省长助理、市委书记夏红民主持会议并讲话，市委副书记、市长栾克军出席会议并讲话。市人大常委会主任付振伟，市政协主席张文礼，市委常委、常务副市长李银，市委常委、政法委书记董建镇，市委常委、纪委书记李学宏，市委常委、宣传部长黄正军，市委常委、西峰区委书记章志兼，市委常委、统战部长、市委秘书长闫晓峰，市委常委、副市长桂泽发，市委常委、组织部长周普生，市委常委、庆阳军分区政委黄书伴，市人大常委会副主任吴秉儒、雷沫里、郭文奎，副市长辛刚国、黄继宗、秦华、田雁青、周继军，市政协副主席朱治晖、刘晓利、黄国锋、李伟、黄占俊、窦宏邦，市中级人民法院院长任尔昕，市检察院检察长田金，市政府党组成员、公安局局长郑银生出席会议。

是日，全市安全生产工作会议暨市安委会2014年第一次全体会议召开。省长助理、市委书记夏红民出席会议并讲话，市委副书记、市长栾克军主持会议并讲话，副市长白振海通报2013年全市安全生产情况。

是日，全市进一步贯彻落实中央《八项规定》和省委“双十条”规定工作会议召开。市委常委、政法委书记董建镇主持会议，市委常委、统战部长、市委秘书长闫晓峰，市政府党组成员、公安局局长郑银生出席会议并讲话。

是日，全市创建文明城市工作指挥部2014年第一次推进会召开。市委常委、宣传部长黄正军主持会议并讲话，副市长田雁青出席会议。会前黄正军、田雁青带领市区相关部门负责人到秦霸岭市场、汽车北站、汽车南站、天禾瓜果市场等地督查市区文明城市创建工作。

是日，庆阳供电公司二届二次职代会暨2014年工作会议召开。副市长蒋杨贵出席会议并讲话；

22日　全省党的群众路线教育实践活动第一批总结暨第二批部署电视电话会议在兰州召开。省长助理、市委书记夏红民，市委副书记、市长栾克军市委常委、组织部长周普生在兰州主会场参加会议。市人大常委会主任付振伟，市政协主席张文礼，市委常委、常务副市长李银，市委常委、政法委书记董建镇，市委常委、宣传部长黄正军，市委常委、西峰区委书记章志兼，市委常委、统战部长、市委秘书长闫晓峰，市委常委、副市长桂泽发，市委常委、庆阳军分区政委黄书伴，市人大常委会副主任吴秉儒、雷沫里、郭文奎，副市长辛刚国、黄继宗、秦华、田雁青、白振海、周继军，市政协副主席朱治晖、刘晓利、黄国锋、李伟、黄占俊、窦宏邦，市中级人民法院院长任尔昕，市检察院检察长田金，市政府党组成员、公安局局长郑银生在我市分会场参会。

是日，第二批群众路线教育活动市州委书记培训会在兰州召开，省长助理、市委书记夏红民参加并发言。

是日，庆阳军分区党委五届十二次全体（扩大）会议召开。省长助理、市委书记夏红民作书面讲话，市委常委、庆阳军分区政委黄书伴，庆阳军分区司令胡泽分别主持会议，黄书伴代表庆阳军分区党委作工作报告。庆阳军分区参谋长张宁、政治部主任顾伟、后勤部长李兴盛出席会议。

是日，市委常委、常务副市长李银到合水县吉岘乡看望慰问老党员和困难群众。

23日　庆阳市2014年老干部暨社会各界人士迎春茶话会在庆阳宾馆召开。省长助理、市委书记夏红民出席会议并致辞，市委副书记、市长栾克军主持并通报全市经济社会发展情况。市人大常委会主任付振伟，市政协主席张文礼，市委常委、常务副市长李银，市委常委、宣传部长黄正军，市委常委、西峰区委书记章志兼，市委常委、统战部长、市委秘书长闫晓峰，市委常委、副市长桂泽发，庆阳军分区司令胡泽，陇东学院党委书记闫庆生，市人大常委会副主任雷沫里、郭文奎，副市长辛刚国、黄继宗、秦华、田雁青、白振海、周继军，市政协副主席朱治晖、刘晓利、黄国锋、李伟、黄占俊、窦宏邦，市政府党组成员、公安局长郑银生和离退休老干部董清治、牛维忠、张崇俭、薛亮云、李翰林、卢造钧、蒋占全等，及“两代表一委员”、优秀教师、医护工作者、劳动模范、科技拔尖人才、农民、少数民族、工商联、民主党派、驻庆部队官兵代表等参加茶话会。

是日，省长助理、市委书记夏红民，市委副书记、市长栾克军慰问庆阳市军分区、武警支队、消防支队等驻庆部队官兵。市委常委、统战部长、市委秘书长闫晓峰，副市长周继军参加慰问活动。庆阳军分区司令员胡泽参加在庆阳军分区的慰问。

是日，省纪委十二届三次全会第二次大会电视电话会议召开。省长助理、市委书记夏红民，市委副书记、市长栾克军，市委常委、宣传部长黄正军，市委常委、西峰区委书记章志兼，市委常委、统战部长、市委秘书长闫晓峰，市人大常委会副主任雷沫里、郭文奎，副市长辛刚国、黄继宗、秦华、田雁青、白振海、周继军，市政协副主席朱治晖、刘晓利、郭晓霞、黄国锋、黄占俊、窦宏邦在我市分会场参会。市委常委、纪委书记李学宏在兰州主会场参会。

是日，副市长辛刚国督查我市春节期间食品药品安全工作。

是日，市委常委、宣传部长黄正军看望慰问我市科技、教育、文广、卫生系统部分优秀工作者和离退休干部。

23—24日　国家发展研究基金会秘书长卢迈一行来我市调研。副市长辛刚国陪同并主持召开座谈会。

24日　副市长辛刚国赴镇原县慰问老党员、困难群众代表。

是日，副市长黄继宗主持召开全市2013年度保障性住房项目审计工作通报会。

是日，副市长田雁青赴宁县慰问困难群众、五保户、优抚对象和老党员；到市区检查特种设备安全运行、使用登记和检验情况。

是日，副市长白振海，赴华池县慰问贫困党员及双联点柔远镇刘沟村、五蛟乡刘阳湾村困难群众。

是日，市委常委、宣传部长黄正军赴华池县看望慰问困难群众和柔远镇李庄村双联户，与乡村干部群众共商发展计划。

是日，副市长周继军慰问市国家安全局、空军61分队、武警庆阳森林大队、武警西峰森林大队；

是日，全国军民迎春茶话会在北京召开，党和国家领导人习近平、李克强、刘云山、张高丽等出席。省长助理、市委书记夏红民、市委常委、庆阳军分区政委黄书伴参加，并受到习近平总书记亲切接见。

25日　市委常委、统战部长、市委秘书长闫晓峰看望慰问部分困难职工、劳动模范和统一战线成员。

是日，副市长白振海参加全省检察系统电视电话会议。

26日 市委副书记、市长栾克军赴环县甜水堡煤矿慰问。副市长白振海陪同。

是日，市委常委、常务副市长李银看望慰问离退休老干部。

是日，副市长秦华赴庆城县玄马镇贾桥村慰问双联户。

是日，副市长蒋杨贵赴华池县柔远镇、元城镇看望慰问困难群众、双联户。

是日，市纪委常委扩大会议召开，传达学习十二届省纪委三次全会精神。市委常委、纪委书记李学宏主持。

是日，市委常委、组织部长周普生，副市长黄继宗，市政协副主席刘晓利赴环县曲子镇、洪德乡看望慰问老党员和部分困难群众。

是日，市委常委、组织部长周普生到市中医院、市农牧局和庆阳一中，看望慰问部分高层次人才。

26—27日　省长助理、市委书记夏红民看望慰问部分农村特困党员、城乡困难群众、困难职工、离退休老干部和劳动模范。市委常委、纪委书记李学宏，市委常委、西峰区委书记章志兼参加相关慰问，市委常委、统战部长、市委秘书长闫晓峰陪同慰问。

26—28日　市委副书记、市长栾克军赴环县、庆城和镇原双联点和扶贫攻坚调研点，看望慰问困难群众。副市长辛刚国参加镇原县的慰问活动，市政府秘书长贺建宏一同慰问。

26—28日　市委常委、副市长桂泽发赴北京交通银行总行参加会议。

27日　省长助理、市委书记夏红民，市委副书记、市长栾克军慰问城区供水、供电、供热企业员工和环卫工人。副市长黄继宗、白振海及市政府秘书长贺建宏一同慰问。

是日，市委副书记、市长栾克军看望慰问老干部蒋占全、任君常和“全国五一劳动奖章”获得者徐建明；赴西峰城区和合水县看望慰问部分生活困难的职工和群众。市政府秘书长贺建宏一同慰问。

是日，副市长辛刚国慰问庆阳市人民医院、庆阳市中医院、庆阳市妇幼保健医院一线医护人员。

是日，副市长黄继宗慰问城管局城市管理一线干部职工。

是日，副市长田雁青到市电视台审查2014年庆阳市春节联欢晚会节目。

是日，全市公安局长会议召开。市委常委、政法委书记董建镇，副市长周继军出席会议，市政府党组成员、公安局局长郑银生作工作报告。

28日 省长助理、市委书记夏红民到正宁县、宁县和西峰区调研检查道路交通安全工作，看望奋战在春运一线的执勤民警。市委常委、政法委书记 董建镇，市委常委、统战部长、市委秘书长闫晓峰一同调研，市委常委、西峰区委书记章志兼参加在西峰区的调研。

是日　市政府党组扩大会议召开。市委副书记、市长栾克军主持会议并讲话。市委常委、常务副市长李银传达中纪委、省纪委全会精神和省长助理、市委书记夏红民在市委常委会上的讲话精神。副市长辛刚国、黄继宗、秦华、田雁青、白振海、周继军及市政府党组成员、秘书长贺建宏出席会议。

是日，副市长白振海在西峰城区慰问劳模和困难职工。

是日，市委党的群众路线教育实践活动领导小组办公室召开主任会议。讨论教育实践活动办公室工作规则、工作制度、职责分工和《全市深入开展党的群众路线教育实践活动实施方案》等相关材料。市委常委、组织部长周普生主持会议并讲话。

29日 省长助理、市委书记夏红民到陇东报社、庆阳电视台、庆阳有线网络公司、庆阳机场公司，看望慰问广大新闻工作者和机场员工。市委常委、宣传部长黄正军，副市长白振海分别参加有关慰问活动，市委常委、统战部长、市委秘书长闫晓峰一同慰问。

是日 市委副书记、市长栾克军对市区节日市场供应、消防、春运及安全生产工作进行检查。市委常委、西峰区委书记章志兼，副市长田雁青、白振海，市政府秘书长贺建宏等一同检查。

是日，市委副书记、市长栾克军赴庆城县慰问困难群众和老党员，市政府秘书长贺建宏一同慰问。

是日，市委常委、常务副市长李银到市政府应急办、市政府新闻办、市机关事务管理局、市政府政务大厅看望慰问工作人员。

是日，市委常委、宣传部长黄正军，副市长田雁青到市博物馆慰问干部职工。

是日，市委常委、宣传部长黄正军到市妇幼保健院、市中医院、市优抚医院看望慰问医护工作者。

30日 市委副书记、市长栾克军看望慰问部分单位节日值班人员、社会福利院老人儿童和企业员工。市政府秘书长贺建宏一同慰问。

是日，市委副书记、市长栾克军到宁县太昌乡青牛村王春生家和刘堡村五保家园进行慰问，向他们拜年，送上新春祝福。

31日 大年初一，市委常委、政法委书记董建镇到市交警支队巡查大队、西峰区看守所、南街派出所、市公安局强制戒毒所、西峰区公安分局巡警大队看望慰问在岗公安民警。

▲近日，甘肃省环保厅下发《关于命名2013年省级生态乡镇、生态村的通知》，西峰区什社乡等47个乡镇、合水县太白镇莲花寺村等26个村分别获得“省级生态乡镇”、“省级生态村”称号，获得命名数量居全省第一。

二月份

7日 省长助理、市委书记夏红民，市委副书记、市长栾克军到市委党的群众路线教育实践活动领导小组办公室、市政府政务服务中心、市信访局，看望慰问干部职工，开展调查研究。市委常委、常务副市长李银，市委常委、政法委书记董建镇，市委常委、纪委书记李学宏，市委常委、统战部长、市委秘书长闫晓峰，市委常委、组织部长周普生，副市长周继军，市政府秘书长贺建宏陪同调研。

8日 市委副书记、市长栾克军主持召开座谈会，就拟提请市三届人大四次会议审议的《政府工作报告(征求意见稿)》，分别征求了部分人大代表、政协委员和老干部的意见和建议。市人大常委会主任付振伟，市政协主席张文礼，市人大常委会副主任吴秉儒、雷沫里、郭文奎，市政协副主席朱治晖、刘晓利、李伟、黄占俊、窦宏邦，及市人大常委会秘书长蔡森贵，市政府秘书长贺建宏，市政协秘书长杨静仁等分别出席会议。

是日，市委常委、常务副市长李银，副市长辛刚国、黄继宗、秦华、田雁青、白振海、蒋杨贵、周继军，市长助理沈结苟分别赴宁县焦村乡西李村、合水县西华池镇三里店村、西峰区温泉乡黄官寨村、庆城县玄马镇贾桥村、华池县柔远镇孙家川村、正宁县山河镇西关村、镇原县郭塬乡王沟圈村和环县环城镇红星村，就《政府工作报告（征求意见稿)》征求社区、村组干部代表、党代表、人大代表、政协委员、民主党派人士、离退休老干部和群众代表的意见。

是日，全省效能风暴行动电视电话会议召开。市委常委、常务副市长李银，市委常委、纪委书记李学宏，市委常委、组织部长周普生，市检察院检察长田金在庆阳分会场参会。

9日 市委党的群众路线教育实践活动领导小组召开第一次会议，传达学习中央、全省党的群众路线教育实践活动第一批总结暨第二批部署会议精神，讨论《全市党的群众路线教育实践活动实施方案》，研究全市教育实践活动有关事宜。市委副书记、市长、市委党的群众路线教育实践活动领导小组副组长栾克军，市人大常委会主任付振伟，市政协主席张文礼，市委副书记任燕顺，市委常委、纪委书记李学宏，市委常委、宣传部长黄正军，市委常委、统战部长、市委秘书长闫晓峰，市委常委、组织部长周普生出席会议。

是日，市委副书记、市长栾克军主持召开市政府全体会议暨三届30次常务会议，对拟提请市三届人大四次会议审议的《政府工作报告（讨论稿）》《关于2013年全市国民经济和社会发展计划执行情况及2014年国民经济和社会发展计划（草案）的报告（讨论稿）》《关于庆阳市2013年财政预算执行情况和2014年全市及市级财政预算（草案）的报告（讨论稿）》的修改完善工作进行了讨论。市委常委、常务副市长李银，副市长辛刚国、黄继宗、秦华、田雁青、白振海、蒋杨贵、周继军，市长助理沈结苟，市政府秘书长贺建宏出席会议。

10日　省长助理、市委书记夏红民主持召开市委三届43次常委会议，传达学习中央、省委党的群众路线教育实践活动有关会议精神，十二届省纪委三次全会和市州纪委书记工作座谈会，全省组织部长会议和全省进一步严明组织人事工作纪律视频会议，省委政法工作会议，全省农村工作会议精神，研究部署全市党的群众路线教育实践活动，审定2014年市委常委会工作要点，研究全市纪检、组织、宣传、统战、政法、农村等工作。市委副书记、市长栾克军，市委常委、常务副市长李银，市委常委、副市长桂泽发出席会议。副市长辛刚国、黄继宗、秦华、田雁青、白振海、蒋杨贵、周继军，市政府党组成员、公安局局长郑银生，市长助理沈结苟列席有关议题。

是日，市委常委、副市长桂泽发在兰州参加全省国土资源工作会议。

是日，副市长周继军参加道路交通安全、消防、信访筹备工作会议。

11日　市委召开议军议警会议，贯彻落实习近平总书记关于强军目标的指示要求和省委议军会议、议警会议精神，分析总结和安排部署全市国防后备力量和驻军部队建设工作。夏红民出席会议并讲话，市委副书记、市长栾克军主持会议。任燕顺宣读表彰决定。市委常委、常务副市长李银，市委常委、政法委书记 董建镇，市委常委、纪委书记李学宏，市委常委、宣传部长黄正军，市委常委、西峰区委书记章志兼，市委常委、统战部长、市委秘书长闫晓峰，市委常委、组织部长周普生，市委常委、庆阳军分区政委黄书伴，庆阳军分区司令员胡泽，庆阳军分区政治部主任顾伟，副市长桂泽发、秦华、周继军，市政府党组成员、公安局局长郑银生出席会议。

是日，国务院、省政府第二次廉政工作电视电话会议召开。省长助理、市委书记夏红民，市委副书记、市长栾克军，市委常委、常务副市长李银，市委常委、纪委书记李学宏，副市长辛刚国、黄继宗、秦华、田雁青、白振海、周继军，市长助理沈结苟，市政府秘书长贺建宏在庆阳分会场参加会议。

是日，全市领导干部大会召开。省长助理、市委书记夏红民主持会议，省委组织部考察组组长魏至玉讲话。市上领导栾克军、付振伟、张文礼、任燕顺、李银、董建镇、李学宏、黄正军、章志兼、闫晓峰、桂泽发、周普生、黄书伴、刘秉宁、吴秉儒、雷沫里、郭文奎、黄继宗、秦华、田雁青、白振海、周继军、朱治晖、刘晓利、李伟、窦宏邦、田金、郑银生和退休地级干部蒋占全、张文先参加会议。

11—12日　省人大常委、省人大环境资源委员会副主任委员、省人大常委会环境资源保护办主任、省委第十一督导组组长张力学，省纪委监察厅正厅级纪检监察专员、省委第十一督导组副组长哈建设带领省委党的群众路线教育实践活动第十一督导组对我市开展党的群众路线教育实践活动进行督查指导。12日下午，省长助理、市委书记夏红民主持召开汇报会，并汇报我市党的群众路线教育实践活动筹备情况。市委副书记、市长栾克军，市委副书记任燕顺，市委常委、宣传部长黄正军，市委常委、统战部长、市委秘书长闫晓峰，市委常委、组织部长周普生出席会议。

12日　市委政法工作会议召开。省长助理、市委书记夏红民出席会议并讲话。市委副书记、市长栾克军主持会议。市委常委、政法委书记董建镇作全市政法工作报告。副市长周继军，市人大常委会主任付振伟，市政协主席张文礼，市人大常委会副主任刘秉宁，市政协副主席刘晓利，市中级人民法院院长任尔昕，市检察院检察长田金，市政府党组成员、公安局局长郑银生出席会议。

是日，市委副书记、市长栾克军在庆阳市2014

年“春风行动”“就业援助月”活动启动仪式暨扶持普通高校毕业生到非公经济组织就业招聘会现场调研。市委常委、常务副市长李银，市政府秘书长贺建宏一同调研。

是日，全市国税工作会议召开。市委常委、常务副市长李银出席会议并讲话。

是日，全市党风廉政建设责任制、市管领导班子和县级干部考核暨综合目标管理考核满意度测评工作安排培训会议召开。市委副书记任燕顺出席会议并讲话，市委常委、常务副市长李银主持会议。

是日，省国有资产投资集团公司副总经理夏凯旋来我市考察循环经济项目及融资需求情况。副市长白振海陪同。

是日，全市反邪教和信访工作会议召开。市委常委、政法委书记董建镇主持会议并讲话。副市长周继军出席会议并讲话。

是日，全市禁毒工作会议召开。市委常委、政法委书记董建镇出席会议并讲话。

是日，庆阳军分区召开电视电话会议，动员部署庆阳军分区党的群众路线教育实践活动。市委常委、庆阳军分区政委黄书伴，庆阳军分区司令员胡泽出席会议并讲话。

13日　全市党的群众路线教育实践活动动员大会在庆阳宾馆召开。省人大常委、省人大环境资源委员会副主任委员、省人大常委会环境资源保护办主任、省委第十一督导组组长张力学，省纪委、监察厅正厅级纪检监察专员、省委督导组副组长哈建设出席会议。省长助理、市委书记、市委党的群众路线教育实践活动领导小组组长夏红民出席会议并对我市深入开展党的群众路线教育实践活动进行了动员部署。市委副书记、市长、市委党的群众路线教育实践活动领导小组副组长栾克军主持会议。市上领导李银、桂泽发、黄继宗、秦华、田雁青、白振海、蒋杨贵、周继军，付振伟、张文礼、任燕顺、董建镇、李学宏、黄正军、章志兼、闫晓峰、周普生、黄书伴、刘秉宁、吴秉儒、雷沫里、郭文奎、朱治晖、刘晓利、黄国锋、李伟、黄占俊、窦宏邦、任尔昕、田金、郑银生，市长助理沈结荀，市政府秘书长贺建宏出席会议。

是日，市委中心组举行学习会议，邀请省委宣传部副部长、省社科院党委书记范鹏教授就“马克思主义群众观”作专题辅导报告。省长助理、市委书记夏红民主持会议。市上领导栾克军、李银、桂泽发、付振伟、张文礼、任燕顺、董建镇、黄正军、章志兼、闫晓峰、黄书伴、辛刚国、黄继宗、秦华、田雁青、白振海、周继军、刘秉宁、吴秉儒、雷沫里、郭文奎、朱治晖、刘晓利、李伟、黄占俊、窦宏邦、任尔昕、田金、郑银生，市长助理沈结荀参加会议。

是日，省长助理、市委书记、市委党的群众路线教育实践活动领导小组组长夏红民主持召开全市党的群众路线教育实践活动县（区）委书记培训会议，传达学习省委书记、省人大常委会主任王三运在第二批教育实践活动市州委书记培训会上的讲话精神，进一步安排部署各县（区）教育实践活动。市委副书记、市长、市委党的群众路线教育实践活动领导小组副组长栾克军，市上领导付振伟、张文礼、任燕顺、李学宏、黄正军、章志兼、闫晓峰、周普生出席会议。

是日，全市党的群众路线教育实践活动业务培训会议召开。市委常委、纪委书记李学宏主持会议，市委常委、组织部长周普生出席会议并讲话。

14日　中国共产党庆阳市第三届纪律检查委员会第五次全体会议召开。省长助理、市委书记夏红民出席会议并讲话。省监察厅副厅长王立泰出席指导会议，市委常委、纪委书记李学宏主持会议并作市纪委工作报告。市上领导栾克军、付振伟、张文礼、任燕顺、李银、董建镇、黄正军、章志兼、闫晓峰、桂泽发、周普生、黄书伴、刘秉宁、吴秉儒、雷沫里、郭文奎、辛刚国、黄继宗、秦华、田雁青、白振海、蒋杨贵、周继军、朱治晖、刘晓利、黄国锋、李伟、黄占俊、窦宏邦、任尔昕、田金、郑银生，市长助理沈结荀出席会议。

是日，市委副书记、市政府党组书记、市长栾克军主持召开市政府党组党的群众路线教育实践活动筹备工作会议。

是日，全市组织部长会议召开。市委常委、组织部长周普生出席会议并讲话。

是日，全市《党政领导干部选拔任用工作条例》学习培训会议召开。市委常委、组织部长周普生出席会议。

15日　市委副书记、市政府党组书记、市长栾克军主持召开市政府党组会议，讨论审定了市政府党组党的群众路线教育实践活动实施方案及相关工作方案，对市政府领导班子开展党的群众路线教育实践活动进行安排部署。市委常委、常务副市长李银，市委常委、副市长桂泽发，副市长辛刚国、黄继宗、秦华、田雁青、白振海、蒋杨贵、周继军，市政府党组成员、公安局局长郑银生，市长助理沈结苟，市政府党组成员、秘书长贺建宏出席会议。

是日，全市县（区）纪委书记、监察局长座谈会召开，市委常委、纪委书记李学宏主持会议并讲话。

16 日　中国人民政治协商会议庆阳市第三届委员会第三次会议在庆阳宾馆礼堂开幕。省长助理、市委书记夏红民出席会议并讲话。市委副书记、市长栾克军，市委常委、常务副市长李银，市委常委、副市长桂泽发，副市长辛刚国、黄继宗、秦华、田雁青、白振海、蒋杨贵、周继军，市政府党组成员、公安局局长郑银生，市长助理沈结苟，市政府秘书长贺建宏应邀出席大会。

是日，市政府党组召开党的群众路线教育实践活动动员会议。市委副书记、市政府党组书记、市长栾克军出席会议并讲话。市委常委、常务副市长李银主持会议。邀请市委常委、组织部长、市委党的群众路线教育实践活动领导小组副组长、办公室主任周普生出席会议。市委常委、副市长桂泽发，副市长辛刚国、黄继宗、秦华、田雁青、白振海、蒋杨贵、周继军，市政府党组成员、公安局局长郑银生，市长助理沈结苟出席会议。市政府党组成员、秘书长贺建宏对《市政府党组深入开展党的群众路线教育实践活动实施方案》作了说明。

是日，市委副书记、市长栾克军参加市政协三届三次会议经济界、工商联界讨论并强调：全市各个企业要牢牢把握发展机遇，紧紧围绕首位产业，在改革创新中提升企业核心竞争力，加快构建现代企业体系，为建设幸福美好新庆阳做出贡献。

是日，市三届人大四次会议主席团第一次会议召开。市委副书记、市长栾克军，市委常委、常务副市长李银，市委常委、副市长桂泽发，副市长辛刚国、黄继宗、秦华、田雁青、白振海、蒋杨贵、周继军，市政府秘书长贺建宏参加。

16—17 日　市政协主席张文礼分别参加了市政协三届三次会议分组讨论和市人大三届四次会议庆城代表团审议。

17 日　庆阳市第三届人民代表大会第四次会议在市政府礼堂开幕。市委副书记、市长栾克军出席会议并作政府工作报告。市上领导李银、桂泽发、辛刚国、黄继宗、秦华、田雁青、白振海、蒋杨贵、周继军，付振伟、张文礼、任燕顺、李银、李学宏、黄正军、章志兼、桂泽发、周普生、黄书伴、胡泽、闫庆生、刘秉宁、吴秉儒、雷沫里、郭文奎、朱治晖、刘晓利、郭晓霞、黄国锋、李伟、黄占俊、窦宏邦、郑银生、任尔昕、田金、刘至祥及退休地级干部薛亮云、李翰林、卢造钧、蒋占全、张志一、张文先、任君常、梁启明、张振强、杜伟杰，市长助理沈结苟，市政府秘书长贺建宏出席会议。

是日，省长助理、市委书记夏红民参加市三届人大四次会议镇原县代表团讨论。

是日，市委副书记、市长栾克军，市委常委、纪委书记李学宏，市人大常委会副主任吴秉儒，副市长白振海参加市三届人大四次会议宁县代表团讨论强调，要立足优势资源和有利条件，坚定不移地做大做强首位产业，全力推进扶贫攻坚，深入开展党的群众路线教育实践活动，努力提升人民群众生活水平，加快建设幸福美好新宁县。

是日，市人大常委会主任付振伟参加市三届人大四次会议西峰区代表团讨论。

是日，市委常委、常务副市长李 银，市委常委、副市长桂泽发参加市人大三届四次会议合水代表团审议《政府工作报告》。

是日，市委常委、组织部长周普生，副市长蒋杨贵参加市三届人大四次会议华池县代表团审议。

是日，市政府召开全市春耕备耕生产电视电话会议，安排部署我市春耕备耕和动物疫病防控工作。副市长秦华出席会议并讲话。

17—18 日　副市长黄继宗参加市人大三届四次会议正宁代表团审议《政府工作报告》并发言。

18 日　省长助理、市委书记、市人大代表夏红民参加市人大三届四次会议华池县代表团，审议《政府工作报告》和计划、财政工作报告。市人大代表、副市长蒋杨贵一同参加审议。

是日，省长助理、市委书记夏红民参加市三届人大四次会议华池县代表团讨论。

是日，市委副书记、市长、市人大代表栾克军分别参加了市三届人大四次会议环县代表团和合水代表团的审议，听取基层代表对政府工作报告的意见和建议。

是日，市三届人大四次会议举行第二次全体会议，听取市人大常委会、市中级人民法院、市人民检察院工作报告。表决通过了市三届人大四次会议选举办法。市上领导夏红民、栾克军、付振伟、张文礼、任燕顺、李银、董建镇、李学宏、周普生、刘秉宁、吴秉儒、雷沫里、郭文奎、蔡森贵出席会议。

是日，市上召开会议，对大型历史文化纪录片《黄土塬》脚本和庆阳新创的6首民歌进行了讨论审定。省长助理、市委书记夏红民，市委副书记、市长栾克军出席会议并讲话。市委常委、宣传部长黄正军主持会议，副市长田雁青和老干部卢造钧、王钊林，中央电视台导演金铁木，北京盛世唐人影视传媒有限公司董事长贾枝桦、总经理朱庆阳，文县九寨之子艺术工作室负责人张雁林出席会议。

是日，市政协三届三次会议在庆阳宾馆礼堂举行第二次全体会议。市委副书记、市长栾克军，市委副书记任燕顺，市委常委，常务副市长李银应邀出席会议。

是日，市委党的群众路线教育实践活动领导小组办公室召开全体工作人员第一次会议。市委常委、组织部长周普生出席会议并讲话。

是日，副市长蒋杨贵参加市人大三届四次会议华池代表团审议《政府工作报告》。

19日　政协庆阳市第三届委员会第三次会议在圆满完成各项议程后闭幕。省长助理、市委书记夏红民、市委副书记、市长栾克军，市人大常委会主任付振伟应邀出席大会。市委常委、常务副市长李银，市委常委、副市长桂泽发，副市长辛刚国、黄继宗、秦华、田雁青、白振海、蒋杨贵、周继军，市长助理沈结荀，市政府秘书长贺建宏应邀出席大会。

是日，庆阳市第三届人民代表大会第四次会议举行第三次全体会议，完成各项预定议程，在市政府礼堂闭幕。省长助理、市委书记夏红民出席会议并讲话。市委副书记、市长栾克军，市委常委、常务副市长李银，市委常委、副市长桂泽发，副市长辛刚国、黄继宗、秦华、田雁青、白振海、蒋杨贵、周继军，市政府党组成员、公安局局长郑银生，市长助理沈结荀，市政府秘书长贺建宏出席会议。

是日，市委常委、纪委书记李学宏出席市纪委监察局党的群众路线教育实践活动动员会议并讲话。

20日　市委、市政府召开全市效能风暴行动电视电话会议。市委常委、常务副市长李银主持会议并就贯彻落实会议精神提出了要求。市委常委、市纪委书记李学宏出席会议并讲话。市委常委、组织部长周普生通报了2013年度全市效能风暴行动开展情况。

是日，全市地税工作会议召开。市委副书记、市长栾克军对地税工作作出批示。市委常委、常务副市长李银出席会议并讲话。

是日，副市长辛刚国在庆阳分会场参加全省教育工作视频会议。

是日，副市长辛刚国赴兰州参加全省防震减灾工作会议。

是日，副市长黄继宗赴正宁县参加2013年度党风廉政建设责任制、市管领导班子和县处级干部考核暨综合目标管理考核满意度测评大会。

是日，副市长秦华参加市农牧局、市水务局、市水保局、市林业局、市扶贫办、市督查考核局等市直有关部门2013年度党风廉政建设责任制、市管领导班子和县处级干部考核暨综合目标管理考核满意度测评大会。

是日，副市长田雁青参加市政府研究室、市旅游局、市委党校、市干休所2013年度党风廉政建设责任制、市管领导班子和县处级干部考核暨综合目标管理考核满意度测评大会。

是日，市委常委、政法委书记董建镇出席市委政法委党的群众路线教育实践活动动员会议并讲话。

是日，市委常委、宣传部长黄正军出席市委宣传部党的群众路线教育实践活动动员会议并讲话。

是日，市委常委、统战部长、市委秘书长闫晓峰出席市委办公室党的群众路线教育实践活动动员会议并讲话。

是日，全市党的群众路线教育实践活动县（区）督导组组长座谈会召开。市委常委、组织部长周普生出席会议。

是日，市政协党组召开党的群众路线教育实践活动动员会议。市政协主席张文礼作动员讲话。市委副书记任燕顺，市委常委、组织部长周普生应邀出席，市政协副主席朱治晖主持。

20—21日　副市长周继军赴兰州参加全省档案工作会议。

21日　市委、市政府召开全市农村工作会议，贯彻落实中央和全省农村工作会议精神，分析当前面临的形势，研究部署今年及今后一个时期全市“三农”工作 。省长助理、市委书记夏红民出席会议并讲话。市委副书记、市长栾克军主持会议并讲话。市上领导任燕顺、李银、董建镇、李学宏、黄正军、章志兼、闫晓峰、周普生、黄书伴、秦华、雷沫里、窦宏邦出席会议。

是日，副市长黄继宗参加市住建局2013年度党风廉政建设责任制、市管领导班子和县处级干部考核暨综合目标管理考核满意度测评大会并讲话。

是日，副市长田雁青在庆阳分会场参加全省卫生计生工作电视电话会议。

是日，副市长田雁青参加市文广局、市商务局2013年度党风廉政建设责任制、市管领导班子和县处级干部考核暨综合目标管理考核满意度测评大会。

是日，市委常委、纪委书记李学宏出席西峰区2013年度党风廉政建设责任制、市管领导班子和县处级干部考核暨综合目标管理考核满意度测评大会并讲话。

是日，市委常委、组织部长周普生出席市委组织部党的群众路线教育实践活动动员会议并讲话。

22日　省长助理、市委书记夏红民带领市委常委班子成员，与省人大常委、省人大环境资源委员会副主任委员、省人大环境资源保护办主任、省委党的群众路线教育实践活动第十一督导组组长张力学，省纪委监察厅正厅级纪检监察专员、省委党的群众路线教育实践活动第十一督导组副组长哈建设一起，到华池南梁革命纪念馆、列宁小学、寨子湾陕甘边苏维埃政府和军事委员会旧址，缅怀革命先辈的光辉业绩，接受革命传统教育和思想洗礼。市上领导栾克军、李银、桂泽发、任燕顺、董建镇、李学宏、黄正军、闫晓峰、周普生、黄书伴参加。

是日，副市长白振海参加市安监局、市审计局2013年度党风廉政建设责任制、市管领导班子和县处级干部考核暨综合目标管理考核满意度测评大会。

22—23日　市委常委班子在延安干部学院南梁教学点开展集中封闭学习。省长助理、市委书记夏红民，市委副书记、市长栾克军，市委常委、常务副市长李银，市委常委、政法委书记董建镇，市委常委、纪委书记李学宏，市委常委、宣传部长黄正军，市委常委、统战部长、市委秘书长闫晓峰，市委常委、副市长桂泽发，市委常委、组织部长周普生，市委常委、庆阳军分区政委黄书伴参加。

23日　全省“联村联户•为民富民”行动大会在兰州召开。省长助理、市委书记夏红民，市委副书记、市长栾克军，市委常委、常务副市长李银，市委常委、政法委书记董建镇，市委常委、纪委书记李学宏，市委常委、宣传部长黄正军，市委常委、统战部长、市委秘书长闫晓峰，市委常委、副市长桂泽发，市委常委、组织部长周普生，市委常委、庆阳军分区政委黄书伴在华池县林镇乡分会场参加会议。副市长黄继宗、田雁青、白振海，市政协主席张文礼，庆阳军分区司令员胡泽，市人大常委会副主任刘秉宁、雷沫里、郭文奎，市政协副主席朱治晖、郭晓霞、黄国锋、李伟，市中级人民法院院长任尔昕，市检察院检察长田金，市长助理沈结苟，市政府秘书长贺建宏在庆阳分会场参加会议。

是日，市委常委会在华池县林镇乡召开座谈会，征求基层干部群众对市委常委会“四风”方面的意见和对政府工作的建议。市委副书记、市长栾克军，市委常委、常务副市长李银，市委常委、政法委书记董建镇，市委常委、纪委书记李学宏，市委常委、宣传部长黄正军，市委常委、统战部长、市委秘书长闫晓峰，市委常委、副市长桂泽发，市委常委、组织部长周普生，市委常委、庆阳军分区政委黄书伴参加。

23—26日　由省综治委、省公安厅和省卫生厅组成的特殊人群服务管理调研组来我市调研。副市长周继军陪同。

24日　市委党的群众路线教育实践活动领导小组召开会议，向省第十一督导组汇报了我市党的群众路线教育实践活动进展情况。省人大常委会副主任、省委第十一督导组第一组长周多明，省人大常委、省人大环境资源委员会副主任委员、省人大委员会环境资源保护办主任、省委督导组组长张力学，省纪委、监察厅正厅级纪检监察专员、省委督导组副组长哈建设出席会议。省长助理、市委书记、市委党的群众路线教育实践活动领导小组组长夏红民主持会议，并汇报了我市党的群众路线教育实践活动进展情况。市委副书记、市长、市委党的群众路线教育实践活动领导小组副组长栾克军，市上领导付振伟、张文礼、任燕顺、李学宏、黄正军、闫晓峰、周普生出席会议。

是日，省长助理、市委书记夏红民，市委副书记、市长栾克军会见中国西部开发促进会副会长兼秘书长赵霖，江西高信科技有限责任公司董事长袁维金一行，就煤制气项目合作事宜进行洽谈。副市长白振海参加。

是日，副市长秦华到市林科所、湘乐林业总场宣布领导班子并讲话。

是日，副市长白振海参加市工信委、庆阳能化集团、市食药监局2013年度党风廉政建设责任制、市管领导班子和县处级干部考核暨综合目标管理考核满意度测评大会。

是日，副市长周继军主持召开全市民政工作务虚会。

是日，副市长周继军参加省司法厅特群工作督查汇报会。

25日　市政府召开廉政工作电视电话会议，贯彻落实中纪委、省纪委三次全会和国务院、省政府第二次廉政工作电视电话会议精神、市纪委五次全会精神，安排部署全市政府系统廉政工作。市委副书记、市长栾克军出席会议并讲话。市委常委、常务副市长李银主持会议，市委常委、市纪委书记李学宏，市委常委、副市长桂泽发，副市长辛刚国、黄继宗、秦华、田雁青、白振海、蒋杨贵、周继军，市政府党组成员、市长助理沈结苟，市政府秘书长贺建宏出席会议。

是日，市委副书记、市长栾克军主持召开市长办公会。市委常委、常务副市长李银，市委常委、副市长桂泽发，副市长辛刚国、黄继宗、秦华、田雁青、白振海、蒋杨贵、周继军，市政府党组成员、市长助理沈结苟，市政府秘书长贺建宏出席会议。

是日，市委常委、常务副市长李银，市委常委、副市长桂泽发，副市长辛刚国、秦华、田雁青、白振海、周继军，市政府党组成员、市长助理沈结苟参加省委教育实践活动督导组谈话活动。

是日，副市长黄继宗参加市发改委2013年度党风廉政建设责任制、市管领导班子和县处级干部考核暨综合目标管理考核满意度测评大会并讲话。

是日，全市文化产业发展协调推进领导小组会议召开。市委常委、宣传部长黄正军主持并讲话，副市长田雁青出席会议。

是日，副市长蒋杨贵参加市交通局、市环保局2013年度党风廉政建设责任制、市管领导班子和县处级干部考核暨综合目标管理考核满意度测评大会。

是日，市统战部召开会议，对党的群众路线教育实践活动作出安排部署。市委常委、统战部长、市委秘书长闫晓峰作动员讲话。

25—26日　省委常委、省委组织部部长、省委党的群众路线教育实践活动领导小组副组长兼办公室主任吴德刚深入环县和部分机关单位、乡村和企业调研指导庆阳党的群众路线教育实践活动。省人大常委会副主任、省委第十一督导组第一组长周多明，省人大常委、省人大环境资源委员会副主任委员、省人大委员会环境资源保护办主任、省委督导组组长张力学，省委第六考核组副组长、组织部正地级组织员石虹一同调研。省长助理、市委书记夏红民参加调研。市委副书记、市长栾克军，市委常委、常务副市长李银参加有关调研。26日，省长助理、市委书记、市委党的群众路线教育实践活动领导小组组长夏红民主持召开汇报座谈会，就我市教育实践活动开展情况作了汇报。市委副书记、市长、市委党的群众路线教育实践活动领导小组副组长栾克军，市委常委、常务副市长李银，市委常委、副市长桂泽发，市委常委、统战部长、市委秘书长闫晓峰，市委常委、组织部长周普生，副市长黄继宗、秦华、田雁青、白振海、蒋杨贵、周继军，市政协副主席黄占俊，市政府党组成员、市长助理沈结苟，市政府秘书长贺建宏参加。

26日　我市举办《党政领导干部选拔任用工作条例》宣讲会。省委组织部正地级组织员石虹作专题辅导，市委常委、组织部长周普生主持会议。市委常委、常务副市长李银，市委常委、副市长桂泽发，副市长辛刚国、黄继宗、田雁青、白振海、蒋杨贵、周继军，市政府党组成员、市长助理沈结苟参加。

是日，庆阳市领导班子和领导干部2013年度考核大会在庆阳宾馆召开。省委常委、省委组织部长、省委第六考核组组长吴德刚，省委第六考核组副组长、组织部正地级组织员石虹，省纪委常委姜毅出席会议。省长助理、市委书记夏红民主持考核大会，并代表市委常委班子作工作总结和个人述职述廉，市委副书记、市长栾克军代表市政府班子作工作总结和个人述职述廉。市上领导李银、桂泽发、辛刚国、黄继宗、秦华、田雁青、白振海、蒋杨贵、周继军，付振伟、张文礼、董建镇、李学宏、黄正军、章志兼、闫晓峰、周普生、黄书件、刘秉宁、刘至祥、吴秉儒、雷沫里、郭文奎、朱治晖、刘晓利、郭晓霞、黄国锋、李伟、黄占俊、窦宏邦、任尔昕、田金、郑银生和退休干部薛亮云、李翰林、张振强，市政府党组成员、市长助理沈结苟，市政府秘书长贺建宏参加会议。

是日，省农牧厅厅长康国玺、省扶贫办主任周兴福来我市调研。副市长秦华陪同。

是日，副市长秦华参加全省扶贫开发工作会议。

是日，我市教育实践活动座谈会召开，省委常委、省委组织部长吴德刚，省人大常委会副主任周多明出席会议并讲话，省人大常委、省人大环境资源委员会副主任委员、省人大环境资源保护办主任张力学，省委组织部正地级组织员石虹，省纪委监察厅正厅级纪检监察专员哈建设出席会议，省长助理、市委书记夏红民主持会议并发言，市上领导栾克军、付振伟、李银、董建镇、李学宏、黄正军、章志兼、闫晓峰、桂泽发、周普生、黄书伴、刘秉宁、吴秉儒、雷沫里、郭文奎、辛刚国、黄继宗、田雁青、蒋杨贵、周继军、朱治晖、刘晓利、郭晓霞、黄国锋、李伟、黄占俊、窦宏邦、任尔昕、郑银生参加会议。

27 日 省长助理、市委书记夏红民到市发改委调研指导开展党的群众路线教育实践活动，征求市发改委干部职工对市委常委会和他本人“四风”方面的意见建议。市委常委、统战部长、市委秘书长闫晓峰一同调研。

是日，市委副书记、市政府党组书记、市长栾克军主持召开市政府党组党的群众路线教育实践活动集中学习会议，组织集中观看《苏联亡党亡国20年祭——俄罗斯人在诉说》纪录片。市委常委、常务副市长李银，市委常委、副市长桂泽发，副市长黄继宗、秦华、田雁青、白振海、蒋杨贵、周继军，市政府党组成员、公安局局长郑银生，市政府党组成员、市长助理沈结苟，市政府党组成员、秘书长贺建宏出席会议。副市长辛刚国，市政府办公室党组成员一同参加。

是日，市委副书记、市长、市委党的群众路线教育实践活动领导小组副组长栾克军在市财政局调研指导党的群众路线教育实践活动开展情况。市政府秘书长贺建宏一同调研。

是日，副市长黄继宗到市房管局宣布领导班子并讲话。

是日，副市长黄继宗在庆阳分会场参加全省“3341”项目工程暨重大项目建设工作电视电话会议。

是日，副市长秦华赴市重大水利项目建设管理局、合水林业总场宣布领导班子并讲话。

是日，副市长田雁青在庆阳分会场参加全国计生工作电视电话会议。

是日，副市长田雁青主持召开商务局干部职工大会。

是日，副市长白振海出席市安监局干部职工大会并讲话。

是日，副市长周继军赴庆城参加 2013 年度党风廉政建设责任制、市管领导班子和县处级干部考核暨综合目标管理考核满意度测评大会。

28 日 省长助理、市委书记夏红民在西峰区调研指导开展党的群众路线教育实践活动。市委常委、西峰区委书记章志兼，市委常委、统战部长、市委秘书长闫晓峰，市政协副主席朱治晖一同调研。

是日，市委副书记、市政府党组书记、市长栾克军带领市政府党组成员赴南梁开展党的群众路线教育实践活动。市委常委、常务副市长李银，副市长秦华、田雁青、白振海、蒋杨贵、周继军，市政府党组成员、公安局局长郑银生，市政府党组成员、市长助理沈结苟，市政府党组成员、秘书长贺建宏参加。副市长辛刚国，市政府办公室党组成员一同参加。

是日，市委副书记、市政府党组书记、市长栾克军带领市政府党组成员深入华池县柔远镇孙家川村和庆城县玄马镇孔桥村，征求基层干部群众对市政府党组“四风”方面的意见和对政府工作的建议。市委常委、常务副市长李银，副市长秦华、田雁青、白振海、蒋杨贵、周继军，市政府党组成员、公安局局长郑银生，市政府党组成员、市长助理沈结苟，市政府党组成员、秘书长贺建宏参加。副市长辛刚国、市政府办公室党组成员一同参加。

是日，市人大常委会主任付振伟出席宁县 2013 年度党风廉政建设责任制、市管领导班子和县处级干部考核暨综合目标管理考核满意度测评大会并讲话。市委常委、副市长桂泽发出席会议。

是日，武警庆阳支队落实编制宣布命令暨宣誓大会召开。市委常委、政法委书记董建镇，副市长周继军，市政府党组成员、公安局局长郑银生出席会议。

是日，市纪委派驻（出）机构负责人 2013 年度考核和述职述廉会议召开。市委常委、纪委书记李学宏主持会议并讲话。

是日，市委常委、副市长桂泽发赴宁县、湘乐林场参加2013年度党风廉政建设责任制、市管领导班子和县处级干部考核暨综合目标管理考核满意度测评大会。

三月份

1日　市委副书记、市长栾克军在西峰区东湖社区主持召开座谈会，就西峰城区公共交通发展工作，征求了部分老干部代表、社区干部及市民代表的意见建议。市委常委、常务副市长李银，市委常委、西峰区委书记章志兼，副市长白振海、蒋杨贵、周继军，市政府党组成员、公安局局长郑银生，市政府秘书长贺建宏参加座谈会。

是日，市委副书记、市政府党组书记、市长栾克军带领市政府党组成员赴西峰区彭原乡芦子渠村部召开座谈会，征求基层干部群众对市政府党组“四风”方面的意见和对政府工作的建议。市委常委、常务副市长李银，市委常委、副市长桂泽发，副市长秦华、田雁青、白振海、蒋杨贵、周继军，市政府党组成员、公安局局长郑银生，市政府党组成员、市长助理沈结苟，市政府党组成员、秘书长贺建宏参加。副市长辛刚国，市政府办公室党组成员一同参加。

是日，市政府党组举办党的群众路线教育实践活动专题报告会。市委副书记、市政府党组书记、市长栾克军主持并讲话。市委党校教授刘连志作《面向群众，转变作风》专题辅导讲座。市委常委、常务副市长李银，市委常委、副市长桂泽发，副市长秦华、田雁青、白振海、蒋杨贵、周继军，市政府党组成员、公安局局长郑银生，市政府党组成员、市长助理沈结苟，市政府党组成员、秘书长贺建宏参加。副市长辛刚国，市政府办公室党组成员一同参加。

是日，省政府“千名陇商回家乡”启动仪式暨企业家座谈会在北京飞天大厦举行，副市长黄继宗参加活动并作专题项目推介。

1—2日　市委副书记、市长栾克军带领市政府党组成员开展党的群众路线教育实践活动集中学习。1日下午，栾克军主持专题辅导报告会，市委常委、常务副市长李银，市委常委、副市长桂泽发，副市长秦华、田雁青、白振海、蒋杨贵、周继军，市政府党组成员、公安局局长郑银生等参加报告会。副市长辛刚国一同聆听报告。

2日　全市反恐工作安排部署会议召开。副市长周继军出席会议。

2—3日　副市长黄继宗赴兰州参加全省住房保障工作会议。

3日　市委常委、常务副市长李银主持召开行政审批制度改革领导小组会议。

是日，市委常委、常务副市长李银主持召开庆阳市城区公共交通运营体制改革工作座谈会议。副市长白振海、蒋杨贵、周继军参加会议。

是日，全市文广旅游人口商务工商质监工作会议召开，副市长田雁青出席会议并讲话。

是日，副市长田雁青在市政府政务大厅工商窗口向“庆阳瑞蚨祥商贸有限公司”颁发我市首份新版营业执照，标志着我市公司注册资本登记制度改革正式运营。

是日，全市工业交通环保工作会议召开。副市长白振海出席会议并讲话，副市长蒋杨贵主持会议。

是日，全市法院年度工作电视电话会议召开，市委常委、政法委书记董建镇出席会议并讲话，市中级人民法院院长任尔昕作工作报告。

3—5日　市委常委、组织部长周普生深入环县演武、合道、天池、曲子、木钵等乡镇，调研指导党的群众路线教育实践活动开展情况和基层组织建设工作。

3—5日　市委常委、副市长桂泽发赴兰州参加全省市州政府直接融资培训班。

4日　省地质矿产勘查开发局副局长蔡学森，省地质环境监测院院长、省地质灾害应急中心主任黎志恒一行调研陇东能源基地地下水勘查及水源地建设工作。市委常委、常务副市长李银主持座谈会。市政府党组成员、市长助理沈结苟出席。

是日，省国税局党组书记、局长牟可光带领调研组来我市调研，在长庆油田陇东指挥部和庆阳石化公司分别召开座谈会，了解企业运营和纳税情况，征求各方面对国税工作的意见和建议。市委常委、常务副市长李银主持座谈会。副市长、长庆油田陇东指挥部指挥蒋杨贵参加长庆油田陇东指挥部的座谈。

是日，庆阳市人民政府与陇东学院苹果产业科技合作座谈会议召开。副市长秦华出席会议并讲话，与陇东学院院长郭维俊分别代表市政府、陇东学院签订了《关于促进庆阳苹果产业的合作协议》。

是日，市委常委、政法委书记董建镇，副市长周继军出席市老年保健医院职工会议，宣布市委、市政府关于市老年保健医院主要领导职务任免的决定。

是日，市委常委、纪委书记李学宏陪同市委第一考核组副组长、市政协副主席朱治晖一行，对市纪委监察局2013年度党风廉政建设责任制、市管领导班子和县处级干部以及综合目标管理工作进行考核。

是日，市委常委、纪委书记李学宏参加市纪委监察局党的群众路线教育实践活动专题辅导讲座。

是日，市委党的群众路线教育实践活动宣传工作座谈会召开，市委常委、宣传部长黄正军主持会议并讲话。

4—6日　副省长张广智来我市调研“联村联户•为民富民”工作。省政府副秘书长俞建宁、省人防办主任周应军一同调研。副市长黄继宗陪同调研。

4—13日　省长助理、市委书记夏红民在北京先后接受中央电视台焦点访谈、中央电视台农业频道、人民日报、新华社、中国能源报、中国经济网、瞭望东方周刊、中国扶贫杂志、农民日报、甘肃日报、甘肃电视台、甘肃广播电台、对话甘肃等媒体采访，就对政府工作报告的感受、深化农村改革、发展混合所有制经济、推动扶贫攻坚、实现资源型城市科学发展等问题，与省内外媒体进行交流。

5日　市政府召开教育科技卫生食品药品监管体育工作会议。市委副书记、市长栾克军对全市教育、科技、卫生、食品药品监管、体育、防震减灾、地方志、红十字会工作作出批示。副市长辛刚国出席会议并讲话。

是日，全市检察机关“保民生、促三农”专项行动动员大会召开。副市长秦华出席会议并讲话。

是日，全省工商行政管理工作电视电话会议召开。副市长田雁青在庆阳分会场参加会议。

是日，全市“学雷锋志愿服务月”活动启动暨“心手相牵、共享阳光—邮储祝您成长”助残捐赠仪式在市特殊教育学校举行。副市长田雁青出席活动并讲话。

是日，市妇联召开三届二次执委（扩大）会议。副市长田雁青出席会议并讲话。

是日，我市召开“贯彻男女平等基本国策，推动经济社会协调”各族各界妇女庆“三•八”座谈会。副市长田雁青出席会议并讲话。

是日，全市检察长工作会议召开。市委常委、政法委书记董建镇出席会议并讲话。副市长周继军，市检察院检察长田金出席会议。

是日，市委常委、纪委书记李学宏带领市纪委监察局全体党员赴宁县烈士陵园接受革命传统教育。

是日，市委常委、宣传部长黄正军出席宁县志愿服务活动启动仪式并讲话。

是日，“永远的榜样——雷锋”先进事迹展览在我市举办，市委常委、宣传部长黄正军出席开展仪式。

5—13日　全国人大代表、省长助理、市委书记夏红民在北京参加十二届全国人大二次会议。

6日　省长助理、市委书记夏红民，市委副书记、市长栾克军，前往中国石油天然气集团公司与廖永远总经理会谈，衔接我市油气资源开发利用有关事宜。中国石油天然气集团公司炼油与化工分公司书记杨继钢、办公厅副主任李荡、规划计划部副总经理胡永庆、勘探与生产分公司副总经理何江川、天然气与管道分公司副总经理侯创业及副市长白振海、蒋杨贵参加会谈。

是日，全市消防工作会议召开。市委常委、政法委书记董建镇主持会议，副市长周继军出席会议。

是日，副市长田雁青带着市委、市政府的亲切关怀、看望慰问了退休妇女工作者赵彩雯和全国三八红旗手曾桂芳，向她们送去了慰问金，并致以节日的美好祝福。

7日　市政府办公室召开党的群众路线教育实践活动提高“三服务”质量水平工作会议召开。副市长李银出席会议并讲话。

是日，省政府残工委成员会议暨全省残疾人工作电视电话会议召开，市政法委书记董建镇在我市分会场参会。

是日，全市统战工作会议召开，市委秘书长闫晓峰出席会议并讲话。

8日　省政府机关软件正版化工作督查组来我市督查指导工作。副市长田雁青陪同。

10日　我市市长信访接待日活动。常务副市长李银和市直有关部门及西峰区政府相关负责人一起接待来访群众。

是日，副市长桂泽发参加市委办、市纪委、市委宣传部、陇东报社 2013 年度党风廉政建设责任制、市管领导班子和县处级干部考核暨综合目标管理考核满意度测评大会。

是日，副市长黄继宗在兰州参加环县甜水堡至正宁罗儿沟圈高速公路工程可行性研究报告预审会议并发言。

是日，省农牧厅副厅长韩临广带领督导组，调研督导我市现代农业、农村土地流转情况和春季农业生产工作。副市长秦华一同调研督导。

是日，长庆油田公司副总经理杨再生来我市调研。副市长蒋杨贵陪同。

是日，市政法委书记董建镇在庆城县桐川乡征求桐川乡党委及法庭、派出所、司法所、辖区油田单位和干部群众关于开展党的群众路线教育实践活动的意见建议。

11 日 市长栾克军到西峰区调研教育事业发展工作。西峰区委书记章志兼，副市长辛刚国，市政府秘书长贺建宏一同调研。

是日，常务副市长李银主持召开专题会议，研究市政府党组党的群众路线教育实践活动群众意见建议办理工作。

是日，省人大科教文卫办公室副主任刘世华，省教育厅副厅长赵凯带领调研组先后到我市西峰区北街幼儿园、星星幼儿园调研学前教育工作。市人大常委会副主任郭文奎陪同调研。副市长辛刚国向调研组汇报了我市学前教育工作。

是日，省教育厅副厅长赵凯调研庆阳职业技术学院设置工作。副市长辛刚国陪同调研。

是日，副市长白振海，副市长、长庆油田陇东指挥部指挥蒋杨贵与长庆油田公司副总经理杨再生在庆阳宾馆座谈，就加快陇东油区产能建设、资源开发与环境保护、地企深度融合等问题进行了协商。

是日，全市道路交通管理工作会议召开。副市长周继军出席会议。

是日，省政府工作组来我市调研城乡低保发放相关工作。副市长周继军陪同。

是日，市政法委书记董建镇赴镇原县、正宁县调研信访、维稳工作，征求基层意见建议。

是日，市人大常委会主任付振伟主持召开座谈会，围绕党的群众路线教育实践活动，征求省、市人大代表的意见建议。市人大常委会副主任刘秉宁、雷沫里、秘书长蔡森贵出席座谈会。

12 日 市长栾克军深入环县环城镇张滩滩村、十五里沟村蹲点调研，上门听取基层群众的心声和所盼，面对面征求基层干部群众对市政府党组、市政府班子的意见和建议。市政府秘书长贺建宏一同调研。

是日，市政府召开全市财政审计国土人社工作会议。常务副市长李银出席会议并讲话。市政府党组成员、市长助理沈结苟主持会议。

是日，省科技厅副厅长郑华平来我市调研科技工作。副市长辛刚国陪同调研并主持召开汇报会。

是日，副市长黄继宗主持召开市区重点项目规划选址市长办公会议。

是日，副市长黄继宗深入党的群众路线教育实践活动联系点市规划局进行调研，详细了解了市规划局党的群众路线教育实践活动开展情况，并听取了市规划局班子和干部职工对市政府班子和他个人在“四风”方面的意见建议。

是日，副市长周继军调研西峰城区交通管理工作。

是日，市委常委、纪委书记李学宏到华池县调研指导开展党的群众路线教育实践活动。

是日，市委秘书长闫晓峰到市建设局调研指导开展党的群众路线教育实践活动。

12—14 日 国务院安委会第一督查组第二小组组长、国家煤矿安监局技术装备司司长张文杰带队来我市开展安全生产督查，省安监局副局长尚科锋，副市长白振海、蒋杨贵陪同。14 日召开汇报会，市长栾克军出席会议并讲话。省安监局副局长尚科锋主持会议，副市长白振海代表市委、市政府汇报全市安全生产工作情况。

12—14 日 省国土资源厅厅长蒲志强带领调研组来我市调研国土资源工作和国土系统党的群众路线教育实践活动开展情况。常务副市长李银陪同调研。

12—14 日 省卫计委副主任尚裕良，省卫计委党组成员、省中医药管理局局长甘培尚带领督查组对我市卫生计生工作进行督查。副市长田雁青陪同调研并主持召开座谈会。

13 日 庆阳市工商联三届三次执委会召开。副市长辛刚国出席会议并讲话。

是日，市政法委书记董建镇主持召开全省农村道路交通安全管理（庆阳）现场会筹备工作会议。

是日，纪委书记李学宏到市交通局调研指导开展党的群众路线教育实践活动。

13—14日　省文化产业发展集团副总经理王卫平带领调研组来我市调研文化产业发展情况。市宣传部长黄正军主持召开调研座谈会。

14日　市长栾克军主持召开市政府三届第31次常务会议，研究讨论我市城区公共交通运营体制改革、调整下放行政审批事项及2014年全市重点建设项目等工作。常务副市长李银，副市长桂泽发、黄继宗、秦华、田雁青、白振海、蒋杨贵、周继军，市政府党组成员、公安局局长郑银生，市政府秘书长贺建宏出席会议。

是日，常务副市长李银到党的群众路线教育实践活动联系点市人社局，调研指导教育实践活动，面对面听取意见建议，并就就业工作开展调研。

是日，纪委书记李学宏主持召开市纪委监察局党的群众路线教育实践活动第一次学习交流会议。

是日，全市党的群众路线教育实践活动首场报告会在西峰区举行。邀请中国人民大学法学博士、兰州大学马克思主义学院院长刘先春作专题报告。市委常委、西峰区委书记章志兼出席报告会。

是日，副市长辛刚国在庆阳分会场参加国家教育体制改革领导小组召开的全面改善贫困地区义务教育薄弱学校基本办学条件电视电话会议。

是日，副市长田雁青出席我市2014年“3·15”国际消费者权益日纪念活动并讲话。

16日　省委第十二届七次全委扩大会议在兰州召开，省长助理、市委书记夏红民，市长栾克军参加会议。

16—17日　国家统计局甘肃调查总队队长鲜力群来我市调研。副市长黄继宗陪同调研并参加国家统计局庆阳调查队干部职工大会。

17日　市人大常委会党组市人大常委会办公室党组举行党的群众路线教育实践活动研讨交流会。省委第十一督导组副组长、省纪委监察厅正厅级纪检监察专员哈建设到会指导。市人大常委会主任付振伟主持研讨交流会，市人大常委会副主任刘秉宁、吴秉儒、雷沫里、郭文奎，秘书长蔡森贵参加会议。

是日，市委“联村联户·为民富民”行动协调推进领导小组召开第十四次会议。市委副书记、市委“双联”行动协调推进领导小组组长任燕顺主持会议并讲话。领导小组副组长、副市长秦华、李学宏、黄正军、秦华、窦宏邦出席会议。

是日，常务副市长李银赴合水县调研指导党的群众路线教育实践活动，征求合水县党员、干部和群众的意见和建议。

是日，市食品安全委员会召开2014年第一次联席会议，安排部署今年全市食品安全监管工作。市食品安全委员会主任、副市长辛刚国出席会议并讲话。

是日，市政府副市长辛刚国调研市直食药监系统党的群众路线教育实践活动开展情况并主持召开座谈会。

是日，共青团庆阳市三届二次全委（扩大）会议召开。市委副书记任燕顺出席会议并讲话。副市长田雁青，市政协副主席郭晓霞出席。

17—18日　省教育厅专家组来我市考察评估庆阳职业技术学院设置工作。副市长辛刚国代表市政府向专家组汇报了庆阳职业技术学院申请设置工作进展情况，专家组就设置工作进行了质询。

18日　市委党的群众路线教育实践活动领导小组召开第二次会议，夏红民主持会议并讲话。栾克军、付振伟、张文礼、李银，董建镇、李学宏、黄正军、章志兼、闫晓峰、桂泽发，周普生、黄书伴、刘至祥、吴秉儒、雷沫里、郭文奎、辛刚国、秦华、田雁青、白振海、蒋杨贵、周继军，刘晓利、郭晓霞、黄国锋、李伟、黄占俊、窦宏邦、任尔昕、田金、郑银生出席会议。

是日，市委常委会举行第二次集体学习会议。夏红民主持会议并传达全国“两会”主要精神及习近平总书记关于“三严三实”的重要讲话和刘云山同志在参加甘肃代表团审议时的重要讲话精神。栾克军、付振伟、任燕顺、李银、董建镇、黄正军、章志兼、闫晓峰、桂泽发，周普生、雷沫里、辛刚国、黄继宗、秦华、田雁青、白振海、蒋杨贵、周继军、任尔昕、田金、郑银生参加学习。

是日，市长栾克军出席庆阳陇东建筑公司房屋建筑工程施工总承包资质晋升为一级资质颁证仪式。副市长黄继宗宣读了国家住建部关于核准2014年第一批建设工程企业资质资格名单的公告。市人大常委会原副主任陈广锦、张甫虎及市政府秘书长贺建宏出席。

是日，市委副书记、市长栾克军主持召开2014年市编委第一次会议。常务副市长李银，市委秘书长闫晓峰，组织部长周普生，市政府秘书长贺建宏参加会议。

是日，市委副书记任燕顺到市林业局调研指导党的群众路线教育实践活动，征求市林业局干部职工对市委常委会和他个人在“四风”方面的意见建议。

是日，全国工商联旅游商会副会长、中能新兴能源投资有限公司总裁李乃华一行赴镇原县等地考察。副市长白振海陪同。

18—21 日　省纪委监察厅第二检查组到我市就政府廉政建设有关重点事项进行集中检查。18 日下午，召开汇报座谈会，省纪委监察厅第二检查组组长、省财政厅纪检组长焦石出席会议，市纪委书记李学宏主持会议。

19 日　省长助理、市委书记夏红民主持召开三届市委常委会第 44 次会议，传达贯彻全省“联村联户•为民富民”行动大会、全省保密工作会议、全省档案工作会议精神，研究庆阳城区公共交通体制改革和全市“双联”行动、非公企业党建、保密、档案等工作。

是日，省长助理、庆阳市委书记夏红民上门看望老干部李翰林、张文先、马可阶、曹光中、白自力，面对面征求对市委常委会及他个人在“四风”方面的意见和对经济社会发展的建议。市委常委、组织部长周普生参加。

是日，首部以我省“联村联户•为民富民”行动为题材的电影《腊月的春》在庆阳奥斯卡国际影城上映。市委书记夏红民，市委秘书长闫晓峰，副市长秦华、田雁青，市政协副主席李伟等与影片导演、主演人员及部分市民观看了首场电影。

是日，市委、市政府召开全市扶贫开发工作推进视频会议，贯彻全省扶贫开发工作会议精神，加速推进全市扶贫攻坚工作。市委副书记、市长栾克军出席会议并讲话。市委副书记任燕顺主持会议。副市长秦华对全市 2014 年扶贫开发重点工作任务作了安排。市人大常委会副主任雷沫里，市政协副主席窦宏邦及市政府秘书长贺建宏出席会议。

是日，市总工会三届二次全委（扩大）会议召开。市委副书记任燕顺出席会议并讲话，市委常委、统战部长、市委秘书长闫晓峰主持会议。

是日，副市长辛刚国赴镇原县殷家城乡殷家城村、敬岔村召开座谈会，征求基层干部群众的意见建议。

是日，宁蒙陕甘毗邻地区共同发展联席会议考察组来我市考察。副市长黄继宗参加考察座谈会并介绍我市经济社会发展状况。

是日，全省春季造林绿化电视电话动员大会召开。副市长秦华在庆阳分会场参加会议。

是日，副市长田雁青赴双联点宁县早胜镇寺底村和中村镇政平村，征求乡村干部群众对市政府党组和她本人的意见建议。

是日，市政府副市长白振海到市环保局调研指导党的群众路线教育实践活动开展情况，并征求对市政府班子及他个人在作风建设方面的意见和建议。

是日，副市长周继军到教育实践活动联系点市民政局，调研指导党的群众路线教育实践活动，征求对市政府党组和他个人的意见建议。

19—20 日　省人社厅纪检监察专员雷友谊带领省政府妇儿工委督查组对我市妇女儿童“两规划”实施工作进行督查。副市长辛刚国主持召开汇报会并向督查组一行汇报了我市妇女儿童规划实施情况。

19—20 日　省住房和建设厅副厅长郭明卿带领调研组，到西峰区、合水县调研了我市保障性住房建设工作。副市长黄继宗陪同调研并主持召开座谈会。

19— 25 日　市政府党组成员、市长助理沈结苟赴国土资源部衔接汇报工作。

20 日　市委常委会举行教育实践活动学习心得交流会，市委常委结合近期学习情况和工作实际，集中交流了学习心得体会。省长助理、市委书记夏红民主持会议并带头交流发言。省委第十一督导组组长张力学、副组长哈建设及督导组成员出席会议指导学习交流。栾克军、李银、桂泽发、任燕顺、董建镇、李学宏、黄正军、章志兼分别作交流发言，闫晓峰、周普生、黄书伴列席。

是日，市长栾克军登门拜访了原庆阳地区人大工委主任薛亮云、原庆阳地区政协工委副地级调研员周特祥、原庆阳地区行署副地级调研员施万锐等老干部，征求他们对市政府班子以及他个人在“四风”方面问题的意见建议，聆听各位老干部对全市经济社会发展的真知灼见。

是日，市政协主席张文礼在双联村正宁县南佳村和佛堂村听取意见、开展帮扶活动。

是日，省政府职能转变和机构改革动员电视电话会议召开。市长栾克军，常务副市长李银在庆阳分会场参加会议。

是日，市政府召开全市工商质监行政管理体制调整推进会议，对我市工商、质监行政管理体制调整工作作出安排部署。常务副市长李银出席会议并讲话。

是日，市委常委、副市长桂泽发深入双联点环县天池乡天池村，宣讲调研党的群众路线教育实践活动，面对面地征求群众意见建议。

是日，全市易地扶贫搬迁工作现场会召开。副市长黄继宗出席会议并讲话。

是日，副市长田雁青在兰州参加全省政府机关软件正版化工作推进会议。

是日，副市长蒋杨贵主持召开市长办公会议，研究天然气综合利用等事宜。

是日，副市长蒋杨贵赴群众路线教育实践活动联系点市石化局调研并征求意见建议。

是日，副市长周继军出席全市信访工作联席会议。

20—21 日　副市长白振海赴正宁县调研党的群众路线教育实践活动和工作开展情况，并召开征求意见座谈会，征求基层干部群众对市政府班子及班子成员在作风建设方面的意见建议。

21 日　市委书记夏红民，市长栾克军，市人大常委会主任付振伟，市政协主席张文礼带领市、区五大班子全体在家领导以及市直、区直有关部门负责人、驻峰部队官兵共 1200 多人参加了义务植树活动。当天共栽植树苗 2 万多株，植树面积 300 多亩。常务副市长李银，副市长桂泽发、辛刚国、黄继宗、秦华、周继军，市政府党组成员、公安局局长郑银生，市政府秘书长贺建宏参加活动。

是日，全市党的群众路线教育实践活动第二次督导组组长会议召开，传达省委领导近期关于教育实践活动的讲话和批示精神，总结学习交流工作开展情况，研究部署下阶段督导工作。省长助理、市委书记夏红民出席会议并讲话，省委第十一督导组组长张力学出席指导会议，市委秘书长闫晓峰出席会议，市组织部长周普生主持会议，县（区）督导组组长吴秉儒、朱治晖、刘晓利、黄占俊作交流发言。

是日，市政府党组举行党的群众路线教育实践活动学习心得交流会议。市委副书记、市政府党组书记、市长栾克军主持会议并作交流发言。会议邀请省委第十一督导组副组长哈建设及督导组成员出席会议指导学习交流。市委常委、常务副市长李银，市委常委、副市长桂泽发，副市长黄继宗、秦华、田雁青、白振海、周继军，市政府党组成员、公安局局长郑银生，市政府秘书长贺建宏等紧密结合实际，交流了学习体会和心得。

是日，市委副书记任燕顺上门看望老干部董清治、张崇俭，面对面征求对市委常委会及他个人在“四风”方面的意见。

是日，市宣传部长黄正军出席市委宣传部党的群众路线教育实践活动专题辅导报告会。

是日，市宣传部长黄正军到市教育局宣讲、调研党的群众路线教育实践活动，征求市教育局干部职工的意见建议。

是日，招商银行兰州分行副行长苏力一行来我市考察。市委常委、副市长桂泽发陪同。

22 日　市长栾克军对西峰区城市建设和管理工作进行了专题调研。常务副市长李银，宣传部长黄正军，西峰区委书记章志兼，副市长黄继宗，市政府秘书长贺建宏等分别参加调研和座谈会。

是日，常务副市长李银先后来到市政协原主席蒋占全和原行署财政处处长郝光祥的家里，与他们亲切交谈、倾听良策，征求他们对市委、市政府开展党的群众路线教育实践活动以及作风建设方面的意见建议。

是日，2014“羽林争霸”羽毛球赛甘肃赛区首站在我市举行，组织部长周普生出席开幕式。

22—23 日　市委常委会利用周末两个整天的时间，在市委、市政府集中办公区进行第三次集体学习，传达学习习近平总书记在河南省兰考县调研指导教育实践活动时的重要讲话精神，交流学习心得体会，集中观看专题教育影片，认真开展自学。市委书记夏红民主持学习会议。副市长桂泽发，市委副书记 任燕顺，市政法委书记董建镇，市纪委书记李学宏，市宣传部长黄正军，西峰区委书记章志兼参加学习。市委秘书长闫晓峰、组织部长周普生、庆阳军分区政委黄书伴作交流发言，

23 日　市长栾克军在宁县检查指导党的群众路线教育实践活动开展情况。市人大常委会副主任、市委第二十督导组组长吴秉儒，市政府秘书长贺建宏等一同调研。

是日，市长栾克军到宁县盘克镇，调研苗林结合产业培育工程情况。市政府秘书长贺建宏一同调研。

是日，副市长田雁青在兰州参加省委组织部挂职干部培训会议。

是日，市宣传部长黄正军赴双联点华池县柔远镇李庄村调研指导党的群众路线教育实践活动，征求群众意见建议，对接2014年帮扶项目。

是日，庆阳军分区政委黄书伴看望老干部冯一心、张建新，面对面征求对市委常委会及他个人在“四风”方面的意见。

24日 市委常委、宣传部长黄正军上门看望老干部张诚基、黄武，面对面征求对市委常委会及他个人在“四风”方面的意见。

是日，市委秘书长闫晓峰到市总工会宣讲、调研党的群众路线教育实践活动，征求干部职工的意见建议。

是日，副市长桂泽发到市政协原副主席王培栋，市人大原秘书长袁天丕家中，征求他们对市政府党组及他本人的意见建议。

是日，副市长白振海出席庆阳能源化工集团钻采工程服务公司压裂机组启动仪式。

是日，副市长白振海、蒋杨贵赴长庆油田公司与副总经理杨再生座谈，衔接地企合作有关事宜。

24—25日 市委书记夏红民带领副市长黄继宗及市委办公室、市发改委有关负责人，赴南昌与江西省有关方面就陇东—江西特高压输电项目进行了洽商，并对合作开发庆阳煤电产业达成了一致共识。24日下午，江西省委副书记、省长鹿心社会见夏红民一行，江西省政府秘书长谭晓林，省发改委主任李安泽，省电力公司总经理秦红三，省政府办公厅副主任犹王莹，省能源局局长郑沐春和黄继宗参加会见。期间，夏红民还与李安泽、秦红三、郑沐春等进行会谈，就推进陇东—江西特高压输电工程和加强全方位合作的具体事宜，进行了深入交谈。

24—28日 常务副市长李银，副市长辛刚国、周继军在省委党校参加全省学习贯彻习近平总书记系列讲话精神集中轮训班。

25日 市长栾克军对西峰城区背街小巷治理、停车场和公厕建设等工作进行了调研。市政府秘书长贺建宏一同调研。

是日，市宣传部长黄正军赴正宁县调研指导党的群众路线教育实践活动，并征求县、乡、村干部群众的意见建议。

是日，全市保密档案工作会议召开。市委秘书长闫晓峰出席会议并讲话。

25—26日 省委组织部部务委员马晓晴带领省委组织部干部监督工作组到我市检查，市委常委、组织部长周普生陪同。

25—26日 副市长秦华赴兰州参加全省畜牧业现场会议交流材料审查会议。

25—26日 副市长白振海、蒋杨贵赴中石化华北石油管理局与中石化华北油田公司副总经理陈路原，副总经理、党委副书记李建山座谈，衔接地企合作有关事宜。并考察了瑞茂通公司。

25—27日 副市长田雁青在北京参加中组部挂职干部培训会议。

26日 全省综治（平安建设）维稳工作会议在兰州召开。省长助理、市委书记夏红民，市政法委书记董建镇，西峰区委书记章志兼参加会议。

是日， 交通银行庆阳分行正式开业运营，市长栾克军与交通银行甘肃省分行行长胥小彪出席开业仪式并为银行揭牌。市委副书记任燕顺，市委秘书长闫晓峰，市政府秘书长贺建宏等出席开业仪式。副市长桂泽发与交通银行甘肃省分行副行长郭小静分别致辞。交通银行甘肃省分行副行长汪麟主持开业仪式，庆阳市银监局负责人向交通银行庆阳分行颁发了金融机构许可证。

是日，市委副书记任燕顺出席市委党校2014年春季主体培训班开学典礼，并作辅导讲话。同时，调研指导市委党校党的群众路线教育实践活动。

是日，组织部长周普生上门看望老干部李天祥、李志成，面对面征求对市委常委会及他个人在“四风”方面的意见。 是日，全省被征地农民养老保险工作视频会议召开。副市长桂泽发在庆阳分会场参加会议。

是日，副市长黄继宗出席全市发展改革和统计调查工作会议会议并讲话。

是日，副市长秦华到党的群众路线教育实践活动联系点市农牧局开展督查调研。

26—27日 市委副书记任燕顺到镇原县调研指导开展党的群众路线教育实践活动，并在双联点镇原县城关镇祁川村主持召开村民座谈会，征求群众意见建议。

27日 中央第一巡视组巡视甘肃省工作动员会议在兰州召开。省长助理、市委书记夏红民，市长栾克军参加会议。

是日，甘肃省党的群众路线教育实践活动市州委书记座谈会在兰州召开。省长助理、市委书记夏红民参加会议并发言。

是日，副市长蒋杨贵到市人口委原调研员杨正清和原行署经贸委调研员张志伦家中，面对面征求意见建议。

是日，副市长蒋杨贵赴包抓县区—镇原县调研春耕生产，征求基层干部群众对市政府党组及他个人的意见建议。

27—28日　市委常委、组织部长周普生赴正宁县、宁县调研指导党的群众路线教育实践活动开展情况。

27—28日　副市长黄继宗赴兰州参加全省企业债券发行业务培训会议。

27—28日　副市长秦华赴庆城县蹲点调研指导春季农业生产工作。同时在双联点庆城县玄马镇贾桥村现场征求了群众对市政府党组及他本人的意见建议。并围绕学习中国特色社会主义理论体系、十八届三中全会精神、习总书记系列重要讲话精神及党的群众路线教育实践活动等内容在庆城县桐川乡作了专题宣讲。

28日 纪委书记李学宏在西峰区董志镇田畔村向村民代表宣讲党的群众路线教育实践活动，并征求意见建议。

是日，副市长蒋杨贵赴党的群众路线教育实践活动联系点、双联点华池元城镇高沟门村、老庙嘴村调研春耕生产，征求基层干部群众对市政府党组及他个人的意见建议。

是日，副市长秦华参加全市土地流转工作汇报会。

是日，副市长白振海到市林业局原副调研员付廷汉家中，征求意见建议。

29—30日 市长栾克军在白银市参加全省发展循环经济现场会。

31日 市委书记夏红民先后到庆阳能化集团公司装备制造园区和庆阳能化集团公司总部，专题调研混合所有制经济和地方工业体系建设工作，检查指导党的群众路线教育实践活动开展情况。市政法委书记董建镇，市委秘书长闫晓峰，市组织部长周普生，副市长白振海、蒋杨贵一同调研或参加座谈会。

是日，三届市委常委会第45次会议召开，学习新华社长篇通讯《面向未来的赶考—习近平总书记指导河北党的群众路线教育实践活动回访记》，传达中央第一巡视组巡视甘肃工作动员会议、全省综治（平安建设）维稳工作会议、全省社会主义核心价值观“24字人知人晓工程”专项工作会议精神，研究全市党风廉政建设、综治维稳、践行社会主义核心价值观和党的群众路线教育实践活动等工作。省长助理、市委书记夏红民主持会议并讲话。市长栾克军，常务副市长李银出席会议。副市长辛刚国、黄继宗、白振海、周继军列席会议。

是日，市委副书记、市政府党组书记、市长栾克军主持召开市政府党组第六次集体学习会议。副市长李银、辛刚国、黄继宗、秦华、白振海、蒋杨贵、周继军，市政府党组成员、市长助理沈结苟，市政府秘书长贺建宏、市政府办公室班子成员及下属单位主要负责人参加学习。

是日，市委常委、副市长桂泽发赴兰州参加全省加快直接融资工作座谈会。

是日，副市长秦华赴市委政法委原调研员郑恒和市政协原副秘书长张建新家中，面对面征求意见建议。

▲近日，省司法厅、民政厅联合命名了第六批“全省民主法制示范村”，宁县湘乐镇樊湾村榜上有名。

▲近日，省民间文艺家协会依照《甘肃省优秀民间艺人认定、命名实施细则》的相关规定，对我市文化广播影视新闻出版局推荐报送的135名同志申报省民间艺术家的报告，经评委会专家对每个人员的申报材料进行了实地考擦并认真讨论和审核后，对情况属实、技艺较高、作品精致、申报规范的张震一等109名民间艺人授予“甘肃省民间艺术家”荣誉称号。

▲近日，在市总工会三届二次全委（扩大）会议上，市总工会负责人颁发了全国总工会授予庆阳销售公司的“模范职工之家”奖牌和荣誉证书。

四月份

1日　省长助理、市委书记夏红民到华池县调研指导党的群众路线教育实践活动，走访帮联户，蹲点听取基层干部群众意见建议。市委秘书长闫晓峰，市政协副主席刘晓利参加调研。

是日，市长栾克军在宁县、合水县调研交通扶贫攻坚工作。副市长白振海、蒋杨贵一同调研。

是日，市委副书记任燕顺主持召开陕甘边苏维埃政府成立80周年纪念活动筹备工作协调推进会。

是日，省委党的群众路线教育实践活动办公室综合协调组成员到我市调研非公经济组织开展教育实践活动情况。西峰区委书记章志兼陪同。

是日，市组织部长周普生到市人社局、市民政局调研指导党的群众路线教育实践活动。

是日，副市长黄继宗深入环县甜水堡镇大良洼村和耿湾乡郝庄村，看望慰问双联户，帮助制定今年发展计划，并与村组干部群众面对面座谈交流，征求对市政府班子的意见和建议。

是日，副市长秦华督查镇原县春季农业生产工作，并主持召开中盛公司发展座谈会。

2日　全市“联村联户·为民富民”行动大会召开。省长助理、市委书记夏红民出席会议并讲话，市长栾克军主持会议，市上领导任燕顺、李银、董建镇、黄正军、章志兼、周普生、闫庆生、刘秉宁、吴秉儒、雷沫里、郭文奎、辛刚国、黄继宗、秦华、白振海、周继军、窦宏邦、田金、任尔昕出席会议。

是日，省长助理、市委书记夏红民为全市领导干部讲“传承老区传统、弘扬南梁精神、践行新形势下党的群众路线”专题党课。市上领导栾克军、张文礼、任燕顺、李银、董建镇、黄正军、章志兼、周普生、刘秉宁、刘至祥、雷沫里、郭文奎、辛刚国、黄继宗、秦华、白振海、周继军、朱治晖、郭晓霞、黄国锋、李伟、黄占俊、任尔昕、田金聆听党课。

是日，省长助理、市委书记夏红民，市长栾克军会见中国石油天然气股份有限公司副总裁兼勘探与生产分公司总经理、长庆油田分公司总经理赵政璋，长庆油田公司党委书记、常务副总经理杨华一行，双方就油区环境保护及产能建设等相关事宜进一步达成共识。市政法委书记董建镇，副市长白振海、蒋杨贵及长庆油田分公司副总经理杨再生、凌心强，总会计师刘德参加。

是日，正宁县省直帮联单位“联村联户·为民富民”行动协调推进会议召开。省军区副政委杜永耀出席会议并讲话，省安监局纪检组长李伯海主持会议，市委秘书长闫晓峰，庆阳军分区政委黄书伴出席会议。

是日，市委秘书长闫晓峰到正宁县双联行动联系点五顷塬回族乡西渠村、龙咀子村看望“双联”户，调研党的群众路线教育实践活动开展情况，征求干部群众对统战、民族宗教工作及他个人的意见建议。

3日　全市宣传思想工作会议召开，表彰奖励第六届李梦阳文艺奖、2013年度市级文明单位文明村镇文明社区、2013年感动庆阳年度人物、第四届庆阳市道德模范、2013年度全市好新闻、庆阳好少年，安排部署今年全市宣传思想工作。市委书记夏红民，市长栾克军，市政协主席张文礼出席会议并颁奖，市宣传部长黄正军出席会议并讲话，副市长周继军主持会议。

是日，市委党的群众路线教育实践活动领导小组第三次会议暨第三次督导组组长会议召开。传达学习省委书记王三运在全省教育实践活动市（州）委书记座谈会上的讲话精神和中央第五巡回督导组在甘肃开展巡回督导工作情况反馈精神，安排部署下阶段工作。市委书记夏红民出席会议并讲话。市长栾克军，市政协主席张文礼，市委副书记任燕顺，市委秘书长闫晓峰，市组织部长周普生，市人大常委会副主任吴秉儒，市政协副主席朱治晖、黄占俊出席会议。

是日，市委书记夏红民到宁县太昌乡和长庆桥工业集中区，上门征求群众意见，现场查看重大项目建设情况，调研指导党的群众路线教育实践活动开展情况。市委秘书长闫晓峰，副市长秦华陪同调研。

是日，全市文化产业大会召开。市长栾克军出席会议并讲话，市宣传部长黄正军，市人大常委会副主任郭文奎，市政协副主席郭晓霞出席会议，副市长周继军主持会议。

是日，2014年“两会”建议提案交办会召开。常务副市长李银出席会议并讲话，市人大常委会副主任刘秉宁，市政协副主席刘晓利出席会议。

是日，全市农民工工资清欠工作联席会议召开。常务副市长李银出席会议并讲话。

是日，全市安全生产工作电视电话会议暨市安委会2014年第二次全体会议召开。市政法委书记董建镇主持会议，副市长白振海出席会议并讲话，副市长蒋杨贵出席会议并代表市政府与市直有关部门、中省驻庆有关企业（单位）签订2014年度《安全生产目标管理责任书》。

是日，市政法委书记董建镇上门看望老干部苏国虎，面对面征求对市委常委会及他个人在“四风”方面的意见和对经济社会发展的建议。

是日，市上召开全市住房和城乡建设、人民防空暨党风廉政建设工作会议，安排部署相关工作。副市长黄继宗主持并讲话。

4日 市区机关干部职工集中清扫西峰城区背街小巷卫生，市委书记夏红民，市长栾克军等市级领导参加清扫活动。

8日 市公共交通运营体制改革工作领导小组会议召开。市长栾克军主持会议并讲话，常务副市长李银，副市长黄继宗、白振海、蒋杨贵、周继军，市政府党组成员、公安局长郑银生参加会议。

是日，副市长黄继宗深入西峰区督查城市管理及巷街治理工作。

是日，市政协副主席郭晓霞一行赴庆城县蔡家庙乡双联”点调研指导工作，与乡村干部座谈交流，共商经济发展大计，并走访看望贫困户。

9日 市委书记夏红民到庆城县调研指导党的群众路线教育实践活动，并征求庆城县四大班子有关负责同志的意见。

是日，市长栾克军在北京与中煤集团董事长、总经理王安就加快煤炭资源开发利用有关事宜进行会谈。中煤集团股份公司执行董事、总裁杨列克，中煤企业发展部总经理王华民，甘肃中煤天大能源公司副总经理张玉新，省工信委纪检组长周继尧和副市长白振海参加会谈。

是日，市委副书记任燕顺和省农科院党委书记魏胜文一行到镇原县调研双联工作。期间，任燕顺，魏胜文及省农科院副院长陈明、郭奇志、李敏权、马忠明、贺春贵出席省农科院组织的“2014年联村联户·为民富民行动春季大型推动活动”启动仪式。

是日，市政法委书记董建镇到市公安局调研指导党的群众路线教育实践活动。

是日，省委组织部副部长陈维中赴环县调研双联工作。市组织部长周普生陪同。

9—11日 省政协副主席李沛文带领省政协创新驱动战略调研组到我市调研。省政协办公厅巡视员张强参加调研。11日下午，召开调研座谈会，市长栾克军主持会议，常务副市长李银汇报我市科技创新驱动发展战略实施情况。市政协主席张文礼，市政协副主席李伟出席座谈会。

9—12日 副市长黄继宗带领市直有关部门负责人，对全市今年新开工总投资5000万元以上重点项目的启动实施和投资完成情况进行督查，督促推进重点项目建设进度。

10日 省人大常委会副主任、省委第十一督导组第一组长周多明，省委第十一督导组组长张力学，省委第十一督导组副组长哈建设深入镇原县，实地调研督导党的群众路线教育实践活动，征求基层干部群众意见。市委书记夏红民，市组织部长周普生陪同。

是日，市委书记夏红民深入镇原县财政局及太平镇、孟坝镇调研指导党的群众路线教育实践活动。市组织部长周普生一同调研。

是日，市长栾克军在北京拜会中石油总经理、党组成员廖永远，汇报衔接有关项目。副市长白振海参加。

是日，市政法委书记董建镇参加市委常委、副市长信访接待日活动，现场接待群众来访。

11日 市委书记夏红民在正宁县宁正煤田核桃峪矿井主矿区项目现场、榆林子镇、西坡乡高红村、庆阳汇丰公司调研指导党的群众路线教育实践活动。

是日，市委党的群众路线教育实践活动领导小组第四次会议召开，专题研究市级第一批即知即改事项整改工作方案。市委书记夏红民主持会议并讲话，市上领导栾克军、付振伟、张文礼、李银、董建镇、章志兼、闫晓峰、周普生、辛刚国、秦华、白振海、周继军、朱治晖、郑银生参加会议。

是日，全市油区治安管理工作会议召开。市政法委书记董建镇出席会议并讲话，副市长周继军主持会议，长庆油田公司副总经理、安全总监杨再生出席会议。

是日，省人大常委会副主任、省委第十一督导组第一组长周多明，省委第十一督导组组长张力学，省委第十一督导组副组长哈建设深入市政协机关，就市政协党组开展党的群众路线教育实践活动进行调研指导。市政协主席张文礼主持座谈会，市组织部长周普生陪同调研并参加座谈会。

11—13日 省教育厅厅长王嘉毅一行深入镇原县、西峰区、合水县、华池县调研教育发展工作情况。市长栾克军，副市长辛刚国先后陪同。

12日 省人大常委会副主任、省委第十一督导组第一组长周多明，省委第十一督导组组长张力学，省委第十一督导组副组长哈建设深入宁县，实地调研督导党的群众路线教育实践活动，征求基层干部群众意见。市组织部长周普生陪同。

12—13日 市委常委会利用周末进行第四次集体学习，学习习近平总书记关于“三严三实”的重要讲话、在兰考县委常委扩大会议上的重要讲话和《党政领导干部选拔任用工作条例》等。市委书记夏红民主持学习会议并讲话，市委副书记任燕顺，市政法委书记董建镇，市纪委书记李学宏，市宣传部长黄正军，西峰区委书记章志兼，市委秘书长闫晓峰参加学习。副市长黄继宗、秦华、白振海、周继军，市政府党组成员、公安局长郑银生一同学习。

12—13日　全国新教育实验区工作会议在我市召开。来自全国16个省、自治区、直辖市的新教育专家学者齐聚一堂，交流新教育经验，共话新教育发展。全国政协常委、副秘书长、民进中央副主席朱永新，甘肃省教育厅厅长王嘉毅出席会议并讲话。市委书记夏红民和新教育研究院院长、江苏省海门市教育局局长许新海，新教育研究院常务副院长、秘书长陈东强，市政协副主席黄国锋出席会议开幕式。市长栾克军在开幕式上致辞。副市长辛刚国主持开幕式。

13日　由省人大常委会副主任、省委第十一督导组第一组组长周多明带领第十一督导组深入庆城县，督导调研党的群众路线教育实践活动开展情况，征求干部群众的意见。市政协副主席、市委第十七督导组组长黄占俊陪同调研。

14日　市长栾克军向政府系统和有关方面干部讲“深入学习领会重要论述，全力推动经济转型升级”专题党课。市委副书记任燕顺，常务副市长李银，市人大常委会副主任吴秉儒，副市长辛刚国、黄继宗、白振海、蒋杨贵、周继军，市政协副主席黄占俊聆听讲课。

是日，全市第一季度经济形势分析会召开。栾克军出席会议并讲话，市委副书记 任燕顺，市人大常委会副主任吴秉儒，副市长辛刚国、白振海、蒋杨贵、周继军，市政协副主席黄占俊出席会议，市委常委、常务副市长李银主持会议，副市长黄继宗通报第一季度全市经济运行情况，安排第二季度工作。

是日，市委副书记任燕顺赴镇原县就《参与式扶贫和“联村联户·为民富民”行动践行党的群众路线制度化建设的有效途径和方法》作专题辅导讲座。

是日，市政法委书记董建镇在合水县调研政法基层基础建设、校园周边环境整治、社区安全管理和信访等工作。

是日，省人大常委会副主任、省委第十一督导组第一组长周多明带领省委第十一督导组深入正宁县，调研督导群众路线教育实践活动，并征求基层干部群众意见。省委第十一督导组组长张力学，副组长哈建设，市组织部长周普生及市人大常委会副主任、市委第二十督导组组长吴秉儒参加调研。

14—15日　省人大常委会调研组来我市调研农村经营体制改革情况，省人大常委会委员、农业与农村委员会副主任委员尚勋武，省国土资源厅副厅长包自吉带队，市人大常委会副主任雷沫里、市长助理沈结苟陪同调研。

14—18日　省文明办副主任王琦带领调研组对我市精神文明建设重点工作落实情况进行了督查。副市长周继军主持座谈会。

15日　省委组织部长、省委党的群众路线教育实践活动领导小组副组长兼办公室主任吴德刚调研指导我市党的群众路线教育实践活动。省人大常委会副主任、省委第十一督导组第一组长周多明，省委第十一督导组组长张力学、副组长哈建设一同调研。市委书记夏红民，市长栾克军，市委秘书长闫晓峰，市组织部长周普生陪同调研。市委书记夏红民主持召开汇报会，汇报我市教育实践活动开展情况。

是日，市委副书记任燕顺主持召开南梁精神研究座谈会，市宣传部长黄正军出席会议。

是日，全市党政机关清理办公用房督查汇报会召开。市委常委、常务副市长李银主持会议，市纪委书记李学宏出席会议并讲话。

是日，市政法委书记董建镇在宁县和盛、长庆桥工业园区调研招商引资、企业入驻、建设和生产情况。

16日　市长栾克军到正宁县、宁县、西峰区现场督查部分重大项目建设进展情况。副市长黄继宗一同督查。

是日，长安国际信托有限公司西北业务总监王馨一行到我市考察调研。市委常委、副市长桂泽发陪同。

是日，市委教育实践活动领导小组邀请市政协原主席、甘肃省延安精神研究会庆阳分会会长张文先，重点围绕传承和弘扬老一辈无产阶级革命家的优良作风，在新形势下践行群众路线，为市直参加教育实践活动单位的负责人和市委党校春季主体班次的全体学员作专题讲座。市宣传部长、市委教育实践活动领导小组副组长黄正军主持讲座。

是日，省人大常委会法工委副主任靳来舜、省农牧厅副巡视员程浩明带领省人大立法委调研组前来我市，就《甘肃省农村能源建设管理条例》实施及修订完善情况进行专题调研。

17日　三届市委常委会第46次会议召开。听取全市贯彻落实中央八项规定和省委“双十条”规定情况汇报，传达学习省委主要领导批示要求和全省对台工作会议精神，安排部署全市对台工作，进一步研究部署全市党的群众路线教育实践活动。市委书记夏红民主持会议并讲话。

是日，中国延安干部学院教务部主任杨志和一行到南梁考察调研红色革命历史资源开发和干部培训工作。市委副书记任燕顺陪同。

是日，市政法委书记董建镇赴庆城县调研党的群众路线教育实践活动开展情况，并向县、乡干部作专题辅导。

是日，副市长周继军主持召开全市特殊人群服务管理工作推进会。

是日，省政协副主席黄选平一行深入西峰区后官寨乡孔塬村，与干部群众交流，听取“联村联户·为民富民”意愿，查看“双联”工作进展情况。省政协委员工作委员会主任白星伟，省政协提案委员会副主任马秉虎，甘肃银行党委委员、监事长杨乾参加调研。市政协副主席黄占俊陪同调研并主持召开座谈会。

18日　省政府第六次全体会议召开。市委书记夏红民，市长栾克军，常务副市长李银，副市长桂泽发、秦华、白振海、周继军在我市视频分会场参会。市长栾克军代表我市作交流发言。

是日，江西省发改委党组成员、能源局局长郑沐春到我市，就陇东—江西特高压输电项目及合作开发庆阳煤电产业等事项进行实地考察。同日，召开座谈会，市委书记夏红民主持会议，省发改委党组成员、能源局局长孟开，市长栾克军，市委秘书长闫晓峰，副市长黄继宗出席会议。

是日，全市残疾人工作会议召开。市政法委书记董建镇主持会议，副市长周继军出席会议并讲话。

是日，全市第一次金融联席会议召开。副市长桂泽发出席会议并讲话。

21日　2014年全市第一次财税联席会议召开。常务副市长李银出席会议并讲话。

22日　市长栾克军到镇原县金龙工业集中区甘肃中盛公司专题调研企业发展情况，并主持召开现场办公会，研究解决企业发展面临困难。副市长秦华一同调研。

是日，常务副市长李银到宁县长庆桥工业集中区调研集中区建设和企业发展情况。

是日，市宣传部长黄正军为市委宣传部全体党员干部讲授专题党课。

是日，全国农村金融服务经验交流视频会议召开。市委常委、副市长桂泽发在我市分会场参会。

22—23日　省纪委副书记张怀仁到我市调研督导党风廉政建设和反腐败工作，及纪检监察机关开展党的群众路线教育实践活动进展情况。市纪委书记李学宏陪同。23日上午，举行省纪委调研督导庆阳市专题报告会。

23日　副省长咸辉在西峰区调研义务教育均衡发展工作。市委书记夏红民，省教育厅厅长王嘉毅，市长栾克军，市宣传部长黄正军，副市长辛刚国陪同调研。

是日，市长栾克军主持召开市直单位工作人员调配联席会议。常务副市长李银出席会议。

23—24日　市政法委书记 董建镇到华池县、庆城县、环县、西峰区检查政法系统党的群众教育实践活动开展情况，调研农村道路安全管理工作。

24日　市纪委邀请“两代表一委员”和干部群众代表，开展“走出去请进来、敞开门听意见、查四风转作风”为主题的“走进纪委监察局”面对面听意见活动。市委书记夏红民和省委第十一督导组组长张力学、副组长哈建设参加活动。市纪委书记李学宏主持活动。

是日，市政府三届第32次常务会议召开。研究市政府重要决策信息公开、全省第八届少数民族传统体育运动会筹备、创建国家环境保护模范城市等事项，审议《庆阳市科学技术奖励办法》、《关于全面深化农村改革加快推进农业现代化的意见》、《庆阳市注册资本登记制度改革实施意见》等。常务副市长李银，副市长桂泽发、辛刚国、秦华、白振海、周继军出席，陇东学院院长郭维俊列席相关议题。

是日，市政府党组会议召开，研究市政府党组党的群众路线教育实践活动开展情况，安排部署近期教育实践活动。市长栾克军主持会议并讲话，常务副市长李银，副市长桂泽发、秦华、白振海、周继军出席，副市长辛刚国列席。

是日，全市新闻宣传暨新闻阅评工作座谈会召开。市宣传部长黄正军出席会议并讲话。

25日 全市党的群众路线教育实践活动推进会议召开。市委书记夏红民、省委第十一督导组组长张力学出席会议并讲话，市长栾克军主持会议。省委第十一督导组副组长哈建设及市人大常委会主任付振伟，市政协主席张文礼，市纪委书记李学宏，市宣传部长黄正军出席会议。市组织部长周普生传达中央有关会议文件精神。

是日，市政府党组党的群众路线教育实践活动征求党外人士意见建议座谈会召开。市长栾克军主持会议并讲话，副市长桂泽发、白振海、周继军出席，副市长辛刚国列席。

是日，全市苗林结合培育工作现场会议在合水县召开。市委副书记任燕顺主持会议并讲话，副市长秦华出席会议并讲话。

是日，市纪委书记李学宏为市纪委监察局全体党员干部讲授专题党课。

是日，宁夏甘肃商会考察团来我市考察。副市长桂泽发陪同。

是日，市组织部长周普生为市委组织部全体党员干部讲授专题党课。

26日 市委书记夏红民到中庆财富实业集团有限公司，调研地方企业和非公经济发展情况，征求非公经济人士意见建议。市宣传部长黄正军，副市长辛刚国、白振海参加调研。

是日，“中庆财富杯”庆阳市企业家协会第五届企业职工运动会开幕。市委书记夏红民出席开幕式并宣布运动会开幕。市宣传部长黄正军，副市长辛刚国、白振海出席开幕式。

是日，市委书记夏红民到西峰区，深入田间地头查看冻害灾情，调研农业生产情况。

是日，市长栾克军到合水县调研苗林结合产业发展工作。

是日，省军区副司令员祁学军到合水县开展帮联工作，并召开合水县双联行动协调推进会议，常务副市长李银出席会议并讲话。

27日 市长栾克军在西峰区调研城区环境卫生集中整治工作。

是日，甘肃省广播电视大学党委书记朱卫国来到电大庆阳分校，就我市电大教学与管理工作进行了调研。副市长辛刚国陪同调研。

28日 副市长、市抗旱防汛指挥部指挥秦华召开全市防汛工作视频会议。

29日 市委中心组集体学习暨《陇东大讲堂》第一期讲座举行。中共中央宣传部《时事报告》杂志社总编辑曹勃亚作《世界之变与中国之变》形势政策专题报告。市委书记夏红民主持并讲话。市上领导付振伟、张文礼、任燕顺、李银、董建镇、黄正军、章志兼、闫晓峰、周普生、黄书件、秦华、白振海、雷沫里、郭文奎、朱治晖、刘晓利、郭晓霞、黄国锋、黄占俊、窦宏邦参加学习。

是日，庆阳市纪念“五四”运动95周年表彰大会召开。市委副书记任燕顺出席会议并讲话，市宣传部长黄正军，市人大常委会副主任郭文奎，市政协副主席郭晓霞出席会议，副市长黄继宗主持会议。

是日，市委书记夏红民接见第五届“全市十大杰出青年”王宝军、王玺雅、王敏、王雅丽、田鸿兴、吴生明、吴鹏、李鹏程、段赟、郭馨迪，代表市委、市人大、市政府、市政协向他们表示祝贺。市人大常委会主任付振伟，市政协主席张文礼，市委副书记任燕顺，常务副市长李银，市委秘书长闫晓峰，市人大常委会副主任郭文奎，副市长黄继宗，市政协副主席郭晓霞一同接见。

是日，市长栾克军在兰州参加全省经济社会发展项目资金对接暨省长金融奖颁奖会议及全省金融分析会议。

是日，庆阳军分区政委黄书件到镇原县临泾乡调研指导党管武装工作。

▲近日，中国林场协会授予全国20个国有林场“2013年度全国十佳林场”称号，我市正宁林业总场中湾林场名列其中。

▲近日，我市被全国普法办评为全国“六五”普法中期先进城市，庆城县被评为全国“六五”普法中期先进县，市司法局宣教科科长魏彦坤荣获全国“六五”普法中期先进工作者称号，西峰区司法局局长李卉芳被评为全国“六五”普法中期先进个人。

▲近日，全省电视新闻年会在兰州召开。庆阳广播电视台获得通联先进集体、记者刘锋获得通联先进个人。

五月份

4日 市委书记夏红民在北京拜会中国铁路总

公司副总经理彭开宙，进一步衔接沟通银西铁路建设有关事宜。中国铁路总公司计划统计部主任杨忠民参加会谈。

是日，全市招商引资工作现场会在宁县召开。副市长黄继宗出席会议并讲话。

4—5日 副市长秦华带领市水务、农牧、林业、水保等部门负责人一行深入环县调研指导苗木培育、设施农业、畜牧养殖及防汛工作情况。

5日 市长栾克军主持召开市政府党组党的群众路线教育实践活动第九次集体学习会议，学习习近平总书记在兰考调研考察时讲话精神以及省委督导组和市委书记夏红民关于教育实践活动的最新要求，集体观看了影片《杨善洲》。市政府党组成员李银、桂泽发、黄继宗、白振海、蒋杨贵、贺建宏参加会议并一同学习。副市长辛刚国列席会议。市政府办公室班子成员及市直相关部门负责人参加会议。

是日，市委副书记任燕顺到华池县南梁镇调研“联村联户•为民富民”行动、扶贫攻坚和农村改革等工作。

是日，副市长蒋杨贵主持召开市长办公会议，专题研究董志加气站恢复有关事宜。

是日，副市长黄继宗主持召开会议，研究庆阳大剧院项目移交事宜。

是日，副市长白振海带领市发改、交通、电力、气象、环保、质监、消防等部门及西峰区有关负责同志，调研庆阳机场改扩建工程建设情况。

是日，庆阳市参加第20届兰洽会筹备工作会议召开，副市长周继军出席会议并讲话。

5—6日 庆阳军分区政委黄书伴到华池县调研指导县武装部党的群众路线教育实践活动开展情况及南梁女子民兵连建设情况。

6日 全市践行群众路线先进事迹报告会在市政府礼堂举行。宁县焦村镇任村党总支书记杨军、正宁县蔬菜站站长张建峰、市人民医院职工赵娜、合水县老城镇赵塬小学校长张永学和环县木钵镇韩洼子村党支部副书记道清贤分别结合各自工作实际，对自己或同事扎根基层、服务群众的感人事迹作了精彩宣讲。市委书记夏红民，省委第十一督导组组长张力学、副组长哈建设，市长栾克军，市人大常委会主任付振伟，常务副市长李银，副市长桂泽发，市纪委书记李学宏，市宣传部长黄正军，西峰区委书记章志兼，市委秘书长闫晓峰，市组织部长周普生，副市长辛刚国、白振海、蒋杨贵、周继军，市政府党组成员、秘书长贺建宏出席会议并聆听报告。市委副书记任燕顺主持报告会。

是日，中央党的群众路线教育实践活动视频会议召开。市委书记夏红民，市长栾克军，市委副书记任燕顺，常务副市长李银，市纪委书记李学宏，市宣传部长黄正军，西峰区委书记章志兼，市委秘书长闫晓峰，市组织部长周普生，副市长桂泽发、辛刚国、黄继宗、蒋杨贵，市政府党组成员、市长助理沈结苟，市政府党组成员、秘书长贺建宏在庆阳分会场参加会议。

是日，省质监局副局长高俊明带领省安委会第五督查组来我市督查安全生产年度第一阶段工作开展情况。副市长白振海陪同督查，并主持召开庆阳汇报反馈会。

是日，全市农村土地承包经营权流转工作会议召开。市委副书记任燕顺出席会议并讲话。副市长周继军主持会议。市人大常委会副主任雷沫里，市政协副主席窦宏邦出席会议。

6—7日 省林业厅厅长石卫东来我市检查指导春季造林绿化工作。副市长秦华陪同调研。

7日 召开三届市委第47次常委会议，传达学习中央党的群众路线教育实践活动视频会议精神以及省委书记王三运对双联行动的重要批示和省委“双联”行动领导小组第十一次会议精神，进一步研究部署全市教育实践活动、“双联”行动、“三农”、全面深化改革和党风廉政建设等工作。市委书记夏红民主持会议并讲话。市长栾克军，市委副书记任燕顺，常务副市长李银，市政法委书记董建镇，市纪委书记李学宏，市宣传部长黄正军，西峰区委书记章志兼，市委秘书长闫晓峰，市组织部长周普生，庆阳军分区政委黄书伴出席会议。市人大常委会主任付振伟列席。市人大常委会副主任刘秉宁、雷沫里，副市长辛刚国、黄继宗、白振海、蒋杨贵、周继军，市政协副主席朱治晖、窦宏邦列席有关议题。

是日，市委书记、市委全面深化改革领导小组组长夏红民主持召开市委全面深化改革领导小组第一次全体会议。市上领导栾克军，李银、任燕顺、董建镇、李学宏、黄正军、闫晓峰、周普生、黄书伴、刘秉宁、黄继宗、白振海、蒋杨贵、周继军、朱治晖、刘晓利、任尔昕、田金出席会议。

是日，全市政法综治工作扩大会议召开。市委书记、市综治委主任夏红民出席会议并讲话。市长、市综治委第一副主任栾克军主持会议并代表市委、市政府与8县（区）和市综治委成员单位签订了综治（平安建设）目标管理责任书。市政法委书记董建镇通报了省综治委对我市去年综治工作考核反馈情况和全市近期综治维稳工作形势。市委副书记任燕顺，市宣传部长黄正军，西峰区委书记章志兼，副市长辛刚国、黄继宗、周继军，市人大常委会副主任刘秉宁，市中级人民法院院长任尔昕，市检察院检察长田金出席会议。

是日，省委第二巡视组正厅级巡视员罗继存一行在市区督查重点项目建设情况。副市长黄继宗陪同。

是日，市委党的群众路线教育实践活动办公室及市委督导组全体工作人员会议召开，市组织部长周普生出席会议并讲话，市人大常委会副主任吴秉儒，市政协副主席朱治晖、刘晓利、黄占俊出席会议。

是日，市人大常委会召开群众路线教育实践活动研讨会，传达学习中央有关会议精神。市人大常委会主任付振伟主持会议并讲话。市人大常委会副主任雷沫里参加会议。

7—9日　市副市长桂泽发赴武威参加全省农业高效节水建设现场会议。

8日　市长栾克军主持召开市政府三届第33次常务会议，讨论加快推进新型城镇化建设、创建全国质量强市示范城市等工作，审议《庆阳市城乡规划管理办法》《庆阳市2014年招商引资考核办法》《庆阳市贯彻男女平等基本国策实施意见》及《庆阳市公共交通集团公司组建方案》等。常务副市长李银，副市长辛刚国、黄继宗、秦华、白振海、蒋杨贵、周继军及市政府秘书长贺建宏出席会议。

是日，省纪委常委、省委第二巡视组正地级巡视员罗继存到我市调研。市纪委书记李学宏陪同。

是日，市政府召开2014年全市普通高等学校招生考试安全工作会议。副市长、市招委办主任辛刚国出席会议并讲话。

是日，省公共资源交易局局长高建国带领调研组，调研我市公共资源交易中心和公共资源交易工作。市政府党组成员、市长助理沈结苟陪同调研并主持座谈会。

是日，“写好中国字、做好中国人、实现中国梦”大型主题活动启动，省纪委正厅级纪检监察专员哈建设和市宣传部长黄正军出席启动仪式并为中书协庆阳市书法考级基地揭牌。市人大常委会副主任郭文奎，市政协副主席黄占俊出席启动仪式。

9日　全市双联工作推进会召开。市委副书记任燕顺出席会议并讲话，市人大常委会副主任雷沫里主持会议，副市长秦华，市政协副主席窦宏邦出席会议。

是日，常务副市长李银深入合水县老城镇、板桥乡锦坪村，调研党的群众路线教育实践活动开展情况和整顿软弱涣散基层党组织工作情况。

是日，全省推进精神文明建设重点工作电视电话会议召开，市宣传部长黄正军在庆阳分会场参会并作交流发言。

是日，全市农村公路建设现场会在宁县、庆城县召开。市委常委、政法委书记董建镇主持会议。副市长白振海出席会议并讲话。市政协副主席黄占俊出席会议。

是日，第十二届中国·庆阳端午香包民俗文化节筹备会议召开。副市长周继军出席会议并讲话。

是日，市政府召开全市妇女儿童工作委员会全体（扩大）会议。副市长周继军出席会议并讲话。

9—11日　中央第五巡回督导组组长、国家质量监督检验检疫总局原党组书记、副局长李传卿，中央第五巡回督导组副组长、全国政协文史和学习委员会副主任孙庆聚带领中央第五巡视组到华池县、庆城县视察调研。市委书记夏红民，市长栾克军，市委秘书长闫晓峰，市组织部长周普生陪同。

10日　全省质量工作考核现场会筹备工作协调会议召开。省质监局局长马平，市委副书记、市长栾克军出席会议。副市长周继军参加。

是日，副市长周继军出席全市卫星地面广播电视信号干扰整治会议。

12日　市长栾克军带领市发改委、统计、工信委、国土、招商、农牧、环保和8县（区）政府主要负责同志赴宁县、正宁县调研项目建设情况，主持召开全市项目工作座谈会。副市长黄继宗出席会议并讲话。市政府秘书长贺建宏出席会议。

是日，市委副书记任燕顺赴宁县、西峰区调研农村土地流转、苹果产业开发、美丽乡村建设工作。市委常委、西峰区委书记章志兼在西峰区一同调研。

是日，市直有关单位庆城县双联工作推进会议在庆城召开。市政法委书记董建镇，市政协副主席郭晓霞出席会议并讲话。副市长秦华主持会议。

是日，市委、市政府庆祝“5·12”国际护士节表彰大会在市政府礼堂举行。市宣传部长黄正军主持会议。副市长辛刚国出席会议并讲话。市人大常委会副主任郭文奎，市政协副主席李伟出席会议。

是日，市委双联行动华池联县工作组会议召开。市宣传部长黄正军出席会议并讲话。副市长白振海主持会议。市政协副主席黄国锋，陇东学院副院长孙立峰出席会议。

是日，市宣传部长黄正军参加市委常委、市政府副市长信访接待日活动。

是日，庆阳军分区党的群众路线教育实践活动先进事迹报告会举行。庆阳军分区政委黄书伴出席报告会并讲话。

12— 13 日　省委统战部副部长、省民委党组书记、主任沙拜次力来我市调研民族工作及全省第八届少数民族传统体育运动会筹备情况。13 日，市长栾克军主持召开座谈会。市委秘书长闫晓峰出席会议。副市长辛刚国汇报了我市近年来民族工作情况和全省第八届少数民族传统体育运动会筹备情况。

12—13 日　副市长秦华带领市水务、农牧、林业、果业等部门主要负责人，先后深入华池县悦乐镇、乔河乡和合水县板桥镇、太莪乡、固城乡以及县城防汛重点部位、防汛指挥部，就农业产业发展情况及防汛工作进行了督查。

12—13 日　省委组织部副部长杨子兴一行到环县开展双联工作。市组织部长周普生陪同。

13 日　市直单位帮联镇原县双联工作联席会议召开。市委副书记任燕顺出席会议并讲话。副市长辛刚国主持会议。市政协副主席朱治晖、窦宏邦出席会议。

是日，全国普通高校毕业生创业就业工作视频会议在北京召开。常务副市长李银在庆阳分会场参加会议。

是日，省政府与市政府在庆阳宾馆签署《全民科学素质建设目标责任书（2014-2018 年）》。甘肃省科协副主席陈炳东、副市长辛刚国分别代表省政府和市政府签字。省科协机关党委副书记、国际部部长魏晓明等出席签字仪式。

是日，市组织部长周普生到双联行动联系点环县木钵镇刘家塬村进行调研，查看刘家塬村帮联项目进展和带动群众增收致富情况，征求群众对开展教育实践活动的意见建议。

13—15 日　省人大常委会代表工作委员会副主任李世红带领调研组来我市专题调研优化城镇化布局和形态相关工作。13 日，市人大常委会副主任吴秉儒主持召开座谈会。副市长黄继宗汇报了全市城镇化建设情况。

14 日　市委常委、常务副市长李银在北京瑞安宾馆会见了意大利政府内阁科技顾问玛利亚一行，双方就增进友城关系，深化互惠合作等深入交换了意见。意大利对华友好协会秘书长路安娜·王，意大利对华友好协会秘书安东尼奥，庆阳市政府外事办主要负责人参加会见。

是日，第十届中国（深圳）国际文化产业博览交易会在深圳会展中心开幕。市宣传部长黄正军率庆阳代表团参加。

是日，全市金融支持新型农村经营主体座谈会召开。副市长桂泽发出席会议并讲话。

是日，全市查禁非法车辆专项行动推进会召开。副市长周继军出席会议并讲话。

是日，国务院扶贫办开发指导司副司长周宏文带领调研组，来我市调研小额贷款工作。省扶贫办副主任王军，市政府党组成员、市长助理沈结荀陪同调研。

14—15 日　副市长黄继宗赴兰州参加全省新型城镇化试点工作培训会议。

14—15 日　副市长秦华赴陇南市康县参加全省改善农村人居环境行动现场会。

14—16 日　国家卫计委副主任、中医药管理局局长王国强一行到华池县调研。市委书记夏红民和省卫计委党组书记、主任刘维忠，省卫计委党组成员、省中医药管理局局长甘培尚、市长栾克军，副市长辛刚国陪同调研。

15 日　市长栾克军带领市直有关部门负责人，到福景家园项目建设工地、中庆农产品公司和庆阳市公共资源交易中心对质量工作进行了专题调研。副市长周继军、市政府秘书长贺建宏一同调研。

是日，正宁联县工作组双联工作推进会议召开。市政协主席张文礼出席会议并讲话，市委秘书长闫晓峰主持会议，庆阳军分区政委黄书伴，市人大常委会副主任雷沫里出席会议。

是日，全省改善农村人居环境行动现场会在康县召开。市委副书记任燕顺，副市长秦华参加会议并主持召开专题会议，贯彻落实现场会议精神，研究部署我市改善人居环境工作。

是日，常务副市长李银在北京参加中国人民对外友好协会成立60周年纪念活动。

是日，省人社厅副厅长吴雄成调研我市人社工作。副市长桂泽发主持汇报会。

是日，副市长桂泽发出席全市第五次金融风险分析与处置工作领导小组会议并讲话。

是日，以我市党的十八大代表、全国党建先进工作者权有让为原型，市委、市政府、省工商局联合摄制的电影《红盾先锋》在西峰开机。副市长周继军出席开机仪式并讲话。

是日，全市学习贯彻《干部任用条例》、改进选人用人工作座谈会召开。市组织部长周普生出席会议并讲话。

16日　庆阳岐黄中医药文化博物馆开馆仪式暨四级中医药师承教育拜师大会在庆城县岐黄中医药文化博物馆门前广场举行。国家卫计委副主任、中医药管理局局长王国强出席活动并讲话，市委书记夏红民致辞，省卫计委主任刘维忠讲话，市长栾克军主持。王国强、夏红民共同为国家中医师承甘肃岐伯基地揭牌。国家卫计委体改司副司长傅卫、妇幼司副司长王巧梅和直属机关临时党委副书记、工会常务副主席鹿文媛，省卫计委党组成员、中医药管理局局长甘培尚，市委秘书长闫晓峰，副市长辛刚国，以及30名中医药指导老师和百名中医药继承人等参加活动。

是日，国家卫计委副主任、中医药管理局局长王国强赴第二批教育实践活动联系点-华池县调研。副市长辛刚国陪同调研。

是日，副市长黄继宗赴庆城县、华池县督查重点项目建设情况。

是日，副市长辛刚国出席市卫计委班子宣布会议并讲话。

是日，副市长白振海赴双联点华池县刘沟村、刘阳洼村调研。

是日，全市资本市场建设培训暨政银企合作对接座谈会召开。、副市长桂泽发出席会议并讲话。副市长蒋杨贵主持。

是日，甘肃检验检疫局副局长黄新民来我市调研。副市长蒋杨贵陪同调研并主持召开汇报座谈会。

是日，司法部司法鉴定管理局局长霍宪丹带领陕西、宁夏、甘肃司法厅调研组调研我市司法鉴定工作。副市长周继军陪同。

是日，副市长周继军赴市特教学校慰问师生。

是日，省优化非公有制经济发展环境、推动非公有制经济加快发展调研组来我市调研。市政府党组成员、市长助理沈结苟陪同。

17日　省政府举办2014年全省第一期政府系统领导干部依法行政专题讲座（视频会议）。市委书记夏红民，市长栾克军，副市长辛刚国、白振海、周继军，市政府党组成员、市长助理沈结苟，市政府秘书长贺建宏在庆阳分会场参加会议并聆听讲座。

是日，市委常委会在市委、市政府集中办公区进行党的群众路线教育实践活动第五次集体学习。市长栾克军，副市长桂泽发参加。

是日，副市长桂泽发到市工信委调研党的群众路线教育实践活动，面对面听取意见建议。

是日，省审计厅副厅长成荣生来我市调研。副市长周继军陪同。

是日，市委常委会召开专题会议，认真学习习近平总书记指导兰考县委专题民主生活会重要讲话精神，通报中央第五巡回督导组甘肃巡回督导工作情况反馈意见，进一步统一思想、提高认识，认真查找、梳理归纳、深入剖析自身“四风”突出问题。

17—18日　市委书记夏红民，市长栾克军带领市直有关部门负责同志，深入正宁县、宁县、西峰区、庆城县、华池县督查全市重大项目建设工作。西峰区委书记章志兼，市人大常委会副主任刘至祥，副市长黄继宗、白振海、蒋杨贵和市政府秘书长贺建宏分别参加督查。

18日　市长栾克军在庆阳宾馆会见了中石化华北石油局局长、总经理周荔青一行，双方就推进油气资源开发、深化地企合作进行了深入交流，并达成共识。副市长、长庆油田陇东指挥部指挥蒋杨贵，市政府秘书长贺建宏，中石化华北石油局总会计师杨占玄，副总经理陈路原、常兴浩、李建山等一同参加会见。

19日　副省长郝远深入陇东学院、庆阳石化公司调研。市委书记夏红民，市长栾克军陪同调研。省质监局局长马平，省环保厅副厅长孙玉龙一同调研。陇东学院党委书记闫庆生，市人大常委会副主任刘至祥，陇东学院副院长孙立峰，陇东学院纪委书记白生君，陇东学院副院长孙鸣超，副市长黄继宗、蒋杨贵，市政府秘书长贺建宏分别参加调研。

19—24日 副市长桂泽发，副市长秦华、白振海参加全省地厅级领导干部学习贯彻习近平总书记系列讲话精神轮训班。

20日 全省质量工作考核现场会在我市召开。省委副书记、省长、省质量发展领导小组组长刘伟平，国家质检总局副局长陈钢出席会议并讲话。副省长、省质量发展领导小组副组长郝远主持会议。省政府秘书长张生桢，省政府副秘书长常正国、张军利，国家质检总局质量司司长黄国梁等出席会议。市委书记夏红民在会上致辞并代表我市作交流发言。省质监局局长马平代表省质量发展领导小组办公室通报了2013——2014年度质量工作试点考核情况，张掖市委副书记、市长黄泽元，省建设厅厅长杨咏中，省发改委副主任陈江，省环保厅副厅长孙玉龙在会上分别作了交流发言。市委副书记、市长栾克军，市人大常委会主任付振伟，市政协主席张文礼，市委副书记任燕顺，常务副市长李银，市宣传部长黄正军，副市长周继军，市政府秘书长贺建宏参加会议或陪同现场观摩。

是日，副市长黄继宗赴庆城县、华池县、正宁县、宁县督查重点项目建设情况。

20—21日 全国人大代表、全国人大环资委委员、民建中央社会服务部部长包瑞玲带领民建中央助推甘肃丝绸之路经济带黄金段发展考察团来我市考察调研，并组织民建界别的知名企业家参加项目推介会。全国政协委员、民建甘肃省委主委宁崇瑞陪同。常务副市长李银参加项目推介会。市委秘书长闫晓峰主持项目推介会并陪同考察。

21日 省委副书记、省长刘伟平到我市实地调研长庆油田千万吨原油产能建设项目、长庆油田挖潜稳产提质增效项目、宁正矿区开发项目和宁南煤炭转化配送项目建设情况。省政府秘书长张生桢一同调研。夏红民、栾克军先后陪同调研。当晚，刘伟平主持召开陇东能源基地建设座谈会。夏红民和省政府秘书长张生桢，省政府副秘书长、办公室主任常正国，省政府副秘书长、研究室主任张军利，省环保厅厅长王建中，省国土厅厅长蒲志强，省水利厅厅长魏宝君，省发改委副主任陈江，平凉市委书记陈伟，平凉市副市长杨军，市委副书记、市长栾克军，市人大常委会主任付振伟，市政协主席张文礼，市委副书记任燕顺，常务副市长李银，市政法委书记董建镇，副市长辛刚国、黄继宗、蒋杨贵、周继军，市政府秘书长贺建宏分别陪同调研并参加会议。

是日，国家质检总局副局长陈钢到我市调研质量发展工作。国家质检总局质量司司长黄国梁，省质监局局长马平一同调研。副市长周继军陪同国家质监局工作组调研。

21—22日 省政协副主席张津梁带领调研组来我市，专题调研加强黄土高原水土流失治理、促进丝绸之路经济带建设工作。市政协主席张文礼陪同调研并主持召开座谈会。任燕顺出席座谈会，副市长辛刚国汇报了我市水土保持、生态建设、国土整治、生态环境保护等工作。西峰区委书记章志兼陪同在西峰区调研，市政协副主席窦宏邦陪同调研。

22日 由市人力资源和社会保障局主办的2014年“民营企业招聘周”、创业项目推介活动及扶持普通高校毕业生就业招聘会在和谐广场举行。市委书记夏红民，常务副市长李银到现场调研指导。

是日， 市长栾克军会见中国大唐集团公司煤炭产业部主任、煤业公司总经理、党组副书记陈榕及大唐集团公司规划发展部副主任高绍峰一行，就加快推进环县电厂项目等事项进行座谈。

是日，丝绸之路甘肃黄金段建设问题专题调研六组来我市调研。副市长蒋杨贵主持召开汇报座谈会。

是日，招商银行兰州分行金融公司业务推介会召开。副市长蒋杨贵出席会议并讲话。

是日，副市长周继军主持召开会议，研究第十二届中国·庆阳端午香包民俗文化节有关事宜。

22—23日 兰州理工大学党委书记李贵富带领学校有关学院负责人，来我市就产学研合作项目进行了调研对接。23日，副市长辛刚国主持召开座谈会。兰州理工大学副校长俞树荣以及石油化工学院、机电工程学院、研究生院负责人分别介绍了学校科研和产学研合作情况。

22—23日 副市长周继军赴西安参加西洽会。

23日 全省党的群众路线教育实践活动视频会在兰州召开。市上领导夏红民、栾克军、李银、辛刚国、蒋杨贵、付振伟、张文礼、任燕顺、董建镇、黄正军、章志兼、闫晓峰、黄书伴、吴秉儒、黄继宗、朱治晖、刘晓利、黄占俊、郑银生在庆阳分会场参加会议。

是日，我市创建全国文明城市工作指挥部全体会议召开。市委书记、市创建全国文明城市工作指挥部总指挥夏红民出席会议并讲话。市长、市创建全国文明城市工作指挥部副总指挥栾克军主持会议。创建指挥部副总指挥，常务副市长李银，副市长黄继宗及成员市政法委书记董建镇，西峰区委书记章志兼，市人大常委会副主任郭文奎，市政协副主席黄占俊，市政府党组成员、公安局长郑银生，市政府秘书长贺建宏等出席会议。市宣传部长黄正军通报2013年中央和省委对我市文明程度指数测评情况。

是日，陇南市政府政务服务和公共资源交易中心运行情况考察团来我市考察。市政府党组成员、市长助理沈结苟陪同。

是日，全面深化改革辅导报告会举行，邀请中央政策研究室、中央改革办农村局局长冯海发，作题为“全面深化改革的总体思路和重大部署——深入学习十八届三中全会决定精神”专题辅导报告。市委副书记任燕顺主持报告会。

25—26日　市委书记夏红民在兰州主持召开会议，研究南梁建设和陕甘边苏维埃政府成立80周年纪念活动筹备情况。省委副秘书长、省委党史研究室主任杨元忠，市委副书记任燕顺及八路军驻兰办事处等单位负责人参会。

26日　常务副市长、市行政审批制度改革领导小组组长李银主持召开庆阳市行政审批制度改革领导小组2014年第二次会议，专题研究讨论了市政府第十批新增取消调整下放行政审批事项。

是日，常务副市长李银主持召开农民工工资问题督查汇报会。

是日，常务副市长李银主持召开会议，安排政务服务向村级下沉调研有关事宜。

是日，省委组织部副部长陈建华一行到环县开展“联村联户•为民富民”工作。市组织部长周普生陪同。

是日，省政府调研组来我市调研影子银行合规经营情况。市政府党组成员、市长助理沈结苟陪同调研并主持座谈会。

是日，副市长周继军参加全市反恐维稳工作会议。

26—27日　省委统战部常务副部长卢鸿志带领全国党外代表人士甘肃实践锻炼基地第三批在兰州、武威、白银、天水、陇南市挂职干部来我市考察。市委秘书长闫晓峰陪同考察。

26—30日　副市长辛刚国赴北京、山东开展民企陇上行项目对接工作。

27日　市委召开全市党的群众路线教育实践活动工作推进会议，市委书记、市委教育实践活动领导小组组长夏红民出席会议并讲话。市长、市委教育实践活动领导小组副组长栾克军主持会议。市人大常委会主任付振伟，市政协主席张文礼，市委副书记任燕顺，常务副市长李银，市政法委书记董建镇，西峰区委书记章志兼，市组织部长周普生，副市长秦华、白振海，市人大常委会副主任刘秉宁、吴秉儒、雷沫里，市政协副主席朱治晖、刘晓利、黄国锋、黄占军、窦宏邦，市中级人民法院院长任尔昕出席会议。

是日，市委书记夏红民面对面逐人约谈8县（区）委书记，反馈各县（区）2013年度落实党风廉政建设责任制推进惩防体系建设考核情况，逐一指出工作中的不足和问题，要求各县（区）要切实发挥好党委在党风廉政建设中的领导核心作用，认真履行党风廉政建设的主体责任。

是日，全省传达学习中央纪委“三转”专题研讨班精神视频会议召开。市纪委书记李学宏在庆阳分会场参加会议。

是日，副市长黄继宗赴庆城县调研第三次全国经济普查数据质量事后抽查工作。

是日，副市长白振海主持召开全省煤化工产业发展布局规划环评资料收集协调会。

是日，原国务院副总理耿飚之女、上海市千兆商务有限咨询公司董事长耿弘捐助庆城县兰香小学贫困小学生。副市长周继军参加捐助仪式。

是日，在第65个国际儿童节来临之际，团市委、市妇联、市教育局、市少工委在市政府礼堂联合举办了纪念表彰大会及“红领巾相约中国梦”文艺汇演。副市长周继军出席。

27—28日　国家开发银行甘肃分行调研组来我市调研。市政府党组成员、市长助理沈结苟陪同。

28日　第十二届中国•庆阳端午香包民俗文化节在市体育馆开展。市委书记夏红民，市人大常委会主任付振伟，市政协主席张文礼，常务副市长李银，市宣传部长黄正军，市委秘书长闫晓峰出席开展仪式。西峰区委书记章志兼致辞。副市长周继军主持开展仪式。

是日，市委书记夏红民会见国家开发银行甘肃分行党委书记、行长方笑明一行。市委副书记任燕顺，常务副市长李银，市委秘书长闫晓峰，副市长黄继宗、白振海及国家开发银行甘肃省分行副行长张褆等参加。

是日，市委书记夏红民前往宁县和盛小学看望慰问师生，同孩子们一起庆祝“六·一”儿童节。市委秘书长闫晓峰，蒋占全一同慰问。

是日，市政协召开党的群众路线教育实践活动工作推进会议。市政协主席张文礼出席会议并讲话。市政协副主席朱治晖主持会议，市政协副主席郭晓霞、黄国锋、黄占俊、窦宏邦，市政协秘书长杨静仁出席会议。

是日，副市长秦华主持召开全市改善农村人居环境领导小组第一次会议。

是日，市纪委书记李学宏对县（区）纪委书记和市直 27 名派驻纪检组长（纪委书记）进行工作约谈。

28—30 日　市长栾克军，副市长桂泽发赴上海参加甘肃省市州政府主要领导直接融资研修班。

29 日　市委常委会召开专题会议，认真学习习近平总书记系列重要讲话和中央、省委教育实践活动视频会议精神，认真查找、梳理归纳、深入剖析自身“四风”突出问题。市委书记夏红民主持会议并讲话。市常务副市长李银出席会议。

是日，全省全民创业暨高校毕业生就业创业工作视频会召开，常务副市长李银我市分会场参会。

是日，常务副市长李银在庆阳宾馆会见了香港世界遗产研究院亚洲分院院长、中国文化遗产与可持续发展基金秘书长、南京大学校董会校董刘南煜，双方就合作发展文化产业相关事宜进行了洽谈。

是日，副市长黄继宗赴镇原调研招商引资项目落地工作。

是日，市委、市政府召开专题会议研究精准扶贫工作。市委副书记任燕顺出席会议并讲话。副市长秦华主持会议。

是日，市政府党组成员、市长助理沈结苟赴庆城县桐川乡寄宿制小学看望慰问师生。

30 日　市委常委会召开专题会议，认真学习习近平总书记系列重要讲话和中央、省委教育实践活动视频会议精神，认真查找、梳理归纳、深入剖析自身“四风”突出问题。市委书记夏红民主持会议并讲话。常务副市长李银出席会议。

是日，全市 2014 年第二期《陇东大讲堂》在庆阳宾馆礼堂开讲，邀请中央党史研究室宣教局副局长薛庆超作题为《党史上的十八座里程碑》专题讲座。市宣传部长黄正军主持。常务副市长李银，副市长辛刚国、黄继宗、秦华、白振海、蒋杨贵、周继军聆听讲座。

是日，副市长黄继宗在西峰区调研重点项目建设和城区巷道治理工作。

是日，全市改善农村人居环境工作推进会议召开。市改善农村人居环境工作领导小组组长任燕顺出席会议并讲话。副市长、市改善农村人居环境工作领导小组副组长秦华主持会议。

是日，首届庆阳民俗艺术品拍卖会暨伤残民间工艺艺术家慈善捐助仪式在市体育馆举行，市政法委书记董建镇出席。

▲近日，市消费者协会被甘肃省消费者协会评为“2012——2013 年全省消协组织消费维权先进集体”。

六月份

3 日　市委常委专题会议召开，研究讨论市委常委班子对照检查材料。市委书记夏红民，市长栾克军，市委副书记任燕顺，常务副市长李银，市政法委书记董建镇，市纪委书记李学宏，市宣传部长黄正军，西峰区委书记章志兼，市委秘书长闫晓峰，市组织部长周普生，庆阳军分区政委黄书伴参加会议。

是日，市长栾克军主持召开市政府党组（扩大）会议，传达省市党的群众路线教育实践活动视频会议精神，通报市政府党组及各成员征求意见建议情况，讨论市政府党组对照检查材料，研究部署市政府党组党的群众路线教育实践活动查摆问题、开展批评环节各项工作。常务副市长李银，副市长桂泽发、辛刚国、黄继宗、秦华、白振海、蒋杨贵、周继军，市政府党组成员、公安局局长郑银生，市长助理沈结苟，市政府秘书长贺建宏出席。

是日，市长、市编委主任栾克军主持召开 2014 年市编委会第二次会议。常务副市长李银，市委秘书长闫晓峰，市组织部长周普生出席会议。

4 日　市政府与晋煤集团公司召开座谈会，就晋煤集团庆阳煤炭开发利用总体规划及煤层气开发、煤化工等项目工作进行了讨论，并达成共识。

市长栾克军，晋煤集团副总经理、山西蓝焰煤层气集团执行董事王保玉，煤炭工业太原设计研究院副院长、总工程师耿建平，晋煤集团煤层气事业部副总经理何辉，以及市政府秘书长贺建宏出席座谈会。副市长白振海主持会议。

是日，市长栾克军参加市委常委会第6次讨论班子对照检查材料专题会议。夏红民、栾克军、任燕顺、李银、董建镇、李学宏、黄正军、章志兼、闫晓峰、桂泽发、周普生、黄书伴参加会议。

是日，副市长黄继宗陪同全省规划督察巡视组到市区督查并参加巡视反馈会议。

是日，庆阳传媒中心项目建设督查推进会议召开，市宣传部长黄正军主持会议并讲话。

5日　由国土资源部财务司权益处处长江峰、国土资源部耕地保护司调研员黄先栋、北京林业大学教授王秀茹等组成的检查评估组，来我市就甘肃东部百万亩土地整治重大工程庆阳片区项目实施情况进行了检查评估。省国土资源厅副厅长陈牧原，常务副市长李银，市政府党组成员、市长助理沈结苟陪同。

是日，副市长黄继宗主持召开会议安排省政府循环经济基地建设情况调研事宜。

是日，国家质检总局动植司司长李建伟调研庆阳苹果出口有关事宜。副市长秦华陪同。

5—6日　副市长周继军赴天水、陇南参加全省民兵武器装备仓库正规化建设工作会议。

5—6日　市委书记夏红民主持召开市委三届第48次常委会议，研究全面深化改革、安全生产管理、新型城镇化建设、贯彻男女平等基本国策、开展调查研究等工作。市长栾克军，市委副书记任燕顺，常务副市长李银，市政法委书记董建镇，市纪委书记李学宏，市宣传部长黄正军，西峰区委书记章志兼，市委秘书长闫晓峰，副市长桂泽发，市组织部长周普生，庆阳军分区政委黄书伴出席。市人大常委会主任付振伟，市政协主席 张文礼列席。副市长黄继宗、白振海、周继军列席有关议题。

6日　市三届人大常委会召开第十三次会议。市人大常委会主任付振伟主持会议。市人大常委会副主任刘秉宁、吴秉儒、雷沫里、郭文奎，庆阳军分区政委黄书伴，市人大常委会秘书长蔡森贵出席。副市长秦华，市中级人民法院院长任尔昕，市检察院检察长田金列席。

是日，省工信委副主任张富奎，副市长白振海一同赴长庆油田公司衔接工作。

是日，市交警支队文职人员岗前培训结业典礼暨汇报演练在庆阳理工中专举行。市政法委书记董建镇，市政府党组成员、公安局长郑银生出席。

7日　2014年普通高等学校招生全国统一考试正式开考。市长栾克军，市宣传部长黄正军，副市长辛刚国，市政府秘书长贺建宏对高考工作进行巡视。

是日，水利部黄河水利委员会会同省水利厅组成验收工作组，对我市节水型社会建设试点进行验收。水利部水资源司副巡视员颜勇、副调研员于伟东，黄河水利委员会水资源管理与调度局副局长袁东良，省水利厅副厅长杨成有等验收组成员出席会议。副市长秦华汇报了我市节水型社会建设情况。

9日　全国稳增长、促改革、调结构、惠民生政策措施落实情况督查动员视频会议召开。常务副市长李银在庆阳分会场参加。

是日，副市长秦华赴宁县调研粮食储备工作。

是日，副市长白振海与市工信委、交通局、环保局、石化局、运管局等部门主要负责人开展谈心谈话活动。

是日，省委调研党风廉政建设责任制落实情况座谈会召开。省委政策研究室副主任郭耀庭及市委书记夏红民，市人大常委会主任付振伟，市政协主席张文礼，市纪委书记李学宏，市组织部长周普生，市中级人民法院院长任尔昕，市检察院检察长田金等参加会议。

是日，全市“乡村舞台”“文化集市”建设暨文化资源普查工作推进会议召开。市宣传部长黄正军主持会议。副市长周继军出席会议并讲话。

8—9日　市长栾克军，副市长黄继宗在兰州参加全省棚户区改造工作会议。

是日，市长栾克军赴省财政厅、省发改委汇报衔接工作。

10日　市长栾克军赴省委编办、省国土厅汇报衔接工作。

是日，常务副市长李银在合水县主持召开会议，听取教育实践活动中群众反映突出的信访积案调处化解情况，研究部署下一阶段工作。

是日，常务副市长李银在合水县主持召开双联行动合水县帮联工作推进会议。庆阳军分区司令员胡泽，陇东学院纪委书记白生君出席会议。

是日，副市长蒋杨贵陪同省煤监局局长张家渔赴正宁、宁县调研。

是日，庆阳市参加第二十届兰洽会工作进展汇报会暨第十二届中国·庆阳端午香包民俗文化节总结表彰会议。副市长周继军主持会议并讲话。

10—11日　省人大常委会副秘书长、办公厅主任马森带领调研组来我市调研煤电化工、石油化工循环经济发展及基地建设情况。省人大环资委副主任叶小平及省人大、兰州大学、省发改委、省工信委部分专家一同调研。11日，市人大常委会副主任雷沫里主持召开汇报会。副市长白振海陪同调研，并汇报了我市煤电化工、石油化工循环经济基地建设情况。

11日　全市青少年反对邪教誓师动员大会在庆阳理工中专举行。市委常委、政法委书记董建镇出席动员大会。

是日，市宣传部长黄正军主持召开市文明委会议，研究推进全国文明城市创建工作。市人大常委会副主任郭文奎出席会议。

是日，副市长黄继宗在兰州参加全省铁路项目建设工作会议。

是日，副市长秦华赴庆城县督查扶贫攻坚、全产业链及农村人饮工程等工作进展情况。

是日，副市长周继军主持召开庆阳民俗产业园建设推进会议。

11—13日　副市长辛刚国赴福建参加全国医改工作会议。

12日　全国整治违法排污企业保障群众健康环保专项行动视频会召开。市长栾克军，副市长白振海在庆阳分会场参加。

是日，市长栾克军与市政府班子成员开展教育实践活动谈心谈话活动。

是日，常务副市长李银参加全市机构和人员编制核查暨深入推进机构编制实名制管理工作市直相关部门协调联席会议。

是日，副市长黄继宗在兰州参加全省工业经济运行分析会议并发言。

是日，省扶贫办工作组来我市合水县督查扶贫攻坚工作。副市长秦华陪同。

是日，省煤监局督查调研组在庆阳宾馆召开煤矿安全生产督查调研庆阳汇报会。省煤监局局长张家渔出席会议并讲话。市委常委、政法委书记董建镇主持会议。副市长白振海代表市委、市政府作专题汇报。副市长蒋杨贵出席汇报会。

是日，全省民生档案工作会暨档案干部培训工作座谈会在华池县召开。省档案局副局长赵海林出席会议并讲话。市委秘书长闫晓峰，副市长周继军出席会议。

是日，副市长周继军陪同省新闻出版广电局调研组在庆城县调研。

13日　市长栾克军赴宁县金村乡老庄村、焦村镇调研扶贫攻坚工作和现代农业示范园。市政府秘书长贺建宏一同调研。

是日，全国征兵工作视频会召开。副市长桂泽发在庆阳分会场参加。

是日，省委第十一督导组与市政府班子成员谈话，副市长黄继宗、秦华、白振海、蒋杨贵，市政府党组成员、市长助理沈结苟，市政府秘书长贺建宏参加。

是日，副市长黄继宗主持召开会议，安排民企陇上行·北大后EMBA投资考察团庆阳考察事宜。

是日，副市长秦华陪同省扶贫办工作组赴西峰区督查扶贫攻坚工作。

14日市长栾克军督查调研西峰城区环境卫生集中整治、背街小巷综合治理、城市综合管理等工作。西峰区委书记章志兼，副市长黄继宗，市政府党组成员、公安局局长郑银生，市政府秘书长贺建宏一同督查。

15日　市委书记夏红民在兰州主持召开会议，专题向省委副书记欧阳坚汇报陕甘边苏维埃政府成立80周年纪念活动筹备情况。省委副秘书长刘玉生，省委副秘书长、党史研究室主任杨元忠和市委副书记任燕顺参加会议。

15—16日　巴基斯坦、马尔代夫、尼泊尔、不丹等南亚国家外交官一行11人来我市考察学习。常务副市长李银主持召开汇报座谈会，介绍了我市基本市情和经济社会发展情况。

15—16日　省住建厅总工程师胡松涛带领由省政协社法委、省住建厅、文化厅等部门相关负责人组成的全省新型城镇化调研组，来我市就新型城镇化建设情况进行了调研。市政协副主席刘晓利陪同。

16日　市安委会办公室、市安监局在东湖公园联合举办安全生产月宣传咨询活动。市长栾克军，西峰区委书记章志兼，副市长白振海、蒋杨贵出席。

是日，全市扶贫对象建档立卡工作协调推进会议召开。市委副书记任燕顺主持会议并讲话，副市长秦华出席会议并讲话。

16—17 日　民企陇上行·北大后 EMBA 投资考察团来我市考察。省委副秘书长、省政府驻北京办事处主任刘天明，省政府驻北京办事处副主任、北京甘肃企业商会秘书长谢玉华，北大后 EMBA 促进会品牌总监杨骞等参加考察。市长栾克军，副市长、市工商联主席辛刚国，副市长黄继宗、白振海分别陪同。17 日，副市长、市工商联主席辛刚国在庆阳宾馆主持召开招商引资项目推介会。副市长黄继宗推介我市招商引资项目。考察团成员观看了《跨越崛起的新庆阳》。

17 日省委副书记欧阳坚赴华池南梁调研红色革命资源保护开发情况。省人大常委会副主任周多明一同调研，市委书记夏红民，市委副书记任燕顺，市委秘书长闫晓峰陪同调研。

是日，市长栾克军陪同省委常委、组织部长、省教育实践活动领导小组副组长、办公室主任吴德刚赴正宁县、宁县调研教育实践活动。

是日，副市长黄继宗主持召开会议，听取市统计局前 5 个月主要经济指标完成和上半年预期情况汇报，研究分析全市经济运行情况，安排部署当前的重点工作。

是日，山东省政协原副主席一行来我市考察调研，副市长秦华陪同。

是日，副市长秦华赴镇原县督查调研扶贫攻坚和畜牧业全产业链建设试点工作。

是日，副市长白振海在兰州参加全省铁路运输协调工作会议。

18 日　省工商局副局长邓晓龙带领省工商局调研组，深入庆阳华兴商贸有限公司、西峰工商分局等企业和基层工商单位，调研我市工商行政管理工作。副市长辛刚国陪同调研。

是日，副市长黄继宗主持召开会议，安排省政府陇东能源基地建设问题庆阳调研事宜。

是日，副市长秦华赴镇原县督查主导产业开发、扶贫攻坚及农村人饮工程等工作情况。

18—19 日　市委常委会利用一天半的时间，召开了常委班子党的群众路线教育实践活动专题民主生活会。省委常委、组织部长、省委教育实践活动领导小组副组长、办公室主任吴德刚，省人大常委会副主任、省委第十一督导组第一组长周多明，省委第十一督导组组长张力学、副组长哈建设，省委组织部正地级组织员石虹全程参与指导民主生活会。会上，吴德刚讲话，周多明点评。市委书记夏红民主持会议，并代表市委常委班子作了对照检查。市上领导夏红民、栾克军、任燕顺、李银、董建镇、李学宏、黄正军、章志兼、闫晓峰、桂泽发、周普生、黄书伴一一作了对照检查，并相互提出批评意见。市人大常委会主任付振伟、市政协主席张文礼应邀列席会议。

18—20 日　省农牧厅副厅长姜良调研我市草畜产业和亚行项目执行情况。副市长秦华陪同调研。

19 日　省委常委、组织部长、省委教育实践活动领导小组副组长、办公室主任吴德刚到环县调研党的群众路线教育实践活动和双联行动开展情况。市委书记夏红民，市委副书记任燕顺陪同。

是日，市政府党组召开党的群众路线教育实践活动专题民主生活会。会期一天，分三次召开。省人大常委会副主任、省委第十一督导组第一组长周多明全程参与指导民主生活会并讲话。市长栾克军主持会议，并代表市政府班子作了对照检查。市政府党组成员栾克军、李银、桂泽发、黄继宗、秦华、田雁青、白振海、蒋杨贵、周继军、郑银生、沈结苟、贺建宏一一作了对照检查，并相互提出批评意见。市纪委书记李学宏应邀列席。副市长辛刚国列席会议并提出意见建议。市委组织部、市委教育实践活动领导小组办公室有关人员列席。

20 日　省委书记王三运在定西宾馆与市委书记夏红民，市长栾克军，市纪委书记李学宏，市组织部长周普生集体谈话。

是日，受市长栾克军委托，常务副市长李银主持召开市政府三届第 34 次常务会议，研究推进政府职能转变和机构改革、分类推进事业单位改革、市级职能部门第十批新增取消调整下放行政审批事项，审议城市公共交通运营体制改革有关事项。副市长桂泽发，副市长辛刚国、黄继宗、白振海，市政府党组成员、公安局局长郑银生，市政府党组成员、市长助理沈结苟，市政府党组成员、秘书长贺建宏出席会议。

是日，市公共交通运营体制改革领导小组召开会议，讨论了《庆阳市城市公交客运管理暂行规定》《庆阳市出租汽车客运管理规定》，审定了公交路线优化方案，并听取了公交 IC 卡建设意见。常务副市长李银，副市长黄继宗、白振海、蒋杨贵出席。市政府党组成员、公安局局长郑银生，市政府党组成员、秘书长贺建宏列席。

是日，副市长周继军主持召开全市防汛减灾工作会议，传达省委书记王三运，市委书记夏红民，市长栾克军分别就防汛减灾工作作出的批示，通报全市防汛减灾工作有关情况。副市长秦华出席会议并讲话。

20—23日　省委农工办主任、省委双联办主任王义先后深入环县、合水县、西峰区和镇原县，调研指导我市“三农”和“双联”工作。市宣传部长黄正军，西峰区委书记章志兼，市委秘书长闫晓峰，副市长秦华陪同调研。

21日　全省部分市州党风廉政建设责任制座谈会在定西召开。省委书记、省人大常委会主任王三运，省委常委、省纪委书记张晓兰，省委常委、省委秘书长李建华出席会议。市委书记夏红民，市长栾克军，市纪委书记李学宏，市组织部长周普生参加会议。

21—25日　全省综治（平安建设）工作督查组到我市7个县（区）实地督查综治工作。24日下午，市政法委书记董建镇主持召开督查汇报会。

22日　市委书记夏红民接受甘肃电视台公共频道《转作风看变化说民生》栏目专访。

23日　市委书记夏红民，市长栾克军在华电北京总部拜访中国华电集团公司董事长、党组书记李庆奎，党组成员、副总经理陈建华，战略规划部主任陈斌，华电福新能源股份有限公司总经理江炳思，煤炭产业部副主任杜和平，甘肃分公司总经理王和平；商谈甜水堡煤矿建设、环县100万千瓦风电、长庆桥2×100万千瓦火电项目等。市委秘书长闫晓峰，副市长白振海参加。

是日，市委书记夏红民，市长栾克军在中石化北京总部拜访中国石油化工股份有限公司副总裁、油田勘探开发事业部主任焦方正，发展计划部副主任刘岩，生产经营管理部副主任段彦修，油田勘探开发事业部副主任冯建辉，油田勘探开发事业部副主任张勇，华北分公司总经理周荔青，华北分公司总会计师杨占玄。市委秘书长闫晓峰，副市长白振海参加。

是日，全市棚户区改造工作推进会议召开。市长栾克军出席。副市长黄继宗主持。

是日，2014庆阳“亮剑行动”反暴恐实战拉动演练在庆城县举行。市政法委书记董建镇，市政府党组成员、公安局局长郑银生观摩演练。

是日，全国职业教育工作视频会召开。常务副市长李银在庆阳分会场参加。

是日，副市长蒋杨贵带领市政府办、水务局负责人深入西峰区督查指导防汛减灾工作。

是日，副市长秦华带领市水务局负责人到巴家嘴水库检查库区防汛工作。

24日　市委书记夏红民，市长栾克军拜访中国华能集团公司总经理、党组副书记曹培玺，党组书记、副总经理黄永达，商谈加快庆阳煤矿、正宁电厂项目建设进程和新建煤化工项目、理顺庆阳项目管理体制等事宜。市委秘书长闫晓峰，副市长白振海参加。

是日，市委书记夏红民，市长栾克军拜访中国大唐集团公司董事长、党组书记陈进行，副总经理、党组副书记王森，总经理助理兼办公厅主任王欣，副总经济师李春宁，规划发展部主任秦建明，煤炭产业部主任兼煤业有限责任公司总经理、党组副书记陈榕商谈马福川煤矿、火电、风电和煤化工项目建设等事宜。市委秘书长闫晓峰，副市长白振海参加。

是日，市委书记夏红民，市长栾克军拜访中国神华国能（神东电力）集团公司董事长、党委副书记肖创英，副总经理袁德鹏，战略规划部总经理伊长涛，商谈庆阳煤电一体化开发项目。市委秘书长闫晓峰，副市长白振海参加。

是日，常务副市长李银赴华池县督查防汛减灾工作。

是日，副市长辛刚国主持召开全市商贸流通文化旅游科技等指标下滑趋势分析会议。

是日，千名陇商回家乡·重庆甘肃商会投资考察团来我市考察。副市长黄继宗陪同并主持召开庆阳市投资环境说明会。

是日，全省征兵工作电视电话会召开。市政府党组成员、市长助理沈结苟在庆阳分会场参加。

24—26日　省人大常委会法制工作委员会副主任靳来舜带领省人大常委会全省人大工作会议前期调研组来我市，就基层人大工作进行调研。市人大常委会副主任郭文奎陪同调研。

25日　市委书记夏红民，市长栾克军拜会国家能源局煤炭司司长方君实，汇报衔接煤矿项目核准有关事宜。副市长白振海参加。

是日，市长栾克军会见山西焦煤集团公司董事长、党委书记武华太，副董事长、党委常委、总经理金智新，商谈煤电、煤化工项目和煤炭分级提质项目。副市长白振海参加。

是日，市委副书记任燕顺主持召开陕甘边苏维埃政府成立80周年纪念活动筹备工作领导小组第一次会议。

是日，市政法委书记董建镇到西峰区禁毒教育基地、西峰区吸毒人员就业安置基地、市强制戒毒所调研禁毒工作。

是日，市纪委书记李学宏主持召开市纪委常委会，认真学习关于“两个责任”重要理论和部分市州党风廉政建设责任制座谈会精神，专题研究我市的贯彻意见。

是日，我市2014年第三期《陇东大讲堂》举行，邀请浙江大学经济学院副教授、金融学硕士生导师何嗣江就金融知识作专题讲座。市宣传部长黄正军主持讲座。

是日，全市计划生育工作推进会议在镇原县召开。副市长辛刚国出席并讲话。

是日，全省上半年市州经济形势座谈会在我市召开。省统计局副局长陈波主持会议并讲话。国家统计局甘肃调查总队副总队长察志敏、李瑞虎，省统计局纪检组长李冰玉等出席会议。副市长黄继宗出席会议并致辞。

是日，市政府党组成员、市长助理沈结苟赴合水县检查指导防汛减灾工作。

25—26日　全省第八届少数民族传统体育运动会筹委会来我市考察运动会筹办情况，并相继召开联络员暨裁判长工作会议和筹备工作会议。省委统战部副部长、省民委主任沙拜次力参加考察并在筹备工作会议上作讲话。省体育局副局长石生泰，省民委副主任马学智，副市长辛刚国参加考察。市政府党组成员、市长助理沈结苟代表市政府汇报了运动会筹备工作情况。

25—26日　市人大常委会副主任雷沫里带领执法检查组，就全市贯彻实施《中华人民共和国农产品质量安全法》、《甘肃省农产品质量安全条例》和《甘肃省废旧农膜回收利用条例》情况进行了执法检查。

26日 市委书记夏红民主持召开三届市委第49次常委会。学习贯彻省委部分市州党风廉政建设责任制座谈会精神，研究政府职能转变和机构改革工作。常务副市长李银出席会议。

是日，市长栾克军会见山西晋城无烟煤矿业集团有限责任公司董事长、党委书记贺天才，副董事长、党委常委、总经理李鸿双，座谈年产150万吨煤基甲醇合成油、50万吨清洁燃料项目及合水东-宁县北煤田发开项目。副市长白振海参加。

是日，全省高等学校优化专业结构服务区域经济社会发展现场观摩会在陇东学院召开。教育部高等教育司副巡视员韩筠、省教育厅厅长王嘉毅出席会议并分别讲话。市宣传部长黄正军，陇东学院党委书记闫庆生，省教育厅副厅长王智平出席会议。副市长辛刚国介绍了我市基本市情及近年来经济社会发展情况。

是日，我市召开参加第二十届兰洽会筹备工作汇报会。副市长黄继宗出席会议并讲话。

27日 市长栾克军在西安与中石油长庆油田公司党委书记、常务副总经理杨华就推进庆化600万吨升级改造项目座谈。副市长白振海、蒋杨贵参加。

是日，市政协召开三届第十次常委会议。市政协主席张文礼主持并讲话。常务副市长李银，市委秘书长闫晓峰出席。市政协副主席朱治晖、刘晓利、郭晓霞、黄国锋、李 伟、黄占俊、窦宏邦，市政协秘书长杨静仁列席。

是日，市政协召开全市县（区）政协工作会议。市政协主席张文礼出席并讲话。市政协副主席朱治晖主持，市政协副主席刘晓利、郭晓霞、黄国锋、李 伟、黄占俊、窦宏邦，市政协秘书长杨静仁列席。

是日，天水市委副书记、市政协主席宋尚有、副市长霍卫平带领天水市党政考察团来我市考察果品产业发展情况。常务副市长李银，西峰区委书记章志兼陪同。

是日，市直机关党建工作会议召开。市委秘书长闫晓峰出席会议并讲话。

是日，副市长黄继宗赴兰州参加全省新型城镇化试点工作培训会。

30日　全省党的群众路线教育实践活动第二环节工作推进视频会在兰州召开。市委书记夏红民，市长栾克军，市委副书记任燕顺，常务副市长李银，市政法委书记董建镇，市宣传部长黄正军，西峰区委书记章志兼，市委秘书长闫晓峰，市组织部长周普生，副市长辛刚国、黄继宗、白振海，周继军，市政协副主席朱治晖、刘晓利、黄占俊，市政府党组成员、市长助理沈结苟在庆阳分会场参加。

是日，市长栾克军到西峰区调研重点项目建设情况。西峰区委书记章志兼，副市长黄继宗，市政府秘书长贺建宏一同调研。

是日，省纪委干部监督室主任杨锦一行来我市调研纪检监察干部监督工作。市纪委书记李学宏主持召开调研座谈会。

是日，副市长辛刚国参加2014年为民办实事项目乡村医师培训活动。

▲近日，正宁县湫头乡被甘肃省档案局列为全省档案工作示范乡。

▲近日，"甘肃省党的群众路线理论征文"评选结果于揭晓，我市上报的论文获得1个一等奖和2个三等奖。获得一等奖的论文是由宁县党史办兼地志办主任贺柏林撰写的《践行党的群众路线的光辉典范——浅析庆阳革命先驱走群众路线成为当代人的典范》，三等奖论文是由镇原县委党史办李朝霞撰写的《人民的拥护和支持是党执政的最牢固根基——解放战争时期人民拥护和支持是镇原县基层政权建设的基础》和镇远县委党史办常小平撰写的《党史是群众路线教育的必修课》。

七月份

1日　全市基层组织建设年推进会议召开，贯彻全省先锋引领行动表彰大会精神，总结近年来全市基层组织建设工作，交流先进经验，表彰奖励先进，进一步安排部署基层组织建设工作。市委书记夏红民出席会议并讲话。市长栾克军主持会议。市委副书记任燕顺宣读《中共庆阳市委关于表彰全市"陇原先锋号（岗）"等先进单位和个人的决定》。市上领导董建镇，李学宏，黄正军，章志兼，闫晓峰，周普生，朱治晖、刘晓利、黄占俊出席会议。

是日，市委常委班子专题民主生活会情况通报会召开。市委书记夏红民主持会议并通报市委常委班子专题民主生活会有关情况。省委第十一督导组组长张力学、副组长哈建设，市上领导栾克军、任燕顺、董建镇、李学宏、黄正军、章志兼、闫晓峰、周普生、刘秉宁、吴秉儒、雷沫里、郭文奎、辛刚国、朱治晖、刘晓利、郭晓霞、黄占俊、窦宏邦、郑银生、任尔昕及老干部薛亮云、李翰林、卢造钧、李天祥、曹光中出席会议。

是日，市委书记夏红民 ，市长栾克军会见由海南省甘肃商会会长成继元带领的千名陇商回家乡·海南甘肃商会投资考察团一行。闫晓峰、黄继宗参加会见。

是日，市委书记夏红民就落实"两个责任"、加强党风廉政建设，对8县（区）党政主要负责人、纪委书记、组织部长进行集体约谈。李学宏通报上半年各县（区）党风廉政建设重点工作进展情况。章志兼，周普生参加约谈。

是日，全市征兵工作电视电话会议召开。庆阳军分区司令胡泽，副市长白振海参加，庆阳军分区参谋长张宁主持会议。

2日　市委党的群众路线教育实践活动领导小组第五次会议召开，学习贯彻省委教育实践活动第二环节工作推进会议精神，听取各活动单位领导班子专题民主生活会准备情况、市级层面即知即改工作进展情况以及省委教育实践活动办公室、省委第十一督导组批转信访件办理和明察暗访发现问题整改情况的汇报，讨论《关于在全市集中开展"四风"突出问题专项整治的意见》，研究部署下阶段工作。市委书记夏红民主持会议并讲话，市上领导栾克军、任燕顺、董建镇、李学宏、黄正军、闫晓峰、吴秉儒、辛刚国、黄继宗、白振海、蒋杨贵、朱治晖、刘晓利、郑银生参加会议。

是日，全市领导干部警示教育大会在庆阳宾馆召开。市委书记夏红民出席会议并讲话，市上领导栾克军、任燕顺、李银、董建镇、闫晓峰、胡泽、闫庆生、刘秉宁、雷沫里、郭文奎、辛刚国、黄继宗、白振海、蒋杨贵、郭晓霞、窦宏邦、田金、郑银生出席。李学宏主持会议。

是日，市委书记夏红民，市长栾克军会见中国西部赣商联盟主席、新疆江西商会会长、新疆亿峰弘业集团公司主席桂弘一行。市委秘书长闫晓峰，副市长辛刚国及中国西部赣商联盟常务副主席、甘肃江西商会会长、甘肃省赣商实业集团董事长包明艺参加会见。

是日，市委书记夏红民会见前来我市参观考察的香港大公报总经理盛一平一行。市委秘书长闫晓峰，香港大公报社助理总经理、国内部主任田志伟，香港大公报社甘肃分社社长杨韶红参加会见。

是日，市长栾克军就落实党风廉政主体责任，分别约谈各县（区）长、部分市直部门主要负责同志。

3日　市政府三届第35次常务会议召开，研究加快推进棚户区改造、优化城区教育布局、加强基层食品药品监督机构建设工作，审议《庆阳市政府投资项目管理办法》。市长栾克军主持会议并讲话，常务副市长李银，副市长辛刚国、黄继宗、白振海、蒋杨贵，市政府党组成员、公安局局长郑银生参加会议。

是日，市政府党组专题民主生活会情况通报会召开，市长栾克军主持会议并通报市政府党组专题民主生活会有关情况。省委第十一督导组副组长哈建设出席会议，常务副市长李银，副市长黄继宗、白振海、蒋杨贵参加，副市长辛刚国列席。

是日，市委副书记任燕顺到环县甜水堡镇甜水街村、环城镇张滩滩村、木钵镇高寨村、曲子镇孟家寨村调研双联工作，并与县乡村干部座谈。

是日，常务副市长李银主持召开会议，专题研究村级（社区）便民服务中心建设和政务服务工作。

是日，副市长黄继宗在庆阳宾馆主持召开国家开发银行甘肃省分行庆阳调研座谈会，与国家开发银行甘肃省分行副行长张禔一行就庆阳能源基地基础设施建设融资事宜进行了对接。

4日　市公共交通运营体制改革工作领导小组会议召开。市长栾克军主持会议，常务副市长李银，副市长白振海、蒋杨贵，市政府党组成员、公安局局长郑银生出席会议。

是日，市委副书记任燕顺主持召开市委全面深化改革领导小组办公室工作推进会，市委秘书长闫晓峰出席会议。

是日，市宣传部长黄正军主持召开庆阳传媒中心项目建设推进会议。

是日，市组织部长周普生到西峰区调研基层党建及党的群众路线教育实践活动。

是日，市组织部长周普生到市委党校调研干部教育培训工作。

5日　市委书记夏红民，市长栾克军到甘肃国际会展中心，检查兰洽会庆阳形象展馆布展工作。市宣传部长黄正军，市委秘书长闫晓峰，市人大常委会副主任雷沫里，副市长辛刚国一同检查。

是日，第二十届兰洽会“魅力庆阳”特色民俗文化暨“岐黄故里”中医药文化企业家务实合作对话会举行。常务副市长李银主持对话会，意大利卡伊那达市市长保罗·马祖卡里，意大利卡布拉罗拉市市长发言人西莫内·奥尔马蒂，意大利对华友好协会秘书长路安娜·王，厄瓜多尔、日本等国政府官员和企业家参加对话会。

6日　第二十届兰洽会在兰州开幕，全国政协副主席陈元，省委书记、省人大常委会主任王三运，省委副书记、省长刘伟平，商务部副部长高燕及国家有关部委、兄弟省市宾客巡视参观我市形象展馆，市委书记夏红民，市长栾克军，市政协主席张文礼，市宣传部长黄正军，市委秘书长闫晓峰，副市长辛刚国陪同。

是日，第二十届兰洽会重点项目签约仪式在兰州举行，市委书记夏红民，市长栾克军参加。

7日　第二十届兰洽会庆阳市招商引资重点项目推介会暨签约仪式在兰州宁卧庄宾馆举行。省人大常委会副主任周多明出席推介会，市委书记夏红民出席推介会并致辞，市长栾克军主持推介会，副市长黄继宗介绍我市招商引资重点项目。省统计局局长樊怀玉、省发改委副主任陈江、省工信委副主任朱维繁、省商务厅纪检组长丁红星、省经合局副局长李书敏及市政协主席张文礼，市宣传部长黄正军、市委秘书长闫晓峰，市人大常委会副主任雷沫里，副市长辛刚国出席推介会。推介会前，市委书记夏红民，市长栾克军等会见了部分签约企业代表。

是日，市委、市政府在兰州举办新丝绸之路经济带——“魅力庆阳”特色民俗文化暨“岐黄故里”中医药文化推介会。副省长郝远，省政协副主席栗震亚，中国人民对外友好协会欧亚部主任宋敬武、文化交流部副主任季伟出席推介会。市委书记夏红民出席推介会并致辞，市长栾克军主持推介会。省卫计委主任刘维忠、省食药监局局长高建邦、省外宣办主任梁和平、省外事办副主任张宝军、省商务厅纪检组长丁红星、省旅游局副局长火玉龙、省文化厅副厅长梁朝阳及副市长桂泽发、市委秘书长闫晓峰出席。意大利卡伊那达市市长保罗·马祖卡里，意大利对华友好协会秘书长路安娜·王在会上致贺词。副市长辛刚国现场推介庆阳市特色民俗文化、岐黄中医药文化。

8日　全市苹果产业工作推进会在庆城县召开。市委副书记任燕顺，市政协副主席窦宏邦出席会议并讲话，副市长秦华主持会议。

是日，市委常委、副市长桂泽发到宁县督查防汛工作。

8—9日　常务副市长李银到华池县督查防汛工作。

8—9日　副市长白振海到环县督查防汛工作。

9日 市委常委、政法委书记董建镇主持召开市委全面深化改革领导小组社会治理专项小组第一次会议。

是日，全市党的群众路线教育实践活动即知即改宣传工作推进会议召开。市宣传部长黄正军出席会议并讲话，市组织部长周普生主持会议。

是日，市人大常委会党组召开通报会通报了专题民主生活会情况。市人大常委会副主任刘秉宁主持并代表党组通报情况，副主任吴秉儒、雷沫里、郭文奎，原副主任张振强，秘书长蔡森贵出席。

10日 庆阳市与华润（集团）有限公司项目合作座谈会召开，双方就相关项目合作事宜进行磋商讨论。市委书记夏红民主持会议并讲话，华润（集团）有限公司党委副书记、总经理乔世波出席会议并讲话。市长栾克军，华润（集团）有限公司副秘书长郭晋清及市政法委书记董建镇，副市长白振海出席会议。

是日，市委副书记任燕顺参加市委常委、市政府副市长信访接待日活动。

是日，2014年全市选拔普通高校毕业生到基层事业单位工作考试考务会议召开。常务副市长李银出席会议并讲话。

是日，创建全国文明城市工作推进会议召开。市宣传部长黄正军出席会议并讲话，市人大常委会副主任郭文奎出席会议。

是日，市政协党组书记、主席张文礼支持召开通报会，通报了市政协党组党的群众路线教育实践活动专题民主生活情况。省委第十一督导组副组长哈建设，市政协副书记朱治晖、刘晓利、郭晓霞、黄国锋、李伟、黄占俊、窦宏邦，原副主席曹光中及秘书长杨静仁出席会议。

是日，副市长黄继宗赴镇原县督查城市棚户区改造和防汛工作。

10—11日 省委统战部副部长郭清祥带领省委第四督查组成员来我市，就党外代表人士队伍建设和“两个共同”示范建设情况进行督查。市委常委、统战部长、市委秘书长闫晓峰陪同。11日上午，闫晓峰主持召开督查汇报会和专题座谈会。市政协副主席郭晓霞、黄国锋出席座谈会。

11日 市宣传部长黄正军在宁县督查调研文化产业发展情况。

11—12日 省委组织部与市委在环县共同召开双联行动现场会，传达学习省委王三运书记有关批示精神，贯彻省委关于“双联”行动的新部署、新要求，实地观摩帮扶项目建设进展情况，总结交流经验，安排部署下一步工作。省委常委、省委组织部长吴德刚，市委书记夏红民，省委农工办主任、省委“双联”行动协调推进领导小组办公室主任王义出席会议并讲话。省委组织部常务副部长杨子兴主持会议。省委组织部正地级组织员石虹，省水利厅副厅长杨成有，省纪委驻财政厅纪检组副地级纪检员李瑞芳，省文化厅副厅长梁朝阳，省地税局副局长董建平，省机场投资管理公司党委书记戢一鸣，甘肃煤田地质局党委副书记、纪委书记任乾及市长栾克军，市委副书记任燕顺，市组织部长周普生，市中级人民法院院长任尔昕出席会议。会后，市委副书记任燕顺主持召开会议，就贯彻落实现场会精神、全面做好当前和今后一个时期全市“双联”工作作具体部署。

12—13日 环县县委常委会党的群众路线教育实践活动专题民主生活会召开。省委常委、省委组织部长、省委教育实践活动领导小组副组长兼办公室主任吴德刚全程指导会议。省人大常委会副主任、省委第十一督导组第一组长周多明，市委书记夏红民，省委第十一督导组组长张力学、副组长哈建设，市长栾克军，省委组织部正地级组织员石虹，市组织部长周普生，市政协副主席黄占俊全程参会指导。

13日 栾克军会见中国银行甘肃省分行党委书记、行长何方恩一行，双方就深化政银合作及金融支持地方发展进行会谈。市委常委、副市长桂泽发参加会见。

14日 市委书记夏红民出席指导西峰区委常委班子党的群众路线教育实践活动专题民主生活会。省委第十一督导组组长张力学和市政协副主席朱治晖参加会议并作点评。西峰区委书记章志兼主持会议并代表区委常委班子作对照检查。

是日，市长栾克军到合水县、庆城县、华池县调研农村公路通畅工程项目建设和交通扶贫工作。副市长白振海一同调研。

是日，市常务副市长李银主持召开专题会议，研究进一步深化财政体制改革，推进部门预算绩效管理工作。

15日 市委书记夏红民出席指导市发改委领导班子党的群众路线教育实践活动专题民主生活会。省委第十一督导组组长张力学参加会议。

是日，市委常委专题会议召开，讨论征求对《省委关于落实党风廉政建设主体责任的意见》的意见建议，市委书记夏红民，市长栾克军，市委副书记任燕顺，市政法委书记董建镇，市纪委书记李学宏，市宣传部长黄正军，西峰区委书记章志兼，市委秘书长闫晓峰，副市长桂泽发，市组织部长周普生参加会议。

是日，市长栾克军主持召开全市防汛工作会议，副市长秦华，庆阳市军分区参谋长韩鹏出席会议。

是日，由市委统战部、市民族宗教局主办的以“和谐·和平·中正”思想为主题的“卧尔兹”演讲比赛举行。市委常委、统战部长、市委秘书长闫晓峰为获奖选手颁奖。

是日，中国矿业大学（北京）庆阳市环境工程硕士班开班仪式在市环保局举行。副市长白振海出席并讲话。

15—17 日　常务副市长李银出席指导合水县委常委班子党的群众路线教育实践活动专题民主生活会。

是日，原卫生部副部长兼国家中医药管理局局长、中国农村卫生协会会长、中国输血协会理事长朱庆生视察调研我市卫生和中医药工作。省卫计委副巡视员安平，副市长桂泽发，市人大常委会副主任郭文奎先后陪同视察。

16 日　市委书记夏红民到宁县湘乐镇任劳村调研指导软弱涣散基层党组织整改提升工作。

是日，市长栾克军出席指导宁县县委常委班子党的群众路线教育实践活动专题民主生活会。省委第十一督导组副组长哈建设和市人大常委会副主任吴秉儒参加会议并作点评。

是日，市政法委书记董建镇出席指导市公安局领导班子党的群众路线教育实践活动专题民主生活会。市政府党组成员、公安局局长郑银生主持会议。

是日，市委秘书长闫晓峰出席指导市建设局领导班子党的群众路线教育实践活动专题民主生活会。

是日，副市长桂泽发出席指导市金融管理局领导班子党的群众路线教育实践活动专题民主生活会。

是日，市委党的建设制度改革专项小组第一次会议召开，传达学习中央、省市有关会议精神，讨论《市委党的建设制度改革 2014 年工作要点》和《市委党的建设制度改革推进小组任务分工》，全面安排部署党的建设制度改革工作任务。市组织部长周普生出席会议并讲话。

17 日　市委书记夏红民赴正宁核桃峪矿区和中石油管道西安输油气分公司庆阳输油站督查调研安全生产工作。副市长白振海一同调研。

是日，市长栾克军出席指导市财政局领导班子党的群众路线教育实践活动专题民主生活会。省委第十一督导组副组长哈建设参加会议。

是日，市政法委书记董建镇出席指导庆城县委常委班子党的群众路线教育实践活动专题民主生活会。

是日，市宣传部长黄正军出席指导市委宣传部领导班子党的群众路线教育实践活动专题民主生活会。

是日，市委秘书长闫晓峰出席指导市总工会领导班子党的群众路线教育实践活动专题民主生活会。

是日，副市长桂泽发出席指导市工信委领导班子党的群众路线教育实践活动专题民主生活会。

是日，市组织部长周普生出席指导市委组织部领导班子党的群众路线教育实践活动专题民主生活会。

18 日　高端访谈《对话甘肃》城市招商推广系列活动《我的家乡》庆阳专场举行。市长栾克军，市宣传部长黄正军，副市长黄继宗、蒋杨贵及市直有关部门、各县（区）负责人，在庆投资企业、金融机构代表做客节目录制现场。

是日，市委全面深化改革领导小组经济体制和生态文明体制改革专项小组会议召开。常务副市长李银出席会议并讲话。

是日，市政法委书记董建镇出席指导市委政法委领导班子党的群众路线教育实践活动专题民主生活会。

是日，市委秘书长闫晓峰出席指导市委办公室领导班子党的群众路线教育实践活动专题民主生活会。

19 日　由中国国家画院和市委、市政府联合主办的中国国家画院美术馆庆阳分馆揭牌暨“丝绸之路·南梁精神”2014 中国国家画院国画书法作品庆阳展开展仪式举行。中国国家画院院长、中国美术家协会副主席杨晓阳和市委书记夏红民出席仪式并为中国国家画院美术馆庆阳分馆揭牌。杨晓阳、夏红民与省纪委正厅级纪检监察专员、中国书法家协会会员、中国文化艺术协会名誉会长哈建设为国画书法作品庆阳展揭幕。中国国家画院美术馆执行馆长陈风新宣布成立庆阳分馆的批复。国家民委《民族团结》杂志社党委书记、社长、总编辑兼中国少数民族美术促进会副会长郭正英，中国书法家协会副主席张改琴，公安部华通服务中心主任李东社，陕西省公安厅纪委书记、督察长、书法家田桦，中国国家画院画家王平、乔宜男、徐冬青、张立柱、王辅民、魏广君、李晓柱、李晓军、董雷，知名艺术评论家、《艺术收藏》杂志主编贾廷峰，知名画家贺屹罡、孙永，以及中央电视台书画频道、兰州画院有关领导，部分市内外企业负责人出席仪式。宣传部长黄正军主持仪式，副市长周继军致辞。市委秘书长闫晓峰，市人大常委会副主任郭文奎，市政协副主席郭晓霞及老干部张文先、薛亮云等出席仪式。

是日，2014 年第四期《陇东大讲堂》开讲。邀请中国国家画院院长、中国美术家协会副主席杨晓阳作《中国当代美术发展趋势、美术品鉴赏及收藏》专题讲座。市宣传部长黄正军主持，市人大常委会副主任郭文奎，副市长辛刚国，市政协副主席郭晓霞、黄国锋及张文先聆听讲座。

20 日 市委书记夏红民到华池县南梁镇调研，市委副书记任燕顺一同调研。

20—21 日　市委副书记任燕顺出席指导镇原县委常委班子党的群众路线教育实践活动专题民主生活会。市政协副主席朱治晖参会并作点评。

21 日　庆阳石化公司召开干部大会，宣布中国石油天然气集团公司党组的决定：刘至祥任庆阳石化公司党委副书记、总经理，不再担任党委书记职务；张豫锋任庆阳石化公司党委书记、副总经理。中国石油天然气集团公司总经理、党组成员廖永远和市委书记夏红民出席大会并讲话。市长栾克军出席会议，中国石油天然气集团公司人事部总经理刘志华宣读任免文件。刘至祥主持会议。

是日，市委书记夏红民、市长栾克军会见中国石油天然气集团公司总经理廖永远一行。市人大常委会主任付振伟，市政协主席张文礼，市政法委书记董建镇，市委秘书长闫晓峰，副市长白振海、蒋杨贵和中国石油天然气集团公司赵政璋、侯启军、刘志华、苏俊、杨继钢，长庆油田公司杨华、杨再生，以及庆阳石化公司刘至祥、张豫锋等参加会见。会见前，廖永远到庆城县长庆油田采油二厂西 233 生产单元、庆阳石化 600 万吨升级改造项目建设现场及庆化 300 万吨炼厂进行实地考察，看望慰问一线职工。市委书记夏红民，市长栾克军陪同，西峰区委书记章志兼在庆化公司陪同。

是日，“中国梦・我的梦・自强梦”—甘肃省全国自强模范与助残先进事迹报告会在我市举行。市政法委书记董建镇主持。

是日，市宣传部长黄正军出席指导正宁县委常委班子党的群众路线教育实践活动专题民主生活会。

22 日　市委副书记任燕顺出席指导市林业局领导班子党的群众路线教育实践活动专题民主生活会。

是日，市宣传部长黄正军出席指导市教育局领导班子党的群众路线教育实践活动专题民主生活会。

是日，市组织部长周普生出席指导市编委办领导班子党的群众路线教育实践活动专题民主生活会。

22—24 日　甘肃省委十二届八次全委（扩大）会议在兰州召开，市委书记夏红民，市长栾克军，市纪委书记李学宏参加。

23 日　全市领导干部大会召开，市长栾克军主持会议，中组部干部二局副局长褚晓燕，省委组织部部务委员马晓晴及市上领导付振伟、张文礼、任燕顺、李银、董建镇、黄正军、章志兼、闫晓峰、周普生、黄书伴、刘秉宁、吴秉儒、雷沫里、郭文奎、辛刚国、周继军、朱治晖、刘晓利、郭晓霞、黄国锋、李伟、黄占俊、窦宏邦、任尔昕、田金出席会议。

24 日　常务副市长李银出席指导市人社局领导班子党的群众路线教育实践活动专题民主生活会。

是日，全市社区矫正工作会议召开。市政法委书记董建镇主持会议，副市长周继军出席会议并讲话，市中级人民法院院长任尔昕，市检察院检察长田金出席会议。

是日，市宣传部长黄正军主持召开全市文化体制改革专项小组工作会议，副市长周继军出席会议并讲话。

24— 25 日　市委副书记任燕顺到合水县、西峰区、庆城县、镇原县调研上半年农业农村经济发展情况。

25日　全市农村公路建设现场会召开，市政法委书记董建镇主持会议，副市长白振海出席会议并讲话。会前现场观摩华池县、合水县的部分农村公路建设情况。

是日，市纪委常委（扩大）会议召开，专题学习习近平总书记在中央政治局第十六次集体学习时的重要讲话精神，传达省委第十二届八次全委（扩大）会议精神，市纪委书记李学宏主持会议并讲话。

是日，副市长辛刚国支持召开省民运会筹备工作协调推进会。

是日，副市长周继军带领市区有关部门负责人，对庆阳民俗文化产业园项目建设情况进行了现场督查。

26日　三届市委常委会第50次会议召开，传达学习习近平总书记在中央政治局第十六次集体学习时的重要讲话和省委十二届八次全委（扩大）会议精神，研究我市贯彻落实意见及市属国有企业管理人员与党政机关干部双向交流、清理和规范市管党政领导干部在企业兼职（任职）、加强干部保健等工作。市委书记夏红民主持会议并讲话。栾克军、任燕顺、李银、董建镇、李学宏、黄正军、章志兼、闫晓峰、杜泽发、周普生、黄书伴出席。市人大常委会主任付振伟、市政协主席张文礼列席。副市长秦华、白振海、周继军列席有关议题。

26—28日　省老科协第一会长、省人大常委会原副主任柯茂盛，省老科协会长、省国有企业监事会原主任刘祖和，省老科协副会长兼秘书长、省总工会原主席赵宝生一行到我市，就老科协工作者协会组织建设、能力建设等进行调研，市宣传部长黄正军和市老科协会长、市人大常委会原主任张志一参加调研。

27—28日　市长栾克军主持召开会议，研究城区出租车停运处置工作。副市长白振海、周继军，市政府党组成员、公安局局长郑银生参加会议。

28日　我市举行庆祝建军87周年暨领导干部“军事日”活动。市委书记夏红民出席活动并代表市委、市政府慰问庆阳军分区、空军61分队、武警庆阳支队、庆阳公安消防支队、武警庆阳森林大队、武警西峰森林大队官兵。市上领导付振伟、任燕顺、章志兼、闫晓峰、桂泽发、周普生、黄书伴、闫庆生、刘秉宁、刘至祥、郭文奎、辛刚国、秦华、朱治晖，庆阳军分区领导胡泽、韩鹏、顾伟、孙鸣超等参加活动。

是日，常务副市长李银在庆阳分会场参加全国经济责任审计工作电视电话会议。

是日，常务副市长李银主持召开会议，研究讨论开展拖欠克扣群众欠款财物问题及基层单位不作为慢作为致使群众办事不方便问题专项整治工作。

是日，副市长秦华主持召开马莲河水库方案汇报会，就黄河勘测规划设计有限公司设计的马莲河水库方案进行专题讨论。

28—29日　市政协主席张文礼带领视察组，对全市退耕还林工作进行专项视察。市政协副主席窦宏邦参加视察。

29日　市委书记夏红民到庆城县驿马镇葛岭清真寺，代表市委、市政府看望慰问穆斯林群众，并通过他们向全市穆斯林同胞致以节日的问候和良好的祝愿。市委常委、统战部长、市委秘书长闫晓峰一同慰问。

是日，市长栾克军到西峰清真寺，代表市委、市政府看望慰问穆斯林群众，并通过他们向全市穆斯林同胞致以节日的问候和良好的祝愿。西峰区委书记章志兼，副市长辛刚国一同慰问。

是日，市长栾克军主持召开市长办公会议，研究加强生态文明建设，打造黄土高原生态安全屏障工作。副市长黄继宗出席会议。

是日，常务副市长李银主持召开市公共交通运营体制改革领导小组会议，副市长黄继宗、白振海、周继军出席会议。

是日，市组织部长周普生到镇原县调研基层党建工作和党的群众路线教育实践活动开展情况。

30日　省委副书记欧阳坚在庆城县调研双联工作。市委书记夏红民，省委副秘书长刘玉生，省委农工办主任、省委“双联”办主任王义和市委副书记任燕顺参加调研。

是日，市纪委书记李学宏主持召开市纪委监察局领导班子专题民主生活会情况通报会。

是日，省公共资源交易局党组成员、副局长陈宏远带领酒泉、嘉峪关、金昌、兰州等市公共资源交易中心负责人到我市考察公共资源交易中心建设运行情况。常务副市长李银陪同考察并主持召开座谈会。

31日 甘肃省十二届人大常委会第十次会议决定，任命夏红民为甘肃省人民政府副省长。

是日，建设银行甘肃省分行行长艾尔肯·艾则孜一行来庆调研。副市长桂泽发陪同。

是日，市组织部长周普生到西峰区什社乡李岭村调研基层党建工作和党的群众路线教育实践活动开展情况。

是日，省教育厅宣讲组来我市宣讲全国职业教育工作会议精神。省高校工委书记、省教育厅副厅长张志平在宣讲大会上作了题为《为了“人人成才”的梦想》宣讲报告。副市长辛刚国主持宣讲大会。

31日—8月1日 全省深化双联行动（庆阳）片区会议在我市召开。会议深入贯彻落实省委十二届八次全委扩大会议精神，总结交流“双联”行动的好经验、好做法，分析存在的问题和不足，安排部署当前和今后一个时期全省“双联”工作。省委书记、省人大常委会主任王三运出席会议并作重要讲话。省委副书记欧阳坚主持会议。省委常委、省委组织部长吴德刚，省委常委、省委秘书长李建华，副省长王玺玉，副省长、庆阳市委书记夏红民，省政协副主席李沛文出席会议。庆阳、平凉、天水、陇南、定西、兰州、白银7市及所属县区主要负责同志，联系7市的省直和中央在甘“双联’单位主要负责同志及栾克军、付振伟、张文礼、任燕顺、李银、董建镇、李学宏、黄正军、章志兼、闫晓峰、桂泽发、周普生、黄书伴等我市市级领导参加会议。会上，环县、庆阳市、省委组织部、省政协机关“双联”办、省人民检察院、甘谷县、中国石油兰州石化公司分别作交流发言。会议期间，与会代表深入环县木钵镇高寨村、环城镇张滩滩村，庆城县玄马镇孔桥村、贾桥村，现场观摩联村单位帮助村上建设的小康住宅、连心桥、文化广场，兴办的专业合作社、绿色食品公司、生态农庄等，了解学习了我市在“双联”行动中实施驻村帮联，“零距离”服务群众的经验。

八月份

1日 全市检察机关“两联系、两促进”专项行动推进会召开，市政法委书记董建镇，市检察院检察长田金出席会议并讲话。

2日 省政府副省长王玺玉到庆城县、华池县调研林果业发展及“1236”扶贫攻坚行动落实情况。市长栾克军、省林业厅副厅长段昌盛，副市长秦华一同调研。

4日 市政府三届第36次常务会议召开，研究2014年度县（区）、部门（单位）考核考评办法，加强生态文明建设、打造生态安全屏障，加强和改进财政监督，加强物业管理服务等事项，安排全市“十三五”规划编制工作，审议《关于加强村级（社区）政务服务工作的意见》、《关于全市改善农村人居环境工作的实施意见》、《关于全市行政执法主体的公告》等。市长栾克军主持会议并讲话，常务副市长李银，副市长桂泽发、辛刚国、黄继宗、秦华、白振海、蒋杨贵、周继军，市政府党组成员、市公安局局长郑银生出席会议。

5日 市委书记夏红民主持召开市委常委会议，研究全市经济社会发展及党风廉政建设、双联行动、目标管理责任制考核等工作。栾克军、任燕顺、李银、董建镇、李学宏、黄正军、章志兼、闫晓峰、杜泽发、周普生、黄书伴出席。市政协主席张文礼列席，副市长辛刚国、黄继军、秦华、白振海、蒋杨贵及市人民检察院检察长田金，市政府党组成员、公安局长郑银生列席有关议题。

是日，甘肃省第八届少数民族传统体育运动会庆阳市筹备委员会全体会议召开，市长栾克军出席会议并讲话，市政法委书记董建镇，市宣传部长黄正军，市委秘书长闫晓峰出席会议，副市长辛刚国主持会议。

是日，市纪委书记李学宏主持召开市委纪律检查体制改革专项小组第一次会议，讨论审定《庆阳市纪律检查体制改革专项小组2014年工作要点》、《庆阳市2014年纪律检查体制改革实施方案》。

6日 三北工程黄土高原综合治理林业示范建设项目推进会召开。国家三北局副巡视员熊善松出席会议，省林业厅副厅长张平，市委常委、副市长桂泽发出席会议并讲话。

6—8日 省人大常委会副主任周多明带领省人大“庆阳市加快转型发展建设国家生态屏障”专题调研组到我市调研，市委书记夏红民参加部分调研，市长栾克军，市人大常委会主任付振伟出席8日召开的调研汇报会，市委秘书长闫晓峰参加部分调研，市人大常委会副主任吴秉儒，副市长秦华陪同调研。

7日 市组织部长周普生参加市委组织部机关党的群众路线教育实践活动专题民主生活会暨机

关队伍建设动员会议并讲话。

8日　市委三届八次全委（扩大）会议召开，学习贯彻省委十二届八次全委（扩大）会议精神，审议通过《中共庆阳市委关于落实党风廉政建设主体责任的实施办法》，奖励兑现2013年度全市目标管理责任制考核，全面总结今年上半年工作，深刻分析当前形势，研究部署当前和今后一个时期全市改革发展稳定各项工作。市委书记夏红民主持会议并讲话，市长栾克军出席会议并讲话，市上领导付振伟、张文礼、任燕顺、李银、董建镇、李学宏、黄正军、章志兼、闫晓峰、桂泽发、周普生、黄书伴、闫庆生、刘至祥、郭文奎、辛刚国、黄继宗、白振海、朱治晖、刘晓利、郭晓霞、黄国锋、黄占军、窦宏邦、田金、任尔昕、郑银生出席。退休老干部薛亮云、李翰林、梁启明、张振强、田继兰、马可阶、白自立、郑恩田应邀出席。

是日，市宣传部长黄正军主持召开市委宣传部干部职工会议，学习贯彻市委三届八次全委（扩大）会议精神。

9日　甘肃省第八届少数民族传统体育运动会组委会第一次会议召开，夏红民出席会议并讲话，省委统战部副部长、省民委主任、省民运会组委会副主任沙拜次力主持会议，市长栾克军通报民运会筹备情况，省体育局局长、省民运会组委会副主任杨卫，省体育局副局长石生泰及各市州代表团团长参加会议。

是日，市安委会2014年度第三次全体会议召开，市长栾克军出席会议并讲话，市政法委书记董建镇主持会议，常务副市长李银，副市长桂泽发、黄继宗、秦华出席会议，副市长白振海通报全市上半年安全生产工作情况。

是日，市组织部长周普生到庆城县玄马镇调研农村低保工作。

10日　甘肃省第八届少数民族传统体育运动会在庆阳体育馆开幕。省人大常委会副主任马青林宣布民运会开幕，市委书记夏红民讲话，省政协副主席马文云出席开幕式，国家民委文化宣传司司长武翠英宣读国家民族事务委员会贺信，省委统战部副部长、省民委主任沙拜次力致开幕词，市长栾克军致欢迎词，省体育局局长杨卫主持开幕式，省体育局副局长石生泰，省民委纪检组长孙兴辉，省民委副巡视员安生明、秦耀等及市宣传部长黄正军，市委秘书长闫晓峰，庆阳军分区司令员胡泽，市人大常委会副主任郭文奎，副市长辛刚国，市政协副主席黄国锋，陇东学院副院长孙立峰等出席开幕式。

10—12日　省政协副主席马文云先后深入西峰区、庆城县、华池县、正宁县，就我市民族宗教工作进行调研。

10—13日　省财政厅副巡视员徐哲侃带领考核组先后深入环县、庆城、宁县和西峰区，对我市上半年住房保障工作进行督查考核。13日副市长黄继宗主持召开汇报会，向考核组汇报了我市保障性安居工程建设和住房公积金管理工作情况。

11日　市纪委书记李学宏主持召开全市纪检监察机关落实“两个责任”和深化“三转”工作推进会。

是日，西峰区委书记章志兼带领区委、区政府在家领导乡镇和部门负责人，深入乡政村组对全区各乡镇街办重点工作“回头看”，对照市委三届八次全委会精神，总结经验，查找不足，为下半年经济社会发展“把脉”。

是日，市上举办信访接待日活动，副市长辛刚国在市信访接待大厅接待来访群众。

12日　甘肃省第八届少数民族传统体育运动会在庆阳体育馆胜利闭幕。省政协副主席马文云宣布本届民运会闭幕。省体育局副局长石生泰致闭幕词。省民委纪检组长孙兴辉宣读甘肃省第八届少数民族传统体育运动会“体育道德风尚奖”获奖名单。市委秘书长闫晓峰主持闭幕式。省委统战部副部长、省民委主任沙拜次力，省民委副巡视员安生明、秦耀，白银市委常委、副市长郝英杰，甘肃民族师范学院副院长杨世宏及市宣传部长黄正军，庆阳军分区司令员胡泽，市人大常委会副主任郭文奎，副市长辛刚国，市政协副主席黄国锋，陇东学院副院长孙立峰出席闭幕式。

是日，市委副书记任燕顺出席指导镇原县城关镇党委班子专题民主生活会，并深入镇原县屯字镇、上肖乡、临泾乡和城关镇金龙村督查指导党的群众路线教育实践活动开展情况。

是日，市宣传部长黄正军主持召开《庆阳大辞典》评审会，郭文奎、郭晓霞、孙立峰及老干部卢造钧出席评审会。

是日，副市长周继军主持召开全市妇女小额担保贷款工作座谈会。

12—13日　中国大唐集团公司董事长、党组书记陈进行一行到环县沙井子矿区的刘园子煤矿，实地考察对接煤炭资源开发、煤电一体化建设等项目。市长栾克军陪同调研并出席座谈会。中国大唐集团公司党组成员、副总经理王森主持座谈会。副市长白振海出席座谈会。

13日　常务副市长李银在我市分会场参加全省社会保障理论专题报告会。

是日，市纪委书记李学宏主持召开2014年上半年新任及转任市管领导干部廉政谈话会议。

是日，副市长黄继宗主持召开全市集中开展乱收费、乱罚款、乱摆摊专项整治工作会议。

14日　市常务副市长李银在我市分会场参加全省土地出让收支和耕地保护情况审计进点工作电视电话会议。

是日，市住房和城乡建设系统"群众路线"主题书画展开展仪式举行。市委秘书长闫晓峰宣布开展，市人大常委会副主任郭文奎，市政协副主席窦宏邦出席开展仪式。

14—15日　市委书记夏红民在平凉、庆阳两市开展《陇东能源基地建设问题研究》专题调研。省水利厅副厅长杨成有、省工信委副巡视员孟宪敦、省交通运输厅总工程师杨慧林、省科技厅副巡视员赵一凡一同调研。平凉市委副书记、市长臧秋华，副市长杨军及市长栾克军，市委秘书长闫晓峰，副市长黄继宗、白振海参加调研。15日下午，夏红民主持召开省政府《陇东能源基地建设问题研究》调研座谈会并讲话。

16—18日　台湾新北市辅育人员职业工会一行到我市参观访问，市委秘书长闫晓峰，副市长白振海参加部分活动。

18日　副市长黄继宗带领市发改、住建、规划等部门负责人，对市（区）重点项目建设情况进行了督查。

19日　三届市委常委会第52次会议暨市委党的群众路线教育实践活动领导小组第六次会议召开，传达学习习近平总书记和中央、省委关于党的群众路线教育实践活动的最新指示精神及全省组工干部学习研讨班精神，听取全市教育实践活动进展情况汇报，研究部署下一阶段工作。市委书记夏红民主持会议并讲话。市长栾克军，市委副书记任燕顺，常务副市长李银，市政法委书记董建镇，市纪委书记李学宏，市宣传部长黄正军，市委秘书长闫晓峰，市组织部长周普生，庆阳军分区政委黄书伴参加。市人大常委会主任付振伟，市政协主席张文礼列席。市政府党组成员、公安局长郑银生列席有关议题。

是日，全市县处级领导干部个人有关事项报告抽查核实联系工作机制第一次会议召开，市组织部长周普生主持会议并讲话。

20日　市长栾克军，市委副书记任燕顺到华池南梁调研红色资源开发工作。

是日，人民日报社副社长张建星，人民日报社陕西分社副社长王乐文，陕西省委宣传部副部长薛保勤到南梁调研，市委副书记任燕顺陪同。

是日，国家质检总局科技司司长武津生带领调研组到我市调研检验检测机构整合工作。常务副市长李银陪同调研并主持召开汇报会。

是日，全市上半年道路交通安全形势分析会召开，市政法委书记董建镇主持会议，副市长周继军出席会议并讲话，市政府党组成员、公安局长郑银生通报有关情况。

是日，我市组织有关专家学者对《庆阳市文化与旅游产业深度融合发展规划》进行初评。市宣传部长黄正军出席评审会议并讲话，副市长周继军主持会议并讲话。

是日，庆阳市青年志愿服务联合会成立，并召开第一届会员代表大会，市宣传部长黄正军出席会议并讲话。

20—22日　省党员教育中心主任、省委活动办综合协调组组长马振亚带领省委调研组，对我市党的群众路线教育实践活动和"专项整治月"活动开展情况进行调研督查。20日上午，市组织部长周普生主持召开座谈会，副市长秦华出席座谈会。22日上午，召开庆阳督查调研情况反馈会，市组织部长周普生出席。

21日　市委书记夏红民出席指导西峰区什社乡李岭村党总支专题组织生活会。市组织部长周普生，市政协副主席朱治晖参加会议。

是日，市长栾克军在镇原县、西峰区调研重点项目建设工作。副市长黄继宗、白振海一同调研。

是日，全市农村工作座谈会议召开，市委副书记任燕顺出席会议并讲话，副市长秦华主持会议。

是日，常务副市长李银主持召开会议，听取全市开展拖欠克扣群众钱款财物问题专项整治工作情况汇报，安排部署下一步工作。

是日，宁县举行反恐防暴实战演练，市政法委书记董建镇，副市长周继军现场观摩。

是日，全市上半年文化产业调度会暨“乡村舞台”“文化集市”建设工作推进会召开。市宣传部长黄正军主持会议并讲话，副市长周继军出席会议并讲话。

22日　市委书记夏红民到环县部分乡镇，深入田间地头和受灾农户家中，查看雹洪灾情，慰问受灾群众，调研农业生产工作。

是日，市长栾克军主持召开市政府三届第37次常务会议，审议庆阳市市级党政机关差旅费、会议费、培训费管理办法，研究加强消防建设、西峰区失地农民安置住房建设、第30个教师节表彰奖励大会筹备等工作。常务副市长李银，副市长辛刚国、黄继宗、秦华、周继军出席会议。

是日，市长栾克军主持召开市政府党组扩大会议，讨论《市政府党组党的群众路线教育实践活动整改任务分解落实方案》、《领导个人整改清单》、《教育实践活动制度建设计划》等。常务副市长李银，副市长黄继宗、秦华、周继军出席。副市长辛刚国列席。

是日，市三届人大常委会第十四次会议召开。市人大常委会主任付振伟主持会议，庆阳军分区政委黄书伴列席，市人大常委会副主任刘秉宁、刘至祥、吴秉儒、雷沫里、郭文奎出席，副市长白振海，市检察院检察长田金列席。

25日　在执行公务过程中壮烈牺牲的武警庆阳支队直属大队大队长豆军宁、环县公安局治安大队特警中队中队长缪贵发、武警庆阳支队直属大队环县中队战士谭金虎追悼会在环县举行。武警甘肃总队参谋长刘志强及市政法委书记董建镇，市政府党组成员、公安局长郑银生等出席追悼会。

是日，市长栾克军到宁县、庆城县调研特色产业发展情况。副市长白振海一同调研。

是日，副市长李银以普通党员身份参加市政府办公室党支部第二党小组组织生活会。

是日，市政法委书记董建镇到环县小南沟、虎洞等乡镇查看雹洪灾情。

是日，市组织部长周普生到环县木钵镇高楼原村参加村党支部组织生活会。

25—26日　市组织部长周普生到环县调研党的群众路线教育实践活动、农村低保、留守儿童和基层组织建设工作。

25—26日　省科技厅副厅长、省知识产权局局长朱晓力带领调研组前来我市，对科技创新和知识产权工作进行调研。副市长辛刚国参加调研。

26日　市长栾克军到正宁县华能正宁电厂燕家安置点、富方圆家庭农场、周家乡徐家通村水泥路、北塬万亩新栽优质苹果示范带永正上官庄示范点、正宁县客运服务中心、城北安居小区棚户区改造易地安置点及公租房经适房建设工地、汇丰实业公司、月明群兴养殖场、西坡乡月明社区、湫头乡扶贫综合开发西沟凤凰塬苗林结合示范点等，全面调研正宁县经济社会发展情况。

是日，常务副市长李银到宁县督查调研为民办实事工作落实情况。

是日，市委宣传部党支部专题组织生活会召开，开展党员民主评议工作。市宣传部长黄正军以普通党员身份参加会议并讲话。

是日，市委民主法制领域改革专项小组第一次会议召开，讨论审定《市委民主法制领域改革专项小组2014年工作要点》、《市委民主法制领域改革专项小组实施方案》，市委秘书长闫晓峰主持会议并讲话，市人大常委会副主任刘秉宁，市政协副主席刘晓利参加会议。

27日　市宣传部长黄正军到合水县督查调研文化产业发展情况。

28日　2014年第三次市委中心组学习会议暨《陇东大讲堂》第五期讲座举行，特邀国务院发展研究中心信息中心原主任、博士生导师米建国教授作《经济体制改革》专题讲座。市委书记夏红民主持会议并讲话。市上领导栾克军、任燕顺、李银、董建镇、李学宏、黄正军、章志兼、闫晓峰、周普生、黄书伴等参加会议。

是日，全市首届临帖书法展开展，省纪委正厅级纪检监察专员哈建设和市宣传部长黄正军，市人大常委会副主任郭文奎，市政协副主席窦宏邦出席开展仪式。

是日，市政府召开全市燃气体制改革工作领导小组会议，副市长、市燃气体制改革工作领导小组组长黄继宗讲话。副市长、市燃气体制改革工作领导小组副组长白振海主持。

29日　全市深化双联行动推进（视频）会议召开，传达贯彻全省深化“双联”行动庆阳片区会议和省委王三运书记讲话精神，回顾总结工作，交流先进经验，安排部署当前及今后一个时期全市“双联”工作。市委书记夏红民出席会议并讲话。市长栾克军主持会议。市委副书记任燕顺通报上半年全市“双联”行动调研督查情况。市上领导付振伟、张文礼、李银、董建镇、李学宏、黄正军、章志兼、闫晓峰、桂泽发、黄书伴等出席会议。

是日，市委办公室党支部分三个党小组召开专题组织生活会，市委书记夏红民，市委秘书长闫晓峰以普通党员身份参加第一党小组会议，市委副书记任燕顺以普通党员身份参加第二党小组会议。

是日，市政府三届第38次常务会议召开，专题研究市区公共交通运营体制改革工作。栾克军主持会议并讲话，常务副市长李银，副市长桂泽发、黄继宗、白振海、周继军、蒋杨贵，市政府党组成员、公安局长郑银生出席会议。

是日，市委党的群众路线教育实践活动领导小组召开会议，专题向省委第十一督导组汇报我市教育实践活动进展情况。省委第十一督导组组长张力学、副组长哈建设出席会议，市组织部长周普生主持会议并汇报。

是日，副市长黄继宗支持召开全市保障性安居工程建设和促进房地产市场健康发展工作会议，对我市保障性安居工程建设、市场健康发展工作作了安排部署。

30日　庆阳公共交通集团有限公司成立揭牌暨清洁燃料公交车运营启动仪式举行。副省长、市委书记夏红民，市长栾克军为庆阳公共交通集团有限公司揭牌。常务副市长李银主持仪式。市政法委书记董建镇，西峰区委书记章志兼，市委秘书长闫晓峰，市人大常委会副主任吴秉儒，副市长黄继宗、周继军，市政协副主席黄占俊，市政府党组成员、公安局长郑银生及浙江金华青年汽车制造有限公司总裁郑健，丹东黄海汽车有限公司副总经理惠文海等出席仪式。副市长白振海介绍市区公共交通运营体制改革、庆阳公共交通集团有限公司组建和新公交线路运营规划情况。

九月份

1日　镇原县上肖乡路岭村双联行动省市县乡帮联单位四级联动协调会召开，省农科院副院长贺春贵和市委副书记任燕顺出席会议。会前，市委副书记任燕顺对路岭村通村道路建设、村级便民服务中心运行等情况进行了调研。

是日，常务副市长李银在我市分会场参加全国公务用车制度改革电视电话会议。

是日，市政法委书记董建镇主持召开支持环县防灾减灾工作会议，协调解决市直有关部门支持环县防灾减灾问题。副市长周继军出席会议并讲话。

1—2日　市长栾克军到庆城县、合水县和西峰区调研特色产业发展、村级政务服务体系建设和带动农民持续增收致富等工作。西峰区委书记章志兼参加在西峰区的调研，副市长黄继宗一同调研。

2日　三届市委常委会第53次会议召开，传达学习习近平总书记在纪念邓小平同志诞辰110周年座谈会上的重要讲话精神，研究全市教育、改善农村人居环境等工作。市委书记夏红民主持会议并讲话。

3日　全国政协经济委员会副主任石军，全国政协经济委员会副主任、民建中央副主席、北京市政协副主席王永庆率领全国政协经济委员会调研组一行来我市，就资源性产品价税改革工作进行调研。市委书记夏红民，省政协经济委员会副主任孙晓文，市长 栾克军，市政协主席张文礼，市委秘书长闫晓峰，副市长黄继宗，市政协副主席黄占俊陪同调研。

是日，市委书记夏红民主持召开调研座谈会，市长栾克军汇报我市经济社会发展及能源资源开发、资源性产品价税政策执行等情况。市委秘书长闫晓峰，市人大常委会副主任刘至祥，副市长蒋杨贵出席座谈会。

是日，市委书记夏红民到陇东学院慰问退休教师闫果知、优秀教师刘万锋，并通过他们向全院、全市广大教职员工致以节日的问候和祝福。市委秘书长闫晓峰一同慰问。陇东学院党委书记闫庆生参加慰问。

是日，常务副市长李银，市人大常委会副主任郭文奎带领相关部门负责人，现场办理市人大代表关于“进一步促进高校毕业生到非公经济组织就业”的建议。

是日，市政法委书记董建镇到陇东中学慰问教师代表樊建桐、禹克隆。

是日，市委双联行动帮联西峰区单位第六次工作会议召开。市纪委书记李学宏出席会议并讲话，西峰区委书记章志兼，陇东学院副院长孙鸣超出席，市检察院检察长田金主持会议。

是日，市委秘书长闫晓峰到庆阳特殊教育学校慰问教师代表张荣忠、刘巧惠。

是日，市委党的群众路线教育实践活动督导组组长会议召开，市组织部长周普生出席会议并讲话。

是日，庆阳市与意大利卡布拉罗拉市正式缔结为国际友好城市。意大利卡布拉罗拉市是我市建置以来正式缔结的第一个国际友好城市。副市长秦华与意大利卡布拉罗拉市市长欧金尼奥·斯特利飞利在卡市法尔内塞宫签署友城结好协议。

4日　华池县深化双联行动推进会议在南梁干部培训中心召开。会议传达贯彻省市深化“双联”行动会议精神，回顾总结工作，交流先进经验，安排部署当前和今后一个时期“双联”工作。市委书记夏红民出席会议并讲话。省体育局局长杨卫主持会议。读者出版传媒股份有限责任公司总经理彭长城，省体育局副局长石生泰，财政部驻甘专员办副巡视员吴伟刚及市委秘书长闫晓峰，副市长白振海，陇东学院副院长孙立峰等出席会议。

是日，市委书记夏红民到华池县林镇小学、列宁学校，慰问优秀教师代表叶剑梅、寇妮、蒋仕奇、岳林、史千明，通过他们向奋战在基层一线的广大教职员工致以节日的祝贺和美好的祝福。市委秘书长闫晓峰一同慰问。

是日，市长栾克军到庆阳一中慰问退休教师阎宏智、优秀教师王兴儒，并通过他们向全市广大教职员工祝贺节日。期间，市长栾克军还察看了庆阳一中校园基础设施建设等工作。副市长辛刚国一同慰问。

是日，市长栾克军到环县环城镇耿家沟村调研指导软弱涣散基层党组织集中整顿工作。

是日，平凉市委常委、副市长徐恩毅带领考察组到我市考察政务服务、公共资源交易工作。常务副市长李银陪同考察。

是日，副市长周继军主持召开庆阳民俗文化产业园建设推介会。

5日　市委全面深化改革领导小组第二次会议召开。传达学习中央、省委全面深化改革领导小组第三次、第四次会议精神，讨论六个专项小组《2014年改革工作要点》和《贯彻落实〈中共庆阳市委关于全面深化改革的实施意见〉重要举措分工方案》，以及市委全面深化改革领导小组和专项小组组成人员调整意见。会议决定增补付振伟、张文礼为市委全面深化改革领导小组副组长。市委书记夏红民主持会议并讲话。市上领导栾克军、付振伟、张文礼、任燕顺、李银、董建镇、李学宏、闫晓峰、桂泽发、周普生、黄继宗、白振海、朱治晖、刘晓利出席会议。

是日，全市首届讲解员演讲技能大赛决赛举行。市委副书记任燕顺出席并为选手颁奖，市委秘书长闫晓峰出席并讲话。

6日　环县环城镇城东塬通村油路（村道）东山距坡底约1公里处，发生一起违法搭载14名务工人员的时风牌农用三轮车失控侧翻事故，造成2人当场死亡、9人送往医院经抢救无效死亡、3人不同程度受伤。事故发生后，省委书记、省人大常委会主任王三运，省委副书记、省长刘伟平，省委常委、常务副省长罗笑虎，省委常委、政法委书记泽巴足，副省长黄强及市委书记夏红民，市长栾克军等先后就事故救援处置及伤员救治工作多次作出批示。市上有关领导和市直有关部门负责人第一时间赶赴事故现场，市、县启动交通二级应急响应，开展事故处置救治工作，慰问受伤人员。

7日　环县“9·6”事故处置汇报会在环县召开，市委书记夏红民参加会议并讲话，市长栾克军主持会议并汇报有关情况，国家安监总局二司副司长赵瑞华参加会议。

是日，全市安全生产大整治紧急会议在环县召开，通报“9·6”事故有关情况，传达贯彻王三运、刘伟平、罗笑虎、泽巴足、黄强、夏红民、栾克军等省市领导批示精神，研究部署全市安全生产大整治工作。市政法委书记董建镇出席会议并讲话，副市长周继军主持会议，市政府党组成员、公安局长郑银生通报事故有关情况。

8日　市委书记夏红民到市人民医院，代表省委、省政府和市委、市政府，看望环县“9·6”事故中3名受伤人员。市委秘书长闫晓峰一同看望。

是日，市委书记夏红民到西峰区肖金镇农村道路交通安全管理站、董志镇长庆油田第二输油处庆咸首站和庆阳广源基业运输有限公司检查调研安全生产工作。西峰区委书记章志兼参加调研。

是日，市委副书记任燕顺到镇原县督导检查安全生产大检查大整治活动情况。

是日，常务副市长李银到合水县督导检查安全生产大检查大整治活动情况。

是日，市政法委书记董建镇到庆城县督导检查安全生产大检查大整治活动情况。

是日，市纪委书记李学宏到华池县督导检查安全生产大检查大整治活动情况。

是日，市宣传部长黄正军到正宁县督导检查安全生产大检查大整治活动情况。

9日　我市庆祝第30个教师节暨优秀教师表彰大会召开，表彰奖励为全市教育事业做出突出贡献的先进集体和先进个人。市委书记夏红民出席会议并讲话，市长栾克军主持会议。市人大常委会主任付振伟，市政协主席张文礼，市宣传部长黄正军，市人大常委会副主任郭文奎，副市长辛刚国，市政协副主席李伟出席会议。

10日　全市安全生产大整治活动督查汇报会召开。市长栾克军出席会议并讲话，市人大常委会主任付振伟，市政协主席张文礼，常务副市长李银，市政法委书记董建镇，副市长辛刚国、秦华、白振海、蒋杨贵、周继军，市政府党组成员、公安局长郑银生出席会议。

是日，市组织部长周普生到西峰区西街办、城管局和区委教育实践活动办公室，实地调研西峰区教育实践活动整改和建章立制工作情况。西峰区委书记章志兼参加调研并主持召开汇报座谈会。

是日，我市举行市委常委、市政府副市长信访接待日活动。副市长黄继宗接待来访群众。

11日　陕甘边区苏维埃政府成立80周年纪念活动筹备工作会议在兰州召开。省委副书记欧阳坚主持会议，市委书记夏红民，市委副书记任燕顺参加会议。

是日，市政法委书记董建镇，副市长周继军到西峰城区南盘旋女子岗台、董志临时执勤点、西峰区交警大队指挥中心，走访看望在大雨中坚守岗位的执勤民警，查看城区重要路段交通秩序和重点路口的交通安全管理及民警执勤情况。

是日，市纪委书记李学宏到市扶贫办、市卫计委督查指导“两个责任”落实及标准化建设试点工作。

是日，市直单位联系正宁县双联行动观摩推进会议在正宁县召开。市政协主席张文礼出席会议并讲话，市委秘书长闫晓峰主持会议并传达全市深化“双联”行动推进（视频）会议精神，市人大常委会副主任雷沫里，市政府党组成员、公安局长郑银生，陇东学院副院长许尔忠出席会议。

是日，庆阳市人才工作者暨人才管理改革试点专题培训班在清华大学开办，市组织部长周普生出席开班仪式并讲话。

是日，西峰区2014年新兵入伍欢送大会在阳光天湖礼堂举行。庆阳军分区司令胡泽，副市长周继军出席欢送会。

是日，全市青少年权益工作会议召开，安排启动“青少年权益工作创新”全国试点工作。副市长周继军出席会议并讲话。

11—12日　全国政协委员、九三学社甘肃省委员会主委刘晓梅一行，到宁县米桥乡常邑村、平子镇修果村和庆城县卅铺镇韩湾村、驿马镇儒林村等地，实地调研我市村级债务情况。12日下午，市委秘书长闫晓峰主持召开座谈会。

12日　“锋下情涌：出发或方向”——宁波美术馆馆藏宁波籍版画名家作品展在市博物馆开展。副市长辛刚国在开展仪式上致辞，并同宁波市文联、宁波市美术家协会相关负责人参观了展出作品。

12—13日　甘肃省老科协工作会议在我市召开。省老科协第一会长、省人大常委会原副主任柯茂盛出席会议并讲话。常务副市长李银出席会议并致辞。省科协副主席陈炳东，省老科协会长刘祖和及市宣传部长黄正军，市人大常委会原主任张志一出席会议。省老科协副会长、秘书长赵宝生主持会议。

13日　由解放军报社后备力量建设宣传部、中国国防报社、中国民兵杂志社联合举办的2014年全国国防后备力量建设“十大新闻人物”颁奖典礼在天津警备区举行。市委书记夏红民当选为“十大新闻人物”并出席颁奖典礼。庆阳军分区政委黄书伴出席颁奖典礼。

是日，庆阳市川渝商会成立。市委秘书长闫晓峰出席成立大会，为商会揭牌并讲话。

是日，庆阳市女企业家协会成立。市委秘书长闫晓峰出席成立大会，为协会揭牌并讲话。市人大常委会原副主任张甫虎为庆阳市女企业家协会发去的“世华公益基金老区关爱基金会”揭牌。世华智业集团副总裁、北京华夏管理学院董事、华夏商学院院长徐菁等市内外企业家应邀出席成立大会。

13—14日　省统计局副局长柳民带领全省文化产业调研组，到我市调研文化产业发展情况。市宣传部长黄正军陪同。

13—14日　由庆阳市女企业家协会、庆阳市川渝商会邀请的华夏商学院院长徐菁等全国知名企业家考察团一行，来我市参观考察投资环境，寻求合作机遇。13日下午，副市长辛刚国在庆阳宾馆主持召开座谈会。

15日　南梁苏维埃政府成立80周年纪念活动领导小组会议召开，市委书记夏红民出席会议并讲话，市长栾克军，市委副书记任燕顺，市政法委书记董建镇，市宣传部长黄正军，市委秘书长闫晓峰，市组织部长周普生，庆阳军分区司令员胡泽，副市长黄继宗、白振海、周继军出席会议。

是日，全市政法干部学习习近平总书记重要讲话精神专题培训班开班。市政法委书记董建镇出席开班仪式并作辅导讲座，副市长周继军主持开班仪式。

是日，副市长黄继宗主持召开全市招商引资工作推进会。

16日　市委党校2014年秋季主体班开班。市委副书记任燕顺出席开班典礼并讲话。庆阳军分区政治部主任顾伟出席开班典礼。

是日，中央第五巡回督导组督导庆阳市党的群众路线教育实践活动群众测评大会召开。市组织部长周普生主持会议。

是日，市委书记夏红民，市长栾克军在庆阳宾馆会见了前来我市考察对接餐饮食品供应合作项目事宜的百胜餐饮集团副总裁区永昌一行。

17日　市委党的群众路线教育实践活动领导小组第七次会议召开，听取全市教育实践活动整改工作和专项整治情况汇报，进一步研究部署整改落实、建章立制环节和持续推进教育实践活动各项工作。市委书记夏红民主持会议并讲话，省委第十一督导组组长张力学出席会议并讲话，省委第十一督导组副组长哈建设及市上领导栾克军、付振伟、张文礼、任燕顺、李银、董建镇、李学宏、黄正军、章志兼、闫晓峰、桂泽发、周普生、吴秉儒、辛刚国、黄继宗、秦华、朱治晖、刘晓利出席会议。

是日，市委书记夏红民，市长栾克军会见百胜餐饮集团副总裁区永昌一行，双方就在我市建设餐饮食品供应合作项目交换意见。市委秘书长闫晓峰，副市长辛刚国，市政协副主席郭晓霞及百胜餐饮集团供应链总监吴筱盈，陕西省工商联主席侯新民，甘肃中盛集团董事长张华，甘肃中盛集团副董事长、执行总监宋卫东等参加会见。

是日，市政府三届第39次常务会议召开，专题研究全市安全生产工作，讨论审议《庆阳市安全生产大整治百日攻坚行动实施方案》、《庆阳市危险化学品安全生产监督管理办法》、《庆阳市矿山企业安全生产监督管理办法》、《庆阳市道路交通安全管理办法》等。市长栾克军主持会议并讲话，常务副市长李银，副市长桂泽发、辛刚国、黄继宗、秦华、白振海、周继军，市政府党组成员、公安局长郑银生出席会议。

是日，市政府办公室党支部专题组织生活会召开，市长栾克军，常务副市长李银以普通党员身份参加会议。

18日　省委副书记欧阳坚到华池南梁调研。市委书记夏红民，市长栾克军，市委副书记任燕顺，市政法委书记董建镇，市委秘书长闫晓峰陪同调研。

是日，庆阳市第一次全国地理国情普查工作启动协调会召开，省第一次全国地理国情普查领导小组副组长、省普查办主任、省测绘地理信息局局长缪树德和常务副市长李银出席会议并讲话。省第一次全国地理国情普查领导小组成员、省普查办副主任、省测绘地理信息局副局长苗天宝主持会议。

是日，市政府召开全市燃气经营体制改革工作会议，决定正式启动实施全市燃气经营体制改革工作。副市长、市燃气体制改革工作领导小组组长黄继宗主持会议。副市长、长庆石油陇东指挥部指挥、市燃气体制改革工作领导小组副组长蒋杨贵讲话。

19日　我市举行“文明劝导志愿服务”活动启动仪式，市宣传部长黄正军出席并讲话。

19—21日　市长栾克军到西峰区、镇原县、合水县督查重点项目建设情况。西峰区委书记章志兼，副市长黄继宗一同督查。市人大常委会副主任刘至祥参加在西峰区的督查。

21日　省委常委、省委组织部部长、省委党的群众路线教育实践活动领导小组副组长兼办公室主任吴德刚到我市调研指导教育实践活动。同日，市委书记夏红民主持召开汇报会，并汇报全市教育实践活动进展情况。省委第十一督导组组长张力学及市上领导栾克军、张文礼、任燕顺、董建镇、李学宏、黄正军、章志兼、闫晓峰、桂泽发、周普生、黄书伴、吴秉儒、朱治晖、刘晓利、郑银生出席会议。

22日　市长栾克军到庆城县驿马镇调研双联工作。

是日，市长栾克军到华池县调研南梁革命纪念馆旧馆改造和新馆建设情况。

22—25 日　省纪委工作组到我市调研督查纪检监察信访工作。22 日纪委书记李学宏主持召开督查汇报会。

23 日　常务副市长李银到合水县督查安全生产工作。

是日，全市安全生产大整治百日攻坚行动宣传工作会议召开。市宣传部长黄正军出席会议并讲话，副市长白振海主持会议。

24 日　庆阳市苹果产销联合会会员大会暨成立大会召开，市委副书记任燕顺出席成立大会并讲话。庆阳市果业局局长贾兴瑞任第一届会长。

是日，常务副市长李银到庆城县督查拖欠克扣群众钱款财物问题专项整治工作。

25 日　金融支持甘肃革命老区发展庆阳座谈会召开。人行兰州中心支行副行长李文瑞和市委常委、副市长桂泽发出席会议并讲话。

25—27 日　省委书记、省人大常委会主任王三运到我市开展“两手抓两手硬、双促进双落实”调研检查活动。省委常委、省委秘书长李建华，省人大常委会副主任孙效东，省政协副主席张世珍，省委副秘书长、省委政研室主任李德新，省纪委副书记、监察厅厅长王建太，省发改委主任赵春，省交通运输厅厅长康军，省农牧厅厅长康国玺，省统计局局长樊怀玉，省扶贫办主任周兴福，省委办公厅副主任唐兴和一同调研。27 日上午，省委书记、省人大常委会主任王三运主持召开座谈会，听取我市经济社会发展和党风廉政建设主体责任落实情况汇报。会上，孙效东、张世珍、王建太、赵春、康军、康国玺、樊怀玉、周兴福围绕破解瓶颈制约，尽快将资源优势转化为经济优势、发展优势，奋力加快富民强市步伐，为我市经济社会发展提出意见建议。市委书记夏红民参加调研并在座谈会上汇报我市经济社会发展和党风廉政建设主体责任落实情况。市上领导栾克军、付振伟、张文礼、李银、李学宏、章志兼、闫晓峰、桂泽发、周普生、黄书伴、闫庆生、郭维俊、雷沫里、黄继宗、秦华、白振海、蒋杨贵、周继军、朱治晖、郭晓霞、李伟、任尔昕、田金、郑银生参加调研或座谈会。

27 日　省委副书记、省长刘伟平到我市调研生态建设和现代农业发展情况，省政府秘书长张生桢一同调研。市长栾克军，西峰区委书记章志兼，副市长黄继宗陪同调研。

27—28 日　省委常委、省委宣传部长连辑到我市调研文化产业开发工作。省委宣传部副部长、省社科院党委书记范鹏一同调研。市宣传部长黄正军陪同调研，西峰区委书记章志兼陪同在西峰区调研。

28 日　甘肃省纪念陕甘边区苏维埃政府成立 80 周年座谈会在我市召开。省委书记、省人大常委会主任王三运，中央党史研究室主任曲青山，陕甘边革命根据地领导人亲属代表习远平，解放军总政治部宣传部副部长张常银，陕西省委副书记孙清云分别回顾了陕甘边革命根据地和边区苏维埃政府创建发展壮大的光辉历程，表达了对革命先辈的敬仰和怀念之情。省委副书记、省长刘伟平主持会议。国防大学副校长毕京京宣读国防大学政委刘亚洲的贺信，市委书记夏红民致辞。中央党校常务副校长何毅亭，中组部原部长张全景，中共党史学会会长、中央党史研究室原主任欧阳淞，中央文献研究室原主任逄先知，兰州军区副政委范长秘，广州军区政治部主任周为民，中央文献研究室副主任陈晋，中央党史研究室副主任李忠杰，中央党史研究室副主任高永中，团中央书记处书记周长奎，国防大学原副教育长严大鹏，全国红色旅游领导小组办公室常务副主任罗迪辉，中国延安干部学院常务副院长陈燕楠等中央有关部委、军队和兄弟省市领导及省政协主席冯健身，省委副书记欧阳坚，省委常委、宣传部部长连辑，省委常委、省委组织部部长吴德刚，省委常委、省委秘书长李建华，省人大常委会副主任陆武成，省人民检察院检察长路志强，省军区副司令员祁学军，省政府秘书长张生桢，省委副秘书长刘玉生，省委副秘书长、省委党史研究室主任杨元忠，省委组织部副部长陈卫中，省委宣传部副部长、省社科院党组书记范鹏，省林业厅厅长石卫东，团省委副书记董安宁，陇南市委书记孙雪涛等出席座谈会。市委副书记、市长栾克军，市人大常委会主任付振伟，市政协主席 张文礼，市委副书记任燕顺，市委常委、纪委书记李学宏参加座谈会。谢子长之子谢绍明、刘志丹外孙女王珊珊等陕甘边革命根据地领导人亲属代表，以及来自全国各地的党史专家学者代表一同参会。

是日，出席甘肃省纪念陕甘边区苏维埃政府成立 80 周年座谈会的各界代表，专程前往华池县南梁镇，向革命烈士纪念碑敬献花篮，并参观南梁革命纪念馆，表达对革命先烈的深切缅怀之情。省委书记、省人大常委会主任王三运，中央党校常务副校长何毅亭，中央党史研究室主任曲青山，陕甘边革命根据地领导人亲属习远平，中央组织部原部长张全景，中央党史研究室原主任欧阳淞，中央文献研究室原主任逄先知，兰州军区副政委范长秘，广州军区政治部主任周为民，解放军总政治部宣传部副部长张常银，团中央书记处书记周长奎，陕西省委副书记孙清云，国防大学原副教育长严大鹏和谢子长之子谢绍明，刘志丹外孙女王珊整理花篮缎带。省委副书记、省长刘伟平，省政协主席冯健身，省委副书记欧阳坚，省委常委、宣传部部长连辑，省委常委、组织部部长吴德刚，省委常委、省委秘书长李建华，省人大常委会副主任陆武成，市委书记夏红民，省人民检察院检察长路志强，省军区副司令员祁学军及省政府秘书长张生桢等参加敬献花篮仪式。仪式后，与会领导和各界代表参观南梁革命纪念馆。纪委书记栾克军，市人大常委会主任付振伟，市政协主席张文礼，市委副书记任燕顺，常务副市长李银，市政法委书记董建镇，市纪委书记李学宏，市宣传部长黄正军，西峰区委书记章志兼，市委秘书长闫晓峰，市组织部长周普生，庆阳军分区政委黄书伴，副市长辛刚国、黄继宗、秦华、白振海、蒋杨贵、周继军参加上述活动。

是日，陕甘边区苏维埃政府成立 80 周年图书捐赠暨“百社千校书香童年”公益活动在华池南梁列宁小学举行，习远平代表母亲齐心、中央党史研究室、北京大学出版社分别向列宁小学捐赠图书。省委书记、省人大常委会主任王三运，中央党史研究室主任曲青山，习远平及北京大学出版社总编辑张黎明在捐赠仪式上讲话。中央党校常务副校长何毅亭，中央文献研究室副主任陈晋，中央党史研究室副主任李忠杰，中央党史研究室副主任高永中，团中央书记处书记周长奎，省政协主席冯健身，省委副书记欧阳坚，省委常委、省委宣传部长连辑，省委常委、省委组织部长吴德刚，省委常委、省委秘书长李建华，省人大常委会副主任陆武成，市委书记夏红民，省人民检察院检察长路志强，省军区副司令员祁学军，省委副秘书长、省委党史研究室主任杨元忠和市长栾克军，以及出席向南梁革命烈士纪念碑敬献花篮仪式的部分领导、嘉宾出席捐赠活动。

是日，陕甘边革命根据地的特点和历史地位学术研讨会在华池县南梁革命纪念馆举行。会议回顾陕甘边革命先辈走过的伟大历程，深入研讨陕甘边革命根据地的主要特点及其在中国革命历史上的重大意义和重要地位，深刻剖析了“两点一存”等重大历史课题。省委书记、省人大常委会主任王三运，中央党校常务副校长何毅亭，中央党史研究室原主任欧阳淞，中央文献研究室原主任逄先知，中央文献研究室副主任陈晋，中央党史研究室副主任李忠杰，《求是》杂志社社长李捷，中央文献研究室原常务副主任金冲及，国防大学原副教育长严大鹏，以及陕西省委党史研究室主任安庆学作研讨交流。中央党史研究室主任曲青山，中央组织部原部长张全景，兰州军区副政委范长秘，中央党史研究室副主任高永中，中国延安干部学院常务副院长陈燕楠，以及来自全国的其他党史专家学者和研讨会入选论文作者代表出席研讨会。省委副书记、省长刘伟平，省政协主席冯健身，省委副书记欧阳坚，省委常委、省委秘书长李建华，副省长、庆阳市委书记夏红民及省人民检察院检察长路志强，市长栾克军等出席研讨会。

是日，中国延安干部学院与甘肃省委组织部在华池南梁举行合作共建干部教育协议签字仪式。省委常委、省委组织部长吴德刚，中国延安干部学院常务副院长陈燕楠分别致辞。省委组织部副部长陈卫中与陈燕楠签订协议，市委副书记任燕顺主持签字仪式。

是日，省委常委、省委组织部长吴德刚到庆城县慰问老党员，省委组织部副部长陈卫中一同慰问。

29 日　三届市委常委会议第 54 次会议召开，专题传达学习省委书记、省人大常委会主任王三运在我市开展“两手抓两手硬、双促进双落实”调研检查时的重要讲话精神，研究贯彻落实意见。市委书记夏红民主持会议并讲话。

是日，市委书记夏红民到西峰区慰问老党员张玉莲和老干部牛维汉、党斌福。西峰区委书记章志兼，市委秘书长闫晓峰一同慰问。

是日，市长栾克军到宁县督查安全生产大整治百日攻坚行动开展情况。

是日，市长栾克军到宁县慰问老干部杜建玺、米世春和老党员田德均。

是日，市委副书记任燕顺到镇原县慰问老干部王世钧、高世杰和老党员张高泰。

是日，市组织部长周普生到西峰区温泉乡慰问高龄老人。

是日，副市长秦华主持召开全市秋覆膜工作电视电话会议。

30日　我国首个烈士纪念日当天，全市各界在宁县革命烈士陵园举行烈士纪念日公祭活动。市委书记夏红民，市长栾克军，市人大常委会主任付振伟，市政协主席张文礼，庆阳军分区政委黄书伴和宁县党政军主要负责人及群众代表向革命烈士纪念碑敬献花篮。市上领导任燕顺、李银、董建镇、李学宏、黄正军、章志兼、闫晓峰、雷沫里、黄继宗、秦华、周继军、郭晓霞、韩鹏、顾伟、任尔昕及市直部门负责人，宁县的烈属、老战士、学校师生、党政机关干部、武警官兵代表等参加公祭活动。

是日，市组织部长周普生到环县看望离休老干部贾学智和建国前老党员李连枝、姚正广。

▲近日，在北京举行的第二届旅游业融合与创新论坛暨2014最美中国榜发布会上，我市再度荣登2014旅游业"最美中国榜"，被评为"最美中国·特色魅力——民俗（民族）风情目的地城市"，这是我市连续两年获此殊荣。

▲近日，中央电视台2014"寻找最美孝心少年"大型公益活动颁奖典礼在中央电视台一号演播大厅录制。我市环县一中学生梁维月和西峰区肖金中学回族学生马小龙荣获"最美孝心少年"和"特别关注孝心少年"荣誉称号。

▲近日，公安部对2013年度全国公安机关追逃工作成绩突出单位予以通报表扬，我市公安局荣获2013年度"全国公安机关追逃工作成绩突出单位"。

十月份

7日　市长栾克军在兰州主持召开会议，听取我市参加第三届国际文化产业大会暨第七届甘肃省文博会筹备情况汇报。市宣传部长黄正军，副市长周继军出席会议。

是日，市纪委书记李学宏到华池县督查安全生产工作。

8日　大型历史文化高清电视纪录片《黄土大塬》首映式在兰州举行。省委常委、省委宣传部长连辑和市委书记夏红民出席首映式并讲话，市长栾克军主持首映式，《黄土大塬》总导演、中央电视台著名导演金铁木介绍纪录片拍摄情况，《黄土大塬》联合出品北京盛世唐人影视传媒有限公司董事长贾枝桦介绍纪录片摄制和发行情况。连辑、夏红民、金铁木、贾枝桦共同启动纪录片《黄土大塬》首映光电球。省委宣传部副部长高志凌，省委外宣办主任梁和平，省新闻出版广电局副局长佘长江，省电视台台长康坚，经济日报甘肃记者站站长李琛奇，中新社甘肃分社社长殷春永，北京盛世唐人影视传媒有限公司总经理朱庆阳、副总经理苏威及市宣传部长黄正军，副市长周继军参加首映式。首映仪式后，市委书记夏红民，市长栾克军会见中央电视台著名导演金铁木、北京盛世唐人影视传媒有限公司董事长贾枝桦等纪录片主创人员。

是日，全国党的群众路线教育实践活动总结大会召开，市委书记夏红民，市长栾克军在省分会场参会。市人大常委会主任付振伟，市政协主席张文礼，常务副市长李银，市政法委书记董建镇，市纪委书记李学宏，西峰区委书记章志兼，市委秘书长闫晓峰，市组织部长周普生，市人大常委会副主任吴秉儒，副市长黄继宗、秦华、蒋杨贵，市政协副主席朱治晖，刘晓利，黄占俊在我市分会场参会。

9日　全省党的群众路线教育实践活动总结大会召开，市委书记夏红民，市长栾克军，市人大常委会主任付振伟，市政协主席张文礼，常务副市长李银，市政法委书记 董建镇，市纪委书记李学宏，、西峰区委书记章志兼，市委秘书长闫晓峰，庆阳军分区政委黄书伴，副市长辛刚国、黄继宗、秦华、蒋杨贵在我市分会场参会。市组织部长周普生在省主会场参会。

是日，市长栾克军主持召开2014年第3次编委会议。常务副市长李银，市委秘书长闫晓峰参加会议。

是日，第三届国际文化产业大会暨第七届甘肃省文博会在兰州隆重开幕。市宣传部长黄正军，副市长周继军带领我市代表团参加大会，并参加丝绸之路沿线国家意大利展馆展出。

9—12日　省委落实"两个责任"督查组到我市督查，市纪委书记李学宏陪同并参加12日召开的督查情况反馈会。

10日　市委、市政府在西峰区温泉乡刘店村齐世虎家果园举行2014庆阳苹果开园采摘活动启动仪式。市委书记夏红民宣布采摘活动开始。国务院参事室参事、中国出入境检验检疫协会会长葛志荣和常务副市长李银分别致辞。国务院参事室参事刘志仁，甘肃出入境检验检疫局局长居峰及西峰区委书记章志兼，市委秘书长闫晓峰，陇东学院院长郭维俊等出席启动仪式。仪式结束后，夏红民、葛志荣等帮助齐世虎家采摘苹果。

是日，全市苹果产业开发奖励大会在西峰区温泉乡黄官寨村沟畎村民小组天富亿生态体验园召开，表彰奖励近年来在推进全市苹果产业发展中作出突出贡献和取得优异成绩的先进工作者、科技人员、务果能手。夏红民，国务院参事室参事、中国出入境检验检疫协会会长葛志荣，国务院参事室参事刘志仁，甘肃出入境检验检疫局局长居峰及常务副市长李银，市委秘书长闫晓峰，陇东学院院长郭维俊等出席会议，并为获得庆阳苹果产业开发突出贡献奖、庆阳苹果产业科技推广明星奖和务果状元、庆阳苹果赛园活动获奖标准化示范园、庆阳苹果赛果能手、庆阳苹果品质鉴评活动金银铜奖及庆阳苹果树修剪十大能手的人员颁奖。市长助理沈结苟主持会议。副市长秦华讲话。

是日，第三届国际文化产业大会暨第七届甘肃省文博会重点项目发布及签约仪式在兰州举行，我市签约重点文化产业项目 14 个，签约总金额 64.59 亿元。省委常委、省委宣传部长连辑在签约仪式上就华夏文明传承创新区建设重大项目进行了推介。市宣传部长黄正军出席签约仪式。

是日，市上举行市委常委市政府副市长信访接待日活动。副市长蒋杨贵接待来访群众。

10—11 日　省政协主席冯健身率领全省重大项目观摩团到我市观摩检查镇原中盛现代畜牧业生产加工全产业链、全循坏链、全价值链项目，庆阳市区雨洪集蓄保塬生态项目和天富亿城郊村土地流转多元产业融合发展项目建设及运营情况。省委副书记欧阳坚，省委常委、省纪委书记张晓兰，省委常委、省委统战部部长冉万祥，省人大常委会副主任周多明，省政协秘书长石晶和天水、平凉、陇南、定西、白银、甘南、临夏 7 市州主要负责人一同观摩，市委书记夏红民，常务副市长李银，市委秘书长闫晓峰，副市长秦华陪同观摩。

11 日　市委常委、宣传部长黄正军到陇东报社调研。

是日，全市 2014 年度苗林结合培育工作总结会议召开。副市长秦华出席并讲话。

13 日　常务副市长李银参加土地出让和耕地保护情况审批意见反馈会。

是日，庆阳市法学会第三次会员代表大会召开。会议回顾总结第二次会员代表大会以来的工作，选举产生庆阳市法学会第三届理事会理事、常务理事、秘书长、副会长、会长。市政法委书记董建镇当选为市法学会会长，副市长周继军等 12 名同志当选为市法学会副会长。副市长周继军主持会议。

是日，省委组织部副部长陈卫中一行到环县开展双联工作。市组织部长周普生陪同。

13—14 日　常务副市长李银带领市直相关部门负责人，对环县、庆城县、华池县、合水县安全生产大整治百日攻坚行动开展情况进行集中督查。

14 日　庆阳军分区政委黄书伴到市委党校为 2014 秋季主体班学员讲授国防教育相关知识。

14—15 日　国家能源局副局长刘琦、国家能源局发展规划司司长俞燕山、新能源司副司长朱明等一行到我市调研陇东能源基地建设工作。14 日下午，市委书记夏红民主持召开陇东能源基地建设工作汇报会。市长栾克军和平凉市委副书记、市长臧秋华分别汇报两市市情和能源基地建设情况。省发改委主任赵春，省能源局局长孟开及市政法委书记董建镇，市人大常委会副主任刘至祥，副市长黄继宗，平凉市副市长杨军等出席汇报会。会后，刘琦一行赴宁县、正宁县和西峰区，实地调研长庆桥工业集中区规划建设和宁南煤炭转化配送项目、核桃峪煤矿、新庄煤矿、正宁电厂、庆阳石化公司查看 600 万吨/年炼油升级改造项目、陇东油田产能建设等项目建设情况。西峰区委书记章志兼，副市长蒋杨贵参加在西峰区的调研。

15 日　全市现代农业综合示范工程建设现场推进会召开，市政法委书记董建镇主持会议，副市长秦华出席会议并讲话，市政协副主席窦宏邦出席会议。

15—16 日　由省委组织部、省政府金融办组织的中央金融机构在甘挂职干部省情考察团一行到革命老区庆阳考察学习。副市长桂泽发一同考察，市组织部长周普生参加有关活动。

15—17 日　铜川市委副书记赵晓明、副市长何尚明带领铜川市党政考察团赴华池南梁考察学习。市宣传部长黄正军陪同考察。

16 日　三届市委常委会第 55 次会议召开，传达学习习近平总书记在中央党的群众路线教育实践活动总结大会上的重要讲话精神和省委王三运书记在甘肃省党的群众路线教育实践活动总结大会上的重要讲话精神，研究我市教育实践活动和党建工作。市委书记夏红民主持会议并讲话。

16—17日 全市“人大代表之家”创建现场推进会议在庆城县召开。市人大常委会主任付振伟，常务副市长李银出席会议并讲话，市人大常委会副主任吴秉儒主持会议。市人大常委会副主任郭文奎出席会议。

17日 庆阳市党的群众路线教育实践活动总结大会召开。市委书记夏红民和省人大常委、省人大环境资源委员会副主任委员、省人大常委会环境资源保护办主任、省委第十一督导组组长张力学出席会议并讲话。省纪委监察厅正厅级纪检监察专员、省委第十一督导组副组长哈建设及督导组成员出席会议。市长栾克军主持会议。市上领导付振伟、张文礼、李银、董建镇、李学宏、黄正军、章志兼、桂泽发、周普生、黄书伴等出席会议。会议对市上四大班子和副地级以上党员领导干部开展教育实践活动情况进行了民主评议。

是日，市政府常务会议召开，研究县（区）政府职能转变和机构改革工作，审定市政府第十一批取消下放行政审批事项。市长栾克军主持会议并讲话，常务副市长李银，副市长桂泽发，副市长辛刚国、黄继宗、蒋杨贵、周继军出席会议。

18日 市委书记夏红民到北石窟寺调研历史文物保护和宣传、开发、利用工作。

是日，市委书记夏红民到正宁县调研践行群众路线，持续改进工作作风等工作。

19日 市委书记夏红民到宁县调研培育发展特色富民产业，全面落实各项惠民富民措施等工作。

20日 市长栾克军到西峰区调研城区公共基础设施建设、城区环境卫生整治、社区便民蔬菜店建设等工作。西峰区委书记章志兼，副市长黄继宗一同调研。

是日，全市第三季度财税工作联席会议召开，常务副市长李银出席会议并讲话。

是日，全市安全生产大整治百日攻坚行动推进会召开。副市长周继军出席会议并讲话。

20—21日 市委书记夏红民到华池县调研红色旅游资源开发、苗林产业发展等工作。市委秘书长闫晓峰一同调研。

21日 市长栾克军到镇原县调研扶贫攻坚工作。

是日，庆阳市政府机构改革涉改单位移交工作会议召开，安排部署8个涉改部门机构编制、职责、人员、财务资产划转移交工作。常务副市长李银主持会议并讲话。

是日，国家发改委宏观经济研究院、国土所副所长、研究员、博士高国力一行来我市，就基本公共服务均等化工作进行专题调研。省政协经济委员会副主任、省委改革办副主任孙晓文主持召开国家发改委调研甘肃省“十三五”规划基本公共服务均等化工作庆阳、平凉汇报会。副市长黄继宗，平凉市委常委王大睿出席汇报会。

21—22日 省委统战部副部长、甘肃社会主义学院党组书记陈元龙带领省政协常委、省知联会会长、酒泉市副市长柴绍豪及全省部分无党派人士组成的调研组，深入我市华池、宁县等地，对基层法制建设工作进行了调研。市人大常委会副主任郭文奎陪同调研。22日下午主持召开调研座谈会。

21—22日 省政协常委、省政协社会和法制委员会副主任南明法，省政协委员、省政协社会和法制委员会副主任刘如厚一行来我市，就残疾人事业法规政策落实情况进行了调研。市政协副主席刘晓利参加调研。22日下午，刘晓利主持召开汇报会。

22日 市委书记夏红民到合水县西合二级公路建设工地、夏家沟森林公园、合水县子午岭水源涵养林区、包家寨子革命纪念馆等地调研。市委秘书长闫晓峰一同调研。

是日，全省计划生育利益导向政策体系示范区建设暨陇家福·幸福家庭创建活动推进会在我市召开。 省政府副秘书长张正锋，省政府办公厅副巡视员周虎成，省卫计委党组书记、主任刘维忠及各市州政府分管计生工作的领导出席会议。同日，市长栾克军，市宣传部长黄正军，副市长辛刚国陪同与会人员到西峰区东门社区、庆城县驿马镇等地进行调研。

是日，常务副市长李银到正宁县督查村级便民服务中心建设情况。

23日 市委书记夏红民到环县调研扶贫搬迁和危窑危房改造、培育特色富民产业等工作。市委秘书长闫晓峰一同调研。

是日，市纪委书记李学宏主持召开市纪委监察局党的群众路线教育实践活动总结大会。

24日 三届市委常委会第56次会议召开，专题学习党的十八届四中全会精神。市委书记夏红民主持会议并讲话。

是日，国家能源局电力司调研组到我市调研陇东煤电基地建设工作。省能源局局长孟开主持召开座谈会，市长栾克军出席会议，副市长黄继宗及平凉市副市长杨军分别汇报庆阳市、平凉市煤电能源产业开发有关情况。

是日，平凉市委副书记、市长臧秋华带领平凉市考察团到我市参观考察。市长栾克军参加部分活动，常务副市长李银陪同考察。

是日，市委、市政府召开马莲河水库项目咨询论证会。市长栾克军出席会议。副市长秦华主持会议。

是日，市纪委举行“走进纪委监察局”活动，市纪委书记李学宏出席活动。

是日，市宣传部长黄正军出席市委宣传部传达学习党的十八届四中全会精神专题会议并讲话。

26—27 日　国家保密局监督检查司副司长李雪峰一行在省国家保密局副局长张炜的陪同下，来我市开展非涉密网络保密管理专项检查。市委秘书长闫晓峰陪同检查。

27 日　市长栾克军主持召开市政府党组扩大会议，专题学习党的十八届四中全会精神。常务副市长李银传达党的十八届四中全会公报。副市长黄继宗，市政府党组成员、公安局长郑银生出席。副市长辛刚国列席。

是日，市长栾克军调研西峰城区供热工作。

是日，市纪委书记李学宏出席市纪委传达学习党的十八届四中全会精神专题会议并讲话。

是日，市委教育实践活动领导小组办公室工作总结会议召开，市组织部长周普生出席会议并讲话。

28 日　市长栾克军到华池县调研苗林结合产业发展情况。

是日，常务副市长李银在我市分会场参加国务院农民工工作领导小组贯彻落实《国务院关于进一步做好为农民工服务工作的意见》视频会议。

是日，《陇东大讲堂》举行 2014 年第 6 期讲座，特邀海军少将、国防大学战略研究所原所长、教授、研究员杨毅作《破解国家安全挑战、维护战略机遇期》专题讲座。市委秘书长闫晓峰主持讲座。

是日，全市食品安全追溯管理推进会暨乡镇食品药品监管所标准化建设等重点工作督查通报会召开。副市长辛刚国出席会议并讲话。

29 日　全市第七届新创剧目调演颁奖晚会举行。市宣传部长黄正军，市人大常委会副主任郭文奎，副市长周继军，市政协副主席郭晓霞出席并颁奖。

是日，市宣传部长黄正军主持召开庆阳传媒中心项目推进会。

30 日　市委书记夏红民到市老年大学调研。市委秘书长闫晓峰和原庆阳地区人大工委主任、市老年大学校长薛亮云参加调研。

31 日市长栾克军到庆城县调研扶贫攻坚工作。副市长白振海一同调研。

▲近日，全国 2013——2014 年度“我最喜爱的健康卫士”“最美在基层·十佳计生工作者”和“群众满意的卫生计生机构”评选结果揭晓。我市庆城县计划生育服务站李彦平榜上有名，荣获“最美在基层·十佳计生工作者”称号。

▲近日，甘肃省老龄办公布了 90 名“首届甘肃省孝亲敬老模范”名单，合水县固城乡固城村农民文廷高获此殊荣。

十一月

2 日　市长栾克军到西峰区检查背街小巷改造和小什字提质改造工程建设情况。

3 日　副市长白振海赴庆城县驿马镇东滩村和西峰区温泉乡八里庙村分别召开现场办公会，研究解决环县 330 千伏、驿马 110 千伏送变电工程及配套送出工程建设有关问题。

4 日　市委书记夏红民到西峰区显胜乡毛寺村调研扶贫攻坚工作。市政法委书记章志兼，市委秘书长闫晓峰一同调研。

是日，全市农村饮水安全工程建设管理现场推进会在镇原县召开。副市长秦华出席并讲话，市长助理沈结苟主持会议。

是日，副市长黄继宗深入双联行动联系点环县甜水镇大良洼村调研，共同探讨发展致富问题。

是日，副市长黄继宗带领市直相关负责人深入环县甜水堡、环城镇，实地了解了小城镇供排水、垃圾处理、巷道治理、市场建设和城市棚户区改造情况。

5 日　全国“时代楷模”柴生芳同志先进事迹报告会在我市举行。市委书记夏红民主持报告会并讲话。市长栾克军，市人大常委会主任付振伟，市政协主席张文礼，常务副市长李银，市纪委书记李学宏，市宣传部长黄正军，西峰区委书记章志兼，市委秘书长闫晓峰，市人大常委会副主任雷沫里，副市长白振海，市政协副主席窦宏邦，市长助理沈结苟，市政府秘书长贺建宏出席报告会。报告会前，夏红民、栾克军会见报告团成员。黄正军、闫晓峰参加会见。

是日，全市党外干部培训班学员座谈会在市委党校（市社会主义学院）召开。市委秘书长、市社会主义学院院长闫晓峰出席会议并讲话。

是日，市政协召开城区住宅物业管理专题协商座谈会，围绕城区住宅物业管理工作中存在的困难和问题，听取意见，协商解决，促进城区住宅物业管理工作规范健康发展。副市长黄继宗出席座谈会并讲话，市政协副主席刘晓利主持会议。

6日　全市领导干部大会召开，宣布省委关于调整庆阳市主要领导的决定。省委决定：栾克军同志任中共庆阳市委书记，不再担任庆阳市人民政府市长职务。夏红民同志不再兼任中共庆阳市委书记、常委、委员职务。贠建民同志任庆阳市委委员、常委、副书记，提名庆阳市人民政府市长候选人。省委常委、省委组织部部长吴德刚出席会议并讲话。副省长夏红民主持会议并讲话。省委组织部部务委员马晓晴宣布省委关于调整庆阳市主要领导的决定。栾克军、贠建民发言。市委、市人大、市政府、市政协领导班子成员，庆阳军分区司令员，陇东学院党委书记、院长，市中级人民法院院长、市人民检察院检察长，市委工作部门、市政府工作部门、各群众团体、市政府直属事企业单位和中省驻庆各单位主要负责同志，各县（区）委书记、县（区）长，以及市级退休老干部代表参加会议。

是日，全省军地援建“双十工程”现场观摩暨2014年双拥办主任会议在我市召开。省双拥办主任、省民政厅厅长肖庆平出席会议并讲话，省双拥办副主任、省军区政治部副主任王军营主持会议，省民政厅副巡视员张自力及市政法委书记董建镇，副市长周继军出席会议。

是日，市宣传部长黄正军到庆阳广播电视台、省广电网络公司庆阳分公司、陇东报社，看望慰问新闻工作者，向他们祝贺记者节。

是日，全市工商联工作现场推进会议在镇原县召开。市委秘书长闫晓峰参加会议期间部分活动。副市长辛刚国出席会议并讲话。

是日，副市长秦华出席在上海农业展览馆举办的中国庆阳苹果推介会。

7日　市委书记栾克军到西安市参加陕西省原人大副主任刘力贞（刘志丹之女）追悼会。

是日，省民政厅厅长肖庆平到我市调研民政工作，省民政厅副巡视员张自力，市政法委书记董建镇，副市长周继军一同调研。

是日，全市重点党报党刊发行工作会议召开。市宣传部长黄正军出席会议并讲话。

是日，全市学习贯彻党的十八届四中全会精神暨培育践行社会主义核心价值观、文化产业调度、文化体制改革工作会议召开。市宣传部长黄正军出席会议并讲话，副市长周继军主持会议。

10日　省司法厅副厅长钟建龙带领省委贯彻落实十八届四中全会《决定》文件起草领导小组调研组到我市调研。市政法委书记董建镇主持召开调研座谈会。

是日，副市长白振海主持召开办公会，专题研究公交集团运营管理有关事宜。

10—11日　全市苹果产业发展推进会议召开，就进一步深入推进全市苹果产业发展进行了安排部署。副市长秦华出席会议并讲话，市长助理沈结苟主持会议。

10—12日　省商务厅副厅长张世恩、省工信委副巡视员孟宪敦带领省政府督查组督查我市今年招商引资项目落地及第十八、十九、二十届“兰洽会”签约项目实施情况。副市长市招商引资重大项目落地办公室主任黄继宗陪同督查。

11日　省市县帮联镇原县双联行动现场推进会在镇原县召开，对推动镇原县“双联”工作扎实深入开展进行了安排部署。省政协副主席栗震亚、副市长辛刚国出席会议并讲话。省地税局党组成员、副局长董建平主持会议。市政协副主席窦宏邦，庆阳军分区参谋长韩鹏，省政协副秘书长陈强，省政协科教文卫体委员会主任杜孟嘉、副主任李卫国，省农科院副院长贺春贵，省红十字会专职副会长陈明，省建筑职业技术学院党委书记马江等出席会议。

是日，我市召开全市第二次地名普查工作电视电话会议，动员部署我市第二次地名普查工作。副市长周继军出席会议并讲话。

是日，我市召开全市冬春火灾防控专项行动动员部署电视电话会议，贯彻落实全省专项行动动员部署要求，安排部署全市今冬明春火灾防控工作。副市长周继军出席并讲话。

11—14日 由省人大常委会委员、环资委副主任委员武敬东，省人大常委会环资办副主任雪毓萍，省环保厅副厅长张政民等组成的调研组，来我市就《甘肃省石油勘探开发生态环境保护条例》贯彻落实情况进行了调研。14日上午，市人大常委会副主任吴秉儒主持召开座谈会。副市长白振海介绍了我市贯彻落实《条例》情况和今后工作打算，并就《条例》的修订完善提出了意见建议。市人大常委会副主任雷沫里出席座谈会。

12日 全市打击和处置非法集资工作领导小组扩大会议召开，常务副市长李银主持会议并讲话。

是日，市宣传部长黄正军到华池县柔远镇李庄村调研双联帮扶项目进展情况。

13日 三届市委常委会第57次会议召开，学习贯彻党的十八届四中全会精神，贯彻落实王三运书记在部分市县乡党委负责人（会宁）座谈会上的重要讲话精神，传达学习全省项目观摩活动总结暨开发区工作会议精神，研究部署当前工作。市委书记栾克军主持会议并讲话。市委常委贠建民、李银、董建镇、李学宏、黄正军、章志兼、闫晓峰、周普生出席。市人大常委会主任付振伟，市政协主席张文礼列席。副市长辛刚国、黄继宗、秦华、白振海、周继军，市检察院检长田金列席有关议题。

是日，市委书记栾克军在市委机关调研，市政法委书记董建镇，市纪委书记 李学宏，市宣传部长黄正军，市组织部长周普生分别参加市委政法委、市纪委、市委宣传部、市委组织部的调研活动，市委秘书长闫晓峰陪同调研。

是日，市政府党组扩大会议召开，市委副书记、市政府党组书记贠建民主持会议并讲话，常务副市长李银，副市长黄继宗，秦华，白振海，周继军，市长助理沈结苟，市政府秘书长贺建宏出席，副市长辛刚国列席。

是日，市宣传部长黄正军主持召开市委宣传部干部职工会议，传达学习三届市委常委会第57次会议精神，安排部署当前和下一步工作。

是日，省科协副主席陈炳东带领考核组对我市全民科学素质建设工作和省科协部署的“两行动两建设”进行全面检查考核。副市长辛刚国主持召开汇报会，市科协负责人就我市今年的科协工作及2015年工作要点作了汇报。

13—14日 省卫生计生委副主任王晓明，副巡视员王坤带领考核组，深入我市市直单位和庆城县镇原县部分卫生计生单位，就今年各项重点工作目标任务完成情况进行督导考核。14日下午，副市长辛刚国主持召开汇报会。市计委主任汇报了全市卫生和计划生育工作情况。市财政、民政、人社、扶贫、住建、妇联、公安等部门相关负责人发言。

14日 市委书记栾克军到市人大、市政协调研。市人大常委会主任付振伟，市政协主席张文礼，市委秘书长闫晓峰参加调研。

是日，市安委会2014年度第四次全体会议暨全市安全生产电视电话会议召开。市委副书记、市政府党组书记贠建民出席会议并讲话。市政法委书记 董建镇主持会议，常务副市长李银，副市长黄继宗、周继军出席，副市长白振海通报全市1至10月份安全生产工作。

是日，市政法委书记董建镇主持召开市委政法委干部职工会议，专题学习三届市委常委会第57次会议精神，安排部署当前政法综治维稳工作。

是日，市纪委书记李学宏主持召开市纪委监察局干部职工会议，专题学习三届市委常委会第57次会议精神，安排部署党风廉政建设工作。

是日，陕甘两省子午岭护林联防委员会第56届会议在宁县召开。国家林业局驻西安专员办党组成员、副巡视员王彦龙，省防火办主任洪涛出席会议并讲话。庆阳市副市长秦华出席会议并致开幕词，咸阳市副市长蔡葵出席会议。

16日 全市羊产业发展暨赛羊大会在庆城县驿马镇举行。会议总结全市羊产业发展经验，展示羊产业发展成果，表彰全市羊产业发展先进典型。市委书记栾克军和兰州军区原副司令员、省老促会会长陈秀中将出席大会并讲话。市委副书记、市政府党组书记贠建民主持会议并讲话。秦华通报全市羊产业发展情况。市人大常委会主任付振伟，省农牧厅副巡视员程浩明，市政法委书记董建镇，西峰区委书记章志兼，市委秘书长闫晓峰，市人大常委会副主任雷沫里，市政协副主席窦宏邦，市政府秘书长贺建宏，及市老促会会长、庆阳军分区原司令员曹昌俊，市老促会副会长、市人大常委会原副主任张甫虎等出席会议。会上，表彰奖励全市羊产业发展突出贡献者、100名养羊能手、50名羊产业优秀科技人员、十佳养羊场、十佳养羊乡镇。会前，与会人员现场观摩庆城县胜泰畜牧养殖合作社、庆城县驿兴养殖农民专业合作社及参加赛羊大会及新品种展示的羊只、羊系列产品、地方特色农产品、草畜产业生产加工机械设备。

17日　市委书记栾克军，市委副书记、市政府党组书记贠建民到华池县南梁镇、环县曲子镇调研党风廉政建设“两个责任”落实情况并召开座谈会。市纪委书记李学宏，市委秘书长闫晓峰及市政府秘书长贺建宏一同调研并参加座谈会。

是日，常务副市长李银在庆城县调研甘肃东部百万亩土地整治重大项目实施情况。

是日，政法委书记董建镇到合水县村组、社区、企业和农村道路安全管理中队，督查调研平安建设、社会稳定风险评估、社会重大矛盾和信访案件排查化解、禁毒、油区治安管理等政法各项工作落实情况及安全生产大整治百日行动进展情况。

是日，副市长秦华在全市护林防火暨林业公租房建设工作会议上强调，要用心尽力，靠实责任，细致工作，坚决落实护林防火各项措施，全面完成林业公租房年度建设任务。

17—18日　全市农村土地流转及确权登记试点工作推进会在西峰、宁县召开。副市长秦华出席并讲话，市长助理沈结苟主持。

17—19日　全省道路交通安全综合整治工作第四督导组，深入我市西峰区、正宁县、宁县、华池县的基层单位，详细了解了我市道路交通安全综合整治活动开展情况。20日，召开了全省道路交通安全综合整治督查庆阳汇报会。省安监局总工程师吕世基及第四督察组成员出席会议，副市长周继军主持会议。市直有关部门负责人参加会议。

18日　省委宣讲团党的十八届四中全会精神宣讲报告暨市委中心组学习会议举行。栾克军主持会议并讲话。省委讲师团团长、省宣传干部培训中心和省理论教育信息中心主任、研究员白坚作辅导报告。全体市级领导，市委各部委、市直各部门、各群众团体、中省驻庆有关单位主要负责人聆听报告。

是日，“红色胜地·魅力庆阳”全国摄影大展在我市开展，同时举行“红色胜地·魅力庆阳”全国摄影大赛获奖作者颁奖仪式，甘肃省摄影家协会主席、省人大常委会原副主任李膺宣布开展，市委书记栾克军出席开展仪式并向获奖作者颁奖，市委副书记、市政府党组书记贠建民出席开展仪式并致辞。中国摄影家协会副主席王达军讲话，市宣传部长黄正军主持开展仪式，市委秘书长闫晓峰，副市长周继军，市政协副主席郭晓霞出席开展仪式。中国摄影家协会向我市颁授“中国摄影创作基地”牌。

是日，市三届人大常委会第十五次会议召开。市人大常委会主任付振伟主持会议，市人大常委会副主任刘至祥、吴秉儒、雷沫里、郭文奎及秘书长蔡森贵出席会议。常务副市长李银，市检察院检察长田金及市直有关部门负责同志列席会议。会议决定接受栾克军同志辞去庆阳市人民政府市长职务的请求，并报庆阳市第三届人民代表大会第五次会议备案；决定任命贠建民同志为庆阳市人民政府副市长、代理市长，朱国庆同志为庆阳市人民政府副市长；表决通过了桂泽发、蒋杨贵同志辞去庆阳市人民政府副市长职务请求；表决通过了郭亚宁同志辞去庆阳市第三届人民代表大会常务委员会委员职务请求。

是日，市委宣传部召开全市党的十八届四中全会精神宣讲动员会议。市宣传部长黄正军出席会议并讲话。

18—20日　市政法委书记董建镇到宁县、正宁县、镇原县督查调研政法综治（平安建设）、信访和安全生产工作。

是日，市纪委书记李学宏主持召开专题会议，听取市纪委和市直相关部门就省上“双审”反馈的有关问题调查情况汇报。

18—30日　市组织部长周普生先后到市直有关部门调研机关党建和干部管理工作。

19日　常务副市长李银主持召开全市为民办实事工作汇报促进会。

是日，市社科联一届二次全委会暨第二届社科优秀成果表彰奖励会议召开。市宣传部长黄正军出席会议并讲话，副市长周继军主持会议。

是日，副市长秦华带领市人大常委会代工委和农牧畜牧督查考核等部门负责人深入环县，现场办理市人大三届四次会议上环县代表团提出的第94号“关于扶持环县肉羊产业发展”的建议。

20日　副市长辛刚国，市政协副主席黄国锋带领市政府办、市政协提案委相关负责人和部分政协委员来到西峰区，现场办理市政协三届三次会议108号“关于加强社区体育设施维修”的提案。

是日，副市长秦华深入环县、庆城县调研时强调，要全力抓好苗林产业培育和护林防火工作，为庆阳绿色崛起提供保障。

是日，副市长白振海深入西峰区、宁县、正宁县部分乡镇，实地调研农村公路建设工作情况。

是日，全省禁毒工作考核庆阳汇报会召开。副市长周继军主持会议。省禁毒委考核组组长杨海峰，成员孙靖祺参加会议。

21日　市委书记栾克军，代市长贠建民与长庆油田公司总经理、党委副书记、长庆石油勘探局局长杨华，长庆油田公司党委书记、纪委书记、工会主席、副总经理冯尚存一行举行会谈，双方就加快陇东油区争储上产和“气化庆阳”步伐、加强和谐模范油区建设、深化地企深度融合发展等进一步达成共识。市人大常委会主任付振伟，市委秘书长闫晓峰，副市长白振海及长庆油田公司副总经理兼安全总监杨再生、副总经理张明禄参加会谈。

是日，我市一般转较大食品安全事故应急演练活动在西峰区温泉初中举行。副市长辛刚国观摩活动并讲话。

是日，副市长白振海在工交口各单位落实“两个责任”约谈。

21—22日　国家能源局甘肃省能源监管办副专员、全国煤炭建设秩序专项监管第七督查组组长顾平安带领督查组前来我市，就庆阳煤炭建设秩序专项监管工作进行了督查。督查组一行先后深入宁县新庄煤矿、正宁核桃峪煤矿和环县刘园子煤矿，通过现场查看、查阅资料、听取汇报等方式，对我市煤炭建设秩序专项监管工作进行了深入细致的了解。22日下午，督查组在庆阳宾馆召开座谈会，副市长白振海出席会议并介绍了我市煤炭资源开发和煤炭建设秩序专项监管工作进展情况。

22日　代市长贠建民到镇原县调研特色产业发展、美丽乡村建设、县城开发及小城镇建设等工作。

23日　代市长贠建民到宁县调研能源资源开发、特色产业发展等工作。

24日　市纪委书记李学宏主持召开纪检监察重点工作巡回展览部署安排会。

25日　省委组织部部务委员马晓晴带领工作组到我市检查。市委书记栾克军，市组织部长周普生陪同。

是日，全市新闻宣传暨新闻阅评工作座谈会召开。市宣传部长黄正军出席会议并讲话。

是日，庆阳市民族宗教干部政策法规培训班在甘肃社会主义学院举行开班仪式。市委秘书长闫晓峰出席开班仪式并讲话。省民委党组副书记、副主任柴生祥，甘肃社会主义学院副院长满瑛出席开班仪式。

是日，甘肃元方实业集团有限公司与吉尔吉斯斯坦格拉夫股份有限公司签署战略合作备忘录，就元方集团并购吉尔吉斯斯坦格拉夫股份公司签订合同。吉尔吉斯斯坦农业部副部长阿斯里别克，庆阳市副市长周继军出席签约仪式。

25—29日　市人大常委会组织我市部分省、市人大代表，对我市重点项目建设进展情况进行视察。29日下午，视察组召开座谈会，听取了全市重点建设项目情况汇报。省市人大代表及有关围绕项目实施情况作了专题发言。市人大常委会主任付振伟，副主任吴秉儒、郭文奎，副市长黄继宗和市人大常委会秘书长蔡森贵参加视察活动。西峰区委书记章志兼参加了在西峰区的视察活动。

26日　市委书记栾克军到宁县调研基层党建工作和党的群众路线教育实践活动。市组织部长周普生一同调研。

是日，全市村级（社区）便民服务中心建设现场会在合水县召开，常务副市长李银出席会议并讲话。

26—27日　省旅游局副局长火玉龙带领督查组就我市华夏文明传承创新区建设情况进行现场督查。市宣传部长黄正军陪同督查并主持召开汇报座谈会。

27日　全市苗林结合培育工作现场会在庆城县召开。市委书记栾克军，代市长贠建民，市人大常委会主任付振伟出席会议并讲话。市政法委书记董建镇，市委秘书长闫晓峰，市政协副主席窦宏邦及市政府秘书长贺建宏出席会议。副市长秦华主持会议。会议交流苗林结合培育工作经验，宣读《庆阳市苗林结合培育行动纲领》，表彰奖励2014年度苗林结合培育先进单位、育苗大户、专业合作社及先进工作者。

是日，代市长贠建民到庆城县调研工业经济、特色农业、文化产业及县城开发建设情况。

是日，常务副市长李银主持召开全市土地矿产卫片执法监督检查警示约谈会，对土地违法违规问题比较严重的县区负责同志进行了约谈。

是日，全省环境保护大检查专项督查庆阳汇报会召开。省环保厅班子成员、省核安全局总共张波出席并讲话，副市长白振海主持。市环保局负责人汇报了我市环境保护大检查工作进展情况。

28日　代市长贠建民到正宁县调研经济社会发展情况。

是日，省红十字会秘书长袁博带领考核组就我市红十字会2014年度目标责任完成情况进行考核。副市长辛刚国主持召开汇报会。

29日　天水市委书记王锐带领党政考察团到镇原县、西峰区考察我市现代农业发展工作。市委书记栾克军，代市长贠建民，西峰区委书记章志兼，市委秘书长闫晓峰，副市长周继军及市政府秘书长贺建宏陪同考察。天水市委副书记、市政协主席宋尚有，天水市委常委、秦州区委书记张明泰，天水副市长王钧等参加考察。

是日，代市长贠建民到西峰区调研重点项目建设情况。西峰区委书记章志兼，市人大常委会副主任刘至祥参加调研。

30—3日　省委政法委副书记、省综治办主任牛纪南带领工作组考评我市政法综治维稳工作。市政法委书记董建镇陪同检查并汇报我市工作。

▲近日，全国离退休干部先进集体和个人表彰大会在北京召开，庆阳市委机关离退休干部党支部获“全国离退休干部先进集体”称号。

▲近日，在河南焦作市举办的第六届全国交通运输行业职业技能大赛中，庆阳公路管理局职工宏佳喜获得装载机组二等奖（全国第5名）、张志许获得挖掘机竞赛三等奖（全国第7名），甘肃代表队荣获团体第七名，并获优秀组织奖。

▲近日，华池县列宁学校荣获“全国教育系统先进集体”称号。

▲近日，我市西峰区恒发养殖协会、山庄乡玉米种植专业协会、正宁县老林果业专业技术协会、环县演武乡黄家山村养羊产业协会、庆城县桐川县果业协会、镇远县万鑫养殖协会、合水县固城乡蔬菜生产基地、西峰区南街办事处南苑路社区和西峰区温泉乡陇东学院农林科技学院张占军、庆城县赤城乡周庄村张庆安分别荣获2014年全国“基层科普行动计划”先进单位和个人。宁县南义乡苹果规范化产业基地荣获甘肃省“科普惠民兴村计划”奖。两个奖项共获奖补资金175万元。

▲近日，中国女网第七届中国家庭文化艺术节主题栏目公布了全国各地开展寻找最美家庭活动情况，我市5个家庭8副作品入选成果展示。

▲近日，省政府召开第四次全省自强模范暨助残先进集体和个人表彰大会，对评选出的“甘肃省自强模范”、“全省助残先进集体”等先进个人和单位进行了表彰奖励，我市11名个人、8家单位受到表彰。

▲近日，甘肃省“最美家庭”评选活动落下帷幕，华池县怀安乡宋嘴子村乡村医生杜玉铭家庭荣获甘肃省“最美热心公益家庭”荣誉称号。

▲近日，甘肃省第四届道德模范评选揭晓，我市华池县乔川乡铁角城村村民贺九华荣获“甘肃省第四届孝老爱亲道德模范”称号。

▲近日，省委决定追授赵培军同志“全省优秀共产党员”荣誉称号。

▲近日，第五届全省残疾人职业技能竞赛落幕我市荣获团体第一名。

十二月

1日　市委书记栾克军，代市长贠建民到省发改委、省交通厅、省环保厅汇报衔接有关工作。

是日，省委常委、省军区政委傅传玉赴华池县做学习十八届四中全会精神宣讲报告。市政法委书记董建镇，庆阳军分区司令胡泽，庆阳军分区政委黄书伴，庆阳军分区政治部主任顾伟出席报告会。

是日，副市长黄继宗参加全市易地扶贫搬迁项目工作推进会议。

是日，全市“十三五”规划编制工作启动会议召开，副市长黄继宗出席会议并讲话。

1—2日　天水、平凉、庆阳、定西、陇南五市工会重点工作督查汇报会在庆阳宾馆召开，会议总结交流五市工会工作进展情况，安排部署当前和今后一个时期全省工会工作。省总工会党组书记、常务副主席李学春出席并讲话。省总工会党组成员、副主席包俊宗主持。省总工会党组成员、经审会主任吴俏燕，市统战部长、市委秘书长、市总工会主席闫晓峰，陇南市人大常委会副主任、市总工会主席辛海生出席。天水、平凉、庆阳、定西、陇南五市总工会及部分县（区）总工会作了交流发言。

1—3日　省信访局督查专员史虎平带领督查组深入我市宁县，庆城县、华池县部分乡镇信访局和市信访局，就我市信访工作情况实地进行了督查检查。副市长周继军参加部分活动。

1—29日　市组织部长周普生先后到市委办、

市委宣传部、市政府办、市建设局、市教育局、市司法局等市直有关部门调研基层党建和干部工作。

2日　代市长贠建民到合水县调研。

是日，常务副市长李银主持召开全市2014年第三次农民工工资清欠工作联席会议。

是日，省民政厅党组成员、纪检组长窦原坪带领省民政厅年终考核评估工作组前来我市，就庆阳民政工作目标责任书和重点工作综合评估任务完成情况进行实地考核评估。市政法委书记董建镇主持召开汇报会，市民政局负责人汇报了全市民政工作完成情况。

是日，市纪委书记李学宏主持召开市纪委常委会议，专题传达学习全省市州纪委书记工作座谈会议精神。

是日，我市召开创建全国文明城市工作第五次推进会，贯彻落实第四届全国文明城市、文明村镇、文明单位和未成年人思想道德建设先进城市测评评选工作视讯会议精神，研究部署迎接中央文明办和省文明委的测评评选工作，对当前及今后的文明城市创建工作进行再安排、再部署。市宣传部长黄正军出席会议并讲话，副市长周继军主持，市政协副主席黄占俊出席。

2—3日　市委书记栾克军到省委、省委组织部汇报有关工作。

3日　市委书记栾克军在兰州参加省政府党组民主生活会意见征求会。

是日，代市长贠建民到华池县调研。

是日，代市长贠建民在庆阳宾馆会见了山西晋煤集团公司党委书记、董事长贺天才，双方就合水东至宁县北煤田煤气电化一体化开发、煤层气开发利用等合作事宜进行了会谈。副市长秦华、白振海，市政府秘书长贺建宏，晋煤集团副经理王毅、王保玉参加会见。

是日，全市办公室工作会议召开。市委秘书长闫晓峰出席会议并讲话。

是日，副市长黄继军带领市政府办、市招商局和相关企业负责人，赴广东省深圳市开展上门招商引资活动。

是日，省人大常委会法制工作委员会副主任许华带领调研组前来我市，赋予地方立法权有关问题进行专题调研。市人大常委会副主任吴秉儒主持召开座谈会。

3—5日　省司法厅副厅长牛兴全带领省司法厅考核组考核了我市司法行政工作。5日，副市长周继军主持汇报会，市司法局负责人向考核组汇报了2014年全市司法行政工作情况。

3—5日　副市长黄继宗带领我市相关中小企业负责人，赴香港参加国际中小企业博览会。

4日　市委全面深化改革领导小组第三次会议召开，传达学习中央全面深化改革领导小组第五、第六次会议和省委全面深化改革领导小组第四、第五次会议精神，听取六个专项小组工作汇报，审议《关于成立市委全面深化改革专家咨询委员会的意见》。市委书记栾克军主持会议并讲话，代市长贠建民，市人大常委会主任付振伟，市政协主席张文礼，常务副市长李银，市政法委书记董建镇，市宣传部长黄正军，市委秘书长闫晓峰，市组织部长周普生，副市长辛刚国、秦华、白振海、周继军，市政协副主席刘晓利出席。

是日，市人大常委会召开首个国家宪法日学习会议。市人大常委会主任付振伟主持会议并讲话，市人大常委会副主任雷沫里，秘书长蔡森贵出席。

5日　全市党的群众路线教育实践活动整改工作推进会召开，市委书记栾克军出席会议并讲话，代市长贠建民主持会议并讲话，市上领导付振伟、张文礼、李银、董建镇、黄正军、章志兼、闫晓峰、周普生、黄书伴、雷沫里、秦华、白振海、朱国庆、刘晓利、郭晓霞、黄国锋、黄占俊、窦宏邦、郑银生及老干部李翰林、郑恩田、曹光中、施万锐、马可阶出席。

是日，市政协党组书记、主席张文礼主持召开市政协机关干部职工会议，传达学习全市党的群众路线教育实践活动整改工作推进会精神，安排部署贯彻落实工作。市政协副主席刘晓利传达了市委书记栾克军，代市长贠建民重要讲话精神。市政协副主席郭晓霞、黄国锋、黄占俊、窦宏邦出席。

6日　市委书记栾克军主持召开市委常委会议，传达学习全省市州纪委书记工作座谈会议和平安中国建设工作会议精神，分析当前安全生产形势，研究部署全市安全生产、政法维稳和党风廉政建设等工作。贠建民、李银、董建镇、李学宏、黄正军、章志兼、闫晓峰、黄书伴出席。市人大常委会主任付振伟，市政协主席张文礼及副市长白振海、周继军，市中级人民法院院长任尔昕，市公安局长市政府党组成员、公安局局长郑银生列席。

是日，副市长黄继宗带领市政府办、市招商局和镇原县负责人，赴广东省珠海市与环保部有机食品发展中心珠海办公室负责人进行洽谈，双方就在庆阳建立有机食品生产加工基地达成了共识。

6—8日 省药监局副局长姚念文带领考核组对我市食品药品监管安全目标责任完成情况进行考核。副市长辛刚国陪同并主持召开汇报会。

7日 代市长贠建民到双联行动联系点环县环城镇张滩滩村、周塬村调研指导“双联”工作。

是日，“红色南梁·魅力庆阳”文艺晚会在市政府礼堂隆重举行。晚会由市委宣传部和市文广局主办，以传承和弘扬南梁精神，展示我市近年来新发展、新文化、新成就为主题。市宣传部长黄正军，西峰区委书记章志兼，市人大常委会副主任郭文奎，副市长黄继宗、白振海、周继军和上千名观众观看了晚会。

8日 副省长夏红民到双联行动联系点宁县调研“双联”工作。市委书记栾克军，市委秘书长闫晓峰参加调研，代市长贠建民，副市长秦华参加宁县“双联”行动协调推进会。

是日，市政府残疾人工作委员会召开工作会，要进一步靠实责任，加大力度，盯紧抓实，确保全面完成今年省政府下达的残疾人工作任务。副市长、市政府残工委主任周继军出席会议并讲话。市残联和各县（区）政府负责人分别通报了今年全市和各县（区）重点残疾人工作进展情况。

9日 省工商联党组副书记杨芳带领考核组，通过现场查阅资料和听取汇报等方式，对我市今年工商联目标责任、重大工作完成情况以及全省工商联基层组织建设经验交流会议精神贯彻落实情况进行了督查考核。副市长辛刚国主持召开汇报会。市工商联负责人汇报了今年全市工商联目标责任和重点工作完成情况。

是日，全市农村公路建设现场会在正宁召开，会议总结通报了全市农村公路建设情况，对当前和今后一个时期农村公路建设工作进行了安排部署。代市长贠建民出席会议并讲话，市政法委书记董建镇主持。

是日，副市长朱国庆参加全市打击和处理非法集资工作领导小组（扩大）会议。

9—10日 省公安消防总队副总队长张卫功带领省政府考核组，通过查阅市县两级消防安全资料台帐，实地抽查重点消防单位和场所消防设施建设、维护、保养和重大火灾隐患整改情况，对我市2014年消防工作目标责任书完成情况进行了考核。10日上午，副市长周继军主持召开汇报会。

9—11日 省档案局副局长王少华一行来我市检查考核档案工作。11日上午，副市长周继军主持召开汇报会。

9—13日 省政府办公厅副巡视员刘晓和带领省委省政府第二督查组，先后深入我市部分市直单位和西峰、环县、庆城、华池等县（区）及其所辖乡镇、社区，采取现场查阅资料、召开不同层次座谈会交流会等形式，对我市执行中央八项规定和省委“双十条”规定情况进行了全面督查。与此同时，省上还派出了暗访组对各地执行中央、省委规定情况开展暗访督查。10上午，在召开的全市座谈会上，市市纪委书记李学宏向督查组汇报了全市贯彻落实中央八项规定和省委“双十条”规定情况。

10日 我市举行市委常委、市政府副市长信访接待日活动。副市长朱国庆接待各类来访群众28批129人，其中现场答复协调办理8件，批示交办县（区）、部门办理20件。

11日 市委中心组专题学习会议召开，对党的十八届四中全会精神学习情况进行交流。市委书记栾克军主持会议、作交流发言并讲话。代市长贠建民，市人大常委会主任付振伟，市政协主席张文礼作交流发言。常务副市长李银，市委秘书长闫晓峰，庆阳军分区政委黄书伴，副市长辛刚国、黄继宗、白振海、周继军、朱国庆，市政协副主席黄占俊、窦宏邦参加学习会议。

是日，常务副市长李银主持召开全市经济体制和生态文明体制改革专项小组第二次会议。

是日，全市双联行动百日服务暨法律服务直通车活动启动会议召开，市政法委书记董建镇出席会议并讲话，副市长秦华主持会议。

是日，省政协副主席黄选平到西峰区调研双联工作，省政协委员工作委员会主任白星伟，省政协提案委员会副主任刘玉云，甘肃银行党委书记、董事长李鑫参加调研。西峰区委书记章志兼，市政协副主席刘晓利陪同调研。

12日 市政府三届第41次常务会议召开，研究加强水资源管理、动物防疫体系建设、小康社会建设、农业机械化发展、水土保持生态建设和深化公立医院综合改革等工作，审定《庆阳市古树名木保护办法》、《庆阳市现代大型农机发展规划》和《庆阳市农机专业合作社建设规划》等。代市长贠建民主持会议并讲话，常务副市长李银，副市长辛刚国、黄继宗、秦华、白振海、周继军、朱国庆出席会议。

是日，市政府与市总工会举行联席会议，听取2014年全市工会工作汇报，研究有关事宜。代市长贠建民主持会议并讲话。市委秘书长闫晓峰，副市长白振海出席会议。

13日　中央党校教务部副主任潘悦带领调研组就中国延安干部学院南梁教学基地建设、教学情况进行了实地调研。市组织部长周普生陪同调研。

15日　市政法委书记董建镇到西峰区督查调研2014年综治（平安建设）、维护稳定、执法监督、油区治安管理、禁毒、信访、安全生产和道路交通安全等工作。西峰区委书记章志兼陪同调研并参加汇报会。

是日，市组织部长周普生陪同省委组织部干部考察组参加环县领导干部大会。

15—17日　市委书记栾克军，代市长贠建民赴中石油集团、华能集团、大唐集团，先后与中石油集团总经理廖永远、炼化与石化分公司书记杨继刚，华能集团党组书记、副总经理黄永达，华能集团副总经理张廷克、叶向东，大唐集团董事长、党组书记陈进行，大唐集团副总经理王森等，对有关项目和重点工作进行衔接沟通和洽谈交流，并就进一步深化合作、促进地企发展达成良好共识。市委秘书长闫晓峰，副市长黄继宗、白振海参加。

16日　岐黄书画院举办的庆祝建国65周年暨陕甘边区苏维埃政府成立80周年—“共筑中国梦·翰墨书豪情”书画展在市博物馆开展。市人大常委会主任付振伟宣布开展，市政协主席张文礼，市政协副主席吴秉儒、窦宏邦，市长助理沈结苟及老干部蒋占全、李翰林、张甫虎出席开展活动，市宣传部长黄正军出席并讲话，原庆阳地区人大工委主任、市岐黄文化研究会名誉会长、岐黄书画院院长薛亮云致辞。

是日，全市突出社会矛盾和信访问题集中排查化解工作会议召开，市政法委书记董建镇出席会议并讲话，副市长周继军主持会议。

是日，市组织部长周普生到环县木钵镇宣讲十八届四中全会精神。

是日，副市长周继军、市政协副主席刘晓利带领相关部门负责人在西峰区现场办理了市政协委员118号提案。

16—17日　省国土资源厅纪检组长房和平带领考核组到我市，考核2014年国土资源目标任务完成情况。常务副市长李银陪同并主持召开汇报会。

17日　全市文化体制改革专项小组第二次会议召开。市委常委、宣传部长黄正军出席会议并讲话，副市长周继军主持会议。

17—20日　省环保厅副巡视员倪平带领省政府考核组深入我市部分县（区），通过翻阅资料和现场查看等方式，对我市环保目标责任书完成情况及环境保护大检查工作进展情况进行考核。20日上午，副市长白振海主持召开汇报会。

18日　省审计厅厅长武毅带领考核组考核我市审计工作目标管理责任完成情况，常务副市长李银主持召开汇报会。

是日，华池县党政主要领导干部经济责任履行和机构编制管理情况审计进点会议召开，省审计厅厅长武毅和市委常委、常务副市长李银出席会议并讲话，省编办副巡视员刘顺良主持会议。

是日，全市重点工作宣传座谈会召开，市宣传部长黄正军主持会议并讲话。

是日，全市行政执法与刑事司法衔接工作第四次联席会议召开。副市长周继军出席并讲话，市人民检察院检察长田金主持。

是日，省地方史志办公室副主任李振宇带领考核组，通过现场查阅县（区）地方志资料和听取汇报的方式，对我市今年地方志编纂及完成情况进行了考核。副市长辛刚国主持召开汇报会。

是日，省气象局副局长张强带领考核组对我市气象灾害防御任务完成情况进行了考核。市长助理沈结苟主持召开考核汇报会。

是日，市政协副主席黄占俊在耿湾乡宣讲党的十八届四中全会精神，并走访慰问了双联点耿湾乡张台村的“双联”户。

19日　环县党政主要领导干部经济责任履行和机构编制管理情况审计进点会议召开，省审计厅厅长武毅和市委常委、常务副市长李银出席会议并讲话，省编办副巡视员刘顺良主持会议。

是日，市政法委书记董建镇主持召开社会体制改革专项小组工作会议，市检察院检察长田金，市政府党组成员、公安局局长郑银生出席。

是日，全市贯彻执行中央“八项规定”和省委“双十条”规定以及市委常委会《关于改进工作作风、密切联系群众的实施细则》落实情况督查汇报会召开，市委秘书长闫晓峰主持会议并讲话。

21—22日 省农牧厅农机局副局长贾怀德带领考核组来我市，对2014年全市道路交通安全工作目标责任完成情况进行考核。21日上午，市政法委书记董建镇主持召开汇报会。

22日 全省旅游发展大会在兰州召开，市委书记栾克军，代市长贠建民参加会议。

是日，韩国驻西安总领事全哉垣到我市访问，常务副市长李银陪同。

是日，全省公安交通管理体制改革工作视频会议召开，市政法委书记董建镇，市政府党组成员、公安局局长郑银生在庆阳分会场参加会议。

是日，市政法委书记董建镇到庆城县庆城镇宣讲党的十八届四中全会精神。

是日，市政协主席张文礼前往正宁县双联点，实地查看永正乡南住村道路硬化、豁口洼移民搬迁工程，苹果栽植、苗林结合示范基地建设等扶贫项目实施、增收产业培育情况，并与帮联户谈产业，话增收，理项目，拉家常。

是日，我市2014年县（区）统战工作考评汇报会召开，会议总结了今年以来统战各项工作，谋划2015年统战工作。市委秘书长闫晓峰出席并讲话。

是日，市委统战部在西峰基督教堂举行庆阳市宗教活动场所图书捐赠仪式，市委秘书长闫晓峰出席。

23日 庆阳市老区建设促进会第四届理事会第一次会议召开，市政法委书记董建镇出席会议并讲话，副市长秦华主持会议。

是日，中国少年先锋队庆阳市第二次代表大会召开，市委常委、政法委书记董建镇，市人大常委会副主任雷沫里，副市长白振海，市政协副主席郭晓霞出席会议。

是日，市委常委、庆阳军分区政委黄书伴到正宁县西坡乡宣讲党的十八届四中全会精神，并走访慰问“联村联户•为民富民”户。

24日 市委书记栾克军到宁县焦村镇，向镇、村、组全体干部和部分党代表、人大代表、政协委员、群众代表宣讲党的十八届四中全会精神。市委秘书长闫晓峰参加宣讲活动。

是日，代市长贠建民到长庆油田衔接地企合作有关事宜。副市长白振海参加。

是日，庆阳市青年联合会第二届委员会第一次全体会议在庆阳宾馆礼堂召开。市政法委书记董建镇出席开幕式并讲话，市人大常委副主任雷沫里，副市长周继军，市政协副主席郭晓霞出席。

是日，由甘肃长盛文化传播有限公司镇原分公司与北京欢欢喜喜影视文化传播公司联合摄制，镇原县委宣传部、西峰区委宣传部协助拍摄的喜剧电影《闯入迷宅》，横店电影城举行首映仪式。市宣传部长黄正军，市人大常委会副主任雷沫里，市政协副主席郭晓霞出席首映式并观看电影。

25日 庆阳市“迎元旦”西峰城区健康跑暨干部职工运动会举行，市委书记栾克军宣布健康跑比赛开始，代市长贠建民鸣枪发令。随后，市上领导栾克军、贠建民、付振伟、张文礼、黄正军、章志兼、闫晓峰、黄书伴、辛刚国、任尔昕等，与来自中省驻庆单位、公安武警系统、市直区直单位及学校的58个代表队12000余人参加健康跑活动。

是日，市委书记栾克军到镇原县带案下访，面对面倾听群众诉求，协商解决办法，处理信访积案，化解矛盾纠纷。市委秘书长闫晓峰参加。

是日，市政府三届第42次常务会议召开，审议《关于加快推进养老服务业发展的实施意见》、《庆阳市城乡医疗救助办法（修订稿）》和《关于继续实施“1+9”规划促进少数民族乡村加快发展的意见》。代市长贠建民主持会议并讲话，常务副市长李银，副市长辛刚国、黄继宗、秦华、白振海、周继军、朱国庆参加会议。

是日，市纪委书记李学宏到西峰区董志镇宣讲党的十八届四中全会精神。西峰区委书记章志兼主持宣讲报告会。

是日，副市长白振海主持召开非法超限超载货运车辆治理领导小组扩大会议，贯彻落实全省非法超限超载货运车辆治理工作动员视频会议精神，分析研究当前治超工作形势，安排部署下一阶段工作。

是日，市直卫生计生系统在市政府礼堂举办了“一切为了群众健康”迎新年文艺汇演。市人大常委会副主任雷沫里，副市长辛刚国，市政协副主席郭晓霞与近千名市民共同观看了演出。

25—27日 省安监局副局长苟小弟带领省政府考核组，考核我市2014年度安全生产目标责任书完成情况。27日下午，召开考核汇报会，市政法委书记董建镇主持会议，副市长白振海汇报全市安全生产工作情况。

26 日　全市公安交警管理体制改革工作会议召开。市政法委书记董建镇主持会议，副市长周继军出席会议并讲话。

是日，市宣传部长黄正军到华池县柔远镇李庄村、悦乐镇肖掌村调研双联工作。

是日，市宣传部长黄正军到华池县柔远镇宣讲党的十八届四中全会精神。

是日，西峰区委书记章志兼到西峰区温泉乡宣讲党的十八届四中全会精神。

是日，市委秘书长闫晓峰到正宁县五顷塬回族乡宣讲党的十八届四中全会精神。

26—27 日　省发改委副巡视员曹力耕带领省政府考核组来我市，深入庆城县、合水县、西峰区通过实地查看、翻阅资料、听取汇报等方式，对我市保障性安居工程建设目标责任完成情况、廉租住房租凭补贴发放情况和共有产权管理情况、资金土地落实情况、项目工程质量监管情况、审计问题整改落实情况、住房公积金目标任务落实情况进行了考核检查。26 日上午，副市长黄继宗主持召开考核汇报会。

27 日　市组织部长周普生深入环县木钵镇，宣讲党的十八届四中全会精神。

27—28 日　省委十二届九次全委扩大会议暨全省经济工作会议在兰州召开，市委书记栾克军，代市长贠建民参加会议。

29 日　全省党政主要领导述纪述廉述作风会议在兰州召开，市委书记栾克军，代市长贠建民参加会议。

是日，全省领导干部警示教育大会在兰州召开。市委书记栾克军，代市长贠建民，市纪委书记李学宏在兰州主会场参加会议，市人大常委会主任付振伟，常务副市长李银，市政法委书记董建镇，市委秘书长闫晓峰，市组织部长周普生等在我市分会场参加会议。

是日，常务副市长李银到合水县何家畔乡宣讲党的十八届四中全会精神。

是日，副市长白振海赴华池县五蛟乡，向干部群众宣讲党的十八届四中全会精神。

是日，副市长秦华赴庆城县玄马镇，向镇村干部群众宣讲党的十八届四中全会精神。

30 日　甘肃省华夏文明传承创新区协调推进领导小组第二次（扩大）会议在兰州召开，市委书记栾克军，代市长贠建民，市宣传部长黄正军参加会议。

是日，甘肃省委议军会议在兰州召开，市委书记栾克军，代市长贠建民参加会议。

是日，市委书记栾克军，代市长贠建民到省发改委汇报衔接银西铁路设计方案有关工作。

是日，代市长贠建民在兰州与省扶贫办党组副书记、副主任任燕顺就加快我市扶贫攻坚工作进行座谈。

是日，全市安全生产大整治百日攻坚行动总结会议召开，市政法委书记董建镇主持会议，副市长白振海出席会议并讲话。

是日，市委组织部、市委统战部党外干部工作联席会议召开。市委秘书长闫晓峰主持会议，市组织部长周普生出席会议并讲话。

是日，中国甘肃・北石窟寺镇原文化生态旅游区《总体规划》和《核心区修建性详细规划》意见征求会召开。市人大常委会副主任吴秉儒讲话，副市长周继军主持，市政协副主席郭晓霞出席。

31 日　甘肃省国防动员委员会第六次全体（扩大）会议在兰州召开，代市长贠建民参加会议。

▲近日，在中央民族工作会议暨国务院第六次全国民族团结进步表彰大会上，市委统战部常务副部长、市民族宗教局局长石建洲获“全国民族团结进步模范个人”荣誉称号。

▲近日，中国建筑业协会召开全国建筑业先进企业、优秀企业家、优秀总工程师表彰大会，庆阳市陇东建筑工程有限公司董事长左振银榜上有名，获“优秀企业家”称号。

▲近日，国家质检总局公布了 2014 年国家级出口食品农产品质量安全示范区名单，我市获批国家级出口食品农产品质量安全示范区。

▲近日，“信合杯”第四批甘肃省“最美人物”发布。《陇东报》报道的环县一中学生梁维月荣获“最美人物”称号。

▲近日，省委、省政府表彰奖励了近两年来涌现的 3 名全省见义勇为英雄、2 个全省见义勇为先进集体、14 名全省见义勇为先进分子。我市宁县湘乐镇瓦窑村人、兰州理工大学技术工程学院学生樊佳和镇原县屯字镇中心卫生院医生刑东敏分别荣获“甘肃省见义勇为先进分子”称号，并分别获得 3 万元奖金奖励。

▲近日，“甘肃银行杯”陇原“最美驾驶人”评选结果揭晓。我市客车司机文红喜荣获陇原“最美

驾驶人”称号。

▲近日，由庆阳市公安局交警支队表演的《风雨交警》、华池县公安局表演的南梁说唱《警民一家亲》，获全省公安系统文艺调演金奖。

（庆阳市档案局　供稿）

庆阳概况

【现任主要领导】

中共庆阳市委书记：　栾克军
庆阳市人大常委会主任：　付振伟
庆阳市人民政府市长：　贠建民
政协庆阳市委员会主席：　张文礼
中共庆阳市纪律检查委员会书记：　李学宏

【建制历史】庆阳是华夏文明的发祥地之一。夏商时代属唐虞雍州之域，周先祖后稷子不窋所居，号北豳。春秋时为义渠戎国，秦始皇改置北地郡，汉晋沿袭。北朝魏置朔州，后周复废。隋文帝开皇初置合州镇，公元596改置庆州，炀帝大业间，改置弘化郡。唐高祖武德初复置庆州，玄宗天宝初改置安定郡，肃宗至德间改置顺化郡，乾元初复为庆州。五代梁改置武静郡。宋初置庆州团练，英宗治平间（公元1064年）改置环庆路，宣和间（公元1125年）置庆阳府。“庆阳”地名乃见史册。金初复改置安国郡、安定节度，皇统二年（公元1142年）设庆原路。元、明增设庆阳卫，沿用庆阳府。清归并郡县，民国二年（公元1913年）废府制，归属陇东道；十六年（公元1927年）废道，改隶泾原行政区；二十四年（公元1935年）在西峰设甘肃第三区行政督查专员公署。解放后，成立庆阳专员公署，1955年并入平凉专员公署，1962年恢复庆阳专员公署，1968年改名为庆阳地区革命委员会，1978年改为庆阳地区行政公署，2002年撤地设市。

【地理位置】 庆阳市位于甘肃省东部，习称“陇东”。地处东经106º20′—108º45′与北纬35º15′—37º10′之间。东接陕西省的宜君、黄陵、富县、甘泉、志丹等县；北邻陕西省吴起、定边及宁夏回族自治区的盐池县；西与宁夏的同心、固原县接壤；南与本省的泾川县及陕西的长武、彬县、旬邑县相连。南北长2 07公里，东西跨208公里，总面积27119平方公里。辖庆城、环县、华池、合水、正宁、宁县、镇原7县和西峰区，116个乡(镇)，3个街道办事处，58个社区。

地形北高南低，海拔在885—2082米之间，中南部为黄土高原沟壑区，北部为黄土丘陵沟壑区，东部为黄土丘陵区；山、川、塬兼有，沟、峁、梁相间，高原风貌雄浑独特。全境有10万亩以上大塬12条。董志塬面积为136.47万亩，平均海拔1421米，平畴沃野，一望无垠，是世界上面积最大、土层最厚、保存最完整的黄土塬面，堪称“天下黄土第一塬”。地处东南部的子午岭，林木茂密，水草丰盛，其470多万亩次生林，为植被最好的水源涵养林，有“天然水库”之美誉。国道211、省道202两条主干线纵贯南北，国道309、省道303线横穿东西，构成“两纵两横”公路主骨架，国家高速G22庆阳段建成通车并连接G70，使庆阳从南到东并入国家高速路网。庆阳机场航站楼主体工程完工，开通了庆阳至上海、银川新航线。银西铁路获得国家批复，甜罗高速公路可研上报国家发改委、交通运输部待批。全市交通基础设施日益完善。

【气候气象】庆阳市为大陆型气候，四季分明，降雨量南多北少，2014年全市年平均降水量517.7～736.1mm，与历年同期相比，环县、华池偏多，其余正常。年平均气温8.8～10.4℃，与历年同期相比，西峰、宁县偏高，其余正常。年日照时数为2068.9～2460.9小时。

【自然资源】庆阳市属黄河中游黄土高原沟壑区，四周高而中间低，有“陇东盆地”之称。全市有董志、早胜、宫河、平泉、新集、孟坝、屯字、西华池、盘克、临泾、春荣、永和等12条较大塬面，总面积27万公顷，是农作物主产区。市内有马莲河、蒲河、洪河、四郎河、葫芦河5条河流，较大的支流有27条。年平均总流量为26.7立方米

/秒，总径流量 8.43 亿立方米。全市地下水静储量约 43.39 亿立方米，动储量 3714 万立方米。

庆阳能源富集、物产丰富。庆阳是甘肃的石油天然气化工基地、长庆油田的主产区。已探明油气总资源量40亿吨，占鄂尔多斯盆地总资源量的41%，其中石油地质储量 16.2 亿吨。2014 年陇东能源基地开发规划和“两个千亿级产业链”建设方案分别获得国家能源局和省政府批复，油气开发再上台阶，原油产量达到 722.9 万吨、加工量 330.4 万吨，庆阳石化 600 万吨炼油升级改造和天然气综合利用项目稳步推进。庆阳煤藏覆盖全市，煤炭开发步伐加快，3 个区块完成普查、详查；刘园子煤矿建成投产，产煤 50 万吨；核桃峪煤矿“四井”贯通，甜水堡 2 号矿井即将建成；新庄、马福川 2 个矿井和正宁电厂获得国家发改委核准，环县电厂已列入省内火电建设规划。风电基地建设快速推进，毛井一期 40 万千瓦项目即将建成，毛井二期 40 万千瓦和甜水堡、紫坊、乔河 3 个 5 万千瓦项目取得“路条”。

庆阳素有“陇东粮仓”之美誉，盛产小麦、玉米、油料；荞麦、小米、燕麦、黄豆等特色小杂粮久负盛名，备受推崇。

庆阳地处全国苹果生产最佳纬度区，是农业部确定的西北黄土高原苹果优生带。红富士苹果、曹杏、黄柑桃、九龙金枣倍受消费者青睐。庆阳是甘肃优质农畜产品生产基地，早胜牛、环县滩羊、陇东黑山羊、羊毛绒等大宗优质农牧产品享誉国内外。庆阳是全国规模最大的白瓜籽仁加工出口和杏制品加工基地，是全国品质最优、发展面积最大的黄花菜基地，是国家有关部门和单位命名的“中国优质苹果之乡”、“中国黄花菜之乡”、“中国小杂粮之乡”和“中国杏乡”。庆阳还是中医药之乡，产有甘草、黄芪、麻黄、穿地龙、柴胡等 300 多种中草药，其中 69 种已列入《中华人民共和国药典》。

【民俗文化】庆阳市民俗文化源远流长，博大精深，风格鲜明，自成体系。在历史变迁过程中，保存完好并具有很强生命力的庆阳民俗文化资源艺术形式主要有香包、刺绣、民间剪纸、皮影、雕塑、石刻、草编、纸扎等工艺美术系列和陇东秧歌、道情（陇剧）、传统社火、地坑窑洞、婚丧习俗等，其黄土风情在全国独树一帜。

庆阳民歌享誉“黄土歌魂”。唱遍全国的《咱们的领袖毛泽东》、《绣金匾》、《军民大生产》等红色歌曲，是当地孙万福、汪庭有等农民歌手的佳作。评剧戏曲片《刘巧儿》，是依据陕甘宁边区时期我市华池县青年农民封芝琴争取婚姻自主的真实故事而创作的艺术精品。在陇东道情的基础上长期孕育而诞生的陇剧，堪为新中国剧苑的奇葩。庆阳剪纸巧夺天工，成为传承人类文明、解读远古文化的珪璧。以香包为代表的民间刺绣，文化底蕴深厚，蜚声四海。庆阳已被中国民俗学会命名为“周祖农耕文化之乡”、“香包刺绣之乡”、“徒手秧歌之乡”、“民间剪纸之乡”、“窑洞民居之乡”、“荷花舞之乡”和中国民间民俗文化调研基地。环县被命名为“皮影道情之乡”。道情皮影、香包刺绣、唢呐进入全国第一批非物质文化遗产保护名录。在 2004 年中央电视台和央视国际网络共同组织的西部名城评选活动中，庆阳荣获“最具艺术气质的西部名城”殊誉。

【古代遗址】国家重大考古发现的“环江翼龙”和“黄河古象”古生物化石，均发掘于庆阳境内。标志中国旧石器时代肇始的华夏第一块旧石器，出土于华池县赵家岔。具有重大文物价值的境内新石器时代的仰韶、齐家文化遗址和历代古建筑、石刻、墓葬及古生物化石点有近千处。战国秦长城在华池、环县、镇原三县均有遗存。秦直道沿子午岭穿越正宁、宁县、合水、华池四县。开凿于北魏永平二年的北石窟寺为甘肃四大石窟之一。庆阳钟灵毓秀，名人辈出。东汉思想家王符的《潜夫论》、西晋学者傅玄的《傅子》和明代文学家李梦阳的《空同集》，在中国思想史、文学史上都具有重要影响。

【红色旅游】庆阳是甘肃唯一的革命老区。1927 年，中国共产党在宁县建立了甘肃第一个农村党支部。1931 年，刘志丹等建立了西北较早革命武装——南梁游击队。1934 年，以刘志丹、谢子长、习仲勋等革命早期领导人创建了西北最早的陕甘边区苏维埃政权——南梁政府。以南梁为中心的陕甘边根据地是我党在第二次国内革命战争时期“硕果仅存”的革命根据地，后与陕北革命根据地连成一片，形成的西北革命根据地，为长征红军和党中央提供了落脚点和抗日战争的出发点。陕甘宁边区时期，毛泽东主席为原陇东地委书记马文瑞、专员马锡五、华池县长李丕福分别题词：“密切联系群众”、“一刻也离不开群众”、“面向群众”，为中国共产党群众思想路线的形成与践行奠定了指导方针。现存的华池“南梁政府”旧址、环县河连湾陕甘宁省委省政府旧址、山城堡战役等革命遗址，是国家、省、市分别确定的爱国主义和革命传统教育基地。在血与火的斗争中铸就的庆阳老区精神，是我们宝贵的思想财富。近年来，市、县将南梁革命纪念馆、列宁小学、陕甘边区军委、苏维埃政府旧址、中国人民抗日军政大学七分校校部旧址和大凤川军民大生产基地旧址整体修复开发，建成国家AAA级红色旅游景区，对开发红色旅游产业，建设社会主义精神文明具有深远的历史意义。2011年11月12日，庆阳市比评为“中国红色文化休闲名城和中国十大特色休闲城市”。

【人　口】2014年末全市总人口264.56万人，常住人口222.35万人，比上年末增加0.08万人（常住人口中当年净流出1.51万人），其中城镇人口70.15万人，城镇化率31.55%。全年出生人口3.02万人，出生率为13.61‰；死亡人口1.43万人，死亡率为6.45‰；自然增长率为7.16‰。

【经济发展】去年以来，面对复杂多变的国际国内形势和艰巨繁重的改革发展任务，全市上下在市委、市政府的坚强领导下，深入贯彻党的十八大、十八届三中、四中全会和中央、全省经济工作会议精神，牢牢把握稳中求进总基调、总要求、总方略，攻坚克难、综合施策，在全国、全省经济发展进入新常态的大背景下，取得了经济稳健增长、民生持续改善、社会和谐稳定、发展后劲增强的良好成效。

2014年，全市经济总量持续扩大，完成生产总值668.86亿元，增长10.2%（按可比价算，下同）。其中：第一产业增加值77.74亿元，增长5.7%，对经济增长的贡献率为6.0%，拉动GDP增长0.61百分点；第二产业增加值399.79亿元，增长11.6%，对经济增长的贡献率为68.6%，拉动GDP增长6.99百分点；第三产业增加值191.33亿元，增长8.9%，对经济增长的贡献率为25.4%，拉动GDP增长2.6个百分点。

——粮食生产喜获丰收，特色产业成效显著

2014年，全市上下认真贯彻落实中央、省、市委一号文件精神，积极探索农业发展机制模式，统筹推进农村基础设施建设、扶贫开发和重点产业培育，全市农业农村经济保持了持续健康发展的良好势头。一是积极顺应市场预期调整种植结构。全市农作物播种总面积990.47万亩，增加1.57万亩，增长0.2%，种植结构不断优化。一方面，粮食作物面积稳定增长，达到704.27万亩，增加7.62万亩，增长1.1%。夏粮186.57万亩，下降0.1%；秋粮517.7万亩，增长1.5%。其中：玉米326.94万亩，增长10.9%。在粮食作物内部的夏秋种植比由上年的26.8：73.2调整为26.5：73.5。另一方面，经济作物面积下降，共播种各类经济作物286.2万亩，下降2.1%，粮经结构由上年的70.4：29.6调整为71.1：28.9。二是粮食产量创历史新高。随着旱作农业技术推广成效显现，加之良好的气象气候条件，全年粮食总产量164.23万吨，创历史新高，比上年增产5.28万吨，增长3.3%。其中，夏粮总产量40.88万吨，增加6.86万吨，增长20.2%；秋粮总产量123.36万吨，减产1.57万吨，下降1.3%。三是特色产业培育取得新成效。全市玉米播种面积326.94万亩，增加32.22万亩，增长10.9%；蔬菜效益持续向好，蔬菜面积124.09万亩，增加1.82万亩，增长1.5%，蔬菜总产量87.27万吨，增长7.1%；苹果产业规模不断扩大，效益节节走高，全年水果产量65.05万吨，增长12.5%；肉、蛋、奶产量分别比上年均有所增长。苗林产业发展看好，经济效益初步显现，全年育苗面积3.74万亩，增长3.0%；当年造林面积84.78万亩，增长120.4%。四是畜牧业生产形势看好。随着示范引导、扶贫攻坚和“双联”行动支持力度加大，全市养殖业呈现较快发展的良好势头。大牲畜存栏63.83万头，增长4.9%，其中，牛存栏38.56万头，增长5.2%；牛出栏16.55万头，增长5.1%。猪存栏42.56万口，增长1.8%；猪出栏40.62万口，增长3.8%；羊存栏187.14万只，增长7.6%；羊出栏73.83万只，增长8.0%。肉类总产量7.03万吨，增长8.3%。

——骨干企业保持稳定，工业经济运行趋缓

全年工业经济运行呈前高后低的趋缓态势，完成规模以上工业增加值359.84亿元，增长11.2%。从属地看，中央企业完成320.26亿元，增长11.4%（其中：长庆油田完成276.58亿元，增长12.1%；庆阳石化完成40.48亿元，下降7.5%）；地方工业完成39.58亿元，增长6.4%。从类型看，轻工业完成8.96亿元，增长6.4%；重工业完成362.08亿元，增长11.3%。从产品产量看，国家产品产量目录中全市有20类产品，有9类产品下降。其中，原油722.97万吨，增长9.6%（长庆油田700.77万吨，增长9.9%；镇原区块22.19万吨，增长1.8%）；原油加工量330.38万吨，下降3.1%；柴油141.59万吨，下降6.9%；汽油125.93万吨，下降2.3%；液化石油气17.18万吨，下降4.7%；水泥23.11万吨，增长2.6%；水泥熟料22.42万吨，增长11.9%；商品混凝土93.46万立方米，增长49.2%；饲料1.78万吨，下降91.3%；果汁和蔬菜饮料3.48万吨，下降7.6%；乳制品3905吨，增长17.0%；风力发电量47224万千瓦时，增长57.3%。从工业效益看，全市规模以上工业实现销售产值688.26亿元，增长9.7%，产品销售率97.1%。规上工业主营业务收入663.69亿元，增长0.2%；实现利润总额155.91亿元，下降2.5%；税金总额126.61亿元，增长31.7%。从重点行业看，石油和天然气开采业增加值296.48亿元，增长12.0%，占规上工业增加值的79.9%；石油加工业40.48亿元，下降6.7%，占规上工业增加值的10.9%；石油和天然气开采辅助活动12.67亿元，下降6.2%；农副产品加工业2.67亿元，下降4.7%；酒、饮料制造业1.2亿元，增长7.1%；医药制造业3.05亿元，增长13.4%；金属制品业0.92亿元，增长59.2%；非金属矿物制品业2.9亿元，增长14.6%；通用设备制造业0.58亿元，增长15.7%；电力、热力生产和供应业6.39亿元，增长14.2%。从工业用电看，全社会用电量39.59亿度，增长7.5%。工业用电量26.07亿度，增长13.7%，其中重工业用电量24.56亿度，增长12.3%；轻工业用电量1.51亿度，增长42.9%。从工业行业用电情况看，采矿业19.38亿度，增长13.9%；制造业2.92亿度，增长21.3%；电力、燃气及水的生产和供应业3.77亿度，增长7.4%。

——项目建设加快推进，投资总额破千亿大关

2014年，市委、市政府继续深入实施“3341”项目工程，集中发力推进重大基础项目建设，是项目实施规模和建设体量最大的一年。一是投资总额持续增加。完成固定资产投资总额1122.57亿元，突破千亿元大关，增长17.8%。其中地方完成968.27亿元，增长21.5%；油田完成154.3亿元，下降1.0%。在固定资产投资额中，第一产业完成29.99亿元，增长2.7倍；第二产业完成802.09亿元，增长21.4%；第三产业完成290.5亿元，增长2.1%。房地产开发投资39.6亿元，下降40.6%。二是新开工项目个数倍增。全市500万元以上投资项目2459个，增长99.8%，其中新开工项目2104个，增长1.5倍，占全部项目的比重达85.6%。三是亿元建设项目增多。全市亿元以上项目103个，比上年增加37个，增长39.2%；亿元以上项目完成投资479.64亿元，占全部投资额的44.3%。四是项目资金来源相对稳定。全市项目资金来源1050.27亿元，增长25.9%。其中，国家预算内资金136.24亿元，下降15.6%；国内贷款132.5亿元，增长53.5%；自筹资金747.69亿元，增长33.1%；其他资金来源33.84亿元，增长35.9%。

——消费市场总体趋稳，出口创汇明显回落

2014年以来，消费市场虽然面临增速放缓的压力，但依然维持了平稳运行，总体呈现五大特点：一是新型业态与传统业态发展分化，网络零售越来越普及，对传统业态造成较大冲击；二是房地产、汽车、家电销售放缓；三是农村消费市场快速发展，增速高于城镇4.5个百分点；四是大众化消费逐渐升温，高端餐饮不断转型，大众化餐饮成为主流，文化旅游需求旺盛；五是信息消费带动作用进一步增强，4G技术促进产品和服务更新换代。全年实现社会消费品零售总额164.0亿元，增长12.6%，增幅比上年回落2.1个百分点。按城乡分，城镇123.02亿元，增长11.5%；农村40.99亿元，增长15.9%。按行业分，限上和限下批发业36.16亿元，增长10.1%；零售业完成110.24亿元，增长13.9%；住宿业1.53亿元，增长10.4%；餐饮业16.07亿元，增长9.7%。从主要商品销售看，主要热点和大宗商品销售有增有降，食品、饮料、烟酒类增长20.2%、化妆品类增长26.6%、石油及其制品类增长0.1%、汽车类增长3.7%，金银珠宝类下降19.8%。

全市完成出口创汇总额7269万美元，下降16.0%，增幅比上月回落25.4个百分点，比三季度回落50.7个百分点。

——财政收入出现下降，支出进度有所减缓

全年完成大口径财政收入149.25亿元，下降3.2%，增速比上年下降21.9个百分点。其中一般预算收入61.54亿元，下降3.4%，增速比上年下降23.4个百分点。完成各项税收134.45亿元，增长2.0%。其中国税87.2亿元，下降3.9%，增速比上年下降16.4个百分点；地税47.25亿元，增长15.0%，增速比上年下降10.3个百分点；非税收入17.23亿元，下降27.1%，增速比上年下降49.5个百分点。主体税种营业税、企业所得税、资源税分别增长2.4%、45.7% 、28.9%，增值税、个人所得税下降6.2%、18.5%。全市财政支出完成185.68亿元，增长1.3%，增速比上年下降14.3个百分点。一般公共服务、科学技术、社会保障与就业、卫生、城乡社区事务、农林水事务、住房保障支出分别增长8.5%、8.7%、6.9%、1.0%、5.9%、1.4%、116.02%，基本确保了公共支出需要。

——金融运行稳健有序，存贷款余额增幅提高

全市金融机构各项存款余额669.31亿元，比年初增加69.33亿元，增长11.6%。其中城乡居民个人储蓄存款余额449.13亿元，比年初增加54.08亿元，增长13.7%；各项贷款余额447.54亿元，比年初增加109.76亿元，增长32.5%。其中个人消费贷款52.09亿元，比年初增加12.2亿元，增长29.9%。存贷比为1∶0.67，当年新增贷款规模是存款的1.6倍。信贷投放的快速增长，进一步加大了金融对实体经济及民生等领域的支持力度。

——居民收入稳中有增，生活质量不断提高

全年城镇居民人均可支配收入为20637元，比上年净增1876元，增长10.0%；农民人均纯收入为5499元，比上年净增611元，增长12.5%。在经济总体形势下滑的情况下，城乡居民收入仍保持较快增长的势头，得益于市委、市政府高度重视民生，在城镇，拓宽就业渠道，支持民营经济发展，加大财政普惠力度；在农村，粮、果、牧、林多业并举，主导产业优势显现，产业扶贫力度加大，特别是“双联”持续稳定推进，使农民转变从业思维，变打工致富为做大做强产业致富，使农村经济活力初显，农民收入快速增长。

——价格指数涨幅平稳，完成全年控制目标

12月当月居民消费价格总指数102.4%，上涨2.4%；1-12月居民消费价格总指数101.9%，上涨1.9%，比全省平均水平低0.2%，居全省第五位，完成了3.5%全年控制目标任务。八大类消费品“四升四降”，其中，其中食品类上涨4.1%，烟酒类下降0.2%，衣着类下降0.4%，家庭设备用品及维修服务上涨1.1%，医疗保健和个人用品上涨0.5%，交通和通信下降0.3%，娱乐教育文化用品及服务上涨5.5%，居住类下降0.5%。商品零售价格总指数102.2%；农业生产资料价格总指数101.0%；工业品价格指数96.2%。

【社会事业】社会事业呈现服务加强、全面进步的新气象。

——科技推广成效明显。2014年末，全市事业单位各类专业技术人员43757人，其中，高级技术人员2174人。全年共组织实施农业、工业、医疗卫生和社会公益事业等各类国家、省、市科技计划项目259项，其中国列6项，省列18项，共投入科技经费3426万元。评出市级科技进步奖108项，其中一等奖16项，二等奖82项，三等奖10项。

——**教育质量稳步提升。**全市普通高等学校招生4069人，在校学生16330人，毕业3108人；普通中等专业学校招生4731人，在校学生20447人，毕业8775人；普通高中招生18793人，在校学生60106人，毕业22355人。适龄儿童入学率99.83%，13—15岁儿童初等教育普及率达到99.59%，九年义务教育巩固率达到92.45%。全市大专以上高考录取人数22110人，比上年增加1553人，增长7.6%；录取率83.19%，比上年提高0.49个百分点。

——**文化事业繁荣发展。**全市共有专业文化艺术表演团体9个，全年演出1648场（次），观众220.69万人次；年末共有公共图书馆9个，藏书68.46万册；博物馆、纪念馆13个，文物藏量4.3万件；综合性档案馆9个，馆藏各类档案51.88万卷、30.17万件，资料7.93万册，照片2.4万张；文化站117个。全年《陇东报》出版365期，发行3.04万份。

——**医疗保障不断完善。**2014年末，全市医疗卫生机构总数1840个，比上年减少5个。其中，医院31个，乡镇卫生院127个，社区卫生服务中心（站）56个，妇幼保健院（站）9个，疾病预防控制中心9个，卫生监督所（中心）9个。年末实有医疗床位8253张，比上年净增343张，增长4.3%。其中，医院5396张，比上年净增348张，增长6.9%；乡镇卫生院2462张，比上年净增36张，增长1.5%；社区卫生服务中心（站）171张，比上年净增41张，增长31.5%；妇幼保健院（站）224张，比上年净增3张，增长1.4%。全市共有卫生技术人员8773人，比上年净增654人，增长8.1%。其中执业医师2800人，比上年净增114人，增长4.2%；助理执业医师721人，比上年净增91人，增长14.4%；注册护士2976人，比上年净增361人，增长13.8%；药师（士）405人，比上年净增1人，增长0.2%；技师（士）432人，比上年净增49人，增长12.8%；其他卫生技术人员1439人，比上年净增38人，增长2.7%。

——**体育事业屡创佳绩。**全市举办县以上运动会19次，参加运动员31626人次。在市级以上运动会上我市体育健儿共夺得31枚金牌,22枚银牌,22枚铜牌。

【社会保障】 2014年末全市参加城镇企业基本养老保险人数7.46万人，比上年末增加0.18万人。其中，参保职工4.84万人，参保离退休人员2.62万人。参加城镇基本医疗保险人数28.24万人，增加0.16万人。其中，参加城镇职工基本医疗保险人数14.09万人，参加城镇居民基本医疗保险人数14.15万人。参加失业保险人数8.26万人，减少0.01万人。参加工伤保险人数5.81万人，增加0.12万人。参加生育保险人数8.88万人，增加0.23万人。新型农村合作医疗参合率98.18%。新型农村合作医疗基金支出总额7.24亿元，累计受益216.97万人次。

全市城市低保21262户、50648人，比上年末减少1873户，减少4873人；农村低保104484户、345379人，减少3141户。

政　治

庆阳市人民政府办公室

【工作综述】2014年，市政府办公室紧紧围绕市委、市政府中心工作，认真学习贯彻十八大、十八届三中、四中全会和习近平总书记系列重要讲话精神，扎实开展党的群众路线教育实践活动，进一步转变观念，改进作风，狠抓落实，积极发挥以文辅政、参谋助手、综合协调、督促检查、后勤保障的职能作用，保证了政府工作高效运转。

【文稿撰写】把文稿起草作为政务服务的重点，力求站位高、思想新、内容全、语言实。凡政府办公室产生的每一篇文稿都要经过秘书起草、分管秘书长（主任）把关、领导审定“三道程序”，确保文稿零“误差”、接“地气”、高质量。全年共起草领导讲话、工作汇报、各类文件1700份，较好地体现了领导意图、总结了基层经验、反映了社情民意，充分发挥了以文辅政的职能作用。

【调查研究】坚持把调研作为服务决策的重要手段，紧紧围绕全市经济社会发展的重点工作和人民群众关注的热点难点问题，确定调研课题，协调相关部门，深入基层一线察实情、听真话，开展调查研究。今年，先后围绕“3341”项目工程、“1236”扶贫攻坚行动、两个千亿元产业链、新型城镇化建设、民生工程等重点领域，由市政府办牵头组织开展调查研究160次，及时准确的掌握了事关全市经济社会发展的第一手材料，为政府决策和工作指导提供了基础依据。

【组织协调】紧紧围绕市政府中心工作，对外主动加强与市委、人大和政协的协调沟通，及时掌握信息，做好汇报衔接；对内及时、准确地把市政府的决策部署传达给政府班子每一位成员，确保政府工作忙而不乱、高效运转、衔接紧密、严谨规范；对下注重发挥部门和县（区）政府的主体作用，拓展服务领域，努力形成纵向到底、横向到边的服务格局。

【会务工作】加强会议统筹协调，严控会议数量、会期和规模，坚持开短会、开视频会，讲短话、讲管用的话，通过电话能解决的问题决不开会，开小型办公会能解决的问题决不开大会，一次性传达、部署到基层的，不层层召开会议传达。年初由办公室牵头，把往年20多个单项工作会议合并成6个专项工作会议召开，大大节约了会议时间，提高了会议效率，降低了会议成本，为基层腾出更多的时间抓落实。严谨高效办会，扎实做好会议筹备工作，提早介入，周密部署，注重细节，紧密衔接，确保了会议高效率、高质量地召开。今年，办公室组织召开全市性会议61场次，较去年下降27%，累计会期比去年缩短9天，会议费同比下降61.75%。

【督查落实】认真贯彻习总书记、中办、国办和省市关于抓好督查落实的各项要求，始终把市政府重大决策、重点工作、重大事项的落实作为督办工作重点，制定出台了市政府《督查落实工作制度》，对政务督办工作的内容、形式、时限及具体措施做了进一步明确，对《市政府工作报告》、市政府全体会议确定的工作任务及时分解细化，明确责任单位和完成时限，定期督查；对市政府领导牵头负责的工作由协调秘书长（主任）全力配合，统筹相关部门和县区，抓好督办落实；对领导批示事项由协调秘书长（主任）和对口秘书科室及时衔接，掌握工作进度，反馈落实情况，有效推动督办落实工作日常化、制度化。年内共协调督办、催办重点工作任务及领导交办、批示事项693件（次），保证了政府各项决策的贯彻落实。

【应急管理】按照“全国一流、甘肃领先”的总体要求，由应急办负责人带队考察，编制并评审通过了应急平台体系建设项目方案，完成了市政府应急平台选址，划定了应急指挥功能区。目前平台硬件集成、软件开发、网络通信已完成招投标并签订了合同，后台支撑、办公家具正在完善合同，室内装修装饰工程已完成三分之二的工程量。积极推进应急预案动态管理，组织指导修编市级专项预案11个、部门预案20个。指导综合应急演练活动28场（次），组织开展应急演练202场（次）。积极应对突发事件，及时协助处理环县“9.6”交通事故等多起突发事件及后续工作。编发《值班信息》52期、《重要天气预警通知》125期。

【新闻宣传】进一步健全新闻发布工作机制，整理编制了《庆阳市突发公共事件新闻发布应急预案》，及时发布信息，正确引导舆论，年内协调、组织召开新闻发布会4次。依托中国庆阳网站扎实做好对外宣传工作，网站累计开设专题频道44个、栏目151个，日均信息加载量达到50多条，访问量超过1000万人次，平均每天超过4000人次。着力加强网民留言办理工作，修定印发了《网络留言办理暂行办法》，办理回复网民留言1087条，办结回复率85%以上。坚持“四网”齐抓，政务专网、政务外网、中国庆阳网建设和集中办公区互联网接入管理工作有序推进。认真做好政府信息公开工作，主动公开政府信息900余条，推进了政府工作的透明化。

【政务平台建设】全面推进村级（社区）便民服务中心建设，积极构建“横向到边、纵向到底、全网覆盖、多级联动”的均等化政务服务体系，建成村级（社区）便民服务中心1263个，覆盖率达到95.1%。启动完成了5200多平米的市政务服务中心新大厅设施设备的规划设计、工程招标、设备采购和装修施工，对8县（区）中心和119个乡镇（街办）中心进行了规范提升，构建起了“以市政务中心为龙头、以县区政务中心为主体、以乡镇（街办）政务中心为纽带、以村级（社区）便民服务中心为延伸”的四级政务服务网络，形成了具有庆阳特色的政务服务品牌。全力实施政务服务综合改革，完成了全市63个部门（单位）605项行政审批及公共管理服务事项办理流程的梳理再造，累计压减办事环节13个、精简申报资料26件，减少办理时限1429个工作日。纵深推进电子政务平台建设，在一期工程六大子功能平台全面确立、推广应用的基础上，启动平台二期建设工程，市级统一电子政务平台已成为市内流量最大、使用率最高、实用性最强的行政类服务平台。积极推进“一个窗口受理、一条龙服务、一站式办结”，累计办件量达到114万余件，市本级即日办结率、提前办结率、时限内办结率分别达到85% 、96.96 %和99.90%，政务服务满意率达到98%。

【财务管理】认真落实《党政机关厉行节约反对浪费条例》，结合群众路线教育实践活动建章立制工作，进一步修订完善了《政府办公室厉行节约反对浪费实施细则》，坚持厉行节约、量入为出、保证重点的原则，严格财务管理制度和财经纪律，坚持一支笔审批，从严控制各项经费支出。建立了各项开支内部核算控制机制，启动实行公务卡制度，严控现金业务支出，未经审批的、与公务活动无关的、与政策规定不符的支出一律不予报销。实行按时结算报告制度，每月向分管负责人书面报告，每季度向市政府秘书长书面汇报，确保每笔支出合理合规。加强对公务接待、会议活动、车辆燃修等重点环节的监督，在保障日常运转的情况下，各项总支出较2013年同比下降42%。

【公务接待】认真贯彻落实中央“八项”规定、省委“双十条”规定和市委实施细则，按照《党政机关国内公务接待管理规定》，重新修订完善了《市政府办公室公务接待实施细则》，对接待范围、接待程序、接待费用、监督检查、接待纪律等重新作了明确和细化。严格接待审批制度，严控接待范围和标准，所有公务接待坚持按规范流程办理，安排自助餐或简单工作餐，以家常菜为主，不摆放香烟，不赠送土特产。下基层一律不安排层层陪同，吃饭就近就简，并自觉缴纳伙食费。全年完成各类公务接待活动66批次，接待费同比下降73%。

【机关安全和车辆管理】注重加强机关安全管理，完善日常接访工作责任制，有效维护了机关正常秩序。进一步规范公务用车管理，坚持用制度管人、管事、管车，修订完善了公务用车有关制度，所有公务用车一律由办公室统一安排，统一调度，逐车建立《行车日志》，杜绝公车私用现象。严格落实车辆燃修先批后修、定点维修、持卡加油、百公里油耗控制和定期汇总通报制度，全年车辆燃修费同比下降28%。继续加强对驾驶人员的教育和管理，不断强化法制意识，做好车辆日常检修保养，年内未发生安全事故。

【宾馆与驻外机构管理】根据新形势、新要求、新特点，全面完善目标责任制管理，进一步明晰职能定位，明确接待服务内容、方式和要求，加强日常管理和考核评比，圆满完成了市委、市政府的接待任务。引导各经营实体调整经营策略，从以公务接待型向市场经营型转变，从依靠高档消费向大众消费转变，努力拓宽市场份额，稳定提高经营效益。指导各驻外机构和庆阳宾馆制定了服务标准和财务、员工管理等方面工作制度，努力实现服务标准化、管理精细化、队伍稳定化目标。年内，庆阳宾馆被省饭店协会评为“甘肃省饭店与餐饮业特别贡献企业”；兰州庆阳大厦在兰州市旅游局举办的第四届饭店服务技能大赛中取得了团体银奖的优异成绩；西安办事处从2014年1月起给原待岗职工发放生活费，缴纳养老和医疗保险，帮助干部职工解决了实际生活困难。

【信息工作】充分发挥信息的“耳目”作用，以“新、实、快、准”为标准，根据国办、省办信息采用变化新特点，紧盯全国、全省舆情热点和全市经济社会发展中的焦点、难点问题，新建了舆情监测系统，全天候加强信息收集、研判、送阅、上报工作，为政府领导掌握实情、指导工作、制定决策提供信息支撑。今年共编发《庆阳舆情信息》297期，《庆阳时政要闻》、《每日新闻摘要》各210期；向县区和部门采集信息8233条，整理采用2166条，编发《庆阳政务信息》38期；上报国办、省办1755条，采用62条。政务信息工作继续位列全省市州前列。

【文电工作】紧扣收文、发文、机要电报、档案管理等重点工作，进一步规范办文程序，限定办结时间，全程跟踪服务，为市政府提供了安全、高效、准确、快捷的文电服务保障。认真落实收文核查制度，严把公文报送关口，切实维护公文的权威性、严肃性和准确性。严格执行发文复核制度，确保所发公文程序完备、体例规范、发送到位。积极推进无纸化办公，建成全市政府系统电子公文传输和会议通知报名系统，从今年元月份开始市政府与8县区、市直58个部门单位将不再收发纸质公文。按照“八项规定”要求，大力压减市政府、市政府办公室发文数量，没有实质内容或国家法律法规已作出明确规定的文件一律不发，由部门或部门联合发文能够解决的，不以市政府或市政府办公室名义发文。今年，以市政府（含办公室）名义印发文件559份，较去年同期下降19%，接收办理文件2866件，均做到了随收随办，确保了各项工作的顺利交接落实。

【作风建设】注重加强了党员干部宗旨观、群众观、权力观教育，严格执行党风廉政建设责任制，自觉抵制各种不正之风，全体干部职工没有出入私人会所、参与赌博、大操大办红白喜事等问题。集中整治了干部职工不作为、乱作为、慢作为和作风涣散问题。按要求对国家公职人员违规经商办企业、机关事业单位“吃空饷”、干部职工拖欠群众钱款财物问题进行了集中排查治理。按规定清理、腾退了超标办公用房。公务用车已经按照有关要求进行整改，待省市细则出台后进一步整改落实到位。

【双联行动】围绕落实“六大任务”和打造“三大工程”，积极创新机制，丰富载体，诚心诚意地帮，实打实地扶，张滩滩村和周塬村的双联工作取得了明显进展。选派的联系村挂职“第一书记”长期蹲点驻村，将办公室帮联干部分成12个驻村工作小组，每组4—5人，分批轮流驻村蹲点开展工作，形成了“全员参与、人人献力”的主动帮扶局面。干部驻村后，自带被褥，自己动手做饭，不拿群众一针一线；主动上门宣讲政策，了解村情民意，督促项目建设，经受锻炼成长，受到群众一致欢迎。今年共为两村争取确定帮扶项目26个，总投资6725万元，其中张滩滩村13个项目、投资5257万元，周塬村13个项目、投资1468万元。截止目前，张滩滩村完成投资3655万元，占年计划70%；周塬村完成投资1073万元，占计划73%。这两个村的道路、便民桥、梯田整修、荒山造林、农网改造、危窑改造、文体广场等一批群众期盼的基础设施建设项目完工并投用，养羊、养鸡、设施蔬菜、全膜玉米等特色产业快速发展壮大。邀请市上党校教授和农业专家分别在两个村集中开展了3次政策宣讲和技术培训活动，分别培训张滩滩村和周塬村群众600人次、400人次；有组织、有计划劳务输出300人和200人以上。预计今年张滩滩村、周塬村人均纯收入分别可达到9533元、6289元以上，分别比上年增长48%、36%。办公室双联工作得到了市上的充分肯定。（市政府办公室　供稿）

工　会

【工作综述】2014年，市总工会认真贯彻落实市委、市政府和省总工会的决策部署，按照市总三届二次全委（扩大）会议确定的目标任务，扎实工作，求实创新，在服务大局中求作为，在维护职工中求实效，在自身建设中求提升，各项工作取得了新的进步。

【建功立业】围绕市委、市政府确定的“十大工程”，以“工人先锋号”活动为载体，开展了形式多样的劳动竞赛，140多户企业上万名职工踊跃参加，创造了较好的经济和社会效益。“安康杯”竞赛活动持续开展，全市170户企业2130个班组20102名职工参赛，企业和职工的安全生产意识不断增强。全市获得全国、省级“工人先锋号”的企业、班组4个，获得全国“五一劳动奖状”、“五一劳动奖章”各1个。在全市卫生、旅游二大行业举办了五个工种的市级技能大赛，表彰奖励技术能手28名，技术标兵36名，优秀选手53名。市总工会与市旅游局联合举办的全市首届旅游讲解员技能大赛，参加决赛的代表队11个，讲解员33名。全年征集职工技术成果18项，推荐上报5项，荣获“甘肃省第七届职工优秀技术创新成果”二、三等奖各1项。全年推广应用职工技术创新成果4项。全年市县工会共投入培训资金200多万元，培训职工2.1万人（初级工18756人、中级工2103人、高级工141人），其中：农民工800人。

【权益保障】大力推进企事业单位工资集体协商工作，全市已建会的1802户企业中签订劳动合同1756份，覆盖企业2022户、职工88876人。全年签订工资专项合同1756份，覆盖企业1957户，职工85864人。全市企事业单位工资集体协商建制率动态保持在80%以上。市县区工会聘用专职工资集体协商指导员47人，新建工资集体协商示范点7个。积极开展“公开解难题、民主促发展”主题活动，已建会企事业单位的职代会、厂务公开制度在国有企业全面落实，在非公企业分别达到96.55%、96.31%。承办市委、市政府转办的信访件3起。2014年“两节”慰问困难职工、劳模、节日值班人员12180名，慰问特困企业12户，“夏送清凉”慰问西峰区保障房建筑工地、宁县新庄煤矿和长庆油田采油一处板桥作业区等一线职工1345人，“金秋助学”323人，大病救助122人，生活救助12013人，全年累计发放救助金933万元。双联工作扎实推进，先后给双联点华池县怀安乡怀安村投资8万元栽植油松170亩，协助流转土地682.5亩，就地输转劳力85人，全年确定的八项帮联任务已全部完成。

【组织建设】党的群众路线教育活动深入开展，坚持把“照镜子、正衣冠、洗洗澡、治治病”的总要求和为民务实清廉的主要内容贯穿于党的群众路线教育实践活动全过程，坚决反对形式主义、官僚主义、享乐主义和奢靡之风等“四风”方面存在的主要问题，市总工会通过民主评议、个别谈话、发放《征求意见表》等方式，广泛征求意见建议。经过梳理归纳，共征求到意见58条，其中领导班子22条，县级干部36条。现全部整改到位，占整改任务数100%。全年新建工会组织60个，新增会员4769人，基层工会组织达到2949个，会员达到203857人，其中：农民工会员82225人。建会领域不断拓展，全市职工在25人以上的企业，建会率动态保持在90%以上。积极探索创新小微企业工会组建形式，新建区域性工会1个、行业性工会联合会2个、联合基层工会8个，基本实现了工会组织全覆盖。

【文化活动】“五一”之际，市总工会成功举办了全市职工乒乓球比赛，市直及八县区50多个代表队255名职工参加比赛。在全省工会“中国梦·劳动美·我与改革创新”演讲比赛中，我市2名选手获得三等奖。在全市广泛开展了“劳动法律知识竞赛”活动，并选拔组队参加了全省的决赛。省总工会在庆阳华兴美食城建筑工地开展了送文化下基层庆阳慰问演出活动，以职工演职工的事、唱职工的歌，向一线员工送上了省总的关爱之情。各县（区）总工会开展了工间操、拔河、万人长跑、广场舞等形式多样的文体活动。全市新建职工书屋20个、企业文化示范点11个，方便了职工读书学习，推动了企业文化建设。

【其他工作】工会经费审计监督力度加大。年内，市总工会经审会对下审计12个基层单位，发现问题38个，下发纠改通知书12份，收回整改报告12份。工会经费税务代收任务逐年提高，全市工会经费收缴较去年同期有大幅度增长，按期完成了省总工会经费上解任务。市总及各级工会先后组织开展《工会法》、《劳动法》、《劳动合同法》、《劳动争议调解仲裁法》宣传咨询活动70多场次，使3万余职工受到教育。在“6.26”国际禁毒日，“12.4”法制宣传日，组织上街宣传活动，散发宣传资料8000多份。

【重要会议】3月19日召开市总工会三届二次全委（扩大）会议和市总工会三届二次经审委员（扩大）会议，市总工会党组书记、常务副主席曹维斌代表三届委员会作了题为《主动适应新常态　奋力展现新作为　在创建“三个生态”的伟大实践中建功立业》的工作报告。市委常委、统战部长、市委秘书长、市总工会主席闫晓峰出席会议并作重要讲话。12月19日，召开了市政府与市总工会联席会议。会议对市、县（区）总工会经费审查委员会机构设置、人员编制进行了研究解决。会议同意按照甘机编办发〔2014〕31号文件精神，给市总工会增加专职经费审查委员会主任编制1名（副县级），增设经审办机构1个（科级事业单位）。（市总工会　供稿）

妇　联

【工作综述】2014年，在市委、市政府的正确领导和省妇联的精心指导下，市妇联以贯彻落实习近平总书记系列重要讲话精神为先导，坚持围绕中心、服务大局，充分发挥妇联组织的独特优势，团结带领全市广大妇女群众，主动适应经济社会发展新常态，努力开拓妇女工作新局面，与时俱进，奋力作为，全面完成了各项工作任务并取得了显著成效，为着力创建“三个生态”、建设幸福美好新庆阳做出了积极贡献。

【小额担保贷款】全年新增贷款617户3830万元，扶持1200名妇女创业就业，扶持创建“巾帼现代农业科技示范基地”8个、创建妇女经济合作组织61个、创建女大学生创业基地8个，回收到期贷款237238.01万元，还款率100%。

【创业就业】举办各类培训班259期，培训妇女2.56万名，其中举办“陇原月嫂”培训班9期，培训妇女1553人，通过省职鉴中心鉴定1128人，鉴定率72.6%。举办大龄女童培训班23期，培训2043名。出台了《加快发展妇女手工编织促进就业创业工作的实施方案》，成立了妇女手工编织业协会，创建示范县2个、示范基地4个，全市共举办培训班48期，培训2997人。

【劳务输出】充分发挥妇联组织贴近妇女、贴近家庭、贴近基层的优势，加强领导，注重宣传，狠抓培训，优化服务，促进了农村妇女劳务收入的持续增长。共输转妇女劳动力41610人（次），其中向北京富平学校输送家政服务员813名。

【维权维稳】进一步深化维权维稳工作，市县（区）反家庭暴力庇护所、婚姻家庭纠纷人民调解委员会及市县（区）妇联干部担任人民陪审员和人民调解员实现了全覆盖。举办了全市妇联系统维权维稳骨干培训班，培训市县乡三级维权干部202人。共开展法律宣传活动5场（次），发放宣传资料8万余份，现场解答群众咨询620人（次）、受教育群众10万余人、开展禁毒帮教活动4次。共接听热线58次，接待来信来访218件（次），转办、批办案件结案率100%，群众满意率100%。与综治办联合印发了《关于进一步深化“平安家庭”创建活动的实施意见》，创建“平安家庭”示范村10个、示范户100户、“平安家庭”5万户。

【关爱留守流动儿童】针对农村留守妇女生活实际，开展以“三关爱”、“三服务”为主要内容的帮扶关爱活动56场（次）。在全市群众路线教育实践活动中，留守儿童问题被列入全市专项整治内容之一，各级各部门联动，社会各界协同，下大力气解决留守儿童生存生长中存在的困难和问题。共创建市级关爱留守儿童示范点2个，县级示范点8个；开展各类关爱活动113场（次），慰问救助留守儿童260名，发放慰问金、慰问品总价值60.8万元；表彰关爱留守儿童工作先进集体10个、先进个人40名，优秀留守儿童16名。同时，调整充实了家庭教育讲师团，全市共开展家庭教育巡讲活动82场（次），2.8万余名家长聆听了宣讲；培训专兼职家庭教育工作者240人；表彰优秀村级家长学校16所、优秀家庭教育工作者20名、“爱心爸爸”、“爱心妈妈”40名。

【最美家庭】大力推进寻找最美家庭活动，成立了领导小组，印发了工作方案，全市共印发宣传资料5万余份、张贴宣传标语万余条、举办专栏449个、召开各类会议179场（次）、发送手机短信10万余条。评选表彰庆阳市最美家庭100户，9户被评为全省最美家庭，1户被评为全国“最美”家庭。组织开展“讲、议、赛、晒”活动1400余场（次）、“家庭才艺”大赛9场（次）、事迹展播2场（次）、撰写最美家庭论文59篇。组织开展大型家庭文化活动5次，开展幸福家庭大家谈、我参与、大讲堂活动24次，举办最美家庭故事会332次、召开家风家训展示会、评议会1056次，征集好家风好家训56条。评选表彰“好婆婆”90名、“好媳妇”90名、敬老孝亲模范80名。创建“五好”文明家庭160户。

【“两规划”工作】印发了《庆阳市2014年度“两规划”目标责任分解书》，召开了妇儿工委成员单位会议，督促建立健全6项工作机制，举办了“两规划”培训班。协调各县（区）和成员单位为妇女儿童办实事77件。进一步深化男女平等基本国策宣传贯彻工作，制定下发了《庆阳市关于〈甘肃省贯彻落实男女平等基本国策实施意见〉的宣传方案》，筹办了全市男女平等基本国策及“两规划”知识竞赛和答题活动,举办了解读《实施意见》专题培训班。在《陇东报》开辟专栏，就《实施意见》的主要内容进行了集中宣传,出台了《庆阳市贯彻落实男女平等基本国策实施意见》。

【妇女病及“两癌”普查救助】积极争取将城乡妇女“两癌”普查救助列入市政府2014年为民办实事项目，市财政列支专项资金1500万元，其中1300万元用于对全市35-59周岁的妇女进行“两癌”普查，共普查33.6万名，普查率82.03%；200万元用于救助2014年确诊的“两癌”患病妇女，共340人。

【宣传教育】大力推进妇女宣传工作，共在省级及以上主流媒体宣传妇女工作9次，在市级主流媒体宣传22次，向各类刊物和网站刊载工作信息264篇（条）。培树全国“三八红旗手”1名、全省“三八红旗手”5名，标兵2名、全市“三八红旗手”20名、全省“三八红旗集体”2个、全市 “三八红旗集体”10个。

【巾帼志愿服务】制定了《庆阳市关于深入开展巾帼志愿者服务活动的通知》，刊登了《公开招募志愿者倡议书》，成立巾帼志愿服务队伍已经发展到300多支，发展志愿者达1万多人。建立健全了巾帼志愿者服务制度8项，组织开展了“邻里守望、情暖陇东”、“爱幼助残”、为香包节安保值勤和执法人员送关爱、送清凉、服务全省第八届民运会及“文化暖心”、“文化惠民”、“欢乐节日爱我中华”、“送文化种文化”等志愿服务活动8场（次），指导成立了文化巾帼志愿者协会，培树了5支巾帼志愿示范队伍。

【基层组织建设】扎实推进女性进两委工作，全市1261个行政村女性100%进“两委”；女性进“村委”的1216个，占96.4%；妇代会主任进“村委”的有948个，占75.2%；正职村支书、村主任21人（其中女书记13人，女主任8人），比上届增加6人。认真组织村妇代会主任培训，投入培训经费21.23万元，其中省妇联拨付12.6万元，市妇联拨付8.63万元，共培训1361人（次），其中市妇联培训100人、县（区）妇联培训1261人。推动解决了村妇代会主任报酬偏低的问题。新创建市级妇女之家示范点50个，筹资30万元，为每个示范点配备了价值6000元的电脑、音响及有关文体活动器材，使全市妇女之家示范点达到438个，其中省级101个、市级337个。开展了妇女之家建设、运行管理及作用发挥情况和妇女工作专项经费落实情况专题调研。不断巩固完善妇女基层组织网络，全市所有乡镇、街道、村组、社区妇联组织组建率100%。在市直机关、事业单位组建妇委会79个，组建率94%，在非公经济组织中，组建妇女组织45个，组建率达53%。

【双联工作】争取项目资金18万元，沥青油路3公里、维修道路19公里；争取实施扶贫发展项目资金10万元，扶持养殖户20户、中药材牛子栽植户74户。举办各类培训班9期、开展政策宣讲36次、办宣传栏41期。募集资金201.55万元，实施了“消除婴幼儿贫血行动”。 被评为全市双联工作先进单位，多次在全市双联工作会议上交流经验。

【党的群众路线教育实践活动】组织集体学习27次89小时，查摆“四风” 问题63条，整改落实45条，废止制度7项、修改制度10项、新建制度9项，促进了作风转变，推动了工作落实，形成了全市妇联系统上下一起办实事、求实效、抓落实的良好风气。（市妇联　供稿）

共青团

【工作综述】2014年，全市共青团工作在市委、市政府的坚强领导和团省委的精心指导下，深入贯彻落实市委三届八次、九次全委（扩大）会议和团省委十二届三次、四次全委（扩大）会议精神，围绕一个中心（即围绕党政中心），强化两大创新（即工作机制创新、服务方式创新），加强三项建设（即加强基层基础建设、能力建设和项目建设），突出四大职能（即组织青年、引导青年、服务青年和维护青少年合法权益），认真履行职责，团的工作覆盖面不断扩大，工作影响力显著提升，全面完成了各项工作任务。

【思想引领】一是用中国特色社会主义理论武装青少年。秉承“永远跟党走”的政治理念，结合纪念“五四”运动95周年、少先队建队65周年等重大节庆，深入开展 “中国梦·我的梦”、“党旗下的青春誓言”等主题教育活动130多场（次），进一步坚定了全市广大青少年永远跟党走的理想信念。二是用社会主义核心价值观引领青少年。积极开展“社会主义核心价值观记心间”主题系列活动60多场（次），通过团属微博、微信、网站等载体，把社会主义核心价值观贯穿到日常形势宣传和舆论引导之中，并动员青少年积极投身创建全国文明城市、建设国家重要能源化工基地等实践活动。三是用新媒体等多种平台凝聚青少年。积极运用微博、微信等新媒体，探索创建了“庆阳共青团新媒体中心”，为广大青年沟通交流、聊天交友、传播正面信息搭建了绿色网络平台。组建2080人的全市共青团网络宣传员队伍，为打造清朗、健康、积极、文明的网络舆论环境发挥了积极作用。争取团中央在陕甘边区苏维埃政府旧址挂牌成立了全国青少年教育基地，省委书记王三运和团中央书记处书记周长奎共同为基地揭牌。

【服务党政】一是全力助推经济发展。紧紧围绕全市经济发展大局，论证储备“青”字号项目3个。紧紧围绕市委提出的建设“山清水秀的自然生态”和团省委确定的“11151”工程总体目标，组织全市广大团员青年开展“保护母亲河，美丽中国梦”、“美化家乡·植树护绿”等生态环保实践活动，全年共造林934亩，植树18.9万株。二是纵深推进双联行动。紧盯“六项主要任务”和“六个结合”的目标要求，全市各级团组织全面开展“5个100”工程和“5个双联”行动，集中帮建小康示范村8个、先进村两委和团支部11个、农村专业合作社15个，开展各类培训78场（次）。研究制定了《关于进一步加强农村青年能力工作小组的意见》，在全市444个贫困村逐步建立了农村青年工作能力小组。三是着力打造品牌项目。把志愿者工作始终作为共青团的品牌工作来抓，大力实施共青团“关爱行动”和志愿助残“阳光行动”。在3·5、五四、六一、全国助残日、12·5等节庆日，组织全市青年志愿者开展爱心捐赠、课业辅导、知识宣讲等志愿活动370多场（次），累计服务1.8万人（次）。在我市承办省民运会和举办香包民俗文化节期间，招募173名青年志愿者为赛会提供引导服务、沟通联络、竞赛组织和场馆运行支持等志愿服务。

【服务青年】一是持续深化希望工程行动。积极争取香港苗圃、国酒茅台等资助金301万元，资助学生2614名。争取浙江悠可集团援建资金80万元，新建希望小学1所。争取宁县半坡平安希望小学价值4000元的“平安小球场”项目1个。筹资30万元在华池南梁新建了希望工程陈列馆。二是着力促进青年就业创业。全年协调发放青年就业创业贷款1652万元，扶持有发展愿望、有致富技能的348名青年创业。为7个县争取到团中央扶持青年就业创业专项经费14万元。大力开展“一村一电”电子商务活动，邀请电子商务、农村实用技术等方面专家，培训青年达3000多人（次）。三是大力推进预青维权工作。“青少年权益创新”全国试点工作有序推进，协调相关部门召开了全市权益工作会议，全社会共同关注、重视和支持青少年维权工作的合力初步形成。利用6·26、12·4等重大节日，集中开展“远离毒品·珍爱生命”、“我做平安庆阳建设者”等宣传活动，使广大青少年逐步养成学法、懂法、守法的良好习惯。协调开展“共青团与人大代表、政协委员面对面”和“校园无小事，事事见安全”安全教育进校园活动，不断探索维护青少年合法权益的长效机制。

【组织建设】一是党的群众路线教育实践活动扎实开展。以为民务实清廉为主要内容，聚焦“四风”问题，狠抓作风建设，扎实地开展党的群众路线教育实践活动。在全市共青团系统集中开展了“甘做老实人、当好团干部”主题活动，使广大团干部的政治立场更加坚定，工作作风明显好转，有力地推动了全市共青团工作的全面发展。二是团建工作领域不断扩大。研究下发了《关于在全市共青团系统深入开展基层组织建设年活动的通知》，在西峰区三个街办全面开展区域化团建工作，选举共建委员会委员37名，建立直属团组织42个，社区建团率100%。协调筹建了团市委驻上海工作委员会，扩大了对外务工青年的组织覆盖。筹备召开了庆阳市青年联合会第二届委员会第一次全体会议和中国少年先锋队庆阳市第二次代表大会，选举产生了新一届领导班子。三是团的工作活力不断增强。建立健全团的领导机关直接联系基层的长效机制。加大协调力度，将乡镇团委工作经费纳入同级财政预算，保障了团的活动正常有序开展。大力开展团干部学习培训活动，全年共举办各类培训班25次，培训1200人（次）。开展了第五届“十大杰出”青年、青年文明号、优秀少先队员和少先队辅导员等评选活动，推荐上报获得国家级奖励1个，省级31个，市级40个。（团市委　供稿）

法　制

法　制

【工作综述】2014 年，全市政府法制工作在市委、市政府的正确领导和省政府法制办的精心指导下，坚持以党的十八大和十八届三中、四中全会精神为挈领，认真贯彻落实市上的重大决策部署，持续加大工作力度，强化工作措施，在法制培训、规范性文件备案审查、规范行政执法行为及化解社会矛盾纠纷方面取得了长足进展，为着力创造风清气正的政治生态、活力迸发的经济生态、山清水秀的自然生态，加快建设幸福美好新庆阳提供了强大的法制保障。

【法制培训】在实际工作中，坚持将法制学习宣传作为培养领导干部法治思维，推动全社会树立法治意识，维护法律权威，全面推进依法行政的基础性工作来抓。一是全维度做好法制宣传。加大依法行政户外宣传力度，在青兰高速公路跨桥上悬挂大型法制宣传牌 2 面，在市区部分街道两侧灯杆上悬挂法制宣传灯箱、道旗 280 个（面）。利用“政信通”短信发送平台，定期向市直部门负责人及各县区政府领导发送法制宣传短信，全年共发送 40 期，计 16000 余条。依托庆阳市政府法制信息网发布《行政法律知识问答》，聚焦行政执法人员及社会公众关心的重点、难点和热点问题，采取问答的方式对相关法律法规、政策文件进行分析解读，共发布 6 期，343 条。此外，市政府法制办继续编印《一月一法》学法手册，每月选学一部与政府中心工作相关的法律法规，配以典型案例，分发各级领导学习，全年共发行 1000 余册。二是全力做好法制培训。2013 年底至 2014 年上半年，组织对全市所有行政执法人员进行了第四轮持证执法综合法律知识和专业法律知识培训，参训人员共 10000 余人，培训率达 100%。5 月和 11 月，组织全市各级领导干部收看了 2014 年度第一期全省政府系统领导干部依法行政专题讲座和全省领导干部学习贯彻四中全会精神加快法治政府建设专题讲座。三是全面开展法律知识测试。大力落实领导干部和行政机关工作人员法律知识测试制度，结合第四轮持证执法工作，组织全市各级行政执法单位 50 岁以下行政执法人员共 9312 人参加了网上在线综合法律知识考试，合格率达 91.53%。组织对市直各行政执法单位 50 岁以上行政执法人员和行政执法监督人员共 423 人进行了综合法律知识书面考试，合格率达 93.85%。

【规范性文件备案审查】不断加大对抽象行政行为的监督力度，加强和改进制度建设，努力提升制度建设质量，坚决把好依法行政的总源头。一是严格规范性文件制定程序。全市制定规范性文件严格按照立项、起草、审查、决定和公布的程序进行。全年共审查规范性文件草案 25 件，经审查后发布 8 件。在规范性文件制定过程中，我们严把起草、审查、公布和实施三关，通过“提前介入”、“集散审查”、“跟踪问效”的方式有效提高了规范性文件备审工作质量和水平。凡经市政府法制办审查的文件，未发生违法违规的问题，充分发挥了政府法制机构的参谋助手作用。二是加强规范性文件备审监督。严格按照《甘肃省规章规范性文件备案审查办法》的规定，对于市政府制定的规范性文件，在规定的期限内向省政府和市人大常委会报送备案，主动接受省政府和同级权力机关的监督。及时督促县区政府和市直部门履行规范性文件报备职责，按照“有件必备、有备必审、有错必纠”的原则对报备的文件进行审查。全年共审查县区和市直部门报备规范性文件 25 件，对规范性文件存在的制定程序不规范、语言文字不准确以及重复行文等问题，及时提出处理意见，责令纠正，有效杜绝了规范性文件带病运行的现象。三是做好涉法文件审查和立法建议工作。积极发挥法制机构在政府立法和制度建设中的职能作用，依法审查涉法文件，做好省政府规章草案征求意见工作。全年市政府法制办共审查市政府及其部门送审文件 19 件，办理省政府规章草案征求意见稿 5 件，并配合省政府调研组来我市开展了《甘肃省电动自行车机动轮椅车管理办法（草案）》立法调研工作。

【行政执法监督】我们通过界定行政执法主体，严格执法程序，落实执法责任，强化执法监督，不断提升行政执法水平，确保行政权力规范运行。一是开展第四轮持证执法工作。进一步加强行政执法资格管理，全面完成了第四轮持证执法工作任务。严格审核行政执法主体、执法人员和执法监督人员资格，共审核确认全市行政执法主体 482 个，全市行政执法人员 9950 人、行政执法监督人员 348 人，并将行政执法主体在市政府门户网站上进行了公告，为考试合格的 8024 名行政执法人员及时发放了行政执法证。二是持续推进规范行政处罚自由裁量权工作。严格落实《甘肃省规范行政处罚自由裁量权规定》，继续推进规范行政处罚自由裁量权工作，督促市直各行政执法部门不断完善行政处罚裁量的适用规则和裁量基准，指导各县区行政执法部门做好规则的衔接和细化工作，使自由裁量权力的运行更加规范、合理、科学。三是全面开展行政执法案卷评查工作。10 月份，在全市组织开展了行政执法案卷评查工作，要求各级行政执法部门对 2013 年 7 月以来形成的行政许可、行政处罚和行政强制三类案卷进行了自查，共自查案卷 29557 宗，市、县（区）政府法制办同时进行了抽查，共抽查案卷 9928 宗。在自查和抽查的基础上，12 月初，市政府法制办召开了全市行政执法案卷评查工作会议，组织各县区和市直有关执法部门专业人员对抽调的 105 宗执法案卷进行了现场集中评查和座谈交流，评选出优秀案卷 11 宗，并对优秀案卷制作单位进行了表彰奖励，梳理出问题 25 条，提出整改意见建议 5 条，评查结束后就评查整体情况在全市范围进行了通报。

【行政复议】2014 年全市共收到行政复议申请 54 件，立案 50 件，已全部审结，其中维持 24 件，确认违法 2 件，撤销 10 件，变更 6 件，终止 8 件。一是积极提升行政复议工作水平。不断健全行政复议案件审理机制，积极畅通行政复议申请渠道，规范受理程序，依法认真审理确保案件办理质量，综合运用调解、和解等办案方法，促进办案水平进一步提高。推进行政复议工作规范化建设，规范行政复议接待和答复工作；强化对行政复议决定履行情况的监督，确保行政复议决定全面落到实处。二是认真做好行政应诉工作。主动配合人民法院的行政审判活动，依法积极应诉人民法院受理的行政案件，应诉率达到 100%，其中市政府法制部门于 2014 年 12 月就庆城县桐川乡程某不服市中级法院作出的维持市政府行政复议决定判决向省高院提出上诉案件进行了出庭应诉，经答辩，省高院判决驳回了原告程某的上诉，维持原判决。三是加强对行政复议工作的指导和监督。对县区行政复议工作开展专项检查，着重对存在的问题进行深入分析，及时指导复议机关采取措施，切实予以改进。同时，将县区政府及市政府各工作部门开展行政复议工作的情况纳入年度依法行政工作进行评议考核，对不依法履行行政复议职责，不依法受理、办理行政复议案件和出现错案单位，予以扣分，力促行政复议工作再上新台阶。（市法制办　供稿）

公　安

【工作综述】2014 年以来，全市公安机关在市委、市政府和省公安厅的坚强领导下，以党的十八大、十八届三中、四中全会和习近平总书记系列重要讲话精神为统领，认真贯彻落实中央、省委政法工作会议，全国、全省公安厅局长、处局长会议和市委三届七次全委（扩大）会议、市委政法工作会议精神，深入扎实开展党的群众路线教育实践活动，紧紧围绕“狠抓队伍建设、严格规范执法、紧扣重点工作、全力争先创优”的工作思路，突出“三项主业”，扎实推进平安庆阳、法治庆阳建设，有力地维护了全市政治稳定和社会治安持续平稳，市公安局在全省公安机关重点业务绩效考评中取得了第二名的好成绩。

【维稳工作】针对镜内外反恐形势呈现出的新特点，认真汲取昆明、新疆等地发生的系列暴恐案件的惨痛教训，以健全和完善“情报、打击、防范、应急”四位一体的反恐实战机制为抓手，深入开展反暴恐专项行动，实现了反恐怖工作由“情况应对型”向“主动进攻型”的转变。进一步完善信访工作长效机制建设，加强对各类矛盾纠纷的定期排查和风险评估，配合党委、政府及时化解各类矛盾纠纷 325 件。

【侦查破案】主动应对新时期、新形势下刑事犯罪规律的新变化、新特点，坚持以“命案必破、黑恶必除、两抢必打、逃犯必追、毒品必肃”为主攻方向，坚持集中打击与经常性打击相结合、破大案与管小案相结合，先后组织开展了“打盗抢、整秩序、强服务、保民安”专项整治、“打黑除恶”专项斗争、“百城禁毒会战”专项行动等一系列针对性强、灵活有效的严打整治斗争。1至12月份，全市共发刑事案件9083起，同比下降2.38%；破获刑事案件5195起，其中现案3077起、积隐案件2002起、外省案件116起，破案总数与去年同期相比上升了19.93%。在破获的现案中，杀人、绑架、放火、伤害、抢劫等“八类”主要案件498起，实现了命案全破。

【治安管理】坚持“打击与整治并重，教育与治理并行”的原则，从人民群众反映强烈的社会治安问题入手，先后部署开展了流动人口出租房屋清理整顿、缉枪治爆、校园周边环境整治、扫黄打非、打击涉黄涉赌违法犯罪等一系列治安整治行动，整治治安乱点和治安复杂区域56个，取缔非法经营旅店8家、网吧1家，捣毁“黑作坊”、“黑工厂”、“黑市场”、“黑窝点”56处，收缴流散民间土猎枪388支、炸药122公斤，关停涉黄涉赌KTV、宾馆、足浴、洗头房、茶楼和麻将馆等公共复杂场所92家，查处各类治安案件18049起，处理各类违法人员15040名，及时铲除了一批滋生和诱发犯罪的因素，有效净化了城乡社会治安环境。

【公共安全管理】认真汲取市内外发生的一些重特大交通、消防事故的深刻教训，结合全市安全生产大整治专项行动，组织交警深入地开展了“三超一疲劳”、“护卫天使”、交通秩序百日集中整治、酒后驾车等交通违法行为专项治理行动；狠抓消防“五项活动”和“清剿火患”工作措施的落实，最大限度地提升对重大事故的防控能力。共发生交通事故322起，死亡106人，受伤394人，直接经济损失80.3万元，与去年相比，事故起数减少3.88%，死亡人数、受伤人数、经济损失分别下降0.93%，12.64%和3.63%，查处酒驾违法案件634起；发生火灾事故94起，经济损失278.3万元，无人员伤亡。

【规范化执法】牢牢把握依法治国的总基调，树立“抓执法就是抓业务、抓执法就是抓队伍、抓执法就是抓形象”的理念，以制度机制建设为抓手，建立健全了《接处警工作制度》、《执法责任制度》、《执法过错责任追究制度》等11种工作制度，细化规范民警执法行为，建立案件办理重要环节公开告知和群众监督评价等制度，从源头上解决了民警执法的随意性。以执法检查“回头看”活动为契机，对2013年以来公安机关办理的刑事、行政案件进行了全面清理，发现问题29963个，已整改28829个，对158名民警进行了执法过错责任追究，并细化修订执法制度99项，新建执法制度78项，细化治安行政案件处罚裁量标准151项，进一步规范了民警的执法行为。

【队伍建设】结合党的群众路线教育实践活动，用习近平总书记系列重要讲话和中央、省委、市委相关文件精神统一全警思想，逐一整改了5大类28方面374条“四风”方面的问题，修订出台了《党委议事规则》、《庆阳市公安机关领导干部下基层调研制度》、《庆阳市公安局工作人员违规记分办法》等相关制度，凝聚了警心，振奋了士气。结合“双联”活动，由局主要领导带队，先后组织7批次130多名民警进驻正宁县三嘉乡松树坪村开展了对口帮扶工作，帮助争取项目6个，帮办实事5件，争取并落实项目资金61万元，为困难群众捐物捐款9.8万元。以“战训合一、轮值轮训”训练模式为主导，先后举办各类培训班53期，培训民警4872人（次），注重新装备使用和警务技能培训，提升了民警执行多样化任务的能力和水平。认真贯彻落实全省公安派出所工作会议和省五厅局联合下发的《关于加强公安派出所建设的通知》精神，市公安局积极汇报市委、市政府主要领导及相关部门同意，从事业单位编制的在职财政供养人员中选拔招录了1200名警察到公安派出所工作，以缓解我市警力严重不足的形势。（市公安局　供稿）

法　院

【工作综述】2014年，市中院在市委领导、市人大监督和省法院指导下，秉承为民公正清廉的核心价值观，以司法体制改革为契机，以信息化引领法院管理现代化，健全审判权运行机制，全面规范司法行为，着力提升司法公信力，案件审判过程更加透明，审判机制更加高效，裁判结果更加公正。

【审判工作】全市法院审结各类案件16018件，同比增加7.3%；其中市中院审结1112件，同比增加21%。（一）惩罚犯罪，保护人权，准确定罪量刑，发挥刑罚功能。全市法院审结刑事案件2006件，同比增加21%，判处罪犯2645人；其中市中院审结226件。严惩严重危害人民群众生命财产安全的犯罪，审结杀人、抢劫、强奸、贩毒、盗窃、诈骗等案件689件，判处5年以上有期徒刑、无期徒刑和死刑罪犯208人，有力地震慑了犯罪分子。坚持罪刑法定、罪刑相适应、适用刑罚人人平等原则，统一故意伤害、交通肇事、职务犯罪、涉油犯罪等案件的审理标准，实现准确化定罪、规范化量刑和裁判宽严的一致性。在庆阳林区基层法院成立少年法庭，集中管辖审理全市未成年人犯罪案件，按照教育、感化、挽救的方针，统一未成年人犯罪的裁判尺度。恪守无罪推定、疑罪从无和非法证据排除规则，依法宣告3人无罪。全面清查取保候审、暂予监外执行案件，防止罪犯脱管漏管。市中院和市司法局联合制定《关于进一步明确社区矫正衔接配合工作程序的意见》，对拟判处缓刑的案件委托司法行政部门进行社会危害性风险评估，评估结论作为是否适用缓刑的依据。（二）定纷止争，保障民生，规范交易行为，引导社会诚实守信。全市法院审结民商事案件11789件，同比增加16%；诉讼标的额6.1亿元，同比增加145%；其中市中院审结814件。在审理婚姻家庭、抚养继承、相邻关系、劳动争议、人身损害赔偿和涉农纠纷案件中，注重依法保障民生，适度照顾弱势群体权益，最大限度化解社会矛盾。在审理合同、公司股权纠纷和清算破产等商事案件中，保护诚信，制裁欺诈，依法规范市场交易秩序，引导商事主体合法经营。针对庆阳民间借贷纠纷中频发的高利贷、利滚利、本金虚高等现象，正确适用法律，严格证据审查，对超过法定利率标准的利息坚决不予保护，对借款时预先扣除利息和利息计入本金的全部予以核减，对有争议的借款数额以银行交易记录作为定案依据，努力防范化解民间融资风险。发挥调解独特功能的同时，杜绝强制调、违法调、以拖压调等现象，确保调解符合自愿合法原则，调解撤诉率为63%。推行专业化审理、标准化裁判方式，成立专业合议庭，建立案例指导制度，及时发布规范性指导意见，统一裁判尺度，保证裁判结果均衡。（三）救济私权，规范公权，支持合法行政行为，促进法治政府建设。全市法院审结行政案件74件，同比增加64%；其中市中院审结27件。切实解决立案难、审理难、胜诉难、执行难问题，充分保护行政相对人诉权。敦促行政机关负责人出庭应诉，出庭应诉率达到51%，有效解决了“民告官不见官”的问题。依法支持合法行政行为，妥善审理土地征用、房屋拆迁、安置补偿等社会关注的行政案件，支持全市重大项目、重大工程建设顺利进行。监督规范公权力行使，杜绝无原则协调，行政案件协调撤诉率下降为26%，促进了依法行政。审理国家赔偿案件2件，做到应赔尽赔。（四）创新方式，穷尽措施，提高效率，切实兑现胜诉权益。全市法院执结案件2137件，同比下降31%，自执案件不再计入执行案件；执结标的额1.9亿元，同比上升27%；其中市中院执结36件。按照“规范化、穷措施、提效率、去水分、强队伍”的工作思路，全面规范执行行为，创新执行方式，向社会公布失信企业和个人“黑名单”，采取限制高消费、乘坐高档交通工具、出境、投标、银行借贷等措施，促进被执行人及时履行法律义务。用足用活强制执行手段，全市法院对拒不执行、规避执行的“老赖”依法拘留263人，同比增加10倍，有力地扭转了“执行难”局面。清理2011年以前涉民生执行积案1172件，执结632件，标的额2843万元，居全省法院前列。市中院对社会关注度高、执行标的大且有意隐匿转移财产的陈有福拒不执行生效裁判的行为，依法移送追究刑事责任，被列为全省法院2014年度十大典型案件之一。

2014年，全市法院审判执行工作尚存在以下问题：少数刑事、民事案件的司法鉴定结论缺乏客观性和科学性，导致裁判的社会效果不佳。一些民事案件的当事人躲避应诉，造成送达难、审理难和宣判难，影响审判效率。

【管理提升】信息化审判管理助推审判体系和审判能力现代化。（一）信息化建设迈上新台阶。继续推进信息网络“天平工程”建设，新建审判信息中心、执行指挥中心和数据中心机房，实现了全市法院数据信息的统一管理。远程视频接访系统连接到基层法院，三级视频会议系统连接到基层法庭，实现了审判执行工作的远程指挥部署。完善信息化办案、网络化办公模式，办案办公和案卷制作全部实现网上运行。全市法院建成标准化数字法庭12个，基层法庭均建成经济适用的数字法庭。全市两级法院开通互联网庭审直播点播系统，在互联网上向全社会进行庭审直播，人民群众足不出户就可“旁听”案件审理，这在西北地区尚属首家。市中院多次荣获全省法院审判管理和信息化建设先进集体。（二）审判管理持续深化。全面建成全市法院上下一体化的审判管理网络体系，应用30余款管理软件协同运行，实时监控全市法院审理的所有案件，动态评估审判质效的运行状况，形成了数据智能对比、信息共享互通、质效动态评估、问题自动提示、管理精准制导的审判管理模式。审判质效指标在前两年进入全省法院前5名的基础上，2014年上半年的公正、效率、效果综合指数排名全省第一。（三）司法公开向纵深发展。健全司法公开倒逼机制和"阳光审判"格局，建成审判流程公开、裁判文书公开和执行信息公开三大平台，完善诉讼服务网在线服务功能，当事人通过互联网均能查询到案件审理进展情况。在最高人民法院的中国裁判文书网公布裁判文书10050份，上网率名列全省第一。市中院连续两年在全国范围内出版发行《年度裁判文书集》，得到了社会普遍认同。二审案件的开庭审理，由民事延伸到刑事、行政等所有案件，开庭率达100%，审判透明度进一步增强。重大复杂疑难案件裁判前公开听证制度，已经扩展到一审、二审、再审、执行等所有程序。（四）司法为民空间不断拓展。完善"一站式、标准化"诉讼服务体系，实施窗口文明服务提升行动，推行诉讼引导、预约立案、电子送达、巡回办案、远程视频接访等工作，方便群众诉讼。强化司法救助力度，全市法院为困难当事人依法减免缓诉讼费75万余元，发放司法救助金282万元，同比增加两倍。发挥联村联户牵头单位作用，为环县慕家河村、吴家塬村落实帮扶资金49.3万元。

【改革创新】司法改革促进法院工作科学可持续发展。（一）院长逐步回归法官角色。实行院长副院长办案制度，规定年审理案件不少于25件，其中主办案件不少于5件。2014年10月17日，全市法院10名"一把手"同时坐堂问案，院长亲自审案已经常态化。（二）行政案件实行异地交叉管辖。全市8个基层法院的行政案件，全部实行异地交叉管辖，确保依法独立行使审判权。（三）林区法院专业化改革有序推进。采取个案指定管辖方式，将全市未成年人犯罪案件和西峰区法院管辖的机动车交通事故责任、买卖合同案件，全部指定到庆阳林区基层法院审理。2014年，林区法院审理案件282件，盘活了审判资源，克服了司法行政化、区域化。（四）提前完成人民陪审员倍增计划。全市新增人民陪审员267名，总数达到419名，培训807人次，人民陪审员参加审理案件4229件，体现了司法的人民性和民主性。（五）深化涉诉信访改革。建立信访与诉讼相分离制度，实行涉诉信访案件导入法律程序。依法化解涉诉信访案件31件，接待群众来信来访596人次。化解历年信访积案工作居全省法院前列。（六）改革审判运行机制。西峰区法院开展了轻微刑事案件快速办理的改革试点，庆城县法院开展了行政案件简易处理程序改革试点，提高了审判效率，节约了司法资源。

【队伍建设】继承传统，弘扬正气，整风肃纪，努力建设清廉法院。（一）扎实开展党的群众路线教育实践活动。聚焦"四风"，全力查摆解决突出问题，召开征求意见座谈会8次，回访当事人113名，征求到各方面意见建议98条。修订完善各项规章制度32项，运用制度管人管案管事。活动达到了思想受教育、道德上水平、作风见实效、工作上台阶的目的。（二）发展庆阳特色司法文化名牌。凸显庆阳司法特色，建成马锡五雕像和毛泽东为马锡五题词碑景观区，丰富了法院文化中心的内容，申报筹建"马锡五司法精神研究会"。在主流媒体发布庆阳法院新闻信息500余条，《人民日报》头版以《变化的是形式，不变的是情怀——庆阳传承革命老区精神的法治实践》为题，报道了全市法院司法公开和信息化建设取得的成绩。庆阳电视台开办《法官与天平》五期系列专题节目，宣传一线办案法官先进事迹，形成了新闻宣传聚焦效应。利用门户网站、官方微博、新闻客户端、二维码等新媒体传播系统，及时传递庆阳法院"声音"。举行首个国家宪法日法官宣誓、公众开放、送法进校园等主题活动，传播法治精神。市中院连续两年荣获全省法院新闻宣传工作先进集体。（三）加强纪律作风和反腐倡廉建设。深入整治"门难进、脸难看、事难办"，"立案难、诉讼难、执行难"和"人情案、关系案、金钱案"等"六难三案"问题，司法作风明显改进。完善廉政风险防控体系和"四表一库"流程监控机制，实施廉政约谈、司法巡查、审务督察、明察暗访等制度，层层落实党风廉政建设主体责任，形成网格式覆盖、链条式传导、倒逼式追责机制。设立网络举报平台，切实加大对违法违纪行为的查处力度，全市法院查处违法违纪17人。按照上级法院统一部署，查处2011年前后发生在西峰区法院和镇原县法院的以房抵债虚假诉讼案件14件，移送检察机关4人。

【接受监督】坚持党的领导，主动接受监督。坚持将法院工作置于市委的绝对领导之下，凡重大事项、重要决策、重点工作都主动向市委请示汇报，保证法院改革发展的正确方向。先后邀请人大代表、政协委员视察法院工作2次，参加听证会、咨询会5次，观摩庭审和见证执行8次，上门征求人大代表意见15次。在市人大常委会主导下，专门邀请省市人大代表召开法院工作征求意见座谈会，自觉拓宽接受监督的途径，确保依法正确履行职责。

【工作成果】2014年，全市法院各项工作取得了进步和发展，有6个集体、15名个人受到省部级以上表彰奖励，市中院刑二庭荣获全省“三八红旗手”先进集体。在社会各界监督支持下，全市法院司法廉洁度和公信力有力提升，审判质效等综合指标名列全省法院前茅。（市中级人民法院　供稿）

检　察

【工作综述】2014年，全市检察机关在市委和省检察院的领导，人大的监督，政府、政协和社会各界的大力支持下，积极顺应人民群众对公共安全、司法公正、权益保障、反腐倡廉的新期待，认真履行法律监督职责，各项工作取得了新进展。在省检察院对21个业务条线的绩效考评中，我市有15个条线进入全省前8，有13个集体和49名个人受到省市级以上表彰奖励，16名干警荣立个人二、三等功，涌现出了全省检察机关优秀办案能手、全市十佳政法干警等一批先进典型。

【打击刑事犯罪】认真履行批捕起诉职责，依法打击刑事犯罪，保障人民安居乐业、社会安定有序。全年共受理提请批捕各类刑事案件942件1387人，全部在法定期限内办结，依法审查后批准（决定）逮捕805件1155人，逮捕人数同比上升7.4%。受理移送起诉2105件3299人，依法审查后提起公诉1831件2755人，起诉人数同比上升12.2%。坚持把严重刑事犯罪作为打击重点，共批准逮捕故意杀人、故意伤害等严重暴力犯罪126件149人，提起公诉332件409人；批准逮捕“黄赌毒”犯罪159件202人，提起公诉239件331人；批准逮捕“两抢一盗”等侵财性犯罪269件429人，提起公诉424件819人。依法打击破坏金融管理秩序和市场经济秩序的犯罪，共批捕金融诈骗、合同诈骗、非法集资等犯罪15件20人，提起公诉16件18人；批捕制售假冒伪劣商品、非法生产销售有毒有害食品犯罪23件37人，起诉34件49人。深入推进“两法衔接”专项工作，共监督行政执法机关移送涉嫌犯罪案件38件47人，监督办理了全市首例污染环境犯罪案件，3名被告人被判处刑罚。

【惩治与预防职务犯罪】坚持有贪必肃、有腐必惩，着力促进国家公职人员依法行政、廉洁从政，努力营造风清气正的政治生态。全年共立案侦查职务犯罪案件71件121人。通过办案挽回经济损失490多万元。继续深入开展“查办发生在群众身边、损害群众利益职务犯罪”专项行动，用办案规模体现惩治腐败的高压态势。共查处贪污贿赂犯罪57件96人，其中：贪污受贿5万元以上的大案25件51人，县处级干部要案1件1人。积极开展追逃追赃专项工作，抓获在逃职务犯罪嫌疑人2人。以深入开展严肃查处淘汰落后产能领域渎职侵权犯罪专项工作为契机，进一步强化办案措施，着力破解渎职侵权犯罪发现难、取证难、查处难的问题。共立案侦查渎职侵权案件14件25人。严肃查办执法司法人员徇私舞弊、贪赃枉法犯罪，积极营造公平公正的司法环境。共立案查处行政执法司法人员犯罪17人。建立惩治和预防职务犯罪年度报告制度，通过对重点行业领域职务犯罪发案特点、原因和趋势动向的调研分析，形成年度报告，及时报送党委、人大、政府和相关部门，促进整章建制，完善管理。全年有7份报告引起同级党委政府主要领导重视，并批示要求整改落实。以廉政教育“五进”活动为抓手，借助党校干部教育培训平台作廉洁警示教育讲座40多次，受教育人数达4800人，开展廉政宣传教育480场次，提供行贿犯罪档案查询3220次。

【诉讼监督】坚持把促进公平正义作为检察工作的核心价值追求，全面加强对诉讼活动的法律监督，着力纠正执法不公、司法不廉等突出问题。共对公安机关应当立案而不立案的，监督立案30件，对不应当立案而立案的，监督撤案25件；对应当逮捕而未提请批捕的，追加逮捕48人，对应当起诉而未移送起诉的，追加起诉41人；对犯罪嫌疑人不构成犯罪和事实不清、证据不足的，不捕97人，不诉42人。提出量刑建议1620件，法院采纳1460件，采纳率为90%。对认为确有错误的刑事裁判提出抗诉18件，法院已审结14件，改判7件。深入开展减刑、假释、暂予监外执行专项检查活动，对6名不当暂予监外执行罪犯监督收监执行刑罚；对各类监管违法行为提出纠正意见114人次，纠正刑期计算错误17人，纠正脱管漏管罪犯8人，对1800多名社区矫正罪犯进行了跟踪考察。审查民事行政申诉案件110件，依法审查后提出抗诉10件，提出检察建议32件，法院已采纳14件，审查监督民事执行25件，法院采纳23件，督促起诉2件；对认为正确的41件民事裁判案件，认真做好息诉服判工作，维护司法权威。

【服务经济发展】坚持把检察工作放在全市工作大局中来谋划和开展，坚持以开展“保障民生民利，促进农业发展、农村繁荣、农民增收”、“联系企业、联系项目，促进廉洁、促进发展”等专项工作为切入点，积极服务和保障经济社会发展。针对近年来涉农职务犯罪频发、资金管理使用不规范、乡村组织法律监督缺位等问题，主动延伸监督触角，拓展工作领域，在126个乡镇（街办）、1313个村社全部设立了检察服务室或联络室，聘请检察联络员1817名。充分利用派驻机构平台作用，对近年来国家、省市县出台的粮食直补、退耕还林、农村低保等40余项惠农政策进行全面梳理，制作惠农政策一览表，并监督各级各部门按照“从县到乡、从乡到村、从村到户”层层公开的原则，对各项惠农政策落实和项目资金分配使用情况全部公开、张榜公示。同时，对发现的涉嫌犯罪线索，及时立案查处。共查处涉农职务犯罪33件65人，办理涉农刑事犯罪案件63件157人。继续深入开展“**两联系、两促进**”专项行动，**市院**从市委市政府确定的55个重大建设项目中选取陇东油田产能建设项目等21个重大项目，进行一对一联系服务，促进企业发展。为有效遏制全市涉油气案件多发态势，市院研究制定了《关于依法加强涉油气刑事案件法律监督工作的意见》，进一步加大对办理涉油气案件的监督力度。共批捕涉油案件16件35人，起诉41件79人。查处涉企职务犯罪案件13件20人；开展法制宣讲272场次，提供法律咨询127件次，协助调处矛盾纠纷76次，帮助企业解决困难和问题91个，完善规章制度48项。

【化解社会矛盾】深入推进涉法涉诉信访改革，进一步健全完善办案风险评估预警机制，继续实行检察长定期接访、控申部门带案下访等工作措施，深入分析研究群众信访诉求和反映的敏感、热点问题，并依法及时妥善解决。共接待群众来信来访321件次，其中检察长接待日接待91件次，控申部门带案下访27件，均全部办结，连续8年实现了赴省进京涉检零上访。积极做好司法救助工作，对7名生活确有困难的被害人或其近亲属落实救助资金11万元。重视加强信访工作硬件建设，市院专门规划修建了信访接待大厅，购置配备了检务公开触摸查询终端和案件信息电子显示屏，开通了12309专用举报电话平台和远程视频接访系统，方便群众来访举报。年内，西峰区院和市院分别被最高人民检察院和省检察院评为全国、全省文明接待室。

【自身监督制约】以统一业务应用系统全线运行为抓手，全面实行案件集中统一管理，由案管部门对每一个办案流程、节点进行动态、全程监控，并提前通知预警，避免程序违法，防止超期办案。专门成立案件质量评查领导小组，定期对各类案件质量开展评查，对评查结果在全院范围内通报，并记入个人执法档案，责令整改提高。共对805件案件开展质量评查，提出问题意见47条，全部予以整改。认真落实人民监督员制度，对拟不起诉、撤案的9件职务犯罪案件组织人民监督员进行监督评议。严格按照党风廉政建设“两个责任”的要求，将党风廉政建设的任务和责任细化分解到每一个分管领导、每一个部门和每一个工作人员身上。班子成员、部门负责人认真落实“一岗双责”，既管事又管人，一级抓一级、层层抓落实。不断加大检务督察力度，市院先后4次派出督察组对基层院执行中央八项规定、办案纪律、涉案款物管理等制度规定情况进行督察，对发现的问题及时通报，督促整改。对1名违纪干警作了行政记大过、党内严重警告的纪律处分。全面落实普通刑事案件拟作不起诉报市院审批，讯问职务犯罪嫌疑人全程同步录音录像，职务犯罪嫌疑人逮捕上提一级、不起诉层报省院审批等办案制度，以制度促规范、保公正。进一步健全机关考勤、请销假和财务管理、车辆管理、公务接待等制度，切实做到按制度办事、用制度管人。（市检察院　供稿）

司　法

【工作综述】2014年，全市各级司法行政机关坚持围绕中心、服务大局，立足司法行政职能优势，在化解社会矛盾纠纷、维护社会和谐稳定、维护社会公平正义等方面发挥了积极作用。市司法局被省司法厅评为2014年度全省司法行政工作绩效考评先进单位。

【人民调解】围绕“建设平安庆阳，构建和谐社会”的总目标，在建立健全人民调解、行政调解、司法调解“大调解”工作格局的基础上，针对基层社会矛盾的现状，在全市深入开展了“矛盾纠纷大排查大调处”和“重大社会矛盾排查化解攻坚”活动。根据各乡镇人口和工作实际，要求1万人以下的乡镇每年排查调处矛盾纠纷达到60件以上，1-3万人的乡镇每年达到150件以上，3万人以上的乡镇每年达到200件以上，并按50-100元标准发放个案补贴。规定通过乡镇和司法所干部调处的矛盾纠纷都要建卷归档，通过村组、社区调解人员调处的民间纠纷有条件的主动建卷，没有条件的都要以市上统一印制的“四联单”形式记载，纠纷建卷归档率达到40%以上。建立健全了全市重大社会矛盾纠纷预警机制，下发了《关于建立重大社会矛盾纠纷预警机制的通知》，做到问题早发现、早报告、早控制，重大事项及时报告，全面加强决策预防、苗头预防、个案预防三个重要环节的预警防范工作，实行“零报告”制度，以此推动全市人民调解工作质量和水平的整体提高，有效防止“民转刑”、“刑转命”案件的发生，确保不发生重大群体性事件。市、区司法局联合成立了全市首家公益性心理咨询调解机构—庆阳心怡咨询调解服务中心。2014年,全市共建立各级人民调解委员会1879个，其中乡镇（街办）调解委员会122个，社区、社会团体调解委员会82个，村级调委会1305个，其他调委会370个，人民调解员共11077人。全市各级各类组织共排查各类矛盾纠纷29730件,调处成功29418件,成功率98.9%。人民调解协议诉前司法确认2461件，建卷归档率为42%。

【安置帮教和社区矫正】2014年，刑释人员安置帮教工作认真落实出狱所人员“必接必送”工作制度，制定出台《省内出狱所人员必接必送工作考核办法》，将刑满释放人员必接必送工作任务完成情况列入县（区）年度考核内容，并实行一票否决，有效地防止了脱管、漏管现象的发生。加强“必接必送”经费保障，在省补助每人300元的基础上，市财政又拿出专项经费每人补助300元，确保“必接必送”工作全面完成。不断加大刑满释放人员过渡性安置基地建设，市上建立了集食宿、教育、培训、帮教、就业为一体的刑满释放人员过渡性安置基地，各县（区）均建成1-2个具备一定安置规模、形式灵活的安置基地，有效地解决了“三无”人员过渡安置问题，最大限度地防止刑满释放人员因生活无着落而重新违法犯罪。统一了全市刑满释放人员安置帮教档案,按照一人一档的要求，市上规范了档案文本样式，编印了《庆阳市刑释解教人员安置帮教档案》，统一制作，统一发放，统一使用，全面掌握刑满释放人员的思想、生活、就业、回访、帮教等情况，推进刑满释放人员安置帮教工作规范化发展。2014年，全市共回归刑满释放人员1459名，衔接1451人，帮教1450人，帮教率为99. 3％，已安置1451人，安置率为99%；全市共建立过渡性安置帮教基地48个，安置稳定就业人数472人。全年无重新犯罪。

在社区矫正工作方面，在全市全面开展了社区矫正执法规范化建设年活动，建立社区矫正宣告室，规范入矫、解矫流程，在推行“四个一、两评定”(“四个一”即：每月组织矫正对象集体学习一次、开展一次公益劳动、矫正对象每月到司法所报到一次、每月交一份思想汇报；“两评定”即：司法所对矫正对象每月进行一次综合考评、每季度进行一次综合评议）的基础上，推出了“年总评”，使“两评定”延伸为“三评定”，庆城县还设立了心理矫正咨询室，为社区矫正对象提供心理咨询，提高了社区矫正执法水平。在全市统一实行《社区矫正对象管理手册》，统一制作、统一发放、统一使用。落实了社区矫正对象面部指纹签到制度，要求社区矫正对象每月到司法所签到一次。严格落实社区矫正对象管理措施，实施分险等级评估，进行分类管理，对不服从管教的采取先警告，后报请收监，并根据社区矫正对象表现情况，探索开展了社区矫正对象分类管理办法，进一步提高了社区矫正工作的科学性、针对性和实效性。积极创新教育培训方式，市上投资60多万元，依托“市农科院科技试验园”，建起了集教育、培训、劳动、食宿为一体的市“社区矫正对象教育培训基地”，前后共八期对全市400多名社区矫正对象进行了培训，有力地提高了特殊人群管理工作的质量和水平。2014年,全市共接收社区矫正服刑人员5793人，解矫3493人，在册社区矫正服刑人员2300名。

【法律服务】强化律师诚信规范执业，在全市范围内深入开展了律师行业诚信执业教育活动和律师事务所收费收案和公证质量管理专项活动，对律师、公证员不良执业信息实行公开，全面建立健全法律服务机构监管制度，在全市范围内统一实行了律师行业服务质量监督卡，制定下发了《加强律师事务所规范化建设的意见》，制作悬挂了15个举报箱，进一步加强了律师事务所规范化建设，促进律师依法公正执业。对全市法律服务市场进行了清理整顿。对个别有违法违规行为、群众有投诉的法律工作者，与中级法院联合下发了《关于进一步规范律师和基层法律服务工作者参与诉讼活动有关问题的通知》，做出了对不具备执业条件的人员不得从事诉讼代理业务的规定。同时，召开法院和律师双向征求意见会，互相听取意见建议，搞好交流沟通，为律师开展工作创造良好的环境。建立公证案件质量评查机制，在全市组织开展了公证案件质量评查和研讨交流，以此推动公证办证质量的提高。2014年，全市律师共代理各类案件4481件，公证机构共办理各类公证10025件，基层法律服务组织共办理案件5548件。

加强司法鉴定工作。制定出台《关于规范司法鉴定工作的意见》和《庆阳市司法鉴定法律援助暂行办法》，推动司法鉴定工作规范化发展。2014年，全市共建立司法鉴定机构7家（合水、宁县、镇原、华池各1家，市直3家），办理案件634件。

积极创新医疗纠纷和道路交通调解新模式，市上成立了医调委，并在我局设立了调解仲裁科和医疗纠纷调解大厅，各（县）区也成立相应机构，专门从事医疗纠纷人民调解工作。部分县（区）还成立了道路交通事故调解办公室，为维护社会和谐稳定起到了积极的推动作用。2014年，市医调办共调处医疗纠纷56件。完成了2014年国家司法考试报名工作。

【法律援助】2014年，坚持应援尽援、优援快援的工作目标，建立市、县、乡三级法律援助机构145个，成立工、青、妇、老龄、残联等维权机构23个，组建庆阳市法律援助志愿律师团，制作发放法律援助“一卡通”4万余份，畅通市、县两级“12348”法律援助热线，市、县建成8个50-100平方米的法律服务大厅并投入运行，在乡镇政务服务大厅、村（居）便民服务大厅开设了法律服务窗口，全市法律服务网络基本形成，做到了以政府为主导、司法行政部门牵头、社会各界广泛参与的法律援助机构网络，有力地保障了法律援助事业的持续发展。进一步提升综合服务能力，做到窗口化、综合性、一站式服务，切实为困难弱势群体提供优质高效的法律服务，真正把法律服务大厅打造成为政府的“民心窗口”、社会的“维稳窗口”、法律服务的“便民窗口”。2014年，全市援助机构共办理案件4138件。

【基层基础建设】2014年在全市范围内开展了“司法所规范化建设”推进活动，要求各县（区）按照“机构独立、编制单列、职能强化、管理规范”的要求，进一步强化职能，提高指导管理水平，做到司法所门牌、外观标识统一，工作流程、工作制度和公示监督牌统一上墙，司法所人员统一着装，确保司法行政工作对外有整齐划一的形象，努力实现乡镇司法所的“四有三化”标准和村（居）司法行政工作室的“5+1”标准（“四有”即：有房子、有人员、有经费、有标识；“三化”即：管理垂直化、队伍专业化、工作规范化；“5+1”即：创建一个司法行政工作室、强化一个调委会、办好一个法律服务窗口、创办一个法律图书角、建设一个法制培训基地，司法所指派一名工作人员担任指导员）。为了推进基层工作，7月份组织开展了半年观摩督查、11月组织开展了全市司法局长巡回各县（区）观摩学习活动，使各县（区）司法局长开阔了视野，活跃了思维，增强了交流，坚定了信心，改变了基层面貌。截止年底，各司法所办公用房得到有效保障，全市122个司法所面积均达到100-120平方米，调解室、宣告室、背景墙制作规范，各种标牌标识、制度、工作流程、文书档案等统一规范，社区矫正人员人面指纹签到机、行政执法仪、打字复印一体机、电视机、传真机、照相机、电脑等设备配备齐全，合水还配备了必要的防刺服和强光手电，实现司法所规范化建设的“四有三化”标准。全市122个司法所中达到部级规范化司法所4个，省级规范化18个、市级规范化司法所95个；全市国债项目司法所已全部建成，通过验收投入使用。“5+1”工作模式的村（居）司法行政工作室，全年建成935个，占村（居）总数的70.2%，已超过全市村（居）的大半数；各县（区）司法所平均每所达到5-6人，有的达到8人，并统一为基层工作人员配发了标志服装，使基层工作力量大大增强。全市8县（区）公用经费均按1.5万元/人.年和1.1万元/人.年标准列入预算，人民调解“个案补贴”和司法助理员岗位津贴落实到位（市局今年拿出40多万元补助基层“个案补贴”）；全面实现了县（区）司法局对司法所的垂直管理，全市司法所均实行副科级配置，落实副科级所长114人，占82.7%；合水县、庆城县还落实司法所长享受正科级待遇各1人。

【法制宣传教育】围绕“平安庆阳”建设，结合广大人民群众的法律需求和普法工作实际，全面加强普法宣传工作。全力做好普法宣传材料编印发放工作，投入50多万元编印《农民法律知识读本》50万册，为全市50万农户免费发放，做到一户一本;市、县司法局编印了《公务员学法用法读本》，确保人手一册。与市教育局联合开展“法律知识进课堂”活动，编印《青少年法律知识读本》和《法律知识漫画手册》，面向全市30万小学三年级以上学生发放，由学校安排课时，以此推进学校法制教育计划、教材、课时、师资“四落实”。组织全市4.5万职工、干部在“印象庆阳网”上进行法律知识考试，合格率100%，使干部法律知识考试率先在全省实现了无纸化。在市电视台、广播电台和网络电视开办了普法专栏和专题，在市、县（区）城区繁华地段创建了“法治文化一条街”，在乡镇（街办）、新农村建设示范点和公路沿线修建了“普法长廊”和“法制文化广场”，在移动、联通、电信平台编发普法短信，为“平安庆阳”建设营造良好的法治氛围和舆论声势。2014年在推进实现传统普法方式全覆盖目标的基础上，立足网络舆情引导和普法宣传，抓了“一报三网五平台”的建设。“一报”即：《庆阳普法》小报，一期一法，每月两期，采用彩色报和陇东报专刊两种形式发行，免费为市、县、乡、村四级干部群众送阅，特别是通过与市直单位联办，既提高了报纸普及宣传的针对性，又为广大群众和公务人员提供了专业实用的法律资料，还增进了我们与市直部门的联系。截至目前彩色报共编印62期，发行百万余份，陇东报共编印22起，发行8万余份。“三网”：即“印象庆阳网”、“庆阳司法网”和“中国司法行政社区网”。“印象庆阳网”以宣传庆阳、普及法律知识、提供法律服务、化解社会矛盾、推进舆情疏导、解决民生问题、密切干群关系和向领导提供舆情信息决策为工作宗旨，目前已帮助群众协调解决烟花爆竹随意燃放扰民、公交车运营混乱等各类民生问题372起，并对197起从网民发帖内容中摸排到的矛盾纠纷进行了调处化解，办理办结各级领导批示17起，社会成效明显。“中国司法行政社区网”是我局创办的全国最大的司法行政类专业交流垂直社区网站，目前有注册会员近3万人，已成为全国司法行政工作人员交流学习的重要平台。“五平台”：即“印象庆阳网”、“庆阳司法”、“庆阳普法”、“中国司法行政社区”、“中国庆阳”五个官方微博和微信平台，每日一期“巧儿说法”，与干部群众在线讨论交流，开展法制宣传、法律咨询，有力地提高了普法宣传的互动性和实效性。全年共发送“巧儿说法”案例190余期。目前，“一报三网五平台”的新媒体已成为我市传播法治理念、畅通群众诉求、满足法律服务需求的重要纽带和桥梁，基本上实现了新媒体时代“网上司法局”的格局。

【队伍建设】一是积极参与“党的群众路线”和“增强党性 严守纪律廉洁从政”教育实践活动。按照“照镜子、正衣冠、洗洗澡、治治病”的要求，通过学习、交流、剖析、整改，使全体职工干部提高了政治觉悟和业务素质，增强了为民服务的水平。二是建立学习考试制度。2014年，市司法局和华池、合水等县司法局推行了干部职工“一月一法一考”活动，每月确定一部法律，月初组织辅导，月末组织考试，并与年终考核评定挂钩，进一步推进了干部职工依法行政能力和水平的提升。同时，以《百家讲坛》、《文明之旅》等经典视频为学习内容，激发干部职工学习热情，拓宽文化视野，提升文化底蕴。三是建立考勤奖惩制度。2014年，我局实行了上下班面部指纹机签到管理，每月一通报，并把干部职工出勤率作为年终考核的重要依据，全年累计迟到早退超过15次或旷工3天以上、事假超过15天、病假超过30天的，当年年度考核不得确定为优秀等次，有效地杜绝了迟到、早退、不坚守岗位现象的发生。四是建立末位淘汰制度。以年度考核结果为依据，对连续两年考核排名后三位的科长和副科长实行末位淘汰，转任非领导职务，有力地推动了干部职工履行职责、争创一流的责任性。五是印制警民联系卡。市、县统一印制“警民联系卡”3万多张，发放到机关、村组、农户，大大方便了群众。（市司法局　供稿）

农 业

农业畜牧业

【工作综述】2014年，全市农牧业工作以“稳粮油、抓产业、促增收”为重点，深入实施产业富民战略，加快推进结构调整，加强农业科技推广，全面落实强农惠农富农政策，农村农业经济保持了较快的发展势头。农业增加值预计完成85亿元，同比增长6.2%；农民人均纯收入达到5499元，同比增长12.5%。

【粮油生产】大力实施粮食稳定增产行动，积极开展粮油高产创建活动，推广全膜双垄沟播技术339万亩，占任务334万亩的101.5%；推广马铃薯脱毒种薯69.69万亩，占计划任务65万亩的107.2%;完成粮油高产万亩示范创建片26个(40.01万亩）。粮食种植面积达到704.3万亩，同比增加7.62万亩，增长1.1%；全年粮食总产量164.2万吨，比上年增加5.3万吨，增长3.3%，完成了150万吨计划目标，总产再创历史新高。油料种植面积109.35万亩，同比增加0.05万亩；总产量13.46万吨，占计划112.2%。

【瓜菜生产】大力实施设施瓜菜“百千万”工程，加大科技和资金投入，强化技术信息服务，瓜菜规模不断扩张，生产效益显著提升。瓜菜种植面积达到113万亩，占目标任务100万亩的113%，新增设施瓜菜生产面积1.6万亩，其中日光温室0.1万亩，塑料大棚1.5万亩，累计达到13万亩。引进推广新品种、新技术52个。西峰区显胜蒲河川、合水县川、庆城县蔡家庙、环县曲子孟家寨、华池县悦乐鸭洼、镇原县郭原寺沟等一批新建设施瓜菜生产基地规模大，标准高。宁县建成万亩优质高原夏菜示范基地，效益显著。

【畜牧业生产】2014年，全市肉羊、肉牛、生猪、肉鸡饲养量分别达到419.4万只、67.5万头、114.1万头、1690万只，出栏量分别达到126.6万只、20.8万头、62.8万头和1300万只；肉蛋奶总产量达到12.3万吨。宁县、镇原2个肉牛产业大县肉牛饲养量达到38.2万头，占全市的56.6%。环县肉羊饲养量达到190万只，占全市的45.3%。完成退牧还草休牧围栏130万亩，补播改良草原40万亩，全市累计完成退牧还草休牧围栏750万亩、补播改良草原356万亩。紫花苜蓿更新种植101.3万亩，留存470万亩。青贮玉米秸秆282.2万吨。新建畜禽规模养殖场（小区、合作社）235个，全市畜禽规模养殖场（小区）累计达到894个，规模养殖户8.1万户，规模养殖饲养量占全市的46.7%，肉羊、肉牛、生猪、家禽规模养殖比重分别达到51.4%、41.7%、42.8%和76.9%。

【标准化示范创建】为了促进畜牧业生产方式转变，深入推进畜禽标准化规模养殖，根据农业部、省农牧厅关于畜禽标准化示范创建工作精神，我市从2011年开始连续四年实施了畜禽规模养殖标准化示范创建活动。2014年申报创建了甘肃中盛农牧发展有限公司为部级标准化示范场，庆阳市鑫润农业有限公司蛋鸡养殖场等8个省级标准化示范场，正宁县永和种猪场等11个市级标准化示范场。目前，全市共有38家养殖场被评为部、省级、市级畜禽标准化规模养殖示范场，其中宁县兴旺牧业有限责任公司肉牛养殖场、西峰区后官寨沟畎春满园养猪场、庆阳运通草业公司奶牛场、镇原县恒发实业有限责任公司肉羊养殖场、甘肃中盛农牧发展有限公司肉鸡养殖场被授予部级畜禽标准化规模养殖示范场。标准化畜禽规模养殖场示范创建活动的开展，为畜禽标准化规模生产和产业化经营、提升畜产品质量安全水平、增强产业竞争力、保障畜产品有效供给、促进畜牧业协调可持续发展提供了示范引领作用。

【畜牧业产业化经营】全市现有畜牧行业协会410个，专业合作组织647个，行业发展行为逐步规范，农民组织化程度不断提高。现有以草畜产品为主营产品的省级农业产业化重点龙头企业5家、市级龙头企业30家，其中有肉类加工企业6个，年加工能力达到10万吨，其中福润肉类加工厂年可屠宰加工生猪200万头，中盛公司年可加工肉鸡

3600万只；有草产品加工企业5个，年可加工苜蓿草捆、草粉、草颗粒等产品10万吨；有乳品加工企业5个，乳品加工生产线5条，日处理鲜奶30吨；有绒毛等其它加工企业4个；活畜交易市场91个，年活畜交易量达到580万头只。

【项目扶持】为了支持草畜产业，国家、省、市、县在项目上加大了扶持力度。全年主要争取到良种工程项目、草食畜牧业发展行动项目、中央现代农业生产发展资金项目、“菜篮子”产品生产项目、生猪奶牛蛋鸡肉羊规模养殖场（小区、合作社）标准化改扩建项目、草原奖补项目、退牧还草工程项目、高产优质苜蓿示范项目及市、县（区）财政以奖代补扶持项目资金总额达3.3亿元，其中中央、省级资金2.0亿元。这些草畜产业项目的实施，极大地调动了广大农民群众种草养畜的积极性，激发了畜牧产业发展的内在动力，为全市草食畜牧业发展起到了示范引领作用。

【奶业监管】按照《乳品质量安全监督管理条例》规定，全市畜牧兽医部门高度重视奶业监管工作，加强养殖户奶畜养殖与生鲜乳生产、收购、运输环节安全管理水平，督促奶站和奶农做好报告工作。年内对4家生鲜乳收购站及运输车辆开展了多次检查，对生鲜乳生产加工、运输以及奶站的贮存、冷藏、消毒设施、检测仪器重新审查，造册登记，建立档案。实现生鲜乳生产标准化，收购站管理规范化，生鲜乳持证收购和运输，加强了生鲜乳质量安全监管。同时，对每个生鲜乳收购站配备了专业检测人员，基础设施、机械设备、质量检测、人员要求以及操作规范基本符合生鲜乳收购条件，能严格按照国家生鲜乳收购标准收购鲜奶，建立了完整的收购检测台帐和记录，以保证生鲜乳的质量安全。对检测确认不合格的生鲜乳，在当地畜牧兽医主管部门的监督下销毁或者采取其它无害化处理，严禁私自倒卖和非法收购。

【畜牧业综合效益】2014年，全市畜牧业总产值达到27.8亿元，占农业总产值142亿元的19.6%，牧业增加值17.9亿元，占农业增加值80.6亿元的22.2%，农民人均牧业纯收入783元，占农民人均纯收入5499元的14.2%。畜牧养殖重点区域农民牧业收入占农民人均纯收入的40%以上。畜牧业已成为全市经济中增长快、增收潜力大的重要支柱产业。

【渔业生产】全市水产品产量572吨，新增养殖水面280亩，引进投放各类苗种870万尾，渔业总产值达1110多万元。

【渔业科技推广】引进湘云鲤苗种3000公斤，在庆阳市特种水产试验场进行试验养殖，预计项目完成时每亩产鱼850公斤；实施完成“万亩池塘高产高效养殖关键技术集成示范与推广”项目，示范面积100亩，引进福瑞鲤苗种3000公斤，在西峰区显胜渔场示范养殖，亩产达到837.25公斤/亩，推广面积100亩，在宁县早胜镇尚家村渔场和正宁县永正乡刘堡子乡渔场进行推广养殖，亩产达到804.75公斤/亩；开展各类渔业技术、法律法规培训班28期，培训水产（渔业）骨干、重点养殖户1500人（次），发放培训资料1500余本，宣传资料10000多份。

【水产养殖基地建设】“庆阳市景宏鑫养殖农民专业合作社”和“镇原县新海养殖合作社”获得农业部健康养殖示范场（第八批）资格。继续对庆阳市景宏鑫养殖农民专业合作社进行扩建，申报了农业部《畜禽渔业标准化健康养殖项目》，落实资金45万元，新建甲鱼养殖温棚8个，养殖甲鱼19万只，产值400万元。

【渔政执法监管】开展渔资打假、渔业安全生产隐患排查、水产品质量安全专项整治等执法检查41次、水产品质量安全大型宣传活动19次，水产苗种专项整治行动3次、水产品违禁药物检查行动4次，散发渔业法律法规、水产品质量安全、养殖技术等宣传资料3400份，水产药物使用合格率达到95%以上。

【渔业资源养护】开展了渔业资源增殖放流活动，在西峰、正宁、庆城、宁县、华池5个县区400多亩水面投放鲤鱼、鲢鱼、鲫鱼苗种160万尾。

【农业产业化经营】加快发展草食畜牧业、设施瓜菜、优质苹果等特色优势产业，各类农业产业化经营组织逐步壮大，新建各类农民专业合作社1122个，累计达到3500个，合作社入社成员12万人。培育示范性合作社40个。新建、改扩建农产品加工企业30户，市级以上农业产业化重点龙头企业累计达到92户，其中国家级1户，省级31户。注册登记家庭农场48个。龙头企业等产业化经营组织带动农户发展适度规模经营户达到28.6万户，比上年27.96万户增长2.3%，主要农产品加工率达到49.5%，比上年47.8%提高1.7个百分点。先后组织22户企业参加了全国休闲农业创意精品推介会、第二十届兰洽会、中国农产品加工业投资贸易洽谈会、第十二届中国国际农产品交易会和第九届中国绿色有机食品博览会，通过精品展销和强力推介，我市品牌农业的市场竞争力得到了明显提升。庆城县赤城乡被农业部认定为全国“一村一品”示范村镇，庆阳天富亿现代生态农业文化体验园、华池县南梁红色旅游小镇被省农牧厅认定为全省休闲农业示范点。

【强农惠农政策】2014 年全市农作物良种补贴面积 585.7459 万亩，其中小麦 253.9956 万亩；玉米 331.621 万亩；水稻 0.1294 万亩。省上下拨农作物良种补贴资金 5858.1 万元。草原奖补惠及农户 456655 万户，补贴资金 11059.99 万元，其中禁牧补助资金 5937.6275 万元，人工种草补助资金 2994.01 万元，生产资料补贴资金 2128.35 万元。肉牛、奶牛良种补贴资金 186.4 万元。全市大部分县（区）村级防疫员补助均达到了 2400 元的标准，仅正宁县由于国家和省上补助 1000 元，县级补助 700 元，村防疫员补助为 1700 元。环县村级防疫员补助人均达到 6000 元。

【农业农村改革】全面加强农村土地承包经营管理，扎实开展了西峰区、庆城县整乡推进，其他各县整村推进的土地承包经营权确权登记试点工作。各县区累计落实试点经费 244 万元，举办专题培训班 44 期，培训业务人员 2587 人，完成权属调查农户 1.31 万户，确权面积 16.1 万亩，基本完成试点任务。积极引导土地承包经营权有序流转，“县有中心、乡有站、村有社”的土地流转服务体系建设试点取得了实质性进展。8 县（区）土地流转服务体系基本建成，18 个试点乡镇土地流转服务站全部建成；36 个试点村分别建立了 21 个村级土地流转服务点、11 个村级土地信用合作社、2 个土地信托公司和 2 个土地银行。至年底，全市农村土地流转面积达到 108.4 万亩，比上年增加 20.1 万亩，流转率达到 16.2%。

【农业信息服务】结合全省农村公共信息服务网络工程项目建设，积极探索符合我市农村实际的建设途径，坚持“因地制宜、资源整合”的原则。在全市已累计建成村级信息服务点 561 个，做到了乡镇一级全覆盖，依托乡镇中小学远程教育网、农民专业合作社和农产品经销大户，选配信息员开展农产品信息的采集和发布工作。同时充分发挥农业产业化龙头企业的示范带动作用，利用涉农企业和农民专业合作组织市场信息量集中、利于产供销衔接的优势，开展农村信息服务。我市宁县被农业部确定为“全国信息进村入户工程试点县”，借助“世纪之村”电子商务平台重点开展农产品网上直销、特色推介、代理营销等服务，促进企业、农户与市场的对接，拓宽农特产品销售渠道，缓解“卖难”问题，初步形成了龙头企业参与、农家店推广、网络平台营销的农村电子商务平台建设新格局。

【农业行政执法】通过各项工作的全面深入开展，全市农业行政综合执法工作在体系建设上有新提高，在队伍建设上有新气象，在执法办案上有新突破，在作用发挥上有新成效。一是加强执法监管，农资经营秩序持续好转。全市共出动执法人员 2481 人（次），检查农资经营企业门店 3183 个（次），整顿市场 248 个（次），捣毁制假窝点 2 个，收缴高毒、违禁农药 2024 瓶（袋），下架过期、失效农药 1778 瓶(袋),依法没收或退回问题种子 1004.9 公斤，依法查封、退回标识不规范肥料 139.4 吨，挽回经济损失近千万元，有效遏制了制售假冒伪劣农资行为，农资经营秩序持续好转。二是严格行政许可，农资经营主体更加规范。对全市农药经营许可证的企业（门店）进行了年检，对符合条件的第三批 96 户核发了农药经营许可证。至目前，全市共计核发农药经营许可证 526 户。三是加强监督抽检，农药产品质量得到保障。全市共抽取了杀虫剂、杀菌剂、除草剂等农药样品 75 个，225 瓶（袋），经检测共 6 个样品为不合格产品，已由市农业执法支队和西峰区、环县农业执法大队依法立案查处。四是严查违法案件，农民合法权益得到维护。全市共立案查处违法案件 87 起，其中农药 49 起、肥料 24 起、种子 14 起，现已全部结案，罚没款 99399 元；调处农业生产纠纷 11 件，调查处理信访案件 1 起，协查案件 1 起。

【农产品质量安全整治】以创建“全国绿色农产品生产加工示范区”为抓手，全面提升农产品质量安全水平。建设绿色优质苹果、绿色瓜菜、绿色保健粮油基地 160 万亩，绿色标准化畜禽养殖规模达到 230 万头（羽）；完成“三品一标”认证 35 个，其中申报认证绿色食品 16 个，无公害农产品产地 11 个，有机农产品 6 个，登记保护地理标志农产品 2 个，创建全国绿色食品原料（苹果）标准化生产基地 28 万亩。开展了蔬菜农药残留、瘦肉精、兽药饲料等 7 个方面农产品质量安全专项整治，市级抽检8县区蔬菜、畜产品农药、兽药残留和瘦肉精、三聚氰胺样品456个，质量安全合格率100%。强化重大动物疫病的强制免疫力度，免疫密度均达到99%以上。全市没有发生农产品质量安全事件，农产品质量安全总体向好。

【农业科技推广】围绕培养有文化、懂技术、会经营、善管理的农村实用人才，启动实施了千名农村实用人才培训工程。采取课堂授课、外出考察、座谈交流等方式，举办合作社管理人员、种植大户、养殖大户等农村实用人才培训班18期，培训农村实用人才1195名。依托新型职业农民培育项目实施，完成农民教育培训17.7万人次，占全年培训任务10万人次的177%。引进示范推广农业新品种新技术68项，占计划60项的113%。配方施肥687万亩，推广高效节水技术26万亩。新建农村沼气2200户，农田废旧农膜回收利用率达到77%。

【现代农业建设】全市8个示范乡镇，24个示范村按照“五化”要求，进一步明确创建要求，细化工作任务，加强统筹协调，靠实工作责任，全面推进现代农业综合示范工程创建，取得了阶段性成效。截止目前，全市落实整合部门资金1.3亿元，示范乡村大力发展苹果、草畜、苗林、瓜菜等特色优势产业，建成苹果标准化示范园13处2.24万亩，设施瓜菜示范点12个8743亩，标准化规模养殖场40个，农民专业合作社80个，产业化龙头企业14户，规模流转土地4.02万亩。基础设施、公共服务设施和环境整治项目扎实有序推进，人居环境明显改善。西峰天富亿现代生态农业文化体验园把生态农业、观光农业、设施农业融为一体，形成了城郊多元产业融合发展模式。合水县省级现代农业示范区建设各项任务落实到位，示范带动作用逐步显现。

【农业项目建设】始终把项目建设作为改善农业发展基础条件，增强农业发展后劲的有力抓手，常抓不懈。通过考察论证、汇报衔接，全市争取到农业综合开发、农业产业化、标准化养殖、能源沼气建设、农业科技创新、农民培训等省级以上投资项目349个，到位资金2.12亿元；争取到良种补贴、草原生态奖补等专项资金2.32亿元。同时，加强项目监管工作力度，定期对在建项目的实施管理工作进行检查督导，确保了建设项目档案齐全、财务专账规范、工程质量达标。全年项目工作未出现重大纰漏。（市农牧局 供稿）

林 业

【工作综述】2014年，在市委、市政府的正确领导和省林业厅的精心指导下，全市林业工作以“建设美丽庆阳、实现绿色崛起”为统揽，突出党的群众路线教育和改进工作作风、苗林结合培育和推进生态文明建设、双联帮扶和增加农民收入、深化林业改革和转变发展方式“四个结合”，奋力实施“11146”工程，取得了阶段性成效。市林业局被省林业厅、市政府分别授予林业工作目标责任综合考核先进单位和绩效考评先进单位称号，多项业务工作在全省考核中位居前列，多次在国家、省级林业工作会议上介绍经验做法。正宁中湾林场被评为全国“十佳林场”，镇原绿源公司被认定为“国家林业龙头企业”。特别是12月21日，中央新闻联播以“甘肃庆阳打造山清水秀的自然生态”为题报道了我市林业发展成效，在全社会引起了广泛关注。

【苗林培育】完成2014年度苗林结合培育113.01万亩，占年度计划任务的113%。今秋完成2015年度苗林结合培育整地62.76万亩，栽植54.36万亩，占年度计划任务的54.36%。全市林地面积达到1089.14万亩，同比增加28.09万亩，森林覆盖率达到26.77%。

【工程建设】完成国家林业重点生态工程建设任务27.64万亩，其中：退耕还林工程1.3万亩、“天保”工程7.8万亩、“三北”工程14.04万亩、造林补贴4.5万亩，均占任务的100%。完成巩固退耕还林成果薪炭林5.78万亩、历年造林工程补植补造53.31万亩、森林抚育18.4万亩。全市建办义务植树基地5.38万亩，植树885.77万株。绿色和谐家园建设完成公路行道树新栽923公里，补植884.8公里，栽植各类乔灌花145.31万株，创建绿化达标乡镇16个、绿化达标村80个。亚行项目完成年度建设任务，回笼资金1612.65万元，顺利通过省上验收。

【林业改革】国有林场改革基本完成主体任务，顺利进入总结阶段。年内危旧房改造开工建设58户，公租房开工建设1411户，建设安全饮水工程20处。集体林权制度改革以“五项制度、一个体系”建设为主要内容，大力发展林下经济，汇报市政府印发了《关于全面推进林权抵押贷款的实施意见》，完成林权抵押贷款新增8100万元，林地流转新增24.92万亩，林下经济示范点新增32个，全市林下经济总产值已达4.2亿元。

【林业产业】全市按照“高质量、大规模、多龄级、齐培育”原则，坚持以国营场圃育苗为龙头，集体苗圃为骨干，个体苗圃为支撑，大力推进种苗基地建设。年内新育苗木4.4万亩，全市种苗培育面积达14.39万亩，总载苗量达18.2亿株，总产值达26.7亿元。大力发展以核桃、枣为主的特色林果产业，全市新栽6.67万亩，改造2.8万亩，建办核桃栽植示范点28处、2.4万亩，经济林果产量达12.13万吨，产值30325万元。

【资源保护】落实国家级公益林管护面积497.67万亩、天然林保护面积878.56万亩，均占任务的100%。年内加大森林火灾防控力度，落实防控措施，确保了森林火灾面积未超过0.06‰的控制指标。完成林业有害生物防治面积85.25万亩，防治率达100%；森林病虫害测报准确率达97.9%、森林无公害防治率达96.54%，森林病虫害成灾率控制在3.33‰以内，种苗产地检疫率达99.97%，全部高于省厅下达指标要求。强化林政资源管理，严格执行森林资源限额采伐规定，征占用林地审核率达到100%。

【科技文化】坚持把科技创新作为推进林业发展的重要支撑，积极开展科技示范林区。研究与林业文化培育，引进馒头柳、圆冠榆、榆叶梅、竹柳等10个优良绿化品种，驯化培育了子午岭栾树、五角枫、北京丁香等乡土绿化树种1500余株；筛选出适宜环县北部沙区植被恢复的植物12种、模式5种。在全市率先开展了古树名木普查，共登记古树名木745棵，其中树龄最大的是宁县湘乐镇的两棵古柏，距今约有2100年历史；市政府三届第41次常委会议审议通过《庆阳市古树名木保护办法》，并予以印发，为宣传培育林业文化、保护森林“活标本”“活古董”奠定了基础。

【党风廉政】认真贯彻党的十八届三中、四中全会及中央、省、市纪委会议精神，紧紧围绕服务全市林业工作大局，以党的群众路线教育为统领，以解决“四风”突出问题为重点，以落实“两个责任”为抓手，深入开展岗位廉政教育、警示教育、社会主义核心价值观教育等，认真抓好党员干部思想、组织、作风建设，为提升林业工作水平提供了有力保障。“双联”工作建立了驻村制度，衔接成立连家砭村互助资金发展协会，协调落实扶持资金15万元，开展实用技术培训指导，绿化村部道路，配发健身器械等，进一步密切党群干群关系，促进林区和谐稳定。

【提案办理】认真征集、答复人大建议和政协提案，涉及环境保护、城乡绿化等热点问题。年内征集人大建议、政协提案素材3条；办理涉林方面人大代表建议1件、政协委员提案5件，办结率、满意率均达到100%。（市林业局　供稿）

扶贫开发

【工作综述】2014年，全市扶贫系统始终牢记习近平总书记视察甘肃时关于“甘肃要把工作重点放在扶贫攻坚上”的重要指示和王三运书记关于“扶贫攻坚是政治问题、民生问题、民心问题”的精辟论述，主动适应经济发展新常态，进一步转变思想认识、明晰工作思路、强化工作措施，全市扶贫开发工作取得了历史性突破。全年减贫13.54万人，贫困面由2013年的26.5%下降到20.6%；全市贫困群众农民人均纯收入达到2796元，增速为18.12%。

【扶贫投资】年内，通过争取整合，全年总计投入各类扶贫攻坚资金达72.22亿元，其中：中央、省上下达的财政专项扶贫资金2.87亿元，市级财政投入扶贫专项资金8000万元，发改、交通、住建、水务、电力、农牧、林业、果业等14个部门投入行业项目资金51.61亿元，定点帮扶和双联单位投入资金13.3亿元（含帮扶物资折价），金融机构发放扶贫贷款3.64亿元。

【专项扶贫】2014年，省、市共下达4批扶贫项目共计资金34705万元，实施整村推进120个，扶持3.27万户贫困农户发展草畜、林果、瓜菜产业，做到了专项扶贫资金全部用于建档立卡贫困村和贫困对象。在实际工作中，建立了扶贫攻坚工作绩效评价考核机制、贫困县乡“减贫摘帽”激励机制、精准扶贫工作机制和参与式扶贫长效机制，激发了扶贫攻坚的内生动力。

【行业扶贫】充分发挥行业职能部门在扶贫攻坚中的“挑大梁”作用，推动农村贫困地区的基础建设、特色产业、能力提升、公共服务领域向纵深发展。一是基础扶贫。新建通村沥青（水泥）路149条、1624公里，建设农电线路3391千米，解决了

17.82万人的农村人口和1.02万名师生饮水不安全问题。新建移民安置点88个，改造农村危窑（房）15300户，新修基本农田30万亩。农村道路通畅、电力改造提升、农村安全饮水等基础建设项目均完成了计划任务。二是产业扶贫。新种紫花苜蓿100.87万亩，青贮玉米秸秆222万吨，新建省级畜禽规模养殖示范场8个、农民专业合作社1122个、规模养殖场（小区）214个，肉羊、肉牛、生猪饲养量分别达到417万只、67.1万头、113万头，新栽苹果10万亩，新增设施瓜菜1.6万亩，完成苗林结合培育面积113.01万亩，产业扶贫呈现出快速发展的良好势头。三是能力建设。积极整合部门培训资源，全年完成农业实用技术、劳务和职业技能、“两后生”及村干部培训27.292万人，超额完成了市上下达的10万人培训任务。四是公共服务。紧扣农村教育扶贫、文化扶贫、卫生扶贫三项公共服务保障目标，加快贫困乡村公共服务发展步伐。全市建制村标准化学校覆盖率为72%，建制村标准化文化活动室覆盖率为16.6%，建制村标准化卫生室覆盖达到78.9%，新农合参保率达到98.18%，农村低保保障面扩大到15.2%。

【社会扶贫】不断探索扶贫与双联深度融合的新机制，深入推进社会帮扶工作，提高了扶贫效益。省、市、县、乡四级2507个“双联”单位、32975名干部为贫困乡村和群众帮办各类实事3.95万件，协调落实社会扶贫资金13.3亿元（含物资折价）。市内180个非公经济组织结对帮扶贫困村152个，16家省外企业、单位和院校与我市23个贫困村实现了一对一结对帮扶。全市形成了全方位、多层次、多领域的社会扶贫工作新格局。

【金融扶贫】为破解贫困农户发展产业资金短缺难题，创新财政扶贫资金与金融贷款融合支持农户发展产业机制，在充分发挥“双联”惠农贷款、妇女小额担保贷款等涉农贷款作用的同时，积极与国家开发银行甘肃省分行合作，开展了金融支持产业扶贫试点工作，探索形成了以“一体系四保障”（资金借贷体系，组织管理、制度建设、风险防控、监督服务保障）为主要内容的金融支持产业扶贫模式。截止2014年底，累计向镇原县、宁县、华池县、西峰区4个试点县（区）55个乡镇152个行政村4910户农户投放贷款1.1亿元，引导农户选择项目，控制成本，赢利增收，增强了农户的市场意识、风险意识和诚信意识，激发了贫困群众脱贫致富的内生动力。

【精准扶贫】为认真开展精准扶贫建档立卡工作，成立了精准扶贫建档立卡工作协调推进领导小组，制定下发了工作实施方案，统一印发了贫困对象《工作手册》，科学设计贫困村、贫困户识别指标体系，明确识别标准和公示公告、数据网络录入等工作程序要求。全市8县（区）共识别确定贫困村537个、贫困户14.58万户60.62万人，逐村逐户建立了网络电子档案，全面落实了扶贫措施，每个贫困村组建成立了驻村帮扶工作队，每户确定了一名联户干部，逐村逐户制定了小康发展规划和脱贫计划，实现了对象、目标、内容、措施和考评“五个精准”。（市扶贫开发办公室　供稿）

水　务

【工作综述】庆阳市2014年完成水利工程建设投资10.16亿元，新增有效灌溉面积3.3万亩，占计划3.3万亩的100%。发展节水灌溉面积3.08万亩，占计划3万亩的102.7%。解决了17.82万农村人口和1.02万师生的饮水不安全问题，占任务的100 %。征收水资源费1140万元，占任务1000万元的114%。

【水政工作】水法宣传。在“世界水日”和“中国水周”期间，围绕“水合作”和“节约保护水资源，大力建设生态文明 ”宣传主题，庆阳市共设立宣传咨询点16个，发放宣传资料50000余份，《河道法律法规选编》1000本，出动宣传车辆10台（次），接待咨询群众2000余人次。水政执法。以整治非法采砂、乱占河道以及违规修建跨河工程、破坏堤防设施等违法行为为重点，加强了对河道的日常监管和执法检查，确保了河道行洪安全，营造了良好的水事执法环境。

【水资源管理】水资源管理。编制完成了《庆阳市加快实施最严格水资源管理制度试点方案》并经市政府发布实施，《关于分解下达庆阳市县级行政区水资源管理“三条红线”控制指标的意见》已经市政府常务会议讨论下发。制定印发了《庆阳市实行最严格水资源管理制度考核办法》，水资源管理考核已纳入政府考核序列。取水许可管理。结合取水许可证上网登记工作，对到期需要更换的取水许可证进行了清理，完善了取水许可台账，庆阳市累计保有取水许可证1388套，批准水量1.34亿立方米。水资源费征收。2014年庆阳市依法征收水资源费1140万元。节水型社会建设。节水型社会建设规划的用水总量控制、万元工业增加值用水量、农田灌溉水有效利用系数等主要指标全部达标，节水型社会建设试点工作通过水利部最终验收，庆阳市被水利部授予全国节水型社会建设示范区称号。

【水利规划】重大水利项目前期工作。蒲河小盘河水库、葫芦河莲花寺水库、巴家咀水库新增调蓄工程的可研报告已经省发改委批复通过，3个项目可研涉及的专项报告大部分已通过审查批准，融资手续基本就绪。马莲河水利枢纽工程已被列入《全国大型水库建设总体安排意见》和国务院“十三五”期间重点支持的172个重大水利工程，项目建议书正在编制。常规水利项目前期工作。编制上报了2014年全市农村饮水安全项目初步设计，批复投资2.56亿元；编制上报了《合水、华池县2014年中央财政小型农田水利重点县项目实施方案》，并通过省水利厅批复，批复投资4894万元；蒲河西峰区石咀子至毛家寺段等7处江河重要支流治理项目批复立项，批复投资1.68亿元；庆城县柔远河张沟至贾桥段等9处中小河流治理项目批复立项，批复投资2.32亿元。有14个小型水库项目进入省级专项规划。

【重点工程】扬黄人饮向庆城延伸供水工程总投资3.86亿元，已累计完成投资1.8亿元；华池县葫芦河水源工程总投资1.16亿元，累计完成投资1.05亿元，工程主体已完工。庆阳市新城南区雨洪集蓄保塬生态项目批复总投资2.71亿元，人工湖主体工程已基本完成，累计完成投资2.1亿元，占总投资的77.5%。正宁县嘉峪川引水枢纽及烟草基地灌溉工程批复总投资7586.14万元，完成投资6300万元，占总投资的83%。农村安全饮水项目完成投资2.2163亿元，建成集中供水工程31处，集雨场窖1.3万处，小电井7296眼，解决了17.82万农村人口和1.02万名师生的饮水不安全问题。环县合道川灌区续建配套与节水改造项目总投资520.26万元，完成投资364万元，占投资的70%。华池县2013年牧区灌溉饲草料地建设重点县项目总投资2085.9万元，已全部完成建设任务；华池县2013年牧区节水灌溉示范项目总投资433万元，完成投资260万元，占总投资的60%。合水县2013年中央财政小型农田水利高效节水灌溉重点县项目总投资2769.38万元，2014年9月开工建设，正在实施阶段。环县2013年中央农田水利建设项目总投资800万元，完成投资735万元，占投资的92%。环县曲子双城西沟至东沟段堤防和合水县马莲河陈家坪至前坪段防洪工程批复总投资3254万元，目前完成投资2353万元，占总投资的72%。镇原县洪河南川芦李、西峰区砚瓦川贺家塬沟护岸、正宁县四郎河房河和樊湾子治理工程批复总投资8823万元，已全部完成建设任务。

【山洪灾害防治项目】 2014年度庆阳市山洪灾害防治项目共分非工程措施补充完善和山洪灾害调查评价两部分内容，总计批复投资1464.50万元，下达投资1434.00万元，地方配套30.62万元。省上统一招标的2013年建设任务，市本级的合同已全部签订，县区的合同正在签订之中。由市、县区共同实施的项目，于2014年11月6日开标，合同已全部签定。县区自行实施的项目正在抓紧施工，其中群测群防建设任务已基本完成。

【抗旱防汛】旱情及抗旱工作情况。2014年1月至10月，全市累计降水量487.9～707.2mm，与多年平均相比，各县（区）基本正常。其中1月～2月降水量8.9～21.1mm，各县（区）与历年同期相比偏少1～3成；3月降水量7.2～35.1mm，宁县、正宁基本正常，其余各县（区）与历年同期相比偏少1～3成；4月降水量60～82.4mm，各县（区）与历年同期相比基本正常；5月降水量10.1～46.6mm，各县（区）与历年同期相比偏少2～7成；6月降水量40.7～93.8mm，宁县、正宁与历年同期相比偏少2～4成，其余各县（区）基本正常；7月降水量14.2～177.1mm，环县、华池、正宁基本正常，其余各县（区）与历年同期相比偏少3～5成；8月降水量64.3～131.6mm，环县、正宁基本长成，其余各县（区）与历年同期相比偏少1～3成；9月降水量140.8～219.3mm，各县（区）与历年同期相比均偏多。面对旱情，庆阳市委、市政府高度重视，召开专题会议，对抗旱工作进行安排部署。对全市人畜饮水困难情况进行了调查摸底，督促县、乡、村三级及时编制人畜饮水应急方案，落实应急抗旱措施，动员旱区群众亲邻相帮、余缺调剂，解决临时缺水问题。汛情及防汛工作情况。全市从4月15日至10月15日前共经历26次降雨过程，其中中到大雨的降水过程天气达13次，累计降水量492.3～650.9毫米，与历年相比，各县（区）均多于正常年份。从全市降雨时空分布来看，主汛期7、

8、9月份降水量276.8～484.6毫米，其中7、8月份降雨量较历年同期偏低，9月份降雨量较历年同期偏高。从总体降雨趋势来看，总体趋势是北部的环县及南部的正宁县降雨量均多于历年正常水平的一半左右。从灾害性天气来看，重点集中在6、7月份,特别是6月18日，环县、华池、庆城、镇原、合水等县出现了短时强降雨，局部地方大到暴雨甚至特大暴雨，降雨量超过100mm的站点有2个，降雨量在50mm～100mm的站点有31个，其中庆城县玄马镇林家沟3小时降雨116.5mm，为特大暴雨。此次强降雨导致4县26个乡（镇）56个村8735户3.6573万人受灾，倒塌房屋11间，转移人口1215人,死亡1人,失踪1人,造成直接经济损失6602.62万元。7月8日，全市再次出现强降雨过程，强降水主要集中在华池、环县、正宁、宁县、合水，降雨量超过100mm达到大暴雨级别的站点有8个，超过50mm达到暴雨级别的站点有152个，最大降雨量在环县八珠，降水量达135.7mm。此次强降雨导致环县、华池2县的16个乡（镇）30个村578户4948人受灾，倒塌房屋30间，造成直接经济损失2573.6万元。全年签订防洪保安责任书180多份，在《陇东报》、电视台等市内主要媒体对水库、临河城镇、重点河段的防汛责任人、部门责任人和技术责任人进行了公示。落实了防汛责任领导、抢险救援队伍、抗旱防汛物资、防汛预案等安全度汛保障措施。全年共批准或备案水库度汛计划22份，储备了9大类14个品种800多万元的防汛物资，组建各种防汛抢险队伍62支5420人。对辖区内各类水库、城镇、重点河段及山洪灾害易发区集中进行了检查，对查出的问题进行了通报，督促限期整改落实，确保全市安全度汛。

【水利管理】全市共清淤渠道327公里，维修灌溉工程237处，检修机电设备186台（套）、泵站83座、机电井96眼、闸阀井243眼、喷灌机122台,完成检修资金237.98万元;投入灌溉工程4081处。完成实灌面积41万亩,其中完成春灌面积19.7万亩，占任务19万亩的103.7%；完成夏灌面积22.67万亩，占任务22万亩的103%；完成秋灌面积9.24万亩，占任务9万亩的102.2%，冬灌完成23万亩，占任务23万亩的100%。

【水利改革】水利改革试点。按照实施方案要求，开展了基层水利服务体系建设联合调研，积极协调编制部门批复了县级水利建设管理站、抗旱防汛服务队、水利工程质量监督与安全管理站，各县区均按照批复组建了相应机构，落实了编制、人员、办公场所和办公设备，试点涉及的机构组建任务已全部完成。年内分别组织对县区质量监督与安全管理站工作人员、乡镇水利工作站长进行了培训，提高了业务水平和履职能力。水利投融资改革。庆阳市水务发展有限公司与国家开发银行甘肃省分行签订了合作协议，对小盘河水库、莲花寺水库、五台山水库、庆阳新城南区雨洪集蓄保塬生态工程、华池县葫芦河水源工程等需要融资贷款的水利项目进行了授信评估。目前13.52亿元的贷款协议全部签订，融资任务全面完成。国家开发银行根据工程进展，共发放项目贷款1.51亿元，其中华池县葫芦河水源工程1.02亿元，庆阳新城南区雨洪集蓄保塬生态工程4500万元，小盘河水库200万元，莲花寺水库100万元，五台山水库100万元。

【双联行动】着眼培育富民产业，引导双联村调整种植结构，地膜玉米种植面积达到2800亩，羊畜养殖初具规模，两个村98户贫困户养殖的小尾寒羊户均出栏5只以上，户均增加收入4000元。着眼改善基础设施条件，先后争取、筹措资金43万元，修建农村饮水安全工程2处，排洪渠1处，为“两委”活动阵地购置办公设备80多套。着眼提升农民文化素质，加强政策理论宣传培训。投入经费1.5万元，邀请党校教授、农牧专家宣讲党的十八届三中全会精神、惠农政策、种植养殖实用技术16场次，发放资料手册300余册。2014年，庆城县太白梁乡巴山村农民人均纯收入达到4543元，56个帮联户人均纯收入4563元，较2013年增长25%；环县甜水堡镇七里墩村农民人均纯收入达到3508元，较2013年增长10%。

【科技与教育】庆阳市水利专业技术人员继续教育培训370人，评聘高级工程师4人，工程师8人，助理工程师2人，技术工人晋升高级工7人，技师3人。（市水务局　供稿）

水　保

【工作综述】2014年，全市水土保持生态建设工作在市委、市政府的正确领导下，认真贯彻落实党的十八大三中、四中全会和市委三届七次、八次全委扩大会暨全市经济工作会议精神，紧紧围绕中央和全省水土保持工作及市委、市政府的各项决策部署，严格按照目标管理责任书有关要求，突出重点抓谋划、改进作风抓落实、破解难点抓创新，较好地完成了各项工作任务，全市水土保持生态建设继续保持了良好的发展态势。

【流域治理】2014 年，全市流域治理及项目建设共完成投资 3.5 亿元，治理水土流失面积 399.4 平方公里，占年计划任务 370 平方公里的 107.9%，人工林草种植 28.4 万亩，占年计划 27.79 万亩的 102.2％。修建各类小型水保拦蓄工程 185 座（处），争取国家及省市水保资金 6100 万元，水保生态建设工作位居全省前列。

【项目工作】重点抓实固沟保塬工程。2013 年《董志塬区固沟保塬综合治理规划》上报国家发改委之后，2014 年，先后 5 次赴省水利厅、省发改委和水利部、国家发改委衔接争取项目。同时，按照市委、市政府主要领导的指示精神，组织各县（区）水保局对全市万亩以上的塬区水土流失治理情况进行摸底调查，为全面开展固沟保塬综合治理提供了科学依据。全力争取生态建设项目。始终坚持把发展抓项目作为推进全市生态文明建设工作的主抓手，紧紧围绕市委提出的创建“三个生态”理念，积极践行“三严三实”要求，定目标、定任务、定责任，大力谋划项目争取。全年共争取重点水保生态项目 16 个：一是总投资分别为 5000 万元，年度投资分别为 1250 万元，建设期为 4 年的镇原、环县国家坡耕地水土流失综合治理试点县工程，年度投资计划已下达，年度实施方案已批复并开工建设；二是总投资分别为 3000 万元、年度投资分别为 400 万元、建设期为 6 年的庆城、华池国家农业综合开发水土保持项目，年度投资计划已下达，年度实施方案已批复并开工建设；三是总投资为 1.43 亿元、年度投资为 2300 万元、建设期为 5 年的 4 个国家水土保持重点建设工程，年度投资计划已下达，年度实施方案已批复并开工建设；四是总投资 975 万元、涉及 7 县区、建设期为 1 年的西峰区清水沟、庆城县董志塬榆木沟、正宁县移风沟、合水县药王沟、宁县湘乐镇樊湾、华池县太阳沟、环县八珠塬、环县七里沟 8 个小流域综合治理项目。这些项目的争取和实施，为改善我市自然生态环境提供了重要支撑。

【梯田建设】2014 年，全市下达梯田建设任务为 30 万亩。结合全市梯田建设实际，市县（区）水保部门坚持把“两倾斜”（向北部山区倾斜、向塬峁咀稍倾斜）、“三侧重”（侧重偏远山区、侧重贫困农户、侧重产业集群）、“五结合”（梯田建设与流域治理相结合、与特色产业开发相结合、与扶贫集中攻坚相结合、与新农村建设相结合、与产业集群发展相结合）贯穿梯田建设全过程，积极协调整合发改、国土、扶贫、农发、水保等部门项目，严把规划、设计、质量、施工、验收“五个关口”，主抓项目建设，统筹连片推进。2014 年，全市共新修梯田 31.5 万亩，占省上任务 27 万亩的 117%，市上任务 30 万亩的 105%，建成了宁县盘克、华池柔远、镇原方山和环县毛井乡红土嘴、山城乡耿塬畔 5 处万亩集中连片工程和 42 处千亩以上规模工程，为改善贫困边远山区农民群众生产条件打下了坚实基础。

【执法监督】2014 年，市县（区）水保部门坚持把贯彻落实新修订的《水土保持法》、《甘肃省水土保持条例》赋予的监督、审批、收费“三项”基本职权作为加强水保工作的重中之重，突出以石油煤炭、铁路公路、房地产开发等开发建设项目为重点，严格按照中央、省上《关于水土保持补偿费征收使用管理办法》、《水土保持补偿费收费标准的通知》有关规定和要求，研究破解石油煤炭、铁路公路、房地产开发等生产建设项目缴费困境。针对凤甜公路两山边缘乱开乱挖、水土流失严重等问题，利用 1 个多月时间，对全市水土流失破坏严重的 30 个重点砖瓦厂和 250 个一般性砖瓦厂进行了调查摸底，提出了整改落实意见。组织对全市 1.7 万个井口、7000 个井场、575 个站所等实际占地面积进行了丈量核实，建立台账，为 2015 年水保补偿费的全面征收提供了重要依据。同时，配合上级业务部门对雷西高速、刘园子煤矿等水保设施进行了验收，对华北油田、新庄煤矿等水保方案进行了专项督查。2014 年，全市共编报生产建设项目水保方案 138 个、审批 138 个，补收补偿费 580.3 万元。水保方案审批数量、补偿费征缴增量为历年之最。

【工程防汛】2014 年，针对全市病险坝数量多、防汛压力大、任务重等现实要求，市县（区）水保部门坚持“零溃坝、无伤亡”目标，全面落实防汛责任制，大力排查整治隐患，争取省上资金 309 万元，筹措 260 万元，对 50 座安全隐患病险坝开展除险加固。积极创新淤地坝管理机制，落实了 91 座淤地坝经营使用产权，这项创新性工作走在了全省探索改革淤地坝产权和管护的前列。同时，按照省市统一安排部署，认真开展水保安全生产大整治百日攻坚行动，建立了“一个平台”（淤地坝动态监管平台）、完善了“两项制度”（有效应对突发事件制度、安全生产监管制度），做到了“四个到位”（安排部署、领导责任、排查整改、应急抢险），全面形成了防汛和安全生产责任网络体系。2014年，全市846座淤地坝无安全事故和险情发生，水保项目也无安全生产责任事故。

【固沟保塬工程】2014年，市委把“固沟保塬”工程列为全市生态文明建设“两大主战场”之一。按照市委和市政府要求，市县（区）水保部门利用两个多月时间，行程数千里，对全市37个塬区、8263条沟道进行了实地勘测和计算分析，编制完成了《庆阳市固沟保塬综合治理实施规划》，总投资35亿元。其中，对118条抢救性沟道提出了具体实施方案，为2015年全面启动实施固沟保塬工程奠定了坚实基础。

【谋划推动发展】针对全市水土保持生态建设治理进度慢、生产建设项目水土保持监管滞后、人为水土流失不断加重等问题，从加快水土流失治理进程、抓好“固沟保塬”治理保护、强化水土保持监督执法、严格水土保持补偿费使用管理等八个方面提出了《关于进一步加强水土保持生态建设工作的意见》，经市政府常务会议研究，已于2015年2月以文件下发实施，对推动全市水保生态建设持续加力发展具有里程碑作用。

【水保生态宣传】2014年，市县（区）水保部门上下联动、齐心协力，共向市委网、政府网、庆阳廉政网、“双联”办、陇东报、庆阳电视台、中国生态网、甘肃水土保持网及庆阳水土保持网等媒体、网站报送信息和通讯361条，采用352条；制作专题片5部；陇东报刊发水保通讯22篇，庆阳电视台播发水保新闻10篇。同时，坚持同频共振、共同发力，采取不同形式、不同方式，加强《水保法》、《甘肃省水土保持条例》宣传，使水保生态建设影响力得到了全面提升，群众生态意识明显增强，为全市水保生态建设营造了良好氛围。

【双联工作】2014年，筹措资金115万元，组织帮联干部进村入户23批、187人次，帮办实事10项24件。一是扶持六大产业。种植、养殖、劳务、黄酒、核桃、刺绣六大产业初见规模，成效明显。二是抓实四项工程。筹措资金80多万元，实施了八珠塬村千亩油松造林工程、洪德乡张塬村800亩坡改梯田工程和村部维修改造工程、八珠红色革命纪念馆绿化工程。三是开展支部共建。筹资10万元，组织八珠塬村组干部、帮联户代表20多人赴合水板桥、宁县樊湾、西峰显胜、庆城南庄等地参观学习基层党建、养殖技术、果园建设，组织党员代表12人赴江苏华西、安徽小岗村参观考察学习，赴陕西杨凌参观农高会。通过开展支部共建，发展农民党员6名，目前该村党员数量由过去的下降转为上升，已达到41名。四是搭建交流平台。筹措资金10多万元，开展了“联系群众、改进作风、推进双联”、“三八”节、“我的六一、我快乐”、文明平安村创建、重阳节等主题活动，丰富了群众文化生活，调处了邻里矛盾纠纷，增进了党群干群关系。同时，落实工作责任制、干部驻村制、跟踪问效制、激励考核制“四项制度”。双联工作得到了省、市委的充分肯定，获得了省级“民心奖”，2012、2013、2014连续三年被评为全市双联先进单位。

【纪律作风建设】2014年，结合党的群众路线教育实践活动、效能风暴行动和党风廉政建设“两个责任”落实，在全市水保系统开展了“抓作风、整四风”，使党员领导干部和全体职工受到了一次深刻地马克思主义群众观的再教育，经历了一次严格地党内政治生活再锻造，党员干部的思想之垢得到了大清洗，作风之弊得到了大排查，“四风”问题得到了大整治，党性认识明显提升，主观世界明显改造，“四风”问题明显纠正，工作作风进一步转变，自律意识进一步增强，真正达到了明镜整冠、洗澡治病的总要求，为推动建设山清水秀的自然生态打牢了思想保证。（市水土保持管理局　供稿）

农　机

【工作综述】2014年，在市委、市政府的正确领导下，在省农牧厅、省农机局的精心指导下，市农机局党组认真贯彻落实党的十八大、十八届三中、四中全会精神，以科学发展观为指导，以服务“三农”为中心，以提高农业机械化水平为重点，以“联村联户、为民富民”行动为载体，以扎实推进“党的群众路线教育实践活动”为抓手，以加强党风廉政建设为保障，科学谋划、统筹运作、扎实推进，圆满完成了全年各项工作任务，农业机械化继续保持了全面快速健康发展的好势头，为全市农业增效、农民增收和农业现代化建设做出了重要贡献。全年工作得到市委、市政府和省农牧厅的充分肯定，2014 年年度考核被省农牧厅评为“全省农业重点工作目标责任制考评农机类一等奖”。

截止 12 月底，全市农机总动力达到 179.06 万千瓦，增长 9.65%，农田作业机耕、机播、机收分别完成 573.8 万亩、534.1 万亩、310.1 万亩，增长 3.94%、2.19%、14.39%，推广适用新机具 1280 台，建设农机化科技示范点 90 个，示范面积 143.96 万亩，农机行业培训 14426 人，新发展农机合作组织 30 个，扶持发展农机大户 302 户，全市农机经营总收入达到 15.49 亿元，纯收入达到 6.77 亿元，主要农作物综合机械化水平达到 56.7%，增长 3.3 个百分点。

【购机补贴】2014 年，全市各级农机部门共争取中央、省财政农机购置补贴专项资金指标 4020 万元，其中中央财政资金 3820 万元，省财政资金 200 万元。市财政安排 500 万元，用于对我市特色主导产业生产机具的累加补贴。各级农机部门严格补贴程序，严明补贴纪律，严格按照省、市农机购置补贴实施方案的要求，认真开展各项工作，共补贴各类农机具 16956 台件，受益农户达到 16918 户，市、县补贴信息公开等工作受到省农机局的通报表扬。在补贴政策的推动下，100 马力以上大型拖拉机、玉米联合收割机等大功率、综合性机具持续增长，玉米生产及秸秆综合利用、果园及设施农业生产、牧草种植及畜牧养殖等全市特色主导产业开发机具拥有量进一步增加，全市农机总动力达到 179.06 万千瓦，比 2013 年增加 15.76 万千瓦，每千亩耕地农机动力达到 264 千瓦，增加 20 千瓦，农机装备数量持续增加，技术性能更加优越，结构配置更加合理，农机装备水平持续提高。

【科技推广】各级农机部门坚持以争取实施农机科技项目为依托，加强农机科技教育培训，鼓励、支持农机系统各部门和广大科技人员大胆创新，积极研发引进，示范推广先进农机新技术、新机具。一是积极争取和承担实施保护性耕作、果园机械引进试验示范推广项目、马铃薯生产机械化技术示范推广项目、油菜收获机引进试验示范等农机科技项目 7 个，其中合水、庆城、华池、环县 4 县同时被国家发改委批准列入保护性耕作示范基地项目实施县，至此该项目覆盖了全市八县区，占甘肃省承担该项目县的 23%，项目实施面积 47.75 万亩。二是以膜上秸秆捡拾打捆和山区机具为重点，引进推广山地小麦收获机、果园喷灌施肥一体机，马铃薯种植、收获机，牧草收获、青贮机械等新机具 1280 台，建立农机科技示范点 90 个，示范作业面积 143.96 万亩，组织开展科技下乡及新机具演示会 27 场次。考察引进的油菜籽联合收获机、水果分级机、果蔬烘干机等新机具试验效果十分理想，填补了市内空白。三是充分利用现有的农机化教育培训资源，依托“阳光工程”农民工培训项目，以农机驾驶员培训、农机操作手培训、劳务技能培训、职业技能培训为重点，培训农机人员 14426 人，全市农村农机从业人员达到 4.38 万人，农机科技教育推广取得了显著成效。

【农机作业】在春耕、“三夏”、秋播等主要农时季节，各级农机部门精心组织，强化措施，全力搞好信息、技术、安全及协调等服务工作，努力提高机械化作业水平，全市机耕、机播、机收面积分别增加 21.74 万亩、11.47 万亩、39 万亩，特别在“三夏”生产中，提前与外地机手联系预约，及时引导 2900 多台外地联合收获机进入我市作业，投入夏收的各类收获机械达到 4881 台（其中联合收获机 3124 台），抢收小麦 168.98 万亩，小麦机械收获率达到 90.5%；在秋收期间，组织现场技术演示 12 次，大力宣传推广玉米联合收获作业技术，及时与咸阳、宝鸡、固原等周边地市农机部门联系，调配 500 多台外地机车前来我市跨区作业，缓解了我市玉米收获机械不足的困难，玉米机收面积达到 61.4 万亩，增加 17.5 万亩，取得了较大进展。全市主要作物耕、播、收综合机械化水平达到 56.7%，高于全省平均值 11 个百分点，接近全国平均水平，农田作业机械化水平稳步提升。

【社会服务】市县区农机部门认真探索新时期农机社会服务组织的发展方向和发展思路，大力扶持发展以农机专业合作社作为主的新型服务主体，努力提高农机社会服务功能。市农机局研究制定了《庆阳市农机专业合作社发展规划》，对全市示范农机专业合作社由领导成员对点包干，指导建设，并组织农机合作社的负责人赴河南、山西等地进行了学习培训。各县区在机具补贴购置、项目建设等方面对农机专业合作社建设予以优惠扶持，积极提供作业市场信息服务，引导合作社开展土地流转、承包经营、定单作业等形式的经营服务活动，帮助合作社不断创新服务模式，拓宽服务领域，提高经营效益，努力提升农机社会服务能力，全市共新发展农机服务组织30个（其中农机专业合作社16个），农机服务大户302户，全市各类农机化服务组织达到236个（其中农机专业合作社57个），农机服务专业户14413户，农机化中介服务组织30个，农机维修厂及维修点604个，农机经销机构151个，供油点105个；全市农机经营总收入达到15.49亿元，纯收入达到6.77亿元，农机服务体系建设有序推进，社会服务功能不断增强。

【安全监管】各级农机主管部门和监理部门按照“三项行动”和“三项建设”的要求，充分结合“平安农机”创建活动，广泛开展宣传教育，组织开展了隐患排查整治、打非治违、农机安全生产大检查、农机供油点安全大检查、农机安全生产打非治违专项行动、农机安全生产大整治百日攻坚行动、农机道路交通安全百日攻坚行动、农资打假、市场整顿等专项活动，特别针对微耕机、旋耕机等小型机具安全生产隐患严重的问题，开展了全市范围的专项治理。共检查农业机械13691台次，查处违章713起，排查一般隐患289项；备案登记“五小”机具2.6万多台，教育培训操作人员2.1万人；培训考核农机驾驶员1313人，农业机械检验率、驾驶员审验率分别达到93.7%、94.51%；发生一般性农机事故4起，未发生人员死亡农机事故，农机安全生产保持平稳态势，依法监管水平不断提升。（市农业机械管理局　供稿）

粮　食

【工作综述】2014年，全市粮食系统认真贯彻市委、市政府的重大决策部署，坚持以粮食收储供应安全保障工程建设为中心，全面贯彻“守住管好天下粮仓”，做好“广积粮、积好粮、好积粮”三篇文章，深入开展党的群众路线教育实践活动，全面谋划发展，扎实推进“粮安工程”实施，各项工作有序开展，圆满完成了年初的各项既定目标任务，为确保全市粮食安全和粮食市场稳定打下了坚实的基础。

【粮油购销】全市粮食部门把粮油收购作为实现“积好粮”目标的主要手段，狠抓落实。创新收购方式，严格执行国家粮油质价政策和“五要五不要”职业操守，有效保护了粮农利益。充分利用产销协作平台，有效保障了全市粮食供需平衡和品种结构平衡。2014年，全市收购粮食24.1万吨，占任务16万吨的151%，其中国有粮食购销企业收购粮食3.2万吨。收购食用油1046吨，占任务的174.4%。

市县粮食部门支持鼓励粮食企业和个体粮食经营户，把握市场行情，积极组织粮源，扩大城乡销售网点，增加粮油销售品种，最大限度地满足城乡居民消费需求，保证了全市粮油供给充足、价格基本稳定。截止12月底，销售粮食24.9万吨，占计划任务16.5万吨的151%，销售食用油789吨，占任务的157.8%。

【粮油储备】始终把储备充足的粮源作为搞好粮食应急保障和粮食市场调控的基础，不断充实粮食库存，2014年全市地方小麦储备规模达到6.25万吨。其中市本级1万吨，县（区）级5.25万吨；储备市级成品粮0.1万吨；储备市级食用油植物油350吨。同时，代储省级小麦2.25万吨，食用植物油150吨，全市粮油储备数量真实，质量完好，储备安全，政策性补贴到位。

【军粮供应】适应新形势军粮供应需要，与驻庆武警部队签订了《军粮应急供应保障协议书》，建立健全了军粮应急保障制度，进一步完善了军粮供应服务机制。严把军供粮油质量关，保证军供米面的正常供应，保质保量完成了驻庆部队供给任务，做到了政府放心，部队满意。市军粮供应管理站负责人被国家粮食局评为“全国粮食系统军粮供应管理先进个人”。

【市价调控】市县粮食部门定期调查分析粮油市场供需和价格情况，深入粮食购销门店开展调研，并对可能引发价格波动的苗头性、倾向性问题提前进行预警。2014年，开展调研4次，调查粮油企业80余户，及时分析判断了价格走势，并对全市62户种植户的小麦、油菜籽和玉米的生产成本、销售利润等情况进行了跟踪调研，为全市粮食供需平衡情况进行了较为科学准确的预测。

【流通监管】一是提升执法水平。扎实推进依法行政，切实提高工作水平，对局机关和执法支队19名具有执法资格的工作人员进行了培训，执法人员培训率达到了100%，及时换发了行政执法证，做到了持证上岗。二是严把市场准入关。坚持从粮食流通市场的源头抓起，对凡进入粮食市场经营的国有、民营和个体户，都严格按准入标准审核把关，共计办理发放208户粮食经营许可证，完成年检136

户，重点支持国有粮食企业充分发挥调控市场的主渠道作用，保证了粮食市场的稳定。三是依法监管维护粮食市场秩序。按照《粮食流通管理条例》，加强粮食市场执法。对以次充好、扰乱市场秩序和违法交易行为，配合有关部门进行了查处。全年查处案件118起，下达责令限期整改通知42起，警告8起，暂停粮食收购资格32户，取消粮食收购资格8户，切实维护了粮食市场秩序。

【储备安全】全市粮食系统始终把储备安全建设工作贯穿于粮食工作始终，全面落实安全管理工作责任制，进一步完善生产安全、消防安全、安全保卫工作措施。通过春秋两季粮油普查、库存粮食检查、粮食企业仓房清查、半年粮食工作督查等专项检查，认真查找了储粮安全建设方面存在的突出问题和薄弱环节，及时整改了一些不安全隐患，完善了储粮安全建设的长效机制，进一步促进了粮食部门储粮安全监管责任和粮食企业储粮安全建设主体责任的落实。一是粮油储备轮换。为确保储备粮油安全存储，及时下达轮换任务，采取签订责任书、分县包干等措施，协调落实储备规模、收储资金和费用补贴，加快粮油储备进度。年内共安排省级储备粮轮换8656吨，市级储备粮轮换任务3111吨，完成3111吨，新增市级储备油完成250吨。二是库存粮油监管。按照“有仓必到、有粮必查、查必彻底”的原则，对全市10户国有粮食仓储企业的36个库点现存的各类粮油进行了全面检查。共检查粮食165952.7吨，检查油品775吨，检查率100%。显示检查：全市粮食库存帐实、账账相符，储备粮轮换能够按计划完成，粮食库贷结构合理，企业管理规范，储粮安全。为加强省、市级储备粮油轮换管理，严防“转圈粮”，实现储备粮油安全可靠、长储常新。10月份，印发了《庆阳市粮食局省市级储备粮油轮换督查监管制度》。三是不断提升仓储管理水平。继续深入开展“一符四无”粮仓建设和企业规范化管理工作，使国有粮食仓储企业“一符四无”粮仓建设取得了长足发展，全市10户国有粮食仓储企业均达到了一类“一符四无”粮仓标准。年内对6户18栋不达标的仓房进行了维修、改造，安装了密闭门窗及粮情计算机测控系统，进行了机械通风、环流熏蒸改造。仓储规范化管理工作稳步推进，实现了作业和管理的规范化，并逐步向精细化迈进，全年未发生任何储粮安全事故。

【企业管理】强化对国有粮食购销企业扭亏增盈工作的指导，在管好指标内储备任务的基础上，鼓励开发延伸粮油产业链，面向市场，开发适销对路的粮油产品，提高企业效益。环县万佳杂粮工贸有限公司开发出荞麦面、荞麦粉、荞麦糁子等多个小杂粮品种，年加工生产能力1万吨，产品远销陕甘川宁等省区，被省上认定为庆阳市农业产业化重点龙头企业。截止12月底，全市10户国有粮食企业实现盈利130万元。

【项目建设】仓储项目建设。2014年，全年争取仓房维修改造资金115万元，维修改造仓房18栋，仓容量1.8万吨。新批准立项仓房建设项目2个，在建的项目5个，粮食仓储设施建设项目共7个，概算总投资达到6032万元，建设仓房容量7.5万吨。这些项目的实施，极大地改善我市仓储设施危旧和仓容严重不足的现状，提升了储粮的安全。农户科学储粮专项建设。积极组织开展农村粮食产后减损工程，着力推进全市农户科学储粮专项建设，全年组织实施农户科学储粮专项建设6500户，项目总投资325万元。截止12月底，镇原1500套，合水1000套，环县4000套已全部加工投放到户。全市已累计完成农户科学储粮仓23500套，全部发放到户，每年可减少农户储粮损失约270万斤。“放心粮油示范店”建设。按照“放心粮油工程”建设部署，结合我市实际，积极开展创建“放心粮油示范店”活动，全市已完成评比“放心粮油示范店”30家，推荐上报三户粮油加工企业参加全国放心粮油示范企业评审活动。

【粮食统计】一是坚持实事求是，依法统计。认真贯彻落实《粮食流通管理条例》和《甘肃省粮食流通统计制度》，严格遵守统计纪律，履行统计职责。准确、及时收集、整理，汇总各种统计资料，按时保质地完成了统计月报、统计旬报、粮油入库五日进度、价格周报、商品流通统计年报和粮油加工业年报等规定的常规报表以及统计分析、统计总结、省上和市上下达的各种调查、全市粮食及食用油库存检查工作。二是强化粮食统计质量调查。年内，对全市112个独立核算统计机构（其中国有粮食企业及国有粮食控股企业12个）开展了专项统计质量检查，规范了全市粮食行业统计工作。三是加强统计基础设施建设。对县（区）一级统计人员进行了业务培训，积极推广国家粮食局开发的粮食统计软件，学习省局新修订的统计制度。帮助3个县购置了计算机等硬件设施。协调、帮助6家社会粮食企业建立了统计台帐和统计数据联系上报制度，并对各项统计程序和工作进行了规范。组织全市11名统计人员参加了全省粮食流通统计人员资格培训和考试，实现了持证上岗。（市粮食局　供稿）

气　象

【工作综述】2014年，市气象局坚持气象服务贴近决策、贴近三农、贴近民生的原则，积极开展春耕春播、夏收夏种、秋收秋播气象服务，深入田间地头开展墒情、苗情调查，为全市农业生产和农业结构调整提供了第一手资料。扎实开展汛期气象服务，加强组织领导、强化责任落实，完善应急值班，开展业务演练，在今年汛期暴雨、冰雹等强对流天气频发多发的情况下，汛期气象服务有条不紊，汛期出现的12次区域性强对流暴雨过程预报准确、预警及时，为全市安全度汛发挥了重要作用。加强灾害性天气预报预警和灾情评估，准确预报了大风、寒潮、霜冻、连阴雨、雷暴等多种灾害性天气，对2月持续阴雪低温冻害、4月中旬持续阴雨低温、7月下旬伏旱高温、9月持续阴雨等重大灾害性天气进行了评估，为做好灾害防御赢得了主动。积极开展特色农业气象服务，紧紧围绕全市设施农业、苹果等特色产业发展，及时了解服务需求，全程开展气象服务保障，取得良好效果。积极开展专题气象服务，全省第八届少数民族传统体育运动会、庆阳香包节、陕甘边苏维埃政府成立80周年纪念活动气象保障服务得到社会各界的广泛好评。加强重大灾害性天气预警信号发布，全年发布各类灾害性天气预警信号130次，编发重大气象信息专报23期，市局6次启动重大气象保障应急响应。

【气象业务】加强基础业务工作，组织开展汛前业务自检、设备巡检，及时整改消除业务质量隐患，确保各项业务正常开展。深化精细化预报服务工作，建立完善精细化预报业务流程，加强重大天气过程个例分析和技术总结，开展各类指导产品检验评估，气象预报预警能力稳定提高。强化业务培训、开展岗位练兵，提升了基层人员业务能力。2014年地面测报质量0.3‰，农气测报质量0.0‰，各类信息资料传输率均达标。全年预报质量晴雨85.1%、最高气温69.5%、最低气温71.6%，综合排名位列全省第四。

【气象防灾减灾体系建设】努力推进气象工作政府化，气象工作继续纳入市、县两级政府目标管理考核，“两个体系”建设维持经费纳入地方财政预算。完善气象灾害防御指挥部工作制度和业务流程，在应对重大灾害性天气过程中充分发挥了组织管理职能。加强部门横向合作，与国土、农牧、环保等部门签定协议，建立了联动协作机制。积极开展气象灾害风险管理和气象灾害普查，7个县、14个社区开展了气象灾害应急准备认证工作，110个乡（镇）完成气象灾害应急预案编制和气象灾害风险隐患点分布普查。气象协理员、信息员在气象灾害防御中发挥了重要作用，1人被评为全省优秀气象信息员，正宁榆林子气象工作站被评为全省优秀乡镇气象工作站。认真组织实施山洪项目、西峰、正宁等台站安装了自动能见度仪和新型站，环县局完成了暴雨洪涝灾害风险普查工作。

【“三农”专项建设】扎实开展西峰区“三农”专项建设，将95%以上的农民专业合作社、种养殖大户、涉农企业等服务对象纳入信息库，开展“点对点”直通式农业气象服务。建立服务需求调研与反馈机制，分类建立用户群，定期进行走访，及时掌握不同时段的服务需求和关键技术问题，提供有针对性的服务产品，增强了服务效益。加快监测系统建设，加强农田小气候监测仪等设备的应用，为开展精细化服务提供了资料支撑。进一步深化部门合作，补充优化了“三农”气象服务专家团，联合开展了调查会商和灾害评估等工作。

【气象现代化建设】积极推进气象现代化建设，市政府成立了以分管副市长为组长的推进气象现代化建设领导小组，出台了《庆阳市人民政府关于加快推进气象现代化的意见》，对全市气象现代化建设进行了安排部署。市局在全省市州局率先建成了有节目主持人的高清影视制作发布系统，建成了DLP天气会商视频显示终端和“12121”语音外呼平台，布设了5部大气电场仪；合水、正宁局站分离建设项目完成，在新站开展观测。市局业务区搬迁新址，市局大院综合改造完成，西峰新一代天气雷达搬迁项目启动并完成前期工作。加强气象科研和人才工作，全年在核心期刊发表论文11篇，引进科技成果2项，接收硕士毕业生2名、本科毕业生5名。

【气候变化与气候资源开发】针对全球气候变化，认真研究我市光、热、水气候资源演变规律，分析气候变化对作物生长发育的影响，提出应对措施，为农业生产结构调整、作物布局、品种引进、气候资源利用及农业气候区划等提供科学依据。制作冬小麦、玉米、苹果等作物精细化农业气候区划和暴雨、冰雹、霜冻等农业气象灾害风险区划，指导结构调整和作物种植，应对气候变化。分析整理设施农业和特色作物（苹果）适宜气象指标和主要农业气象灾害致灾指标，制作苹果服务工作历，编制了《特色农业观测规范》和《特色林果气象服务手册》。研究气候变化对冬小麦播种期、安全越冬等问题的影响，印发《冬小麦种植适用技术手册》。加强人影基础建设，积极开展人工增雨和消雹作业，充分利用空中云水资源，为农业生产和生态建设服务，取得良好效果。（市气象局　供稿）

农业综合开发

【工作综述】2014 年，全市农业综合开发工作深入贯彻党的十八大、十八届三中、四中全会精神，以开展党的群众路线教育实践活动为契机，以加快推进农业现代化为目标，以改善农业基础生产条件，提升农业综合生产能力，创新农业生产经营体制为根本任务，推进管理创新，强化措施跟进，狠抓工作落实，各项工作取得了显著成效，为促进全市扶贫攻坚和经济社会转型跨越发展作出了应有贡献。

【项目和资金争取】2014 年，共争取到位农业综合开发项目 23 个，项目总投资 10367.27 万元，其中中央及省级财政资金 7243.2 万元，较计划任务 3200 万元增长 126%。包括土地治理项目 17 个，总投资 6830 万元（中央及省级财政资金 6042 万元）；产业化经营项目 6 个，总投资 3537.27 万元（中央及省级财政资金 1201.2 万元）。项目投资总量取得历史性突破。特别是经过不懈努力，环县将从明年起进入国家级农业综合开发项目县序列。国家级农业综合开发项目县全市覆盖，树立了农业综合开发工作新的里程碑。

【项目建设】农业综合开发项目为跨年度实施项目。全面完成了 2013 年度项目建设任务，顺利通过市级验收。2014 年度项目建设开局良好，进展顺利。一是 2013 年度项目建设任务全面完成。省办共下达我市 2013 年度农业综合开发项目 29 个。其中，土地治理项目 18 个，产业化经营项目 11 个。经过上下齐心、奋力作为，全市 2013 年度农业综合开发项目已于 2014 年 8 月全面完成计划任务，通过市级验收。全市共完成项目投资 8460.82 万元，占总投资计划的 98.5%。全市 2013 年度农业综合开发项目共改造中低产田面积 4.92 万亩，完成新打机井 7 眼，修复配套 9 眼，新打水窖 380 眼，新建小提灌 12 处，架设输变电线路 24 公里，衬砌渠道 6.5 公里，埋设输水管道 162 公里，节水灌溉 3544 亩；完成平田整地 2.08 万亩，修筑机耕路 295.6 公里，推广全膜双垄沟播玉米 19870 亩，机械深松 3750 亩，新修漫水桥 2 座；营造农田防护林 1795 亩；完成农民技术培训 15400 人次，示范推广农业新技术、新品种 24 项 10200 亩，完成测土配方施肥 4.47 万亩。西峰区 5000 头肉猪繁育基地扩建等 6 个农业综合开发产业化财政补助和西峰区 6000 吨粮油加工原料收购流动资金贷款贴息等 5 个财政贷款贴息项目均已全部完成项目计划，企业运行良好，项目效益显现。二是 2014 年度项目建设超计划完成。按照要求，我办及时上报了土地治理和产业化项目年度计划申报等材料，完成了两类项目 2014 年度资金计划及初步设计（实施方案）的批复工作。2014 年度以建设高标准农田为重要内容的土地治理项目现已完成机耕路拓建，机电井、水塔及小水窖建设、输变电线路架设、输水管道埋设、土壤改良等重点治理措施和梯田建设工作。经 2014 年 12 月市级年度考评，全市 2014 年度项目完成投资 4594.2 万元，形象进度 72.7%，超目标任务 12 个百分点。三是项目区农业综合生产能力增强。经测算，全市 2013 年度农发项目区建成后，新增节水灌溉面积 1.36 万亩，新增旱作农业面积 1.87 万亩，扩大良种种植面积 1.75 万亩，增加农田防护林网面积 2.08 万亩；新增粮食生产能力 305.55 万公斤，油料 20.5 万公斤，蔬菜 348.75 万公斤，苹果等其它农产品 211 万公斤。年新增种植业总产值 2456 万元，项目区农民收入增加总额 1411 万元。

【项目管理】市农发办以提高质量、规范管理为重点，集中精力抓好项目的科学化、精细化管理。一是狠抓项目前期。全市农业综合开发始终坚持“以水为先、综合治理、产业配套、整体推进”的立项原则，实地细查，审核申报项目措施和指标，为项目顺利实施夯实基础。在措施的制定中，坚持因地制宜，效益发挥，水利措施突出高效节水，水源工程坚持以维修配套为主，严格控制新打机井，有效利用自然降水，机耕道路坚持方便群众出行，方便农机具耕作，林业措施坚持适地适树、路树配套，科技措施坚持以建设科技推广示范基地为抓手，促进传统农业的改造升级，提高农业科技的贡献率。二是严格制度执行。市办坚持监理工作备案、招投标核准、监理定期报告等项制度。同时，要求县区在项目实施中严格执行项目法人制、招投标制、项目和资金公示制、工程监理四项管理制度，全面推行农民质量监督员制度，不断提高项目建设的质量和效益。在资金管理方面，严格执行专人管理、专账核算、专款专用的“三专”管理制度，要求县区严格按规定范围和计划批复使用资金，严格按照国家、省市规定的程序和手续报账。三是规范工作流程。在项目招投标上，对财政资金 30 万元以上的单项工程或年度项目同类工程全部纳入市公共资源交易中心实行公开招投标，市办对县区标段划分和招标资料进行市级审核，对招标报名资料预审及开标、评标过程进行全程监督，并对全市各县区输水管材、管件实行统一招标，全力打造农发项目“阳光工程”。全市 2014 年农发项目招标共涉及财政资金 5215 万元，占项目财政总投资的 73.26 %。监理的项目资金占财政总投资的 59 %。资金监管方面，在严格实行“三专”管理的基础上，实行县办报帐员、县办主任、市办计财科三级审查，规范县级报帐，并不断加强对资金管理使用情况的监督检查，确保每一笔农发资金合法、合规、合理，通过精细化管理，有效提升项目资金管理水平。四是强化督查指导。实行了领导包县区、包科室、包项目工作责任制、报账三级审核、公示备案及招投标备案审核、重点措施月通报、问题整改建立台账制、销号制、责任追究制等行之有效的管理制度和办法，同时，修订完善了《庆阳市农业综合开发工作绩效考评办法》，与省办考评指标有效对接，采取定性分析与定量评价相结合的方式，对县区资金管理和项目建设成效进行绩效考核评价，形成了一套科学合理的绩效管理评价机制。

【其他工作】一是党的群众路线教育实践活动卓有成效。结合工作实际，严格活动程序，突出农发特色，活动取得了显著成效。在学习教育、听取意见环节，以开展“六个一”活动为载体，突出抓好“六学”，提高思想认识。采取“五听”形式，广泛征求意见建议。活动期间，共收集到各类意见建议 68 条。在查摆问题、开展批评环节，每名党员坦诚交换意见，相互开展批评与自我批评，召开了高质量的专题民主生活会。8 月 7 日，召开了民主生活会，开展了全体党员民主评议活动，全办 15 名党员干部均评为好党员。在整改落实、建章立制环节，针对项目区公示标志设置不合理、学用结合不紧密等突出问题，研究制定了《中共庆阳市农发办党支部开展党的群众路线教育实践活动整改落实方案》，明确了整改要求、时限，落实了整改负责人和承办科室。二是党风廉政及领导班子建设得到加强。将党风廉政建设贯穿于农业综合开发业务工作的始终，扎实推进廉政教育、制度建设、作风建设、责任制落实等重点工作，党员干部勤政廉政意识不断增强，机关纪律作风持续好转。主要领导认真履行“一岗双责”和“两个责任”要求，注重预防监督，深入剖析查找班子、班子成员和党员干部自身执行党风廉政建设责任制和廉洁从政情况，全办党员干部积极开展批评与自我批评，促使廉洁自律各项规定落到了实处。三是党员干部教育管理工作取得新成效。从制度建设、明确责任、理顺程序入手，抓班子，带队伍，正风气，树形象，着力推进机关管理规范化。实行了首问责任制、公开承诺制度、责任追究制和限时办结等项制度。严格财经纪律，认真执行机关财务管理制度，落实资产管理有关规定，严控“三公”经费支出。全年机关财务运行规范，无违规现象发生。建立信访工作责任制，按时办结信访案件。与陇东报社联办开展“农业综合开发辉煌十五年”系列专题宣传 13 期。四是扶贫攻坚暨双联工作深入开展。市农发办帮联宁县盘克镇界村和段堡村，14 名党员干部帮联 20 户困难群众。一年来，共为双联村和双联户帮办实事 18 件，累计完成投资 683.44 万元。通过连续三年的持续帮扶，两村的整体面貌发生了明显改变，基础设施建设得到根本好转，产业发展已具雏型，双联户的生产生活水平和科技致富能力得到进一步提高，参与式帮扶的模式和造血式帮扶思路得到进一步完善，双联工作取得了显著成绩。（市农业综合开发办公室　供稿）

工 业

工 业

【工作综述】2014年，在市委、市政府正确领导和省工信委的大力支持下，全市工信系统认真贯彻党的十八大、十八届三中、四中全会和中央、省市经济工作会议精神，积极适应经济新常态、生态新变化、服务新转变，按照“保增长、调结构、促改革”的重大决策部署，主动应对经济形势复杂、下行压力加大、能源市场持续波动等诸多不利影响，凝心聚力，攻坚克难，全力推进工信行业提质增效，着力推进石油石化、煤炭生产转化两个千亿级循环经济产业链建设，一批能源重点项目获得核准或拿到路条，和谐模范油区、“一区四园”建设和以能化集团公司为代表的地企融合发展持续推进，工业经济保持了平稳持续增长的良好态势，全面完成了责任书确定的各项目标任务。2014年，在全国、全省经济增速全面放缓的大背景下，我市105户规模以上工业企业累计完成增加值371.04亿元，增长11.2%，占年度目标任务的100.56%，总量仍保持全省第二，增速较2013年上升一位，位居全省第二。其中，中央企业完成331.46亿元，增长11.4%，地方工业完成39.58亿元，增长6.4%。全市规模以上工业企业累计完成工业销售产值698.26亿元，增长9.7%，产品销售率为97.1%。市辖规模以上工业企业实现主营业务收入663.69亿元，增长0.2%；实现利润总额155.91亿元，下降2.5%；实现税金总额126.61亿元，增长31.7%。

【能源化工基地建设】石油（天然气）化工产业链建设：长庆油田陇东产能建设项目建成投产油井1071口、水井404口，建设转油站7个，铺设输油管线135.6公里，当年钻井1579口，生产原油700.77万吨，完成投资94.7亿元；庆阳石化600万吨升级改造项目水土保持、社会稳定风险、安全预评价等报告通过批复，水资源、节能两项评价已上报相关部门待审核批复，可研、环评报告已上报中石油总部待审查；庆阳永欣石化公司9万吨/年干气芳构化项目，完成办公楼、配电室、综合控制室建设，6个储备罐工程完成70%工程量，累计完成投资2.4亿元；庆阳瑞华天然气综合利用及深加工项目完成项目用地规划及土地出让等前期及围墙建设工作，累计完成投资4.2亿元。

煤电化冶材产业链建设：矿井建设方面，全市开工建设和开展前期工作矿井项目9个，完成投资13.56亿元，累计完成投资224.88亿元（含矿权价款）。刘园子矿井正在组织相关竣工验收工作；核桃峪矿井实现“四井”贯通，甜水堡2号即将建成投产；新庄、马福川矿井分别于8月25日、10月15日取得国家发改委核准，核准规模1300万吨，这也是我市获得核准煤矿项目最多的一年。火力发电方面，华能正宁电厂一期2×66万千瓦项目于12月16日获得国家发改委核准，施工准备现场完成了水源井、试桩、进场道路等施工，已完成投资1.7亿元；大唐环县电厂一期2×66万千瓦项目于12月12日取得国家能源局同意开展前期工作的正式文件；西峰热电联产2×35万千瓦项目完成项目初步可研报告内审稿和开展前期工作申请报告；神华国能长庆桥2×35万千瓦热点联产项目、华电新能源长庆桥2×100万千瓦火电项目正在开展前期准备工作。煤层气开发方面，庆阳晋煤蓝焰煤层气公司累计投资600万元，完成对8口勘探钻井的技术改造。

新能源产业：华电南湫20万千瓦已全部并网发电，毛井一期40万千瓦项目即将建成投产，毛井二期40万千瓦、小南沟20万千瓦项目均已取得前期工作“路条”。大唐山城5万千瓦风电取得前期工作“路条”，秦团庄乡风电项目正在开展前期申请工作。华润庆阳风电项目规划装机容量50万千瓦，环县甜水堡一期5万千瓦项目获得核准，环县紫坊畔5万风千瓦电项目已设立2座测风塔。甘肃龙源公司庆阳风电项目规划装机容量60万千瓦，环县芦家湾项目已完成测风工作，正在申请“路条”，华池乔川项目已完成开发区块的踏勘并建立测风塔。北京保康公司在庆阳风电项目规划装机容量 20 万千瓦，乔河一期 5 万千瓦已获得前期工作“路条”。庆阳能化集团在环县建立了 2 座测风塔，正在开展测风工作。

混合经济发展：力促庆阳能化集团快速发展，通过吸纳多种经济成分参股投资，成立股份制子公司 11 个，吸引外部注册资本 5.8 亿元，承接央企辅业、服务资源开发的能力快速提升。全年实现工业增加值 2.92 亿元，完成税收 3163 万元。

【地方项目建设】2014 年，全市开工建设 5000 万元以上工业项目 92 个，其中新建 46 个，续建 46 个，完成工业固定资产投资总额 435.55 亿元，增长 18.4%。其中，长庆油田完成固定资产投资 154.3 亿元，下降 1.03%；地方工业完成固定资产投资 281.2 亿元，增长 32.7%，占年度目标任务的 103.66%。其中：总投资 22 亿元的甘肃中盛农牧公司 3600 万只肉鸡全产业链项目和肉羊产业化项目，已建成种鸡孵化场、养殖场 3 个，标准化养殖小区 16 个，30 万吨饲料厂和日屠宰 8 万只肉鸡生产线，累计完成投资 12.03 亿元；总投资 3.4 亿元的衍河油田公司抽油管耐偏磨防腐蚀项目，正在实施二期工程，累计完成投资 2.06 亿元；总投资 2.6 亿元的大洋石油管道公司管道内防腐处理项目已建成投产；总投资 2.3 亿元的甘肃坤隆机械设备制造公司石油机械设备制造项目，正在进行厂房建设，累计完成投资 1.12 亿元；金星啤酒公司啤酒生产线、龙江管业公司管材管件生产、陕西鼎城商砼公司鼎城商砼及新型建材等项目进展顺利。

【集中区建设】年初安排 1.2 亿元用于“一区四园”基础设施建设，庆阳经济技术开发区发展规划已获得省政府批准，并上报国务院待批。全市 17 个工业集中区完成增加值 74.98 亿元，实现销售收入 249.45 亿元，利税 50.34 亿元，新增入驻企业 13 户，完成基础设施投资 5.3 亿元。西峰工业园区 3 条道路全面建设，完成投资 4100 万元；西峰工业集中区标准化厂房和基础设施建设正在全面建设，完成投资 4113 万元；长庆桥工业集中区累计铺设供水、供热、供电及通讯网络 64.8 公里，完成投资 2.82 亿元；西川工业集中区垃圾处理厂建成垃圾收储池 2 个，完成投资 6500 万元；驿马工业集中区正在 4 条道路及排水工程顺利推进，完成投资 6208 万元；金龙工业集中区二期基本完成，三期正在全面推进，完成投资 2520 万元。

【工业节能节水和循环经济】节能：采取动态管理方式，调整确定了我市 2014 年度的 23 户重点用能监控企业名单。严格执行节能评估审查，完成固定资产投资项目节能评审任务 4 户，提出合理化建议 16 条。节水：组织开展了规模以上企业工业用水调查摸底，4 户企业为省级重点用水监控企业。循环经济：组织开展了循环经济示范企业申报推荐工作，命名公布全市第一批循环经济示范企业 11 户。开展了循环经济重点建设项目和企业状况调查摸底工作，建立全市工业循环经济项目库。制定印发了《关于加强和完善全市淘汰落后产能和关闭小企业项目申报工作的意见》，明确了项目申报范围、要求和程序。指导企业完善资料，积极开展资源综合利用认定工作，1 户企业资源综合利用通过省上认定。

【技术创新】把省级企业技术中心建设作为吸引人才和增强企业技术创新能力的突破口，督促通达果汁、西峰制药加强省级企业技术中心建设。修改完善了《“人才支撑工程方案”实施意见》，举办了 2014 庆阳市经营管理人才培训班，参训企业家 150 多名。

【信息化建设】一是标志着当前国内通信最先进技术的 4G 通信网络建成投入使用，各县（区）城镇地区已全部开通；二是我市电子商务协会正式成立，阿里巴巴工作站、中国库网、庆阳微信海等电子商务骨干体系在我市发展迅速，有力地促进了信息化建设和电子商务发展；三是电子政务有了新突破，市政府在年底前开通了电子文档传输系统，电子政务内网系统也即将开始建设；四是认真处理电信企业投诉案件 6 起，其中涉及移动公司信号增高架和服务的投诉 2 起，电信公司服务投诉 3 起，长庆通讯处宽带垄断 1 起。

【非公有制经济】2014 年，我委将当年 1500 万元市级工业发展资金全部用于扶持非公企业，全年争取国家、省级专项资金 2690.5 万元。2014 年 11 月，庆阳淑方香包刺绣有限公司在白俄罗斯首都明斯克正式注册登记，成立了陇庆私营商贸公司，成为全省首家在白俄罗斯落户的民营企业，标志着我市对外开放迈出了实质性步伐。一是制定了扶助小微企业工作方案，明确了扶助行动目标任务和工作重点，组织召开政银企合作对接座谈会，向金融机构推介 82 个总投资达 48 亿元有发展前景的融资项目。二是集中开展了融资性担保机构风险排查工作，建立网上业务信息报送制度，与全市各担保机构签订了规范经营承诺书，做到公开经营范围、公开举报电话。三是依托现有的信息、培训、咨询服务机构，通过整合资源，建成了10家中小企业服务平台，其中2家已认定为省级示范平台，并通过动员非公企业出资和争取国家补助筹资480万元，建成了庆阳市中小企业服务中心。目前，已认定市级中小企业公共服务平台6家，建成各类创业园区和创业孵化基地52个，达到市级标准的17个。四是全市建成年销售过亿元非公特色企业11户，甘肃中盛农牧公司创建的全产业链、全循环链、全价值链“中盛模式”成为我市推广的典范。省委王三运书记视察时给予充分肯定，总结到，“产业全链条，市场全球化，富民全县乡，责任全社会，就是中盛四全模式”。

【群众路线教育实践活动】一是成立了市工信委党的群众路线教育实践活动领导小组，一把手担任组长，领导小组下设办公室，负责开展教育实践活动的日常工作；二是严格学习制度和考勤制度，确保人员全到位，学习全覆盖，共组织集中学习33次，累计时间75小时以上；三是认真安排部署，制定并印发了《市工信委党的群众路线教育实践活动实施方案》、《市工信委党的群众路线教育实践活动整改方案》、《市工信委党的群众路线教育实践活动专题民主生活会实施方案》等一系列活动方案，确保活动有序推进；四是坚持多层次、多途径征求和听取各种意见和建议，共征求到意见建议118条，其中领导班子29条、领导干部89条；五是认真开展谈心谈话活动，共组织3轮65人次，形成了团结共事的良好氛围。

【双联工作】一是制定《市工信委2014年联村联户为民富民行动工作计划》，帮联干部制定完善了个人帮扶计划，并按要求开展驻村联户工作；二是帮扶实施了蒿咀铺村人饮工程、蒿咀铺至包家寨子砂石道路工程及王沟组阳山整修梯田工程等，现已投入使用；三是培育优势产业，共完成2960亩双垄沟播玉米种植，新育油松、樟子松等苗木150亩，定植苗木300亩，荒山造林2800亩，种植优质紫花苜蓿400亩，协助建成蒿咀铺乡益禾肉驴养殖场，在齐沟垴组新建华池县怀芳养殖场1处，在刘沟村刘沟组和王沟组植树1400亩；四是开展爱心帮扶，为帮扶村生活困难群众发放春节慰问品大米、面粉各一袋，共计12775元，发放地膜64卷；五是在刘沟村设立帮联互助会，注入帮扶互助资金5万元，捐赠电脑10台。（市工业和信息化委员会供稿）

能源化工

【工作综述】2014年，在市委、市政府的正确领导下，市石化局以开展党的群众路线教育实践活动为抓手，深入开展“和谐模范油区”创建活动，在服务油田开发建设、促进地企深度融合、助推地方经济发展等方面做了大量工作，取得了较好成效。全市油田企业累计完成投资159亿元，新建原油产能252万吨，完成原油产量722.97万吨；天然气开发完成投资4.7亿元，实施天然气评价井14口、试气12口，生产天然气（伴生气）1.15亿立方米，折合油当量10万吨。全市油气当量达到732.97万吨，较上年净增73.58万吨，同比增长11.2%。石油生产加工企业累计上缴国税74.18亿元、地税22.14亿元，总计税收96.33亿。2014年，油田企业实现工业增加值349.63亿元，比上年净增37亿元，增长11.8%，占全市规模以上工业增加值的94%，有力推动了地方经济的大发展。

【机制建设】组织召开了全市“和谐模范油区”创建工作会议，进一步健全完善了地企联席会议、双方领导定期互访、重点工作相互通报、重大事项协商沟通、产能建设目标任务联合督查等新机制。将创建工作纳入全市目标管理单项考核，将原油产能项目建设列入市上“十大工程”，分管领导亲自抓促落实，制定了《原油产能推进方案》，实行挂图作战，严格按时序节点推进，实行月通报、季分析、半年督查、年终考核，形成了上下协调、齐抓共管的工作格局。

【产业发展】国家能源局批复了《陇东能源基地开发规划》，省政府出台了《“两个千亿级产业链”建设方案》，从顶层设计、政策支持、项目审批等方面把能源化工基地建设提升到了国家战略层面。庆阳石化公司加工原油330.4万吨，庆阳石化600万吨炼油升级改造项目取得新进展，《可行性研究报告》和《环境影响评价报告书》已上报中石油，完成项目前期工作55项。大力发展以石油化工和天然气综合利用为核心、以装备制造和工程服务为配套的产业体系，9万吨干气芳构化、日处理90万立方米天然气LNG综合利用、“气化庆阳”等重点项目稳步推进，石化产业发展进入快车道。

【“一站式”服务】市、县区石化部门坚持用一流的服务保障石油开发。进一步加强县区石化办的综合服务能力建设，对油田提请的前期审批、土地借征、环境评价等各项手续，全部实行“一站式”受理，规范办事程序，提高审批效率。大力推行涉油补偿资金“一卡通”兑付机制，提高了效率，降低了资金被挪用、侵占等风险，减少了因资金补偿不到位而引发的矛盾纠纷，进一步健全完善了“一站式”服务长效机制。全年共初审油田站所用地21宗540亩，预审井场临时用地1296宗11538亩，新打油（水）井2178口，有力保障了油田生产建设。

【地企共建】坚持把争取油田单位落实共建项目资金作为深化创建工作内涵、为民办实事的重要载体，积极争取油田支持地方发展和民生改善。经过多次衔接争取，启动实施了油区道路、水污染治理、生态环境保护等一批重要地企共建项目，落实资金1.87亿元，有效改善了群众的生产生活条件。各县（区）坚持用项目争资金，与辖区内油田单位共同抓创建工作示范点，共建成地企合作项目36个。

【平安油区】积极探索涉油矛盾纠纷排查调处的有效措施，推行领导分片包干、包乡负责的责任机制，将排查调处工作重心下移到乡镇（村组）和井场（站所）。协调指导县（区）加大宣传力度，提高群众对相关政策规定的知晓率。在涉油矛盾纠纷“重灾区”建立逐井场巡查、跟班工作等制度，现场蹲点办公，及时协调解决具体问题。全市共发生各类涉油矛盾纠纷548起，同比减少76起，调处成功率95%以上。配合政法部门开展油区综合整治行动，破获涉油刑事案件73起，摧毁重大涉油团伙4个，查处治安案件23起，打击处理40多人，有力保障了油田正常生产建设。

【生态建设】督促油田企业严格落实节能减排责任，依法落实油气资源开发、石化产业发展取用水、占用地和污染排放等环保措施，做到采出水100%回注，新建井场标准化覆盖率100%，全年没有发生重特大涉油环保事件。协调指导县（区）以标准化井场建设和周边环境绿化为重点，启动实施了一批生态共建项目，加强整流域综合治理，地企共同完成荒山造林13000多亩，绿化井区道路423公里，油区周边生态环境得到有效改善。

【双联行动】以纵深推进双联行动为契机，组织干部职工进村入户，开展调查研究，帮助贫困群众谋划发展。全年落实帮扶资金30万元，为华池县王咀子乡刘家庙村实施了道路建设、文化广场、果树栽植、主导产业培育、小尾寒羊养殖等一批重大民生项目，组织开展了科技、文化、卫生“三下乡”活动，带动了群众脱贫致富和全村经济发展。协调长庆油田10个驻庆二级单位及科级以上干部，联系我市43个贫困村和603户贫困户，共投入资金1572万元，实施“双联”帮扶项目181个。

【群众路线】班子成员在加强学习、提升素质的基础上，坚持开门搞活动，纳诤言。通过“七听”（发函征求、谈话征求、走访征求、电话征求、调研征求、网络征求、设立意见箱征求）方式，共征求到意见建议69条，涉及“四风”方面28条。针对查摆出来的突出问题，及时进行整改落实，特别是针对群众反映强烈的油区道路损毁严重的问题，会同市交通局，共同研究制定了《庆阳市油区道路损毁问题整改方案》，争取长庆油田投资6900万元，新修油区道路11条104.3公里，其中，合水、宁县、镇原、华池、环县5个县产建新区道路共建率均达到100%，以整改的实际成效取信于民。同时，更加注重建立长效机制，修改完善了廉政建设、调查研究、公务接待、财务管理等15项制度，用制度规范从政行为。（市石化局　供稿）

庆阳能源化工集团有限公司

【成立背景】庆阳市地质构造位于鄂尔多斯盆地，油煤气储量巨大，分布均衡，是全国第二能源资源大市。目前预测煤炭储量2360亿吨，占全省预测储量的94%；探明油气资源当量1230亿吨，其中石油资源总量48亿吨，占鄂尔多斯盆地总资源量的38%，相当于延安的1.7倍、榆林的6.7倍；天然气（主要为煤层气）预测资源量1.36万亿立方米，占鄂尔多斯盆地总资源量的30%。上世纪70年代，庆阳市开始了以石油钻采为主的能源开发。但资源开发40多年来，开采主业单位和地方政府在分配上的“西瓜芝麻”现状仍然没有改观，资源大市导致财政穷市的“资源诅咒”仍未破解，地方工业弱小、财政增收困难、基础设施落后、人均收入偏低、生态环境脆弱等现实问题都未因资源开发而得以改善。为了进一步加快油煤气资源开发转化和新型工业化进程，培育相关配套服务产业，有效破解地企收益分配不均衡、工业格局不明晰、产业带动不充分、聚集效应不强劲等制约问题，不断减少开发利润流失，增加地方财政收入，培养现代产业工人，拓展农民就业渠道，带动城乡居民增收，缩小与发达地区的经济差距，走出一条依托资源、多业并举的科学发展路子，市委、市政府决定成立以能源化工产业开发和相关配套服务为主营业务的国有独资企业——庆阳能源化工集团有限公司。

【基本概况】庆阳能源化工集团有限公司注册于2013年3月20日，首期注册资本金5亿元。主要经营庆阳市境内部分区块石油、天然气、煤炭、煤层气、页岩油、页岩气等资源勘探开采及矿权，油、煤、气下游产品深度开发及销售利用，钻采企业主业以外的钻采工程配套服务，机械制造维修与销售，投融资担保，大宗商品贸易，房地产开发等业务。公司按照现代企业运行机制，依法设立董事会和监事会，实行董事会领导下的总经理负责制。截至目前，公司依托优势资源，按照混合所有制经济发展方式，吸引其他国企、民企等各类经济组织23家、参股资金5.42亿元，注册成立了能源勘探开发、能源利用开发、钻采工程服务、机械制造维修、投资担保、投融资、宏泰置业、石油天然气、瑞茂通供应链管理、新能源、中龙建热力发电、锦庆能源等12个股份制子公司，3家三级生产企业。

【发展理念】公司成立以来，集团公司领导班子董事会在加强学习和广泛调研的同时，深入分析市场特征，全面把握发展规律，讨论确定了“12356”的发展思路，即紧紧围绕做大做强能源化工首位战略产业、推动庆阳由能源大市向经济强市转型跨越“一个目标”，全力发挥政策优惠、融资优越“两个优势”，用足用好油、煤、气“三大资源”，大力发展能源勘探、开发利用、钻采服务、装备制造、金融服务“五大主业”，着力落实内联外引、上争下控、借船出海、优势撬动、互利共赢、科学发展“六项措施”，创新驱动，积极作为，努力把我市建设成为大型能源化工基地和全省重要经济增长极。2014年初，公司在对发展历程进行了理性分析和客观总结的基础上，梳理细化了全年重点项目及工作任务。2014年7月，针对上半年发展过程中存在的困难和问题，对发展思路进行了细化和微调，明确了“利用资源优势搭建平台、招商引资，引领和推进混合所有制经济发展，以少量国有资本撬动更多社会资本参与资源开发”的发展模式，形成了“短期金融贸易维持，长期能源化工支撑”的发展理念，并对每个子公司都论证谋划了长短结合、远近衔接的重点项目，进一步夯实了公司发展基础。

【项目建设】2014年，在市委、市政府的坚强领导和大力支持下，集团公司紧紧围绕能源勘探开发、能源加工利用、钻采工程服务、机械制造维修、金融投资服务五大主营业务，实行多元化经营,重点项目建设顺利推进，生产运营效益稳步提升。集团全年共完成项目投资29569.16万元，实现工业产值76994.13万元,完成营业收入97086.46万元，上缴税金3157.33万元，实现利润1753.57万元，合并后总资产达到15.34亿元，带动社会就业5200多人，公司年度生产运营目标任务基本完成。一是能源勘探开发取得突破。石油区块合作开发和长庆油田、中石化华北局、延长油田进行了深层次沟通，与中石化华北局签订了油气区块合作开发框架协议；环县61平方公里油气区块完成勘探井1口，为下一步工程勘探布井提供了详实数据和宝贵经验。二是能源开发利用进展顺利。煤炭加工利用和甘能源、中龙建电力集团共同成立了中龙建庆阳热力发电有限公司，重点项目西峰2×350MW电厂前期工作顺利推进；环县100MW风电项目完成了室外测风塔建设，风力数据分析全面完成，项目可研报告正在等待市发改部门审批。风力电机研发项目产品设计已经完成，正在进行样机试产，预计2015年可批量生产。5KW分布式光伏发电试点项目已成功并网发电；10MW分布式太阳能发电项目与西安正麒电气厂签订了屋顶租赁合同，项目已获得西安市发改委的备案批复。“气化庆阳”项目按照《庆阳市燃气经营体制改革实施方案》与长庆油田进行了多次衔接沟通，目前LNG、CNG项目工厂建设、姬--庆管线前期准备工作已经完成，预计2015年底可建成投产；《庆城县庆探1井区1亿方试采天然气利用方案》已获得长庆油田批复；天然气公司筹备工作按照市政府通过的组建方案，正在全力推进。三是钻采业务总量不断扩张。投资1.9亿元，购买了国内先进的压裂、钻采设备，自主组建了5个压裂队、5个钻井队、16个试油队、5个录井队、1个固井队等32支作业队伍。2014年钻采公司累计实现工业产值6.5亿元，其中公司自主队伍完成产值7444万元,完成税收252万元。四是装备制造维修有序推进。装备制造园区开工建设以来，目前累计完成投资2.46亿元,实现销售收入2278万元，上交税金46.32万元，实现利润394.4万元。在建的容器厂房累计投资6000万元，完成工程进度的84%，螺旋管厂房累计投资4700万元，完成工程进度的94%；防腐保温项目累计投资2387万元，完成工程进度的17%。石油助剂项目累计投资2558.41万元，实现销售收入636万元；商用混凝土项目10月份建成投产，完成投资3100万元，实现销售额1642万元,上交税金43万元。五是金融贸易效益稳步提升。累计对外投资39笔，累计融入资金42500万元，营业收入7476万元，实现利润4035万元，完成税收420万元；对外贸易采用上市公司资产、国有企业资产质押承包经营的模式运营,完成贸易额10.06亿元，完成税收470万元，实现利润1449.18万元。六是其他辅助产业成效初现。陇东酸站项目公司完成了工商注册登记、项目可研报告和项目设计、施工现场“四通一平”等前期工作，预计2015年3月即可建成投产;“庆阳金融中心(城市综合体)”项目规划、建设方案基本敲定，公司相关资质已办理到位，完成项目融资3亿元，项目主体预计2015年7月动工建设。

【内部管理】公司把科学决策、规范管理作为发展保障，通过学习培训、建章立制、内部审计等多种方式，进一步提升公司运作水平。一是不断完善公司治理结构。按照国家相关法律法规规定，参照大型成熟企业运营模式，公司结合自身实际，以“科学、精简、自主、高效”为原则，形成了决策机构、执行机构和监督机构基本相互独立的内部治理体系，有效地保障了出资人的所有权和经营者的自主权，调动了生产者的积极性。二是不断提高公司决策水平。公司通过加强学习、外出考察、现场调研等形式，不断提高决策层的管理能力和经营水平。公司的重点项目、重大投资、重要决策，董事会讨论之前都要经过充分调研、广泛论证和风险评估，并征求专家委员会意见。董事会讨论时严格按照议事规则，充分发扬民主。同时，监事会主席全程列席董事会议，对决策程序和内容发表意见、进行监督，确保每项决策都经得起实践检验。三是不断健全公司管理制度。一方面，公司依托专业的管理咨询公司，设计了系统规范的管理体系，并对公司中层以上管理人员开展定期培训，不断提高公司规范化管理的内在能力。另一方面，公司按照“分级授权、界定权责”的原则，充分发挥职能部门作用，编制修订了预算管理、财务管理、资产管理、人事管理、法务管理、审计管理等20余项工作制度，从人、财、物等各个方面，做到了“管理有程序、程序有控制、控制有标准”。四是不断加强内部监督检查。在检查方面，相关职能部门对董事会做出决策的落实情况，实行不定期的督促检查，并将督查结果及时向董事会进行反馈，对于出现的违反集体决策或者落后于计划进度现象，董事会依规进行问责。在监督方面，由公司监事会牵头，对集团公司及子公司的“三会”运行、决策程序、重大资产申购、投资程序、重大项目运作、财务支出、预算管理、法务风险管理进行定期审计，并根据审计结果，落实内部纠改和责任追究，有效地保障了各项工作高效落实。

【企业文化】公司把企业文化作为发展保障，通过加强阵地建设、开展文化活动，逐步塑造了企业文化精神，增强了企业员工的向心力和凝聚力，将公司的发展战略和员工的愿景有机结合在一起，促进了公司的发展。一是营造良好的文化氛围。充分利用公司内部媒体资源，采取各种宣传手段，加强企业文化宣传力度。在楼道开设了文化宣传专栏，在办公楼一楼创办了图书角，网站文化活动专栏及时更新，实现了“墙上有理念、橱窗有图片，报刊有版面、网站有页面”。二是丰富企业文化载体。公司出台了关于加强文化活动的实施意见，举行了“我为企业做什么”主体演讲比赛、员工运动会、“金点子”征集活动、技能比武、摄影比赛、汉字听写大赛等等一系列文化活动，提升了员工基本素质和专业技能，加强了员工团队意识和合作意识。同时，公司先后邀请专家开展了“财务人员知识培训”、“法律知识培训”等5次员工培训活动，丰富了企业文化载体，提高了员工的素质。三是巩固企业文化成效。巩固已有的成果，提高未来的发展，是繁荣企业文化建设的必然趋势。随着文化活动的深入开展，“立足能源、回报社会”的企业宗旨、“合作、服务、共赢”的经营理念、“认真负责、高度负责”的工作原则融入了员工的工作和生活之中。文化理念的形成，对公司发展起到了推动和保障的作用。(庆阳能源化工集团有限公司 供稿)

中国石油长庆油田公司

【基本概述】长庆油田成立于1970年，总部位于陕西省西安市，是中国石油的地区分公司，主营鄂尔多斯盆地油气及伴生资源的勘探、开发、生产、储运和销售等业务，工作区域横跨陕西、甘肃、宁夏、内蒙古、4省区15个市61个县，面积37万平方公里。截至2014年底，长庆油田公司下属13个采油生产单位，8个采气生产单位，3个输油单位，4个科研单位，26个其他生产辅助单位，17个矿区服务单位；员工总数7万余人。

【生产经营】2014年是长庆油田5000万吨持续稳产的第一年，广大干部员工在建成西部大庆新起点上，贯彻落实集团公司决策部署，各项工作取得新成果、新业绩、新突破。全年新增石油探明储量3.32亿吨，天然气探明与基本探明储量5595亿立方米；生产原油2505万吨，生产天然气381.5亿立方米，实现油气当量5545万吨，油气产量再创新高。

【油气勘探】紧紧围绕落实规模储量区和寻找战略新发现两大重点，继续保持储量高峰增长态势。全年新增石油三级储量9.19亿吨，天然气三级储量9311亿立方米。持续推进盆地含油气区带整体勘探，落实一批优质规模可动用储量。镇北-合水地区石油勘探评价取得重大进展，新增探明储量和控制储量3.4亿吨；陇东地区天然气勘探评价取得新突破，落实三个有利含气富集区，成为新的千亿方规模储量接替区。

【油气开发】油气生产受控运行，年产油气当量再创历史新高。油田开发突出以注水为核心的原油稳产工作，强化精细注采调控，深化油藏精细管理，细化开发技术政策，优化产建方案部署，坚持打责任井、打高效井，规模应用水平井开发，加快提高采收率、致密油开发技术攻关与试验，油田开发主要指标积极向好，自然递减和综合递减各下降0.3个百分点，地层压力保持水平稳中有升，新井平均单井产量创六年来新高。原油生产面对工作量缩减、产能建设启动较晚、征借地难度加大等诸多困难，强化生产组织和产销平衡，突出老井稳产、措施增产、新井上产和精细管理，适时开展夺油上产劳动竞赛，突出上产帮促和技术支撑，原油日产水平突破7万吨。

【科技创新】坚持科技创新，效益开发关键技术取得重大突破。以提高单井产量、提高采收率、降低开发成本为重点，以国家和集团公司重大科技专项为依托，持续加强低渗透油气藏勘探开发技术攻关研究，突破制约油气田经济有效开发的技术瓶颈，全年获得国家级科技奖1项，省部级科技奖31项。完善和应用三维地震成像、高密度采集、叠前保真处理等技术，上下古生界天然气勘探开发成功率大幅提高。自主创新形成苏里格低渗透砂岩气藏水平井开发技术，成功研发多级喷射器与多级滑套压裂工具，不动管柱多段连续分压技术达到国际领先水平。自主研发形成致密储层定向井混合水压裂技术，有效提高致密储层单井产量。致密油水平井体积压裂攻关取得重大突破，工具研发和工艺技术全部国产化，实现致密油“资源向储量、储量向产量、产量向效益”的重大转化。强化注水技术研究与应用，探索形成桥式同心和桥式偏心为主的精细分层注水和堵水调剖技术，成为“三分”精细油藏管理的主要手段。积极开展油藏加密调整试验，重点探索空气泡沫驱、表面活性剂驱等提高采收率技术，超前储备二元驱、二氧化碳驱等三次采油技术，初步构建低渗透油藏提高采收率技术体系。一体化、集成化、撬装化联合站和集气站成功研发应用，减少占地面积35%，缩短施工周期50%。

【管理创新】提升管控水平，西部大庆提质增效迈出重要步伐。全面实施招投标管理，完善管理机构，修订管理办法及物资采购、地面工程、技术服务等12个专业实施细则，创建井筒类项目集中招标模式，完成招标项目608项，招标率100%。突出源头治理，建立“分级授权、事前控制、界面清晰、职责明确”的投资管理模式，确保油气勘探、重点产能建设项目投资到位。稳步推进投资成本一体化管理试点，完善预算管理模式，突出效益考核，优化成本管控，大力推进工效挂钩，经营效益指标持续向好。修订完善国内石油合作开发管理制度，推进油气合作业务规范健康发展。落实“三控制一规范”要求，持续优化业务结构和人力资源结构，调整合并处级单位7个，人工成本严格控制在预算范围内。深入开展“开源节流、降本增效”活动，抓住工艺设计、生产组织、物资采购、招投标管理等关键环节，压缩非生产建设投资，深化成本费用标准体系，全年五项费用支出同比下降18.5%。

【安全环保】严格责任落实与风险防控，安全环保工作基本平稳。坚持以风险管控为核心，强化责任落实和HSE管理体系审核。强化红线意识，开展安全环保大检查，认真吸取事故教训，制定针对性措施，加强隐患排查、评估、监控、整改和治理。严格落实安全生产“党政同责”和“一岗双责”，明确各层级、各岗位的安全生产责任，严格考核兑现。完善“三防四责”体系，建立应急协调联动和快速反应机制，开展不同层级的实战演练，事故控制能力和应急处置能力全面提高。严格承包商“五关”管理，履行直线责任，抓好承包商安全条件审查和施工现场资质核查，承包商安全管理明显改善。召开党委中心组安全环保专题学习扩大会，做好新《安全生产法》和《环境保护法》的教育培训和贯彻落实。推进油区环保整治，挂牌督办华联站整体搬迁和陇东油区采出水回注专项治理，确保各类环境风险全面受控。

【党群工作】巩固教育实践活动成果，党群工作保障作用充分发挥。深化教育实践活动整改落实，建立分级负责的责任体系，开展回头看专项检查，集中开展“三超”专项治理，建立完善相关制度 52 项，初步构建起反“四风”、转作风的长效机制。持续深化“六个一”标准化党支部创建和“三联”责任示范，基层党支部建设整体水平持续提升。加强领导班子建设和人才队伍建设，按照业务整合、干部考核与管理规定，对个别单位领导进行调整、交流。深化多层次技能培训，选拔培养高层次专业技术人才，员工队伍素质不断提高。完善三基工作长效机制，深化标准化“五型”班组创建，基层队伍凝聚力、执行力与战斗力进一步提高。落实党风廉政建设“两个责任”，严格执行民主集中制和“三重一大”制度。加大巡视力度，加强效能监察，深入开展工程建设项目专项检查、审计问题专项治理和“小金库”清理，有效防控舞弊风险。强化源头治理，严肃查处违规违纪问题，积极促进信访办案成果转化，经济运行总体平稳。加大公司理念体系宣传，深入开展“新起点、新目标、新实践”主题教育活动，持续打造文化品牌，不断完善典型培育机制，树立起新时期的英模群体。工会、共青团、新闻舆论、机关建设等工作围绕中心、服务大局，强化责任意识，认真履行职能，整体服务水平进一步提升。

【矿区建设】加强民生改善与企地协调，和谐发展环境更加稳固。坚持以人为本，成立惠民工程建设工作领导小组，理顺工作机制，抓好项目落实和推进。依托现有土地资源，积极推进住宅项目建设，新建住房4749套。投入专项资金，重点解决一线员工食宿、如厕、洗澡、上网等实际困难。加快美丽矿区建设，努力提高服务水平，建立完善16个社区医疗服务中心（站），全部纳入地方医疗卫生体系，矿区居民充分享受到公共卫生补贴、“五免”等政府各项优惠政策。积极争取政策支持提高离退休人员健康疗养、节日慰问、健康体检等标准和频次，矿区单位及居民享受地方福利待遇补贴近2.6亿元，建成油田老年大学10所，建立离退休职工活动中心（室）67个。加强留守儿童托管托教，2000余名留守儿童得到管护，较好地解决一线员工的后顾之忧。注重做好新形势下的群众工作，认真解决员工群众合理诉求，进一步巩固和谐稳定局面。高度重视企地合作，主动向甘肃省及庆阳市党委政府汇报工作，加强交流协调，建立良好的企地沟通协调机制。（中国石油长庆油田公司　供稿）

中国石油庆阳石化公司

【企业概况】庆阳石化公司创建于 1971 年，是中国石油天然气股份有限公司直属企业。现有在册员工 1395 人，在岗员工平均年龄 41 岁；主要炼化生产装置 16 套，一次加工能力 300 万吨/年；资产总额 60 亿元以上；主要产品有油品、燃料、化工产品、固体产品等四大类 11 个牌号 22 种。近年来，企业快速发展的同时，积极履行经济、政治、生态、社会“四大责任”，2012 年以来先后投入 400 多万元用于“双联”村道路、敬老院、幼儿园、卫生所等基础设施建设，累计投入近 80 万元资助 1300 多名贫困学生等。2014 年公司第三次荣获全国“五一劳动奖状”，荣获国家级“守合同、重信用”企业荣誉称号，被评为“全国文明单位”等。

【生产经营】2014 年是庆阳石化经受考验、攻坚克难、收获颇丰的一年。我们直面国内经济总体下行、石油石化产能过剩、市场需求不旺、成品油价格“十一连降”、消费税“三连涨”的严峻形势和挑战，全体干部员工团结一心，深入贯彻落实集团公司工作会议、领导干部视频会和各项决策部署，确立新形势下企业愿景、工作原则、工作价值、工作思路、工作纪律和具体做法，持续筑牢安全环保、廉洁稳定、质量效益“三生工程”，坚持“人才—产品—利润”一条主线，实施管理提升年、制度标准流程纵深年、开源节流降本增效（过紧日子年）“三个年”活动，落实“创新驱动、优化运行、经营销售”三个关键，2014 年加工原油 330.38 万吨，营业收入 208.99 亿元，实现税费 47.01 亿元，利润9.31亿元(炼化板块第2位),吨油利润280.56元/吨(炼化板块第2位)。继续保持了安全零事故、环保零污染、质量零缺陷、廉洁零违纪、稳定零事件“五个零”良好态势。

【项目建设】600万吨/年炼油升级改造项目是庆阳石化有质量、有效益、可持续发展的根基工程,是加快陇东大型能源化工基地建设的龙头工程,是促进甘肃省与全国同步进入全面小康的迫切需要,项目仍然定位为燃料型,主要是汽油和柴油产品质量全部满足国Ⅴ标准,节能减排满足新《环境保护法》,装备设施本质安全,提高信息化水平减员增效,以加工长庆原油效益最大化原则,优化选择全厂工艺总流程。目前,600万吨炼油升级改造项目依法合规继续开展,方案、技术路线优化再优化,前期工作准备就绪,各种资源落实到位,现已完成《可行性研究报告》和《环境影响评价报告书》并上报;项目前期工作76项,完成55项,剩余各项有序推进。

【企业管理】夯实安全环保生命根基工程,严格宣贯执行新《安全生产法》和《环境保护法》,落实国家、中油和省市各项部署,开展“安全月”、“环境日”、“节能周”、“消防周”系列活动;修订完善所有岗位安全职责;在板块率先完成三年隐患治理;重视污染减排,环保指标全部完成,硫磺回收装置率先达到环保部新排放要求,特别是11月份建成催化再生烟气脱硫减排装置,每年减排二氧化硫480吨、烟尘47吨。狠抓质量效益生存发展工程,落实集团公司“两控一降一调整”方针、“开源节流降本增效”要求及炼化板块“大平稳出大效益”的理念,立足“两低、一高、一降”,坚持“保安全、保环保、保平稳、保质量”,主体装置平稳率提高到99.98%,高效产品比例达到45.67%,特别是成功产出国Ⅴ车用汽柴油,销往陕西抢占市场,提前完成了产品质量升级,形成了新创效点,提升了企业核心竞争力,在全国炼厂普遍降量生产的形势下,超额完成加工任务。

【科技人才】落实“创新驱动、优化运行、经营销售”三个关键,重点加大以项目组织创新、管理创新和以产品质量升级、节能减排、经济效益增加为核心的科技创新。深入开展技术攻关,研究浓水零排放等。加强信息化建设,完成量化受控管理平台上线和室存档案数字化,ERP系统在价格管理、修理费控制方面发挥作用,MES系统实现对装置运行、项目投产的实时监控。加强培训提高全员素质,围绕“人才-产品-利润”主线,结合300万吨装置运行和600万吨项目谋划,完善全员工效挂钩政策,在业绩考核中将30%月度奖金与培训挂钩,调动各层面工作积极性和主动性,大力营造操作、技术和管理人才竞相成长的浓厚氛围,开展“三佳”班组创建,全调动了员工“五自”管理的积极性,特别是在集团公司加氢装置操作工技能竞赛中获奖,实现参赛奖牌“零”的突破。

【产品质量】庆阳石化公司新厂投产以来,着力优化产品结构,强力推进质量升级,不断提高创效增收能力,持续增强企业竞争实力,按照国家2014年1月1日起全国执行汽油国Ⅳ标准,2015年1月1日起全国执行柴油国Ⅳ标准、2017年1月1日起全国执行汽柴油国Ⅴ标准相关要求,超前谋划,创新驱动,2011年开始谋划启动汽、柴油产品质量升级换代工作,采用中国石油化工研究院自主知识产权的DSO加氢汽油技术,建成了具备国Ⅴ兼顾国Ⅳ生产能力的70万吨/年汽油加氢装置,2014年9月,成功产出国Ⅴ92#、95#汽油、国Ⅴ0#柴油,质量指标全部达到国家标准,提前适应了国家节能减排和环境保护的需要,满足了国家炼油企业油品质量升级的要求,为陕甘地区空气污染治理和环境保护做出了积极贡献,目前公司已具备生产国Ⅴ标准各标号汽柴油产品的能力。

【企业党建】巩固“廉洁稳定、生活阳光”工程,深入贯彻中央“八项规定”和中油集团公司党组“二十条要求”,巩固党的群众路线教育实践活动成果,落实党风廉政建设主体责任和监督责任,加强党委中心组扩大学习。惩防并举,教育为重,通过签订廉政责任书、廉洁承诺书、典型案例警示教育、家庭助廉等方式,时时提醒、警钟长鸣,推进廉洁文化建设。坚持“抓生产从思想入手,抓思想从生产出发”,强化国家大政方针和上级指示精神宣贯学习,严格落实“三严三实”,团结干部员工、优势互补、目标同向、授权管理,选好、育好、用好人。选树表彰各层面先进典型,营造比学赶帮超的氛围,促进队伍快速成长。工青团妇活力迸发,宣传工作有声有色,公司舆情积极正面,员工队伍保持良好风貌。(中国石油庆阳石化公司　供稿)

建　设

城乡建设

【工作综述】2014 年，全市住房和城乡建设工作在市委、市政府的正确领导和省建设厅的大力支持下，认真贯彻落实十八大、十八届三中、四中全会精神，以深入开展党的群众路线教育实践活动为契机，以新型城镇化建设为主线，以加快项目建设为重点，开拓创新，奋力拼搏，全面完成或超额完成了全年各项工作任务，推动工作取得了新的发展和进步。一年来，开工建设城建项目 319 项，占计划的 104%;完成投资 123.5 亿元，占计划的 102.9%。城镇化方面：城镇化率达到 31.59%，增长 2%。住房保障方面：新建项目开工率达到 104.2%；农村危房改造当年任务开工率、竣工率均达到 100%。基础设施方面：城镇供水普及率达到 95.8%，增长 0.8%；污水处理率达到 58.5%，增长 5.5%；生活垃圾无害化处理率达到 75%，增长 5%；城市燃气普及率达到 72.8%，增长 3.2%；绿地率达到 17.82%，增长 2.3%。建筑业方面：实现建筑业总产值 48.03 亿元，同比增长 28.05%；实现建筑业增加值 16.23 亿元，同比增长 11.5%。房地产业方面：商品房销售面积增长 26.02%，房地产业从业人员增长 4.08%，房地产业从业人员劳动者报酬增长 16.17%，居民自有住房增长 5.25%。建筑节能方面：完成建筑节能改造 21.4 万平方米。

【新型城镇化建设】在充分调研、深入研究的基础上，提请市委、市政府出台了《关于加快推进全市新型城镇化建设的意见》、《关于加快推进 30 个重点小城镇建设的意见》，明确了指导思想、原则、目标，敲定了总体布局、基础建设、产业发展、生态建设等五项任务，为推进新型城镇化建设提供了科学指导。同时，积极衔接，主动争取，正宁县和南梁镇、孟坝镇被列为全省新型城镇化建设试点县、试点镇。

【保障性住房】开工建设保障性住房项目 27 项、15287 套，占年任务的 104.2%；完成投资 15.59 亿元，占年计划的 118%。其中：公共租赁住房 1016 套、经济适用住房 100 套、限价商品住房 961 套、城市棚户区改造 13210 套。续建项目基本建成 2665 套，分配入住 1680 套，入住率达到 63%：发放租赁补贴 8513 户，占年任务的 122%，补贴资金 1958 万元，实现了人均住房面积 13 平方米以下的城市住房困难家庭应保尽保。同时，以城市棚户区改造为重点，制定出台了《庆阳市加快棚户区改造的实施意见》、《庆阳市廉租住房和公共租赁住房并轨运行实施意见》，实施棚户区改造 29 个片区、112 万平方米，衔接争取国开行贷款 4.06 亿元（授信 15 亿元）。

【基础设施建设】开工建设城市基础设施项目 80 项，完成投资 22.54 亿元。市区：庆化大道中段、董陈路和城区慢行交通走廊等道路工程全面启动；南区雨洪集蓄生态保塬、东区集中供热站、城区供水改扩建和污泥处理等项目顺利实施；新建供气管网 4.2 公里；市传媒大厦、庆阳大剧院、市人防司法大厦、市人力资源和社会保障服务中心等重点代建项目启动迅速，进展良好。特别是“三个一百工程”快速推进，完成巷道治理 116 条，新建公厕 100 座、停车场 101 处，完成投资 1.5 亿元。县城：宁县马坪、环县西滩、华池南区、镇原西区等县城新区道路、供水、供气、供热等基础设施配套基本到位，华池县、环县、正宁县供水管网改造、供水扩建工程建成投用，庆城县、环县、正宁县集中供热工程进展迅速，正宁县、镇原县污水处理厂工程完成年度建设任务，累计实施基础设施项目 54 项，完成投资 14.42 亿元，城市基础设施不断完善，综合承载能力切实增强。

【小城镇建设】实施小城镇基础设施建设项目 78 项，完成投资 4.4 亿元。铺设排水排污管渠 18.7 公里，架设路灯 1130 盏，修建公厕 43 座。同时，抢抓美丽村庄建设的良好机遇，以治理“脏、乱、差、噪、散”和“三清四改”为目标，以道路沿线、公共场所、村容村貌为重点，加强监督检查，深化综合整治，新建村镇垃圾填埋场 15 个，村镇建设管理机构覆盖率达到85%，为人民群众营造了干净、整洁的人居环境。

【农村危房改造】制定印发了《庆阳市2014年农村危房改造工作实施方案》、《庆阳市农村危房改造工作政策宣传方案》，加大政策宣传力，提升群众知晓度，科学指导了农村危房改造工作。围绕农村低保户、困难户、危房户等重点群体，实施农村危房改造1.53万户，完成投资12.43亿元。在城镇周边、公路沿线、旅游景点沿线及周边，新建集中建设点45个、5419户，建筑节能示范点19个、572户，促使农村住房条件大幅改善。

【房地产开发】开工建设普通商品住房开发项目93个，总建筑面积204万平方米，完成投资67.5亿元。市区：东方丽晶城、豪庭春天、紫玉润园、万辉国际广场、城中央等一批项目容积率低、绿化率高、配套设施全、工程质量好，为全市住宅与房地产开发起到了示范引导作用。县城：重点实施了庆城县华都园、合水县鸿馨丽园、华池县雅居名苑、环县环江茗都、镇原县西景苑等一批项目，改善了城市形象，提升了居住水平。同时，依据市、县（区）工作实际，适度调整限价限购限贷、户型面积审查、保障性住房配建等调控措施，稳定房价，维护秩序，有效促进了房地产市场的健康有序发展。

【环境综合整治】围绕城镇道路、机关院落、住宅小区、城市小游园等重点区位，全面开展环境综合整治行动，实施综合整治项目41项，完成投资2.2亿元。市区，坑补罩面主次干道8.3万平方米，更换人行道彩砖2.38万平方米，检修路灯4000多基，新建便民摊位700多处，栽植苗木300多万株，规范门头招牌1.3万面。县城，华池新区道路绿化、庆城古城墙加固、正宁南沟生态治理、宁县“三江两岸”治理完成年度建设任务，进一步改善了城市环境，提升了城市品位。

【建筑节能】全市新建建筑设计阶段、施工阶段节能标准执行率分别达到100%、97%。完成既有居住建筑节能改造38项，建筑面积21.4万平方米；完成国家机关办公建筑能耗统计66幢、2万平方米。积极申报绿色建设计评价标识，庆阳传媒大厦完成资料申报，东方丽景、中元世贸项目正在积极准备。同时，推广应用新型墙体材料3.89亿块标砖，推广散装水泥60万吨，推广商品混凝土130万立方米。

【行业管理】全年监督在建工程156项，建筑面积413万平方米。围绕重大项目、重点工作，组织开展建设市场综合执法检查1次、专项执法检查6次，代表全省接受了国家建设部的工程质量安全执法检查。累计检查在建工程158项，总建筑面积288.4万平方米，发出整改通知书220份、执法建议书57份，提出整改意见364条，处理违规企业9户、违法人员54名，未发生质量安全事故，工程质量稳中有升，施工安全形势平稳。同时，加快行政审批改革，规范企业资质办理，从严约束人员行为，年内审批、核准各类企业资质174户，市场秩序更趋规范，参建行为更加有序。

【项目监管】提请市政府出台了《加强房屋建筑和市政基础设施工程建设管理的意见》（庆政办发〔2014〕147号），推行项目清单制、工程总承包机制，深化招投标改革，明确施工许可权限，促使工程项目监管更加完备、到位。全年办理施工图设计文件审查备案347项，工程报建审查332项，施工许可75项，竣工验收备案11项，初步设计审查29项。全年进场交易项目471项，总投资92.3亿元，总建筑面积425.8万平方米，依法公开招标率达到100%。

【人民防空】结合“5.12”防灾减灾日、“9.18”防空警报试鸣日，以机关单位、重点企业、中小学校为重点，广泛宣传政策，积极开展演练，组建成立企业人防队伍3支，组织参加省、市防空演练4次、1.3万人。严格落实“人防结建”政策，完善审批机制，加快工作进度，年内实施人防工程35处，建成10处。加快实施市、县（区）人防应急指挥中心建设，市人防司法大厦全面竣工，小什字平战结合人防工程即将竣工，镇原县、宁县应急平台正在抓紧施工。同时，购置便携式警报器20台，安装电声警报器4台，全市城区警报音响覆盖率达到90%以上。

【党的群众路线教育实践活动】采取夜间课堂与周末教育、书本理论与警示教育、领导授课与现场交流“三结合”的方式，累计举办建设行业“大讲堂”25期，专题讲座7期，组织召开学习交流会议14场（次），累计学习时间达到138小时。采取“面对面”、“背靠背”、“请进来”、“走出去”等多种形式，广泛征求各方面意见建议494条，梳理整理220条，并组织召开专题民主生活会、组织生活会，深入开展批评，增进内部团结。针对住房保障、物业服务、行政审批等群众反映强烈的问题，制定方案，即知即改，立行立改，整改落实问题31项，规范了行为，改善了作风，提升了形象。围绕廉洁自律、民主议事、干部管理，公务接待等重点工作，修订完善了23项内控制度，汇编成册，人手一本，严明纪律，强化约束，真正实现了工作的制度化、规范化、常态化。

【双联行动】围绕“六大任务”，落实“八项措施”，帮扶什社乡文安村加快“五项建设”、开展“五项活动”，帮扶环城镇赵小掌村抓好“八项建设”，实施各类项目23项，筹措落实帮扶资金98.9万元。累计开展果树修剪、牲畜养殖、药材种植等技术培训2场（次），新植果树0.9万株，新建优质苹果产业示范园1处、杂果园1处。启动实施文安村400亩标准化药材种植基地建设，种植药材280亩，年收益可达到23万元以上。完成西坳、堡子、魏湾、岘子等村组道路砂石表油4.5公里，拓宽和改造任洼至白桃班铺砂道路0.8公里。启动实施村部居民安置点1处，新建农村养老中心1处，修建公益性公墓1处。利用春节、“七一”等重大节日，积极开展“春节送温暖”、“春耕送化肥”等活动，进村入户，帮办实事，解决困难，做到了干部受教育、群众得实惠。

【党风廉政建设】认真贯彻落实“两个责任”，加强警示教育，严格纪律约束，年内组织廉政专题学习7次，观看廉政教育片15部，约谈县处级干部21人、科级干部53人，清理干部职工经商办企业12人，深化了认识，增强了防范。严格执行中央“八项规定”、省委“双十条”和市委“二十二条”规定，缩减会议13场（次），精简文件24份、简报5期，公务用车、公务接待费用同比分别下降29.1%、25.9%，清理腾退办公用房643.2平方米。深入开展“效能风暴”行动和“强服务、简程序、提效能、促发展”主题活动，取消行政审批备案项目2项、下放6项、调整8项，减少了办事环节，提高了办事效率。同时，认真接待群众来信来访，全年办理群众来信来访107件、政风行风投诉75件、人大建议和政协提案8件。

【精神文明建设】评审通过市级“古象奖”4项、“建筑结构示范工程奖”6项、“建筑施工现场管理奖”13项。启动实施了机关档案室建设，购置硬件设施，完善管理制度，不断提升档案综合管理水平。利用重大节假日，组织举办了“庆五一、五四”职工运动会、“三八”节妇女联谊、春季义务植树、建筑焊工职业技能大赛等一系列主题活动，丰富了机关生活，活跃了工作氛围。实施了庆阳建设大厦办公用房改造、车辆管理智能化、楼面清洗除尘等工程，强化管理，优化服务，为干部职工营造了良好的工作环境。（市住房和城乡建设局供稿）

国土资源管理

【工作综述】2014年，庆阳市国土资源局坚持以“凝心聚力保障全市发展、尽职尽责保护国土资源、节约集约利用国土资源、尽心尽力维护群众权益”为要求，进一步强化红线意识和服务意识，统筹谋划、狠抓落实，全面或超额完成了全年各项目标任务。

【土地管理】以服务发展为中心，着力强化用地保障。切实优化用地布局和时序，合理安排用地指标，与发改、工信部门建立了信息共享机制，与交通、油田等用地大户建立了联席会议制度，提早制订用地保障措施，有效保障了能源、交通、水利和民生工程等各类项目用地。全年预审油田井场临时用地1296宗、11538亩，预审（初审）项目用地41宗、5805亩，初审油田站所用地21宗、540亩；审批农村集体建设用地27批次、2055亩；上报城市（镇）、单独选址建设用地128批次（宗）、9125亩，部省批准64批次（宗）23910亩（含去年上报）。及时足额上交新增建设用地有偿使用费和耕地开垦费5862万元。进一步规范土地交易，在评估机构选定、出让方案审查、出让信息发布等各个环节严把关口。对新批准的用地，采取“主动上门现场办、书面通知督促办、重点项目跟踪办”的办法，抓紧征收供应。对已供土地建立了批后公示、监管联动、竣工验收三项制度，确保按照批准的用途、面积、位置、时间开发建设。全市供应国有建设用地1463宗、2.39万亩，其中出让40宗3092.7亩，成交价款20.4亿元。前三年供地率达到80.5%，今年为86.7%。保障性住房用地供应达到了100%。

【耕地保护】以落实占补平衡为目标，着力加强耕地保护。层级强化政府耕地保护责任体系，在保证现有耕地基本稳定的同时，不断提高耕地质量。全市划定永久基本农田4.89万块，876万亩，设立保护碑395座，建立了保护网络和数据库，全市耕地保有量1040万亩，基本农田保护率达到

84.2%，均高于省政府下达的任务指标。开展了补充耕地质量验收评定工作和耕地质量等别调查评价与监测工作。以低效耕地整理提质、低丘缓坡地开发利用、旧村庄复垦改造为重点，坚持上争、内聚一起上，建设、管理一起抓，严格落实先建备补、占优补优，完成高标准基本农田建设16.8万亩、梯田13万亩。全年立项42个土地整治项目，总投资2.19亿元，整治规模17.6万亩，可新增耕地1.5万亩。由我市率先发起争取，省政府向国家申报的甘肃东部百万亩土地整治重大工程，2013年经财政部和国土资源部批复实施，庆阳片区28个子项目总投资8.34亿元，建设规模46.02万亩，可新增耕地7.12万亩，分5年实施。投资2.47亿元、建设规模13.42万亩的8个子项目已全面开工实施，完成投资1.61亿元，平整土地9.1万亩，占工程量的68%。把节约集约用地作为落实“双保”、破解“两难”的重要途径，完成了节约集约用地专项督查的自查清理，开展了2014年度城市建设用地和开发区土地节约集约利用评价，西峰工业园区的评价成果已上报省厅审查。坚持严控增量，集中建设新农村，利用荒山荒坡新建公墓区，解决农村零星散乱浪费耕地问题，弥补城市建设用地不足。严格按照国家产业政策和投资强度、容积率、用地规模等指标，核减用地32宗、1258亩。同时，大力盘活存量，挖掘用地潜力，积极促进空闲、废弃和低效用地开发。利用城市闲置和低效存量用地19宗、460亩，累计利用油田闲置土地4000多亩。复垦灾毁耕地3.6万亩、废旧矿山1200亩，恢复临时用地1700亩。

【矿政管理】以加强矿政管理为抓手，着力推进资源勘查开发。积极加强与省、市、县有关部门的联系沟通，紧密配合，确保按计划推进勘查工作。今年，在2300平方公里范围内继续实施的6个煤炭勘查项目，预计资源量130亿吨。其中环县沙井子南部、宁县付家山、宁县和盛-泾川荔堡3个项目，普查详查野外工作已完成，正在编制地质报告；宁县平子-米桥、合水县瓦岗川、庆城县高楼-合水县板桥3个项目，正在抓紧实施。新增加合水县蒿咀铺勘查区、庆城县南庄勘查区、平凉市崆峒区杨庄勘查区（涉及我市镇原县）3个勘查项目，面积约636平方公里，正在开展二维地震勘探作业。深入推进地下找水工程，完成了环县、庆城、镇原6口地下水勘查和宁县九龙川1口地下水质变化监测勘探。加强了矿政管理基础工作，第三轮矿产资源规划编制方案已按时上报省厅，矿业权年检率、合格率和矿山储量动态监测率均达到100%。对全市380个矿业权实地核查测量控制点全部签订了保护责任书。通过网上交易平台新出让采矿权14宗，价款1008万元。开展了非煤矿山安全生产大整治百日攻坚行动，排查整改安全隐患问题103条，关闭违法开采的矿山21个。全年征收矿产资源补偿费1298万元，是省上下达500万元任务的2倍多。

【服务民生】以维护群众权益为出发点，着力保障服务民生。编制了《庆阳市地质灾害防治规划》和年度地质灾害防治方案、应急预案，全面落实了市、县区地质灾害应急管理机构和人员，建立了市、县、乡、村、组五级群测群防体系，设立群测群防点130个，落实监测人员249人，8县区全部达到群测群防“十有县”标准。对273处隐患点和灾害应急责任人实行网格化管理，并在《陇东报》进行公示，印制重点地质灾害隐患点分布图800张，保证了预防、报警、撤离等措施的有效落实。建立了预警信息发布平台，及时发布气象预警信息156条。投资65万元，购置了卫星电话、激光测距仪、高精度GPS测量仪等设备，安装预警监测设备60台，提升了科技防灾能力。认真落实建设项目地质灾害危险性评估制度，收缴矿山环境恢复治理保证金390万元。完成了2008至2010年全市5个地质灾害治理项目和3个矿山环境恢复治理项目的竣工验收工作。新争取国家地质灾害治理项目11个，资金1.37亿元，正在协调群众搬迁和落实配套资金。完成了8县区1:10万地质灾害调查与区划基础工作，配合省国土资源厅开展了1:5万全市地质灾害详细调查和17个重要乡镇地质灾害风险区划调查，将21处重点地质灾害工程治理区域列入省地质灾害防治规划，治理资金11.6亿元。严格执行省政府土地征收补偿标准，规范征收程序，落实“两公告一登记”制度，维护被征地群众利益。在继续推行货币补偿、住房安置、扶持就业和社会保障“四位一体”安置模式的基础上，积极探索留地安置的新途径，以“直通车”方式及时兑付征地补偿安置费20多亿元。西峰区、华池县针对物价上涨因素，更新了地面附着物补偿标准。坚持信访问题无小事，大力疏导群众诉求，市县国土部门共接待来访群众311人次，接听受理12336违法举报电话241人次，网上局长信箱反映问题17件，全部及时作出处理和答复。受理各种信访事项77件，办结75件，未发生赴省进京群体上访事件。

【执法监察】以维护国土资源管理秩序为目标，着力强化执法监察工作。全面完成了卫片执法检查工作，国土部下发我市2014年度土地矿产卫片图斑1868个，经核查实际违法图斑164个，已全部查处整改到位，罚款226万元，没收违法所得4.9万元，拆除违法建筑物6533平方米，对7人给予了党政纪处分。全市违法占用耕地面积与当年新增建设用地占用耕地面积的比例为7.3%。市政府对违法比例超过10%的西峰区、环县政府主要负责人开展了警示约谈。进一步靠实了执法监管责任，形成了“全面覆盖、全程监管、执法督察、社会监督”的综合体系，全年开展动态巡查2850次，现场制止违法行为267起，立案查处64起，挂牌督办违法案件8起，收缴罚款412万元，拆除违法建筑物4275平方米。

【基础业务】以夯实基础业务为手段，着力提升服务水平。农村集体土地确权登记发证工作进展顺利，1260个村的土地所有权登记发证任务已全面完成并通过验收；完成集体建设用地使用权地籍调查5094宗，占总任务的86%；完成农村宅基地使用权地籍调查45万宗，占总任务的90%。全面启动了农村房地一体化调查，开展了耕地后备资源调查评价工作，完成了2013年度土地变更调查工作，二次土地调查成果数据已经向社会公开发布。成立了不动产登记工作领导小组，机构设置调研、相关摸底统计工作正在按要求推进。继续推进数字庆阳地理空间框架和三维地理信息数据库建设，投资600万元的国土资源专题数据平台正在建设，投资500万元购置的3架无人机和2台地情应急监测车即将交付使用。全面启动了第一次全国地理国情普查工作。完成了全市23家测绘单位资质年度注册工作。开展了永久性测量标志维护工作，签订委托保管书840份。加强了测绘市场监管，检查测绘单位27家，开展“问题地图”执法检查30次，查处不合格地图产品40件。投资100万元，启动了国土资源数据中心一期项目。举办执法监察、耕地保护、地质矿产管理等专题培训班7次，提高了依法行政能力。公布了22个行政审批事项名录和办理流程。按标准对2012年以来的88个行政处罚案卷进行了评查，进一步规范了行政执法行为。依法审理行政复议案件2起，已按期办结1起。

【队伍建设】以党的群众路线教育活动为主线，着力加强干部队伍建设。深入开展教育实践活动，全系统征求意见建议1645条，整改到位1556条，整改率达到94.6%，新建完善各类制度314项。认真落实党风廉政建设主体责任，编印了《落实“两个责任”标准化建设工作手册》和《资料汇编》，绘制了《局党委主体责任链条式传导、倒逼式追责图》和《局纪委监督责任网格式覆盖倒逼式追责图》，层级签订了责任状。进一步充实加强了纪检工作力量，全系统纪检监察干部达到33人。组织聘请专家队伍和中介审计机构，对全市2008年以来土地整治、地质灾害治理项目进行了绩效评估和内部审计，对土地矿权审批出让和土地登记等重点业务进行了清理规范。积极配合国家审计署开展了土地出让金收支和耕地保护情况审计。严格落实“八项规定”精神，持之以恒抓纪律作风、抓效能提升。进一步强化机关管理，公务用车全部GPS定位管理，公务接待严格程序标准，清退办公用房2318平方米，文件、会议、“三公”经费同比减少18.8%、38%和56%。扎实开展不作为、慢作为专项整治，深入推进审批“两集中两到位”，用地预审、登记发证、矿业权审批报件一律通过市政府政务大厅受理，实行接办分离，机关科室AB岗运转。深入开展“双联”行动，全面投资350万元，新修梯田2000亩、道路4.6公里，荒山造林2000亩；帮扶发展支柱产业，种植大葱3000亩、栽植核桃树500亩，新建养殖场1处、暖棚20个；改造危旧房35户，安装太阳能路灯30盏，为学校购置课桌椅及办公设施48套。（市国土资源局　供稿）

城乡规划

【工作综述】2014年，城乡规划工作坚持“科学规划、合理布局、完善功能、提升品位”的规划理念和“强化编制、科学管理、突出效能”的工作思路，以开展群众路线教育实践活动为契机，强化城乡规划编制和实施，规范规划管理，严格规划执法监督，各项工作顺利推进。

【规划编制】编制完成了《庆阳市城市风貌规划》、《庆阳市公共服务设施布局规划》、《庆阳市燃气规划》，已报市政府批准实施；完成了《庆阳市民俗文化产业园》修建性详规，已通过市政府审定；完成了《庆阳市南部城区控制性详细规划》

修编工作；完成了《庆阳市总体规划评估报告》，修编了40个村庄规划，编制完成了7个县域村庄布局规划、16个（省级14个，市级2个）美丽乡村示范村规划和2个省级历史文化名村（宁县政平村、正宁罗川村）保护规划，全省新型城镇化试点县——正宁县 “多规合一”规划编制已全面启动；各县区根据各自实际，编制了部分专项规划和重点地段及小区的修建性规划。在规划的指导下，城乡建设和重点项目有序推进，城市功能和品位不断提升。

【规划管理】一是制定规划管理法规。制定了《庆阳市城乡规划管理办法》、《庆阳市城乡规划管理技术规定（试行）》和《庆阳市建筑日照分析管理办法（试行）》，已批准实施。二是严格项目审批。政务大厅规划窗口授权到位，应进必进，服务规范。严格按照《城乡规划法》、《甘肃省城乡规划条例》规范审批行为，根据控规要求，办理建设项目“一书三证”，确保了规划审批的科学性、权威性和规范性。按照全市“3341”工程的安排，积极配合完成了庆阳职业技术学院、环球嘉年华文化主题游乐园、陇东汽车城、庆阳民俗产业园等一批重点项目的前期规划手续，加快了城乡规划建设的进程。全年市区共核发项目选址意见书32份，办理建设用地许可证35份，审批总用地面积约146万平方米；建设工程规划许可证35份，乡村规划许可证2份，简易项目34份，审批总建筑面积约142万平方米。各县区共核发选址意见书627份，建设用地规划许可证333份，建设工程规划许可证485份，乡村规划许可证207份。组织召开了银西铁路庆阳火车站站前广场及周边土地利用、交通规划研讨会及参加各类规划评审会21次。对申报项目及时进行现场踏勘，绘制了炮台巷片区旧城改造项目、庆阳市肉联厂冷冻厂整体搬迁、万茂物流配送中心等建设项目选址区位图52份，为土地储备中心、区住建局等单位出具规划设计条件通知书42份，审查凤凰丽景城三期、嘉鑫国际建材城等建设项目方案并出具方案核定通知书31份。5月初，省城乡规划第一督察组对我市城乡规划情况进行了为期10天的巡视督察， 6月初向我市反馈了督察意见，肯定了我市近年来城乡规划工作。

【规划监察】规划批后监管工作是保证建设项目“批什么建什么”的重要环节，市区在划片包干、责任到人、台帐管理的基础跟踪管理模式上，更加注重现场服务，确保每个项目都能及时监管、及时服务、发现问题及时整改。继续实行市区违法工程查处联动机制，坚持行业执法与综合执法相结合，长效管理与集中整治相结合的方法，抽调4名工作人员配合西峰区“两违办”做好违法工程界定和查处工作，强有力地打击了违法建设活动。全年界定违法工程584处，下发《行政处罚告知书》207份，《行政处罚决定书》103份，拆除违章工程11.4万平方米，有力地打击和遏制了违法建设活动。

【基础建设】一是地理信息水平显著提升。全面升级了规划管理信息系统，完成了“一书三证”业务审批、GIS图形分析、CAD绘图编辑等8个子系统的建设和20平方公里三维精细化模型数据制作工作；二是基础测绘工作全面加强。测绘完成道路工程、项目放验线等规划用图1200多份，新测庆阳市火车客运站1：500地形图1平方公里，修测规划区内1：500地形图约6平方公里；为7处棚户区改造项目提供地形图，保障了项目的顺利实施；三是城建档案管理工作稳步推进。全年共接收档案资料20套，指导整理城建档案780盒，1560卷（册），接待查阅者、咨询130人次。四是规划宣传呈现多样化。局门户网站及时创建专题活动版块，更新政务公开、工作动态，公示重大建设项目审批等内容，全年共发布信息45条，规划公示信息49条，回复网民咨询23条，累计点击率12万次。同时，6月份组织人员分别在东湖公园西广场和南大街设宣传点，进社区、下工地，向群众发放和张贴《庆阳市城乡规划管理办法》摘要等宣传资料1200多份，并现场解答群众咨询。城市规划展馆运行正常，全年累计接待参观288次，约6000人。

【群教活动】按照市活动办统一要求，扎实开展了学习教育、听取意见，查摆问题、开展批评，整改落实、建章立制三个环节工作，确定了即知即改事项和措施，建立了问题“台账”和“清单”，制作了公示牌，明确了整改时限、责任科室和整改措施，由各分管领导牵头，局活动办全程督导，逐项抓整改落实，着力解决存在的“四风”问题。截至年底，即知即改事项9个问题25项整改措施已全部整改到位；局领导班子整改的16个问题20项整改措施、局领导班子成员和县级干部个人46个整改事项和52项措施全部整改到位；建章立制，其中新建制度4个、修订制度2个、坚持制度14个。通过教育实践活动的开展，弘扬了正气，凝聚了人心，激励了斗志，干部职工主动办事、认真办事的责任意识和干净办事的廉政意识进一步增强，有力地推动各项工作的顺利开展。

【双联活动】我局“双联”行动认真贯彻落实省、市委的决策部署和工作要求，科学制定方案，精心组织实施，各项工作扎实有序推进。一是强化宣传动员，精心安排部署。研究制定了2014年市规划局双联工作计划，做到了对象、方式、目标、措施“四明确”。 通过专题讲座、座谈会等形式加强惠农政策的宣传和农技知识推广，组织群众认真学习了习近平总书记系列讲话精神等内容，结合党的群众路线教育实践活动，共召开各类会议7场次，报送信息5条。二是深入调查走访，明确发展思路。多次深入帮联村开展“听民声、访民意、集民智、理民事、解民忧、暖民心”调研活动，征求到局领导班子和班子成员“四风”方面的意见建议3条，双联工作方面的意见建议7条。目前29名联户干部共走访群众57人次，解决群众困难问题5件。三是加大帮扶力度，力求取得实效。向贫困户捐赠化肥60袋，为龙咀子村小学捐赠价值1.4万元的课桌椅50套；筹资20万元用于龙咀子村部建设；组织开展常见疾病义诊活动和养殖专题知识讲座，极大地改善了当地办公办学条件和农户实际问题。

【党风廉政建设】我们坚持以廉辅政，以政倡廉，统筹兼顾，党风廉政建设工作进一步加强。一是强化廉政教育。安排部署廉政建设专题会议5次，党员集中学习讨论3次，召开警示教育大会1次，征订和组织干部职工观看了《廉政中国》、《拒腐防变每月一课》等电教片16部，全体干部职工廉洁从政意识进一步增强。二是强化监督机制。建立起了以强化岗位为点、以规范程序为线、以完善制度为面的岗位廉政风险防范机制，严格落实干部个人重大事项报告制度、责任追究制度等廉政制度，严格靠实党风廉政建设主体责任，努力做到坚持原则不动摇，执行标准不走样，履行程序不变通，遵守纪律不放松。三是强化专项活动。重点围绕执行中央八项规定、服务态度、工作作风、办事效率、依法行政、廉政建设等方面开展了大排查、大整治、大提升活动，按要求清理了在职干部职工经商办企业行为，对办公用房按要求进行了调整和清理，使各类人员用办公用房符合标准。

【信访维稳】全年共接待来电咨询和投诉100多人（次），参加市级领导信访接待日10次，政风行风热线和“阳光在线”活动2次，受理人大议案2件、政协提案1件，受理各级转办的信访案件17件，答复网民留言8条，办结率100%，未发生群体上访等事件。特别是省委第十一督导组到庆阳后受理的原运输公司家属楼住户上访亨星锦绣城项目，我局从维护弱势群体利益出发，耐心给开发商做工作，最终解决了上访群众要求保留原有道路等诉求，化解了矛盾，得到了省委第十一督导组的充分肯定。

【精神文明建设】坚持党建带工建、带团建、带妇建，积极组织各类活动，进一步增强党员干部归属感。一是在市中心血站配合下，组织开展了无偿献血活动。全局共7人参加了无偿献血，超过任务人数4人。二是组织全局党员参加了十八大、十八届三中和群教活动等知识答题活动。通过答题，使广大党员重温了党章，加深了党员对党的十八大精神及党章的理解，为永葆共产党员先进性和纯洁性奠定了基础；三是根据职工的文化需求和兴趣爱好，“五一、五四”双节来临之际，积极组织30名干部职工参加了市直建设系统象棋比赛、拔河比赛和篮球比赛；参加了建设系统主题书画展活动，并有2名同志的书法作品获得优秀作品奖；参加了市直机关工委组织的“全市计算机技能大赛”，充分展示了规划局职工扎实的专业技能和动手能力；组织21名党员干部参加了“庆阳市‘迎元旦’西峰城区纽崔莱健康跑暨‘安利杯’干部职工运动会”，全面展示了规划部门形象和职工风采。安全生产、计划生育等工作均按要求完成了任务。

【干部队伍建设】一是坚持两周一次的中心组学习制度，认真组织学习了十八大、十八届三中、四中全会精神、习近平总书记系列讲话精神、教育实践活动会议文件精神、市委三届七次、八次全委（扩大）会议精神。组织全体干部职工观看了《苏联亡党亡国20年祭》、《焦裕禄》、《腊梅的春天》、《天上的菊美》等教育影片12部，开办党的群众路线教育实践活动专栏、贯彻落实十八届四中全会精神等专栏5个，专题学习柴生芳、赵培军等先进人物事迹2次，邀请市委党校老师做《践行群众路线，切实转变作风》专题辅导讲座1次和十八届四中全会精神宣讲大会1次，组织参加市内县处、正科级干部培训4人（次），参加2014年公务员网络诚信教育培训24人，参加事业单位继续教育培训35人，组织30名业务骨干参加了工人技术等级、测绘技术等培训班，参加住建部、省建设厅组织的规划监察、测绘等业务培训4次，参加干部法律知识考试合格并取得行政执法证58人。二是严格干部选拔任用监督机制，杜绝用人上的不正之风。公开选拔任用科级干部5名（非领导职务转任领导职务1名，副转正2名，新提拔任用2名），做到了程序规范、公开公正、得到了干部群众认可。（市规划局　供稿）

交通、邮政

交通运输

【工作综述】2014年，在市委、市政府的坚强领导下，在省交通运输厅、省公路局的悉心指导下，我局紧紧围绕市委三届七次全委扩大会议、三届四次人大会议和全市经济会议确定的各项重点工作任务，以“深化交通扶贫攻坚”为工作主线，深入开展党的群众路线教育实践活动，全市交通规划建设、运输服务、安全监管和自身管理等各板块工作齐头并进，交通运输行业平稳有序、运行质量持续向好，各项工作顺利完成了既定的目标任务。

截止11月底，全市累计完成交通固定资产投资23.22亿元，占总投资的105.2%；新增柏油路（水泥路）总里程1669公里，新增通柏油路（水泥路）行政村98个，全市行政村公路通畅率达到66%。乡镇汽车站达到85个，新增8个；行政村停靠点达到853个，新增120个，农村班车通达率达到93%。公路运输货运量达到4547万吨，货运周转量774398万吨公里，客运量达到3796万人，客运周转量146390万人公里，综合周转量同比增长31.83%。征收公路通行费1300万元，完成了年度计划任务；新增上海-庆阳-银川航线1条，空港旅客吞吐量（截止11月5日）累计达到12.32万人次，预计到年底可突破14万人次，与去年同比增长172%。

【发展规划】结合我市经济发展和陇东能源化工基地建设对公路交通的需求情况以及现有国、省道布局现状，积极向上汇报争取，调整全市公路网规划。新增国家高速公路2条487公里（银川至百色（G69）甜水堡至罗儿沟圈段公路、青岛至兰州G22雷家角至长庆桥公路），增幅168%；新增普通国道5条1115公里（银川至榕江（G211）甜水堡至罗儿沟圈段、乌海至江津（G244）打扮梁至长庆桥段、青岛至兰州（G309）雷家角至长庆桥段、连云港至固原（G327）艾蒿店至彭阳段（甘宁界）、胶南至海晏（G341）打扮梁至环县二十里沟口至车路崾岘段），增幅160%,；新增省级高速公路2条220公里（S15吴起至平凉至打扮梁至四十里铺、S22正宁至榆林子），新增省道22条1326公里，届时，全市所有县区和90.5%的乡镇（105个）将直接通国省道。

【重点项目建设】通过“三个一”项目包抓、市局县级干部包县区等制度的有效落实，交通项目工作取得突破性进展。一是项目前期争取工作。3月上旬，省发改委召开了甜罗高速公路项目施工可研预审会，初步确定今年完成工程设计、施工、监理招标，2015年开工建设。银西高铁项目环境影响评价、水土保持报告、土地预审、项目选址报告等均获批复，项目可行性研究报告涉及的准备工作已经全部就绪，相关部门正着手编制可研报告。柔太公路改扩建工程前期工作有序推进，工程初步设计、项目压覆矿产调查、环境影响评价、地质灾害评估和水土保持方案等专项报告正在抓紧编制。打庆高速省上正在加紧做前期工作。二是续建项目。雷西高速、宁长、庆镇、新南二级公路扫尾工程基本结束。庆阳机场航站楼主体工程全部完成，砌体工程完成95%，新建站坪水稳层全部完成，道面正在抓紧施工。西合二级公路征地拆迁完成工程总量90%以上，桥梁、涵洞全部完成，路基路面完成80%以上，累计完成投资5.5亿元，占总投资7.7亿元的71.43%。三是新建项目。柔太红色旅游公路122公里养护维修工程全面完成，累计完成投资4660万元，占计划总投资的100%。北石窟至镇原三级油路改扩建工程，全长50公里，总投资1.5亿元，目前路基工程全部完成，铺筑路面15公里，累计完成投资1.27亿元，占工程总量的84.5%。悦乐至阜城县乡道改造工程，全长52公里，总投资1.04亿元，路基工程全面完成，完成投资0.92亿元，占工程总量的88.5%。八珠至杏树沟县乡道改造项目，全长20公里，总投资4000万元，路基工程全面完成，铺筑垫层10公里，完成投资2470万元，占总投资的61.8%。

【交通扶贫攻坚大会战】2014年，省交通运输厅下达我市交通扶贫攻坚建制村通畅工程项目149

条 1624 公里，总投资 22.07 亿元。截止 11 月底，全市共落实农村公路项目 172 条（含计划外项目 23 条），完工项目 157 条，累计完成路基 1910 公里，路面 1669 公里，完成投资 23.22 亿元，占总投资的 105.2%。其中：县乡道改造工程完工 1 段，完成路基 185 公里、路面 67 公里，完成投资 10.1 亿元，占计划总投资的 93.9%；2013 年第二批计划内建制村通畅工程全部完工，完成投资 1.3 亿元，占计划总投资的 122.8%；2014 年市财政补助建制村通畅工程全部完工，完成投资 2.37 亿元，占计划总投资的 105.1%；2014 年计划内建制村通畅工程实际实施 116 条（含计划外项目 23 条），目前完工 108 条，完工率 93.1%，累计完成路基 1298.6 公里，路面 1175.6 公里，完成投资 9.6 亿元，占计划总投资的 117.9%。

【交通运输服务】加强公路养护管理，开展“平安公路”养护专项整治活动，实施农村公路养护维修工程 66.35 公里，加固改造维修桥梁 374 座，整治安全隐患路段 1109 公里，公路路况质量和安全保障能力得到提升。强化服务民生措施，积极落实鲜活农产品“绿色通道”和国家法定节假日小型客车免费通行政策。加强道路运输管理，道路运输市场秩序进一步规范，城乡客运一体化步伐加快，圆满完成“春运”、“ 五一”、“十一黄金周”等重点时段群众出行运输任务。城市公交体制改革稳步推进，出租汽车管理更加规范，“公交城市”建设取得积极进展；市政府批准注册成立庆阳市公交集团公司，新增城区公交线路 5 条，新投放新型节能环保公交车 68 辆，新投放高配置出租车 200 辆，基本满足了市民出行公共交通需求，极大地提升了文明城市形象和品位。

【交通投融资】一是完成了庆阳市兴庆建设工程咨询有限公司移交市交通投资建设集团有限公司归属管理工作，交通投资建设集团公司融资建设功能持续增强。二是创新交通建设项目融资方式，借鉴发达城市和地区基础设施建设 BT—BOT—PPP 等较为成熟的投融资模式，有序开放全市交通基础设施项目建设准入市场，积极鼓励多种经济成分参与我市交通基础设施建设，全力保障公路交通建设资金。三是加大招商引资工作力度，先后与北大后 EMBA 联合投资考察团、广东商会投资考察团、重庆甘肃商会投资考察团、浙江中元集团公司、黑龙江路桥集团公司、湖北葛洲坝集团公司就甜罗高速、柔太二级公路建设合作事宜进行多次协商洽谈，初步达成了投资合作建设协议。四是结合项目前期工作进展情况，与农业银行、交通银行、中国银行、建设银行等金融机构达成了交通建设项目融资贷款协议，贷款规模与贷款利息基本确定，在实施项目融资、推进交通建设方面取得重大突破。

【安全监管】严格落实安全生产责任制，以事故预防为重点，进一步夯实筑牢安全生产的工作基础。严格落实领导包县（区）、科室帮包企业和月考核工作制度，靠实工作责任，及时排查消除各类安全隐患和运输矛盾纠纷。严格落实“三关一监督”安全监管职责，强化源头安全，对营运车辆进行强制二级维护，严格对车辆进行综合性能检测及等级评定，确保车辆技术状况良好。严把从业资格关，对从业资格证的受理、审查、考核、发证等环节严格把关，落实从业人员培训制度。加强汽车客运站安全监督，发挥汽车站安检门和 X 光行包检查仪的功能，督促汽车站落实客车安全例行检查工作和“三不进站、六不出站”制度，加强“三品”查堵工作，确保了汽车客运站源头安全。深入开展安全隐患排查整治活动，对全市 35 户危险货物运输企业、9 户一类维修企业和 57 户二类维修企业经营行为、企业管理、组织机构、设施设备、安全维稳等方面进行了全面检查，占应排查企业的 100%，排查一般事故隐患 216 项，整改 205 项，整改率 96.9%，有效的消除了各类安全隐患。

【标准化管理】项目建设过程中，更加注重精细化管理和标准化施工管理，项目办驻地、工地试验室、料场拌合站、施工现场等各个环节都严格落实标准化管理制度，工艺工序监管扎实到位，有效保证了项目建设的质量、进度和安全；严格施工程序及过程监管，全市农村公路建设项目从设计到施工都有设计图纸，工程量清单，做到了施工有依据，验收有标准。对隐蔽工程、关键部位、工序工艺中发现的问题及隐患采取发放整改通知、监理指令、工地会议等形式挂牌督办，督促施工单位限期整改落实，有效形成设计、施工、监理，监督一体化管理体系，避免了自由施工，监督失控。通过一揽子公路质量监管措施的有效落实，全市农村公路工程质量抽检单点合格率、关键指标合格率、总体质量合格率均高于全省平均水平。

【学教活动】围绕“为民、务实、清廉”主题，按照“照镜子、正衣冠、洗洗澡、治治病”的总要求，顺利完成3个环节19个步骤的规定动作，推进22项反“四风”举措和28件民生实事。通过实践活动，我局党员干部的政治思想觉悟进一步提高，基层党支部的战斗力进一步增强，机关工作作风进一步好转，得到了市委督导组的充分肯定。

【党风廉政建设】认真履行抓党风廉政建设的政治责任，及时研究部署反腐倡廉工作，层层签订《党风廉政建设目标责任书》，班子主要负责同志履行第一责任人的职责，班子成员履行“一岗双责”，严格责任分解、责任考核和责任追究，以规范权力运行为核心，建立起内部监控与外部监督、自律与他律相结合的廉政风险防控体系，实现了权力运行监督制约的常态化。（市交通运输局　供稿）

邮　政

【基本概况】庆阳邮政辖甘肃省邮政公司庆阳市分公司和镇原、宁县、庆城、正宁、环县、华池、合水7个县邮政局，按照集团公司、省公司统一安排部署，庆阳市邮政局于2014年2月28日正式更名为甘肃省邮政公司庆阳市分公司。2015年4月，全国邮政体制改革，甘肃省邮政公司庆阳市分公司更名为中国邮政集团公司庆阳市分公司。全市县乡邮路64条，城投段道52条，乡投段道336条，服务面积27119平方米，邮路单程总长度17612公里，共设置邮政局所156处（其中农村局所134处），信报箱13408个，服务人口262万，行政村全部实现通邮。共开办金融业务网点44处，手工网点66处，办理汇兑网点129处。

【业务发展】2014年，在庆阳市委、市政府以及中国邮政集团公司、甘肃省邮政公司的正确领导下，甘肃省邮政公司庆阳市分公司将全面深化改革、加快转型发展贯穿工作始终，进一步加快渠道建设，提升创新能力，强化精细管控，提高服务能力和管理水平，加快队伍建设和人才培养，促进了企业发展质量和经济效益进一步提升，推动全市邮政跨入了新的发展阶段。全市完成邮政业务总收入10338万元，完成省公司预算目标的101.15%，较2013年增长6.06%。

【能力建设】2014年年初，制定了《庆阳邮政2015-2016年重点领域及重点项目建设规划方案》，对重点项目建设提早规划，有序组织实施。全市全年新增金融自助设备25台，ATM、CRS机具总数达到69台，共接收空白乡镇局所40处，新建综合服务平台126个，累计建成609个，群众用邮渠道进一步得到扩展。为投递员更换厢式投递车辆30辆，极大地提高揽投效率。增设平凉发往庆阳直达邮路1条，严格邮件时限管控，确保旺季生产经营。完成了8个代理金融网点和庆城、环县邮政局邮件处理场地改造工程，做好8个网点搬迁、装修监控、LED安装技术支撑。对速递、普邮投递两网进行整合，完成了投递部场地改造。将普邮投递人员与速递EMS邮件投递人员、车辆整合成立投递部，划分责任片区，优化作业流程，提高投递效率。

【安全管理】成立了安全生产领导小组，建立了领导小组工作制度，促使安全工作和生产管理常态化。制定了处置邮政突发事件应急预案，定期开展演练，提升员工应对突发事件的处理能力。逐级签订《社会治安综合治理责任书》、《消防安全责任书》、《资金安全责任书》。完成金融网点电话报警联网系统安装工程和防尾随门集中检查维修。统一购置安保标志服。全年开展各类安全生产大检查6次，集中整治安全隐患21处。全年未发生重特大安全生产责任事故。

【服务提升】企业内部开展了“树邮政新风、创优质服务”活动，进一步加快邮件内部处理时限，积极推行“收订无时限，投递无禁区”承诺，邮件查单处理及时率、邮件赔偿处理及时率达到100%，用户满意度达到88.87%。处理投诉、查询和赔偿296起，未发生用户二次投诉和新闻媒体曝光事件。

【自身建设】　一是党建工作持续推进。扎实开展了第二批党的群众路线教育实践活动，全系统上下认真落实“中央八项规定”、集团公司党组“二十条实施意见”和省公司“十项实施细则”，推进企业行风建设不断优化和工作作风建设持续改进，活动中共清理超标办公用房386.375平方米，“三公经费”开支减少37.93万元，同比下降48%。制定落实党风廉政建设“两个责任”实施方案和预防腐败体系2013—2017年工作规划，建立起党风廉政建设和惩防体系建设长远规划及近期目标落实相结合的工作机制。与县局、市分公司部室、专业局签订党建工作责任书，年终开展考核、测评、巡视工作，全面落实党风廉政建设责任制。二是纪检监察工作得到进一步加强。市分公司新纳纪检干事一名，进一步充实纪检监察队伍，明确工作职责，狠抓企业重大经济活动的关键节点和重点部位，推进全市惩防腐败体系建设。在全市范围内开展“小金库”自查工作，进一步严肃财经纪律，规范列支行为。三是和谐企业建设不断深化。答复一届一次职代会提案2项，意见、建议43条，解决困难问题37项。全年共投入资金25.8万余元，为职工办好事、实事80多件，重点解决偏远地区职工吃饭难、洗澡难、取暖难等问题。严格落实员工体检制度，共组织685人进行身体检查，建立完善了职工健康档案。投入资金13万元建立“职工书屋”8个，藏书5000余册。持续推进双联活动开展，因地制宜为群众解决实际困难6项。

【企业荣誉】2014年，市分公司被评为“安全生产目标管理先进单位”，并荣获“支持地方发展突出贡献奖”。在民主评议机关作风和政风行风工作公共服务行业中获第3名。华池、正宁、合水局荣获“支持县域经济社会发展贡献奖”。公司原党委书记、总经理李荣同志荣获“甘肃省用户满意杰出管理者”、分公司第小妮同志荣获“甘肃省用户满意服务明星”荣誉称号。镇原县方山乡邮政所乡邮递员赵清龙获得“全国五一劳动奖章”，并被授予全省先锋引领行动“陇原先锋岗”荣誉称号，在中国邮政集团公司与光明日报社联合主办的“寻找最美乡邮员”活动中，赵清龙荣获提名奖。同年，省公司冯红旗总经理来庆阳邮政视察调研，对邮政工作给予了充分肯定和殷切希望，对全市职工辛勤工作进行了精神褒奖，极大地提升了庆阳邮政的企业形象和社会美誉度。（市邮政局　供稿）

贸　易

商　务

【工作综述】2014年，在市委市政府的坚强领导下，市商务局紧紧围绕全市经济社会发展总目标，采取有效措施，努力遏制外贸进出口和社会消费品零售总额下滑趋势，各项工作扎实推进，目标任务全面完成，全市社会消费品零售总额实现164亿元，同比增长12.6%，增速居全省第三；外贸进出口总额完成7269万美元，与上年实际完成额基本持平。

【市场建设】认真组织实施“万村千乡”市场工程项目建设，新建县（区）商品配送中心5个、乡镇商贸中心2个、农家店258个。有效落实省、市为民办实事项目，新建改造县乡标准化农贸市场9个，全市乡镇农贸市场覆盖率达到74%；建成居民小区便民蔬菜店100个。积极指导各县（区）和重点流通企业开展消费促进月活动，举办各类促销活动100多场（次），参加企业350多户，实现销售额近50亿元。

【电子商务】把电子商务作为促进现代商务发展的着力点，制定了《关于加快电子商务产业发展的意见》。通过报刊专版、电视专题片、户外广告和宣传册等多种形式，全方位、多角度宣传推广电子商务知识。组织县（区）商务局和电商企业外出考察学习，指导成立了庆阳市电子商务协会，开展了培训、咨询、技术服务等系列活动，为全市电子商务健康有序发展奠定了坚实基础。

【外贸出口】组织业务干部深入重点县（区）、外贸企业开展调查研究，实行分类指导，细化目标任务，强化责任落实。推荐上报促小育新和对外文化贸易基地建设项目12个，争取外贸发展项目资金450万元、风险准备金专项贷款1800万元，有效缓解了出口企业融资难问题。大力鼓励企业通过改造挖潜提升产能、改进工艺，引导中庆农产品集团公司投资6000万元，更新改造白瓜籽生产线，新增生产能力20000吨，年可增加出口2000万美元。

【开放交流】组织全市18户企业参加了白俄罗斯中国-甘肃特色商品展。精心筹备参加第二十届兰洽会和西洽会、宁洽会、京交会、东盟博览会等10多个国内重点展会。大力支持庆阳元方工程技术服务有限公司投资6000万元在缅甸曼德勒开发石油钻井项目，实现了对吉尔吉斯斯坦格拉夫股份有限公司石油钻井项目的合同并购，并达成了在印度尼西亚投资石油开发意向性合作协议。积极支持庆阳凌云服饰集团公司等三户企业在阿联酋迪拜、美国华盛顿、白俄罗斯明斯克等国外城市设立营销网点，经营庆阳香包、剪纸、皮影等文化产品，充分展示庆阳文化，有效拓展国际市场。争取中小企业开拓国际市场资金158万元，扶持引导中小企业开展对外投资和对外经贸合作业务。指导市贸促会积极开展原产地出证认证工作，办理出口企业原产地证书23份，完成了《庆阳名优特产荟萃图册》编印工作。

【市场监管】认真开展成品油市场检查整顿，确保安全规范运行。加大对报废汽车和二手车的监管力度，发放报废汽车补贴资金45万元。深入开展诚信兴商、保护知识产权、打击假冒伪劣商品、药品流通企业监管等专项整治活动，取得积极成效。按照省市关于加强对“影子银行”管理工作的要求，全面加强对典当拍卖行业的监督管理，加大风险排查和整治力度，切实防范非法集资和违规放贷等行为。指导市酒管局组织市、县两级酒类执法部门出动执法人员3004人(次)，查处酒类违法案件125起，净化了酒类市场。（市商务局　供稿）

供　销

【工作综述】2014年全市供销合作社系统认真贯彻十八届三中、四中全会精神，扎实开展党的群众路线教育实践活动，转变作风，改革创新，坚定发展，紧紧围绕“一企、一网、三社”，积极开展改革试点，加快基层组织体系、服务网络体系建设，有力提升了供销合作社综合服务功能，强化了供销合作社在服务“三农”中的地位和作用。全年商品销售总额完成48.41亿元，较上年同期增长30.82%；农副产品购进完成18.81亿元，较上年同期增长40.50%；利润完成2954万元，较上年同期增长27.77%。

【社属企业建设】社属企业是服务“三农”的骨干和中坚力量。市供销社研究制定了《庆阳市供销社关于加快发展社属企业的意见》，明确了加快发展社属企业的重大意义，发展社属企业的方法、条件及步骤。采取扩大在社属企业入股份额，解决社属企业发展资金瓶颈，支持社属企业增强发展实力，为企业更好发挥服务作用奠定了基础。通过开放办社、联合合作、全年发展社属企业12户，累计达到53户。

【服务网络建设】加快完善县域流通网络建设，全面提升网络服务功能。全年规范农资配送中心15个；建成再生资源回收站24个，累计达到87个；建成日用品超市10个，累计达到116个；农家店（便民店）69个，累计达到1120个。

【基层组织建设】坚持把基层社、专业社、村级综合服务社作为完善基层组织体系建设重点，积极开展十佳基层社、十佳专业社、十佳村级服务社评选活动，培育发展大社强社。通过新建与提质改造，以联合合作、股份合作为主要形式，积极吸纳社会资金和能人入社，打造自主经营为主体、为农服务为载体、合作经济组织联合体为一体的新型基层社，全年新建基层供销社9个，改造提升5个，基层社总数达到80个，占乡镇总数的69%,服务范围占乡镇总数的83%；采取社村联办、社商联办、社民联办、社企联办等形式，加快建设功能完备、便民实用的村级综合服务社，推进行政村综合服务全覆盖，全年新建村级综合服务社136个，累计达到855个，占全市1260个行政村的68%；采取帮办、领办、职工蹲点指导、项目扶持、参股等方式，与村干部、科技能手、经销大户联合创办，全年新建专业社20个，累计达到118个。

【项目建设】2014年全系统共争取到财政扶持项目4个，资金1457万元；组织实施项目28个，完成投资9502万元，其中农业综合开发及产业化项目9个，循环经济（再生资源回收利用）项目8个，招商引商融资及其他项目5个；培育储备入库项目53个，其中新网工程项目36个，基层组织建设项目5个，农业综合开发项目12个。

【改革试点工作】在环县、庆城县、正宁县进行供销社改革试点，市供销社制定了《庆阳市供销社关于基层组织建设改革试点的指导意见》，以基层组织建设为主要内容，着力推进基层供销社和村级服务社全覆盖。各试点县结合实际制定了《基层组织建设试点方案》，积极争取政策和资金扶持，为做好试点工作提供了有力保障。环县21个乡镇全部实现了基层社全覆盖，庆城、正宁在试点乡镇实现了村级服务社全覆盖。

【为农服务工作】农资供应服务：全年供应各类化肥24万吨，农药1553吨，农膜5674吨，保障了农业生产需求。市社以庆阳农资公司和万安农资公司为龙头，积极开展配送服务，全年配送各类化肥10万多吨，占销售总量的42%。农产品购销服务：积极新建农产品直营店和农产品批发市场，拓宽农产品购销渠道，全年从农民手中收购各类农副产品18.81亿元，有效缓解了农产品卖难问题，增加了农民收入。再生资源回收服务：积极新建废旧回收站（点），发展加工企业，以废旧农膜回收加工为重点，积极开展废旧物资回收业务，全年收购各类废旧物资27.19万吨，销售额达到4.67亿元。日用品供应服务：以新建乡（镇）日用品超市、便民店为抓手，积极改善农村消费环境，为农村提供安全、方便、放心的消费服务，全系统日用消费品零售额达到28.17亿元。（市供销合作社　供稿）

财政、税务、金融

财 政

【财政综述】2014年，全市财政工作坚持“稳中求进、改革创新”总基调，紧紧围绕市委、市政府的总体部署，千方百计稳增长、保民生，群策群力求创新、推改革，持之以恒抓收入、促发展，较好地完成了各项目标任务。

【财政收支】全市公共财政收入完成615358万元，占调整预算的103.05%，同口径增长8.27%。大口径财政收入完成1492520万元，同口径增长1.11%。全市公共财政支出完成1856788万元，较上年1833559万元增支23229万元，增长1.27%。市级公共财政收入完成356876万元，占预算325000万元的109.81%，占调整预算356500万元的100.11%，同口径增长15%；大口径财政收入完成1086648万元，占预算1051600万元的103.33%，占调整预算1085500万元的100.11%，同口径增长0.43%。市级公共财政支出完成293531万元，占变动预算313153万元的93.73%，较上年351787万元减少58256万元，下降16.56%。支出下降的原因：一是煤田“两权”价款短收；二是市财政进一步加人了对县区的补助力度，这部分支出最终反映在县区。全市9个预算单位均实现当年财政收支平衡。坚决执行中央八项规定、国务院“约法三章”、省委“双十条”、市委二十二条实施细则等一系列规定和要求，制定出台了市级会议费、差旅费、培训费等管理办法，大力压缩一般性支出，“三公”经费预算标准只减不增，取消车辆购置经费和新建楼堂馆所经费，严格控制非政策性新增专项，切实降低行政运行成本。全市 “三公”经费同比下降38.8%，会议费同比下降46.2%，其中，市本级“三公”经费同比下降44%，会议费同比下降59.6%。

【税收征管】面对原油价格持续下滑、煤田“两权”价款短收严重等不利因素，各级财税部门紧密协调配合，积极主动应对，科学研判形势，强化税源监控，开发增量税源，挖掘潜在税源，坚持依法治税，加强零散税源管理，加大非税收入征缴力度，健全收缴动态监控机制，努力实现以小补大、应收尽收。

【争取补助】认真研究、准确把握上级支持政策和投资取向，千方百计争取财力性转移支付和各类专项补助。当年上级下达各类补助122.46亿元，增加6.02亿元，增长5.17%，有效缓解了市县财政支出压力。

【支持发展】不断拓宽筹资渠道，盘活存量资金，全力支持“3341”工程、“一区四园”、能源开发、城区改造等重大项目建设。市级安排基本建设资金3.28亿元，支持传媒大厦、养老基地等重点项目建设；落实2亿元，支持西峰城区建设；筹措2.1亿元，支持西合、西镇公路建设、农村公路养护及民航、公交事业发展；筹措1.2亿元，重点支持园区基础设施建设和招商引资；安排1500万元，扶持规模以上企业、循环经济和非公经济发展；安排1090万元，支持防污治污、节能减排和生态市创建；稳步推进“营改增”工作，为企业、群众减负1.41亿元。

【财政支农】加大“三农”投入，推动现代农业发展。市级筹措资金4.33亿元，支持“1236”扶贫攻坚行动、整村推进、“美丽乡村”、农村基础设施建设；整合资金2.96亿元，支持“365”现代农业发展行动、特色产业发展、农业技术推广和标准化示范区建设；安排资金8000万元，支持小盘河、莲花寺和巴家咀水库、“千吨万人”集中供水等水利工程建设；安排资金2000万元，支持宜林荒山苗林产业培育、国有林场育苗基地等林业生态建设；落实资金1498.7万元，提高村干部报酬和村办公经费标准；投入资金1959.5万元，支持发展壮大村级集体经济、村（社区）便民服务中心和基层人大代表活动场所建设；全市投入财政奖补资金2.1亿元，实施村级公益事业“一事一议”财政奖补项目457个，项目完成总投资3.34亿元；兑付惠农补贴20多项19.71亿元；累计发放双联惠农贷款11.05亿元，落实贴息资金6889万元。

【民生保障】按照“保基本、兜底线、促公平、可持续”的原则，调整优化支出结构，统筹安排民生投入，公共服务均等化水平进一步提高。支持教育优先发展。全市教育支出32.73亿元，占总支出的比重达到17.63%。市级安排3.1亿元，全力支持薄弱学校改造、消除D级危房、小伙房、城区学校改扩建等工程建设，办学条件得到明显改善。支持医疗卫生事业发展。全市医疗卫生支出16.27亿元，增长2.94%。支持开展城乡居民大病保险试点工作，全面落实基本药物制度；基本公共卫生财政补助经费人均标准提高到35元；兑付市级公立医院药品销售差价补贴2311万元；安排资金1500万元，支持开展妇女两癌普查；食品药品安全监管、卫生监督执法等公共卫生服务项目得到有效保障。支持完善社会保障“安全网”。全市社会保障和就业支出30.28亿元，增长6.93%。城市低保月补助标准提高15%；农村五保户集中及分散供养年人均补助标准分别提高到3310元和3110元；职工大病救助支付额度大幅提高；落实公益性岗位等六大补贴2702万元；市级安排资金4318万元，扶持创业带动就业和高校毕业生到非公企业就业；落实资金1922万元，解决残疾人、困难企业特殊人员及遗嘱、伤残军人等困难人群的生活和医疗难题；城镇居民医疗保险、新农合人均筹资标准分别提高到420元和380元。市级当年筹集社会保险基金4.44亿元，基金抗风险能力明显增强。支持保障性安居工程建设。全市住房保障支出10.13亿元，农村危窑（房）、廉租房、公共租赁房和林业棚户区改造工程建设顺利推进，城乡困难群众住房问题得到有效解决。支持公共文化事业繁荣发展。全市文化体育与传媒支出3.54亿元。市级安排资金8843万元，支持重点旅游景区、“乡村舞台”、“农村文化集市”和“农家书屋”工程建设，公共文化服务体系进一步完善。确保科技投入稳步增长。全市科技支出1.71亿元，增长8.74%。科技成果转化、推进创新型城市建设和科技富民工程得到有效保障。同时，社会管理创新、政法综治、信访维稳等工作得到有力保障；调整机关事业单位职工津贴、补贴标准，兑现落实职工应休未休假补贴、取暖补贴、科学发展绩效考评奖，干部职工收入稳定增长。

【财政改革】坚持向改革要效益，以创新促发展，进一步释放财政体制机制活力。一是深化预算管理制度改革，基本建立起公共财政、政府性基金、国有资本经营、社会保险基金四位一体政府预算体系，起草并提请市政府出台了《全面推进部门预算绩效管理的实施意见》、《市级财政投资项目清单管理制度》等制度办法，落实部门主体责任，有效增强了预算的执行力和约束力。二是加快国库集中支付和公务卡改革步伐，扩大财政直接支付范围，积极推行授权支付，集中支付率达到94.6%，努力实现公务卡正常刷卡。三是加强政府性债务管理，起草并提请市政府出台了《政府性债务管理暂行办法》和《关于加快化解政府性债务的实施意见》，建立完善了债务风险预警和考核机制，完成消化10%逾期债务的目标任务。四是加快推进政府采购改革，优化采购流程，积极开展公车改革摸底和政府购买社会服务试点工作。同时，完善国有资产管理信息系统，规范资产处置程序，稳步推进国有资产管理改革。进一步简化优化财政工作流程，提高工作效率。

【财政监督】按照“全员参与、全面覆盖、全程监控”的大监督理念，以预算编制和执行监督为核心，实施监督流程再造工程，推动财政监督工作转型。起草并提请市政府出台了《关于进一步加强和改进财政监督工作的意见》，制定了《市财政局内部监督管理办法》等制度办法。扎实开展了中央“八项规定”、“小金库”专项治理、重大政策、重点项目、民生资金落实情况及行政事业单位会计信息质量等专项检查。严格落实会议费、差旅费、培训费等管理办法，督促预算单位加强内控机制建设，从严执行新财务制度。积极推进政府预决算和“三公”经费公开工作，市本级和8县区全部公开了政府预决算和“三公”经费汇总预算，全市1272个单位及时公开了部门预决算和“三公”经费预算。完成财政投资项目评审176个，核减造价4890万元。财政信息化管理系统全面升级优化，预算执行动态监控水平进一步提高。

【队伍建设】深入开展党的群众路线教育实践活动，坚持开门搞活动、纳诤言，广泛征求各方面意见建议，通过深入学习，认真查摆突出问题，立说立行、即知即改，已集中整改66条。其中，落实市委、市政府安排的整改事项14项。加强机关管理，坚持建章立制，标本兼治，修订完善15项内部管理制度和7个专项资金管理办法，牵头制定规范性文件8个，废止管理制度10项，进一步推动了作风建设常态化、长效化。积极开展警示教育、红色廉政教育、有奖征文、专题讲座、“不作为、慢作为、乱作为”、效能风暴行动等专项整治等活动，严格执行财政干部“六不准”要求，干部作风明显改进。认真落实党风廉政建设“两个责任”和“一岗双责”要求，积极推进惩治预防腐败体系建设，筑牢拒腐防变思想防线。加强干部学习教育，组织开展全市财政系统“领导干部思维和法治方式”系列学习宣讲活动8场次，培训900多人；努力提高财务人员素质，开展市直预算单位财务规范与务实操作培训班4期，培训350多人；举办庆阳市财政局青年后备干部综合能力提升专题培训班1期，培训50人；举办全市乡镇财政干部支农政策培训班，培训110多人；举办全市行政事业单位财务管理人员新财务与会计制度培训班2期，培训180多人；加强干部人事管理，开展了机构人员编制核查暨实名制管理工作和事业单位分类改革；改选、组建了局党总支、机关党支部和局属单位党支部；筹资291万元，有效解决了唐旗、柳树庄群众的吃水行路、产业培育、技能培训等制约发展难题，圆满完成了“双联”行动年度帮扶任务。严格落实中央、省、市厉行节约各项规定和“三严三实”要求，不断加强财政干部“六廉”教育，组织开展职工趣味运动会、“缅怀革命先烈、接受红色洗礼”等活动，努力营造健康、廉洁的财政文化氛围。（市财政局　供稿）

国　税

【组织收入】面对国际油价持续下行致使重点税源企业税收减少的严峻收入形势，我们在坚持组织收入原则的基础上，不断加强税收征管，强化税收分析调研，创新重点税源管理，组织收入质量稳步提升。截止12月底，共组织入库各项税收87.2亿元，占市委、市政府考核任务87.2亿元的100%，同比减收3.9%。其中，增值税入库498267万元，同比减收6%；消费税入库320775万元，同比减收4.3%；企业所得税入库24763万元，同比增长76.7%；个人所得税入库4.8万元，同比减收79%；车辆购置税入库28202万元，同比增长3%。短收主要原因是，近年来伴随着两户重点税源企业产能翻番，庆阳国税收入也成倍增长，现在两户企业已基本处于产能稳定状态，而地方企业又未发展壮大，国税收入增幅后劲匮乏，导致税收减收比较突出。

【依法行政】以规范税收执法、防范执法风险、落实税收政策为重点，深入推进依法治税，全面落实好各项税制改革措施。一是深入推进依法行政。强化税收执法监督，防范税收执法风险，建立依法行政考核指标体系和行政处罚裁量基准制度，切实规范行政执法行为，防范化解涉税矛盾纠纷。加强对政策落实的跟踪督查和对税务案卷的合理性审查，提高政策执行力。使用计算机提取疑点信息库数据，充分发挥税收执法考核和执法督察的作用，规范执法行为，提升税务机关公信力。坚持法制宣传教育与法治实践相结合，与群众文化生活相结合，“六五”普法工作扎实推进，市局机关荣获“六五”普法中期先进集体。落实税务行政审批事项目录清单制度，将涉及庆阳的42项税务行政审批项目进行了公告，做好取消或下放后的工作衔接、后续管理和制度建设。按照上级安排部署，税收执法督查、税收政策调研、案卷评查和税收督察考核等工作顺利推进。三是全面落实税改政策。深入推进“营改增”扩围试点，加强扩围试点的政策执行、纳税辅导、税源管理、风险监控，确保“营改增”扩围试点有序运行。截至12月底，共有1075户纳税人经确认纳入“营改增”试点范围，入库增值税1.35亿元。认真开展增值税一般纳税人认定及增值税抵扣凭证使用情况专项核查，查出有问题企业20户，其中：做进项税转出补税135万元，现场纠正3户；限期整改的15户；移交稽查调查2户。认真落实好小型企业微利税收优惠政策。在充分利用内外载体做好宣传的同时，编印宣传册3000本，由各县（区）局送达到每一户符合条件的小微企业手中，并进行现场业务辅导，确保优惠政策宣传落实到位。截止9月底，有1717户小微企业享受扩围所得税优惠政策，减免税额269.89万元。实际受惠企业同比增加1587户，增长12.21倍，新增减免税额264.16万元，增长46.1倍。截至11月底，共为符合免税条件的3773户小微企业免征增值税448.31万元，为46479户符合免税条件的不达起征点户免征增值税2142.22万元。三是不断强化税务稽查。加大稽查工作力度，积极开展“方案式”稽查，按照“量身定制”符合被查对象实际的检查方案入户检查。截至12月20日，共检查企业89户，查补入库税款罚款及滞纳金770万元（其中：罚款滞纳金110.6万元，税款659.4万元）。同时重点抓好税收专项检查工作，其中工业企业专项检查16

户，查补税款及罚款滞纳金106万元；房地产企业专项检查12户，查补税款及罚款滞纳金271万元；“营改增”邮政企业专项检查，查补税款6.1万元；石化企业消费税专项检查，查补税款及滞纳金19万元；查处举报案件1户，查补税款及罚款滞纳金4.8万元。

【税收征管】按照“抓重点、创亮点、出精品”的工作思路，大力加强税收征管，积极推进税源专业化管理和信息管税，努力完善税收征管机制，税收征管的质量和效率取得明显提升。一是积极推行风险管理。制定下发《庆阳市国家税务局税收风险管理工作实施方案》，明确了税收风险管理工作原则、工作目标、工作任务以及各职能部门的工作责任，为风险管理工作顺利实施提供制度保障；分别从所得税、出口退税、征管基础、重点税源四个方面确定了风险分析识别、风险应对评估、风险应对的重点，使风险管理工作目标更加明确。截至11月底共推送风险纳税人1168户（其中：高风险225户，中风险40户，低风险903户）已采取应对措施的1023户，入库税款565.7万元，调减留抵41.3万元，弥补亏损249.9万元，风险管理工作取得初步成效。加强重点税源管理，成立了直属分局，组成了专业化管理团队，加强了重点税源管理风险评估和风险应对，组织实施了中国石油、农业银行、建设银行、华能电力等8户企业集团在庆阳24户成员企业2009-2013年度的全流程风险管理工作，共计应补交税款滞纳金761.72万元，大企业管理水平进一步提升。二是不断强化信息管税。充分发挥社会综合治税工作机制作用，强化涉税信息的获取采集和分析应用水平，做好数据、信息、情报、知识的转化，提升信息管税水平。通过财政部门获取116户政府采购定点单位信息，入库税款57.83万元；在全市范围内推行《外油田劳务税收管理系统》，利用第三方信息，加强外油田劳务管理。截至11月底，外油田劳务入库税款1.08亿元；向市综合治税领导小组提请了交通运输行业第三方涉税信息需求，从市道路交通运输管理局获取全市120户货物运输企业、28户旅客运输企业、7户公交企业、7户客运出租车企业、48户危险货物运输企业自有和挂靠经营的17344辆机动车车牌号、载重吨位（货车）、座位（客车）、挂靠企业等注册登记信息。166户交通运输企业入库税款6561万元，比2013年“营改增”前同期营业税增收3122万元，增长90.78%。按照上级安排部署认真做好金税三期各项工作，完成县（区）网络扩容改造和相关设备的安装工作。三是切实夯实征管基础。认真开展普通发票专项检查，共计核查纳税户6400多户次，检查出有问题的621户（次）（其中：空白发票逾期未缴销纳税人599户（次）），对检查中发现的问题进行了通报，要求限期整改，并提出进一步加强普通发票管理的意见。组建了专业化纳税评估团队，对1037户有疑点的纳税人进行了纳税评估，评估有问题户686户，通过评估入库税款753.75万元，其中调减亏损86.43万元，调增应纳税所得额239.62万元，调减留抵65.5万元，建立行业模型案例14个。思维模式和工作方式求创新，把交通运输行业专业化管理确定为征管创新项目，提出了“建立一个机制、拓展一个平台、完善一个系统、实现三个突破”的总体思路（建立交通运输行业税源专业化管理机制，制定专业化管理实施办法，实现管理方式的创新和突破；拓展综合治税信息采集共享平台，实现部门协作管理常态化、制度化的创新和突破；完善信息分析应用系统，实现信息管税技术手段的创新和突破）。

【纳税服务】以行政审批是否减少、办税是否快捷便利、纳税成本是否降低等深层次服务为重点，以推行“便民办税春风行动”为中心，不断创新服务措施，拓展服务领域，加强服务考核，纳税服务效能再提升。一是优化纳税服务措施。以推行“便民办税春风行动”为平台，结合庆阳国税实际情况，推出一窗通办、免填单、同城通办、巡回办税、绿色通道、一企一策等十项便民服务措施，促进“春风行动”在庆阳国税系统落地生根。同城通办让纳税人在全市不受地域、管辖区限制，就近择优选择任何一个办税窗口办理税务登记、纳税申报、发票代开、纳税咨询等涉税事项；推出“巡回办税”服务，由“巡回办税服务车”到边远乡镇为纳税人提供发票发售、发票代开、税务登记等涉税服务；对重点纳税户、“营改增”纳税人和困难群体、弱势群体的纳税人推行“绿色服务”，开通“绿色通道”，发放联系卡，安排专人引导办理。累计为纳税人提供“免填单”服务税务登记类1369人次，巡回办税服务车在10个边远乡镇为纳税人代开发票686份，发售发票3500份，采集税务登记信息204户。6至10月份，全市国税系统累计办理“同城通办”业务6236人次。二是规范纳税服务方式。为确保《全国县级税务机关纳税服务规范》10月1日起在全市国税系统全面落地，在全市前期开展网上培训的基础上，9月28日至29日对各县（区）局分管领导及纳服、征管、办税厅负责人和市局推行领导小组成员共计66人进行了专项培训，各县（区）在30日前完成了县级国税机关全员培训，使全体国税干部充分掌握了《规范》制定的背景意义、具体内容、重点难点和操作流程。同时充分利用内外部网站、庆阳电视台、《陇东报》、短信平台、办税厅电子显示屏等多种途径，介绍和宣传《规范》推行情况，提高社会各界和广大纳税人对推行工作的知晓度。据测算，随着《规范》在庆阳落地生根，前台即办事项占总依申请事项的73%，报送资料减少39%，办理环节压缩62%，办理时限缩减56%。三是强化纳税服务考核。积极开展纳税服务需求和满意度调查，发放纳税服务需求和满意度调查问卷600份，从办税服务厅办税设施、工作人员办事效率、纳税人服务需求等方面广泛征求全市纳税人的建议和意见。在各县（区）局办税服务厅统一安装了办税服务综合管理系统，该系统与CTAIS、车购税、防伪税控等系统成功对接，可以实时监控办税服务厅工作人员是否在岗、业务办理量、所耗时间、外部评价、排队等候等情况，为纳税服务部门绩效考核和领导决策提供了客观的数据。同时，市局对各县（区）局办税环境、政务公开、便民设施、税容税纪、工作纪律、责任落实、不作为慢作为等情况进行了明察暗访。检查组随机查访了16个业务股室、16个基层税务分局、8个办税服务厅，对于存在的突出问题在全系统进行了通报，并要求各县（区）局限时整改。

【队伍管理】树立人才强税理念，以人才培养为重点，创新管理，激发活力，干部队伍管理取得较好成效。一是紧抓思想政治建设不放松。创新思想政治工作方式，坚持把政治思想建设放在领导班子建设首位，把解决思想问题与解决实际问题有效结合起来，进一步增强思想政治工作的有效性和针对性，确保领导班子和干部队伍思想稳定。通过自学、邀请专家辅导、集体组织学习、举办主题活动等多种形式，认真学习十八届三中、四中全会、习近平总书记系列讲话精神，加深对全面深化改革和依法治国等重大部署的认识，不断提高思想政治水平。加强基层党组织建设，认真研究基层党建工作，明确了分管基层党建工作领导，配齐配强了基层党组织负责人，并举办了基层党组织培训班，市局机关党总支被庆阳市直机关工委授予“先进基层党组织”称号。二是紧抓队伍建设不放松。着力推进领导班子和干部队伍建设，建设学习型、服务型、创新型的党组织，确保各级党组始终成为国税事业建设的坚强领导核心。调整充实了西峰、庆城、宁县、华池、环县、合水六个县局领导班子，进一步规范党组工作，不断提高党组科学民主、依法决策水平；认真落实干部轮岗交流制度，对同一岗位任职时间超过5年的原则上进行交流轮岗、任职超过10年的必须交流轮岗，截至2014年9月底，全市国税系统共交流轮岗科级干部24人（其中：正科4人，副科20人）。坚持善待严管，倾情带队。树立“严管厚爱”的治队理念，既严格要求和管理干部，又关心、理解和帮助干部。借助绩效考核，在机关推行人像识别考勤系统，从日常的出勤、工作纪律、行为规范等抓起，从严管理干部，确保干部队伍不出问题。同时，当好干部的贴心人、服务员，在政策允许的范围内，切实解决基层的实际困难，市局按人均每年1000元的标准拨付基层分局补助经费，用于改善职工工作生活条件，让干部职工感受到组织的关怀、集体的温暖，觉得有干头、有奔头、有劲头。三是紧抓干部教育培训不放松。在全系统开展“提升全员技能，激发团队活力”活动，不断完善学习激励机制。继续创新教育培训方式，开展分级分类培训。截至11月底，全市国税系统共举办各类培训班99期，人均培训13天。制定了庆阳市国税系统干部在岗自学、网络培训管理办法，明确在岗自学的内容、时间、组织方式，全面推行绩效管理，规定在职干部全年网络学习不少于120学时，并按月进行考核。1至11月份，全市参加网络学习的干部职工534人，学习时长总计76595学时，折合102126课时，人均143学时，折合191课时。加强高素质人才的培训，大力鼓励和支持“三师”资格考试，有1名同志取得了国家司法资格证书、1名同志通过了注册税务师考试，44名同志积极备考国家司法考试。

【党风廉政】认真落实党风廉政建设责任制，扎实推进内控机制建设，狠抓政风行风建设，党风廉政建设工作取得较好成效，在全市政风行风评议中我局名列第一，连续四年蝉联该项荣誉。一是正风肃纪，坚决贯彻执行中央八项规定。把贯彻落实中央八项规定及各项配套制度作为铁的纪律，牢记

“常”、“长”二字，以“咬定青山”的劲头，在思想上不放松、标准上不降低、力度上不减弱，一鼓作气、一抓到底。市、县两级国税机关党组和领导干部率先垂范，在全系统形成了一级带着一级干、一级做给一级看，心齐劲足、风清气正的良好局面。市局主要领导调研坚持随行人员不超过3人，基层陪同不超过2人；大力改变文风会风。全市国税工作会议，人数控制在50人以内，业务会议坚持合并召开，人数控制在30人以内，时间不超过1天；下发文件、简报同比减少 35份，下降 4%，基本上均采用电子形式发文；严格培训管理，杜绝借培训出差旅游的现象；厉行勤俭节约，规范公务接待，机关行政运行费和“三公经费”较上年同期大幅度下降 ；认真开展办公用房清理清退工作，52名领导干部清理腾退办公用房面积746.8平方米。组织明察暗访2次，点明通报批评了16名干部，对4个县（区）局开展了执法监察，对存在的问题进行了整改，对税务干部企业兼职、经营办理企业等开展了专项整治。二是细化责任，严格落实党风廉政责任制。及时召开党风廉政建设工作会议，传达贯彻省局党风廉政建设工作会议精神，层层签订党风廉政建设承诺书，并印发了《全市国税系统党风廉政建设工作要点》，对党风廉政建设任务进行细化和分解，确保党组“主体责任”、纪检监察“监督责任”落到实处。1至11月份全市两级国税部门党组研究反腐倡廉工作12项，班子成员组织研究和参加分管范围的廉政工作会议26次。认真贯彻“两为主”、“两覆盖”，努力实现“三个转变”。全系统市县两级纪检组、监察室均已成立，并充分发挥纪检监察、人事、巡视、督察内审等部门的联合监督作用，在工作中主动配合，形成监督合力。同时，市县两级纪检监察部门严格按照“转职能、转方式、转作风”规定，配好纪检监察干部，突出主业主责，充分发挥纪检干部的职能作用。三是深化机制，全面开展预防职务犯罪教育。从权力梳理入手，按照“科技+制度”的思路，对各部门岗位人员的工作职责进行分解、细化，制定岗位工作责任书，编制权力运行图，做到以岗定责，以责控权，建立了“责任明晰、制度完备、合理分权、流程规范、制约有力、监督到位”的部门内控机制，有效规范了“两权”运行。同时在开展预防职务犯罪方面狠下功夫，建立税检联席会议制度，定期主动向检察院汇报工作，邀请他们集中研究解决国税部门在预防职务犯罪方面遇到的倾向性问题。邀请检察院预防职务犯罪处干部和法律顾问在全系统开展轮回专题讲座。并在市县两级聘请人大、政协、纪委、纳税人代表等为特邀监察员，定期座谈交流，听取他们对国税工作、国税干部的意见建议，主动接受监督指导。充分利用市局“廉政文化教育基地”和“预防职务犯罪警示教育基地”，结合税务系统典型案例，重点对新任职公务员、提拔任用等干部开展党纪法规、廉政法规和从政道德教育，充分发挥基地的引导、示范、教育、警示作用。四是健全机制，积极推进三项建设工作。结合庆阳国税实际，明确责任目标，强化工作措施，积极推进“三项建设”深入开展。研究制定了“三项建设”实施方案，重点围绕省局16项工作任务，提出了36条落实措施，明确了在能力、作风、纪律建设方面的目标。在能力建设方面，我们主要围绕领导班子、中层干部、普通职工三个层次确定目标措施；在作风建设方面，重点从坚定理想政治信念、转变领导作风、树立良好学风、改进生活作风、传承南梁精神、规范国税干部良好形象六个方面着力推进；在纪律建设方面，重点是建立保障、约束、跟踪问效和制度长效机制等“四项机制”。“三项建设”的全力推进，达到了干部队伍“能力持续提高，作风持续好转，纪律持续加强”的目标。

【行政管理】以提升服务水平为目标，全力推行绩效管理，切实加强财务管理，积极开展联村联户，行政服务效能不断提升。一是全力推行绩效管理。把实施绩效管理作为工作的重点任务，积极做到早动手、早宣传、早部署。结合庆阳国税工作实际，积极研究制定下发了2014年绩效管理工作实施方案、绩效计划、绩效管理办法等制度，明确了考评指标、加减分项目、考评系数和考评指标标准细则。市局机关绩效管理办法将考评指标细化到科室，落实到责任人，对工作人员按月按人实施日常考评，对科室部门按年实施综合考评，评先奖优。并按要求做好日常考核工作，干部职工干事创业的热情得到激发，对绩效管理的认同感大幅增强。加强督查督办和基层请示的办理，提升综合服务能力，提高服务保障质量。二是切实加强财务管理。严格财经纪律，控制“三公”经费，推行公务卡结算制度，加强对实有资金的监管，对发现的疑点信息及时下发核实，有效提升资金监管效率。强化基建管理，严格控制建设规模，从严审核维修改造项目立项，规范基建项目竣工决算。针对9月份持续降雨引起镇原县国家税务局机关后院护坡坍塌等自然灾害，及时向上级报告情况，并按照总局和省局领导的批示做好次生灾害的预防工作。三是全力做好联村联户。市局58名干部为联村联户帮扶的54户贫困户落实帮扶资金1.9万元，购买化肥118袋，种籽1500多斤；在2013年投资40多万元为双联村修建九龙河漫水桥的基础上，2014年又积极协调实施帮扶村沙石路油路工程项目和村民文化体育广场项目，受到了双联村干部群众的一致好评。认真抓好团委、妇联、老干、学会、工会各项工作，确保了全系统各项国税事业协调发展。（市国税局　供稿）

地　税

【工作综述】2014年，在省地税局和市委、市政府的正确领导下，全市地税工作以党的十八大和十八届三中、四中全会精神为指导，全面贯彻落实全省地税工作会议和全市经济工作会议精神，抓征管促收入，抓班子带队伍，抓服务促发展，抓廉政树形象，借助党的群众路线教育实践活动和“管理质效提升年”活动，加强干部队伍建设，强化税收征管，努力提升组织收入水平，圆满完成了全年各项工作任务。全年共组织入库各项税费收入575138万元，同比增长15.33%，增收76460万元，税费收入总量首次突破50亿元大关，创历史最好水平。其中地方税收累计入库472526万元，同比增长14.95%，增收61455万元，完成省局和市政府下达计划的100.55%；基金类收入完成102612万元，同比增长17.13%，增收15005万元。

【税收征管】一是征管基础进一步夯实。开展税收征管质量考核，整改了征管基础不实、个别税种管理不到位等7类126个问题；对行业税负进行比对分析，核对纳税人申报数据逻辑关系，进一步提高了纳税人申报数据质量；规范综合征管系统“内部户”管理，对47户网报户信息进行了升级维护，对征管系统中的19356户纳税户的垃圾数据进行了清理，进一步提高了征管信息数据的客观性、准确性和全面性；召开税收业务研讨会，研究解决征管工作中存在的热点、难点问题，解决了税收政策落实、税收征管、税务稽查等7类41个问题；组织编写税收业务操作规范，对税收业务相关政策、受理流程、适用税率予以明晰，统一税收业务征管口径，规范税收业务操作流程。二是征管改革力度加大。建立以分级分类专业化为主体的税源管理模式，重新设置办税服务厅窗口和岗位，把40项涉税职能前移至办税服务厅办理；对照“征、评、管、查”税收征管程序，进一步理顺岗位职责；简并涉税事项，将原来的53项经常性涉税事项简化合并为29项，把原来187项附送资料减为79项，把原来75类表、证、单、书简并为27类36个表、单，把国家税务总局和省局按单项税种设置的近40种申报表精简为7种，把13种经营项目和6种税务文书纳入“免填”范围。三是加强对重点税源监控管理，对重点税源企业财务和税收情况实施网上监控，对重点税源企业税收贡献和纳税申报情况按季进行分析，　全年纳入监控的156户重点税源企业缴纳税款378191万元，占当年地方税收总收入的80.04%，同比增长14.65%，增收48326万元。加大对营业税等重点税种监控力度，在全市范围内开展建筑业和房地产业税收专项整治活动，努力提高各税种管理水平，促使税收稳定增长。加强年所得12万元以上个人所得税管理，受理762人次，较上年增加175人，申报缴纳税款1562.32万元，同比增长11.27%、增收158.36万元；加强企业所得税汇算清缴，参与汇算的502户企业缴纳税款3600万元，同比增长16.67%、增收600万元；清算土地增值税3925万元，同比增长21.78%、增收702万元。

【队伍建设】坚持党组中心组学习制度，组织班子成员系统学习十八大、十八届三中、四中全会以及习近平总书记一系列重要讲话精神，持续深化核心价值观、中国特色社会主义理论体系和“中国梦”系列宣传教育，努力提高班子成员科学执政意识、政治理论素养和领导发展能力。认真执行集体领导下的个人分工负责制，在党组集体领导下，明确班子成员各自所承担的职责，做到事事有人管、人人有责任，对局内重大问题都坚持集体讨论、集体决定。坚持民主集中制原则，在人、财、物等重大事项上实行集体领导，按政策、规定和制度决策。认真学习贯彻《党政领导干部选拔任用工作条例》，坚持正确用人导向，健全完善科学的选人用人机制，加大干部培养力度，按照严格程序任命非领导职务干部1名。进一步强化干部教育培训工作，制定了《2014-2016年全市地税系统干部教育培训工作要点》，从短期和长期两方面对教育培训工作做了深入谋划和周密部署。创新教育培训模式，加大教育培训力度，努力营造重视业务学习、自觉学习业务的浓厚氛围。2名干部取得“三师”资格证书，评选命名市级业务标兵16人、县级业务标兵52人。在全省地税系统业务标兵选拔考试中，我市总成绩名列全省第三，11名干部获得“全省地税系统业务标兵”称号。全年全系统举办各类税收业务培训班23期，培训干部1360多人（次）。

【精神文明建设】以全市创建全国文明城市为契机，定期发布诚信纳税“红黑榜”，编印了《创建全国文明城市知识手册》，开展“创建文明城市”知识测试、“做老实人、当好干部”主题教育、“学雷锋、树新风”志愿服务以及“雷锋示范岗”评选等活动，积极营造学先进、争先进、当先进的良好氛围，全年全系统选树先进典型19人。充分发挥道德讲堂教育引领作用，举办“德润陇原”主题讲座，通过经典诵读、学习先进人物等形式，引导干部增强社会公德、职业道德、家庭美德及社会主义核心价值观，塑造爱岗敬业、公正执法、诚信服务、廉洁奉公的良好品行，全年全系统开办道德讲堂18次。开展地税成立20周年纪念活动，组织编辑《税徽上的记忆》纪念册，举办职工演讲会，开展税收征文活动，征集到优秀文章32篇，其中12篇被省局评为优秀文章并受到表彰；举办文化艺术作品展，征集到摄影、书法、绘画、手工制作等作品131幅，7幅作品在全省获奖。

【依法行政】一是依法行政工作水平切实提高。把依法行政作为治税之本，严防不按政策规定随意缓征、减征、免征行为发生，严禁“拉税”“挖税”“引税”，做到了依法征收、应收尽收和不收“过头税”，促使组织收入工作依法高效开展。严格限制自由裁量权，规范税收减免工作，公开减免税项目清单和办理程序，开展税收票证使用和税款征缴情况清查活动，重点检查了2012-2013年度税费征收、税款入库、预算科目执行等情况，进一步规范了税收征管行为，保证了税款及时足额入库。积极规避税收执法风险，完善大企业税收风险管理制度体系，引导和推动大企业建立健全税务风险内控机制，进一步降低大企业税收风险。二是税收优惠政策落实更加到位。大力宣传税收政策，借助新闻媒体、地税网站、短信平台、办税服务厅等平台，发送涉税政策，向企业办税人员免费发放《税收优惠政策汇编》，开展税法宣传进机关、进企业、进学校、进社区、进田间地头的“五进”活动，普及税收知识，促使纳税人不断提高对税法的遵从度。对支持小微企业发展、下岗再就业、棚户区改造等关系到国计民生和安定团结的税收优惠政策，做到特事特办、优先快办，限时办理审批和报批手续，对非审批类减免税实行“先办后审”，简化办理程序，“零距离”为减免税企业提供纳税辅导，确保各项税收优惠政策不折不扣到位落实。三是纳税服务向深层次拓展。扎实开展“便民办税春风行动”，建立办税服务厅绩效评价机制，健全税收政策执行反馈机制，实行“一窗式”受理、“一站式”办结，开展优质服务创建、纳税人满意度调查、“办税服务明星”评选等活动，最大限度方便纳税人办税。加强办税服务厅建设，为全市地税办税服务厅（室）铺设数据传输网线54条，引导纳税人采用银行端查询缴税，进一步降低了办税风险，保证了税款安全。

【廉政建设】坚持教育、制度、监督并重，严明财经纪律，改进工作作风，提升监督能力，建立健全廉政风险防控机制，全面提升党风廉政建设和反腐败工作水平。制定了《全市地税系统贯彻建立健全惩治和预防体系2013-2017年工作规划实施办法》，全面落实党风廉政建设责任制，细化实化党风廉政建设工作任务，对全系统43项党风廉政建设反腐败工作任务进行了分解，市局党组书记、局长与各县（区）局负责人、市局党组成员与机关各科室负责人分别签订了《党风廉政建设目标责任书》，各县区局也分层签订了《党风廉政建设目标责任书》，形成了层层监管、分级负责的责任格局。始终把加强思想道德和纪律教育、筑牢拒腐防变思想防线作为反腐倡廉的基础性工作来抓，坚持不懈地进行党性、党纪和勤政廉政教育。深入开展反腐倡廉警示教育周活动，通过学习廉洁自律规定、案例警示教育、读廉政书籍、做廉洁税干等活动，教育引导干部树立正确的世界观、人生观、价值观。充分发挥纪检监督作用，完善同级监督工作制度，规定重大事项集体决策程序，明确监督事项具体内容、关键环节、责任追究，紧盯“人、财、权”等重点部位和关键环节，加强对重点领域、重要环节、高风险岗位的监控，建立决策科学、执行坚决、监督有力的权力运行体系。严格落实“三重一大”“一岗双责”“一案双查双报告”等制度，创新实施重大事项决策“两个不能”制度，即纪检组长不到会不能研究确定，纪检组长表态不明确不能拍板定案；纪检组对干部选拔任用进行全程监督，纪检监察干部全程监督内部审计、预算执行、物品采购等工作；加强税收执法监督检查、执法过错责任追究等工作，进一步规范工作行为，确保权力在阳光下规范运行，有效规避行政执法、行政管理风险。

【双联行动】把“双联”行动作为改进作风、密切党群干群关系的一项政治任务，始终放在突出重要位置，指定专人分管、专人协调，坚持“扶贫”“扶志”“扶智”相结合，充分激发贫困村组、贫困群众的内生动力和活力，加大帮扶项目和资金协调落实力度，全年实施完成路、电等方面帮扶项目10个，实现投资470多万元。筹资24万元为环县3个帮联村购买了揉丝机、打包机、包膜机各1套，筹资20.5万元帮助环县41户村民每家修建羊棚1座，帮助杨东掌村小学建起了电教室；筹资110多万元为镇原县修建过水桥1座，为丁岘村修建了卫生所、老人互助幸福院，拓宽整修村组砂石道路3.2公里。另外，积极汇报省局协助解决镇原县太平镇农贸市场建设资金80多万元，协调土管部门对环县3个帮联村5000亩土地进行了整理，协调电力部门投资240多万元完成了环县施家滩村农电改造工程，努力改善农户生产生活条件，积极帮助困难群众排忧解难、脱贫致富，赢得了帮联村群众欢迎和好评。（市地税局　供稿）

金　融

【工作综述】2014年，全市政府金融工作部门认真贯彻落实国家金融货币政策和省、市经济工作会议精神，紧紧围绕市委、市政府决策部署，不断深化改革创新，加强组织协调，强化任务落实，全市金融工作取得了新的进展和成效，为全市经济社会快速发展起到了有力促进和保障作用。止年末，全市金融机构各项存款余额669.46亿元，较年初新增69.32亿元，增长11.55%；各项贷款余额达到447.69亿元，较年初新增109.91亿元，增速32.54%；存贷比66.87%，较上年末上升10.59个百分点。

【地方金融改革】2014年，市政府将地方金融改革列为全市六大改革内容之一。创新服务理念，引导银行业金融机构注意调整和解决金融资本的结构性问题，主动关注研究小微和“三农”金融服务问题，探索方式方法，寻找着力点和结合点，服务的质量和效益有了新的突破。加大“双联”金融扶贫力度。结合“联村联户，为民富民”行动，将环县环城镇、木钵镇列为试点镇，采取“政府+银行+龙头企业+专业合作社+农户”的模式，引导兰州银行庆阳分行加大信贷资金投放力度，扶持环城镇、木钵镇农户发展种（养）植（殖）产业。年底环县人民政府与兰州银行庆阳分行已达成初步合作协议，并确定前期授信额度为1.2亿元。强力推进地方银行业金融机构发展。督促县（区）政府支持地方商业银行县级支行发展，年内县（区）政府均出台了支持地方商业银行县级支行发展的意见。加大地方金融改革宣传力度。联系庆阳电视台为甘肃银行庆阳分行、西峰区彭原乡泰信农村资金互助社制作地方金融改革专题宣传片，以起到树立典型、引领创新的作用。10月份，市政府金融办会同市工信委等部门以及驻庆各金融机构上线参加第十六期“阳光庆阳”直播节目，围绕金融市场监管和民间资金借贷主题与广大听众在线交流，宣传金融政策，解答群众问题，起到了良好地舆论引导作用。

【地方金融体系建设】加大“引行入庆”战略实施力度。2014年成功引进了交通银行、甘肃银行，招商银行在庆阳设立了办事处，分行设立正在争取审批中。加强与中信银行、光大银行、浙商银行的联系协调，初步达成在我市设立分行的意向。延伸营业网点。围绕完善我市地方金融体系，延伸金融服务触角，支持引导地方银行增设网点、合理布局。截止12月末，甘肃银行庆阳分行在8县（区）增设网点12个，达到15个；兰州银行增设网点4个，达到7个；西峰区瑞信村镇银行增设营业网点2个，达到10个；庆城县金城村镇银行增设网点3个，达到4个；合水县金城村镇银行增设网点2个，达到3个。

【金融支持“三农”、小微工作】加大“定向降准”措施力度，按照央行关于下调商业银行人民币存款准备金率的要求，配合人行庆阳中支认真筛选，对符合条件的宁县农村合作银行、兰州银行庆阳分行两家金融机构，各下调其人民币存款准备金率0.5个百分点，两次定向降准共释放可放贷资金2648万元，为两家金融机构优化信贷结构，集中优势资金，加大了对小微企业、“三农”等实体经济信贷支持的力度。截止12月末，全市涉农贷款余额266.08亿元，占全部贷款的59.43%，比年初增加46.60亿元，较去年同期增长21.23%。积极争取支小再贷款规模，引导全市银行业金融机构加大小微企业贷款投放，认真落实央行支小再贷款政策，会同人行庆阳中支对全市1家农村合作银行和3家村镇银行进行筛选，符合“上季度末小微企业贷款增速不低于同期各项贷款平均增速、贷款增量不低于上年同期水平”的四类地方性法人金融机构将积极向上争取支小再贷款规模。截止12月末，中小微型企业贷款余额167.54亿元，比年初增加53.91亿元。

【资本市场建设】2014年2月份，与国开行甘肃省分行合作，成功发行企业债8亿元，接着又启动了与招商银行合作发行15亿元私募债的工作。推荐辖内177家企业进入省股权交易中心挂牌登记，其中为18家企业融资金额达到19.1亿元，名列全省第2位。认真做好拟上市企业前期培育工作，向省金融办筛选推荐3家企业进入上市后备梯队，积极衔接海通证券介入中盛农牧公司上市前期筹备工作。

【金融生态环境建设】加强小额贷款公司监管，督促辖内小额贷款公司依法合规运营。7月份，按照省政府金融办要求，督促小额贷款公司加入全省小额贷款公司综合信息管理系统，真实反映贷款投向和资金运营动态。严厉打击非法集资行为。市政府成立了庆阳市打击和处置非法集资工作领导小组，先后3次召开专题会议，专题安排部署全市打击非法集资和金融风险防范与处置工作。注重强化宣传引导工作，多渠道全方位进行宣传，会同多部门对全市影子银行和投资类企业合规经营情况进行了现场抽查和全面检查验收。推进社会信用体系建设。扎实开展信用社区、信用村镇、信用企业、信用户创建活动，提高公众诚信意识，营造良好的社会信用环境。

【群众路线教育实践活动】2014年，按照中央、省市要求认真开展群众路线教育实践活动。强化学习教育，以封闭式集体学习和组织开展“金融小讲堂”活动等形式开展学习教育，坚持边学边议、学以致用、学思结合的原则，开展学习成果讨论交流，进一步深化对“四风”危害性的认识，真正使党员干部思想上充了“电”、精神上补了“钙”，坚定了理想信念；市政府金融办向相关单位和服务对象发放征求意见函124份，征求到各类意见建议13条，在征求意见建议的基础上有针对性地提出要着力解决“信仰缺失”、“创新疲劳”、“消极怠慢”、“人浮于事”、“落实流于形式”、“铺张浪费”六种现象。针对存在问题，市政府金融办班子带领全体党员干部，精心组织召开班子民主生活会和专题组织生活会，加大查摆问题的广度，谈心谈话的深度，开展批评的力度，以改进干部作风和提升工作水平来推动全市金融工作更好更快发展；以开展专题讲座、专题调研、知识竞赛活动、缅怀革命先烈、“双联”帮扶等形式丰富的主题活动；坚持即知即改，办理人大代表、政协委员意见建议提案5项，办结率和满意率均为100%；认真梳理规章制度，修订完善了党组议事规则、科室工作职责、“三公”经费管理等12项制度，落实职工年度休假和体检制度，从严从紧控制公务经费支出，进一步完善会议制度，切实做到了精文减会，提高了办事效率。（市金融办　供稿）

人民银行

【工作综述】2014年，全市人民银行在市委、市政府和上级行的正确领导下，以开展“党的群众路线教育实践活动”、“基层党组织建设深化年活动”和“金融生态建设深化年活动”为重要契机，认真落实人民银行西安分行、兰州中支工作会议精神和市委市政府经济工作会议精神，紧紧围绕“改进作风、锐意进取、巩固提高、奋力争先”的总要求，突出重点，合力攻坚，聚力落实，主动探索基层央行履职的新思路、新措施，认真贯彻执行稳健货币政策，切实加强金融管理，积极维护辖区金融稳定，不断改进金融服务，全力促进全市经济金融持续快速健康发展。进一步巩固和形成了“重点突出、注重创新、落实有效”的货币政策新常态，“服务水平提质、权益保障到位、金融生态良好”的金融管理与服务新常态，“组织完善、纪律严明、风清气正”的党风廉政建设和党建工作新常态及“制度健全、标准完善、责任明确”的内控管理新常态，各项工作迈上了新台阶。2014年，人民银行庆阳市中心支行再次获得西安分行责任目标管理考核A级单位和人民银行兰州中支业务综合考核第一名。在人民银行西安分行29项专业工作考核中，取得了货币信贷、金融稳定、办公室、会计财务、货币金银、保卫、科技、节能减排等8个第1名，纪检监察、征信、金融研究、跨境人民币结算、反洗钱、外事、团委等7个第2名，内审、事后监督、离退休干部管理等3个第3名，共24个前6名的好成绩。有49项专项工作受到市级、上级行和部门的表扬、表彰、交流或试点。获市级以上各类荣誉18项，有12人受到上级行表彰或通报表扬、6人受到市级以上表彰奖励。

【货币政策】一是认真贯彻落实稳健的货币政策，保持信贷投放合理均衡增长。通过金融联席会议传达合意贷款的调控要求和意图，对辖内地方法人金融机构贷款投放进度实行按日监测制度。后半年，结合辖区实际，积极向兰州中支申请增加信贷规划9亿元，并根据合意贷款前期监测情况，对辖区部分法人机构的信贷规划进行了三次微调。截止12月31日，全市11家地方法人金融机构当年贷款新增26.01亿元，占全年合意贷款规划的85.7%。积极做好货币政策的宣传和引导，先后四次向市政府主要领导专题汇报金融工作，按季组织召开金融联席会，组织召开了货币信贷工作座谈会，分析研判经济金融形势，并就如何贯彻上级行会议精神，落实市委、市政府金融工作要求进行研究部署。建立了农业银行县级“三农金融事业部”涉农贷款投放季度监测制度，对辖内7家农业银行改革试点县级“三农金融事业部”改革情况进行了考核。二是充分发挥信贷政策导向作用，积极支持庆阳经济跨越发展。先后制定了《关于金融支持庆阳市新型农业经营主体加快发展的意见》等四份金融支持实体经济发展指导意见，其中《关于金融支持庆阳加快扶贫开发促进农村经济发展的意见》、《关于全面推进庆阳市林权抵押贷款工作的实施意见》等3份文件被市政府批转。引导和督促全市银行业金融机构认真落实《关于加强和改进小微企业金融服务的意见》，通过政策宣传、服务创新、银企对接等活动，努力营造支持小微企业发展的良好金融环境。研究制定并提请市政府转发了《关于金融支持庆阳加快扶贫开发的意见》，对6个县区13家金融机构的金融扶贫工作开展情况进行了专项督查。在积极申报的基础上，辖内华池、合水两县获得全省金融扶贫示范县创建资格。努力破解贷款难、贷款贵问题，引导辖区金融机构大胆探索尝试林权、土地承包经营权、仓单质押、订单质押、存货质押、工资履约、涉浓直补资金等担保方式，努力缓解担保难、贷款难问题。市县人行、财政、地方法人金融机积极落实“降、贴、让”三措施，“降”就是及时落实人民银行降低重点贫困地区支农再贷款利率，将7个县的支农再贷款利率下调1个百分点；“让”就是使用支农再贷款的金融机构在支农贷款利率上给农民适当“让”利；“贴”就是政府在各类专项扶贫贷款上“贴”息。积极推动金融支持甘肃革命老区发展，9月25日，组织召开了金融支持甘肃革命老区发展庆阳座谈会，对金融支持甘肃革命老区发展的做法进行了交流，对金融支持甘肃革命老区发展工作进行了研究和谋划，讨论通过了《金融支持甘肃革命老区发展五年规划（初稿）》，座谈会的成功召开对金融支持甘肃革命老区发展工作产生了有力推动。积极探索金融支持新型农业经营主体的有效途径和方式，提请市政府组织召开全市金融支持新型农业经营主体座谈会，调研报告《新型农业经营主体发展暨金融支持情况研究》得到了庆阳市委常委、副市长桂泽发同志的肯定性批示，在华池、合水两县率先落实金融支持新型农业经营主体主办行制度，两县涉农金融机构共与12家农民专业合作社、种养大户签订了新型农业经营主体主办行合作协议，为其提供“一对一”金融服务。三是切实加强货币政策工具管理，不断提高货币信贷政策执行绩效。2014年，全市人民银行累计向地方法人金融机构发放支农再贷款11.39亿元，余额8.84亿元，撬动辖区11家地方法人金融机构新增涉农贷款22.4亿元。坚持按旬对地方性法人金融机构存款准备金交存情况进行非现场监测，对迟交财政性存款、少交法定存款准备金的金融机构进行了行政处罚。

【金融稳定】一是不断加强了金融机构“两管理、两综合”工作，受理了33家金融机构和1家小额贷款公司146项加入金融管理与服务体系申请；收集60家分支机构向人民银行报告重大事项283项；组织完成了对合水县农村信用合作联社和宁县农村合作银行的综合执法检查，提出整改要求13条，实施经济处罚6万元。1名职工被兰州市中支评为2013年综合执法先进个人。完成了33家金融机构2013年度综合评价工作。大力配合政府开展准金融机构风险监测等工作，制定的庆阳市金融风险分析与处置工作领导小组协调联系制度及信息共享制度，被市政府批转执行。积极贯彻落实证券监管合作备忘录精神，组织证券公司召开了业务交流培训会议；认真开展存款保险相关政策制度研究工作。二是扎实开展金融消费者权益保护工作，协助兰州中支开展了“12363”金融消费权益保护投诉电话启动仪式，制定了《中国人民银行庆阳市中心支行金融消费者群体性投诉事件应急预案》和《中国人民银行庆阳市中心支行金融消费投诉解答200问》，共受理金融消费者电话咨询565次，投诉16起，全部协调解决。三是大力开展了“金融知识普及月”活动，先后组织40多家银行业金融机构开展了“金融知识进校园、进农村、进社区、进机关、进军营、进企业、进商场、进市场、进广场”的“九进”系列宣传活动，紧紧围绕“普及金融知识，惠及百姓生活，共建和谐金融”的主题，策划编印宣传资料20000份，在《陇东报》和庆阳市政府门户网站开设了金融知识宣传专栏，并协调市、县电视台对宣传活动跟踪报道。四是切实规范了辖内反洗钱业务秩序。组织辖内公检法系统及各银行、证券、保险业金融机构反洗钱业务负责人和经办人，在人民银行郑州培训学院举办了业务培训班，为推动全辖反洗钱工作发展奠定了坚实基础。对辖区9家银行业金融机构、14家保险业和2家证券业金融机构反洗钱工作进行了全面考核。持续推进洗钱入罪，坚持每半年与公检法等合作机构进行交流、座谈，对《反洗钱项目合作意见书》执行情况进行回访，拓展协作范围，形成了较为固定的反洗钱合作工作机制。

【金融服务】一是大力推进支付结算服务。6月30日，我市ACS系统顺利上线运行。积极引导和督促银行机构营业网点向农村地区延伸，形成了以人民银行支付系统为核心，涉农银行机构业务系统为基础，银行卡支付系统为重要组成部分的支付清算网络体系，累计增设银行机构营业网点16个，覆盖全市所有乡镇。新增助农取款服务点541个，实现了助农取款“村村通”。二是积极开展金融统计标准化工作，认真做好社会融资规模数据统计试点，在全省地区社会融资规模推广工作会议上做了经验交流。三是深入开展现代化支付业务“大助推”行动，在每个县（区）各选择现金交易量较大的10处特定区域重点培育示范，带动现代化支付业务推广。组织召开全市金融IC卡推进工作会议，起草并向市政府提请批转了《庆阳市金融IC卡应用工作规划》。推动机房改造项目立项，已完成项目实施前各项准备。作为全省的两个试点地区之一，举行了《金融机构代码证》首发仪式，率先向银行业金融机构颁发《金融机构代码证》368个，覆盖面达到100%。四是不断加强人民币发行服务及管理工作，建立了小面额现金管理新模式，构建和发挥了“一点”、“两站”、“两队”便民服务骨干体系，在中支“双联”帮扶村的枣洼小学，启动了“驻村、入社、进校”反假宣传活动。制定下发了《庆阳市银行业金融机构小面额残损人民币调剂管理办法》和《庆阳市银行业金融机构特殊残损人民币兑换考核管理办法》，在无库的合水县建立了金融机构现金调剂制度，切实提高了县域现金周转使用效率。五是扎实推进财税库银横向联网工作，先后4次召开横向联网推进协调会议，市属重点税源企业电子缴税签约率达到100%。在全市税务机关征收网点布放POS机96台，实现了POS机在征收网点的全覆盖。

【外汇管理】2014年，国家外汇管理局庆阳中心支局在省分局和中支党委的正确领导下，认真贯彻执行总、分局工作会议精神，紧紧围绕全市对外经济发展目标，不断夯实外汇管理各项基础业务，有力地推进了辖区涉外经济平稳健康发展。深化外汇管理制度改革，促进贸易投融资便利化。简化返程投资外汇管理，允许购付汇用于设立境外特殊目的公司及营运，取消对特殊目的公司境外放款限制，进一步拓展了“走出去”资金运用渠道。全部取消跨境担保事前审批，统一中外资企业外保内贷政策，取消外债转贷款在相关环节的核准，通过放宽境外直接投资前期费用管理、便利境内企业境外放款等6项措施，激发了市场活力。加强监测预警，防范跨境资金流动风险。充分运用货物贸易、服务贸易和跨境资金流动监测与分析等系统，重点对总量核查指标偏离度较大的主体开展核查监测，剖析异常跨境资金流动线索，切实防范异常外汇资金流动风险。进一步简政放权，将结售汇申请备案办理时限由20个工作日缩减为5个工作日，推进外管职能从“管、审、批”的干预型管理模式向“扶、帮、助”的服务型监管方式转变，有效提升了外汇管理效能。2014年，全市外汇收支形势与全国基本一致，全市外商直接投资增长较为明显，服务贸易快速发展，跨境收支、货物出口及出口收汇、银行结售汇等外汇业务指标大幅增长，为2008年全球金融危机以来的最高值。跨境资金收支总额7364.92万美元，同比增长1.04倍，净流入4817.00

万美元，同比增长 1.42 倍，是全辖金融机构开办外汇业务以来跨境收支总额的第 2 个高位年份；银行结售汇总额 6195 万美元，同比增长 65.24%；货物进出口总值 7671.16 万美元，同比增长 11.12%；贸易收付汇总额8755.46万美元,同比增长43.96%；服务贸易收支 710.76 万美元，同比增长 1.21 倍；外商投资增资全年累计 1873.52 万美元，同比增长 80.95%。（中国人民银行庆阳市中心支行　供稿）

银行监督

【工作综述】2014 年，庆阳银监分局以服务实体经济发展为第一要务，以防控重点领域风险为第一责任，引领银行机构在支小扶微中转变经营方式，在深化改革中完善治理体系，促进了监管政策的全面落实，确保了全市银行体系安全运行。截止 2014 年 12 月末，全市银行业各项贷款 448.35 亿元，较年初增加 109.98 亿元，增长 32.50%，同比多增 15.46 亿元，高于全国 19 个百分点，高于全省 16 个百分点，贷款增量、增速分别跃居全省第三、第二位。各项存款 662.06 亿元，较年初增加 72.72 亿元，增长 12.34%。实现利润 9.93 亿元，同比增盈 1.83 亿元。

【推动经济发展】立足庆阳农业大市的基本市情，坚持支农方向不变、力度不减，筑牢实体经济发展根基。截至 12 月底，全市银行业涉农贷款余额 254.79 亿元，占各项贷款 58.62%，较年初增加 35.44 亿元。一是强化责任。成立了由局长任组长的“三农”服务工作领导小组，下发了《关于做好 2014 年农村金融服务工作的通知》和《关于切实做好金融支持农业生产的通知》，要求农村中小机构高管就支农工作向银监部门作出承诺、嵌入《章程》，拓展了服务广度和深度，加大了服务力度和进度。二是创新模式。指导甘肃银行庆阳分行制定了《支持新型农业经济主体服务方案》,对全市 2599 户专业合作社进行了摸底调查，启动了县域新型经营主体培育工作。指导督促邮储银行、村镇银行深化“一行一产业、一行一（多）模式”的信贷支农方式，邮储银行开办的“双业贷（设施养殖、规模种植）”培育了一批种植、养殖、栽植专业村、专业户。三是突出重点。指导银行机构以支持农民“五变”（变牧民、变果农、变菜农、变林农、变市民）为重点，充分发挥微贷技术，支持专业合作社、种养殖大户、家庭农场等新型经营主体 326 户、贷款金额 9493.9 万元。以推进信贷支农“三大工程”建设为重点，新建“三农”服务点 28 个，总量达到 215 个，支农服务满意度大幅提升。

【助力小微服务】成立了小微企业金融服务工作领导小组，要求各机构就小微企业金融服务向银监部门做出承诺，确保小微企业金融服务覆盖面持续扩大、贷款获得率持续提升。截至 12 月末，全市小微企业贷款余额 128.76 亿元，较年初增加 39.03 亿元，增长 43.5%，增速高于贷款平均增速 14.14 个百分点，增量高于上年同期 24.38 亿元，实现了“两个不低于”目标，累放小微企业贷款 44.85 亿元，惠及 849 户小企业、4.7 万户个体工商户。一是强化监测考核。制定了考核评价办法，建立了定期监测通报制度，建起了监测台账，按季监测通报小微企业贷款增量、增幅及服务情况，对进展缓慢、排名靠后的机构进行约见谈话和通报批评，并记入高管人员履职评价档案，与准入事项挂钩，促升了各机构服务小微的主动性。二是搭建服务平台。利用主流媒体、网络平台、营业场所多渠道开展“小微企业金融服务宣传活动”，共制作专题 11 期，编发专刊 13 期。创建了庆阳门户网站金融平台、手机微信平台、分局内网平台，刊发相关政策 20 多项，交流经验 30 多条，介绍信贷产品 201 个，达到了宣传政策、介绍产品、共享成果的目的。三是创新信贷方式。指导各机构针对拓宽融资担保瓶颈，发放“联保联贷”、“企业商会担保基金”担保、果库仓单担保贷款 8.12 亿元；发放融资性担保贷款 25.05 亿元；农村信用社尝试发放林权抵押、宅基地抵押贷款 0.35 亿元，成为涉农小微企业抵押难寻的破题之举。同时，提倡对信用良好的小微企业开办信用贷款业务，发放信用贷款 18.49 亿元。大型银行通过批量营销贸易融资、商业票据贴现、循环贷款、“速贷通”、“成长之路”、“小贷通”等信贷产品培育小微客户群体，当年净投放 12.77 亿元，增长 90.59%；四是强化专营功能。指导人型银行突破扁平化束缚，将小微信贷业务下沉至营业网点，提高了服务效率。采取分期定额、利随本清、附加宽限期、期内只付息不还本等方式，减轻了还款压力。加快推进专营机构设立步伐，全市小微企业专营机构、小微企业金融服务中心等总数达到 20 家，专业服务水平明显提升。

【提升特色服务】参照大城市金融服务水准，

结合庆阳老区实际，制定了《庆阳银行业金融机构为民便民利民服务活动十项措施》，通过大力实施，使基础金融服务呈现可喜变化。辖内网点均设立了老病残孕“绿色服务通道”，体现了人性化服务。甘肃银行设计了8大方面72项服务内容，通过实施站立服务、双手接递等亲情化服务举措，员工对客户来有迎声，去有送声，形成了消费者既满意、又放心的优质服务模式。强化自助服务功能，新增自助银行4个、自助设备45台、POS机300多台；优化网点布局，交行筹建网点3个，工行、农行装修改造网点5个，向新区搬迁网点4个。督促启动农村中小机构基础金融服务“村村通”工作，安装ATM机98台、POS机646台、其它支农结算工具73个。中行设立助农取款服务点8个，免费发卡2000多张，惠及5万多农民。紧跟全省红色资源开发战略，创建“南梁金融服务模式”，**指导制定了**《南梁信用社为民便民利民工作创建方案》，为金融服务工作赋予了南梁精神。督促严格执行“七不准”、“四公开”要求，公示服务收费免除项目，公示服务收费价格目录，公示投诉电话和处理流程，共核查各类投诉40起，确保了收费政策执行到位，维护了消费者合法权益。

【推进法人机构】积极传导大型银行、政策性银行、邮储银行改革政策，及时反映改革面临的困难和问题，为顶层设计提供决策支持。制定了《关于推进农村合作金融机构加快改革转型发展的监管意见》，推动农合机构向农商行改制转型，将西峰区、环县联社作为农商行改制试点单位，指导改善经营水平，促进了监管指标正向发展。改造法人机构股权结构，优先吸收本地有意愿、有实力的民营企业参股，股权结构持续优化。截至12月底，辖内法人机构股金余额8.54亿元，比年初增加2.41亿元，农村合作机构资本净额20.67亿元，比年初增加4.44亿元，资本充足率11.97%，核心资本充足率7.45%。着力完善新型机构公司治理结构，指导完成了“三会一层”换届工作，特别是推动瑞信村镇银行创新高管竞聘办法，推行建立了挂职基层、实绩考评的新型用人机制。以现代商业银行公司治理为标准，指导制定了《争创标杆银行实施方案》，引领法人机构在法人治理、经营管理、服务水平、队伍建设上都向标杆银行迈进，打造全新的经营模式和治理模式。

【管控银行风险】牢牢守住不发生区域性、系统性风险底线，制定了《关于加强银行业重点风险防控工作的监管意见》，确保了银行业整体运行平稳。一是缓释平台贷款风险。通过传导政策、督促制定还款方案、落实还款计划、对农发行贷后管理不到位实施20万元行政处罚等举措缓释风险，截至12月末，全市平台贷款6户、项目17个、贷款余额13.4亿元，较年初减少1.3亿元。落实《国务院关于加强地方政府性债务管理的意见》精神，督促辖区农发行、兰州银行、甘肃银行做实数据，年底前将所有平台贷款纳入地方预算管理。二是前瞻查防信用风险。针对地方经济调速换挡、房地产风险显现，历时三个月，组织开展了信贷风险“四查四防”排查活动，共排查贷款2841笔、162.89亿元，督促手续不完善、抵押不落实、有风险苗头的贷款及早采取了措施，督促工行收回担保圈贷款678万元，农行对650万元担保圈贷款制定了风险处置预案，建行清收“联保联贷”贷款4400万元。对农村中小金融机构100万元以上贷款实行台账管理，防止了不良贷款的大面积反弹。同时，全力压降不良贷款，督促农村中小机构做实数据，针对暴露的2.02亿元不良贷款制定压降计划，积极清收核销、置换剥离，累计清收不良贷款1.05亿元；累计收回妇女创业贷款19.72亿元，占发放额的79.5%。督促大型银行全力化解处置不良贷款，累计清收2124万元、核销772万元。12月末，辖内银行业金融机构不良贷款余额13.77亿元，较年初增加3.05万元。不良贷款率3.15%，较年初下降0.02个百分点。三是前瞻性防范流动性风险。针对瑞信村镇银行流动性风险苗头，强化监测预警，及时采取约见谈话、风险提示、限制信贷业务、降低上存资金比例等措施，促使该机构流动性比率达到28.72%，存贷比92.35%，比年初上升了13.38个百分点。截至12月末，辖内农合机构流动性比率达到61.41%，比年初下降3.33个百分点，存贷比79.17%，比年初上升了7.07个百分点。同时，及时认真落实影子银行风险、案件风险和信息科技风险的防控要求，确保了风险可控。

【加强队伍建设】一是全力推进教育实践活动整改工作。在全面完成党的群众路线教育实践活动学习教育、征求意见、召开高质量民主生活会等各环节任务的基础上，把整改落实作为一项长期性的任务加以推进，列出了问题清单，制定了《庆阳银监分局党的群众路线教育实践活动整改工作方案》、《庆阳银监分局党的群众路线教育实践活动制度建设计划》，提出了 11 项整改任务和 22 项建章立制任务，明确了整改具体措施、责任人、责任部门和整改时限，二是全面落实主体责任。制定了《庆阳银监分局关于落实党委主体责任的实施意见》及《庆阳银监分局落实党委主体责任实施细则》，对党委主体责任、纪委监督责任作了进一步细化，明确了落实好表率责任、监督责任、纠正责任的具体要求、具体措施和方式方法，靠实了党委“一把手”主动履行党风廉政建设和反腐败工作第一责任人的职责，为落实党委重大决策部署提供了有力的纪律和作风保障，形成了谁主管、谁负责，一级抓一级、一级带一级、层层抓落实的工作机制。三是全力提升文明单位创建层次。以创建甘肃省级文明单位为目标，以加强班子作风建设和队伍素质建设为内涵，积极倡导社会主义核心价值观，完善了《庆阳分局关于加强党委班子建设的意见》，落实了班子成员下基层调研及工作制度，加强了中层干部队伍建设，带动了全员尽职履责。（市银监分局　供稿）

经济管理

发展和改革

【工作综述】2014年，在市委、市政府的坚强领导下，我们认真贯彻落实党的十八大、十八届三中、四中全会精神、省委王三运书记庆阳调研重要讲话精神和市委、市政府关于全市经济社会发展的总体部署，认真履行职责，开拓创新，统筹谋划，主动担当，合力攻坚，全力推动新常态下经济社会发展各项工作，促使全市发展改革工作迈上了新台阶。

【年度计划安排】按照市委、市政府的总体安排，经过深入调查研究，认真分析讨论，广泛征求意见，编制完成了全市年度经济社会发展计划；并将省政府下达我市的4类28项考核指标分解到部门和县区，进一步明确任务、靠实责任，确保各项目标任务落到实处。从计划实施效果来看，全市经济社会发展呈现出经济平稳增长、结构调整加快、民生持续改善、社会和谐稳定的良好态势。全年生产总值完成668.93亿元，增长10.2%；规模以上工业增加值完成371.04亿元，增长11.2%；地方固定资产投资完成968.27亿元，增长21.5%；公共财政收入完成61.54亿元，同口径增长8.27%；社会消费品零售总额完成164亿元，增长12.6%；城镇居民人均可支配收入完成20637元，增长10%；农民人均纯收入完成5499元，增长12.5%；粮食总产完成164.2万吨，增长3.3%；人口自增率、城镇登记失业率、节能降耗减排等约束性指标均控制在省、市计划目标范围之内。

【经济研究】一是强化经济运行监测预测。2014年，面对全国经济发展进入新常态、宏观经济下行压力加大的新形势，我们深入开展调查研究，准确把握经济运行态势，按月监测指标完成情况，按季度分析经济形势，及时发现苗头性、倾向性问题，并对照国家宏观调控政策和产业投资导向适时提出对策建议，为市委、市政府决策提供了科学依据。特别是鉴于部分经济指标难以完成计划的情况，为了准确引领和指导全市经济社会发展，为实现有质量、有效益、可持续的发展腾出空间，及时向市政府提出了全年主要经济指标计划调整建议。二是继续完善相关领域发展规划。我们始终着眼于促进全市经济长远发展，着力加强重点领域、重点产业和重点行业规划编制完善工作。《陇东能源基地开发规划》获得国家能源局批复，全市能源资源开发路径进一步明晰；《庆阳经济技术开发区发展规划》已经省发改委批复，晋级为国家级经济技术开发区专项报告已由省政府上报国务院；完成了《庆阳市推进“丝绸之路经济带”甘肃段建设实施方案》、《加强生态文明建设打造生态安全屏障的实施意见》、《庆阳市电网发展规划》、《庆阳市风电发展规划》等重大规划和实施方案。全面启动了“十三五”规划编制工作，制定了安排意见和前期工作方案，确定了19个前期调研课题和30部专项规划的编制任务，并组织召开了全市“十三五”规划编制工作启动会议。三是加强调查研究。积极配合全国政协、国家发改委、国家能源局、国务院发展研究中心、省人大、省发改委以及江西省政府组织的关于能源资源开发、陇东能源基地建设、“十三五”规划基本公共服务均等化、丝绸之路经济带建设、陇东电力外送通道建设、煤化工规划、服务业发展、主体功能区建设等方面的大型专项调研活动。通过多方位、多触觉、多层面的实地调研，进一步吃透了“上情”、深化了市情认识，为争取国家、省级层面加大对我市经济社会发展的支持起到了积极作用。

【项目建设】一是抓项目谋划，夯实项目基础。抢抓丝绸之路经济带建设、《六盘山片区区域发展与扶贫攻坚规划》、《陇东能源基地开发规划》、全省建设国家生态安全屏障综合试验区诸多政策机遇，论证筛选出对全市经济社会发展具有重要影响力、支撑力的重大项目70个，当年计划总投资达到411亿元。进一步规范了项目储备报表制度，及时更新和完善项目库，全市储备投资500万元以上项目2038个，投资规模达到2686.5亿元。二是抓项目前期，争取工作主动。我们积极协调相关部门和项目业主，按照项目前期流程，认真做好各个环节的前期工作。省政府与江西省政府就合作开发煤炭资源、加快电力外送通道建设达成协议，陇东至江西特高压直流输电线路有望纳入国家规划，庆阳至徐州特高压直流外送工程已启动研究工作。庆阳石化600万吨炼油升级改造项目可行性研究报告已上报中石油等待内审；毛家川矿井申请开展前期和《宁正矿区总体规划（修改）》、《沙井子矿区总体规划（修改）》申请批复的相关文件均已上报国家能源局；甜水堡至罗儿沟圈高速公路可研已上报国家发改委和交通运输部；小盘河水库、莲花寺水库、巴家咀水库新增调蓄工程初步设计已上报省发改委待批。同时，编制上报了2015年全市争取中央预算内投资项目计划。三是抓项目争取，确保关键环节取得突破。在市上主要领导、分管领导带领下，历经艰辛跑省城、进京城，先后多次向国家发改委、铁路总公司、交通运输部、能源局、民航总局等有关部委汇报，与中石油、华能等大型央企集团衔接，项目争取获得突破性进展。备受全市关注的银西铁路项目可研报告国家发改委已批复；新庄、马福川矿井获得国家发改委核准，全市获国家核准的矿井规模达到2100万吨，占“十二五”期间全省总指标3000万吨的70%；正宁电厂一期、甜水堡5万千瓦风电项目也得到国家发改委核准，环县电厂列入了甘肃省火电消纳计划。同时，加大争取国省投资力度，全年落实到位国、省投资13.05亿元。四是抓项目实施，充分发挥投资拉动作用。继续完善落实重大项目“三个一”包抓责任制，强化协调服务，全力推动重大项目建设。经过全市上下的共同努力，全年共实施500万元以上项目2454个，完成投资997.6亿元，同比增长22.6%。五是抓项目督查，不断提高项目管理水平。研究制定了《庆阳市政府投资项目管理办法》；不断强化项目统计分析，进一步完善了“3341”重点工程项目台账、投资项目审批核准备案信息采集、市列重大建设项目半月报制度；制定了《庆阳市2014年政府投资项目稽查方案》，通过现场督查、电函督查、邀请人大代表和政协委员视察等形式，全年开展项目督查10多次。

【开放开发】一是我委牵头承担的重点改革任务顺利推进。取消、下放了2项行政审批事项，将总投资500万元以下且政府投资比例超过40%的和安排国省投资200万元以下的政府投资项目下放到县（区）级政府投资主管部门审批管理。完成了居民用气和用水实行阶梯价格改革的前期调查摸底工作。二是协调推动经济体制和生态文明体制改革，制定了重要举措分工方案、2014年工作实施方案和工作要点，部署了83项工作任务，已启动实施56项；推动公务用车制度改革，牵头召开改革业务培训会，完成了市、县、乡三级全部公务用车清查摸底等前期准备；制定了《国有林场改革试点工作实施意见》，明确了理顺体制、完善机制、剥离职能、强化管理等改革措施。同时，认真做好经济体制和生态文明体制改革专项小组、公务用车改革、国有林场改革3个办公室的日常工作。

【物价监管】一是价格管理工作稳步推进。全市价格总水平平稳运行，全市居民消费价格总指数累计涨幅控制在1.9%，低于省上下达目标任务1.6个百分点。价格政策宣传不断加强，在陇东报、庆阳电台等新闻媒体进行了为期3个月共11期的价格政策宣传活动，提高了公众知晓率。二是收费管理工作逐步规范。制定出台了全市公立幼儿园保育教育费收费标准；清理取消行政事业性收费28项，变更收费项目5项，降低收费标准2项，注销《收费许可证》5个。三是价调基金的稳价惠民作用成效明显。利用价调基金补贴新建农副产品直销店56个，全市累计达到100个，同时配套建设“菜篮子”蔬菜生产基地6处，农贸市场8个，冷藏储备设施3处，产销挂钩和直销惠民的链条基本形成。

【节能减排】一是全面落实节能措施。积极开展全社会固定资产投资项目节能评估工作，严把项目节能审批关；全年推广高效照明产品47万只，超额完成省下达计划；我市申报的输油管道伴热系统节能改造项目通过国家发改委审定，标志着我市合同能源管理项目实现了零的突破；二是加快减排项目的实施。合水、宁县城区污水处理工程已建成，镇原孟坝、宁县和盛、合水何家畔等重点乡镇污水、垃圾处理项目加快推进，全市污水、垃圾处理能力进一步提升。三是循环经济工作稳步推进。制定了《2014年庆阳市循环经济发展推进工作意见》，对循环农业、循环工业、循环社会等领域的重点工作任务进行了分解，明确了责任；争取落实了环县、合水县等农业清洁生产示范项目。

【业务工作】一是认真开展“联村联户、为民富民”行动。筹资63万元，为解家川村新修砂砾路3.5公里，为该村小学学前班、村文化阅览室购置了室外大型玩具、书柜、图书等，聘请专家举办免费义诊活动1次；筹资75万元，对环县木钵镇韩洼子村村部、漫水桥、张湾小学、韩东塬小学进行了维修。二是努力做好人大代表建议、政协委员提案办理工作。扎实认真地办理了1件人大代表建议和7件政协委员提案，按期办结率、满意率均达到100%。三是不断加强机关管理。继续健全完善各项管理制度，文件传阅及时、管理规范，未发生丢失、泄密事件；财务监管到位，定期公布收支情况，无违纪问题发生；机关档案管理科学规范，全年共整理归档文书档案1100件；信访维稳、质量振兴、经济动员、安全保密、计划生育、工青妇等工作统筹推进，市委、市政府安排的其他工作任务全面完成。

【反腐倡廉】一年来，我们坚持把党风廉政建设作为推动全委工作的重中之重，严格落实“两个责任”，切实推动“三转”工作，加大制度落实和案件查处力度，进一步规范从政行为，为全市发展和改革工作健康协调发展提供了有力保障。一是切实履行“一岗双责”，担负起领导主体、示范主体、落实主体和推动主体角色。年初与各科室签订了党风廉政建设目标责任书，明确了责任,传导了压力。同时，依据市委实施党风廉政建设主体责任和监督责任标准化建设工作手册，制作了“两图一表”，并张贴上墙，真正做到了图表式分责、链条式传导、网格式覆盖、倒逼式追责的目标管理要求。全力支持派驻纪检组开展“三转”工作，切实转变工作职能，纪检组长不再分管其他业务工作，把工作重心转移到监督执纪问责上来。二是严格执行中央“八项规定”。研究制定了《庆阳市发改委调查研究制度》，明确要求委党组成员每年下基层开展调研不少于60天，其他党员干部深入一线开展工作不少于90天。切实改进会风，坚持开短会、讲短话，会议数量较去年同期减少15%以上。严控公务支出，坚持一切从简，坚决杜绝铺张浪费。严格落实监管措施，公车私用、人情采购、公款吃喝、公款旅游以及超标准接待等不正之风得到彻底杜绝。三是认真开展了不作为慢作为和公职人员经商办企业问题专项整治活动。制定印发了《庆阳市发改委不作为慢作为问题专项整治实施方案》。对公职人员经商办企业情况进行了全面调查清理，全委未出现公职人员违规经商办企业问题。四是进一步强化制度建设。废止了《庆阳市发改委党组会议议事规则》、《庆阳市发改委主任办公会议议事规则》等6项制度，修改、完善了《庆阳市发改委财务管理制度》等15项制度，建立起了比较完善的制度体系，党员干部自觉按规矩办事、按规定用权的意识明显增强。五是严肃查处各类案件。对市纪委转交的星星幼儿园收费、物业服务收费等信访件进行了调查核实，协助省发改委纪检组对环县加气站项目申报信访件进行了调查处理。同时，安排市价检局对全市价格和收费违法行为进行查处，全年共查处各类案件121件，涉及违法金额251.05万元，退还159.97万元，没收24.6万元，罚款48.31万元，已全部上缴财政，切实维护了广大群众切身利益和市场价格秩序。

【群众路线】一是坚持把学习教育贯穿始终。通过规定篇目系统学、带着问题认真学、对照镜子深入学等方式，使广大党员干部更加自觉地把思想和行动统一到中央要求上来。二是聚焦“四风”找准突出问题。通过召开党组会进行自查、深入县区服务单位和基层广泛听取意见等方式，全方位、多渠道征求意见，共征集到各类意见建议445条。三是立说立行狠抓整改。制定了《市发改委党的群众路线教育实践活动即知即改工作实施方案》和《市发改委党的群众路线教育实践活动整改方案》，采取台账管理、挂牌销号的办法，下大力气落实了各项整改任务，其中：委党组班子整改落实11项、班子成员整改落实36项。四是召开了高质量的领导班子专题民主生活会。班子成员开展了实事求是、辣味十足地批评和自我批评，做到了见人见事见思想，达到了预期目的。五是转变职能，改进工作作风。将我委承担的非行政审批事项的审批范围、依据、程序以及需要提供的文件资料在庆阳电视台和《陇东报》上进行了公示，晾晒了权力清单，公示了办事流程，规范了权力运行。制定了《市发改委工作接待守则》，建立了庆阳市发改委问询接待工作制度，并专门设立了问询接待室，实行干部轮流坐班，对前来办事人员全面推行“三个一”（一声问好、一张笑脸、一杯热茶）和“三个问”（问从哪里来、找什么人、办什么事）服务承诺制，并在全委严格落实首问责任制、即时办结制、失职追究制，使勤政高效成为机关干部的自觉行动。

【党建和精神文明建设】一是落实党建工作目标责任制。及时调整充实了党建工作领导小组，明确党建工作思路，安排部署全年工作，在制定科室目标责任制时，将党的建设作为一项重要内容纳入其中，并分季度进行督查，形成了层层抓党建工作的格局，有力地促进了全委党建工作的落实。二是健全支部班子，规范党建工作。为了充分发挥基层党组织的战斗堡垒作用，根据工作需要，我们重新改选了委机关党支部班子。并按时召开了党员大会和支部班子民主生活会，积极开展了民主评议党员工作。建立健全党内激励、关怀、帮扶机制，做好生活困难党员的调查摸底和帮扶工作；认真做好党费审核，严格党费收缴管理；加强入党积极分子的培养、教育和考察工作，两名同志由预备党员转为正式党员。三是把守纪律、讲规矩摆在更加重要的位置，严格党员教育管理；坚决遵循组织程序，严格落实重大问题请示汇报制度和领导干部个人事项报告制度。通过学习实践和教育活动，全委领导干部特别是委班子成员牢固树立了“纪律”和“规矩”意识，在守纪律、讲规矩上为全委干部做出了表率。四是加强思想宣传和精神文明建设。积极参加全市理论宣讲报告会，邀请国务院发展研究中心研究员米建国在陇东大讲堂作深化改革专题讲座，委主要领导向全委干部职工做《南梁时期的廉政建设及现实意义》专题报告1次。进一步加强和改进机关思想政治工作，结合发改部门特点，深入开展“中国梦”宣传教育和社会主义核心价值观“24字人知人晓”工程，全面落实了庆阳市创建全国文明城市工作目标管理任务。通过学习宣传和干部职工道德教育，增强了学习的主动性和工作的创造性，提升了发改部门自身形象。（市发展和改革委员会　供稿）

决策咨询

【**工作综述**】2014年，市政府研究室紧紧围绕市委、市政府的总体部署，积极适应新常态，顺应发展新变化，把工作重心定位在紧扣中心、提升质量、强化效能、服务发展上，把履职尽责体现在增强主动性、突出前瞻性、把握针对性上，深入组织开展调查研究，精心起草各类重要文稿，创造性地开展工作，圆满完成了各项工作任务。

【**服务大局**】把握形势要求，积极拓宽视野，服务领域向全市重点工作、重大活动拓展，向领导关注、群众关心的热点难点问题延伸。积极服务省委、省政府重大调研检查活动。根据省委王三运书记“两手抓两手硬、双促进双落实”调研检查安排，及时深入调研分析，认真起草完成了全市经济社会发展综合汇报及“3341”项目工程、“1236”扶贫攻坚、“双联”行动、“3783”党风廉政建设等专项汇报材料。根据刘伟平省长能源基地建设调研安排，对石油石化、煤炭生产转化“两个千亿级产业链”建设进行深入调研，起草完成了有关汇报材料。根据省委、省政府开展重大项目观摩活动的安排，充分调研分析，起草完成了全市“3341”项目工程建设情况汇报、电视专题片脚本和项目观摩点简介，凸显了重点项目建设的新亮点、新变化和新成效。积极服务全市党的群众路线教育实践活动。在深入学习、研讨的基础上，起草完成了市政府主要领导在全市教育实践活动动员大会、推进会、总结大会和市政府党组教育实践活动动员会议上的重要讲话，市政府主要领导专题辅导报告，起草形成了市委、市政府主要领导以“弘扬南梁精神、推动整改落实、持续优化环境”为主题的教育实践活动推进会讲话，有力地推进了党的群众路线教育实践活动的广泛深入开展。积极服务全市发展战略调整。组织对历次五年发展规划进行了系统归纳梳理，探寻全市经济社会发展的演进规律，深入把握庆阳发展的阶段性特征，完成了市委、市政府主要领导在市委三届九次全委扩大会上的重要讲话，为市委、市政府确立新的发展战略、廓清发展思路和重点提供了有效服务。积极服务全市重要事项筹办处置工作。起草完成了市政府主要领导在第二十届兰洽会相关活动上的讲话，修改完善了庆阳展厅文字说明。起草完成了市政府领导在全省质量现场会上的主题发言材料、《德行天下质赢未来》纪实宣传片脚本和观摩点简介，服务了以质量振兴助推转型升级的发展需要。在环县重大道路交通事故处置工作中，参与了事故救援处置措施的研究制订，起草了向国家安监总局和省委、省政府的汇报材料，完成了有关信息报送、情况通报和相关讲话材料，为市委、市政府快速有序处置事故提供了有力的服务。

【**调查研究**】紧紧围绕事关全市改革、发展、稳定大局的重大问题，确定调研课题，改进调研方式，先后组织调研20多次，会同有关部门完成多项调研任务，形成调研报告18篇，编发《庆阳发展》内部刊物10期，向市委、市政府提出了一批切合市情实际、富有创新性和前瞻性、具有较强针对性和可操作的意见建议。紧扣促进经济转型升级开展调研。针对全市经济增长放缓、项目推进缓慢、投资消费不旺、财政收入困难等问题，组织开展实地调研，了解第一手资料，形成有针对性的建议，反映在全市经济形势分析会、重点项目推进会上市政府领导的讲话中，转化成为推动经济稳中求进、转型升级的科学决策。紧紧围绕石油、煤炭“两个千亿级产业链”建设，注重产业链条深度延伸的项目配套性，重点在石油、煤炭下游产品的延链上产、补链提质、扩链增效上深入调研，探索提出了契合国家大局、符合全省实际、体现庆阳优势的能源开发路径和支撑项目。针对现代服务业产业结构不够完善、层次不高，产值占比小的实际，通过调研，提出全面提升现代服务业发展的对策建议。紧扣全面深化改革开展调研。着眼加快政府职能转变，促进行政管理、审批、服务向基层延伸，深入县区、部门开展调研，认真学习借鉴浙江等地先进经验，结合市情实际，完成了加强村级（社区）政务服务工作的调研报告和意见起草工作。围绕深化农村改革，提出了加快庆阳农村土地经营权流转的对策建议。紧扣加快推进新型城镇化开展调研。认真学习、深刻领会中央和全省城镇化工作会议精神，全面分析城镇化发展中的突出问题、薄弱环节，深入县区、市直有关部门调研，总结分析国内外城镇化建设的多种典型模式，形成了加快庆阳农业转移人口市民化的调研报告。紧扣生态文明建设开展调研，通过深入调研、分析思考，完成了实施“再造一个子午岭”和固沟保塬两大生态工程的一系列材料，为市委、市政府建设“天蓝、山青、地绿”的美丽新庆阳提供了参考。

【文稿起草】牢固树立精品意识，大力倡导务实、精干的文风，力求重要文稿有思想、讲质量、见实效。全年共组织起草、参与起草和修改文件讲话、工作汇报、理论文章等文稿369篇。起草重要讲话，服务领导科学决策、指导推动工作。围绕服务全市中心工作，起草完成市政府工作报告及市政府主要领导在全市经济工作会、市委全委扩大会、中心组学习会、市政府党组会、市政府全体会、经济工作座谈会等综合性会议上的讲话材料；围绕推动有关专项工作，起草完成市政府主要领导在农村工作、重点项目、扶贫攻坚、“双联”行动、安全生产等专项会议上的重要讲话材料等共102篇。起草重要汇报，争取各方面对庆阳发展的支持。对全市相关工作情况和经验进行归纳、总结和提炼，负责起草了向李克强总理、国家能源局吴新雄局长、国家安监总局杨栋梁局长、国家开发银行方笑明行长、全国政协经济委员会石军副主任和省委王三运书记、刘伟平省长等国家、省上领导和国家部委、省直有关部门等的汇报材料及信函，起草完成“3341”项目建设、“1236”扶贫攻坚、深化“双联”行动、煤炭资源开发、煤电基地建设、贯彻落实全省经济工作和城镇化工作会议有关专项工作、资源性产品价税改革、义务教育均衡发展等专题汇报材料90篇。起草理论文章，为宣传推介庆阳提供服务。在对理论与实践的结合进行归纳、提炼的基础上，起草完成各类理论文章21篇，部分在《党建》、《甘肃日报》、《党的建设》、《发展》、《陇东报》等报刊发表。起草重要文件，为市政府有效推动工作落实提供服务。经过广泛调研论证，同相关部门、县区反复沟通衔接，负责起草、修改完成市政府《关于深入推进行政审批制度改革的意见》、《庆阳市金融支持非公有制经济跨越发展指导意见》等文件。

【服务群众】坚持把“双联”与发展富民产业紧密结合起来，与推进城乡综合配套改革紧密结合起来，与扶贫攻坚紧密结合起来，真情实意用心“联”、改进作风主动“联”、持续不断经常“联”，以“做功”体现“为民”，以“实干”促进“富民”。科学编制规划引领发展。根据村情、民情的变化，修订完善了《东坪村扶贫开发奔小康规划》，制定了《进一步做好双联工作的意见》，进一步增强了帮扶的针对性和实效性，确保了“双联”行动稳步有序、扎实有效推进。扎实办理实事纾解困难。积极衔接市扶贫办、农牧局和西峰区政府，为帮联村争取项目资金50万元，大力发展苹果产业，积极培育设施蔬菜，全面推广规模养殖，加快扶贫攻坚进程。协调西峰区政府为东坪村贫困户增加投放地膜1.5吨、发放喷雾器3台。为帮联农户送去化肥等必需的农用物资，为村委会捐赠电脑2台，赠阅全年甘肃农民报1份、陇东报5份，捐赠支农扶持资金5400元，各类书籍200册。激活内生动力强化造血功能。坚持把提升群众农业生产技能作为增收致富的有效手段，组织20名致富能手赴宁县、陕西杨凌参观学习种植、养殖技术，邀请农业专家到田间地头现场指导，转变贫困群众思想观念，增强自我发展能力。

【机关建设】组织干部职工深入学习党的十八大和十八届三中、四中全会精神，深刻领会习近平总书记系列重要讲话精神内涵，用党的新理论、新观点、新方法武装头脑、锤炼党性、升华思想，始终与党中央和省委、市委保持高度一致。教育引导党员干部自觉践行“三严三实”要求，锤炼党性修养，坚定理想信念，培养良好的政治品格。积极组织开展党的群众路线教育实践活动，扎实完成了各个环节的工作任务，对查找出的突出问题，逐一制定整改方案和整改清单，落实了整改措施。坚持改文风、转作风，对市政府安排的每一项工作、每一份文稿都以唯实的精神、务实的态度，高度负责、扎实办理，高质量、快节奏完成，始终保持了积极向上、乐于奉献的精神状态和兢兢业业、履职尽责的务实作风。充分发挥传帮带作用，向年轻干部交任务、明责任、压担子，培养创新、创优、创业精神。坚持党风廉政建设与其他工作同部署、同落实、同检查、同考核，认真落实党风廉政建设主体责任。修订完善党风廉政建设责任制等10项制度，创新建立5项制度，严格实行工作周安排、月登记、季通报、年终考评制度，形成了用制度管权、管事、管人的长效机制。（市政府研究室　供稿）

统　计

【工作综述】2014年，全市统计工作在市委、市政府的坚强领导和省统计局的精心指导下，在各县区的共同努力和各相关部门的通力协作下，以“统计质量提升年”活动为抓手，统筹抓谋划，创新破瓶颈，各项工作取得了较好成绩。市统计局连续五年荣获全省统计工作综合考评第一名，40个专项工作有19项获一等奖，13项获二等奖，8项获三等奖。

【统计成果】一是巩固了企业“一套表”改革成果。坚持政府推动、部门联动、专业互动、市县促动，建立部门联合督导机制，年内协调组织发改、工信、商务、住建、文广、房管等部门赴企业督导9次，参与126人次；市、县局严守企业“一套表”联网直报“四条红线”，严格执行“即报即审即验”原则，对各类差错实施分类指导，确保直报数据真实、准确。二是细化了“四上”企业进库措施。年初，以统计、财政、工信、住建、商务、督查考核6部门联合发文的形式对年度拟纳入“四上”企业名录库的单位进行了确认和分解，靠实了入库对接、资料审核、奖补兑现等环节的责任，年内新增入库“四上”企业69户；年末，联合6部门对全市年度内新入库“四上”企业进行了验收，按照市、县各半的原则落实财政奖补资金345万元。三是试点了乡镇“一套表”统计改革。以15种农情调查问卷联网直报为契机，实施了15个乡镇统计站信息化建设试点及村级数据网络启报试点，为乡镇“一套表”改革全面启动奠定了联网直报的工作和网络基础。四是简化了投资项目进库审批。按照投资项目统计进库审批权限，将500万元以上、亿元以下项目进库审批权限下放至县区统计局管理，简化了项目进库审批流程，提高了项目统计的时效性。五是开展了循环经济统计监测。制定了《庆阳市循环经济统计评价指标体系实施方案》，对全市6类133项循环经济重点项目开展统计监测。六是健全了服务业统计制度。提请市政府下发了《关于加强和完善服务业统计工作的通知》，增设服务业和文化产业统计科，核增科级职数1名，事业编制2名，落实专项资金20万元，从机构、人员和经费上为全市服务业统计提供了保障。此外，以全市第三次全国经济普查为契机，建立起38个部门服务业综合统计报表报送机制。七是创新了文化产业统计。提请市委印发了《关于做好全市文化产业统计工作的通知》，制定了《庆阳市文化产业统计方案》，在认真执行季度全面统计的基础上，县区执行月度抽样调查报表制度，文化产业数据质量持续提高。八是首创了村级小康统计监测。为检验“双联”行动和扶贫攻坚工作成效，在全省率先制定了《村级小康统计监测方案》，对全市1261个行政村小康实现程度进行了统计监测，此项工作在全省扶贫系统得到推广。同时，按照国家最新颁布的小康指标监测体系，对全市及县区2010-2013年全面建成小康社会实现程度、弱项指标、完成指标等进行了全面测算，及时提交市委、市政府领导参阅。

【调查研究】一是积极开展“四查”工作。年初，按照国家局的统一部署，在全市开展了“四查”（经济普查登记阶段工作质量督查、统计违法行为专项治理检查、专业报表数据质量抽查、固定资产投资数据质量核查）工作，采取现场拆封、实地查看、数据核对及查阅台帐、会计凭证、施工合同、施工许可等形式对60个单位进行了检查，现场查纠问题178件，并通报各县区政府，督促限期整改。

二是强化抓促督导。根据各县区月度报表数据报送和重点工作推进情况，由分管领导带队，相关业务科室人员参加，有针对性地深入现场对“四上”企业生产经营情况、统计改革、经济普查、基层基础建设等重点工作任务落实进行现场督导，累计现场抓促推动12次；落实部门统计联席会议机制，先后召开部门行业统计联席会议4次，与发改、商务、住建、工信等部门主动会商20次，实现了部门行业数据的统一核算；赴长庆油田公司、庆阳石化公司等非地属企业4次，理顺了企地统计数据报送渠道。此外，组织县区统计局长分赴8县区53个点，对半年经济运行情况和统计工作进行调研观摩，随后召开总结抓促会议，交流调研和观摩心得，达到了相互借鉴和共同提高的目的。三是进行了“三项”治理。年末，根据全省统一部署，组织开展了“一套表”联网直报违规报送行为专项整治自查和抽查，主要采取包抓、包查、包改“三包”措施，重点自查整改“一套表”问题启报单位78户，市局直接抽查10户；开展了商贸专业自查自纠，累计查纠148户商贸企业；与市委宣传部、市文广局联合开展了全市文化产业统计工作专项督查，累计抽查在库统计的文化产业企业32户。

【咨询服务】一是强化监测预警争主动。结合全市及县域经济发展态势，先后提交《统计呈阅件》16期，分别对小康社会进程、城镇化率、“三查”工作、科技统计、经济运行态势和弱项指标差距等进行了全面分析和提前预警，市委、市政府主要领导和分管领导批示13次，市政府在全市批转3期。二是抓促调研信息优服务。结合县区经济发展特点和各科室业务实际，采取分专题、定任务等方式，分别为各县区统计局和市局各科室确定34篇统计专题调研报告，汇总编辑1200余册供“两会”代表委员参阅；全年累计向省局内网报送信息674条，采用531条；向市委网站报送信息271条，采用194条；向庆阳门户网站报送信息492条，采用374条，均居市直部门前列。三是丰富服务载体出精品。进一步丰富了《统计月报》资料内容，增加了部门月度数据，扩大分送范围；改版《庆阳年鉴》，增加数据资料；《统计资料提要》、《庆阳统计信息汇编》均按期编发。按照国家和省局主要领导指示要求，会同华池县委、县政府，全面启动了《陕甘边革命根据地时期的统计实践活动》课题编研；开展了《全市“十三五”规划经济增长预期目标体系设置及增长区间研究》，为《规划》编制提供了科学参考。

【基础建设】一是推进统计阵地建设。针对农村统计工作滑坡的问题，制定印发了《庆阳市乡镇统计工作规范》，强化乡镇街办统计站规范化建设；进一步巩固落实乡镇“实体型”统计站“八有”标准，按照“四有”要求加强村级统计规范化建设；在宁县按照20%的目标推行村级统计室建设，建成24个规范化统计室。二是夯实基层基础建设。在内业建设方面，按照“分类统一、设置标准、格式规范、管理科学”的原则，建立乡镇统计站、村级统计岗和“四上”企业内业规范化管理制度，印发全市统一制式标准的农村经济社会和“四上”企业9种统计规范和11种综合统计月度台帐，分专业制定《统计报表报送规范及流程》，下发至各企业单位。在业务建设方面，组织市局11个科室主要负责同志及8县区局长、业务局长共30人在国家统计局培训基地（四川成都）举办为期一周的业务提高培训班学习；建立了“每月一课”以讲促学机制，由市局各专业骨干按月对相关专业知识进行系统讲课；局领导应邀为全市党校干部秋季培训班、市商务局、全市“双联”干部培训班、陇东学院讲授统计和经济基础知识；采取直接入企督导、面对面指导、手把手培训等方式，强化对“一套表”联网直报企业尤其是新增统计调查单位统计人员的培训和业务指导；编辑《主要统计指标解释》培训教材1520本，全市统计系统人手一册；组织全市47人参加了中级统计调查分析师考试，245人参加了统计从业资格考考试。在信息化建设方面，以实施市、县区、乡镇三级网络升级改造工程为契机，全市119个乡镇（街办）全部实现了统计内网“五级”联网；市、县筹资126万元，建立了标准化数据机房，首创上网行为管理系统，华池县率先建起了统计外网。同时，市局落实资金19.91万元，接通了市到8县区10M、县区到乡镇4M数据专线；机房升级改造、高清视频会议系统、网络安全及管理平台、双网扩容隔离改造顺利完成，市级实现了互联网20M光纤接入和统计内网4M光纤接入。三是坚持依法管统治统。向每户统计调查单位发放《企业“一套表”联网直报承诺书》和《统计执法检查自查核查表（7种）》，进一步规范企业统计行为；集中4次对全市165户（占“四上”企业33.1%）统计调查对象进行现场抽查；按月赴县区进行实地督导，全年查处统计违法违纪案件3起，立案2起，结案

2起。四是完成第三次经济普查。全市各级普查机构和6000多名普查员按《第三次全国经济普查方案》规定完成了宣传发动、业务培训、普查入户登记、查缺补漏、数据上传、个体户查缺补漏、普查数据改错和事后质量控制、普查主要数据测算等工作，普查资料开发、评先奖优和普查总结正在按要求开展。

【效能建设】一抓考核创新。与各科室签订了《目标管理责任书》，分别制定印发了科室和县区考核办法，签定了《统计行风建设承诺书》和《统计行风建设责任书》，实施月度重点工作预安排制度；协调将统计工作纳入市、县区两级政府绩效考评内容，实施科室和县区统计工作“四位一体”考核。同时，在局机关开展了“优秀共产党员”、“模范干部”、“先进工作者”、“优秀信息员”、“统计业务能手”等评先奖优活动，充分调动了干部职工积极性。二抓部门协调。积极汇报将落实《关于提高统计质量的实施意见》（庆政办发〔2013〕29号）、强化“四上”企业入库、参加部门统计联席会议、报送部门行业数据等工作任务量化纳入市委、市政府对部门年度工作绩效考评内容；认真落实部门统计联席会议、重点统计工作联合督导、部门行业主要数据会商等统计工作抓促机制，不断强化“各负其责、共同推进”的“大统计”工作格局。三抓作风改进。制定了《党的群众路线教育实践活动实施方案》，对15个层面征求到的304条涉及“四风”方面存在的问题进行了分类梳理，系统归纳为3大类65个问题，列出清单，挂号整改，有效促进了效能建设。制定了《加强统计工作落实“两个责任”，推进依法治统整改方案》，把统计工作与党风廉政建设和落实“两个责任”结合起来，集中治理12方面突出问题，促进了廉政勤政。制定了“双联”行动“两规划一计划”，按照“单位帮村、干部联户”原则，年内累计协调市、县专项资金71万元，为帮扶的华池县城壕村帮办了新建漫水桥一座、维修1.5公里沙石公路等10件实事。（市统计局　供稿）

调　查

【工作综述】2014年，庆阳统计调查工作以党的十八届三中、四中全会和习近平总书记系列讲话精神为统领，以全国和全省统计调查工作会议精神为指导，以开展党的群众路线教育实践活动为契机，牢固树立“两个意识”，紧紧围绕“三个提高”，全力推进统计调查改革创新，积极拓展“四大工程”应用范围，不断加强和规范基层基础工作，常规调查按期完成，专项工作落实到位，统计调查服务水平进一步提升。党的群众路线教育实践活动如期完成各环节任务，党风廉政建设不断加强，干部素质不断提升，工作作风进一步转变，圆满完成了甘肃调查总队和庆阳市委市政府安排部署的各项工作任务。在2014年全省调查队系统年度工作考核中荣获综合考评二等奖。

【常规调查】庆阳队承担的居民收支(农村、城镇)、农产量、贫困监测、畜禽监测、流通消费价格、工业品价格、固定资产投资价格、规下工业、规下服务业、采购经理和限额以下批发零售住宿餐饮行业等12项常规统计调查项目，严格执行国家统一调查方案，严格执行各专业统计调查基层基础规范化操作规程及报表制度，加强业务培训，强化现场督导，突出调查样本轮换维护，突出数据采集方式变革，严格数据审核评估，圆满完成了各专业调查的月报、季报和年报工作任务。在2014年全省调查队系统业务工作考评中，农业和农村调查荣获全省二等奖，工业品价格调查荣获全省二等奖，规下服务业调查荣获全省服务业综合考评三等奖，监管的农业生产资料价格调查、居民消费价格调查分别荣获全省一等奖和三等奖。

【专项调查】一是全国第三次经济普查庆阳市个体户抽样调查圆满完成，庆阳调查队荣获全国第三次经济普查国家级先进集体，工业科科长荣获省级先进个人。全国第三次经济普查庆阳市个体户抽样调查由庆阳调查队具体组织实施，成立了领导小组及办公室，研究制定了西峰区13个普查小区、2896户个体经营户的调查方案，认真组织了调查培训。全体干部职工克服困难，连续作战，现场登记坚持了“三经普”的“六条红线”，数据审核上报严守“三条红线”和“五条底线”，在4月30日完成数据验收并直报国家统计平台。二是千村调查工作顺利完成。根据国家统计局和甘肃调查总队的部署安排，庆阳调查队成立调查组，8月中旬深入西峰区什社乡任岭村开展访问调查，尤其对10个住户记账户详细调查，调查工作得到调查户的积极配合，按期完成了任务。三是全省党风廉政建设民意调查圆满完成任务。根据甘肃调查总队2014年党风廉政建设民意调查工作培训会议精神，成立由市纪委分管领导任组长，庆阳队主要领导为成员的领导小组，制定了专项调查方案，进行了业务培训，抽调5个调查组，认真组织入户调查，历时4天圆满完成了调查工作任务。四是新设立小微企业和个体经营户跟踪调查圆满完成。庆阳队成立了新设立小微企业和个体经营户跟踪调查办公室，由分管队长担任主任，制定了调查实施方案，从工业科、服务业科、农调科抽调人员，成立三个调查小组，将任务分解到组，责任落实到人，各组按时下县入户查找核实调查样本，直接入户采集数据，保证了对70户调查对象于10月、12月两次入户调查任务的圆满完成。

【改革创新】一是全力推进重点领域改革创新。扎实推进城乡住户调查一体化改革，严格执行国家一体化住户调查方案，积极尝试电子化数据采集方式，狠抓样本维护，狠抓数据审核评估，研究探讨国家点、地方点和贫困监测点等调查数据的衔接与匹配，研究探讨改革后调查数据与历史数据的分析、比较、评估和衔接。同时，顺应国家统计数据采集方式的重大变革，积极做好有关专业调查数据采集方式变革的前期准备工作。 二是积极拓展“四大工程”应用范围。成功举办6月份全省平庆地区工业生产者价格联网直报培训会议，全年顺利完成工业生产者价格调查、新设立小微企业和个体户跟踪调查等专业的一套表联网直报工作，规下服务业等专业结合实际推行了网上直报和常规报表“双轨”运行，农业、住户等调查开展了直报工作的前期准备工作。

【调查服务】以建设现代服务型统计为目标，调查服务能力、服务水平有了较大提升。一是调查数据服务有提高。专业调查获取的调查数据，除满足上级外，按数据生产周期，及时提供给市委、市政府、各县区及有关部门，尤其是两项收入、粮食产量、消费价格、生产价格、贫困面等敏感数据还通过庆阳政府门户网站、《庆阳统计月报》、《庆阳统计公报》、《庆阳年鉴》等方式进行发布，统计调查参谋助手作用日益显现。二是信息服务有改观。紧扣甘肃调查总队每月发布的信息要点，紧扣社会热点难点焦点问题，围绕小微企业、收入分配、农业生产、重要价格等领域，结合专业调查数据，开展统计分析研究。2014年庆阳市队共撰写报送调查信息分析421篇(条)，其中向庆阳市政府门户网站报送调查信息分析89条，采用73条；向甘肃总队内网报送调查信息分析253条，采用133条；通过《新华网》、《农业部网》、《每日甘肃》等媒体采用统计调查信息13篇(条)。向甘肃总队推荐上报了《陕甘宁革命老区经济社会发展比较分析》和《对庆阳市促民增收措施的研究与思考》两篇优秀分析报告，其中彭群安撰写的《陕甘宁革命老区经济社会发展比较分析》荣获全省调查队系统优秀统计分析评比一等奖。三是“双联”行动有实效。紧紧围绕脱贫致富这一中心任务，通过双联协调会、入户走访、田间地头等不同场合，一方面对接摸底、吃透村情户情，一方面多方位进行政策和惠农富农信息宣传，指导毛寺村帮助各部门修订完善“规划一计划”。紧扣助农增收这一关键，春冬两季给帮扶户送去农资化肥共计7.2吨；10月中旬，向帮扶户捐赠办公桌椅及沙发14套；11月25日，开展了十八届四中全会精神集中宣讲和入户宣讲活动，并为毛寺村捐赠了广场娱乐用的电脑、音箱和舞蹈服。同时，在建设生态渡假村、解决村幼儿园、村卫生所遗留问题等方面，与有关部门协调，积极出主意想办法。2014年全村农民人均纯收入达到6691元，比上年增长20.3%，比全乡增幅高1.83个百分点。

【基层基础】一是制度建设取得新进展。结合群众路线教育实践活动整章建制环节的工作，讨论制定了《庆阳调查队考勤查岗制度》、《庆阳调查队科室年度目标责任制考核办法》、《庆阳调查队数据审核评估管理办法》、《庆阳调查队信息工作管理办法》等9项管理制度，并已付诸实施。二是基层调研得到不断加强。根据分管工作，队班子成员及时带队下县进村入户开展调查研究，掌握调查点、调查企业、调查户的实际工作现状，发现问题现场能解决的当场培训纠正，现场不能解决的带回班子研究，并及时回复。全年赴基层督查调研23次，有力促进了专业调查规范化和数据质量的提高。三是第五届“统计开放日”活动暖了调查员的心。按照国家统计局和甘肃调查总队《关于认真开展“第五届‘中国统计开放日’活动”的通知》要求，从10月中旬开始，对8县区城乡一体化调查工作进行了全面督查慰问，宣传统计工作，宣讲调查知识，检查住户台账，并对记账工作认真负责的40个记账户进行了入户慰问。

【作风建设】一是党的群众路线教育实践活动取得阶段性成果。紧紧围绕“照镜子、正衣冠、洗洗澡、治治病”的总要求，始终坚持把教育实践活动作为重大政治任务，成立领导小组及办公室，制定教育实践活动实施方案，确保了各环节工作扎实有序开展；始终坚持把提高思想认识，强化理论武装放在首要位置，加强学习教育、强化理论素养，全队共集中学习 28 次，人均摘记学习笔记 2 万字以上，撰写心得体会 2 篇，增强了全队的思想自觉和行动自觉；始终坚持以查摆“四风”问题为导向，广泛征求意见，努力查摆问题，领导小组共召开座谈会 6 次，累计听取意见 50 多人次，收集各类意见建议 83 条，经过梳理和“会诊”，归纳为 3 大类 11 方面问题；始终坚持以整风精神开展批评与自我批评，班子及班子成员对照检查材料先后经过 11 次修改最终定稿，保证了 7 月 31 日领导班子专题民主生活会成功召开；始终坚持把解决“四风”突出问题作为教育实践活动最高目标，以落实“八项规定”为切入点，先后制定了“两方案一计划”等整改文件，聚焦“四风”、“六不”，制定整改措施，明确了突出问题整改的时间表、路线图和责任人，狠抓“7+5”专项整治，取得初步成效；始终坚持抓制度落实和建设，发挥制度的规范和刚性作用，修定或制定 6 个方面共计 25 项规章和规范性文件。活动经过学习教育、听取意见，查摆问题、开展批评，整改落实、建章立制六个环节，扫除了思想之尘、排查了作风之弊、整治了行为之垢，达到了树立群众观念、改进工作作风、提升调查能力、聚焦“四风”解决“六弊”的预期效果。二是党风廉政建设责任制全面加强。围绕加强党风廉政建设主体责任和监督责任，进一步细化党组的主体责任，从落实统筹谋划部署、完善制度机制、管好用好干部、严明党的纪律等九方面落实党组书记第一责任、党组成员分管责任的主体责任制；从认真组织协调、深化监督检查、严肃查办案件等六方面落实党组纪检组的监督责任；严格落实一手抓工作，一手抓廉政，两手抓，两手都要硬的“一岗双责”制度和“一案双查”责任追究制度。队党组把党风廉政建设和反腐败工作作为全队中心工作来抓来管，与业务工作同部署、同考核。党组纪检监察组认真履行职责，积极参与队里的整章建制、数据评估、机关事务等监督管理。坚持以惩治和预防统计数据弄虚作假为重点，认真组织开展了调查数据执法大检查工作。强化廉政教育，队机关组织了 2 次党纪政纪和廉政专题教育。年初，全体党员干部向队党组递交了《党风廉政建设承诺书》，领导班子、各科室和全体党员干部自觉落实廉政风险防控机制建设的各项要求，增强了从源头上防治腐败的力度，取得了较大成效。（国家统计局庆阳调查队　供稿）

审　计

【审计成果】全市共完成审计项目 457 个，查出主要问题金额158953万元，其中，违规金额21243万元，管理不规范金额 137710 万元；审计处理处罚金额 31467.46 万元，其中应上缴财政 5304.82 万元，应减少财政拨款或补贴 2382 万元，应归还原渠道资金 9095.33 万元，应调账处理金额 14685.31 万元；审计促进整改落实有关问题资金 33931 万元，促进拨付资金到位 328 万元，核减投资额 2699 万元，出具审计报告 457 篇，审计提出建议 841 条，被采纳 775 条，移送处理事项 12 件。向市级以上媒体刊物报送信息 494 篇，采用 481 篇。

【预算执行审计】对 123 个部门和单位的预算执行、转移支付、专项资金、税收征管等进行审计。市、县区审计机关向同级人大常委会作了预算执行情况的审计工作报告，引起了被审计单位的高度重视和社会各界的广泛关注，对全面把握财政资金分管用情况，检查预算执行的有效性，提高财政资金使用效益和财政财务管理水平起到极大促进作用。加强对“三公”经费、会议费和楼堂馆所清理情况的专项审计，督促整章建制，抓好整改落实。

【经济责任审计】以贯彻落实中央、省、市经济责任审计“规定办法”为重点，紧扣权力运行和责任落实，建立以任中审计为主导、任中审计与离任审计相结合的工作机制，加强对权力集中部门，资金、资产、资源密集领域领导干部的监督审计。通过审计，对领导干部执行国家政策、推动事业发展、科学决策、经济管理、依法行政、资源环境保护、机构编制管理、廉洁自律等方面的责任进行全方位考量评价，为干部监督管理提供重要依据。全市完成经济责任审计项目 143 个。

【专项资金审计】全市审计机关加大对扶贫资金、灾后重建、教育经费和住房公积金等事关群众利益、事关社会稳定、事关和谐发展的民生项目审计力度，依法查处挤占挪用、滞留截留、损失浪费等问题，切实关心群众利益，切实回应群众诉求，促进民生资金进一步规范管理、高效使用，真正惠及民生。全市完成专项资金审计项目 65 个。

【投资项目审计】坚持把投资项目审计作为节约政府投资、减少损失浪费的重要手段，及时对政府重大投资项目实行竣工决算审计，依据立项批复、招标文书、施工合同和补充协议等资料，加强对工程造价、合同外增减工程、隐蔽工程和现场施工签证的审查审核，重点核实工程造价的真实性、建设资金使用的合规性，建设程序的合法性，提出合理化意见建议，促进建设单位加强项目管理，提高项目管理水平。全市完成重点投资审计项目 73 个，审计资金总额 112430 万元，核减投资额 2699 万元。

【其他项目审计】组建业务骨干队伍、成立审计攻关小组、建立业务骨干会商制度、集中攻关、组织会战。将计算机审计项目和绩效审计项目确定到领导、分解到科（股）室、落实到个人，逐级交责任、压担子、抓落实，确保计算机审计全面开展。全年共完成 AO 应用实例 140 篇、计算机审计方法 57 篇，市本级应用 OA 交互系统上传审计项目 27 篇。

【审计质量】牢固树立审计质量是审计工作生命线的理念，坚持围绕审计项目实施，科学统筹审计资源，最大限度挖掘潜力，提高审计工作质量。一是加强计划管理，整合审计资源。围绕市委、市政府中心工作和社会关注的热点、焦点问题，多方征求意见，确定审计项目计划，力求使审计结果产生宏观和整体效应，做到纲举目张；突出具体审计项目的审计重点，该彻查的一查到底，该延伸的坚决延伸，不搞面面俱到。对一些重大项目，整合全市审计力量，上下联动，密切配合，集中人力打优势仗，有效化解审计任务繁重与审计力量相对不足的矛盾，提高审计监督的功效。二是加强现场管理，规范审计行为。制定印发了《审计质量控制制度规范汇编》，规范审计工作文书和审计工作程序。对所有审计项目，坚持落实“两项制度”、规范“三项管理”、开好“四个会议”、把好“五道关口”，加强审计现场管理。“两项制度”，即领导跟班制度和审计纪律、审计质量检查制度，分管领导对审计项目负总责，深入每个审计项目现场，及时掌握审计工作开展情况和审计纪律执行情况，研究解决具体工作中存在的困难和问题，督促提高审计工作效能。“三项管理”，即审计项目限时管理、审计人员动态管理、审计现场纪律管理。在下达审计项目计划时，规定项目的完成时限，要求审计人员必须在规定的时间内完成任务；署定、省定审计项目实行全市一盘棋，其他审计项目实行全局一盘棋，打破县区、科室之间的界限，统筹安排使用审计人员，提高项目实施效益；加强审计纪律管理，要求审计人员在现场期间严格遵守被审计单位工作纪律，依法文明开展审计，确保审计工作质量。“四个会议”，即审前培训会、审计进点会、审后总结会、审计情况通报会。“五道关口”，即调查了解关、审计方案编制关、审计取证关、审理关和审计报告关。三是加强审理核查，防范审计风险。坚持以审计报告为总揽，以审计方案为基础，以审计证据为核心，严格落实审计组长复核、法制科（股）审理、项目审定委员会审定三项工作制度，确保审计报告事实描述准确，运用法律法规得当，审计建议针对性强。四是加强整改检查，落实行政问责。认真落实省政府《关于进一步加强审计整改工作的意见》，将审计整改工作纳入领导干部和县（区）部门目标考核，健全完善领导督促督办、部门整改联动、跟踪检查问效、整改落实回访四项工作机制，加大整改落实力度。对审计整改工作，审计机关按期进行回访，督查考核部门定期进行督查，每半年向政府常务会汇报一次工作情况，每年向人大常委会报告审计整改结果。对整改落实不力的单位，政府主要领导进行约谈，监察机关进行问责，财政部门扣减预算款项，全力推动整改事项落实。（市审计局　供稿）

督查考核

【工作综述】2014 年，在市委、市政府的正确领导和省委、省政府督查室的指导下，认真落实市委、市政府的决策部署和阶段工作安排，以促进工作落实为重点，明确目标，强化措施，积极发挥职能作用，积极开展群众路线教育实践活动，各项工作扎实推进。

【督查工作】按照市委、市政府的总体安排，围绕“稳增长、促改革、调结构、惠民生”，先后对长庆桥等四个工业园区目标任务完成情况，西峰区城市建设 11 个重点项目，庆城县、合水县苗林产业结合培育，全市第一季度重点项目，正宁电厂、核桃峪煤矿、新庄煤矿、长庆桥工业集中区等重大项目，镇原县、西峰区项目建设，农村平安建设，政务服务，义务教育均衡发展，为民办实事工作，农村社区建设，信访工作，全民创业带动就业，环县、合水、庆城等县安全生产百日整治活动，8县区村级便民服务中心建设，新型城镇化建设，道路交通安全大整治，留守儿童管护，羊产业发展，8县区经济社会发展情况，市直各部门执行中央“八项规定”、省委“双十条”规定和市委《实施细则》情况，扶贫开发，退耕还林等工作情况进行了督查，有效促进了各项工作任务的顺利完成。按月对全市“三个一”包抓责任制重点项目进展情况进行督查通报。5月4日至7月底，对市区环境整治、背街小巷综合治理、城市综合管理等工作进行每周督查，并按时向市政府报送《督查专报》，促进了城区综合整治工作的落实。积极探索领导重视、部门支持、各级广泛参与的督查工作新思路、新机制、新办法，协同有关部门对市上安排的一系列重点工作进行了督查。先后会同市发改委、人社局、财政局、招商局等单位对一季度重点项目进展情况、全市被征地农民养老保险工作、林苗产业发展情况、8县区上半年农业产业发展情况、县区重点项目、苹果产业发展和羊产业发展情况进行了督查。在督查中，对工作措施不力，工作进展缓慢的县区和部门进行了通报，客观指出了存在问题及下一步整改要求。同时，对于省委、省政府督查室和领导批示交办的督查事项，高度重视，认真研究，按要求及时报告督查结果。先后对市直相关部门2013年度省列考核指标完成情况、扶贫整村推进和县乡农贸市场建设情况、取消和下放行政审批事项、推进简政放权政策落实情况、全市贯彻落实国务院“稳增长、促改革、调结构、惠民生”政策措施落实情况、我市非公经济发展、新兴产业发展、扶贫攻坚3项工作、执行中央“八项规定”情况、全市民生实事办理工作、《全省21项重点工作协调推进领导小组第三季度工作进展情况督查报告》反映事项落实情况进行了督查，及时向市委、市政府和省委督查室、省政府督查室进行了专题报告。根据省政府督查室关于各市州开展交叉督查的安排，利用一周多时间，对白银市扶贫整村推进项目和县乡农贸市场体系建设情况进行了督查。做到了领导批示、交办事项，事事有回音，件件有结果。全年共上报《督查专报》60期、《督查季报》4期，印发《督查通报》20期。

【考核工作】认真组织完成了2013年度年终考核各项工作，在市委三届八次全委（扩大）会议上表彰奖励了2013年度先进县(区)、部门(单位)、中省驻庆单位和纳税明星企业。在确定2014年县（区）目标任务时，根据县域经济特征、产业结构特点、重点工作任务，按照各县区年度工作特点和省政府下达的目标责任指标确定考核内容，明确考核指标，完善了差异化的指标考核体系。综合考核指标包经济建设、社会建设、文化建设、生态文明建设、党的建设、民主法制建设6个方面44个分项。单项考核指标包括党风廉政及作风建设、组织工作等20个单项。对市直部门（单位）实行绩效考评，增加了日常督查考核的内容，扩大了各级各层面评议、测评赋分权重。并将重点工作任务汇编装订成册分发县（区）、市直部门作为2014年度目标管理考核的依据。在总结过去考核工作的基础上，结合省上的考核办法，围绕增强考核工作的科学性、可操作性，突出科学发展的考核导向，既注重考核发展速度，又注重考核发展方式、发展质量；既注重考核经济建设情况，又注重考核经济社会协调发展、人与自然和谐发展，特别是维护稳定、改善民生的实际成效；既注重考核看得见、摸得着的显绩，又注重打基础、利长远的潜绩，认真修订了《庆阳市2014年县（区）目标管理责任制考核办法》、《庆阳市市直部门(单位)工作绩效考评办法》，较好地发挥了考核考评工作的导向激励作用。同时，为了切实搞好2014年度年终督查考核工作，提出了工作实施方案，对各种考核指标进行了有效整合，有效减轻了基层工作负担，促进工作落实。

【建议提案督办】2014年，市三届人大四次会议审定交办的人大代表建议105件，市政协三届三次会议审定交办的政协委员提案146件。经过认真督办，在法定时限内，所有建议提案已全部办结并书面答复代表委员，并向市委、市人大、市政府、市政协专题进行了总结汇报。其中，所提问题已经解决或基本解决的100件，占39.8%；所提问题正在解决或已列入规划逐步解决的129件，占51.4%；所提问题因条件限制或其他原因需待以后解决的14件，占5.6%；所提问题供今后工作参考或需向上级有关部门反映的2件，占3.2%。同时，为了紧密配合全国、全省“两会”的召开，把建议提案素材征集工作作为一项重点任务来抓，2014年初，分别为国家、省“两会”征集建议提案素材6件和11件，有力地配合了我市重点工作实施和重大项目争取。2014年11月，分别为2015年全国、省上“两会”的征集建议提案素材5件和10件。

【为民办实事督办】为了切实抓好省上确定的“22件实事”和市上确定的“16件实事”的落实，按照省市的统一部署，坚持把实事办理作为关注民生、解决民困、构建和谐的大事来抓，强化督办，狠抓落实，省市为民办实事项目均全面完成任务，完成投资68.49亿元。起草了《关于分解落实2014年省、市为民办实事工作任务的通知》，将办理任务分解靠实到牵头领导、各县（区）及责任部门，明确办理时限和工作要求。采取“目标管理、领导牵头、专人负责、任务包干、倒排进度、专项督办、考核通报”的办法，协调各县区、各部门全力推进落实。把实事办理工作纳入县（区）、部门目标管理和绩效考评之中，实行单项考核，并加强督促检查。同时，在全市范围内公开征集2015年市列民生实事项目，印发了《关于征集2015年度市列为民办实事项目的通知》，共征集确定民生实事9件。

【党的群众路线教育实践活动】根据全市党的群众路线教育实践活动相关要求及市委的安排部署，扎实完成了学习教育、听取意见，查摆问题、开展批评，整改落实、建章立制三个阶段的活动任务。先后通过系统学习教育实践活动规定的各项学习内容，赴南梁接受革命传统教育，深入“双联”点开展“走进基层、深入群众、访贫问苦、调查研究”主题教育活动，进行教育实践活动学习交流，局主要领导为局机关党员干部讲党课，组织开展“做老实人，当好干部”征文活动，使局机关党员干部认识更加深刻，思想上受到了触动，精神上受到了洗礼。对征求到的每条意见建议，局领导班子高度重视，认真反思作风方面存在的差距和不足，紧密联系思想、工作和生活实际，联系履行职责和权力运用情况，主动深查细照、认领问题，认真起草对照检查材料。召开专题民主生活会，辣味十足地开展批评和自我批评，普遍接受了一次严格的党内生活锻炼。召开了局党组民主生活会情况通报会，向全体干部职工通报了局党组民主生活会情况。召开了机关党支部组织生活会，全体党员干部进行了深刻的对照检查，并积极开展了相互批评，随后对全体党员干部进行了民主评议。制定了“两方案一计划”，将整改落实和建章立制任务分解到责任领导、责任科室，明确了整改时限，为确保群众路线教育实践活动取得实效奠定了基础。对整改事项实行“台账式”管理，明确存在问题、整改措施、责任领导、责任科室、整改时限、整改情况等，对每一个问题进行编号，一个问题一张表，解决一个“销号”一个。不定期对整改台账进行检查，督促按期完成整改任务，确定整改事项整改到位。

【双联工作】2014年，根据省、市“联村联户、为民富民”行动工作安排，认真学习贯彻王三运书记“六个结合”重要批示精神，突出务实和创新“两个要求”，切实打造“三大工程”，全面落实“六大重点任务”、“八个全覆盖”和“五件实事”，扎实开展“双联”行动。全年帮办实事11件。大力推进联系群众长效机制建设，促使广大党员领导干部深入基层听取群众意见，了解群众心声，帮助解决困难，以干部的“辛苦指数”提升群众的“幸福指数”。

【机关管理】坚持以创建学习型机关为目标，把学习作为党员干部增长才干、提高素质的重要途径，扎实开展学习型党组织创建活动，共组织集体学习34次。全面落实党风廉政建设“两个责任”，局党组制定印发了《关于落实党风廉政建设主体责任的实施细则》，使全体党员干部都明确了自己的“责任田”，明确了自己维护党纪之责、作风建设之责、防治腐败之责、教育管理之责和支持保障之责。坚持对党风廉政建设责任制落实情况实行定期督查、随时抓促，增强了班子成员和各科室抓好党风廉政建设的责任意识，为推动党风廉政建设责任制落实奠定了坚实的基础。以贯彻落实中央“八项规定”为重点，严明组织纪律，加强干部作风监督检查，扎实开展不作为慢作为问题专项整治，严格落实中央、省、市关于重要节假日的有关廉政规定。大力开展精神文明创建活动，全面加强职工思想教育，积极组织、引导、督促职工加强学习培训，全面提升机关干部思想政治素质。把班子建设作为搞好工作的关键措施来抓，严格落实“把五关、防五风”的要求，建立健全班子成员分工负责制，做到事事有人管，人人负专责。及时修订了各项管理制度，进一步规范了单位日常管理，形成了规范管理的长效机制。对考核考评奖励办法、考核结果、为民办实事项目、建议提案办理等工作进行了全面公开，进一步增强了党务、政务工作的透明化和公开化，使各项施政行为均处于干部群众的监督之下，有效提高了工作透明度。（市督查考核局　供稿）

招商引资

【工作综述】2014 年，在市委、市政府的高度重视和正确领导下，我局按照年初既定目标任务，围绕打造石油石化、煤电化冶材“两个千亿元”产业链，全面落实“五个招商”措施，积极营造“三心”投资环境，加快推动签约项目落地，圆满完成了年度计划任务，取得了明显成效。1—12 月份，全市共实施 500 万元以上招商引资（省外、境外）项目 301 个，其中新建项目 166 个、续建项目 135 个，完成到位资金 591.62 亿元，占省列计划 586 亿元的 100.96%，同比增长 31.06%。

【区域交流】目前，我市已加入陕甘川宁毗邻地区经济联合会、宁蒙陕甘毗邻地区共同发展联席会议和关中—天水经济区等区域合作组织。利用这些经济组织及“西交会”、“经洽会”等平台，积极促进地区间的经济技术合作、项目洽谈和友好交流，2010 年以来，利用区域经济组织合作平台推介项目 300 多项，实现招商引资投资额 82.94 亿元，为全市经济社会发展注入了活力。

【展会招商】2014 年，我市以“兰洽会”、“西洽会”、 “文博会”及“香港中小企业博览会”等节会为平台，强力推介和宣传庆阳，突出“红黑绿黄”四大优势产业，围绕油煤资源下游产业配套、文化旅游、商贸物流等重点领域的招商项目 9 类 78 个、总投资 1317.15 亿元，编印了《庆阳市招商引资项目》和千亿元产业链项目各 5000 册。依托网络、电视、节会、新闻媒体及政府组织等平台，加大对外宣传力度。在节会招商活动中，共签约各类合同项目 184 个，引资总额 805.96 亿元。其中，签约油煤资源开发项目 28 个，引资额 233.89 亿元；签约红色旅游文化类项目 32 个，引资额 162.61 亿元，创历年新高。在第 20 届“兰洽会”，成功签约合同项目 40 个、引资总额 571.72 亿元。同时，各个展会期间播放了庆阳形象宣传片，散发了《庆阳招商引资指南》、《庆阳市重大招商项目》和《庆阳市招商引资优惠办法》等宣传资料，积极向外宣传推介庆阳，取得了较好宣传效果。

【园区招商】积极推进长庆桥、西川、驿马工业集中区和西峰民俗文化产业园的基础设施建设，增强配套服务功能。4 个园区围绕功能定位和产业布局，分别引进实施了高炉水渣粉生产线建设、电动车制造与维修、同泰中药材加工、文化产业园建设等产业转移项目 28 个，承载能力不断增强，集聚效应初步显现。宁县长庆桥、和盛 2 个工业集中区围绕油煤化工基地核心区打造，引进实施下游产业配套项目 12 个，完成投资 51.76 亿元，成为全市新型工业聚集发展的“桥头堡”。

【项目建设】各县（区）、园区将“东张”（长珠三角洲地区）与“西望”（陕甘宁青地区）、借助外力与激活内力、网络与委托、小分队定向与成立办事处驻地招商充分结合，先后引进 “500 强”和国内行业领军企业 40 多户。签约实施了总投资 105 亿元的年产 50 万吨煤制油、总投资 67 亿元的华电环县毛井 40 万千瓦风电场建设、总投资 10.36 亿元的海升集团现代农业示范园及加工冷藏中心建设等一批大项目、好项目。在引进实施项目中，亿元以上项目 162 个，30 亿元以上项目 14 个，“500 强”企业投资项目 23 个。严格落实一个合作项目“一名主抓领导，一个工作班子，一套推进方案”的“三个一”包抓责任制，逐项目明确落地时限和进度要求，通过召开现场会议、观摩会议和推进会议，全力抓促落地实施。西峰区天富亿现代农业生态观光园建设、宁县长庆桥陇禧物流园建设以及庆城贝尔石油机械设备制造等重点项目落地迅速，进展顺利。镇原中盛农牧发展有限公司以商招商，引进民生投资集团、华鼎畜禽养殖等企业前来投资，实施了饲料加工、良种繁育、肉鸡养殖、食品生产加工等 7 个子项目，形成了全产业链、全循环链、全价值链的发展模式。（市经合局　供稿）

社会事业

教　育

【教育概括】2014 年，庆阳市有各级各类学校 1672 所，其中幼儿园 432 所，小学 1054 所，初级中学 103 所，九年一贯制学校 28 所，特殊教育学校 2 所，完全中学 17 所，高级中学 24 所，中等职业学校 12 所。在校学生 412969 人，其中在园幼儿 78263 人，小学 170244 人，初中 83256 人，特教学校 653 人，普通高中 60106 人，中等职业学校 20447 人。教职工 34843 人，其中专任教师 31719 人，专任教师中幼儿园 3577 人，小学 14451 人，初中 8190 人，特教 46 人，普通高中 4069 人，中等职业学校 1386 人。

【学前教育】全市 7 至 12 周岁少年儿童毛入学率为 102.92%、入学率为 99.83%、巩固率为 98.77%、毕业率为 100%。学前教育一年入园率为 87.7 %、二年入园率为 79.2%、三年入园率为 70%。

【义务教育】全市小学适龄儿童入学率为 100%，小学毕业生升学率为 100%，九年义务教育巩固率为 92.45%，初中毕业生升入高中阶段升学率为 85.2%，13 至 15 周岁少年儿童普及率为 99.55%。全市小学、初中辍学率分别 0.77%和 2.49%。小学农村留守儿童 26791 人，初中农村留守儿童 15036 人。全市三类残疾儿童少年入学率达到 86%以上。

【普高教育】普通高中招生 18793 人。高中阶段毛入学率 79.1%（含升入普通高中、中等职业学校）。为促进教育公平，市教育局印发了《庆阳市 2014 年初中毕业学业水平检测暨高中招生实施方案》等评价制度，加大省、市级示范高中招生指标定向到初中学校的比例，把综合素质评价纳入评价序列，探索了“分数+等级”为主要内容的发展性、多元化评价新体系。全面深化课程改革，市教育局印发了《进一步深化课程改革的实施意见》，将信息技术、通用技术、研究性学习、社区服务、社会实践、劳动与技术教育等内容有机融合。建立名师滚动发展机制，在 2013 年建立 20 个市级“名师工作室”的基础上，2014 年新建立县区、学校名师工作站 11 个，吸引了 500 多名本土名师开展交流研讨。全市参加普通高考 26578 人，录取 22110 人，录取率为 83.19%，高出全省 6.09 个百分点。一本录取率为 7.49%，二本以上录取率为 31.18%，三本录取率为 8.84%。庆阳一中考生郭恒以 687 分获全省理科状元，全市共有 11 人被北京大学和清华大学录取。

【中职教育】职业学校招收新生 11769 人，职普比例为 4：6 ，毕业生 8775 人，就业率达 95%以上，稳定就业率达 80%以上。持续完善校企合作机制，与苏州连通公司就各职校校企合作事宜达成了协议，签订了《校企合作协议书》，进一步加强了学校与用人单位的合作。与德国汉斯赛德基金会合作，全面培训了 3 名校长、12 名专业课教师，提升了校长、教师的专业理论和技能水平。选拔推荐全市 6 所中职学校 45 名教师参加了全省信息化教学大赛，提高了教师教育技术应用能力和信息化教学水平。全面落实“两后生”职业技能学历教育培训工作，全面完成 6000 名“两后生”招生任务。举办了全市第八届职业学校学生技能大赛，组织 107 名学生参加了全省 10 大类专业 40 个项目的职业学校学生技能大赛，并有 8 名学生被选拔参加今年全国职业院校技能大赛。组织全市职业学校学生 1913 人参加了全省“三校生”对口升学考试，录取率达到 80%以上。9 月份，庆阳职业技术学院通过了省政府批复。

【成人教育】联合人社部门，统筹社会各类培训项目和资金，由中等职业学校承担，开展实用型、技能型人才培训、农村外出务工劳动力转移培训、农村实用型人才培训、成人继续教育和再就业培训，共培训各类技能型劳动力 35120 人。开展各种在职进修学习，组织社会长线自考和应用型自考各 3 次，全年累计报考 8999 人、16068 科次，报考人数及科次分别比 2013 年增加 401 人，2118 科次，其中应用型专业报考人数实现了突破发展，全年累计报考 593 人，1436 科次。

【民办教育】庆阳市共有民办学校239所，其中高中9所，职中2所，幼儿园228所。在校学生共43863人，其中高中3668人，职中3729人，在园幼儿36466人。教职工共2568人，其中高中177人，职中100人，幼儿园教师2291人。

【教育管理】深入推进学区制改革，推广学习正宁县典型经验，建立学区与督学责任区相结合的管理体制，根据辖区地理环境和学校状况，打破乡镇行政区划和校际隶属关系，建立“分级负责、分块管理、区域一体、业务为主”的督学责任区，全面负责区域内义务教育阶段学校日常管理和集中督查，监督指导学区工作，直至逐步取代、撤销乡镇学区。加强校际研讨交流，协调指导西峰区齐楼初中、镇原县城关初中、华池县柔远初中、正宁县榆林子初中、宁县中村初中建立学校联盟，组成学习共同体。积极对接国家考试招生制度改革，调整课程时数和中考学科分值比例，增加过程考察次数，完善综合素质评价制度，建立贯通整个基础教育阶段的学生成长记录袋，逐步形成要素多元、导向明确的评价机制。

【队伍建设】通过全省“民生实事”项目、特岗教师计划、签约免费师范生和西北师大师范类专业优秀本科毕业生等途径为全市教育系统补充急需紧缺人才691名。报批成立庆阳市科教苑幼儿园，以公开招聘方式从县区选聘12名优秀教师。继续实施国家“三区”人才支持计划教师专项计划，全市共派出142名具有中高级职称的城市学校优秀校长、园长、教师支教。全市小学、初中、高中专任教师学历合格率分别为99.26%、98.52%、90.29%，小学大专以上学历教师占77.3%，初中本科以上学历教师占69.8%，高中研究生以上学历教师占3.4%。中等职业学校中双师型教师共288名，占中职学校专任教师的21%。生师比为小学11.8:1、初中10.2:1、普通高中14.8:1、中等职业学校12:1。利用“国培计划”和“省培计划”，通过集中培训、置换培训、转岗培训、远程培训等方式对8507名中小学幼儿园教师、教研员、园长、校长进行了培训。在市级教育费附加中列支培训经费500万元，通过北师大骨干教师高级研修班、中小学骨干班主任研修班、教务主任研修班培训560人，分别在教育部中小学校长培训中心举办中小学校长高级研修班，培训了98名中小学校长，与市委组织部联合组织实施“农村中小学紧缺薄弱学科教师专业素质提升项目”，培训150名农村初中音乐、体育、美术学科教师。在全市遴选500名“种子”教师，举办了9期主题读书沙龙，开通“陇原读书会”微信平台，汇聚了1000多名教师读书交流。深入开展教师对口交流，实施每个县城小学对口帮扶一个乡镇，每个乡镇中心小学对口帮扶3-5所农村小学计划，全市共有1700名教师参与了对口交流。大力选树先进模范，推荐评选了55个国家、省市先进集体和236个先进个人。

【办学条件】全市基本建设投资74310万元，新建校舍286266平方米。全市校舍总建筑面积3981731平方米。生均建筑面积小学8.51平方米，初中11.66平方米，高中14.67平方米，职中15.54平方米。全市小学现有图书3157332册，生均18.54册；初中现有图书2244372册，生均26.96册；高中1604551册，生均26.7册；职中357276册，生均17.47册。实施义务教育薄弱学校改造工程，省列为民办实事37所乡镇幼儿园建设项目全部完成。市列4项为民办实事项目，253个农村薄弱学校改造、757个农村学校小伙房建设、18.5万m² D级危房消除项目、6.7万套学生课桌椅维修购置项目全面完成。大力改善职业教育办学条件，筹措资金1100万元，实施改善职业学校办学条件项目和实训基地建设项目，6所中职学校实训基地建设项目、2所国家职中示范学校建设项目顺利通过省级验收。加快城区学校建设，秋季在庆阳电大建办团结小学分校，招生一年级学生500名。

【德体艺教育】市教育局印发了《庆阳市教育系统培育和践行社会主义核心价值观实施意见》，组织开展了庆阳市节约教育活动、第11个民族团结进步宣传月活动、清明期间深化“我的中国梦”主题教育实践活动。与市粮食局联合成立了中小学生爱粮节粮教育实践基地。大力实施“金种子”工程，环县的梁维月、西峰区的马小龙分别荣获全国“最美孝心少年”和“特别关注孝心少年”的称号。开展了“立师德、铸师魂”演讲比赛，全市36名师德模范参与，起到了示范引领作用。筹备召开了全市中小学德育工作会，表彰奖励了26个先进集体、100名先进个人。加强体育艺术教育，落实课程时数，提高教学质量，落实学生每天锻炼一小时，举办了全市首届学生篮排球联赛、第四届中小学生文艺汇演、全市声乐舞蹈教师培训活动。

【新教育实验】积极推进苏州大学教授朱永新

发起的新教育实验，承办了全国新教育实验区工作会议，举办了全市新教育实验开放周，来自全国16个省（区）市的196名代表参加了我市的交流展示活动，邀请省教育厅王嘉毅厅长、朱永新教授、新教育研究院常务副院长陈东强和办公室主任杜涛来庆阳举办报告会，深入各实验学校检查指导，涌现出了市实验小学、西峰区齐家楼初中和南街小学、合水县西华池小学、宁县早胜小学等一大批新教育实验示范校。“真做教育、做真教育”的做法和成效得到了全国与会代表的充分肯定，被朱永新教授称为“西部教育的奇迹”。

【经典诵读】进一步深化经典诵读活动，举办了全市第六届中小学师生经典诵读比赛。全市80%的中小学生平均每年阅读量达到120多万字，是课程标准要求阅读量的2-3倍。经过10年持续不断的坚持，中华经典的道德力量和传统文化的育人功效不断彰显，全市中小学生精神面貌积极向上，学生违法犯罪率为0，违纪率明显下降。2014年，《中国教育报》记者赴庆阳进行了专题采访。《人民教育》、《甘肃日报》、《陇东报》对我市涵养教育生态的成功经验进行了连续报道。

【校园安全】持续强化宣传教育，市教育局为全市初中学生免费配发《心理健康教育教材》10万余册。市、区联合在团结小学、庆阳一中组织了地震应急疏散演练观摩活动。针对学生搭乘“三无”车辆等行为，市教育局、市交通局、市交警支队联合印发了《致广大学生家长的一封信》，发放40多万份。市综治办印发了《庆阳市综治委校园及周边治安综合治理工作考核办法》，市反恐办制定了《庆阳市学校反恐怖防范标准》。开通了全市校园安全短信预警平台，发预警信息30余万条，受到省教育厅的表扬。协调市人防办为市教育局机关和市直学校配发电声警报器20台，应急救援包150个，为县（区）、市直学校配发安全警示牌、提示牌60套，有效维护了师生上下学交通安全。命名市级食品安全示范学校食堂14户，推荐省级示范学校食堂7户，促进学校食堂管理向科学化、标准化发展。开展校车安全、卫生防疫、城区校园周边治安综合治理等专项行动6次，提请市政府，联合教育、安监、综治、公安、食药监、工商、文化等部门开展综合督查4次，出动人员80多人次，检查学校620多所，占学校总数的40%，下发整改通知书300多份，查处隐患800多条，整改780多条，整改率达97.5%，全面消除和化解了一大批安全隐患和涉校涉生矛盾纠纷，有效遏制了重大校园安全事故发生，实现了学校及周边长治久安。（市教育局　供稿）

文化广播

【项目建设】庆阳传媒中心、庆阳大剧院项目完成前期手续，已移交市代建办进行建设。庆阳民俗文化产业园镇朔楼、北城墙已完成二层主体工程。宁县蟠溪山庄旅游度假公司、北石窟寺镇原文化旅游区、正宁县罗川古城保护开发、华池县《读者》南梁文化中心、刘坪景区、环县大宋民俗文化产业园等六个文广项目快速推进，已完成投资1.35亿元。市数字图书馆建成并开馆。西峰广播电视台开播。

【文艺创演】新创作剧本11部，新排大戏9部。与九寨之子艺术工作室合作创作了《周祖颂》等七首分类音乐作品。完成了《庆阳市民间歌曲集》编辑和《庆阳民歌音乐电视》DVD专辑制作。歌曲《我爱你董志塬》、《新创陇东民歌》、《妹子，你慢些走》获第15届中国民歌精品金奖。大型纪录片《黄土大塬》、电影《腊月的春》在央视播出，拍摄完成《医祖岐伯》、《古月承华》、《我和妈妈》、《杏乡姊妹花》、《红盾先锋》、《血样年华》等11部电影。拍摄制作了《中国梦·价值观——凡人善举天天看》微电影11部。

【文化活动】成功举办庆祝建国65周年暨全市第七届新创剧目调演，历时10天，观众场场爆满，座无虚席。这次艺术盛宴为庆阳传统戏剧注入了新活力、增添了新内涵，在群众中引起了强烈反响，全社会重视传统戏剧的热情空前高涨。组织49人参加了全省第三届声乐大赛，16人获奖，市局荣获优秀组织奖。组织开展了“梅花荟萃·梨园新春”文艺演出、“和谐大舞台”文化展演、“千台大戏送农村”、“文化进万家”六送活动和省第八届民运会开幕式大型文体表演等活动。“龙腾西北风”文艺晚会获第五届全国春节电视文艺节目“春晚奖”二等奖、第十二届全国优秀电视文艺节目“百家奖”二等奖。举办庆阳徒手秧歌广场舞大赛，制作《庆阳广场舞集锦》光盘。组织举办了董亚萍、贺桂芳、张芳英个人折子戏专场，与陕西电视台、甘肃电视台联合举办了陕甘戏迷争霸赛。全市9个演艺公司全年完成演出任务 1632 场、创收 226 万元。

【产业开发】鼓励民俗文化企业更新设备，加快创新，全市已有机绣设备 107 台，年产值 5661 万元；市香包民俗研究中心、中国美院和市内龙头企业各设计研发新产品 100 件。同时，大力发展印刷出版、演艺娱乐、传媒影视及农耕体验、岐黄养生等文化业态，延长产业链条，已注册企业 487 家。与兰州交通大学共同研发庆阳香包 CI 识别系统，制定庆阳香包形象店标准，注册商标 18 个。成功举办第十二届香包节，组织举办首届庆阳民俗艺术品拍卖会。全年组织 46 家民俗文化企业参加对外展销 109 次，销售收入 414 万元。制定《庆阳市百强民俗文化企业和艺术大师入驻民俗文化产业园核心区框架方案》；加快庆阳民俗文化网购商城建设，23 家文化企业入驻淘宝网，60 家企业在阿里巴巴网站推销文化产品 11 大类 200 多个品种，月营业额 80 多万元。2014 年，全市文化产业增加值达到 11.03 亿元，增速 25.41%，占 GDP1.65%, 招商引资 22.55 亿元，资产总额 33.49 亿元，从业人数 3.2 万人。

【文化遗产保护】对 7 处重点文物保护单位进行了维修；完成了全市可移动文物普查暨国有文物收藏单位文物认定工作，认定文物 3900 多件；配合完成了全市文化资源普查工作，整理完成了第一批文化资源名录，整理收录信息 15000 多条；编辑出版了 3 部非遗系列丛书。上报了赵氏石坊、战国秦长城等 16 个文物保护项目，预算资金 6.57 亿元，4 个项目已被国家文物局批复立项；争取到国、省文物和非遗保护资金 3400 多万元。完成了南佐遗址开发保护规划、野外勘探和测绘，勘探面积 16.46 万平方米，发现遗迹现象 79 处，为后续的考古发掘、保护、规划及研究工作提供了基本资料，也为研究南佐遗址的布局奠定了可靠的基础。

【文化交流】扶持庆阳凌云公司在阿联酋的迪拜建立国外第一个营销窗口。赴意大利举办新丝绸之路中国庆阳民俗文化周活动，与意大利卡布拉罗拉市签署友好城市协议，在融入丝绸之路经济带甘肃黄金段工作中抢得先机。赴美国参加史密森民俗节，销售 8 万美元；与白俄罗斯签订 500 万美元的国家级非遗项目；参加第十届深圳文博会，签约项目 5 个，合同金额 22.1 亿元；参加第三届国际文化产业大会暨第七届甘肃省文博会，在兰州成功举办了“魅力庆阳•绚丽民俗”拍卖会，竞拍成交 46 件，成交额 69.87 万元，宣传效应和经济效益实现双丰收。组织参加了中国非遗百项技艺联展、第三届中国非物质文化遗产博览会、锦绣辉煌——中国西部民间刺绣艺术精品联展、第二届邯郸中国吹歌大赛等各类非遗展演展示活动 23 次。

【市场管理】积极开展 2014 年“清源”、“净网”、“秋风”三大专项行动，在双休日、夜间和节假日增加执法力量，重点加强对学校周边文化市场的检查力度，确保检查无缝隙、全覆盖。全年开展了打击政治性非法出版物、非法报刊发行、中小学生辅导读物违规发行、非法网络共享设备及文化市场平安创建、音像市场整治、安全生产专项执法检查、非法卫星地面接收设施清理等专项行动，全年出动执法人员 2000 多人次，检查场所 2978 家次，处理举报 479 起，立案处罚 101 件，当场处罚 30 起，收缴盗版图书 1500 册、非法报刊 304 份、非法光盘 439 盘，极大地净化了文化市场。

【机关建设】以党的群众路线教育实践活动为抓手，认真贯彻落实中央“八项规定”、省委“双十条规定”和市委“实施细则”，扎实做好三个环节工作，做到了“规定动作不走样，自选动作有特色”。以党风廉政建设和“两个责任”落实为主攻线，打造清廉为民文广队伍。按照“1+2+5”模式中“5 有”要求，制定党组主体责任分解图、权力清单、权力运行流程图、党组主体责任链条式传导、倒逼式追责图和纪检组监督责任网格式覆盖、倒逼式追责图等。修订完善了 21 项规章制度，着力用各项制度管人管事，努力从源头上预防和治理腐败。针对个别干部职工存在纪律涣散、工作效率不高、服务意识不强、日常管理松懈等突出问题，局领导带队对机关科室、局属单位出勤情况、工作情况进行突击检查，全力助推 “四风”问题纠改和干部作风转变。对干部职工违规办企业和“吃空饷”问题进行了认真自查，对个别干部诫勉谈话、解除聘用合同或给予行政处分，增强了党员干部的自律意识。（市文化广播影视新闻出版局　供稿）

体　育

【工作综述】2014 年，在市委、市政府的正确领导下，积极开展群众体育活动，全力参赛省十三运会，努力改善体育设施条件，不断开发体育产业，各项工作取得了比较显著的成绩，圆满完成了市上下达的各项工作任务。

【群众体育】元旦期间，举办了“安利杯”迎新春群众短程马拉松比赛。五一期间，举办了职工乒乓球比赛和“至尊杯”全国钓鱼大奖赛和FTT全国钓鱼电视直播大奖赛、第五届企业职工运动会，西峰区举办了首届农运会。八月份，会同民宗局成功承办了全省第八届少数民族运动会。组队参加全省社会体育指导员柔力球比赛，获集体第一名、个人第二名；参加全省健身气功展示比赛，荣获一等奖。参加全省第八届少数民族运动会、第七届残疾人运动会，分别获得3金、8铜、和25金、10银、16铜、位居奖牌榜第四名。县区体育活动规模空前，宁县举办了首届中学生运动会和金秋“苹果节”首届农民运动会，华池县举办了南梁、五蛟钓鱼比赛，西峰区举办了规模较大的中学生篮球运动会，庆城县举办了“三八”妇女环城比赛，镇原举办了万人长跑、职工拔河、工间操比赛，环县举办了陕甘宁三省区象棋公开赛，环县演武乡曳郭咀村举办的第七届农民运动会，受到国家体育总局领导晓敏的高度评价。市体育局、华池县体育局、合水县全民健身中心、庆城县全民健身中心、正宁县业余体校被国家体育总局健身气功中心评为全国千城万村健身气功交流展示活动先进单位。在省十三运会群众体育工作表彰中，我市全民健身中心、钓鱼协会、宁县体育局、镇原平泉中学、合水全民健身中心、华池县白马社区、西峰兰州西路健身广场7个单位，薛爱芳等6人被省体育局、省人社厅评为群众体育工作先进单位和先进个人。

【竞技体育】组织164名运动员参加了省十三运会少年田径、篮球、乒乓球、自行车、射击、国际式摔跤、跆拳道、柔道、健美操、武术10个大项和成年田径、篮球、武术3个大项比赛，共打破3项甘肃省最高记录，获得了29枚金牌、22枚银牌、22枚铜牌，其中田径项目打破1项省记录，获得15枚金牌，射击项目打破2项省记录，获得5枚金牌，武术项目获得3枚金牌，跆拳道获得2枚金牌，国际式摔跤获得2枚金牌，柔道获得2枚金牌，团体项目少年女子篮获得银牌、成年男子篮球获得了铜牌的好成绩。在甘肃省第十三届运动会30个参赛代表队中，我市名列奖牌榜第四名，超额完成了市委、市政府下达的“保六争五”的参赛任务，创下了我市体育代表团在市外参加省运会比赛的历史最好成绩。我市输送的运动员王祯在第十七届亚洲运动会山地自行车男子越野赛中，不畏强手，顽强拼搏，勇夺冠军，为我省在本届亚运会上获得了首枚金牌，为祖国争了光。我市输送的武术运动员常志昭获得全运会第四名的好成绩，为甘肃人民赢得了荣誉。

【体育产业】借高频11选5销售机遇，深入县区乡镇，积极布设体育彩票投注点，全面推进ISO9001质量管理体系，认真做好彩票业主的培训、彩票营销宣传活动、彩票销售服务工作，在上半年全省体育彩票工作会议及第三季度全省体育彩票市场分析会上介绍了庆阳工作经验。全年全市销售总量首次突破2亿元大关，销量连续第9年保持全省第二，销售额达到238570781元，为市县两级筹集体育彩票公益金达到1660万元，其中市级获益将达到900万元。体育馆实现了全天开放，接待体育健身者达到30万人次，承担了“第十二届中国•庆阳端午香包民俗文化节”、甘肃九天揽月文化传播有限公司举办的演唱会、庆阳聚星弘道传媒有限公司举办的武林风等活动场地服务工作，积极开展体育产业创收服务，实现经营收入78万元。

【场馆建设】完成了庆城县驿马镇韦老庄居民安置小区、西峰区九龙北路社区、合水县段家集乡、宁县春荣乡、和盛镇、镇原县平泉镇、华池县乔河乡、林镇乡8处省政府体育惠民工程建设和90个村级农民健身工程建设，，市级投资体育彩票公益金130万元，完成配套30套的建设任务，体育惠民工程全部通过省级验收。（市体育局　供稿）

科　技

【工作综述】2014年，在市委、市政府的正确领导下，全市科技工作认真贯彻党的十八大、十八届三中、四中全会精神，坚持以科学发展观为统领，围绕全市经济社会发展目标，深入实施创新驱动发展战略，着力提升自主创新能力，加速科技成果推广应用，有力地促进了经济社会转型跨越发展，使科技支撑经济社会转型跨越发展呈现出良好的发展态势。

【科技项目建设】围绕特色优势产业发展，以引进消化吸收再创新为重要手段，力抓科技项目的争取与实施工作，广泛开展科技开发、技术试验研究，着力解决关键技术难题，努力培养新的经济增长点。全市调研、论证储备科技项目 260 项，共争取和实施国家、省列科技计划项目 18 项，组织实施国家富民科技重大专项 2 项、省列科技项目 16 项，共争取国家、省上科技项目资金 1233 万元。其中，《庆城县无公害苹果标准化生产技术示范及产业化开发》、《华池县陇东绒山羊健康养殖关键技术集成与产业化》项目被列为“国家富民强县”重大专项，争取科研资金 415 万元；七个贫困县各争取到省列惠民示范工程项目一项，共争取资金 700 万元。在市列项目安排方面，我们紧紧围绕全市经济社会发展的关键技术需求和科技利民工程年度计划，重点组织一批小麦、玉米等农业新品种优育、苹果提质增效和精深加工、肉牛快速繁育饲养、绒山羊品种选育及产业化等重大试验示范项目（含结转项目）186 项，支持科研经费 1400 万元。通过项目实施，有效解决了产业发展中的技术难题，也取得了较好的科研成果。全市共评出科技进步奖 108 项，其中一等奖 16 项，二等奖 82 项，三等奖 10 项。

【企业技术创新】坚持把扶持和引导企业组建研发机构和培养人才作为提升企业自主创新能力、建立和完善区域科技创新体系作为重点工作来抓，通过鼓励、引导和支持企业积极参与实施全省“六个一百”企业技术创新培育工程。全市培育甘肃省制造业信息化工程创建企业 6 户，培育市级科技型企业 25 户，创建国家级高新技术企业 2 户，分别是甘肃省西峰制药有限责任公司和庆阳市前进机械制造有限公司 ，实现了我市高新技术企业零的突破。创建企业研发机构 21 个，规模以上工业企业建立研发机构比例达到 26%。庆阳市生产力促进中心被国家科技部评为国家级示范生产力中心。通过持续扶持和鼓励企业技术创新，打造了镇原金龙工业集中区、西峰鄢旗坳循环农业示范区等为代表的市级高新技术创新示范区，培育了西峰制药、长荣机械、金牛实业、兴旺牧业、中盛公司、前进机械厂、凯迪公司、居立门业等一批具有较强竞争力的科技型企业，开发出“九连山”牌 G 级（HSR）油井水泥系列、盆腔炎胶囊、杏制品、对幢气流干燥机、废旧地膜回收机、指纹安全防盗门等一批具有高技术含量、高附加值的特色优势产品。研发出超低渗透油藏综合评价及开发技术、超低渗透油藏节能降耗技术、超低渗透油藏稳产技术、复杂地质构造带巨厚黄土附带区深埋煤层三维地震勘探采集技术、大陆河流相油藏形成条件与高效开发技术、沙棘纯果果枝分离等一批拥有自主知识产权的核心技术，有效提升了企业市场竞争力。

【科技示范】坚持把科技服务体系建设作为促进科技成果转化的重要手段来抓，全市共建立农业、林业、水利、畜牧、农机等科技推广服务机构 426 个，建立乡镇农民文化技术学校 138 个，建立国家级农村科技服务体系建设示范单位 3 个，发展各类民办科技协会、专业技术服务队 4670 个，初步形成了以政府科技推广服务机构为主体，农民专业合作组织、龙头企业共同参与的多元化、社会化科技创新服务体系。通过科技示范引导，围绕区域主导产业发展，大抓科技成果的推广示范工作，年内培育产业富民科技示范乡镇 8 个，培育科技示范户 4000 户，建立科技示范基地 8 处。其中，庆城县省级农业科技园区建设规划于 7 月份通过省科技厅正式批准，成为我市首个省级农业科技园区。

【科技合作】坚持“优势互补，互惠互利，真诚合作，共同发展”的原则，积极与国内外、省内外高等院校、科研单位联系沟通，广泛开展院地院企合作，诚聘高层次技术人才，大力引进高新技术成果，依靠科技合作解决产业发展中的关键技术难题，着力拉动地方经济发展。全年各级启动实施《日光温室结构优化及防灾减灾技术集成与示范》、《甘草渣中甘草黄酮的提取及产业化》等科技合作项目 19 项，引进高科技人才 86 人，推广应用新技术、新品种 168 项，培养技术人才 460 多人，取得了较好的科研成果和显著的经济社会效益。

【科技特派员创业】坚持以“联村联户”活动为载体，以科技入户入企为抓手，以支撑和服务产业发展为目的，在全市选派千名科技人员下基层服务“联村联户、为民富民”行动。按照北部畜牧产业、中部林果产业、南部蔬菜产业的战略部署，围绕做强畜禽、林果、瓜菜、烤烟、农副产品加工等优势产业，组建了一支由省、市和县（区）专家组成的科技特派员队伍。止目前，全市累计选派科技特派员 912 人，完成科技开发项目 207 项，推广新技术 173 项，引进新品种 330 个，创建经济利益共同体 411 个，创办龙头企业 21 个，建立专业技术协会 74 个。

【知识产权】组织实施知识产权战略，加强创新成果保护。通过加强知识产权宣传培训、落实专利申请奖励、补助激励政策、实行目标责任制管理等有效措施，全市专利申请1049件，授权127件。其中申请发明专利793件、实用新型165件、外观设计91件， 超额完成了省上下达的任务，位居全省前列。

【科技宣传培训】结合草畜、苹果、瓜菜等主导产业发展和农民的技术需求，坚持以利用现有科技人才和培养乡土人才为主，以引进高层次科技人才为补充。组织聘请省内外知名专家教授，深入田间地头进行现场技术演示操作，开展了多层次、多专业的技术骨干培训。据统计，全市共聘请省内外高级专家80多名，下派市内苹果、蔬菜、养殖等科技入户指导员1340名，大范围组织开展科技入户技术骨干培训和现场演示操作培训活动，培训苹果、蔬菜、养殖等技术骨干18000人（次），引进推广农作物、畜禽新品种180种，推广新技术116项，收到良好效果。（市科技局 供稿）

卫生和计划生育

【基本概况】全市现有各类医疗卫生机构2627个，卫生部门所属241个，村卫生所1262个，企业或外系统所属医院2个、医务室20个，民营医院18个，个体诊所1084个。卫生部门所属单位中，有市级综合医院、中医院、血站各1个，县级综合医院8个、中医院7个，乡镇卫生院127个，社区卫生服务机构56个。市级和8县（区）各设疾控中心、妇幼保健院（站）、卫生监督所、新农合管理局(办公室)、地方病防治办公室1个。全市现有计划生育服务机构128个，其中市级和8县（区）各设计生服务站1个，乡镇计生服务所119个。现有卫生工作者16015人，其中，正式在编干部职工10715人、临聘人员3401人、村医1899人。计生工作者2369人，其中正式在编干部职工2307人，临聘人员62人。全市医疗机构共开设病床10060张，其中，公立医疗机构9592张，民营医疗机构468张。每千人口设置床位3.81张。2014年，全市医疗机构年门诊770.6万人次，比上年增加190万人次。住院23.84万人，比上年减少3.01万人次。施行各类手术3.36万次。开展计划生育技术服务2.87万例，免费开展孕前优生健康检查1.62万对夫妇。

【工作综述】在市委、市政府的坚强领导下，大力推进机构改革。4月，市委撤销了原卫生局、人口委，组建了市卫生和计划生育委员会，6月实现合署办公。全市积极实施“医疗服务质量提升年”活动，深入推进医药卫生体制改革，坚持计划生育工作“三个不变”，凝聚和带领全市卫生计生工作者攻坚克难，奋力拼搏，总体工作取得了良好成效。4月份，我市作为西北片区唯一、被列为全国公立医院综合改革国家联系试点城市；庆城岐黄中医药文化博物馆被命名为国家中医师承甘肃岐伯基地，岐伯文化园被命名为全国中医药文化宣传教育基地；6月份，国家卫生计生委副主任、中医药管理局局长王国强亲自参加岐黄中医药文化博物馆开馆仪式，并充分肯定了我市中医药工作；10月份，省政府在我市召开了全省计划生育利益导向暨陇家福.幸福家庭创建现场会。年内，庆阳先后7次代表甘肃省接受了国家卫计委的检查、调研，全市医改工作、新农合、卫生监督、地方病防治、中医药工作等在全省考核连续几年位居第一，妇幼保健、疾病控制、血液管理、爱卫工作等多项业务走在全省前列，计划生育工作水平逐年提升。

【项目建设】共实施各级列建项目332个（新建202个、续建130个），计划投资2.1亿元（中央、省上投资1.32亿元，地方自筹0.78亿元），计划总建筑面积9.2万平方米。年内完成投资1.1亿元、建筑面积5.2万平方米。其中：县级建设项目有合水县人民医院、宁县人民医院，建成乡镇卫生院附属设施建设项目16个，完成建筑面积10080平方米，完成投资2025万元。建成为民办实事项目184个标准化村卫生室，建筑面积11040平方米，总投资1288万元。

【新农合保障】全市修订完善新农合补偿方案，统一实行“住院统筹+门诊统筹+大病保险”补偿模式。将普通住院医药费用补偿限额提高到8万元，大病保险报销上不封顶；门诊补偿大额慢性病由30种扩大到34种；重大疾病由23种扩大到27种，医药费用按70%补偿，最高补偿额提高到16万元。从4月起，全面停止区域内现金结算，实现了“一卡通”即时结算报销。共为229万人次补偿医疗费用65856万元(未包括新农合大病保险报销)，参合农民受益面为106%，基金使用占统筹基金的85%。全市平均补偿参合农民住院费用3027元，实际补偿比52.35%，年度大病保险报销后，住院实际补偿比达到60%。

【卫生改革】以我市纳入国家第二批公立医院

改革国家联系试点为契机，深入推进医药卫生体制改革工作，继续巩固基本药物制度，全市各级非营利性医疗机构、基层医疗卫生机构全面执行基本药物制度。市、县（区）公立医疗机构非基本药物执行全市“四统一”管理制度，采购量三级医院未超过 30%、二级医院未超过 15%。在继续巩固公立医院“315”改革模式的基础上，及时组织调研测算，制定了较为完备的改革方案和相关配套文件，报经省医改办审定，各县区已全面推进实施。加快实施乡村一体化管理，制定了《庆阳市基层医疗卫生机构补偿办法》，加大医改投入，由县（区）财政承担乡镇卫生院、社区卫生服务中心日常运转、基建、设备购置等经费支出。结合新农合管理，合理建立双向转诊分流制度。2014 年，全市总药品费用比上年下降 14.7%，门诊患者人均费用降低 11.7 元，门诊输液人员减少 21%，抗菌素金额下降 19.3%。

【医院管理】全市组织开展了“专项整治医疗卫生方面损害群众利益行为”活动。不定期抽查医疗机构 22 项核心制度执行情况，特别对同级同类平均住院费用（经分析不合理）排在前三位的机构和临床医生全市通报，取消年度评优选模资格；对通报的临床医生，住院费用超过规定费用 2 倍的停止处方权一年、超过 50%的停止处方权半年、超过 10%的批评教育，并分别给予经济处罚，记入医德考评档案。针对性开展了抗菌药物临床应用、医疗服务收费、医疗服务秩序整治行动。全市二级以上医疗机构全部开展了重症医学科、新生儿重症监护病房和血液透析室等重点科室建设。积极创建平安医院，建立健全防范体系，三级医院全部设立警务室、配备警务人员，二级以上医院全部安装监控设施。建立完善医疗纠纷人民调解委员会，推行第三方调处工作模式，医疗纠纷的受理、协调、处置机制进一步完善。

【中医药工作】市县卫生行政部门、疾控、妇幼、监督及二级以上综合医院均成立中医药管理及服务机构，各级中医院成立基层指导科。7 家县中医院全部通过省上二甲验收并命名。西峰等 6 县区完成全省中医药工作先进县创建，有 3 个县通过省级复审。全市评选、表彰、命名市级名中医 27 名、中医世家 17 户。市中医院巩固“三甲”创建成果，全面开展“以病人为中心，发挥中医药特色优势提高中医临床疗效”为主题的持续改进活动。市中医院中医护理专科、宁县中医院康复科创建为省级重点专科。在常见疾病诊断和急救治疗中广泛提高中医药参与率，中医药参与治疗率达到 90%以上，平均中医门诊人次占总门诊人次的 69.7%，中药收入占药品总收入的 41.4%，中医药治疗总收入占业务总收入的 37.5%。

【公共卫生】深入开展“村级三件事”，制作“健康文化墙”，举办健康沙龙 6027 场（次），受益 13 万多人，完成了 19.3 万套“健康保健工具包”发放和使用培训。提升慢病管理层次，管理高血压患者 11.37 万例、糖尿病患者 2.26 万例、重性精神疾病患者 4091 例，管理率分别为 97.5 %、98.2%、98.7%。管理 65 岁以上老人 25.46 万名，管理率为 89%、健康体检率为 88.5%。138 所乡镇卫生院和社区卫生服务中心均设立了卫生监督协管办公室，配备了 402 名专兼职卫生监督协管员，基层卫生监督协管工作有序开展。

【疾病防控】预防接种及传染病报告管理规范有序,适龄儿童预防接种建卡（证）率 100 %，以乡为单位常规免疫接种率 95% 以上；持续维持无脊灰目标，苗控疾病发病率普遍降低，麻疹发病率 1.14/十万 ;无甲类传染病发生，报告乙、丙类传染病上年下降 29.6 %，未发生突发公共卫生事件。积极开展大骨节病、克山病现患治疗，合水县国家级克山病防控联系点工作进展顺利。手足口病、流感、布鲁氏菌病等重点传染病防控得力，无暴发疫情发生。

【妇幼保健】孕产妇建卡 30348 人，建卡率 97.81%，住院分娩率 99.20%，产后访视率 99.15%。管理 0-6 岁儿童 195532 人，建卡率 96.84%。将免费婚检和免费妇女“两癌”普查纳入市政府为民办事实项目，共登记结婚 4.38 万人，接受婚前医学检查 4.18 万人，婚检率 95.57%；妇女“两癌”普查适龄妇女 33.61 万人，普查率 82.03%。

【监督执法】市卫生监督所更名为市卫生计生委综合监督执法局，被确定为全省卫生监督员培训基地。落实卫生监督协管，开展巡查 1.38 万户次，协助调查 400 户次；深入推进公共场所卫生监督量化分级管理，评定公共场所 A、B、C 级分别达到 10 个、25 个、106 个；严格医疗市场监管，立案查处非法行医案件 99 起，全部依法查处，监督检查覆盖率 100%。

【人才科教】全市选派 540 名医技人员参加省内外培训，将乡村医师定向培训列为市政府为民办实事项目，先后两批共培训 360 名。确定 6 家医疗机构、11 名医护人员开展了城乡对口帮扶。市、县医疗单位签约医学本科生 130 名，为乡镇卫生院招录医务人员 201 人。“5.12”护士节前，市委市政府表彰奖励了 130 名先进个人、10 个先进集体。

【爱国卫生】坚持以城乡文明卫生建设为重点，以环境卫生整治为突破，持续开展农村改厕、除害防病等爱卫活动。新创和巩固省级卫生县城 7 个，省级卫生乡镇、卫生单位 50 个。每周组织开展城区卫生大扫除，落实责任、督促检查、综合治理，环境卫生明显改善。先后争取国家重大公共卫生改厕资金 2933 万元，建设 7.07 万座卫生厕所，农村卫生厕所普及率达到 72%。强化控烟宣传倡导，全市卫生计生系统率先实现了控烟目标。

【人口计划】在机构改革和计生工作转型发展的关键时期，全市认真落实计划生育“三个不变”，坚持抓基层、保重点、建机制、促经常，确保在机构改革中全市计生工作无缝对接、持续推进。全市总人口出生 3.07 万人、出生率为 11.58‰、自增率 6.27‰、农村计划生育率 89.35%、总出生性别比 104.72，全面完成了省上下达的人口计划。

【流动人口】深入开展流动人口“双百”（即：掌握百分之百的信息，提供百分之百的服务）推进提质工程，拓宽信息采集渠道，落实“日浏览、周反馈、月通报”工作制度，强化动态服务管理，实现了工作“一盘棋”。与 281 个市（州、地）签订管理协议，建立区域协作快速通道。全市流出总人口 41.988 万人、流入总人口 6.12 万人。全力推进流动人口卫生计生基本公共服务均等化，使流动人口享受市民待遇、社会保障、帮扶救助、便民维权等十个方面的均等化服务。

【利益导向】把建立计划生育“惠一生”服务奖励政策、实施市级计划生育家庭奖励扶助制度，作为一项 “惠民计生”品牌来打造。全市进一步健全“惠一生”利益导向政策体系，惠及计生家庭 55127 户、1.62 亿元，户均得实惠 2940 元，有力提升了计生家庭发展能力和幸福指数。全市及镇原县、环县创建实现了全省计划生育利益导向政策体系建设示范市（县）。

【单独两孩】自 2014 年 3 月 26 日“单独两孩”生育政策经省人大常委会批准在全省实施后，我市强化宣传引导，广泛解读政策，消除群众“单独两孩”就是“普生二孩”认识误区，并坚持公正及时审批，跟进优生指导服务。全市共收到“单独两孩”再生育申请 163 对（城镇 116 对、农村 47 对），依法及时审批 162 对（城镇 115 对、农村 47 对）。全市“单独两孩”生育政策执行平稳有序，符合预期。

【群众自治】大力推进计划生育基层群众自治，促建群众“自我教育、自我管理、自我服务、自我监督”工作模式，指导 1285 个村（居）修订村规民约和诚信计生协议。全市 1060 个村（居）达到了“四有”标准，占村级总数的 83.5%，诚信计生协议书签订率达 93.2%。实施计生陇家福·幸福家庭“十乡百村千户”示范创建活动，创建示范点 1.8 万多个，建立“陇家福·幸福寓所”32 处。

（市卫生和计划生育委员会　供稿）

旅　游

【工作综述】2014 年，我市继续以红色旅游为重点，大力开发红色旅游、农耕文化、岐黄文化、民俗文化、历史古迹、森林生态等优势旅游资源，着力推进旅游景点开发建设，不断加大对外宣传推介力度，积极拓展客源市场，促进产业增收，旅游产业发展呈现出了新面貌。

【产业现状】受政府主导和市场调节双重作用的影响，旅游景点、旅行社、旅游饭店三大旅游支柱产业发展更加健康合理。截止 2014 年全市 A 级旅游景区发展到了 12 处，其中 3A 级以上景区 6 处；旅行社及分社总数减少到了 23 家；星级旅游饭店总数发展到了 13 家，其中三星级以上饭店 7 家。乡村旅游继续保持快速发展，全市新增旅游度假村、农家乐等乡村旅游点 61 家，总数达到了 200 家。宁县湘乐乡樊湾村被评为全省乡村旅游示范村。旅游商品生产销售企业继续保持稳定发展。旅游产业直接就业 13000 多人，间接就业 3 万多人，从业人员素质进一步提升。旅游接待人数和旅游收入稳步增长，全年接待国内外游客 449 万人次，同比增长 20.7%；实现旅游收入 20.7 亿元，同比增长 31.8%。约占全市 GDP 的 3.09%。

【景点建设】坚持把景区建设作为旅游产业发展的基础，千方百计争项目，想方设法筹资金，全力推进景区建设。全年共投入旅游基础设施建设资金 12.53 亿元，先后实施了南梁红色旅游景区建设项目、文正园建设项目、正宁县中华黄帝文化旅游景区文化博览园建设项目、合水县陕甘红军纪念园建设项目、环县山城堡战役纪念园建设项目、西峰区东湖公园扩建项目、天富亿文化生态园建设项目、北湖公园建设项目、水晶生态园建设项目、庆阳民俗文化产业园等46个旅游建设项目，进一步扩大了景区体量规模，完善了配套服务设施，改善了景区游览环境，夯实了全市旅游产业发展的基础。坚持科学开发建设旅游景区，加快推进旅游规划编制工作。年内编制完成了《庆阳市文化与旅游产业融合发展规划》，启动了《庆阳市红色旅游发展规划》、《周祖陵景区国家5A级景区提升规划》、《南梁红色旅游景区国家5A级景区提升规划》、《北石窟寺旅游景区总体规划》等四部规划的编制工作。

【宣传推介】全年共投入旅游宣传资金2800多万元，利用各种媒体，借助各种平台，进一步加大了宣传推介力度。在中央电视台《朝闻天下》和综合频道午间新闻天气预报、甘肃卫视、《中国旅游报》等媒体，对我市南梁红色景区、周祖陵、北石窟寺等景点进行了持续广泛宣传。中央10台探索.发现栏目播出的六集系列节目《黄土大原》和编印的《高天厚土看庆阳》旅游宣传图册，得到了社会各界的高度评价，取得了良好的宣传效果。充分利用第四届“敦煌行·丝绸之路”国际旅游节、“绚丽甘肃·文明旅游”主题宣传日、第二十届兰洽会等节会平台，通过制作宣传展板、散发传单、播放宣传片、举办专题推介会等形式，对全市文化旅游资源、产品进行了广泛推介。成功举办了陕甘边红色旅游联盟城市第二届年会，促进了区域交流合作，树立了陕甘边红色旅游品牌形象。在新华网主办的旅游融合创新论坛暨最美中国榜发布会上，再次被评为“最美中国·特色魅力、民俗风情目的地城市”。2014年中国旅游商品大赛上，我局选送的“丝绸之路”俑娃系列旅游纪念品荣获银奖。全方位、多角度的宣传推介，进一步提升了庆阳旅游的知名度和影响力。

【行业管理】严格落实旅游安全责任制，层层签订目标管理责任书，深入开展安全生产大整治百日攻坚行动，全面排查整改安全隐患，全年没有发生旅游安全生产事故，全市旅游安全态势持续稳定。深入推进《旅游法》的贯彻实施，加大旅游市场整治力度。在第四届“敦煌行·丝绸之路国际旅游节”、陕甘边苏维埃政府成立80周年庆典活动、“十一”黄金周等重要节会期间，集中开展旅游市场专项检查，查处虚假宣传、超范围经营、强迫购物等违规经营问题20多个，限期全部整改到位，有效地净化了旅游市场秩序，旅游消费环境取得了实质性好转。旅游培训工作效果明显，通过实地选拔和举办全市导游讲解员大赛等方式，选拔了30名优秀导游讲解人员，在集中强化培训后，圆满完成了纪念陕甘边苏维埃政府成立80周年庆典活动中的讲解服务工作，受到了与会嘉宾的一致好评。（市旅游局　供稿）

地　震

【工作综述】2014年，庆阳市防震减灾工作在市委、市政府的正确领导和省地震局的关心指导下，紧紧围绕全市中心工作和新时期防震减灾工作新任务，深入学习领会党的十八大、十八届三中、四中全会精神和习近平总书记系列重要讲话精神，全面贯彻落实全国、全省地震局长会议精神，着力强化监测预报水平、大力提升震害防御能力、不断健全完善应急救援体系、创新开展防震减灾科普宣传，深入开展党的群众路线教育实践活动，切实履行党风廉政建设“两个责任”，圆满完成了既定的各项工作任务。

【监测预报】一是加强基层台站监管力度。局主要领导及班子成员先后多次深入13个基层台站进行检查，开展业务指导，现场解决实际问题，调整补充台站业务人员，增加技术力量，保证了地震监测台网的正常运行。二是加强环境监测保护。投资10多万元对华池、环县地震监测台和庆城陇一井进行了全面维修，对合水观测点电路进行了升级改造，为正宁水化点购置电脑、打印机等办公设备，保证了各台站监测设备的正常安全运转；投资2万余元，为13个台站制作了统一的标识牌和警示牌。三是修订完善震情监测各项规章制度。结合群众路线教育实践活动，修订完善了《震情值班制度》、《震情会商制度》、《地震监测台网中心管理制度》和《台站测震观测制度》等四项规章制度，使监测预报工作进一步制度化和规范化。四是落实“三网一员”经费补助。提高了台站人员的工资补助，并根据人员变动较大的实际，对工作责任心不强、积极性不高、长期外出务工的“三网一员”人员进行了全面调整，调动了基层人员的工作积极性，使他们能够安下心、不懈怠。五是加强短临跟踪。制定了短临跟踪计划，对辖区内出现的各种宏微观异常，出现一起核实一起，做到落实异常不过夜。始终坚持周会商、月会商、年度趋势会商、异常情况紧急会商制度，完善震情会商联动机制，年内监测到本区域内地震活动1次（5月9日宁县Ms1.3级地震）。全年共完成周会商 52次、月会商 12次、年度趋势会商2次；编发会商意见 52期、编发《震情速报》38期，编印《地震动态》12期。

【震害防御】一是健全了执法队伍。安排12名工作人员参加全市执法人员培训，通过考试全部取得资格证书，目前，机关现有人员共取得行政执法监督证3个、行政执法证9个。年内，先后组织两次防震减灾执法检查活动，对城区学校和人员密集的高层商业中心进行执法检查，下发整改通知单25份。二是建立了防震减灾法规教育长效机制。11月初，与市司法局、陇东报社联合，刊登《庆阳普法》防震减灾知识专刊3.4万份、彩色版9000份，随陇东报在全市发行，对《防震减灾法》、防震减灾科普知识进行全面宣传，社会宣传面达到20万人以上。三是推进抗震设防监管职能。多次和规划部门协调，把地震安评和抗震设防要求基本纳入到了建设工程规划序列之中，地震安评工作有了实质进展。与省局工程院、抗震院联合进行的庆阳万隆宏业大厦、通达豪苑二期、庆化实验学校等5所学校的地震安评已经完成，庆城水库、长庆油田马慧输油管线升级改造、宏德君升等重点项目的地震安评前期工作全面启动。全面落实政务大厅坐班制度，班子成员每周轮流到政务大厅坐班，了解业务办理情况，接待来访群众，全年，政务大厅共受理地震安评和抗震设防要求案件37件，办结33件，落实领导坐班52次。四是农村民居地震安全工程有规模。市县建设、规划、地震等部门联动，积极为地震安全民居工程建设提供技术支持，引导并鼓励农民在建房时采取科学的抗震措施，确保了农村民居地震安全工程高标准设计、高质量建设、高水平管理。2014年，全市新建16个农居地震安全示范点，入住农户155户，截止目前，全市161个乡镇已建成“农居地震安全示范工程”300多处10000多户。五是抗震设防隐患排查工作有突破。我们制订了《庆阳市学校、医院及生命线工程抗震安全排查工作方案》，6月份，对西峰区什社乡计生站办公楼等六处地震灾害隐患点进行了地震灾害隐患排查，及时提出了除险加固意见。

【应急救援】一是规范完善各级预案。根据省局部署，结合我市实际，按照科学处置、适度处置、有效处置的原则，制定了“庆阳市Ⅰ-Ⅳ级地震应急响应预案”和“庆阳市重大、较大、一般地震灾害应急处置操作手册”。至目前，全市共备案各级地震应急预案125个，企、事业单位预案889个，全市地震应急预案备案基本完成。二是组建多层次应急队伍。根据市县工作特点，坚持把地震应急救援能力建设做为防震减灾工作的重点，本着“一队多用、专兼结合”的原则，分别依托有关部门，成立市、县综合地震应急救援队伍。指导西峰东湖社区和育才路社区组建了地震应急志愿者队伍。三是组织常态化应急演练。积极指导企事业单位、社区、医院和机关单位开展地震应急演练，和教育部门联合发文，将学校地震应急疏散演练作为学校安全教育常规活动，每学期都部署开展常态化防震演练活动。会同人防、消防等部门在庆阳一中、西峰区团结小学、合水西华池小学等学校联合开展防震避险演练3次，并向学校赠送了宣传图册资料、地震应急救援包、警报器等应急设备。一年来，全市共举办各类地震应急疏散演练70场次，近30万人次参与了演练。四是多部门加强应急储备。和民政部门签署了救灾物资资源共享协议，依托消防、公安、民政等部门积极做好地震应急救援物资储备工作。通过检查，市县两级共建设救灾物资储备库18处，面积约3500平方米，储备应急物资32类9600件，用于防震救灾的液压扩展、强力破拆、抬升起重、通讯保障等设备都有一定数量的储备。我们先后投资20万元，购置了海事卫星电话4部、手持GPS 2台、地震测距仪1台、摄影摄像设备1套、地震应急救援包100套，建起了局机关的地震应急救援物资库。

【科普宣传】一是加大宣传资金投入。全年投入专项宣传经费14万元，制做宣传展板5套（每套展板22面）、印制地震应急手册、小学生防震减灾安全常识、防震应急逃生十大法则等12万册、宣传光盘20套、宣传挂图20套，统一分配到部分县区及重点区域用于防震减灾宣传。二是扩大宣传覆盖面。结合“城镇化与减灾”主题活动，举办了“庆阳市防震减灾知识有奖竞赛”，通过《陇东报》公告竞赛试题，辖区内4万多干部群众学生参与了竞赛活动，本次竞赛从资金投入、活动形式、参与规模、宣传效果方面来说都是一次创新。三是提升防震减灾工作认知度。通过在手机短信上发布防震减灾知识 4 期 6 万条、在电视上播报防震减灾公益广告 1 周 5 条 10 分钟，在陇东报上连载防震减灾科普知识 4 期、发布倡议书 1 份，在广场 LED 屏滚动播放防震减灾宣传标语 7 天 14 条，在自办网站和当地主流网站制作专版，全方位构建防震减灾宣传“大网络”，直接覆盖人群近百万，提升了广大民众对防震减灾工作的认知度和自救互救意识。四是规范地震安全示范创建活动。联合市教育局、科技局通过规范创建程序、严格创建标准，创建省级地震科普示范学校 1 个、市级 11 个，创建市级地震安全示范社区 10 个。五是深化“六进”宣传活动。“5.12”前后，联合防震减灾领导小组成员单位，在东湖公园、和谐广场、青少年活动中心，以及庆化苑二区、市直机关小区、育才路社区等开展了防灾减灾科普宣传周活动；在庆阳一中、团结小学等五所学校组织防震应急疏散演练；在理工中专组织师生参与防震减灾知识竞赛答题；在陇东职专组织学生观看地震科普影视片；结合科技下乡，深入合水部分乡镇进行宣传；通过“双联”活动，在环县毛井乡黄寨柯村进行农村民居安全知识培训，现场讲解农村安全民居的技术要求，下发《农居地震安全知识手册》100 多本。六是强化信息宣传。我们转变工作思路，加强信息网络建设，优化门户网站的运维和信息报送，借助甘肃地震信息网、庆阳市委网、政务信息网、陇东报等媒体平台强化信息宣传，一年来，共报送各类信息 79 条，被省地震局采用 25 条，市委市政府门户网站采用 34 条，庆阳廉政网采用 4 条，编发政务信息 60 篇，既让社会了解了防震减灾工作、推介了自己，也提高了知名度。

【自身建设】一是加强思想政治教育。按照习总书记关于好干部五种能力建设的要求，我们坚持抓好干部思想政治教育，通过“三抓三强化”（抓好传统教育，强化忠诚意识；抓好典型教育，强化宗旨意识；抓好警示教育，强化廉洁意识），不断强化对干部职工的理想信念教育、党的方针政策教育和推动发展的能力教育，切实解决了干部职工的思想认识问题。二是加强班子建设。我们始终把班子建设放在各项工作的首位，常抓不懈。工作中，注重强化宗旨意识和团结民主意识，定期召开班子民主生活会，开展谈心交心，班子成员之间互相通气、互相补台、互相协作；对待问题，通过思想交流，消除隔阂，不断增强党组的凝聚力和向心力。注重强化班子分工协作，进一步明确了集体领导和分工负责制度，在党组集体领导下，班子成员各负其责，做到事事有人管，人人有责任，形成了团结和谐的政治氛围和工作环境。三是加强干部队伍建设。先后组织 12 名系统工作人员和业务骨干参加各类形式的防震减灾法律法规和业务知识培训，通过系列的学习培训，提升了工作人员专业技术水平，提高了业务能力，解决了防震减灾工作干什么、怎么干的问题。我们以全市党的群众路线教育实践活动为契机，狠抓作风建设，通过动真碰硬，解决了机关作风方面存在的问题，推动了作风转变，形成了心齐气顺、风正劲足、生动活泼、团结和谐的机关新气象，提高了工作效能，提升了机关形象，赢得了社会的信任，树立了良好的行业形象。

【群众路线教育】全市党的群众路线教育实践活动开展以来，我们坚持以学习《党章》和习近平总书记系列重要讲话为切入点，按照“照镜子、正衣冠、洗洗澡、治治病”的总要求，以“为民务实清廉”为主题，以反对“四风”为重点，不断加强领导，认真谋划，周密部署，严格要求，积极行动，认真开展学习教育、听取意见，查摆问题、开展批评，整改落实、建章立制三个环节工作，通过领导带头身先士卒、聚集“四风”不打折扣、查摆剖析毫不含糊、开展批评实事求是、整改落实掷地有声，使教育实践活动自始至终扎实推进，展现出了特色亮点，取得了积极成效，在第十六督导组的 7 个单位中，我们各项工作排名第一，实现了教育实践活动善始善终、善做善成。学习教育阶段：我们通过领导带头学、集体组织学、个人自发学、专题辅导学、警示教育学、党课讲解学、参观实践学、组织答题学、研讨交流学等多种方式，使党员干部灵魂受到深刻触动，认识到了“四风”的危害性，思想上补了课，精神上补了钙。活动期间，共组织集中学习 35 次 70 个小时，人均抄写学习笔记 3 万字，撰写心得体会 2 篇，集体观看专题警示影片 8 部，组织专题辅导 2 次，参观实践活动 1 次，研讨交流 2 次。征求意见阶段：我们牢固树立“问题”意识，对照“好干部”标准和“三严三实”要求，拓宽征求意见的范围，增加征求意见的途径，广泛征集分管领导、离退休干部、成员单位、服务对象和基层群众各类意见建议 122 条，通过党组会议讨论，去轻从重，结合班子、个人的思想和工作实际，梳理出市地震局领导班子“四风”方面存在的11个突出问题。开展批评阶段：我们坚持严肃认真、实事求是、民主团结的原则，紧扣作风建设，组织召开了高质量的专题民主生活会和党员组织生活会。生活会辣味十足，班子成员联系思想、工作和生活实际以及成长进步经历，主动把自己摆进去，自我批评聚焦“四风”、直面问题、敢于揭短亮丑，相互批评开门见山、直奔主题、直来直去、直指要害，许多意见戳到了痛处，点准了要害，真正做到敏感问题不“绕”、复杂问题不“躲”、相互批评不“假”、群众意见不“欠”、同志意见不“藏”、聚集“四风”不“偏”。通过专题民主生活会和组织生活会，使广大党员思想上受到了一次深刻洗礼，灵魂上受到了一次深刻触动，信念上得到了一次深度唤醒，架起了沟通的桥梁，化解了矛盾问题，形成了工作合力。整改提高阶段：我们按要求对县级干部个人整改事项进行了梳理，班子成员制定了个人整改清单，普通党员列出了整改提纲，明确了整改措施和整改时限，单位修订完善管理制度31项。总之，通过群众路线教育活动的开展，单位三公经费支出明显下降，业务经费明显增加，整体工作有了大力推进。

【双联工作】年初，局主要领导深入联系村，通过与乡村干部群众座谈，了解村情民意，制定了《黄寨柯村2014年度帮扶工作计划》，明确今年的双联工作要在做好规定动作的同时，重点做好“两个结合”、“七个一”，深化“八个坚持”，扎实开展帮扶工作，做到了长远有规划、年度有计划、实施有步骤、阶段有重点。通过驻村蹲点体察民情，14名干部职工全年人均驻村达到30天，驻村干部能主动靠前工作，与群众同吃同住同劳动，不仅加深了对群众的感情，接上了地气，也密切了党群干群关系。驻村干部还开展送温暖活动，春节期间，给20户贫困户每户送去了500元的慰问金，“六一”儿童节期间，深入黄寨柯小学开展慰问活动，为孩子们送上节日的祝福，为学校捐赠了价值4000元的学习用品、文体器材和小学生防震知识等宣传资料，架起了干部与群众的连心桥。通过帮办实事夯基础，争取10万元村组道路建设资金，维修15公里的通村砂石路，解决了当地部分群众的出行难问题；从机关经费中挤出7万元，帮助联系村对现有村部进行了彻底维修，硬化、绿化村部院落，新建集流场1处、集雨窖1眼，硬化篮球场1个，配置健身器械一套，使该村村部面貌焕然一新，使农村基层组织有了阵地，有了载体。通过科技帮扶强产业，把养羊、地膜玉米和洋芋作为重点产业进行科学引导、全力培育扶持，目前已发展养羊大户25户，户均养羊100只以上，种植地膜玉米1225亩、洋芋1500亩，人均纯收入4388元，较上年提高15.1%，基本培育起来该村的三大支柱产业。通过真抓实干，我们帮扶的黄寨柯村容村貌变了，群众致富的劲头足了，形成了干群一心、合力发展的良好局面，我局“双联”取得的成效也得到市县“双联”办的充分肯定。（市地震局　供稿）

残疾人事业

【工作综述】2014年，各级残联组织以“残疾人真正得实惠”为主线，紧盯“残健共携手、同步奔小康”这一目标，落实“社会保障兜底线、创新服务补短板”的工作理念，依托“百千万工程”抓落实，突出“七彩梦项目”办实事，圆满完成了全年各项工作任务，全市残疾人事业呈现出蓬勃发展的良好态势。

【政策制定】市政府出台了《庆阳市集中和分散安置残疾人就业基地建设管理规定》（市政府2014年4号令），市委组织部、市督查考核局等6部门联合下发了《关于进一步加强残疾人就业保障金征收管理工作的意见》，环县政府出台了《环县集中和分散安置残疾人就业基地建设管理规定》、《环县残疾儿童康复救助办法》和《环县扶残助学办法》，初步建立了今后一个时期全市残疾人重点工作的政策框架。

【组织建设】规范了乡镇残联机构设置，纳入了事业单位登记管理，86个乡镇落实了残联理事长专职副科级待遇，所有乡镇残联、村（社区）残协落实了办公经费，村专职委员误工补助纳入了财政预算，每人每年达到3000元。乡镇和社区残疾人专职委员全部纳入了公益性岗位并进行实名制登记管理。

【就业工作】市、县区政府出台了集中和分散安置残疾人就业基地管理办法及配套实施细则，市委、市政府在庆城县召开了全市残疾人就业基地建设观摩推进会议，各县区结合实际、因地制宜、重点培育、分类扶持，整体工作不断取得新突破，共培育残疾人就业基地16个，安置残疾人就业316

名。对全市机关、企事业单位进行了全面排查，建立了详实的残疾人就业保障金征收数据库，实现了安置就业残疾人实名制登记管理。

【扶残项目】落实资金3010万元，为1720户贫困残疾人家庭实施了危房改造；落实资金1382万元，为11200名特困残疾人发放了生活补贴；落实资金487万元，为5730名重度残疾人发放了护理补贴；落实资金560万元，为残疾人发放康复器具9000件；落实资金220万元，对2750名残疾人进行了临时救助；落实资金149万元，为市残疾人康复中心购置了康复器材；落实资金115万元，为235户贫困残疾人家庭实施了无障碍设施改造；落实资金60.5万元，为2326名残疾人发放了机动车燃油补贴；落实资金48万元，对620名贫困残疾学生进行了助学资助；落实资金3.2万元，对16名参加机动车驾驶培训的残疾人给予了培训补助；据初步概算，各项扶残助残项目惠及全市5万名残疾人，是近年来残疾人受助面最大、受助标准最高的一年。

【文体赛事】33名运动员在省第九届残运会上荣获奖牌51枚，5人8次打破全省残运会纪录；10名运动员在省第三届特奥会上荣获17枚奖牌，团体总分名列全省第四；1名选手在全国第九届残运会上荣获奖牌4枚；23名选手在省第五届残疾人职业技能竞赛上荣获奖牌14枚，团体总分名列全省第一，是我市在全国、全省历届残疾人文体赛事中取得的最好成绩。

【"百千万"工程】资助各阶段残疾学生620名；培训残疾人800名；培育扶持省级自强企业家4名、优秀残疾人就业先进单位3个、优秀集中安置残疾人就业单位2个、残疾人扶贫就业基地3个；培育扶持市级残疾人扶贫就业基地6个、残疾人实用技能培训基地6个，县级残疾人扶贫就业基地16个；扶持个体创业362人。

【常规业务】实施白内障复明手术860例，适配助视器200例、助听器89例、儿童辅助器具72例，装配假肢、矫形器90例，救助精神病人195名，进行康复训练667人；完成眼病筛查1.7万人、贫困残疾人实名制录入6.8万人、职业技能培训665人、未入学儿童实名制登记523人；举办残疾人工作者培训班24期，培训残疾人工作者3500人次；开展全国助残日系列活动9次，播出手语新闻30期。（市残疾人联合会　供稿）

文　联

【工作综述】2014年，市文联在市委、市政府的正确领导和省文联、市委宣传部的具体指导下，全面贯彻党的十八大、十八届四中全会及习近平同志系列重要讲话精神，深入开展党的群众路线教育实践活动，认真落实省文联第五次代表大会和全市宣传思想工作会议精神，紧紧围绕中国梦的时代主题，强化以人民为中心的工作导向，大力开展系列主题文艺活动，不断丰富城乡人民群众精神文化生活，使全市的文学艺术事业取得了新成效，各项工作取得了新进展，较好地完成了全年各项目标任务。

【文艺活动】一是展赛活动丰富多彩，反响大。11月，参与组织举办了"红色胜地 魅力庆阳"全国摄影大展，并举行了盛大的开展仪式，这是庆阳承办的首次全国摄影大展，展览从2月份开始筹备，共吸引20多个省区市近百名作者的3168幅（组）作品参赛。经过评委遴选，最终评选出165幅（组）获奖及入选作品，其中获等次奖作品35幅。7月，由中国国家画院和市委、市政府联合主办，市委宣传部、市文联承办了中国国家画院美术馆庆阳分馆揭牌暨"丝绸之路·南梁精神"2014中国国家画院国画书法作品庆阳展。10月，市文联、市美协举办了"中国梦·陇原情"庆阳美术作品展。11月，由中国国际书画艺术研究会、《中国书画博览》杂志社和市文联联合主办了"当代书法二十家"作品展暨馨华园美术馆揭牌仪式，共展出了中国书法家协会副主席胡抗美、王家新、何应辉、张改琴等20名书法家的作品100多幅。二是采风交流活动形式多样，效果好。我们共举办采风交流活动24次，参加会员299人。为了办好全国摄影大展，6月，我们联系接待了李建惠、刘英毅、刘畅、梁达明等摄影家来庆阳采风，组织举行了摄影讲座，联系在西峰、宁县等地进行了实地拍摄，按照大赛组委会的统一安排，进行了为期10天的航拍，共拍摄22个景点，航拍的照片质量高、角度新，圆满完成了任务。10月，配合省音协11位专家在庆阳开展了民歌采风活动，为打造富有陇东特色的民歌力作，向全国范围内打响陇东民歌亮丽名片积累了创作素材。三是主题文艺活动坚持不懈，受欢迎。1月，庆阳市文联组织12名书法家和3名美术家赴西峰区什社乡庆丰村文化广场开展“送文化”下乡活动，为广大农民朋友送去《北斗》文艺2000多本，现场赠送春联360多幅，书法作品120多幅，美术作品20多幅。组织14名书画家赴环县环城镇周原村参加甘肃电视台春节节目现场录制工作和双联示范活动，现场赠送春联、书画作品500多幅。4月，市文联组织市属舞蹈家协会、戏剧家协会、音乐家协会、书法家协会、美术家协会等文艺工作者200多人，在宁县瓦斜乡东风村和昔家花园开展了“践行党的群众路线、送文艺下基层”主题活动。10月，市文联、市音乐家协会主办了庆祝建国六十五周年“国乐飘香”郭丽娜师生专场音乐会。

【文艺精品】文学创作方面，全市作家共出版各类文学专著和作品集19部，发行9000多册，在市级以上刊物上发表文学作品230余篇（首），有10名作家荣获第十届梦阳文艺奖。庆阳作家文丛正式启动，拟出版1辑5卷的庆阳散文作家代表作品集，目前稿件已经组织完毕，正筹划出版发行事宜。书法美术方面，发表国家级论文4篇，省级9篇，积极动员组织书法家报送国展作品300多件，有力的提升了参展作品的质量。在甘肃省书协组织的“新人展”、“公务员展”、“甘肃海南书法联展”、“百名作者写陇原书法展”、“双联展”、“西部书界二十五人展”等展赛中我市也组织会员积极参与，有100余名作者活跃其中。美术方面，在“追寻中国梦”甘肃省美术作品展中有11人展，在甘肃省第二届“十四市州美术作品展”中选送作品45幅，入选16幅，组织了近30人参观了全国第十二届美展，对作者鼓舞很大。摄影艺术方面，在“红色胜地 魅力庆阳”全国摄影大展中，我市有3人获金奖，7人获银奖，13人获铜奖。组织参加了省摄影家协会举办的”中国梦·我的梦“甘肃省第十九届摄影展，我市共有20幅（组）作品入选并获奖。编辑出版了《“红色胜地 魅力庆阳”全国摄影大展作品集》、《高天厚土看庆阳》两部画册。音乐舞蹈方面，发表国家级论文3篇，省级9篇，在国家级刊物发表歌曲作品9篇，《妹子，你慢些走》、《喜庆阳光》在中国音协《歌曲》杂志发表，《黄土高原的风和梦》在中国大众音协《中国乐坛》杂志发表。制作出版了“乡情.乡音”陇东民歌专辑，音协会员参与了春节文化活动、2014年香包民俗文化节系列文艺演出活动、甘肃省少数民族运动会的开幕式和闭幕式演出等活动的组织指导工作。舞蹈方面，全年有5篇舞蹈论文在国家级刊物上发表，歌舞剧《绣金匾》被市委、市政府授予庆阳市“李梦阳文艺一等奖”，协会会员排练的舞蹈《高原天路》、《维族踢踏舞》两个舞蹈节目，在全省少数民族运动会舞蹈比赛中分别获表演二等奖和三等奖。戏剧影视方面，全市9个演艺公司与2个民营会员单位和会员参与的各类演出高达1700余场，观众达340万人次，极大地丰富了城乡人民群众的精神文化生活。全市戏剧工作者新创作出《医祖岐伯》、《古月承华》、《吼塌窑》、《王维舟在庆阳》以及现代眉户剧《热土》等新创剧目9部，在庆祝建国65周年暨全市第七届新创剧目调演中，2部剧目分别荣获特别演出奖、剧目创作奖。电影电视方面，全年摄制影视剧10多部，其中《腊月的春》、《闯入迷宫》已经播出，组织开展了12次送电影下乡活动，参与会员30多人次，观众达数万人，推荐32件市县区广播电视节目参加甘肃广播影视奖评选，有23件作品获奖，其中一等奖6个。民间艺术方面，积极组织人员参加“绚丽甘肃·美在民间”全省民间工艺美术展览，市民协荣获优秀组织奖；组织民间艺人参加了2014苏州市工艺美术新人作品展，民协会员现场进行了展示展销；组织会员参加了甘肃省第七届文博会，有20多名同志和作品参加了民间艺术作品拍卖会。文艺评论方面，在今年纪念毛泽东同志《在延安文艺座谈会上的讲话》发表72周年之际，我市及时成立了文艺评论家协会，协会成立以来发展会员5名，举办了庆阳本土作家作品朗诵会，承担了西峰区青少年宫举办的中学生作文大赛评审工作，开展了两场《文学创作与研究》专题报告等一系列学术活动。宣传信息方面，积极报送各类信息简报，强化信息沟通。全年共在各级各类报刊、网络发表信息稿件50多篇（条），特别是“红色胜地 魅力庆阳”全国摄影大展、庆阳文艺界学习贯彻习总书记在文艺工作座谈会上的重要讲话精神、文艺工作等一系列大型活动分别在《甘肃文艺》、《陇东报》、庆阳市委网、庆阳文明网、庆阳党建网等报刊和网络上作了宣传报道。文艺期刊方面，各县区文联的刊物，每年共发行6万多册，从版面设计到内容构思上，追求改进和创新，稿件质量和编排水平都有明显提高。

【队伍建设】一是进一步加强培训讲座工作。培养文艺新人是市文联及各协会的重要工作内容。全年共举办各类培训班95期，培训会员7463人。

积极举办“庆阳书法大讲堂”活动。分别邀请了马立武、宋红正、王春昉、曾来德等名家为我市广大书法家和书法爱好者做了精彩书法讲座4场次，培训会员及书法爱好者1000多人次。联合庆阳市书法考级基地，在西峰和宁县开展考前培训活动4次，培训学员500人次。举办舞蹈培训活动。我们邀请了首都师范大学音乐学院舞蹈系主任、教授、博士生导师田培培等来我市授课，她们就《舞蹈艺术创作》和《舞蹈创作动作开发》等方面的理论和实践知识，对庆阳市150多名舞蹈爱好者进行了系统的培训和展示。举办音乐培训讲座活动。特邀我国知名音乐理论家、甘肃省音协名誉主席、原省音协主席彭根发来我市作了《歌曲创作与民族民间音乐的传承和保护》专题讲座，来自全市各大专院校、中小学生、音乐专家，七县一区的中学音乐教师、学生及文艺界人士300多人聆听了讲座。二是进一步加强了文艺队伍建设。积极开展省级、国家级会员的推荐工作，共推荐省级会员人选47名，国家级会员人选12名，已被批准为省级会员的54名，国家级会员的12名，年内发展市级会员292名，比去年增加84名，占年度发展计划50名的584%，发展县级会员344名，占年度发展计划150名的229%。目前，全市共有市级以上各类文艺家协会会员2136人，其中：国家级会员88人，省级会员410人，市级会员1638人，与往年相比，是我市会员发展最多的一年，为进一步壮大我市文艺队伍，提高创作实力奠定了坚实基础。三是积极推荐申报文艺作品评奖。我们先后推荐了14名会员的作品参加了全市精神文明建设“五个一工程”奖暨梦阳文艺奖的评选，8名会员的作品参加了甘肃省敦煌文艺奖和文艺突出贡献奖的评选.在“中国梦·我心中的梦”全国剪纸艺术名家精品展大赛中，我市民间艺术家张锐利获银奖，贺彩霞获铜奖，5人获优秀奖。市文联副主席安文丽获全省第三届“德艺双馨”文艺工作者称号，华池县文联主席白世虎被评为全省文联工作先进个人。广大会员也积极参加市级以上各类展赛，初步统计全年共获国家和省以上奖项59个。共为7名艺术家争取全市重点文艺创作资助资金21.5万元。四是进一步加强了基层文艺组织建设。我们积极发展乡镇和行业文联组织，壮大基层文艺组织，在宁县和盛镇成立了我市第三个乡（镇）级文联组织，并召开了首次文代会，选举产生了和盛镇文联组织机构。按照省上要求，帮助指导成立了全市第二个行业文联检察官文联。及时调整了美术家协会、戏剧家协会、电影电视家协会的组织机构，在原协会的基础上改选增补了主席、副主席、理事等成员。进一步拓宽了文联的工作领域，基本形成了一个比较健全的文联组织网络和服务体系。

【学教活动】党的群众路线教育实践活动开展以来，市文联严格按照市委的安排部署，按照“照镜子、正衣冠、洗洗澡、治治病”的总要求，聚焦反对形式主义、官僚主义、享乐主义和奢靡之风等“四风”方面存在的问题，广泛征求群众和各方面对领导班子及班子成员加强作风建设的意见，共征求到意见建议74条，其中领导班子15条，针对领导干部个人54条。针对征集到的意见建议，即知即改、立说立行。按照要求认真筹备召开了领导班子专题民主生活会和党员干部民主评议工作，健全完善了各项规章制度，其中废止了《文艺作品及演展设备管理办法》，修订完善了《接待管理办法》、《财务管理制度》、《车辆管理制度》、《请销假制度》等4项制度，新建立了协会工作管理制度、文艺部工作职责，初步建立了比较完善的制度体系。通过党的群众路线教育实践活动，我们认真完成了学习教育、征求意见，查摆问题、批评帮助及整改落实、建章立制三个环节的各项任务，较好地解决了领导班子和干部职工在“四风”方面存在的突出问题。

【双联行动】按照市上统一安排，市文联帮扶庆城县三十里铺镇王桥村15户贫困户。一是开展了送温暖活动。1月15日，市文联领导带领联户干部深入到庆城县三十里铺镇王桥村，召开十八届三中全会精神宣讲会和双联工作调研会，同乡村干部和联系户座谈交流，市文联领导在座谈会上对党的十八届三中全会精神，进行了深入浅出、通俗易懂的宣传讲解，并为15户双联户每户赠送春联四幅、灯笼一个、大米10公斤，为村委会赠送电脑2台，文艺期刊100多册。二是开展了送农资和项目建设活动。春耕前为农户赠送尿素30袋，价值2100多元。经过多次联系协调，解决了贫困户张文义户口漏登问题。初步完成了包括孙家塬上水工程、孙家塬至左家塬3公里路基拓宽改造工程在内的“王桥村整村推进项目”前期立项申报工作，其中基础设施建设项目预计投资82万元，项目实施后不仅可以解决域内交通，还可解决500多人、1000多头大小牲畜的饮水困难。三是帮助修缮村部。市文联资助王桥村村部维修资金4万元，并送去价值2万多元的会议桌椅、办公桌椅、文件柜、床、电脑、音响等办公设施。至目前，市文联共投入地膜化肥等农用物资13800元，技术培训资料投入约4000元，基础设施投入35000元，解决村部建设资金40000元，累计投入约9.28万元。（市文联　供稿）

科　协

【工作综述】2014年，市科协在市委、市政府的正确领导和省科协的精心指导下，认真贯彻落实党的十八大和十八届三中、四中全会精神，紧紧围绕全市中心工作和发展大局，以“三服务一加强”为主线，以实施《全民科学素质行动计划纲要》和“两行动、两建设”为重点，以服务市委、市政府经济社会发展战略为中心，改作风、谋思路、抓创新、拓举措、促转型，各项工作取得了新的成绩。

【学术交流】积极开展“学术月”活动，与陇东学院、市旅游局、市气象局联合举办了“利用驻庆高校国企资源推进产学研一体化研究学术交流会”、“以战国秦长城、秦直道为中心，庆阳市旅游资源开发及旅游产业链发展规划学术交流会”、“甘肃陇东黄土高原气候变暖对冬小麦生长影响及生产对策研究学术交流会”，共有300多名科技人员参加，征集论文125篇，活跃了学术氛围，推动了学科发展。

【决策咨询】组织科技人员先后开展了“庆阳市农村土地流转模式”、“庆阳市与长庆油田利益补偿机制”、“庆阳农业生态修复与水土流失保持”、“庆阳市中药材产业开发”等15项调研，均形成了调查报告，编发《科技工作者建议》10期，为领导决策提供了参考。

【能力提升】积极探索学会改革发展路子，不断增强学会可持续发展能力，组织部分领军人才、市科协委员、市级学协会负责人，召开了“学会改革发展与能力提升座谈会”，围绕学会组织建设、服务提升、学术创新、承接职能、自我完善等内容，进行了认真研究和探讨，有针对性地提出了新形势下学会工作的新思路、新方法、新举措。开展了重点咨询课题和学术项目资助活动，共资助项目18个，拓宽了学会联络渠道，提高了学会工作能力。

【科普宣传】继续以“科普之春”、科技文化卫生“三下乡”、“科技周”、“科普日”等品牌宣传活动为载体，以经常性、群众性的科普宣传活动为手段，以社会重大事件和热点科普知识为重点，以“大联合、大协作”为手段，深入开展丰富多彩的科普宣传活动。共组织开展各类科普宣传活动270场次，发放各类科普资料32种、10万余份，展出科普挂图2.1万幅，宣传教育群众49万人次。

【科技培训】按照市政府“科技利民”工程实施方案和“科技入户”行动的要求，大力开展科技培训。一是实施能源化工产业从业人才储备工程。通过骨干培训带动，全市举办能源化工短期培训班25期，共培训学员3028名，为我市大型能源化工基地建设储备了一大批后备人才。二是实施农村实用技能人才培训工程。以全市确定的116个农技协和农村科普示范基地为活动平台，结合当地产业发展实际需要，组织专业技术人员进行入户“带动式”培训，先后举办培训、讲座50期，培训农民7万人次。三是实施农村骨干人才培育工程。组建农函大教学班2个，招收学员100人，开展面授辅导500人（次）。四是实施科普助推“双联”行动培训工程。配合省委组织部、省科协邀请省上5位专家在环县举办了“科普惠农助推双联行动”培训班5期，培训养羊专业技术骨干500多名。先后邀请甘农大教授和市级科技人员在镇原县部分乡举办种养殖培训班8期，培训1520多人。五是实施能力提升培训工程。举办了县（区）科协业务人员培训班，对50多名科协工作人员进行了培训。组织30名人员参加了省科协举办的基层农村专业技术协会电子商务培训班。和市教育局联合，举办了“全市科技辅导培训会”，邀请周又红教授、杨汝荣研究员对全市八县（区）和市直各学校的350名骨干科技辅导员进行了培训，提高了科技辅导员的自身创新能力和辅导水平。

【科普项目】进一步加大“科普惠农兴村计划”项目实施力度，引导支持受表彰的农技协、科普示范基地和先进个人发挥好示范带头作用，不断将各类创新要素引向农村。争取中国科协、财政部“基层科普行动计划”和省科协“科普惠农兴村计划”项目10项，落实项目资金155万元，创历史新高。

【科技竞赛】以“体验、创新、成长”为主题，举办了第四届庆阳市青少年科技创新大赛，共征集创新作品450件，评选出优秀项目111项，进行了表彰奖励。组织50名学生组成庆阳代表队，参加了甘肃省第二十九届青少年科技创新大赛，共获各类省级奖项45项，国家级奖项4项，创历届最好成绩。拍摄制作了《托起科学之梦》专题片，全面回顾总结和展示了庆阳市青少年科技创新大赛取得的成绩，在庆阳电视台一套、二套，连续播放10次，取得了很好的社会反响。

【科普媒体】进一步增强陇东报“致富桥”栏目的针对性，采用投稿和约稿相结合的方式，提高了稿件质量，全年共出刊20期，刊登各类技术稿件210篇。不断提高《庆阳科普》办报质量，加大对前沿科技动态、应急科普知识的宣传力度，提高了科普宣传的实效性，累计出刊24期、发行3.5万份。进一步优化“庆阳科协网”结构，加强管理，及时更新，上挂各类文章2053篇，提高了科技传播能力。与博科臻文化传播公司签订科普宣传合同，应用其“政企互动宣传平台”250多台电子屏，在市区各机关、宾馆、车站等人流密集的地方滚动宣传科普知识，充分发挥新兴大众科技传媒的作用。

【创新驱动】紧紧抓住中国科协创建创新驱动助力示范区和农技协试验示范区的有利机遇，积极汇报衔接，邀请省科协主要领导和市上分管领导赴中国科协衔接汇报了我市农技协试验示范区建设和创新驱动助力示范区申报工作。中国科协对我市科协工作给予了充分肯定，表示对庆阳市开展农村专业技术协会试验示范区和创新助力示范区建设，在资金、人才、项目等方面将给予大力支持。

【双联行动】按照省委要求和市委的工作安排，把改善帮联村面貌，增加贫困户收入作为总目标。克服人员少、资金少、项目少的现状，着力为群众兴办实事。一是为21户帮扶户购赠了8700多元的化肥籽种；二是积极争取实施移民搬迁工程，新建住宅31户，目前已竣工；三是与县能源办为31户搬迁户安装了太阳能热水器。四是为移民搬迁工程修建了一所45平米的公用厕所。五是对20多名养殖大户进行了资助。认真执行驻村干部工作制度，实行干部轮流驻村进户，坚持每月两组、每组两人，按组确定工作任务，全年派驻干部16组、32人次，累计驻村210天。及时排查解决了移民搬迁工程、低保和惠农补贴发放等工作中出现的矛盾和问题，在重大节庆、关键农时、重要阶段，深入开展“访民情送温暖、送政策促发展”等活动。（市科协　供稿）

档　案

【工作综述】2014年，在市委、市政府的坚强领导和省档案局的精心指导下，全市档案工作紧贴中心工作，强化基础，提升水平，积极推进档案工作“四个跟进服务”，创新档案文化，强化现代管理，推进依法治档，全面完成了目标管理各项任务。在全省档案工作年度目标任务考核中位居14个市州第一名。

【环境优化】市委、市政府和各级党委政府一如既往地重视支持档案事业发展，逐级召开档案工作会议，层层分解落实任务，市直和7县1区档案工作全部列入目标管理和绩效考核范围，签订了目标管理责任书，制定相关考核办法。目标明确，任务具体，责任到岗，措施到位。市委、市政府分管领导多次听取档案工作汇报，专题研究解决档案工作实际问题，加大力度解决档案工作经费，督促各县区按照《甘肃省财政厅、甘肃省档案局关于调整市州县区档案管护费标准的通知》（甘财教[2013]41号）文件要求，将档案管护费每年每卷3元列入财政预算，9个综合档案馆全年落实档案管护费177.4万元。全市档案工作经费比上年大幅度增加，为推进档案事业发展发挥了重大作用。

【资源建设】全面贯彻落实国家档案局9号令，在全省第一个完成了《档案馆收集档案范围实施细则》的制定、审定、备案工作,8县区也已相继完成。全市档案部门重点加大对国家领导人来庆视察，全市重大事件、重点项目、重大决策，国家和省上授予我市重要表彰、奖励、命名，全市重大活动、节会、主题活动，全市名家、名人等相关重要珍贵档案资料征集收集力度，确保重要档案资料置于国家档案机构的安全管护之中。收集征集到重大活动等档案资料48件、3册，光盘70个，照片426张。内容包括市委、市政府主要工作图片，央视大型纪录片《黄土大塬》光盘及首发纪念脚本，全省首部农村扶贫题材的电影《腊月的春》光盘，甘肃省纪念陕甘边区苏维埃政府成立80周年座谈会文字材料及音像照片，大型宣传册《高天厚土看庆阳》及《红色胜地.魅力庆阳—全国摄影大展作品集》等，收集宁县原文化馆馆长张有学个人档案48件。各级各类档案室加强年度归档工作，做到了当年清、不拖延、不积压。9个综合档案馆接收到期档案

12255卷件，其中市馆接收3033卷件，分别占任务的255%和379%。

【服务大局】切实做好“四个跟进服务”。一是紧贴深化改革的各项部署，档案整理收集的跟进服务及时有力。全市各级档案部门积极发挥职能作用，以改革创新的思路推动档案事业发展。在新一轮机构改革中，主动做好档案工作的跟进服务。市档案局严格按照市政府《关于市直机构改革的会议纪要》，专门制定了撤并单位档案统一移交的规划。深入摸底，分门别类规定档案的归属与流向，监督指导档案整理，明确移交期限及范围，杜绝撤并单位档案流失。通过耐心细致地工作和坚持不懈的努力，使机构改革和企业改制877卷2726件档案及时完整收集，确保了改革进程中档案的顺利移交。二是紧贴党的群众路线教育实践活动，归档建档的跟进服务扎实开展。市档案局与市委党的群众路线教育实践活动领导小组办公室联合制发了《关于认真做好党的群众路线教育实践活动文件材料收集归档工作的通知》，进一步规范文件材料归档范围和保管期限。市县区先后开展多次联合检查，深入200多个单位，现场进行具体指导，确保群众路线教育实践活动档案资料完整、系统。市档案局组织力量，对馆藏的陇东革命老区3820卷珍贵档案和相关的老区报刊资料进行了挖掘，经过对数万件档案资料进行翻阅、审读、校编、输录，经过一个月加班加点的紧张工作，精选出85件陇东革命老区创建和践行党的群众路线的珍贵档案原件，编印500册《陇东革命老区群众路线珍贵档案精选》一书，及时为全市党的群众路线教育实践活动提供了参阅学习材料，以真实的历史文献财富，达到了真切的教育效果，受到广泛好评。三是紧贴转型升级、富民强市主战场，项目、园区、企业档案的跟进服务得到切实加强。深入园区和项目建设一线服务建档、指导立档、科学归档，积极探索新领域档案工作的开展模式，形成以点带面的示范带动作用。西峰区温泉乡、宁县湘乐镇率先完成农村土地承包经营权登记档案归档整理试点工作。宁县长庆桥开发区、宁县和盛工业园区积极开展档案归档整理工作。指导建设项目竣工档案验收9个。环县龙影文化公司等2户企业成为民企档案工作示范点。四是紧贴小康社会建设，民生档案的跟进服务全面拓展。全省民生档案工作会议在我市华池县成功召开，重点交流推广了华池县委县政府、怀安乡、华池县养老保险局民生档案工作的经验。全市继续推进“双联”建档工作，突出重点，统筹推进，市县区组织对全市“双联”建档工作进行了全面检查，市委农村部与市档案局联合，对村级文件材料归档进行了全面清理，压减村级临时性的文字材料5类95种。宁县米桥乡米桥村、镇原县上肖乡路岭村、正宁县西坡乡西坡村建成了“双联”档案工作示范村。进一步做好扶贫攻坚行动和产业发展建档工作。积极推进民生档案工作和社会治理档案服务全覆盖，重点规范了社保、低保、环保、就业、农合、医保、住房、养老、救助等民生档案，全市民生档案工作向前迈进了一大步。

【规范化管理】市档案馆紧紧围绕为早日创建国家一级综合档案馆的目标任务，加快推进馆藏档案资料的精细化和科学化管理，按照国家和省上要求，就专馆专用做了大量衔接协调工作。华池县档案局积极改善局馆基础设施，规范馆藏档案管理，成功创建为国家二级综合档案馆。各级档案部门狠抓机关档案室规范化建设，选派出业务骨干人员蹲点指导，亲自整，重点教，规范化工作扎实有效。全市档案规范化管理达标省特级单位5个、省一级单位25个、省二级6个、省三级3个。完成年度任务133%。

【信息化建设】积极推进电子和纸质档案“双档”管理模式，加快馆藏档案数字化处理。按照《甘肃省纸质档案数字化操作规范（试行）》格式要求，市县区档案馆加大馆藏档案扫描力度，共完成档案全文扫描129万幅，完成年度任务的143%；市档案馆有重点地对珍贵档案、民生档案、利用率高的档案进行了扫描。通过政府招标，由专业人员、专业设备完成全文扫描50万幅，比上年增加2倍。

【查阅利用】按照建立惠及人民群众的档案利用体系的原则，全面提高各级综合档案馆公共服务能力。市档案馆设立档案查阅便民服务公示和便民服务卡，对档案查阅程序、档案管理员、查阅地点、查阅规定等内容进行了公开公示。积极推行“档案开放日”、预约查询、网络查阅等新型服务方式，方便查档人员。全市建立健全档案工作“三个网络”体系，制定了纵向到底横向到边的市、县、乡三级档案管理人员联系网络图，实现档案工作为民服务全覆盖。全市9个综合档案馆网上开放档案目录9000条，网上开放现行文件目录180条，全部实现了档案目录局域网检索。市档案馆接待查档人员

427人次，提供档案2730卷件，复制5244页，重点为编史修志、社请教师、下岗职工、“五七工、家属工”办理养老保险和工作查考等方面提供了积极服务，报送档案利用典型效益事例22个，完成年度任务的122%。

【安全管理】各级档案部门建立健全了档案安全组织领导机构，逐级逐层、逐岗逐人靠实了安全责任。落实了档案安全保管、应急处置和值班制度，加强培训教育和应急演练。各综合档案馆严格落实“九防”措施，加快安全防护设施建设。市档案馆对国家重点档案的破损情况进行了全面核查，已全面完成了近1万卷40多万页国家重点档案的全部扫描备份，馆藏国家重点档案的安全保障取得重大进展。建立了电子档案信息数据多重备份、异地备份、数字化转换和灾难恢复机制，及时做到了县区档案馆—市档案馆—省档案馆多层异地备份。强化了网络安全管理，确保了档案信息安全保密。市档案局对《值班制度》进行了修订完善，落实了全天24小时由领导带班、主副班应急值守的值班制度，配备了值班设施配备，及时维修了馆库安防系统，真正做到规范管理、责任到人、严格记录、无缝交接，确保安全。

【档案文化】各级档案部门积极挖掘档案资源，为经济社会发展服务。市档案学会积极组织开展档案学术征文活动，荣获2014年国家档案局《走进档案》征文活动“优秀组织奖”。历时六年、成书240多万字的《建国以来六十年庆阳大事纪略》文化工程顺利完成，正式出版发行。华池县档案局（馆）拍摄完成档案专题片《巧儿岁月》。市档案局编写完成了全市工作大事记等编研成果，完成年度任务的150%。积极发挥国主义教育基地功能。9个综合档案馆举办了档案展览和电子展专版，取得了良好的社会效益。当年在中国档案网发稿20篇，上报省局网站刊登115篇，完成年度任务256%。市局网站发稿191篇，完成年度任务145%。在《中国档案》、《中国档案报》、《档案》、《甘肃法制报》等省级以上非网络媒体刊发稿件14篇，完成年度任务的156%。在市委网站、《陇东报》、庆阳电视台报道档案工作22篇。举办档案宣传9次。

【依法治档】各级档案部门坚持规范执法、文明执法，开展档案行政执法检查376个单位。全面掌握了解档案员基本信息、文件资料按时归档、档案安全管理现状和保管条件，注重把执法检查和业务指导有机结合起来，指出问题，现场指导，及时帮助解决。跟踪督办整改落实情况，有力地促进了依法治档向纵深拓展。（市档案局　供稿）

社会保障

人力资源和社会保障

【工作综述】2014年，市人力资源和社会保障工作以全面深化改革为统领，紧紧围绕省、市确定的工作重点，牢牢把握“民生为本、人才优先”工作主线，突出“稳中求进、改革创新”这一核心，结合深入开展党的群众路线教育实践活动，始终围绕大局尽职责，紧扣目标抓落实，强化服务抓民生，转变作风提素质，努力探索实践，不断务实创新，圆满完成了全年各项目标任务。年末，全市城镇新增就业56361人，增长29.44%。城镇居民人均可支配收入达到20637元，增长10%，城镇登记失业率为2.27%，低于控制指标1.93个百分点。全年新增小额担保贷款5.009亿元，开展就业技能培训15020人、创业培训4172人、职业技能鉴定32588人，劳动力转移就业60.7万人，创劳务收入106.78亿元。劳动合同签订率为91.18%，高于省下达任务2.18个百分点。城镇职工基本养老、职工基本医疗、居民基本医疗、失业保险、工伤保险、生育保险六项社会保险征缴分别达到33715万元、25884万元、466万元、9833万元、2275万元、787万元，分别完成计划任务的124.87%、101.68%、105.67%、158.6%、139.14%、114.22%。城乡居民社会养老保险参保率和续保率分别为97.24%、92.25%，养老金发放率达到100%。

【创业就业】大力推进全民创业带动就业行动，积极协调争取就业专项资金，全面落实自主创业对象资金扶持、小额担保贷款、灵活就业社保补贴等政策，全年累计投入就业专项资金6918万元，市级财政配套创业扶持资金1000万元，着力扩大就业数量，提升就业质量。重视和加强高校毕业生就业工作，积极引导高校毕业生面向基层、市场主体和社会组织就业，实施省民生实事和基层服务项目招考安置1734人，非公经济组织对接2253人。持续加大就业指导和就业援助力度，组织开展春风行动、民营企业招聘、创业项目推介等各类招聘活动43场次，累计提供就业岗位4.1万个，推介就业8849人；公益岗位安置就业1602人，援助帮扶失业人员10161人、困难人员1980人就业再就业，基本实现了零就业家庭至少有1人就业的目标。积极实施创业带动就业工程，新建市级创业孵化基地、创业园区6个，创建省级创业孵化示范基地、创业示范园区2个，扶持非公企业453家，带动就业3870人；审核发放创业扶持担保贷款7516笔，吸纳带动就业23352人，扶持创业带动就业倍增效应初步显现。认真实施城乡居民职业技能培训工程，着力提升“两后生”、企业在岗职工、城镇下岗失业人员、残疾人、复退军人、失地农民等重点群体职业技能水平，全年举办各类培训班640期，培训人员14.6万人，组织开展了首批职业技能鉴定上门服务，上门培训鉴定庆阳籍务工人员132名。围绕做优劳务品牌，先后在新疆、内蒙、四川、宁夏、陕西等省市开辟劳务输转基地48个，合水的电子工、西峰的手工刺绣、镇原的家政服务等劳务品牌优势初步显现。

【人事人才】深入实施“人才强市”战略，突出抓好专业技术人才队伍建设，为教育、卫生等行业公开招聘急需紧缺专业人才235人，面向普通高校毕业生组织为镇原县乡镇畜牧兽医站招考专业人才70名。全年办理各类专业技术人员资格证书5309本，推荐晋升高级职务任职资格309人。认真落实各项人才配置计划，扎实做好领军人才调整补充、期满考核和管理服务工作，兑现津贴30.6万元。申报获批国家级引智项目5个、省级引智项目10个，邀请外国专家开展引智对接2次。庆阳职业技术学院成功获批，为全市高素质技能人才培育奠定了坚实基础。严格落实公务员考录管理制度，积极推进公务员分类管理改革、公开遴选等工作，为全市7个单位公开遴选工作人员17名，圆满完成了2014年全市公务员考录工作，精心组织完成了基层公安派出所公开选拔人民警察考务工作，做到了“阳光考录”。创新工作方式方法，在公务员和参照管理人员报登材料审批工作中，推出便民服务措施，做到信息透明、程序公开、办事高效。事业单位人事制度改革工作进展顺利，全面推行事业单位公开招聘制度，为市直14个单位、系统公开招聘工作人员322名，实现了事业单位进人方式由考察选调到公开招聘的变革。创新推行文件上网方便查用、咨询上线缩短流程、电话预约随到随办“三项措施”，事业单位岗位设置管理和年度考核工作规范化、科学化、制度化水平进一步提高。职称制度改革取得新成果，围绕化解教师职称评聘矛盾，调整提高了教师职称评聘比例。全年审查各系统人员任职资格1923人，组织完成各项职称考试6846人。省上下达14名军转干部和1名随调家属全部安置到位，企业军转干部信息核定、解困资金发放管理工作进展顺利，维稳解困措施全面落实。

【社会保障】坚持全覆盖、保基本、多层次、可持续的方针，认真抓好扩面征缴、待遇调整、基金监督和经办管理工作，社会保障体系更加健全，服务民生水平进一步提高。加大扩面征缴工作力度，以中省驻庆单位为征缴重点，以个体私营企业和灵活就业人员为主攻难点，以落实“两表两签字”制度为切入点，坚持抓大户、攻难户、不漏小户、吸纳新户、接续散户，全面落实核实基数、清欠追缴等措施，全市社会保险覆盖范围进一步扩大。着眼于提高各项社会保险待遇水平，不断健全完善社会保障待遇正常调整机制，企业退休人员基本养老金月人均增加203.66元，达到月人均1960.48元，城乡居民社会养老保险基础养老金由每人每月65元调整为每人每月70元，按期完成了全市3034个机关事业单位99514人的养老保险制度改革基础数据采集工作。城镇居民医疗保险统筹标准由300元提高到340元。失业保险金发放标准平均增幅10%，调整后三、四类地区分别达到每人每月799元、851元；企业职工因公伤残津贴月人均增加186元。工伤保险预防试点工作全面开展，标志着我市工伤预防、补偿、康复“三位一体”工伤保险制度体系初步形成。积极推进“五险合一”社会保险信息系统建设，金保工程业务专网与金融机构外网成功实现对接，各定点医疗机构和定点零售药店联网工作扎实推进，采集社保卡信息25万份、发卡18万张。围绕提升经办能力，新建乡镇社保便民服务中心158处，开展经办业务43项，审批定点医疗机构和定点零售药店297家，建立了异地住院和行动不便参保对象住院电话登记制度，并将工伤认定办结时限由60天缩短为30天；强化基金管理，成立了庆阳市社会保险基金监督管理委员会，确保了各项社保基金、就业专项资金的管理规范、收支平衡和运行安全。

【劳动关系】坚持把构建和谐劳动关系作为保障和改善民生、维护社会安定和谐的着力重点，切实加大执法力度，维护合法权益。高度重视农民工欠薪问题，探索建立了农民工工资应急周转金和农民工工资清欠工作联席会议制度，全面落实农民工工资保证金、实名制管理、工资发放一卡通、企业黑名单等制度。开通专项资金网上银行结算业务，实现了农民工工资保证金网上缴存与返退。加大教育宣传力度，在《陇东报》开辟“农民工维权知识问答”专栏，积极把握农民工返乡和外出务工有利时机，制作并发放“农民工务工特别提示牌”，开展法律宣传90场次，发放宣传资料9.3万份，接受群众咨询8600多人次。大力开展欠薪追讨专项行动，积极部署开展了农民工工资支付情况专项检查、清理整顿人力资源市场秩序专项行动、用人单位遵守劳动用工和社会保险法律法规情况专项检查活动，查办案件180起，检查各类用工单位5642户，督促补签劳动合同7500多份、补缴社会保险53.15万元，为7228名农民工追讨工资6909万元。围绕保障劳动者合法权益，综合运用信访、劳动监察、争议调解仲裁等手段，积极构建和谐劳动关系，部署开展了以提高劳动合同签订率为目标的“春暖行动”和以签订集体合同、工资集体协商为主要内容的“彩虹计划”活动，适时调整了全市最低工资标准，其中三类地区最低工资标准从1080元/月提高到1250元/月，四类地区最低工资标准从1020元/月提高到1200元/月，并持续加大对用人单位的监督检查力度，全市劳动用工备案率达到81.11%，全年受理劳动监察投诉案件1041起、劳动仲裁案件184件，结案率达到90.76%，有效维护了劳动关系双方的合法权益。

【自身建设】坚持一手抓事业发展、一手抓基础夯实。按照市委、市政府统一安排，深入开展了以“为民、务实、清廉”为主要内容的党的群众路线教育实践活动，突出“转作风、提效能、惠民生、促和谐”部门活动主题，创新设计了三个一批自选动作(集中开展一批服务群众、服务发展的活动，努力解决一批社会关注、群众关心的问题，制定完善一批改进工作作风、密切联系群众的制度)，坚持静下来学理论、沉下去察民情、摆进去找不足，切实解决“四风”方面突出问题，即知即改、立说立行，在解决群众关切、加强工作统筹、健全完善制度等方面采取了一系列强有力的措施，收到了初步效果。特别是围绕提升服务效能，创新干部管理模式，在机关科室全面推行了岗位监督制度，在窗口单位部署开展了“优质服务窗口创建活动”；规范议事决策程序，精简文件简报数量，压缩公务接待，厉行勤俭节约，机关“三公”经费及会议费支出比去年同期下降了49.07%，其中公务接待费下降了74.9%。围绕打通服务群众“最后一公里”，确定了3个方面、15项整改事项，实施了一批便民措施，下放了一批工作事项，压缩了一些审批环节，服务群众的质量和水平进一步提高。围绕办好民生实事，简化程序，缩短流程，牵头承办的10件建议提案提前办结答复，城乡居民职业技能培训、扶持高校毕业生就业、提高社会保险待遇标准等5件民生实事按期完成，赢得了社会好评。

【双联工作】把“双联”行动融入到扶贫开发、深化改革和党的建设大局之中，作为践行群众路线的课堂，紧紧围绕“五年基本脱贫、八年全面建成小康社会”的目标，按照“干部进村、服务为民”、”“信息进村、政策惠民”“、“项目进村、产业富民”、“医疗进村、健康乐民”“、“文明进村、新风染民”等五条路径，在深入村户充分调研的基础上，确定了12项年度帮办实事计划，先后组织开展集中帮扶活动11次，向贫困群众捐赠食用油800多斤、大米1600多斤、养殖书籍180多本、春耕化肥102袋、果园专用锯90多把、春联500余副、灯笼83个、床单被套83套，向村部赠送电脑1台，为帮扶小学购置了办公桌椅和文件柜，安装了体育器材；组织实施新农村集中居民点建设、自来水入户、村民文化广场建设、村部灾后重建、通村道路建设、千亩造林项目等12项工程，并积极组织开展国家政策法律法规大宣讲和劳动力技能培训活动，“双联”工作取得了积极成效，被省委双联行动协调推进领导小组评为“全省联村联户为民富民行动民心奖”。（市人力资源和社会保障局　供稿）

民　政

【工作综述】2014年，全市民政工作紧紧围绕全市经济社会发展大局，按照市委、市政府和省民政厅的总体部署，着眼于保障改善民生，拓展工作领域，创新体制机制，夯实基层基础，规范内部管理，提升服务水平，全面完成了目标责任制和重点民政工作综合评估各项工作任务，为全市经济社会转型跨越发展作出了应有的贡献。2014年，我市在全省民政工作目标管理考核中名列第一，连续五年获得优秀。

【专项资金】自下而上开展了全市民政专项资金自查，对自查出的各类问题，逐条逐项进行了整改完善，确保了各项民政资金的规范管理、安全运行。

【社会救助】1月1日起，西峰区、庆城县、环县城市月保障标准由282元提高到324元，其余五个县由245元提高到282元；农村低保补助标准由102元提高到113元；农村五保集中供养标准由上年的每人年2800元提高到3310元，分散供养标准由上年每人年2600元提高到3110元。全年保障城乡低保对象12.6万户39.6万人，五保对象11276人，累计发放保障金6.94亿元。

【规范化管理】扎实开展了城乡低保突出问题集中整治活动，全市清退城乡低保户4368户12786人，调整新增保障户3462户11705人，一些违规违纪问题得到有效查纠，城乡低保中绝大多数突出问题得到有效整改，取得了明显成效。建立和完善了救助家庭经济状况核对机制和社会救助部门联席会议制度，市、县区均建立了社会救助“一门受理，协同办理”工作机制，重新修订完善了《庆阳市城乡医疗救助试行办法》、《庆阳市市级大病医疗救助基金管理使用办法》，全面推行城乡医疗救助“一站式”即时结算服务，实施城乡医疗救助15823人次，发放救助金5986.9万元；资助参合参保412082人，代缴参合参保资金977.24万元；实施市级大病救助和26种重特大疾病救助40人，发放救助资金81.4万元；实施临时救助11182人次，发放救助金464.05万元。

【社会服务项目】市县落实养老专项基金6000万元（市级2000万元，每个县区500万元），以“以奖代补”的方式支持养老服务设施建设，各类养老服务设施建设进展较快。环县、宁县社会养老服务中心已完成主体工程建设任务，庆阳市养老基地、华池县社会福利院已开工建设，镇原县三岔中心敬老院已建成投入使用；108个城乡社区老年人日间照料中心为民办事建设项目（农村100个，城市8

个）已全部建成并投入使用。目前，全市已建成社会养老服务设施523个，床位达到7939张，每千名老人拥有床位23.8张，床位数居位次全省靠前，省民政厅在全省推广了经验做法。

【防灾减灾】有效应对干旱、洪涝等自然灾害，开展减灾救灾工作，共筹集下拨救灾资金5026万元、灾后重建资金653万元；市县财政列支630万元（市级300万元，县区级330万元），紧急转移安置群众786户3144人，救助灾民7.68万户30.95万人。进一步完善了防灾减灾防控体系、宣教体系、救援体系、责任体系、核灾体系，制定出台了市、县区《防灾减灾“十二五”规划实施方案》，修订完善县、乡、村三级《自然灾害应急预案》1390个，配备村级灾害信息员1319名，举办业务培训班8期1446人，加强与气象、国土、水务、农牧等部门衔接，完善预测预警制度，对强降雨天气、重大雨情、地质灾害和道路状况及早预报、提前预警和滚动发布信息，做到早预报、早防范、早应对。组织各类应急演练活动18次，参与3600多人。开展防灾减灾知识“进农村、进社区、进机关、进学校、进工地”等科普宣传活动24场，发放各类宣传资料12.7万张。市县财政列支救灾物资购置经费400多万元，购置储备物资18类24个品种。积极推进农村住房保险工作，全市参保农户9.345万户，收缴保费161.9万元，财政代缴参保费64.76万元。

【双拥优抚】以庆祝第87个建军节、纪念陕甘边区苏维埃政府成立80周年和开展烈士纪念日活动为契机，利用悬挂横幅、播放双拥工作电视专题片及新闻等形式，开展了国防教育、爱国教育和革命传统教育“进机关、进学校、进社区、进福利机构、进村镇、进军队”活动，营造了良好的双拥工作氛围。深入开展共建活动，新建军民共建点16个。广泛开展政策拥军、文化拥军、科技拥军、项目拥军和智力拥军活动，投资85万元支持驻地部队实施信息化建设，援建军营图书室8个，赠送图书13100余册、电脑13台。广泛开展社会化拥军活动，培训军地两用人才、退役士兵902名，帮助重点优抚对象解困1174户，建立重点优抚对象帮耕帮种服务小组1414个。全市投资4071.47万元，实施“双十工程”项目32个，西峰、华池、合水人武部通往营房道路硬化工程已竣工，正宁县武警中队室内训练馆已建成投用，其他援建项目均已开工建设，解决了驻庆部队军事训练、战备后勤、办公生活中的实际困难，得到了省上的充分肯定，并于2014年11月在我市召开了现场会。将“扶创”项目纳入妇女小额贴息贷款资助范畴，不断拓展扶持领域，提高扶创工作质量。今年贴息414万元，扶持退伍军人337人，累计达到3189人，辐射带动群众1.93万户。依据国家和省上规定的标准，及时足额发放了重点优抚对象抚恤和生活补助资金，保障了重点优抚对象的基本生活，为982名城乡自主就业的退役士兵发放兵役优待金3369.44万元。建立了优抚对象参合参保、门诊补助、医疗补助和医疗减免四结合的医疗保障制度，市、县区财政列支优抚对象参保费88.98万元。全面推行了重点优抚对象医疗费“一站式”即时结算服务，年内已为75名重点优抚对象减免门诊费用1.3万元，为9名患者减免住院费5.2万元，为24名分散供养的1-4级残疾军人按标准发放了护理费。实施“慰烈工程”，维修零散烈士墓121座，烈士纪念设施5处。全市共投入536万元，举办技能培训班8期，培训退役士兵845名，为762名退役士兵提供了就业岗位。认真贯彻落实新《退役士兵安置条例》，对新《条例》颁布之前入伍的全部按老政策给予妥善安置，对2011年新《条例》颁布之后入伍的全部执行了新政策。按政策规定为971名城乡自主就业退役士兵发放兵役优待金3330.8万元，落实军休人员的政治、生活待遇，按期完成了军退职工接收安置任务。

【社会福利】社会福利机构标准化建设。在全市积极开展社会福利机构规范化标准化建设，不断完善服务标准和管理制度，加强福利机构服务人员技能培训，先后组织参加全省养老服务管理、护理人员培训18人，参加全省养老服务远程培训94人，服务质量和水平得到进一步提升。市社会福利院和环县综合社会福利院被评为甘肃省规范化示范社会福利机构，华池县北关、西峰区南街东平路、正宁县西城社区老年人日间照料中心分别获得“甘肃省示范社区老年人日间照料中心”称号。儿童和残疾人福利服务。全面落实孤儿基本生活保障制度，为2297名孤儿发放基本生活费1402.8万元。实施“明天计划”、“重生行动”、“先心病、唇腭裂 、疝气”等孤残儿童康复手术86人，集中救助抚养农村贫困家庭残疾儿童80人，累计达到370人。慈善事业。成立市、县、乡三级慈善组织124个，建立慈善超市18个，组织举办了“携手同心 •筑梦未来”大型慈善公益捐赠活动，接收捐款480万元。加强彩票营销宣传，推进福彩网点规范化建设与管理，全市销售福利彩票2.23亿元。

【社会管理】指导社会组织扎实开展了党的群众路线教育实践活动，不断加大社会组织培育发展力度，开展了社会组织直接登记管理试点，年内新成立社会组织108个，其中直接登记37个；加大执法监察和日常管理力度，社会组织年检率达到90%，警告社会组织13个、撤消22个。开展了社会组织等级评估工作，年内评估社会组织49个。不断加强社会组织党的建设、能力建设和人才建设，社会组织党的工作覆盖面达100%，党组织组建率达70%以上。依法指导完成了1261个村委会换届选举工作，全市参选率达到84%。推进村务监督委员会规范化建设，基本实现了村务监督委员会“六有”（有机构、有章子、有牌子、有制度、有经费）的建设目标。全面加强城乡社区建设，市县两级财政分别列支了社区建设专项资金（市级500万元、8个县区1600万元），新建、改扩建城市社区服务站12个，新建农村社区55个。积极推动政务服务事项向村级（社区）下沉，使群众能在家门口享受方便、快捷的政务服务，90%的村将建起村级（社区）便民服务中心。完成了11个乡的改镇工作，第二次地名普查工作有序开展，积极开展平安边界创建活动，签订了《平安边界友好协议》，建立了定期走访、联席会议、矛盾纠纷排查会商和联合查处等制度，维护了边界地区的和谐稳定。积极推进婚姻登记机关规范化建设，全市8个婚姻集中登记机关全部实行了工作人员持证上岗、依法登记，开展了婚姻登记网络预约服务。全市婚姻登记机关均建立了婚姻登记工作网络平台，实现了部、省、县信息联网、在线登记。西峰区、正宁县民政局婚姻登记处积极创建国家AAA级婚姻登记机关。严格收养程序，规范收养登记和涉外送养程序，全市福利机构依法收养弃婴8人，送养16人。积极实施市、县、乡、村四级殡葬服务设施建设规划（2011—2031年），加快公益性公墓和集中安葬区建设，新建公益性公墓44个，农村集中安葬区120个，整治坟墓8226座。落实了城市“三无”人员、农村五保户、重点优抚对象及其他特困人员基本殡葬免费服务惠民政策。宁县民政局荣获全国殡葬工作先进集体。（市民政局　供稿）

环境保护

【工作综述】2014年，全市环保工作在市委、市政府的正确领导和省环保厅的精心指导下，坚持以党的十八大和十八届三中、四中全会精神为指导，紧紧围绕经济社会转型跨越发展主题，精心安排部署，狠抓环境监管，着力实施重点污染减排项目，加强污染防治，服务保障重大项目，严查环境违法行为，扎实开展党的群众路线教育实践活动，全面完成了省市下达的各项目标任务，全年没有发生重大环境事件及核与辐射安全事件。全市城乡生态环境持续改善，环境保护工作整体水平全面提高，为建设山清水秀的自然生态提供了有力的环境支撑。

【生态治理】投资3078万元，完成了48个村的2013年度中央农村环境连片整治项目，受益农户23049户，受益村民94714人，受益面积1629平方公里，废旧农膜回收利用率达到85%以上；农村饮水卫生合格率达到100%；非规模化畜禽粪便综合利用达到75%以上，使农村人居环境和群众生产生活水平得到有效提高。制定印发了《全市集中式饮用水源专项执法检查工作方案的通知》、《庆阳市饮用水源保护工作的意见》等文件，健全完善了水源地安全防范制度，建立了饮用水源保护区监督管理机制，部署开展了全市水污染防治宣传教育活动和饮用水源保护环境执法监察。投资27237万元，完成了省财政下达我市环县、华池、庆城、镇原、宁县、正宁、合水县7个县的生态功能区转移支付任务，编写完成了《国家重点生态功能区转移支付绩效评估考核自查报告》。

【环境宣传】以服务大型能源化工基地和保障“3341”重大项目建设为突破口，以美丽庆阳建设工程为重点，在《陇东报》、庆阳电视台、市县（区）环保网站等主要媒体上开设了以环保中心工作、污染减排、循环经济、生态文明建设、农村环境保护为宣传重点的环保宣传专题、专栏，动员社会各级各类媒体，做好全市环保重点工作、重大项目、重大活动的宣传工作。为隆重纪念第43个“六·五”世界环境日，针对宣传活动教育工作实际，组织开展了多种形式的宣传活动，一是召开新闻发布会，发布了《2013年庆阳市环境质量公报》。二是与司法局联合在《庆阳普法》刊登环保法律法规知识。

三是向全市10000个移动用户发送手机短信，宣传环保理念。四是在镇原县三岔镇开展“环保知识进乡村”活动。五是举办“庆阳市学习贯彻新《环境保护法》知识竞赛活动”。六是在陇东报上发布《2013年度庆阳市环境质量状况公报》，同时邀请甘肃日报社、甘肃人民广播电台、陇东报、庆阳市委网、庆阳综合门户网等媒体对宣传活动及环保中心工作进行了专题报道。

【环境质量】全市环境质量总体保持稳定，市区环境质量继续好转，主要河流水质稳定改善。市区环境空气质量好于二级标准的天数达到356天（环境空气质量标准--1996年），占全年总天数的97.5%；二氧化硫年平均值为0.032毫克/标立方米，二氧化氮年均值为0.026毫克/标立方米，可吸入颗粒物年均值为0.069毫克/标立方米，达到国家环境空气质量二级标准；交通干线噪声、区域环境噪声达到国家标准；城市集中式饮用水源地水质达标率为100%，地表水水质达标率为66.7%。全市主要河流马莲河、蒲河6个省控监测断面中，宁县桥头、姚新庄、马头坡、巴家咀水库监测断面水质年均值均符合功能区标准，曲子大桥、韩家湾监测断面为Ⅴ类水质，水质状况为中度污染，超出功能区划类别（Ⅳ类）水质要求。与上年相比，马莲河、蒲河流域综合污染指数分别下降4.1%和2.1%，呈好转趋势。

【环境治理】一是污染减排。经环保部和省环保厅核查核算，2014年，庆阳市化学需氧量排放量15000.9吨，比2013年15512.93吨下降3.3%；氨氮排放量1776.76吨，比2013年1758.68吨增加1.03%；二氧化硫排放量15763.07吨，比2013年15167.19吨增加3.93%；氮氧化物排放量15830.46吨，比2013年15163.89吨增加4.4%，均完成了省政府下达的年度污染减排任务。二是机动车污染防治。全年应检测机动车7.52万辆，实际检测7.56万辆；应发环保标志11.03万枚，实际核发11.81万枚。黄标车及老旧车辆淘汰任务1930辆，完成3377辆。全市已全面供应第四阶段标准的车用汽柴油，按照环保部《机动车环保检验管理规定》要求，正宁县通达等5个机动车环保检验机构资质延期及认证正在有序进行。三是排污许可证发放。完成了环境统计调查年度任务，为符合核发条件的45户排污单位核发了排污许可证。市、县两级按要求征收排污费3000万元。四是大气污染防治，制定印发了《全市大气污染防治行动计划工作方案》（2013-2017年度）、《2014年全市大气污染防治工作计划》，加强了以燃煤锅炉整治、落后产能淘汰、机动车污染防治、扬尘污染控制、重点源治理、重污染天气应急处置等为重点的大气污染防治工作，年内多次组织开展了大气污染防治执法检查活动，检查重点污染企业150多户，淘汰小锅炉60多台，关停“十五小”企业14户，淘汰落后产能企业4户，完成了庆阳石化公司催化裂化脱硫等5户污染治理工程，完成了全市68座加油站、86辆油罐车、1座油库油气回收治理任务。五是重点流域水污染防治。联合中国矿业大学开展“庆阳市马莲河干流水质达标可行性研究”，印发了《2014年加强马莲河流域污染防治工作方案》，确定了重点监管污染源名单、2014年度重点污染治理项目。加强了马莲河流域超标污染源治理，实现了马莲河、蒲河水环境质量的稳定改善，与去年相比，马莲河监测的3个断面中，宁县桥头断面水质达标率上升了50%，蒲河水质实现了稳定达标。六是危险废物及化学品环境管理。制定了《关于加强危险废物环境监管工作的通知》、《石油石化行业危险废物环境管理办法（试行）》，组织开展了危险废物规范化管理专项检查，督促庆阳石化公司等11家重点危险废物产生、经营单位规范了内部管理和转移处置，移送了违法偷排案件。全市重点危险废物产生单位规范化管理抽查合格率达到100%，经营单位规范化管理抽查合格率达到100%。七是工业企业环境保护标准化建设工作。制定印发了《庆阳市2014年工业企业环保标准化建设工作意见》和《庆阳市环境信用评价工作方案》，督促22户工业企业完成了工业企业环境保护标准化建设及环境信用评级工作任务。完成了6户企业强制清洁生产审核和4户企业清洁生产审核验收工作。首次公开了企业环保红黑榜，中石油庆阳石化分公司等8家企业被列入红榜企业名单，宁县康盛工贸有限公司被列入黑榜企业名单，并依法责令停产整改。

【环保科技】开展了生态文明建设、河流水质达标分析及城区大气污染源治理等课题研究。委托省环境科学设计研究院通过实地调查、资料收集和技术分析，疏理了“十三五”及到2030年全市要达到生态文明建设目标指标存在的主要问题，分析建立了与生态文明建设相适宜的环境管理模式，编写完成《庆阳市生态文明建设研究报告》；为加强重点流域水污染防治，联合中国矿业大学开展《庆阳市马莲河干流水质达标可行性研究》，在全面系统调查研究地表水水质现状和沿河污染源的基础上，研究制定污染源治理方案和水质恢复措施，最大限度改善河流水质。组织开展《西峰城区大气污染源解析和治理对策研究》，通过对城区现有大气中污染物进行采样检测及分析，为制定大气污染防治措施提供科学依据。

【环保规划】组织编写完成了《庆阳市生态环境保护规划（2015-2020年）》并通过技术评审。编写组通过实地考察、资料收集、影像图像获取与解译等工作，在充分调查全市自然、生态、环境、社会的等状况的基础上，针对生态环境状况、质量水平、发展趋势、存在问题、发展潜力等进行了分析与评价，初步确定了十三五期间庆阳市生态环境保护与建设的主要任务、主要举措及其保障措施。（市环保局　供稿）

安全监督

【工作综述】2014年，全市安全生产工作在市委、市政府的正确领导下，坚持以党的十八届三中全会精神为指引，牢固树立“红线、担当、戒惧、治本”意识，紧密结合党的群众路线教育实践活动，积极开展安全生产“三项行动”、大整治百日攻坚行动和各项专项整治活动，严格控制各类安全生产事故发生，确保了全市安全生产形势持续稳定。

【指标控制】2014年，全市共发生生产安全事故422起、死亡109人、受伤398人、直接经济损失358.6万元，同比分别下降8.26%、8.4%、13.48%、8.43%。其中非生产经营性道路交通事故死亡48人；生产经营性道路交通事故死亡58人；工矿商贸企业安全生产事故死亡3人；火灾、农机事故无人员死亡；发生3起较大道路交通事故；发生1起重大道路交通事故。

【责任落实】按照安全生产“党政同责、一岗双责、齐抓共管”的总要求，市委、市政府始终坚持把安全生产工作与中心工作同安排、同部署、同落实，先后6次召开市委常委会议和市政府常务会议研究解决制约全市安全生产的深层次问题，以严之又严的责任，细之又细的措施，有力地强化安全生产。市委、市政府主要领导多次就安全生产工作作出批示，原市委书记夏红民亲自督查安全生产工作1次，督办1次，现市委栾书记（原市长）先后4次带队现场督查、调研、指导安全生产工作，市委常委、市委市政府分管领导也先后多次督查检查、专题调研安全生产工作，强化对安全生产工作的领导；市委、市政府其他领导及时对分管行业的安全生产工作开展调查研究、督促检查，促进了安全生产工作形成合力。市委、市政府制订了《庆阳市党政领导班子和领导干部安全生产目标责任考核办法》，明确了党政领导班子、领导干部及安委会成员抓安全生产工作目标和责任，并将安全生产纳入县区三位一体考核，市政府与14个行业主管部门、33个中省驻庆企业和重大建设项目单位签订了《安全生产目标管理责任书》，不断加大安全生产考核权重，严格实行“一票否决”制，建立了横向到边、纵向到底的安全生产责任体系。

【三项行动】将安全生产大检查、“打非治违”、隐患排查治理“三项行动”和“六打六治”作为全年安全生产主要工作，结合辖区和行业实际，制定了《庆阳市安全生产“三项行动”实施方案》，并成立工作领导小组，分工抓落实、保成效。在安全生产大检查方面，以县（区）、各行业主管部门为主体，严格按照“全覆盖、零容忍、严执法、重实效”的总体要求，在生产经营建设单位自查自纠的基础上，采取明查暗访、突击检查、“回头看”、交叉检查和“四不两直”的督查检查方式，做到“横向到边、纵向到底”。2014年，全市共组织检查组766个，出动检查人员5276人（次），检查企业3605户（次），责令改正违法行为301起，责令停产停业和停止建设25家，行政处罚112.7万元。在“打非治违”方面，以县（区）乡（镇）政府为主体，严格按照“四个一律”和“六个一批”的要求，突出“六打六治”打非治违内容，严厉打击各类非法违法生产经营行为，治理纠正各类违规违章行为。2014年，全市共打击非法违法、治理纠正违规违章行为389173起，其中，煤矿行业5起，非煤矿山行业59起，道路交通行业388972起（含道路交通违法行为387604起，共查扣非法车辆452辆，处罚366人，刑事拘留1人，行政拘留2人），建设施工行业19起，消防31起，危险化学品行业49起，烟花爆竹行业18起，其他企业20起。在隐患排查治理方面，以企业为主体，不断完善隐患排查治理体系和安全预防控制体系，全面促进企业安全生产主体责任落实。2014年，全市共排查生产经营单位4934家，排查一般事故隐患11002项，整改10636项，整改率96.7%，排查重大隐患63项（道路隐患点段62处，非煤矿山重大隐患1处），全部实行省、市、县区政府分级挂牌督办。行动期间，市安委办分别抽调相关部门及工作人员组成督查组，于4月下旬、7月中旬两次对8县（区）政府、市直有关部门安全生产“三项行动”和“六打六治”工作部署开展情况进行了督查，进一步促进了“三项行动” 和“六打六治”的深入推进。

【专项整治】一是开展了节前安全生产大检查。结合春节、“春运”、“两会”安全生产工作实际，市安委会及时安排，突出重点行业，在全市开展了道路交通安全强化整治月活动、第二次“清剿火患”战役等14个行业领域的节前安全生产大检查活动。二是开展了安全生产专项检查活动。从2月下旬开始至5月底结束，集中开展安全生产专项检查活动，明确5项企业自查和10项部门重点检查内容，在全市重点行业领域集中开展安全生产专项检查。三是开展了油气管道和城市燃气管网安全大检查。从2013年底开始，对全市24户涉油涉气输送管线企业1.2万多公里的管道进行了全面排查，对排查出的输油气管线占压隐患，均由市、县（区）政府挂牌督办或督促整改。四是开展了道路交通安全隐患点段排查治理工作。4月上旬，市安委办组织市交通局、交警支队、公路局和庆阳公路管理局对市交警支队排查上报的56处国道、省道和县乡公路多次发生事故的隐患点段进行了核查，对11处道路交通安全隐患点段由市政府挂牌督办整改，对45处道路交通安全隐患点段由县（区）政府挂牌督办整改。五是部署了全市危险化学品道路运输和公路隧道安全整治工作。为认真汲取“3.1”晋济高速公路隧道特别重大事故教训，专题召开全市危险化学品道路运输企业落实安全主体责任工作会议，学习传达国家、省上有关精神，对全市危运交通事故及运输企业安全检查情况进行了通报，并开展了为期两个月的危运和公路隧道安全整治工作。六是部署了全市砂石料运输车辆违法超限超载治理工作。针对全市辖区内砂石车超载等问题突出的实际，市政府制订《庆阳市集中治理砂石料运输车辆违法超限超载工作实施方案》，坚持“政府主导、部门联动，标本兼治、注重实效，依法行政、规范执法”的原则，安排11个职能部门，从4月22日开始，集中三个月时间，开展了砂石料运输车辆违法超限超载治理工作。共检查砂石料运输车辆27786辆次，查处超限超载违法行为933起，对18名超载违法当事人驾驶证予以记分处理，查处大货车机动车牌不清晰不完整1844起，擅自改变机动车外形违法行为（重型自卸货车擅自加高“马槽”）42起，均现场督促当事人予以整改。另外还开展了液氨制冷企业、受限空间作业等专项整治活动。

【基层基础建设】一是进一步健全地方制度。市委、市政府制定印发了《庆阳市党政领导班子和领导干部安全生产目标责任考核办法》，市政府制定《庆阳市矿山企业安全生产监督管理办法》、《庆阳市危险化学品安全生产监督管理办法》、《庆阳市道路交通安全监督管理办法》，安全生产长效机制进一步建立。二是进一步加强监管能力建设。市级财政安排安全生产专项资金906万元，各级都按照要求落实安全生产专项资金，加大对安全生产工作的资金支持。在装备配备方面，市、县安监部门共配备240余万元的监管装备（含省安监局直接配备的安全监管器材设备），安全监管的科学技术手段进一步增强。在人力资源方面和机构设置上，市政府为全市公安交警系统招考1000名文职人员，已到位829名；为全市119个乡镇成立农村交管站和交管大队，为24个交警中队（共成立34个）落实了独立办公场所；环县县委县政府一次性为县安监局增加编制20人，其他县区、相关部门也相继补充、充实安全监管人员；市安委会办公室从全市范围聘任了105名安全生产信息员和260名安全生产专家，改善安全生产信息不畅和安全生产技术力量不足的问题，有效改善了安全监管现状。三是进一步加强安全生产源头管理。严格落实安全生产行政许可、建设项目“三同时”审查制度，对未进行安全预评价、安全设施设计未通过审批的建设项目，项目主管部门不审批立项，建设部门不办理开工手续，防止了出现新上项目、新建企业安全生产“先天不足”的问题。市发改委、市安监局对全市立项项目进行汇总造册，纳入建设项目管理程序，严格落实“三同时”审查制度。注重职业危害监管工作，认真落实职业危害“三同时”各项规定，2014年，全市完成企业职业危害因素网上申报531户，完成备案531户。四是进一步提高安全生产应急保障能力。市、县两级生产安全事故应急预案体系逐步完善，着力加强企业生产安全应急预案备案管理工作，已有406户非煤矿山、危险化学品企业的生产安全事故综合应急预案、专项预案和现场处置方案完成了网上备案，企业应急管理水平进一步提升。五是积极推进安全准标化建设。按照国家、省上相关要求，全市重点突出煤矿、非煤矿山、交通运输、建筑施工、危险化学品、烟花爆竹、建材、烟草、商贸等行业领域，根据既定计划和目标，深入开展企业安全达标创建活动，进一步规范企业安全生产行为。2014年，全市有241户非煤矿山企业达到三级标准，15户危险化学品生产企业、5户烟花爆竹批发企业全面完成三级达标任务；工贸行业4户企业达到二级标准，80户规模以上企业达到三级标准。

【安全教育培训】全市各级以“强化红线意识、促进安全发展”为主题，以宣传安全生产法律、法规和安全生产知识为重点，以宣传车、版报、法律咨询、播放电视电教片、公益广告、悬挂横幅标语、散发宣传资料、发送安全生产手机短信为载体广泛开展了安全生产“六进”、“安全生产月”和安全生产大调研活动。6月16日，市安委会办公室按照国家、省上统一安排部署，开展了“安全生产月”宣传咨询日活动。10月1日至31日，市安委办组织在全市8县区人员密集场所采取摆放宣传展板、发放宣传资料的形式，开展了安全生产巡回警示宣传教育活动。在全市有条件的社区、建筑工地、校园、农机、道路交通领域开展“安全社区”、“安全文明工地”、“安全校园”、“平安农机”、“平安畅通县区”等系列平安创建活动，形成浓厚的安全文化氛围。充分利用网络平台和主流媒体，播放安全公益广告，曝光违法违规行为，宣传安全生产工作动态。其中交警部门在电视台播放安全公益广告3010次，播放交通违法曝光新闻215次，在广播电台播发新闻稿件3560篇，在各类报刊登载通讯报道603篇。市安委办在省级以上网络媒体登载信息48条，在市委、市政府门户网站登载信息81条，在市安监局门户网站登载行业县区动态信息131条。（市安全生产监督管理局　供稿）

质量技术监督

【工作综述】2014年，在市委、市政府和省质监局的正确领导下，认真贯彻党的十八大、十八届三中、四中全会和全省、全市经济工作会议精神，在全国、全省经济进入新常态的大背景下，市质监局的工作着眼于服务新常态，把握质监体制调整后的新特征，顺应群众新期待，把庆阳质监事业发展放在全市大局中谋划，紧紧围绕市委、市政府提出的“紧盯一个目标、强化一个动力、创建三个生态、实施四大战略、建设十项工程”总体工作思路，坚持“抓质量、保安全、促发展、强质监”的工作方针，高点谋划，扎实工作，开拓进取，质监工作取得了新成绩，重点工作取得了新突破，为加快建设幸福美好新庆阳提供了坚强可靠的质量保障。

【质量发展】一是全省质量工作考核现场会在庆阳召开，为全省质量工作树立了标杆。二是制定出台了《庆阳市创建全国质量强市示范城市实施方案》，落实了各县（区）和市质量发展领导小组成员单位的工作任务，与8县（区）政府和市直12个成员单位签订了质量发展目标责任书。表彰奖励了2013年度全市质量工作先进单位、甘肃名牌产品生产企业、国家地理标志保护产品以及标准创新突出贡献奖单位和个人。三是联合教育部门积极开展中小学质量教育实践基地创建工作。长庆油田公司第二采油厂技术监督中心作为第二批中小学质量教育实践基地已经报省质监局和教育厅。四是组织开展市政府质量奖和质量贡献奖的评审工作，有8户企业和8人入围。

【名牌培育与地理标志保护】一是开展国家（省）级知名品牌示范区创建工作。庆城县农耕文化产业园国家知名品牌示范区材料已上报国家质检总局，镇原金龙工业园区省级知名品牌示范区已获省质监局批复。二是在已获得6个国家地理标志保护产品的基础上，新申报庆阳剪纸、庆阳刺绣、正宁大葱、环县滩羊4个地标保护产品。三是在已获得22个甘肃名牌产品和30户企业质量信用A级的基础上，培育申报甘肃名牌产品12个、企业质量信用等级A级13户。四是在已获得20个国家（省）级农业标准化示范区的基础上，又申报了正宁大葱1个国家农业标准化示范区和镇原大棚辣椒、环县滩羊、华池中药材3个省级农业标准化示范区，项目正在抓紧建设中。

【质量、标准化、计量管理】一是全面落实企业产品质量安全主体责任和工业企业分类监管工作，依托组织机构代码平台稳步推进企业质量信用数据库建设，全市纳入分类监管的工业企业547户，签订产品质量安全责任书547份，全市65%的企业建立了企业质量信用数据库。二是认真实施产品质量监督检查计划，配合国家、省级质检机构做好产品质量监督抽查工作。共检验各类产品1863批次，合格率86.9%；检定各类计量器具12931台（件），合格率98%；检验特种设备11292台（件），合格率100%。三是完成工业企业的生产许可证年审15户，完成我市46户资质认定获证实验室的自查和重点抽查工作。四是制定上报地方标准33项，采用国际标准或国外先进标准1项，办换组织机构代码证1195户，办理条码54户。五是在2012年获国家质检总局颁发全国民生计量工作先进单位的基础上，围绕实施市政府为民办实事工程，制定出台了《庆阳市城乡集贸市场衡器免费检定和诚信计量体系建设实施方案》，完成了衡器的集中采购、统一检定和配发，为全市13个集贸市场、100个社区蔬菜零售点配发台秤1363台，公平秤444台，免费检定计量器具10055台（件），免收检定费20多万元，培训集贸市场计量管理人员35人。同时，制定了《庆阳市诚信计量集贸市场管理制度》等五项制度，诚信计量体系建设工作初见成效。六是加强“民用四表”及出租车计价器的计量监管，强检计量器具受检率达到98%。七是签订商业、服务业诚信计量承诺书1427户。

【法制宣传与稽查打假】一是组织开展了“3.15”消费者权益保护日、安全生产月、质量月、“12.4”宪法宣传日大型宣传咨询服务活动。二是组织开展执法人员的执法证换证工作。三是在庆阳电视台和《陇东报》开辟了创建全国质量强市示范城市专题宣传。四是编撰《国家地理标志保护产品大典》庆阳资料。五是组织开展农资建材专项整治、非法机动车联合查禁、汽车配件专项打假、特种设备安全监察、车用汽柴油专项检查、农机具专项检查以及妇儿用品专项监督抽查等活动，严厉地打击了质量违法行为。六是认真开展缺陷汽车召回和“汽车三包”相关工作，处理有关缺陷汽车和汽车三包投诉2起。七是组织开展了自愿性认证产品、管理体系认证和食品农产品认证有效性执法检查。八是认真落实企业质量信用“红黑榜”制度，年内发布“红黑榜”2次，我市共有14户企业荣登红榜。

【特种设备安全监察】一是提请市政府出台了《关于进一步加强特种设备安全工作的意见》，被省质监局转发至各市州质监局。二是扎实开展了全市特种设备安全“三项行动”、“六打六治”、打非治违专项行动、节假日期间安全检查、特种设备安全督查、百日攻坚行动等工作，对存在的安全隐患发出督办通知，要求对排查出的隐患和问题即查即改，跟踪督促落实。三是结合实际探索建立健全了特种设备安全监察七项工作制度：季度分析会议制度、督查督办制度、事故分析制度、约谈警示制度、重大隐患和重大事故通报制度、信息报告制度、检验检测重大项目调研论证和可行性分析制度。四是加强特种设备动态监管，对报废停用和新增设备及时进行了数据更新。五是成立了特种设备安全专家组，聘请了22名专家，同时积极组织开展了应急救援演练。六是认真扎实开展全市安全生产百日攻坚行动，配合市燃气办对全市城市燃气管网开展了安全督查检查，配合市工信委对输油气管道开展了安全检查，配合公安、运管等部门积极协调危运罐车定期检验工作。七是全年未发生系统性、行业性、区域性产品质量安全事故和较大以上特种设备安全事故，全市产品质量和特种设备安全形势平稳向好。

【体制改革】市县质监管理体制调整工作顺利完成，通过委托授权、培训检验检测人员等方式，增强了县（区）质监局的检验能力。酝酿论证率先将市质监局直属的质检所、计量所、纤检所整合到新成立的陇东质量检验检测研究院，拟为正县级建制，下设6个副县级检验检测中心，该实施方案待批。取消组织机构代码证年度审验、小微企业组织机构代码证书收费、企业标准备案以及特种设备安装、改造、维修施工方案告知。（市质量技术监督局　供稿）

食品药品监督

【工作综述】2014年，是我市食品药品监管新体制完成调整改革后运行的第一年，也是食品药品监管工作成绩最为突出的一年。一年来，全市系统上下紧紧围绕经济社会发展中心任务和食品药品安全监管目标责任，坚持以深化食品药品监管体制机制改革为抓手，强基础、保安全、促发展，全年食品药品安全监管目标落实到位，安全保障成效显著，未发生重大食品药品安全事故，全市食品药品安全监管工作在保障人民群众饮食用药安全和推动经济社会转型发展等方面发挥了重要作用。在第二季度全省食品药品监管业务推进会上，我市作为工作突出单位作了交流发言；8月份，省食药监局召开全省乡镇食品药品监管机构建设庆阳现场会，推广我市乡镇监管所标准化建设经验；11月份，中国医药报头版头条报道我市乡镇食品药品监管所标准化建设情况，得到国家食药总局充分肯定；12月初，市食药监局主要负责人应邀代表甘肃省在全国加强基层执法监督培训班上做了专题工作经验介绍。

【责任体系建设】市委、市政府高度重视食品药品监管体制改革，始终坚持把加强食品药品监管责任体系建设做为进一步强化和落实食品药品属地监管责任，建立健全依法监管、规范有序、公开透明、便民高效、权责一致的食品药品安全监督管理体制的重要内容。从2012年开始，就在全省乃至全国率先开展了食品药品体制机制创新工作，提出了大统筹、大执法、大检测和在乡镇设立食品药品监管所的工作思路。2013年8月30日，市政府出台了《关于改革完善食品药品监督管理体制的实施方案》和市级直属机构《三定方案》，将分散在食药监、质检、工商、卫生等部门的食品安全监管职能进行整合，重新组建了市政府组成部门--市食品药品监督管理局，加挂了市食品安全委员会办公室牌子。市级监管机构根据工作需要组建了正县级市食药监局、市食品稽查局、市药品稽查局、市食品检验检测中心、市药品检验检测中心。县级监管机构亦按照“三局一中心”的模式组建了正科级食药监局、食品稽查局、药品稽查局和食品药品检验检测中心，并全部加挂了本县（区）食品安全委员会办公室牌子。在每个乡镇设立正科级食品药品监管所，为县（区）食药监局的派出机构。2014年7月，市委办、市政府办印发《关于进一步加强基层食品药品监管机构建设的通知》，明确了基层监管机构办公室场所、人员要求等，进一步加强基层食品药品监管机构，健全食品药品监管工作网络，通过改革，全市新组建市县（区）行政管理机构9个，稽查执法机构18个，检验检测机构9个，乡镇监管所116个，全系统在编工作人员达到830名。各县（区）将乡镇食品药品安全监管工作经费纳入财政预算，为基层乡所保障了办公场所及设施设备，配备了执法交通工具，规范了执法装备和标志服装，建立了食品药品安全协管员、信息员工作报酬补偿办法，落实了网格化监管责任。在理顺市、县、乡、村监管机构的基础上，建立健全了食品安全联席会议制度、食品安全案件联动、食品药品安全投诉举报奖励等制度，逐级签订了食品药品安全年度目标管理责任书，明确了任务，靠实了责任，全面构建了行政管理、监管执法、技术支撑、基层监管“四位一体”的工作格局和“城乡一体、纵横辐射、上下联动、齐抓共管”的责任体系。全年共出动执法人员99870人次，检查“四品一械”生产经营使用单位119947户（次），查处各类违法案件992起，罚没款295.56万元，处罚力度达到历史新高。未发生重大食品药品安全事件。

【食品安全监管】坚持以落实“三项制度”（《甘肃省食品安全监管责任问责办法（试行）》、《甘肃省食品安全追溯管理办法（试行）》和《甘肃省农产品质量安全追溯管理办法（试行）》）为抓手，建立覆盖食品源头、生产加工、消费流通全过程的监管机制，着力加强食品各环节监管，保障食品安全。在农产品安全监管方面，扎实开展了农产品质量安全专项整治、例行监测、标准化建设、“三品一标”认证和非法添加和滥用违禁农兽药专项整治，完善了农产品质量安全事故报告和应急处置机制，全年全市农产品质量安全突发事件零发生。在食品生产安全监管方面，严格食品生产许可，积极推行食品生产企业量化分级，完善复核食品生产企业和小作坊档案，开展了白酒、桶装纯净水、食品标签、“两超一非”、食用油等食品安全专项整治，注销食品生产许可证16户18张，关停、整顿纯净水企业9户，依法取缔3户。完成了食品、保健食品抽检和不合格食品后处理、协查及保健食品抽检工作任务。在食品流通安全监管方面，以食品安全可追溯为主线，以索证索票和网格化、痕迹化监管为重点，严格食品流通准入，规范经营主体经营行为，开展了对散装食用油、散装酱油、散装食醋、农村食品市场四打击四规范、食品药品安全大整治百日攻坚行动等7个专项整治，督促建立健全索证索票，开展婴幼儿配方乳粉、清真食品、转基因食品、保健食品专区专柜经营，落实“三查两检”，实行“痕迹监管”，共检查各类涉及食品药品生产经营使用单位122551（次），查处各类违法案件1079起，罚没款304.96万元，在保障餐饮环节食品安全方面，积极开展了食品餐饮单位量化分级管理，推进“明厨亮灶”工程，扎实开展了茶楼等娱乐场所、学校食堂、餐用具洗消保洁、超范围超能力经营、非法添加、节假日、罂粟壳、建筑工地食堂等10多项专项整治，规范了娱乐场所的食品经营行为，消除了学校食堂及周边食品安全隐患，增强了餐用具洗消保洁单位自律意识，遏制了餐饮单位“两超一非”违法违规经营行为，保障了节日、高考期间餐饮服务食品安全，杜绝了餐饮环节添加罂粟壳或罂粟粉等非食用物质。严格 “四步骤，五专管，六关口，十大项”的监管模式，参与和组织实施了 “陕甘边区南梁苏维埃政府成立80周年纪念活动”、“甘肃省第十二届少数民族传统运动会”、“第四届敦煌行丝绸之路国际旅游节”、省委领导庆阳调研等10多次重大活动食品安全保障，未发生食品安全不良事件或事故。

【药品安全监管】坚持以药品质量监管为中心，强化药品风险监控，严把生产关、严查流通关、盯紧使用关，全流程、全方位、全覆盖开展药品质量监管。一是加强对药品生产企业安全生产监管，强化企业风险管理，加大对压缩空气系统、员工培训效果风险、固体口服制剂生产过程、物料供应商、空调净化系统等高风险项目监管和评估，加强对原辅料真伪、炮制工艺、购进验收、入库保管等质量管理落实情况进行重点监督检查，登记审核了我市2家药品制剂生产企业所涉及的42个品种辅料。二是开展了药品生产环节质量安全风险评估和物料管理、配制工艺、质量检验、中药前处理、中药提取和受托配制等为重点的专项检查，促进医疗机构制剂配制设施设备符合标准规定，推进药品生产企业规范实验室建设。三是加强对二类精神药品经营企业实行动态监管，建立麻醉药品超量供货和异常流向预警机制，掌握特殊精神药品经营品种、数量、库存、流向，加强特药特管。四是全面推进“规范药房”和医疗机构质量诚信创建活动，开展了走票、过票、无证经营、非药品冒充药品、运输环节、处方药不凭处方销售和低温冷藏药品等专项整治，梳理药品质量安全风险点项目34条，提出整改意见建议20条，下发《药品质量风险意见书》16份，开展药品诚信体系综合评定650家，药品医疗器械生产经营企业和医疗机构质量诚信档案建档率、评价覆盖率和不良行为结果公示率均达到100%。五是加强医疗器械生产监管，开展医疗器械“五整治”活动，规范《医疗器械经营许可证》核发、换发、及许可事项变更，加强生产企业一次性使用床单、被套、枕套非医疗器械和植入性医疗器械、口腔义齿监管，规范医疗器械经营市场。全年全市共检查各类药品医疗器械生产经营企业26540户（次），没收过期（假劣）药品7553盒（瓶）办理行政处罚案件331起，罚没款134.49万元。

【检验检测技术支撑】坚持充分发挥检验检测技术支撑保障作用，加强食品药品风险管控，全年完成省上分配的食品监督抽检任务13类54种1695份，检测合格1547份，合格率为91.7%；接受委托检验食品1608批次，其中合格1480批次，不合格128批次，合格率为92.04%；督促市、县稽查局，乡镇食药所利用快速检测设备检测食品398批次，未发现不合格食品。配合省局完成了在我市100批次的国家计划药品抽验质任务，完成了生产环节基本药物抽验10批次、流通使用环节基本药物抽验95批次、中药饮片评价抽验243批次、地方性药品监督抽验278批、化妆品抽验30批；接受检品617批次，完成461批次。上报药品不良反应报告1287份，达到495份/百万人口，上报药物滥用报告199份，超额完成了上报任务；上报医疗器械不良事件监测报告278份，达到111份/百万人口。

【能力建设】突出能力建设，全面提升加强食药监管工作。一是结合实际，积极调配招考专业技术人员，加强工作力量。根据“选调一批，招考一批，培养一批”的工作思路，为市食品检验检测中心、市药品稽查局和市药品检验检测中心公开招考工作人员8名，调配人员2名。二是加强培训，食品药品执法检验检测工作能力普遍提升。采取以专题培训、以岗带训、派员学习、联合执法等方式，先后举办各类专业综合培训班18期，培训基层及新进工作人员1500人次，培训专业检验检测人员200多名。三是争取支持，检验检测规范化建设得到推进。按照《甘肃省市州食品安全检验检测实验室建设指导意见》精神，积极检验检测项目建设资金和市县财政配套，充实检验检测设备，实施检验检测试验综合办公楼建设，推进市药检中心顺利完成省局实验室考评验收，市食品检测检测能力建设配套资金落实和项目选址、土地预审、可行性环评等工作。

【岐黄文化研究】围绕“研究岐黄文化内涵、开发岐黄文化产业、倡导养生保健、推动经济文化发展”的核心定位，坚持以丰富的学术研讨活动促进岐黄文化事业研究，不断深化和拓展了理论研究的层次和范围，不断扩大岐黄文化理论研究和品牌效应，加大岐黄养生文化及产业推广力度。一是深化学术理论研究，在《陇东报》刊登《论岐黄文化的价值与作用》论文1篇，岐黄文化研究丛书后4部。二是加大岐黄文化产业开发，争取市财政支持，下拨专项资金100万元，对市内2个药厂、4个中药饮片加工厂、2个医院制剂室的中药的生产、研发工作进行了扶持，与正宁县政府协作，对在建的黄帝文化广场医药园开发修建岐黄文化景观，促进中药产业的发展，不断扩大岐黄文化的旅游纪念景观设施建设。并积极与国内一些著名的编剧作家联系，启动了《医祖岐伯》30集电视连续剧拍摄和剧本编写工作，三是突出加强岐黄文化宣传，先后与市电视台合作，在庆阳2套、3套滚动循环播放《中华医祖岐伯》电视专题片，以岐黄养生为主题，在《健康庆阳》栏目制作播出岐黄文化节目16期；参与了中央电视4台拍摄了“江河万里行”节目拍摄活动，协助开展了《中华医祖岐伯》电影拍摄；参与了“岐黄故里”中医药文化产业推介会、丝绸之路沿线意大利馆及陇东南文化历史区展馆岐黄中医药养生保健产品展出活动，对外宣传推介岐黄保健品、中药材及中医针灸理疗等，为打造岐黄故里，传播岐黄文化起到了极大的宣传作用。（市食品药品监督管理局　供稿）

信　访

【工作综述】2014年，全市信访工作在市委、市政府的正确领导下，认真贯彻落实中央、省、市关于信访工作的决策部署，以开展党的群众路线教育实践活动为契机，进一步转变作风，强化措施，狠抓落实，有效解决了大量群众信访问题和社会矛盾，为全市社会和谐稳定做出了积极贡献。市、县两级信访部门共接待处理群众来信来访1566件次、4145人次，同比件次下降9.8%、人次下降11.5%。其中，来信504件，下降13.8%；个体访842批981人次，批次和人次分别下降14.6%、12.7%；集体访147批2479人次，批次下降10.8%、人次下降15.9%。

【责任落实】市委、市政府把信访工作列入重要议事日程，年初，在全市重点工作安排部署大会上，与各县（区）、各部门签订了信访工作目标管理责任书，对信访工作提出了明确要求，并坚持每季度研究信访工作制度。市委、市政府主要领导认真履行信访工作“第一责任人”的职责，高度关注、认真阅批每期《庆阳信访动态》和群众来信、网络留言，全年对信访工作作出批示16次，阅批群众来信358件，督促办理群众网络留言、网上信访件220件。市委、市政府分管领导带头落实信访工作直接责任人的责任，坚持每月召开一次信访联席会议，通报交流情况，研究解决问题，部署推动工作，并通过主动约访、包案督办、专题接访、深入基层调研督导、亲临现场办公等途径，协调解决信访突出问题98件。

【领导干部接访】按照巩固市一级，强化县一级，延伸扩展乡一级的思路，将日常接访、集中接访、预约接访、重点接访和干部下访有机结合，巩固完善市、县、乡三级领导干部大接访、大下访工作机制。市上每月10日由市委常委、市政府副市长轮流在市信访接待大厅接访，同步开展市法院院长、市检察院检察长、市公安局局长“三长”和西峰区领导干部大接访活动；其它7个县每月15日开展领导干部接访活动；乡（镇）书记、乡（镇）长每周至少安排1天时间集中接访，班子其他成员随有随接。全年，市、县两级共组织各类“大接访”活动296场（次），接待上访群众3239人（次），协调处理重点信访问题1965件。其中，开展市委常委、市政府副市长信访接待日活动11场次，接待群众261批1425人次，现场协调解决信访问题103件，批示交办158件。

【积案化解】全市各级把信访积案化解作为减少非正常上访、减轻信访工作压力的治本之策，综合运用法律、行政、经济等手段，充分发挥信访专项资金的杠杆作用，努力推动“事要解决”。按照省信访联席会议办公室《关于开展信访积案清理化解专项活动的通知》要求，在全市集中开展突出矛盾和信访问题排查化解活动，对信访积案进行认真摸排梳理，把排查梳理出的积案全部纳入信访信息系统，建立“信访积案数据库”，实行台帐式动态管理，采取领导包案督促办、挂牌销号重点办、部门联动会商办、“三级终结”依法办等措施，千方百计解决问题，竭尽全力推动息诉罢访。同时，结合“双联”行动，坚持联村联户与联人联事并举，扶贫帮困与解疑释惑并重，动员组织广大党员干部转变作风，深入基层，在帮扶群众脱贫致富的同时，包案解决信访积案，现场化解疑难问题。全年共排查梳理信访积案357件，化解338件，化解率94.7%。其中，市委常委、市政府副市长包案化解38件。

【体制机制】积极创新完善工作体制机制，推动信访突出问题及时就地解决。一方面，按照中央、省委要求，将市信访局由市政府工作部门调整为市委工作机构序列，进一步强化信访部门的职能职责；另一方面，借力网络、移动通讯等现代化平台，逐步建立完善电话信访、网上信访、微博信访等新机制，积极拓展工作领域，畅通信访渠道，宣传推行网上受理群众信访事项，建立及时就地解决群众合理诉求的绿色通道和便捷平台。目前，全国信访信息系统已通过政务专网部署到各县（区）信访部门，且规范运行，信访事项受理办理、交办督办、复查复核、依法终结等工作流程全部纳入系统，实行“信息网上录入、流程网上管理、工作网上督查、绩效网上评价”的信访工作新模式。

【源头预防】全市各级以党的群众路线教育实践活动为契机，加强矛盾纠纷排查化解和初信初访办理工作，尽力把矛盾消灭在萌芽状态，初始阶段，使矛盾不上交，问题不扩大。一是开展矛盾纠纷排查化解活动。始终坚持将集中排查调处与经常性排查化解相结合，联动式调处与规范化处理相结合，围绕社会热点和难点问题，延伸排查触角，拓宽工作领域，全面排查苗头性、倾向性信访问题，逐件调处化解。全年，共排查各类矛盾纠纷 2549 件，调处化解 2437 件，化解率 95.6%。二是高度重视群众初信初访办理。全市信访系统坚持领导干部带岗值班和提前上岗、延迟下班、工作人员分组轮班值守工作制度，对群众的第一次来信、第一次来访，力争在第一时间、第一地点办理，现场答复信访人，最大限度避免了问题积累、矛盾上行，有效减少了重信重访及越级访的发生。二是建立信访信息预测预警机制。坚持把信访信息综合分析研判，作为为市委、市政府科学、民主决策提供参谋助手的重要途径，进一步建立完善信访信息预测预警机制，信访数据一周一报、一月一小结、一季一分析通报，对一些苗头性、隐患性问题，做到早发现、早介入、早控制、早化解、早通报反馈，对重大紧急信访信息做到随发生随报告、事中跟踪续报、事末专题分析报告。全年，共编发《庆阳信访动态》30 期、报送政务信息 128 条、撰写专题调研报告及经验交流材料 15 篇，被《省委信息》、《甘肃信访》、《省信访局简报》、庆阳信息、市委群众路线教育活动办采用刊发 51 篇。

【信访秩序】一是大力推行依法逐级走访工作。认真贯彻国家信访局印发的《关于进一步规范信访事项受理办理程序引导来访人依法逐级走访的办法》，在全市信访系统组织开展了“面向群众、改进作风、阳光信访、促进和谐”主题实践活动，教育引导全体信访干部提高思想认识，切实改进工作作风，带着责任和感情文明接访办访，努力创建“工作一流、群众满意”信访部门。推行“五心、四家、五化”群众工作法，着力规范接访办访程序，提高接访办访工作水平。二是严格落实访诉分离制度。按照中央、省委关于依法处理涉法涉诉信访问题的工作要求，在全市信访系统开展了涉法涉诉信访工作改革调研讨论活动，使全体信访干部全面系统地掌握涉法涉诉信访改革的政策要求和精神实质。主动加强与政法、公安、法院、检院、司法等部门的信息沟通交流，积极配合，密切协作，促进形成相互支持、相互配合、齐抓共管的良性工作机制，使涉法涉诉信访问题反映有渠道、解决有途径、依法能解决。三是深入开展进京非正常上访综合整治。按照中央、省上对处理进京非正常上访问题的新要求，进一步明确责任主体和职责分工，建立由综治部门牵头，维稳、信访、公安配合的解决进京非正常上访协调联动机制，成立了进京非正常上访综合整治领导小组，不断健全完善非正常上访教育疏导、处置和劝返预案，建立异常上访化解预警机制，对赴省进京非正常上访人员进行排查造册，明确责任领导，靠实责任单位，细化稳控措施，由领导包案包人稳控，加强思想疏导，随时掌握重点人员的思想状况和行为动态，坚持将劝返接领与彻底解决问题相结合，确保案结事了、息诉罢访。全年，共依法处置信访活动中的违法人员 37 人，其中，依法训诫 8 人，依法处理 29 人，起到了教育震慑作用。（市信访局　供稿）

县区概况

西峰区

【现任主要领导】

庆阳市委常委、中共西峰区委书记：　章志兼

西峰区人大常委会主任：　赵海东

西峰区人民政府区长：　解　平

政协西峰区委员会主席：　罗亚林

中共西峰区纪律检查委员会书记：　张　恢

【基本情况】西峰地处甘肃省东部，泾河上游，位于董志塬腹地，处在东经107°27′42″至107°52′48″和北纬35°25′55″至35°5′11″之间，北靠庆城县，南接宁县，西和镇原县毗邻，东与合水县相望。属陕、甘、宁三省区金三角地带，是庆阳市政治、经济、文化、交通和商贸流通中心。全区共辖2乡5镇3个街道办事处，100个行政村，956个自然村；3个街道办事处，15个社区，年末全区总人口37.95万人，按户籍分：非农业人口11.31万人，农业人口26.64万人。总土地面积996平方公里、149.45万亩。西峰系黄土高原沟壑区，海拔1421.0米，地势由东北向西南倾斜。地形呈一扇状，南北长约47.7公里，东西宽约34.8公里，塬面较为完整，地势平坦广阔，耕地以黑垆土为主，微碱性，土壤肥沃，疏松、保水保肥，垂直渗透力强。属半干旱大陆性气候，具有季风及黄土高塬气候的双重特点，冬春多干旱，夏秋雨水较多，暴雨多集中在七、八月份。主要农作物以小麦、玉米为主、并盛产谷子、洋芋、油菜，苹果栽培处于最佳纬度区，近几年已初具规模。什社小米以其色泽黄亮、营养丰富而成为具有地方特色的珍品，黄花菜被国家经贸委认定为“西北特级金针菜”。主要旅游资源有发掘多处的新石器时代仰韶文化、齐家文化遗址；北魏永平二年开凿的北石窟寺，二十世纪六十年代建设的巴家咀水库大坝，宽539米，高74米，肖金宋代金城寺砖塔、小崆峒山、南小河沟等自然景观以及以周祖农耕文化为主线的公刘庙、老洞山等历史遗迹。

【国民经济】2014年实现地区生产总值170.3亿元，按可比价格计算，比上年增长7.4%。其中：第一产业实现增加值11.5亿元，增长5.4%；第二产业实现增加值100.0亿元，增长7.0%。在第二产业中，工业实现增加值83.6亿元，下降13.3%，建筑业实现增加值16.5亿元，同比增长22.3%；第三产业实现增加值58.8亿元，增长8.8%。三次产业结构比例由上年的6.4：63.0：30.6调整为6.8：58.7：34.5。其中第一产业比重上升0.4个百分点；第二产业比重下降4.3个百分点；第三产业比重上升3.9个百分点。按常住人口计算，人均生产总值达到44575.7元，按12月底汇率6.2196折合7166.97美元。全年粮食总产量完成12.84万吨，比上年增长2.3%。地方规模以上工业增加值7.3亿元，同比增长7.2%。固定资产投资完成239.5亿元，同比增长20.5%。社会消费品零售总额完成51.5亿元，同比增长12.2%。大口径财政收入完成11.38亿元，同比下降6.5%，其中一般预算收入完成6.09亿元，同比下降13.3%。全年财政支出24.57亿元，比上年增长13.3%。金融机构人民币各项存款余额255.73亿元，同比增长13.5%。各项贷款余额204.88亿元，同比增长33.8%。

【三农工作】2014年全区流转土地1.86万亩，实施产业开发项目96个，新建农民专业合作社20个，完成春季果树栽植4316亩，新建百亩以上集中流转苹果示范园13处，种植瓜菜16.55万亩，新(改)建标准化养殖小区23处，发展规模养殖户536户，有力的提升了产业富民增收的比重。通过建办农民专业合作社、家庭农场等合作经营性组织，努力形成“一村一品”的产业格局。目前，全区各示范村累计新栽果树5898亩、创建标准化示范园8处，发展规模养殖户525户。同时以通村道路、农电网改造提升、农村安全饮水等工程为重点，确保各示范村道路、农电及安全饮水覆盖率均达到100%，村庄绿化率达到35%以上。所有示范村共清理农户门前“三堆”8260方，清除村组道路杂草

24.8公里，拆除旧庄基87处、废旧房屋26处，新建、维修公厕35座，安装垃圾箱350个，新建简易垃圾回收仓32处。

【项目建设】固定资产投资完成239.53亿元，比上年增长20.5%。其中亿元以上项目50个，完成投资106.44亿元，比上年增长85.2%。按构成分：建筑安装工程完成投资218.41亿元，比上年增长20.2%；设备工器具购置5.99亿元，比上年增长2.8%；其他费用15.13亿元，比上年增长34.4%。按三次产业分：第一产业完成投资5.99亿元，比上年增长69.8%；第二产业完成投资128.96亿元，比上年增长34.6%；第三产业完成投资104.58亿元，比上年增长5.2%。其中： 68户房地产企业共计完成房地产开发投资30.9亿元，同比下降20.8%；其中商品住宅投资20.3亿元，同比下降36.8%；办公楼投资4998万元，同比下降10.7%；商业营业用房投资61143万元，同比增长43.9%。商品房施工面积共计354.3万平方米，同比增长33.1%。其中商品房住宅施工面积245.2万平方米，同比增长31.4%；商业营业用房施工面积61.0万平方米，同比增长6.8%。全年全区商品房新开工面积146.7万平方米，占全部施工面积的41.4%，比去年同比增长54.3%。全年商品房销售面积43.4万平方米，同比下降0.7%，其中住宅41.9万平方米，同比增长16.7%，商业营业用房0.8万平方米，同比下降89.3%；全年销售额16.9亿元，同比下降14.6%，其中住宅销售额15.8亿元，同比增长8.2%。商业营业用房销售额0.9亿元，同比下降82.4%。

【社会事业】全区共有各级各类学（协）会34个，其中专业技术（协）会10个，农村专业合作组织24个。截止年底已申报专利294件，其中发明专利228件，占78%。本年度选派科技特派员50名，分别进驻14户企业、15个农业专业合作社、6个养殖专业户和15个村组开展技术指导和服务。培育经济利益共同体5个，组建科技特派员服务团队3个。举办各类科技讲座、科技培训80余期，培训群众3000多人，发放科技宣传资料20000余份。年内开展大型科普宣传活动5次，发放宣传资料3.6万份，完成科普培训3.2万人（次），开展各类培训53场（次），培训技术骨干2160名。辖区内共有各类学校209所。其中大专院校1所，中等职业学校9所，中学27所（其中：独立初中12所，完全中学5所，高级中学5所，一贯制中学5所），普通小学107所，特殊教育学校1所，幼儿园64所。各类学校共有教职工7712人，其中专任教师7160人。在校学生92891人。全年学前一年幼儿入园率达到了98.0%，适龄儿童小学入学率达到100.0%，初中入学率达到99.3%，高中阶段入学率达92.0%。普通高校录取2946人，录取率82.1%，二本以上进线人数932名(不含市直)，进线率26.0%。辖区拥有卫生机构297个，其中医院8个、社区卫生服务中心(站)19个、卫生院8个、村卫生室113个、门诊部、诊所（卫生所、医务室）130个、疾病预防控制中心2个、妇幼保健院（所、站）2个、采供血机构1个、卫生监督所（中心）1个，计划生育服务机构13个。实有医疗病床3151张。卫生技术人员3087人，其中：执业（助理）医师1285人，注册护士1057人，药师（士）174人，技师（士）176人，其他人员395人。全区开展住院单病种定额付费管理工作，区、乡级医疗机构对50种疾病实行了住院单病种定额付费管理。将27种疾病纳入了重大疾病保障范围，目前共落实保障政策276例695.92万元。各定点医疗机构读卡器、转账电话等机具布放率达100%。

【人民生活】辖区全部单位在岗职工年工资总额达到354521万元，比上年增长9.3%，年人均工资额56722元，比上年增长9.0%。其中区属职工工资总额为53022万元，比上年增长7.4 %,年人均职工工资额44854元，比上年增长9.1 %。城镇居民人均可支配收入20651.8元，比上年增加1945.7元，增长10.4%，人均消费性支出15346.8 元，比上年增加1344.2元，增长9.6%。城镇居民家庭恩格尔系数为30.4%，比上年下降0.2个百分点。农民人均纯收入6798.6 元，比上年增加650.7元，增长10.6%，人均生活消费支出5711.4元，比上年增加538.1 元，增长10.4%。农村居民家庭恩格尔系数为39.9%，比上年下降0.4个百分点。

【社会保障】辖区参加基本养老保险的职工人数为19471人，其中离退休人员16319人；参加失业保险40334人；参加工伤保险27848人；参加职工基本医疗保险47529人；参加城镇居民基本医疗保险53123人。城市低保参保人数达到5511户、13945人，发放保障金5047.3万元，比上年增加150万元， 262元。农村低保参保人数达到3933户、12813人，发放保障金1862万元，比上年增加292万元，农村低保月人均补差121元。

【环境保护】城市环境质量7项指标全部在市上下达的控制指标之内。PM10（可吸入颗粒物）年均浓度控制在73微克/标立方米，二氧化氮年均浓度控制在40微克/标立方米，二氧化硫年均浓度控制在60微克/标立方米,集中式饮用水源地水质达标率100.0%,地面水水质达标率控制在85.0%以上，区域环境噪声平均值控制在55分贝以内，交通干线噪声控制在70分贝以内。

庆城县

【现任主要领导】

中共庆城县委书记：葛　宏
庆城县人大常委会主任：刘建民
庆城县人民政府县长：辛少波
政协庆城县委员会主席：王　超
中共庆城县纪律检查委员会书记：何骁玲

【基本情况】庆城县位于甘肃省东部，地处陕甘宁三省区交汇地带，处祖国大陆版图的几何中心，泾河上游，东邻合水，西濒黑河，与镇原县相望，南与西峰毗邻，北与环县、华池接壤。全县辖5镇10乡2个办事处，常住人口26.31万人，总土地面积2692.6平方公里，山川塬兼有，区域经济特征明显。县城坐落于群山环抱之中，两水环绕，形似飞凤，又名“凤城”。庆城县是华夏农耕文化的发祥地之一，也是原陕甘宁边区的重要组成部分。

【资源优势】县内矿产资源丰富，尤以石油、天然气储量较大，现有长庆油田和中油庆化集团两大企业从事石油、天然气的开发利用。目前境内新打天然气探井20口，新增原油产能45万吨，原油产量达到146万吨，是长庆油田主产区。庆城县是国家农业部确定的“无公害果蔬”生产基地。盛产的红元帅、红富士苹果为部优产品；黄花菜被国家外经贸部命名为“西北特级金针菜”，远销东南亚和西欧；草畜产业发展较快，为陇东重要的肉制原料品供应地之一。庆城县是陇东农副产品加工贸易“旱码头”。以驿马、白马一线为主的农副产品精深加工企业蓬勃发展，外贸出口从无到有、由弱及强，形成了工业创办与出口创汇快速增长、城镇建设与区域经济协调发展、劳务就地输转与农民增收相互促进的良性发展格局。

【国民经济】2014年面对国内经济下行压力加大、能源市场价格波动、社会消费持续低迷等不利影响，县委、县政府积极适应经济发展新常态，统筹推进稳增长、调结构、转方式、惠民生、防风险一系列举措，主要经济指标在艰难中平稳过渡。全年完成生产总值105.2亿元，增长9.5%；农业增加值8.87亿元，增长5.8%；固定资产投资82.7亿元，增长21.6%；地方规模以上工业增加值8.34亿元，增长15.2%；城镇居民人均可支配收入21902.9元，增长10%；农民人均纯收入5439.5元，增长11.2%；社会消费品零售总额24.87亿元，增长12.3%；大口径财政收入6.6亿元，小口径财政收入3.7亿元，没有达到预期目标，双双出现负增长。单位GDP能耗、污染物排放等约束性指标均控制在省市下达的计划之内，经济运行总体平稳，质量效益小幅提升。

【项目工作】深入推进“3341”项目工程，全年实施500万元以上项目347个，其中亿元以上13个，完成投资109.3亿元，增长24.1%，项目实施数量和投资规模都有了新突破。银西铁路获得国家批复，甜罗高速列入国家路网规划，茨子沟水库完成前期准备，重大基础项目取得新进展。特别是新区开发在政策调整中抢占先机，收储土地2700亩，拓展了城市发展和财政增收空间；移山填沟即将竣工，居民安置小区、公安消防交警业务技术用房顺利推进，“新城”建设拉开序幕。驿马110千伏变电站、南区集中供热、危旧房改造等民生项目全面完成，春池瓜尔胶、醋头醋等工业项目快速推进，药膳养生园建设、帝系王凤牌坊和鹅池洞维修加固等文化旅游项目顺利实施，项目带动投资导向、牵动经济走向、引领发展方向的作用进一步凸显。

【招商引资】依托两大园区，运用“五个招商”模式，借助“兰洽会”、“民企陇上行”等招商平台，招引项目67个，到位资金42亿元，同比增长34%。义顺园大厦等26个项目建成投用，驿马综合集贸中心等33个项目进展顺利，油田废弃物综合处理等10个项目签约落户。园区土地收储力度加大，路网建设更趋完善，引企入园富有成效，承载能力和集聚效应不断增强。田丰机械、甜龙工贸等招引企业建成投产，恒信达建材、春池公司等新型企业快速发展，长荣机械、居立门业等骨干企业发展壮大，地方工业整体实力不断提升。积极指导企业技改扩容，研发产品，提质升级，引导申报注册商标15件，长荣公司研发的节能环保加热炉被评为甘肃名牌产品，企业自主创新能力明显提升。

【农业生产】苹果产业大力实施“双十双万”工程，完成新栽1.5万亩，间伐改造1万亩，产量达到12.34万吨，预计销售收入4.5亿元，占到农民人均纯收入的34%，农业首位产业支柱地位更加凸显。草畜产业加快实施“百村千社万户”工程，创建养殖专业村5个，新增规模养殖场（小区）35个、规模养殖户1562个，种植牧草6.39万亩，草畜互动的助农增收格局初步形成。瓜菜产业稳步实施“十千万”工程，扩大基地规模，引进新优品种，种植设施瓜菜1.09万亩、露天蔬菜13.9万亩，本地菜市场占有率达到30%以上。苗林产业强力实施“三川”整流域生态创建工程，创新培育模式，完善管护机制，组建专业合作社32个，辐射带动群众1760户，完成苗林结合培育15.9万亩，生态效应和经济效应初步显现。粮食生产喜获丰收，总产量达到15.69万吨。扶贫攻坚投入各类资金10.3亿元，实施整村推进8个，易地搬迁595户，减少贫困人口1.5万人，贫困面下降6个百分点，扶贫政策的惠民效应得到充分释放。

【基础建设】县城建设以完善功能、提升品位为重点，大力实施城区主次干道提质改造工程，整修拓宽道路7.5万平方米，新建便民货亭46座，安装仿古路灯146盏、电子监控21套，完善便民公厕、临时车位等配套设施，县城面貌焕然一新。全力打造凤城国际城市“新名片”，民生百货、美食广场、购物超市入驻营业，地标性建筑的“商圈”效应已经显现。农村基础建设以改善条件、优化环境为重点，全面加快驿马、高楼、白马等乡镇城镇综合开发，大力推进“一乡四村”、“美丽乡村”和“环境整洁重点村”建设，新建、续建通村油路（水泥路）30条213公里，实施深井找水项目14个，建成农村安全饮水工程1083处，完成农网升级改造409公里、保护性耕作3.2万亩，新修梯田4.4万亩，改造中低产田4500亩，山区群众生产生活条件得到明显改善。创建国家、省级生态乡镇13个、市级生态村96个，农村人居环境不断优化。

【社会事业】加快科技成果应用推广，引进新技术11项、新品种21个，实施省级以上科技项目3个，顺利通过省级农业科技园区认定。推进教育资源均衡发展，完成84所薄弱学校、8所乡镇中心幼儿园和116所农村学校小伙房改造提升，高考二本以上进线率提高6.2个百分点，连续三年位居全市前列。继续深化医药卫生体制改革，建成标准化村级卫生室25个，落实基本药物零差价销售制度，让利患者356万元。完善利益导向政策体系，开展免费孕前优生健康检查和出生缺陷干预工作，稳定了低生育水平，促进了人口素质提高。加快文化旅游产业发展，成立农耕文化产业园区管理局，启动运营中医名医馆、养生馆，探索建立“以馆养馆、以山养山”新模式。不断扩大社会保障覆盖面，城乡低保、“五保”供养标准进一步提高，城乡居民养老保险参保率达到99.3%。鼓励引导160名大学生到民营企业就业，新增城镇就业8767人，输转富余劳动力4万人，实现劳务收入7.1亿元。省列、市列39件民生实事全部办结，有效解决了群众就医、入学、就业、饮水和住房等方面的实际困难。民族宗教、人事编制、工商质监、商务供销、粮食物价、老龄妇幼、史志档案等工作统筹推进，税务气象、金融保险、盐务邮电等工作取得了新成效。

环 县

【现任主要领导】

中共环县委书记：	王 谦
环县人大常委会主任：	田建堂
环县人民政府县长：	何英禅
环县政协委员会主席：	朱芳明
环县纪律检查委员会书记：	高鹏程

【基本情况】环县踞陕、甘、宁三省（区）之交界，鄂尔多斯盆地之腹中，大西北经济圈之中枢，银(川)—(长)武大动脉纵贯全境，神府、宁东、华亭、彬长四大煤田分布四周，中石化、中石油、延长油矿开采区块均有分布。西距兰州480公里，北距银川260公里，南距西安420公里，东距榆林280公里、延安320公里。全县辖20个乡镇、1个旅游开发办、251个行政村，1487个村民小组，总土地面积9236平方公里，2013年末全县户籍人口35.23万人，其中：农业人口32.35万人；常住人口30.64万人。境内海拔高度在1200—2089米之间，年均降雨量569.4毫米左右，年平均日照时间2447.6小时。

环县是人类文明的发源地，历史悠久，人杰地灵。这里是华夏农耕文化的发祥地和中华民族最早的繁衍生息地之一，早在旧石器时代晚期已有人类活动。隋朝置县以来，环县就是兵家必争之地。这里曾涌现出诸多仁人志士、英杰贤达，南宋王渊，明代魏镇、魏锟，晚清名将董福祥、张俊，道情皮影艺人解长春，农民诗人《咱们的领袖毛泽东》词作者孙万福等名人辈出。

环县是红色教育的传播地，传统光荣，民风淳朴。环县是1936年解放的革命老区，红军长征途经之地，原陕甘宁省委、省政府驻地，是陕甘宁根据地的重要组成部分、人民解放战争的总后方。第二次国内革命战争最后一战----山城堡战役就发生在环县境内。习仲勋同志为第一任县委书记。革命战争年代，环县人民的无私奉献，为中国革命做出了巨大贡献。计划经济时代，环县作为农业大县，曾将大批粮食调往省内外，有力地保障了城市粮食供给，支援了国家的工业化发展。进入市场经济后，环县由于特殊的地理环境，经济发展相对缓慢，属于国家扶贫开发工作重点县和干旱困难县。

【资源优势】环县是绿色杂粮的原产地，品质优良，物美价廉。环县位于毛乌素沙漠与黄土高原的交汇地带，气候凉爽，干旱少雨，特殊的土壤、气候和降雨量造就了环县盛产荞麦、糜子、谷子、洋芋、燕麦等小杂粮和胡麻、葵花、黄豆、中药材等多种经济作物，质优品良，属绿色无公害产品。其中小杂粮产量居全省之首，被命名为“中国小杂粮之乡”。全县羊只饲养量居全省第二，是西北羊绒、羊毛、皮张和各种肉食品的主产地之一。

环县矿产资源丰富，境内有石油、天然气、石灰岩、煤炭、白云岩等多种矿藏。石油地质储量达5亿多吨，是长庆油田的主产区之一；优质石灰岩储量达2000多万吨，正在开发利用；白云岩储量达18亿吨，属特优品位；全县煤炭预测储量684亿吨，其中千米以浅整状煤田预测储量51亿吨，煤层气预测储量3480亿立方米。现已探明千米以浅整状煤田储量达16.47亿吨，甜水堡千米以浅煤炭储量2亿吨，构造简单，煤质优良，具备建设亿吨级煤田的条件。

【国民经济】环县是日臻崛起的希望地，环境宽松，人和心齐。改革开放以来，特别是西部大开发战略实施以来，全县上下紧紧抓住西部大开发的历史机遇，大力发扬“人一之、我十之，人十之、我百之”的苦干实干精神和艰苦奋斗、顽强拼搏的革命老区精神，坚持以项目建设为总纲，充分发挥绿色农产品、矿产资源和特色文化“绿黑文”三大优势，深入实施项目带动、基础先行、强农富民、工业突破、开放开发、科教兴县六大战略，加快产业化、工业化、城镇化三大进程，实现财政增长、城乡居民收入增加、基础设施后劲增强三大目标，经济社会各项事业呈现出全面提速、加快发展的良好势头。初步核算，2014全县实现生产总值79.58亿元，增长10.2%；固定资产投资105.93亿元，增长22.3%；社会消费品零售总额13.06亿元，增长13.2%；大口径财政收入54601万元，增长2.5%；小口径财政收入37706万元，增长5.2%；城镇居民人均可支配收入21650元，增长9.8%；农民人均纯收入4782元，增长13.2%。

【工业发展】煤炭资源开发取得重大突破，马福川煤矿获得国家发改委核准批复，甜水堡2号煤矿基本建成，环县燃煤电厂列入省内火电项目消纳建设规划。刘园子煤矿率先建成投产，在庆阳煤炭资源开发进程中具有里程碑意义。南湫20万千瓦风电项目全面建成，华电毛井一期40万千瓦风电场即将建成。马惠输油管线升级改造项目完成总工程量的90%，全年原油产量达到181万吨。新培育规模以上工业企业2户，创办小微企业345户，非公经济实现增加值24.5亿元。

【基础建设】新修、续建通村油路25条568公里，新建漫水桥53座，全县农村道路通畅率达到44.2%。银西铁路获得国家批复。建成集中供水工程3处，新修集流场（窖）2962处、小电井217眼，解决了4.69万人的安全饮水问题。完成了城市防洪等专项规划编制，县城集中供热扩大了20万平方米，解决了1300多户群众的集中供暖问题。棚户区改造项目全面启动，建成654套廉租住房主体工程，治理巷道7条，新建公厕8所、规划设置停车场11处。东山新增绿化面积2500亩，建成老虎山水景公园，生态和社会效应逐步显现。新修梯田15.05万亩，累计达到163万亩。通过不懈争取，我县被列入第二批全国生态文明示范工程试点县，成功跻身国家农业综合开发项目县。乡镇供销社实现了全覆盖，废旧农膜回收率达到81%。实施扶贫整村推进项目14个，完成农村危旧房改造3000户，帮助370户、1554人圆了移民搬迁梦，有效改善了生产生活条件。

【农村经济】围绕发展种草养羊首位产业，投放贴息贷款2.45亿元，新发展养羊专业村74个，新成立养羊专业合作社43个，新增加养羊大户1万户，羊存栏达到150万只、出栏90万只，实现产值8亿元，农民人均创收超过2400元。投放饲草加工机械617台，青贮饲草56万吨。新种补种紫花苜蓿20万亩，其中地膜种草5550亩；荟荣草业公司收购加工紫花苜蓿2800吨，优质牧草商品化开始起步。新增设施瓜菜2000亩，平均亩产达到9000元。完成苗林结合培育25.5万亩，栽植旱地苹果4000亩。推广旱作农业130万亩，粮食总产达到38.06万吨。“龙影”获得“中国驰名商标”，成功注册了“环县羊羔肉”和“环县马铃薯”地理标志商标，向香港市场出口黑山羊40吨。甘牧源奶牛场养殖规模扩大到1100头，环县群众喝上了新鲜安全的纯牛奶。扶贫攻坚成效明显，当年脱贫50个村、2.52万人，贫困人口减少到10.27万人。

【环境保护】2014年环境保护工作进一步提高。经监测，地表水水质达标率91%，饮用水达标率100%，可吸入颗粒物0.104毫克/立方米，二氧化硫年平均值控制在0.016毫克/立方米，二氧化氮年平均值控制在0.025毫克/立方米；可吸入颗粒物、二氧化硫、二氧化氮全城区平均浓度均达到GB3095-1996《环境空气质量标准》二级标准。区域环境噪声等效声级52.8分贝，交通干线噪声等效声级64.7分贝，均低于平均标准。

【社会事业】新建、改建校舍4.8万平方米，消除D级危房2.6万平方米，县城思源实验学校和南关、北关、老城三个幼儿园秋季实现招生。完成27所幼儿园设备购置和144所村小学附设幼儿班改造，城乡适龄幼儿入园难问题基本得到解决。县医院门诊医技综合楼和急救后勤保障服务综合业务楼投入使用，完成了6个乡镇卫生院和26个村卫生所改扩建，购置大型医疗设备60多件，县乡医疗条件得到有效改善。顺利通过了计划生育利益导向体系建设省级示范县评估验收。启动实施灵武台民俗文化产业园工程，建成了曲子革命纪念馆，完成了山城堡战役纪念馆革命史料陈列布展。新建“乡村舞台” 62个、“文化集市”5处，以 “百姓大舞台”为主的群众文化生活日益丰富，南湫乡农民熊有堂登上“星光大道”，环县一中学生梁维月荣获“最美孝心少年”荣誉称号，凝聚了社会正能量。认真落实中央八项规定，“三公”经费较上年压减了25%。新增金融机构2家，净增贷款10.4亿元，提升了金融服务能力。深刻吸取“9.6”事故教训，扎实开展安全生产大整治百日攻坚行动，积极化解信访积案，理顺了交警管理体制，持续推进严打整治专项行动，严厉打击各类违法犯罪活动，社会大局和谐稳定。

【民生保障】省市列35件和县列10件民生实事全部办结。办理人大代表议案、意见建议68件、办结率60.6%，办理政协委员提案52件，办结率65%。社会保障水平不断提高，建成县老干部活动中心和21处城乡老年人日间照料中心，完成社会养老服务中心公寓楼和综合服务楼主体工程，全年发放各类社会救助资金1.48亿元。社会养老保险基础养老金提高到70元，城镇居民医保补助由280元提高到320元，参合农民筹资标准由340元提高到380元，全年为16.6万人次报销医疗费9134万元。组织实施白内障复明和假肢安装手术114例，救助脑瘫儿、聋儿、智障儿和孤独症儿童10名，建成残疾人就业基地3个。继续实施“陇家福”雨露行动，积极帮助4601户计生家庭解决生活困难。补贴新建便民平价蔬菜店12个。帮助620户受灾户完成了住房维修和恢复重建。协调处理劳务纠纷159起，帮助农民工追讨工资1202万元。在116个村开展干部驻村服务试点工作，构建了县乡村三级政务服务体系，有效解决了联系服务群众“最后一公里”的问题。

华池县

【现任主要领导】

中共华池县委书记：	赵昌军
华池县人大常委会主任：	王长清
华池县人民政府县长：	张万福
政协华池县委员会主席：	张刚宁
中共华池县纪律检查委员会书记：	孙明东

【基本情况】华池县位于甘肃省东部，庆阳市北部、地处东经107° 29’—108° 33’，北纬36° 07’—36° 51’之间。东、北与陕西省志丹、吴旗、定边县接壤，西、南与环县、庆城、合水为邻，县境南北长约110公里，东西宽约84公里，地形北高南低，海拔在1100—1780米之间。总土地面积3791平方公里，可耕地面积103.36万亩，其中山地占85.4%。 全县共辖4镇11乡，111个行政村，9个社区，646个村民小组，4.37万户，总人口13.55万人，常住人口12.3万人。全县城镇人口3.72万人，城镇化率30.24%，有汉、蒙、回、藏、维、苗、壮、满、侗、土家、彝、布依、朝鲜等13个民族。华池县为大陆型气候，四季分明，降雨量南多北少，

2014年年降雨量579.5毫米左右，且多集中在7、8、9三个月。年平均气温8.8℃，年日照2154.5小时。

【资源能源】华池属黄土高原丘陵沟壑区，境内丘陵起伏，梁峁相间，沟壑纵横。境内有元城河、柔远河、城壕河、二将川河四条主要河流，年总流径量10220万立方米。县内北部半农半牧区，草场宽广，宜于发展畜牧业；中南部纯农业区，土质疏松肥沃，宜于发展农业，是县内主要农耕地带和产粮区；东部阴湿区，山势平坦，气候湿润，土肥水美，生态条件优越，宜林宜牧。经过多年的探索实践，形成了“红色旅游，能源开发，草畜产业，苗林建设，特色农业”五大板块的产业发展格局。

华池县能源富集，煤炭、石油、天然气、风能十分丰富。探明石油蕴藏面积达到2200平方公里，储量达到8.6亿吨，从1973年至今，是长庆油田在陇东的主产区。2014年原油产量达到206.31万吨，天然气储量约3000亿立方米。初步预测悦乐矿区（含庆城、环县）储煤面积约2364平方公里，预测储量约80亿吨，淮北矿业庆阳能源有限公司正在办理勘探手续。风能储量极为丰富，紫坊畔、乔河风电项目正在做测风和前期准备工作。横跨县境东端的天然屏障子午岭林区原始次森林面积达150多万亩，号称陇东“天然水库”。

华池县土地资源丰富，土层深厚，光照充足，适生作物品种繁多。发展粮、经、饲、果、菜种植业和畜牧业均具优势，前景十分广阔。白瓜籽、黄花菜、黑木耳、小杂粮等土特产品驰名陇上。黄豆、荞麦深受国内保健食品原料市场的青睐。沙棘原浆口服液、白瓜籽等走出国门，销往美国、东南亚等地。

【民俗文化】华池民俗文化源源流长，风格鲜明。香包、刺锈、民间剪纸等工艺系列和秧歌、锁纳、南梁说唱、传统社火、窑洞土炕、婚丧习俗等黄土风情独树一帜。评剧《刘巧儿》是根据陕甘边区时期我县青年农民封芝琴争取婚姻自主的真实故事而创作的艺术精品。

【古代遗址】中国出土最早的旧石器遗址赵家岔洞洞沟举世瞩目；战国秦长城恒亘北端，秦直道纵贯东部；雕刻精细、失而复得、易地保护的金代双石造像塔天下闻名；工艺精湛的宋瓷、双塔寺出土的千岁香包底蕴深厚，引人入胜；一代名臣范仲淹修筑的大顺城等古城寨堡遍布南北，其中大顺古城最富盛名，有着“城高如山，池深如泉”的嘉誉。

【红色旅游】华池是陕甘边区最早的革命根据地之一。1929年建立党组织，1931年建立了革命武装——南梁游击队。1934年刘志丹、谢子长、习仲勋等老一辈革命家在华池南梁创建了西北第一个陕甘边苏维埃政权——南梁政府，以南梁为中心的陕甘边革命根据地，是第二次土地革命战争后期我党“硕果仅存”的革命根据地，是党中央和中央红军长征的落脚点，是八路军奔赴抗日前线的出发点。1941年曾创下用七天时间完成征兵300名，征粮4000石的记录，被边区政府誉为“模范县”。毛泽东同志为时任县长李丕福亲笔题写了“面向群众”。现存的南梁革命纪念馆，南梁革命历史陈列馆是国家“AAA”级旅游景区，被国家、省、市确定为全国爱国主义教育示范基地。境内有寨子湾军委、政府旧址展馆，抗大七分校旧址展馆，军民大生产基地旧址和列宁学校旧址展馆等红色旅游景区39处。近年来，华池县围绕把南梁打造成西北旅游名镇，建成全市文化产业聚集区的思路，全面加快了南梁景区建设，对开发红色旅游产业，建设社会主义精神文明具有深远的历史意义。

【经济发展】2014年，面对国内错综复杂的经济发展形势，县委、县政府牢牢把握发展大势，以十八届三中、四中全会及省市经济工作会议精神为指导，坚持“稳中求进”的工作总基调，扎实推进“两大战略”（能源强县、产业富民）和“三个百万工程”（百万亩苗林基地建设、百万只羊产业发展、百万亩紫花苜蓿种植）建设，重点突出“五大板块”（红色旅游、能源开发、草畜产业、苗林建设、特色农业），着力调结构、转方式，强基础、惠民生，抓改革、促和谐，全县经济保持了平稳增长的态势。经初步核算，全年国内生产总值104.93亿元，增长8.9%，人均GDP 78676元。其中：第一产业增加值5.21亿元，增长5.9%；第二产业增加值87.44亿元（地方6.13亿元），增长9.3%；第三产业增加值12.28亿元，增长12.28%。三次产业结构比由上年的5.7：82.0：12.3调整为5.0：83.3：11.7，全县非公有制经济增加值12.03亿元，占GDP比重为11.5%。全年用电量达到24509万千瓦时，增长10.3%。2014年全县实现全部工业增加值83.65亿元，增长9.4%。规模以上工业增加值（含石油）83.1亿元，增长9.5%。实现油田工业增加值81.31亿元，占全部工业增加值的97.2%。实施500万元以上固定资产投资项目474个(当年新开工项目426个),完成固定资产投资额78.08亿元,增长21.6%,增幅较2013年下降0.1个百分点。全县社会消费品零售总额8.93亿元,增长12.5%。全县大口径财政收入达到4.58亿元,增长10.0%;地方公共预算收入2.94亿元,增长7.3%;财政总支出15.67亿元,增长1.6%。全县各项存款余额34.28亿元,增长9.6%;各项贷款余额18.03亿元,增长42.3%。2014年全县城镇居民人均可支配收入达到21940.8元,增长10%;农民人均纯收入达到5348.6元,增长12.1%。全年接待游客60.03万人(次),增长39.4%,旅游收入达到2.51亿元,增长38.8%。

【三农工作】2014年,围绕省、市提出的"365"、"266"现代农业发展行动计划,加快农业产业结构战略性调整,启动实施了羊产业发展"百千万"工程,草畜产业主导位置进一步凸显;川区全膜玉米种植实现全覆盖,种植全膜玉米35.3万亩,小杂粮20.33万亩,粮食产量实现"七连增"。全县粮食作物播种面积67.44万亩,粮食总产量达到13.36万吨,增长0.6%。其中:夏粮播种面积7.74万亩,总产量达到2.33万吨;秋粮播种面积59.7万亩,总产量达到12.03万吨。**农村经济实力明显增强。**年内实现农林牧渔业总产值8.63亿元,增长0.3%。其中:农业、林业、牧业、渔业和农林牧渔服务业分别为6.54亿元、0.57亿元、1.47亿元、0.009亿元和0.0037元。实现农林牧渔业增加值5.21亿元,增长5.9%。**林业生产大幅增长。**年内完成荒山地造林面积18.99万亩;增长206.21%。育苗面积2.0万亩,下降2.4%,其中当年新增0.8万亩,下降32.2%。苗木产量8939万株,增长32.2%。果园面积5.93万亩,水果产量1.84万吨,增长13.6%。森林覆盖率27.86%。**畜牧业生产平稳增长。**大家畜饲养量7.43万头,增长7.4%,羊饲养量达到26.91万只,增长8.2%;猪饲养量7.46万头,增长2.3%;家禽饲养量36.59万只,增长10.1%。**农业生产基础设施明显改善**。全县水平梯田累计达到50.5万亩,化肥施用量1.53万吨,增长1.8%。薄膜使用量0.19万吨,增长26.9%。地膜覆盖面积35.5万亩,增长40.9%,棚膜面积0.81万亩,下降0.2%,日光温室0.11万亩,增长20.0%。**农机力量明显增强。**年末农业机械总动力16.2万千瓦,增长9.5%,轮式拖拉机800台,手扶拖拉机172台,旋耕机1089台,农用运输车5330台,脱粒机6074台。农业劳动生产率6.51万元/人。

【社会事业】着眼于人民群众对美好生活的向往,尽力改善和保障民生。投资5.5亿元,用于民生事业发展。圆满办结省列9项21件和市列10件民生实事。**科技事业发展势头良好。**2014年全县组织实施农业省列科技计划项目2项,共投入科技资金135万元。全县科技经费投入总额达到3686.56万元,占GDP(不含油田)比重1.71%,企业科技经费投入总额467.8万元。**教育事业均衡发展。**2014年末全县有各类学校141所,其中:高中1所、职专1所、独立初中9所、九年制3所、完全小学67所、幼儿园20所、教学点40个。教职员工1937人,在校学生21077人,增长0.1%。学龄儿童入学率100%。高中阶段毛入学率89.8%;7-12岁儿童入学率100%;小学生巩固率100%;学前三年毛入学率82.92%。当年高考录取1261人,录取率90.33%。新建、改建校舍2.36万平方米,办学条件得到不断改善,全年教育经费支出2.22亿元。**医疗卫生事业得到长足发展。**年末全县共有医疗卫生机构27个,共有卫生技术人员501人,下降3.5%,年末实有医疗床位546张,千人拥有病床4.0张。拥有CT、全自动生化分析仪、彩超、500mAX光机等大型医疗设备223台,拥有巡回医疗救护车21辆,卫生监督车1辆,疫情处理车等工作车2辆。全县婴儿死亡率2.4‰,5岁以下儿童死亡率3.0‰。**文化广电体育事业蓬勃发展。**2014年末,全县有专业文化艺术表演团体21个,乡镇文化站12个,广播电视机构1个,调频转播台1座,卫星地面接收站1座,全县有线数字电视用户3300户。广播电视农村直播卫星用户16000户,村村通17000户,电视综合人口覆盖率达到100%。全县图书藏量达到32620册,馆藏档案54655卷。年内文化产业调查单位达到90户,当年新增企业14户,实现文化产业增加值1.2亿元,增长22.1%。全县有体育馆1个,乡村体育活动场地64个,全年共举办县级以上运动会10次,学校、乡镇、企业举办各类体育活动20次,累计参加人数达到6000人(次),参加市县体育比赛约2000人(次),获奖300人。

【社会保障】社会保障体系逐步完善,各项惠民政策全面落实。**城乡居民保险政策得到全面落实。**年末参加城镇基本养老保险3046人,年末参加城镇居民基本医疗保险10403人,参加失业保险4709人,参加工伤保险2347人,参加生育保险5797

人。全县共有综合性社区服务中心 17 个，各类收养性社会福利单位床位数 571 张，增长 26%，共收养孤儿 119 人，发放救助金 63.4 万元。城乡居民医疗救助 495 人（次），发放医疗救助金 409.63 万元。全县城镇低保户 1638 户、3565 人，发放低保金 1019.8 万元；农村居民低保户 5525 户、18976 人，发放低保保障金 2572.4 万元。享受五保人数 561 人，发放五保金 177.04 万元。全县残疾人事业保障经费支出 114.42 万元。**农村医疗合作覆盖率逐步提高。**年内新型农村合作医疗支出总额 3837 万元，累计受益 10.7 万人（次），其中：门诊统筹基金支出 368.8 万元，受益 9.36 万人（次）；慢性疾病和特殊疾病支出 502.3 万元，受益 0.36 万人（次）；住院补偿支出 2698.6 万元，受益 0.9 万人(次)。**就业渠道不断拓宽。**全年新增上岗 3290 人，其中：公务员（不含参公，为当年数据）3 人；事业单位 108 人，安置军转 19 人，其他（含灵活就业、公益性岗位、非公企业就业人员等）3163 人。年末城镇登记失业率 1.94%，组织实施职业技能培训 6000 人(次)，组织输转富余劳动力 3.95 万人，劳务总收入达到 6.55 亿元。扶持创业 775 人，发放小额担保贷款 3100 万元。**居民居住条件不断改善。**全县共建成保障性住房 174 套，建筑面积 1.17 万平方米，投资额 3.35 亿元。其中：廉租房 114 套，建筑面积 5700 平方米，投资额 1399.37 万元。限价商品房 60 套，建筑面积 6000 平方米，投资额 2102.5 万元。全年共实施保障家庭 467 户，其中分配廉租房 74 户，兑现租赁补贴 393 户。年末城镇居民人均住房面积 32.3 平方米，农村居民人均住房面积 20.8 平方米,完成农村危旧房改造 2700 户。

【环境保护】防污减排力度加大。年内保质保量完成了市上下达我县的 5 项重点污染减排项目，和 4 个养殖场污水治理、粪便综合利用治理工程。发放机动车辆环保检验合格标志 2729 个，其中绿标 1486 个，黄标 1244 个，向县城污水处理厂等 8 户排污单位发放了排污许可证。**环境执法力度加大。**对辖区内 12 个采油作业区的油水井、输油管线、钻井现场、修井现场的环保措施落实情况进行了现场检查，对查处的 13 起环境违法行为提出了整改意见，并督促整改到位。查处环境违法行为 5 起，对典型的 3 起案件予以公开曝光， 1 起环境违法案件移交公安机关追究当事人刑事责任。“两考”期间，调解处理噪声举报纠纷 2 起。查处饮水环境违法行为 6 件,有力地保障了城乡居民饮水安全。**农村生态建设成效显著。**年内争取农村环境连片整治项目资金 499 万元，集中在悦乐镇等 6 乡镇 7 个村实施了以“生活垃圾收集转运、饮用水源保护、畜禽养殖污染治理、环境宣传”四大工程”为主的中央农村环境连片整治项目，共新建砖混固定农业生产垃圾收集房 8 座、蓄粪池 63 座；配备垃圾转运箱 115 个；设置分类式垃圾箱 650 个；购置人力垃圾保洁车 84 辆；购置压缩式垃圾车 5 辆；安装水源保护围栏 2400 米；设立饮用水源保护界标牌 17 个、交通警示牌 16 个、宣传牌 7 个，项目公示牌 7 个，各项环境指标均达标。全县废水排放量 161.2 万吨。废水中主要污染物化学需氧量排放量 696.5 吨；氨氮排放量 113 吨；大气中主要污染物二氧化硫排放量 592.5 吨；氮氧化物排放量 113.6 吨。

合水县

【现任主要领导】

中共合水县委书记：柴　春
合水县人大常委会主任：谢守成
合水县人民政府县长：沈文祥
政协合水县委员会主席：朱克勤
中共合水县纪律检查委员会书记：王凤龙

【基本情况】合水县位于甘肃省东部，地处陇东黄土高原，位于东径 107° 51'-108° 42',北纬 35° 38'－36° 36'之间，东邻陕西省富县，西连庆城县，南接宁县，北靠华池县及陕西省志丹县，东西长 138 公里，南北宽 80 公里。东北部为丘陵沟壑区，海拔 1458－1682 米，总土地面积 2933.37 平方公里（折合 440.01 万亩），其中耕地 35.54 万亩，林地 346.35 万亩，森林覆盖率 69.94%。西南部分为高原沟壑区，海拔 1190－1387 米，系泾河上游地带，境内有县川河、马莲河、固城河、葫芦河四条河流，以子午岭为分水岭，马莲河、县川河、固河为泾河支流，葫芦河为洛河支流，年入境平均总径流量 3.67 亿立方米，水资源总量 4.42 亿立方米，有效灌溉面积 4.9 万亩。属温带大陆性季风气候，光照充足，雨量充沛，四季分明，气候宜人，年平均降水量 562.8mm, 年平均照日总时数 2376.0－2491.6 小时,年太阳辐射总量为 128.15－131.45 千卡/平方厘米；年平均蒸发量 1460－1592mm，全年平均无霜期151－160天。全县辖8乡4镇，5个社区居委会，80个村民委员会、498个村民小组，总人口17.81万人，有汉族、回族、蒙古族、满族、东乡族、苗族、壮族、土家族、裕固族等9个民族，其中：农业人口15.3万人，常住人口14.77万人，城镇人口4.55万人，人口自然增长率7.14‰，城镇化率达到30.81%。

【资源优势】合水地处子午岭山麓，境内地势山川相间，东北高，西南低，子午岭纵贯南北，将县分为东西两大部分，呈现出东水东流，西水西去之势，岭上有穿境而过的“秦直道”被誉为古代中国的高速公路，闻名暇尔；岭下有“小江南”之称的太白川，林草茂密。县内物华天宝，沃野千里，资源丰富，植被良好，稻田如茵，绿水如镜，光照充足，雨量充沛，空气清新，四季分明，气候宜人，农业发达，是黄土高原中部的一道绿色风景线，主要粮食作物以冬小麦、玉米为主，高粱、水稻、糜子、谷子、豆类、薯类为辅。石油、煤炭等矿产资源丰富，已探明石油储量3.4亿吨，石油产能突破100万吨，煤炭总储量71.3亿吨、煤层气贮量2150亿立方米，平均可采煤厚度6.46米。苹果、黄花菜、白瓜籽、黑木耳、鹿茸久负盛名，誉满中外；甘草、麻黄、柴胡、远志、枣仁等150多种名贵中药材及核桃仁、花椒、槐米、稻米等土特产品倍受客商青睐；梅花鹿、狐、黄羊、野猪等140余种野生动物与200多万亩森林依栖相伴，生息繁衍。境内发掘仰韶、齐家文化遗址及文物点654处，其中列为省级保护的10处，地、县级保护的31处，馆藏各类文物3000余件；1973年境内出土的黄河象化石，是世界上发现最早、骨骼最大、个体保存最完整的剑齿象化石；国家AAA级旅游景点陇东古石刻艺术博物馆被誉为“可移动的敦煌莫高窟”。主要民俗文化有剪纸、香包、刺绣、根雕、皮影、面塑、石雕等，《合水面塑风俗》、《合水石雕艺术》、《合水编结技艺》和《合水民谣》被列入省级非物质文化遗产名录，《合水唢呐》《合水香包刺绣》被列入市级非物质文化遗产名录，被命名为省级“面塑之乡”。合水是南梁根据地和陕甘宁边区的重要组成部分，刘志丹太白起义、包家寨子会议等历史事件在境内发生，为中国革命做出了巨大贡献。

【国民经济】2014年，合水县深入贯彻党的十八大和十八届三中、四中全会精神，以党的群众路线教育实践活动为契机，以深入推进扶贫攻坚为统揽，以稳中求进、改革创新为总基调，以工业强县、产业富民为总抓手，抓城乡建设，强产业支柱，保民生底线，主动适应经济发展新常态，全县经济稳步增长。全年完成生产总值54.13亿元，增长11.2%，其中：第一产业7.21亿元，增长5.6%，第二产业39.32亿元，增长13.6%，第三产业7.6亿元，增长7.7%；固定资产投资76.24亿元，增长20%；规模以上工业增加值9396万元，下降1.7%；大口径财政收入3.04亿元，增长18.3%；小口径财政收入1.92亿元，增长18.4%；城镇居民人均可支配收入19981元，增长9.2%；农民人均纯收入5257元，增长12.1%；社会消费品零售总额8.79亿元，增长12.96%；城镇登记失业率为4%，全县万元GDP能耗0.6843吨标准煤，万元GDP能耗下降4%，万元GDP电耗968.5千瓦时，下降3.5%；万元工业增加值能耗0.9097吨标煤，下降3.2%。

【三农工作】农业产业结构进一步优化，农业和农村经济呈现了快速发展的良好势头。全县粮食产量达到102041.19吨，其中，夏粮25128吨，秋粮76913.19吨，夏秋粮面积比为30.2：69.8，农业结构调整趋于合理。苹果、草畜、瓜菜和林业四大产业的支柱作用显现，新栽苹果0.5万亩，建成大中型冷藏库11座，苹果总产量达到10万吨，实现产值3.1亿元，收入10万元以上的果农超过900户。种植各类蔬菜18.33万亩，其中设施蔬菜1.24万亩，实现产值3.07亿元。种植紫花苜蓿1.2万亩，留存面积达到11万亩，完成玉米秸秆青贮25万吨，新建标准化养殖场28处，新增规模养殖户416户，全县猪牛羊饲养量达到59.47万头（只），实现产值14042万元。完成苗林结合培育6.4万亩，流转林地2万亩，建成山地林业经济产业基地4个，实现产值5101万元。新建农民专业合作社73个，发放农机购置补贴387.9万元，投放农机具3070台（件）。开展农村劳动力技能培训6620多人次，劳务输转4.14万人次，实现劳务收入7.36亿元。

【项目建设】坚持把项目作为经济工作的第一抓手，全年论证储备项目248个，完成前期43个；争取国家、省市各类项目和补助资金310项6.5亿元。开展招商活动13次，签约招商引资及启动民资项目33个，签约资金50.7亿元，到位资金22.3亿元，增长31.3%。开工实施亿元以上项目13个、500万元以上项目160个，县上确定的81个“三个一”包抓项目全部完成进度计划，西合二级公路、农村公路通畅工程、薄弱学校改造等事关发展全局和民生利益的重点项目取得重大突破。全县报批各类建设用地 18 宗 2880 亩，完成征地 1496 亩。加强规划管理，大力整治违法用地和违章建筑，保证了重大项目顺利实施。

【工业强县】全县现有各类工业企业 184 户，其中规模以上企业 5 户（亚泰利冶炼公司、古象奶业公司、鼎诚商砼混泥土有限责任公司、振海塑业公司、瑞星商砼混凝土有限公司），个体工商户 4065 户。2014 年，完成规模以上工业增加值 9396 万元，完成出口供货值 5200 万元，完成非公经济增加值 10.01 亿元，实现税金 3286 万元。我县境内预测煤炭储量 71.3 亿吨，煤层气储量 2150 亿立方米，煤层赋存稳定，角度平缓，瓦斯低，煤质优良，最优煤层厚度 12.75 米。争取到省煤炭勘探基金 3.44 亿元，新打探井 33 口。油气资源储量达 3.4 亿吨，累计钻井 2411 口。新打油（水）井 191 口，原油产量达到 100 万吨，新增产能 42.5 万吨，争取油田支地资金 3000 万元，实现石油税收 3813 万元。完成投资 1500 万元，延伸工业集中区道路 1.7 公里，入驻工业企业 9 户。

【人民生活】城乡居民生活水平继续稳步提高，生活质量进一步改善。年末全社会全部单位从业人员 7822 人，工资总额 33475.7 万元，人均月报酬 3566.4 元。城乡居民收支同步增长，人民生活水平显著提高。全年农民人均纯收入为 5257 元，增长 12.1%。生活消费支出 4999 元，增长 15.4%。在收入中，工资性收入 1891.7 元，增长 13.8%；人均家庭经营收入 2715.4 元，增长 10.6%；人均财产性收入 70 元，增长 22.8%；人均转移性收入为 580 元，增长 10. 9%。全年城镇居民人均可支配收入 19981 元，增长 9.2%。其中，工资性收入 15364.6 元，增长 9.7%，经营性收入 2118.1 元，增长 7.5%，转移性收入 2138 元，增长 8.7%。人均消费性支出 16719 元，增长 24.4%。其中，教育文化娱乐服务类消费支出 1699.8 元，增长 13.5%；衣着类消费支出 2499 元，增长 32%。

【扶贫开发】坚持把双联行动与精准扶贫相结合，完成精准扶贫建档立卡，省市县乡 3853 名干部联系贫困户 11942 户，实现了干部帮联贫困户全覆盖。大力实施“1236”扶贫攻坚行动，完成投资 4.7 亿元，实施扶贫整村推进项目 13 个，易地扶贫搬迁 151 户，扶持 1.02 万人脱贫，贫困人口减少 20.1%；扎实推进马莲河流域和瓦岗川两个贫困片带综合开发，完成投资 3.01 亿元，打通马莲河流域“一纵十七横”道路交通网络，开通硬化瓦岗川上山道路 4 条 42 公里，培育蔬菜、苹果、养殖专业村 3 个，群众生产生活明显改善。建成扶贫资金互助协会 21 个，发放双联惠农、下岗职工再就业、妇女小额担保等财政贴息贷款 7943 万元。积极争取合水籍在外创业成功人士李杰先生无偿投资 4200 万元建成铁李川新村，被国家和省市 30 多家新闻媒体采访报道。

【环境保护】全年削减化学需氧量 419.38 吨，削减氨氮 27.18 吨。城区二氧化硫浓度 0.01125mg／m³、二氧化氮浓度 0.0225mg／m³、可吸收颗粒物 0.103mg／m³，平均浓度达到《环境空气质量标准》二级标准；铁李川大桥地表水、新村水库饮用水水质达标率分别为 100%，均达到《地表水环境质量》Ⅲ类标准；县城城区及交通干线环境噪声分别为 53 分贝、68.2 分贝，平均等效声级符合《声环境质量标准》Ⅰ、Ⅳ类昼间标准。对板桥、老城、蒿咀铺、店子、肖咀 5 乡镇地下水、大气、声类进行了监测，均符合《地下水质量标准》Ⅲ类标准、《环境空气质量标准》二级标准、《声环境质量标准》Ⅰ类区标准。核发汽车环保标志证 3310 枚。

【基础设施】农村基础设施和生产条件进一步加强。完成了 4 个乡镇 的土地整理项目，整理土地 14407 亩，新增耕地 1212 亩。持续推进县城南伸北拓和提质改造工程，实施南区集中供热、中街广场改造等县城重点建设项目 48 项，完成投资 10.35 亿元。投资 1.2 亿元，实施垃圾填埋、街区“五化”等重点小城镇建设项目 12 项，完成太白、老城、蒿咀铺、板桥 4 个乡镇街道铺油罩面。投资 3.78 亿元，新建新农村示范点 9 处，建成宫合、罗家畔 2 个美丽示范村，完成 20 个整洁村和 22 个环境整治村建设任务，建成小康农宅 415 户。维修改造国道 309 线 78 公里，铺油罩面柔太路 28.8 公里，建成通村水泥路（油路）16 条 173.9 公里，砂石路 120 公里。实施重点水利工程 4 项，发展节水灌溉 1 万亩，解决了 1.02 万农村人口的安全饮水问题。实施退耕还林项目，投入太阳能 955 个，累计投入达到 1830 个。投资 1307 万元，完成农网升级改造 134.6 千米，电力保障水平显著提高。荒山造林 3.5 万亩，补植补造 2.5 万亩，整修梯田 2.25 万亩，流域治理 35.6 平方公里。

【社会保障】2014年，落实农村公路通畅工程、棚户区改造等政府主导型融资贷款5630万元，发放强农惠农资金1.33亿元，保证了扶贫、社保等重点支出，兑现了国家、省市规定的调标工资和科学发展业绩奖等津补贴，将公益性岗位工作人员工资由1020元提高到1200元，支付就业资金150.8万元，发放社会保险资金6983.62万元。全面完成了在县十七届人大四次会议上承诺的10件为民实事。新建各类保障性住房284套，完成农村危旧房改造1600户、残疾人危旧房改造180户。发放城乡低保、大病医疗救助等各类保障金5324万元，建成村级互助老人幸福院40个，为75岁以上老人进行了免费体检，为90岁以上老人每人发放生活补助1000元，为特困残疾人发放生活补贴175万元。新增城镇就业3880人，开发公益性岗位22个，安置高校毕业生142人。扎实有效地开展防汛抗旱、森林防火、防震减灾和疫病防控工作，应急管理水平逐步提升。民族宗教、国防动员、外事侨务、邮政通信、盐政管理等工作成效明显，群众利益得到较好维护。

【社会事业】科技入户工程成效显著，引进新品种48项，推广新技术22项，申报专利114件。投资6362万元，实施薄弱学校改造、教师周转宿舍等重点项目8类41处，新增校舍1.8万平方米。加强教育教学管理，顺利通过国家县域义务教育基本均衡发展评估认定。发放寄宿生生活补助、学生营养餐改善和困难学生资助资金1381万元，受益学生2.2万人次。完成体育惠民工程和“一村一场”建设任务，群众性体育活动广泛开展。生产香包、刺绣等民俗文化产品35万件，新增文化企业11户，建成乡村舞台24个、文化集市6处，实现文化产业增加值9000万元，增长28.02%。完成包家寨子会议旧址布展，陕甘红军纪念园、星河文化大厦等项目进展顺利。医药卫生体制改革和卫生信息化建设稳步推进，全县医疗机构零差率销售药品3516.7万元，为患者让利600万元，为10.4万人次参合农民报销医药费3830.88万元。发放计划生育利益导向资金182.66万元，为382户计生家庭落实产业发展资金532.19万元。深入开展平安合水创建，扎实推进安全生产大整治百日攻坚、打非治违、隐患排查治理、农民工工资清欠“四项行动”，积极构建社会治安防控体系，消除安全隐患1726条，调处矛盾纠纷3300起，化解信访案件1605件，社会管理全面加强。

正宁县

【现任主要领导】

中共正宁县委书记：吴丽华

正宁县人大常委会主任：袁喜言

正宁县人民政府县长：张龙杰

政协正宁县委员会主席：梁环平

中共正宁县纪律检查委员会书记：齐雪柏

【基本情况】正宁县位于甘肃省庆阳市东南部、子午岭西麓，属陇东黄土高塬沟壑区，东与陕西省黄陵县以子午岭为界，南与陕西省旬邑县、西南与陕西省彬县相邻，西与陕西省长武县以泾河为界，北与本省宁县相接。地处东经107°56′2″-108°38′8″，北纬35°14′40″-35°36′18″。地形东高西低、东宽西窄，略呈三角形，东部为子午岭林区，中西部为平原沟谷宜农区。境内被支党河、嘉峪河、四郎河分割为四塬三川，平均海拔1460米，年均气温9.4℃，年降水量736.2毫米，无霜期169天左右。全县辖7镇3乡、94个行政村、7个社区居委会、677个村民小组。县域总面积1319.5平方公里，耕地43万亩。据公安年报统计，2014年底总户数76544户，户籍总人口24.23万人。其中，农业人口21.31万人，非农业人口2.92万人；男性人口12.74万人，女性人口11.49万人，出生人口4398人，死亡人口1281人。据全省人口变动抽样调查结果推算，2014年全县总人口23.72万人，常住人口18.16万人，出生率13.65‰，自然增长率7.15‰。

【资源优势】正宁煤炭资源富集，是全省区域战略布局“东翼”和庆阳建设中国能源新都的主战场，已探明煤炭储量25亿多吨，占全市储量的96%，宁正煤田核桃峪800万吨煤矿（实际能力为1200万吨，是全国特大型煤矿之一）即将建成。装机2×66万千瓦正宁电厂取得国家发改委核准，即将开工建设。罗川煤田勘探已全面完成。石油、天然气储量也比较丰富，开发前景十分广阔。

【国民经济】2014年，在经济下行压力加大的情况下，全县上下认真贯彻落实中央和省、市决策部署，牢牢把握稳中求进的总基调，统筹推进稳增长、调结构、促改革、惠民生等各项工作，呈现出经济稳健增长、效益明显提升、民生持续改善、社会和谐稳定的良好成效。全年实现生产总值26.92亿元，同比增长8.2%；财政大、小口径收入完成19274万元、14710万元，分别增长17.91%和12.24%；固定资产投资98.36亿元，增长20%；社会消费品零售总额完成11.99亿元，增长12.72%；城镇居民人均可支配收入完成19845.7元，增长8.9%；农民人均纯收入5841元，增长11%。

【三农经济】农业经济稳中有增。全年实现农业增加值9.09亿元，同比增长6%。**粮食生产，**全年播种粮食作物27.61万亩，同比增长0.89%；粮食总产量90307吨，增长0.3%。**经济作物，**种植油料作物10.16万亩，增长3.5%；产量1.62万吨，增长4.9%。种植蔬菜7.59万亩，增长2.3%；产量14.18万吨，增长8.8%。种植烤烟2万亩，减少50%；产量5100吨，下降48.8%。种植中药村5.14万亩，增长2%；产量4.84万吨，增长4.9%。水产品产量172吨，增长29.32%。**林果生产，**全县果园达到19.82万亩，水果产量10.18万吨，增长17.6%。其中苹果产量9.42万吨，增长18.8%。全年造林4.46万亩，新育苗木2.69万亩，四旁植树80万株，新栽苹果2.7万亩。**畜牧业，**全年猪、牛、羊和家禽出栏分别为2.58万头、0.73万头、0.97万只和7.06万只，同比增长3.6%、4.3%、6.6%和5.4%。

【项目工作】项目建设实现投入加大、体量增长的新突破。“3341”项目工程深入实施，全年争取项目132个、资金7.8亿元，增长20%；签约实施招商引资项目26个，到位资金20.51亿元，增长23.8%；实施500万元以上重点项目328个，是项目实施规模和建设体量最大的一年。核桃峪煤矿“四井”全线贯通，正宁电厂获得核准，迈出了大工业开发见效的关键一步；锦运、金牛公司等一批围绕大工业和农业产业的延链、扩链项目顺利推进，工业对经济发展的拉动作用逐步增强。客运服务中心、北区道路及排水、黄帝文化旅游景区建设等项目进展顺利，县城污水处理厂建成投用，省道303线正宁段改造全面竣工，嘉峪川引水枢纽及烟草基地灌溉和四郎河护岸工程主体竣工。县城新区开发和9个小城镇提质改造步伐加快，城镇化率达到29.79%。新修通村水泥路23条186公里，乡镇和行政村通等级路率均达到100%；新增自来水入户村11个，解决了5860人的饮水安全问题，自来水入户率达到69.4%。地方工业发展水平稳步提升，实施产业转移项目8个，创建小微企业121个，汇丰、金牛、锦运、奥神洲等企业初具现代企业规模。甘肃银行正宁支行挂牌运营，金融支撑地方发展能力明显增强。外贸经济强劲增长，实现出口创汇3900万美元，增长31%，出口创汇额占到全市一半以上。

【人民生活】城乡居民收入同步增长，人民生活水平显著提高。全年农民人均纯收入完成5841元，增速11%。农民人均工资性收入为1994.2元，净增182.2元，增长10.1%；农民家庭经营性收入3128.3元，净增329.8元，增长11.8%；农民人均财产性收入218.2元，净增16.4元，增长8.1%；人均转移性收入达到500.5元，净增52.8元，增长11.8%。全年城镇居民人均可支配收入完成19845.7元，增速8.9%。其中：工资性、经营性、财产性和转移性四大收入均持续增长，四大收入分别为16333.8元、2925.1元、199.2元和387.6元，增速分别为8.9%、9.0%、5.4%、9.5%。人均消费性支出为13027.5元，比上年同期增长2.2%。

【扶贫开发】在坚持开发式扶贫理念的同时，进一步推进精准扶贫，有效融合“三位一体”扶贫机制的协调发展，以19个贫困村为主战场，坚持把产业富民作为改变农村贫穷面貌的有力抓手，增强农村自我“造血”功能，依托贫困乡村资源和区位优势，深入开展“培育产业促增收”活动，着力确保村有主导产业、户有致富门路，拓宽了群众创业致富路子。累计砂化村组道路31.3公里，衬砌渠道4550米，建过路管涵29处、箱涵1处，建漫水桥2座，加固土桥1座，新打机井1眼，维修机井2眼，建高位水塔1座，铺设自来水管线5公里，新修梯田800亩。扶持贫困农户新建优质果园500亩，发放机动喷雾器200台，为西坡乡高红村84户贫困户发放小尾寒羊720只。坚持治穷先治愚、扶贫先扶智（志）的理念，切实转变贫困群众“穷怕了”、“人穷志短”的思想观念，以“143”培训和“雨露计划”为依托，全年累计举办各类培训班20多期，培训农民技术人员1350人次。全年扶持减贫8300人，扶贫对象人均纯收入同比净增422元，贫困面下降到13.97%。

【环境保护】以“转型发展、创新发展、绿色发展、和谐发展”为目标，围绕削减总量、改善质量、优化发展、改革创新“四个重点”，整体环境质量有所改善。县城生活污水处理厂完成工程建设并投入运行；完成天马养猪场等5户畜禽养殖污染治理工程；发放机动车环保标志11316份；完成汇丰公司、锦运建材、东区供热公司3户企业环保标准化建设工作。全力推进生态县创建，全县10个乡镇、94个行政村均已通过市级生态乡镇、生态村命名。实施生态县新建、续建重点项目39个。累计查处建筑施工、商业网点、文化娱乐等方面的噪声污染12起，治理餐饮业油烟污染5起，处理环境信访案件27件。

【社会保障】按照省、市为民办实事任务要求，社会救助标准逐步提高。城乡低保标准提高15%，五保供养集中供养标准、分散供养标准均提高510元/年.人。建成日间照料中心和互助老人幸福院11个，建筑面积1630平方米，使养老服务的硬件设施进一步强化；加大资金投入，落实老龄优待政策，为2432名80岁以上老年人发放高龄津贴39.9万元；积极落实孤儿救助抚养政策，为292名孤儿发放生活费233.04万元；积极资助农村低保、五保对象参加农村合作医疗工作，为33781人代缴参合资金69.8万元，参合率达到了100%。城镇基本养老保险参保5263人，基金支出3295万元；失业保险参保5786人基金支出12万元；城镇职工基本医疗保险参保11027人，基金支出1638万元；城镇居民基本医疗保险参保9097人；城乡居民社会养老保险参保12.81万人，参保率达到97%，基金支出2518万元，发放率100%；村干部养老保险参保352人，基金发放70人、17.3万元；被征地农民养老保险参保487人，发放养老金389人277万元。就业保障力度逐步加强，全县城镇新增就业6480人，城镇登记失业率为2.09%；输转农村富余劳动力6.354万人，创劳务收入9.621亿元。农村医疗合作覆盖逐步提高，全县参合人数达到了197467人，新农合参合率达到99.35%，共计补偿131136人次5827.3万元，基金使用率99.17%；摇号分配保障性住房281套，改造农村危旧房1700户；为全县745户城镇最低收入家庭2092人发放廉租住房租赁补贴153.13万元，实现了人均住房面积10平方米以下的城镇最低收入家庭应保尽保。

【社会事业】社会事业呈现繁荣发展、全面进步的新气象。全力保障和改善民生，省、市、县确定的52件惠民实事全面落实到位，广大群众得到了更多实惠。**科技实力逐步显现。**全年上报省科技厅项目7个，立项2个，论证储备后续科技项目12个。举办民族团结进步宣传月、科技活动周等大型科技宣传和送科技下乡活动6场（次），举办大型科技下乡培训活动5次，举办技术培训班32期，培训群众5600多人（次），骨干培训2100人，宣传群众5万人（次）。**教育事业全面发展。**全县共有各级各类学校161所，在校学生25559名，在园幼儿8521名，学前一年毛入园率达到88%，初等教育阶段适龄儿童入学率100%，初级中等教育阶段入学率99.67%，高考二本以上进线人数447人，进线率为20.55%，教育系统共有职工2937人，其中专任教师2759人。改造薄弱学校33所，乡镇公立幼儿园实现全覆盖。**文化旅游事业蓬勃发展。**以基层文化建设为主抓手，不断完善公共文化服务体系，丰富群众文化活动，培育新型文化产业，加强人才队伍建设，逐步形成了文化投资与文化建设多元化发展的新格局。建成乡村舞台39个、文化集市11个，组织开展文化下乡，惠及群众20多万人次。全县文化产业增加值实现1.02亿元，资产总额完成3.17亿元，文化产业法人单位机构数达到55家，从业人员达到7404人。着力打造红色革命教育游、陇上林海绿色生态游、罗川古城历史文化游、黄土风情与黄帝文化游四大旅游名片，全年累计完成旅游项目投资960万元，接待游客7.4万人次，同比增长7%；旅游综合收入3200万元，同比增长3%；新增旅游行业就业人员30人，旅游行业直接从业人员达到350人。**交通邮电业日益畅通。**全年完成客运量87.56万人，旅客周转量10773.06万人/公里；货运量581.04万吨，货物周转量10889.71万吨/公里。年末全县公路总里程为1116公里，其中：二级公路34公里；三级公路49公里；四级公路731公里；等级外公路302公里。全年完成通信业务总量7518万元，全县电话用户数16.9万户，互联网用户数13063户。**卫生计生水平不断提高。**2014年末全县拥有医疗卫生机构16个，床位457张；卫生技术人员495人，其中执业医师144人，执业助理医师56人，注册护士173人。全面实施“313惠民工程”和为民办实事项目，全县落实奖励扶助553人（市级276人）、46.464万元，特别扶助35人、6.828万元，特困救助38户、5.79万元；办理农村计生“两户”养老储蓄152户19.28万元；落实农村二女结扎户3000元奖励169人50.7万元，发放独生子女保健费335户10.05万元；审核农村“两户”子女升学加分107人，为4名考取二本的“两户”子女各奖励3000元。各项计划生育奖励优惠政策惠及计生“两户”420户，群众得实惠310多万元。

宁 县

【现任主要领导】

中共宁县县委书记：马 斌

宁县人大常委会主任：李百选

宁县人民政府县长：侯昌明

政协宁县委员会主席：刘 政

宁县纪律检查委员会书记：马光荣

【基本情况】宁县位于甘肃省庆阳市东南部，东倚子午岭，南通陕西，西临泾河和蒲河，北与庆阳市合水、西峰接壤，扼甘、陕、宁三省之要冲，是三省结合部人流、物流、信息流、资金流的窗口，具有显著的区位优势。全县总土地面积2653.38平方公里，耕地96.30万亩，辖18个乡镇、257个行政村，13个社区，2个工业园区，总人口55.2万人，常住人口40.19万人。年降水总量573.9㎜，年均气温4.3℃，全年无霜期217天左右，属典型大陆性季风气候。海拔860-1760米，境内主要有九龙河，马莲河、泾河、蒲河等9条河流，土壤以黑垆土、黄绵土为主，是小麦、玉米、油料、黄豆等作物的主产区，素有“陇东粮仓”之美称，是中华民族最早开拓的区域之一。境内历史文化遗址众多，黄土地域文化深厚，香包、刺绣、剪纸、石雕等民俗文化产品享誉陇上。

【国民经济】2014年，全县实现生产总值63.37亿元，增长10.4%。其中第一产业完成增加值14.36亿元，增长6.1%；第二产业完成增加值27.84亿元，增长14.4%，第三产业完成增加值19.50亿元，增长11.3%，三次产业结构比为【22.7:43.9:33.4。完成固定资产投资185.88亿元，增长22.3%；完成工业增加值19.58元，增长16.5%，其中规模以上工业实现增加值4.08亿元，增长16.7%；完成建筑业增加值8.27亿元，增长9.2%；实现社会消费品零售总额24.24亿元，增长11.0%，完成大口径财政收入3.03亿元，实现小口径财政收入2.0亿元。城镇居民人均可支配收入18506.4元，增长10.9%，农民人均纯收入5466.9元，增长11.5%；完成文化产业增加值1.50亿元，增长27.0%。

【三农工作】坚持以发展现代高效农业、促进农民稳定增收为目标，持续推进产业结构调整。完成农林牧渔业总产值24.66亿元，实现农业增加值14.36亿元，增长6.1%。立足资源优势，坚持专业化布局，加快发展高效特色农业。继续发展现代高效的农业种植技术，取得了粮食稳定增产的效果，2014年，全县农作物播种面积154.72万亩，增长1.5%，粮食播种面积100.71万亩，增长1.3%，粮食总产量达到25.85万吨，增长2.9%。其中：夏粮播种面积45.03万亩，与上年基本持平，产量10.94万吨，增长8.5%。玉米播种面积18.78万亩，增长11.6%，玉米总产量达到7.89万吨，增长8.5%。油料播种面积23.32万亩，增长0.2%，产量3.59万吨，增长9.5%。以万亩设施瓜菜基地建设、高原夏菜和无公害西瓜种植为重点，抓点示范，整体推进，蔬菜播种面积16.1万亩，增长3.2%，蔬菜产量15.08万吨，增长7.9%，瓜类播种面积9万亩，增长5.9%，产量达到35.96万吨，增长1.3%。以宁县富士苹果，曹杏，九龙金枣，黄干桃，核桃等为主的经济林果种植总面积25.89万亩，园林水果产量4.18万吨，增长17.1%，其中苹果产量2.48万吨，增长17.0%。林业建设稳步推进，生态环境日益优化，当年造林面积达到14.82万亩，封山育林面积4万亩，年末实有育苗面积3.49万亩，本年出售树苗463万株，当年苗木产量39797万株，成林抚育面积4.8万亩。畜牧业在加快优良品种引进消化的基础上，积极推广设施化，规模化养殖，促进了畜牧业的快速发展。大牲畜存栏9.49万头，增长5.1%。其中：牛存栏9.37万头，增长3.7%；牛出栏4.91万头，增长6.6%。猪存栏9.95万头，增长2.4%；猪出栏9.23万头，增长3.8%；羊存栏10.51万只，增长6.6%；羊出栏3.96只，增长6.5%。肉类总产量1.37万吨，增长4.6%。

【项目建设】坚持投资拉动，项目带动，引强入宁，借力发展。全年共实施500万元以上项目264个，完成固定资产投资185.88亿元，增长22.3%。投资40亿元的华能800万吨/年的新庄煤矿即将建成投运，投资40亿元的华北分公司第三采油厂原油产能建设计划正在进行。宁南大型煤炭物流园已基本形成。融仓储、批发、联运、信息服务于一体的陇喜吉隆物流园实现了当年建成，当年盈利。落实了各项扶贫攻坚工程项目，完成宁长二级公路段各段连接线工程及省道改道工程。长庆桥工业集中区投资50亿元，完成了长庆路、集中供热、供排水等基础工程，建成投产企业5户。和盛工业园区新建石油机械制造等地企融合发展项目 4 个，实施恒大小微企业创业园，九龙钢结构等续扩建项目 9 个，完成投资 2.16 亿元。

【优势产业】煤炭石油资源开发持续推进，新庄煤矿一期矿井完成主井注浆，二期矿井正在实施水平巷道掘进工程；九龙川煤矿完成井筒检查施工；付家山、和盛煤田区块完成详查，新增煤矿探明量 70 亿吨。全县新建石油探产井 45 口，新增产能 2.8 万吨，原油产量达到 10 万吨。大力推进草畜、瓜菜、林果三大主导产业。新栽优质苹果 4.23 万亩，建成现代矮化密植苹果示范园 1141 亩，坚持走品牌发展之路，举办了首届金秋果会。大力推广两个“30+1”宁县肉羊养殖模式，以规模养殖场带动千家万户发展肉羊产业，新增养殖户 2456 户。主推“公司+基地+专业合作组织+农户”瓜菜发展模式，实施了“两川”万亩设施瓜菜提质增效工程，种植设施瓜菜 1.69 万亩，建成千亩高原夏菜示范点 8 个，全县种植瓜菜 25.1 万亩。

【人民生活】坚持以人为本，积极采取各种措施，把提高人民生活作为主抓手，努力整合各种增资因素，加大低保力度，提供就业机会，保障了工薪阶层人员工资水平的稳定提高。其他行业的就业者经营状况也得到改善，收入水平稳步增长，生活水平和生活质量明显改善。大力引导农民菜篮子产品设施化、规模化、标准化生产，努力稳定农产品市场价格，千方百计促进农民多渠道就业增收，全面实施惠农财政补贴工作。城乡居民收入水平不断提高，生活质量明显改善。2014 年，城镇居民人均可支配收入 18506.4 元，增长 10.9%，人均生活消费支出 13512.9 元，增长 13.1%。农民人均纯收入达到 5466.9 元，增长 11.5%，人均生活消费支出 5975.6 元。

【扶贫开发】按照“构建骨干路，打通断头路，创建联网路，提升等级路”的思路，新修通村水泥路 37 条 253 公里，是之前三年的总和；完成农村危房改造 2900 户，实施易地扶贫搬迁项目 37 处；建成集中供水工程 23 处、小电井 3500 口，解决了 8.6 万人的饮水安全问题；全力推进农田水利建设，新增有效灌溉面积 2100 亩；实施了 15 个乡镇电网升级改造工程，改造线路 176.2 公里；新建村级卫生所 37 处、综合超市和农资店 417 个；改扩建村级综合文化活动室、文化广场、村部 72 处，有效改善了路、水、电、宅等基础条件。奋力实施“再造百万亩子午岭”工程，采取招商引资、合作组织联建、大户承包、农户自行经营等方式，完成苗林培育 14.1 万亩，续写了大地增绿、农民增收的新篇章。新建农民专业合作组织 154 个，扶持建办家庭农场 21 个，流转土地 4 万亩，提升了农业产业化经营水平。切实增强群众自身“造血”功能，不断完善推广“143”培训机制和“塔式”培训模式，开展“三下乡、科技活动周”等大型科技培训活动 12 次，培训农民 520 期 9.2 万人（次），贫困群众的发展意识、致富能力明显增强。全县减少贫困人口 3.03 万人。

【环境保护】宁县在环境治理方面一手抓人文素质提高，一手抓服务管理。按照“污染防治与生态保护并重，生态保护与生态建设并举”的方针，以创建“环境优美乡镇”和“生态文明村”为抓手，重视农村自然生态保护，不断探索农村可持续发展的有效途径，切实保护和改善农村生产生活环境。在全县各乡镇开展生态示范创建和农村环境连片整治项目，全县共购置发放垃圾桶 7061 个，保洁车、垃圾车 118 辆，垃圾转运箱 112 个，垃圾屋 112 座，铺设生活污水管网 3400 米，总投资 5000 万元的县城污水处理厂已投入运营。

【社会保障和社会事业】随着经济社会的向好发展和各项政策全面落实，社会事业投入逐年增加，文化教育，医疗卫生，居住环境等民生项目已步入蓬勃发展、科学发展、和谐发展的健康轨道。全面推行了科技特派员制度，引进推广先进实用新技术 6 项、种养新品种 8 种，申请专利 101 件，科技贡献率达到 49.7%。实施校安工程、幼儿园提升改造、农村小学小伙房建设项目 220 个；持续开展“书香校园、洁净校园、艺术校园”创建活动，办学条件进一步改善，教育教学质量稳步提高，幼儿实现了 100 %入园。建成“乡村舞台”、“文化集市”87 个，建办文化企业 18 个；开展了“美丽宁县”系列文化活动，举办了首届农民运动会、“舞动宁县广场舞”和“唱响宁县自乐班”活动，展示了新农村、新农民的精神风貌，掀起了全民健身新热潮。实施和盛医院综合住院大楼、乡镇卫生院附属设施、标准化村卫生所等卫生建设项目 31 个；深化医药卫生体制改革，落实了农村改厕、新农合“一卡通”、公共卫生服务均等化、疾控机构进医院等农村卫生服务“十个全覆盖”，报销新农合医药费 1．41 亿元。加强了乡镇食品药品监管力量，不断加大监督管理力度，保障了群众饮食和用药安全。扎实推进人口和计划生育利益导向、陇家福等工程，落实计生奖励资金 1320 万元，持续稳定了低生育水平。实施棚户区改造 1375 户，建设公共租赁房 132 套。规范完善了社会救助体系，发放低保、五保、医疗救助、临时救济等救助资金 1.39 亿元；建成了宁县社会福利院和 18 个老年人日间照料中心。完成就业技能、创业能力和农民工培训 12585 人，输转城乡富余劳动力 15.83 万人次，劳务创收 29.21 亿元。

镇原县

【现任主要领导】

中共镇原县委书记：李崇暄

镇原县人大常委会主任：薛 渊

镇原县人民政府县长：侯志强

政协镇原县委员会主席：慕 瑶

中共镇原县纪律检查委员会书记：王文剑

【基本情况】镇原县位于甘肃省庆阳市西南部，东临庆城县、西峰区，西接宁夏回族自治区彭阳县，南濒平凉市泾川县、崆峒区，北靠环县。界于北纬 35° 27′ 至 36° 16′，东经 106° 44′ 至 107° 36′ 之间。平均海拔 1450 米；南北长 91.24 公里，东西宽 78.3 公里；总土地面积 3500 平方公里，折合 524.97 万亩，其中，耕地总面积 175.23 万亩，林地面积 154.36 万亩，草地面积 145.70 万亩，水域面积 5.6 万亩，居民和工矿占地面积 27.84 万亩，交通用地面积 12.96 万亩，未利用土地面积 3.28 万亩。全年日照总时长 2549.5 小时，太阳辐射总量 132.8—140.2 千卡/平方厘米，年平均气温 11.1℃，极端最高气温 34℃，极端最低气温 -14.5℃，无霜期 173 天，全年降雨量 600.9 毫米。全县共辖 7 镇 12 乡、215 个村民委员会、5 个社区居委会、1991 个村民小组。2014 年末，总人口为 52.08 万人，其中，农村人口 47.58 万人；常住人口 41.77 万人，其中，城镇人口 9.99 万人，全年人口出生率为 13.69‰，死亡率为 6.48‰，自然增长率为 7.21‰。镇原沃土平畴，物产称丰。全县小麦、玉米、药材、黄花菜、杏子、瓜菜、石油、煤炭等资源丰富，被农业部命名为“全国粮食生产先进县”；被国家外贸部命名为“镇原金针菜”；被国家林业局命名为“中国杏乡”；为“中国优质瓜果基地重点县”。东汉王符《潜夫论》蜚声中外，周铜剑、秦诏版、陶水管国内稀有；“文化大县”闻名遐迩、“教育大县”美名远扬，被文化部和中国书法家协会命名为“中国民间文化艺术之乡”、“中国书法之乡”。

【国民经济】2014 年，县委、县政府牢牢把握稳中求进的总基调，积极应对各种不利因素影响，攻坚克难，综合施策，全县综合经济实力稳健增长。全年完成生产总值 64.69 亿元，同比增长 10.2%；规模以上工业增加值 10.4 亿元，增长 9.9%；固定资产投资 101.54 亿元，增长 23.53%；社会消费品零售总额 20.59 亿元，增长 13.13%；财政大口径收入 4.59 亿元、公共财政预算收入 3.24 亿元，分别增长 18.89%和 13.45%；城镇居民人均可支配收入 19606.6 元，增长 8.93%；农民人均纯收入 5062.3 元，增长 12.61%；单位 GDP 能耗、污染物排放量等约束性指标均控制在市列目标之内。

【扶贫攻坚】围绕持续增加贫困人口收入这一目标，突出“两流域、一片带、两乡 17 村”扶贫攻坚重点区域，以“双联”行动为载体，大力实施“特色产业、基础设施”两大攻坚战，贫困村、贫困户富民产业培育有序推进，农村公路通畅、饮水安全、用电质量提升和易地扶贫搬迁工程全面推进，社会扶贫实效明显增强，全县“大扶贫”格局初步形成。不断创新扶贫机制，对贫困村、户进行倒排序，建档立卡，实行动态化管理，建立了精准扶贫长效机制。按照“143”技术到户机制，开展种植养殖、畜禽防疫、经营加工等技能培训 191 场次，培训农民 14.3 万人次。大力推广上肖路岭参与式扶贫模式，实现了全县参与式扶贫全覆盖。全年实施整村推进 34 个，易地搬迁 466 户，危房改造 1500 户，实现 3.64 万人稳定脱贫。

【产业开发】全力加快富民产业培育，特色产业规模持续扩大，效益不断提升，2014 年末全县大家畜饲养量达到 41.8 万头，新增养羊户 6950 户，肉羊饲养量达到 60.2 万只，全县草畜产业快速发展。完成苹果新栽 3 万亩，苗林产业培育 15.6 万亩，瓜菜种植 20.21 万亩。大力实施稳粮增产行动，粮食总产达到 39.2 万吨。努力促进工业经济提质增效，金龙工业集中区三期基础建设全面完成，新入驻企业 3 户，集中区聚集平台效益明显增强；实施解语花、澳恺等企业新建、技改项目 11 个，完成投资 5 亿元；积极支持石油企业扩能上产，实现原油产量45万吨，征收涉油规费和支地项目资金9534万元。第三产业持续发展，交通运输、餐饮娱乐等服务业平稳增长，汽车、信息等消费更趋活跃，养生保健、商务服务、电子商务等新兴业态快速发展；积极推进文化旅游产业发展，文化产业增加值达到1.4亿元。

【产业富民】按照“根植于种植业、拓展于畜牧业、深化于加工业”一体化循环发展的现代农业发展路子，以中盛公司为龙头，带动肉鸡产业跨越发展，引领我县现代畜牧业发展迈上了新台阶。经过两年努力，中盛公司全面实现了集“饲料生产-种鸡孵化-规模养殖-屠宰分割-熟食加工-有机肥生产-无害化处理”为一体的全产业链、全循环链、全价值链运作，年屠宰加工能力达到2400万只，累计完成投资12亿元，创造了生产经营快速发展的“中盛速度”，形成了多元产业链式开发大循环和多种产品吃干榨尽小循环的“中盛模式”，为全市乃至全省现代畜牧业发展打造了样板，开创了我县传统农业向现代农业转型升级的先河。建成养殖基地36个、投产27个，年内饲养肉鸡1300万只、出栏1200万只，实现产值10.8亿元，带动农民增收7200万元，完成了产品出口检验检疫、产品质量、清真食品等6大体系认证，吸引了省内外多地考察团和百胜、双汇等国内外知名企业前来考察、洽谈，充分展示了企业形象，提升了镇原知名度。

【城乡建设】按照新型城镇化建设要求，加快推进城乡发展建设。县城建设按照“完善功能、提升品位”的思路，大力实施环城道路通畅工程，打通了南区主干道和县城北出口三级公路，新建市政道路3条4.1公里，形成了环城公路网络，实现了大车绕城过境，有效缓解了城区交通压力；新建公厕8座、停车场6处，整治硬化巷道10条，极大方便了城区群众生活；棚户区改造、县城供水改扩建、保障性住房建设和科教苑、怡盛苑等10个商住小区开发等项目顺利推进。小城镇建设上，实施排污排洪、商住楼、文化广场及街区“三化”建设项目63个，完成投资5.6亿元；探索建立了小城镇管理长效机制，提供了机构、人员、资金保障。围绕破解基础条件滞后这一瓶颈，加快交通、水利、电力、生态建设步伐。庆镇二级公路建成通车，镇北公路改造升级加快推进，建成建制村通畅工程23条241公里，全县通行能力进一步提升；实施河堤护岸工程16公里，集中供水工程7处，新建小电井6209眼，解决了5.14万人的饮水安全问题；以保障农村生活生产用电为目标，完成了3575户农网改造，解决了92个自然村的用电问题；完成水土流失治理68.1平方公里，新修梯田5.88万亩。

【项目工作】牢固树立“抓项目就是抓发展”的理念，紧盯国家政策导向和投资重点，紧扣“3341”项目工程，围绕富民产业培育、城乡基础建设、社会事业发展等，全方位谋划，快节奏推进，全县实施项目252个，完成投资122.6亿元。全国产粮大县、全省现代畜牧业示范县、庆镇二级公路、易地扶贫搬迁、镇原职专整体搬迁、孟坝新型城镇化建设试点等重点项目快速推进。进一步加大招商引资工作力度，共实施招商引资项目26个，完成投资32.5亿元，中盛公司3600万只肉鸡全产业链、孟坝商业步行街、盛发专业养殖生产加工等项目进展顺利。

【社会事业】全面落实各项惠民政策，省、市下达的37件为民办实事项目全部办结。城乡低保、五保供养、养老保险规范提标全面完成，高龄老人生活补贴和重度残疾人护理补贴落实到位，全年发放救助、优抚资金1.4亿元，建成日间照料中心15处，完成灾后重建218户，县城南山公墓区二期建设全面完成，民生保障水平不断加强。全面开展社会保障扩面征缴专项行动，社保覆盖面进一步扩大。创业就业工作扎实推进，全年城镇新增就业9155人。集中开展了劳动执法检查和拖欠农民工工资专项整治行动，为1856名农民工追讨拖欠工资2151.6万元。全力促进教育均衡发展，高考二本以上录取1917人，教育教学水平不断提升，实施薄弱学校改造、校安工程、农村学校小伙房等项目250处，新增校舍面积10.23万平方米。公立医院综合改革稳步推进，新农合累计报销医药费1.4亿元；县医院住院楼投入使用，中医院综合业务楼续建等工程全面推进。人口计生工作被命名为“国优县”，利益导向体系示范区和基层群众自治示范县通过验收。进一步加强和创新社会管理，扎实开展矛盾纠纷排查调处活动，一些长期积累的矛盾纠纷和重点、难点信访问题得到了化解。扎实开展安全生产大检查、隐患排查治理活动，认真落实重点领域、重点行业安全监管措施，全县安全生产整体态势平稳。依法打击各类违法犯罪活动，全县社会大局和谐稳定。统计、审计、妇女儿童、防灾减灾、红十字、残疾人、邮政、通讯等工作都取得了新的成效。

【**行政效能**】县政府坚持县委领导，自觉接受人大依法监督和政协民主监督，办理人大建议57件、政协提案53件。行政管理、财税体制、地方金融、农业农村等重点领域改革扎实开展。大力推进政务公开，简化办事程序，县、乡、村一体化政务服务体系建设全面加强，政府效能明显提升。深入开展党的群众路线教育实践活动，针对群众反映强烈的一些突出问题，扎实开展了不作为、慢作为和惠农政策落实、私设小金库、吃空饷等专项整治，营造了风清气正的发展环境；认真贯彻落实中央“八项规定”和省、市、县改进作风有关规定，坚持厉行节约，反对铺张浪费，通过加强投资评审、预决算管理和规范政府采购，节约财政资金8800多万元；进一步精文简会，加强公务用车管理，狠刹吃喝之风，严控办公用房面积，“三公”经费下降了51%，整合腾退办公用房4845平方米，“四风”问题得到有效遏制。严格落实廉洁自律各项规定，加强行政监察和审计监督，政府系统廉政建设取得新成效。

乡镇概况

西峰区

【南街办事处】南街街道办事处成立于1986年10月，是区委、区政府的派出机关，所辖范围9.1平方公里，地处西峰城区南部，东临市福利院，西频西环路，北至小什字，南接金三角，所辖范围9.1平方公里。辖区共有居民23098户、69612人，辖区共有居民23098户、69612人，有党政企事业单位216个（中央属4个、省属7个、市属122个、区直83个），其中行政事业单位192个、学校11所、企业13个。街办党工委下设8个社区党总支、29个党支部（街办机关党支部1个、楼院小区党支部22个），共有党员1219名。全办有干部职工256人（正式职工148人，就业援助未转正5人，聘用职工108人）。街办内设“两办一部三中心”（党政综合办、计生办、人民武装部、经济发展中心、社会事务服务中心、文化服务中心）。辖炮台巷、南苑路、九龙南路、育才路、广场路、专署巷、东平路、长庆南路8个社区居委会。

2014年，全办实施各类建设项目20个，完成固定资产投资14.18亿元，引进7个招商项目到位资金9.57亿元，实现规模以下工业增加值2298万元，社会消费品零售总额突破26830万元，城镇居民人均可支配收入达到20825元。

【北街办事处】北街办事处成立于1986年10月，是区政府派出机构。辖区位于西峰城区北部地段，南起东西大街和安定东路与南街办相邻，东、北、西分别与温泉、彭原、后官寨三乡相邻，中与西街办辖区混杂。辖区面积6.7平方公里，共有居民114693户，44081人。辖区有党政企事业单位87个。基层党组织26个，其中党总支7个，党支部19个，共有党员1119人。街办内设“两办一部三中心”（党政综合办、计生办、人民武装部、经济发展中心、文化服务中心、社会事务服务中心），下辖康寿路、东大街、九龙北路、东湖、北大街、长庆北路和解放路7个社区(居委会)。平均海拔1421米，年降水量400毫米，年平均气温10℃,无霜期160天。

全办现有14693户，44081人。2014年，我办土地征用拆迁项目3个，500万元以上大小建设项目22个，50万元以上建设项目20个，招引省外资金投入辖区在建项目5个，区上下达我办固定资产投资任务10亿元，已完成投资10.3763亿元；完成招商引资项目建设任务6亿元，已完成投资11.0147亿元;完成规模以下工业增加值3147万元。社会消费品零售总额突破270万元，城镇居民人均可支配收入达到18706.09元。

【西街办事处】西街办地处西峰城郊，东接温泉乡，南靠董志镇，西连后官寨乡，北临彭原乡。总面积为13.1平方公里。耕地面积998.25亩。下辖6个行政村、19个村民小组，，1730户，总人口1.82万。平均海拔1421米，年日照2400-2600小时,年均气温8.8℃,无霜期175天,年降水400-600毫米，主要自然灾害有冰雹、旱灾、暴雨、地震、霜冻等。西街办是“全省发展个体私营经济20强乡镇”、“全省发展乡镇企业十强乡”、“甘肃省电话乡”。

在城市管理方面抓好“一个教育”和“四个管理”（即：辖区群众、经营户的宣传教育和小区管理、市场管理、巷道管理、长效管理）。一是宣传教育。在南盘旋、长庆北路制定大型宣传牌12面，刷写固定墙体标语6条，制作小广告集中宣传栏24处，开展专题宣讲14场，发放宣传单3700多份，签订“三包六禁”责任书2400多份，成立了110人的环保志愿者队伍。二是重点区域整治。对9个居民小区、13个市场、26条巷道进行了集中整治。巷道硬化11条，4780米；配合区环卫局落实公厕选址14处、垃圾中转站7处；建成公厕2个，垃圾压缩站2个，垃圾中转站1个。三是市场管理。对辖区内13个市场进行集中整治，着力整改乱摆摊点、店外堆放、占道经营等问题。拆除市场内占道搭建的违章建筑50余处，清理小广告700余处，清理卫生死角32处，清理店外店600多户，投资7

万元购买清运保洁车30辆、垃圾箱138个、环保垃圾桶20个。

计生工作：采集全员信息、落实“以房管人”，全面提升标准化、精细化服务管理水平。落实四项手术100例，征收社会抚养费19.03万元，办理二女结扎户养老储蓄89户7.66万元，办理独生子女户养老储蓄102户17.7万元，人口出生率13.44‰，计生率95%，人口自然增长率8.92‰，流动人口协查通报率100%。民政工作：惠农专户发放农村低保资金228938元，发放冬令春荒救助户86户34100元，发放大病救助108人，435378元，临时救助贫困群众17户9400元，对85名70岁及百岁老人发放敬老费22580元，为双拥优抚对象发放优抚金39302.4元。文化工作：开展大型文化活动5场(次)，举办西街办职工运动会、“威风锣鼓队”汇演和“庆元旦•展风采”广场舞汇演活动；联合区委宣传部、文广局、南街办、北街办在东门村文化广场举办“践行群众路线、提升服务形象、送文化下基层”专场文艺演出活动2场（次）。培育香包生产大户5户，开发新产品3种，举办产业培训班12期，865人（次），香包节期间组织香包展棚35个，参展户26户，销售各类香包40.5万件，实现销售收入368万元。文化站评估定级工作，评估材料60余册，历年文化活动资料36册，被评为省一级乡镇文化站。环保工作：对辖区在建项目和部分重点企业进行了4次监督检查，确保辖区无重大污染事故发生；成立“环境保护志愿者服务站”，在各大市场和人员密集场所配备环保果皮箱和保洁车；创建绿化小区2个（南门小区、三里庙花园小区）；申报省级绿色小学一所（南街小学）。经济普查工作：共普查登记个体户4601户、企业278户。农村新型合作医疗和社会养老保险工作：实现了全覆盖。

【肖金镇】肖金镇位于西峰区政府南17公里处，辖三不同、小寨、张庄、老山、芮岭、贺咀、米王、李城、王庄、肖金、大户王、脱坳、漳水、胡同、杨咀、上刘、南李、左咀、纸坊、双桐20个村民委员会，187个村民小组，总人口4.49万人，城镇常住人口1.2万人。

境内名胜古迹有：老洞山真人寺、金城寺、慈云寺、芮氏家庙、李家城遗址、宋代砖塔等。肖金镇是全国“小城镇建设试点镇”，“全国重点发展镇”，“省级综合改革示范镇”，“省级百镇千村示范工程重点镇”，“市级城乡一体化经济示范带重点推进镇”。

启动实施50万元以上建设项目34个，其中：新建项目30个，续建项目4个，投资13.86亿元，建成项目27个。

以专业合作社和生产大户为主体，流转土地5600亩，种植设施瓜菜1.3万亩，新栽苹果树1620亩、杂果树1070亩，建成连片百亩以上果园8处，其中矮化密植苹果示范园2处。苗林结合产业培育11271亩。在芮岭村开工建设肖金高效农业示范园一处，在纸坊村初步建成休闲观光农业示范区一处。全镇以果、菜、畜为主的产业规模持续壮大，产量效益再获双赢。

【董志镇】董志镇位于董志原腹地，属庆阳市南大门和新城规划区所在地。东连温泉乡，南邻肖金镇，西隔蒲河与镇原县相望，北接西峰城区，总面积222.09平方公里，耕地面积13.9万亩。境内有石油、煤炭、天然气等矿产资源。辖区有北石窟寺、小崆峒、正觉寺等旅游景点。2006年被省发改委正式批准为全省发展改革试点乡镇。

2014年，新栽果树2233.9亩，其中春季果树栽植1036亩，秋季1197.9亩。苗林结合产业培育8500亩，发展林下经济示范点1处。新建百亩以上果树栽植示范点3处，庄子洼、罗杭、田畔果树幼园管护4000亩，完成荒山造林千亩点1处。

全年发展规模养殖场6个，规模养殖户100多户，建成庄子洼千只养殖小区1处，其中罗杭村万只养羊场、董志村獭兔养殖场、庄子洼养羊小区、六年养驴场、北门养牛场等5个规模养殖场已建成投入经营；廖坳养殖小区已经建成，正在筹措资金购羊。建成养殖专业合作社2个。推广双垄沟播玉米种植16500亩，采用“一膜两用”技术，完成地膜油菜、小麦种植10000多亩。

【温泉镇】温泉乡地处西峰区东部，东与什社乡交界，南与董志镇毗邻，北靠庆城县赤城乡、熊家庙乡。全乡辖11个行政村，103个自然村，土地面积121.1平方公里，耕地面积6.54万亩。农民人均纯收入达到7394元。

2014年，紧紧围绕“稳中求进、科学发展”的总基调，紧扣两条主线（项目建设和农村新村建设），突出两大优势（现代高效农业和苹果产业），狠抓两个关键（干部队伍和干部作风），深入开展三项行动（群众路线教育实践、扶贫攻坚、双联行动），经济社会各项事业呈现出竞相发展的良好态势。规模以下工业增加值736万元；农业增加值1.64亿元；固定资产投资40.05亿元；招商引资19.313亿元；粮食总产量达到1.36万吨。实施50万元以上项目51个，完成20个，正在建设11个，正在办理前期手续7个，正在进行用地征拆13个，提供项目用地483.2亩。

【后官寨镇】后官寨镇地处西峰城区西郊，距市中心2公里，西长凤高速公路、318省道及庆化大道穿境而过。全乡系黄土高原沟壑区，地势由东向西倾斜，地形呈“人”字形。辖13个行政村，128个村民小组，7658户，38151人（其中农业人口7604户31911人）。拥有2所中学、15所小学、4所幼儿园，教职工387人，在校学生2679人。乡级卫生院1所，医生数53人，病床30张，村级卫生所13所。有各类大中小型企业、个体户900户，从业人数2200余人，农业专业合作社15个，总土地面积121.21平方公里，耕地面积69361.6亩。2014年全乡固定资产投资18.14亿元；规模以下工业增加值2547万元；招商引资9.5亿元。

着眼提升城乡居民生活环境品质，以城市管理攻坚年活动为契机，突出村容村貌、环境卫生、市场、交通秩序“四项整治”，不断加快净化、绿化、亮化、硬化、美化“五化”进程，小城乡环境显著改善。突出治理，着力改善人居环境。对西环路、兰州路、西巴公路、南五环等路段、集贸市场及乡机关周边的环境卫生及“牛皮癣”组织开展集中整治活动130次，出动工作人员7000余人（次）、车辆130余辆，清理路面900余公里，清理垃圾站点50余处；清运垃圾200余方，新建公厕1座，增设垃圾填埋点3处。强化监管，营造良好建设氛围。以规范土地秩序为抓手，着力净化用地征拆环境，拆除两违工程69宗，拆除面积29830㎡，其中自拆5宗，强拆64宗，恢复耕地45亩。力抓示范，加快城乡一体化进程。以打造城市化村庄为目标，大力推动沟畎村城乡一体化示范点建设，建成标准化多功能村部办公楼一幢及砖混六层居民住宅楼1幢，进一步实现了土地资源节约及集中居住的目标。在高速公路沿线布设新农村示范点1处，新建小康住宅点2处60户。

组织广大党员干部认真贯彻落实中央关于改进作风，密切联系群众的“八项规定”和省委“双十条”、市区实施细则精神。积极开展机关办公用房清理公职人员经商办企业清查、党员干部婚丧喜庆事宜大操大办正职等纪检清查活动，严格公务用车管理。

【显胜乡】显胜乡位于董志塬西南边缘地带，西峰区南端，辖夏刘、岳岭、唐苟、冉李、蒲河、显胜、铁楼、毛寺8个行政村，76个自然村，4830户，总人口17427人。总土地面积93平方公里，其中耕地面积4.3万亩。有“兄弟土箭”、草帽洞、黑老锅等景观。

2014年，继续巩固扩大蒲河村设施瓜菜基地建设，争取专项扶贫资金100万元，扶持毛寺村83户农户，集中流转土地200亩，新建日光温室2座，搭建设施钢架大棚312座，辐射带动全乡搭建钢架大棚800多座，每棚实现净收益3000多元。在“果”产业上抓示范园建设。采取土地集中流转、大户统一经营的方式，套种西瓜、辣椒等低杆经济作物1100亩，全年新栽果树（杂果）1604亩，新建300亩以上杂果园1处，100亩以上果树示范园4处，100亩以上杂果示范园2处，至目前全乡果树（杂果）示范园达到11处。在“畜”产业上抓规模化建设。继续扩大岳岭龙湾肉牛养殖场和铁楼村腾盛祥肉羊养殖场规模，引进甘肃天虹优质驴全产业化有限责任公司，新建占地116亩的优质驴养殖小区1处，养殖窑洞25孔、办公用房12间，草料间、钢架凉棚1000多平方米，目前驴存栏达到150头。同时，利用国开行扶贫贷款50万，在铁楼村发展养殖大户25户。依托“毛寺土箭”、“无止桥”、“黑老锅”、显胜“响潭湖”等乡村旅游点，通过维修毛寺生态实验学校，新建垂钓中心，依托苗林产业培育栽植油松14320亩。创新土地流转机制，年内共完成土地流转3620亩，新成立宜峰果业、原生态果业、庆阳万朋种植、昌永种植、陇碧辉养殖、绿旺养殖、肥源祥养殖农民合作社7个。

【什社乡】什社乡位于西峰城区东南19公里处，辖10个行政村，81个村民小组。总户数6269户，总人口27199人，劳动力15697人，外出务工人员4653人。留守老人632名，留守儿童733名，“双联”帮扶对象949户。总土地面积117.38平方公里，其中耕地面积72039亩（果园面积46076亩），林地面积69022亩。人均耕地面积2.67亩，人均占有粮食652.8公斤。

2014年，围绕党的群众路线教育实践活动，按照“紧盯一个目标（农业增效、农民增收、农村稳定），优化三大产业（优质苹果、什社小米、武川西甜瓜），实现四个突破（园区建办、生态建设 、扶贫攻坚、社会管理），落实四项措施（强化领导、协调联动、创新机制、转变作风）的工作思路，以“七项集中行动”为抓手，突出重点，创新措施，狠抓落实，各项目标任务快速落实。粮食总产量达到 1.48 万吨，农业增加值 1.63 亿元，农民人纯收入达到 7155 元。规模以下工业增加值 560 万元；固定资产投资 7175 万元 ；招商引资 3000 万元。

【彭原乡】彭原乡位于西峰区北郊，北与庆城县驿马镇接壤，东与熊家庙乡毗邻，西与镇原县太平镇隔沟相望，地势南低北高,呈一扇状。全乡总土地面积 176.6 平方公里，辖 15 个行政村，135 个村民小组，辖区总人口 42219 人。其中城镇常住人口 962 人，城镇化率 2.38%。另有流动人口 3023 人。全乡耕地面积 92105 亩，人均 2.48 亩，粮食作物以小麦、玉米为主，经济作物有油菜等，畜牧业以养猪、牛、羊为主；水果种植主要品种有苹果、核桃、梨等，名优特农产品有红富士苹果、白瓜子等，绿色环保农产品有金针菇等。

全年实施重点项目 22 个，项目投资 44.36 亿元，征用土地 975.14 亩，流转土地 5610 亩，签订附属物协议全迁户 51 户、企业 8 户、半迁户 129 户；拆迁结束 97 户，搬迁坟墓 164 穴。依托“双联”和扶贫攻坚行动，统筹“一事一议”财政奖补项目，通村油路及农电网改造等项目，整合资金 1140 万元，新修油路 5 条 8.5 公里，砂石路 4 条 17.5 公里，水泥路 6 条 7.5 公里，亮化绿化村级文化广场一处，2 个村民小组农村电网改造。

紧盯“两个率先”的目标，纵深推进“双联”和扶贫攻坚行动。与 36 个帮联单位协调配合，先后开展为贫困户送物资、送知识、送技能、送文化等帮扶活动 30 多场（次），落实帮扶资金 1310 万元，举办各类培训 50 场（次），培训农民 5000 余人，完成精准扶贫对象建档立卡工作，认定贫困户 699 户 2686 人。抓好财政专项扶贫项目建设，实现贫困人口 1971 人基本脱贫，党群、干群关系进一步密切。

庆城县

【庆城镇】庆城镇位于庆城县中部，是岐黄文化的诞生地、周祖文化的发祥地、长庆油田的创业地，也是县委、县政府所在地，更是全县政治、经济、文化中心。全镇辖 6 个社区居委会，9 个行政村、61 个村民小组，总人口 5.57 万人，其中农业人口 3701 户，15717 人。镇域面积 109.73 平方公里，其中耕地面积 3.0053 万亩。全镇现有镇属机关 12 各，镇办企业 18 家，县直机关单位 156 个，中央、省市直属机关单位 46 个，私营企业级个体工商户 3600 余家。全镇现有干部职工 233 人，其中科级干部 23 人，一般干部职工 210 人。村干部 29 人。共有党支部 88 个，党员 9598 人，其中女党员 223 人。

【马岭镇】马岭镇位于庆城县西北部，距离县城 40 多公里，为庆城县北大门。北于环县、华池接壤，南与卅铺镇相望，西邻蔡口集乡，东接华池县王咀子乡。地势由南向北倾斜，是长庆油田的发祥地和主产区，国道 211 线纵贯全镇。全镇共辖 13 个行政村，82 个村民小组，5225 户、农业人口 22963 人。有镇属机关单位 10 个。全镇党员总数 712 人，其中女党员 107 人。总面积 231.1 平方公里，耕地面积 5.8 万亩。有中小学 16 所（普通小学 15 所，普通中学 1 所），幼儿园 5 所，在校学生 1898 人，教职工 201 人，中心卫生院 1 所，村卫生所 15 个。全年共完成项目建设 18 个，完成投资 6.56 亿元，占任务 6 亿元的 109.3%。引进招商引资项目 4 个，总投资 2.77 亿元,到位资金 1.8 亿元，占任务 1.6 亿元的 112.5%。完成税收 340 万元，完成非税收入 55 万元，争取无偿资金 190 万元。

【驿马镇】驿马镇位于庆城县西南部，东与白马铺乡相连，南与西峰彭原乡隔义门沟交界，西南濒黑河与镇原县新集乡相望，西与太白梁乡接壤，北与桐川乡、蔡家庙乡相连。国道 309 线与省道 202 线和雷西高速交汇穿境而过。地势北高南低，平均海拔 1290 米。年均降雨量 537.5 毫米，平均气温 9.4℃，无霜期 150 天，平均日照时数 2595 小时，东南风与西北风出现机率较多。辖 14 个行政村、7 个社区、124 个村民小组、6815 户、51864 人，其中农业人口 31102 人，城镇人口 20762 人。总面积 200.07 平方公里，耕地面积 8.195 万亩，人均 2.64 亩。有非公经济组织党工委 1 个，党总支 6 个，党支部 60 个，其中镇机关支部 1 个，社区党支部 1 个，卫生院支部 1 个，学校支部 11 个，农村党支部 14 个，非公经济组织支部 31 个（其中非公企业支部 25 个，两新组织支部 6 个），党员 1122 人。人民政府驻上关村。

【卅铺镇】卅铺镇位于庆城县西川，距庆城21公里，东邻玄马镇，西接翟家河乡、蔡家庙乡，南和庆城镇毗邻，北与马岭镇接壤，现座落于韩湾村原庆阳石化机关大楼，国道211线纵贯南北，环江河穿境而过，属黄土高原残塬沟壑区。海拔1100多米，年均气温9.7℃，年无霜期169天，年日照时数2507.3小时以上，年均降雨量491.5毫米全镇共辖12个村，75个村民小组，其中农业户5056户21630人，农村劳动力17080人。总土地面积179.08平方公里，其中耕地面积5.5万亩，农作物播种面积104559亩，其中粮食作物播种面积50834亩，产量9518.76吨，玉米播种面积17000亩，小麦播种面积16000亩，产量3468.61吨。荒山荒地造林面积6820亩。镇村道路畅通，村村通沙砾路，11个村通柏油路。村村通有电话。镇内有机井、集雨水窖5012眼（口）。现有村卫生机构14个，病床30张，乡村医务人员26人。农民人均纯收入达到6450元，同比增长9.1%。

【玄马镇】玄马镇位于庆城县东北部，距县城7公里，东邻南庄乡，西接卅铺镇，南与庆城镇毗邻，北与华池县接壤。打庆公路、柔远河穿境而过，山川塬兼有，全镇总面积229.03平方公里，耕地面积56246亩，人均3亩，森林覆盖率10.8%，年平均气温10℃，年平均降雨量500毫米。镇政府所在地为贾桥村，全镇共辖10个行政村，1个社区（贾桥社区），82个自然村，4538户，20364人（其中农业人口19853人）。共有村级卫生所10个，中小学校13所（中学1所，寄宿制小学2所，教学点10所），师生1327人（其中教职工144人，中小学生1183人），党支部27个，党员612人（农民党员519名、女党员110名）。镇机关现有干部职工92人，党委班子成员9人，科级干部13人，一般干部79名，年龄在35岁以下的干部职工69人。村干部31人，年龄在40岁以下的12人，高中以上文化程度23人。

【赤城乡】赤城乡历史悠久，文化灿烂，明嘉靖年间，参政陈其学在此修筑城堡一座，故名为赤城。赤城乡位于庆城县西南30公里北处，靠白马乡，南接庆阳市西峰区，东邻合水县，西接驿马镇，地形西北高，东南低。全乡土地面积104平方公里，耕地面积4.31万亩。辖9个行政村，61个自然村，4276户，17827人。白铁赤温公路纵穿境内，乡村公路四通八达，交通十分便利。

赤城苹果产业独具特色，已成为农民致富的主渠道。优越的地理位（置介于东经106°20′至108°45′与北纬35°15′至37°10′之间，平均海拔在1268米），适宜的气候条件（年均降雨480毫米-660毫米，年均气温7℃-10℃，昼夜温差10℃以上，年日照2250小时-2600小时，无霜期140天-180天），被专家学者称为我国苹果适生带内的最佳适生区。

【桐川乡】桐川乡位于庆城县西北部，东与蔡家庙、翟家河相连，南接驿马镇，西邻太白梁乡，北与土桥乡接壤。309国道与阜桐、桐蔡公路贯穿全境。境内沟壑纵横，山岭重叠，崾岘起伏，属残垣沟壑区。桐川乡党委政府设在党崾岘村，全乡共辖14个行政村，86个自然村。总人口17842人，国土面积289.43平方公里，耕地面积101178亩，其中山地95812亩，塬地5366亩。全乡以草畜、林果为主导产业，黄花菜、杏仁、羊毛、羊绒、羊皮等农副产品资源丰富，现有农民专业合作社31个，其中养羊25个、养猪2个、果业苗林培育2个、中药材种植2个；桐川乡也是长庆油田超四主产区之一，境内遍布各类生产井、水井330口，其中生产油井290口；目前全乡有各类学校18所，其中初中1所，完全小学4所，教学点11个，幼儿园2所。在校学生1946人（其中初中548人，小学1012人，在园幼儿386人）；教师183人（其中初中42人，小学125人，幼儿园16人）；卫生院2所，村卫生机构14个，共有病床35张。

【太白梁乡】太白梁乡位于庆城县西北部，由原冰淋岔乡和太白梁乡合并而成，地处庆、镇、环三县交界处，蒲河上游，距县城100公里，介于东径107°15′至107°32′，北纬35°49′至36°07′之间，东接土桥乡、桐川乡，西连镇原、环县，南和驿马镇毗邻，北与蔡口集乡接壤，地势北高南低，境内沟壑纵横，梁峁起伏，岘掌曲伏缠绵，呈丘陵沟壑地貌类型。海拔1100-1560米，年平均气温8.6℃，年平均降雨量300-400毫米，年日照总时数2550小时，年平均无霜期150天，是一个典型的干旱山区乡。全乡有党支部25个，党员581名。共13村74个村民小组，2366户10972口人，其中农业人口10708人，城镇人口264人，总土地面积192平方公里，耕地面积6.3万亩，梯田面积2.9万亩，天然草地140600亩，人工草地55685亩。全乡农民人均纯收入达3860元，全乡有学校16所，其中初中2所，小学13所，幼儿园1所；学生884人，其中初中360人，小学524人，幼儿园40人；教职工149人，其中初中50人，小学99人，幼儿园4人。卫生院两所，村级卫生所13所，病床32张。

【土桥乡】土桥乡位于庆城县西北部，距县城80公里，东邻翟家河，西靠太白梁，南临桐川，北与蔡口集接壤。境内沟壑纵横，梁峁起伏，立地条件差，是全市中西部特困片带十四个贫困乡之一。全乡共辖7个行政村，42个自然村，1451户，6572人。总土地面积139平方公里，耕地面积37676亩，人均5.8亩。粮食作物主要有小麦、玉米、豆子、糜子等，经济作物主要有胡麻、油菜籽等，主导产业以种草和养畜为主。2014年，粮食总产量12893.18吨，人均纯收入3500元。党支部14个，党员395人,其中女党员75人。卫生院1所，村级卫生所7个，小学10所，信用社1所，派出所一所。乡政府驻地：南庄塬村。

【蔡口集乡】蔡口集乡位于庆阳市西北部，距庆城县80公里，东接马岭、翟家河，南和土桥、太白梁相毗邻，西北与环县相接，地势北高南低，境内沟壑纵横，梁峁起伏，岘掌曲伏缠绵，呈丘陵沟壑地貌类型。现座落于高塬村高塬组，总土地面积145平方公里，海拔1400--1600米，平均气温8.7摄氏度，最高气温34.2℃，最低气温-19.1℃，全年无霜期150天，年降雨量300-400毫米左右，属温带大陆性气候，四季光照充足，春寒秋雨。全乡共辖7个行政村，33个自然村，1467户，5938人，总劳动力3208人，外出务工人员956人。现有耕地3.41万亩，人均耕地5.5亩，全年农作物播种面积3.8万亩，粮食总产量达到8600吨，人均产粮1400公斤,农村经济总收入达到1879万元,农民人均纯收入达到3410元。

【高楼乡】高楼乡位于庆城县东南，309国道沿线，距县城11公里，东与合水县板桥乡接壤，西与白马铺乡毗邻，北靠庆城镇，南邻合水县。属黄土高塬残塬沟壑区，平均海拔1200米左右，年均气温9-10.5° C，降雨量573.5毫米。全乡共辖7个行政村，50个自然村，3105户，11407人。总土地面积108.64平方公里，2014年农民人均纯收入4850元。

苹果为全乡的支柱产业。全乡果园面积累计达到4.2万亩，占总耕地面积的80%,辖区内有卫生院1所，村卫生所7个，医护人员27人，病床13张。全乡设初中1所，共有学生183人，教师25名；小学3所，教学点2处，共有学生452人，教师52名。全乡有党支部16个，党员393名。

【南庄乡】南庄乡位于庆城县东部约20公里，东与子午岭林区接壤，北与华池城壕、定汉相邻，南与合水城关、板桥相望，西与本县庆城镇相连。属黄土高原沟壑区，山、川、塬兼有，沟、梁、峁纵横。平均海拔1410米，年均降雨量573毫米，年平均气温10℃，全年无霜期170天。气候属暖温带大陆性气候，四季分明，雨热同季，光照充足。春季干旱多风，夏季雨量集中，秋季温和凉爽，冬季干冷少雪。总面积184.11平方公里，耕地面积3.99万亩，以种植小麦、玉米、蔬菜为主。全乡辖六村塬、何塬、东塬、新庄、丰台5个行政村，35个自然村，总人口11296人，其中非农业人口194人。全乡共有学校11所，其中中学1所，六年制小学2所，五年制小学2所，5个教学点，中心幼儿园1所。党支部7个（党员376人），乡政府有干部职工59人。

【翟家河乡】翟家河乡政府驻地在程家河村，以姓氏和自然地理而得名,土地面积117平方公里。地处黄土高原残原河谷区，境内沟壑纵横，峁梁起伏，平均海拔1240米，最高1420米，最低1120米。属温带大陆性气候，年平均气温10.4℃，年均降雨量367毫米，年光照时间2400小时左右，无霜期170天。2014年底，总耕地面积2.9万亩，人均占有耕地4.2亩。造林面积约4.17万亩，其中退耕还林面积4723亩，封山育林面积约1万亩，苗林培育项目栽植油松2.7万亩。

全乡辖6个行政村,42个自然村,1644户6930人。驻乡机关单位4家；学校8所，共有教职员工44人，在校学生211人；村级卫生所6所。全乡共有水泥路4条20.3公里，砂砾路12条71.8公里；过水桥6座；共有上水工程4个，机井3眼，小电井46口，骨干坝13座，淤地坝8座。

【蔡家庙乡】蔡家庙乡位于庆城县中部，总面积115.6平方公里，耕地面积4.1万亩，其中梯田面积22401亩，人均2.12亩，川台地2290亩，属典型的纯山区乡镇。全乡共辖10个行政村，73个村民小组，2338户10557人。现有党支部23个，党员404人，其中农民党员328人，女党员76人。2014年人均纯收入4360元。境内有柏油路2条27

公里，通村水泥路 8 条 45.1 公里。

【白马铺乡】白马铺乡位于庆城县西南侧，东邻高楼乡，南接赤城乡，西频熊家庙办事处和驿马镇，北与葛崾岘接壤，地势由西北向东南倾斜，属源区乡镇，兼少许山边及沟壑地带。全乡共辖 6 个行政村，48 个村民小组，3728 户，14249 人。总土地面积 104.19 平方公里，其中耕地面积 37384 亩。全乡有果园面积 29800 亩，占总耕地面积的 79.7%，苹果收入占农民人均收入的 75%以上。

苹果产业的发展，带动了与其相关链条的延伸，苹果包装、储存、加工、运销和果园劳务经济迅速发展，现已成立农民专业合作社 18 个，专门经营苹果贮藏、销售规模企业 6 家，建立冷藏库 32 座，苹果包装、加工等企业 20 多家。

环　县

【环城镇】环城镇地处环县县城腹地，东临樊家川乡，南与木钵镇毗邻，西与合道乡接壤，北以洪德乡肖关村为界。全镇辖 24 个行政村，2 个居委会，173 个村民小组，总土地面积 700.9 平方公里，耕地面积 12.94 万亩，平均海拔 1255.6 米，年降水量 569.4 毫米，年平均气温 9.2℃，无霜期 212 天。

全镇现有 7932 户，37256 人，目前共有 24 个村通电，通电户数 7932 户；24 个村通公路， 24 个村通邮；24 个村通电话，2 个村通自来水。

2014 年，全镇粮食总产量 45839.02 吨，油料产量 120 吨，年末羊存栏 52754 只，大家畜存栏 9883 头，全年财政总收入 2673 万元，其中一般预算收入 228 万元，财政总支出 2673 万元，农民人均纯收入 5863 元。

【曲子镇】曲子镇位于环县南部，与木钵镇、八珠乡毗邻。辖 15 个村民委员会，1 个居民委员会，88 个村民小组，总土地面积 407.8 平方公里，耕地面积 9.93 万亩，平均海拔 1148 米，年降雨量 550.1 毫米，年平均气温 11.4℃，全年无霜期 165 天。

全镇 6521 户，27277 人，共有 15 个村通电，通电户数 6521 户，15 个村通公路， 15 个村通邮，15 个村通电话，4 个村通自来水。

2014 年，全镇粮食总产量 20476.04 吨，油料产量 138 吨，年末羊存栏 45179 只，大家畜存栏 5499 头，全年财政总收入 1955 万元，其中一般预算收入 277 万元，财政总支出 1955 万元，农民人均纯收入 5810 元。

【甜水镇】甜水镇位于环县北部，辖 10 个村民委员会，59 个村民小组，总土地面积 535.6 平方公里，耕地面积 4.88 万亩，平均海拔 1449 米，年降雨量 327.8 毫米，年平均气温 8.8℃，全年无霜期 120 天。

全镇 2633 户 12652 人，共有 10 个村通电，通电户数 2633 户，10 个村通公路， 10 个村通邮，10 个村通电话。

2014 年，粮食总产量 9667.59 吨，油料产量 827.2 吨；年末羊存栏 68966 只，大家畜存栏 4435 头，全年财政总收入 3733 万元，其中一般预算收入 270 万元，财政总支出 3733 万元，农民人均纯收入 4912 元。

【木钵镇】木钵镇位于环县南部，距县城 20 公里处，辖 17 个村民委员会，94 个村民小组，总土地面积 325 平方公里，耕地面积 6.91 万亩，平均海拔 1422 米，年降雨量 622.6 毫米，年平均气温 9.9℃，全年无霜期 185 天。

全镇 5157 户 22129 人，共有 17 个村通电，通电户数 5157 户，17 个村通公路， 17 个村通邮，17 个村通电话，1 个村通自来水。

2014 年，全镇粮食总产量 30692.01 吨，油料产量 259 吨，年末羊存栏 24162 只，大家畜存栏 8916 头，，全年财政总收入 2224 万元，其中一般预算收入 266 万元，财政总支出 2224 万元，农民人均纯收入 5477 元。

【洪德镇】洪德镇位于环县北部，辖 19 个村民委员会，117 个村民小组，总土地面积 591 平方公里，耕地面积 10.13 万亩，平均海拔 1222 米，年降雨量 453.8 毫米，年平均气温 9.2℃，全年无霜期 120 天。

全乡 5730 户 26130 人，共有 19 个村通电，通电户数 5730 户，19 个村通公路， 19 个村通邮，19 个村通电话。

2014 年，全乡粮食总产量 33713.29 吨，油料总产量 1296.3 吨，年末羊存栏 50767 只，大家畜存栏 10825 头，全年财政总收入 1874 万元，其中一般预算收入 171 万元，财政总支出 1874 万元，农民人均纯收入 4785 元。

【天池乡】天池乡位于环县西南部，辖 16 个村民委员会，83 个村民小组，总土地面积 391.1 平方公里，耕地面积 9.75 万亩，平均海拔 1417 米，年降雨量 655.2 毫米，年平均气温 9.3℃，全年无霜期 140 天。

全乡 4257 户，18365 人，共有 16 个村通电，通电户数 4257 户，16 个村通公路， 16 个村通邮，16 个村通电话。

2014 年，全乡粮食总产量 14386.49 吨，油料产量 233 吨，年末羊存栏 30863 只，大家畜存栏 10374 头，全年财政总收入 1431 万元,其中一般预算收入 182 万元，财政总支出 1431 万元，农民人均纯收入 4680 元。

【演武乡】演武乡位于环县西南部，辖 9 个村民委员会，55 个村民小组，总土地面积 263.6 平方公里，耕地面积 6.32 万亩，平均海拔 1309 米，年降雨量 510.7 毫米，年平均气温 9.5℃，全年无霜期 140 天左右。

全乡 2805 户，12871 人；共有 9 个村通电，通电户数 2805 户，9 个村通公路， 9 个村通邮，9 个村通电话。

2014 年，全乡粮食总产量 19672.33 吨，油料产量 164 吨,年末羊存栏 25977 只,大家畜存栏 8851 头，全年财政总收入 1257 万元,其中一般预算收入 105 万元，财政总支出 1257 万元，农民人均纯收入 3970 元。

【合道乡】合道乡位于环县西南部,辖 17 个村民委员会,99 个村民小组,总土地面积 528 平方公里,耕地面积 10.92 万亩,平均海拔 1254 米,年降雨量 526 毫米,年平均气温 9.6℃,全年无霜期 140 天。

全乡 5280 户 22830 人，共有 17 个村通电，通电户数 5280 户，17 个村通公路， 17 个村通邮，17 个村通电话。

2014 年，粮食总产量 29437.39 吨，油料产量 269 吨,年末羊存栏 30562 只,大家畜存栏 9534 头,全年财政总收入 1017 万元,其中一般预算收入 114 万元,财政总支出 1017 万元,农民人均纯收入 4585 元。

【樊家川乡】樊家川乡位于环县东南部，辖 8 个村民委员会,52 个村民小组，总土地面积 354.6 平方公里,耕地面积 4.9 万亩，平均海拔 1450 米，年降雨量 562.3 毫米，年平均气温 8.8℃，全年无霜期 172 天。

全乡 2537 户 11860 人，共有 8 个村通电，通电户数 2537 户， 8 个村通公路， 8 个村通邮，8 个村通电话，1 个村通自来水。

2014 年，全乡粮食总产量 18121.26 吨，油料产量 357 吨,年末羊存栏 11834 只,大家畜存栏 5145 头，全年财政总收入 1097 万元,其中一般预算收入 305 万元，财政总支出 1097 万元，农民人均纯收入 4400 元。

【八珠乡】八珠乡位于环县东南部，辖 10 个村民委员会，57 个村民小组，总土地面积 350.8 平方公里，耕地面积 5.02 万亩，平均海拔 1523 米，年降雨量 677.2 毫米，年平均气温 8.8℃，全年无霜期 145 天。

全乡 2939 户，13014 人，共有 10 个村通电，通电户数 2939 户，10 个村通公路， 10 个村通邮，10 个村通电话,2 个村通自来水。

2014 年，全乡粮食总产量 19341.72 吨，油料产量 249 吨,年末羊存栏 19667 只,大家畜存栏 6582 头，全年财政总收入 1229 万元,其中一般预算收入 97 万元，财政总支出 1229 万元，农民人均纯收入 5050 元。

【耿湾乡】耿湾乡位于环县东北部，辖 7 个村民委员会，57 个村民小组，总土地面积 299 平方公里，耕地面积 4.29 万亩，平均海拔 1457 米，年降雨量 340.7 毫米，年平均气温 9.4℃，全年无霜期 160 天。

全乡 2538 户 11353 人，共有 7 个村通电，通电户数 2538 户，7 个村通公路， 7 个村通邮，7 个村通电话。

2014 年，全乡粮食总产量 17059.52 吨，油料产量 1195.2 吨，年末羊存栏 21815 只，大家畜存栏 5360 头，全年财政总收入 1448 万元,其中一般预算收入 576 万元，财政总支出 1448 万元，农民人均纯收入 4644 元。

【秦团庄乡】秦团庄乡位于环县东北部，辖 8 个村民委员会，47 个村民小组，总土地面积 342.1 平方公里，耕地面积 3.85 万亩，平均海拔 1705 米，年降雨量 420.8 毫米，年平均气温 9.0℃，全年无霜期 110 天。

全乡 1873 户 8177 人，共有 8 个村通电，通电户数 1873 户，8 个村通公路， 8 个村通邮，8 个村通电话。

2014 年，全乡粮食总产量 7824.34 吨，油料产量 303.3 吨,年末羊存栏 20944 只,大家畜存栏 4125 头，全年财政总收入 800 万元,其中一般预算收入 127 万元，财政总支出 800 万元，农民人均纯收入

4355元。

【山城乡】山城乡位于环县北部,东与秦团庄接壤,西与甜水相连,南与罗山川、洪德为邻,北与宁夏盐池县麻黄山乡接界,辖9个村民委员会,59个村民小组,总土地面积428.9平方公里,总耕地面积4.28万亩,平均海拔1498米,年降雨量395.7毫米,年平均气温9.6℃,无霜期110天。

全乡2301户9454人,共有9个村通电,通电户数2301户,9个村通公路, 9个村通邮,9个村通电话。

2014年,粮食总产量11700.56吨,油料产量744.7吨,年末羊存栏21165只,大家畜存栏5178头,全年财政总收入985万元,其中一般预算收入115万元,财政总支出985万元,农民人均纯收入4775元。

【南湫乡】南湫乡位于环县西北部,辖7个村民委员会,36个村民小组,总土地面积411.5平方公里,耕地面积2.74万亩,平均海拔1730米,年降雨量372.5毫米,年平均气温9.5℃,全年无霜期125天。

全乡1365户6366人,共有7个村通电,通电户数1365户,7个村通公路, 7个村通邮,7个村通电话。

2014年,粮食总产量4598.75吨,油料产量405.1吨,年末羊存栏61283只,大家畜存栏4986头,全年财政总收入873万元,其中一般预算收入113万元,财政总支出873万元,农民人均纯收入5104元。

【罗山川乡】罗山川乡位于环县西北部,辖8个村民委员会,45个村民小组,总土地面积419.6平方公里,耕地面积3.92万亩,平均海拔1465米,年降雨量470.6毫米,年平均气温12.5℃,全年无霜期123天。

全乡1859户,8039人,有8个村通电,通电户数1859户,8个村通公路, 8个村通邮,8个村通电话。

2014年,粮食总产量5969.36吨,油料产量475.3吨,年末羊存栏45660只,大家畜存栏3895头,全年财政总收入703万元,其中一般预算收入59万元,财政总支出703万元,农民人均纯收入4736元。

【虎洞乡】虎洞乡位于环县西北部,辖10个村民委员会,67个村民小组,总土地面积467.9平方公里,耕地面积5.79万亩,平均海拔1425米,年降雨量555.4毫米,年平均气温9.3℃,全年无霜期130天。

全乡2958户13209人,共有10个村通电,通电户数2958户,10个村通公路, 10个村通邮,10个村通电话。

2014年,粮食总产量19882.61吨,油料产量717.1吨,年末羊存栏36096只,大家畜存栏5588头,全年财政总收入1130万元,其中一般预算收入204万元,财政总支出1130万元,农民人均纯收入4816。

【车道乡】车道乡位于环县西北部,辖16个村民委员会,67个村民小组,总土地面积682.9平方公里,耕地面积9.6万亩,平均海拔1222米,年降雨量518.2毫米,年平均气温8.4℃,全年无霜期120天。

全乡4902户21386人,共有16个村通电,通电户数4902户,16个村通公路, 16个村通邮,16个村通电话。

2014年,粮食总产量20793.77吨,油料产量1527.9吨,年末羊存栏54034只,大家畜存栏8219头,全年财政总收入1082万元,其中一般预算收入142万元,财政总支出1082万元,农民人均纯收入4735元。

【小南沟乡】小南沟乡位于环县西北部,辖12个村民委员会,72个村民小组,总土地面积579.3平方公里,耕地面积6.10万亩,平均海拔1256米,年降雨量631.8毫米,年平均气温7.4℃,全年无霜期135天。

全乡2864户13268人,共有12个村通电,通电户数2864户,12个村通公路, 12个村通邮,12个村通电话。

2014年,粮食总产量11521.76吨,油料产量8.4吨,年末羊存栏62176只,大家畜存栏4873头,全年财政总收入761万元,其中一般预算收入93万元,财政总支出761万元,农民人均纯收入4410元。

【毛井乡】毛井乡位于环县西北部,辖13个村民委员会,75个村民小组,总土地面积632.4平方公里,耕地面积8.12万亩,平均海拔1713米,年降雨量392.4毫米,年平均气温7.5℃,全年无霜期120天。

全乡4020户16509人,共有13个村通电,通电户数4020户,13个村通公路, 13个村通邮,

13 个村通电话。

2014 年，粮食总产量 15805.33 吨，油料产量 2263 吨，年末羊存栏 55911 只，大家畜存栏 6583 头，全年财政总收入 1148 万元,其中一般预算收入 121 万元，财政总支出 1148 万元,农民人均纯收入 4398 元。

【芦家湾乡】芦家湾乡位于环县西部，辖 10 个村民委员会，54 个村民小组，总土地面积 298.6 平方公里，耕地面积 5.47 万亩，平均海拔 1769 米，年降雨量 391.4 毫米，年平均气温 7.6℃，全年无霜期 120 天。

全乡 2676 户 10470 人，共有 10 个村通电，通电户数 2676 户，10 个村通公路， 10 个村通邮，10 个村通电话。

2014 年，粮食总产量 15558.76 吨，油料产量 451.2 吨，年末羊存栏 28547 只，大家畜存栏 5614 头，全年财政总收入 737 万元,其中一般预算收入 78 万元，财政总支出 737 万元，农民人均纯收入 5055 元。

华池县

【柔远镇】宋代在此筑寨，以怀柔边陲之意，取名“柔远”。柔远镇是华池县城所在地，东与山庄接壤，南与悦乐镇为邻，西与五蛟、怀安相连，北与桥河、紫坊毗邻，西与五蛟、怀安相连，北与桥河、紫坊毗邻。全镇共辖 11 个行政村，63 个村民小组， 2675 户 11515 人，人口自然增长率 4.64 ‰。总土地面积 327.6 平方公里，其中耕地面积 9.7 万亩，人均 8.42 亩。平均海拔 1270.2 米，年平均降雨量 548.8 毫米，年平均气温 9.3℃，全年无霜期 174 天。

新建规模养羊场 4 个、改扩建养羊场 2 个，建成刘沟、李庄 2 个养羊专业村，在刘沟建成千亩草点一处，种草 0.13 万亩，辐射带动全镇种植紫花苜蓿 1.58 万亩。发展养羊示范户 76 户，带动全镇新增养羊户 520 户。

全镇举办畜牧业实用技术培训班 6 期，受训群众 1800 多人次。全镇培育苗林 1.49 万亩，其中建成土坪万亩示范点 1 处，建成千亩示范点 4 处。种植全膜玉米 2.5 万亩。在孙家川、土坪恢复钢架设施蔬菜大棚 65 座，新建设施蔬菜大棚 50 座,地膜覆盖蔬菜 2150 亩。种植洋芋 14800 亩,小杂粮 17220 亩。在老爷岭建成小杂粮地膜试验示范点一处 500 亩。

【悦乐镇】悦乐镇位于华池县南部，地处陇东黄土高原区，属典型的黄土高原沟壑地貌，柔远河与元城河穿境而过。总面积 312 平方公里，其中耕地面积 6.05 万亩，有效灌溉面积 3500 亩。平均海拔 1250 米,年平均气温 12℃，无霜期 145-160 天，年降雨量 320-510㎜，年均日照时间 2501.2 小时。全镇森林总面积为 16 万亩，森林覆盖率 34.2%。全镇现辖 2 个社区、14 个行政村，83 个村民组。全镇现有 3464 户、1.58 万人，其中，农业户 3282 户，1.44 万人，人口自然增长率 6.15‰。

建立千亩设施蔬菜基地 1 处，恢复日光温室 73 座、大小拱棚 2000 座，推广辣椒、西红柿、西甜瓜等新品种 7 种，推广银灰地膜高垄栽培、冲施肥利用等新技术 4 项，示范面积达到 4000 亩。继续扩大山地梯田全膜玉米种植规模，努力实现山川玉米种植全覆盖,全镇全膜玉米种植达到 3 万亩。新建标准化羊舍 20 座，调购优质种羊 320 只，新发展专业养羊示范户 50 户。整合残疾人扶贫养羊项目，在山区新发展养羊户 20 户，带动全镇新发展舍饲养羊户 200 户。在黄大湾村侯家渠新建苗林产业开发示范基地 1 处，集中连片栽植油松等优质苗木 1500 亩；在新堡马登砭台新建苹果示范园 1 处 100 亩,栽植标准矮化苹果 5500 株。带动全镇培育苗木 1 万亩，其中果树 500 亩。

【元城镇】元城城垣近椭圆形，民俗呼“圆城”，后雅曰“元城”。 地处华池县西北部，东北与陕西省的长官庙、庙沟两乡接壤，西南与县内的白马乡、怀安乡毗邻。下辖 6 个行政村，1 个社区，44 个村民小组。耕地面积 5.97 万亩，辖区总人口 1.13 万人，农业人口 5357 人，流动人口 1230 人，城镇化率 6.3 %，出生率 11.2.‰，死亡率 3.63‰，人口自然增长率 5.67‰。

2014 年，实现全膜玉米种植 1.51 万亩，洋芋种植 2.01 万亩，小杂粮种植 1.3 万亩。新建规模养殖场 3 个，成立养羊合作社 1 个，建成养羊专业村 1 个，发展专业养羊示范户 10 户，发展养羊户 260 户,，羊只存栏量 1.41 万只,种植紫花苜蓿 1.12 万亩，青贮饲料 1.1 万方。全年完成苗林培育 1.2 万亩，其中：高沟门村 0.11 万亩；高桥村 0.2 万亩；东山峁 0.3 万亩。成立周天苗林专业合作社 1 个，引进栽植葡萄、银杏等新品种十多种。新建 100

亩中药材试验示范园一处，以黄芪、黄芩、柴胡为主，连片规模栽植中药材 0.3 万亩，筹措资金 8 万元为积极性较高的农户免费发放药苗 8000 公斤。

【南梁镇】南梁镇位于华池县东北部，地处陕甘交界，北与陕西省志丹县毗邻，东、南、西三面与华池林镇、山庄、紫坊乡接壤。境内九（窑口）—南（梁）—义（正）道路连接至陕西志丹县义正乡。全镇辖 3 个行政村 18 个村民小组，人口 1330 户 5588 人。总土地面积 223.5 平方公里，耕地面积 4.43 万亩，海拔 1200-1400 米，年降水量 650 毫米，年均气温 5 － 7 ℃。境内沟壑纵横、梁茆相间、气候湿润、森林茂密、资源丰富，石油、天然气贮量大，探明储油面积达 146 平方公里，储量 400 多万吨。全镇粮食总产量 8300 吨，固定资产投资达到 2.5 亿元。

依托全县“三个百万”工程规划，在白马庙新庄、槐树庄全庄组新建千亩山区全膜玉米种植示范点，种植全膜玉米 0.2 万亩，带动全镇完成山区全膜玉米种植 0.5 万亩。新增养殖示范户 10 户，养羊 300 只，新建规模养殖场 2 个，改扩建养殖场 1 个，新发展养羊户 260 户，专业养羊示范户 30 户，全镇羊饲养量达到 2.3 万只。在白马庙村槐树庄组和荔园堡村何沟门组新建苜蓿种植示范点 2 个，种植优质紫花苜蓿 0.4 万亩，带动全镇种植紫花苜蓿 0.75 万亩，秸秆青贮 1.6 万吨。在高台、白马庙两村平整梯田地及周边荒山宜林地，栽植以油松、云杉等为主的生态经济林 1 万亩，努力做大做强红色旅游产业，紧抓南梁红色旅游发展的大好契机，大力发展香包刺绣、农家乐等第三产业。

【城壕镇】城壕镇位于华池县东南部，东接林镇，南与庆城县为邻，北与柔远、山庄接壤、西靠悦乐镇。总面积 468.8 平方公里，其中耕地面积 5.47 万亩。全乡辖 12 个行政村，1 个社区，67 个村民小组，3023 户 12847 人，其中农业人口 2961 户 12673 人。平均海拔 1300 米，气候温和，四季分明，有小麦、玉米、豆类等，兼有核桃、小杂粮等特色产业。粮食总产量 1.22 吨，全年财政收入完成 121 万元，争取无偿资金 152.15 万元，招商引资 3600 万元，固定资产投资完成 2.31 亿元。

以“三个百万”工程为抓手，全面推进产业结构调整。全年共栽植各类苗木 13168 亩，占任务 1 万亩的 131%。在太阳村太阳组建成 1800 亩集中示范点 1 处；新发展养羊户 625 户，新建养羊示范户 60 户，规模养殖场 8 个，养羊农民专业合作社 1 个，残疾人养羊协会 1 个，全乡羊只存栏达 5.89 万只。发放草籽 12 吨，新种植紫花苜蓿和沙打旺 13000 多亩，在张川村新集组、太阳村朱湾子组、庄科村大树塬组各建成千亩草点 1 处。

【五蛟镇】五蛟镇位于华池县西部，因地处三川（元城、白马、五蛟）两沟（盐沟、塌泥沟）五水汇聚之处，其形似五龙相会，故名为“五蛟”。东接柔远、南靠悦乐、北与白马、怀安接壤、西与环县八珠为邻，是华池最古老的集镇之一，素有“陇东第二旱码头”之称。全乡总土地面积 306.4 平方公里，耕地面积 57051 亩，共辖 12 个行政村 79 个村民小组，3224 户，14044 人，城镇居民 388 人，流动人口 82 人。

新建规模养殖场 5 个，成立养羊专业农民合作社 2 个；结合“一乡三村”示范点建设，建成刘阳洼、上城壕两个养羊专业村；全乡羊只饲养量达到 3.32 万只；完成苜蓿种植 1.2 万亩，留床面积达到 3.5 万亩。按照全县苗林产业发展的总体思路，广泛宣传，精心组织，采取“政府帮、双联扶、群众投、社会注”的方式，完成植树造林 16000 亩，其中撂荒地开发定植 5000 亩，山地梯田定植 3000 亩，荒山造林 8000 亩，取得了较好的经济效益和生态效益。草畜产业，种植优质紫花苜蓿 1.38 万亩，在马河、蒋塬两村各建成千亩草点一处。以优质农产品示范推广和设施蔬菜种植为突破，先后种植地膜玉米 3.2 万亩，产量 1.8 万吨。种植全膜示范种植 500 亩，亩产增加 51 公斤。在五蛟村魏洼子台创建的 100 亩设施蔬菜示范基地、城壕村创建的 200 亩丰产黄豆示范基地、李良子创建的 200 亩地膜西瓜示范基地、刘家湾创建的 200 亩创建药材示范基地效益明显。

【上里塬乡】上里塬乡位于华池县西南部，距县城 64 公里。地处庆城县、环县、华池县三县交界处，与本县五蛟乡、王咀子乡，庆城县三十里铺镇、马岭镇及环县曲子镇相邻。为黄土高原沟壑残塬区，属子午岭林缘区,气候温润，平均海拔 1430 米，年平均降雨量 512.3 毫米，年平均气温 8.9℃，全年无霜期 170 天。全乡辖 6 个行政村，37 个村民小组，农业人口 1418 户 6145 人，总土地面积 98 平方公里，其中：耕地 2.3 万亩，牧草地 1.4 万亩；林地 1.7 万亩。

全年新发展养羊户 306 户，养羊示范户 10 户，羊只存栏达到1.27万只，发展规模养殖场4个（伟东养殖场、开泰养殖场、兴业养殖场、丰茂养殖场），成立上里塬乡养羊协会，发放贷款 141万元。年内新种植紫花苜蓿1.01万亩，在鸭口村建成千亩草点一处。全年共完成栽植苗木18392亩（其中春季栽植10592亩，秋季栽植7800亩）。在彭家寺村艾其塬组栽植苹果树520亩，在鸭口村栽植核桃树212亩。在甘其村建成无公害蔬菜基地，新增钢架设施大棚54座，抽调农学专业的农民大学生专门负责该示范点建设，指导农户科学种植。逐步实现蔬菜种植由分散性经营向产业化、现代化、规模化方向发展。

【王咀子乡】王咀子乡位于华池县西南部，距县城50公里。东接悦乐镇樊庄村，南与庆城县三十里铺镇辛家沟为邻，西靠庆城县三十里铺镇阜城村，北与上里塬乡甘其村接壤。土地面积87平方公里，耕地面积2.12万亩，辖6村37个村民小组，1406户6100人。全年粮食总产量完成0.66万吨，固定资产投资2.2亿元。

以全县“羊产业开发突破年”行动为契机，按照《王咀子乡十万只羊产业振兴规划》，加大扶贫攻坚工作力度。组织开展了调查摸底，完成了羊产业发展建档立卡工作。按照“鼓励大户、改良土种、引进良种、建造棚舍、种草养羊、舍饲圈养”的发展思路，以“1152”、“30+1”、“50+2”的发展模式，率先将井子塬村确定为养羊专业村。目前该村新增养羊户40户，新增羊只1200只，羊存栏量达到5160只，新建规模养殖场2个。通过示范带动，全乡建立养羊专业村1个、合作社2个，新建规模羊场3个，新增养羊户90户、羊只3500只，新增标准化羊舍240座、氨化池120座，新种植饲草1.1万亩，示范户达到150户，累计举办畜牧业实用技术培训班4场（次）1100人。苗林产业。以党的群众路线教育实践活动为契机，深入开展“干部群众手拉手，结对帮扶促产业”活动，采用乡上干部包农户、包地块，村组干部带头示范的办法，使91名职工购买苗木18万株，帮扶273户农户栽植苗木546亩，按“2+8模式”带动群众栽植1900亩。引进庆阳市锦绣云天苗木绿化公司，流转土地560亩用于苗木培育，并动员大户承包栽植苗林300亩，积极与南梁港苗木专业合作社采取8：2的分成的模式栽植苗林0.12万亩。全年累计完成苗林栽植1.09万亩。并建成千亩示范点2处：井子塬、银坪两村依托土地整理项目分别完成苗林栽植2061.9亩、753.2亩；宪塬村利用宜林荒山荒坡地栽植1130亩。全乡共完成地膜玉米种植1.6万亩，建成井子塬、银坪山区顶凌覆膜玉米示范点各1处0.12万亩。

【白马乡】白马乡位于华池县西北部，东靠元城镇、怀安乡，西接环县樊家川、八株乡，北连乔川乡，南邻五蛟乡，距县城70公里。境内山川兼有，山高沟深，气候干旱，降水稀少，属干旱半干旱气候。全乡总土地面积167.7平方公里，耕地面积2.55万亩，辖6个行政村41个村民小组，人口数为1256户5449人，其中农业人口1132户，5180人。全年粮食作物播种面积3.62万亩，经济作物播种面积1.2万亩，粮食总产0.62万吨，完成固定资产投资2.71亿元，人口自然增长率5.92‰。

2014年底，全乡新增养羊专业示范户210户，新建君荣养殖场育肥基地、鸿越等3个规模养殖。全乡规模养殖场累计达到7个，组建村级专业合作社7个，成立白马乡羊产业协会1个。全乡共完成苗林栽植1.06万亩。培植千亩以上大户承包经营示范点2个，500亩以上集体承包经营示范点3个，300亩以上联户承包经营示范点3个。

【乔川乡】乔川乡位于华池县西北部，南临元城镇，北接陕西省定边县，距陕甘界仅有7公里，居陕甘两省四县（华池、环县、定边、吴旗）交界，素有“荞麦川”之称，“秦长城”穿境而过。地处黄土高原丘陵沟壑区，海拔1300～1700米，由南向北逐渐升高。区域内地貌主要由川、塬、梁、峁等构成。辖8个行政村38个村民小组，1338户6029人，其中贫困人口518户2262人。土地面积297平方公里，耕地面积89238亩，有中心小学1所、村级小学3所，初级中学1所；有卫生院1所、村级卫生所8个、乡综合文化站1个、幼儿园1个。

全乡粮食产量7300吨，比上年增长9%，人均产量1208公斤；农民人均纯收入5203元，比上年净增992元；争取无偿资金118万元，占任务90万元的131%，完成财政收入20万元。实施“三个一”包抓项目17个，完成固定资产投资1.94亿元。引进了乔川绿草养殖场、丰收小杂粮加工厂两个招商引资企业。在草畜产业开发上，种植优质牧草1.1万亩，老茬更新5300亩。发展舍饲养殖户263户，标准示范养殖户40户，新建李嵝岘养羊专业村、养羊合作社和绿草养殖场各1个。使全乡养殖户达到了566户，羊存栏30861只。新种植油松苗木1

万亩，建成李崾岘村5000亩油松生态林基地1处，500亩白蜡、油松苗林示范点1处。种植全膜玉米12150亩，洋芋22080亩，荞麦22660亩，建成李崾岘村千亩洋芋、荞麦示范点各1处。

【怀安乡】怀安乡位于华池县西北部，东接柔远镇，西连白马乡，北依元城镇，南邻五蛟乡。境内山川兼有，气候干燥，降雨匮乏，为华池县北部半干旱半农半牧区。全乡总土地面积227.42平方千米，辖8个行政村，44个村民小组，2062户7272人，其中农业人口1582户7180人。全年粮食作物播种面积6.02万亩，经济作物播种面积1.36万亩，粮食总产量7938吨，人均产粮1016.7千克。财政收入30万元，固定资产投资2.2亿元，人口自然增长率5.2‰。

全年发放羊产业发展基金专项贷款200万元，扶持40户贫困户步入产业脱贫轨道，按照“1152”模式，全年发展养羊户376户，示范户40户，建成广福养殖场、怀富养殖农民专业合作社规模养殖场2个，种草5000亩，青贮氨化饲草5000吨。全年栽植苗林1.7万亩，建成川区苗林示范基地1处、山区造林示范点4处。

【乔河乡】乔河乡地处县城北部，陕、甘交界的分水岭处，距离华池县城7.5公里，总土地面积135.76平方公里，耕地面积2.68万亩。平均海拔1517.5米，年平均降雨量500毫米，年平均气温8℃，无霜期150天。全乡辖6个行政村，42个村民小组，1233户，农业人口5559人，人口自然增长率3‰，农村劳动力资源总数3515人，2014年粮食产量达到1.12万吨。

引进了华池县森茂绿化有限责任公司，组建了森泰苗林产业合作社，采取企业租赁经营、帮联单位带动经营和农户自主经营三种模式，在火石沟门村火石沟门组、张庄组，张岔村张岔组、乔河组，虎洼村任老庄组3村5组利用梯田地、撂荒地及宜林荒山集中种植油松0.63万亩，带动全乡种植1.15万亩。投资520万元，新建华池县应福翔、利发2个规模养殖场，天阳雨润养殖专业合作社1个、火石沟门养羊专业村1个，带动发展养羊户230户，新增规模养殖户50户，全乡羊只饲养量达到2.7万只。引进庆阳绿康源中药材有限公司、庆阳银丰医药公司，采取反租倒包的方式，以川台地600元/亩，山区梯田熟地400元/亩，生地200元/亩的价格流转土地2000亩，建成川区、山区中药材示范点各1处，带动全乡种植1.1万亩。同时，公司返聘被租地农户在种植、除草、打药等环节打工，为农户提供了租金、劳酬双向增收的渠道。

【山庄乡】山庄乡位于华池县城东南31公里，东属子午岭林缘区，气候湿润，森林覆盖率达60%，生态环境良好，境内地形山川兼有，辖4村17个村民小组，1205户5369人，总土地面积254.2平方公里，耕地面积4.19万亩。

在继续稳定川区全膜双垄玉米种植面积的基础上，今年重点实施“地膜上山”工程，在地膜供应等方面给予倾斜，在雷圪崂村马大梁投机械投物资建立千亩山地梯田玉米种植示范点，今年全乡完成山地梯田玉米种植7500亩，全膜双垄玉米种植面积达到3万亩，且喜获丰收，据测算，平均亩产达到1500斤。当年扶持建成坤元、绿源等绒山羊规模养殖场3个，争取项目新建标准化羊舍40座，扶持发展规模养羊户40户，在山庄村白沟争取项目投资25万元，建成养殖小区1处，建标准化羊舍6座，发展养羊大户6户，并成立养羊合作社，小区养殖规模共计达到1500只；大力动员群众利用撂荒山地、撂荒梯田地、承包林地发展苗木定植，年内发展苗木定植15800亩，其中雷圪崂村采取招商引资结合群众土地入股的方式，在雷圪崂对面山建成万亩苗林基地，成为全乡苗林产业发展的样板。苗林产业的发展为开发利用山地梯田资源、拓宽农户增收渠道开辟了新的门路。

【林镇乡】林镇乡位于华池县东部，地处子午岭边缘地带，东与陕西省志丹义正乡接壤，南与合水县太白镇相邻，西与城壕乡相连，北与南梁、山庄乡连接，属半农半牧区，平均海拔高1300米，年平均降雨量550毫米，总土地面积548.49平方公里。全乡辖5个行政村，19个村民小组，总户数965户，总人口4649人。

采取招商引资、土地流转等方式，建成500只以上规模羊场3处，养羊示范点2处，“1152”模式标准化羊舍20座，辐射带动专业养羊示范户20户，全乡羊产业规模化养殖数量达到3.5万只。成立苗林专业合作社1个，完成苗林栽植0.36万亩，依托苗林专业合作社，建成苗林产业示范点7处，其中，千亩以上示范点3处，带动全乡群众自主栽植及干部帮扶栽植苗林0.76万亩。全乡完成苗林栽植面积1.0万亩，超额完成计划栽植任务。种植全膜玉米3.1万亩，建成黄渠、范台、东华池村3

个标准化玉米生产示范区，示范面积 1.2 万亩。完成洋芋种植 0.5 万亩，小杂粮种植 0.35 万亩，中药材种植 0.12 万亩。

【紫坊畔乡】紫坊畔乡地处陕甘两省交界处，北与陕西省吴起县白豹镇和志丹县吴堡乡接壤，东南西分别与本县的南梁乡、山庄乡、乔河乡为邻，南距县城 30 公里。1934 年春，张策、赵蔚文等人在此地创立赤安县（即新志丹县），11 月属华池县白马区。1962 年 1 月属华池县紫坊公社，1983 年改社为乡。此地为子午岭中段屋脊，山高路险，梁峁高耸，为乔河、唐河、白马庙、玉皇庙、脚扎川五水发源地。平均海拔约 1683 米。属温带大陆性气候，其特点是四季分明，雨热同季，光照充足。春季干旱多风，夏季温和凉爽，冬季干冷少雪，年平均气温 12.8℃，无霜期年平均 192 天，年平均降水量 585 毫米。辖堡子山、刘坪、庙沟、高庄 4 个行政村，27 个村民小组 1311 户 5838 人。紫坊畔乡人民政府共有干部职工 43 人，其中科级干部 16 人。全乡共有基层党组织 7 个，党员 223 名，其中农村党员 181 名，机关党员 42 名。

2014 年全年共完成固定资产入库 2.81 亿元，完成投资 1.814 亿元，累计实施项目 22 个。完成财政创收 25 万元，争取无偿资金 109 万元，实施招商引资项目 3 个，完成投资 2530 万元，建办企业 1 户。农民人均纯收入达到 5550 元。产业培育、整村推进，道路建设、土地整理、“一事一议”、村庄环境治理等农业重点项目，进展比较顺利，目标任务全面完成。

合水县

【西华池镇】西华池镇地处合水县城，相传宋时城南沟掌有一湫，水清位高，荷花盛开，景色华丽而得名华池，又因境内已有东华池，故名西华池。全镇共辖 8 个行政村，70 个村民小组，3 个社区居委会，13093 户 41374 人，其中农业人口 5730 户 23524 人。总土地面积 139.37 平方公里，耕地面积 5.2 万亩，人均耕地 2.21 亩，山川塬兼有，以塬地为主，森林覆盖率 67.4%。年平均气温 10.6 度，年平均降水量 562—676 毫米，境内有丰富的石油、天然气、煤炭等矿藏资源，银西公路穿境而过，水、电、路、通讯等基础条件十分优越。

2014 年，全镇农作物播种面积 74863 亩，种植全膜玉米 700 亩，全膜马铃薯 2000 亩。全年粮食产量 1.1 万吨，人均 1020 斤。新栽果树 500 亩，成立苹果专业合作社 2 个。新增规模养殖大户 32 户，建成 300 只养羊场 2 处，200 头养猪场 2 处，万只养鸡场 2 处。完成固定资产投资 2.35 亿元，招商引资 2.13 亿元，新办 100 万元以上企业 5 户，完成财政收入 203.5 万元。劳务输转 8625 人（次），实现劳务收入 1.46 亿元。审核评定实施危旧房改造 160 户。新修砂石路 9.5 公里，水泥硬化边沟 2800 米。新打小电井 48 眼。新建互助老人幸福院 4 处。接待群众来信来访 262 批次，化解各类矛盾 401 起。发放农村五保、低保、退耕还林、粮食直补、住宿生生活补贴等各项强农惠农资金 3281.27 万元。

【老城镇】老城镇习称城关，亦名老合水，自唐代武德元年（618年）为蟠交县治后，有千余年建治史。1949年9月前为合水县委、县政府所在地，地处合水县东北部，距县城37公里，青兰高速、309国道横穿全境，南邻店子，东接蒿咀铺，西连板桥，北与庆城县六寸塬相接壤，属子午岭林缘乡镇。境内山川塬兼有，县川河、北川河穿境而过，水源丰富，光照充足。全镇辖8个村民委员会，1个社区居委会，46个村民小组，2405户10325人，有镇直机关单位15个。总土地面积274.8平方公里，耕地面积2.8万亩，地理位置优越，交通便利，商业繁荣，是整个县川的商贸中心。

2014年，全镇农作物播种面积57930亩，种植全膜玉米7600亩，粮食总产量达到9527吨，各类设施蔬菜面积累计达到3259亩，完成苗林培育26600亩，建成苗林结合培育示范点3处。劳务输转4500人次。通过加大产业培育转型升级，进一步拓宽了群众的增收渠道，加快了群众脱贫致富的步伐。完成固定资产投资1.75亿元，招商引资9100万元，财政收入150万元。共投资3600万元，完成水泥硬化1条15.3公里，柏油罩面道路3条30公里，新修砂石路4条23.5公里，维修道路6条16.5公里。新建寺儿塬新农村居民点1处，建成小康农宅30户，安装太阳能路灯18盏，栽植绿化苗木250棵，配套了太阳能热水器、卫生厕所各30个，修建排水渠440米。续建水沟、赵塬新农村居民点2处，建成小康农宅15户。

【太白镇】太白镇地处陕甘两省交界、子午岭腹地，东邻陕西省富县、北靠华池县和陕西志丹县，是甘肃省的东大门，距合水县城 96 公里。全镇辖 6

个行政村，24 个村民小组，1 个社区，3 个国营林场。总人口 1.27 万人，其中农业人口 1742 户 7141 人。总土地面积 1135.15 平方公里，森林覆盖率高达 81.5%。境内地势西高东低，资源丰富，植被良好，林草茂密，景色旖旎，素有“陇上江南”之美誉。这里古有扶苏蒙恬的说唱，今有刘志丹太白收枪的故事。“秦直道”闻名于世，拓儿湾宋代石造佛塔，以世界塔中最瘦著称，莲花寺、保全寺石窟等文物 28 处，保存完好，韵味依然。子午岭旅游度假村已被省地列入重点开发项目，现正在组织实施。

2014 年，全镇农作物播种面积 23558 亩，种植全膜玉米 10152 亩，优质水稻基地 3100 亩。种植、嫁接苗林 4600 亩。发展舍饲养殖户 69 户，新建新泰生态养殖场 1 处。新建漫水桥 1 座，新修道路 5 条 26.6 公里。发各项惠农资金 304.28 万元，各类民政救助资金 205.28 万元，收缴城乡养老保险 37.2 万元，农村合作医疗 45 万元。坚持基础先行导向，整合项目，整体推进，总投资 1521.3 万元，加强基础设施建设。狠抓护林防火和国土资源管理、环境保护、科教文卫等各项工作，全镇社会事业稳步推进，人民群众安居乐业，社会大局和谐稳定。

【板桥镇】板桥镇位于庆阳市合水县北部，明清时期因在马莲河上架木板桥而得名，举世闻名的黄河古象在这里出土。全镇共辖 12 个行政村 67 个自然村，19820 人，总土地面积 148.55 平方公里，耕地面积 4.5 万亩，以种植小麦、玉米、蔬菜、果树栽植为主。境内平原、沟壑、河谷、山峦并存，两塬一川，延河分布，平均气温 10℃，年均降雨量 480 毫米，全年无霜期 160 天，矿藏资源丰富，主要有石油、煤炭、天然气。

2014 年，全镇农作物播种面积 82194 亩，种植全膜玉米 7144 亩。种植各类设施蔬菜 2729 亩，建成瑶子头 1000 亩、板桥 500 亩、锦坪 100 亩示范点各 1 处。新栽果树 2650 亩.完成种草 1200 亩，发展规模养殖大户 2 户并已实现品种改良。发展苗林结合示范点 2 个 5000 亩。农村劳动力职业技能培训 15 场次，输转劳动力 2500 人。完成财政收入 130 万元，固定资产投资 1.6 亿元。新办 2000 万元以上企业 1 户，200 万元以上企业 1 户。新修梯田 600 亩，村组机耕路 9 公里，新打机井 1 眼，架设变电线路 2 公里，压埋输水管道 3 公里，新建大口水窖 35 口。投资 2382.6 万元，新修道路 13 条 76.4 公里。帮联精准扶贫户 1639 户 7652 人，帮扶资金 35 万元，提供致富信息 687 条，为贫困户解决生产生活困难问题 413 个，化解矛盾纠纷 53 个。

【何家畔乡】何家畔乡位于合水县西南部，距离县城39公里，海拔为1185m-1295m，东隔马莲河畔与西华池镇、吉岘乡相邻，南与宁县瓦斜乡接壤，西靠西峰区什社乡、温泉乡，北与庆城县赤城乡毗连。境内多平塬，少山川，沟壑纵横。辖8个行政村53个自然村，5250户17060人。总土地面积114.48平方公里，城镇规划区面积25.56公顷，耕地面积3.9万亩，森林覆盖率达到了75%。主要以苹果、黄花为主。何家畔乡人民勤劳淳朴，敢于创新，勇于接受新事物，尤其在发展果产业上积累了宝贵经验，为全县果产业发展起到了一定的带动和模范作用。

2014 年，全乡农作物播种面积 56019 亩，种植全膜玉米 2013 亩。种植以甜瓜、白黄瓜等为主的设施瓜菜 1124 亩。果园面积 28172 亩，年产苹果约 20055 吨左右，黄花菜 19469 亩，产量 636 吨。发展新增养殖户 20 户。完成财政收入 130.6 万元，固定资产投资 10056 万元。新修砂石路 2 条 14.1 公里。新型农民合作医疗参合人数 15987 人，参合率 98%，城乡居民社会养老保险参保人数 9943 人，发放低保 253.32 万元、五保金 26.35 万元，各项惠农资金及时兑现。重新摸底核定了精准扶贫户，与市农牧局、团县委等 12 个单位 429 名帮联干部完成了对接，为 1306 户联系户制定了“两规划、一计划”。安装太阳能 120 个，变压器 2 个，发放各类实用工具、科技图书和手册 4200 余份。

【吉岘乡】吉岘乡位于合水县西南端，西合公路穿境而过，距县城 10 公里，素有合水“南大门”之称。北接西华池镇，西连何家畔镇，南邻宁县南义乡，东与段家集、肖咀乡接壤。全乡共辖 8 个行政村，37 个村民小组，农业人口 3582 户 14877 人，土地面积 73.6 平方公里，其中耕地 30040 亩，林地面积 55707.2 亩，森林覆盖率 54%，地形以塬为主，山、川兼有，农业基础相对较好，以旱作农业为主，主要粮食作物有小麦、玉米、油菜、高粱、糜谷、豆类等，经济作物有苹果、设施瓜菜、核桃、黄花菜等。吉岘历史文化悠久，有绚丽多彩的“仰韶文化”，传奇色彩的民间故事，刺绣、剪纸、纸扎、绘画等民间艺术记录了吉岘文化创新的历史。

2014年，全乡农作物播种面积72315亩，种植全膜玉米6609亩，粮食总产量10266吨。种植各类设施蔬菜1.93万亩。新栽核桃树800亩，苹果等水果总产量12264吨。规模养殖户25户，年出栏生猪3459头、家禽6700只，创造经济效益700多万元。完成财政收入151万元。发放各类惠农资金1881.5万元，参保率、参合率达分别达到95%、98%以上。完成了铁李川新村文化广场、村民议事大厅、小区绿化、硬化等设施建设，100户农宅全面建成投入使用，受到了省市领导的充分的肯定，被国家和省市30多家新闻媒体采访报道，投资人李杰先生获全国扶贫先进个人、“陇塬十大娇子”等称号。

【肖咀乡】肖咀乡地处庆阳市合水县南部，罗段公路纵贯全境。全乡辖6个行政村，40个自然村，3820户，14290人，总土地面积74.96平方公里，地势山、川、塬皆有。乡内有举世文明的宋代翠峰山古庙、大唐右将军魏哲古墓等历史遗迹。境内全年光照充足，雨量充沛，气候宜人，农业发达。苹果、黄花菜、规模养殖、设施蔬菜等特色产业久负盛名。相继荣获“全县优秀基层党组织”、“县级文明乡镇”、“合水县平安乡镇”、“合水县劳务大乡”、“合水县万亩优质苹果生产基地”等荣誉称号。

2014年，全乡农作物播种面积64552亩，种植全膜玉米5600亩，黑膜马铃薯1500亩，粮食总产量8266吨，同比增长2.7%。种植各类蔬菜2668亩。新建农民专业合作经济组织1个。全乡果树留存面积达到20324亩。完成苗林培育20000亩。建成规模养殖场7处，肉绒羊存栏6280只，大家畜存栏2217头（只），比去年同期增长9.6%。输转外出务工人员5980人次，实现劳务收入6130万元。完成固定资产投资1.1亿元，招商引资资金1.35亿元，建办小（微）型企业14户。发放各类民政资金644.1万元。农村合作医疗基金80.4万元，参保群众13396人，参保率达到98%；城乡居民养老保险6808人、71.8万元，参保率达90%。调处各类矛盾纠纷296起，调处成功率97.5%，无一例治安及刑事案件发生。

【段家集乡】段家集乡位于合水县东南端，距合水县城22公里。北接固城乡，东端与宁县盘克镇接壤，南邻肖咀乡，东临西华池镇。全乡共辖6个行政村，35个村民小组，农业人口3821户12552人，土地面积71.28平方公里，其中耕地31889亩，林地面积53534亩，森林覆盖率50%，地形以塬为主，山、川兼有，农业以旱作农业为主，粮食作物有小麦、玉米、油菜、高粱、糜谷、豆类等，经济作物有苹果、瓜菜、核桃、等。2010年，段家集乡被省委、省政府评为“先进文明乡镇”。

2014年，全乡农作物播种面积58521亩，种植全膜玉米5662亩，粮食总产量达到8613吨。新栽苹果树550亩，补植并新栽核桃树1000亩，成立林业专业合作社1个。新建养鸡场3个、养羊场3个、养猪场2个、养牛场1个。输转富余劳动力4800人，实现劳务收入8000万元。完成招商引资7000万元，新办小微企业2个，争取资金83万元，财政收入106万元。新修砂石路2条12公里。发放农村低保金226.4万元，农村“五保户”供养费24.58万元，救济资金36.07万元。发放各类惠农资金17项1067万元。建成互助老人幸福院3处、公益性公墓1处、集中埋葬区6处。全乡累计办理下岗失业人员小额担保贷款35万元，双联惠农贷款23万元，妇女小额担保贷款50万元，带动群众实现了创业和再就业。

【固城乡】固城乡位合水县城东南部，东北连接太白，西北依太莪、店子两乡，西邻西华池镇，南与段家集乡、宁县盘克镇接壤。辖4个村民委员会、29个村民小组，共2170户9784人。总土地面积303.5平方公里，其中耕地面积2.25万亩，森林覆盖率达到76%，境内地形以山、川为主，全年光照充足，雨量充沛，气候宜人，农业发达，是合水县主要农产品生产基地之一。固城物华天宝，煤、石油、天然气等矿产资源丰富。林木资源有栎、杨、桦、松、柳、柏等28科70余种；动物主要有金钱豹、梅花鹿、黄羊、狐狸、野猪、獾、兔、雉等；野生中草药达150种以上；粮食作物以冬小麦、玉米等为主；经济作物主要有瓜菜、苗木等。

2014年，全乡农作物播种面积49572亩，种植全膜玉米10000亩，粮食总产量9847吨。种植各类瓜菜3500亩，其中设施瓜菜2218亩。育苗面积1760亩。建成300头养牛场1个，12000只养鸡场1个，种植紫花苜蓿1100亩，新增规模养殖户20户。完成固定资产完成1.1亿元，财政收入120万元，招商引资7300万元，新建企业2户。完成农村危旧房改造114户，补助资金170.9万元。新建水泥路2条19.33公里，砂石路2条11.6公里。发放民政救助资金6项302.74万元，各类惠农资金26项1071.2万元，群众参评满意率、资金发放及时率、归档资料规范率均达到100%。

【太莪乡】太莪乡地处合水县东北部，子午岭西麓，距县城25公里。东接太白，南连固城，西邻店子，北壤蒿咀铺，境内山川塬兼有，沟峁梁相间，海拔在1129米至1657米之间，全乡辖6个村民委员会，29个村民小组，1566户7167人，其中非农业人口128人。土地总面积235.42平方公里，其中耕地23974亩，林地28.07万亩，森林覆盖率达70%。境内富含石油、天然气等矿藏资源，合拓公路穿境而过，村村通电、通邮、通电话、通公路、通自来水。主要农作物有小麦、玉米、高粱、糜谷、荞麦、豆类、油料等；土特产有白瓜子、木耳、木瓜、花椒、甘草、野党参、麻黄、串地龙等。林果、畜牧、油料、白瓜子等已形成支柱产业。

2014年，全乡农作物播种面积33839亩，种植全膜玉米6000亩。新栽苹果树500亩，累计栽植核桃树3450亩，套种中药材1000亩，套种黄豆280亩，保存率及成活率达95%以上。新增100只养羊户10户、100只养猪场1个、1000只养兔专业户2户、10000只养鸡专业户1户。完成固定资产投资1.01亿元，财政收入51.45万元。水泥道路建设23.1公里，资金1585万元。发放退耕还林补助106.55万元，农机具补贴20.18万元，粮食直补及农资综合补贴163.99万元，草原奖补46.76万元。开展大接访活动12次，接访29批（次），发生各类民生纠纷116起，调处116起，切实维护了社会和谐稳定。

【店子乡】店子乡位于合水县东部，距县城14公里，辖4个村民委员会，44个村民小组，2280户10693人，总土地面积85平方公里，耕地面积22374亩，森林覆盖率达到了75%。全乡境内全为塬地，地理位置优越，一年四季分明，光照充足，雨量充沛，生态环境舒适宜人。石油、煤炭资源储量大，自然资源丰富。

2014年，全乡农作物播种面积41310亩，种植全膜玉米5150亩，粮食总产量6446.26吨。种植设施蔬菜276亩，高原夏菜种植示范点2处。新栽苹果树500亩，果树留存面积累计达到1.80万亩，总产量突破9287吨，总产值达到2878.97万元，苹果收入超过20万元以上的大户有15户。大家畜存栏2556头，猪存栏2486头，羊只存栏9063头，家禽存栏1.47万只。输转农村剩余劳动力2705人，实现劳务收入4850万元。新修砂石路16.1公里。办理上级转办信访件6件，化解信访积案3件，办结化解率100%。建高位水塔1座，压设自来水管线3.1公里，解决了97户群众吃水难的问题。

【蒿咀铺乡】蒿咀铺乡位于县城43公里，北依华池县林镇，西靠老城镇，南依太莪乡，东连太白镇。辖区东西最大距离19.5千米，南北最大距离13.9千米，总土地面积287.26平方公里，森林覆盖率68.3%，耕地面积12506亩，山、川、塬、峁、梁兼有，309国道和雷西高速公路横贯全境。共辖4个村民委员会、24村民小组，1个国营林场，1个干湫子安置林场，总人口5683人。名胜古迹众多，姊妹双湫、古庙松荫、桃李飞红、泉水叮咚、干湫盛景，千年古槐等自然景观就闻名遐耳。举世闻名的秦第二大国防工程—秦直古道穿境而过。包家寨子会议旧址、九站遗址为省级重点文物保护单位。境内动植物品种繁多，矿产资源丰富，主要有石油、煤、煤层气等。

2014年，全乡农作物播种面积34068亩，种植全膜玉米8668亩，粮食总产量6905.36吨。种植高原夏菜800亩，马铃薯2100亩。建成子午岭稀有树种和传统树种苗木基地2000亩，栽植优质高产核桃树1563亩，套种紫花苜蓿、甜高粱等牧草1000亩、中药材420亩、定植苗木300亩。畜牧业以养羊为主，牛羊存栏3.91万只，新建300头（只）以上标准化养殖场5个，新增规模养殖户83户。整修梯田3000亩，栽植油松5000亩。发放城乡低保、农村五保供养、大病医疗救助、粮食直补、农资综合补贴等各类保障金及惠农资金810.74万元，城乡居民养老金69.75万元，城乡居民社会养老保险参保率达到91.07%，新农合参合率达到98%。

正宁县

【山河镇】山河镇位于正宁县东北部，是正宁县城所在地，东临西坡、五顷塬乡，西接宁县米桥乡，北接宁县九岘乡，南面与湫头、永正镇毗邻。全镇辖11个行政村，84个村民小组， 13个镇直机关单位，农村户数6742户，农村人口2.8万人。镇域总面积115.8平方公里，境内山、川、塬地兼有，耕地5.13万亩，人均1.8亩。平均海拔1442.21米，年均气温8.3℃、降水量620㎜、无霜期180天左右。

主要经济指标呈现高位提升。全镇固定资产投资完成6.61亿元，占5.5亿元任务的120%；争取项目资金完成530万元，占任务150万元的353.3%；论证储备项目9个，完成任务的113%；招商引资签约合同资金7.5亿元，完成任务的125%；建办农民专业合作社5个，占任务的166%；注册小微企业50个，占任务的167%；新增个体工商户342个，占任务的107%。2014年农民人均纯收入达到6210元，同比增长11.1%，净增616元。

【榆林子镇】榆林子镇位于正宁县西南部，距县城19公里。国道211线穿境而过，交通便捷，商贸活跃。镇域东西长约18公里，南北宽约6公里，总面积93.7平方公里，耕地面积5.64万亩。全镇共辖12个行政村，1个社区，82个村民小组，农村户数7488户，32016人。

综合指标稳中有升。烟税收入完成288.9万元，占计划600万元的48%；农民人均纯收入6298元，增长11.06%，比上年净增627元；固定资产投资完成6.24亿元，占计划5.2亿元的120%；招商引导到位资金1.28亿，完成任务1亿元的128%，签约合同资金3.6亿元。

【宫河镇】宫河镇位于正宁县宫河塬西部距县城31.5公里处，地处黄土高原沟壑区。东接榆林子镇，南于陕西省彬县永乐乡相临，西与周家乡接壤，北与宁县早胜镇隔沟相望，银西公路、正周公路纵贯全镇，地势平坦，交通便利。全镇总面积70平方公里，共辖12个行政村，89个村民小组，农村户数7544户，32521人，总耕地面积5.7万亩，人均耕地1.75亩，其中粮田面积2.315万亩。

2014年全镇国民生产总值4.26亿元，粮食总产量达到9622吨，人均产粮295.9公斤，农民人均纯收入达到6214元。辖区内机关企事业单位28个，党支部19个，党小组89个，党员962名，农民党员812名。拥有高中一所、初中一所、小学14所，教职工406名，在校学生6347人，毕业率98.9%，高考升学率75.3%。

【永和镇】永和镇位于正宁县西南部，东与湫头乡相邻，西、南与陕西省旬邑县相接，北与榆林子镇相连，据县城40公里，境内山、川、塬地兼有，平均海拔1400米，国道银（川）西（安）公路，县道南（邑）罗（川）公路穿境而过，交通便捷，信息畅通，是正宁南塬主要的农产品、工业品集散地和商贸重镇，总面积101.7平方公里，总耕地4.95万亩，全镇共辖9个行政村84个村民小组，一个社区居委会，农村户数5995户，农村人口25328人。

经济指标稳中有升。全镇粮食总产量达到11804吨；油料总产量达到2378，水果总产量达到18048吨，蔬菜总产量达到20310吨，药材总产量达到3229吨，全镇固定资产投资完成6.2亿元，农民人均纯收入达到5875元。

【永正镇】永正镇位于正宁县西北部，距县城13公里，北与宁县接壤，南与本县永和镇、榆林子镇毗邻，全镇共有10个行政村，72个村民小组，农村户数6147户，农村人口25510人。区域总面积93平方公里。耕地面积5.48万亩，其中粮田面积8600亩，烟田面积9000亩，果园面积2.13万亩，其中成园11000亩。年平均温度8.5摄氏度，年降水量650mm，无霜期平均180天左右，是全县优质苹果、烤烟生产基地乡镇之一。

2014年，粮食总产量10415吨，果品总产量10221吨，油料总产量1960吨。固定资产投资完成5.792亿元，农民人均纯收入达到5700元。

【周家镇】周家镇地处本县北塬西端，距县城37公里，211国道穿境而过，正长公路横贯东西，西南部与陕西省长武县、彬县毗邻，北部与本省宁县接壤，历来有“鸡鸣听四县”之说，是宁正煤田核心区和年产800万吨的核桃峪煤矿、2×100万千瓦正宁电厂所在地。全镇辖13个行政村，72个村民小组，农村户数5788户，24470人。总面积78平方公里，其中耕地面积4.98万亩。镇域地形东高西低、东宽西窄，略呈三角形。境内塬、梁、川、峁、沟相间，是典型的黄土高原残塬沟壑区。平均海拔1283米，其中车家沟村1177米（河滩880米），为全县海拔最低处。年平均气温8.3摄氏度，年日照总时数2400多小时，年降雨量635毫米左右，无霜期180天左右，地理位置优越，矿产资源丰富，具有良好的开发优势。

2014年全镇生产总值3.68亿元，增长13.5%；农业增加值1316万元，增长14%；工业增加值1185万元，增长12%；固定资产投资5.7亿元，增长26.1%；农民人均纯收入5806元，增长10.97%；粮食总产量7366吨，主要经济指标持续保持了两位数增长，经济社会发展保持了良好势头。

【湫头镇】湫头镇位于正宁县东南部，子午岭林缘。东接五顷塬镇，南邻三嘉镇，西连永和镇，北与永正镇、山河镇接壤，南罗公路穿镇而过。全镇辖7个行政村64个村民小组，农村户数4210户

18150人。镇域总面积86.27平方公里，耕地面积3.08万亩。

全镇苹果种植面积2.5万亩。果、畜、苗林、劳务是全镇的四大支柱产业，2014农民人均纯收入完成5276元，粮食总产量7699吨，油料产量893吨，果品总产量17807吨，蔬菜产量6143吨。

【西坡乡】西坡乡位于正宁县城东部，子午岭林区西缘，全乡辖8个行政村、60个村民小组、1个社区居委会、3368户、15354人、总面积121.3平方米公里，其中耕地面积3.17万亩，人均2.06亩。

2014年，全乡固定资产投资完成5.3亿元，农民人均纯收入达5062元，比上年净增501元，增长10.98%，农作物播种面积4.4万亩，粮食作物播种面积2.7万亩，粮食总产量8857吨。

【五顷塬乡】五顷塬回族乡位于正宁县东南部，南邻子午岭林区，西与湫头镇接壤，北与山河镇相接，正铜公路和南罗路穿境而过，距县城21公里，交通便捷，地理位置优越，区域优势明显。全乡辖5个行政村31个村民小组，1563户6631人，是庆阳市唯一的少数民族乡。乡域总面积55.4平方公里，耕地总面积2.34万亩。

2014年，社会固定资产投资完成5.1亿元；农民人均纯收入达到4630元，较上年增加489元；农作物播种面积2.7万亩，粮食作物播种面积1.6万亩，粮食总产量5753吨。

【三嘉乡】三嘉乡位于正宁县东南部，子午岭西麓，南与陕西省旬邑县职田镇相邻，北与五顷塬、湫头、永和3乡镇毗邻。乡政府驻东庄村，距县城46千米。辖林坡、东庄、后坡、狼牙坬、松树坪、关川、刘川7个村民委员会，39个村民小组。全乡以草畜、瓜果为主导产业，所产西瓜个大、瓤红、汁蜜、味甜，远销陕西、四川等地；红富士苹果外形美观，皮薄色艳，含糖量高，深受客商青睐，畅销广州、深圳等东南沿海和毗邻省市。

2014年，全乡固定资产投资完成4.2亿元，争取到扶贫整村推进、农业土地开发、双联扶贫支持、人畜饮水、通村水泥路、漫水桥等项目9个，争取项目资金493.5万元，农民人均纯收入达到5293元，比上年4760元增长11.2%，净增533元。

年内输转劳动力2200人，举办各类农民实用科学技术培训班23期，培训2400人（次），实现劳务收入2600万元。建设苗林结合点1个，新栽油松、刺槐1000亩。发展丹参、黄芪等中药材种植520亩，发展蔬菜种植5000亩，其中推广设施蔬菜930亩。

宁县

【新宁镇】新宁镇位于宁县中部，东临春荣乡，西接焦村镇，北靠南义、瓦斜乡，南与早胜镇毗陵。交通发达、出行方便，211国道、铜眉公路、宁正长二级公路穿境而过。平均海拔1000米，年平均气温8.7℃，年降水量500-600毫米，无霜期170天左右。气候温和，光照充足，四季分明，伏旱冬干。境内山、川、塬地兼有，辖区总面积105.5平方公里，其中耕地3.89万亩，镇政府驻九龙社区。

2014年底，全镇共辖4个社区和16个行政村，89个村民小组，总人口3.66万人，其中，农业人口1.79万人。

新宁镇是全县经济文化中心。2014年，新宁镇坚持以科学发展观为统领，紧紧围绕城乡一体化建设，全力推进马坪新区开发、宁中煤田基础设施建设，全镇经济社会保持了良好的发展态势，综合经济实力明显提升，农民人均纯收入5817元，同比增长16.0%。

【和盛镇】和盛镇位于宁县西部，距县城27公里，庆阳市区32公里。是董志塬重要集镇，交通信息便捷，自然条件优越，西长凤高速公路横穿南北，是宁县西区文化、商贸中心。镇域东西长17公里，土地面积131.83平方公里，其中耕地7.14万亩，人均耕地面积1.8亩，共辖19个村委会，136个村民小组，4.1万人。

辖区内矿产资源丰富，已探明的有石油、煤炭。农业经济主要以瓜菜、苹果、中药材种植，畜牧业以羊产业开发为主。2014年农民人均纯收入达到5859元，增长16.0%。

和盛工业园区已于2009年6月经甘肃省经贸委批准为全省循环经济示范园区，规划总面积6.69平方公里，园区基础设施已入驻各类企业23户。庆阳能化集团、中威金属制造、小微企业创业园、九龙钢构、庆新果业等一批企业已入驻园区。

【早胜镇】早胜镇位于宁县南部，距县城18公里，银西公路、铜眉公路穿镇而过，交通便利，地理位置优越，商贸经济繁荣，古谓“陇东商贸重镇，商贾辐辏之地”。

全镇共辖18个行政村（社区），147个村民小组，1个社区， 11747户，人口43529人。其中：城镇人口1934人；农村人口41595人。全镇总面积106.37平方公里，常住人口1.8万人，耕地面积65245亩，2014年人均纯收入5762元，增长15.0%。现有企事业单位、个体工商户1276家。

1999年被省政府列为全省小城镇建设示范镇，2003年被列为全省小城镇综合改革试点镇，2003年7月、2006年1月先后两次被省建设厅评为“全省村镇建设先进镇”。全镇农业生产以粮为主，特色产业有早胜牛和早胜曹杏，两大特产在省内外享有较高的声誉。

【平子镇】平子镇位于宁县以南38公里处，东接米桥乡，西接良平乡，南、北分别与正宁县榆林子镇和宁县春荣乡隔沟相望。平子镇地势平坦，土壤肥沃，特色产业明显，四季分明，无霜期长达160多天，年降雨量700毫米左右。

全镇共辖14个行政村，134个村民小组，总农户8396户，总人口39872人，其中农业人口38485人，城镇人口1387人，现有劳动力12789人。全镇总土地面积102.9平方公里，现有耕地57635亩，主要种植优质冬小麦、油菜、玉米、黄豆等作物。2014年农民人均纯收入达到5786元，增长16.0%。

平子镇交通便利，省际公路铜眉路穿镇而过，县乡公路石平公路平子段已全线开通。2014年底，全镇有7个村道路实施了硬化工程，通车里程37公里。

【长庆桥镇】长庆桥镇位于宁县城西南48公里边境，董志塬南麓，泾河北岸，地处陕甘两省，平（凉）庆（阳）咸（阳）三市交界处。全镇辖5个行政村、1个居委会，27个村民小组，总人口11353人，其中农业人口5136人，城镇人口 6217人，土地总面积25平方公里，其中耕地面积11680亩，人均纯收入4552元。

长庆桥依山傍水，川道平坦，地势开阔，水力资源丰富，泾、蒲两河穿境而过，地下蕴藏多层自流水；光照充足，年均日照时数2423.1小时；气候适宜，年均气温8.9℃，年均降水量565.9㎜，历年平均风速2.1米/秒。西平铁路宁县段已完成建设任务，长庆桥火车站、货运站即将开通，西长凤、平定高速公路、宁长二级运煤通道建成通车。

自2012年长庆桥工业集中区成立以来，宁县把长庆桥工业集中区建设作为全县经济社会发展的“头号工程”，按照建设国家级产业聚集区的要求，突出基础设施建设、宣传推介和招商引资重点，加快土地整理盘活、农户安置、招商引资等工作进度。园区道路已全部建成，明峰建材、亿信肥业建成投产、陇禧物流园、宁南物流园即将建成。

【湘乐镇】湘乐镇位于宁县东区子午岭林缘区，镇政府驻地湘乐街距宁县城35公里。年降水量574毫米，平均气温8.7°C，无霜期170天左右。现辖14个行政村、105个村民小组。镇域面积147平方公里，由宇村塬、湘乐川、平道川、小坳塬四个区块相间构成，地形破碎，立地条件较差。

全镇现有6468个农户，25251口人，其中农业人口24005人；耕地5.53万亩，其中川地0.87万亩，塬地2.23万亩，山地2.43万亩；林地3.8万亩，其中疏林地1.1万亩，成林地2.7万亩。2014年全镇农民人均纯收入5302元。面对川塬相间、不同区域之间自然条件差异较大的实际，我镇按照“川区瓜菜、塬面苹果、山区苗林、全镇草畜”的发展思路，狠抓了特色产业基地建设。

【新庄镇】新庄镇地处宁县西南部，距县城45公里，东临马莲河，与中村分界，西南至泾河之滨，与长庆桥镇、陕西省长武县毗邻，北靠太昌乡。总面积128平方公里，耕地7.3万亩，林地3431亩，15°以上坡地2.7万亩。辖24个行政村、1个社区，190个村民小组8535户，总人口38910人（其中：农业人口38057、城镇人口853人）。2014年农民人均纯收入5832元。

新庄镇是庆阳市30个重点建制镇之一，居于庆阳煤炭石油资源宁南区块的核心地带，石油、煤炭资源、砂石资源藏量丰富。年产800万吨新庄煤矿、宁南物流园正在建设中，宁长二级公路、西平铁路已建成通车。

近年来新庄镇在党委、政府带领全镇广大干部群众大力发展特色优势产业，坚持科学发展为统领，招商引资、宁长二级公路的开通、新庄煤矿、宁南物流园的落成。镇党委始终坚持开拓创新，与时俱进，各项经济和社会事业蓬勃发展。

【盘克镇】盘克镇位于宁县东部，距县城57公里，东连子午岭，南与金村乡、湘乐镇接壤，北与合水县毗邻，平均海拔1450米，年平均气温8.2℃，降水量531.1毫米。全镇共辖20个行政村，20个机关单位，2个国营林场，189个村民小组，8862户，4.4万人，土地面积418.4平方公里，其中耕地面积 8.3 万亩。

辖区白吉坡水库，位于宋庄村，子午岭腹地，水库总库容 565 万立方米，水面 946 亩，40 个人工养鱼池约 120 亩与其首尾相接。天下驰名的秦驰古道盘旋于罗山府林区，3 座古烽火台屹立山巅；汉唐宋久负盛名的商业重镇午亭子及罗山府遗址，有 45 万亩天然森林作为生态屏障。白吉坡、罗山府已成为休闲娱乐、渡假的理想场所。镇政府计划将白吉坡、罗山府建设成为集休闲、娱乐、观光、垂钓、避暑为一体的综合性旅游度假村。

近年来，镇党委、政府坚持把苹果产业作为调整产业结构、促进农民增收的 “头号产业”和“惠民工程”，持续加力，常抓不懈。目前，已建成以石盘路、盘罗路、王观路为主线的三条万亩苹果示范带，全镇果园面积达到 31267 亩（人均 0.7 亩），其中，挂果园 4822 亩，幼园 26445 亩。2014 年苹果产量达到 2.6 万吨，实现销售收入 1.8 亿元，2014 年农民人均纯收入达到 5755 元，增长 17.0%。

【中村镇】中村镇位于宁县南部，东与正宁县接壤，南与陕西省长武县隔沟相望，北与早胜镇为邻。国道银西公路、省道早长公路自北向南穿境而过，交通便利，信息畅通，矿产丰富，全镇总面积 161.3 平方公里，其中耕地面积 8.23 万亩，辖 18 个行政村，154 个村民小组，41312 人，农民占全镇总人口的 98%，是一个典型的农业大镇、人口大镇、资源大镇、素有“文化之镇”的美誉。

地处中纬度内陆地区，属温带湿润大陆性季风气候，四季分明，年平均气温 7.8-9.5 摄氏度，平时日照时数 250 小时，无霜期 120-140 天，年平均降水量 550mm，农作物主要种植小麦、油菜、玉米、谷子等；水果主要有苹果、杏子、核桃等；经济作物主要栽种中药材、西瓜、土豆等。探明的矿藏种类有煤、石油、天然气等。民间文化艺术底蕴雄厚，有高跷、香包、刺绣、剪纸、石雕、根雕、泥彩塑、民间自乐班、秧歌、社火、舞龙、舞狮、书法、绘画、皮影、艺术创作等一些群众喜闻乐见的艺术品类。2014 年农民人均纯收入达到 5812 元，增长 16.0%。

【焦村镇】焦村镇位于宁县城以西 15 公里处，是宁县西区重要集镇之一。全镇共辖 24 个行政村，213 个村民小组，1 个社区居委会，，总农户 11204 户，48647 口人。总土地面积 183.47 平方公里，耕地 9.16 万亩，2014 年农民人均纯收入达到 5889 元。

近年来，我镇坚持以农业增效、农民增收和农村发展为目标，形成了以苹果、瓜菜、草畜、苗林为主导的产业格局，使全镇经济得到提速发展。焦村镇千亩矮化密植高科技示范园建设、宁州肉羊种羊场循环农业示范园建设、任村西沟美丽乡村建设等项目的实施，为全县农村经济发展和土地流转起到了示范带动作用。

【米桥乡】米桥乡位于宁县南部，处北纬 35° 29′，东径 108° 17′，平均海拔 1221 米。年平均气温 9°，年均无霜期 180 天。距县城 51 公里，宁正长二级公路穿境而过，全乡总土地面积 97.2 平方公里，其中耕地 38237 亩。全乡共辖 15 个行政村， 78 个村民小组，5598 户，人口 2.6 万人,其中非农业人口 575 人。8 个机关单位，两所中学，10 所小学，5 个教学点。

在县委、县政府坚强领导下，乡党委、政府班子深入开展了党的群众路线教育实践活动，同时抢抓南片统筹发展机遇，紧紧围绕“一条主线”（建设米桥美丽乡村示范线），破解“两大瓶颈”（新农村和小城镇建设），实施“四大战略”（基础强乡、产业富民、城乡统筹、环境整治），培育“五大产业”（苹果产业、瓜菜产业、草畜产业、文化产业、苗林产业），片区开发、点面结合、统筹推进，以率先发展，突破发展，绿色发展为主题，全力打造美丽和谐幸福新米桥，全乡各项社会事业取得了长足发展，综合实力明显增强，社会大局和谐稳定。

【良平乡】良平乡位于宁县南部、早胜塬中部，距县城 28 公里。气候温润，地势平坦，交通便利，宁正长二级公路穿腹而过。土地面积 72.38 平方公里，街区面积 1.5 平方公里，辖 16 个行政村，60 个村民小组，6558 户，3.02 万人，耕地面积 42159 亩，人均耕地 1.4 亩，2014 年农民人均纯收入 5737 元。

基础设施较为完善，煤炭石油资源丰富，建有 330KV 变电站;畜牧、苗木、苹果、瓜菜四大主导产业初具规模，是全县畜牧大乡；文化底蕴深厚，境内有著名的傅介子祠堂。

【太昌乡】太昌乡位于庆阳市南端，宁县西部，吴凤公路和西长凤高速公路穿境而过，东北与和盛镇（和盛工业集中区）相接，东南与新庄镇接壤，南与长庆桥镇（长庆桥经济示范园区）相邻。距宁县城西南 43 公里，呈东西狭长分布。年平均气温 8.9℃，年平均总降水量 565.9mm，年平均蒸发量

1210㎜，年平均日照时数2423.1小时，无霜期165天，空气、水质等环境质量良好，环境容量大。

全乡总面积55平方公里，耕地25335.74亩，现辖11个行政村，75个村民小组3780户，总人口16731人，人均耕地1.4亩，2013人均纯收入5815元。街区规划面积1.4平方公里，人口1018人。现有党支部12个，党员603人。

近年来，太昌乡党委、政府坚持以科学发展观为统领，紧紧围绕城乡一体化建设、精神文明建设、基础设施建设和产业开发，坚持“发展是第一要务”的总体思路，开拓创新，与时俱进，走出了一条全面、协调、可持续发展路子，各项经济和社会事业得到了长足发展。

【九岘乡】九岘乡位于宁县县城以东50公里处，东倚子午岭，西接宁县春荣乡、湘乐镇，南于米桥乡、正宁县接壤，北与金村乡毗邻，黄宁公路穿乡而过。全乡总土地总面积108平方公里，耕地面积19920亩，林地2668亩。九岘地处黄土高原腹地，四季分明，原始森林茂密，动植物品种繁多，生态资源丰富，黄土层深厚，土地肥沃，气候湿润，物产丰饶。全乡现有8个行政村，其中5个村地处宁五公路塬面，3个村地处九龙川区，54个村民小组，2265户农户，总人口10625人，其中农业人口9385人、非农业人口1240人，人口自然增长率为0.58‰。

2014年底，全乡农民人均纯收入达到4865元，全年粮食总产8615吨；瓜菜500亩，总产2100吨，种植全膜双垄沟玉米8000亩，中药材5000亩；新栽果树550亩，补植果树1240亩，荒山造林3200亩，义务植树2000亩。年末肉牛存栏4132头，肉羊存栏8140只，猪存栏3350头，家禽存栏34200只。劳务输转0.32万人，劳务收入4430万元，培训农民工762人。

【金村乡】金村乡共辖6个行政村，38个村民小组，9个机关单位。总户数1877户，总人口8432人，其中农业人口8205人，城镇人口378人,耕地17743亩，林地74100亩，人均耕地面积2.1亩。

境内有昭君出塞驻跸的绣花楼，秦直古道、习仲勋故居遗址。梁掌曾是新宁县人民政府驻地，历史上著名的梁掌会议在麻子掌召开，是陇东早期革命活动阵地之一，有着光荣的革命历史。近年来，乡党委政府科学谋划、精准发力、稳步推进，全力实施“1451”（紧扣扶贫开发这一重点，力推苹果、肉羊、苗林、旅游四大产业，力求项目建设、基础建设、环境建设、美丽乡村建设、作风建设五个突破，实现为民富民总体目标）工程和“四个万”（苹果栽植总面积达到10000亩、新增养羊量达到10000只、苗林培育达到10000亩以上、固定资产投资达到1000万以上）工程，努力打造环乡60公里精品经济圈带，助推全乡经济发展水平再上新台阶。

【春荣乡】春荣乡地处宁县东部，距县城14公里，有宁五、宁高、宁朱三条公路过境。行政区划面积229.1平方公里，耕地面积88792亩。全乡共辖23个行政村，151个村民小组， 17个乡直机关单位。13801户， 52112人，其中农村人口50709人，非农村人口1403人，农村劳动力20733人，2014年人均纯收入5746元，人口自然增长率为6.3‰。

春荣乡自然资源丰富，盛产肉牛、苹果、西瓜、九龙金枣。近年来，春荣乡党委、政府以科学发展观为指导，立足地理和资源优势，加大特色产业开发力度，建成九龙川、菜子河川春荣段、宁五公路为轴线的“川”字型经济带，使全乡形成“川区设施化蔬菜生产、塬面优质苹果基地和全乡养牛”的产业格局，农民收入稳步增长。至2014年底，全乡养牛农户达到6504户，累计牛存栏达1万头以上，属全县万头养牛乡镇之一。塬面以古城、雷畔、宁春、岘子、白公村为主，全乡累计苹果树栽植面积达到1.5万亩，逐步形成以宁五公路为主线的万亩苹果栽植带。川区进行九龙金枣栽植、新建日光温室和水泥骨架大棚，全乡钢架大棚累计达到900座。塬面以三曹、金草、尺堡、白公等村为主，全乡西瓜种植面积达到1万亩以上。

【南义乡】南义乡位于宁县中北部，南距县城16公里，东临春荣乡、湘乐镇，西接瓦斜乡，北与合水县接壤，南和新宁镇为邻。塬面狭长，中部向南北部逐渐倾斜，山川兼有，211国道南北纵贯。全乡辖11个行政村，54个村民小组，4992户21254口人，全乡土地总面积93.6平方公里，全乡地形复杂，沟壑纵横塬面倾斜度大，现有耕地面积5.01万亩，其中塬地2.65万亩，川地2.36万亩。

近年来，，全乡经济社会各项事业保持了快速发展的良好势头。按照“塬面优质核桃、川区设施瓜菜、荒山苗林培育、全乡草畜养殖”的总体思路，依托资源优势，立足乡情，按照“顺应市场、果核并重、持续发展”的工作思路，把核桃作为南义乡产业发展的突破口，充分发挥核桃栽植分布广、品种多、土质适宜的资源优势和群众基础，截至目前，全乡核桃老园保存面积3200亩，近年栽植新品种核桃4000亩，其中，马泉村建成2000亩示范园和400亩育苗点，高仓村嫁接改良核桃树800亩，计划利用5年时间在塬面9个村完成2万亩优质核桃基地建设任务，将南义乡建成特色产业优势明显的核桃大乡。

【瓦斜乡】瓦斜乡位于庆阳市腹地、宁县西北部，南与新宁镇、焦村乡交界，西、北与西峰区什社乡为邻，东与南义乡、合水县吉岘乡接壤，全乡总面积69平方公里，耕地3.26万亩，辖8个行政村，人口1.4万。

瓦斜物产丰饶，地下藏有丰富的石油、煤炭和天然气资源。地形以塬面为主，兼有川、山台地，日照充足，雨量适中，适宜多种农作物生长，苹果、黄花菜、小米、烤烟等闻名遐迩。苹果、肉羊等特色产业开发体系已初步形成，全乡现有果园2.4万亩，肉羊存栏6800只，中药材4500亩、瓜菜11520亩。甘肃省著名商标“醋头醋”系列产品畅销省内外。瓦斜文化绚丽，境内有仰韶文化等多处历史遗存，以农耕文化、饮食文化、民俗文化为代表的传统文化源远流长，以贺雪霞、杨自学为带头人的皮影、剪纸、香包等民俗文化艺术人才荟萃，臊子面、饸饹面、炖土鸡等传统美食久负盛名。先后被评为“全国绿色优质苹果生产之乡”、“庆阳市卫生乡镇”、“庆阳市科技工作先进乡镇”、“庆阳市黄花菜之乡”。

镇原县

【屯字镇】屯字镇位于镇原县东南部，距县城25公里，是全县第一人口大镇，经济发展重镇。东接上肖乡，西连城关镇，南界泾川县，北与太平镇、临泾镇毗邻，东西长14公里，南北宽约17公里。现辖20个村，163个村民小组，1.1万个农户5.1万人。总土地面积237.3平方公里，耕地面积14.6万亩，其中山地87600亩，川地12410亩，塬地45990亩，人均占有耕地2.86亩。平均海拔1300米，年平均降雨量450毫米，年平均气温10°C，全年无霜期180天。

2014年，全镇实现社会生产总值7.1亿元，其中，农业总产值1.6亿元；农民人均纯收入5970元。粮食总产量1.65万吨，人均产粮341公斤。争取资金65万元，固定资产投资完成1.95亿元，招商引资1.212亿元，各种经济类型工业企业32个，个体工商户931个。

【城关镇】城关镇地处镇原县城，境内东西长25公里，南北宽6.68公里，总土地面积167平方公里，总耕地面积6.62万亩。全镇辖2个社区居委会，11个村委会，86个村民小组，8个镇直单位。总人口4.6万人，其中，农业人口6718户28098人。镇党委下设2个党总支，27个党支部，现有党员1053人。全镇共有中小学17所（其中寄宿制初中1所），村级幼儿园2所（民办），学前班9所，在校学生2612人，教职工1412人。

粮食总产量18877吨，人均产量436.7公斤，项目投资13754万元；城镇居民人均可支配收入17851元，农民人均纯收入4609元。

【孟坝镇】孟坝镇地处镇原县北部，共辖14个村民委员会，1个社区，149个村民小组，8899户40959人。属黄土高原梁峁沟壑区，境内山塬兼有，沟壑纵横。辖区总土地面积235平方公里，耕地面积12.4万亩，其中塬地68000亩，山地54000亩，川地3200亩。平均海拔1495米，年平均降雨量460—585毫米，年平均气温7.3—9.0℃，全年无霜期168天。境内有两条主要河流，蒲河流经王地庄、王山、大寨、孟坝、王湾5个行政村，境内全长21公里；交口河流经塔李、塬口、赵咀3个行政村，境内全长15公里。5月被确定为全省30个新型城镇化试点乡镇之一，8月被确定为全国重点镇。

2014年投入项目建设资金3.5亿元，同比增长25%，向上争取资金425万元，粮食总产量3.1万吨，同比增长8.7%，人均产粮757公斤，同比增长8%，农民人均纯收入5894元，人口自然增长率控制在3‰以内。

【三岔镇】三岔镇位于镇原县北部，地处两省（甘肃、宁夏）三县（彭阳、环县、镇原）交界地带，309国道穿境而过，东接环县演武乡，西临宁夏彭阳县，素有庆阳“西大门”之称，是回汉两族杂居区，距县城84公里。全镇共辖10个村委会，72个村民小组，19个镇直单位，总农户3625户，总人口18576人，其中农业人口17290人。有完全中学1所、小学14所，幼儿园4所，在校师生达4400多人。

2014年，全镇完成社会生产总值9500万元，比上年同期增长11.5%；项目建设完成8824万元，占县上下达任务8780万元的100.5%，招商引资完成5810万元，占县上下达任务5000万元的116.2%，争取资金完成101.3万元，占县上下达任务的60万元的168.8%；粮食总产量完成2.13万吨，其中油料产量1250吨，农民人均纯收入完成4936元；各种经济类型工业企业12个，个体工商户547个。

【平泉镇】平泉镇位于镇原县西南部，省道318线穿境而过，距离县城 32公里，距宝中铁路平凉站60公里。全镇共辖16个行政村，1个社区，159个自然村，10156个农户，总人口43596人，其中农业人口41554人。镇域面积227平方公里，耕地面积13.24万亩，其中山地62478亩，川地6271亩，塬地63729亩，平均海拔1450米。全镇现有中学4所，小学22所，幼儿园5所，在职教职工625人，学生7307人，中心卫生院1个，医生32人，护士27人，村卫生所16个，村医26名。1996年被列为省级农村小城镇建设示范镇，1999年被列为省级小城镇综合改革试点镇，2014年被列为全国重点镇。

2014年全镇实现社会生产总值2.98亿元，粮食总产量33475吨，人均产量805.6公斤。财政收入370万元，其中税收收入350万元，非税收入20万元；争取资金119万元，固定资产投资7600万元，招商引资6500万元，实施项目建设11个，完成投资1.9亿元；城镇居民人均可支配收入20707元，农民人均纯收入6113元。

【太平镇】太平镇位于庆阳市西部，镇原县东部。东临蒲水与西峰区后官寨毗邻，南邻上肖，西靠临泾，北与孟坝接壤。总面积233平方公里，耕地面积9.8万亩。辖13个行政村，172个自然村，7814个农户，总人口3.34万，农业人口3.24万人，劳动力1.9万人。镇直单位10个，干部职工346人，有党员1131人。有学校20所，其中中学1所，小学16所，幼儿园3所，在校中小学生2525人，在校幼儿321人。

2014年，全镇实现社会生产总值2.24亿元，同比增长11%，其中工业总产值1.13亿元，农业总产值1.11亿元；争取资金完成221万元，固定资产投资5840万元，粮食总产量达28532吨，农民人均纯收入达到5330元。

【开边镇】开边镇位于镇原县西部川区，距县城13公里，相传隋唐敬德在此开鞭兴业而得名，故名开边。属陇东黄土高塬沟壑区，总土地面积159.8平方公里，东西长32公里，南北宽12公里，地势西北高东南低。可利用耕地面积为7.47万亩，其中川地1.07万亩，塬地0.64万亩，山地5.76万亩，人均占有耕地3.66亩。全镇共辖9个村民委员会、82个村民小组，总人口21508万人。其中农业人口20776人，城镇人口732人。全镇通公路9个行政村，通电9个行政村4987户。

2014年，实现社会生产总值13800万元，完成财政收入122万元，实现人均纯收入5335元，粮食总产量18753吨，油料产量1741吨，年末羊存栏13200只，大家畜存栏10780头。

【临泾镇】临泾位于镇原县城东北部，距县城15公里，东接太平镇，南壤城关镇、屯字镇，西邻开边镇，北毗孟坝镇，素有“文化之乡”的美称。全镇共辖14个村委会，114个村民小组，10个镇直单位，总农户8455户，总人口35990人，其中农业人口34806人。有学校19所，其中中学1所，小学17所，幼儿园1所，教师320人，在校学生2768人。

2014年，全镇社会生产总值2.91亿元，其中，农业总产值1.69亿元；农民人均纯收入5679元。粮食总产量2.4万吨，人均产粮672公斤，油料产量1277吨。争取资金163万元，固定资产投入6800万元，招商引资完成5000万元，各种经济类型工业企业24个，个体工商户410个。

【南川乡】南川乡位于镇原县中南部，东毗屯字镇，西临平泉镇，南界泾川县，北依城关镇，地势呈西南高东北低的斜长形。全乡辖10个行政村，111个自然村， 4928户，20655人。乡直单位8个，学校14所，其中中学1所，小学12所，幼儿园1所，教师153人，在校学生1355人。

2014年，固定资产投资完成2876.8万元，占计划的94%，争取资金43.73万元。农作物播种面积53600亩，全年粮食产量达1.1万吨。全乡农民人均纯收入达到4830元。劳务输转6200人次，实现劳务收入9300万元。

【上肖乡】上肖乡位于镇原县东南部，地处两市(庆阳、平凉)三县区(西峰、泾川、镇原)六乡镇(肖金、荔堡、洪河、屯字、太平、上肖)结合部，总面积168.2平方公里，耕地面积75641亩，其中塬地44500亩，占58.8%，人均耕地2.1亩；平均海拔1200米，年平均降雨量520毫米，年平均气温8.7℃，全年无霜期185天，自然条件相对较好。全乡辖11个行政村，103个自然村，14个乡直单位，共8400户、36120人。

全乡粮食总产量达到1.8万吨 ，农业总产值完成8500万元，农民人均纯收入达到5900元，分别比上年增长10%、12%和17%，固定资产投资达到8920万元。乡镇旅游发展态势良好。翟池与太阳池、白马池并称为屯字塬三池。传说，当年大禹治水有功，禹死后，三个貌若天仙的女儿继承父业，在此筑堤蓄池，保护农耕，尤以翟池为上。又传，秦始皇北巡亲临鸡头山祭奠皇帝，途径翟池，停驾观景。为更好的挖掘翟池池的旅游资源，上肖乡政府先后投资了1240万元在景区及道路两边栽植油松、侧柏、杨树、刺槐等苗木3200亩。通过招商引资项目投资200万元加固水运码头1000㎡，建橡皮码头200㎡，购置救生衣50套。截至年底，景区已建成水上人家宾馆、中高档客房、露天游泳池、多功能大厅、停车场等设施，开设划船、游泳、垂钓等20多个游乐项目，年可容纳游客15000人次。

【新集乡】新集乡地处镇原县东北部，东临西峰区，西接方山乡，南界孟坝、太平两镇，北连庆城县。全乡共辖12个行政村，96个自然村，4934个农户，农业人口21315人。总土地面积215.6平方公里，有耕地90300亩，山、川、塬兼有，其中山地68445亩，川地2390亩，塬地19465亩。

2014年，全乡农业增加值增长21%，达到1.141亿元；粮食总产量达到1.84万吨；农民人均纯收入增长17%，达到5020元；劳务经济收入达到8400万元，增长13%。全年实施100万元以上自建项目8个，完成投资6089万元，占任务4959万元的121%；向上争取资金140万元，占任务40万元的350%。

【方山乡】方山乡位于甘肃省镇原县北部，东连新集乡，南接孟坝镇，西邻三岔镇，北濒环县吴城子乡，土地面积189平方公里，其中耕地75253亩(川地2000亩，山地73253亩)，林地88000亩，草地72070亩。辖10个村民委员会，76个村民小组，2948户13544人。境内山大沟深，沟壑纵横，平均海拔1500米，年降雨量300—550毫米，无霜期150天左右。现有初级中学1所，小学14所，幼儿园1所，卫生院1所，营业所1处。

2014年，实现社会生产总值12350万元，较去年增长13.3%。固定资产投资完成1990万元，占计划397.6%。招商引资完成1000万元，占下达任务200%。争取资金67万元，占下达任务167.5%。农作物播种面积80921亩，粮食产量14549吨，人均产粮1070公斤。农民人均纯收入4397元，较上年净增417元，增长10.4%。方山乡邮递员赵清龙被中华全国总工会授予“全国‘五一’劳动奖章”荣誉称号。

【殷家城乡】殷家城乡地处镇原县最北部，距县城101公里，东临环县演武乡，南依三岔镇，西接宁夏彭阳县冯庄乡，北靠环县车道乡。总土地面积217平方公里，耕地46600亩，草地118656亩。全乡共辖8个村委会，66个村民小组，8个乡直单位，总农户1789户，总人口8007人，其中农业人口7724人。有学校11所，其中中学1所，小学9所，幼儿园1所，教师138人，在校学生1257人。

2014年，实现社会生产总值6917万元，增长9.8%，固定资产投资3590.55万元，增长1.1%，农民人均纯收入4823元，较上年增长17%，完成粮食总产量11940吨，净增220吨。争取资金65.55万元，非税收入9万元。年内实现脱贫人口136户，598人，贫困面下降12.8%。

【马渠乡】马渠乡位于镇原西北部，辖马渠、唐塬、四坪、红光、赵渠、甘川、三合、汪庄、景塬、梁寨、花岔11个村民委员会，81个村民小组，3245户13987人。镇三公路穿境而过，有乡村公路11条157公里，村组道路81条265公里。马渠属陇东黄土高原梁峁沟壑区，境内梁峁相间，沟壑纵横，整个气候特征为：春秋季多风，夏季温凉，冬季寒冷，干旱少雨。平均海拔1600米，平均降雨量300-500毫米，平均气温7.5-9.5℃，全年无霜期148天。境内有蒲河、交口河支脉等流域穿过。

2014年，全乡粮食总产量1.9万吨，人均1350公斤，实现社会生产总产值9500万元，累计投入项目建设资金3180万元，农民人均纯收入4755元。

【庙渠乡】庙渠乡地处镇原县西北部，共辖9个村民委员会，88个村民小组，常住人口4087户18012人，11个乡直单位。属黄土高原梁峁沟壑区，境内山塬兼有，沟壑纵横。辖区总面积220平方公里，耕地面积8.64万亩，人均4.5亩，其中塬地19850亩，山地63574亩，川地2976亩。平均海拔1450米，年平均降水量450毫米左右，无霜期160-180天。全乡共有中小学15所（其中初级中学1所，小学13所，幼儿园1所），在校学生1742人，教职工 157 人。

2014 年，实现社会生产总值 9800 万元，投入项目建设资金 2090 万元，占计划的 104%；向上争取资金 60 万元；粮食总产量 2.35 万吨，增长 6.2%，人均产粮 1236 公斤，同比增长 14.1%；农民人均纯收入 5510 元，较上年增长 925 元，增长率 20%。人口自然增长率控制在 7‰以内。

【武沟乡】武沟乡位于镇原县西北部，距县城 33 公里。东靠马渠乡、庙渠乡，西接郭塬乡，南临开边镇，北界宁夏彭阳县孟塬乡，地势西北高东南低，平均海拔 1495 米，相对高差 203 米。辖区东西长 16.7 公里，南北宽 8.9 公里。区域面积 151.3 平方公里，耕地 6.2 万亩（其中山地 5.15 万亩，川地 1550 亩，塬地 8874 亩）。年平均气温 8.6℃，日照率 53%，年平均降雨量 345 毫米，气候干燥偏冷，无霜期为 150 天左右。全乡 8 个行政村，76 个自然村，2971 户 12685 人。共有 8 个行政村通公路，乡村道路总计 200 多公里，通电 8 个行政村，通电话 8 个行政村，通电话户数 2765 户。

2014 年，农民人均纯收入达到 5081 元，同比增长 15%，粮食总产量 1.49 万吨，固定资产投资完成 5079.9 万元，占任务的 120%。

【郭原乡】郭原乡位于镇原县西部，东接城关镇，西邻宁夏回族自治区彭阳县，北连武沟乡、开边镇，南靠平泉镇、新城乡。全乡面积约 159 平方千米，耕地面积 83362 亩，其中山地 57962 亩，川地 6400，原地 19000 亩。现辖 8 个行政村（王沟圈、郭原、唐洼、毛庄、王咀、景原、西杨、寺沟），85 个自然村，3931 户 16850 人，乡村公路 110 公里，8 个村通邮，8 个村通电话，拥有固定电话和移动电话 6200 部。全乡有初级中学 1 个，小学 10 个，幼儿园 3 个，教师 173 人，在校学生 1691 人，适龄儿童入学率 100%；卫生院 1 个，卫生所 8 个，医生 30 人，病床 26 张。

2014 年，实现社会生产总值 14900 万元，农业总产值 8800 万元，固定资产投资 600 万元。农作物播种面积 102161 亩，粮食产量 19400 吨，人均 1151 公斤。财政收入 117 万元，其中税收收入 100 万元，非税收入 17 万元。人均纯收入达到 5175 元。劳务输转 4800 人次，实现劳务收入 6000 万元。

【中原乡】中原乡位于镇原县最南端，距县城 45 公里，东临泾川县党原乡，南界平凉市崆峒区索罗乡，西接新城乡，北连平泉镇，地势西高东低，分南北两条斜长塬面，最高海拔 1478 米，最低海拔 1167.7 米。全乡行政面积 112.75 平方公里，共辖 7 个行政村，73 个自然村，4880 个农户，总人口 21642 人，其中农业人口 21006 人，耕地面积 69600 亩。辖区交通方便，新原路（新城至崆峒区索罗乡界）、平中路（镇原至泾川县党原乡界）两条公路顺穿塬面，村村通砂路。全乡现有中学 1 所，小学 9 所，幼儿园 7 所，在校师生 1950 人，中心卫生院 1 个，专职医护人员 16 名，村卫生所 7 个，村医 13 名。

2014 年，全乡农业生产总值突破 1.39 亿元，粮食总产 1.48 万吨，农民人均纯收入达到 5435 元，人均增收 755 元。固定资产投资完成 5189 万元。全年实施项目 14 个，完成投资 4143.15 万元。全乡养猪户达 2650 户，存栏 12400 头；养牛户 4410 户，存栏 8800 头；养羊户 750 户，存栏 4100 只。劳务输转 6300 人（次），实现劳务收入 6900 万元。

【新城乡】新城乡位于镇原县城西南部，距县城 45 公里，东接平泉镇，南接郭塬乡，西邻彭阳县洪河乡，北毗平凉市草峰镇。行政区域面积 227.20 平方公里，耕地面积 14.2 万亩，山、川、塬兼有。平均海拔 1400 米，年降雨量 400-500 毫米，平均气温 9.7℃，全年无霜期 140-170 天。全乡共辖 14 个村委会，139 个村民小组，16 个乡直单位，总农户 7947 户，总人口 35310 人，其中农业人口 33939 人。有学校 29 所，其中中学 1 所，小学 22 所，幼儿园 6 所，教师 311 人，在校学生 4503 人。

2014 年，全乡实现社会生产总值 2.433 亿元，其中工业 9640 万元，农业生产 1.469 亿元。粮食总产量 3.6 万吨，人均产量 1019 公斤，农民人均纯收入 5982 元。财政收入完成 165.19 万元， 招商引资完成 2000 万元，各种经济类型工业企业 6 个，个体工商户 325 个。

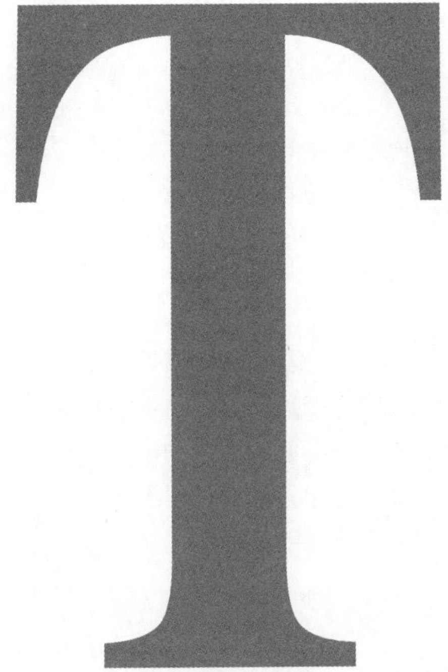

二零一五年庆阳年鉴

统计资料

TONGJIZILIAO

统计资料

QING YANG YEARBOOK

行 政 区 划

单位：个

	乡镇人民政府	镇人民政府	乡人民政府	街道办事处	城镇社区	村民委员会	村民小组
全　市	116	51	65	3	59	1261	9107
西峰区	7	5	2	3	15	100	956
庆城县	15	5	10		7	153	1053
环　县	20	5	15		5	251	1487
华池县	15	6	9		2	111	646
合水县	12	5	7		5	80	498
正宁县	10	7	3		7	94	677
宁　县	18	10	8		13	257	1799
镇原县	19	8	11		5	215	1991

土 地 状 况

	面积		占总面积（%）
	公顷	万亩	
总土地面积	2711727.47	4067.58	100
折合平方公里	27117.27	4067.58	-
按土地利用构成分			
耕　地	694689.91	1042.03	25.62
园　地	21398.35	32.10	0.79
林　地	768764.89	1153.15	28.35
草　地	1026169.10	1539.25	37.84
交通运输用地	102658.89	153.99	3.79
城镇、村、工矿用地	21184.90	31.78	0.78
水域及水利设施用地	10665.93	16.00	0.39
未利用土地	66195.50	99.29	2.44

数据来源：市国土资源局

乡、镇、街道办事处名称

	个数			镇、街道办事处名称	乡 名 称
	合计	镇、街办	乡		
	119	54	69		
西峰区	10	8	2	南街办事处、北街办事处、西街办事处、肖金镇、董志镇、温泉镇、后官寨镇、彭原镇	显胜、什社
庆城县	15	5	10	庆城镇、马岭镇、驿马镇、三十里铺镇、玄马镇	赤城、桐川、太白梁、土桥、蔡口集、高楼、南庄、翟家河、蔡家庙、白马铺
环 县	20	5	15	环城镇、曲子镇、甜水镇、木钵镇、洪德镇	天池、 演武、合道、 樊家川、八珠、耿湾、 秦团庄、山城、南湫、罗山川、虎洞、车道、小南沟、毛井、芦家湾
华池县	15	6	9	柔远镇、悦乐镇、元城镇、南梁镇、城壕镇、五蛟镇	上里塬、王咀子、白马、乔川、怀安、乔河、山庄、林镇、紫坊畔
合水县	12	5	7	西华池镇、老城镇、太白镇、板桥镇、何家畔镇	吉岘、肖咀、段家集、固城、太莪、店子、蒿咀铺
正宁县	10	7	3	山河镇、榆林子镇、宫河镇、永和镇、永正镇、周家镇、湫头镇	西坡、五顷原、三嘉
宁 县	18	10	8	新宁镇、和盛镇、早胜镇、平子镇、长庆桥镇、湘乐镇、新庄镇、盘克镇、中村镇、焦村镇	米桥、良平、太昌、九岘、金村、春荣、南义、瓦斜
镇原县	19	8	11	屯字镇、城关镇、孟坝镇、三岔镇、平泉镇、太平镇、开边镇、临泾镇	南川、上肖、新集、方山、殷家城、马渠、庙渠、武沟、郭原、中原、新城

河流基本情况

名　　称	流域面积（平方公里）	河流长度（公里）	年径流量（亿立方米）
马莲河	17396	344	3.35
四郎河	487	50	0.12
蒲河	4216	132	1.84
#茹河	1195	56	0.39
黑河	974	31	0.20
洪河	365	85	0.32
洛河葫芦河	2200	70	0.39

气　候　情　况

指　　标	2014	指　　标	2014
年平均气温（℃）	10.2	夏半年(5-10月)蒸发量(毫米)	706.9
年最高气温（℃）	33.4	冬半年蒸发量（毫米）	404.5
年最低气温（℃）	-11.7	年降雨量（毫米）	560.8
年日照时数（小时）	2414.7	年降水日数（天）	142
		年无霜期（天）	212

月　　份	平均气温（℃）	日照时数（小时）	降雨量（毫米）
1 月	-0.4	237.6	0.2
2 月	-2.5	85.5	17.7
3 月	7.1	243.8	12.9
4 月	11.2	185.6	82.4
5 月	16.2	287	27.4
6 月	20.5	239.7	71
7 月	23.0	293.7	14.2
8 月	19.8	222.6	85.9
9 月	15.2	89.6	219.3
10 月	4.4	160.3	25.6
11 月	3.8	159	4.2
12 月	-2.5	210.3	无
年（平均）	10.2	2414.7	560.8

数据来源：市气象局

庆阳市经济

	计算单位	1980	1985	1990	1995
综　合					
生产总值（现价）	亿元	3.07	6.07	16.42	37.79
#第一产业	亿元	1.62	2.82	8.36	12.87
第二产业	亿元	0.94	2.14	4.30	16.54
第三产业	亿元	0.51	1.11	3.76	8.38
年末总人口	万人	181.24	194.64	217.50	235.08
#农业人口	万人	168.46	179.09	198.39	210.56
非农业人口	万人	12.78	15.55	19.11	24.52
人口出生率	‰	14.55	16.44	18.14	21.94
人口死亡率	‰	6.01	5.30	6.11	6.50
人口自然增长率	‰	8.54	11.14	12.03	15.40
年末职工人数	万人	9.55	10.19	11.84	14.62
#国有单位	万人	9.27	9.42	10.80	12.89
集体单位	万人	0.28	0.77	1.04	1.71
其他单位	万人	-	-	-	0.02
全部职工工资总额	亿元	0.68	1.18	2.65	7.90
#国有单位	亿元	0.66	1.12	2.49	7.27
集体单位	亿元	0.02	0.06	0.16	0.63
其他单位	亿元	-	-	-	-
职工平均工资	元	710	1160	2259	5406
城镇居民人均可支配收入	元	-	-	1106	2570
农民人均纯收入	元	137	225	466	860
第一产业					
农业总产值	亿元	2.86	4.21	11.83	30.47
农业增加值	亿元	1.62	2.82	8.36	12.87
乡村劳动力	万人	48.88	61.03	69.90	78.05
耕地面积	万亩	688.09	678.70	670.62	667.02
粮食总产量	万吨	44.34	44.69	85.08	65.70
#夏粮	万吨	12.22	23.36	44.52	17.52
秋粮	万吨	32.12	21.33	40.56	48.18
油料总产量	万吨	1.48	2.73	4.11	3.08
烟叶总产量	万吨	0.04	-	2.14	3.79
果品总产量	万吨	1.74	-	0.02	24.75

注：1、生产总值为省统计局最终核实数据；2、2010年之后全市年末总人口为第六次全国人口普查修正数据。

社会主要指标(一)

2000	2005	2009	2010	2011	2012	2013	2014	比上年增长（±%）
59.86	143.81	302.22	357.61	454.35	529.36	605.91	668.86	10.2
15.01	26.85	43.5	51.02	58.27	70.66	77.0	77.74	5.7
29.27	78.04	181.22	214.86	287.95	315.90	351.12	399.79	11.6
15.58	38.92	77.50	91.73	108.13	142.81	177.79	191.33	8.9
251.46	258.58	265.4	260.31	262.06	263.60	264.11	264.56	0.17
223.76	226.20	193.22	198.38	196.36	195.80	196.18	193.78	-1.22
27.70	32.38	72.08	61.93	65.70	67.80	67.93	70.78	4.20
15.14	13.15	13.91	13.93	13.51	13.55	13.60	13.61	0.1
5.56	5.79	6.46	6.59	6.39	6.41	6.44	6.45	0.01
9.58	7.36	7.45	7.34	7.12	7.14	7.16	7.16	-
12.20	10.12	9.08	9.26	9.47	10.17	15.26	16.07	5.31
10.64	8.87	8.35	8.81	8.92	9.26	11.63	12.0	3.18
1.49	0.70	0.26	0.15	0.16	0.17	0.48	0.94	95.83
0.07	0.45	0.47	0.30	0.39	0.75	3.16	3.13	-0.95
7.92	12.44	24.32	26.00	32.48	39.45	71.98	82.66	14.8
7.07	11.58	22.89	24.74	30.75	35.98	58.34	66.86	14.6
0.82	0.57	0.42	0.42	0.56	0.60	2.85	3.7	29.8
0.03	0.29	1.01	0.84	1.14	2.86	10.79	12.1	12.1
6348	11966	27226	28590	34645	37936	43953	47915	9.0
4200	6880	11130	12453	14388	16662	18761	20637	10.0
1272	1734	2686	3154	3673	4262	4888	5499	12.5
28.47	50.05	78.57	92.49	102.45	129.28	140.37	141.97	5.7
15.01	26.85	43.5	51.02	58.27	73.00	79.58	80.62	5.8
85.51	116.01	115.79	114.66	116.96	117.63	117.28	117.92	0.55
656.35	663.87	669.54	668.90	668.67	674.76	677.91	680.0	0.31
69.82	99.76	110.86	127.71	122.41	155.75	158.95	164.23	3.3
17.05	37.60	37.26	39.28	34.24	42.74	34.02	40.88	20.2
52.77	62.16	73.61	88.43	88.17	113.01	124.93	123.36	-1.3
4.17	8.75	10.78	10.90	12.07	13.17	14.04	14.67	4.5
2.61	2.98	0.72	0.78	0.81	0.87	1.03	0.57	-44.7
20.16	22.63	40.72	42.74	47.64	52.06	58.72	65.05	12.5

庆阳市经济

	计算单位	1980	1985	1990	1995
肉类总产量	万吨	-	-	3.90	7.60
大牲畜存栏	万头	37.64	50.30	60.23	67.72
生猪存栏	万头	50.76	50.28	53.00	60.22
羊只存栏	万只	191.90	87.30	136.52	147.66
第二产业					
全部工业企业单位数	个	1680.00	1681.00	9528.00	-
#规模以上	个	272.00	259.00	581.00	-
全部工业总产值（现价）	亿元	0.93	5.24	12.02	15.32
#规模以上	亿元	0.88	3.56	9.41	11.99
全部工业增加值	亿元	-	-	-	-
#规模以上	亿元	-	-	-	-
固定资产投资总额	亿元	0.26	1.03	1.56	8.28
#地方投资	亿元	-	-	-	-
长庆油田	亿元	-	-	-	-
建筑企业单位数	个	-	-	-	36.00
建筑企业总产值	亿元	-	-	-	4.90
当年房屋建筑面积	万平方米	-	-	-	7.60
第三产业					
货运周转量	万吨公里	9658	15620	28082	79191
客运周转量	万人公里	14608	22529	38567	55854
邮电业务总量	亿元	0.02	0.03	0.05	0.27
消费品零售总额	亿元	2.39	2.39	4.98	10.64
财政收入	亿元	0.23	0.36	1.23	3.88
#一般预算收入	亿元	0.23	0.36	1.23	2.12
财政支出	亿元	0.81	1.36	2.63	5.12
银行各项存款	亿元	1.06	2.92	7.39	32.41
#储蓄存款	亿元	0.27	1.03	6.53	25.06
银行各项贷款	亿元	2.14	4.13	10.76	30.50
人寿保险额	亿元	-	-	-	10.18
财产保险额	亿元	-	-	-	11.20
各类学校数	个	4662	4052	3816	3880
在校学生数	万人	46.00	38.40	38.13	48.54
教职工数	万人	2.24	2.09	2.47	2.61
医院床位数	张	2967	2791	3492	4052
卫生技术人员数	人	3290	4266	5151	6031

社会主要指标（二）

2000	2005	2009	2010	2011	2012	2013	2014	比上年增长（±%）
4.72	6.72	5.58	5.96	5.93	6.26	6.59	7.03	8.3
49.69	58.98	52.46	56.63	58.75	58.94	62.41	63.83	4.9
39.10	43.01	35.54	38.53	38.78	40.39	41.81	42.56	1.8
157.11	127.38	150.35	161.80	168.53	169.80	182.54	187.14	7.6
6912.00	–	–	–	–	–	–	–	–
325.00	64.00	68.00	74.00	55.00	86.00	103	105	1.9
56.45	137.77	324.33	445.72	679.14	736.57	785.68	799.85	9.5
51.43	127.71	288.55	405.89	638.09	701.44	742.5	746.6	9.5
23.21	69.44	167.43	193.48	263.65	301.28	335.97	376.5	11.4
21.73	65.92	154.73	182.37	235.40	281.23	321.9	359.84	11.2
20.47	79.58	353.53	488.02	627.74	765.86	953.19	1122.57	17.8
11.32	53.93	298.63	408.02	517.69	627.83	797.29	968.27	21.5
9.15	25.65	54.90	80.00	110.05	138.06	155.90	154.30	-1.0
46.00	68.00	61.00	60.00	64.00	72.00	80	79	-1.25
4.40	23.27	41.12	50.57	60.19	79.12	107.69	109.09	1.3
8.70	232.42	278.14	418.38	278.03	358.05	400.72	432.91	8.0
73575	87887	281466	310897	322420	550689	777056	606360	-22.0
75009	110845	233704	239708	130347	134283	145571	175198	20.4
1.47	4.80	10.61	16.64	11.81	13.45	14.86	17.41	17.2
13.64	36.28	78.17	93.47	112.14	129.84	166.42	187.12	12.4
6.52	16.49	44.69	58.79	105.70	129.96	154.25	149.25	-3.2
3.51	6.72	22.64	30.02	44.30	53.11	63.73	61.54	-3.4
9.86	26.61	88.84	113.10	135.17	158.79	183.32	185.73	1.3
75.53	130.89	289.57	354.18	411.32	506.07	599.98	669.31	11.6
59.89	101.24	199.13	233.30	279.34	340.59	395.05	449.13	13.7
48.79	67.67	104.63	139.97	176.59	243.67	337.78	447.54	32.5
11.84	10.38	37.99	107.67	33.24	24.34	291.65	74.32	-74.5
79.06	85.73	75.38	1394.78	1951.26	1312.59	8378.76	1268.47	-84.9
3827	2476	2026	1873	1881	1861	1826	1673	-8.4
58.45	58.46	52.15	50.75	48.99	45.07	44.28	43.17	-2.5
2.67	2.71	3.18	3.22	3.32	3.28	3.38	3.59	6.2
4434	4300	6907	5067	6484	8389	7910	8255	4.4
4779	4524	7120	5915	6991	8914	8119	9017	11.1

庆阳市国民经济主要指标占全省比重

	计算单位	全　省	全　市	庆阳市占全省%
年末常住人口	万人	2590.78	222.35	8.58
从业人员	万人	1519.86	140.1	9.22
生产总值（现价）	亿元	6835.27	668.86	9.79
#第一产业	亿元	900.8	77.74	8.63
第二产业	亿元	2924.86	399.79	13.67
第三产业	亿元	3009.61	191.33	6.36
固定资产投资总额	亿元	7759.62	1122.57	14.47
财政收入	亿元	1234.54	149.25	12.09
财政支出	亿元	2538.41	185.68	7.31
在岗职工平均工资	元	48496	47915	98.80
城镇居民人均可支配收入	元	20804	20637	99.20
农民人均纯收入	元	5736	5499	95.87
主要农产品产量				
粮　食	万吨	1158.7	164.23	14.17
油　料	万吨	72.4	14.67	20.26
果　品	万吨	425.2	65.05	15.30
肉　类	万吨	99.7	7.03	7.05
主要工业产品产量				
天然原油	万吨	772.0	722.97	93.65
原油加工量	万吨	1446.4	330.38	22.84
水泥	万吨	4925.5	23.11	0.47
邮电业务总量	亿元	277.53	17.28	6.23
社会消费品零售总额	亿元	2410.4	164.0	6.80
高等学校在校学生数	万人	45.23	1.62	3.58
卫生机构总数	个	27900	1788	6.59
卫生机构床位数	万张	12.23	0.83	6.79
卫生技术人员	人	124953	9017	7.22

庆阳的一天（一）

	计算单位	2009	2010	2011	2012	2013	2014
每天创造的财富							
生产总值	万元	8280	9798	12448	14870	16600	18325
#第一产业	万元	1192	1398	1596	2051	2110	2130
第二产业	万元	4965	5887	7889	9256	9620	10953
第三产业	万元	2123	2513	2963	3564	4871	5242
工业增加值	万元	4587	5301	7223	8463	9205	10315
财政收入	万元	1224	1611	2895	3650	4226	4089
财政支出	万元	2433	3099	3703	4460	5022	5087
粮　食	吨	3037	3499	3354	4267	4355	4499
油　料	吨	295	299	331	361	384	402
肉　类	吨	153	163	162	171	181	193
原　煤	吨	–	–	–	–	–	–
原　油	吨	8582	10687	12374	16176	18066	19807
水　泥	吨	439	890	775	1718	840	633
每天消费量							
居民消费	万元	2265	2609	3147	3849	4347	5589
#农村居民	万元	1371	1179	1488	1669	2456	3239
城镇居民	万元	894	1430	1659	2180	1892	2350
政府消费	万元	671	806	981	1083	1187	1030
粮食消费	吨	1350	971	772	867	1082	987

庆阳的一天（二）

	计算单位	2009	2010	2011	2012	2013	2014
油料消费	吨	29	20.46	30.24	36	59	46
肉类消费	吨	84	55.21	61.92	59	86	57
城镇居民每人生活消费支出	元	24.48	26.56	30.67	35.40	38.4	40.02
#食品消费	元	8.87	9.42	10.22	11.83	12.06	12.95
农民每人生活消费支出	元	5.68	6.38	8.89	9.73	11.96	14.33
#食品消费	元	2.44	1.49	2.50	2.88	3.68	5.55
社会消费品零售总额	万元	2141.76	2560.82	3072.33	3669.76	4014.9	4493.2
每天其他经济活动							
房屋建筑竣工面积	万平方米	0.41	0.56	0.43	0.52	0.55	0.55
#住宅	万平方米	0.25	0.32	0.26	0.33	0.35	0.4
货运量	万吨	8.32	8.95	9.11	9.21	12.6	8.50
客运量	万人	22.23	22.47	9.24	9.54	10.2	7.59
函件	万件	0.58	0.59	0.38	0.26	0.13	0.23
出版报纸	万份	0.07	0.05	0.05	0.052	0.037	0.039
人口变动和婚姻							
出生人数	人	98	96	97	82	83	83
死亡人数	人	44	45	46	39	39	39
结婚人数	对	38	52	56	64	69	65
离婚人数	对	1	4	8	11	13	7

主要经济指标人均水平

	计算单位	2009	2010	2011	2012	2013	2014
生产总值	元	11973	15095	20506	23882	27286	30087
#第一产业	元	1753	2154	2619	3188	3468	3497
第二产业	元	7150	9070	13003	14251	15812	17984
第三产业	元	3070	3872	4883	6443	8006	8606
农业总产值	元	3142	3534	4627	5832	6321	6386
工业总产值	元	11382	18455	28816	36388	42160	43189
工业增加值	元	6604	8167	11235	13592	15130	16936
财政收入	元	1763	2482	4773	5863	6946	6714
财政支出	元	3502	4774	6106	7164	8256	8352
固定资产投资总额	元	13945	20600	28349	40148	42929	50496
社会消费品零售总额	元	3083	3946	5064	5894	6599	7377
职工年平均工资	元	27226	28590	34645	39138	43978	47915
耕地面积	亩	2.65	2.82	3.01	3.04	3.05	3.06
粮食产量	公斤	437	539.09	552.8	702.6	715.81	739
油料产量	公斤	42.5	46.01	54.5	59.41	63.23	66
肉类产量	公斤	22.1	25.16	26.78	28.22	29.68	32
水果产量	公斤	161.3	180.41	222	234.86	264.44	293
城镇居民人均可支配收入	元	11130	12453	14388	16662	18761	20637
城镇居民人均消费性支出	元	8935	9693	10681	12601	13447	14608
农民人均纯收入	元	2686	3154	3673	4262	4888	5499
农民人均生活费支出	元	2075	2330	3113	3463	4698	5231
城乡居民储蓄存款余额	元	7854	9848	12615	15366	17790	20203

国民经济和社会发展结构指标（一）

单位：%

	2007	2008	2009	2010	2011	2012	2013	2014
人口与就业								
人口								
城乡结构	100	100	100	100	100	100	100	100
城镇	24.7	25.8	27.2	23.8	25.1	25.7	25.7	26.7
乡村	75.3	74.2	72.8	76.2	74.9	74.3	74.3	73.3
性别结构	100	100	100	100	100	100	100	100
男	52.3	52.4	52.4	50.7	51.5	51.5	51.5	51.5
女	47.7	47.6	47.6	49.3	48.5	48.5	48.5	48.5
就业								
产业结构	100	100	100	100	100	100	100	100
第一产业	65.9	56.7	56.4	52.3	52.3	52.3	52.3	52.3
第二产业	7.8	9.7	14.7	15.3	15.3	15.3	15.3	15.3
第三产业	26.3	33.6	28.9	32.4	32.4	32.4	32.4	32.4
国民核算								
生产总值构成	100	100	100	100	100	100	100	100
第一产业	16.1	15.6	14.6	14.3	12.8	13.3	12.7	11.6
第二产业	59.2	60.5	59.7	60.1	63.4	59.7	57.9	59.8
第三产业	24.7	23.9	25.7	25.7	23.8	27.0	29.4	28.6
产业经济								
农业								
农林牧渔业产值结构	100	100	100	100	100	100	100	100
农　业	73.2	73.2	76.1	76.8	78.0	79.1	78.74	76.93
林　业	3.2	3.2	2.5	2.0	1.5	1.4	1.68	2.6
牧　业	22.6	22.6	13.3	13.2	13.0	12.5	12.45	12.6
渔　业	0.1	0.1	0.1	0.1	0.1	0.1	0.06	0.07
农林牧渔服务业	0.9	0.9	8.0	7.9	7.4	6.9	7.06	7.8

历年生产总值各构成部分比重

（本表按当年价计算）单位：%

年份	生产总值	第一产业	第二产业	工业	建筑业	第三产业	交通运输仓储及邮电通信业	批发和零售贸易餐饮业
1978	100.00	39.60	40.80	-	-	19.60	-	-
1979	100.00	59.08	26.80	-	-	14.12	-	-
1980	100.00	52.77	30.62	-	-	16.61	-	-
1981	100.00	59.37	25.65	-	-	14.99	-	-
1982	100.00	62.21	22.37	-	-	15.42	-	-
1983	100.00	59.78	22.42	-	-	17.58	-	-
1984	100.00	56.20	25.38	-	-	18.42	-	-
1985	100.00	46.46	35.26	-	-	18.29	-	-
1986	100.00	49.60	30.90	-	-	19.50	-	-
1987	100.00	48.38	32.44	-	-	19.18	-	-
1988	100.00	51.19	31.24	-	-	17.57	-	-
1989	100.00	49.13	32.80	-	-	18.07	-	-
1990	100.00	50.91	26.19	-	-	22.90	-	-
1991	100.00	48.21	27.01	-	-	24.78	-	-
1992	100.00	47.02	27.90	-	-	25.08	-	-
1993	100.00	37.46	41.56	-	-	20.98	-	-
1994	100.00	33.47	43.36	-	-	23.17	-	-
1995	100.00	34.06	43.77	-	-	22.18	-	-
1996	100.00	35.22	45.26	-	-	19.52	-	-
1997	100.00	31.00	49.51	43.88	5.63	19.49	3.11	4.05
1998	100.00	34.38	44.66	38.54	6.12	20.97	3.36	4.53
1999	100.00	32.78	44.99	38.63	6.36	22.23	4.03	5.25
2000	100.00	25.08	48.90	41.66	7.23	26.03	3.19	5.53
2001	100.00	23.78	48.83	42.31	6.52	27.39	5.87	6.37
2002	100.00	20.45	43.65	37.01	6.64	35.91	5.87	5.98
2003	100.00	19.51	45.26	38.17	7.09	35.23	6.39	6.55
2004	100.00	19.80	50.15	43.28	6.87	30.05	6.20	6.43
2005	100.00	18.67	54.27	48.29	5.98	27.06	5.49	5.85
2006	100.00	16.54	57.76	52.34	5.43	25.69	5.22	5.63
2007	100.00	16.15	59.22	53.71	5.51	24.63	4.91	5.65
2008	100.00	15.56	60.55	56.68	3.86	23.89	4.33	5.86
2009	100.00	14.39	59.96	53.86	6.10	25.64	4.50	5.79
2010	100.00	14.27	60.08	54.10	5.98	25.65	4.43	5.84
2011	100.00	12.83	63.38	58.03	5.35	23.79	4.14	5.66
2012	100.00	13.30	59.70	56.91	5.33	27.00	4.10	5.84
2013	100.00	12.71	57.95	55.45	5.38	29.34	2.85	6.43
2014	100.00	11.62	59.77	56.29	5.45	28.61	2.82	6.86

历年生产总值指数

（本表按可比价计算，上年=100）单位：%

年份	生产总值	第一产业	第二产业	工业	建筑业	第三产业	交通运输仓储及邮电通信业	批发和零售贸易餐饮业	人均生产总值
1978	102.3	103.6	90.8	-	-	104.0	-	-	103.7
1979	103.5	106.1	105.5	-	-	104.4	-	-	103.9
1980	111.2	111.5	111.8	-	-	110.0	-	-	109.6
1981	91.1	113.6	60.8	-	-	83.3	-	-	89.7
1982	123.5	130.1	122.1	-	-	106.4	-	-	122.0
1983	104.9	101.0	119.7	-	-	102.6	-	-	104.0
1984	103.4	96.8	117.8	-	-	107.5	-	-	101.9
1985	110.9	93.9	129.6	-	-	114.7	-	-	104.9
1986	128.8	143.6	122.4	-	-	110.1	-	-	128.4
1987	116.4	116.4	114.8	-	-	119.0	-	-	114.3
1988	119.4	118.8	126.7	-	-	112.4	-	-	117.4
1989	106.6	103.4	108.7	-	-	113.3	-	-	104.9
1990	113.4	105.6	105.3	-	-	152.6	-	-	120.5
1991	113.0	109.6	111.0	-	-	125.5	-	-	110.1
1992	108.2	107.5	110.5	-	-	106.0	-	-	106.3
1993	107.7	108.9	106.7	-	-	106.0	-	-	105.6
1994	107.2	66.4	129.7	-	-	110.6	-	-	106.7
1995	109.2	98.6	113.9	113.2	111.9	114.3	107.9	107.0	108.9
1996	111.6	111.7	115.1	116.9	96.4	103.7	112.7	101.7	110.3
1997	106.6	95.6	115.8	114.2	121.2	108.3	96.1	103.7	106.5
1998	108.8	117.4	98.2	96.1	118.3	117.2	119.0	123.2	107.7
1999	109.1	105.8	110.6	110.9	114.5	111.4	127.0	121.3	108.5
2000	108.8	85.7	116.8	116.5	121.7	133.2	147.0	117.7	107.3
2001	109.7	104.0	109.4	111.6	101.6	115.7	121.0	125.9	108.7
2002	112.3	110.4	112.5	111.2	124.4	113.0	130.0	122.3	111.2
2003	111.3	106.3	115.6	115.6	118.8	109.2	121.0	123.6	111.3
2004	112.9	108.9	120.6	122.7	114.1	105.4	118.0	118.5	112.3
2005	112.4	105.7	117.1	119.2	104.8	109.5	112.0	113.1	112.1
2006	112.1	104.0	115.8	117.4	103.7	110.3	109.8	112.0	112.0
2007	113.3	104.5	118.5	119.5	109.5	108.1	107.6	110.8	113.2
2008	114.3	113.5	115.9	116.4	111.0	110.8	109.1	114.6	114.0
2009	114.6	110.7	116.5	115.6	119.8	113.2	115.9	119.7	114.0
2010	115.8	106.3	120.7	121.5	115.9	109.4	110.4	111.3	123.4
2011	116.8	106.8	121.1	122.8	106.2	112.4	115.3	117.4	124.9
2012	115.9	107.2	117.9	118.7	113.3	115.6	113.3	115.8	115.8
2013	114.4	105.6	115.2	117.0	112.2	116.4	114.9	115.4	114.2
2014	110.2	105.7	111.6	111.4	111.5	108.9	109.2	114.6	111.0

生产总值指数

（本表按可比价计算，1978 年=100）单位：%

年 份	生产总值	第一产业	第二产业	工 业	建筑业	第三产业	交通运输仓储及邮电通信业	批发和零售贸易餐饮业	人均生产总值
1979	103.5	106.1	105.5	-	-	104.4	-	-	103.9
1980	115.1	118.3	117.9	-	-	114.8	-	-	113.9
1981	104.8	134.4	71.7	-	-	95.7	-	-	102.1
1982	129.5	174.8	87.6	-	-	101.8	-	-	124.6
1983	135.8	176.6	104.8	-	-	104.4	-	-	129.6
1984	140.5	170.9	123.5	-	-	112.3	-	-	132.1
1985	155.8	160.5	160.0	-	-	128.8	-	-	138.5
1986	200.6	230.5	195.9	-	-	141.8	-	-	177.9
1987	233.5	268.3	224.8	-	-	168.7	-	-	203.3
1988	278.8	318.7	284.9	-	-	189.6	-	-	238.7
1989	297.2	329.6	309.7	-	-	214.8	-	-	250.4
1990	337.1	348.0	326.1	-	-	327.9	-	-	301.7
1991	380.9	381.4	361.9	-	-	411.5	-	-	332.2
1992	412.1	410.0	399.9	-	-	436.1	-	-	353.1
1993	443.8	446.5	426.7	-	-	462.3	-	-	372.9
1994	475.8	296.5	553.5	-	-	511.3	-	-	397.9
1995	519.6	292.4	630.4	113.2	111.9	584.4	107.9	107.0	433.3
1996	579.8	326.6	725.6	132.3	107.9	606.1	121.6	108.8	477.9
1997	618.1	312.2	840.3	151.1	130.7	656.4	116.9	112.8	509.0
1998	672.5	366.5	825.1	145.2	154.7	769.3	139.1	139.0	548.2
1999	733.7	387.8	912.6	161.1	177.1	857.0	176.6	168.6	594.8
2000	798.3	332.3	1065.9	187.6	215.5	1141.5	259.6	198.5	638.2
2001	875.7	345.6	1166.1	209.4	219.0	1320.7	314.1	249.9	693.7
2002	983.4	381.6	1311.9	232.9	272.4	1492.4	408.4	305.6	771.4
2003	1094.5	405.6	1516.5	269.2	323.6	1629.7	494.1	377.7	858.6
2004	1235.7	441.7	1828.9	330.3	369.2	1717.7	583.1	447.6	964.2
2005	1388.9	466.9	2141.7	393.7	387.0	1880.9	653.1	506.3	1080.8
2006	1557.0	485.5	2480.1	462.2	401.3	2074.6	717.1	567.0	1210.6
2007	1764.1	507.4	2938.9	552.3	439.4	2242.6	771.6	628.3	1370.3
2008	2016.4	575.9	3406.2	642.9	487.7	2484.8	841.8	720.0	1562.2
2009	2310.7	637.5	3968.2	743.2	584.3	2812.8	975.6	861.8	1780.9
2010	2675.8	677.7	4789.6	903.0	677.2	3077.2	1077.1	959.2	2197.6
2011	3125.3	723.8	5800.2	1108.9	719.2	3458.8	1241.9	1126.1	2744.8
2012	3622.2	775.9	6838.4	1316.3	814.9	3998.4	1407.1	1304.0	3178.5
2013	4143.8	819.4	7877.8	1540.1	914.3	4654.1	1616.8	1504.8	3629.8
2014	4566.5	866.1	8791.6	1715.7	1019.4	5068.3	1765.5	1724.5	3992.8

2014年生产总值构成

单位：万元

	增加值	劳动者报酬	生产税净额	补贴	固定资产折旧	营业盈余
生产总值	6688607	2677396	980783	–	947818	2082610
农林牧渔业	806238	723308	6635	–	76295	–
农业	645576	579547	6635	–	59394	–
林业	12559	11356	–	–	1203	–
畜牧业	118449	105435	–	–	13014	–
渔业	802	710	–	–	92	–
农林牧渔服务业	28852	26260	–	–	2592	–
工业	3764948	799530	790708	–	556950	1617760
采矿业	3091524	607082	551764	–	374391	1558287
制造业	609503	179405	230038	–	149470	50590
电力、燃气及水的生产和供应业	63921	13043	8906	–	33089	8883
建筑业	364356	145659	35228	–	21845	161624
批发和零售业	298594	84730	81231	–	4833	127800
交通运输、仓储及邮政业	84023	44576	9355	–	25796	4296
交通运输和仓储业	70524	36032	4131	–	24238	6123
邮政业	13499	8544	5224	–	1558	-1827
住宿和餐饮业	160421	52052	16276	–	71328	20765
信息传输、软件和信息技术服务业	104619	12766	5457	–	47680	38716
金融业	175928	53491	5870	–	3967	112600
货币金融服务	150627	45396	1740	–	3247	100244
保险业	17220	5963	2032	–	283	8942
房地产业	131301	20130	13967	–	85590	11614
租赁和商务服务业	24978	14762	1943	–	2411	5862
科学研究和技术服务业	19697	10999	1084	–	2429	5185
水利、环境和公共设施管理业	15308	11208	1114	–	2724	262
居民服务、修理和其他服务业	92708	70743	10271	–	7911	3783
教育	256166	237525	121	–	18520	–
卫生和社会工作	57271	76192	67	–	2507	-21495
文化、体育和娱乐业	20447	23954	1390	–	1395	-6292
公共管理、社会保障和社会组织	311604	295771	66	–	15637	130
第一产业	777386	697048	6635	–	73703	–
第二产业	3997929	898437	809015	–	572320	1718157
第三产业	1913292	1081911	165133	–	301795	364453

按可比价计算的生产总值

单位：万元、%

	2014	2013	以上年为 100 的速度	
			2014	2013
生产总值	6104742	5541159	110.2	114.4
农林牧渔业	654881	618863	105.8	105.7
农　业	521432	497597	104.8	105.7
林　业	12008	9623	124.8	120.4
畜牧业	95318	87859	108.5	104.2
渔　业	675	576	117.2	110.0
农林牧渔服务业	25448	23208	109.7	106.3
工　业	3568923	3203300	111.4	117.0
采矿业	2740633	2446994	112.0	116.5
制造业	768295	703771	109.2	118.7
电力、燃气及水的生产和供应业	59995	52535	114.2	116.9
建筑业	327984	294100	111.5	112.2
批发和零售业	263961	225300	117.2	118.8
交通运输、仓储及邮政业	76080	69500	109.5	119.4
交通运输和仓储业	63330	58335	108.6	119.1
邮政业	12750	11165	114.2	124.0
住宿和餐饮业	133872	121700	110.0	110.7
信息传输、软件和信息技术服务业	105701	97000	109.0	107.5
金融业	151341	128900	117.4	118.8
货币金融服务	127833	110363	115.8	117.8
保险业	16036	12617	127.1	125.7
房地产业	117250	123800	94.7	120.0
租赁和商务服务业	22163	19402	114.2	120.1
科学研究和技术服务业	16109	15415	104.5	104.2
水利、环境和公共设施管理业	12561	11980	104.8	106.9
居民服务、修理和其他服务业	82265	72015	114.2	116.1
教　育	210265	200479	104.9	106.5
卫生和社会工作	53367	50826	105.0	109.3
文化、体育和娱乐业	18144	15883	114.2	113.2
公共管理、社会保障和社会组织	289875	272696	106.3	110.1
第一产业	629433	595655	105.7	105.6
第二产业	3717542	3331131	111.6	115.2
第三产业	1757767	1614373	108.9	116.4
国（地区）外净要素收入	8011	7885	110.0	102.4

2014年分县

	全　市	西峰区	庆城县	环　县
生产总值	6688607	1735714	1032659	824087
农林牧渔业	806238	114956	88724	88849
农　业	645576	86547	76718	59834
林　业	12559	1060	1169	599
畜牧业	118449	10068	8874	28139
渔　业	802	126	50	88
农林牧渔服务业	28852	17154	1913	189
工　业	3764948	830491	751201	513188
采矿业	3091524	311321	498121	377653
制造业	609503	496247	250901	124692
电力、燃气及水的生产和供应业	63921	22923	2178	10843
建筑业	364356	164605	60509	9314
批发和零售业	298594	113657	20675	31981
交通运输、仓储及邮政业	84023	39656	9506	4608
交通运输和仓储业	70524	38635	8813	4009
邮政业	13499	1021	693	599
住宿和餐饮业	160421	66576	10967	15032
信息传输、软件和信息技术服务业	104619	42172	8690	10115
金融业	175928	72208	18795	15031
货币金融服务	150627	57749	16344	12474
保险业	17220	14459	2451	2557
房地产业	131301	71064	10772	8317
租赁和商务服务业	24978	13444	2216	2011
科学研究和技术服务业	19697	9601	629	2589
水利、环境和公共设施管理业	15308	8096	136	3836
居民服务、修理和其他服务业	92708	42047	7131	9765
教　育	256166	49891	10401	39788
卫生和社会工作	57271	18630	6644	6371
文化、体育和娱乐业	20447	5382	1773	2241
公共管理、社会保障和社会组织	311604	73238	23892	61052
第一产业	777386	97802	86811	88660
第二产业	3997929	902966	771020	513070
第三产业	1913292	734946	174828	222358
人均生产总值	30087	45438	39251	26900

区生产总值

单位：万元、元

华池县	合水县	正宁县	宁　县	镇原县
994015	554355	249592	656916	626981
52121	72063	90955	143657	154913
38105	60167	82661	118753	122790
2876	3184	855	1299	1516
10959	8415	5043	21770	25181
82	91	99	43	223
97	206	2297	1792	5203
803497	376448	23005	195037	272503
780089	357272	2958	23336	225257
19604	16398	17952	159735	41623
3804	2778	2095	11966	5623
37922	854	6372	82674	2150
11404	14449	17919	45273	29441
4202	2331	6235	16008	3774
3715	2121	5485	13919	3244
487	210	750	2089	530
8068	8401	9579	22232	15596
3940	4914	8008	13675	13793
8978	9648	10893	19269	17882
5165	7795	10209	15128	13700
3733	1853	684	4141	4182
6316	3286	9845	22136	11348
951	957	680	2329	1563
2915	886	390	988	1071
314	389	485	1187	957
2473	4156	5203	8843	8245
17834	18176	21862	40477	37414
3081	3931	4070	7452	4590
5205	1733	3275	2992	1101
24795	31733	30816	32687	50640
52023	71857	88658	141865	149710
841247	377302	29377	276276	272770
100744	105196	131557	238775	204501
80829	37532	13744	16347	15012

2014年分县区

	全　市	西峰区	庆城县	环　县
生产总值	110.2	107.4	109.5	110.2
农林牧渔业	105.8	105.4	105.8	105.0
农　业	104.8	103.88	105.6	103.3
林　业	124.8	160.09	115.3	2230.8
畜牧业	108.5	110.68	106.0	106.9
渔　业	117.2	108.72	111.1	112.1
农林牧渔服务业	109.7	108.31	109.8	105.1
工　业	111.4	105.2	109.9	114.0
采矿业	112	104.8	110.1	114.0
制造业	109.2	105.4	109.5	114.0
电力、燃气及水的生产和供应业	114.2	106.0	109.9	114.0
建筑业	111.5	122.3	104.6	61.7
批发和零售业	117.2	111.2	112.8	110.1
交通运输、仓储及邮政业	109.5	109.1	109.6	109.4
交通运输和仓储业	108.6	109.1	110.0	109.4
邮政业	114.2	108.0	104.1	109.4
住宿和餐饮业	110.0	110.2	114.2	104.9
信息传输、软件和信息技术服务业	109.0	107.3	108.6	107.2
金融业	117.4	118.2	116.2	121.5
货币金融服务	115.8	118.2	116.7	121.5
保险业	127.1	118.3	113.0	121.5
房地产业	94.7	101.5	104.6	92.2
租赁和商务服务业	114.2	108.8	107.6	111.3
科学研究和技术服务业	104.5	99.9	102.6	108.8
水利、环境和公共设施管理业	104.8	99.2	104.2	108.8
居民服务、修理和其他服务业	114.2	110.7	104.9	111.3
教　育	104.9	97.0	112.5	108.8
卫生和社会工作	105.0	96.9	118.4	108.8
文化、体育和娱乐业	114.2	111.2	112.8	111.3
公共管理、社会保障和社会组织	106.3	108.2	112.6	114.3
第一产业	105.7	105.0	105.7	105.0
第二产业	111.6	110.9	108.5	111.1
第三产业	108.9	103.4	115.7	110.6
人均生产总值	110.0	107.2	109.4	122.0

生产总值指数

本表按可比价计算（上年=100）单位：%

华池县	合水县	正宁县	宁　县	镇原县
108.9	111.2	108.2	110.4	110.2
105.9	105.6	106.0	106.10	106.4
105.6	106.8	105.30	105.49	103.5
114.3	84.3	202.17	206.22	305.4
105.1	106.2	106.44	105.15	116.8
104.8	111.8	129.39	80.41	142.8
106.4	108.18	115.25	113.47	110.7
109.4	113.8	113.6	116.5	114.6
107.0	114.5	283.1	118.0	114.6
110.0	104.5	112.0	115.5	114.6
885.9	111.9	115.2	127.5	114.6
111.5	73.5	115.3	109.2	123.8
106.2	108.2	105.7	116.3	108.2
107.0	107.7	109.6	116.0	112.1
104.9	107.6	110.1	115.3	109.8
119.8	108.7	104.1	120.8	128.1
95.8	105	103.8	109.3	105.8
104.9	108.9	107.3	110.5	109.3
126.8	120	117.2	108.8	113.0
118.3	120	117.5	106.8	113.0
161.1	119.6	112.1	116.5	113.0
87.0	104.9	108.9	99.6	105.1
63.6	111.3	110.4	139.4	133.2
60.8	111.2	104.6	106.2	100.5
172.7	111.8	102.0	105.0	100.8
61.5	111.3	112.9	114.2	133.1
122.5	111.2	104.2	104.2	100.5
167.1	111.1	104.9	104.4	100.5
101.3	111.3	107.4	109.7	100.9
100.1	106.2	112.2	102.0	115.3
105.9	105.6	105.8	106.0	106.3
109.5	113.6	114.0	114.3	114.7
105.0	109.1	108.7	108.4	108.9
114.4	110.8	108.1	138.5	110.2

三次产业贡献率

年　　份	生产总值	第一产业	第二产业	#工业	第三产业
1995	100.0	37.2	46.0	-	16.8
1996	100.0	41.1	52.8	-	6.0
1997	100.0	-17.6	98.5	-	19.1
1998	100.0	116.9	-74.1	-92.0	57.2
1999	100.0	11.8	49.4	39.8	38.8
2000	100.0	-63.3	93.8	76.5	69.6
2001	100.0	11.1	48.1	48.6	40.8
2002	100.0	9.0	25.8	18.8	65.2
2003	100.0	12.0	58.1	47.4	29.9
2004	100.0	21.2	72.9	67.0	6.0
2005	100.0	13.9	71.8	69.6	14.3
2006	100.0	5.5	75.9	73.4	18.6
2007	100.0	13.8	67.7	61.7	18.4
2008	100.0	13.1	66.2	69.2	20.8
2009	100.0	9.0	57.2	40.8	33.7
2010	100.0	13.6	60.7	55.4	25.7
2011	100.0	5.2	77.2	73.8	17.6
2012	100.0	6.1	71.3	66.8	22.6
2013	100.0	4.6	63.8	66.9	31.7
2014	100.0	6.0	68.6	64.9	25.4

注：产业贡献率指各产业增加值增量与生产总值增量之比

三次产业对生产总值增长的拉动

年　　份	生产总值	第一产业	第二产业	#工业	第三产业
1995	9.20	3.42	4.23	-	1.55
1996	11.60	4.77	6.13	-	0.70
1997	6.60	-1.16	6.50	-	1.26
1998	8.80	10.29	-6.52	-8.10	5.03
1999	9.10	1.08	4.49	3.63	3.53
2000	8.80	-5.57	8.25	6.73	6.12
2001	9.70	1.08	4.67	4.72	3.95
2002	12.30	1.10	3.18	2.31	8.02
2003	11.30	1.36	6.57	5.35	3.37
2004	12.90	2.73	9.40	8.65	0.77
2005	12.40	1.72	8.90	8.63	1.78
2006	12.10	0.67	9.19	8.88	2.25
2007	13.30	1.84	9.01	8.21	2.45
2008	14.30	1.87	9.46	9.90	2.97
2009	14.60	1.32	8.36	5.96	4.93
2010	15.80	2.15	9.60	8.76	4.06
2011	16.80	0.87	12.97	12.40	2.96
2012	15.90	0.97	11.34	10.62	3.59
2013	14.40	0.66	9.18	9.63	4.56
2014	10.2	0.61	6.99	6.62	2.6

注：产业拉动指GDP增长速度与各产业贡献率之乘积

按支出法计算的2014年分县区生产总值

单位：万元、%

	支出法生产总值	最终消费	资本形成总额	货物和服务净出口	投资率	消费率
庆阳市	6687757	2416047	3078150	1193560	46.03	36.13
西峰区	1739659	672499	973370	93790	55.95	38.66
庆城县	1032657	352629	524185	155844	50.76	34.15
环　县	824847	457254	265409	102184	32.18	55.44
华池县	993535	105770	201257	686508	20.26	10.65
合水县	553445	203019	187434	162992	33.87	36.68
正宁县	249592	177792	77481	-5681	31.04	71.23
宁　县	665431	357107	311241	-2917	46.77	53.67
镇原县	614471	283665	336017	-5211	54.68	46.16

2014年分县区资本形成及构成

单位：万元、%

	资本形成总额	固定资本形成总额	存货增加	资本形成总额为100	
				固定资本形成总额	存货增加
庆阳市	3078150	2883154	194996	93.67	6.33
西峰区	973370	911191	62179	93.61	6.39
庆城县	524185	408145	116040	77.86	22.14
环　县	265409	260651	4758	98.21	1.79
华池县	201257	186627	14630	92.73	7.27
合水县	187434	182368	5066	97.30	2.70
正宁县	77481	71204	6277	91.90	8.10
宁　县	311241	232647	78594	74.75	25.25
镇原县	336017	274860	61157	81.80	18.20

2014 年分县区最终消费及构成

单位：万元、%

	最终消费	居民消费	城镇居民	农村居民	政府消费	最终消费：居民消费	最终消费：政府消费	居民消费：城镇居民	居民消费：农村居民
庆阳市	2416047	2040109	1182205	857904	375938	84.44	15.56	57.95	42.05
西峰区	672499	408584	301258	107327	263915	60.76	39.24	73.73	26.27
庆城县	352629	225268	111887	113381	127361	63.88	36.12	49.67	50.33
环　县	457254	267111	137109	130002	190143	58.42	41.58	51.33	48.67
华池县	105770	99352	56638	42714	6418	93.93	6.07	57.01	42.99
合水县	203019	122034	68597	53437	80985	60.11	39.89	56.21	43.79
正宁县	177792	153272	67370	85902	24520	86.21	13.79	43.95	56.05
宁　县	357107	278583	127448	151135	78524	78.01	21.99	45.75	54.25
镇原县	283665	253998	69281	184707	29677	89.54	10.46	27.28	72.72

2014 年分县区居民消费水平及指数

单位：元/人、%

	居民消费水平	城镇居民	农村居民	指数（上年为100）	城镇居民	农村居民
庆阳市	9177	17396	5558	128.4	124.1	127.3
西峰区	10529	15347	5711	109.8	109.6	110.4
庆城县	8562	12995	6406	118.5	115.6	117.2
环　县	8718	18257	5621	119.0	115.6	116.1
华池县	8082	15225	4985	109.6	107.0	107.7
合水县	8296	16896	5000	120.7	125.0	114.2
正宁县	8440	12453	6737	110.8	103.5	117.2
宁　县	6933	13153	4956	117.4	110.1	118.8
镇原县	6081	15854	4939	110.9	110.8	110.8

最 终 消 费

单位：亿元

指　　标	2013	2014
最终消费	202.02	241.6
居民消费	158.67	204.01
城镇居民	89.63	118.22
食品烟酒	28.17	32.13
衣着	12.59	14.88
居住（含自有住房）	10.25	12.46
医疗保健	10.48	12.31
教育文化娱乐	8.61	10.14
农村居民	69.04	85.79
食品烟酒	21.22	31.28
衣着	5.87	6.56
居住（含自有住房）	14.61	18.44
医疗保健	7.49	8.33
教育文化娱乐	4.17	4.59
政府消费	43.34	37.59

2014年非公有制经济增加值

单位：万元

	总　计	公　有				非公有			
			国　有	集　体	其他		私　营	个　体	其他
生产总值	6688607	4798553	4336555	461999	-	1890054	1222968	663853	3233
农林牧渔业	806238	483178	87396	395782	-	323060	12499	310561	-
工业	3764948	3271898	3214093	57805	-	493050	479853	9964	3233
建筑业	364356	22196	16203	5993	-	342160	342160	-	-
批发和零售业	298594	69012	67671	1341	-	229582	99596	129986	-
交通运输仓储邮政业	84023	11445	11445	-	-	72578	53204	19374	-
住宿和餐饮业	160421	20677	20677	-	-	139744	55898	83846	-
金融保险业	175928	160384	160384	-	-	15544	15544	-	-
房地产业	131301	3367	3367	-	-	127934	119474	8460	-
其他服务业	902798	756396	755318	1078	-	146402	44740	101662	-
第一产业	777386	477053	83011	394042	-	300333	-	300333	-
第二产业	3997929	3294094	3230296	63798	-	703835	694400	6202	3233
第三产业	1913292	1027406	1023248	4159	-	885886	528568	357318	-

2014年非公有制经济增加值比重

单位：%

	总　计	公　有				非公有			
			国　有	集　体	其　他		私　营	个　体	其　他
生产总值	100	71.74	64.83	6.91	-	28.26	18.28	9.93	0.05
农林牧渔业	100	59.93	10.84	49.09	-	40.07	-	40.07	-
工业	100	86.90	85.37	1.54	-	13.10	12.75	0.26	0.09
建筑业	100	6.09	4.44	1.64	-	93.83	93.83	-	-
批发和零售业	100	23.11	22.66	0.45	-	76.89	33.35	43.53	-
交通运输仓储邮政业	100	13.62	13.62	-	-	86.38	63.32	23.06	-
住宿和餐饮业	100	12.89	12.89	-	-	87.11	34.84	52.27	-
金融保险业	100	91.16	91.16	-	-	8.84	8.84	-	-
房地产业	100	2.56	2.56	-	-	97.44	90.99	6.44	-
其他服务业	100	83.78	83.66	0.12	-	16.22	4.96	11.26	-
第一产业	100	61.37	10.68	50.69	-	38.63	-	38.63	-
第二产业	100	82.40	80.80	1.60	-	17.60	17.37	0.16	0.08
第三产业	100	53.70	53.48	0.22	-	46.30	27.63	18.68	-

2014年分县区非公有制经济增加值

单位：万元

	总计	公有	国有	集体	其他	非公有	私营	个体	其他
西峰区	1735714	1152658	1092011	60647	-	583055	420669	162387	-
庆城县	1032683	764548	700042	64506	-	268136	195447	72688	-
环　县	824087	642371	535169	107202	-	181716	85071	96645	-
华池县	994015	873724	843783	29941	-	120291	89217	31074	-
合水县	554355	478861	428896	49965	-	75494	27062	48432	-
正宁县	249592	165884	87034	78850	-	83708	28915	54793	-
宁　县	656916	356772	267015	89757	-	300144	18245	281899	-
镇原县	626981	400500	304043	96457	-	226481	113521	112960	-

2014年分县区非公有制经济增加值比重

单位：%

	总计	公有	国有	集体	其他	非公有	私营	个体	其他
西峰区	100	66.41	62.91	3.49	-	33.59	24.24	9.35	-
庆城县	100	74.04	67.79	6.25	-	25.96	18.93	7.03	-
环　县	100	77.95	64.94	13.01	-	22.05	10.32	11.73	-
华池县	100	87.9	84.9	3.0	-	12.1	9.0	3.1	-
合水县	100	86.4	77.4	9.0	-	13.6	4.9	8.7	-
正宁县	100	66.46	34.87	31.59	-	33.54	11.58	21.95	-
宁　县	100	54.31	40.65	13.66	-	45.69	2.78	42.91	-
镇原县	100	63.88	48.49	15.38	-	36.12	18.11	18.02	-

统计资料

QING YANG YEARBOOK

总人口及构成

单位：万人、万户

年份	总人口			在总人口中		总户数
		男	女	城镇	乡村	
1980	181.24	94.21	87.03	12.78	168.46	34.45
1981	183.79	95.90	87.89	13.34	170.45	35.39
1982	186.34	96.80	89.54	13.65	172.69	36.33
1983	188.16	97.78	90.38	13.62	174.54	37.78
1984	191.36	99.53	91.83	14.67	176.69	38.61
1985	194.64	101.18	93.46	15.55	179.09	39.43
1986	197.93	103.03	94.90	16.30	181.63	40.60
1987	201.76	105.18	96.58	17.04	184.72	42.56
1988	205.49	106.73	98.76	17.93	187.56	44.20
1989	209.04	108.58	100.46	18.60	190.44	45.56
1990	217.50	112.61	104.89	19.11	198.39	47.15
1991	220.60	113.87	106.73	19.85	200.75	48.75
1992	223.82	116.22	107.60	20.56	203.26	49.87
1993	227.59	118.34	109.25	21.95	205.64	51.26
1994	230.88	120.15	110.73	22.89	207.99	52.02
1995	235.08	122.73	112.35	24.52	210.56	53.99
1996	241.96	125.80	116.16	25.52	216.44	55.64
1997	244.78	127.26	117.52	26.57	218.21	56.09
1998	247.39	128.84	118.55	26.85	220.54	58.45
1999	249.70	129.24	120.46	27.51	222.19	58.62
2000	251.46	130.10	121.36	27.70	223.76	60.00
2001	253.08	131.73	121.35	29.99	223.09	60.49
2002	254.80	132.63	122.17	30.32	224.48	60.93
2003	255.76	134.09	121.67	30.49	225.27	61.58
2004	256.69	134.56	122.13	30.83	225.86	63.07
2005	258.58	135.16	123.42	32.38	226.20	64.55
2006	260.51	136.14	124.37	51.02	209.49	65.52
2007	262.43	137.20	125.23	51.60	210.83	66.12
2008	264.39	138.67	125.72	64.96	199.43	69.68
2009	265.40	139.19	126.21	72.08	193.22	69.86
2010	260.31	132.01	128.30	61.93	198.38	59.55
2011	262.06	134.96	127.10	65.70	196.36	60.74
2012	263.60	135.74	127.86	67.80	195.80	61.30
2013	264.11	135.99	128.12	67.93	196.18	61.42
2014	264.56	136.29	128.27	70.78	193.78	61.55

注：1、2010年年末人口为第六次全国人口普查数据；2、本表乡村人口为抽样调查推算结果。

人口自然变动情况

单位：人、‰

年 份	出生人口	出生率	死亡人口	死亡率	自然增长率
1980	26213	14.55	10820	6.01	8.54
1981	31414	17.21	10295	5.64	11.57
1982	32165	17.38	11396	6.16	11.22
1983	31440	16.79	11133	5.94	10.85
1984	35263	18.58	11451	6.03	12.55
1985	31728	16.44	10232	5.30	11.14
1986	29359	14.96	10343	5.27	9.69
1987	27608	13.81	9340	4.67	9.14
1988	29338	14.41	9741	4.79	9.62
1989	32441	19.36	9652	5.80	13.56
1990	38718	18.14	13041	6.11	12.03
1991	33084	17.31	11562	5.58	11.73
1992	35945	17.53	12203	5.45	12.08
1993	37081	18.15	11788	6.04	12.11
1994	38226	20.30	11777	6.30	13.96
1995	40291	21.94	12201	6.50	15.44
1996	44198	18.53	14025	5.88	12.65
1997	42000	17.36	13800	5.72	11.64
1998	40300	16.46	14400	5.88	10.58
1999	34200	13.77	11200	4.50	9.27
2000	37938	15.14	13932	5.56	9.58
2001	30700	12.63	12700	5.05	7.58
2002	28100	12.25	11500	5.02	7.23
2003	27700	10.85	9900	3.89	6.96
2004	29000	11.13	10200	3.97	7.16
2005	33900	13.15	15012	5.79	7.36
2006	34600	13.32	15300	5.91	7.41
2007	35000	13.41	15600	5.98	7.43
2008	35658	13.57	16112	6.13	7.44
2009	29302	13.91	14108	6.46	7.45
2010	29476	13.93	11667	6.59	7.34
2011	29020	13.51	11600	6.39	7.12
2012	30059	13.55	14219	6.41	7.14
2013	30117	13.60	14314	6.44	7.16
2014	30261	13.61	14341	6.45	7.16

庆阳市第一—第六次全国人口普查基本情况

指标	1953	1964	1982	1990	2000	2010
总人口（人）	965718	1196176	1842682	2167560	2420960	2211191
男	522423	631274	958001	1123497	1251582	1122422
女	443295	564902	884681	1044063	1169378	1088769
性别比（以女性为 100）	117.85	111.75	108.29	107.61	107.03	103.09
家庭户规模（人/户）	–	–	4.98	4.53	4.14	3.46
各年龄组人口比重						
0-14 岁	–	–	35.89	30.93	29.52	18.86
15-64 岁	–	–	60.84	65.24	65.66	72.46
65 岁及以上	–	–	3.27	3.83	4.82	8.68
民族人口						
汉族（人）	963236	1191639	1837590	2161789	2413615	2206122
占总人口比重（%）	99.74	99.62	99.72	99.73	99.70	99.77
少数民族（人）	2482	4537	5092	5771	7345	5069
占总人口比重（%）	0.26	0.38	0.28	0.27	0.30	0.23
各种受教育程度人口						
大专及以上（人）	–	–	4607	10827	34612	114192
高中和中专（人）	–	–	87431	123192	186769	228265
初中（人）	–	–	224422	346299	614847	774193
小学（人）	–	–	542837	692832	1107099	733831
15 岁及以上文盲人口及文盲率						
文盲人口（人）	–	–	609910	576968	227281	181411
文盲率（%）	–	–	33.10	26.62	9.40	8.20
城乡人口						
城镇人口（人）	24920	22584	–	165417	322582	526099
乡村人口（人）	940798	1173592	–	2002143	2098378	1685092
平均预期寿命	–	–	65.60	67.61	69.61	71.80
男（岁）	–	–	–	–	–	–
女（岁）	–	–	–	–	–	–

注：2000、2010 年人口普查数据均为常住人口。

2014年分县区人口

	全 市	西峰区	庆城县	环 县
总人口（万人）	264.56	37.25	29.67	35.28
男（万人）	136.29	19.38	15.29	18.20
女（万人）	128.27	17.87	14.38	17.08
常住人口（万人）	222.35	38.21	26.31	30.64
城镇人口（万人）	70.15	20.08	8.61	7.76
农村人口（万人）	152.20	18.13	17.70	22.88
总户数（万户）	61.55	10.58	6.87	7.92
城镇户数（万户）	15.62	5.22	1.88	1.60
农村户数（万户）	45.93	5.36	4.99	6.32
出生率（‰）	13.61	13.40	13.58	13.67
死亡率（‰）	6.45	6.32	6.43	6.36
自然增长率（‰）	7.16	7.08	7.15	7.31
城镇登记失业率（%）	1.95	1.96	1.92	1.94
政策内出生人口（人）	27729	4569	2847	3962
符合政策生育率（%）	90.41	93.94	93.10	88.16
领取独生子女证人数（人）	26514	9485	1924	3555
独生子女领证率（%）	5.03	11.84	3.48	5.07
已婚育龄妇女人数（人）	527602	80119	55279	70118
落实节育措施人数（人）	459870	69535	47228	58965
#男性绝育	0	0	0	0
女性绝育	8847	1180	824	1566
上 环	17716	3327	1924	1237
节育率（%）	87.16	86.79	85.44	84.09

资料来源：部分资料取自市人力资源和社会保障局、市人口委

与计划生育情况

华池县	合水县	正宁县	宁　县	镇原县
13.55	17.81	23.72	55.2	52.08
7.12	9.26	12.20	27.97	26.85
6.43	8.55	11.52	27.23	25.23
12.30	14.77	18.16	40.19	41.77
3.72	4.55	5.41	10.03	9.99
8.58	10.22	12.75	30.16	31.78
3.30	4.33	5.52	11.50	11.42
0.80	1.09	1.44	1.99	1.81
2.50	3.24	4.08	9.51	9.61
13.63	13.61	13.65	13.72	13.69
6.46	6.47	6.50	6.54	6.48
7.17	7.14	7.15	7.18	7.21
1.94	1.98	1.91	1.96	1.98
1408	1935	2340	5218	5450
91.55	92.81	92.16	87.18	89.23
1895	1754	1457	3936	2508
7.14	4.78	3.07	3.74	2.36
26525	36722	47386	105271	106182
23027	31268	42016	94643	93188
0	0	0	0	0
331	601	847	1793	1705
958	1382	1613	3842	3493
86.81	85.15	88.67	89.90	87.76

2014年城乡劳动力资源配置情况

单位：万人

	合 计	城 镇	农 村
年末劳动力资源总数	180.16	33.91	146.25
经济活动人口	149.50	29.62	119.88
从业人员	140.10	25.40	114.70
按产业分			
第一产业	73.23	0.16	73.07
第二产业	21.46	6.86	14.60
第三产业	45.41	18.39	27.02
按国民经济行业分			
农、林、牧、渔业	73.20	0.15	73.05
采矿业	0.60	0.25	0.35
制造业	10.67	3.05	9.62
电力、燃气及水的生产和供应业	0.69	0.41	0.28
建筑业	9.48	3.06	6.42
交通运输、仓储及邮政业	4.27	0.85	3.42
信息传输、计算机服务和软件业	0.88	0.60	0.28
批发和零售业	11.43	5.48	5.95
住宿和餐饮业	3.22	0.58	2.64
金融业	1.01	0.59	0.42
房地产业	0.82	0.34	0.48
租赁和商务服务业	0.53	0.13	0.40
科学研究、技术服务和地质勘查业	0.87	0.49	0.38
水利、环境和公共设施管理业	0.96	0.25	0.71
居民服务和其他服务业	7.70	2.82	4.88
教育	4.56	1.71	2.85
卫生、社会保障和社会福利业	2.25	0.75	1.50
文化、体育和娱乐业	2.84	0.34	2.50
公共管理和社会组织	4.11	3.57	0.54
失业人员	9.40	4.25	5.15
非经济活动人员	30.66	4.31	26.35

统计资料

QING YANG YEARBOOK

农村基层组织情况

	计算单位	2009	2010	2011	2012	2013	2014
一、农村基层组织							
村民委员会	个	1260	1261	1261	1261	1261	1261
村民小组	个	9086	9088	9107	9107	9107	9107
二、乡村户数	万户	51.00	52.21	52.57	52.88	53.25	53.91
三、乡村人口	万人	228.99	230.54	229.37	229.57	228.80	229.39
四、基本情况							
村镇现有房屋	万平方米	10769.64	10956.18	11367.91	11739.36	12132.39	12325.19
自来水受益村	个	712	755	751	819	864	877
通公路的乡镇	个	116	116	116	116	116	116
通电的村	个	1260	1261	1261	1261	1261	1261
通电话的村	个	1216	1237	1250	1256	1256	1256
通有线电视的村	个	265	283	297	286	311	332
五、乡村劳动力	万人	115.79	114.66	116.96	117.63	117.28	117.92
按性别分							
男	万人	61.36	61.59	63.09	63.39	63.74	63.93
女	万人	54.43	53.07	53.87	54.24	53.54	53.98
按文化程度分							
高中以上以上程度	万人	20.21	22.07	22.40	24.33	25.64	26.28
初中程度	万人	49.11	48.32	46.23	49.69	49.75	50.34
小学程度	万人	40.70	38.74	42.83	38.45	36.93	36.39
文盲、半文盲	万人	5.77	5.53	5.50	5.26	4.96	4.9
按行业分							
农林牧渔业	万人	78.51	73.05	70.16	70.25	68.14	68.51
工业	万人	5.30	8.25	5.46	5.51	5.96	5.67
建筑业	万人	5.97	6.42	7.80	8.10	8.91	9.32
交通运输和邮电业	万人	2.23	2.42	2.37	2.69	2.90	3.00
批发零售贸易业	万人	3.44	1.64	3.69	3.99	4.13	4.09
住宿和餐饮业	万人	1.51	3.86	1.90	2.06	2.22	2.35
文化艺术和教育	万人	0.90	0.85	0.72	0.77	0.84	0.87
卫生体育和社会福利	万人	0.38	0.50	0.53	0.64	0.67	0.74
科学研究	万人	0.42	0.28	0.25	0.31	0.37	0.36
乡（镇）务管理	万人	0.19	0.12	0.12	0.12	1.35	1.19
金融保险业	万人	0.10	0.42	0.15	0.22	0.24	0.26
其他	万人	16.59	16.57	23.54	22.65	21.17	21.28

注：本表乡村人口来自农业年报，由于流入、流出人口因素，与人口抽样调查推算结果有差距。

2014 年分县区农村

	计算单位	全　市	西峰区	庆城县	环　县
一、农村基层组织					
村民委员会	个	1261	100	153	251
村民小组	个	9107	956	1053	1487
二、乡村户数	万户	53.91	6.34	5.62	7.45
三、乡村人口	万人	229.39	25.85	23.95	32.84
四、基本情况					
村镇现有房屋	万平方米	12325.19	1576.91	740.01	1285.38
自来水受益村	个	877	100	90	11
通公路的乡镇	个	116	7	15	20
通电的村	个	1261	100	153	251
通电话的村	个	1256	100	153	251
通有线电视的村	个	332	98	22	72
五、乡村劳动力	万人	117.92	13.81	12.94	17.17
按性别分					
男	万人	63.93	7.45	7.12	9.69
女	万人	53.98	6.37	5.82	7.48
按文化程度分					
高中以上程度	万人	26.28	3.61	2.86	2.61
初中程度	万人	50.34	6.53	5.94	6.67
小学程度	万人	36.39	3.58	3.63	6.33
文盲、半文盲	万人	4.9	0.10	0.52	1.56
按行业分					
农林牧渔业	万人	68.51	7.59	8.35	8.46
工　业	万人	5.67	1.23	0.40	0.49
建筑业	万人	9.32	2.04	0.94	0.85
交通运输邮电业	万人	3.00	0.70	0.41	0.20
批发零售贸易业	万人	4.09	0.63	0.36	0.45
住宿和餐饮业	万人	2.35	0.31	0.36	0.24
文化艺术和教育	万人	0.87	0.15	0.10	0.15
卫生体育和社会福利	万人	0.74	0.09	0.10	0.09
科学研究	万人	0.36	0.15	0.01	0.02
乡（镇）务管理	万人	1.19	0.02	0.12	0.23
金融保险业	万人	0.26	0.02	0.02	0.02
其　它	万人	21.28	0.81	1.71	5.93

基层组织情况

华池县	合水县	正宁县	宁　县	镇原县
111	80	94	257	215
646	498	677	1799	1991
2.65	3.82	5.05	11.75	11.23
11.51	15.27	21.43	50.95	47.58
489.45	725.11	895.18	4128.16	2484.99
56	74	84	249	213
15	12	10	18	19
111	80	94	257	215
111	80	89	257	215
15	21	33	63	8
6.49	8.23	11.75	26.28	21.23
3.60	4.38	6.30	14.15	11.24
2.89	3.86	5.44	12.13	9.99
1.05	1.81	2.70	7.05	4.58
2.05	3.72	4.83	11.15	9.45
2.88	2.46	3.57	7.32	6.63
0.51	0.25	0.65	0.76	0.56
5.42	5.20	7.25	14.47	11.76
0.68	0.16	0.17	1.74	1.38
0.15	0.53	0.39	2.96	1.47
0.07	0.24	0.25	0.55	0.47
0.13	0.30	0.27	1.31	0.64
0.11	0.21	0.19	0.74	0.19
0.05	0.07	0.03	0.19	0.14
0.04	0.07	0.04	0.24	0.05
0.06	0.01	-	0.08	0.03
0.09	0.08	0.12	0.24	0.29
-	0.05	0.01	0.08	0.04
0.26	1.25	3.00	3.63	4.69

2014年分县区农村

	计算单位	全　市	西峰区	庆城县	环　县
一、乡村文化状况					
电影放映队	个	50	6	3	5
电影放映机	部	63	10	5	5
影剧院	个	58	6	4	5
乡镇文化站	个	119	8	17	20
村文化室	个	1261	100	153	251
二、乡村卫生状况					
乡镇卫生机构数	个	1496	178	183	274
#医　院	个	137	8	20	23
医院病床数	张	5711	639	398	617
医生人数	人	3739	579	263	437
卫生护理员	人	2246	280	219	269
三、乡村教育状况					
农村适龄儿童人数	万人	20.26	1.82	1.53	2.78
农村适龄儿童入学人数	万人	19.98	1.82	1.52	2.78
农村普通中学数	所	148	9	15	30
在校学生	万人	10.82	0.57	0.67	2.19
专职教师	人	1.00	0.07	0.08	0.18
农村小学数	所	1271	0.10	0.16	0.23
在校学生	万人	14.87	1.87	1.14	2.43
专职教师	人	1.57	0.42	0.12	0.18
四、农业科技					
科技机构	个	677	119	67	85
科技服务组织	个	494	60	45	73
科技人员	人	12557	4144	2714	2940

社会事业发展情况

华池县	合水县	正宁县	宁　县	镇原县
5	1	5	6	19
5	3	5	11	19
10	-	4	10	19
15	12	10	18	19
111	80	94	257	215
130	120	115	257	239
17	12	15	22	20
299	979	565	958	1256
213	263	556	603	825
97	242	288	484	367
0.85	2.24	2.03	4.89	4.13
0.83	2.15	1.97	4.79	4.11
11	7	16	33	27
0.29	0.41	1.10	2.59	3.00
0.03	0.04	0.12	0.21	0.27
89	70	87	269	267
0.59	1.10	1.36	3.05	3.35
620	713	1364	2755	3005
91	78	58	86	93
30	145	8	102	31
517	988	314	690	250

耕地面积变动情况

指　标	计算单位	2009	2010	2011	2012	2013	2014
年初耕地面积	万亩	666.46	669.54	668.90	668.67	674.76	677.94
当年增加耕地面积	万亩	6.65	1.98	2.97	8.18	4.75	3.40
#新开荒地面积	万亩	4.79	1.09	1.95	1.79	1.00	0.97
当年减少的耕地面积	万亩	3.57	2.62	3.20	2.09	1.60	1.34
#国家基建占地	亩	15028.17	5811.92	13858.87	9731.39	7306.10	0.41
乡村基建占地	亩	1764.60	2442.05	2156.10	1994.90	2547.30	0.27
农民庄基占地	亩	4892.57	3909.57	3952.30	3627.50	2056.00	0.25
还林还牧	亩	11580.30	12326.50	11546.00	2900.00	209.00	0.24
因灾废弃	亩	-	-	-	-	-	
其　它	亩	2481.90	1793.00	506.90	2588.00	3850.00	0.17
年末耕地面积	万亩	669.54	668.90	668.67	674.76	677.91	680.00
水　田	万亩	0.64	0.54	0.57	0.54	0.52	0.55
旱　地	万亩	668.9	668.36	668.10	674.22	677.39	679.45

2014年分县区耕地面积

单位：万亩

	年初耕地面积	当年新增耕地面积	当年减少耕地面积	年末耕地面积	附：15°以上坡地面积
全　市	677.94	3.40	1.34	680.00	185.99
西峰区	58.15	0.21	0.20	58.16	9.78
庆城县	81.39	0.22	0.08	81.53	14.28
环　县	137.06	1.20	0	138.26	53.95
华池县	51.48	0	0	51.48	12.83
合水县	35.66	0.24	0.36	35.54	5.62
正宁县	42.94	0	0	42.94	12.09
宁　县	96.01	0.44	0.14	96.30	12.50
镇原县	175.23	1.10	0.54	175.79	64.94

农业机械拥有量

指　标	计　算 单　位	2009	2010	2011	2012	2013	2014
农业机械总动力	千瓦	1210700	1309852	1439583	1545485	1633631	1790637
#柴油发动机动力	千瓦	1023500	1104896	1202740	1272956	1333894	1442477
汽油发动机动力	千瓦	31400	35137	36864	40903	62515	65589
电动机动力	千瓦	155700	169669	199779	231377	236923	282071
农业机械原值	万元	84700	98100	103800	80175	88130	82021
农业机械净值	万元	56700	62300	64100	47570	58302	54757
大中型拖拉机	台	7000	8627	9745	11020	13048	13916
大中型拖拉机	千瓦	19900	263672	293192	341362	453849	446643
小型拖拉机	台	18000	20027	21889	23645	25017	26925
小型拖拉机	千瓦	189200	185453	199599	241526	244481	278549
大中型拖拉机配套农具	部	11900	14445	36907	22045	19764	26771
小型拖拉机配套农具	部	33200	33095	36607	33659	34407	43523
农用排灌机械总动力	千瓦	67600	69316	73874	77277	76450	81410
联合收割机	台	240	197	265	375	515	341
机动割晒机	台	1500	2294	2736	3133	4267	4554
机动喷雾器	部	6000	13551	14337	8844	10734	11144
饲草加工机	台	4500	8518	11248	17776	17401	20029
榨油机	台	2500	2842	3137	3310	3354	3564
农用运输车	辆	41700	41017	42648	44071	39595	41716

2014 年分县区农业

	计算单位	全市	西峰区	庆城县	环县
农业机械总动力	千瓦	1790637	300079	230200	175053
#柴油发动机动力	千瓦	1442477	247742	189500	127743
汽油发动机动力	千瓦	65589	2697	5700	14153
电动机动力	千瓦	282071	49640	35000	33156
农业机械原值	万元	82021	18449	13000	15527
农业机械净值	万元	54757	14125	8960	9316
大中型拖拉机台数	台	13916	2178	748	2703
大中型拖拉机功率	千瓦	446643	79356	25418	73861
小型拖拉机台数	台	26925	4072	5056	1192
小型拖拉机功率	千瓦	278549	41238	44942	10728
大中型拖拉机配套农具	部	26771	5316	878	6217
小型拖拉机配套农具	部	43523	6790	8522	2742
农用排灌机械总动力	千瓦	81410	27839	6332	880
联合收割机	台	341	42	21	12
推土机	台	-	-	-	-
机动脱粒机	台	68502	450	431	1397
铺膜机（小型）	台	4808	111	790	2376
机动喷雾器	台	11144	1909	1653	320
饲草加工机	台	20029	1166	1460	1105
榨油机	台	3564	312	27	213
农用运输车	辆	41716	3820	6978	3020

机械拥有量

华池县	合水县	正宁县	宁　县	镇原县
162000	168390	172071	280300	302544
144500	122660	113625	232660	264046
–	27630	8139	1129	6142
17500	17600	50307	46511	32356
0.80	6800	9874	18366	4.07
–	5100	5924	11330	2.41
1084	918	915	2398	2972
32876	31676	32706	93411	77339
796	4122	2730	4856	4101
5896	64516	26582	43212	41435
2395	2295	1562	3778	4330
1241	5280	5123	5668	8157
7880	–	–	–	–
11	4	15	89	147
–	–	–	–	–
6074	50940	2620	3092	3498
268	308	135	123	697
–	1882	3313	1029	1038
7128	869	1711	3310	3280
420	150	1523	482	437
5330	3250	3233	4120	11965

主要年份农林牧渔业总产值

单位：万元

	农林牧渔业总产值	农业	林业	牧业	渔业	农林牧渔服务业
2000	284730	214089	14052	56171	418	–
2001	293758	221106	11395	60810	447	–
2002	336464	250317	16864	68900	383	–
2003	381175	272248	24919	78149	364	5495
2004	449709	329974	20279	92170	395	6891
2005	500536	367976	22039	104068	450	6003
2006	513011	392294	14381	99136	444	6754
2007	582075	435217	18913	119523	461	7961
2008	735126	559787	18140	97837	524	58837
2009	785673	603312	15665	103477	544	62675
2010	924906	723127	15328	117557	596	68298
2011	1024549	799388	14958	133333	651	76219
2012	1292821	1022171	18535	161238	728	90149
2013	1403728	1105275	23634	174792	902	99125
2014	1419730	1092576	36211	178918	1057	110968

主要年份农林牧渔业总产值指数

	农林牧渔业	农业	林业	牧业	渔业	农林牧渔服务业
（上年=100）						
2001	104.7	104.3	50.1	113.8	99.4	–
2002	109.5	109.4	185.7	107.9	76.7	–
2003	106.9	104.9	127.5	106.5	99.4	–
2004	108.7	112.1	78.7	109.7	101.0	117.4
2005	105.9	105.1	110.4	105.5	116.8	112.4
2006	104.5	103.8	96.7	110.0	104.6	112.7
2007	105.1	104.2	106.7	105.1	102.9	118.5
2008	113.7	112.9	78.3	128.6	105.5	117.5
2009	110.7	110.4	101.5	117.2	99.9	90.4
2010	106.0	106.9	79.3	104.2	112.6	105.1
2011	103.8	103.5	119.9	101.4	100.7	107.7
2012	108.8	108.9	120.3	104.1	106.0	114.1
2013	105.2	104.8	112.7	106.2	118.0	106.3
2014	105.7	104.6	132.0	108.3	117.0	109.5

主要年份农林牧渔业总产值指数

	农林牧渔业	农业	林业	牧业	渔业	农林牧渔服务业
（2000 年=100）						
2001	104.7	104.3	50.1	113.8	99.4	-
2002	114.6	114.1	93.0	122.8	76.2	-
2003	122.6	119.7	118.6	130.8	75.8	-
2004	133.2	134.2	93.4	143.5	76.5	117.4
2005	141.1	141.0	103.1	151.3	89.4	132.0
2006	147.4	146.4	99.7	166.5	93.5	148.7
2007	154.9	152.5	106.3	175.0	96.2	176.2
2008	176.2	172.2	83.3	225.0	101.5	207.1
2009	195.0	190.1	84.5	263.7	101.4	187.2
2010	206.7	203.2	67.0	274.8	114.2	196.7
2011	214.6	210.3	80.3	278.7	115.0	123.0
2012	233.5	229.0	96.2	290.1	115.8	140.2
2013	245.6	240.0	108.4	308.1	136.6	149.0
2014	259.6	251.0	143.1	333.6	159.8	163.2

主要年份农林牧渔业增加值

单位：万元

	农林牧渔业增加值	农业	林业	牧业	渔业	农林牧渔服务业
2000	150147	108271	6120	35362	394	-
2001	156994	113514	3067	40025	389	-
2002	174079	124562	5811	43423	282	-
2003	188877	133042	7037	46710	274	1813
2004	230522	168345	6507	53621	285	1764
2005	268536	198115	8210	59896	334	1981
2006	283800	211671	8568	60981	350	2229
2007	324389	237442	10449	73409	362	2627
2008	388310	302439	10935	59209	429	15297
2009	435014	341807	6997	69491	423	16295
2010	510173	408519	6365	77051	480	17757
2011	582632	465453	6255	90575	531	19817
2012	729991	589919	6502	109532	599	23439
2013	795827	643294	9613	116456	693	25773
2014	806238	645576	12559	118449	803	28852

主要年份农林牧渔业增加值指数

	农林牧渔业	农业	林业	牧业	渔业	农林牧渔服务业
（上年=100）						
2001	104.0	104.1	50.1	113.2	98.5	-
2002	110.4	109.0	189.8	108.7	72.9	-
2003	106.3	104.8	124.8	108.1	99.8	-
2004	108.9	112.5	77.3	104.1	100.0	117.4
2005	105.7	105.6	112.0	105.2	117.6	112.4
2006	104.0	102.0	96.3	110.0	104.8	112.5
2007	104.6	104.0	107.8	105.6	103.1	117.9
2008	113.5	112.5	76.9	128.6	105.5	113.2
2009	110.7	110.3	101.8	117.9	98.6	98.0
2010	106.3	107.1	77.8	103.7	113.5	104.9
2011	106.8	106.8	124.3	105.0	101.9	107.7
2012	107.5	107.9	101.1	104.1	107.0	114.1
2013	105.7	105.7	120.4	104.2	110.0	106.3
2014	105.8	104.8	132.2	108.5	117.2	109.7

主要年份农林牧渔业增加值指数

	农林牧渔业	农业	林业	牧业	渔业	农林牧渔服务业
（2000 年=100）						
2001	104.0	104.1	50.1	113.2	98.5	-
2002	114.8	113.5	95.1	123.0	71.8	-
2003	122.0	118.9	118.7	133.0	71.7	-
2004	132.9	133.8	91.7	138.5	71.7	117.4
2005	140.5	141.3	102.7	145.7	84.3	132.0
2006	146.1	144.1	98.9	160.2	88.3	148.5
2007	152.8	149.9	106.7	169.2	91.1	175.0
2008	173.5	168.6	82.0	217.6	96.1	198.1
2009	192.0	186.0	83.5	256.6	94.7	194.2
2010	204.1	199.2	65.0	266.0	107.5	203.7
2011	218.0	212.8	80.8	279.3	109.5	219.4
2012	235.9	231.1	80.9	290.7	117.2	250.3
2013	249.3	244.3	97.4	302.9	128.9	266.1
2014	263.8	268.1	170.0	328.6	177.1	291.1

2014年分县区农林牧渔业增加值

单位：万元

	农林牧渔业增加值	农业	林业	牧业	渔业	农林牧渔服务业
全市	806238	625576	12559	188449	803	28852
西峰区	114956	86548	1060	10069	126	17154
庆城县	88724	76718	1169	8874	50	1913
环县	88849	59834	599	28139	88	189
华池县	52121	38106	2876	10959	82	97
合水县	72063	60167	3184	8415	91	206
正宁县	90955	82661	855	5043	99	2297
宁县	143657	118753	1299	21770	43	1792
镇原县	154913	122791	1516	25181	223	5203

2014年分县区农林牧渔业增加值指数

单位：%

	农林牧渔业	农业	林业	牧业	渔业	农林牧渔服务业
全市	105.8	104.8	132.2	108.5	117.2	109.7
西峰区	105.4	103.9	160.1	110.7	108.7	108.3
庆城县	105.8	105.5	115.3	106.0	111.1	109.8
环县	105.0	103.3	2231.8	106.9	112.5	105.1
华池县	105.9	105.6	114.3	105.1	104.8	106.4
合水县	105.6	106.8	84.3	106.2	111.8	108.2
正宁县	106.0	105.3	202.2	106.4	129.4	115.3
宁县	106.1	105.5	206.2	105.2	81.4	113.5
镇原县	106.4	103.5	305.4	116.8	142.8	110.7

2014年分县区农林牧

	全　市	西峰区	庆城县	环　县
农林牧渔业产值	1419730	211241	161759	169178
农业产值	1092576	127915	134498	124836
#粮食作物产值	521621	45205	52898	106499
主产品产值				
#谷　物	372968	27568	34067	86160
豆　类	35912	5990	5614	3906
油　料	66309	7222	7429	6381
烟　叶	4242	-	-	-
药　材	66310	1724	2209	3937
薯　类	37518	2882	3485	10052
蔬菜、瓜果	298507	42967	37519	8480
副产品产值				
#粮食作物副产品	62921	4381	5460	15225
经济作物副产品	1029655	123534	129038	109611
其它农业产值				
林业产值	36211	2134	3924	5250
#营　林	14243	1058	1698	2202
林产品	2510	326	-	-
竹木采伐	-	-	-	-
牧业产值	178918	15078	15917	38274
牛的饲养	56285	2328	6098	5927
猪的饲养	54837	8364	4835	9459
羊的饲养	36867	2110	3661	17198
家禽饲养	13295	641	668	1306
渔业产值	1057	135	63	91
农林牧渔服务业产值	110968	10915	1819	727

渔业分项产值

单位：万元

华池县	合水县	正宁县	宁　县	镇原县
86230	129226	153094	246626	262375
65395	109156	131730	201378	197667
43313	32890	35071	90520	115224
34929	22247	19505	50045	98447
2679	2627	1833	12580	684
3842	5184	6185	15503	14562
–	–	4242	–	–
4451	2481	30580	16909	4019
1863	2736	2946	12345	1208
12389	38175	30200	76884	51894
5321	3756	3307	8395	17076
60074	105400	128423	192983	–
5698	5101	4116	3689	6299
3189	1413	750	2490	1442
–	1925	259	–	–
14673	14042	8257	34594	38083
3687	3373	2479	–	–
4821	4026	3480	12457	7394
3476	3596	472	1944	4411
832	858	745	2006	6241
90	136	155	72	315
374	790	8836	6893	20011

农作物播种面积

单位：万亩、%

指　　标	2009	2010	2011	2012	2013	2014
农作物播种面积	945.82	943.26	950.16	969.55	988.90	990.50
谷物及其它作物播种面积	781.92	781.65	791.45	808.66	825.22	826.09
#谷物播种面积	505.41	515.75	502.65	532.15	553.87	571.40
#小　麦	232.44	195.85	195.18	197.06	184.41	183.94
玉　米	174.45	232.69	225.69	257.35	294.72	326.94
豆　类	74.95	73.14	77.55	73.33	73.15	70.56
薯　类	56.17	58.82	75.40	74.16	69.63	62.30
油　料	117.64	110.74	115.23	109.07	109.30	106.58
烟　叶	3.18	3.16	3.37	3.55	4.08	2.24
其　他	24.57	19.99	17.25	16.40	15.19	13.00
蔬菜园艺播种面积	121.53	117.99	120.37	120.64	122.64	124.51
#蔬　菜	121.22	117.84	120.17	120.38	122.27	124.09
花　卉	0.31	0.15	0.20	0.26	0.37	0.42
瓜果、坚果及香料播种面积	30.61	31.90	27.40	27.84	24.94	23.25
#瓜　类	27.62	29.41	25.75	26.16	23.60	21.93
药材播种面积	11.76	11.72	10.94	12.41	16.10	16.64
占总播种面积的比重						
谷物及其它作物播种面积	82.67	82.87	83.30	83.41	83.45	83.40
#谷物播种面积	53.44	54.68	52.90	54.89	56.00	57.69
#小　麦	24.58	20.76	20.54	20.32	18.65	18.57
玉　米	18.44	24.67	23.75	26.54	29.80	33.01
豆　类	7.92	7.75	8.16	7.56	7.40	7.12
薯　类	5.94	6.24	7.94	7.65	7.04	6.3
油　料	12.44	11.74	12.13	11.25	11.05	10.76
烟　叶	0.34	0.34	0.36	0.36	0.41	0.23
其　他	2.60	2.12	1.82	1.69	1.54	1.31
蔬菜园艺播种面积	12.85	12.51	12.67	12.44	12.40	12.57
#蔬　菜	12.82	12.49	12.65	12.42	12.36	12.53
花　卉	0.03	0.02	0.02	0.03	0.04	0.04
瓜果、坚果及香料播种面积	3.24	3.38	2.88	2.87	2.52	2.35
#瓜　类	2.92	3.12	2.71	2.70	2.39	2.21
药材播种面积	1.24	1.24	1.15	1.28	1.63	1.68

主要农产品产量

单位：万吨

产品名称	2008	2009	2010	2011	2012	2013	2014
粮食总产量	107.04	110.87	127.71	122.41	155.75	158.95	164.23
夏粮产量	41.26	37.26	39.28	34.24	42.74	34.02	40.88
#冬小麦	41.06	36.83	38.98	34.15	42.34	33.82	40.60
春小麦	0.08	0.07	-	-	-	-	-
秋粮产量	65.78	73.61	88.43	88.17	113.01	124.93	123.35
#稻　谷	0.14	0.19	0.19	0.19	0.22	0.24	0.19
玉　米	40.12	51.76	66.69	60.46	83.06	95.11	97.98
高　粱	2.41	2.51	2.39	1.93	1.19	1.23	1.20
薯　类	8.02	6.18	6.46	11.35	13.24	12.10	10.93
糜　子	4.50	2.95	3.35	2.98	3.07	3.13	2.15
谷　子	1.14	1.00	0.78	0.80	0.69	0.91	1.00
豆　类	8.16	7.16	7.35	8.33	9.41	9.89	8.16
#大　豆	7.63	6.56	6.76	7.65	8.02	8.64	7.08
其他谷物	0.21	0.16	0.66	0.03	-	-	-
油料产量	10.15	10.78	10.90	12.07	13.17	14.03	14.67
#胡　麻	1.88	1.21	1.63	1.98	2.05	2.96	2.65
油菜籽	4.82	6.18	6.23	5.56	6.66	5.84	6.66
葵花籽	1.16	0.63	0.61	0.79	0.75	0.97	0.90
花　生	0.22	0.16	0.16	0.29	0.39	0.42	0.44
烟　叶	0.63	0.74	0.78	0.81	0.87	1.03	0.57
#烤　烟	0.60	0.72	0.76	0.79	0.85	1.00	0.51
药　材	4.51	4.79	5.64	5.32	6.88	9.55	10.06
#党　参	0.19	0.32	0.17	0.18	0.21	0.21	0.23
黄花菜	3.29	3.76	3.40	3.85	3.13	3.57	3.67
白瓜籽	0.38	0.40	0.35	0.31	0.24	0.25	0.32
蔬　菜	68.24	74.8	72.56	75.69	79.45	81.46	87.27
瓜　类	69.58	73.36	82.12	74.58	79.90	80.93	75.65

2014年分县区农作物

	计算单位	全 市	西峰区	庆城县	环 县
农作物播种面积合计	万亩	990.50	84.71	140.33	206.69
#谷物及其他作物播种面积	万亩	826.09	63.15	1068499	198.84
#粮食作物播种面积	万亩	704.27	49.51	84.96	184.78
#不包括复种的面积	万亩	579.15	34.97	68.03	158.54
粮食作物总产量	吨	1642304	128415	156977	380555
单 产	公斤	233.19	259.34	184.79	205.97
#夏粮播种面积	万亩	186.58	24.41	31.73	17.77
产 量	吨	408754	58096	68248	19840
单 产	公斤	219.10	238.02	214.94	111.42
谷物播种面积	万亩	571.40	39.87	66.97	150.97
产 量	吨	1451314	106795	134093	342027
稻谷播种面积	万亩	0.60	-	-	-
产 量	吨	1920	-	-	-
单 产	公斤	316.67	-	-	-
小麦播种面积	万亩	183.94	21.41	31.73	16.00
产 量	吨	405993	58096	68248	18571
单 产	公斤	220.72	271.37	214.94	116.25
# 春播小麦种面积	万亩	-	-	-	-
产 量	吨	-	-	-	-
单 产	公斤	-	-	-	-
玉米播种面积	万亩	326.94	6.42	22.13	125.10
产 量	吨	979761	34740	49113	319450
单 产	公斤	299.69	556.09	221.87	255.40
谷子播种面积	万亩	5.66	1.24	1.15	0.08
产 量	吨	9963	4968	1610	44
单 产	公斤	176.68	403.2	139.13	50
糜子播种面积	万亩	27.19	6.79	5.79	1.97
产 量	吨	21490	7580	6076	61
单 产	公斤	79.07	111.92	105.35	3
高粱播种面积	万亩	2.72	-	0.55	-
产 量	吨	12018	-	1050	-
单 产	公斤	441.18	-	181.82	-

播种面积、产量（一）

华池县	合水县	正宁县	宁　县	镇原县
86.94	64.87	54.55	154.72	197.67
74.92	44.25	41.01	124.18	172.89
67.44	34.63	27.61	100.71	154.63
60.57	28.05	17.87	66.95	144.18
133561	102041	90307	258464	391984
198.10	294.54	327.06	256.68	253.51
7.74	10.47	8.64	45.03	40.78
13274	25128	20570	109424	94173
171.83	239.73	238.43	242.95	230.75
47.73	25.69	21.08	67.33	151.76
121156	87889	77676	194722	386955
–	0.60	–	–	–
–	1920	–	–	–
–	316.67	–	–	–
6087	10.47	8.64	45.03	40.78
11782	25.28	20570	109424	94173
171.76	239.73	338.43	242.95	230.75
–	–	–	–	–
–	–	–	–	–
–	–	–	–	–
35.30	10.00	9.00	18.79	100.20
105611	56458	48068	78918	287404
299.15	565.00	534.44	419.90	286.83
0.77	0.21	0.77	1.20	0.24
597	291	860	1200	392
77.92	142.86	116.88	100	166.67
0.61	2.13	1.49	1.01	7.40
403	1744	1664	869	3093
65.57	79.81	114.09	89.11	41.90
0.12	0.25	1.18	0.50	0.80
140	792	6514	3210	224
83.3	320.00	550.84	640.00	25.00

2014 年分县区农作物

	计算单位	全 市	西峰区	庆城县	环 县
荞麦播种面积	万亩	24.27	1.02	5.61	7.70
产 量	吨	20108	1411	7995	3754
单 产	公斤	82.82	137.25	142.60	49.35
豆类播种面积	万亩	40.56	6.26	10.39	10.25
产 量	吨	81648	13220	12726	9231
单 产	公斤	201.18	210.86	122.23	89.76
大豆播种面积	万亩	57.98	6.26	8.53	6.95
产 量	吨	70761	13220	11195	6448
单 产	公斤	122.11	210.86	131.30	92.09
其他豆类播种面积	万亩	12.58	-	1.85	3.30
产 量	吨	10887	-	1531	2783
单 产	公斤	86.65	-	81.08	84.85
薯类播种面积	万亩	62.30	3.38	7.61	23.56
产 量	吨	109342	8399	10158	29297
单 产	公斤	175.44	248.52	134.03	124.36
油料播种面积	万亩	106.58	9.35	15.49	14.06
产 量	吨	146668	15194	17307	12509
单 产	公斤	137.64	162.57	111.68	88.90
胡麻籽播种面积	万亩	23.73	-	2.31	7.52
产 量	吨	26514	-	1385	6016
单 产	公斤	111.67	-	60.60	79.79
油菜籽播种面积	万亩	45.72	6.99	8.85	0.50
产 量	吨	66570	10331	7967	695
单 产	公斤	145.67	147.35	90.40	140.00
葵花籽播种面积	万亩	8.70	0.10	0.40	6.04
产 量	吨	9008	260	323	5798
单 产	公斤	103.45	300.00	75.00	96.03
花生播种面积	万亩	1.83	1.22	0.23	-
产 量	吨	4408	3260	228	-
单 产	公斤	240.44	270.49	86.96	-
其他油料播种面积	万亩	26.60	1.04	3.70	-
产 量	吨	40168	1342	7404	-
单 产	公斤	151.13	125.00	200.00	-

播种面积、产量（二）

华池县	合水县	正宁县	宁　县	镇原县
4.07	2.03	-	0.80	3.05
2623	1556	-	1101	1669
63.88	78.82	-	137.50	55.74
9.33	4.61	3.43	25.24	1.06
6975	6177	4045	27764	1509
75.03	134.49	116.62	110.14	141.51
3.19	3.32	3.43	25.24	1.61
2131	4449	4045	27764	1509
65.83	132.53	116.62	110.14	93.17
6.14	1.29	-	-	-
4844	1729	-	-	-
78.18	131.78	-	-	-
10.38	4.33	3.10	8.14	1.81
5430	7975	8586	35978	3519
52.02	184.76	277.42	442.26	193.37
7.48	9.36	10.16	23.32	17.36
7651	11800	16249	35905	30054
101.60	126.07	159.45	153.95	173.39
6.42	0.17	-	0.05	7.27
6006	365	-	36	12707
93.46	235.29	-	80.00	174.69
1.06	4.78	1.10	15.04	7.39
1645	7142	1452	23763	13575
150.94	148.54	136.36	158.24	185.39
-	0.06	-	0.03	2.07
-	122	-	70	2435
-	166.67	-	233.33	115.94
-	0.16	-	0.10	0.12
-	501	-	182	237
-	312.50	-	200.00	166.67
-	4.20	9.06	8.10	0.50
-	3670	14797	11854	1100
-	88.10	163.36	146.91	220.00

2014年分县区农作物

	计算单位	全市	西峰区	庆城县	环县
烟叶播种面积	万亩	2.24	-	-	-
产量	吨	5743	-	-	-
单产	公斤	254.46	-	-	-
蔬菜园艺播种面积	万亩	124.51	18.88	29.84	6.23
蔬菜播种面积	万亩	124.09	18.56	29.83	6.23
产量	吨	872675	151550	127290	33228
单产	公斤	703.36	816.81	426.04	532.91
黄花菜播种面积	万亩	45.61	4.57	15.67	3.18
产量（干品）	吨	36652	8176	7990	1262
单产	公斤	80.46	179.43	51.05	40.88
辣椒干播种面积	万亩	11.44	1.98	1.98	0.07
产量	吨	27377	7902	2424	24
单产	公斤	239.51	398.99	121.12	28.57
食用菌产量	吨	1418	80	266	-
其它蔬菜播种面积	万亩	67.04	12.02	12.18	2.99
产量	吨	807229	135392	116610	31942
单产	公斤	1204.06	1126.46	957.31	1066.89
瓜果等作物播种面积	万亩	23.25	1.82	2.89	0.87
瓜类播种面积	万亩	21.93	1.79	2.64	0.87
产量	吨	756477	26850	47206	16247
单产	公斤	3449.61	1502.79	1787.88	1862.07
#西瓜播种面积	万亩	20.12	1.55	1.94	0.76
产量	吨	736099	23250	41482	15941
单产	公斤	3658.55	1503.23	2139.18	2092.11
白瓜籽播种面积	万亩	1.00	-	-	-
产量	吨	3157	-	-	-
单产	公斤	320.00	-	-	-
药材播种面积	万亩	16.64	0.87	0.76	0.75
产量	吨	100566	2780	3097	6350
单产	公斤	604.57	321.84	407.89	853.33

播种面积、产量（三）

华池县	合水县	正宁县	宁　县	镇原县
–	–	2.24	–	–
–	–	5743	–	–
–	–	254.46	–	–
8.24	18.33	7.59	16.20	19.21
8.24	18.33	7.59	16.10	19.21
44931	131362	141762	150801	91751
544.90	716.86	1868.25	936.65	477.8
0.65	9.43	0.002	2.51	9.60
536	3058	5	1586	14039
76.92	32.87	250.00	63.75	145.83
0.04	1.23	0.59	4.67	0.88
27	5495	2955	5079	3471
75.00	447.15	508.47	109.21	397.73
–	210	382	480	–
7.55	7.66	6.99	8.92	8.74
44369	122599	138420	143656	74241
588.08	1600.52	1979.97	1610.99	848.97
1.74	2.00	0.81	9.02	4.09
1.18	1.53	0.81	9.00	4.09
18323	58283	27789	359556	202224
1550.85	3810.46	3432.10	3995.56	4943.77
1.18	1.33	0.76	8.50	4.09
18323	53200	26617	355062	202224
1550.85	4000.00	3500.00	4177.65	4943.77
0.56	0.44	–	–	–
505	2652	–	–	–
89.29	613.64	–	–	–
2.04	0.29	5.14	5.32	1.48
6173	1768	48353	26312	5734
303.92	620.69	941.63	494.36	385.14

2014年分县区果园面积

	计算单位	全　市	西峰区	庆城县	环　县
果园面积	万亩	171.77	23.84	30.91	9.28
#当年新植	万亩	17.80	1.88	1.55	0.51
苹果园	万亩	119.91	19.94	22.93	3.60
当年新植	万亩	13.91	1.13	1.53	0.41
梨　园	万亩	0.60	0.20	0.05	0.03
当年新植	万亩	1.00	-	-	-
桃　园	万亩	0.74	0.28	0.11	0.03
当年新植	万亩	0.39	0.17	-	-
杏　园	万亩	36.10	2.15	4.94	5.42
当年新植	万亩	0.88	0.11	0.02	0.10
枣　园	万亩	4.22	0.11	1.65	0.03
当年新植	万亩	0.11	-	0.02	-
桑园面积	万亩	-	-	-	-
水果总产量	吨	650542	113941	141976	24582
#苹果产量	吨	543719	107432	123416	13899
梨产量	吨	3611	1178	304	156
桃产量	吨	5676	1538	1111	219
杏产量	吨	65366	2303	8531	9407
红枣产量	吨	7900	133	1651	100
桑叶产量	吨	-	-	-	-
当年造林面积	万亩	84.78	6.30	10.11	13.11
#防护林	万亩	82.19	6.16	10.11	12.91
经济林	万亩	1.11	-	-	0.20
封山育林面积	万亩	96.69	4.46	13.70	15.62
主要林产品产量					
核　桃	吨	8820	2635	494	126
花　椒	吨	1151	211	0.002	-

及林业生产情况

华池县	合水县	正宁县	宁　县	镇原县
5.93	22.06	19.82	25.89	34.04
0.96	0.71	2.70	5.47	4.02
1.21	18.19	17.82	21.00	15.22
0.31	0.50	2.50	4.45	3.09
0.02	0.02	0.12	0.05	0.11
-	0.10	-	-	-
0.02	0.01	0.14	0.05	0.09
-	0.10	0.01	0.11	-
1.74	3.32	0.88	1.89	15.77
0.24	0.005	0.01	0.20	0.20
0.02	0.13	0.12	2.10	0.05
-	-	0.01	0.10	-
-	-	-	-	-
18426	107242	101832	41815	100721
9000	99983	94172	24817	71000
160	669	155	361	627
-	597	132	1824	255
7914	2930	4515	5365	24400
20	578	51	5165	202
-	-	-	-	-
18.99	8.41	4.46	14.82	8.58
18.99	6.82	4.46	14.17	8.58
-	0.71	-	0.20	-
22.30	5.70	11.64	4.00	19.27
121	454	649	4000	341
46	29	586	256	-

2014年分县区

	计算单位	全市	西峰区	庆城县	环县
大牲畜年末存栏	万头	63.83	2.08	6.56	13.85
牛	万头	38.56	1.98	4.88	4.29
马	万匹	0.46	0.05	0.05	0.07
驴	万匹	21.04	0.03	1.50	7.39
骡	万匹	3.78	0.02	0.12	2.10
年末猪存栏	万头	42.56	6.02	3.75	7.46
能繁殖的母猪	万头	6.47	0.78	0.37	0.46
年末羊存栏	万只	187.14	11.43	20.68	78.62
山羊	万只	131.61	4.65	14.63	57.94
绵羊	万只	55.53	6.79	6.04	20.69
#细毛羊及改良羊	万只	10.75	3.47	0.04	0.56
半细毛羊及改良羊	万只	4.56	1.55	0.11	-
出栏的肉猪头数	万头	40.62	6.20	3.58	7.01
出售和自宰的肉用牛	万头	16.55	0.68	1.79	1.74
出售和自宰的肉用羊	万只	73.83	4.30	7.58	33.31
当年鸡（鸭、鹅）出栏	万只	197.34	6.45	6.37	11.47
肉类总产量	吨	70295	6356	6178	15249
猪肉	吨	30465	4647	2686	5255
牛肉	吨	19865	822	2152	2092
驴肉	吨	4777	-	40	1948
羊肉	吨	12144	688	1212	5661
禽肉	吨	2171	71	70	126
鲜蛋产量	吨	11542	632	667	1329
牛、羊奶产量	吨	11552	1164	446	-
山羊毛产量	吨	679	23	73	311
绵羊毛产量	吨	415	135	3	18
蜂蜜产量	吨	115	2	1	4

畜牧业生产情况

华池县	合水县	正宁县	宁　县	镇原县
5.93	2.95	1.63	9.49	21.35
2.67	2.65	1.57	9.37	11.15
0.06	0.09	0.02	0.05	0.08
1.90	0.16	0.02	0.05	9.98
1.29	0.05	0.02	0.02	0.15
3.90	3.36	2.82	9.95	5.30
0.26	1.36	0.58	2.29	0.37
19.69	19.17	2.52	10.51	24.52
12.99	17.95	1.91	6.58	14.97
6.70	1.22	0.61	3.92	9.55
0.10	0.26	0.51	1.92	3.89
0.08	-	0.10	1.71	1.00
3.57	2.98	2.58	9.23	5.48
1.08	0.99	0.73	4.91	4.62
7.22	7.46	0.97	3.96	9.02
7.62	8.3	7.06	17.1	132.97
5697	4753	3208	13716	15138
2678	2237	1934	6921	4108
1301	1191	875	5887	5546
238	19	-	27	2504
1156	1193	155	634	1444
84	91	78	188	1463
839	854	745	2054	4422
1800	4370	456	2480	836
65	90	10	33	75
5	8	17	92	137
1	-	23	25	59

2014 年分县区

	计算单位	全市	西峰区	庆城县	环县
农作物受灾面积	万亩	167.02	13.86	4.38	91.19
旱灾	万亩	36.97	12.36	-	0.42
水灾	万亩	9.93	1.03	0.24	3.74
风雹灾	万亩	106.27	0.14	4.13	85.43
霜冻灾	万亩	4.47	-	-	1.55
病虫灾	万亩	1.11	-	-	0.06
其他	万亩	5.33	0.34	-	-
农作物成灾面积	万亩	132.49	7.42	3.79	85.94
粮食作物减产面积	万亩	67.41	4.18	0.89	35.68
3 成以上至 5 成	万亩	28.40	3.96	0.36	3.54
5 成以上至 8 成	万亩	22.45	0.21	0.37	17.85
8 成以上至绝收	万亩	13.76	-	0.17	7.90
经济作物减产面积	万亩	16.62	3.24	2.90	1.58
3 成以上至 5 成	万亩	10.68	2.81	2.68	0.74
5 成以上至 8 成	万亩	2.06	0.42	0.21	0.53
8 成以上至绝收	万亩	0.99	-	0.01	0.32
因灾损失情况					
死亡人口	人	1	-	-	-
减少粮食	吨	133432	1436	1473	116979
减产油料	吨	19037	520	-	16375
死亡大牲畜	头	18	1	-	17
损坏民房	间	7150	405	34	5152
因灾缺粮人口	万人	112992	45	67	74870
得到国家救济的人次数	人次	251941	22293	37316	103410

自然灾害情况

华池县	合水县	正宁县	宁　县	镇原县
3.96	7.22	6.62	6.32	33.47
-	-	3.24	3.81	17.15
1.44	3.20	-	0.08	0.20
2.51	3.25	3.06	0.01	7.73
-	0.77	0.11	0.10	1.94
-	-	0.21	0.22	0.62
-	-	-	0.08	4.91
3.15	3.76	2.37	2.35	23.70
2.83	3.76	1.60	0.84	17.62
1.10	2.64	1.24	0.84	14.73
0.55	0.71	0.36	-	2.40
1.18	0.40	-	-	4.11
0.32	1.76	0.77	0.33	5.72
0.15	1.53	0.57	0.33	1.86
0.10	0.23	0.20	-	0.37
0.07	-	-	-	0.60
1	-	-	-	-
9418	1825	1104	463	733
1828	56	-	217	42
-	-	-	-	-
325	3.80	-	635	599
-	-	-	-	-
8292	50603	26500	2897	630

2014年分县区农村机械化、

	计算单位	全市	西峰区	庆城县	环县
农业机械化					
当年机耕地面积	万亩	573.75	89.03	45.33	58.05
占耕地面积	%	84.38	153.08	55.60	41.99
当年机播面积	万亩	534.14	80.04	45.53	61.95
占播种面积	%	78.55	137.64	55.84	44.81
农业水利化					
机电井	眼	2122	580	64	55
#完好数	眼	1825	580	64	55
有效灌溉面积	万亩	74.68	20.65	6.29	5.77
占总播种面积	%	7.53	24.38	4.48	2.79
水平梯条田面积	万亩	522.65	34.99	75.66	118.28
占总耕地面积	%	76.86	60.16	92.80	85.55
保证灌溉面积	万亩	51.73	16.44	4.55	3.54
农业电气化					
农村用电量	万千瓦时	56597.35	4344.45	7675.92	17974.68
#农村生产用电	万千瓦时	29014.79	2350.03	4370.73	10024.53
农民生活用电	万千瓦时	27583.56	1994.42	3305.19	7950.15
农村发电量	万千瓦时	1952	1100	-	-
农业化学化					
农用化肥实物量	吨	341728	30603	46279	66920
氮肥	吨	104898	9055	12233	24212
磷肥	吨	140601	11234	16201	26753
钾肥	吨	22997	1551	3709	5492
农用化肥折纯量	吨	101601	8328	14453	21968
氮肥	吨	38025	2289	3992	9958
磷肥	吨	20717	1635	2002	4668
钾肥	吨	10386	691	1718	2515
塑料薄膜使用量	吨	21896	1504	1290	9353
#棚膜使用量	吨	4239	1112	353	160

水利化、电气化和化学化情况

华池县	合水县	正宁县	宁　县	镇原县
34.05	58.20	53.03	120.11	115.97
-	-	-	-	-
30.60	48.45	53.03	106.2	108.35
-	-	-	-	-
27	181	218	397	600
-	44	218	347	517
6.43	3.68	4.29	11.50	16.08
7.40	5.77	7.86	7.43	8.13
50.50	34.46	26.61	46.75	135.39
98.10	96.96	61.97	48.55	77.02
4.91	2.43	0.96	8.27	10.63
1710.3	3572	3604	10517	7199
681.3	1563.2	1190	5203	3632
1029	2009.7	2414	5314	3567
-	-	-	252	600
15256	26735	30698	44026	79211
4665	7114	11265	14881	21473
6114	14376	9886	13388	42648
1202	1064	3747	2972	3260
5118	4920	12029	14256	20529
2146	1171	5069	5110	8290
734	1775	1186	2376	6340
601	421	1874	1322	1245
1910	1489	1033	1774	3543
490	661	404	647	411

农村机械化、水利化、电气化和化学化情况

指　　标	计算单位	2009	2010	2011	2012	2013	2014
农业机械化							
当年机耕地面积	万亩	454.20	309.99	323.27	511.61	522.06	573.75
占耕地面积	%	67.80	46.34	48.34	75.80	77.01	84.38
当年机播面积	万亩	440.49	304.75	318.62	501.41	522.63	534.14
占播种面积	%	46.60	32.31	33.53	51.70	52.85	53.95
农业水利化							
机电井	眼	2027.00	2072.00	2062.00	2052.00	2097.00	2122
#完好数	眼	2000.00	2045.00	1944.00	1937.00	1987.00	1825
有效灌溉面积	万亩	67.68	69.55	69.68	71.91	73.20	74.68
占总耕地面积	%	7.20	7.40	10.40	10.66	7.40	10.98
水平梯条田面积	万亩	595.66	457.61	622.70	498.23	511.90	522.65
占总耕地面积	%	89.00	68.40	93.12	73.80	75.51	76.86
保证灌溉面积	万亩	46.21	47.34	46.71	48.77	50.76	51.73
农业电气化							
农村用电量	万千瓦时	35817	38861.96	43555.23	49828.78	53708.02	56597.35
#农村生产用电	万千瓦时	18390	19944.57	22843.61	27011.16	27823.78	29014.79
农民生活用电	万千瓦时	17427	18917.39	20711.62	22817.62	25884.24	27582.56
农村发电量	万千瓦时	1850	1850	1850	1950.00	1950	1952
农业化学化							
农用化肥实物量	吨	281152	300387	299325	338386	336571.48	341728
氮　肥	吨	101488	93969	90478	105802	105316.21	104898
磷　肥	吨	110463	123161	124473	138537	137262	140601
钾　肥	吨	10681	17393	18690	22465	22387	22997
农用化肥折纯量	吨	89034	92245	92585	101613	101127	101601
氮　肥	吨	40497	35039	34764	39412	38273	38025
磷　肥	吨	15230	19523	124473	19799	19974	20717
钾　肥	吨	10182	7928	18690	10510	10153	10386
塑料薄膜使用量	吨	9845	11621	13558	16558	17421	21896
#棚膜使用量	吨	1163	1578	5075	3872	5337	4239

统计资料

QING YANG YEARBOOK

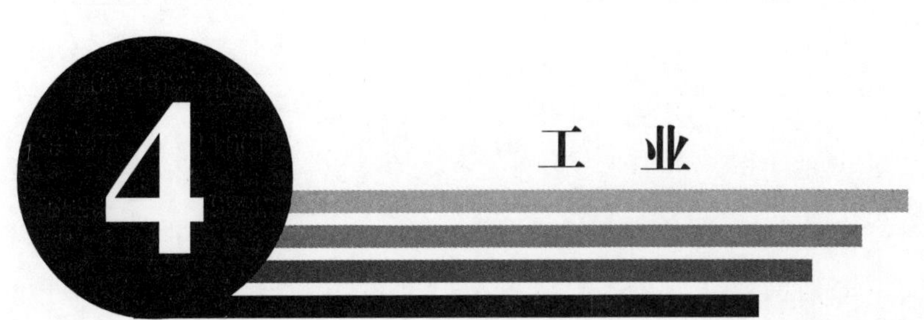

主要年份规模以上工业增加值指数

单位：%

	工业	中央	#油田	地方	按类型分 国有	集体	股份制	其他	按性质分 轻工业	重工业
（上年=100）										
2001	102.3	82.5	-	102.9	84.3	155.6	-	-	109.8	100.0
2002	111.5	116.8	111.0	111.4	128.3	111.4	-	113.8	108.5	111.6
2003	114.7	162.2	106.3	103.8	154.7	96.9	-	111.5	112.4	114.7
2004	122.4	119.5	123.4	115.7	116.7	118.2	123.8	108.4	102.3	123.6
2005	120.3	120.9	115.0	110.4	151.0	99.9	115.4	177.6	102.5	120.9
2006	118.1	117.5	115.5	129.1	129.0	137.0	115.9	125.6	123.9	117.9
2007	119.5	119.2	119.2	126.7	106.3	125.8	120.8	100.9	127.4	118.4
2008	118.2	117.7	117.9	126.5	112.5	119.7	116.0	149.6	136.2	117.4
2009	115.6	115.3	115.1	134.4	112.2	93.0	117.9	139.7	151.7	115.1
2010	122.1	122.7	121.8	132.6	119.1	116.2	121.8	132.9	129.1	121.9
2011	123.1	123.7	110.7	113.2	188.0	67.8	110.8	113.6	115.5	126.7
2012	119.0	117.6	126.1	140.1	118.3	118.3	149.3	147.7	101.9	120.4
2013	116.5	116.3	116.5	125.7	116.4	110.3	146.4	122.3	125.6	116.4
2014	111.2	111.4	112.1	106.4	111.4	76.8	113.5	87.0	106.4	111.3

主要年份规模以上工业增加值指数

单位：%

	工业	中央	#油田	地方	按类型分 国有	集体	股份制	其他	按性质分 轻工业	重工业
（2000年=100）										
2001	102.3	82.5	-	102.9	84.3	155.6	-	-	109.8	100.0
2002	114.1	96.4	111.0	114.6	108.2	173.3	-	113.8	119.1	111.6
2003	130.8	156.3	118.0	119.0	167.3	168.0	-	126.9	133.9	128.0
2004	160.1	186.8	145.6	137.7	195.3	198.5	123.8	137.5	137.0	158.2
2005	192.6	225.8	167.4	152.0	294.8	198.3	142.9	244.3	140.4	191.3
2006	227.5	265.3	193.4	196.2	380.3	271.7	165.6	306.8	174.0	225.5
2007	271.9	316.3	230.5	248.6	404.3	341.8	200.0	309.6	221.6	267.0
2008	321.4	372.2	271.8	314.5	454.8	409.2	232.0	463.1	301.9	313.5
2009	371.5	429.2	312.8	422.7	510.3	380.5	273.6	647.0	457.9	360.8
2010	453.6	526.6	381.0	560.4	607.8	442.2	333.2	859.9	591.2	439.8
2011	558.4	651.4	421.8	634.4	1142.7	299.8	369.2	976.8	682.8	557.3
2012	664.5	766.0	531.9	888.8	1351.8	3352.7	551.2	1442.7	695.8	670.9
2013	774.1	890.9	619.7	1117.2	1573.5	3698.0	807.0	1764.4	873.9	780.9
2014	860.8	992.5	694.7	1188.7	1752.9	2840.1	915.9	1535.0	929.8	869.1

2014年分县区规模

	全 市	西峰区	庆城县	环 县
全市总计	105	27	24	9
#地方工业	102	24	24	9
#中央企业	3	3	–	–
按登记注册类型分				
国有企业	5	4	–	1
中央企业	3	3	–	–
地方企业	2	1	–	1
集体企业	1	1	–	–
有限责任公司	31	6	4	5
其他有限责任公司	28	5	4	4
股份有限公司	3	2	–	–
私营企业	63	12	20	3
私营独资企业	–	–	–	–
私营合作企业	–	–	–	–
私营有限责任公司	56	10	16	3
私营股份有限公司	7	2	4	–
外商投资企业	1	1	–	–
中外合资经营企业	–	–	–	–
外资企业	1	1	–	–
按性质分				
轻工业	47	12	8	3
重工业	58	15	16	6
按企业规模分				
大型企业	4	2	–	–
中型企业	9	6	–	1
小型企业	92	19	24	8
按行业分				
石油和天然气开采业及辅助业	13	3	8	–
农副食品加工业	18	4	6	1
食品制造业	9	1	–	–
酒、饮料制造业	5	1	1	–
纺织业及其制品业	4	1	–	2
造纸及纸制品业	1	–	–	–
石油加工、炼焦及核燃料加工业	1	1	–	–
化学原料及化学制品制造业	6	3	–	–
医药制造业	5	2	1	–
塑料制品业	3	1	–	–
非金属矿物制品业	23	5	4	4
黑色金属冶炼及压延加工业	2	–	–	–
金属制品业	6	2	2	–
通用设备制造业	2	–	2	–
专用设备制造业	1	–	–	–
电力、热力的生产和供应业	3	1	–	2
水的生产和供应业	1	1	–	–

注：1、规模以上工业企业指年主营销售收入2000万元以上的工业企业。2、长庆油田公司单列。3、西峰区含庆阳供电公司、庆化公司

以上工业企业单位数

单位：个

华池县	合水县	正宁县	宁　县	镇原县
6	5	8	11	15
6	5	8	11	15
–	–	–	–	–
–	–	–	–	–
–	–	–	–	–
–	–	–	–	–
–	–	–	–	–
3	1	3	8	1
3	1	3	8	–
–	–	–	–	1
3	4	5	3	13
–	–	–	–	–
–	–	–	–	–
3	4	4	3	13
–	–	1	–	–
–	–	–	–	–
–	–	–	–	–
–	–	–	–	–
3	1	4	4	12
3	4	4	7	3
–	–	–	–	1
–	–	–	–	2
6	5	8	11	12
–	–	–	–	2
2	–	1	–	4
–	1	–	1	6
1	–	–	1	1
–	–	–	–	1
–	–	1	–	–
–	–	–	–	–
–	–	2	1	–
–	–	–	2	–
–	1	–	1	–
2	2	2	3	1
–	1	–	1	–
1	–	–	1	–
–	–	–	–	–
–	–	1	–	–
–	–	–	–	–
–	–	–	–	–

2014年分县区

	全　市	西峰区	庆城县	环　县
全市总计	7486017	2421415	288945	66077
#地方工业	1105818	327735	288945	66077
#中央企业	6380199	2093681	-	-
按登记注册类型分				
国有企业	6386938	2097919	-	2500
中央企业	6380199	2093681	-	-
地方企业	6739	4239	-	2500
集体企业	127886	127886	-	-
有限责任公司	412305	77386	58169	23427
其他有限责任公司	236949	12871	58169	21203
股份有限公司	36249	27732	-	-
私营企业	507485	75338	230776	40150
私营独资企业	-	-	-	-
私营合作企业	-	-	-	-
私营有限责任公司	443043	67179	178251	40150
私营股份有限公司	64442	8159	52525	-
外商投资企业	12848	12848	-	-
中外合资经营企业	-	-	-	-
外资企业	12848	12848	-	-
按性质分				
轻工业	379922	80315	114349	17185
重工业	7106095	2341100	174596	48892
按企业规模分				
大型企业	6602353	2207217	-	-
中型企业	170383	128076	-	28275
小型企业	713282	86123	288945	37802
按行业分				
石油和天然气开采业	4676329	192400	87871	-
农副食品加工业	147520	34506	88589	2500
食品制造业	53794	4858	-	-
酒、饮料制造业	55509	1604	11989	-
纺织服装业	19984	2043	-	14685
造纸及纸制品业	4077	-	-	-
石油加工、炼焦及核燃料加工业	2079331	2079331	-	-
化学原料及化学制品制造业	24503	7464	-	-
医药制造业	87324	27702	13772	-
塑料制品业	21041	2839	-	-
非金属矿物制品业	148869	22992	33478	44018
黑色金属冶炼及压延加工业	44645	-	-	-
金属制品业	45808	5608	23674	-
通用设备制造业	29572	-	29572	-
专用设备制造业	2769	-	-	-
电力、热力的生产和供应业	19224	14350	-	4874
水的生产和供应业	4239	4239	-	-

规模以上工业现价总产值

单位：万元

华池县	合水县	正宁县	宁　县	镇原县
14525	53758	21940	157840	175000
14525	53758	21940	157840	175000
–	–	–	–	–
–	–	–	–	–
–	–	–	–	–
–	–	–	–	–
–	–	–	–	–
7254	3453	8312	125688	108618
7254	3453	8312	125688	–
–	–	–	–	8517
7271	50306	13628	32151	57864
–	–	–	–	–
–	–	–	–	–
7271	50306	9870	32151	57864
–	–	3758	–	–
–	–	–	–	–
–	–	–	–	–
–	–	–	–	–
7331	8713	8329	81317	62382
7194	45045	13610	76523	112617
–	–	–	–	108618
–	–	–	–	14032
14525	53758	21940	157840	52350
–	–	–	–	109539
5153	–	2142	–	14631
–	8713	–	8361	31862
2179	–	–	27104	12633
–	–	–	–	3256
–	–	4077	–	–
–	–	–	–	–
–	–	5542	11497	–
–	–	–	45851	–
–	4455	–	13747	–
4804	8490	7410	24599	3079
–	32100	–	12545	–
2390	–	–	14136	–
–	–	–	–	–
–	–	2769	–	–
–	–	–	–	–
–	–	–	–	–

2014年分县区

	全　市	西峰区	庆城县	环　县
全市总计	7235788	2378344	263501	59349
#地方工业	997619	277237	263501	59349
#中央企业	6238170	2101107	-	-
按登记注册类型分				
国有企业	6244908	2105346	-	2500
中央企业	6238170	2101107	-	-
地方企业	6739	4239	-	2500
集体企业	104666	104666	-	-
有限责任公司	367227	55825	54756	22747
其他有限责任公司	214495	12312	54756	20524
股份有限公司	36053	27400	-	-
私营企业	465103	67276	208746	34101
私营独资企业	-	-	-	-
私营合作企业	-	-	-	-
私营有限责任公司	405035	59806	159906	34101
私营股份有限公司	60069	7470	48840	-
外商投资企业	15525	15525	-	-
中外合资经营企业	-	-	-	-
外资企业	15525	15525	-	-
按性质分				
轻工业	355249	75369	105096	16660
重工业	6880539	2302976	158406	42688
按企业规模分				
大型企业	6435481	2191422	-	-
中型企业	137283	100962	-	22226
小型企业	663024	85960	263501	37123
按行业分				
石油和天然气开采业及辅助业	4477291	148178	84134	-
农副食品加工业	143226	36572	82441	2500
食品制造业	52485	4317	-	-
酒、饮料制造业	49815	1954	10368	-
纺织业及其制品业	19459	2043	-	14160
造纸及纸制品业	3926	-	-	-
石油加工、炼焦及核燃料加工业	2086757	2086757	-	-
化学原料及化学制品制造业	22160	6543	-	-
医药制造业	75544	21801	12287	-
塑料制品业	20997	2371	-	-
非金属矿物制品业	133198	22551	30593	37814
黑色金属冶炼及压延加工业	39837	-	-	-
金属制品业	42656	5460	22610	-
通用设备制造业	21070	-	21070	-
专用设备制造业	2696	-	-	-
电力、热力的生产和供应业	19224	14350	-	4874
水的生产和供应业	4239	4239	-	-

规模以上工业销售产值

单位：万元

华池县	合水县	正宁县	宁　县	镇原县
14091	48239	21459	139789	173954
14091	48239	21459	139789	173954
–	–	–	–	–
–	–	–	–	–
–	–	–	–	–
–	–	–	–	–
–	–	–	–	–
7051	364	8064	111425	106996
7051	364	8064	111425	–
–	–	–	–	8652
7040	47875	13395	28365	58306
–	–	–	–	–
–	–	–	–	–
7040	47875	9637	28365	58306
–	–	3758	–	–
–	–	–	–	–
–	–	–	–	–
–	–	–	–	–
7174	8713	8096	71182	62959
6917	39525	13363	68607	110995
–	–	–	–	106996
–	–	–	–	14096
14091	48239	21459	139789	52862
–	–	–	–	107917
5023	–	2060	–	14631
–	8713	–	7100	32355
2151	–	–	22626	12716
–	–	–	–	3256
–	–	3926	–	–
–	–	–	–	–
–	–	5368	10249	–
–	–	–	41456	–
–	4879	–	13747	–
4702	5401	7410	21650	3079
–	29245	–	10592	–
2215	–	–	12371	–
–	–	–	–	–
–	–	2696	–	–
–	–	–	–	–
–	–	–	–	–

2014年分县区

	全　市	西峰区	庆城县	环　县
全市总计	3598373	551580	83448	31424
#地方工业	395815	73213	83448	31424
#中央企业	3202558	478367	-	-
按登记注册类型分				
国有企业	3228724	439105	2916	8145
中央企业	3202558	436730	-	-
地方企业	26166	2375	2916	8145
集体企业	57805	57805	-	-
股份合作企业	-	-	-	-
股份制企业	308611	51692	80532	23279
外商及港澳台企业	2486	2486	-	-
其他经济类型企业	748	493	-	-
国有控股企业	3357994	473969	2916	16319
私营企业	116317	13172	60888	9635
非公有企业	182574	19807	80531	15104
按性质分				
轻工业	89628	17623	23404	5015
重工业	3508745	533957	60044	26409
按企业规模分				
大中型企业	3378207	504614	-	7069
国有企业	3183816	407219	-	-
小型企业	220166	46966	83448	24355
按行业分				
石油和天然气开采业及辅助业	2979472	86964	39717	-
农副食品加工业	26690	6133	15053	378
食品制造业	8235	569	-	-
酒、饮料制造业	11990	414	3638	-
纺织及服装业	6488	786	-	4637
造纸及纸制品业	870	-	-	-
石油加工、炼焦及核燃料加工业	404846	404846	-	-
化学原料及化学制品制造业	4533	760	-	-
医药制造业	30520	6587	4712	-
塑料制品业	3391	-	-	-
非金属矿物制品业	28999	4093	6598	10090
黑色金属冶炼及压延加工业	5342	-	-	-
金属制品业	9212	956	5056	-
通用设备制造业	5755	-	5755	-
专用设备制造业	592	-	-	-
电力、热力的生产和供应业	63853	31886	2916	16319
水的生产和供应业	2374	2374	-	-

规模以上工业增加值

单位：万元

华池县	合水县	正宁县	宁　县	镇原县
5408	9396	6547	48402	103939
5408	9396	6547	48402	103939
–	–	–	–	–
3804	2057	1287	3483	2099
–	–	–	–	–
3804	2057	1287	3483	2099
–	–	–	–	–
–	–	–	–	–
1604	7339	5005	37320	101840
–	–	–	–	–
–	–	255	–	–
3804	2057	1287	3483	88331
953	6606	2490	8612	13959
1604	7339	5260	37320	15608
470	1240	2827	24739	14309
4938	8156	3720	16063	89630
–	–	–	3483	92026
–	–	–	3483	2099
5408	9396	6547	44919	11913
–	–	–	–	86963
122	–	255	–	4748
–	1240	–	1190	5236
348	–	–	4328	3261
–	–	–	–	1064
–	–	870	–	–
–	–	–	–	–
–	–	2179	1595	–
–	–	–	19221	–
–	830	–	2561	–
953	1661	1366	3672	567
–	3608	–	1734	–
180	–	–	3019	–
–	–	–	–	–
–	–	592	–	–
3804	2057	1287	3483	2099
–	–	–	–	–

2014年分县区规模

	全 市	西峰区	庆城县	环 县
全市总计	111.2	99.2	115.2	106.1
#地方工业	106.4	107.2	115.2	106.1
#中央企业	111.4	97.2	-	-
按登记注册类型分				
国有企业	111.4	99.5	117.1	100.5
中央企业	111.4	98.3	-	-
地方企业	115.1	106.2	117.1	100.5
集体企业	76.8	76.8	-	-
股份合作企业	-	-	-	-
股份制企业	113.5	98.9	113.1	117.6
外商及港澳台企业	83.1	83.1	-	-
其他经济类型企业	98.9	97.8	-	-
国有控股企业	111.4	99.9	117.1	121.7
私营企业	115.7	101.0	113.9	99.4
非公有企业	115.9	96.7	110.1	111.3
大中型工业企业	111.0	97.8	-	107.8
国有企业	111.1	99.6	-	-
按性质分				
轻工业	106.4	94.2	107.1	122.6
重工业	111.3	99.7	117.1	108.4

以上工业增加值指数

单位：%

华池县	合水县	正宁县	宁　县	镇原县
113.7	98.3	115.3	116.7	109.9
113.7	98.3	115.3	116.7	109.9
–	–	–	–	–
112.0	110.5	111.3	105.2	108.8
–	–	–	–	–
112.0	110.5	111.3	105.2	108.8
–	–	–	–	–
–	–	–	–	–
89.6	95.4	126.2	133.7	109.9
–	–	–	–	–
–	–	101.2	–	–
112.0	110.5	111.3	105.2	111.1
89.7	93.3	130.1	182.1	103.1
89.6	95.4	124.8	133.7	103.2
–	–	–	105.2	111.0
–	–	–	105.2	108.8
90.6	148.3	131.9	111.1	104.7
114.2	94.5	112.7	125.3	110.7

2014年规模以上

	企业单位数	亏损企业	工业总产值	工业销售产值	出口交货值
全市总计	105	9	7486017	7235788	25848
#地方工业	102	8	1105818	997619	25848
#中央企业	3	1	6380199	6238170	-
按登记注册类型分					
国有企业	5	2	6386938	6244908	-
中央企业	3	1	6380199	6238170	-
地方企业	2	1	6739	6739	-
集体企业	1	-	127886	104666	-
有限责任公司	31	3	412305	367227	25280
其他有限责任公司	28	2	236949	214495	25280
股份有限公司	3	-	36249	36053	-
私营企业	63	4	507485	465103	220
私营独资企业	-	-	-	-	-
私营合作企业	-	-	-	-	-
私营有限责任公司	56	4	443043	405035	220
私营股份有限公司	7	-	64442	60069	-
外商投资企业	1	-	12848	15525	348
中外合资经营企业	-	-	-	-	-
外资企业	1	-	12848	15525	348
按性质分					
轻工业	47	6	379922	355249	25724
重工业	58	3	7106095	6880539	124
按企业规模分					
大型企业	4	-	6602353	6435481	-
中型企业	9	2	170383	137283	215
小型企业	92	7	713282	663024	25633
按行业分					
石油和天然气开采业及辅助业	13	-	4676329	4477291	-
农副食品加工业	18	3	147520	143226	2883
食品制造业	9	-	53794	52485	-
酒、饮料制造业	5	-	55509	49815	22626
纺织及服装业	4	1	19984	19459	215
造纸及纸制品业	1	-	4077	3926	-
石油加工、炼焦及核燃料加工业	1	-	2079331	2086757	-
化学原料及化学制品制造业	6	-	24503	22160	-
医药制造业	5	-	87324	75544	-
塑料制品业	3	-	21041	20997	-
非金属矿物制品业	23	1	148869	133198	5
黑色金属冶炼及压延加工业	2	-	44645	39837	-
金属制品业	6	-	45808	42656	-
通用设备制造业	2	-	29572	21070	-
专用设备制造业	1	-	2769	2696	119
电力、热力的生产和供应业	3	2	19224	19224	-
水的生产和供应业	1	1	4239	4239	-

工业企业主要经济指标（一）

单位：个、人、万元

资产总计	流动资产合计	应收账款	存货	产成品	固定资产合计	固定资产原价	累计折旧	本年折旧
7984805	1388700	200672	191682	78160	6224932	8906668	3011062	421083
1399468	556826	192885	81875	25069	741684	524022	111664	30522
6585338	831875	7786	109807	53091	5483248	8382646	2899398	390561
6602091	836889	9942	111529	54591	5494987	8399400	2905182	391268
6585338	831875	7786	109807	53091	5483248	8382646	2899398	390561
16754	5015	2155	1722	1500	11739	16754	5784	707
118647	82326	2115	244	113	36321	57097	20775	1586
760092	222816	77558	19167	9492	502027	235942	41402	16244
535994	90575	38842	16248	9466	432160	170136	31131	11642
37041	5831	183	1905	1222	27290	36779	10046	2727
440516	220998	105268	51651	12532	158913	170354	31954	9051
–	–	–	–	518	–	–	–	–
–	–	–	–	–	–	–	–	–
408886	206817	100079	46685	10957	143496	154486	30670	8825
31630	14181	5190	4966	1057	15417	15868	1284	226
25226	18932	5477	6788	200	5129	6761	1632	194
–	–	–	–	–	–	–	–	–
25226	18932	5477	6788	200	5129	6761	1632	194
372240	186972	68308	55850	13819	143049	155466	38735	7560
7612566	1201728	132364	135833	64340	6081883	8751202	2972327	413523
6522214	916044	13785	110901	53203	5570606	8484262	2926690	394770
480976	153688	44441	10046	754	58885	80082	26196	5509
981615	318968	142445	70735	24202	595442	342324	58176	20804
6196638	958311	58111	61200	27369	5203187	7959150	2771416	374347
140843	86958	28625	24735	6534	32643	36957	7029	1386
48917	15237	3913	4730	517	20776	23299	3329	1020
44122	19389	3224	2718	1600	22981	27604	5826	956
53541	42726	27516	13745	657	10815	3526	518	87
11969	4211	896	2789	1408	6300	6300	87	87
548363	100648	–	52092	26210	412150	575572	163422	23949
15047	6142	1998	2501	1682	6404	7033	1388	412
52283	12966	2604	5414	1706	35029	37671	15660	3220
20566	8984	2998	2718	1685	11479	11048	866	291
135483	77351	47684	10725	4358	44601	54253	16017	4297
6207	2761	1131	711	554	2936	3223	571	406
20025	10010	3294	5010	2711	9049	9891	842	278
11964	5561	770	352	181	1107	1635	528	174
3852	1966	780	767	199	1512	1656	473	35
637693	30529	15775	319	–	371623	102133	9031	7241
12894	2015	655	222	–	10879	15894	5698	621

2014 年规模以上

	负债合计	流动负债	应付账款	非流动负债合计
全市总计	3979540	1315887	682662	2375908
#地方工业	741026	408742	142161	282080
#中央工业	3238515	907145	540501	2093829
按登记注册类型分				
国有企业	3243839	909811	541639	2096487
中央企业	3238515	907145	540501	2093829
地方企业	5324	2666	1139	2658
集体企业	7532	7532	2612	-
有限责任公司	501892	229771	92556	265910
其他有限责任公司	381823	192547	88481	184816
股份有限公司	18161	16831	10965	23
私营企业	196357	140183	34823	13489
私营独资企业	-	-	-	-
私营合作企业	-	-	-	-
私营有限责任公司	185869	129852	32088	13332
私营股份有限公司	10488	10331	2735	157
外商投资企业	11508	11508	-	-
中外合资经营企业	-	-	-	-
外资企业	11508	11508	-	-
按性质分				
轻工业	176481	128187	24412	17695
重工业	3803059	1187701	658249	2358213
按企业规模分				
大型企业	3012871	917291	543113	2093829
中型企业	388641	62395	19279	88390
小型企业	578028	336201	120270	193689
按行业分				
石油和天然气开采业及辅助业	3015076	880373	523803	2123306
农副食品加工业	61205	55494	7756	4347
食品制造业	22487	15918	2055	2143
酒、饮料制造业	18130	2844	952	7898
纺织及服装业	43852	26927	7375	179
造纸及纸制品业	5450	5140	90	310
石油加工、炼焦及核燃料加工业	131125	79508	23915	51617
化学原料及化学制品制造业	4055	3504	190	130
医药制造业	16024	15557	5161	209
塑料制品业	3126	3126	1094	-
非金属矿物制品业	50320	35203	11492	7952
黑色金属冶炼及压延加工业	2800	1770	125	-
金属制品业	3901	3890	1592	11
通用设备制造业	5655	5645	4253	-
专用设备制造业	1715	1647	316	68
电力、热力的生产和供应业	576113	163442	80933	175129
水的生产和供应业	5124	2516	989	2608

工业企业主要经济指标（二）

单位：万元

所有者权益合计							
	实收资本	国家资本	集体资本	法人资本	个人资本	港澳台资本	外商资本
3967613	3599532	3284035	133229	98173	84095	–	–
620791	395708	80211	133229	98173	84095	–	–
3346823	3203824	3203824	–	–	–	–	–
3358253	3218510	3218510	–	–	–	–	–
3346823	3203824	3203824	–	–	–	–	–
11430	14686	14686	–	–	–	–	–
111115	123297	–	123297	–	–	–	–
232261	152749	59825	4923	58866	29135	–	–
149429	107896	45400	4923	30600	26974	–	–
18019	11700	4700	–	3510	3490	–	–
233307	90577	1000	5010	35797	48770	–	–
–	–	–	–	–	–	–	–
–	–	–	–	–	–	–	–
212165	78906	1000	5010	33800	39096	–	–
21142	11671	–	–	1997	9674	–	–
13717	2500	–	–	–	2500	–	–
–	–	–	–	–	–	–	–
13717	2500	–	–	–	2500	–	–
188968	94026	15686	3510	36976	37855	–	–
3778646	3505506	3268349	129719	61197	46241	–	–
3494897	3329621	3206324	123297	–	–	–	–
85585	65917	26386	3510	32286	3735	–	–
387132	203995	51325	6423	65887	80360	–	–
3153906	2968659	2799086	123297	36467	9810	–	–
76721	29850	3000	–	15859	10991	–	–
26430	12780	–	–	1207	11573	–	–
22979	6034	1000	–	4954	80	–	–
9689	3005	–	–	1719	1286	–	–
6519	5000	–	–	–	5000	–	–
417238	417238	417238	–	–	–	–	–
9595	5160	–	–	3560	1600	–	–
35398	23071	–	3510	12136	7425	–	–
17440	15635	–	–	2684	12951	–	–
83428	39365	–	6366	17263	15736	–	–
3407	2643	–	–	–	2643	–	–
16050	3980	–	56	2224	1700	–	–
6309	1300	–	–	–	1300	–	–
2137	2000	–	–	–	2000	–	–
61580	47325	47325	–	–	–	–	–
7770	11686	11686	–	–	–	–	–

2014年国有及规模以上

	主营业务收入	主营业务成本	主营业务税金及附加	其它业务收入	其它业务利润
全市总计	6567724	3810937	829347	57708	-2113
#地方工业	983496	780093	21843	1014	6
#中央工业	5584228	3030844	807504	56694	-2119
按登记注册类型分					
国有企业	5590701	3036682	807544	56961	-2119
中央企业	5584228	3030844	807504	56694	-2119
地方企业	6472	5838	40	267	-
集体企业	115286	66385	2433	-	-
有限责任公司	382286	318626	10290	399	-
其他有限责任公司	185226	158368	1819	399	-
股份有限公司	34218	26102	643	-	-
私营企业	425902	348424	8413	33	6
私营独资企业	-	-	-	-	-
私营合作企业	-	-	-	-	-
私营有限责任公司	373047	304380	7103	33	6
私营股份有限公司	52855	44045	1310	-	-
外商投资企业	17024	13061	23	315	-
中外合资经营企业	-	-	-	-	-
外资企业	17024	13061	23	315	-
按性质分					
轻工业	304862	260117	4223	1014	6
重工业	6262862	3550820	825125	56694	-2119
按企业规模分					
大型企业	5685760	3021449	817604	56694	-2119
中型企业	285521	295970	1344	267	-
小型企业	596444	493518	10400	747	6
按行业分					
石油和天然气开采业及辅助业	3783689	1601164	455318	54551	-
农副食品加工业	130310	112192	1713	349	6
食品制造业	44741	38156	678		-
酒、饮料制造业	29927	23051	1199	-	-
纺织及服装业	20139	18661	66	-	-
造纸及纸制品业	3416	2484	17	-	-
石油加工、炼焦及核燃料加工业	2087717	1580893	366496	2144	-2119
化学原料及化学制品制造业	20043	16913	81	399	-
医药制造业	62841	54029	462	-	-
塑料制品业	16265	14369	61	-	-
非金属矿物制品业	130962	105810	1173	-	-
黑色金属冶炼及压延加工业	26045	22866	118	-	-
金属制品业	36204	27343	606	-	-
通用设备制造业	22309	17545	828	-	-
专用设备制造业	2696	2447	6	-	-
电力、热力的生产和供应业	122447	151074	323	-	-
水的生产和供应业	3972	3838	25	267	-

工业企业主要经济指标（三）

单位：万元

销售费用	管理费用		财务费用		营业利润
		税金		利息支出	
25793	149632	49237	90146	97717	1593708
20156	27054	1737	15688	9755	141494
5637	122579	47500	74459	87962	1452214
7252	125349	47520	74477	87962	1451507
5637	122579	47500	74459	87962	1452214
1615	2770	20	19	1	-707
365	998	15	346	367	40760
8369	5806	316	8167	3641	54410
2860	3206	277	3789	3395	16269
446	1967	49	275	119	5124
8791	14797	1337	6132	4912	38992
–	–	–	–	–	–
–	–	–	–	–	–
8260	14226	1252	5623	4781	32981
532	571	85	509	131	6011
484	530	–	707	703	2581
–	–	–	–	–	–
484	530	–	707	703	2581
7183	10013	681	5562	4545	23613
18610	139620	48556	84584	93172	1570094
10288	118164	47533	74859	88353	1560547
3474	11994	192	4596	492	-21435
12031	19474	1511	10692	8872	54595
8689	84442	44162	77770	85594	1480098
2831	3952	288	3003	2829	10072
1161	1473	36	1027	406	3140
833	1199	57	780	601	3232
500	456	134	126	120	1652
109	95	–	196	196	516
3772	40122	3533	2505	3971	91802
564	608	87	189	170	1426
760	1380	80	318	314	5609
386	515	33	344	341	761
3248	4564	590	1979	1478	13713
225	214	99	170	170	2354
1989	2201	34	318	116	3779
7	145	54	111	111	2445
55	103	–	33	33	53
49	5875	7	1262	1266	-30114
615	970	5	-1	1	-1207

2014年国有及规模以上

	营业外收入	补贴收入	营业外支出	利润总额	应交所得税
全市总计	9136	1103	7634	1595149	3672
#地方工业	1843	707	1672	141604	3839
#中央工业	7293	396	5962	1453545	-168
按登记注册类型分					
国有企业	7668	696	5978	1453197	-153
中央企业	7293	396	5962	1453545	-168
地方企业	375	300	16	-348	5
集体企业	-	-	-	40760	-
有限责任公司	164	80	3	54511	1557
其他有限责任公司	61	-	-	16270	843
股份有限公司	-	-	27	5097	617
私营企业	1298	328	1621	38669	1647
私营独资企业	-	-	-	-	-
私营合作企业	-	-	-	-	-
私营有限责任公司	1296	328	1621	32656	1647
私营股份有限公司	2	-	-	6013	-
外商投资企业	6	-	-	2587	3
中外合资经营企业	-	-	-	-	-
外资企业	6	-	-	2587	3
按性质分					
轻工业	1143	603	47	24649	487
重工业	7993	500	7588	1570500	3184
按企业规模分					
大型企业	7293	396	5962	1561878	-168
中型企业	1040	588	61	-20456	1407
小型企业	803	119	1611	53727	2432
按行业分					
石油和天然气开采业及辅助业	23	-	2	1480120	697
农副食品加工业	49	15	13	10108	19
食品制造业	335	288	1	3473	16
酒、饮料制造业	-	-	-	3232	49
纺织及服装业	157	-	-	1749	41
造纸及纸制品业	-	-	-	516	-
石油加工、炼焦及核燃料加工业	7293	396	5962	93133	-
化学原料及化学制品制造业	34	4	-	1460	284
医药制造业	197	-	16	5789	264
塑料制品业	-	-	-	761	321
非金属矿物制品业	52	21	1017	12747	558
黑色金属冶炼及压延加工业	-	-	449	1905	403
金属制品业	-	-	6	3773	4
通用设备制造业	542	-	124	2863	385
专用设备制造业	-	-	-	53	13
电力、热力的生产和供应业	80	80	1	-30035	-
水的生产和供应业	375	300	16	-848	-

工业企业主要经济指标（四）

单位：万元

亏损企业 亏损额	利税总额	应交 税金及附加	本年应付 职工薪酬	本年应交 增值税	年初存货
34022	2884769	1342528	278595	436392	166966
3303	182375	46347	67510	18890	47110
30719	2702394	1296181	211085	417502	119857
31567	2702302	1296472	213082	417718	119970
30719	2702394	1296181	211085	417502	119857
848	-92	291	1997	216	114
–	47165	6421	16611	3973	234
1257	67690	15052	15995	2858	16165
152	20074	4925	6169	1954	13744
–	7287	2857	7005	1548	2294
1198	57383	21698	25626	10296	19744
–	–	–	–	–	–
–	–	–	–	–	–
1198	49528	19771	24055	9763	15830
–	7855	1927	1571	532	3914
–	2610	27	163	–	7857
–	–	–	–	–	–
–	2610	27	163	–	7857
2184	33323	9842	18884	4445	29154
31838	2851446	1332686	259712	431947	137813
–	2822032	1307519	236917	418708	121840
31567	-11779	10277	18806	7333	6026
2455	74515	24732	22873	10351	39100
–	2292133	856874	219434	332937	60252
1247	12082	2280	6202	260	12569
–	5897	2475	4858	1746	3681
–	5137	2011	1438	706	4670
42	1901	328	1741	87	361
–	644	129	112	112	1618
–	548166	458566	19888	88453	62159
–	1720	631	1633	148	1591
–	7526	2080	1842	1274	5016
–	1991	1584	473	1169	2650
15	16679	5080	9912	2759	7117
–	2685	1282	859	663	858
–	5025	1291	1495	647	1676
–	4353	1929	641	663	458
–	84	44	269	25	1069
31823	-26530	3512	338	3182	245
848	-631	222	1397	192	114

2014年规模以上

	产成品	全部从业人员年平均数	总资产贡献率	总资产负债率	流动资产周转率
全市总计	72669	43470	37.16	49.84	4.77
#地方工业	13722	15893	13.48	53.05	1.75
#中央工业	58946	27577	42.17	49.18	6.78
按登记注册类型分					
国有企业	58946	28040	42.06	49.13	6.75
中央企业	58946	27577	42.17	49.18	6.78
地方企业	-	463	-0.68	31.78	1.34
集体企业	122	2403	40.08	6.35	1.40
有限责任公司	5686	4651	9.19	66.03	1.72
其他有限责任公司	5686	2498	4.14	71.24	2.05
股份有限公司	1528	1823	19.99	49.03	5.87
私营企业	6145	6404	14.13	44.57	1.93
私营独资企业	-	-	-	-	-
私营合作企业	-	-	-	-	-
私营有限责任公司	5751	5817	13.27	45.46	1.80
私营股份有限公司	394	587	25.24	33.16	3.73
外商投资企业	225	70	13.12	45.62	0.92
中外合资经营企业	-	-	-	-	-
外资企业	225	70	13.12	45.62	0.92
按性质分					
轻工业	9442	5807	10.15	47.41	1.64
重工业	63226	37663	38.48	49.96	5.26
按企业规模分					
大型企业	59069	30389	44.42	46.19	6.27
中型企业	1202	5228	-2.39	80.80	1.86
小型企业	12398	7853	8.36	58.89	1.87
按行业分					
石油和天然气开采业及辅助业	20106	30460	33.85	48.59	4.25
农副食品加工业	2791	1801	10.57	43.46	1.50
食品制造业	-	1118	12.88	45.97	2.94
酒、饮料制造业	1643	681	13.00	41.09	1.54
纺织及服装业	361	715	7.63	58.25	6.63
造纸及纸制品业	1408	126	7.02	45.54	0.81
石油加工、炼焦及核燃料加工业	38998	1563	100.42	23.91	20.76
化学原料及化学制品制造业	1516	590	12.34	26.95	3.33
医药制造业	2708	626	14.99	30.65	4.85
塑料制品业	1634	202	11.34	15.20	1.81
非金属矿物制品业	125	1633	13.39	37.14	1.69
黑色金属冶炼及压延加工业	590	109	45.99	45.11	9.43
金属制品业	599	474	25.66	19.48	3.62
通用设备制造业	84	303	37.31	47.27	4.01
专用设备制造业	-	234	3.03	44.53	1.37
电力、热力的生产和供应业	-	852	-4.16	90.34	4.01
水的生产和供应业	-	418	-4.90	39.74	2.10

工业企业主要经济指标（五）

单位：万元、人、%、次/率

成本费用利润率	产品销售率	成本费用调查企业指标				
		工业总产值（亿元）	工业增加值（生产法，调查）		工业增加值（收入法，调查）	
			总量（亿元）	增加值率（%）	总量（亿元）	增加值率（%）
38.53	96.66	7030809	4571822	65.03	3394804	48.28
16.52	90.36	664961	327246	41.20	302502	40.12
44.14	97.77	6365849	4244576	66.68	3092302	48.58
43.99	97.78	6380415	4249400	66.60	3096441	48.53
44.14	97.77	6365849	4244576	66.68	3092302	48.58
-3.40	100.00	14566	4824	33.12	4139	28.42
59.86	81.84	127886	57825	45.22	64582	50.50
15.85	89.07	289824	167568	57.82	157106	54.21
9.64	90.52	116692	50793	43.53	42775	36.66
17.70	99.46	29997	18946	63.16	18678	62.27
10.20	91.65	202687	78083	38.52	57997	28.61
–	–	–	–	–	–	–
–	–	–	–	–	–	–
9.79	91.42	185151	71615	38.68	55864	30.17
13.17	93.21	17536	6468	36.89	2133	12.16
17.50	120.83	–	–	–	–	–
–	–	–	–	–	–	–
17.50	120.83	–	–	–	–	–
8.68	93.51	152007	57741	37.99	47318	31.13
40.73	96.83	6878803	4514082	65.62	3347486	48.66
47.56	97.47	6602353	4388715	66.47	3244259	49.14
-6.42	80.57	156033	67183	43.06	62790	40.24
10.00	92.95	272424	115924	42.55	87755	32.21
70.64	96.50	4636189	3820882	133.23	2697153	104.59
8.29	97.09	33634	12644	37.59	9391	27.92
8.24	97.57	23802	7835	32.92	8076	33.93
12.50	89.74	27104	13137	48.47	6572	24.25
4.51	97.68	9269	2820	65.85	2764	64.38
17.88	96.30	–	–	–	–	–
5.71	100.36	2079331	628082	30.21	592756	28.51
7.72	90.44	11497	4435	38.58	4123	35.86
10.25	86.51	53959	19433	36.01	18742	34.73
4.87	99.79	13747	5349	38.91	5368	39.05
10.97	89.47	56954	19437	34.13	14850	26.07
8.11	89.23	–	–	–	–	–
11.85	93.12	29160	8868	30.41	8043	27.58
16.08	71.25	20118	8098	40.25	7129	35.44
2.00	97.36	–	–	–	–	–
-18.98	100.00	10327	2952	28.58	2367	22.92
-15.65	100.00	4239	1872	44.17	1772	41.81

2009—2014年规模以上工业主要产品产量

	计算单位	2009年	2010年	2011年	2012年	2013年	2014年
原　煤	万吨	-	-	-	-	-	-
原　油	万吨	313.26	390.09	451.66	575.87	659.40	722.97
#长庆油田	万吨	304.41	380.04	440.02	559.58	637.59	700.77
镇原区块	万吨	8.85	10.05	11.64	16.29	21.81	22.20
风力发电量	万千瓦小时	460	480	-	29764	30015	47224
食用植物油	吨	460	540	-	-	-	1003
铁合金	吨	12547	22757	14228	13190	13350	21857
钢芯铝绞线	吨	897	1338	-	-	-	-
乳制品	吨	433	287	-	2642	3310	3905
白　酒	吨	9232	6071	-	3294	3382	3111
软饮料	吨	54067	86061	37141	37197	37242	54813
饲料	吨	9871	22757	97192	137845	183002	17790
服　装	万件	-	-	-	23.05	138.21	92
建筑涂料	吨	224	2290	-	2752	2665	6963
啤　酒	千升	22611	31655	37986	43685	52203	54813
纸制品	吨	5800	6436	-	-	-	-
原油加工量	万吨	123.8	150.65	350.01	310.25	341.04	330.38
汽　油	万吨	33.19	50.42	128.80	113.73	128.89	125.94
柴　油	万吨	58.95	66.14	152.86	139.62	152.16	141.59
液化石油气	万吨	6.85	9.28	19.90	16.65	18.03	17.18
农用化学肥料	吨	743	6500	-	-	-	-
中成药	吨	205	480	449	174	328	316
塑料制品	吨	-	13730	3481	3778	3565	4243
水　泥	万吨	16.05	32.5	28.29	61.16	30.66	23.11
商品混凝土	万立方米	-	-	-	94.42	47.33	93.46

2014 年分县区节能降耗情况

	万元 GDP 能耗（吨标准煤）			万元 GDP 电耗（千瓦时）			规模以上工业企业万元工业增加值能耗（吨标准煤）		
	2014 年	2013 年	同比（±%）	2014 年	2013 年	同比下降（%）	2014 年	2013 年	同比（±%）
庆阳市	0.5582	0.5855	-4.50	574	597	3.85	0.2710	0.3070	-10.12
西峰区	0.6600	0.6610	-3.31	793	798	1.56	1.3200	0.8400	35.72
庆城县	0.6430	0.6630	-3.21	521	543	1.33	0.3769	0.6370	-53.9
环　县	0.7776	0.5873	-3.50	742	769	3.20	0.7440	0.7710	-3.03
华池县	0.5578	0.5810	-4.00	234	654	3.25	0.3632	0.5633	-15.30
合水县	0.6843	0.7129	-4.00	968	1004	3.50	0.9097	0.9998	-3.20
正宁县	0.558	0.5760	-3.20	740	765	6.30	0.7400	0.7640	-3.20
宁　县	0.5877	0.6122	-4.00	263	310	15.36	0.2869	0.2974	-3.50
镇原县	0.5052	0.5240	-3.20	310	753	3.20	0.4020	0.7220	-3.20

注：万元 GDP 能耗降低率采用指数计算法，公式为〔(能耗速度+100%)÷(GDP 速度+100%)-1〕×100%。

2014 年庆阳市能源消费与单位 GDP 能耗

	计量单位	2014	2013	同比（±%）	能耗比重（%）	
					2013	2012
一、能源消费总量	万吨标准煤	341.27	324.31	5.23	-	-
1、第一产业能源消费	万吨标准煤	14.51	13.81	5.07	4.25	4.26
2、第二产业能源消费	万吨标准煤	149.83	146.83	2.04	43.90	45.27
（1）工业能源消费	万吨标准煤	125.68	124.92	0.62	36.83	38.52
①规模以上工业能源消费	万吨标准煤	100.51	101.51	-0.99	29.45	31.30
②规模以下工业能源消费	万吨标准煤	25.17	23.4	7.56	7.38	7.22
（2）建筑业能源消费	万吨标准煤	24.15	21.92	10.17	19.06	6.76
3、第三产业能源消费	万吨标准煤	65.03	60.76	7.03	6.97	18.74
#交通运输业能源消费	万吨标准煤	23.78	21.85	8.83	32.79	6.74
4、居民生活用能	万吨标准煤	111.90	102.91	8.74	13.27	31.73
（1）城市居民生活用能	万吨标准煤	45.28	41.59	8.87	19.52	12.82
（2）农村居民生活用能	万吨标准煤	66.62	61.32	8.64	-	18.91
二、GDP（2010 年可比价）	亿元	611.33	554.80	10.19	-	-
三、单位 GDP 能耗	吨标准煤/万元	0.5582	0.5846	-4.50	-	-
四、全社会耗电量	亿千瓦时	35.11	33.14	5.95	-	-
五、单位 GDP 电耗	千瓦时/万元	574	597.00	-3.85	-	-
六、规模以上工业增加值	亿元	371.04	321.9	11.2	-	-
七、规模以上工业单位增加值能耗	吨标准煤/万元	0.271	0.307	-10.12	-	-

注：万元 GDP 能耗中，GDP 按 2010 年可比价计算

工　业

【工　业】指从事自然资源的开采，对采掘品和农产品进行加工和再加工的物质生产部门。具体包括：(1)对自然资源的开采，如采矿、晒盐、森林采伐等(但不包括禽兽捕猎和水产捕捞)；(2)对农副产品的加工、再加工，如粮油加工、食品加工、轧花、缫丝、纺织、制革等；(3)对采掘品的加工、再加工，如炼铁、炼钢、化工生产、石油加工、机器制造、木材加工等，以及电力、自来水、煤气的生产和供应等；(4)对工业品的修理、翻新，如机器设备的修理、交通运输工具(包括小卧车)的修理等。

【规模以上工业】是指全部国有工业企业以及规模以上（销售收入大于2000万元）的非国有工业企业的总称。

【工业统计调查单位】工业统计调查单位分为两类：独立核算法人工业企业和工业活动单位。

(1) 独立核算法人工业企业　是指从事工业生产经营活动的单位。独立核算法人工业企业应同时具备以下条件：①依法成立，有自己的名称、组织机构和场所，能够承担民事责任；②独立拥有和使用资产，承担负债，有权与其他单位签订合同；③独立核算盈亏，并能够编制资产负债表。

(2) 工业活动单位　是指在一个场所从事一种或主要从事一种工业生产活动的经济单位。它包括独立核算工业企业按主营业务活动(即工业生产活动)划分的主营业务活动单位和非工业企业所属的工业生产活动单位(即原非独立核算工业生产单位)。工业活动单位，一般应同时具备以下三个条件：①具有一个场所，从事一种或主要从事一种工业活动；②单独组织工业生产、经营或业务活动；③单独核算收入和支出。

【轻工业】指主要提供生活消费品和制作手工工具的工业。按其所使用的原料不同，可分为两大类：(1)以农产品为原料的轻工业，是指直接或间接以农产品为基本原料的轻工业。主要包括食品制造、饮料制造、烟草加工、纺织、缝纫、皮革和毛皮制作、造纸以及印刷等工业；(2)以非农产品为原料的轻工业，是指以工业品为原料的轻工业。主要包括文教体育用品、化学药品制造、合成纤维制造、日用化学制品、日用玻璃制品、日用金属制品、手工工具制造、医疗器械制造、文化和办公用机械制造等工业。

【重工业】是指为国民经济各部门提供物质技术基础的主要生产资料的工业。按其生产性质和产品用途，可以分为下列三类：(1)采掘(伐)工业，是指对自然资源的开采，包括石油开采、煤炭开采、金属矿开采、非金属矿开采和木材采伐等工业；(2)原材料工业，指向国民经济各部门提供基本材料、动力和燃料的工业。包括金属冶炼及加工、炼焦及焦炭、化学、化工原料、水泥、人造板以及电力、石油和煤炭加工等工业；(3)加工工业，是指对工业原材料进行再加工制造的工业。包括装备国民经济各部门的机械设备制造工业、金属结构、水泥制品等工业，以及为农业提供的生产资料如化肥、农药等工业。

【工业总产值】是以货币表现的工业企业在一定时期内生产的已出售或可供出售工业产品总量，它反映一定时间内工业生产的总规模和总水平。它包括：在本企业内不再进行加工，经检验、包装入库(规定不需包装的产品除外)的成品价值，对外加工费收入，自制半成品、在产品期末初差额价值。工业总产值采用“工厂法”计算，即以工业企业作为一个整体，按企业工业生产活动的最终成果来计算，企业内部不允许重复计算，不能把企业内部各个车间(分厂)生产的成果相加。但在企业之间、行业之间、地区之间存在着重复计算。

【工业增加值】是指工业行业在报告期内以货币表现的工业生产活动的最终成果。

【工业发展速度】工业行业在报告期内以可比价格计算的工业增加值与基期工业增加值之比。目前是以不变价工业总产值的发展速度乘以不变价调整系数得到。我国已于去年开始进行价格指数紧缩法试算工业发展速度，其中可比价格的工业增加值是按现价计算的工业增加值除以报告期工业品出厂价格指数。

统计资料

建筑业

QING YANG YEARBOOK

建筑企业概况

	总　计	国有企业	集体企业	有限责任公司	股份有限公司	私营企业
企业单位数（个）						
2003	61	6	17	21	1	16
2004	67	4	14	16	3	30
2005	68	3	13	18	2	32
2006	64	4	13	14	2	31
2007	65	4	12	4	3	42
2008	61	3	7	18	1	32
2009	61	3	7	18	1	32
2010	60	3	3	19	4	31
2011	64	2	4	20	2	35
2012	72	3	3	21	2	43
2013	80	5	3	24	2	46
2014	79	4	4	23	2	46
从业人员数（人）						
2003	33874	1316	12368	14461	50	5679
2004	34337	3688	7440	9161	689	13359
2005	32771	7393	7822	10471	223	6862
2006	34201	1596	8501	8623	1303	14178
2007	35870	705	7223	9707	2069	16166
2008	40907	872	4454	14680	1354	19547
2009	45469	872	4454	14726	1362	24055
2010	51517	872	1396	18608	3762	26879
2011	38171	562	1411	15178	1578	19086
2012	36925	759	1571	10988	2648	20959
2013	46905	2925	1169	18324	2396	22091
2014	50673	2779	1359	19016	2511	25008
企业总产值（万元）						
2003	106740	7835	32862	51087	46	14910
2004	228310	82539	25472	59329	10886	50084
2005	232745	82654	23629	69444	2930	54088
2006	253460	73980	37942	84504	3000	54034
2007	270259	78075	37415	76233	8369	70167
2008	330733	1671	25812	178834	2583	121833
2009	411232	5376	23690	241625	3000	137541
2010	505727	1606	14264	257275	29639	202943
2011	601911	7338	16637	301106	24210	273740
2012	791191	26205	22624	294070	47507	400785
2013	1076935	50269	30368	446936	70879	478483
2014	1090890	20511	44486	417407	67404	559082
房屋建筑施工面积（m²）						
2003	1523715	143807	376720	842660	18945	141583
2004	2135314	3026	295764	837142	-	999382
2005	2324205	2269	311535	11296073	-	714328
2006	2047329	280000	258468	805381	35422	668058
2007	2130999	36728	248919	990660	38264	816428
2008	2795188	-	123578	1453503	40078	1178029
2009	2781380	-	131463	1516324	-	1133593
2010	4183828	-	53930	1236915	357500	2535483
2011	2780290	-	42476	1187356	135320	1367790
2012	3580489	29380	166976	1534166	7954	1842013
2013	4007157	31581	173127	1301218	38562	2462669
2014	4329105	-	190600	1428389	46758	2663358

2014年分县区

	计算单位	全市	西峰区	庆城县
建筑企业个数	个	81	50	13
计算建筑业劳动生产率的平均人数	人	57160	26954	10134
年末从业人数	人	52349	23289	8316
#工程技术人员	人	7819	5227	1365
建筑业总产值	万元	1108890	500904	184132
#装修装饰产值	万元	41439	39458	1765
# 在省外完成	万元	23728	8486	9294
按构成分				
建筑工程	万元	941957	426132	143006
安装工程	万元	75304	29906	25788
其他	万元	91629	44866	15338
竣工产值	万元	553577	255785	157533
年末自有施工机械设备净值	万元	50534	32151	9572
总台数	台	11514	6972	1394
总功率	万千瓦	24732	14476	2200
主要建筑材料消耗量				
钢材	吨	256952	173837	12717
木材	立方米	103854	81580	1103
水泥	吨	1204594	895337	14779
平板玻璃	平方米	137539	81429	2884
铝材	吨	37813	27739	5010
房屋施工面积	平方米	4329105	2977282	391537
#本年新开工面积	平方米	2757300	1749781	365137
房屋竣工面积	平方米	2008500	1038869	371137
#住 宅	平方米	1446172	797264	302081
营业收入	万元	1127967	525018	187242
营业成本	万元	956423	445757	166404
营业税金及附加	万元	39251	19979	6134
营业利润	万元	59279	25361	194
管理费用中的税金	万元	4796	3006	1410
利润总额	万元	59314	25236	178
技术装备率	%	96.53	138.05	115.10
动力装备率	%	47.24	62.16	26.46
房屋建筑面积竣工率	%	46.40	34.89	94.79
产值利润率	%	5.35	5.04	0.01

建筑企业基本情况

环　县	华池县	合水县	正宁县	宁　县	镇原县
2	5	1	2	6	2
2190	4060	460	957	10527	1878
2250	3519	460	2110	10527	1878
309	554	–	52	187	125
28342	115399	2600	19390	251584	6539
–	–	–	–	–	216
–	5948	–	–	–	–
25482	94673	1600	19390	226488	5186
2860	4487	1000	–	9911	1353
–	16239	–	–	15185	–
28342	71123	3100	19390	9880	8424
2220	4123	39	42	2194	193
596	419	87	64	1265	717
609	869	188	3295	1367	1728
10090	10335	1121	4249	41352	3251
9821	1469	1380	34171	10450	3880
26860	36800	2650	19827	207431	6910
1780	1995	5580	4258	25550	14063
800	2936	120	38	856	314
228990	271786	19000	188734	178143	73633
12252	231135	9000	71596	167661	40470
165990	207706	19000	105356	55509	44933
64000	153166	19000	74487	–	36174
25342	115399	1500	15343	251584	6539
22758	93493	550	10719	210830	5911
1339	3698	20	599	7267	216
342	10901	900	1043	20566	145
46	207	2	1	121	1
342	10897	901	1049	20566	146
98.67	117.16	8.48	1.99	20.84	10.28
27.07	24.69	40.87	156.16	13.00	92.01
72.49	76.42	100.00	55.82	31.16	61.02
1.21	9.44	34.65	5.41	8.17	2.23

2014年建筑企

	计算单位	合计	内资企业		
				国有企业	集体企业
建筑企业个数	个	79	79	4	4
计算建筑业劳动生产率的平均人数	人	57160	57160	2384	1034
年末从业人数	人	52349	52349	2779	1359
#工程技术人员	人	7819	7819	433	133
建筑业总产值	万元	1108890	1108890	49313	18240
#装修装饰产值	万元	41439	41439	1181	520
# 在省外完成	万元	23728	23728	-	-
按构成分					
建筑工程	万元	941957	941957	48739	15670
安装工程	万元	75304	75304	470	2550
其他	万元	91629	91629	104	-
竣工产值	万元	553577	553577	34584	5564
年末自有施工机械设备净值	万元	50534	50534	1060	2888
总台数	台	11514	11514	93	879
总功率	万千瓦	24732	24732	1055	1710
主要建筑材料消耗量					
钢材	吨	256952	256952	65	14089
木材	立方米	103854	103854	75	3723
水泥	吨	1204594	1204594	915	55611
平板玻璃	平方米	137539	137539	16	9658
铝材	吨	37813	37813	10	3305
房屋施工面积	平方米	4329105	4329105	344492	264391
#本年新开工面积	平方米	2757300	2757300	200183	233971
房屋竣工面积	平方米	2008500	2008500	130962	17701
#住 宅	平方米	1446172	1446172	91688	17701
营业收入	万元	1127697	1127967	49319	26594
营业成本	万元	956423	956423	43439	18881
营业税金及附加	万元	39251	39251	1982	1130
营业利润	万元	59279	59279	1630	2983
管理费用中的税金	万元	4796	4796	18	116
利润总额	万元	59314	59314	1633	2980
技术装备率	%	96.53	96.53	38.14	212.51
动力装备率	%	47.24	47.24	37.96	125.83
房屋建筑面积竣工率	%	46.40	46.40	38.02	6.70
产值利润率	%	5.35	5.35	3.31	16.34

业基本情况

						港、澳、台商投资企业	外商投资企业
股份合作企业	联营企业	有限责任公司	股份有限公司	私营企业	其他企业		
–	–	23	2	46	–	–	–
–	–	14873	1255	37614	–	–	–
–	–	19016	2511	26684	–	–	–
–	–	2539	288	4426	–	–	–
–	–	289986	29154	722197	–	–	–
–	–	25897	–	13841	–	–	–
–	–	44	2216	21468	–	–	–
–	–	237612	28662	611255	–	–	–
–	–	18421	19	53843	–	–	–
–	–	33592	474	57099	–	–	–
–	–	167068	8997	337364	–	–	–
–	–	14702	2827	21170	–	–	–
–	–	3096	778	6433	–	–	–
–	–	5684	1211	14668	–	–	–
–	–	60792	20649	131261	–	–	–
–	–	50432	5710	70972	–	–	–
–	–	809041	87322	235580	–	–	–
–	–	24616	10550	86582	–	–	–
–	–	19554	754	3288	–	–	–
–	–	1641395	81347	1997479	–	–	–
–	–	952189	55477	1315480	–	–	–
–	–	674064	49957	1135816	–	–	–
–	–	508935	45627	782221	–	–	–
–	–	304488	72424	675142	–	–	–
–	–	269482	53257	571363	–	–	–
–	–	11436	2512	22191	–	–	–
–	–	8922	7937	37807	–	–	–
–	–	1314	836	2512	–	–	–
–	–	8790	7937	37974	–	–	–
–	–	77.31	112.58	79.33	–	–	–
–	–	29.89	48.23	54.97	–	–	–
–	–	41.07	61.41	56.86	–	–	–
–	–	3.03	27.22	5.26	–	–	–

2014年分县区建筑施工

	实收资本	资产总计	#流动资产	#固定资产	#长期投资	#无形及递延资产
总计	294801	692601	510441	154298	–	–
按企业登记注册类型分						
内资企业	294801	692601	510441	154298	–	–
国有企业	45709	89611	67690	21143	–	–
集体企业	6838	31272	26213	3829	–	–
股份合作企业	–	–	–	–	–	–
联营企业	–	–	–	–	–	–
有限责任公司	65817	151321	102852	41485	–	–
股份有限公司	17489	82145	73556	8589	–	–
私营企业	158948	338252	240130	79252	–	–
其他企业	–	–	–	–	–	–
港、澳台商投资企业	–	–	–	–	–	–
外商投资企业	–	–	–	–	–	–
按行业类别分						
房屋和土木工程建筑	248453	576033	431168	130106	–	–
建筑安装业	23053	68607	43400	18479	–	–
建筑装饰业	21145	45523	35283	3865	–	–
其他建筑业	2150	2438	590	1848	–	–
按隶属关系分						
中　央	45709	89611	67690	21143	–	–
地　方	249092	602290	442751	133155	–	–
市　属	19919	62985	47494	11988	–	–
区县属	28049	58589	38265	18164	–	–
其　他	201124	480716	356992	103003	–	–
按辖区分						
西峰区	168518	415247	307600	97545	–	–
庆城县	75718	155255	120403	30417	–	–
环　县	4218	5530	3164	2144	–	–
华池县	21637	63575	39687	17879	–	–
合水县	800	950	860	25	–	–
正宁县	2615	6129	3458	2017	–	–
宁　县	17145	41115	32966	1773	–	–
镇原县	4150	4800	2302	2498	–	–

企业财务及经济效益

单位：万元、个

负债合计			所有者权益	企业总收入			利税总额	
	流动负债	长期负债			营业收入	其他业务收入		利润总额
265417	238845	26572	427184	1128209	1127968	241	110643	59314
265417	238845	26572	427184	1128209	1127968	241	110643	59314
43131	43120	11	46479	49322	49319	3	3861	1633
9677	8611	1066	21595	26601	26595	6	4554	2980
–	–	–	–	–	–	–	–	–
–	–	–	–	–	–	–	–	–
55651	55034	617	95670	304505	304488	17	22362	8790
42115	40115	2000	40030	72424	72424	–	11884	7937
114843	91965	22878	223409	675357	675142	215	67982	37974
–	–	–	–	–	–	–	–	–
–	–	–	–	–	–	–	–	–
228001	219604	8397	348032	737831	737602	229	60740	25756
26815	8660	18155	41792	130322	130318	5	18887	12749
10321	10301	20	35202	257475	257468	8	30821	20751
280	280	–	2158	2580	2580	–	194	58
43131	43120	11	46479	49322	49319	3	3861	1633
222286	195725	26561	380705	1078887	1078649	238	106782	57681
17639	16573	1066	45346	137016	137009	7	8890	3664
15056	14756	300	43533	87474	87468	6	9680	4842
189591	164396	25195	291826	854397	854172	225	88212	49175
165470	157376	8094	249777	525051	525018	33	50025	25236
62094	61791	303	93161	187438	187242	196	8964	178
437	437	–	5094	25342	25342	–	1751	342
23238	5192	18046	40337	115399	115399	–	16099	10897
110	–	110	840	1501	1500	1	1100	901
3485	3485	–	2644	15349	15343	6	1909	1049
10045	10025	20	31070	251584	251584	–	30299	20566
539	539	–	4261	6544	6539	5	493	146

建筑业

【建筑业统计单位】指从事房屋、构筑物建造和设备安装活动的法人企业。建筑业法人企业应同时具备的条件是：①依法成立，有自己的名称、组织机构和场所，能够承担民事责任；②独立拥有和使用资产，承担负债，有权与其他单位签订合同；③独立核算盈亏，能够编制资产负债表。

【建筑业总产值(即自行完成施工产值)】是以货币表现的建筑安装企业在一定时期内生产的建筑业产品的总和。建筑业总产值包括：

⑴建筑工程产值：指列入建筑工程预算内的各种工程价值。

⑵设备安装工程产值：指设备安装工程价值，不包括被安装设备本身价值。

⑶房屋、构筑物修理产值：指房屋、构筑物修理所完成的价值，但不包括被修理房屋、构筑物本身的价值和生产设备的修理价值。

⑷非标准设备制造产值：指加工制造没有定型的、非标准的生产设备的加工费和原材料价值，以及附属加工厂为本企业承建工程制作的非标准设备的价值。

【建筑业增加值】指建筑业企业在报告期内以货币表现的建筑业生产经营活动的最终成果。目前建筑业增加值采用分配法（收入法）计算，即从收入的角度出发，根据生产要素在生产过程中应得的收入份额计算。具体计算公式为：

建筑业增加值＝本年提取的固定资产折旧+应付工资+应付福利费+管理费用中的劳动待业保险金、税金+工程结算税金及附加+工程结算利润

【房屋建筑施工面积】指在报告期内施工的全部房屋建筑面积，包括本期新开工的房屋面积、上期施工跨入本期继续施工的房屋面积、上期停缓建在本期恢复施工的房屋面积、本期竣工的房屋面积及本期施工后又停缓建的房屋面积。

【房屋建筑竣工面积】指在报告期内房屋建筑按照设计要求全部完工，达到了住人和使用条件，经验收鉴定合格，正式移交使用单位的房屋建筑面积。

【自有机械设备年末总台数】指归本企业所有，属于本企业固定资产的生产性机械设备年末总台数。包括施工机械、生产设备、运输设备以及其他设备。

【自有机械设备年末总功率】指本企业自有施工机械、生产设备、运输设备以及其他设备等列为在册固定资产的生产性机械设备年末总功率，按设定能力或查定能力计算。包括机械本身的动力和为该机械服务的单独动力设备，如电动机等。计算单位用千瓦，动力换算可按 1 马力＝0.735 千瓦折合成千瓦数。电焊机、变压器、锅炉不计算动力。

【工程结算收入】指企业承包工程实现的工程价款结算收入，以及向发包单位收取的除工程价款以外的按规定列作营业收入的各种款项，如临时设施费、劳动保险费、施工机械调迁费等以及向发包单位收取的各种索赔款。

【工程结算利润】指已结算工程实现的利润，如亏损以“－”号表示。计算公式为：

工程结算利润＝工程结算收入－工程结算成本－工程结算税金及附加

【企业总收入】指与企业生产经营直接有关的各项收入，包括工程结算收入和其他业务收入。计算公式为：企业总收入＝工程结算收入＋其他业务收入

统计资料

QING YANG YEARBOOK

2009—2014年庆阳市固定资产投资完成情况

单位：万元、个

	2009	2010	2011	2012	2013	2014
固定资产投资总额	3535307	4880175	6277432	7658643	9531893	11225717
(一)按属地分						
地　方	2986263	4080175	5176917	6278290	7972901	9682733
#房地产开发	107840	122893	174689	507307	667172	396028
油　田	549044	800000	1100515	1380353	1558988	1542984
(二)按构成分						
建筑安装工程	2523198	3593995	5235418	5949844	8208319	10045224
设备工器具购置	280066	394024	311187	740190	532936	546245
其他费用	732043	892156	730827	968609	790638	634284
(三)按三次产业分						
第一产业	390726	569570	266620	102155	80138	299851
第二产业	1408582	1997928	3196277	5636216	6607567	7983070
#工业	-	1507450	2006899	2917065	3678717	4355455
第三产业	1735999	2312677	2814535	1920272	2844184	2942796
(四)按投资规模分						
1. 亿元以上项目						
项目个数	48	68	53	37	74	103
完成投资额	1401034	2090139	2195230	2783348	4127989	4796438
2. 千万元至亿元项目						
项目个数	551	623	1007	907	1225	1900
完成投资额	1280216	1761019	3724027	4296482	4736732	5763502
3. 500-1000万元项目						
项目个数	301	245	309	-	-	451
完成投资额	175839	149981	183486	-	-	269749
4. 50-500万元项目						
项目个数	557	416	-	-	-	-
完成投资额	114601	90680	-	-	-	-
新增固定资产	1361634	2453738	4832416	4470448	7111952	8237794

注：从2012年开始，固定资产投资总额未按城乡划分。根据省统计局统一要求，2012年固定资产投资总额数据进行修正，以公布的修正数据为准。

历年分县区固定资产投资总额

单位：万元

年份	全市	西峰区	庆城县	环县	华池县	合水县	正宁县	宁县	镇原县	市直	长庆油田
1978	1516	–	80	184	80	45	37	88	127	875	–
1979	2519	–	86	200	66	66	54	107	148	1864	–
1980	2087	–	119	292	33	65	20	109	202	1247	–
1981	2278	–	228	321	55	167	37	115	205	1150	–
1982	2153	–	359	21	38	189	43	56	296	1151	–
1983	2489	–	247	211	96	281	230	186	185	1053	–
1984	2909	–	135	397	277	68	115	170	296	1451	–
1985	4797	–	343	474	188	143	172	269	577	2631	–
1986	5424	195	161	658	212	451	156	272	1010	2309	–
1987	7257	488	430	775	329	592	63	260	1697	2623	–
1988	8280	1102	200	407	474	468	98	941	859	3731	–
1989	5298	821	133	307	314	52	109	435	467	2660	–
1990	6251	1016	267	208	82	339	85	56	613	3855	–
1991	11515	997	118	563	381	334	210	767	1068	7077	–
1992	14240	1846	882	393	468	122	233	874	826	8596	–
1993	73139	2320	593	454	571	713	340	1062	2144	1452	50421
1994	57218	8202	40155	1364	1556	394	247	1909	3391	1	–
1995	63247	10097	42644	4008	1012	894	297	2438	1857	–	–
1996	113482	17396	79048	2234	2343	1611	2316	4967	3594	–	–
1997	184985	22204	106053	2634	2893	2547	2779	776	2864	–	–
1998	172562	38243	93772	8474	5831	5835	4637	8444	7326	–	–
1999	177844	40885	12025	8411	6500	6216	6030	7910	8023	–	81844
2000	204675	15252	15159	10580	8113	7026	8166	8812	10072	–	91495
2001	257512	57322	15686	11676	9316	9923	8150	13154	15285	–	117000
2002	350492	107151	26558	17665	16180	15393	12055	19720	23955	–	111815
2003	474340	129512	36498	25088	23780	24557	22840	29200	31263	–	151602
2004	610178	169072	51700	36761	32443	33632	35749	44915	42763	–	163143
2005	795800	204238	62400	44450	39010	40520	43110	54030	51500	–	256542
2006	969851	247946	97751	84308	62593	65237	69752	80843	80194	–	181227
2007	1350013	295048	118507	135284	94090	103343	117141	140506	124669	–	221425
2008	2230152	434168	199366	216620	133165	161510	192819	237478	210713	–	444313
2009	3535307	748118	256800	336368	235808	254464	346772	431909	376024	–	549044
2010	4880175	1013496	341038	445142	327200	367175	473608	603795	508721	–	800000
2011	6277432	1229315	456704	556138	500098	472016	628634	906600	427412	–	1100515
2012	7658643	1621483	508819	686309	527701	559939	738268	1050366	585405	–	1380353
2013	9531893	1987742	680242	866002	642055	635321	819671	1519697	822171	–	1558988
2014	11225717	2395260	827132	1059319	780790	762400	983600	1858830	1015402	–	1542984

注：全市固定资产投资总额中包括长庆油田投资额。

2014年庆阳市固定资产投资总额构成（500万元以上项目）

	2014年		2014年
投资总额	11225717	按国民经济行业分	
按属地分		农、林、牧、渔业	299851
地　方	9682733	采矿业	3038453
#房地产开发	396028	制造业	885627
油　田	1542984	电力燃气水生产和供应业	431375
按构成分		建筑业	3665415
建筑安装工程	10045224	交通运输、仓储和邮政业	758312
设备工器具购置	546245	信息传输计算机软件业	7531
其他费用	634284	批发和零售业	389992
按三次产业分		住宿和餐饮业	139893
第一产业	299851	金融业	-
第二产业	7983070	房地产业	673810
第三产业	2942796	租赁和商务服务业	34687
按资金来源分		科学研究和地质勘查业	18311
国家预算内资金	1362376	水利环境和公共设施管理业	427245
国内贷款	1325029	居民服务和其他服务业	87580
债　券	-	教　育	136475
利用外资	-	卫生社会保障和社会福利业	89383
自筹资金	7476873	文化、体育和娱乐业	114129
其它资金	338366	公共管理与社会组织	29448
按隶属关系分		按辖区分	
中央项目	1542984	西峰区	2395260
地方项目	9682733	庆城县	827132
按投资规模分		环　县	1059319
1. 亿元以上项目		华池县	780790
项目个数	103	合水县	762400
完成投资额	4796438	正宁县	983600
2. 千万元至亿元项目		宁　县	1858830
项目个数	1900	镇原县	1015402
完成投资额	5763502	按建设性质分	
3. 500-1000万元项目		新　建	11011646
项目个数	451	改　建	127751
完成投资额	269749	改建和技术改造	86320

2014年分县区固定资产投资

	全　市	西峰区	庆城县	环　县
固定资产投资总额	11225717	2395260	827132	1059319
(一)按属地分				
地　方	9682733	2395260	827132	1059319
#房地产开发	396028	309089	4000	26499
油　田	1542984	–	–	–
(二)按构成分				
建筑安装工程	10045224	2287645	636089	1038351
设备工器具购置	546245	19539	176544	6300
其他费用	634284	–	14499	14668
(三)按三次产业分				
第一产业	299851	59377	–	45089
第二产业	7983070	1314035	821532	842105
第三产业	2942796	1021848	5600	172125
(四)按投资规模分				
1.亿元以上项目				
项目个数	103	51	4	15
完成投资额	4796438	1374069	54987	428264
2.千万元至亿元项目				
项目个数	1900	219	248	232
完成投资额	5763502	997235	745135	718398
3.500-1000万元项目				
项目个数	451	33	37	112
完成投资额	269749	23956	23010	67243
4.50-500万元项目				
项目个数	–	–	–	–
完成投资额	–	–	–	–

完成情况（500 万元以上项目）

单位：万元

华池县	合水县	正宁县	宁　县	镇原县	长庆油田
780790	762400	983600	1858830	1015402	1542984
780790	762400	983600	1858830	1015402	–
8300	4050	10040	4500	29550	–
–	–	–	–	–	1542984
774614	762400	718346	1809065	579088	1426342
5928	–	97412	28713	174045	37764
248	–	167842	21052	262269	65958
23966	21844	86708	20583	42284	–
733850	509943	605974	747462	865185	1542984
22974	230613	290918	1090785	107933	–
2	5	2	18	5	1
10516	47929	97480	772031	777567	1542984
368	234	308	211	80	–
682054	693643	853100	1057292	197430	–
157	26	36	35	15	–
79920	16778	22980	25007	10855	–
–	–	–	–	–	–
–	–	–	–	–	–

2014年分县区500万元以上

	全　市	西峰区	庆城县	环　县
计划总投资	15672843	2983817	1337422	2046309
# 本年新开工项目	9432405	2456953	732339	1147334
累计完成投资	11934418	2501295	1036636	1402358
本年完成投资	9288705	2072887	823132	1032820
# 住宅	7417	–	7417	–
按构成分				
建筑工程	6773041	1770968	410429	824504
安装工程	1449813	207588	221660	187348
设备工器具购置	508481	19539	176544	6300
其他费用	555370	74792	14499	14668
按登记注册类型分				
内　资	9274205	2060387	823132	1032820
国　有	6209982	375787	–	978697
集　体	747984	745469	–	–
股份合作	6260	6260	–	–
国有联营	95159	95159	–	–
国有与集体联营	–	–	–	–
其他联营	–	–	–	–
有限责任公司	343743	10754	37789	–
#其他有限责任公司	343743	10754	37789	–
股份有限公司	76562	32312	500	43750
私营企业	753513	535171	14298	–
#个体经营	–	–	–	–
个体户	–	–	–	–
个人合伙	–	–	–	–
其　他	977164	195646	770545	10373
港澳台商投资	12500	12500	–	–
合资经营	–	–	–	–
合作经营	–	–	–	–
独　资	–	–	–	–
股份有限	–	–	–	–
外商投资	–	–	–	–
合资经营	–	–	–	–
合作经营	–	–	–	–
独　资	–	–	–	–
股份有限	–	–	–	–

项目固定资产投资总额构成（一）

单位：万元、平方米

华池县	合水县	正宁县	宁　县	镇原县
1208859	1175804	2525997	2758766	1558625
877134	755479	919582	1680604	862980
828192	890685	1603230	2237807	1396415
772490	741704	973560	1846460	985852
–	–	–	–	–
764734	741704	404420	1496221	322261
1580	–	303886	300474	227277
5928	–	97412	28713	174045
248	–	167842	21052	262269
772490	741704	973560	1846460	985852
772490	705005	973560	1495293	871350
–	–	–	2515	–
–	–	–	–	–
–	–	–	–	–
–	–	–	–	–
–	–	–	–	–
–	–	–	295209	–
–	–	–	295209	–
–	–	–	–	–
–	36699	–	–	–
–	–	–	53443	113902
–	–	–	–	–
–	–	–	–	–
–	–	–	–	–
–	–	–	–	–
–	–	–	–	600
–	–	–	–	–
–	–	–	–	–
–	–	–	–	–
–	–	–	–	–
–	–	–	–	–
–	–	–	–	–
–	–	–	–	–
–	–	–	–	–

2014年分县区500万元以上

	全　市	西峰区	庆城县	环　县
按建设性质分				
新　建	9067594	1944590	818332	1032000
改　建	127751	99811	4800	-
改建及技术改造	86320	24266	-	-
按国民经济行业分				
农、林、牧、渔业	299851	59377	-	45089
采矿业	1495469	66133	56635	88956
制造业	885627	136492	211605	51896
电力燃气水生产和供应业	431375	37506	11062	212908
建筑业	3665415	1073904	542230	488345
交通运输、仓储和邮政业	758312	16411	-	6214
信息传输计算机软件业	5731	-	-	-
批发和零售业	389992	232669	-	17030
住宿和餐饮业	139893	120753	-	4380
金 融 业	-	-	-	-
房地产业	277782	55144	-	-
租赁和商务服务业	34687	29295	-	-
科学研究和地质勘查业	18311	9811	-	-
水利环境和公共设施管理业	427245	51864	-	62245
居民服务和其他服务业	87580	57800	1600	-
教 育	136475	61224	-	515
卫生社会保障和社会福利业	89383	24583	-	14800
文化、体育和娱乐业	114129	22770	-	37647
公共管理与社会组织	29448	17151	-	2795

项目固定资产投资总额构成（二）

单位：万元、平方米

华池县	合水县	正宁县	宁　县	镇原县
772490	734256	973560	1843343	949023
-	7448	-	3117	12575
-	-	-	-	24254
23966	21844	86708	20583	42284
6335	24548	80480	405545	766837
18582	120648	91345	213535	41524
18990	3793	12809	104407	29900
689943	360954	421340	23975	26924
-	166546	16165	523344	29632
1918	-	-	3813	-
-	20561	42360	77372	-
-	-	14760	-	-
-	-	-	-	-
-	-	-	215288	7350
-	5392	-	-	-
-	2200	1300	5000	-
12756	1874	92621	203685	2200
-	-	26268	-	1912
-	8840	45947	8746	11203
-	4504	21102	10100	14294
-	-	19845	24637	9230
-	-	510	6430	2562

2014年分县区500万元以上

	全　市	西峰区	庆城县	环　县
本年新增固定资产	6694810	1799728	442423	409782
本年施工房屋面积	2175707	1105752	147963	62644
# 住　宅	34600	-	34600	-
本年竣工房屋面积	14652	14652	-	-
# 住　宅	-	-	-	-
施工项目个数	2459	303	289	359
# 本年新开工	2010	275	196	292
本年投产项目个数	1596	272	133	257
资金来源合计	8996270	1825037	816962	1033915
上年末节余资金	14550	-	-	4550
本年资金来源合计	8981720	1825037	816962	1029365
国家预算内资金	1362376	98964	8650	471305
国内贷款	644286	299064	-	238443
债　券	-	-	-	-
利用外资	-	-	-	-
# 外商直接投资	-	-	-	-
对外借款	-	-	-	-
自筹资金	6636692	1403103	808312	227799
#中央各部门自筹	-	-	-	-
省自筹	-	-	-	-
市自筹	-	-	-	-
县自筹	-	-	-	-
企业、单位自有资金	36107	12898	-	-
其他资金来源	338366	23906	-	91818
本年各项应付款合计	476547	248010	8920	900
# 工程款	321343	195297	8920	900
征地和土地购置情况	-	-	-	-
# 规划用地面积	-	-	-	-
本年征用和购置面积	-	-	-	-
本年征用和购置价款	-	-	-	-

项目固定资产投资总额构成（三）

单位：万元、平方米

华池县	合水县	正宁县	宁　县	镇原县
404061	512146	966275	1272807	887588
47080	144262	66750	562215	39041
–	–	–	–	–
–	–	–	–	–
–	–	–	–	–
527	265	346	264	100
426	216	268	244	93
189	167	233	258	87
772290	740249	971560	1846654	952603
–	–	10000	–	–
772290	740249	961560	1846654	952603
24935	26523	61747	621035	49217
–	–	650	67629	1500
–	–	–	–	–
–	–	–	–	–
–	–	–	–	–
–	–	–	–	–
735818	713726	889721	973297	884916
–	–	–	–	–
–	–	–	–	–
–	–	–	–	–
–	–	–	–	–
–	–	–	–	23209
11537	–	9442	184693	16970
200	2355	2000	151563	61799
100	2230	–	107781	6115
–	–	–	–	–
–	–	–	–	–
–	–	–	–	–
–	–	–	–	–

2014 年庆阳市房地产企业综合生产情况（一）

	单位	合计
计划总投资	万元	2054283
自开始建设累计完成投资	万元	993618
本年完成投资	万元	396028
土地开发投资额	万元	-
按企业类型分		
国有经济控股企业	万元	-
内资企业	万元	396028
有限责任公司	万元	197935
国有独资公司	万元	-
其他有限责任公司	万元	197935
股份有限公司	万元	10775
私营企业	万元	187318
私营合伙企业	万元	-
私营有限责任公司	万元	186118
私营股份有限公司	万元	1200
按构成分		
建筑工程	万元	295863
安装工程	万元	23813
设备工器具购置	万元	5557
其他费用	万元	70795
其中：旧建筑物购置费	万元	4225
土地购置费	万元	55237
住宅	万元	269838
其中：90 平方米以下	万元	50176
其中：140 平方米以上	万元	21986
经济适用房	万元	-
办公楼	万元	8278
商业营业用房	万元	75456
其他	万元	42456
本年新增固定资产	万元	180533
一、本年资金来源合计	万元	726977
1. 上年末结余资金	万元	124065
2. 本年资金来源小计	万元	602912
①国内贷款	万元	41160
银行贷款	万元	41010
②自筹资金	万元	444936
其中：自有资金	万元	155204
③其他资金来源	万元	116816
其中：定金及预收款	万元	84211
其中：个人按揭贷款	万元	19891
二、本年各项应付款合计	万元	148307
其中：工程款	万元	101542
项目规划占地面积	平方米	2379124
项目规划建筑面积	平方米	6620105
其中：住宅	平方米	4220905
商业营业用房	平方米	1504655
办公楼	平方米	158081
其他	平方米	736464
规划住宅套数	套	38061
其中：90 平方米以下	套	11184
90-140 平方米	套	24226
140 平方米以上	套	2429
项目个数	个	77
本年完成开发土地面积	平方米	-
待开发土地面积	平方米	107535
本年购置土地面积	平方米	139684
本年土地成交价款	万元	12047

2014年庆阳市房地产企业综合生产情况（二）

	单 位	合计	住宅			经济适用房	办公楼	商用房
				90平米及以下	140平米以上			
房屋施工面积	平方米	4336801	3110516	404871	316248	-	83096	732540
其中：新开工面积	平方米	1925363	1283848	68299	194362	-	66767	285575
房屋竣工面积	平方米	519927	469355	103455	7683	-	-	28420
其中：不可销售面积	平方米	4500	4500	4500	-	-	-	-
商品住宅竣工套数	套	-	4189	1195	52	-	-	-
竣工房屋价值	万元	124426	111102	23315	1789	-	-	7748
批准预售面积	平方米	861750	703360	102853	124693	-	1063	148778
批准预售住宅套数	套	-	6425	1182	736	-	-	-
出租房屋面积	平方米	-	-	-	-	-	-	-
商品房销售面积	平方米	573336	552665	59780	21973	-	-	14225
其中：现房销售面积	平方米	268012	257520	43368	5973	-	-	4046
期房销售面积	平方米	305324	295145	16412	16000	-	-	10179
商品房销售额	万元	201608	188365	17287	7069	-	-	11084
其中：现房销售额	万元	89518	81110	13314	1969	-	-	6249
期房销售额	万元	112090	107255	3973	5100	-	-	4835
商品住宅销售套数	套	-	4943	704	148	-	-	-
其中：现房销售套数	套	-	2393	520	38	-	-	-
期房销售套数	套	-	2550	184	110	-	-	-
代售面积	平方米	286331	218566	58783	3335	-	-	56604

固定资产投资

【固定资产】固定资产是指为生产商品、提供劳务、出租、经营或管理而持有，使用期限在一年以上的房屋及建筑物、机器、机械、运输工具以及其他与生产、经营、管理有关的设备、器具、工具等。

【固定资产投资】 固定资产投资也称固定资产投资完成额，是以货币形式表现的在一定时期内全社会建造和购置固定资产的工作量和与此有关的费用的总称。该指标是反映固定资产规模、结构和发展速度的综合性指标，也是观察工程进度和考核投资效果的重要依据。

【房地产开发投资】 指一定时期内，各种登记注册类型的房地产开发企业及其所属产业活动单位实际从事房地产开发或经营所完成的投资，包括商品住宅投资和办公楼、写字楼、工厂厂房等非住宅类房屋及土地开发投资，不包括单纯的土地交易活动。

【固定资产投资的资金来源】 根据固定资产投资的资金来源不同，分为国家预算资金、国内贷款、债券、利用外资、自筹资金和其他资金来源。

⑴ 国家预算资金：指中央财政和地方财政中由国家统筹安排的基本建设拨款和更新改造拨款，以及中央财政安排的专项拨款中用于基本建设的资金和基本建设拨款改贷款的资金等。

⑵ 国内贷款：指报告期固定资产投资项目单位向银行及非银行金融机构借入的用于固定资产投资的各种国内借款，包括银行贷款、非银行金融机构贷款等。

⑶ 债券：指企业或金融机构为筹集用于固定资产投资的资金向投资者出具的承诺按一定发行条件还本付息的债务凭证，包括金融债券和企业债券。

⑷ 利用外资：指报告期内收到的用于固定资产建造和购置的国外资金。包括对外借款、外商直接投资、外商其他投资，不包括我国自有外汇资金。

⑸ 自筹资金：指固定资产投资单位报告期内收到的，由各企事业单位筹集用于固定资产投资的资金，包括企事业单位自有资金、股东投入资金和借入资金，不包括财政性资金、从各类金融机构借入资金和国外资金。

⑹ 指在报告期收到的除以上各种资金之外的用于固定资产投资的资金。包括社会集资、个人资金、无偿捐赠的资金及其他单位拨入的资金等。

【本年全部建成投产时间】 是指建设项目按计划规定的生产能力（或效益）在本年内按合同规定全部建成，经验收合格或达到竣工验收标准正式移交生产或交付使用的时间。

【房屋施工面积】 指报告期内施工的全部房屋建筑面积。包括本期新开工的面积、上期跨入本期继续施工的房屋面积、上期停缓建在本期恢复施工的房屋面积、本期竣工的房屋面积及本期施工后又停缓建的房屋面积。多层建筑应为各层建筑面积之和。

【房屋竣工面积】 指在报告期内房屋建筑按照设计要求已全部完工，达到住人和使用条件，经验收鉴定合格或达到竣工验收标准，可正式移交使用的各栋房屋建筑面积的总和。

【房屋竣工价值】 指在报告期内按规定已经上报竣工的房屋本身的建筑价值，不仅包括该竣工房屋在报告期内完成的价值，也包括跨年施工的房屋在本期以前完成的价值，一般按结算价格计算。

【本年新增固定资产】 指已经完成建造和购置过程，并已交付生产或使用单位的固定资产价值，包括已经建成投入生产或交付使用的工程投资和达到固定资产标准的设备、工具、器具的投资及有关应摊入的费用。

统计资料

交通邮电业

邮电通信事业发展情况

	计算单位	2010	2011	2012	2013	2014
邮电业务总量	万元	166424.93	118101.65	134527.00	148585.00	174131.73
邮政业务总量	万元	7026.93	6638.65	8397.20	9010.14	9864.79
函　件	万件	213.85	139.61	94.34	79.65	84.7
包　件	万件	4.35	4.53	1.18	1.23	1.48
特快专递	件	167016	181517	240888	215785.00	277246
报刊期发数	万份	17.95	16.72	18.98	13.47	14.33
邮政局（所）	个	124	124	123	123	123
信箱邮筒	个	298	298	298	1090	1090
邮路总长度（单程）	公里	2403	2403	3153	3153	3153
农村投递线路总长度	公里	15254	15254	15850	15850	15850
邮政职工人数	人	315	332	331	720	720
电信业务总量	万元	58978	29023	33327	47025	57442
固定电话用户	户	297260	263242	2462031	217272	214158
其中：城市用户	户	151717	90492	153044	102358	113286
农村用户	户	145543	172750	93159	114854	83327
其中：住宅电话	户	261949	174760	-	-	2411
国际互联网用户	户	91558	95148	110600	113792	161014
其中：家庭用户	户	69101	19339	-	-	31700
电信局（所）	个	18	45	45	168	172
市内电话交换机容量	门	385048	101304	87899	112000	205952
农村电话交换机容量	门	-	115500	106370	41000	-
公用电话部数	部	23692	-	20474	19450	17542
联通业务总量	万元	-	538	-	-	11516
移动业务总量	万元	100420	82440	92803	89259	95309
移动电话用户	户	1654740	1910798	2035200	2200000	2272163
平均每人每年发函件数	件	0.81	0.53	0.43	0.18	0.32
平均每百人每年订报刊数	份	6.76	6.38	8.55	-	-
平均每百人拥有电话机数	部	73.55	82.98	102.90	104.20	111.8

2014年分县区交通

	计算单位	全　市	西峰区	庆城县	环　县
公路建设情况					
公路里程	公里	13175.803	1232.132	1146.166	2812.177
高　速	公里	205.057	43.517	29.612	-
国　道	公里	530.932	-	135	128
省　道	公里	442.409	93.318	39.784	-
县　道	公里	1497.892	39.776	120.18	342.625
乡　道	公里	1520.295	54.412	43.66	485.918
村　道	公里	8925.487	992.909	766.69	1855.634
专　道	公里	53.219	8.2	11.24	-
等级公路	公里	8634.303	792.086	959.269	1518.115
高　速	公里	205.057	43.517	29.612	-
一　级	公里	30.161	18.549	11.612	-
二　级	公里	630.922	37.442	104.679	128
三　级	公里	958.98	48.527	132.693	-
四　级	公里	6809.183	644.051	680.673	1390.115
等外公路	公里	4540.988	440.046	186.376	1294.062
晴雨通车里程	公里	6708.601	539.033	905.216	1374.323
营运汽车拥有情况					
载客汽车	辆	3963	1937	379	329
载客量	座位	43593	21307	4169	3619
载货汽车	辆	14197	8131	1519	1162
载货量	吨	83762	47973	8962	6856
运输生产情况					
客运量	万人	2771	926	249	241
#公　路	万人	-	--	-	-
旅客周转量	万人公里	175198	57661	15748	15242
#公　路	万人公里	-	-	-	-
货运量	万吨	3102	710	94	183
货物周转量	万吨公里	606360	138833	101868	35775

数据来源：市交通局、庆阳公路总段

运输业基本情况

华池县	合水县	正宁县	宁　县	镇原县	市　直
1324.636	1316.665	1243.415	2302.095	1798.517	-
-	87.3	-	44.628	-	-
-	131.362	37.787	54	44.783	-
56.5	-	70	63.931	118.876	-
235.279	133.514	120.159	236.944	269.415	-
227.865	144.111	45.21	317.457	201.662	-
804.992	809.823	970.259	1561.911	1163.781	-
-	10.555	-	23.224	-	-
979.312	955.991	941.068	1321.117	1167.345	-
-	87.3	-	44.628	-	-
-	-	-	-	-	-
116.914	16	80.463	98.267	49.157	-
170.494	199.539	130.069	104.576	173.082	-
691.904	653.152	730.536	1073.646	945.106	-
345.324	360.683	302.347	980.978	631.172	-
701.987	593.606	460.615	1008.806	1125.015	-
347	183	157	243	338	-
3817	2013	1727	2673	4268	-
538	475	408	1197	767	-
3174	2803	2407	7062	4525	-
235	144	141	155	127	553
-	-	-	-	-	-
14892	9110	8935	9811	8038	35761
-	-	-	-	-	-
189	89	81	235	124	1397
36969	17584	15765	46083	24180	309309

历年客运周转量和货运周转量

年 份	客运周转量（万人公里）	货运周转量（万吨公里）
1978	123228	12911
1979	12615	12685
1980	14607	9657
1981	14313	9663
1982	16066	10736
1983	17124	10603
1984	18381	13322
1985	22529	15620
1986	24785	17876
1987	34258	22437
1988	38898	26229
1989	40684	33642
1990	38567	28082
1991	40774	27569
1992	46570	34985
1993	40299	34745
1994	48100	84452
1995	55854	79191
1996	63038	94784
1997	57745	74093
1998	56000	75000
1999	72472	62106
2000	75008	73575
2001	82603	73961
2002	88921	76462
2003	91095	80346
2004	101935	83130
2005	110804	87887
2006	117804	93682
2007	125304	99860
2008	223605	270618
2009	233704	281467
2010	239708	310897
2011	130347	322420
2012	134283	550689
2013	145571	777056
2014	175199	606360

统计资料

QING YANG YEARBOOK

2014年单位从业人员与职工人数

单位：人

	年末单位从业人员数	国有	集体	其他	年末在岗职工人数	国有	集体	其他
合　计	185227	130219	10011	44997	160668	120009	9380	31279
按企业、事业、机关分								
企　业	93397	38483	9996	44918	70433	29868	9365	31200
事　业	61676	61582	15	79	60545	60451	15	79
机　关	30154	30154	-	-	29690	29690	-	-
按产业分								
第一产业	513	513	-	-	513	513	-	-
第二产业	74270	33146	8417	32707	53912	25281	7855	20776
第三产业	110444	96560	1594	12290	106243	94215	1525	10503
按行业分								
农、林、牧、渔业	513	513	-	-	513	513	-	-
采矿业	29093	24594	2432	2067	20302	17589	2130	583
制造业	4356	1601	24	2731	3816	1193	24	2599
电力、燃气及水的生产和供应业	6183	4467	-	1716	5310	4199	-	1111
建筑业	34638	2484	5961	26193	24484	2300	5701	16483
交通运输、仓储及邮政业	5744	541	189	5014	5294	510	134	4650
信息传输、计算机服务和软件业	3923	1646	-	2277	2861	1198	-	1663
批发和零售业	1922	1451	-	471	1746	1277	-	469
住宿和餐饮业	1856	270	-	1586	1263	241	-	1022
金融业	4810	1873	1390	1547	4717	1841	1376	1500
房地产业	1046	21	-	1025	978	21	-	957
租赁和商务服务业	315	136	15	164	211	118	15	78
科学研究、技术服务和地质勘查业	2000	1918	-	82	1958	1885	-	73
水利、环境和公共设施管理业	2601	2601	-	-	2068	2068	-	-
居民服务和其他服务业	28	28	-	-	28	28	-	-
教　育	35986	35986	-	-	35899	35899	-	-
卫生、社会保障和社会福利业	9640	9589	-	51	9455	9404	-	51
文化、体育和娱乐业	1595	1522	-	73	1519	1479	-	40
公共管理和社会组织	38978	38978	-	-	38246	38246	-	-

2014年从业人员劳动报酬与平均报酬

单位：千元、元

	单位从业人员报酬总额	国有	集体	其他	单位从业人员平均报酬	国有	集体	其他
合　计	8729016	6936780	391618	1400618	47728	53217	40511	32670
按企业、事业、机关分								
企　业	4500466	2712320	390916	1397230	49095	69171	40501	32648
事　业	2856130	2852040	702	3388	46646	46648	46800	45173
机　关	1372420	1372420	-	-	45831	45831	-	-
按产业分								
第一产业	25072	25072	-	-	48215	48215	-	-
第二产业	3789223	2474118	334573	980532	52215	72946	41397	32003
第三产业	4914721	4437590	57045	420086	44812	46267	35991	34504
按行业分								
农、林、牧、渔业	25072	25072	-	-	48215	48215	-	-
采掘业	2229548	1911970	166106	151472	74425	75647	69124	66464
制造业	199311	124844	860	73607	47252	77639	35833	27556
电力、煤气及水的生产和供应业	381156	302050	-	79106	62007	67831	-	46698
建筑业	979208	135254	167607	676347	30355	52404	29639	28154
交通运输、仓储和邮政业	215367	68222	3365	143780	37586	123815	17345	28843
信息传输、计算机服务和软件业	131346	64297	-	67049	33670	38710	-	29933
批发和零售业	53072	42218	-	10854	27570	29076	-	22947
住宿和餐饮业	87683	7998	-	79685	47448	29732	-	50465
金融业	192233	71105	52978	68150	40479	38394	38501	44806
房地产业	41423	912	-	40511	39488	43429	-	39408
租赁和商务服务业	11518	5465	702	5351	39445	40784	46800	37420
科学研究、技术服务和地质勘查业	90221	87682	-	2539	45269	45883	-	30963
水利、环境和公共设施管理业	80182	80182	-	-	31518	31518	-	-
居民服务和其他服务业	1152	1152	-	-	41143	41143	-	-
教　育	1774717	1774717	-	-	49541	49541	-	-
卫生、社会保障和社会福利业	407836	407136	-	700	42804	42960	-	13725
文化、体育和娱乐业	67844	66377	-	1467	43379	44518	-	20096
公共管理和社会组织	1760127	1760127	-	-	45482	45482	-	-

2014年职工工资总额与平均工资

单位：千元、元

	在岗职工工资总额	国有	集体	其他	在岗职工平均工资	国有	集体	其他
合　计	8265779	6686142	370148	1209489	47915	53409	40361	31704
按企业、事业、机关分								
企　业	4062268	2486721	369446	1206101	49053	69902	40350	31677
事　业	2840763	2836673	702	3388	47252	47255	46800	45173
机　关	1362748	1362748	-	-	46148	46148	-	-
按产业分								
第一产业	25072	25072	-	-	48215	48215	-	-
第二产业	3384463	2255628	313982	814853	52222	74038	41054	30437
第三产业	4856244	4405442	56166	394636	45363	46766	36879	34834
按行业分								
农、林、牧、渔业	25072	25072	-	-	48215	48215	-	-
采矿业	1946087	1705644	153561	86882	75014	77102	67738	55909
制造业	186324	114698	860	70766	47968	83844	35833	27427
电力、燃气及水的生产和供应业	380678	301572	-	79106	62121	68014	-	46698
建筑业	871374	133714	159561	578099	30190	52602	29786	27576
交通运输、仓储和邮政业	205131	64862	2658	137611	38479	126932	19544	29379
信息传输、计算机服务和软件业	117918	64135	-	53783	33963	38917	-	29486
批发和零售业	49946	39622	-	10324	27368	29155	-	22155
住宿和餐饮业	87683	7998	-	79685	47448	29732	-	50465
金融业	191956	71045	52806	68105	40497	38444	38488	44806
房地产业	39825	912	-	38913	39627	43429	-	39546
租赁和商务服务业	7828	5101	702	2025	36751	43974	46800	24695
科学研究、技术服务和地质勘查业	89191	86928	-	2263	45716	46288	-	31000
水利、环境和公共设施管理业	76079	76079	-	-	37831	37831	-	-
居民服务和其他服务业	1152	1152	-	-	41143	41143	-	-
教　育	1772808	1772808	-	-	49633	49633	-	-
卫生、社会保障和社会福利业	405029	404329	-	700	43226	43388	-	13725
文化、体育和娱乐业	66657	65430	-	1227	44027	45186	-	18591
公共管理和社会组织	1745041	1745041	-	-	45890	45890	-	-

2014年分县区全部单位

	全　市	西峰区	庆城县	环　县
一、单位从业人员年末人数	185227	83263	16820	15042
#在岗职工年末人数	160668	63019	16057	14362
其他从业人数	10437	7406	551	632
按企业、事业、机关分				
企　业	93397	60365	8415	3592
事　业	61676	15672	5547	7768
机　关	30154	7226	2858	3682
二、单位从业人员年平均人数	182889	82119	16753	14916
#在岗职工平均人数	172508	74655	16222	14333
其他从业人员平均人数	10381	7464	531	583
三、单位从业人员劳动报酬	8729016	4446036	715303	681565
#在岗职工工资	8265779	4069875	688109	673750
其他从业人员劳动报酬	463237	376161	27194	7815
按企业、事业、机关分				
企　业	4500466	3382365	353686	104831
事　业	2856130	711985	236196	414103
机　关	1372420	351686	125421	162631
四、单位从业人员年平均报酬	47728	54141	42697	45694
#在岗职工年平均工资	47915	54516	42418	47007
其他从业人员年平均工资	44624	50397	51213	13405

从业人员及劳动报酬

单位：人、千元、元

华池县	合水县	正宁县	宁　县	镇原县
10150	7822	9477	26682	15971
8572	7739	9281	26547	15091
1462	63	191	130	2
2768	776	1593	13338	2550
4883	4706	4758	9636	8706
2499	2340	3126	3708	4715
10180	7822	9476	25686	15937
8756	7759	9286	25562	15935
1424	63	190	124	2
432862	344757	107024	959225	742244
392610	342662	400316	956398	742059
40252	2095	6708	2827	185
85758	24933	48292	376543	124058
222948	217733	221947	423180	408038
124156	102091	136785	159502	210148
42521	44075	42953	37344	46574
44839	44163	43110	37415	46568
28267	33254	35305	22798	92500

2014 年分县区国有单位

	全　市	西峰区	庆城县	环　县
一、单位从业人员年末人数	130219	55103	11188	12047
#在岗职工年末人数	120009	46563	10781	11571
其他从业人数	5220	3805	277	476
按企业、事业、机关分				
企　业	38483	32205	2783	597
事　业	61582	15672	5547	7768
机　关	30154	7226	2858	3682
二、单位从业人员年平均人数	130350	55620	11262	12030
# 在岗职工年平均人数	125187	51864	10985	11554
其他从业人员年平均人数	5163	3756	277	476
三、单位从业人员劳动报酬	6936780	3494562	510035	604337
#在岗职工工资	6686142	3267954	503525	600247
其他从业人员劳动报酬	250638	226608	6510	4090
按企业、事业、机关分				
企　业	2712320	2430891	148418	27603
事　业	2852040	711985	236196	414103
机　关	1372420	351686	125421	162631
四、单位从业人员年平均报酬	53217	62829	45288	50236
#在岗职工年平均工资	53409	63010	45838	51951
其他从业人员年平均工资	48545	60332	23502	8592

从业人员及劳动报酬

单位：人、千元、元

华池县	合水县	正宁县	宁　县	镇原县
8021	7409	8317	13664	14470
7259	7401	8317	13664	14453
662	–	–	–	–
639	363	4448	399	1049
4883	4706	4743	9557	8706
2499	2340	3126	3708	4715
8020	7409	8317	13265	14427
7366	7409	8317	13265	14427
654	–	–	–	–
376182	330380	372912	594022	654350
362752	330380	372912	594022	654350
13430	–	–	–	–
29078	10556	14882	14728	36164
222948	217733	221245	419792	408038
124156	102091	136785	159502	210148
46905	44592	44837	44781	45356
49247	44592	44837	44781	45356
20535	–	–	–	–

2014年分县区城镇集体单位

	全 市	西峰区	庆城县	环 县
一、单位从业人员年末人数	10011	3381	3170	172
#在岗职工年末人数	9380	2882	3070	168
其他从业人数	419	297	100	4
按企业、事业、机关分				
企 业	9996	3381	3170	172
事 业	15	–	–	–
机 关	–	–	–	–
二 、单位从业人员年平均人数	9667	3573	3068	168
#在岗职工年平均人数	9171	3176	2988	164
其他从业人员平均人数	496	397	80	4
三、单位从业人员劳动报酬	391618	200834	94286	7376
#在岗职工工资	370148	182975	91216	7204
其他从业人员劳动报酬	21470	17859	3070	172
按企业、事业、机关分				
企 业	390916	200834	94286	7376
事 业	702	–	–	–
机 关	–	–	–	–
四、单位从业人员年平均报酬	40511	56209	30732	43905
#在岗职工年平均工资	40361	57612	30527	43927
其他从业人员年平均报酬	43286	44985	38375	43000

从业人员及劳动报酬

单位：人、千元、元

华池县	合水县	正宁县	宁　县	镇原县
307	186	185	2462	148
289	176	185	2462	148
18	-	-	-	-
307	186	170	2462	148
-	-	15	-	-
-	-	-	-	-
287	186	185	2052	148
272	186	185	2052	148
15	-	-	-	-
6231	7795	6152	62882	6062
5862	7795	6152	62882	6062
369	-	-	-	-
6231	7795	5450	62882	6062
-	-	702	-	-
-	-	-	-	-
21711	41909	33254	30644	40959
21551	41909	33254	30644	40959
24600	-	-	-	-

2014年分县区其他单位

	全　市	西峰区	庆城县	环　县
一、单位从业人员年末人数	44997	24779	2462	2823
#在岗职工年末人数	31279	13574	2206	2623
其他从业人数	4798	3304	174	152
按企业、事业、机关分				
企　业	44918	24779	2462	2823
事　业	79	-	-	-
机　关	-	-	-	-
二 、单位从业人员年平均人数	42872	22926	2423	2718
#在岗职工年平均人数	38150	19615	2249	2615
其他从业人员平均人数	4722	3311	174	103
三、单位从业人员劳动报酬	1400618	750640	110982	69852
#在岗职工工资	1209489	618946	93368	66299
其他从业人员劳动报酬	191129	131694	17614	3553
按企业、事业、机关分				
企　业	1397230	750640	110982	69852
事　业	3388	-	-	-
机　关	-	-	-	-
四、单位从业人员年平均报酬	32670	32742	45804	25700
#在岗职工年平均工资	31704	31555	41515	25353
其他从业人员年平均报酬	40476	39775	101230	34495

从业人员及劳动报酬

单位：人、千元、元

华池县	合水县	正宁县	宁　县	镇原县
1822	227	975	10556	1353
1040	162	779	10421	490
782	63	191	130	2
1822	227	975	10477	1353
–	–	–	79	–
–	–	–	–	–
1873	227	974	10369	1362
1118	164	784	10245	1360
755	63	190	124	2
50449	6582	27960	302321	81832
23996	4487	21252	299494	81647
26453	2095	6708	2827	185
50449	6582	27960	298933	81832
–	–	–	3388	–
–	–	–	–	–
26935	28996	28706	29156	60082
21463	27360	27107	29233	60035
35037	33254	35305	22798	92500

劳动工资

【职　工】 指在国有经济、城镇集体经济、联营经济、股份制经济、外商和港、澳、台投资经济、其他经济单位及其附属机构工作，并由其支付工资的各类人员，不包括返聘的离退休人员、民办教师、在国有经济单位工作的外方人员和港、澳、台人员。

【国有单位职工】 指在国有经济单位及其附属机构工作，并由其支付工资的各类人员。

【城镇集体单位职工】 指在城镇集体经济单位及其管理部门工作，并由其支付工资的各类人员。

【在岗职工】 指在本单位工作并由单位支付工资的人员，以及有工作岗位，但由于学习、病伤产假等原因暂未工作，仍由单位支付工资的人员。

【职工工资总额】 指各单位在一定时期内直接支付给本单位全部职工的劳动报酬总额。工资总额的计算原则应以直接支付给职工的全部劳动报酬为根据。各单位支付给职工的劳动报酬以及其他根据有关规定支付的工资，不论是计入成本的还是不计入成本的，不论是按国家规定列入计征奖金税项目的，还是未列入计征奖金税项目的，不论是以货币形式支付的还是以实物形式支付的，均包括在工资总额内。

【奖　金】 指支付给职工的超额劳动报酬和增收节支的劳动报酬。

【津贴和补贴】 指为了补偿职工特殊或额外的劳动消耗和因其他特殊原因支付给职工的津贴，以及为了保证职工工资水平不受物价影响支付给职工的物价补贴。

【职工平均工资】 指企业、事业、机关单位的职工在一定时期内平均每人所得的货币工资额。它表明一定时期职工工资收入的高低程度，是反映职工工资水平的主要指标。计算公式为：

职工平均工资＝报告期实际支付的全部职工工资总额 / 报告期全部职工平均人数

【职工平均工资指数】 指报告期职工平均工资与基期职工平均工资的比率，是反映不同时期职工货币工资水平变动情况的相对数。计算公式为：

职工平均工资指数＝报告期职工平均工资 / 基期职工平均工资

【职工平均实际工资指数】 职工平均实际工资指扣除物价变动因素后的职工平均工资。职工平均实际工资指数是反映实际工资变动情况的相对数，表明职工实际工资水平提高或降低的程度。计算公式为：职工平均实际工资指数＝报告期职工平均工资指数 / 报告期城镇居民消费价格指数×100%

统计资料

QING YANG YEARBOOK

财政收支情况

单位：万元

年　份	财政收入	地方财政收入	各项税收	财政支出	基本建设	支援农业
1980	2270	–	2111	8114	1301	1866
1981	2774	–	2672	7526	805	1388
1982	2852	–	2751	9068	830	1740
1983	2834	–	2908	9436	1076	736
1984	3546	–	3174	12023	646	911
1985	3599	–	3734	13608	988	853
1986	5213	–	5177	18049	1401	809
1987	6568	–	6330	19754	1492	952
1988	8141	–	8811	22839	941	1235
1989	11100	–	11817	24207	799	1178
1990	12292	–	12790	26332	890	1541
1991	15776	–	15907	30343	1362	1363
1992	16666	–	17153	31669	1390	1327
1993	23094	–	22446	37290	1323	1375
1994	30200	–	27680	43034	1193	1213
1995	38820	21217	35160	51194	1509	1596
1996	50423	29055	46038	61796	2723	2056
1997	58585	31054	52198	68417	2548	2161
1998	56949	30502	51053	75543	2216	2121
1999	61342	32987	55890	103829	2919	2062
2000	65231	35088	56976	98562	4280	2082
2001	74857	38150	67638	131291	6985	2008
2002	87707	43029	80041	166323	19478	2300
2003	101927	45494	92811	180744	15183	14399
2004	124016	54791	96732	210226	21590	10473
2005	164939	67234	154472	266095	18021	12254
2006	216349	84757	209084	384378	38649	18169
2007	260608	104172	236702	486690	–	–
2008	335364	174619	187279	687142	–	–
2009	446930	226430	307585	888352	–	–
2010	587893	300246	432881	1136575	–	–
2011	1056594	443401	854896	1351335	–	–
2012	1299552	531091	1096911	1586064	–	–
2013	1542510	637346	1318416	1833155	–	–
2014	1492520	615358	1447332	1857321	–	–

数据来源：市财政局

2014年分县区

	全　市	西峰区	庆城县	环　县
大口径收入合计	1492520	113770	65812	54601
上划中央收入	805889	21231	18199	7895
#增值税	369324	8062	11136	2105
消费税	320776	86	15	8
上划省级收入	71274	24486	10587	9000
公共预算收入合计	615358	68053	37026	37706
税收收入	443060	54017	24301	21038
增值税	120361	7050	5511	3109
营业税	74538	21462	9419	11561
企业所得税	10908	3221	1346	1304
个人所得税	4006	1211	1066	421
资源税	145604	–	26	161
城市维护建设税	42287	3723	1847	1020
房产税	5505	2283	892	297
印花税	2465	777	382	369
城镇土地使用税	3137	1294	377	180
土地增值税	7477	3538	632	793
车船税	7046	3989	911	543
耕地占用税	9233	762	1502	800
契税	9763	4707	390	480
烟叶税	730	–	–	–
非税收入	172298	14036	12725	16668
专项收入	68266	1808	1213	1365
行政事业性收费收入	40010	6557	5663	2214
罚没收入	12613	1477	1282	2403
国有资本经营收入	–	–	–	–
国有资源有偿使用收入	14244	2651	381	842
其他收入	37165	1543	4186	9844

财政收入

单位：万元

华池县	合水县	正宁县	宁　县	镇原县	市　级
45787	30415	19274	30315	45898	1086648
10821	5871	1995	5296	8476	727673
6820	2562	1741	3317	5291	321354
12	2	3	4	34	328292
5566	5380	2569	5009	5009	2099
29400	19164	14710	20010	32413	356876
17962	12263	7319	15238	17768	273154
2958	1079	919	1534	2167	96034
8143	6026	3412	7179	6087	1249
1043	814	427	765	781	1207
246	277	87	181	160	357
2059	–	435	316	4107	138500
1027	652	304	695	750	32269
234	141	112	182	210	1154
163	123	102	153	150	246
120	56	60	87	98	865
497	32	252	314	146	1273
340	252	198	356	457	–
764	2481	80	2323	521	–
368	330	201	1153	2134	–
–	–	730	–	–	–
11438	6901	7391	4772	14645	83722
982	484	250	490	622	61052
1097	741	5449	1496	3710	13083
802	1252	549	919	1313	2616
–	–	–	–	–	–
2154	435	419	268	2623	4471
6403	3989	724	1599	6377	2500

2014年分县区

	全　市	西峰区	庆城县	环　县
财政支出合计	1857321	245672	72711	250143
一般公共服务	303456	26788	43286	37328
#人大事务	5217	666	570	580
政协事务	3592	323	305	412
政府办公厅（室）及相关机构事务	139212	15238	23320	25256
共产党事务	18701	732	1938	2973
国　防	478	-	-	8
公共安全	78514	11071	7308	7259
#公　安	49643	8099	4982	5180
检　查	6791	927	454	433
法　院	11424	1346	1011	902
教　育	328393	39816	25533	59061
#普通教育	283433	33425	22221	53738
职业教育	15002	3015	1114	2489
科学技术	16734	1371	1204	4794
#科学技术事务管理	1771	163	184	168
技术研究与开发	9310	1148	1020	630
科学技术普及	4625	20	-	3929
文化体育与传媒	37344	4524	1154	3089
#文　化	20167	1411	694	1509
文　物	3040	152	188	619
体　育	2556	301	130	72
广播影视	6165	1283	-	317
新闻出版	635	-	10	10
其他文化体育与传媒支出	4781	1377	132	562
社会保障和就业	299681	34663	23890	39849
#人力资源和社会保障管理事务	14080	695	321	1020
民政管理事务	5656	1024	466	1359
财政对社会保险基金的补助	54645	7809	2889	5649
行政事业单位离退休	96093	11126	7906	10373
就业补助	33037	3060	2953	4309
抚　恤	7266	1735	505	780
社会福利	4263	296	176	190
残疾人事业	4763	326	492	898
城市居民最低生活保障	14863	5003	1965	719
自然灾害生活救助	4746	363	741	623
农村最低生活保障	46073	1880	4740	11909

财政支出（一）

单位：万元

华池县	合水县	正宁县	宁　县	镇原县	市　级
156713	133239	133939	224563	246778	293563
28809	21893	15919	28922	30026	70485
454	238	286	332	435	1656
284	214	236	253	284	1281
21213	8159	8847	11465	17378	8336
750	3255	832	2077	3088	3056
7	–	7	100	8	348
7274	5740	5960	5891	9424	18587
4146	3142	3530	3650	6282	10632
635	679	533	593	728	1809
1190	931	1191	1118	1266	2469
20736	25622	27749	44422	53091	32363
17668	21343	26243	42534	49621	16640
837	527	642	719	1017	4642
1395	956	383	344	2882	3405
187	732	–	100	72	165
827	100	100	161	2790	2534
21	36	241	63	20	295
2682	1886	1699	2542	3694	16074
1074	796	750	1571	1532	10830
519	213	53	102	491	703
255	222	88	193	524	771
488	340	359	432	525	2421
10	10	–	110	10	475
336	305	449	134	612	874
18080	19952	20586	44661	41212	56788
405	57	240	677	273	10392
448	232	461	281	780	605
1823	2848	4537	8236	8316	12538
6045	7250	5525	13843	13880	20145
3178	1741	761	6044	5410	5581
453	429	320	683	902	1459
625	126	313	279	248	2010
496	505	331	343	365	1007
1161	1366	1487	1989	1173	–
224	524	778	695	748	50
2613	3360	4562	9961	7048	–

2014 年分县区

	全　市	西峰区	庆城县	环　县
医疗卫生	166818	19464	19639	20732
#医疗卫生管理事务	3356	810	168	240
公立医院	33149	1823	4197	2237
基层医疗卫生机构	24072	3776	2661	3790
公共卫生	17483	2595	2209	2450
食品和药品监督管理事务	6230	515	612	604
医疗保障	66840	8263	7805	9803
节能环保	57365	3089	3122	13124
#环境保护管理事务	2948	636	353	226
环境监测与监察	1099	-	-	-
污染防治	6509	809	74	763
自然生态保护	1286	72	-	172
天然林保护	5589	35	52	577
退耕还林	31713	601	2354	8281
城乡社区事务	73417	32980	5609	5063
农林水事务	268695	24802	21319	41509
#农　业	76692	6581	7234	14045
林　业	48163	3984	3196	3075
水　利	38413	4222	1748	2736
扶　贫	56900	4156	2950	11584
交通运输	75007	7498	8894	5759
资源勘探电力信息等事务	9384	616	512	1974
商业服务业等事务	8762	540	344	1032
金融监管等事务支出	150	-	-	86
国土资源气象等事务	22483	397	5713	1242
住房保障支出	102076	36317	4354	7733
粮油物资储备事务	3472	95	389	306
国债还本付息支出	869	292	24	-
其他支出	4223	1349	417	195

财政支出（二）

单位：万元

华池县	合水县	正宁县	宁　县	镇原县	市　级
13918	11635	16339	25441	21109	18541
292	142	135	258	678	633
4139	1992	5965	1191	3555	8050
1737	1587	1891	3359	5271	-
1502	1246	1387	1726	2766	1602
417	369	367	520	537	2289
4330	4876	6177	15210	6057	4319
9283	1334	4385	5069	10286	7673
396	204	174	247	162	550
40	3	33	-	7	1016
515	134	930	290	2358	636
140	25	97	534	213	33
713	143	-	76	175	3818
5349	235	3071	3682	7093	1047
2238	5288	5815	6304	6873	3247
27069	26931	18532	35813	37079	35641
9996	6195	4360	7989	15018	5274
4428	2812	2424	4114	4505	19625
3189	5991	2983	1876	5787	9881
5542	7823	3486	14473	6207	679
8134	4696	10227	7248	10231	12320
310	220	707	923	1980	2142
2688	226	848	565	1106	1413
-	-	-	-	14	50
5415	728	1148	2080	2139	3621
8264	4718	3209	13951	13635	9895
378	406	318	287	464	829
33	15	20	-	413	72
-	993	88	-	1112	69

2014年分县区各项

	全　市	西峰区	庆城县	环　县
国税系统税收合计	872014	808917	19307	8864
中　央	730268	688171	12792	4382
省　级	7443	4219	887	1203
市　级	108258	108258	-	-
县区级	26045	8269	5628	3279
税收合计中				
增值税	498268	445496	17419	6246
消费税	320776	320698	15	8
企业所得税	24762	22255	581	852
个人所得税	5	2	-	-
车辆购置税	28203	20466	1292	1758
地税系统税收合计	575318	87545	43259	38275
中　央	36190	9669	6888	4663
省　级	67143	21894	9915	7964
市　级	280089	1004	731	674
县　级	191716	54978	25725	24974
㈠税收合计中	439657	76833	35262	30218
营业税	124735	39645	16823	17804
企业所得税	40289	10060	6150	5669
资源税	145605	-	26	161
个人所得税	20028	6055	5330	2102
土地增值税	7475	3598	632	793
房产税	5504	2282	892	297
车船使用税	7045	3989	911	542
烟叶税	730	-	-	-
城建税	63646	3723	1847	1020
印花税	2466	777	382	370
城镇土地使用税	3137	1294	377	180
㈡教育费附加	32623	1612	1113	725
㈢文化事业建设费	35	28	3	3
㈣罚没收入	211	117	22	20
㈤契　税	9763	4707	390	480
㈥耕地占用税	9234	763	1502	800

数据来源：市国税局、地税局

税收入库情况

单位：万元

华池县	合水县	正宁县	宁　县	镇原县	市级（含稽查）
11000	5066	3747	6056	9057	–
7652	3719	2600	4281	6671	–
342	182	187	227	196	–
–	–	–	–	–	–
3006	1165	960	1548	2190	–
10072	3737	2805	4863	7630	–
12	2	3	4	34	–
241	431	213	72	117	–
–	–	1	1	1	–
675	896	725	1116	1275	–
28744	24357	15643	28244	28263	249065
3720	3014	1416	2795	2752	1273
5367	5297	2431	4879	4917	4479
408	419	449	638	710	243313
19249	15627	11347	19932	19884	–
23900	19310	10155	21266	23143	199570
12128	10219	5322	11029	9981	1784
4971	3639	1924	3751	3789	336
2060	0	435	316	4107	138500
1229	1385	436	907	799	1785
496	32	251	314	146	1273
234	141	112	182	211	1153
340	252	198	356	457	–
–	–	730	–	–	–
1027	652	304	695	750	53628
163	123	102	153	150	246
120	56	60	87	98	865
619	401	219	432	479	27023
–	–	–	1	–	–
15	18	7	10	1	1
368	330	201	1153	2134	–
764	2481	80	2323	521	–

财 政

【财政收入】 指国家凭借政治权利，以社会管理者、国有资产所有者身份筹集到的归国家支配的资金，是国家参与过敏收入分配的主要形式，是政府履行职能的财力保障。财政参与社会产品分配所取得的收入，是实现国家职能的财力保证。财政收入所包括的内容几经变化，目前主要包括：

(1) 各项税收：包括增值税、营业税、消费税、土地增值税、城市维护建设税、资源税、城市土地使用税、印花税、个人所得税、企业所得税、关税、农牧业税和耕地占用税等。

(2) 专项收入：包括征收排污费收入、征收城市水资源费收入、教育费附加收入等。

(3) 其他收入：包括基本建设贷款归还收入、基本建设收入、捐赠收入等。

【中央财政收入和地方财政收入】 指按财政体制划分的中央本级收入和地方本级收入。1994 年分税制财政体制以后，属于中央财政的收入包括关税、海关代征消费税和增值税，消费税，中央企业所得税，地方银行和外资银行及非银行金融企业所得税，铁道、银行总行、保险总公司等集中缴纳的营业税、所得税、利润和城市维护建设税，增值税的 75%部分，证券交易税(印花税)50%部分和海洋石油资源税。属于地方财政的收入包括营业税，地方企业所得税，个人所得税，城镇土地使用税，固定资产投资方向调节税，城镇维护建设税，房产税，车船使用税，印花税，屠宰税，农牧业税，农业特产税，耕地占用税，契税，增值税 25%部分，证券交易税(印花税)50%部分和除海洋石油资源税以外的其他资源税。

【中央财政支出和地方财政支出】 指根据政府在经济和社会活动中的不同职责，划分中央和地方政府的责权，按照政府的责权划分确定的支出。中央财政支出包括国防支出，武装警察部队支出，中央级行政管理费和各项事业费，重点建设支出以及中央政府调整国民经济结构、协调地区发展、实施宏观调控的支出。地方财政支出主要包括地方行政管理和各项事业费，地方统筹的基本建设、技术改造支出，支援农村生产支出，城市维护和建设经费，价格补贴支出等。

【预算外资金收支】 预算外资金指国家机关、事业单位和社会团体为履行或代行政府职能，依据国家法律、法规和具有法律效力的规章而收取、提取和安排使用的未纳入国家预算管理的各种财政性资金。

财政收入占国内生产总值的比重：是指以财政收入为分子，国内生产总值为分母而形成的比率，它是反映财政收入同国内生产总值间数量关系的重要统计指标。其计算公式为：

财政收入占国内生产总值的比重（%）＝财政收入/国内生产总值

一般说，此指标数值越大，说明国家财政收入越多，国家财力越充足。

统计资料

QING YANG YEARBOOK

金融机构期末存贷款余额

单位：万元

年 份	存款余额		其中：		贷款余额	
		年增加额	储蓄存款	年增加额		年增加额
1980	10647	-402	2686	558	21403	15505
1981	13867	3220	3441	755	22584	1181
1982	16108	2241	4429	988	25699	3115
1983	17078	970	5555	1126	28810	3111
1984	23035	5957	7650	2095	30445	1635
1985	29180	6145	10295	2645	41346	10901
1986	35807	6627	14633	4338	48899	7553
1987	45077	9270	20427	5794	58034	9135
1988	53378	8301	25007	4580	17106	-40928
1989	60503	7125	34887	9880	82308	65202
1990	73850	13347	65250	30363	107620	25312
1991	87786	13936	72101	6851	87786	-19834
1992	123112	35326	108599	36498	123112	35326
1993	175522	52410	135746	27147	228761	105649
1994	234580	59058	178098	42352	277557	48796
1995	324113	89533	250618	72520	305022	27465
1996	466016	141903	340088	89470	381830	76808
1997	568696	102680	424852	84764	451904	70074
1998	640421	71725	482817	57965	868158	416254
1999	664735	24314	524523	41706	859086	-9072
2000	755289	90554	598934	74411	487919	-371167
2001	862770	107481	681824	82890	527397	39478
2002	947690	84923	748439	66615	556274	28877
2003	1065350	117660	826116	77677	629538	73264
2004	1146436	81086	899128	73012	645513	15975
2005	1308915	160084	1012392	113259	676729	54605
2006	1478419	169295	1142553	130165	726773	50042
2007	1720015	241596	1271306	128753	769987	43214
2008	2204579	484564	1604889	333583	719397	-50590
2009	2895656	682127	1991278	382558	1046256	316841
2010	3541762	645775	2332973	341695	1399728	353471
2011	4113162	571827	2793384	459093	1765910	366172
2012	5060716	951935	3405925	615847	2436692	670783
2013	5999756	939312	3950511	544585	3377807	941115
2014	6693094	693338	4491289	540779	4475428	1097621

数据来源：人行庆阳中心支行

2014年分县区金融机构

	全　市	西峰区	庆城县	环　县
一、各项存款	6693094	2554953	759623	563940
1.单位存款	2039799	1028250	184896	221863
#活期存款	1667538	777436	162606	184235
定期存款	223713	158352	13380	12950
通知存款	44251	28051	-	5000
保证金存款	70645	46831	7865	4678
2.个人存款	4519311	1444312	562630	331030
#储蓄存款	4491289	1434068	556659	327475
保证金存款	54	49	5	-
结构性存款	27968	10195	5967	3555
3.财政性存款	75365	30231	12096	11017
4.临时性存款	257	26	-	30
5.委托存款	6227	-	-	-
6.其他存款	52135	52133	-	2
二、金融债券	-	-	-	-
三、中长期借款	-	-	-	-
四、应付及暂收款	136823	39587	12200	9748
#应付利息	77585	17841	8127	3185
五、同业往来(来源方)	368	352	-	-
六、系统内资金往来(来源方)	-	-	-	-
七、外汇买卖(来源方)	15843	10329	5514	-
#结售汇	15843	10329	5514	-
八、各项准备	159285	46525	18390	19450
#贷款损失准备金	158185	45884	18260	19192
九、所有者权益	239530	86644	25653	21653
#实收资本	84492	19898	9499	5517
十、其他	-997775	-289737	-82673	-127388
资金来源总计	6247169	2448654	738706	487404

信贷收支情况（一）

单位：万元

华池县	合水县	正宁县	宁　县	镇原县
342759	429950	491910	829234	720725
124952	141665	63051	150071	125052
111661	125057	53905	136098	116540
9390	10841	9120	8680	1000
3200	5000	–	–	3000
700	767	26	5265	4512
217685	284205	417243	671003	591202
217564	282274	415221	669505	588524
–	–	–	–	–
122	1931	2022	1499	2677
123	-2168	11601	7996	4469
–	21	14	164	3
–	6227	–	–	–
–	–	–	–	–
–	–	–	–	–
–	–	–	–	–
8052	8055	15431	25481	18269
2877	4075	10664	17902	12914
–	–	–	15	–
–	–	–	–	–
–	–	–	–	–
–	–	–	–	–
8949	19233	8345	19630	18763
8949	19162	8345	19630	18763
10512	16595	20719	27548	30206
4477	9661	11746	10604	13090
-33427	-95148	-88653	-161001	-128077
336846	378686	447752	740907	659885

2014年分县区金融机构

	全　市	西峰区	庆城县	环　县
一、各项贷款	4475428	2047364	457210	382835
（一）境内贷款	4475423	2047360	457210	382835
1.短期贷款	1600347	787535	217383	44454
（1）个人贷款及透支	817937	285932	125873	29361
其中：个人消费贷款	31459	28823	632	91
（2）单位普通贷款及透支	763050	485403	89850	15093
其中：经营贷款	761808	484161	89850	15093
固定资产贷款	900	900	–	–
（3）普通并购贷款	–	–	–	–
（4）银团贷款	–	–	–	–
（5）贸易融资	19360	16200	1660	–
（6）境外筹资转贷款	–	–	–	–
2.中长期贷款	2874876	1259625	239827	338381
（1）个人贷款	1458868	564338	73882	191203
其中：个人消费贷款	489391	359639	14672	28051
（2）单位普通贷款	1415008	695286	165945	147178
其中：经营贷款	160655	108295	1816	4885
固定资产贷款	1254353	586991	164130	142293
（3）普通并购贷款	–	–	–	–
（4）银团贷款	1000	–	–	–
（5）贸易融资	–	–	–	–
（6）境外筹资转贷款	–	–	–	–
3.融资租赁	–	–	–	–
4.票据融资	200	200	–	–
其中：贴现	200	200	–	–
5.各项垫款	–	–	–	–
（二）境外贷款	5	5	–	–
二、有价证券	-191	-23	-168	–
三、股权及其他投资	1390	1220	40	10
四、应收及预付款	28217	9181	4501	2323
其中：应收利息	12296	5250	1331	930
五、同业往来(运用方)	–	–	–	–
六、系统内资金往来(运用方)	1577375	319722	258773	89356
七、金银占款	–	–	–	–
八、外汇买卖(运用方)	15760	10281	5479	–
其中：结售汇1	15760	10281	5479	–
九、固定资产	94274	40848	7088	5655
十、库存现金	54916	20061	5784	7224
十一、投资性房地产	–	–	–	–
资金运用总计	6247169	2448654	738706	487404

信贷收支情况（二）

单位：万元

华池县	合水县	正宁县	宁　县	镇原县
180286	270139	219676	484985	432931
180286	270139	219676	484985	432931
23819	125076	65700	223942	112438
17449	115779	57576	157347	28620
127	1035	152	158	441
6370	9297	6624	66595	83818
6370	9297	6624	66595	83818
–	–	–	–	–
–	–	–	–	–
–	–	–	–	–
–	–	1500	–	–
–	–	–	–	–
156467	145063	153976	261043	320493
130217	96549	89466	135877	177334
23537	8782	5504	19567	29639
26250	47514	64510	125166	143159
180	39	6210	5071	34159
26070	47475	58300	120095	109000
–	–	–	–	–
–	1000	–	–	–
–	–	–	–	–
–	–	–	–	–
–	–	–	–	–
–	–	–	–	–
–	–	–	–	–
–	–	–	–	–
–	–	–	–	–
–	–	–	–	–
10	30	30	20	30
1393	1996	2832	3278	2714
916	518	1110	993	1247
–	–	–	–	–
145800	97159	216789	238952	210824
–	–	–	–	–
–	–	–	–	–
–	–	–	–	–
6334	6074	4277	8246	7424
3024	3288	4147	5426	5962
–	–	–	–	–
336846	378686	447752	740907	659885

财产、人寿保险业务经济指标

单位：户、笔、万元、人

	财产保险	
	2013	2014
承保数量（笔）	189486	264769
#企事业财产险	164	190
运输工具及责任险	137995	222867
货物运输险	38	470
家庭财产险	1974	2022
其他险	50315	39220
保险金额（万元）	83787593	12684703
#企事业财产险	1364093	288799
运输工具及责任险	45950583	10202814
货物运输险	5833	1263
家庭财产险	38168	200087
其他险	79217234	1991740
保费及储金（万元）	49624	57206
#企事业财产险	255	240
运输工具及责任险	36687	48581
货物运输险	26	64
家庭财产险	52	209
其他险	12605	8112
赔案件数（件）	33528	49528
已　决	29117	47250
未　决	6347	2278
已决赔款及给付（万元）	23998	27235
#企事业财产险	107	44
运输工具及责任险	18413	24033
货物运输险	7	7
家庭财产险	26.54	25
其他险	5444	3126

	人寿保险	
	2013	2014
承保数量（笔）	238735	104702
定期寿险	6720	24682
两全寿险	72912	21696
终身寿险	45298	7564
年金险	7700	6054
意外险	106105	44706
保险金额（万元）	2916507	743188
定期寿险	180361	106759
两全寿险	956007	230879
终身寿险	602948	88560
年金险	65933	50502
意外险	1109644	266488
保费（储金）收入（万元）	61337	50192
定期寿险	586	10892
两全寿险	38255	16397
终身寿险	12044	17655
年金险	7654	3365
意外险	4411	1883
给付、赔款、退保人数（人）	7820	18132
定期寿险	1524	2293
两全寿险	833	8939
终身寿险	3068	1501
年金险	1504	4224
意外险	891	1175
给付、赔款、退保金额（万元）	9925	11895
定期寿险	356	780
两全寿险	6413	8457
终身寿险	2182	1502
年金险	551	398
意外险	422	758

统计资料

批发零售贸易及餐饮业

QING YANG YEARBOOK

社会消费品零售总额

单位：万元

年 份	社会消费品零售总额	按行业分			构成(%)、总额=100		
		批零贸易业	住宿餐饮业	其他行业	批零贸易业	住宿餐饮业	其他行业
1980	20846	18104	359	2383	86.85	1.72	11.43
1981	20122	17470	404	2248	86.82	2.01	11.17
1982	22433	19872	431	2130	88.58	1.92	9.49
1983	24202	21362	509	2331	88.27	2.10	9.63
1984	28787	23085	468	5234	80.19	1.63	18.18
1985	32648	26586	583	5479	81.43	1.79	16.78
1986	37685	30198	758	6729	80.13	2.01	17.86
1987	41700	33633	768	7299	80.65	1.84	17.50
1988	55969	44951	1055	9963	80.31	1.88	17.80
1989	61304	46225	2157	12922	75.40	3.52	21.08
1990	62223	49156	1959	11108	79.00	3.15	17.85
1991	70144	56965	1884	11295	81.21	2.69	16.10
1992	79815	63842	2526	13447	79.99	3.16	16.85
1993	77494	57966	3332	16196	74.80	4.30	20.90
1994	99968	68078	6098	25792	68.10	6.10	25.80
1995	122661	88316	10304	24041	72.00	8.40	19.60
1996	137380	99600	14425	23355	72.50	10.50	17.00
1997	138548	96706	17318	24524	69.80	12.50	17.70
1998	137818	90959	19846	27013	66.00	14.40	19.60
1999	156147	115548	15615	24984	74.00	10.00	16.00
2000	164891	131913	12861	20117	80.00	7.80	12.20
2001	180061	150171	24668	5222	83.40	13.70	2.90
2002	201668	165368	32267	4033	82.00	16.00	2.00
2003	268823	227155	37098	4570	84.50	13.80	1.70
2004	313717	272964	36407	4570	87.01	11.61	1.46
2005	362803	312634	44813	5356	86.17	12.35	1.48
2006	412729	353811	53381	5537	85.72	12.93	1.34
2007	487181	412179	68493	6509	84.60	14.06	1.34
2008	622942	525627	90674	6641	84.38	14.56	1.07
2009	781743	659109	115128	7506	84.31	14.73	0.96
2010	934666	783978	136680	14008	83.88	14.62	1.50
2011	1121131	946994	158224	15913	84.47	14.11	1.42
2012	1298367	1076684	200947	20736	82.93	15.48	1.59
2013	1664216	1435918	201289	27009	86.28	12.10	1.62
2014	1871156	1628129	215296	27731	87.01	11.51	1.48

注：根据2014年第三次全国经济普查结果，2013年、2014年为调整修正数据。

2014年限额以上批发和零售业法人企业商品购销存情况（一）

单位：个、人、万元、平方米

	法人企业数	年末从业人员	商品购进总额	商品销售总额			年末库存总额	年末零售营业面积
					批发	零售		
总　计	94	7408	735030	801115	319129	481986	58932	260062
一、批发业	14	1481	457463	536322	314846	221476	19255	65904
1.按批发行业小类分								
农、林、牧产品批发	1	35	3524	3588	3588	-	926	19000
谷物、豆及薯类批发	1	35	3524	3588	3588	-	926	19000
食品、饮料及烟草制品批发	4	554	156320	202053	202053	-	12379	19457
果品、蔬菜批发	3	74	24457	26559	26559	-	7942	16000
烟草制品批发	1	480	131863	175494	175494	-	4437	3457
医药及医疗器材批发	3	154	16473	17776	17141	635	1387	3210
西药批发	2	87	11346	11731	11731	-	604	2910
中药批发	1	67	5128	6045	5410	635	782	300
矿产品、建材及化工产品批发	5	718	280427	312534	91803	220731	4095	23567
石油及制品批发	1	494	269863	291521	71290	220231	2534	2000
金属及金属矿批发	1	15	996	2720	2220	500	88	75
化肥批发	3	209	9567	18293	18293	-	1473	21492
机械设备、五金产品及电子产品批发	1	20	719	370	260	110	469	670
农业机械批发	1	20	719	370	260	110	469	670
2.按登记注册类型分								
内资企业	14	1481	457463	536322	314846	221476	19255	65904
国有企业	1	480	131863	175494	175494	-	4437	3457
集体企业	1	141	7168	6830	6830	-	584	60
有限责任公司	4	597	275786	306573	86342	220231	4349	42432
其他有限责任公司	4	597	275786	306573	86342	220231	4349	42432
股份有限公司	2	54	5958	5854	5744	110	666	1270
私营企业	6	209	36688	41572	40437	1135	9219	18685
私营有限责任公司	6	209	36688	41572	40437	1135	9219	18685
3.按控股情况分								
国有控股	2	974	401726	467015	246784	220231	6971	5457
集体控股	1	141	7168	6830	6830	-	584	60
私人控股	11	366	48569	62478	61232	1245	11700	60387
4.按经营形式分								
独立门店	10	861	160054	210423	209178	1245	8097	7472
连锁总店	1	43	-	9593	9593	-	360	21432
连锁门店	1	494	269863	291521	71290	220231	2534	2000
其他	2	83	27546	24785	24785	-	8265	35000
5.按单位规模分								
大型	2	974	401726	467015	246784	220231	6971	5457
中型	6	386	47663	55396	54760	635	9669	40702
小型	5	101	7354	13541	13041	500	2147	19075
微型	1	20	719	370	260	110	469	670
二、零售业	80	5927	277567	264794	4284	260510	39677	194158
1.按零售行业小类分								
综合零售	27	3523	116920	103830	1001	102829	16968	120094
百货零售	16	831	26436	25623	1001	24622	3306	45886
超级市场零售	10	2267	87806	75724	-	75724	13467	67208
其他综合零售	1	425	2679	2483	-	2483	196	7000
食品、饮料及烟草制品专门零售	4	81	3840	4216	114	4102	202	1790
肉、禽、蛋、奶及水产品零售	1	60	450	623	114	509	19	230
酒、饮料及茶叶零售	2	16	2530	2680	-	2680	163	1040
其他食品零售	1	5	860	913	-	913	20	520
纺织、服装及日用品专门零售	3	949	11057	9832	-	9832	1430	14442
服装零售	3	949	11057	9832	-	9832	1430	14442

2014年限额以上批发和零售业法人企业商品购销存情况（二）

单位：个、人、万元、平方米

	法人企业数	年末从业人员	商品购进总额	商品销售总额			年末库存总额	年末零售营业面积
					批发	零售		
文化、体育用品及器材专门零售	3	225	14317	16949	-	16949	2444	6205
图书、报刊零售	1	170	10964	11131	-	11131	1691	5560
珠宝首饰零售	2	55	3354	5818	-	5818	754	645
医药及医疗器材专门零售	4	160	3501	4339	1299	3040	370	2820
药品零售	4	160	3501	4339	1299	3040	370	2820
汽车、摩托车、燃料及零配件专门零售	27	724	110233	106146	1184	104962	15385	40189
汽车零售	23	595	86582	82172	-	82172	14760	35410
摩托车及零配件零售	1	23	2571	2391	-	2391	180	1000
机动车燃料零售	3	106	21080	21583	1184	20399	445	3779
家用电器及电子产品专门零售	8	145	6829	8125	685	7440	768	3187
日用家电设备零售	3	59	2743	3005	-	3005	341	2080
计算机、软件及辅助设备零售	4	54	2524	3620	-	3620	365	727
通信设备零售	1	32	1561	1499	685	814	62	380
五金、家具及室内装饰材料专门零售	1	13	408	591	-	591	68	2600
家具	1	13	408	591	-	591	68	2600
货摊、无店铺及其他零售业	3	107	10462	10767	-	10767	2043	2831
生活用燃料零售	1	85	5237	5237	-	5237	1	2200
其他未列明零售业	2	22	5226	5530	-	5530	2042	631
2.按登记注册类型分								
内资企业	80	5927	277567	264794	4284	260510	39677	194158
集体企业	1	48	8924	8379	-	8379	545	3660
有限责任公司	38	4025	196425	179786	3593	176193	30628	105890
国有独资公司	1	170	10964	11131	-	11131	1691	5560
其他有限责任公司	37	3855	185462	168655	3593	165062	28938	100330
股份有限公司	1	68	11467	11097	-	11097	370	909
私营企业	39	1758	60173	64582	690	63892	8059	77599
私营有限责任公司	38	1623	60173	63707	690	63016	8059	71099
私营股份有限公司	1	135	-	876	-	876	-	6500
其他企业	1	28	578	949	-	949	74	6100
3.按控股情况分								
国有控股	1	170	10964	11131	-	11131	1691	5560
集体控股	2	72	12599	12417	-	12417	761	4400
私人控股	76	5635	253975	240735	4284	236452	36771	174198
其他	1	50	30	510	-	510	455	10000
4.按经营形式分								
独立门店	77	4035	196653	195679	4284	191395	27195	148683
连锁总店	1	1710	72177	60667	-	60667	11511	41900
连锁门店	2	182	8737	8449	-	8449	971	3575
5.按单位规模分								
大型	1	1710	72177	60667	-	60667	11511	41900
中型	22	3044	108884	99548	1653	97895	16161	78007
小型	43	1104	87597	95211	2631	92580	11559	68800
微型	14	69	8909	9369	-	9369	446	5451
6.按零售业态分								
有店铺零售	80	5927	277567	264794	4284	260510	39677	194158
食杂店	1	10	474	720	-	720	67	170
便利店	1	9	708	659		659	49	260
超市	15	878	26640	24447	52	24395	3416	35568
大型超市	3	2163	75434	64098	-	64098	11781	55000
百货店	11	570	18415	18742	950	17792	2160	36256
专业店	11	245	24752	28436	1284	27152	3414	13142
专卖店	36	1189	121449	119103	1998	117105	17682	44920
购物中心	2	863	9696	8588	-	8588	1108	8842

2014年限额以上批发

	企业数	流动资产	存货	固定资产	资产总计	负债合计	所有者权益
总　计	94	245466	57019	55561	350875	160733	152805
一、批发业	14	95879	26980	24809	141001	39381	94460
1. 按批发行业小类分							
农、林、牧产品批发	1	2313	926	1306	3804	1563	2242
谷物、豆及薯类批发	1	2313	926	1306	3804	1563	2242
食品、饮料及烟草制品批发	4	72728	19611	12061	90716	13165	71044
果品、蔬菜批发	3	18942	7338	9719	33256	10627	16122
烟草制品批发	1	53785	12273	2341	57460	2538	54922
医药及医疗器材批发	3	9666	1387	1372	13987	7363	6570
西药批发	2	7902	604	173	8646	6729	1918
中药批发	1	1764	782	1199	5341	634	4652
矿产品、建材及化工产品批发	5	10402	4297	10048	31688	16523	14566
石油及制品批发	1	2506	2506	5471	9580	1531	8050
金属及金属矿批发	1	177	88	3	1803	1566	238
化肥批发	3	7719	1703	4574	20305	13426	6279
机械设备、五金产品及电子产品批发	1	770	760	22	806	767	39
农业机械批发	1	770	760	22	806	767	39
2. 按登记注册类型分							
内资企业	14	95879	26980	24809	141001	39381	94460
国有企业	1	53785	12273	2341	57460	2538	54922
集体企业	1	4666	584	1498	13832	10988	2844
有限责任公司	4	7872	4551	9853	19858	5532	13726
其他有限责任公司	4	7872	4551	9853	19858	5532	13726
股份有限公司	2	3701	957	102	4332	3536	796
私营企业	6	25854	8616	11015	45520	16787	22172
私营有限责任公司	6	25854	8616	11015	45520	16787	22172
3. 按控股情况分							
国有控股	2	56291	14779	7812	67040	4069	62971
集体控股	1	4666	584	1498	13832	10988	2844
私人控股	11	34922	11618	15498	60129	24324	28645
4. 按经营形式分							
独立门店	10	71820	15620	15001	104801	27136	71105
连锁总店	1	2161	590	2210	4552	720	3232
连锁门店	1	2506	2506	5471	9580	1531	8050
其他	2	19393	8265	2126	22068	9994	12074
5. 按单位规模分							
大型	2	56291	14779	7812	67040	4069	62971
中型	6	33572	9899	5901	50634	27502	22478
小型	5	5246	1543	11073	22521	7042	8972
微型	1	770	760	22	806	767	39
二、零售业	80	149587	30039	30752	209873	121353	58345
1. 按零售行业小类分							
综合零售	27	80299	14774	9249	96536	60259	12604
百货零售	16	37865	2104	5405	47084	17392	6495
超级市场零售	10	42081	12581	3197	48453	42747	5329
其他综合零售	1	353	89	647	1000	120	780
食品、饮料及烟草制品专门零售	4	901	20	814	1866	290	1549
肉、禽、蛋、奶及水产品零售	1	225	17	435	677	48	629
酒、饮料及茶叶零售	2	673	-	184	867	240	600
其他食品零售	1	3	3	195	322	2	320
纺织、服装及日用品专门零售	3	4230	426	3261	11032	3839	5543
服装零售	3	4230	426	3261	11032	3839	5543

和零售业企业财务指标（一）

单位:个、人、万元

主营业务收入	主营业务成本	主营业务税金及附加	销售费用	管理费用	财务费用	利息支出	营业利润	利润总额	应交所得税
726175	627058	13541	23983	21454	5699	5328	36501	35543	8397
477292	411666	9959	11598	11295	-562	1178	33599	33340	8183
3588	3111	0	186	99	79	79	114	147	-
3588	3111	0	186	99	79	79	114	147	-
185451	142164	9254	2953	11156	-1111	597	21102	21336	5558
26541	22126	15	91	562	701	597	3046	1277	-
158910	120038	9239	2862	10594	-1812	-	18056	20059	5558
17776	15754	25	692	293	82	155	927	927	10
11731	10997	15	358	223	64	137	72	72	10
6045	4757	10	334	70	18	18	856	856	
270107	250347	679	7689	-272	388	346	11476	10949	2616
249093	231847	243	7036	-1017	197	199	10987	10462	2616
2720	2351	0	65	10	105	105	189	188	-
18293	16149	436	588	736	86	42	300	300	-
370	291	1	79	19	0	-	-20	-20	-
370	291	1	79	19	0	-	-20	-20	-
477292	411666	9959	11598	11295	-562	1178	33599	33340	8183
158910	120038	9239	2862	10594	-1812	-	18056	20059	5558
6830	6211	0	386	199	26	26	7	7	-
264146	244895	678	7423	-381	335	294	11394	10902	2616
264146	244895	678	7423	-381	335	294	11394	10902	2616
5854	5530	8	185	65	86	54	-19	-19	-
41554	34992	34	742	819	803	804	4162	2392	10
41554	34992	34	742	819	803	804	4162	2392	10
408003	351885	9481	9898	9577	-1615	199	29043	30521	8173
6830	6211	0	386	199	26	26	7	7	-
62460	53570	478	1314	1519	1027	952	4549	2812	10
193821	149325	9273	4377	11456	-1463	319	20916	21147	5568
9593	8313	430	-	500	44	-	306	306	-
249093	231847	243	7036	-1017	197	199	10987	10462	2616
24785	22180	13	186	356	660	660	1391	1425	-
408003	351885	9481	9898	9577	-1615	199	29043	30521	8173
55396	49348	468	1078	1248	733	763	2517	2518	10
13523	10142	8	543	451	320	216	2060	321	-
370	291	1	79	19	0	-	-20	-20	-
248883	215392	3582	12385	10159	6262	4151	2902	2203	213
91440	73229	2278	7628	3939	3434	2684	895	-858	85
25623	20435	947	905	1805	2649	2608	-1191	-2122	44
63334	51553	1132	6584	2049	782	76	1234	412	41
2483	1242	199	139	85	3	-	852	852	-
4102	3118	102	69	33	58	5	737	643	-
509	340	2	35	22	40	0	84	256	-
2680	1938	99	31	9	18	5	585	364	-
913	840	1	3	2	-	-	67	23	-
9832	7710	413	448	760	316	6	-566	-567	7
9832	7710	413	448	760	316	6	-566	-567	7

2014年限额以上批发

	企业数	流动资产	存货	固定资产	资产总计	负债合计	所有者权益
文化、体育用品及器材专门零售	3	11787	2622	2518	14304	5041	7736
图书、报刊零售	1	8233	1868	1777	10011	3424	5060
珠宝首饰零售	2	3553	754	740	4294	1617	2676
医药及医疗器材专门零售	4	2280	305	743	8149	5755	2089
药品零售	4	2280	305	743	8149	5755	2089
汽车、摩托车、燃料及零配件专门零售	27	39295	10757	6351	57250	36390	20678
汽车零售	23	20203	9264	4023	27551	16826	11133
摩托车及零配件零售	1	902	621	13	915	126	223
机动车燃料零售	3	18191	873	2315	28783	19438	9322
家用电器及电子产品专门零售	8	2652	653	1043	5067	1694	2576
日用家电设备零售	3	812	361	217	2079	678	836
计算机、软件及辅助设备零售	4	1613	230	270	2204	896	1078
通信设备零售	1	227	62	556	783	120	663
五金、家具及室内装饰材料专门零售	1	110	78	10	120	–	110
家具零售	1	110	78	10	120	–	110
货摊、无店铺及其他零售业	3	8034	405	6764	15550	8086	5459
生活用燃料零售	1	7180	1	6676	14222	7162	5059
其他未列明零售业	2	855	404	88	1329	924	400
2. 按登记注册类型分							
内资企业	80	149587	30039	30752	209873	121353	58345
集体企业	1	470	155	314	784	134	650
有限责任公司	38	67173	21872	13519	92222	64891	22566
国有独资公司	1	8233	1868	1777	10011	3424	5060
其他有限责任公司	37	58940	20004	11742	82211	61468	17505
股份有限公司	1	17460	825	1644	27218	18319	8899
私营企业	39	64346	7187	15058	88898	37767	25867
私营有限责任公司	38	31628	7187	15002	53780	24634	26281
私营股份责任公司	1	32719	–	56	35118	13133	-415
其他企业	1	138	–	218	752	242	364
3. 按控股情况分							
国有控股	1	8233	1868	1777	10011	3424	5060
集体控股	2	896	371	410	1307	186	1120
私人控股	76	140211	27619	28342	198088	117374	52065
其他	1	247	182	222	469	369	100
4. 按经营形式分							
独立门店	77	108286	17532	29224	164722	79241	55305
连锁总店	1	40256	11898	1404	43600	41600	2000
连锁门店	2	1045	609	124	1551	511	1040
5. 按单位规模分							
大型	1	40256	11898	1404	43600	41600	2000
中型	22	78481	7308	18402	114529	56379	30323
小型	43	26953	10591	10037	45775	20279	23034
微型	14	3897	242	909	5969	3095	2988
6. 按零售业态分							
有店铺零售	80	149587	30039	30752	209873	121353	58345
食杂店	1	43	–	64	107	40	40
便利店	1	708	49	3	711	320	261
超市	15	4949	1647	5063	12073	3336	8461
大型超市	3	40746	11987	2269	45352	41962	3144
百货店	11	37803	1520	2262	42789	16150	3618
专业店	11	4366	1636	2253	10421	4738	5230
专卖店	36	60017	13201	15610	90695	52275	34048
购物中心	2	956	–	3228	7725	2532	3543

和零售业企业财务指标（二）

单位:个、人、万元

主营业务收入	主营业务成本	主营业务税金及附加	销售费用	管理费用	财务费用		营业利润	利润总额	应交所得税
						利息支出			
14760	12088	201	808	1328	75	85	261	462	2
8942	7000	2	738	1222	-10	-	-9	193	-
5818	5088	199	71	106	85	85	269	269	2
4339	3841	71	305	95	30	3	155	8	-
4339	3841	71	305	95	30	3	155	8	-
105025	99241	265	2244	2397	1831	1337	304	1725	115
82217	77874	53	1858	1840	671	284	11	158	2
1225	1196	204	30	60	10	-	891	891	-
21583	20172	8	355	497	1149	1053	-599	675	113
8029	6329	126	255	165	159	13	867	599	4
2909	2494	28	55	55	82	-	69	35	4
3620	2936	53	178	63	77	13	313	79	1
1499	900	45	22	48	-	-	485	485	-
591	588	1	-	1	1	-	-	-	-
591	588	1	-	1	1	-	-	-	-
10767	9248	126	629	1442	359	19	251	191	-
5237	4023	101	542	1386	335	-	137	148	-
5530	5226	25	87	55	24	19	114	43	-
248883	215392	3582	12385	10159	6262	4151	2902	2203	213
8379	7874	350	14	16	28	-	97	97	-
163971	144490	1307	8572	5081	1733	345	4005	3508	120
8942	7000	2	738	1222	-10	-	-9	193	-
155029	137491	1306	7834	3859	1743	345	4014	3315	120
11097	10598	3	286	235	1048	1053	-1073	200	-
64486	51907	1888	3510	4823	3436	2740	-495	-1603	93
63611	51730	1807	3405	3532	971	275	2749	1638	93
876	177	81	106	1291	2465	2465	-3244	-3241	-
949	523	34	3	4	17	14	368	-	-
8942	7000	2	738	1222	-10	-	-9	193	-
12412	11703	355	137	144	30	-	48	48	-
227019	196309	3218	11413	8787	6241	4150	2896	1993	213
510	380	8	98	6	1	-	-33	-32	-
192158	168698	2443	6270	8316	5583	4151	2647	1951	211
48276	40389	60	5616	1702	670	-	-161	-165	-
8449	6305	1079	499	141	8	-	416	416	2
48276	40389	60	5616	1702	670	-	-161	-165	-
97244	83813	1989	4070	5873	4784	3879	-1826	-989	-
93993	83834	1297	2565	2397	743	241	3521	2791	172
9369	7356	236	134	187	65	31	1369	566	41
248883	215392	3582	12385	10159	6262	4151	2902	2203	213
720	473	14	2	1	9	5	221	-	-
659	433	17	6	18	1	-	162	-	-
24447	18669	1464	1400	618	156	103	2141	1690	41
51708	42154	293	5758	1791	690	14	1059	687	-
18742	15172	658	710	1831	2687	2567	-2368	-3181	44
28436	25733	171	637	361	139	22	1395	1273	2
115583	105942	620	3639	5088	2356	1434	525	1968	120
8588	6817	345	234	451	224	6	-233	-234	7

2014年限额以上住宿

	企业数	流动资产	存货	固定资产	资产总计	负债合计	所有者权益
总计	50	15098	2150	37671	64263	27917	36346
一、住宿业	15	7371	1160	17060	31727	20093	11634
1.按住宿业行业小类分							
旅游饭店	4	5474	577	10110	20553	14920	5633
一般旅馆	8	1473	506	5731	9369	3771	5598
其他住宿业	3	424	77	1219	1805	1402	403
2.按登记注册类型分							
内资企业	15	7371	1160	17060	31727	20093	11634
国有企业	6	6289	748	12320	23577	17194	6383
有限责任公司	3	499	151	738	1637	454	1184
其他有限责任公司	3	499	151	738	1637	454	1184
股份有限公司	1	188	187	1940	2128	184	1945
私营企业	4	361	74	1862	4116	2052	2064
私营独资企业	1	46	-	133	307	28	279
私营有限责任公司	3	315	74	1729	3809	2024	1785
其他企业	1	34	-	200	268	210	58
3.按控股情况分							
国有控股	6	6289	748	12320	23577	17194	6383
私人控股	9	1082	412	4740	8150	2899	5251
4.按经营形式分							
独立门店	15	7371	1160	17060	31727	20093	11634
5.按单位规模分							
中型	2	5055	545	1140	11109	5586	5523
小型	10	2063	420	13780	18187	14090	4097
微型	3	253	195	2140	2430	418	2013
6.按星级分							
五星	1	4811	307	670	10395	5494	4901
四星	1	86	32	-	86	27	59
三星	1	422	151	25	804	444	360
二星	3	921	315	10326	11302	10563	739
其他	9	1131	355	6039	9141	3565	5575
二、餐饮业	35	7727	989	20612	32536	7824	24712
1.按餐饮业行业小类分							
正餐服务	35	7727	989	20612	32536	7824	24712
2.按登记注册类型分							
内资企业	35	7727	989	20612	32536	7824	24712
国有企业	5	3394	116	1307	4786	2501	2285
有限责任公司	8	348	28	2503	3133	284	2849
其他有限责任公司	8	348	28	2503	3133	284	2849
私营企业	21	3709	846	16514	22557	3818	18739
私营独资企业	5	160	135	2058	2339	271	2067
私营有限责任公司	16	3549	711	14456	20219	3547	16672
其他企业	1	276	-	287	2061	1222	839
3.按控股情况分							
国有控股	5	3394	116	1307	4786	2501	2285
私人控股	30	4334	874	19304	27750	5324	22427
4.按经营形式分							
独立门店	35	7727	989	20612	32536	7824	24712
5.按单位规模分							
中型	1	859	28	4555	5515	683	4831
小型	34	6868	962	16056	27022	7141	19881

和餐饮业企业财务指标

单位:个、人、万元

主营业务收入	主营业务成本	主营业务税金及附加	销售费用	管理费用	财务费用	利息支出	营业利润	利润总额	应交所得税
40844	23749	2526	5036	4302	325	180	5386	4013	135
15048	9386	1055	1794	2516	144	59	251	1092	50
7550	4539	678	22	2058	45	46	206	543	–
6215	3868	292	1019	434	82	3	616	547	50
1284	979	85	753	23	16	10	–572	2	–
15048	9386	1055	1794	2516	144	59	251	1092	50
11338	6881	936	1675	2264	118	46	–536	734	–
2242	1622	72	8	171	3	–	366	151	–
2242	1622	72	8	171	3	–	366	151	–
305	154	2	–	4	3	3	142	142	50
859	527	29	111	76	12	4	202	64	–
302	154	14	–	2	9	4	123	–	–
557	373	15	111	74	3		79	64	–
304	203	16	–	–	8	6	76	–	–
11338	6881	936	1675	2264	118	46	–536	734	–
3710	2505	119	119	252	26	13	787	357	50
15048	9386	1055	1794	2516	144	59	251	1092	50
5898	3356	600	22	1850	41	42	28	419	–
8488	5633	434	1772	657	92	8	–1	531	–
662	397	21	–	9	11	9	224	142	50
3788	2301	431	–	1831	41	41	–816	–426	–
1032	725	58	–	183	–	–	66	66	–
1609	1225	24	–	145	–	–	215	–	–
3408	2135	244	775	65	3	5	186	904	–
5212	3001	298	1019	292	99	13	600	547	50
25796	14363	1471	3242	1787	181	121	5135	2922	85
25796	14363	1471	3242	1787	181	121	5135	2922	85
25796	14363	1471	3242	1787	181	121	5135	2922	85
4362	2356	287	872	352	3	0	493	480	64
4001	2831	172	147	73	27	8	741	397	–
4001	2831	172	147	73	27	8	741	397	–
16954	8882	976	2223	1361	132	97	3772	2045	21
4495	3391	364	66	129	22		570	447	–
12460	5491	612	2157	1233	110	97	3202	1598	21
479	295	36	–	–	19	16	129	–	–
4362	2356	287	872	352	3	–	493	480	64
21434	12007	1184	2370	1435	179	121	4642	2442	21
25796	14363	1471	3242	1787	181	121	5135	2922	85
4828	1122	147	1822	454	1	–	1282	–	–
20969	13241	1324	1420	1333	180	121	3854	2922	85

2014年分县区社会消

	全市	西峰区	庆城县	环　县
社会消费品零售总额	1871156	587851	283807	149029
按销售单位所在地分				
城镇	1396632	470281	187586	126326
乡村	474524	117570	96220	22703
按行业分				
批发业	434768	252019	24848	18124
零售业	1193361	263127	230618	103133
住宿业	21341	5776	614	7950
餐饮业	193956	58001	23778	17532
其他行业	27730	8929	3948	2290
星级住宿业和限额以上餐饮业经营情况				
住宿业				
法人企业数（个）	15	4	1	2
产业活动单位数（个）	2	2	-	-
年末从业人员（人）	1308	771	35	150
营业额总计	15668	6016	217	4715
餐饮业				
法人企业数（个）	35	7	7	5
产业活动单位数（个）				
年末从业人员（人）	2020	867	324	146
营业额总计	25735	9275	6245	1914
限额以上批发和零售业企业财务状况				
批发业				
企业数（个）	14	8	1	1
资产总计	141001	96050	4552	1803
负债合计	46542	25834	1320	1566
所有者权益合计	94460	70216	3232	238
主营业务收入	477292	432393	9593	2720
利润总额	33599	29203	306	189
零售业				
企业数（个）	80	31	10	19
资产总计	209873	169112	13014	13474
负债合计	151529	135189	5918	5140
所有者权益合计	58345	33924	7096	8334
主营业务收入	248883	151854	29077	41615
利润总额	2902	-5273	2615	2134

费品零售总额

单位：万元

华池县	合水县	正宁县	宁　县	镇原县
101895	100249	136815	276540	234969
67137	70654	86193	200491	187964
34758	29596	50622	76049	47006
10963	35396	24292	55408	13719
76508	51611	97403	176087	194874
765	2319	1809	273	1834
12219	9542	11388	40511	20984
1440	1381	1923	4261	3558
2	2	2	1	1
-	-	-	-	-
87	22	81	22	140
732	606	925	347	2110
3	2	1	6	4
141	133	23	197	189
1077	866	529	3769	2060
-	2	2	-	-
-	14992	23604	-	-
-	8702	9119	-	-
-	6290	14484	-	-
-	5344	27242	-	-
-	1770	2132	-	-
4	7	1	5	3
2551	5865	127	3281	2450
1949	2062	85	542	645
603	3803	42	2739	1805
3076	5811	1188	8921	7340
203	1194	130	420	1480

国内贸易

【社会消费品零售总额】 指企业（单位、个体户）通过交易直接售给个人、社会集团非生产、非经营用的食物商品金额，以及提供餐饮服务所取得的收入金额。

【批发零售贸易业商品购、销、存总额】 指各种登记注册类型的批发、零售贸易业(不包括个体)企业（单位）以本企业（单位）为总体的商品购进、销售、库存总额。

【商品购进总额】 指从本企业(单位)以外的单位和个人购进(包括从境外直接进口)作为转卖或加工后转卖的商品总额。它反映批发零售贸易业从国内、国外市场上购进商品的总量。

【商品销售总额】 指对本企业(单位)以外的单位和个人出售(包括对境外直接出口)的商品总额。它反映批发零售贸易业在国内市场上销售商品以及出口商品的总量。

【批发零售贸易业库存】 指报告期末各种登记注册类型的批发零售贸易企业(单位)已取得所有权的商品。它反映批发零售贸易企业(单位)的商品库存情况和对市场商品供应的保证程度。

【消费品市场成交额】 指从事消费品交易的商品市场的全部商品成交金额。消费品市场包括农副产品市场和工业消费品市场。

统计资料

物 价

QING YANG YEARBOOK

西峰区居民消费价格类指数

	2014		2014
居民消费价格总指数	101.94	1.耐用消费品	99.74
非食品价格指数	100.79	(1)家　具	100.32
服务项目价格指数	101.82	(2)家庭设备	99.05
扣除鲜菜鲜果总指数	101.73	2.室内装饰品	100.24
消费品价格指数	101.99	3.床上用品	98.61
一、食　品	104.11	4.家庭日用杂品	103.27
1.粮　食	103.06	5.家庭服务及加工维修服务	100.43
2.淀粉及制品	100.00	五、医疗保健和个人用品	100.46
3.干豆类及豆制品	106.55	1.医疗保健	100.78
4.油　脂	105.05	(1)医疗器具及用品	110.80
5.肉禽及其制品	99.21	(2)中药材及中成药	103.99
(1) 食用畜肉及副产品	98.01	(3)西　药	100.38
(2) 禽	95.96	(4)保健器具及用品	103.30
(3) 肉禽加工	102.13	(5)医疗保健服务	97.60
6.蛋	112.73	2.个人用品及服务	99.83
7.水产品	93.92	(1)化妆美容用品	103.58
(1) 鱼	91.95	(2)清洁类化妆品	106.15
(2) 其他水产品	99.08	(3)个人饰品	95.78
8.菜	98.76	(4)个人服务	100.64
9.调味品	103.02	六、交通和通讯	99.74
10.糖	109.99	1.交　通	100.12
11.茶及饮料	99.72	(1) 交通工具	99.55
(1) 茶叶	100.21	(2) 车用燃料及零配件	103.85
(2) 饮料	99.58	(3) 车辆使用及维修费	100.56
12.干鲜瓜果	117.31	(4) 市区公共交通费	100.00
13.糕点、饼干、面包	106.85	(5) 城市间交通费	99.76
14.液体乳及乳制品	102.71	2.通　信	99.21
15.在外用膳食品	105.91	(1) 通信工具	92.46
16.其他食品	100.93	(2) 通信服务	100.00
二、烟酒	99.78	七、娱乐教育文化用品及服务	105.50
1.烟　草	100.00	1.文娱用耐用消费品及服务	98.42
2.酒	99.47	2.教　育	106.90
三、衣　着	99.58	(1) 教材及参考书	99.41
1.服　装	99.49	(2) 教育服务	107.54
(1)男式服装	100.32	3.文化娱乐类	109.76
(2)女士服装	96.87	(1) 文化娱乐用品	100.57
(3)儿童服装	105.20	(2) 书报杂志	98.58
2.衣着材料	100.00	(3) 文娱费	113.88
3.鞋袜帽	99.37	4.旅　游	91.70
(1)鞋	100.02	八、居　住	99.46
(2)袜子	95.14	1.建房及装修材料	103.87
(3)帽子	100.20	2.住房租金	101.95
4.衣着加工服务费	109.82	3.自有住房	98.78
四、家庭设备用品及维修服务	101.06	4.水、电、燃料	100.10

西峰区 2014 年

	1月	2月	3月	4月	5月
居民消费价格总指数	104.4	103.9	101.4	99.7	100.0
1. 食品	108.4	107.1	106.0	101.6	101.4
2. 烟酒	98.8	98.9	99.1	99.1	99.1
3. 衣着	97.4	97.5	96.5	97.0	97.6
4. 家庭设备用品及维修服务	104.8	102.8	99.4	99.0	99.0
5. 医疗保健和个人用品	101.2	101.8	99.4	98.4	98.6
6. 交通和通讯	100.2	99.5	99.1	99.3	99.7
7. 娱乐教育文化用品及服务	115.6	115.3	103.2	103.3	103.3
8. 居住	100.0	100.0	98.0	96.0	98.0
商品零售价格总指数	103.4	102.9	101.5	100.0	100.5
1. 食品	107.9	106.6	105.1	101.5	102.7
2. 饮料烟酒	100.1	99.7	98.0	96.4	96.5
3. 服装鞋帽	99.6	99.3	97.5	97.4	98.0
4. 纺织品	99.7	99.7	101.1	101.1	101.1
5. 家用电器及音像器材	97.6	97.5	97.7	98.2	98.4
6. 文化办公用品	99.9	99.9	99.8	99.8	99.8
7. 日用品	108.2	106.8	103.5	102.6	103.1
8. 体育娱乐用品	99.6	100.0	100.0	100.0	100.0
9. 交通通信用品	96.3	96.3	96.3	96.3	97.2
10. 家具	99.4	99.4	99.4	99.4	99.4
11. 化妆品	113.2	113.0	110.1	106.0	105.2
12. 金银珠宝	91.7	91.2	91.6	91.4	92.4
13. 中西药品及医疗保健用品	104.0	105.1	102.9	101.5	101.5
14. 书报杂志及电子出版物	97.4	97.4	97.4	97.4	97.4
15. 燃料	102.4	102.1	101.5	102.5	102.5
16. 建筑材料及五金电料	103.7	103.6	102.7	101.8	101.6
农业生产资料价格指数	104.0	104.0	102.2	100.8	100.0

分月价格指数

6月	7月	8月	9月	10月	11月	12月
99.9	101.6	103.0	102.6	102.4	102.2	102.4
100.0	103.8	106.6	104.5	103.3	103.2	103.8
100.4	100.4	100.4	100.3	100.3	100.1	100.5
97.7	99.1	101.0	102.4	102.9	103.1	103.2
99.0	99.7	99.9	100.3	102.2	103.3	103.6
98.9	99.3	99.9	101.6	102.1	102.4	102.1
100.0	100.0	100.0	99.9	100.1	99.7	99.2
103.4	104.3	105.5	104.7	104.8	102.4	102.5
100.2	100.5	100.5	100.2	100.0	100.1	100.1
100.2	102.2	103.7	103.3	102.8	102.7	102.8
101.0	104.9	107.5	105.2	103.1	102.7	103.1
97.9	100.1	100.6	101.7	101.6	101.6	102.5
98.1	99.4	101.5	102.8	103.5	103.8	103.7
101.1	101.1	101.1	101.1	101.1	101.1	101.4
98.4	99.1	99.4	99.6	100.3	100.7	100.8
99.8	99.8	101.2	101.2	101.2	101.2	101.6
104.3	109.3	109.9	111.0	113.1	114.4	115.3
100.0	102.0	102.9	102.9	103.3	103.3	103.3
98.8	100.4	100.9	100.9	101.9	102.1	100.8
99.4	100.0	100.0	100.4	101.4	102.4	103.1
102.6	101.9	102.0	102.6	103.4	102.3	100.0
98.5	100.2	100.2	99.6	99.4	100.7	99.0
101.4	102.2	102.2	102.2	102.1	102.5	102.7
97.4	97.4	99.9	99.9	100.2	100.8	101.5
101.6	99.2	99.1	98.0	96.3	93.6	91.2
101.5	101.7	101.7	101.4	101.5	102.2	102.0
100.2	100.4	100.4	100.1	100.4	100.2	100.0

2014年西峰区居民消费价格总指数

（2014年12月）

	上年同期为100	2010年为100	上年12月为100
居民消费价格总指数	101.9	117.5	102.4
服务项目价格指数	101.8	113.6	101.4
消费品价格指数	102.0	118.9	102.8
一、食　品	104.1	131.9	103.8
二、烟　酒	99.8	103.8	100.5
三、衣　着	99.6	111.1	103.2
四、家庭设备用品及维修服务	101.1	112.4	103.6
五、医疗保健和个人用品	100.5	118.6	102.1
六、交通和通信	99.7	100.0	99.2
七、娱乐、教育文化用品及服务	105.5	121.8	102.5
八、居　住	99.5	104.9	100.1

近年西峰区居民消费价格总指数

	2009	2010	2011	2012	2013	2014
居民消费价格总指数	101.1	103.2	105.0	103.6	103.1	101.9
商品零售价格总指数	102.1	102.3	105.5	104.1	103.0	102.8
农业生产资料价格指数	101.5	102.2	106.0	104.7	104.7	100.0

统计资料

QING YANG YEARBOOK

农村住户调查点基本情况

	计算单位	2009	2010	2011	2012	2013	2014
调查点个数（村民委员会）	个	48	48	54	54	61	-
调查点户数	户	480	480	540	540	614	549
#个体工商户	户	6	8	7	8	-	-
乡村干部户	户	22	31	26	25	-	-
五保户	户	2	2	-	-	-	-
调查户家庭结构							
#单身或夫妇	户	23	27	24	38	-	10
夫妇与1个孩子	户	54	53	50	64	-	41
夫妇与2个孩子以上	户	114	117	162	154	-	86
单亲与孩子	户	29	32	9	10	-	-
三世同堂	户	164	158	172	164	-	228
调查户总人口	人	2052	2161	2394	2380	2625	2378
调查点总劳动力	人	1433	1423	1459	1443	1782	1316
第一产业	人	1094	1078	1009	989	-	1051
第二产业	人	151	157	267	286	-	77
第三产业	人	188	188	183	168	-	139
调查户期末住房情况							
住房面积	m²	50895	50531	52317	55654	63016	63068
住房价值	万元	1148	1202	2665	2950	4117	4366
住房类型							
#楼房面积	m²	2345	2739	2505	740	3246	-
砖瓦平房面积	m²	24890	26549	37298	38784	44968	-
调查户居住条件							
#住房有卫生设备的户	户	480	467	540	540	614	549
生活用电情况	度	138796	163875	-	333717	528993	467296
使用安全饮用水的户数	户	480	480	440	465	-	549
有取暖设备的户数	户	480	480	540	540	-	404
燃料使用情况							-
沼气	户	12	13	10	10	3	-
煤炭	户	147	188	162	172	191	303
柴草	户	298	218	342	345	405	204

资料来源：国家统计局庆阳调查队

2014年分县区农村

	计算单位	全市	西峰区	庆城县	环县
一、调查样本住户数	户	549	30	70	79
（一）农村住户	户	549	30	70	79
（二）村委会住户	户	549	30	70	79
（三）城镇村委会或农村住户	户	549	30	70	79
二、住户类型	户	549	30	70	79
（一）家庭居住户	户	549	30	70	79
（二）国家点住户	户	549	30	70	79
（三）记账住户	户	549	30	70	79
三、户主文化程度	户	1441	84	184	182
（一）未上过学	户	22	1	4	6
（二）小学	户	216	9	28	47
（三）初中	户	261	16	29	23
（四）高中	户	46	3	8	2
（五）大学专科	户	4	1	1	1
四、住户经营情况	户	549	30	70	79
（一）生产经营户	户	546	30	69	79
#农业生产经营户	户	539	30	68	76
#非农生产经营户	户	107	1	4	6
#兼营户	户	100	1	3	3
（二）非生产经营户	户	3	-	1	-
五、按家庭规模分的住户类型	户	549	30	70	79
（一）一人户	户	10	3	2	-
（二）二人户	户	41	-	9	3
（三）三人户	户	86	7	11	11
（四）四人户	户	133	10	14	26
（五）五人户	户	133	6	17	15
（六）六人及以上户	户	146	4	17	24
六、按世代分的住户类型	户	549	30	70	79
（一）一代户	户	57	3	8	5
（二）二代户	户	252	14	31	39
（三）三代户	户	228	12	29	34
（四）四代及以上户	户	12	1	2	1
七、住户特征	户	301	14	43	32
（一）纯老人户	户	34	2	3	1
（二）年青无子女户	户	250	12	37	23
（三）家中有未成年子女户	户	1	-	1	-
（四）无劳动力户	户	16	-	2	8
八、人口有变动的户数	户	19	1	4	5
（一）人口有增加的户数	户	9		4	1
（二）人口有减少的户数	户	9	1		4
九、住户与住宅关系	户	549	30	70	79
（一）本宅所有者	户	547	30	70	79
（二）承租户	户	2	-	-	-
十、轮转组编码	户	821	45	105	118
（一）第一组	户	277	15	35	40
（二）第二组	户	272	15	35	39
十一、城乡分类	--	120390	6600	15300	17290
210:乡中心区	户	39	-	10	9
220:村庄	户	510	30	60	70
十二、乡码分类	--	549	30	70	79
1.建制镇户	--	179	10	20	30
2.乡住户	--	370	20	50	49
十三、住宅分类	--	549	30	70	79
1.普通住宅户	--	549	30	70	79
# 涉农住户	--	549	30	70	79
十四、调查小区样本类型	--	1098	60	140	158

住户调查户基本情况

华池县	合水县	正宁县	宁　县	镇原县
70	70	80	70	80
70	70	80	70	80
70	70	80	70	80
70	70	80	70	80
70	70	80	70	80
70	70	80	70	80
70	70	80	70	80
70	70	80	70	80
179	187	211	186	228
1	4	4	2	–
36	22	30	25	19
27	37	37	38	54
5	7	9	5	7
1	–	–	–	–
70	70	80	70	80
70	70	80	69	79
70	70	77	69	79
11	11	19	6	49
11	11	16	6	49
–	–	–	1	1
70	70	80	70	80
1	1	1	2	–
3	6	7	4	9
12	17	9	7	12
12	14	24	19	14
21	12	19	17	26
21	20	20	21	19
70	70	80	70	80
6	13	5	7	10
34	32	38	37	27
26	23	37	25	42
4	2	–	1	1
31	37	51	46	47
2	6	5	6	9
29	30	44	38	37
–	–	–	–	–
–	1	2	2	1
–	1	–	1	7
–	1	–	–	3
–	–	–	1	4
70	70	80	70	80
70	70	78	70	80
–	–	2	–	–
105	105	120	103	120
35	35	40	37	40
35	35	40	33	40
15400	15400	17500	15400	17500
–	–	10	–	10
70	70	70	70	70
70	70	80	70	80
10	20	40	19	30
60	50	40	51	50
70	70	80	70	80
70	70	80	70	80
70	70	80	70	80
140	140	160	140	160

2014年分县区农民

	全　市	西峰区	庆城县	环　县
一、全年人均纯收入	5499	6799	5440	4782
1.工资性收入	2253	3155	2358	1606
2.家庭经营收入	2345	3069	2275	2269
3.财产性收入	208	192	171	276
4.转移性收入	693	383	636	633
二、生活消费支出	5231	5711	6406	5621
1.食　品	2027	2281	2494	2069
2.衣　着	425	760	482	381
3.居　住	877	507	1155	1414
4.家庭设备.用品及服务	335	303	266	247
5.交通和通讯	599	754	772	767
6.文化教育.娱乐用品及服务	298	357	272	257
7.医疗保健	540	584	841	327
8.其他商品和服务	132	167	125	160

人均纯收入情况

单位：元

华池县	合水县	正宁县	宁　县	镇原县
5349	5257	5841	5467	5062
2015	1892	1994	2618	1982
2010	2715	3128	1868	2284
148	70	218	135	207
1175	580	501	846	589
4985	4999	4371	4267	4274
2021	1914	1406	1287	1370
457	294	430	400	265
782	942	546	766	852
242	327	395	296	411
686	689	675	533	433
230	205	468	190	344
479	503	338	590	514
91	125	114	207	86

2014年分县区农村住户人均

	全　市	西峰区	庆城县	环　县
人均可支配收入	5217.64	5607.27	5468.72	5235.49
一、工资性收入	2094.74	3340.54	2352.10	1661.28
（一）工资	1672.68	3287.41	1730.65	774.28
（二）其他工资性收入	418.66	34.31	621.45	887.00
（三）从单位得到的实物收入和服务	3.40	18.82	-	-
二、经营净收入	1599.50	920.28	1766.42	2121.12
（一）第一产业经营净收入	1056.13	646.83	1445.38	965.75
1.农业	577.00	-315.28	1214.68	206.98
2.林业	-15.67	-16.42	0.86	21.53
3.牧业	492.04	978.73	229.84	737.44
4.渔业	-0.78	-0.20	-	-0.21
（二）第二产业经营净收入	186.46	-8.02	154.47	719.89
（三）第三产业经营净收入	356.91	281.47	166.57	435.48
三、财产净收入（成本法）	165.38	673.28	131.80	176.53
财产净收入（月租金法）	165.38	673.28	131.80	176.53
（一）利息净收入	-6.55	-35.83	-1.33	-61.45
（二）红利收入	11.97	3.43	-	-
（三）储蓄性保险净收益	7.75	-	-	-
（四）转让承包土地经营权租金净收入	18.98	10.29	13.74	66.05
（五）出租房屋财产性收入	41.41	-	113.73	172.50
（六）出租机械、专利、版权等的收入	82.53	695.40	5.51	-
（七）其他财产净收入	9.28	-	0.14	-0.57
四、转移净收入	1358.01	673.16	1218.40	1276.56
（一）转移性收入	1503.40	776.75	1402.87	1415.14
1.养老金或离退休金	201.81	57.87	34.48	193.08
2.社会救济和补助	125.15	26.20	94.55	343.34
3.政策性生活补贴（只含生活补贴）	36.06	5.41	18.92	8.58
4.家庭外出从业人员寄回带回收入	705.80	165.69	765.88	264.11
5.赡养收入	24.39	73.21	21.62	24.69
6.其他经常转移收入	20.00	43.69	2.58	-
7.报销医疗费	105.67	111.64	198.20	149.11
8.从政府得到的实物产品和服务	11.50	25.76	30.30	-
9.现金政策性惠农补贴	273.03	267.29	236.34	432.23
（二）转移性支出	145.39	103.59	184.47	138.57
1.个人所得税	3.88	-	-	0.50
2.个人缴纳的社会保障支出	130.03	95.19	109.82	138.07
3.赡养支出	2.25	5.72	4.65	-
4.其他转移性支出	9.22	2.68	69.99	-

可支配收入情况（不含自产自用）

单位：元

华池县	合水县	正宁县	宁　县	镇原县
4955.00	5719.31	6085.07	4955.12	4521.87
2521.35	2343.50	1741.21	1643.32	1954.13
1882.36	500.95	1315.25	1643.32	1944.27
621.95	1841.57	425.78	-	9.16
17.04	0.99	0.18	-	0.71
1415.99	2101.28	2979.23	1039.00	1189.18
1039.88	1861.65	1788.36	665.95	839.59
585.78	1847.72	1396.81	417.32	265.38
19.74	2.15	85.83	-144.54	0.59
384.68	11.51	307.50	393.18	573.13
-0.12	-	-6.47	-	-0.15
4.78	10.66	380.13	37.03	82.13
371.33	228.97	810.74	336.02	267.46
126.11	59.40	196.91	37.04	36.80
126.11	59.40	196.91	37.04	36.80
5.08	3.89	49.43	-5.75	9.90
120.13	17.19	31.36	-	-
-	-	38.75	18.94	-
-	6.57	10.72	23.49	2.58
-	9.25	15.68	-	6.64
-	19.00	-	-	-
0.90	3.51	50.97	0.36	17.69
891.55	1215.12	1167.72	2235.76	1341.76
1036.72	1365.22	1360.37	2370.28	1478.31
17.66	44.19	141.33	412.85	325.17
221.36	171.54	85.88	18.50	117.90
21.30	25.37	11.96	28.99	111.22
-	694.99	837.35	1623.25	570.89
5.51	2.09	-	19.94	28.23
44.10	34.85	28.50	3.16	29.68
107.25	80.66	133.80	62.78	53.91
59.17	1.51	14.03	-	0.65
560.37	310.03	107.54	200.80	240.68
145.17	150.10	192.65	134.51	136.55
-	0.42	-	-	18.94
126.62	137.56	192.65	132.84	117.60
18.52	-	-	-	-
0.02	12.12	-	1.67	0.02

2014年分县区农村住户

	全　市	西峰区	庆城县	环　县
人均现金可支配收入	5097.07	5451.04	5240.21	5086.38
一、现金工资性收入	2091.34	3321.72	2352.10	1661.28
（一）工资	1672.68	3287.41	1730.65	774.28
1.按月发放的工资	366.74	901.20	597.85	61.25
2.补发工资	28.62	-	165.10	29.18
3.不按月发放的奖金、津贴、过节费等	1277.31	2386.21	967.71	683.84
（二）其他工资性收入	418.66	34.31	621.45	887.00
1.住房公积金	2.95	-	10.21	-
2.自由职业劳动所得（如稿费、翻译费）	3.24	-	16.68	9.62
3.其他劳动所得	412.47	34.31	594.56	877.39
二、现金经营净收入	1599.50	920.28	1766.42	2121.12
（一）第一产业现金经营净收入	1056.13	646.83	1445.38	965.75
1.农业	580.55	-315.28	1214.68	206.98
2.林业	-15.67	-16.42	0.86	21.53
3.牧业	492.04	978.73	229.84	737.44
4.渔业	-0.78	-0.20	-	-0.21
（二）第二产业现金经营净收入	186.46	-8.02	154.47	719.89
1.采矿业	7.85	-	-	53.88
2.制造业	16.61	-6.38	-	6.76
3.电力、热力、燃气及水生产和供应业	-0.73	-	-	-
4.建筑业	162.73	-1.63	154.47	659.25
（三）第三产业现金经营净收入	356.91	281.47	166.57	435.48
1.批发和零售业	94.59	17.42	94.34	57.91
2.交通运输、仓储和邮政业	102.93	22.10	-11.44	-
3.住宿和餐饮业	76.54	241.94	-	191.58
4.租赁和商务服务业	4.44	-	102.28	-21.73
5.居民服务、修理和其他服务业	66.76	-	-	138.36
6.其他行业	11.65	-	-18.60	69.36
7.农林牧渔服务业	30.02	-64.55	58.69	-5.91
三、现金财产净收入	165.38	673.28	131.80	176.53
（一）利息净收入	-6.55	-35.83	-1.33	-61.45
（二）红利收入	11.97	3.43	-	-
1.集体分配的红利	10.85	3.43	-	-
2.其他红利收入	1.12	-	-	-
（三）储蓄性保险净收益	7.75	-	-	-
（四）转让承包土地经营权租金净收入	18.98	10.29	13.74	66.05
（五）出租房屋财产性收入	41.41	-	113.73	172.50
（六）出租机械、专利、版权等收入	82.53	695.40	5.51	-
（七）其他财产净收入	9.28	-	0.14	-0.57

人均现金可支配收入情况（一）

单位：元

华池县	合水县	正宁县	宁　县	镇原县
4771.54	5636.15	5937.07	4892.34	4466.60
2504.30	2342.52	1741.03	1643.32	1953.42
1882.36	500.95	1315.25	1643.32	1944.27
174.11	395.42	245.38	142.02	478.37
0.87	52.87	–	–	11.50
1707.38	52.66	1069.87	1501.30	1454.39
621.95	1841.57	425.78	–	9.16
–	–	–	–	9.16
–	–	–	–	–
621.95	1841.57	425.78	–	–
1415.99	2101.28	2979.23	1039.00	1189.18
1039.88	1861.65	1788.36	665.95	839.59
635.57	1847.99	1401.50	417.32	266.03
19.74	2.15	85.83	-144.54	0.59
384.68	11.51	307.50	393.18	573.13
-0.12	–	-6.47	–	-0.15
4.78	10.66	380.13	37.03	82.13
–	–	-0.29	–	–
–	–	119.97	18.56	–
0.37	–	–	–	-3.77
4.41	10.66	260.45	18.47	85.91
371.33	228.97	810.74	336.02	267.46
97.87	89.94	411.46	63.75	24.64
210.26	67.94	12.04	242.06	274.30
46.98	40.01	19.36	–	–
-0.19	–	–	–	–
–	3.27	352.23	53.02	-31.49
16.40	27.80	15.65	-22.81	
65.96	2.51	-34.06	120.60	42.52
126.11	59.40	196.91	37.04	36.80
5.08	3.89	49.43	-5.75	9.90
120.13	17.19	31.36	–	–
120.13	17.19	20.91	–	–
–	–	10.45	–	–
–	–	38.75	18.94	–
–	6.57	10.72	23.49	2.58
–	9.25	15.68	–	6.64
–	19.00	–	–	–
0.90	3.51	50.97	0.36	17.69

2014 年分县区农村住户

	全　市	西峰区	庆城县	环　县
四、现金转移净收入	1240.85	535.76	989.89	1127.46
（一）现金转移性收入	1386.24	639.35	1174.36	1266.03
1. 养老金或离退休金	201.81	57.87	34.48	193.08
（1）离退休金	136.60	-	-	144.11
（2）（城镇）居民社会养老保险	1.02	-	-	1.00
（3）新型农村养老保险	55.35	57.87	31.86	39.48
（4）其他养老金	8.84	-	2.62	8.50
2. 社会救济和补助	125.15	26.20	94.55	343.34
（1）最低生活保障费	82.83	-	92.59	246.94
（2）五保户救助金	5.20	14.70	-	-
（3）扶贫款	7.89	5.37	0.67	17.98
（4）救灾款	1.76	-	-	7.15
（5）抚恤金	0.28	-	-	-
（6）其他社会救济收入	27.18	6.13	1.30	71.27
3. 政策性生活补贴（只含政策生活补贴）	36.06	5.41	18.92	8.58
4. 家庭外出从业人员寄回带回收入	705.80	165.69	765.88	264.11
5. 赡养收入	24.39	73.21	21.62	24.69
6. 其他经常转移收入	20.00	43.69	2.58	-
（1）其他转移性收入	20.00	43.69	2.58	-
7. 现金政策性惠农补贴	273.03	267.29	236.34	432.23
（二）现金转移性支出	145.39	103.59	184.47	138.57
1. 个人所得税	3.88	-	-	0.50
2. 个人缴纳的社会保障支出	130.03	95.19	109.82	138.07
（1）个人缴纳的养老保险	57.11	44.47	53.21	55.42
（2）个人缴纳的医疗保险	69.98	50.72	55.94	82.66
（3）个人缴纳的失业保险	1.37	-	-	-
（4）其他社会保障支出	1.58	-	0.67	-
3. 赡养支出	2.25	5.72	4.65	-
5. 其他转移性支出	9.22	2.68	69.99	-
（1）经常性捐赠支出	0.09	-	0.38	-
（2）其他经常转移支出	9.13	2.68	69.62	-
实物可支配收入（不含自产自用）	120.56	156.23	228.51	149.11

人均现金可支配收入情况（二）

单位：元

华池县	合水县	正宁县	宁　县	镇原县
725.14	1132.95	1019.90	2172.98	1287.20
870.30	1283.05	1212.54	2307.50	1423.75
17.66	44.19	141.33	412.85	325.17
-	-	56.97	336.86	225.95
-	8.57	-	-	1.27
10.84	32.39	84.35	45.18	93.96
6.82	3.23	-	30.81	3.98
221.36	171.54	85.88	18.50	117.90
172.79	77.65	62.90	18.50	53.24
-	1.91	10.72	-	11.10
7.86	56.90	-	-	-
4.58	6.26	-	-	-
-	-	-	-	1.38
36.13	28.82	12.26	-	52.18
21.30	25.37	11.96	28.99	111.22
-	694.99	837.35	1623.25	570.89
5.51	2.09	-	19.94	28.23
44.10	34.85	28.50	3.16	29.68
44.10	34.85	28.50	3.16	29.68
560.37	310.03	107.54	200.80	240.68
145.17	150.10	192.65	134.51	136.55
-	0.42	-	-	18.94
126.62	137.56	192.65	132.84	117.60
56.73	75.34	83.33	51.50	52.70
69.89	61.92	106.16	74.19	59.16
-	-		7.16	-
-	0.30	3.16	-	5.74
18.52	-	-	-	-
0.02	12.12	-	1.67	0.02
-	0.74	-	-	-
0.02	11.38	-	1.67	0.02
183.46	83.16	148.00	62.78	55.26

2014年分县区农村住户人均

	全　市	西峰区	庆城县	环　县
人均现金收入	6984.18	10312.80	6717.85	6488.78
一、现金工资性收入	2091.34	3321.72	2352.10	1661.28
（一）工资	1672.68	3287.41	1730.65	774.28
（二）其他工资性收入	418.66	34.31	621.45	887.00
二、现金经营性收入	3317.73	5631.05	3056.02	3322.67
（一）第一产业现金经营收入	2652.81	5160.03	2616.77	2122.47
1.农业	1638.19	2186.92	2012.79	1025.18
2.林业	55.47	23.58	11.29	33.02
3.牧业	959.15	2949.53	592.69	1064.27
（二）第二产业现金经营收入	221.63	–	222.04	727.22
1.采矿业	8.01	–	–	54.78
2.制造业	18.64	–	–	9.62
3.电力、热力、燃气及水生产和供应业	2.36	–	2.67	–
4.建筑业	192.62	–	219.37	662.82
（三）第三产业现金经营收入	443.29	471.02	217.21	472.98
1.批发和零售业	97.43	25.05	61.10	58.70
2.交通运输、仓储和邮政业	112.87	39.83	3.27	–
3.住宿和餐饮业	82.77	406.14	–	194.18
4.租赁和商务服务业	7.30	–	66.24	–
5.居民服务、修理和其他服务业	68.74	–	–	148.31
6.其他行业	17.56	–	21.39	71.79
7.农林牧渔服务业	56.63	–	65.21	–
三、现金财产性收入	188.87	720.68	135.37	238.80
（一）利息收入	14.50	11.57	2.21	–
（二）红利收入	11.97	3.43	–	–
（三）储蓄性保险收益	7.75	–	–	–
（四）转让承包土地经营权租金收入	18.98	10.29	13.74	66.05
（五）出租房屋财产性净收入	41.41	–	113.73	172.50
（六）出租机械、专利、版权等的净收入	82.53	695.40	5.51	–
（七）其他财产性收入	11.72	–	0.17	0.25
四、现金转移性收入	1386.24	639.35	1174.36	1266.03
（一）养老金或离退休金	201.81	57.87	34.48	193.08
（二）社会救济和补助	125.15	26.20	94.55	343.34
（三）政策性生活补贴	36.06	5.41	18.92	8.58
（四）家庭外出从业人员寄回带回收入	705.80	165.69	765.88	264.11
（五）赡养收入	24.39	73.21	21.62	24.69
（六）其他转移性收入	20.00	43.69	2.58	–
（七）现金政策性惠农补贴	273.03	267.29	236.34	432.23
五、非收入所得	654.46	1158.04	1717.30	1278.15
（一）出售资产所得	208.89	147.84	515.66	857.77
1.出售生产性固定资产所得	0.34	2.94	–	–
2.拆迁征地补偿所得	203.38	114.31	512.42	852.69
3.出售其他财物和收回其他投资本金所得	5.17	30.59	3.25	5.09
（二）非经常性转移所得	437.04	1010.20	1201.63	378.83
1.博彩所得	0.35	1.47	0.33	–
2.婚丧嫁娶礼金所得	146.54	568.83	274.89	144.18
3.遗产及一次性馈赠所得	39.29	246.71	8.45	13.87
4.一次性赔偿所得	60.36	–	510.90	26.45
5.调查补贴	168.12	193.19	346.95	183.72
6.其他非经常性转移所得	22.39	–	60.10	10.61
（三）其他非收入所得	8.54	–	–	41.55
六、借贷性所得	1487.20	3111.76	1089.64	2153.12
（一）提取储蓄存款	254.68	869.93	203.64	9.99
（二）借入款	705.36	897.58	608.61	1292.93
（三）收回借出款	193.17	240.97	243.04	256.43
（四）住房贷款	0.80	–	–	–
（五）教育贷款	4.97	–	–	13.49
（六）其他贷款	295.10	1103.28	34.35	532.93
（七）其他借贷所得	33.13	–	–	47.35

现金收入情况（未扣除生产费用）

单位：元

华池县	合水县	正宁县	宁　县	镇原县
5596.10	7736.74	7176.13	6568.31	5989.30
2504.30	2342.52	1741.03	1643.32	1953.42
1882.36	500.95	1315.25	1643.32	1944.27
621.95	1841.57	425.78	-	9.16
2092.29	4010.69	4017.75	2574.15	2558.79
1674.65	3505.05	2746.36	2063.99	2095.62
1077.86	3222.21	2140.09	1401.62	1109.36
33.39	185.34	262.97	2.76	13.59
563.40	97.50	343.30	659.61	972.67
6.06	32.45	413.66	101.46	123.19
-	-	-	-	-
-	-	128.16	18.56	-
0.55	-	-	-	10.18
5.51	32.45	285.50	82.90	113.00
411.57	473.18	857.73	408.70	339.99
85.17	225.27	431.04	40.87	20.72
194.34	126.38	12.54	161.83	276.58
39.87	39.58	20.23	-	-
-	-	-	-	-
-	3.23	377.62	33.99	-
16.86	27.50	16.31		-
75.34	51.22		172.00	42.68
129.21	100.48	204.81	43.33	53.33
6.72	14.48	57.33	0.41	26.42
120.13	17.19	31.36	-	-
-	-	38.75	18.94	-
-	6.57	10.72	23.49	2.58
-	9.25	15.68	-	6.64
-	19.00	-	-	-
2.36	33.99	50.97	0.50	17.69
870.30	1283.05	1212.54	2307.50	1423.75
17.66	44.19	141.33	412.85	325.17
221.36	171.54	85.88	18.50	117.90
21.30	25.37	11.96	28.99	111.22
-	694.99	837.35	1623.25	570.89
5.51	2.09		19.94	28.23
44.10	34.85	28.50	3.16	29.68
560.37	310.03	107.54	200.80	240.68
883.28	172.30	35.48	244.06	151.01
149.81	0.85	1.07	-	3.42
-	-	-	-	-
144.30	0.85	-	-	2.95
5.51	-	1.07	-	0.47
733.47	169.77	34.40	244.06	135.86
-		0.18	0.63	-
284.42	59.98	22.16	31.79	-
7.69	23.03	1.36	28.79	-
2.35	1.10		-	-
249.21	85.66	10.71	173.79	128.54
189.80	-	-	9.06	7.32
-	1.68	-	-	11.74
1067.79	1633.33	1169.40	504.63	1455.25
215.35	966.30	94.08	128.99	65.03
326.42	525.58	239.45	313.03	1016.71
183.12	68.10	243.07	62.61	237.96
-	-	7.45	-	-
14.65	-	20.10	-	-
296.18	73.34	400.62	-	101.72
32.07	-	164.62	-	33.83

2014年分县区农村住户

	全　市	西峰区	庆城县	环　县
人均现金支出	9321.20	18920.96	11308.31	7768.74
一、现金消费支出	5072.69	7174.27	6260.97	4264.27
（一）食品烟酒	1631.16	2374.57	1998.91	1382.98
1.食品	1020.75	1162.27	1360.96	814.67
（1）谷物	146.62	163.45	176.67	132.42
（2）薯类	22.06	35.31	51.15	12.29
（3）豆类	17.50	31.51	23.92	12.44
（4）食用油	84.90	62.20	225.46	85.66
（5）蔬菜和食用菌	111.60	156.37	133.03	78.73
（6）肉类	196.22	224.17	158.44	152.37
（7）禽类	31.44	35.60	29.42	43.04
（8）水产品	19.98	29.74	75.74	10.13
（9）蛋类	23.20	13.46	15.64	21.63
（10）奶类	69.49	70.20	70.87	62.25
（11）干鲜瓜果类	143.30	188.30	273.68	103.34
（12）糖果糕点类	34.67	60.88	37.15	29.14
（13）其他食品	119.77	91.08	89.77	71.24
2.烟酒	328.55	452.84	442.31	444.31
（1）烟草	211.98	315.90	237.72	254.85
（2）酒类	116.57	136.95	204.59	189.45
3.饮料	48.02	47.68	58.19	51.24
4.饮食服务	233.84	711.78	137.45	72.76
（1）食堂用餐	22.36	125.39	9.76	0.62
（2）其他在外饮食	187.32	539.46	97.03	47.89
（3）食品加工服务费	24.16	46.93	30.66	24.25
（二）衣着	450.46	825.10	430.04	333.50
1.衣类	336.74	652.61	307.53	238.16
2.鞋类	113.72	172.48	122.51	95.34
（三）居住	565.22	408.52	818.69	821.77
1.租赁房房租	22.85	-	13.25	128.19
2.住房维修及管理	237.50	133.34	524.69	360.65
3.水电燃料及其他	304.87	275.18	280.75	332.94
（四）生活用品及服务	383.62	588.04	339.42	264.07
1.家具及室内装饰品	58.97	83.08	47.67	5.25
2.家用器具	89.68	134.32	71.86	38.53
3.家用纺织品	56.04	66.72	51.16	51.45
4.家庭日用杂品	129.54	206.36	100.61	117.59
5.个人用品	44.54	93.32	63.63	47.47
6.家庭服务	4.86	4.24	4.50	3.79

人均现金支出情况（一）

单位：元

华池县	合水县	正宁县	宁　县	镇原县
6789.05	8682.68	6100.88	7835.82	7903.87
3793.44	4502.21	4029.38	5245.21	4761.78
1233.42	1418.48	1459.09	1789.20	1312.37
801.63	1089.38	1052.90	1118.37	830.23
286.96	199.09	279.62	85.49	58.17
4.16	17.11	17.18	25.20	12.08
9.67	18.15	15.53	20.52	9.74
45.77	100.29	74.71	67.97	47.42
77.62	113.84	95.71	131.80	96.12
90.58	294.01	169.89	175.05	262.63
43.38	29.40	27.48	34.17	18.42
12.69	13.27	8.87	12.02	8.88
9.66	14.96	51.54	36.95	12.80
24.58	58.64	121.45	86.02	47.02
88.89	87.68	82.88	169.95	117.33
25.14	19.62	37.41	51.92	12.42
82.53	123.33	70.63	221.31	127.20
344.60	237.89	258.22	258.77	241.45
201.07	147.61	172.17	183.08	181.52
143.53	90.27	86.05	75.69	59.93
39.27	31.33	75.13	48.65	33.71
47.92	59.87	72.85	363.42	206.97
7.56	12.27	36.25	0.07	7.32
26.66	32.22	31.59	345.98	169.40
13.69	15.38	5.01	17.37	30.25
379.73	405.66	401.80	550.86	296.85
292.06	291.19	296.68	412.62	220.16
87.67	114.47	105.12	138.23	76.69
493.25	587.96	403.81	454.87	533.05
-	26.74	-	-	3.60
269.81	143.54	25.40	143.83	276.99
223.44	417.67	378.41	311.05	252.46
210.25	416.72	343.76	414.11	407.55
27.11	60.48	33.35	82.51	90.45
54.92	133.30	94.17	90.15	102.56
28.29	35.66	42.63	72.38	62.88
73.89	124.41	136.39	122.92	130.38
24.33	47.28	35.04	42.47	15.49
1.70	15.60	2.19	3.69	5.79

2014 年分县区农村住户

	全 市	西峰区	庆城县	环 县
（五）交通通信	772.77	1224.13	1141.66	703.77
1. 交通	466.72	738.54	750.39	393.56
（1）交通工具	101.43	141.22	282.94	2.43
（2）交通费	104.70	169.21	117.16	64.25
（3）交通工具用燃料	188.25	294.75	274.53	263.58
（4）交通工具使用及维修	72.33	133.35	75.77	63.30
其中：车辆保险支出	3.00	9.21	4.11	-
2. 通信	306.05	485.59	391.27	310.21
（1）通信工具	67.72	146.62	76.51	60.59
（2）通信服务	238.33	338.97	314.77	249.62
（六）教育文化娱乐	606.63	783.06	480.75	585.12
1. 教育	463.07	547.26	410.87	484.68
（1）学前教育	29.08	68.09	50.25	8.97
（2）小学教育	16.06	0.78	34.48	19.43
（3）初中教育	41.83	24.17	60.39	46.24
（4）高中教育	133.31	61.26	104.27	172.07
（5）中专职高教育	22.58	11.25	43.05	28.76
（6）大专及以上教育	190.29	344.46	57.93	173.43
（7）成人教育	29.92	37.25	60.49	35.78
2. 文化娱乐	143.56	235.80	69.88	100.44
（1）文娱耐用消费品	88.30	111.22	41.18	55.15
（2）其他文娱用品	44.69	90.79	26.63	19.71
（3）文化娱乐服务	10.57	33.79	2.08	25.57
（七）医疗保健	551.43	771.73	943.43	135.87
1. 医疗器具及药品	299.86	393.52	365.31	127.33
2. 医疗服务（不含报销医疗费）	251.57	378.21	578.12	8.55
（1）门诊费用（不含报销医疗费）	116.71	224.20	108.57	24.81
（2）住院费用（不含报销医疗费）	183.06	159.11	537.73	108.01
（八）其他用品和服务	111.41	199.12	108.07	37.19
1. 其他用品	70.93	128.99	83.16	26.13
2. 其他服务	40.47	70.12	24.90	11.05
二、生产经营现金费用支出	1718.24	4710.77	1289.60	1201.55
（一）第一产业经营现金费用支出	1596.67	4513.20	1171.39	1156.72
1. 农业	1057.64	2502.20	798.11	818.19
2. 林业	71.14	40.00	10.43	11.49
3. 牧业	467.11	1970.80	362.85	326.83
4. 渔业	0.78	0.20	-	0.21
（二）第二产业经营现金费用支出	35.18	8.02	67.57	7.33
1. 采矿业	0.16	-	-	0.90
2. 制造业	2.03	6.38	-	2.85
3. 电力、热力、燃气及水生产和供应业	3.09	-	2.67	-
4. 建筑业	29.89	1.63	64.90	3.58

人均现金支出情况（二）

单位：元

华池县	合水县	正宁县	宁　县	镇原县
674.94	789.29	595.41	661.70	581.54
442.27	432.31	280.70	419.33	370.53
99.96	181.10	115.35	46.80	67.12
79.28	92.95	79.77	93.91	125.32
183.89	123.87	31.42	204.93	116.23
79.14	34.38	54.16	73.69	61.85
4.75	-	-	-	6.04
232.67	356.98	314.71	242.37	211.02
37.78	96.11	70.03	32.50	53.22
194.89	260.87	244.68	209.87	157.80
370.64	352.18	461.30	664.64	772.49
283.23	250.22	355.18	440.49	635.87
2.07	16.52	28.15	36.15	15.63
18.68	19.33	12.48	15.26	13.02
25.59	34.04	21.47	32.00	66.45
55.72	95.97	54.43	177.45	198.83
-	61.24	47.28	8.29	6.37
61.90	23.11	191.36	145.81	326.01
119.28	-	-	25.53	9.55
87.41	101.96	106.12	224.15	136.62
21.58	83.74	63.19	151.93	98.91
56.33	17.39	36.84	71.10	31.64
9.50	0.84	6.10	1.12	6.07
318.43	447.64	266.37	588.99	733.56
211.59	235.48	258.70	363.15	346.21
106.84	212.16	7.66	225.84	387.35
15.76	62.71	37.33	183.90	153.23
147.32	186.90	50.49	55.29	258.37
112.78	84.29	97.84	120.83	124.37
97.60	36.90	57.92	86.50	59.95
15.18	47.39	39.92	34.33	64.42
676.30	1909.41	1038.52	1535.15	1369.61
634.77	1643.40	958.00	1398.04	1256.03
442.28	1374.22	738.58	984.31	843.33
13.65	183.19	177.14	147.30	13.01
178.72	85.99	35.80	266.43	399.54
0.12	-	6.47	-	0.15
1.29	21.79	33.53	64.43	41.05
-	-	0.29	-	-
-	-	8.18	-	-
0.18	-	-	-	13.96
1.10	21.79	25.05	64.43	27.10

2014 年分县区农村住户

	全　市	西峰区	庆城县	环　县
（三）第三产业经营现金费用支出	86.39	189.55	50.64	37.49
1. 批发和零售业	10.79	3.63	-	-
2. 交通运输、仓储和邮政业	18.60	12.66	10.68	-
3. 住宿和餐饮业	12.67	108.72	-	-
4. 租赁和商务服务业	3.23	-	-	22.02
5. 居民服务、修理和其他服务业	7.60	-	-	8.07
6. 其他	6.89	-	33.44	1.49
7. 农林牧渔服务业	26.61	64.55	6.52	5.91
三、现金财产性支出	23.48	47.40	3.56	62.27
（一）生活贷款利息支出	21.05	47.40	3.54	61.45
1. 住房贷款利息支出	0.31	-	-	-
2. 其他生活贷款利息支出	20.74	47.40	3.54	61.45
（二）其他财产性支出	2.44	-	0.03	0.83
1. 非储蓄性财产保险支出	0.12	-	0.03	0.06
2. 其他财产性支出	2.32	-		0.77
四、现金转移性支出	145.39	103.59	184.47	138.57
（一）个人所得税	3.88			0.50
（二）社会保障支出	130.03	95.19	109.82	138.07
1. 个人缴纳的养老保险	57.11	44.47	53.21	55.42
2. 个人缴纳的医疗保险	69.98	50.72	55.94	82.66
3. 个人缴纳的失业保险	1.37	-	-	-
4. 其他社会保障支出	1.58	-	0.67	-
（三）赡养支出	2.25	5.72	4.65	-
（四）其他转移性支出	9.22	2.68	69.99	-
1. 经常性捐赠支出	0.09	-	0.38	-
2. 其他经常转移支出	9.13	2.68	69.62	-
五、部分商业保险支出	24.80	7.16	39.08	0.38
（一）意外伤害保险	1.10	7.16	0.87	-
（二）商业医疗保险（含大病保险）	4.34	-	36.18	-
（三）其他非储蓄性商业保险	4.52	-	2.03	0.38
（四）其他储蓄性商业保险	14.84	-	-	-
六、购置资产及非经常性转移支出	1726.53	4707.03	3056.32	1715.32
（一）购置资产支出	914.46	2535.18	2382.27	1009.50
1. 建造住房支出	553.95	2222.91	358.07	768.23
（1）建造住房材料	432.05	1720.93	340.49	551.74
（2）建造住房雇工	121.89	501.97	17.58	216.50
2. 购买住房支出	203.36	-	1845.96	0.25

人均现金支出情况（三）

单位：元

华池县	合水县	正宁县	宁　县	镇原县
40.24	244.21	46.99	72.68	72.53
4.68	136.31	2.29	-	-
21.43	59.18	-	6.65	45.89
1.23	-	0.05	-	-
0.15	-	-	-	-
-	-	10.59	-	26.48
3.37	-	-	14.62	-
9.37	48.72	34.06	51.41	0.16
3.10	41.08	7.90	6.30	16.53
1.64	10.59	7.90	6.16	16.53
-	4.28	-	-	-
1.64	6.31	7.90	6.16	16.53
1.46	30.49	-	0.14	-
1.46	-	-	0.14	-
-	30.49	-	-	-
145.17	150.10	192.65	134.51	136.55
-	0.42	-	-	18.94
126.62	137.56	192.65	132.84	117.60
56.73	75.34	83.33	51.50	52.70
69.89	61.92	106.16	74.19	59.16
-	-	-	7.16	-
-	0.30	3.16	-	5.74
18.52	-	-	-	-
0.02	12.12	-	1.67	0.02
	0.74	-	-	-
0.02	11.38	-	1.67	0.02
2.91	11.07	3.39	62.50	31.74
0.71	0.43	-	-	0.50
2.20	-	-	1.17	-
-	-	-	22.22	-
-	10.65	3.39	39.11	31.24
921.41	1798.57	602.87	504.21	1250.33
300.11	801.49	74.21	149.57	495.57
214.72	709.71	15.82	124.98	277.31
137.66	684.03	13.34	87.14	195.50
77.06	25.68	2.48	37.84	81.82
-	-	-	-	-

2014年分县区农村住户

	全　市	西峰区	庆城县	环　县
3. 购建第一产业生产性固定资产	144.42	312.27	178.24	230.98
（1）购买或建造农业生产性用房	20.13	-	22.92	1.70
①购买用房建筑材料	8.26	-	22.92	-
②建筑农业生产用房雇工	1.60	-	-	-
③购买农业生产用房	0.04	-	-	-
④其他	10.24	-	-	1.70
（2）购买役畜	29.34	-	126.78	67.89
（3）购买产品畜	1.99	17.15	-	-
（4）购买或建造农业设施	2.03	-	-	-
①大棚、温室	-	-	-	-
②自备井	1.27	-	-	-
③喷灌设施	0.39	-	-	-
④其他农业设施	0.37	-	-	-
（5）购买农业机械	90.94	295.12	28.53	161.39
①大中型农用拖拉机	19.83	73.52	-	42.16
②小型（手扶）农用拖拉机	10.13	-	15.10	-
③农用排灌动力机械	0.68	-	6.18	-
④收割机	0.83	-	4.04	-
⑤脱粒机	3.98	-	-	13.63
⑥其他农业机械	55.49	221.61	3.21	105.60
4. 购建第二产业生产性固定资产支出	6.03	-	-	-
（1）建筑业	6.03	-	-	-
5. 购建第三产业生产性固定资产支出	5.94	-	-	10.03
（1）批发和零售业	0.82	-	-	-
（2）交通运输、仓储和邮政业	0.65	-	-	-
（4）租赁和商务服务业	0.43	-	-	0.14
（5）居民服务、修理和其他服务业	2.59	-	-	-
（6）其他行业	1.45	-	-	9.89
6. 购建其他资产支出	0.76	-	-	-
（二）非经常性转移支出	812.07	2171.85	674.05	705.82
1. 博彩支出	1.60	7.57		0.92
2. 婚丧嫁娶礼金支出	678.11	1594.59	603.89	629.35
3. 一次性赔偿支出	0.29	-	-	1.48
4. 一次性馈赠支出	100.84	339.06	70.16	70.80
5. 其他非经常性转移支出	31.24	230.63	-	3.27
七、借贷性支出	610.07	2170.74	474.30	386.37
（一）存入储蓄款	242.88	1429.10	224.02	-
（二）借出款	19.83	22.06	2.41	74.01
（三）归还借款	218.18	-	245.39	200.83
（四）归还住房贷款	1.48	6.32	-	-
（五）归还教育贷款	4.92	42.48	-	-
（六）归还其他贷款	119.59	670.79	-	108.51
（七）其他借贷支出	3.20	-	2.47	3.01

人均现金支出情况（四）

单位：元

华池县	合水县	正宁县	宁　县	镇原县
66.18	79.67	47.71	17.99	183.88
22.57	21.81	28.85	–	57.05
22.57	20.45	27.59	–	–
–	–	–	–	8.02
–	0.51	–	–	–
–	0.85	1.25	–	49.03
14.11	–	–	–	23.17
–	–	–	–	–
6.41	–	15.51	–	–
–	–	–	–	–
–	–	11.89	–	–
–	–	3.62	–	–
6.41	–	–	–	–
23.09	57.87	3.35	17.99	103.66
–	–	–	–	25.79
–	23.38	–	–	33.94
–	–	–	–	–
6.60	–	–	–	–
9.47	8.00	3.35	–	2.53
7.02	26.49	–	17.99	41.40
–	–	–		30.17
–	–	–		30.17
6.19	12.11	10.68	6.61	4.20
–	11.38	–	–	–
–	–	–	–	3.25
6.19	0.73	–	–	–
–	–	10.68	6.61	0.96
–	–	–	–	–
13.02	–	–	–	–
621.30	997.08	528.66	354.63	754.76
2.15		3.90	0.06	0.18
494.85	966.67	505.83	252.17	671.40
0.70			0.16	–
118.88	30.41	18.92	102.25	64.29
4.72				18.89
1246.74	270.24	226.18	347.93	337.33
459.52	143.57	74.57	–	38.25
68.60	7.23	15.71	–	–
331.50	119.44	135.90	316.38	295.31
–	–	–	–	3.77
–	–	–	–	–
345.84	–	–	31.08	–
41.27	–	–	0.47	–

2014年分县区农村住户

	全　市	西峰区	庆城县	环　县
人均支出				
一、生活消费支出	5796.22	8550.52	7010.84	4694.08
（一）食品烟酒	1636.24	2382.73	2025.43	1382.98
1.食品	1025.83	1170.43	1387.49	814.67
（1）谷物	148.04	166.05	176.67	132.42
（2）薯类	22.06	35.31	51.15	12.29
（3）豆类	17.50	31.51	23.92	12.44
（4）食用油	85.14	63.73	225.46	85.66
（5）蔬菜和食用菌	111.60	156.37	133.03	78.73
（6）肉类	198.04	224.17	174.91	152.37
（7）禽类	31.44	35.60	29.42	43.04
（8）水产品	19.98	29.74	75.74	10.13
（9）蛋类	23.20	13.46	15.64	21.63
（10）奶类	69.49	70.20	70.87	62.25
（11）干鲜瓜果类	143.30	188.30	273.68	103.34
（12）糖果糕点类	35.14	64.76	37.15	29.14
（13）其他食品	120.91	91.24	99.83	71.24
2.烟酒	328.55	452.84	442.31	444.31
3.饮料	48.02	47.68	58.19	51.24
4.饮食服务	233.84	711.78	137.45	72.76
（二）衣着	450.60	826.18	430.04	333.50
1.衣类	336.88	653.70	307.53	238.16
2.鞋类	113.72	172.48	122.51	95.34
（三）居住	1173.10	1634.60	1343.84	1102.47
1.租赁房房租	22.85	-	13.25	128.19
2.住房维修及管理	237.50	133.34	524.69	360.65
3.水电燃料及其他	306.24	281.24	284.53	332.94
4.自有住房虚拟租金	606.51	1220.02	521.36	280.70
（四）生活用品及服务	387.16	617.24	339.42	264.07
1.家具及室内装饰品	58.97	83.08	47.67	5.25
2.家用器具	89.68	134.32	71.86	38.53
3.家用纺织品	56.04	66.72	51.16	51.45
4.家庭日用杂品	133.08	235.56	100.61	117.59
5.个人用品	44.54	93.32	63.63	47.47
6.家庭服务	4.86	4.24	4.50	3.79
（五）交通通信	772.77	1224.13	1141.66	703.77
1.交通	466.72	738.54	750.39	393.56
2.通信	306.05	485.59	391.27	310.21
（六）教育文化娱乐	606.63	783.06	480.75	585.12
1.教育	463.07	547.26	410.87	484.68
2.文化娱乐	143.56	235.80	69.88	100.44
（七）医疗保健	657.10	883.37	1141.63	284.98
1.医疗器具及药品	299.86	393.52	365.31	127.33
2.医疗服务	357.24	489.86	776.32	157.65
（八）其他用品和服务	112.62	199.20	108.07	37.19
1.其他用品	72.10	129.07	83.16	26.13
2.其他服务	40.53	70.12	24.90	11.05

人均支出情况（不含自产自用）

单位：元

华池县	合水县	正宁县	宁　县	镇原县
4152.83	5397.89	4650.77	5854.53	5514.64
1253.43	1418.77	1459.40	1789.20	1312.37
821.63	1089.68	1053.20	1118.37	830.23
305.88	199.38	279.62	85.49	58.17
4.16	17.11	17.18	25.20	12.08
9.67	18.15	15.53	20.52	9.74
46.87	100.29	74.71	67.97	47.42
77.62	113.84	95.71	131.80	96.12
90.58	294.01	169.89	175.05	262.63
43.38	29.40	27.48	34.17	18.42
12.69	13.27	8.87	12.02	8.88
9.66	14.96	51.54	36.95	12.80
24.58	58.64	121.45	86.02	47.02
88.89	87.68	82.88	169.95	117.33
25.14	19.62	37.59	51.92	12.42
82.53	123.33	70.75	221.31	127.20
344.60	237.89	258.22	258.77	241.45
39.27	31.33	75.13	48.65	33.71
47.92	59.87	72.85	363.42	206.97
379.73	405.88	401.80	550.86	296.85
292.06	291.41	296.68	412.62	220.16
87.67	114.47	105.12	138.23	76.69
718.97	1400.76	884.24	1001.42	1231.29
-	26.74	-	-	3.60
269.81	143.54	25.40	143.83	276.99
223.44	417.67	380.75	311.05	252.46
225.72	812.80	478.08	546.55	698.24
210.25	416.95	343.76	414.11	408.25
27.11	60.48	33.35	82.51	90.45
54.92	133.30	94.17	90.15	102.56
28.29	35.66	42.63	72.38	62.88
73.89	124.63	136.39	122.92	131.09
24.33	47.28	35.04	42.47	15.49
1.70	15.60	2.19	3.69	5.79
674.94	789.29	595.41	661.70	581.54
442.27	432.31	280.70	419.33	370.53
232.67	356.98	314.71	242.37	211.02
370.64	352.18	461.30	664.64	772.49
283.23	250.22	355.18	440.49	635.87
87.41	101.96	106.12	224.15	136.62
425.68	528.30	400.21	651.77	787.46
211.59	235.48	258.75	363.15	346.21
214.09	292.82	141.46	288.62	441.26
119.19	85.77	104.64	120.83	124.37
103.10	38.38	64.73	86.50	59.95
16.09	47.39	39.92	34.33	64.42

2014年分县区农村住户

	全　市	西峰区	庆城县	环　县
人均可支配收入	6189.40	7065.70	6014.70	5810.60
一、工资性收入	2094.74	3340.54	2352.10	1661.28
（一）工资	1672.68	3287.41	1730.65	774.28
1.按月发放的工资	366.74	901.20	597.85	61.25
2.补发工资	28.62	-	165.10	29.18
3.不按月发放的奖金、津贴、过节费等	1277.31	2386.21	967.71	683.84
（二）实物福利	3.40	18.82	-	-
1.从单位或雇主得到的实物产品折价	2.70	12.77	-	-
（1）食品	1.92	7.88	-	-
①谷物、薯类及豆类	1.29	2.60	-	-
②食用油（植物油）	0.18	1.52	-	-
③糖、烟、酒、饮料类	0.45	3.76	-	-
（2）衣着	0.13	1.09	-	-
（3）家庭设备和日用品	0.58	3.81	-	-
（4）其他用品	0.07	-	-	-
2.从单位或雇主得到的服务折价	0.70	6.06	-	-
（2）免费或低价提供的住宿	0.70	6.06	-	-
（三）其他	418.66	34.31	621.45	887.00
1.住房公积金	2.95	-	10.21	
2.自由职业劳动所得（如稿费、翻译费）	3.24	-	16.68	9.62
6.其他劳动所得	412.47	34.31	594.56	877.39
二、经营净收入	2586.88	2487.63	2312.40	2696.23
（一）第一产业经营净收入	2090.35	2214.18	2025.62	1597.70
1.农业	1617.34	1029.75	1789.05	785.71
2.林业	-19.05	-49.95	-25.18	24.58
3.牧业	492.79	1234.28	261.75	787.59
4.渔业	-0.72	0.10		-0.19
（二）第二产业经营净收入	183.02	-8.02	153.60	719.89
1.采矿业	7.85	-	-	53.88
2.制造业	15.77	-6.38	-	6.76
3.电力、热力、燃气及水生产和供应业	-0.93	-	-	-
4.建筑业	160.32	-1.63	153.60	659.25
（三）第三产业经营净收入	313.51	281.47	133.18	378.64
1.批发和零售业	70.39	21.42	47.28	19.42
2.交通运输、仓储和邮政业	80.40	27.17	-7.41	-4.16
3.住宿和餐饮业	66.56	297.43	-	189.25
4.租赁和商务服务业	4.07	-	66.24	-22.02
5.居民服务、修理和其他服务业	55.55	-	-15.11	138.79
6.其他	7.00	-	-16.51	66.47
7.农林牧渔服务业	29.55	-64.55	58.69	-9.11
三、财产净收入	149.76	564.37	131.80	176.53
（一）利息净收入	-6.55	-35.83	-1.33	-61.45
（二）红利收入	11.97	3.43	-	-
1.集体分配的红利	10.85	3.43	-	-
2.其他红利收入	1.12	-	-	-
（三）储蓄性保险净收益	7.75	-	-	-
（四）转让承包土地经营权租金净收入	18.98	10.29	13.74	66.05
（五）出租房屋财产性收入	41.41	-	113.73	172.50
（六）出租机械、专利、版权等资产的	66.91	586.48	5.51	-

人均可支配收入情况（一）

单位：元

华池县	合水县	正宁县	宁　县	镇原县
5971.60	6073.80	6840.50	6098.20	5898.92
2521.35	2343.50	1741.21	1643.32	1954.13
1882.36	500.95	1315.25	1643.32	1944.27
174.11	395.42	245.38	142.02	478.37
0.87	52.87		–	11.50
1707.38	52.66	1069.87	1501.30	1454.39
17.04	0.99	0.18	–	0.71
17.04	0.99	0.18	–	0.71
17.04	–	0.18	–	–
17.04	–	–	–	–
–	–	–	–	–
–	–	0.18	–	–
–	–	–	–	–
–	–	–	–	0.71
–	0.99	–	–	–
–	–	–	–	–
–	–	–	–	–
621.95	1841.57	425.78	–	9.16
–	–		–	9.16
–	–		–	–
621.95	1841.57	425.78	–	–
2432.59	2474.76	3749.07	2182.07	2566.71
2063.08	2332.34	2614.03	1852.90	2282.21
1570.48	2310.36	2250.67	1645.69	1869.20
27.86	2.58	90.22	-141.49	7.48
464.86	19.41	279.62	348.71	405.58
-0.12		-6.47	–	-0.05
4.56	10.66	357.83	34.87	79.45
–	–	-0.29	–	–
–	–	112.17	18.56	–
0.37	–	–	–	-4.76
4.20	10.66	245.95	16.31	84.20
364.95	131.77	777.21	294.30	205.05
79.11	50.79	406.07	35.58	7.15
168.18	65.73	12.54	134.47	185.98
38.64	2.96	20.17	–	-0.85
-0.15			–	–
-0.28	1.76	364.18	19.67	-29.29
13.49	8.02	8.30	-16.02	-0.47
65.96	2.51	-34.06	120.60	42.52
126.11	40.41	182.50	37.04	36.33
5.08	3.89	49.43	-5.75	9.90
120.13	17.19	31.36	–	–
120.13	17.19	20.91	–	–
–	–	10.45	–	–
–	–	38.75	18.94	–
–	6.57	10.72	23.49	2.58
–	9.25	15.68	–	6.64
–	–	-14.41	–	-0.47

2014年分县区农村住户

	全　市	西峰区	庆城县	环　县
（七）其他财产净收入	9.28	-	0.14	-0.57
四、转移净收入	1358.01	673.16	1218.40	1276.56
（一）转移性收入	1503.40	776.75	1402.87	1415.14
1.养老金或离退休金	201.81	57.87	34.48	193.08
（1）离退休金	136.60	-	-	144.11
（2）（城镇）居民社会养老保险	1.02	-	-	1.00
（3）新型农村养老保险	55.35	57.87	31.86	39.48
（4）其他养老金	8.84	-	2.62	8.50
2.社会救济和补助	125.15	26.20	94.55	343.34
（1）最低生活保障费	82.83	-	92.59	246.94
（2）五保户救助金	5.20	14.70	-	-
（3）扶贫款	7.89	5.37	0.67	17.98
（4）救灾款	1.76	-	-	7.15
（5）抚恤金	0.28	-	-	-
（6）其他社会救济收入	27.18	6.13	1.30	71.27
3.政策性生活补贴	36.06	5.41	18.92	8.58
（1）家电补贴	0.77	-	-	-
（4）其他生活补贴	35.29	5.41	18.92	8.58
4.报销医疗费	105.67	111.64	198.20	149.11
5.家庭外出从业人员寄回带回收入	705.80	165.69	765.88	264.11
6.赡养收入	24.39	73.21	21.62	24.69
7.其他经常转移收入	20.00	43.69	2.58	-
（1）其他转移性收入	20.00	43.69	2.58	-
8.从政府和组织得到的实物产品和服务折价	11.50	25.76	30.30	-
（1）食品	3.16	0.29	26.53	-
①.谷物、薯类及豆类	0.13	-	-	-
②.食用油（植物油）	0.06	-	-	-
③肉、禽、蛋、奶及制品	1.81	-	16.47	-
④.糖、烟、酒、饮料类	0.01	0.12	-	-
⑤.其他类食品	1.14	0.16	10.06	-
（2）衣着	0.02	-	-	-
（3）居住	0.19	-	1.68	-
（4）家庭设备和日用品	2.96	25.39	-	-
（5）医疗保健用品	0.01	-	-	-
（6）其他用品	1.09	0.08	-	-
（7）其他服务折价（不含廉租房）	4.08	-	2.10	-
9.现金政策性惠农补贴	273.03	267.29	236.34	432.23
（二）转移性支出	145.39	103.59	184.47	138.57
1.个人所得税	3.88	-	-	0.50
2.社会保障支出	130.03	95.19	109.82	138.07
（1）个人缴纳的养老保险	57.11	44.47	53.21	55.42
（2）个人缴纳的医疗保险	69.98	50.72	55.94	82.66
（3）个人缴纳的失业保险	1.37	-	-	-
（4）其他社会保障支出	1.58	-	0.67	-
3.赡养支出	2.25	5.72	4.65	-
4.其他转移性支出	9.22	2.68	69.99	-
（1）经常性捐赠支出	0.09	-	0.38	-
（2）其他经常转移支出	9.13	2.68	69.62	-
实物可支配收入	1092.33	1614.66	774.49	724.21

人均可支配收入情况（二）

单位：元

华池县	合水县	正宁县	宁　县	镇原县
0.90	3.51	50.97	0.36	17.69
891.55	1215.12	1167.72	2235.76	1341.76
1036.72	1365.22	1360.37	2370.28	1478.31
17.66	44.19	141.33	412.85	325.17
-	-	56.97	336.86	225.95
-	8.57	-	-	1.27
10.84	32.39	84.35	45.18	93.96
6.82	3.23		30.81	3.98
221.36	171.54	85.88	18.50	117.90
172.79	77.65	62.90	18.50	53.24
-	1.91	10.72	-	11.10
7.86	56.90	-	-	-
4.58	6.26	-	-	-
-	-	-	-	1.38
36.13	28.82	12.26	-	52.18
21.30	25.37	11.96	28.99	111.22
-	-	7.20	-	-
21.30	25.37	4.76	28.99	111.22
107.25	80.66	133.80	62.78	53.91
-	694.99	837.35	1623.25	570.89
5.51	2.09	-	19.94	28.23
44.10	34.85	28.50	3.16	29.68
44.10	34.85	28.50	3.16	29.68
59.17	1.51	14.03	-	0.65
2.96	0.30	0.13	-	-
1.87	0.30	-	-	-
1.09	-	-	-	-
-	-	-	-	-
-	-	-	-	-
-	-	0.13	-	-
-	0.22	-	-	-
-	-	-	-	-
-	0.22	-	-	-
-	-	0.05	-	-
5.50	0.49	6.81	-	-
50.71	0.28	7.04	-	0.65
560.37	310.03	107.54	200.80	240.68
145.17	150.10	192.65	134.51	136.55
-	0.42	-	-	18.94
126.62	137.56	192.65	132.84	117.60
56.73	75.34	83.33	51.50	52.70
69.89	61.92	106.16	74.19	59.16
-	-	-	7.16	-
-	0.30	3.16	-	5.74
18.52	-	-	-	-
0.02	12.12	-	1.67	0.02
-	0.74	-	-	-
0.02	11.38	-	1.67	0.02
1200.06	437.64	903.43	1205.85	1432.32

2014年分县区农村住户人均

	全　市	西峰区	庆城县	环　县
人均总收入	8480.77	12293.40	7863.94	7784.99
一、工资性收入	2094.74	3340.54	2352.10	1661.28
（一）工资	1672.68	3287.41	1730.65	774.28
（二）实物福利	3.40	18.82		
（三）其他	418.66	34.31	621.45	887.00
二、经营性收入	4693.76	7455.43	3973.60	4469.78
（一）第一产业经营收入	4028.83	6984.41	3534.35	3269.59
1.第一产业经营收入（不含惠农补贴）	4028.83	6984.41	3534.35	3269.59
（1）农业	2861.17	3684.55	2800.96	1850.93
（2）林业	59.83	28.16	14.67	36.08
（3）牧业	1107.78	3271.40	718.72	1382.56
（4）渔业	0.06	0.29	-	0.02
（二）第二产业经营收入	221.63	-	222.04	727.22
1.采矿业	8.01	-	-	54.78
2.制造业	18.64	-	-	9.62
3.电力、热力、燃气及水生产和供应业	2.36	-	2.67	-
4.建筑业	192.62	-	219.37	662.82
（三）第三产业经营收入	443.29	471.02	217.21	472.98
1.批发和零售业	97.43	25.05	61.10	58.70
2.交通运输、仓储和邮政业	112.87	39.83	3.27	-
3.住宿和餐饮业	82.77	406.14	-	194.18
4.租赁和商务服务业	7.30	-	66.24	-
5.居民服务、修理和其他服务业	68.74	-	-	148.31
6.其他	17.56	-	21.39	71.79
7.农林牧渔服务业	56.63	-	65.21	
三、财产性收入	188.87	720.68	135.37	238.80
（一）利息收入	14.50	11.57	2.21	-
（二）红利收入	11.97	3.43	-	-
（三）储蓄性保险净收益	7.75	-	-	-
（四）转让承包土地经营权租金净收入	18.98	10.29	13.74	66.05
（五）出租房屋财产性净收入	41.41	-	113.73	172.50
（六）出租机械、专利、版权等资产的净收入	82.53	695.40	5.51	-
（七）其他财产净收入	11.72	-	0.17	0.25

总收入情况（未扣除生产费用）（一）

单位：元

华池县	合水县	正宁县	宁　县	镇原县
7248.86	8458.94	8377.47	7957.21	8040.99
2521.35	2343.50	1741.21	1643.32	1954.13
1882.36	500.95	1315.25	1643.32	1944.27
17.04	0.99	0.18	–	0.71
621.95	1841.57	425.78	–	9.16
3561.59	4649.73	5071.09	3900.27	4555.22
3143.95	4144.10	3799.70	3390.11	4092.04
3143.95	4144.10	3799.70	3390.11	4092.04
2314.39	3810.64	3186.63	2720.87	2931.82
41.51	186.82	267.36	5.81	20.49
788.05	146.63	345.71	663.43	1139.64
–	–	–	–	0.10
6.06	32.45	413.66	101.46	123.19
–	–	–	–	–
–	–	128.16	18.56	–
0.55	–	–	–	10.18
5.51	32.45	285.50	82.90	113.00
411.57	473.18	857.73	408.70	339.99
85.17	225.27	431.04	40.87	20.72
194.34	126.38	12.54	161.83	276.58
39.87	39.58	20.23	–	–
–	–	–	–	–
–	3.23	377.62	33.99	–
16.86	27.50	16.31	–	–
75.34	51.22	–	172.00	42.68
129.21	100.48	204.81	43.33	53.33
6.72	14.48	57.33	0.41	26.42
120.13	17.19	31.36		–
–	–	38.75	18.94	–
–	6.57	10.72	23.49	2.58
–	9.25	15.68	–	6.64
–	19.00	–	–	–
2.36	33.99	50.97	0.50	17.69

2014年分县区农村住户人均

	全　市	西峰区	庆城县	环　县
四、转移性收入	1503.40	776.75	1402.87	1415.14
（一）养老金或离退休金	201.81	57.87	34.48	193.08
（二）社会救济和补助	125.15	26.20	94.55	343.34
（三）政策性生活补贴	36.06	5.41	18.92	8.58
（四）家庭外出从业人员寄回带回收入	705.80	165.69	765.88	264.11
（五）赡养收入	24.39	73.21	21.62	24.69
（六）报销医疗费	105.67	111.64	198.20	149.11
（七）从政府和组织得到的实物产品和服务折价	11.50	25.76	30.30	-
（八）现金政策性惠农补贴	273.03	267.29	236.34	432.23
（九）其他转移性收入	20.00	43.69	2.58	-
五、非收入所得	654.46	1158.04	1717.30	1278.15
（一）出售资产所得	208.89	147.84	515.66	857.77
1.出售生产性固定资产所得	0.34	2.94	-	-
2.拆迁征地补偿所得	203.38	114.31	512.42	852.69
3.出售其他财物和收回其他投资本金所得	5.17	30.59	3.25	5.09
（二）非经常性转移所得	437.04	1010.20	1201.63	378.83
1.博彩所得	0.35	1.47	0.33	-
2.婚丧嫁娶礼金所得	146.54	568.83	274.89	144.18
3.遗产及一次性馈赠所得	39.29	246.71	8.45	13.87
4.一次性赔偿所得	60.36	-	510.90	26.45
5.提取住房公积金	-	-	-	-
6.调查补贴	168.12	193.19	346.95	183.72
7.其他非经常性转移所得	22.39	-	60.10	10.61
（三）其他非收入所得	8.54	-	-	41.55
六、借贷性所得	1487.20	3111.76	1089.64	2153.12
（一）提取储蓄存款	254.68	869.93	203.64	9.99
（二）借入款	705.36	897.58	608.61	1292.93
（三）收回借出款	193.17	240.97	243.04	256.43
（四）住房贷款	0.80	-	-	-
（五）教育贷款	4.97	-	-	13.49
（六）其他贷款	295.10	1103.28	34.35	532.93
（七）其他借贷所得	33.13	-	-	47.35

总收入情况（未扣除生产费用）（二）

单位：元

华池县	合水县	正宁县	宁　县	镇原县
1036.72	1365.22	1360.37	2370.28	1478.31
17.66	44.19	141.33	412.85	325.17
221.36	171.54	85.88	18.50	117.90
21.30	25.37	11.96	28.99	111.22
-	694.99	837.35	1623.25	570.89
5.51	2.09	-	19.94	28.23
107.25	80.66	133.80	62.78	53.91
59.17	1.51	14.03	-	0.65
560.37	310.03	107.54	200.80	240.68
44.10	34.85	28.50	3.16	29.68
883.28	172.30	35.48	244.06	151.01
149.81	0.85	1.07	-	3.42
-	-	-	-	-
144.30	0.85	-	-	2.95
5.51	-	1.07	-	0.47
733.47	169.77	34.40	244.06	135.86
-		0.18	0.63	-
284.42	59.98	22.16	31.79	-
7.69	23.03	1.36	28.79	-
2.35	1.10	-	-	-
-	-	-	-	-
249.21	85.66	10.71	173.79	128.54
189.80	-	-	9.06	7.32
-	1.68	-	-	11.74
1067.79	1633.33	1169.40	504.63	1455.25
215.35	966.30	94.08	128.99	65.03
326.42	525.58	239.45	313.03	1016.71
183.12	68.10	243.07	62.61	237.96
-	-	7.45	-	-
14.65	-	20.10	-	-
296.18	73.34	400.62	-	101.72
32.07	-	164.62	-	33.83

2014年分县区农村

	全　市	西峰区	庆城县	环　县
人均总支出	10747.02	21185.37	12762.15	9250.92
一、消费支出	6371.13	9372.94	7617.71	5475.33
（一）食品烟酒	2206.79	3200.58	2628.92	2161.15
1.食品	1596.38	1988.28	1990.97	1592.84
（1）谷物	422.86	450.24	454.68	406.94
（2）薯类	82.57	112.71	149.01	89.83
（3）豆类	22.27	35.53	27.32	13.92
（4）食用油	111.42	88.92	264.35	121.33
（5）蔬菜和食用菌	126.32	185.22	146.38	97.13
（6）肉类	305.92	474.73	250.18	418.07
（7）禽类	48.28	63.26	54.56	63.28
（8）水产品	20.04	30.04	75.74	10.15
（9）蛋类	47.00	57.05	41.27	53.86
（10）奶类	69.53	70.25	70.87	62.37
（11）干鲜瓜果类	184.14	264.33	319.63	155.60
（12）糖果糕点类	35.14	64.76	37.15	29.14
（13）其他食品	120.91	91.24	99.83	71.24
2.烟酒	328.55	452.84	442.31	444.31
（1）烟草	211.98	315.90	237.72	254.85
（2）酒类	116.57	136.95	204.59	189.45
3.饮料	48.02	47.68	58.19	51.24
4.饮食服务	233.84	711.78	137.45	72.76
（1）食堂用餐	22.36	125.39	9.76	0.62
（2）其他在外饮食	187.32	539.46	97.03	47.89
（3）食品加工服务费	24.16	46.93	30.66	24.25
（二）衣着	450.60	826.18	430.04	333.52
1.衣类	336.89	653.70	307.53	238.18
2.鞋类	113.72	172.48	122.51	95.34
（三）居住	1177.46	1639.18	1347.22	1105.53
1.租赁房房租	22.85	-	13.25	128.19
2.住房维修及管理	237.50	133.34	524.69	360.65
3.水电燃料及其他	310.60	285.81	287.91	335.99
4.自有住房折算租金	606.51	1220.02	521.36	280.70
（四）生活用品及服务	387.16	617.24	339.42	264.07
1.家具及室内装饰品	58.97	83.08	47.67	5.25
2.家用器具	89.68	134.32	71.86	38.53
3.家用纺织品	56.04	66.72	51.16	51.45
4.家庭日用杂品	133.08	235.56	100.61	117.59
5.个人用品	44.54	93.32	63.63	47.47
6.家庭服务	4.86	4.24	4.50	3.79

住户人均总支出情况（一）

单位：元

华池县	合水县	正宁县	宁　县	镇原县
7871.54	10092.82	6976.85	8609.30	9809.99
4773.88	5856.44	4853.75	5997.95	6417.56
1866.29	1875.84	1657.99	1929.56	2208.40
1434.49	1546.74	1251.79	1258.73	1726.26
537.07	458.83	377.76	165.80	624.76
114.49	100.86	43.18	33.02	75.67
11.82	22.60	32.48	21.18	16.39
58.69	102.20	94.55	80.02	90.56
94.79	124.78	99.87	139.16	114.08
269.53	315.98	170.25	175.05	361.28
57.35	37.12	28.97	36.27	48.35
12.69	13.27	8.87	12.02	8.99
40.03	34.37	52.11	38.67	51.11
24.58	58.69	121.45	86.02	47.10
105.78	135.10	113.97	198.28	148.36
25.14	19.62	37.59	51.92	12.42
82.53	123.33	70.75	221.31	127.20
344.60	237.89	258.22	258.77	241.45
201.07	147.61	172.17	183.08	181.52
143.53	90.27	86.05	75.69	59.93
39.27	31.33	75.13	48.65	33.71
47.92	59.87	72.85	363.42	206.97
7.56	12.27	36.25	0.07	7.32
26.66	32.22	31.59	345.98	169.40
13.69	15.38	5.01	17.37	30.25
379.73	405.88	401.80	550.86	296.85
292.06	291.41	296.68	412.62	220.16
87.67	114.47	105.12	138.23	76.69
727.08	1402.24	888.63	1004.47	1238.18
-	26.74	-	-	3.60
269.81	143.54	25.40	143.83	276.99
231.55	419.15	385.14	314.10	259.35
225.72	812.80	478.08	546.55	698.24
210.25	416.95	343.76	414.11	408.25
27.11	60.48	33.35	82.51	90.45
54.92	133.30	94.17	90.15	102.56
28.29	35.66	42.63	72.38	62.88
73.89	124.63	136.39	122.92	131.09
24.33	47.28	35.04	42.47	15.49
1.70	15.60	2.19	3.69	5.79

2014年分县区农村

	全　市	西峰区	庆城县	环　县
（五）交通通信	772.77	1224.13	1141.66	703.77
1.交通	466.72	738.54	750.39	393.56
（1）交通工具	101.43	141.22	282.94	2.43
（2）交通费	104.70	169.21	117.16	64.25
（3）交通工具用燃料	188.25	294.75	274.53	263.58
（4）交通工具使用及维修	72.33	133.35	75.77	63.30
其中：车辆保险支出	3.00	9.21	4.11	-
2.通信	306.05	485.59	391.27	310.21
（1）通信工具	67.72	146.62	76.51	60.59
（2）通信服务	238.33	338.97	314.77	249.62
（六）教育文化娱乐	606.63	783.06	480.75	585.12
1.教育	463.07	547.26	410.87	484.68
（1）学前教育	29.08	68.09	50.25	8.97
（2）小学教育	16.06	0.78	34.48	19.43
（3）初中教育	41.83	24.17	60.39	46.24
（4）高中教育	133.31	61.26	104.27	172.07
（5）中专职高教育	22.58	11.25	43.05	28.76
（6）大专及以上教育	190.29	344.46	57.93	173.43
（7）成人教育	29.92	37.25	60.49	35.78
2.文化娱乐	143.56	235.80	69.88	100.44
（1）文娱耐用消费品	88.30	111.22	41.18	55.15
（2）其他文娱用品	44.69	90.79	26.63	19.71
（3）文化娱乐服务	10.57	33.79	2.08	25.57
（七）医疗保健	657.10	883.37	1141.63	284.98
1.医疗器具及药品	299.86	393.52	365.31	127.33
2.医疗服务	357.24	489.86	776.32	157.65
（1）门诊总费用	152.02	317.74	165.53	46.51
（2）住院总费用	205.22	172.11	610.79	111.14
（八）其他用品和服务	112.63	199.20	108.07	37.19
1.其他用品	72.10	129.07	83.16	26.13
2.其他服务	40.53	70.12	24.90	11.05
二、生产经营费用支出	1845.62	4776.50	1386.71	1472.68
（一）第一产业经营费用支出	1724.05	4578.94	1268.50	1427.86
1.农业	1100.04	2507.85	825.93	877.40
2.林业	71.14	40.00	10.43	11.49
3.牧业	552.09	2030.89	432.14	538.76
4.渔业	0.78	0.20	-	0.21
（二）第二产业经营费用支出	35.18	8.02	67.57	7.33
1.采矿业	0.16	-	-	0.90
2.制造业	2.03	6.38	-	2.85
3.电力、热力、燃气及水生产和供应业	3.09	-	2.67	-
4.建筑业	29.89	1.63	64.90	3.58

住户人均总支出情况（二）

单位：元

华池县	合水县	正宁县	宁　县	镇原县
674.94	789.29	595.41	661.70	581.54
442.27	432.31	280.70	419.33	370.53
99.96	181.10	115.35	46.80	67.12
79.28	92.95	79.77	93.91	125.32
183.89	123.87	31.42	204.93	116.23
79.14	34.38	54.16	73.69	61.85
4.75	-	-	-	6.04
232.67	356.98	314.71	242.37	211.02
37.78	96.11	70.03	32.50	53.22
194.89	260.87	244.68	209.87	157.80
370.64	352.18	461.30	664.64	772.49
283.23	250.22	355.18	440.49	635.87
2.07	16.52	28.15	36.15	15.63
18.68	19.33	12.48	15.26	13.02
25.59	34.04	21.47	32.00	66.45
55.72	95.97	54.43	177.45	198.83
-	61.24	47.28	8.29	6.37
61.90	23.11	191.36	145.81	326.01
119.28	-	-	25.53	9.55
87.41	101.96	106.12	224.15	136.62
21.58	83.74	63.19	151.93	98.91
56.33	17.39	36.84	71.10	31.64
9.50	0.84	6.10	1.12	6.07
425.68	528.30	400.21	651.77	787.46
211.59	235.48	258.75	363.15	346.21
214.09	292.82	141.46	288.62	441.26
30.11	86.69	66.90	216.76	168.42
183.99	206.13	74.56	71.86	272.84
119.27	85.77	104.64	120.83	124.37
103.17	38.38	64.73	86.50	59.95
16.09	47.39	39.92	34.33	64.42
778.34	1965.31	1090.11	1555.90	1619.95
736.81	1699.31	1009.59	1418.79	1506.36
532.90	1388.89	774.39	990.83	936.65
13.65	183.19	177.14	147.30	13.01
190.14	127.22	51.59	280.65	556.55
0.12	-	6.47	-	0.15
1.29	21.79	33.53	64.43	41.05
-	-	0.29	-	-
-	-	8.18	-	-
0.18	-	-	-	13.96
1.10	21.79	25.05	64.43	27.10

2014年分县区农村

	全 市	西峰区	庆城县	环 县
（三）第三产业经营费用支出	86.39	189.55	50.64	37.49
1.批发和零售业	10.79	3.63	-	-
2.交通运输、仓储和邮政业	18.60	12.66	10.68	-
3.住宿和餐饮业	12.67	108.72	-	-
4.租赁和商务服务业	3.23	-	-	22.02
5.居民服务、修理和其他服务业	7.60	-	-	8.07
6.其他	6.89	-	33.44	1.49
7.农林牧渔服务业	26.61	64.55	6.52	5.91
三、财产性支出	23.48	47.40	3.56	62.27
（一）生活贷款利息支出	21.05	47.40	3.54	61.45
1.住房贷款利息支出	0.31		-	-
2.其他生活贷款利息支出	20.74	47.40	3.54	61.45
（二）其他财产性支出	2.44	-	0.03	0.83
1.非储蓄性财产保险支出	0.12	-	0.03	0.06
2.其他财产性支出	2.32	-	-	0.77
四、转移性支出	145.39	103.59	184.47	138.57
（一）个人所得税	3.88		-	0.50
（二）社会保障支出	130.03	95.19	109.82	138.07
1.个人缴纳的养老保险	57.11	44.47	53.21	55.42
2.个人缴纳的医疗保险	69.98	50.72	55.94	82.66
3.个人缴纳的失业保险	1.37	-	-	-
4.其他社会保障支出	1.58	-	0.67	-
（三）赡养支出	2.25	5.72	4.65	-
（四）其他转移性支出	9.22	2.68	69.99	-
五、部分商业保险支出	24.80	7.16	39.08	0.38
（一）意外伤害保险	1.10	7.16	0.87	-
（二）商业医疗保险（含大病保险）	4.34	-	36.18	-
（三）其他非储蓄性商业保险	4.52	-	2.03	0.38
（四）其他储蓄性商业保险	14.84	-	-	-
六、购置资产及非经常性转移支出	1726.53	4707.03	3056.32	1715.32
（一）购置资产支出	914.46	2535.18	2382.27	1009.50
1.建造住房支出	553.95	2222.91	358.07	768.23
（1）建造住房材料	432.05	1720.93	340.49	551.74
（2）建造住房雇工	121.89	501.97	17.58	216.50
2.购买住房支出	203.36		1845.96	0.25
3.购建第一产业生产性固定资产	144.42	312.27	178.24	230.98
（1）购买或建造农业生产性用房	20.13	-	22.92	1.70
①购买用房建筑材料	8.26	-	22.92	-
②建筑农业生产用房雇工	1.60	-	-	-
③购买农业生产用房	0.04	-	-	-
④其他	10.24	-	-	1.70

住户人均总支出情况(三)

单位：元

华池县	合水县	正宁县	宁　县	镇原县
40.24	244.21	46.99	72.68	72.53
4.68	136.31	2.29	-	-
21.43	59.18	-	6.65	45.89
1.23	-	0.05	-	-
0.15	-	-	-	-
-	-	10.59	-	26.48
3.37	-	-	14.62	-
9.37	48.72	34.06	51.41	0.16
3.10	41.08	7.90	6.30	16.53
1.64	10.59	7.90	6.16	16.53
-	4.28	-	-	-
1.64	6.31	7.90	6.16	16.53
1.46	30.49	-	0.14	-
1.46	-	-	0.14	-
-	30.49	-	-	-
145.17	150.10	192.65	134.51	136.55
-	0.42	-	-	18.94
126.62	137.56	192.65	132.84	117.60
56.73	75.34	83.33	51.50	52.70
69.89	61.92	106.16	74.19	59.16
-	-	-	7.16	-
-	0.30	3.16	-	5.74
18.52	-	-	-	-
0.02	12.12	-	1.67	0.02
2.91	11.07	3.39	62.50	31.74
0.71	0.43	-	-	0.50
2.20	-	-	1.17	-
-	-	-	22.22	-
-	10.65	3.39	39.11	31.24
921.41	1798.57	602.87	504.21	1250.33
300.11	801.49	74.21	149.57	495.57
214.72	709.71	15.82	124.98	277.31
137.66	684.03	13.34	87.14	195.50
77.06	25.68	2.48	37.84	81.82
-	-	-	-	-
66.18	79.67	47.71	17.99	183.88
22.57	21.81	28.85	-	57.05
22.57	20.45	27.59	-	-
-	-	-	-	8.02
-	0.51	-	-	-
-	0.85	1.25	-	49.03

2014年分县区农村

	全　市	西峰区	庆城县	环　县
（2）购买役畜	29.34	-	126.78	67.89
（3）购买产品畜	1.99	17.15	-	-
（4）购买或建造农业设施	2.03	-	-	-
①自备井	1.27	-	-	-
②喷灌设施	0.39	-	-	-
③其他农业设施	0.37	-	-	-
（5）购买农业机械	90.94	295.12	28.53	161.39
①大中型农用拖拉机	19.83	73.52	-	42.16
②小型（手扶）农用拖拉机	10.13	-	15.10	-
③农用排灌动力机械	0.68	-	6.18	-
④收割机	0.83	-	4.04	-
⑤脱粒机	3.98	-	-	13.63
⑥其他农业机械	55.49	221.61	3.21	105.60
4.购建第二产业生产性固定资产支出	6.03	-	-	-
（1）建筑业	6.03	-	-	-
5.购建第三产业生产性固定资产支出	5.94	-	-	10.03
（1）批发和零售业	0.82	-	-	-
（2）交通运输、仓储和邮政业	0.65	-	-	-
（4）租赁和商务服务业	0.43	-	-	0.14
（5）居民服务、修理和其他服务业	2.59	-	-	-
（6）其他	1.45	-	-	9.89
6.购建其他资产支出	0.76	-	-	-
（二）非经常性转移支出	812.07	2171.85	674.05	705.82
1.博彩支出	1.60	7.57	-	0.92
2.婚丧嫁娶礼金支出	678.11	1594.59	603.89	629.35
3.一次性赔偿支出	0.29	-	-	1.48
4.一次性馈赠支出	100.84	339.06	70.16	70.80
5.其他非经常性转移支出	31.24	230.63	-	3.27
七、借贷性支出	610.07	2170.74	474.30	386.37
（一）存入储蓄款	242.88	1429.10	224.02	-
（二）借出款	19.83	22.06	2.41	74.01
（三）归还借款	218.18	-	245.39	200.83
（四）归还住房贷款	1.48	6.32	-	-
（五）归还教育贷款	4.92	42.48	-	-
（六）归还其他贷款	119.59	670.79	-	108.51
（七）其他借贷支出	3.20	-	2.47	3.01

住户人均总支出情况(四)

单位：元

华池县	合水县	正宁县	宁　县	镇原县
14.11	-	-	-	23.17
-	-	-	-	-
6.41	-	15.51	-	-
-	-	11.89	-	-
-	-	3.62	-	-
6.41	-	-	-	-
23.09	57.87	3.35	17.99	103.66
-	-	-	-	25.79
-	23.38	-	-	33.94
-	-	-	-	-
6.60	-	-	-	-
9.47	8.00	3.35	-	2.53
7.02	26.49	-	17.99	41.40
-	-	-	-	30.17
-	-	-	-	30.17
6.19	12.11	10.68	6.61	4.20
-	11.38	-	-	-
-	-	-	-	3.25
6.19	0.73	-	-	-
-	-	10.68	6.61	0.96
-	-	-	-	-
13.02	-	-	-	-
621.30	997.08	528.66	354.63	754.76
2.15	-	3.90	0.06	0.18
494.85	966.67	505.83	252.17	671.40
0.70	-	-	0.16	-
118.88	30.41	18.92	102.25	64.29
4.72	-	-	-	18.89
1246.74	270.24	226.18	347.93	337.33
459.52	143.57	74.57	-	38.25
68.60	7.23	15.71	-	-
331.50	119.44	135.90	316.38	295.31
-	-	-	-	3.77
-	-	-	-	-
345.84	-	-	31.08	-
41.27	-	-	0.47	-

2014年分县区农村

	单位	全 市	西峰区	庆城县	环 县
全部住户耐用消费品拥有情况	--				
1. 家用汽车	辆	52	12	10	11
2. 摩托车	辆	477	31	68	74
3. 助力车	台	127	18	3	10
4. 洗衣机	台	438	29	64	67
5. 电冰箱（柜）	台	230	18	26	41
6. 微波炉	台	42	13	3	4
7. 彩色电视机	台	616	43	84	83
8. 空调	台	3	1	1	–
9. 热水器	台	101	10	19	8
10. 其中：太阳能热水器	台	77	10	13	6
11. 排油烟机	台	32	12	3	4
12. 固定电话	线	197	13	14	33
13. 移动电话	部	1257	81	184	209
14. 其中：接入互联网	部	245	24	5	–
15. 计算机	台	56	12	2	4
16. 其中：接入互联网	台	24	9	–	2
17. 摄像机	台	2	–	–	1
18. 照相机	台	9	1	–	3
19. 高档乐器	架	2	–	–	1
20. 健身器材	台	5	–	–	1
21. 组合音响	套	21	3	1	9

住户耐用消费品拥有情况

华池县	合水县	正宁县	宁　县	镇原县
6	4	–	5	4
71	65	52	57	59
7	32	17	21	19
55	59	58	49	57
12	36	21	32	44
1	9	9	3	–
74	83	84	85	80
–	–	–	–	1
17	19	6	18	4
13	9	5	17	4
6	2	4	–	1
24	28	48	19	18
179	162	148	178	116
169	7	–	40	–
3	8	11	12	4
1	2	8	2	–
–	–	–	–	1
–	1	1	2	1
–	–	–	1	–
3	–	–	–	1
2	4	–	1	1

2014年分县区城镇居民

	单位	全　市	西峰区	庆城县	环　县
调查户基本情况	--				
一、调查样本住户数	户	314	45	40	40
（一）城镇住户	户	314	45	40	40
（二）居委会住户	户	239	30	30	30
（三）村委会住户	户	75	15	10	10
（四）城镇居委会住户	户	239	30	30	30
（五）城镇村委会住户或农村住户	户	75	15	10	10
二、住户类型	户	314	45	40	40
（一）家庭居住户	户	314	45	40	40
（二）国家点住户	户	314	45	40	40
（三）记账住户	户	314	45	40	40
三、户主文化程度	户	1218	161	136	138
（一）未上过学	户	5	2	1	-
（二）小学	户	43	7	10	7
（三）初中	户	88	17	8	19
（四）高中	户	72	6	17	7
（五）大学专科	户	63	9	1	3
（六）大学本科	户	41	3	3	4
（七）研究生	户	2	1	-	-
四、住户经营情况	户	314	45	40	40
（一）生产经营户	户	178	6	14	32
#农业生产经营户	户	52		10	13
#非农生产经营户	户	130	6	4	19
#兼营户	户	4	-	-	-
（二）非生产经营户	户	136	39	26	8

数据来源：国家统计局庆阳调查队。

调查户基本情况（一）

华池县	合水县	正宁县	宁　县	镇原县
40	42	30	37	40
40	42	30	37	40
30	32	30	27	30
10	10	-	10	10
30	32	30	27	30
10	10	-	10	10
40	42	30	37	40
40	42	30	37	40
40	42	30	37	40
40	42	30	37	40
174	158	152	137	162
1	1	-	-	-
2	6	-	6	5
7	10	2	13	12
10	13	5	7	7
12	9	13	8	8
8	3	9	3	8
-	-	1	-	-
40	42	30	37	40
23	40	3	23	37
7	11	-	11	-
16	30	3	15	37
-	1	-	3	-
17	2	27	14	3

2014年分县区城镇居民

	单位	全 市	西峰区	庆城县	环 县
五、按家庭规模分的住户类型	户	314	45	40	40
（一）一人户	户	20	3		7
（二）二人户	户	53	16	6	7
（三）三人户	户	111	12	19	16
（四）四人户	户	77	8	9	4
（五）五人户	户	35	4	4	4
（六）六人及以上户	户	18	2	2	2
六、按世代分的住户类型	户	314	45	40	40
（一）一代户	户	57	14	4	13
（二）二代户	户	202	26	32	20
（三）三代户	户	53	5	4	7
（四）四代及以上户	户	2	–	–	–
七、住户特征	户	183	32	22	20
（一）纯老人户	户	12	4	1	3
（二）家中有未成年子女户	户	143	21	20	12
（三）年轻夫妻无子女户	户	15	2		2
（四）无劳动力户	户	13	5	1	3
八、人口有变动的户数	户	4	1	1	1
（一）人口有增加的户数	户	2	–	1	0
（二）人口有减少的户数	户	2	1	0	1
九、住户与住宅关系	户	314	45	40	40
（一）本宅所有者	户	276	28	34	40
（二）承租户	户	33	16	6	–
（三）借住本宅者	户	4	1	–	–
（四）其他	户	1	–	–	–
十、轮转组编码	户	474	69	60	61
（一）第一组	户	154	21	20	19
（二）第二组	户	160	24	20	21
十一、城乡分类	--	37474	4995	4740	4840
111:主城区	户	55	45	10	–
121:镇中心区	户	229	–	30	40
122:镇乡结合区	户	30	–	–	–
十二、乡码分类	--	314	45	40	40
1.城区住户	--	45	45	–	–
2.建制镇户	--	269	–	40	40
十三、住宅分类	--	320	51	40	40
1.普通住宅户	--	311	42	40	40
# 涉农住户	--	131	18	20	15
2.其他住宅户	--	3	3	–	–
十四、城镇住户老范围	--	–	–	–	–
1.城镇老范围1	--	239	30	30	30
十五、调查小区样本类型	--	389	60	50	50

调查户基本情况（二）

华池县	合水县	正宁县	宁　县	镇原县
40	42	30	37	40
3	3	3		1
8	4	3	1	8
16	13	16	11	8
7	14	6	16	13
4	5	2	6	6
2	3	–	3	4
40	42	30	37	40
9	–	4	4	9
21	32	21	29	21
10	9	4	4	10
–	1	1	–	–
19	23	23	17	27
2		1	1	–
13	22	21	14	20
4	–	–	–	7
–	1	1	2	–
0	–	–	–	2
–	–	–	–	1
0	–	–	–	0
40	42	30	37	40
38	39	29	36	32
1	2	1	1	6
1	–	–	–	2
–	1	–	–	–
60	63	45	56	60
20	21	15	18	20
20	21	15	19	20
4840	5102	3630	4477	4850
–	–	–	–	–
40	22	30	37	30
–	20	–	–	10
40	42	30	37	40
–	–	–	–	–
40	42	30	37	40
40	42	30	37	40
40	42	30	37	40
15	22	4	20	17
–	–	–	–	–
–	–	–	–	–
30	32	30	27	30
50	52	30	47	50

2014年分县区城镇居民人均

	全 市	西峰区	庆城县	环 县
人均可支配收入	21365.95	21607.55	21399.77	20470.51
一、工资性收入	15079.11	15363.53	15956.32	11629.75
（一）工资	14049.76	15191.19	14794.54	7720.91
（二）其他工资性收入	989.09	169.35	842.43	3892.81
（三）从单位得到的实物收入和服务	40.27	2.99	319.34	16.04
二、经营净收入	2448.26	1391.12	3001.01	5529.11
（一）第一产业经营净收入	89.70	-8.43	167.11	668.85
1.农业	62.14	-9.74	44.27	378.06
2.林业	-39.03	-	-15.55	-23.51
3.牧业	66.07	-	138.40	314.29
4.渔业	-0.05	-	-	-
（二）第二产业经营净收入	144.12	-	-	226.32
（三）第三产业经营净收入	2214.43	1399.55	2833.89	4633.94
三、财产净收入（成本法）	1890.97	2700.82	907.40	695.29
财产净收入（月租金法）	3899.68	4618.17	2839.80	3287.87
（一）利息净收入	18.87	63.89	1.11	1.82
（二）红利收入	260.47	579.13	-	-
（三）储蓄性保险净收益	0.02	-	-	-
（四）转让承包土地经营权租金净收入	1.05	-	-	-
（五）出租房屋财产性收入	768.77	840.33	243.19	45.56
（六）出租机械、专利、版权等收入	0.16	-	-	-
（七）其他财产净收入	14.81	0.72	-	-
（八）房屋虚拟租金	826.81	1216.76	663.10	647.91
四、转移净收入	1947.60	2152.07	1535.05	2616.37
（一）转移性收入	2434.15	2587.98	2454.46	2803.33
1.养老金或离退休金	1529.30	2252.68	638.63	1790.97
2.社会救济和补助	75.37	50.32	2.80	363.36
3.政策性生活补贴（只含生活补贴）	53.67	-	0.09	13.12
4.家庭外出从业人员寄回带回收入	466.60	-	1628.12	82.58
5.赡养收入	77.94	111.85	-	23.41
6.其他经常转移收入	37.53	6.54	-	150.22
7.报销医疗费	154.31	133.25	157.61	325.02
8.从政府得到的实物产品和服务	15.58	33.34	5.88	-
9.现金政策性惠农补贴	23.85	-	21.32	54.65
（二）转移性支出	486.54	435.91	919.41	186.97
1.个人所得税	7.16	11.19	8.42	-
2.个人缴纳的社会保障支出	421.52	385.80	850.56	174.75
3.赡养支出	17.87	19.45	34.36	-
4.其他转移性支出	39.99	19.47	26.08	12.22

可支配收入情况（不含自产自用）

单位：元

华池县	合水县	正宁县	宁　县	镇原县
21341.28	21340.50	20832.24	21752.54	20800.71
17571.14	14677.55	16601.91	15339.61	13984.43
16307.77	8407.43	15398.68	14865.52	13913.39
1263.08	6270.12	1202.93	472.92	58.33
0.30	-	0.29	1.17	12.71
2503.31	4043.13	2646.07	3926.23	1508.37
196.54	385.86	-	-75.24	-14.80
193.49	320.96	-	39.23	-6.91
-14.36	42.09	-	-315.56	-7.88
17.41	22.81	-	201.54	-
-	-	-	-0.46	-
-	216.63	-	749.37	247.31
2306.78	3440.64	2646.07	3252.11	1275.86
292.21	583.18	1274.68	643.61	3302.19
2884.49	1336.13	3355.91	2422.87	5893.78
156.51	2.05	8.06	-142.58	-13.64
57.23	-	-	-	8.25
0.45	-	-	-	-
-	19.03	-	-	-
-	18.56	-	278.69	2909.75
-	2.94	-	-	-
5.91	60.47	397.96	-21.63	12.57
72.11	480.14	868.65	529.13	385.26
974.62	2036.64	309.59	1843.09	2005.72
1819.46	2370.91	1265.21	2437.03	2158.85
1509.95	1340.28	859.69	844.97	378.72
40.45	332.79	-	-	27.55
50.67	10.61	1.95	3.92	428.93
-	170.11	-	1193.54	1140.46
-	4.40	-	200.46	28.97
15.01	209.83	117.70	57.29	1.27
79.56	192.34	285.86	93.83	152.94
-	2.59	-	-	-
123.82	107.96	-	43.03	-
844.84	334.27	955.61	593.95	153.14
24.60	-	-	-	0.19
680.66	281.30	535.64	564.53	91.54
59.65	43.46	-	-	-
79.93	9.50	419.97	29.42	61.41

2014年分县区城镇居民

	全　市	西峰区	庆城县	环　县
人均现金可支配收入	20328.97	20221.21	20253.84	19481.55
一、现金工资性收入	15038.85	15360.55	15636.97	11613.71
（一）工资	14049.76	15191.19	14794.54	7720.91
1.按月发放的工资	11269.52	12811.69	12652.85	6641.28
2.补发工资	58.34	-	-	15.19
3.不按月发放的奖金、津贴、过节费等	2721.90	2379.50	2141.70	1064.44
（二）其他工资性收入	989.09	169.35	842.43	3892.81
1.住房公积金	295.14	169.35	347.35	383.25
2.辞退金	1.15	-	-	14.35
3.自由职业劳动所得（如稿费、翻译费）	3.71	-	-	-
4.安家费	2.46	-	21.78	-
5.其他劳动所得	686.62	-	473.30	3495.20
二、现金经营净收入	2448.26	1391.12	3001.01	5529.11
（一）第一产业现金经营净收入	89.70	-8.43	167.11	668.85
1.农业	62.72	-8.43	44.27	378.06
2.林业	-39.03	-	-15.55	-23.51
3.牧业	66.07	-	138.40	314.29
4.渔业	-0.05	-	-	-
（二）第二产业现金经营净收入	144.12	-	-	226.32
1.采矿业	4.33	-	-	53.81
2.制造业	9.83	-	-	122.28
3.电力、热力、燃气及水生产和供应业	65.66	-	-	-
4.建筑业	64.31	-	-	50.23
（三）第三产业现金经营净收入	2214.43	1399.55	2833.89	4633.94
1.批发和零售业	1217.10	811.36	2014.14	1250.70
2.交通运输、仓储和邮政业	464.28	323.81	113.99	673.99
3.住宿和餐饮业	344.26	264.37	450.37	969.09
4.房地产业	0.59	-	-	-
5.居民服务、修理和其他服务业	182.84	-	255.39	1740.16
6.其他行业	5.37	-	-	-
7.农林牧渔服务业	8.27	-	-0.18	-0.30
三、现金财产净收入	1064.15	1484.06	244.30	47.38
（一）利息净收入	18.87	63.89	1.11	1.82
（二）红利收入	260.47	579.13	-	-
1.集体分配的红利	258.71	579.13	-	-
2.其他红利收入	1.75	-	-	-

人均现金可支配收入情况（一）

单位：元

华池县	合水县	正宁县	宁　县	镇原县
21189.32	20665.44	19677.44	21128.40	20249.80
17570.85	14677.55	16601.62	15338.43	13971.72
16307.77	8407.43	15398.68	14865.52	13913.39
15050.16	6089.36	15398.68	7945.65	10281.11
43.08	975.09	-	-	9.64
1214.53	1342.97	-	6919.87	3622.65
1263.08	6270.12	1202.93	472.92	58.33
823.09	226.63	1202.93	472.92	57.01
-	-	-	-	-
-	67.23	-	-	-
-	-	-	-	-
439.99	5976.26	-	-	1.32
2503.31	4043.13	2646.07	3926.23	1508.37
196.54	385.86	-	-75.24	-14.80
193.49	320.96	-	39.23	-6.91
-14.36	42.09	-	-315.56	-7.88
17.41	22.81	-	201.54	-
-	-	-	-0.46	-
-	216.63	-	749.37	247.31
-	-	-	-	-
-	-	-	-	-
-	-	-	580.53	-6.51
-	216.63	-	168.84	253.82
2306.78	3440.64	2646.07	3252.11	1275.86
1847.73	3021.97	2014.97	980.58	844.89
415.25	230.74	414.75	1648.54	188.98
-	-	216.35	656.58	149.28
-	-	-	-	5.16
-14.36	118.99	-	-16.85	82.93
58.16	68.94		-16.73	4.63
7.98	3.34	-	67.59	-
220.10	103.04	406.03	114.48	2916.93
156.51	2.05	8.06	-142.58	-13.64
57.23	-	-	-	8.25
40.95	-	-	-	-
16.28	-	-	-	8.25

2014年分县区城镇居民

	全市	西峰区	庆城县	环县
（三）储蓄性保险净收益	0.02	-	-	-
（四）转让承包土地经营权租金净收入	1.05	-	-	-
（五）出租房屋财产性收入	768.77	840.33	243.19	45.56
（六）出租机械、专利、版权等收入	0.16	-	-	-
（七）其他财产净收入	14.81	0.72	-	-
四、现金转移净收入	1777.71	1985.48	1371.56	2291.35
（一）现金转移性收入	2264.26	2421.40	2290.97	2478.32
1.养老金或离退休金	1529.30	2252.68	638.63	1790.97
（1）离退休金	1509.80	2249.02	632.38	1674.86
（2）（城镇）居民社会养老保险	14.85	-	-	98.62
（3）新型农村养老保险	4.42	3.66	6.26	17.49
（4）其他养老金	0.22	-	-	-
2.社会救济和补助	75.37	50.32	2.80	363.36
（1）最低生活保障费	55.36	15.05	2.80	346.62
（2）五保户救助金	0.05	-	-	-
（3）扶贫款	0.16	-	-	-
（4）救灾款	0.84	-	-	-
（5）抚恤金	0.97	-	-	-
（6）其他社会救济收入	17.99	35.27	-	16.74
3.政策性生活补贴（只含政策生活补贴）	53.67	-	0.09	13.12
4.家庭外出从业人员寄回带回收入	466.60	-	1628.12	82.58
5.赡养收入	77.94	111.85	-	23.41
6.其他经常转移收入	37.53	6.54	-	150.22
（1）失业保险金	-	-	-	-
（2）经常性捐赠收入	5.21	6.54	-	-
（3）经常性赔偿收入	1.21	-	-	-
（4）其他转移性收入	31.11	-	-	150.22
7.现金政策性惠农补贴	23.85	-	21.32	54.65
（二）现金转移性支出	486.54	435.91	919.41	186.97
1.个人所得税	7.16	11.19	8.42	-
2.个人缴纳的社会保障支出	421.52	385.80	850.56	174.75
（1）个人缴纳的养老保险	196.87	147.27	521.87	106.14
（2）个人缴纳的医疗保险	180.40	171.34	280.36	58.60
（3）个人缴纳的失业保险	40.21	64.67	48.33	-
（4）其他社会保障支出	4.05	2.53	-	10.01
3.赡养支出	17.87	19.45	34.36	-
4.其他转移性支出	39.99	19.47	26.08	12.22
（1）经常性捐赠支出	7.99	-	1.10	-
（2）其他经常转移支出	32.00	19.47	24.98	12.22
实物可支配收入（不含自产自用）	1036.97	1386.33	1145.93	988.96

人均现金可支配收入情况（二）

单位：元

华池县	合水县	正宁县	宁　县	镇原县
0.45	–	–	–	–
–	19.03	–	–	–
–	18.56	–	278.69	2909.75
–	2.94	–	–	–
5.91	60.47	397.96	-21.63	12.57
895.06	1841.72	23.73	1749.25	1852.77
1739.89	2175.98	979.34	2343.20	2005.91
1509.95	1340.28	859.69	844.97	378.72
1503.49	1323.38	639.66	844.97	378.72
–	7.43	217.91	–	–
6.46	5.44	2.12	–	–
–	4.03	–	–	–
40.45	332.79	–	–	27.55
38.20	285.78	–	–	24.66
–	0.97	–	–	–
–	2.94	–	–	–
–	15.22	–	–	–
–	17.53	–	–	–
2.24	10.36	–	–	2.89
50.67	10.61	1.95	3.92	428.93
	170.11		1193.54	1140.46
	4.40		200.46	28.97
15.01	209.83	117.70	57.29	1.27
–	–		–	–
–	–	77.13	–	–
–	–	40.57	–	–
15.01	209.83	–	57.29	1.27
123.82	107.96	–	43.03	–
844.84	334.27	955.61	593.95	153.14
24.60	–	–	–	0.19
680.66	281.30	535.64	564.53	91.54
286.26	132.52	106.85	310.37	34.01
332.09	146.19	397.25	227.39	49.07
60.61	2.60	6.86	15.86	7.98
1.69	–	24.68	10.91	0.47
59.65	43.46	–	–	–
79.93	9.50	419.97	29.42	61.41
–	–	263.15	–	–
79.93	9.50	156.82	29.42	61.41
151.97	675.06	1154.81	624.14	550.91

2014年分县区城镇居民人均

	全　市	西峰区	庆城县	环　县
人均现金收入	21403.39	21023.89	22123.66	19852.19
一、现金工资性收入	15038.85	15360.55	15636.97	11613.71
（一）工资	14049.76	15191.19	14794.54	7720.91
（二）其他工资性收入	989.09	169.35	842.43	3892.81
二、现金经营性收入	2987.71	1699.53	3951.41	5710.04
（一）第一产业现金经营收入	262.86	32.06	378.11	776.24
1.农业	165.12	32.06	154.87	423.21
2.林业	10.65	-	-	-
3.牧业	87.09	-	223.24	353.03
（二）第二产业现金经营收入	150.29	-	-	241.27
1.采矿业	4.33	-	-	53.81
2.制造业	10.89	-	-	135.43
3.电力、热力、燃气及水生产和供应业	66.41	-	-	-
4.建筑业	68.67	-	-	52.02
（三）第三产业现金经营收入	2574.56	1667.47	3573.30	4692.53
1.批发和零售业	1430.55	953.86	2576.82	1279.65
2.交通运输、仓储和邮政业	538.92	390.34	130.81	688.03
3.住宿和餐饮业	383.40	323.26	560.25	969.16
4.房地产业	0.59	-	-	-
5.居民服务、修理和其他服务业	200.35	-	305.42	1755.70
6.其他行业	7.61	-	-	-
8.农林牧渔服务业	13.14	-	-	-
三、现金财产性收入	1112.57	1542.42	244.30	50.13
（一）利息收入	64.65	122.24	1.11	4.57
（二）红利收入	260.47	579.13	-	-
（三）储蓄性保险收益	0.02	-	-	-
（四）转让承包土地经营权租金收入	1.05	-	-	-
（五）出租房屋财产性净收入	768.77	840.33	243.19	45.56
（六）出租机械、专利、版权等净收入	0.16	-	-	-
（七）其他财产性收入	17.45	0.72	-	-
四、现金转移性收入	2264.26	2421.40	2290.97	2478.32
（一）养老金或离退休金	1529.30	2252.68	638.63	1790.97
（二）社会救济和补助	75.37	50.32	2.80	363.36
（三）政策性生活补贴	53.67	-	0.09	13.12
（四）家庭外出从业人员寄回带回收入	466.60	-	1628.12	82.58
（五）赡养收入	77.94	111.85	-	23.41
（六）其他转移性收入	37.53	6.54	-	150.22
（七）现金政策性惠农补贴	23.85	-	21.32	54.65
五、非收入所得	404.06	425.00	338.55	1028.97
（一）出售资产所得	1.29	1.40	-	8.37
1.出售其他财物和收回其他投资本金所得	1.29	1.40	-	8.37
（二）非经常性转移所得	401.25	423.60	337.75	1009.89
1.博彩所得	0.23	-	-	-
2.婚丧嫁娶礼金所得	35.88	-	-	-
3.遗产及一次性馈赠所得	114.19	217.47	20.32	22.38
4.提取住房公积金	3.58	-	-	13.09
5.调查补贴	198.14	206.13	317.43	472.59
6.其他非经常性转移所得	49.23	-	-	501.84
（三）其他非收入所得	1.51	-	0.80	10.71
六、借贷性所得	967.45	804.75	1341.98	2653.38
（一）提取储蓄存款	471.84	513.96	124.52	1429.68
（二）借入款	354.89	124.49	1217.46	867.19
（三）收回借出款	119.09	166.30	-	269.07
（四）收回储蓄性保险本金	4.21	-	-	-
（五）住房贷款	1.74	-	-	21.66
（六）教育贷款	6.45	-	-	65.77
（七）其他贷款	9.22	-	-	-

现金收入情况（未扣除生产费用）

单位：元

华池县	合水县	正宁县	宁　县	镇原县
22657.17	22917.56	20949.93	22755.74	20741.03
17570.85	14677.55	16601.62	15338.43	13971.72
16307.77	8407.43	15398.68	14865.52	13913.39
1263.08	6270.12	1202.93	472.92	58.33
3100.14	5954.99	2962.94	4794.10	1831.00
306.79	990.48	–	628.14	15.08
287.41	779.51	–	352.37	15.08
–	179.76	–	6.26	–
19.39	31.21	–	269.51	–
–	293.03	–	749.37	253.82
–	–	–	–	–
–	–	–	–	–
–	–	–	580.53	–
–	293.03	–	168.84	253.82
2793.35	4671.48	2962.94	3416.59	1562.10
2201.97	4171.61	2130.89	965.52	873.85
503.09	299.02	615.71	1616.48	446.25
–	–	216.35	659.73	149.28
–	–	–	–	5.16
14.40	126.80	–	66.01	82.93
65.90	68.87	–	–	4.63
7.98	5.18	–	108.86	–
246.28	109.05	406.03	280.01	2932.39
182.69	8.05	8.06	1.32	0.37
57.23	–	–	–	8.25
0.45	–	–	–	–
–	19.03	–	–	–
–	18.56	–	278.69	2909.75
–	2.94	–	–	
5.91	60.47	397.96	–	14.02
1739.89	2175.98	979.34	2343.20	2005.91
1509.95	1340.28	859.69	844.97	378.72
40.45	332.79	–	–	27.55
50.67	10.61	1.95	3.92	428.93
–	170.11	–	1193.54	1140.46
–	4.40	–	200.46	28.97
15.01	209.83	117.70	57.29	1.27
123.82	107.96		43.03	–
648.35	227.44	137.77	374.02	26.40
–	–	–	–	–
–	–	–	–	–
648.35	227.44	137.77	374.02	21.47
		5.80	–	0.52
493.39	99.56		50.78	–
10.47	46.77		92.74	–
		23.18	–	16.09
144.50	81.12	108.79	154.33	3.27
–			76.17	1.59
–			–	4.93
826.78	1737.63	369.71	793.34	61.59
194.51	459.04	246.82	602.28	32.91
592.71	1023.61	122.90	3.92	20.97
–	26.64	–	187.14	7.71
–	76.11	–	–	–
–	–	–	–	–
23.33	–	–	–	–
16.22	152.23	–	–	–

2014 年分县区城镇居民

	全　市	西峰区	庆城县	环　县
人均现金支出	14857.60	13888.08	17514.58	21257.38
一、现金消费支出	11489.66	11096.47	12413.85	15785.07
（一）食品烟酒	4013.23	3941.54	4041.31	5530.31
1.食品	2534.80	2561.68	2317.70	3428.71
（1）谷物	399.67	449.32	329.85	542.38
（2）薯类	50.87	61.51	45.19	58.11
（3）豆类	44.07	56.31	39.85	51.48
（4）食用油	176.84	149.34	148.22	296.51
（5）蔬菜和食用菌	330.85	346.19	320.30	340.14
（6）肉类	424.03	384.89	347.00	814.40
（7）禽类	83.49	91.10	64.53	134.57
（8）水产品	48.63	54.57	47.78	97.34
（9）蛋类	61.49	59.49	74.69	75.78
（10）奶类	228.82	240.88	153.93	282.12
（11）干鲜瓜果类	390.96	410.55	456.79	450.88
（12）糖果糕点类	103.57	130.11	113.98	100.61
（13）其他食品	191.51	127.42	175.59	184.40
2.烟酒	532.12	413.01	544.98	1352.19
（1）烟草	309.87	226.40	302.51	630.68
（2）酒类	222.25	186.61	242.48	721.51
3.饮料	118.57	131.00	117.16	116.90
4.饮食服务	827.73	835.86	1061.46	632.51
（1）食堂用餐	95.47	142.52	54.58	22.26
（2）其他在外饮食	729.66	693.31	1003.61	597.11
（3）食品加工服务费	2.61	0.03	3.27	13.14
（二）衣着	1603.40	1436.28	2022.15	2030.38
1.衣类	1205.37	1084.77	1477.28	1534.98
2.鞋类	398.03	351.51	544.87	495.40
（三）居住	1212.20	1171.17	1319.43	2089.90
1.租赁房房租	179.46	263.58	195.43	227.61
2.住房维修及管理	205.14	104.01	163.40	796.15
3.水电燃料及其他	827.60	803.57	960.60	1066.13
（四）生活用品及服务	867.10	832.69	853.16	1468.29
1.家具及室内装饰品	107.89	112.26	40.61	267.32
2.家用器具	162.70	129.19	136.76	405.10
3.家用纺织品	115.30	120.94	104.44	258.95
4.家庭日用杂品	255.08	245.42	263.10	298.85
5.个人用品	203.58	212.32	305.12	211.85
6.家庭服务	22.54	12.55	3.13	26.21

人均现金支出情况（一）

单位：元

华池县	合水县	正宁县	宁　县	镇原县
18435.99	12971.18	13833.52	14868.24	11099.20
12510.88	9092.89	11926.53	11367.84	9800.66
4036.95	2963.55	4585.44	3799.21	3757.92
2671.69	1949.77	2708.05	2149.31	2580.00
403.72	338.88	601.55	228.25	322.04
25.42	34.10	58.40	43.74	34.52
33.65	25.79	29.07	38.36	18.50
180.40	211.64	183.62	134.80	249.57
314.57	226.28	377.41	275.54	376.08
477.43	493.77	406.50	306.09	442.95
115.83	58.14	72.03	59.05	62.39
70.77	25.66	27.31	25.16	22.71
44.91	44.37	86.59	57.04	59.61
265.90	110.05	283.51	175.96	298.48
444.46	166.25	378.70	355.39	331.85
78.67	49.72	116.54	82.45	47.09
215.96	165.12	86.81	367.48	314.21
500.88	592.25	632.97	456.10	438.72
269.37	344.09	448.00	339.83	350.19
231.51	248.16	184.97	116.27	88.53
116.74	83.17	216.38	116.37	67.44
747.65	338.36	1028.03	1077.43	671.77
21.00	95.94	566.87	5.48	3.84
726.65	239.81	452.93	1065.14	667.91
-	2.61	8.23	6.81	0.02
1951.09	1174.33	1891.91	1723.20	1398.00
1511.59	880.28	1416.27	1303.38	1043.05
439.50	294.05	475.65	419.82	354.95
1026.28	1020.80	603.38	1064.42	1128.68
21.13	285.98	-	-	47.54
180.28	104.14	79.80	237.63	282.81
824.87	630.69	523.57	826.79	798.33
1103.77	662.09	684.98	657.40	844.94
88.35	64.63	58.81	97.65	97.77
393.93	133.25	130.22	38.21	194.35
97.22	95.95	30.71	82.42	75.35
264.61	145.50	117.93	244.51	349.23
245.81	130.11	305.46	165.92	91.68
13.86	92.64	41.86	28.70	36.57

2014年分县区城镇居民

	全　市	西峰区	庆城县	环　县
（五）交通通信	1343.49	1175.13	2082.74	1722.12
1.交通	599.67	432.71	1123.78	1131.36
（1）交通工具	92.56	55.62	31.75	648.32
（2）交通费	177.82	180.10	197.30	173.87
（3）交通工具用燃料	205.08	117.01	499.83	253.64
（4）交通工具使用及维修	124.22	79.98	394.90	55.54
其中：车辆保险支出	41.54	42.94	144.05	-
2.通信	743.82	742.41	958.95	590.76
（1）通信工具	169.62	187.24	154.03	111.31
（2）通信服务	574.20	555.17	804.92	479.45
（六）教育文化娱乐	1179.26	1019.26	1157.82	1512.20
1.教育	691.00	425.62	693.42	1156.75
（1）学前教育	100.80	181.21	79.75	43.37
（2）小学教育	63.09	100.40	36.30	45.24
（3）初中教育	72.30	47.66	260.22	24.94
（4）高中教育	142.59	51.85	212.22	346.11
（5）中专职高教育	16.95	-	5.49	121.98
（6）大专及以上教育	221.43	-	91.20	412.49
（7）成人教育	73.85	44.49	8.24	162.62
2.文化娱乐	488.26	593.64	464.40	355.45
（1）文娱耐用消费品	154.06	196.95	115.10	157.90
（2）其他文娱用品	148.41	182.95	156.07	67.41
（3）文化娱乐服务	185.79	213.74	193.23	130.14
（七）医疗保健	952.72	1274.13	600.35	777.85
1.医疗器具及药品	466.66	565.09	435.61	411.26
2.医疗服务（不含报销医疗费）	486.07	709.04	164.74	366.59
（1）门诊费用（不含报销医疗费）	358.89	587.05	92.64	283.42
（2）住院费用（不含报销医疗费）	187.54	130.89	77.60	377.82
（八）其他用品和服务	318.26	246.28	336.87	654.02
1.其他用品	195.97	138.98	201.52	520.55
2.其他服务	122.30	107.29	135.36	133.47
二、生产经营现金费用支出	539.45	308.41	950.41	180.93
（一）第一产业经营现金费用支出	173.16	40.49	211.00	107.39
1.农业	102.40	40.49	110.60	45.15
2.林业	49.68	-	15.55	23.51
3.牧业	21.03	-	84.84	38.73
4.渔业	0.05	-	-	-
（二）第二产业经营现金费用支出	6.17	-	-	14.95
1.制造业	1.06	-	-	13.15
2.电力、热力、燃气及水生产和供应业	0.74	-	-	-
3.建筑业	4.37	-	-	1.79

人均现金支出情况（二）

单位：元

华池县	合水县	正宁县	宁　县	镇原县
1677.40	900.22	1599.42	1391.59	953.43
575.70	405.62	750.12	793.04	226.64
7.60	20.26	89.84	51.44	18.71
223.96	117.61	365.99	160.27	129.82
220.67	202.68	160.37	374.34	57.88
123.48	65.06	133.92	206.99	20.24
	-	-	36.31	18.34
1101.71	494.60	849.30	598.55	726.79
375.37	67.89	104.13	54.73	249.41
726.34	426.72	745.17	543.81	477.38
1547.77	1261.78	1343.92	1621.01	900.84
972.52	1008.80	530.20	1251.80	594.53
74.39	11.49	39.33	11.25	10.45
102.76	26.36	26.84	24.72	5.72
36.68	120.11	41.50	42.12	46.18
122.36	181.10	4.47	392.38	58.78
2.57	80.03	3.26	-	16.40
391.15	574.91	399.76	680.19	323.82
242.61	14.80	15.04	101.14	133.18
575.26	252.98	813.72	369.22	306.31
98.06	110.43	96.94	97.85	140.17
167.64	66.11	191.99	132.10	100.16
309.56	76.43	524.79	139.27	65.97
919.74	682.40	899.92	828.25	460.44
428.06	277.28	691.86	502.35	168.11
491.68	405.12	208.05	325.90	292.32
209.30	198.20	339.14	213.92	83.10
335.84	386.95	41.50	148.71	298.15
247.87	427.72	317.56	282.76	356.41
111.77	267.60	87.70	201.39	208.12
136.10	160.12	229.86	81.38	148.29
596.83	1911.86	316.87	867.87	322.63
110.25	604.62	-	703.38	29.88
93.92	458.55	-	313.14	21.99
14.36	137.67	-	321.82	7.88
1.97	8.40	-	67.96	-
-	-	-	0.46	-
-	76.40	-	-	6.51
-	-	-	-	-
-	-	-	-	6.51
-	76.40	-	-	

2014年分县区城镇居民

	全　市	西峰区	庆城县	环　县
（三）第三产业经营现金费用支出	360.12	267.92	739.41	58.59
1.批发和零售业	217.99	142.50	562.55	28.87
2.交通运输、仓储和邮政业	76.38	66.52	16.81	14.00
3.住宿和餐饮业	40.42	58.89	109.85	-
4.居民服务、修理和其他服务业	18.19	-	50.02	15.43
5.其他	2.27	-	-	-
6.农林牧渔服务业	4.87	-	0.18	0.30
三、现金财产性支出	48.42	58.35	-	2.75
（一）生活贷款利息支出	45.78	58.35	-	2.75
1.住房贷款利息支出	7.84	9.12	-	-
2.其他生活贷款利息支出	37.94	49.23	-	2.75
（二）其他财产性支出	2.64	-	-	-
1.非储蓄性财产保险支出	2.47	-	-	-
2.其他财产性支出	0.17	-	-	-
四、现金转移性支出	486.54	435.91	919.41	186.97
（一）个人所得税	7.16	11.19	8.42	-
（二）社会保障支出	421.52	385.80	850.56	174.75
1.个人缴纳的养老保险	196.87	147.27	521.87	106.14
2.个人缴纳的医疗保险	180.40	171.34	280.36	58.60
3.个人缴纳的失业保险	40.21	64.67	48.33	-
4.其他社会保障支出	4.05	2.53	-	10.01
（三）赡养支出	17.87	19.45	34.36	-
（四）其他转移性支出	39.99	19.47	26.08	12.22
1.经常性捐赠支出	7.99	-	1.10	-
2.其他经常转移支出	32.00	19.47	24.98	12.22
五、部分商业保险支出	49.16	54.58	54.99	9.39
（一）意外伤害保险	19.01	41.70	3.19	-
（二）商业医疗保险（含大病保险）	4.92	6.87	-	-
（三）其他非储蓄性商业保险	8.36	-	14.28	8.97
（四）其他储蓄性商业保险	16.87	6.01	37.52	0.42

人均现金支出情况（三）

单位：元

华池县	合水县	正宁县	宁　县	镇原县
486.57	1230.83	316.87	164.48	286.24
360.63	1152.58	115.92	5.32	28.97
89.28	68.50	200.96	2.20	257.27
-	-	-	16.79	-
28.72	7.92	-	82.51	-
7.94	-	-	16.39	-
-	1.83	-	41.27	-
26.18	6.00	-	165.53	15.46
26.18	6.00	-	143.90	14.01
14.80	1.10	-	12.24	14.01
11.38	4.90	-	131.66	-
-	-	-	21.63	1.46
-	-	-	21.63	-
-	-	-	-	1.46
844.84	334.27	955.61	593.95	153.14
24.60			-	0.19
680.66	281.30	535.64	564.53	91.54
286.26	132.52	106.85	310.37	34.01
332.09	146.19	397.25	227.39	49.07
60.61	2.60	6.86	15.86	7.98
1.69	-	24.68	10.91	0.47
59.65	43.46	-	-	-
79.93	9.50	419.97	29.42	61.41
-	-	263.15		-
79.93	9.50	156.82	29.42	61.41
244.68	16.71	-	22.10	20.80
1.01	0.27	-	0.65	0.26
0.44	-	-	-	16.21
90.07	-	-	13.49	-
153.16	16.44	-	7.95	4.32

2014年分县区城镇居民

	全　市	西峰区	庆城县	环　县
六、购置资产及非经常性转移支出	1136.65	903.84	1841.39	3108.66
（一）购置资产支出	290.47	41.75	1008.77	1713.24
1.建造住房支出	273.70	41.75	999.64	1683.16
（1）建造住房材料	156.63	4.19	658.26	929.75
（2）建造住房雇工	117.06	37.56	341.38	753.41
2.购建第一产业生产性固定资产	3.66	-	9.13	-
（1）购买农业机械	3.66	-	9.13	-
①小型（手扶）农用拖拉机	1.59	-	-	-
②脱粒机	0.66	-	-	-
③其他农业机械	1.41	-	9.13	-
3.购建第二产业生产性固定资产	0.81	-	-	-
（1）电力、热力、燃气及水生产和供应业	0.81	-	-	-
4.购建第三产业生产性固定资产	12.30	-	-	30.08
（1）批发和零售业	7.99	-	-	13.14
（2）交通运输、仓储和邮政业	1.28	-	-	0.80
（3）住宿和餐饮业	0.40	-	-	-
（4）居民服务、修理和其他服务业	2.19	-	-	13.15
（5）其他行业	0.45	-	-	2.99
（二）非经常性转移支出	846.17	862.09	832.61	1395.42
1.博彩支出	3.92	7.12	1.21	1.13
2.婚丧嫁娶礼金支出	479.97	348.15	565.25	957.05
3.一次性赔偿支出	0.03	-	-	-
4.一次性馈赠支出	351.65	506.82	247.06	437.25
5.其他非经常性转移支出	10.60	-	19.10	
七、借贷性支出	1107.72	1030.52	1334.54	1983.61
（一）存入储蓄款	372.41	456.99	-	1614.45
（二）借出款	6.96	5.83	-	-
（三）归还借款	135.04	14.40	499.54	114.54
（四）购买有价证券	2.50	-	-	-
（五）其他投资支出	0.19	-	-	-
（六）归还住房贷款	504.50	422.43	835.00	254.62
（七）归还教育贷款	6.68	-	-	-
（八）归还其他贷款	75.60	130.88	-	-
（九）其他借贷支出	3.84	-	-	-

人均现金支出情况（四）

单位：元

华池县	合水县	正宁县	宁　县	镇原县
1531. 23	1156. 92	631. 34	822. 92	220. 18
43. 55	88. 58	284. 00	31. 71	10. 55
40. 83	23. 43	–	31. 71	0. 86
28. 72	23. 43	–	25. 45	0. 86
12. 12	–	–	6. 26	–
1. 68	40. 80	–	–	2. 59
1. 68	40. 80	–	–	2. 59
–	28. 77	–	–	–
–	12. 03	–	–	–
1. 68	–	–	–	2. 59
–	–	–	–	7. 09
–	–	–	–	7. 09
1. 03	24. 35	284. 00	–	–
–	–	231. 83	–	–
–	–	40. 57	–	–
1. 03	–	11. 59	–	–
–	20. 55	–	–	–
–	3. 81	–	–	–
1487. 68	1068. 35	347. 35	791. 20	209. 64
	6. 50	2. 32		0. 94
1113. 41	900. 24	297. 39	475. 95	143. 77
0. 60	–	–	–	–
302. 29	134. 96	43. 35	303. 23	48. 17
71. 38	26. 64	4. 30	12. 02	16. 76
2681. 36	452. 53	3. 17	1028. 04	566. 33
–	–	–	325. 41	25. 20
17. 44	16. 49	–	22. 71	–
579. 04	–	3. 17	261. 53	36. 91
30. 02	–	–	–	8. 76
3. 75	–	–	–	–
1656. 63	321. 87	–	402. 73	492. 17
–	114. 17	–	–	3. 29
317. 41	–	–	15. 66	–
77. 06	–	–	–	–

2014 年分县区城镇居民

	全　市	西峰区	庆城县	环　县
人均支出				
一、生活消费支出	13235.35	12997.35	14073.87	17541.70
（一）食品烟酒	4045.55	3943.94	4316.25	5530.31
1. 食品	2567.12	2564.08	2592.64	3428.71
（1）谷物	430.84	450.55	600.31	542.38
（2）薯类	50.87	61.51	45.19	58.11
（3）豆类	44.07	56.31	39.85	51.48
（4）食用油	177.20	149.93	148.22	296.51
（5）蔬菜和食用菌	330.85	346.19	320.30	340.14
（6）肉类	424.60	385.48	349.76	814.40
（7）禽类	83.49	91.10	64.53	134.57
（8）水产品	48.63	54.57	47.78	97.34
（9）蛋类	61.49	59.49	74.69	75.78
（10）奶类	228.82	240.88	153.93	282.12
（11）干鲜瓜果类	390.96	410.55	456.79	450.88
（12）糖果糕点类	103.57	130.11	113.98	100.61
（13）其他食品	191.72	127.42	177.32	184.40
2. 烟酒	532.12	413.01	544.98	1352.19
3. 饮料	118.57	131.00	117.16	116.90
4. 饮食服务	827.73	835.86	1061.46	632.51
（二）衣着	1603.48	1436.28	2022.15	2030.38
1. 衣类	1205.45	1084.77	1477.28	1534.98
2. 鞋类	398.03	351.51	544.87	495.40
（三）居住	2749.52	2903.79	2496.62	3505.47
1. 租赁房房租	179.46	263.58	195.43	227.61
2. 住房维修及管理	205.14	104.01	163.40	796.15
3. 水电燃料及其他	828.81	803.57	960.60	1066.13
4. 自有住房虚拟租金	1536.11	1732.62	1177.19	1415.57
（四）生活用品及服务	881.80	865.30	854.56	1468.29
1. 家具及室内装饰品	107.89	112.26	40.61	267.32
2. 家用器具	162.70	129.19	136.76	405.10
3. 家用纺织品	115.30	120.94	104.44	258.95
4. 家庭日用杂品	269.79	278.03	264.50	298.85
5. 个人用品	203.58	212.32	305.12	211.85
6. 家庭服务	22.54	12.55	3.13	26.21
（五）交通通信	1349.01	1175.13	2131.62	1722.12
1. 交通	605.19	432.71	1172.67	1131.36
2. 通信	743.82	742.41	958.95	590.76
（六）教育文化娱乐	1179.26	1019.26	1157.82	1512.20
1. 教育	691.00	425.62	693.42	1156.75
2. 文化娱乐	488.26	593.64	464.40	355.45
（七）医疗保健	1107.03	1407.38	757.96	1102.87
1. 医疗器具及药品	466.66	565.09	435.61	411.26
2. 医疗服务	640.37	842.29	322.35	691.61
（八）其他用品和服务	319.71	246.28	336.87	670.06
1. 其他用品	196.12	138.98	201.52	520.55
2. 其他服务	123.59	107.29	135.36	149.51
二、生产经营现金费用支出	540.03	309.72	950.41	180.93

人均支出情况（不含自产自用）

单位：元

华池县	合水县	正宁县	宁　县	镇原县
13381.91	10205.79	14081.37	12725.28	11990.33
4037.25	2964.16	4585.73	3800.38	3758.19
2671.98	1950.38	2708.34	2150.48	2580.27
403.72	339.49	601.55	228.64	322.19
25.42	34.10	58.40	43.74	34.52
33.65	25.79	29.07	38.36	18.50
180.40	211.64	183.62	135.59	249.69
314.57	226.28	377.41	275.54	376.08
477.43	493.77	406.50	306.09	442.95
115.83	58.14	72.03	59.05	62.39
70.77	25.66	27.31	25.16	22.71
44.91	44.37	86.59	57.04	59.61
265.90	110.05	283.51	175.96	298.48
444.46	166.25	378.99	355.39	331.85
78.67	49.72	116.54	82.45	47.09
216.26	165.12	86.81	367.48	314.21
500.88	592.25	632.97	456.10	438.72
116.74	83.17	216.38	116.37	67.44
747.65	338.36	1028.03	1077.43	671.77
1951.09	1175.70	1891.91	1723.20	1398.00
1511.59	881.65	1416.27	1303.38	1043.05
439.50	294.05	475.65	419.82	354.95
1817.45	1938.77	2472.06	2326.85	3163.28
21.13	285.98			47.54
180.28	104.14	79.80	237.63	282.81
824.87	630.69	523.57	826.79	808.92
791.18	917.97	1868.69	1262.43	2024.02
1103.77	662.09	684.98	657.40	845.74
88.35	64.63	58.81	97.65	97.77
393.93	133.25	130.22	38.21	194.35
97.22	95.95	30.71	82.42	75.35
264.61	145.50	117.93	244.51	350.02
245.81	130.11	305.46	165.92	91.68
13.86	92.64	41.86	28.70	36.57
1677.40	900.22	1599.42	1391.59	953.43
575.70	405.62	750.12	793.04	226.64
1101.71	494.60	849.30	598.55	726.79
1547.77	1261.78	1343.92	1621.01	900.84
972.52	1008.80	530.20	1251.80	594.53
575.26	252.98	813.72	369.22	306.31
999.30	874.74	1185.78	922.08	613.38
428.06	277.28	691.86	502.35	168.11
571.24	597.46	493.92	419.73	445.27
247.87	428.33	317.56	282.76	357.46
111.77	268.21	87.70	201.39	209.18
136.10	160.12	229.86	81.38	148.29
596.83	1911.86	316.87	867.87	322.63

2014年分县区城镇居民

	全　市	西峰区	庆城县	环　县
人均可支配收入	21238.10	21540.60	21202.90	21142.40
一、工资性收入	15079.11	15363.53	15956.32	11629.75
（一）工资	14049.76	15191.19	14794.54	7720.91
1.按月发放的工资	11269.52	12811.69	12652.85	6641.28
2.补发工资	58.34	–	–	15.19
3.不按月发放的奖金、津贴、过节费等	2721.90	2379.50	2141.70	1064.44
（二）实物福利	40.27	2.99	319.34	16.04
1.从单位或雇主得到的实物产品折价	32.25	2.99	270.46	–
（1）食品	31.78	2.40	270.46	–
①谷物、薯类及豆类	31.14	1.24	270.46	–
②食用油（植物油）	0.36	0.58	–	–
③蔬菜及制品	–	–	–	–
④肉、禽、蛋、奶及制品	0.26	0.58	–	–
⑤干鲜瓜果类	0.01	–	–	–
⑥其他类食品	0.01	–	–	–
（2）家庭设备和日用品	0.35	0.58	–	–
（3）其他用品	0.12	–	–	–
2.从单位或雇主得到的服务折价	8.02	–	48.88	16.04
（1）单位缴纳的水电费、取暖费、物业费等	1.21	–		
（2）免费或低价提供的交通和通信服务	5.52	–	48.88	
（三）其他	989.09	169.35	842.43	3892.81
1.住房公积金	295.14	169.35	347.35	383.25
2.辞退金	1.15	–	–	14.35
3.自由职业劳动所得（如稿费、翻译费）	3.71	–	–	–
4.安家费	2.46	–	21.78	–
5.其他劳动所得	686.62	–	473.30	3495.20
二、经营净收入	2320.55	1324.18	2804.13	6201.00
（一）第一产业经营净收入	213.66	-2.59	361.76	1586.20
1.农业	190.20	-2.59	244.10	1331.32
2.林业	-39.21	–	-15.51	-27.49
3.牧业	62.73	–	133.16	282.37
4.渔业	-0.05	–	–	–
（二）第二产业经营净收入	136.34	–	–	146.60
1.采矿业	4.31	–	–	53.81
2.制造业	3.40	–	–	42.55
3.电力、热力、燃气及水生产和供应业	65.62	–	–	–
4.建筑业	63.01	–	–	50.23
（三）第三产业经营净收入	1970.56	1326.77	2442.37	4468.21
1.批发和零售业	1139.67	752.41	1989.55	1240.81
2.交通运输、仓储和邮政业	374.70	317.84	114.00	633.10
3.住宿和餐饮业	271.03	261.75	84.22	911.07
4.房地产业	0.59	–	–	–
5.居民服务、修理和其他服务业	174.93	-5.24	254.78	1683.52
7.其他	1.37	–	–	–
8.农林牧渔服务业	8.27	–	-0.18	-0.30
三、财产净收入	1890.83	2700.82	907.40	695.29
（一）利息净收入	18.87	63.89	1.11	1.82
（二）红利收入	260.47	579.13	–	–
1.集体分配的红利	258.71	579.13	–	–
2.其他红利收入	1.75	–	–	–
（三）储蓄性保险净收益	0.02	–	–	–
（四）转让承包土地经营权租金净收入	1.05	–	–	–

人均可支配收入情况（一）

单位：元

华池县	合水县	正宁县	宁　县	镇原县
21335.60	20751.60	20505.70	21002.70	20786.61
17571.14	14677.55	16601.91	15339.61	13984.43
16307.77	8407.43	15398.68	14865.52	13913.39
15050.16	6089.36	15398.68	7945.65	10281.11
43.08	975.09	-	-	9.64
1214.53	1342.97	-	6919.87	3622.65
0.30	-	0.29	1.17	12.71
0.30	-	0.29	1.17	2.12
0.30	-	0.29	1.17	0.27
-	-	-	0.39	0.15
-	-	-	0.78	0.12
-	-	-	-	-
-	-	-	-	-
-	-	0.29	-	-
0.30	-	-	-	-
-	-	-	-	0.79
-	-	-	-	1.06
-	-	-	-	10.58
-	-	-	-	10.58
-	-	-	-	-
1263.08	6270.12	1202.93	472.92	58.33
823.09	226.63	1202.93	472.92	57.01
-	-	-	-	-
-	67.23	-	-	-
-	-	-	-	-
439.99	5976.26	-	-	1.32
2497.63	3456.58	2319.52	3176.48	1494.27
222.79	366.64	-	150.34	-18.25
232.59	276.85	-	271.70	-10.37
-13.81	43.26	-	-315.20	-7.88
4.01	46.53	-	194.30	-
-	-	-	-0.46	-
-0.66	216.63	-	737.79	247.11
-	-	-	-0.13	-
-	-	-	-0.16	-
-0.66	-	-	580.42	-6.51
-	216.63	-	157.66	253.63
2275.49	2873.31	2319.52	2288.35	1265.41
1816.42	2608.66	1759.95	865.60	837.81
413.81	136.85	343.22	964.15	186.99
-	-	216.35	426.26	149.28
-	-	-	-	5.16
-14.68	115.35	-	-16.61	82.52
51.96	9.10	-	-18.65	3.65
7.98	3.34	-	67.59	-
292.21	580.83	1274.68	643.53	3302.19
156.51	2.05	8.06	-142.58	-13.64
57.23	-	-	-	8.25
40.95	-	-	-	-
16.28	-	-	-	8.25
0.45	-	-	-	-
-	19.03	-	-	-

2014 年分县区城镇居民

	全　市	西峰区	庆城县	环　县
（五）出租房屋财产性收入	768.77	840.33	243.19	45.56
（六）出租机械、专利、版权等资产的收入	0.02	-	-	-
（七）其他财产净收入	14.81	0.72	-	-
（八）房屋虚拟租金	826.81	1216.76	663.10	647.91
四、转移净收入	1947.60	2152.07	1535.05	2616.37
（一）转移性收入	2434.15	2587.98	2454.46	2803.33
1.养老金或离退休金	1529.30	2252.68	638.63	1790.97
（1）离退休金	1509.80	2249.02	632.38	1674.86
（2）（城镇）居民社会养老保险	14.85	-	-	98.62
（3）新型农村养老保险	4.42	3.66	6.26	17.49
（4）其他养老金	0.22	-		-
2.社会救济和补助	75.37	50.32	2.80	363.36
（1）最低生活保障费	55.36	15.05	2.80	346.62
（2）五保户救助金	0.05	-	-	-
（3）扶贫款	0.16	-	-	-
（4）救灾款	0.84	-	-	-
（5）抚恤金	0.97	-	-	-
（6）其他社会救济收入	17.99	35.27	-	16.74
3.政策性生活补贴	53.67	-	0.09	13.12
（1）能源补贴	0.65	-	-	-
（2）其他生活补贴	53.01	-	0.09	13.12
4.报销医疗费	154.31	133.25	157.61	325.02
5.家庭外出从业人员寄回带回收入	466.60		1628.12	82.58
6.赡养收入	77.94	111.85	-	23.41
7.其他经常转移收入	37.53	6.54	-	150.22
（2）经常性捐赠收入	5.21	6.54	-	-
（3）经常性赔偿收入	1.21	-	-	-
（4）其他转移性收入	31.11	-	-	150.22
8.从政府和组织得到的实物产品和服务折价	15.58	33.34	5.88	-
（1）食品	0.54	-	4.48	-
①.谷物、薯类及豆类	0.03	-	-	-
②.肉、禽、蛋、奶及制品	0.31	-	2.76	-
③.其他类食品	0.20	-	1.73	-
（2）衣着	0.08	-		-
（3）家庭设备和日用品	14.36	32.03	1.40	-
（4）其他用品	0.03	-	-	-
（5）其他服务折价（不含廉租房）	0.58	1.31	-	-
9.现金政策性惠农补贴	23.85	-	21.32	54.65
（二）转移性支出	486.54	435.91	919.41	186.97
1.个人所得税	7.16	11.19	8.42	
2.社会保障支出	421.52	385.80	850.56	174.75
（1）个人缴纳的养老保险	196.87	147.27	521.87	106.14
（2）个人缴纳的医疗保险	180.40	171.34	280.36	58.60
（3）个人缴纳的失业保险	40.21	64.67	48.33	-
（4）其他社会保障支出	4.05	2.53	-	10.01
3.外来从业人员寄给家人的支出	-	-	-	-
4.赡养支出	17.87	19.45	34.36	-
5.其他转移性支出	39.99	19.47	26.08	12.22
（1）经常性捐赠支出	7.99	-	1.10	-
（2）其他经常转移支出	32.00	19.47	24.98	12.22
实物可支配收入	909.13	1319.39	949.06	1660.85

人均可支配收入情况（二）

单位：元

华池县	合水县	正宁县	宁　县	镇原县
-	18.56	-	278.69	2909.75
-	0.59	-	-0.08	-
5.91	60.47	397.96	-21.63	12.57
72.11	480.14	868.65	529.13	385.26
974.62	2036.64	309.59	1843.09	2005.72
1819.46	2370.91	1265.21	2437.03	2158.85
1509.95	1340.28	859.69	844.97	378.72
1503.49	1323.38	639.66	844.97	378.72
-	7.43	217.91	-	-
6.46	5.44	2.12	-	-
-	4.03	-	-	-
40.45	332.79	-	-	27.55
38.20	285.78	-	-	24.66
-	0.97	-	-	-
-	2.94	-	-	-
-	15.22	-	-	-
-	17.53	-	-	-
2.24	10.36	-	-	2.89
50.67	10.61	1.95	3.92	428.93
13.14	-	-	-	-
37.53	10.61	1.95	3.92	428.93
79.56	192.34	285.86	93.83	152.94
-	170.11		1193.54	1140.46
-	4.40		200.46	28.97
15.01	209.83	117.70	57.29	1.27
-	-	77.13	-	-
-	-	40.57		-
15.01	209.83	-	57.29	1.27
-	2.59	-	-	-
-	0.61	-	-	-
-	0.61	-	-	-
-	-	-	-	-
-	-	-	-	-
-	1.37	-	-	-
-	-	-	-	-
-	0.61	-	-	-
-	-	-	-	-
123.82	107.96	-	43.03	-
844.84	334.27	955.61	593.95	153.14
24.60	-	-	-	0.19
680.66	281.30	535.64	564.53	91.54
286.26	132.52	106.85	310.37	34.01
332.09	146.19	397.25	227.39	49.07
60.61	2.60	6.86	15.86	7.98
1.69	-	24.68	10.91	0.47
-	-	-	-	-
59.65	43.46	-	-	-
79.93	9.50	419.97	29.42	61.41
-	-	263.15	-	-
79.93	9.50	156.82	29.42	61.41
146.28	86.16	828.26	-125.70	536.82

2014年分县区城镇居民人均

	全　市	西峰区	庆城县	环　县
人均总收入	22605.27	22417.37	23504.72	21831.06
一、工资性收入	15079.11	15363.53	15956.32	11629.75
（一）工资	14049.76	15191.19	14794.54	7720.91
（二）实物福利	40.27	2.99	319.34	16.04
（三）其他	989.09	169.35	842.43	3892.81
二、经营性收入	3152.62	1706.68	4186.54	6699.95
（一）第一产业经营收入	427.77	39.21	613.24	1766.15
1. 第一产业经营收入（不含惠农补贴）	427.77	39.21	613.24	1766.15
（1）农业	326.78	39.21	389.69	1402.84
（2）林业	10.79	-	0.04	-
（3）牧业	90.20	-	223.51	363.31
（二）第二产业经营收入	150.29	-	-	241.27
1. 采矿业	4.33	-	-	53.81
2. 制造业	10.89	-	-	135.43
3. 电力、热力、燃气及水生产和供应业	66.41	-	-	-
4. 建筑业	68.67	-	-	52.02
（三）第三产业经营收入	2574.56	1667.47	3573.30	4692.53
1. 批发和零售业	1430.55	953.86	2576.82	1279.65
2. 交通运输、仓储和邮政业	538.92	390.34	130.81	688.03
3. 住宿和餐饮业	383.40	323.26	560.25	969.16
4. 房地产业	0.59	-	-	-
5. 居民服务、修理和其他服务业	200.35	-	305.42	1755.70
6. 其他	7.61	-	-	-
7. 农林牧渔服务业	13.14	-	-	-
三、财产性收入	1939.39	2759.17	907.40	698.03
（一）利息收入	64.65	122.24	1.11	4.57
（二）红利收入	260.47	579.13	-	-
（三）储蓄性保险净收益	0.02	-	-	-
（四）转让承包土地经营权租金净收入	1.05	-	-	-
（五）出租房屋财产性净收入	768.77	840.33	243.19	45.56
（六）出租机械、专利、版权等资产的净收入	0.16	-	-	-
（七）其他财产净收入	17.45	0.72	-	-
（八）房屋虚拟租金	826.81	1216.76	663.10	647.91

总收入情况（未扣除生产费用）（一）

单位：元

华池县	合水县	正宁县	宁　县	镇原县
22905.65	23906.60	22104.73	23675.70	21288.76
17571.14	14677.55	16601.91	15339.61	13984.43
16307.77	8407.43	15398.68	14865.52	13913.39
0.30	-	0.29	1.17	12.71
1263.08	6270.12	1202.93	472.92	58.33
3196.65	6268.97	2962.94	5089.91	1827.83
403.31	1304.46	-	923.96	11.91
403.31	1304.46	-	923.96	11.91
375.56	1068.60	-	642.99	11.91
0.55	180.93	-	6.62	-
27.20	54.93	-	274.35	-
-	293.03	-	749.37	253.82
-	-	-	-	-
-	-	-	-	-
-	-	-	580.53	-
-	293.03	-	168.84	253.82
2793.35	4671.48	2962.94	3416.59	1562.10
2201.97	4171.61	2130.89	965.52	873.85
503.09	299.02	615.71	1616.48	446.25
-	-	216.35	659.73	149.28
-	-	-	-	5.16
14.40	126.80	-	66.01	82.93
65.90	68.87	-		4.63
7.98	5.18	-	108.86	-
318.39	589.18	1274.68	809.14	3317.65
182.69	8.05	8.06	1.32	0.37
57.23	-	-	-	8.25
0.45	-	-	-	-
-	19.03	-	-	-
-	18.56	-	278.69	2909.75
-	2.94	-	-	-
5.91	60.47	397.96	-	14.02
72.11	480.14	868.65	529.13	385.26

2014年分县区城镇居民人均

	全 市	西峰区	庆城县	环 县
四、转移性收入	2434.15	2587.98	2454.46	2803.33
（一）养老金或离退休金	1529.30	2252.68	638.63	1790.97
（二）社会救济和补助	75.37	50.32	2.80	363.36
（三）政策性生活补贴	53.67	-	0.09	13.12
（四）家庭外出从业人员寄回带回收入	466.60	-	1628.12	82.58
（五）赡养收入	77.94	111.85	-	23.41
（六）报销医疗费	154.31	133.25	157.61	325.02
（七）从政府和组织得到的实物产品和服务折价	15.58	33.34	5.88	-
（八）现金政策性惠农补贴	23.85	-	21.32	54.65
（九）其他转移性收入	37.53	6.54	-	150.22
五、非收入所得	404.06	425.00	338.55	1028.97
（一）出售资产所得	1.29	1.40	-	8.37
1.出售其他财物和收回其他投资本金所得	1.29	1.40	-	8.37
（二）非经常性转移所得	401.25	423.60	337.75	1009.89
1.博彩所得	0.23	-	-	-
2.婚丧嫁娶礼金所得	35.88	-	-	-
3.遗产及一次性馈赠所得	114.19	217.47	20.32	22.38
4.提取住房公积金	3.58	-	-	13.09
5.调查补贴	198.14	206.13	317.43	472.59
6.其他非经常性转移所得	49.23	-	-	501.84
（三）其他非收入所得	1.51	-	0.80	10.71
六、借贷性所得	967.45	804.75	1341.98	2653.38
（一）提取储蓄存款	471.84	513.96	124.52	1429.68
（二）借入款	354.89	124.49	1217.46	867.19
（三）收回借出款	119.09	166.30	-	269.07
（四）收回储蓄性保险本金	4.21	-	-	-
（五）住房贷款	1.74	-	-	21.66
（六）教育贷款	6.45	-	-	65.77
（七）其他贷款	9.22	-	-	-

总收入情况（未扣除生产费用）（二）

单位：元

华池县	合水县	正宁县	宁　县	镇原县
1819.46	2370.91	1265.21	2437.03	2158.85
1509.95	1340.28	859.69	844.97	378.72
40.45	332.79	–	–	27.55
50.67	10.61	1.95	3.92	428.93
–	170.11	–	1193.54	1140.46
–	4.40	–	200.46	28.97
79.56	192.34	285.86	93.83	152.94
–	2.59	–	–	–
123.82	107.96	–	43.03	–
15.01	209.83	117.70	57.29	1.27
648.35	227.44	137.77	374.02	26.40
–	–	–	–	–
–	–	–	–	–
648.35	227.44	137.77	374.02	21.47
–	–	5.80	–	0.52
493.39	99.56	–	50.78	–
10.47	46.77	–	92.74	–
		23.18	–	16.09
144.50	81.12	108.79	154.33	3.27
–	–	–	76.17	1.59
–	–	–	–	4.93
826.78	1737.63	369.71	793.34	61.59
194.51	459.04	246.82	602.28	32.91
592.71	1023.61	122.90	3.92	20.97
–	26.64	–	187.14	7.71
–	76.11	–	–	–
–	–	–	–	–
23.33	–	–	–	–
16.22	152.23	–	–	–

2014 年分县区城镇居民

	全　市	西峰区	庆城县	环　县
人均总支出	16637.23	15790.28	19293.64	23061.31
一、消费支出	13265.31	12997.35	14165.96	17585.12
（一）食品烟酒	4074.31	3943.94	4408.30	5573.72
1. 食品	2595.89	2564.08	2684.70	3472.13
（1）谷物	446.37	450.55	667.34	556.52
（2）薯类	54.46	61.51	55.39	67.68
（3）豆类	44.27	56.31	39.85	51.48
（4）食用油	179.03	149.93	162.42	296.51
（5）蔬菜和食用菌	332.17	346.19	320.66	349.55
（6）肉类	426.53	385.48	349.76	824.68
（7）禽类	84.38	91.10	64.53	134.57
（8）水产品	48.63	54.57	47.78	97.34
（9）蛋类	61.71	59.49	74.96	75.78
（10）奶类	228.82	240.88	153.93	282.12
（11）干鲜瓜果类	394.21	410.55	456.79	450.88
（12）糖果糕点类	103.57	130.11	113.98	100.61
（13）其他食品	191.72	127.42	177.32	184.40
2. 烟酒	532.12	413.01	544.98	1352.19
（1）烟草	309.87	226.40	302.51	630.68
（2）酒类	222.25	186.61	242.48	721.51
3. 饮料	118.57	131.00	117.16	116.90
4. 饮食服务	827.73	835.86	1061.46	632.51
（1）食堂用餐	95.47	142.52	54.58	22.26
（2）其他在外饮食	729.66	693.31	1003.61	597.11
（3）食品加工服务费	2.61	0.03	3.27	13.14
（二）衣着	1603.48	1436.28	2022.15	2030.38
1. 衣类	1205.45	1084.77	1477.28	1534.98
2. 鞋类	398.03	351.51	544.87	495.40
（三）居住	2749.66	2903.79	2496.66	3505.47
1. 租赁房房租	179.46	263.58	195.43	227.61
2. 住房维修及管理	205.14	104.01	163.40	796.15
3. 水电燃料及其他	828.95	803.57	960.64	1066.13
4. 自有住房折算租金	1536.11	1732.62	1177.19	1415.57
（四）生活用品及服务	881.80	865.30	854.56	1468.29
1. 家具及室内装饰品	107.89	112.26	40.61	267.32
2. 家用器具	162.70	129.19	136.76	405.10
3. 家用纺织品	115.30	120.94	104.44	258.95
4. 家庭日用杂品	269.79	278.03	264.50	298.85
5. 个人用品	203.58	212.32	305.12	211.85
6. 家庭服务	22.54	12.55	3.13	26.21

人均总支出情况（一）

单位：元

华池县	合水县	正宁县	宁　县	镇原县
19317.98	14303.66	15988.36	16255.80	13288.87
13392.86	10424.57	14081.37	12755.40	11990.33
4047.65	3162.53	4585.73	3830.15	3758.19
2682.38	2148.75	2708.34	2180.25	2580.27
405.15	460.26	601.55	229.37	322.19
27.83	58.83	58.40	45.33	34.52
33.65	29.52	29.07	38.36	18.50
180.52	215.50	183.62	135.59	249.69
314.62	229.52	377.41	278.60	376.08
483.40	502.77	406.50	308.81	442.95
116.15	70.22	72.03	60.89	62.39
70.77	25.66	27.31	25.16	22.71
45.00	47.00	86.59	57.31	59.61
265.90	110.05	283.51	175.96	298.48
444.46	184.56	378.99	374.95	331.85
78.67	49.72	116.54	82.45	47.09
216.26	165.12	86.81	367.48	314.21
500.88	592.25	632.97	456.10	438.72
269.37	344.09	448.00	339.83	350.19
231.51	248.16	184.97	116.27	88.53
116.74	83.17	216.38	116.37	67.44
747.65	338.36	1028.03	1077.43	671.77
21.00	95.94	566.87	5.48	3.84
726.65	239.81	452.93	1065.14	667.91
-	2.61	8.23	6.81	0.02
1951.09	1175.70	1891.91	1723.20	1398.00
1511.59	881.65	1416.27	1303.38	1043.05
439.50	294.05	475.65	419.82	354.95
1818.00	1939.95	2472.06	2327.21	3163.28
21.13	285.98	-	-	47.54
180.28	104.14	79.80	237.63	282.81
825.42	631.86	523.57	827.14	808.92
791.18	917.97	1868.69	1262.43	2024.02
1103.77	662.09	684.98	657.40	845.74
88.35	64.63	58.81	97.65	97.77
393.93	133.25	130.22	38.21	194.35
97.22	95.95	30.71	82.42	75.35
264.61	145.50	117.93	244.51	350.02
245.81	130.11	305.46	165.92	91.68
13.86	92.64	41.86	28.70	36.57

2014年分县区城镇居民

	全 市	西峰区	庆城县	环 县
（五）交通通信	1349.01	1175.13	2131.62	1722.12
1.交通	605.19	432.71	1172.67	1131.36
（1）交通工具	92.56	55.62	31.75	648.32
（2）交通费	183.34	180.10	246.19	173.87
（3）交通工具用燃料	205.08	117.01	499.83	253.64
（4）交通工具使用及维修	124.22	79.98	394.90	55.54
其中：车辆保险支出	41.54	42.94	144.05	-
2.通信	743.82	742.41	958.95	590.76
（1）通信工具	169.62	187.24	154.03	111.31
（2）通信服务	574.20	555.17	804.92	479.45
（六）教育文化娱乐	1179.26	1019.26	1157.82	1512.20
1.教育	691.00	425.62	693.42	1156.75
（1）学前教育	100.80	181.21	79.75	43.37
（2）小学教育	63.09	100.40	36.30	45.24
（3）初中教育	72.30	47.66	260.22	24.94
（4）高中教育	142.59	51.85	212.22	346.11
（5）中专职高教育	16.95	-	5.49	121.98
（6）大专及以上教育	221.43	-	91.20	412.49
（7）成人教育	73.85	44.49	8.24	162.62
2.文化娱乐	488.26	593.64	464.40	355.45
（1）文娱耐用消费品	154.06	196.95	115.10	157.90
（2）其他文娱用品	148.41	182.95	156.07	67.41
（3）文化娱乐服务	185.79	213.74	193.23	130.14
（七）医疗保健	1107.03	1407.38	757.96	1102.87
1.医疗器具及药品	466.66	565.09	435.61	411.26
2.医疗服务	640.37	842.29	322.35	691.61
（1）门诊总费用	405.10	626.57	237.53	306.51
（2）住院总费用	235.28	215.72	84.82	385.10
（八）其他用品和服务	320.77	246.28	336.87	670.06
1.其他用品	197.18	138.98	201.52	520.55
2.其他服务	123.59	107.29	135.36	149.51
二、生产经营费用支出	543.43	309.72	977.34	184.81
（一）第一产业经营费用支出	177.14	41.80	237.93	111.27
1.农业	106.14	41.80	137.36	46.29
2.林业	49.68	-	15.55	23.51
3.牧业	21.27	-	85.02	41.47
4.渔业	0.05	-	-	-

人均总支出情况（二）

单位：元

华池县	合水县	正宁县	宁　县	镇原县
1677.40	900.22	1599.42	1391.59	953.43
575.70	405.62	750.12	793.04	226.64
7.60	20.26	89.84	51.44	18.71
223.96	117.61	365.99	160.27	129.82
220.67	202.68	160.37	374.34	57.88
123.48	65.06	133.92	206.99	20.24
–	–	–	36.31	18.34
1101.71	494.60	849.30	598.55	726.79
375.37	67.89	104.13	54.73	249.41
726.34	426.72	745.17	543.81	477.38
1547.77	1261.78	1343.92	1621.01	900.84
972.52	1008.80	530.20	1251.80	594.53
74.39	11.49	39.33	11.25	10.45
102.76	26.36	26.84	24.72	5.72
36.68	120.11	41.50	42.12	46.18
122.36	181.10	4.47	392.38	58.78
2.57	80.03	3.26	–	16.40
391.15	574.91	399.76	680.19	323.82
242.61	14.80	15.04	101.14	133.18
575.26	252.98	813.72	369.22	306.31
98.06	110.43	96.94	97.85	140.17
167.64	66.11	191.99	132.10	100.16
309.56	76.43	524.79	139.27	65.97
999.30	874.74	1185.78	922.08	613.38
428.06	277.28	691.86	502.35	168.11
571.24	597.46	493.92	419.73	445.27
225.53	206.56	452.42	246.35	101.59
345.71	390.90	41.50	173.39	343.68
247.87	447.57	317.56	282.76	357.46
111.77	287.44	87.70	201.39	209.18
136.10	160.12	229.86	81.38	148.29
596.83	1912.66	316.87	867.87	322.63
110.25	605.42	–	703.38	29.88
93.92	459.35	–	313.14	21.99
14.36	137.67	–	321.82	7.88
1.97	8.40	–	67.96	–
–	–	–	0.46	–

2014年分县区城镇居民

	全　市	西峰区	庆城县	环　县
（二）第二产业经营费用支出	6.17	–	–	14.95
1.采矿业	–	–	–	–
2.制造业	1.06	–	–	13.15
3.电力、热力、燃气及水生产和供应业	0.74	–	–	–
4.建筑业	4.37	–	–	1.79
（三）第三产业经营费用支出	360.12	267.92	739.41	58.59
1.批发和零售业	217.99	142.50	562.55	28.87
2.交通运输、仓储和邮政业	76.38	66.52	16.81	14.00
3.住宿和餐饮业	40.42	58.89	109.85	–
4.居民服务、修理和其他服务业	18.19	–	50.02	15.43
5.其他	2.27	–	–	–
6.农林牧渔服务业	4.87	–	0.18	0.30
三、财产性支出	48.42	58.35	–	2.75
（一）生活贷款利息支出	45.78	58.35	–	2.75
1.住房贷款利息支出	7.84	9.12	–	–
2.其他生活贷款利息支出	37.94	49.23	–	2.75
（二）其他财产性支出	2.64	–	–	–
1.非储蓄性财产保险支出	2.47	–	–	–
2.其他财产性支出	0.17	–	–	–
三、转移性支出	486.54	435.91	919.41	186.97
（一）个人所得税	7.16	11.19	8.42	
（二）社会保障支出	421.52	385.80	850.56	174.75
1.个人缴纳的养老保险	196.87	147.27	521.87	106.14
2.个人缴纳的医疗保险	180.40	171.34	280.36	58.60
3.个人缴纳的失业保险	40.21	64.67	48.33	–
4.其他社会保障支出	4.05	2.53	–	10.01
（三）赡养支出	17.87	19.45	34.36	–
（四）其他转移性支出	39.99	19.47	26.08	12.22
四、部分商业保险支出	49.16	54.58	54.99	9.39
（一）意外伤害保险	19.01	41.70	3.19	–
（二）商业医疗保险（含大病保险）	4.92	6.87	–	–
（三）其他非储蓄性商业保险	8.36	–	14.28	8.97
（四）其他储蓄性商业保险	16.87	6.01	37.52	0.42

人均总支出情况(三)

单位：元

华池县	合水县	正宁县	宁　县	镇原县
-	76.40	-	-	6.51
-	-	-	-	-
-	-	-	-	-
-	-	-	-	6.51
-	76.40	-	-	-
486.57	1230.83	316.87	164.48	286.24
360.63	1152.58	115.92	5.32	28.97
89.28	68.50	200.96	2.20	257.27
-	-	-	16.79	-
28.72	7.92	-	82.51	-
7.94	-	-	16.39	-
-	1.83	-	41.27	-
26.18	6.00	-	165.53	15.46
26.18	6.00	-	143.90	14.01
14.80	1.10	-	12.24	14.01
11.38	4.90	-	131.66	-
-	-	-	21.63	1.46
-	-	-	21.63	-
-	-	-	-	1.46
844.84	334.27	955.61	593.95	153.14
24.60	-	-	-	0.19
680.66	281.30	535.64	564.53	91.54
286.26	132.52	106.85	310.37	34.01
332.09	146.19	397.25	227.39	49.07
60.61	2.60	6.86	15.86	7.98
1.69	-	24.68	10.91	0.47
59.65	43.46	-	-	-
79.93	9.50	419.97	29.42	61.41
244.68	16.71	-	22.10	20.80
1.01	0.27	-	0.65	0.26
0.44	-	-	-	16.21
90.07	-	-	13.49	-
153.16	16.44	-	7.95	4.32

2014年分县区城镇居民

	全　市	西峰区	庆城县	环　县
五、购置资产及非经常性转移支出	1136.65	903.84	1841.39	3108.66
（一）购置资产支出	290.47	41.75	1008.77	1713.24
1.建造住房支出	273.70	41.75	999.64	1683.16
（1）建造住房材料	156.63	4.19	658.26	929.75
（2）建造住房雇工	117.06	37.56	341.38	753.41
2.购建第一产业生产性固定资产	3.66	-	9.13	-
（1）购买农业机械	3.66	-	9.13	-
①小型（手扶）农用拖拉机	1.59	-	-	-
②脱粒机	0.66	-	-	-
③其他农业机械	1.41	-	9.13	-
4.购建第二产业生产性固定资产	0.81	-	-	-
（1）电力、热力、燃气及水生产和供应业	0.81	-	-	-
5.购建第三产业生产性固定资产	12.30	-	-	30.08
（1）批发和零售业	7.99	-	-	13.14
（2）交通运输、仓储和邮政业	1.28	-	-	0.80
（3）住宿和餐饮业	0.40	-	-	-
（4）居民服务、修理和其他服务业	2.19	-	-	13.15
（5）其他	0.45	-	-	2.99
6.购建其他资产支出	-	-	-	-
（二）非经常性转移支出	846.17	862.09	832.61	1395.42
1.博彩支出	3.92	7.12	1.21	1.13
2.婚丧嫁娶礼金支出	479.97	348.15	565.25	957.05
3.一次性赔偿支出	0.03	-	-	-
4.一次性馈赠支出	351.65	506.82	247.06	437.25
5.其他非经常性转移支出	10.60		19.10	-
六、借贷性支出	1107.72	1030.52	1334.54	1983.61
（一）存入储蓄款	372.41	456.99	-	1614.45
（二）借出款	6.96	5.83	-	-
（三）归还借款	135.04	14.40	499.54	114.54
（四）购买有价证券	2.50	-	-	-
（五）其他投资支出	0.19	-	-	-
（六）归还住房贷款	504.50	422.43	835.00	254.62
（七）归还教育贷款	6.68	-	-	-
（八）归还其他贷款	75.60	130.88	-	-
（九）其他借贷支出	3.84	-	-	-

人均总支出情况(四)

单位：元

华池县	合水县	正宁县	宁　县	镇原县
1531.23	1156.92	631.34	822.92	220.18
43.55	88.58	284.00	31.71	10.55
40.83	23.43	-	31.71	0.86
28.72	23.43	-	25.45	0.86
12.12	-	-	6.26	-
1.68	40.80	-	-	2.59
1.68	40.80	-	-	2.59
-	28.77	-	-	-
-	12.03	-	-	-
1.68	-	-	-	2.59
-	-	-	-	7.09
-	-	-	-	7.09
1.03	24.35	284.00	-	-
-	-	231.83	-	-
-	-	40.57	-	-
1.03	-	11.59	-	-
-	20.55	-	-	-
-	3.81	-	-	-
-	-	-	-	-
1487.68	1068.35	347.35	791.20	209.64
-	6.50	2.32	-	0.94
1113.41	900.24	297.39	475.95	143.77
0.60	-	-	-	-
302.29	134.96	43.35	303.23	48.17
71.38	26.64	4.30	12.02	16.76
2681.36	452.53	3.17	1028.04	566.33
-	-	-	325.41	25.20
17.44	16.49	-	22.71	-
579.04	-	3.17	261.53	36.91
30.02	-	-	-	8.76
3.75	-	-	-	-
1656.63	321.87	-	402.73	492.17
-	114.17	-	-	3.29
317.41	-	-	15.66	-
77.06	-	-	-	-

2014年分县区城镇居民

	单位	全　市	西峰区	庆城县	环　县
全部住户耐用消费品拥有情况	--				
1.家用汽车	辆	70	7	12	9
2.摩托车	辆	105	12	15	18
3.助力车	台	37	11	2	
4.洗衣机	台	301	44	37	39
5.电冰箱（柜）	台	243	31	27	25
6.微波炉	台	86	16	7	7
7.彩色电视机	台	341	46	44	43
8.其中：接入有线电视	台	165	37	22	15
9.空调	台	42	5	5	2
10.热水器	台	207	22	21	20
11.其中：太阳能热水器	台	168	19	17	14
12.消毒碗柜	台	9	-	1	1
13.洗碗机	台	7	-	-	3
14.排油烟机	台	118	22	22	6
15.固定电话	线	154	27	24	22
16.移动电话	部	733	104	99	92
17.其中：接入互联网	部	268	36	22	14
18.计算机	台	193	24	23	14
19.其中：接入互联网	台	146	22	21	7
20.摄像机	台	14	2	2	1
21.照相机	台	71	12	9	4
22.中高档乐器	架	13	2	1	
23.健身器材	台	16	1	2	1
24.组合音响	套	20	3	2	-

耐用消费品拥有情况

华池县	合水县	正宁县	宁　县	镇原县
10	11	5	13	3
16	20	4	10	10
5	11	5	2	1
40	43	27	33	38
31	28	28	36	37
10	6	15	7	18
45	47	34	42	40
23	19	18	14	17
6	8	3	3	10
30	27	32	28	27
25	21	25	26	21
1	–	2	4	–
–	3	–	1	–
6	11	21	23	7
12	12	22	17	18
111	93	60	96	78
101	10	31	52	2
25	21	29	20	37
16	16	23	11	30
3	–	1	1	4
13	1	9	9	14
–	2	4	3	1
1	4	2	4	1
8	1	–	1	5

统计资料

QING YANG YEARBOOK

村镇建设情况

	计算单位	2010	2011	2012	2013	2014
乡镇建成区面积	公顷	7933.31	8036.56	8111.94	8175.96	9176.72
本年村镇建设用地	公顷	817.60	9588.10	9555.72	9276.99	5835.77
本年建房户	万户	1.69	1.66	1.78	2.18	2.03
占总数的比率	%	2.98	2.96	3.10	3.39	3.06
本年竣工住宅建筑面积	万平方米	117.27	123.73	125.58	234.86	145.22
#混合结构	万平方米	67.54	80.42	81.18	196.86	116.54
砖木结构	万平方米	48.64	42.63	36.72	25.64	20.37
其他结构	万平方米	1.09	0.68	7.68	12.36	8.31
住宅年末实有建筑面积	万平方米	5727.75	5851.48	5979.77	6733.45	6950.21
人均拥有住宅使用面积	平方米	24.10	24.16	26.76	27.06	27.87
年末实有公建建筑面积	万平方米	645.48	667.07	681.40	715.04	752.55
#本年新建面积	万平方米	21.54	21.59	24.86	33.64	25.23
年末实有生产建筑面积	万平方米	348.45	367.71	381.51	400.66	425.89
#本年新建面积	万平方米	15.10	19.26	13.21	19.15	25.23
自来水厂	个	36	39	46	48	42
日供水能力	吨	9448	9988	14903	15380	16331
年供水总量	万吨	440.83	492.90	543.96	561.37	596.08
自来水受益人口	万人	142.20	145.55	148.43	149.51	168.82
用水普及率	%	43.61	56.41	68.20	70.40	71.80
乡镇内部道路长度	公里	13983	14253	14332	14569	14937
乡镇内部道路面积	万平方米	18978	19138	21334	21686	21879
给排水管道长度	公里	729.70	1006.03	1148.21	1306.20	1393.19
本年建设投资	万元	116331	146529	163727	280260	311959
住宅投资	万元	77223	91518	102502	201481	223236
公建投资	万元	12514	17682	15309	25773	22525
生产建筑投资	万元	9942	12921	9941	13267	22779
公用设施投资	万元	16652	24408	35973	39739	43419

数据来源：市住房和城乡建设局

2014年分县区市政

	计算单位	全　市	西峰区	庆城县
城市建设情况				
城市面积	平方公里	87.60	25.44	11.20
#建成区面积	平方公里	71.39	24.25	8.10
城市建设用地面积	平方公里	64.90	25.41	8.09
#居住用地	平方公里	20.03	7.69	3.65
公共管理与公共服务用地	平方公里	15.29	5.16	1.91
工业用地	平方公里	6.49	3.80	1.22
物流仓储用地	平方公里	1.32	0.60	0.20
交通设施用地	平方公里	3.72	0.71	0.06
商业服务业设施用地	平方公里	2.21	0.02	0.01
公用设施用地	平方公里	10.83	5.79	0.74
绿地与广场用地	平方公里	5.01	2.14	0.30
本年征用土地面积	平方公里	4.21	2.14	-
#耕　地	平方公里	1.33	0.15	-
城市人口密度	人/平方公里	6080	7469	6071
城市维护建设资金	万元	31895	5540	5080
城市供水情况				
综合生产能力	万立方米/日	9.54	5.32	0.75
#地下水	万立方米/日	2.60	1.00	-
供水管道长度	公里	785.70	374.00	78.00
供水总量	万立方米	2022.74	731.00	282.12
#生产运营用水	万立方米	329.85	93.00	27.50
公共服务用水	万立方米	291.23	105.00	27.72
居民家庭用水	万立方米	1088.70	410.50	182.90
消防及其他用水	万立方米	66.30	37.30	6.00
售水量	万立方米	1776.08	645.80	244.12
免费供水量	万立方米	34.70	26.20	-
用水户	户	118658	38912	16770
#家庭用户	户	113776	38135	15920
用水人口	万人	50.84	18.77	6.39
人均日生活用水	升	74.87	76.60	90.30
用水普及率	%	95.46	98.79	93.97
城市公共交通情况				
公共汽车营运车辆数	辆	332	165	35
公共汽车客运总量	万人次	4229.6	2640	800
实有出租汽车数	辆	1951	1079	142

建设用地及供水情况

环　县	华池县	合水县	正宁县	宁　县	镇原县
7.40	7.40	8.50	8.66	10.00	9.00
7.34	5.70	4.80	5.80	7.30	8.10
6.67	4.85	4.70	5.49	4.77	4.82
2.63	2.30	0.96	0.22	1.08	1.50
2.56	0.23	1.20	2.02	0.01	2.20
0.02	0.03	0.30	0.40	0.40	0.32
-	-	0.40	0.09	-	0.03
0.68	0.45	1.00	0.05	0.70	0.07
0.33	0.16	0.30	0.30	0.46	0.63
0.35	0.26	0.34	1.80	2.00	0.05
0.10	1.52	0.20	0.61	0.12	0.02
0.02	-	0.80	-	1.00	0.25
0.02	-	0.10	-	1.00	0.06
8622	5419	5906	5150	4030	3956
2177	2326	3183	3619	4389	5581
0.62	0.41	0.60	0.64	0.60	0.60
0.36	0.11	-	-	0.55	0.58
76.00	75.58	60.00	69.16	30.96	22.00
226.27	132.20	176.05	145.40	124.70	205.00
14.15	12.30	53.50	34.00	11.00	84.40
56.56	26.70	16.75	17.30	16.70	24.50
121.70	74.20	77.30	76.10	70.40	75.60
-	4.90	6.50	-	11.60	-
192.41	118.10	154.05	127.40	109.70	184.50
8.50	-	-	-	-	-
15261	7597	15316	8061	8756	7985
15036	7137	14710	7885	7950	7003
5.93	3.73	4.82	4.10	3.77	3.33
82.40	74.11	53.46	62.41	63.30	82.36
92.95	93.02	96.02	91.93	93.55	93.54
48	32	16	4	9	23
288	192	96	21.6	54	138
124	198	56	60	90	202

2014年分县区城镇设施水平

	计算单位	全市	西峰区	庆城县
城市市政设施情况				
道路长度	公里	390.49	158.00	27.50
道路面积	万平方米	796.67	290.00	55.35
人均城市道路面积	平方米	14.96	15.26	8.14
排水管道长度	公里	474.52	194.00	61.00
#污水管道	公里	160.19	59.50	30.00
排水管道密度	公里/平方公里	6.65	8.00	7.53
污水排放量	万立方米	1605	585	212
城市污水处理厂日处理能力	万立方米/日	5.70	2.00	1.00
道路照明灯盏数	盏	17787	7580	1220
城市集中供热情况				
供热能力				
蒸汽	兆瓦	–	–	–
热水	兆瓦	812.80	360.00	85.00
供热总量				
蒸汽	万吉焦	–	–	–
热水	万吉焦	659.55	411.00	42.00
管道长度				
蒸汽	公里	–	–	–
热水	公里	195.11	38.60	21.00
供热面积	万平方米	970.30	469.50	79.80
城市绿地和园林				
绿化覆盖面积	公顷	1801	807	155
#建成区	公顷	1579	801	126
园林绿地面积	公顷	1354	698	101
#建成区	公顷	1276	692	88
公园绿地面积	公顷	428	133	47
建成区绿地率	%	17.87	28.54	10.86
建成区绿化覆盖率	%	22.11	33.01	15.56
公园个数	个	16	2	1
公园面积	公顷	96	23	20
城市市容环境卫生情况				
道路清扫保洁面积	万平方米	594	270	61
生活垃圾清运量	万吨	35.85	15.64	4.83
市容环卫专用车辆	辆	141	64	11
公共厕所	座	227	70	29

及市政设施情况

环　县	华池县	合水县	正宁县	宁　县	镇原县
29.47	38.25	23.30	41.80	33.37	38.80
65.79	57.77	58.70	93.39	93.29	82.38
10.31	14.41	11.69	20.94	23.15	23.14
4.19	5.48	8.60	4.10	7.02	5.09
30.79	31.24	41.26	23.78	51.25	41.20
13.06	4.90	1.60	0.58	34.55	16.00
190	107	126	136	94	155
0.70	0.50	0.50	0.50	0.50	–
2073	1804	730	1081	1061	2239
–	–	–	–	–	–
68.70	61.80	75.30	42.00	33.00	87.00
–	–	–	–	–	–
46.00	21.35	37.00	22.00	15.20	65.00
–	–	–	–	–	–
16.76	23.80	37.00	9.20	14.90	43.61
80.60	55.70	65.60	65.00	38.50	115.60
145	190	135	118	125	126
125	85	86	115	117	124
109	61	102	97	87	99
96	58	65	97	82	98
67	33	53	26	31	38
13.02	10.11	13.63	16.72	11.23	12.10
17.03	14.91	17.92	19.83	16.03	15.31
2	3	3	1	1	3
5	30	7	6	1	4
91	24	25	62	23	38
3.80	1.56	2.73	2.68	2.58	2.03
20	12	6	3	10	15
38	30	18	9	23	10

庆阳市“三废”排放及处理情况

	计算单位	2010	2011	2012	2013	2014
一、废水排放总量	万吨	890.88	2374.24	2573.99	2893.60	3300.88
工业废水排放量	万吨	180.11	354.64	277.37	406.07	339.90
工业废水占总量比重	%	20.22	14.94	10.78	14.06	10.30
生活污水排放量	万吨	710.77	2019.60	2289.53	2487.53	2960.17
生活污水占总量比重	%	79.78	85.06	88.95	85.97	89.68
二、COD 排放总量	吨	8000.00	10762.38	15763.4	15513.0	15000.89
工业 COD 排放量	吨	1021.00	1175.69	1307.02	1435.64	924.21
工业 COD 占总量比重	%	12.76	10.92	8.29	9.25	6.16
生活 COD 排放量	吨	6979.00	9586.69	10147.9	9910.31	10107.45
生活 COD 占总量比重	%	87.24	89.08	64.38	63.88	67.38
三、煤炭消费总量	万吨	34.47	158.13	109.71	109.71	128.67
工业煤炭消费量	万吨	22.21	53.42	32.68	41.90	58.35
工业煤炭占总量比重	%	64.43	33.78	29.79	38.19	45.35
生活及其他煤炭消费量	万吨	12.26	104.71	77.03	71.52	70.50
生活煤炭占总量比重	%	35.57	66.22	70.21	65.19	54.79
四、二氧化硫排放总量	吨	9999.70	14428.29	14805	15167.0	15763.07
工业二氧化硫排放量	吨	4083.70	6091.52	5740.42	5826.91	6175.07
工业二氧化硫占总量比重	%	40.84	42.22	38.77	38.42	39.17
生活二氧化硫排放量	吨	5916.00	8336.77	9064.58	9340.09	9588.00
生活二氧化硫占总量比重	%	59.16	57.78	61.23	61.58	60.83
五、烟尘排放总量	吨	3570.80	6774.07	7428.6	10301.89	10790.43
工业烟尘排放量	吨	1403.80	2251.77	3587.53	4706.16	5005.28
工业烟尘占总量比重	%	39.31	33.24	48.29	45.68	46.39
生活烟尘排放量	吨	2167.00	4522.30	3841.07	5580.00	5785.15
生活烟尘占总量比重	%	60.69	66.76	45.30	54.16	53.61
六、工业粉尘排放量	吨	383.82	3190.28	1689.8	-	
七、工业固体废物产生量	万吨	5.47	25.11	14.16	15.55	16.72
八、工业固体废物排放量	万吨	0.01	0.55	0	0	0

数据来源：市环保局

工业污染排放及处理情况

	计算单位	2010	2011	2012	2013	2014
工业废水						
工业用水总量	万吨	9627.72	6515.40	1911.91	2040.70	15162.46
新鲜水量	万吨	415.19	1607.09	1570.27	1697.60	1753.44
重复用水量	万吨	9212.53	4909.31	341.64	343.10	13409.02
工业重复用水率	%	95.69	75.34	17.87	16.81	88.44
废水治理设施	套	45	20	20	24	27.00
废水治理设施处理能力	万吨/日	1.75	2.00	2.23	2.66	2.73
工业废水排放量	万吨	180.11	354.64	277.37	406.07	329.90
工业废水排放达标量	万吨	168.66	333.79	-	-	
工业废水排放达标率	%	93.64	94.12	-	-	
工业废气						
煤炭消费量	万吨	22.21	53.42	32.68	41.90	58.35
燃料油消费量	万吨	2.31	2.00	0.810	7.93	7.82
工业废气排放总量	万标立方米	859617	171	86.06	95.89	119.77
废气治理设施数	套	55	59	31	62	83.00
废气治理设施处理能力	万标立方米/时	1421.74	39.87	64.52	118.15	194.92
二氧化硫去除量	吨	341.31	1289.55	1250.43	2043.31	2905.49
二氧化硫排放量	吨	4083.70	6091.52	5740.42	5826.91	6175.07
烟尘排放量	吨	1403.80	2251.77	3587.53	4706.16	5005.28
烟尘排放达标量	吨	1145.87	1898.41	1689.8	-	
工业固体废物						
工业固体废物产生量	万吨	5.47	25.11	14.16	15.55	16.72
工业固体废物综合利用量	万吨	5.21	24.56	13.89	15.30	16.48
工业固体废物综合利用率	%	95.32	97.81	98.16	98.39	98.56
工业固体废物处置量	吨	0.19	0.55	0.26	0.24	0.24

注：从2011年起因环保系统统计口径调整而使部分指标与以前年份不可比。

城市建设

【建成区面积】 市行政区范围内经过征用的土地和实际建设发展起来的非农业生产建设地段，它包括市区集中连片的部分以及分散在近郊区与城市有着密切联系，具有基本完善的市政公用设施的城市建设用地。

【城市用水普及率】 城市非农业用水人口数与城市非农业人口数之比。

【年末实有住宅建筑面积】 年末座落在城市范围内供居住用的房屋建筑面积。包括厂矿、企业、医院、机关、学校的集体宿舍和家属宿舍；不包括托儿所、病房、疗养院、旅馆等具有专门用途的房屋。

【绿地率】 居住区用地范围内各类绿地的总和与居住区用地的比率。

【绿化覆盖率】 绿化垂直投影面积之和与占地面积的百分比。

统计资料

QING YANG YEARBOOK

对外经济贸易发展情况

	计算单位	2010	2011	2012	2013	2014
出口供货总值	万元	122203	136019	151333	161240	0
进出口总额	万美元	5611	6380	7327	8668	7269
出口总额	万美元	5587	6354	7327	8668	7269
进口总额	万美元	24	26	-	-	0
进出口差额	万美元	5563	6328	7327	8668	7269
对外签订利用外资项目数	个	1	1	1	1	0
协议（合同）项目数	个	1	1	1	1	0
对外借款项目数	个	-	-	-	-	-
外商直接投资项目数	个	-	-	-	-	-
协议（合同）金额	万美元	45	300	400	800	0
对外借款	万美元	-	-	-	-	-
外商直接投资	万美元	-	300	400	392	0
外商其他投资	万美元	45	-	-	-	-
实际利用外资额	万美元	45	-	-	-	-
对外借款	万美元	-	-	-	-	-
外商直接投资	万美元	-	-	-	-	-
外商其他投资	万美元	45	-	-	-	-
外商投资企业基本情况						
年底登记户数	户	28	29	29	30	30
投资总额	万美元	3265	3565	3565	4365	4365
注册资本	万美元	3265	3565	3565	4365	4365
#外　方	万美元	-	-	-	-	-
对外经济合作						
投资金额	万美元	-	-	-	99.19	99.19
#对外劳务合作	万美元	-	-	-	-	-
完成投资	万美元	-	-	-	-	-
#对外劳务合作	万美元	-	-	-	-	-

数据来源：市商务局

出口创汇总值

单位：万元

	2014	同比（±%）		2014	同比（±%）
合　计	7269	-16.0	合水县	0	-
西峰区	2032	-40.0	正宁县	3900	31.0
庆城县	396	13.0	宁　县	866	-50.0
环　县	10	-	镇原县	65	-68.0
华池县	0	-			

2014年庆阳市进出口企业贸易情况

单位：万美元

		进口额	出口额	出口额同比（±%）
全市总计			7269	-16.0
西峰区	合计	-	2032	-40.0
	庆阳市合晨商贸有限公司	-	300	8.0
	甘肃庆发绿色食品有限公司	-	91	-62.0
	庆阳市陇东农副产品集团有限公司	-	500	548.0
	庆阳市康辰农特产公司	-	360	45.0
	庆阳惠佳贸易有限责任公司	-	15	-99.0
	庆阳中庆农产品有限公司	-	435	-18.0
	庆阳歧黄文化传播有限公司	-	271	-
	庆阳凌云服饰集团有限公司	-	30	430.0
	庆阳陇东明珠香包刺绣有限公司	-	30	-97.0
庆城县	合　计	-	396	13.0
	庆城县果仁食品有限公司	-	59	404.0
	庆阳市恒盛果汁有限公司	-	184	-24.0
	庆城县腾阳食品有限公司	-	15	-85.0
	庆阳市宝源果蔬食品有限公司	-	55	-
	庆阳亨阳土产有限公司	-	83	-
环　县	合计	-	10	-
	环县美鑫皮革有限责任公司	-	10	-
华池县		-	-	-
合水县			-	-
正宁县	合　计	-	3900	31.0
	奥神州进出口贸易有限公司	-	3116	16.0
	正宁县桂隆皮毛有限公司	-	481	84.0
	正宁县金牛实业有限公司	-	22	-28.0
	正宁县绣金匾香包公司	-	7	-
	正宁县龙邦公司	-	274	-
宁　县	合　计	-	866	-50.0
	甘肃通达果汁有限公司	-	857	-50.0
	宁县金谷粮贸有限责任公司	-	2	-85.0
	庆阳市庆新果业有限责任公司	-	7	-
镇原县	合计	-	65	-68.0
	镇原县解语花山羊绒制品有限责任公司	-	65	-

庆阳市风景名胜

名　称	简　　介
北石窟寺	位于西峰区董志镇，距城区25公里的覆钟山下。始建于北魏永平2年（公元509年），历经北魏、西魏、北周、隋、唐、宋、明、清数代增修扩建，形成的一处规模宏大的石窟群。窟群面积7500平方米，窟院面积5000多平方米，整个窟群以165窟为中心向外延伸，现存窟龛296个，石雕造像2126身，碑刻题记150余方。北石窟寺文物保存完整，内容丰富，规模宏大，兼具历代石窟文化的特点和风格，被誉为“甘肃四大佛教石窟”之一，具有较高的历史、艺术、科学、旅游价值。特别是165洞窟高达14米，深15.7米，宽21.7米，洞内七佛站立造像，全国罕见。景区背山面水，自然风景典雅秀丽。春天姹紫嫣红，鸟语花香；夏日泉水叮咚，凉风习习；秋季霜叶烂漫，硕果累累；冬至瑞雪纷飞，幽静而壮观，人文景观独特，是我市的主要旅游景点之一。
周祖陵	位于庆城县县城东山，因山顶有周先祖不窋之陵而得名，又传黄帝与岐伯论医于此，是庆阳市的龙头旅游景点。景区自1993年开工建设以来，累计完成投资1.2个亿，突出周祖农耕文化与岐伯中医药文化两大主题，逐步形成了周祖文化、岐伯圣景和黄帝千家碑林三大景观区。周祖文化景观区位于山顶，主要有周祖大殿、周王殿、肇周圣祖牌坊和三碑三亭等景观，是了解先周文化的最佳去处；岐伯圣景景观区位于山间，主要有岐伯大殿、十大名医祠、拜师论医亭、长寿鸿福台等景观，处于其间，可沐浴中国中医文化的博大精深；《黄帝内经》千家碑林景观区位于山下，是运用岐伯与黄帝论医形成《黄帝内经》这一史实，以把《黄帝内经》全文分段书写刻碑的办法建成的专业碑林，整个碑林突出“岐黄论医，日月同辉”这一主题，征集全国书法名家和医学家书法作品1000多幅，对接性、传承性、趣味性和艺术性极强。周祖陵景区森林覆盖率达60%，景色优美，幽雅安静，古建筑采用明清重檐歇山式风格，错落于幽林之间，气势辉煌，古色古香。2005年，周祖陵被评定为国家级森林公园，2007年被国家中医药管理局批准为首批全国中医药文化宣传教育基地，2010年3月被评定为国家4A级旅游景区。
双塔森林公园	位于华池县城东山林区，原名东山公园，因将被盗的原位于豹子川的双石塔搬迁至此，故更名为双塔公园。公园始建于1997年，2001年开始全面建设，占地面积3156亩，累计投资6000多万元，是华池县以县城东山良好的森林源资为基础，以双塔寺搬迁保护为依托，集全县之力修建的一处集旅游观光、避暑度假、文化娱乐于一体的休闲游乐场所。公园自然景观优美，生态系统良好，空气清新宜人，景区峰峦迭翠，林木繁郁，气候凉爽，风光迷人。景区内有重檐亭、天台、双塔寺、范公祠、碧玉山庄、餐饮娱乐中心、儿童乐园、动植物园、华池民俗园、草原风情园、购物中心、文化大楼、石油观光园、垂钓中心、山间别墅、射击场等30多个景点和游乐服务设施。山顶世纪广场特色鲜明，灯光、音响、喷泉、雕塑在夜间交相辉映，远处观望美伦美幻。公园交通方便，服务设施齐全，已经形成吃、住、行、游、购、娱一条龙服务，是休闲娱乐、避暑度假、旅游观光的理想之地。2003年，公园被评定为省级森林公园，2006年12月，被评定为国家2A级旅游景区。

庆阳市风景名胜（续一）

名　称	简　　介
潜夫山森林公园	位于镇原县城东面潜夫山，因东汉末年著名思想家、政论家王符在此隐居著书《潜夫论》而得名，相传山上百余棵古柏为王符当年著书之余亲手所栽，已有近两千年历史。步入山中，翠柏环绕，殿堂林立，环境幽雅，古朴神秘，不由令人心静神凝，思古缅贤，流连忘返。公园自1987年开始恢复修建以来，先后投入3000多万元，建成了烈士纪念碑、潜夫亭、杏花亭、通明宫、王符纪念馆、书画展览厅、南北大门、王符纪念馆、佑德观大门、悠园、沁园、怡园等景点，后来招商引资1000多万元，在公园内建成了潜夫山庄。通过十多年的建设和发展，公园自然环境和服务设施日趋完善，已成为集休闲娱乐、浏览观光、经济服务、文化教育为一体的综合旅游区。2003年，公园被评为国家2A级旅游景区。
环县兴隆山	东老爷山，古称兴隆山。位于环县四合原乡东南6公里处，地处陕、甘、宁三省交界处的群山环抱之间，海拔1774米，是闻名遐迩的道教名山。自古有“鸡鸣听三省”之说，有轩辕黄帝升天、周太子降生、金公鸡叫鸣、狐大仙选址、关老爷显灵、林道士成仙的神奇传说。现为省级森林公园、省级文物保护单位。2010年3月，被评定为国家2A级旅游景区。 东老爷山“二龙戏珠”奇特山势壮观逼真、巧夺天工。山底有耿家河支流小溪，山上有砖石台阶，山顶依地而就，保存有始建于明清的庙宇、楼阁10余座，这些古建筑第一层以砖石砌成，上镶仿木斗拱，斗拱之上叠涩出檐，券形门洞；第二层收小，硬山顶，四角翘起，上铺瓦栊，上有脊兽。整个建筑群构建奇巧、匠心独具，结构严谨，古朴壮丽。神台上供奉有佛、菩萨、关公等诸神位，庙内始终有和尚主持供奉香火。传说此庙“有求必应，十分灵验”，远近闻名，声誉极大。所以，每年夏历三月三的祖师诞辰日子的前三天，这里总要张罗过庙会，届时，很多陕甘宁三省的善男信女都会来此参拜、求神和占卜。 1935年10月11日，中国工农红军第一方面军长征从镇原三岔入境环县，两路行军，途经演武、合道、车道、毛井、小南沟、虎洞、环城、洪德、耿湾、四合原等10个乡镇，行程百余公里，播撒了红色革命火种。15日，二、三纵队抄小路取道东老爷山，当晚就宿于此。由于东老爷山的庙宇有限，除司令部和电台发报人员外，战士们全部露宿，叶剑英、邓发、蔡树藩、张经武等首长都住宿在道观内。红军一向反对迷信，但又尊重信教自由，对庙内设施秋毫无犯。当地群众自发送粮运柴、盛情欢迎，主动让出山上仅有的一孔水窖供红军将士饮用，当地群众亲切地称为“红军窖”。日晨，红军部队离开了兴隆山，通过环县的天桥、华池的艾蒿坟，19日到达了陕北吴旗镇。 2007年以来，环县县委、县政府多次投资对东老爷山古建筑娇群进行了维修扩建，对红军长征宿营地旧址进行了恢复。如今的东老爷山，整个建筑结构严谨，古朴壮丽，不仅是道教圣地，也是红色旅游胜地和商贸中心。

庆阳市风景名胜（续二）

名　称	简　　介
庆阳农耕民俗文化村	庆阳农耕民俗文化村，位于西峰区城南9公里的董志镇境内。原名小崆峒，因山势如凤凰卧巢状，故名凤凰山；又因山上建有无量大殿，是西峰区最大的道教宫观，故又有无量山之称。其山势形若游龙、蜿蜒险峻、钟灵毓秀，山间窑洞错落有致，塬上广阔平坦，梁坡林草茂密，沟底树木葱笼，季相变化明显，景色各不相同，风光引人入胜。山间动植物资源丰富，有杏树、刺槐、小叶杨、旱柳、侧柏、油松、苹果、狼牙刺、黄蔷薇、山桃、酸枣、扁核木、白草、冰草、牛尾草、蒿类、野棉花、蒲公英、茵陈蒿等200多种人工栽植和野生植物，有獾、狐、野兔、黄鼬、松鼠、山鸡、啄木鸟、猫头鹰、布谷鸟、百灵、黄鹂、鸽子等多种野生动物。是陇东黄土高原的“天然标本园”和黄土沟壑区少见的风景旅游胜地，至今已有300多年的历史。农历三月三日庙会，周边群众前来朝山赶会，香火颇盛，已成为陇东高原的胜景。 2003年，经市、区共同研究同意，小崆峒正式更名为庆阳农耕民俗文化村，由陕西城乡设计研究院编制规划，总体进行开发建设。规划总面积194公顷，其中管理范围102公顷，外围保护带116公顷，分为五个功能区，六个景区，二十一个景点。目前，共完成投资3000多万元，完成了专线公路、供水、供电、通讯、绿化等基础设施建设，建成了无量台景区、小西湖景区、农业观光示范园、民俗博物馆、神泉山庄、三清殿、大戏台、观音阁、泗水茶舍、碑林画廊等景点建设。 发展方向：按照突出重点、精品带动的思路，重点对小崆峒按规划进行全方位的包装升级，设置景区景点简介牌、导游指示牌、安全警示牌、统一垃圾收集箱、增加景区游客休憩点等。
正宁调令关森林公园	地处子午岭南端、陕甘交界，距正宁县城33公里，省道303线穿境而过，是庆阳市最具特色的自然风景区。 公园总面积9300公顷，森林覆盖率80.3%，由调令关、中湾、高凤坡、西牛庄四个景区组成。景区内层峦叠翠、空气清新、森林生态景观独特，秦直道、黄帝冢、调令关、老龙潭等历史文化遗迹众多。公园以森林绿色生态旅游为主要特色，有直道林荫、调令松涛、黄帝遗冢、古关日出、八仙洞府、子午烟雨、森林氧吧、犀牛望月、黄帝升天峰、野生动物养殖园十大景点。公园是2004年3月由省林业厅审批，按省级森林公园的标准规划建设的。目前，景区已建成接待中心、观景台、森林氧吧、休闲别墅、野生动物养殖园、垂钓池等旅游场所，具备较强的旅游观光、休闲度假、住宿餐饮接待能力。2007年10月，公园被省旅游局评定为国家2A级旅游景区。
夏家沟森林公园	2002年12月由合水县旅游局主管和实施，该项目由甘肃省咨询中心作了可行性研究报告，2008年9月正在做夏家沟森林公园秦直道景区建设详细规划。资源背景是：子午岭自然风景区与沿线文物古迹为我县开发建设旅游业提供了丰富的旅游资源。生态旅游的兴起，是人类希望实现环境保护与国民经济协调发展的必然产物，该项目的建设，符合国家保护生态环境，加快第三产业发展的产业政策。该项目已投资1200万元，主要修建了夏家沟森林公园游客接待中心----秦直道山庄、上下山道路、停车场、水冲厕所及通讯设施等。 今后打算：修建山门、上山游步道、子午岭观景塔、游客休憩亭、游客茶园等。

庆阳市风景名胜（续三）

名 称	简 介
环江玉龙文昌阁	环县文昌阁矗立县城玉皇山之巅，建于2008年，仿明清建筑，四方十六柱，青瓦红墙，斗拱上翘，檐牙高啄，雕梁画栋，通高36.9米，是西北最大的文昌阁。登高远眺：环江如玉带绕城而过，宾河路、秦长城、汉萧关、唐古台、宋砖塔、明老城尽收眼底。 文昌阁景区有入口牌坊、钟鼓楼、砚池、状元桥等景点。“砚池”是古代文人磨墨洗笔的水池；“状元桥”意喻书生、学子踏过此桥，将会高中榜首，成为国家栋梁之才。文昌阁为明三暗五层。五楼供奉的是玉皇上帝，四楼供奉的是红、黑二天蓬和四大天王，三楼供奉的是文昌帝君和大成至圣先师孔子，二楼供奉的是魁星和天师。在玉皇山下还有环江翼龙雕塑、步云桥等景点。“环江翼龙雕塑”是环县奋进腾飞的象征。“步云桥”是县城通往玉皇山的人行石拱桥，“步云”取平步青云之意。过步云桥，经桥西广场，沿南北台阶登山，四周植被茂密，称“西山翠屏”，途经“润物亭”和“任养亭”。 现在，每天清晨有几百人徒步登山，观景健身；平时，往来行旅不绝，
东湖公园	东湖公园位于西峰区九龙路北段繁华地段，始建于1988年，1992年初具规模，1993年7月正式对外开放。公园占地290亩，内有峰、湖、亭、桥观赏景点和儿童游乐、休闲娱乐设施。湖面碧波荡漾，亭廊依山傍水，游船飘于水面，曲桥云桥横贯湖间，亭台假山点缀园中，水榭长廊曲折环绕，叠石喷泉锦上添花，景观相互衬托，自然融为一体，观之美不胜收。园内绿树成荫，花卉斗妍，环境幽雅，各种服务设施和服务功能齐全，是广大游客和市民理想的游览、休憩场所。2008年被省旅游局评定为国家AA级旅游景区。 目前，东湖公园扩建提升工程已全面开始，已投资2000多万元，完成了项目可行性研究报告、立项批复、土地选址报告等手续，聘请天津市园林规划设计院完成了项目总体规划，协调相关部门落实了部分建设用地。打算到2011年初全部完成建设，届时东湖公园将达到国家3A级旅游景区的标准，为全市人民创造一处环境优美、功能完善的休闲旅游场所。
陇东古石刻艺术博物馆	位于合水县城北区，是我市一处主要的旅游景点。合水县文物古迹众多，文物藏品丰富，有北魏、唐代的石雕造像，有各个文化时期的陶器、瓷器、铜器、玉器、皮影、化石等文物。为了更好地保护文物和石雕造像，展示合水县悠久的历史和灿烂的文化，为研究古代宗教、民俗、音乐、美术以及中西方文化交流提供珍贵的实物资料，合水县于2003年开始修建了陇东古石刻艺术博物馆。目前已完成投资近3000万元。博物馆仿明清歇山式古建风格，主要建筑有山门、单檐殿、重檐殿、双层殿、侧展厅、碑亭、碑廊、黄河古象展厅、历史文物展厅、钟楼、鼓楼，塔儿湾宋塔及地宫。2008年被省旅游局评为国家3A级旅游景点，是中外游客游览观光、研究考古的最佳场所。

庆阳市风景名胜（续四）

名　称	简　　介
灵武台公园	环县是一座古城，境内文物古迹遍及山川，县城北关就有秦长城遗址、汉代萧关古道遗址、唐肃宗即位的灵武古台、宋代砖塔和城墙等，宋代砖塔为省级文物保护单位。灵武台公园位于县城北关，是依托宋代砖塔、灵武古台遗迹、宋城墙、烽火台等遗迹和灵武庙规划修建的县城综合性公园。 目前环县已投资310万元，于2006年实施了一期工程，建成了入口牌楼、八卦平台、艺术花梯、登山踏步以及宋塔塔园绿化、硬化、亮化、上水等工程，总投资310万元。
太阳池旅游风景区	太阳池位于镇原县东南屯字镇太阳村境内，距县城32.5公里，郿肖省道从旁边穿过。池面长970米，宽250米，水深14.5米，蓄水量218万立方米。水色澄清如洗，四季碧波涟漪，宛然一面碧波照人的宝鉴，静静地置于黄土高原谷底沟壑间，使人油然而生“高原出平湖”的感觉。目前景区建设已投资2000多万元，主要由天康生物有限公司出资，建成了宾馆、KTV包厢、洗浴中心、美食城、广场等服务设施，同时购置游船14艘，修建环池路7公里，生态绿化1800亩，植树16万株，开设了游泳、划船、垂钓、赛艇等多种水上娱乐项目。县上出资完成了景区水、电、路等基础设施建设及太阳池四周荒山绿化等工程。
翟池旅游风景区	翟池风景旅游区位于镇原县上肖乡境内，东临西峰区。池面东西宽约200多米，南北长约800多米，最深水位 16米，总蓄水量达104.5万立方米。传说当年大禹治水有功，禹死后，三个貌似天仙的女儿继承父志，在此筑堤蓄池，保护农耕，形成今之翟池。湖水碧波荡漾，晴天，波光涟涟；雨天，迷雾蒙蒙；静夜，鳞光闪烁，皓月若盘；湖边柳绿成荫，依水吐翠，婆娑若染。山水一色，鱼翔鸟飞，树绿花艳，心旷神怡。 翟池风景旅游区于2002通过招商引资开发建设以来，已累计投资800多万元。县上出资完成了景区水、电、路及翟池四周荒山绿化等工程。山庄现建有宾馆、多功能大厅、游泳池、垂钓场、停车场等设施。开设划船、游泳、垂钓等20多个游乐项目，景区开发初具规模，具备基本的接待能力。
黄河古象出土遗址	1973年，在板桥乡穆旗村马莲河西岸出土的大象化石，身高4米，体长8米，门齿长3.02米，是迄今为止世界上个体最大、保存最完整的象化石。经专家鉴定，此象属长鼻类剑齿象，大约生活在第四纪更新世早期，距今约250万年。因其发掘于黄河流域，定名为“黄河古象”。黄河古象的出土，在国内外引起很大轰动，书写了合水历史上最有价值、最辉煌灿烂的一页。它的发掘，对研究黄土高原远古时期的地形、地貌、气候、物种等提供了极为珍贵的资料。 2002年9月，为了纪念黄河象化石出土，我们在出土址原址修建了纪念碑，中国美协副主席、原陕西省美院院长刘文西题写了“黄河古象出土遗址”碑名。2005年3月，将原县城中心的石雕象搬迁至此，新修基座，撰刻碑文，拓宽道路，植树绿化。该出土遗址已成为合水县旅游网络中的主要景点之一。

庆阳市红色旅游景点

名称	简介
大凤川军民大生产基地旧址	抗日战争时期，为了粉碎国民党对陕甘宁边区的经济封锁，渡过抗战难关，党中央、毛主席命令在根据地实行屯田政策，开展生产自救。1943年4月，三八五旅七七〇团执行中央命令，由团长张才千、政委宋景华率部进驻华池县大、小凤川，垦荒屯田，保卫边区，建设边区。当时的大、小凤川人烟稀少，野兽出没，草木杂生，十分荒凉。但指战员们发扬“艰苦奋斗，自力更生”的精神，挖野菜、打野猪以度粮慌，搭草棚、挖窑洞以作营房，同时利用废铁自己动手铸造各种生产工具，很快掀起了热火朝天的大生产运动。他们还利用当地的有利资源，开展饲养、采集、挖药、割漆、酿酒、编织等各项副业生产，使昔日“野山僻壤、林木参天、人烟无几、兽群遍行”的荒凉之地，呈现出“粮食仓满，蔬菜有余，牛马成群，猪羊满圈，革命家务日趋巩固”的繁荣景象。为了纪念大生产的丰硕成果和英雄模范事迹，七七〇团于1944年11月离开大、小凤川时，建立了一块纪念碑，后来碑身残损，现保存于华池县文化馆。1943年冬，陕甘宁边区文协秘书长、抗日救亡歌曲《松花江上》的作者张寒晖来华池采风，当地民间小调《推炒面》优美的旋律和华池军民高涨的生产热情激发了艺术家的创作灵感，由此诞生了脍炙人口的歌曲《军民大生产》，并自此唱响了陕甘宁边区，唱响了全国。 1963年2月，甘肃省人民政府公布大小凤川军民大生产基地旧址为省级文物保护单位。2008年以来，华池县人民政府对大凤川军民大生产基地旧址进行了维修保护，新建了一座“军民大生产纪念馆”，收集展出大量的文字、图片资料，向世人展示当年军民大生产的繁荣景象。
东华池抗大第七分校旧址	中国人民抗日军政大学第七分校为西安陆军学院的前身。东华池校部旧址位于华池县林镇乡东华池村，坐落在林镇川、大凤川和豹子川交汇处，周围群山环抱，林木苍翠，河水环绕，风光优美。校部旧址现存22孔石箍窑和1处院落，院落后面山上有宋代砖塔一座，高大雄伟，夕阳西下，斜阳古塔，景色十分迷人。 抗日战争时期，党中央为了给我军培养大批优秀抗日干部和指挥员，于1936年6月1日在陕北瓦窑堡创建了“中国人民抗日红军大学”。1937年1月，抗大总校迁往延安，更名为“中国人民抗日军政大学”，林彪任校长，刘伯承任副校长。抗大总校下设十二个分校，分布于全国各革命根据地。 抗大第七分校成立于1941年7月，以120师教导团为基础在山西兴县创办，1943年春奉命西渡黄河，经由陕北绥德陆续迁到华池县东华池村，彭绍辉任校长。七分校在这里仅开办了一期，1943年6月1日开学，1946年6月20日结业，历时整三个年头。有学员5200多人，设三个大队，其中女生队一个，一大队驻大凤川，二大队驻豹子川，三大队驻平定川。办学期间，全体学员响应党中央“自力更生，艰苦奋斗”的号召，开展大生产运动，一面在荒无人烟的深山密林中开荒种地、挖窑洞、烧木炭、纺纱织布、养猪放羊，一面学政治、学军事、学文化，通过艰苦劳动和认真学习，七分校为党培养了一批优秀干部，为革命做出了重要贡献。由于全体同志的辛勤劳动，开垦了上万亩良田，栽上了成片果林，修建了整齐宽敞的校部、宿舍、食堂，同时还建了商店、邮局、照像馆等服务设施，不仅完全解决了全体学员的吃饭、穿衣等需要，而且完全改变了驻地面貌。 1963年2月，经甘肃省人民政府审定，东华池抗大第七分校校部旧址被公布为省级文物保护单位。2009年，华池县人民政府投资对旧址进行了维修、保护。

庆阳市红色旅游景点（续一）

名　称	简　　介
宫河镇邓小平旧居	宫河镇邓小平旧居位于正宁县宫河镇王录村。 1937年2月至8月邓小平曾在此生活工作达半年之久。1936年11月21日，山城堡战役结束后，参战的红军各部在陕甘宁盐池、定边、环县等地休整待命。12月12日“西安事变”爆发，国民党军政部长、亲日派头子何应钦力主调兵开赴西安，讨伐“叛逆”，企图扩大内战，乘机取代蒋介石。为了策应西安事变，阻止内战再起，建立抗日民族统一战线，中国工农红军第一军团奉命由三边地区南下，协同东北军、西北军御敌。行至淳化、耀县、三原时，因西安事变和平解决，部队返回北上。1937年2月22日，红一军团进驻正宁、宁县一带，红一军团司令部驻宫河镇宫河村北头大地窑，政治部驻宫河镇王录村，政治部主任邓小平住农民王度(王振元)家。1937年上半年，中央召开了一、四方面军团以上干部会议，批判张国焘的错误，中央委托邓小平、罗瑞卿和杨尚昆同志三人负责，开会地点就在宫河王录村。1937年4月17日至20日，红二方面军政委、红军前敌总指挥部政委、中央革命军事委员会主席团成员任弼时曾在宫河镇召开红一、二、四方面军及援西军、庆阳步兵学校(中国抗日红军教导师)团以上干部会议，代表党中央传达了《中央政治局关于张国焘同志错误的决议》，邓小平、刘伯承、李富春、林育英、袁国平等参加了会议，并负责组织干部学习讨论。现存有红一军团部分领导合影和邓小平筹粮借条照片。1937年8月上旬，红一军团奉命撤离正宁、宁县，开往陕西三原参加改编，奔赴抗日前线作战。 宫河镇邓小平旧居原有窑洞5孔。1991年6月，原国家主席李先念夫人林家楣女士前来参观，追忆历史，缅怀伟人。1998年10月，邓小平旧居被省政府批准为省级文物保护单位；2003年被庆阳市人民政府命名为市级文物保护单位。2009年，正宁县人民政府筹资对旧居进行了维修、保护。
宁县烈士公园	宁县烈士公园位于宁县县城。公园入口处为宁县九龙广场，周围依山傍水，风景优美，“五八”战役被俘牺牲的烈士们静静地在这里安息着。 在1948年5月8日镇原县屯字镇战斗中，千余名解放军战士不幸被敌人俘虏，押于宁县城内几个地坑院内。同年5月11日，大部队返回陕甘宁根据地时，与城郊匪军前哨接触，盘踞在城内的马匪及地方团队，听到城外枪声后惊慌万状，对禁押的战士们严加防范，将各地坑院通道全部堵实，并将地坑院包围起来。被俘的战士们在党组织的领导策划下，决心战斗出去，以策应城外的大部队。当天晚上，战士们一齐由窑内冲出，高呼战斗口号，奋不顾身架着人梯越上地坑，与敌匪进行英勇搏斗直到天明，但终因敌众我寡，当场死亡近300人。次日早晨，匪军进入群众家中搜查，又杀害了10余名战士。遗体被弃于东门口、西坡子等五个枯井和沁坑内。 全国解放后，宁县人民为了缅怀烈士们的英灵，1956年在烈士公园内建立了“五八战役殉难烈士”纪念碑。在1979年和1983年，人们先后从沁坑中搭捞出烈士遗体228躯，每躯重新以棺木装敛，移葬于烈士公园内，并召开群众大会，举行了隆重的追悼。近年来，县上对公园进行了维修扩建。现在，宁县烈士公园已成为人们祭奠英烈、进行爱国主义和革命传统教育的重要场所。

庆阳市红色旅游景点（续二）

名 称	简 介
河连湾陕甘宁省委、苏维埃省政府旧址	河连湾陕甘宁省委、苏维埃省政府旧址位于环县洪德乡河莲湾行政村。这是1936年7月至1937年初期间中共陕甘宁省委、苏维埃省政府驻地。 1935年10月，中国工农红军第一方面军胜利到达陕北与红十五军团会师。随着解放区的迅速扩大，1936年6月，由彭德怀、聂荣臻、左权等同志领导红军进行了西征。西征红军神速前进，先后解放了环县、定边、盐池、豫旺等东西千余里，南北数百里的广大地区。为适应斗争需要，同年6月，党中央决定将陕甘省扩大为陕甘宁省。省委、省政府从陕北吴旗镇刘家渠子迁至环县洪德河连湾，省委书记为李富春，省政府主席为马锡五，副主席为朱开铨，组织部长为李维汉，宣传部长为李一氓，敌工部长为蔡畅，军事部长为萧劲光，副部长为赖传珠。陕甘宁省下辖定边、赤安、豫旺、豫海以及新建立的华池、曲子和环县等9个县，并相继成立了县乡党政机构和银行、法院等。11月18日晚，周恩来、彭德怀、陈赓、肖劲光等在这里研究制定了山城堡战役作战方案。 陕甘宁省委、苏维埃省政府驻河莲湾期间，李富春、马锡五等领导带领人民群众，打土豪、分田地，剿匪反霸，发展生产，进行了艰苦卓绝的革命斗争和经济建设，为巩固、扩大陕甘宁革命根据地，促进国共两党团结抗日做出了巨大贡献。美国著名记者埃德加·斯诺曾两次来到河连湾，把在这里的所见所闻记入了他的名著《西行漫记》。1937年初，陕甘宁省政府迁至环县曲子镇，5月更名为陕甘宁边区政府。 1963年2月21日，甘肃省人民政府公布河莲湾革命遗址为省级文物保护单位，1984年10月1日，又在此树碑镌文，向人们介绍陕甘宁省苏维埃政府的光辉业绩，萧劲光同志为石碑题字为“中共陕甘宁省委陕甘宁省政府旧址”。2001年10月，省国防教育委员会公布此地为甘肃省“国防教育基地”。2002年以来，环县县委、县政府投资维修了萧劲光将军题字石碑，修建了环县革命斗争史展馆和山城堡战役陈列馆，恢复了李富春、马锡五旧居和会议室、办公室。
三岔红军长征毛泽东宿营地	三岔乡位于镇原县北部。这里北有马家河，西有米家川河，两河在此相汇为蒲河，故名为“三岔”。红一方面军长征到达时，三岔街上只有10多家私人杂货店，住户不多。街北有一所天主教堂，土木结构，面阔三间，面墙用磨砖砌成。1935年10月9日晚，红一方面军先遣部队赶到三岔，了解敌情后，及时歼灭了距三岔五华里的南山湾堡子盘踞的敌保安队二三十人。10月10日，主力部队先后到达。当晚红军三个纵队及司令部均在三岔镇及其附近宿营，毛泽东住在天主教堂的砖瓦房内，周恩来、彭德怀住在教堂旁边的窑洞里，张闻天、王稼祥、博古等住在一华里外的窑洞里，二、三纵队及领导同志住在离三岔街5华里的山岗土窑里。在这里，毛泽东给叶剑英、邓发等人拍发电报，通报了三岔镇和环县一带的敌情，部署了红军的行进路线。10月11日，红军兵分两路向河莲湾进发。 1983年5月，镇原县人民政府将毛泽东等同志居住旧址定为县级文物保护单位，投入20多万元，对这一革命历史遗迹进行了维修、保护，并修建了老爷山革命烈士陵园。2004年10月，又建成了红军长征三岔纪念馆，成为爱国主义和党史教育基地。

庆阳市红色旅游景点（续三）

名 称	简 介
南梁革命纪念馆	南梁革命纪念馆位于华池县南梁乡荔园堡村，是为纪念陕甘边苏维埃政府的成立，在荔原堡古堡原有基础上维修和扩建而成的。纪念馆由门楼、牌坊、纪念碑、展馆、浮雕、戏楼等部分组成。在这里，我们可以通过展出的实物和资料，了解刘志丹、谢子长、习仲勋等老一辈无产阶级革命家在陕甘边一带的革命战斗历程，感受革命初期之艰辛和不易，接受爱国主义和革命传统教育。 1929 年，刘志丹、谢子长、习仲勋等老一辈无产阶级革命家在陕甘边一带宣传革命真理，开展武装斗争，在华池南梁一带战斗生活过。1930 年至 1933 年，他们先后组建了中国工农红军陕甘游击队和中国工农红军第二十六军。1934 年初，在南梁附近的四合台选举成立了陕甘边区革命委员会，同年 11 月 7 日，在南梁荔园堡召开工农兵代表大会，成立了陕甘边苏维埃政府和革命军事委员会，习仲勋当选为陕甘边区革命委员会主席和苏维埃政府主席，刘志丹当选为革命军事委员会主席。在创建根据地的过程中，边区军民前赴后继，浴血奋战，粉碎了敌人的多次进攻和“围剿”，壮大了革命力量，使根据地由华池扩展到甘肃的合水、庆阳、正宁、宁县和陕西的旬邑、彬县、淳化、耀县、铜川、宜君、黄陵、富县、甘泉、保安、安塞、定边、靖边等十八个县，数万平方公里的广大地域。陕甘边革命根据地是第二次国内革命战争失败后，全国硕果仅存的革命根据地，为经历了二万五千里长征的党中央和中央红军提供了落脚点，同时成为八路军三大主力北上抗日的出发地，为抗日战争乃至全国革命胜利做出了卓越的贡献。 为纪念这段革命历史，缅怀先烈的丰功伟绩，在甘肃省委、省政府和许多革命先辈的关怀下，1985 年，南梁革命纪念馆开始筹建。纪念馆于 1986 年 11 月 7 日落成，坐落在当年成立陕甘边区苏维埃政府的荔园堡村。纪念馆占地 33.12 亩，建筑面积 2281 平方米。整个建筑气势宏伟，肃穆庄严。前面是 10 多米高的两层仿古式城门楼，镶嵌着陈云同志亲笔题写的“南梁革命纪念馆”馆名。穿过四柱联牌坊门，是一座六角亭，亭内立有南梁革命历史简介碑。后面是高达 34.117 米的纪念碑，正面镌刻着胡耀帮同志题写的“革命烈士永垂不朽”八个大字，碑座东西两壁及背面刻着刘志丹、谢子长、王泰吉、杨森、杨琪等 608 位烈士的英名。纪念碑东侧是显示陕甘边军民英雄气概的白色群雕，西侧是清音楼。最后面是陕甘边区苏维埃政府旧址，内有革命文物展览室 3 个，分别陈列着毛泽东、周恩来、朱德等同志的题词，刘志丹等六位烈士的生平简介及部分烈士遗物，再现陕甘边区革命斗争史的文字、绘画、图片及实物，方毅、马文瑞、黄罗斌、汪峰等中央、省上领导及当年在南梁地区战斗过的老前辈的题词。 南梁革命纪念馆建成以来，先后被确定为全省爱国主义教育基地和国防教育基地。2001 年 6 月，被中共中央宣传部确定为全国爱国主义教育基地。2004 年 12 月，以南梁革命纪念馆为主的南梁陕甘边苏维埃政府旧址红色旅游景区被列入全国百个红色旅游经典景区。2008 年以来，庆阳市委、市政府对南梁革命纪念馆进行了修缮，新建了展馆和停车场，充实了展陈资料。2010 年 3 月，南梁革命纪念馆被评定为国家 3A 级景区。

庆阳市红色旅游景点（续四）

名　称	简　　介
山城堡战役遗址	山城堡战役遗址位于环县北部山城乡。1936 年冬在此进行过一场激烈的战斗，史称“山城梁战斗”。 1936 年，红军进行东征和西征后，陕甘边革命根据地迅速扩大、巩固和发展，同年 10 月红军三大主力会师。当时我党提出“停止内战、一致抗日”的主张已成为全国人民的要求。但蒋介石坚持“攘外必先安内”的反共政策，调集大量兵力，妄图一举消灭红军于黄河以东的陕甘宁边境地区。11 月 19 日，红军集结隐蔽于山城堡东、南、西三面马掌子山、断马崾岘、哨马营一带，形成口袋。20 日，敌胡宗南部贸然进入，红军于 21 日发起总攻。经过一昼夜激战，共歼灭敌军七十八师二三二旅和二三四旅两个团，彻底粉碎了敌人的进攻。23 日，红军前敌指挥部在山城堡召开了“庆祝山城堡决战胜利”大会，朱德、彭德怀、刘伯承、聂荣臻、左权、贺龙、任弼时、关向应、肖克、王震、徐海东、程子华、杨尚昆等领导同志参加了大会。 山城堡战役是红军长征到达陕甘宁后与国民党军队胡宗南部决战取得全面胜利的一次著名战役，被誉为“长征最后一战”和“第二次国内革命战争最后一战”。这次战役的胜利大振了红军军威，宣告了蒋介石“攘外必先安内”反共政策的彻底失败，巩固扩大了陕甘宁抗日根据地。同时，这次战役的胜利给全国人民展示了新的希望，增强了全国人民的抗日信心，进一步促进了张学良将军和杨虎城将军认识的转变，促成了“双十二事变”的爆发，促进了抗日民族统一战线的形成，在中国革命斗争史上有着重要意义。 在这次战役中，环县人民踊跃支前，先后派出向导 100 余人，捐粮 2000 余石，捐羊 200 余只、银元 300 余块，为战斗的胜利做出了积极贡献。 1963 年 2 月 11 日，甘肃省人民政府公布山城堡战役遗址为省级文物保护单位，划定了保护范围。1984 年 10 月 1 日，环县人民政府在山城堡修建了开国上将萧华题写的“山城堡战役纪念碑”，上面镌刻了山城堡战战役的光辉事迹，以作纪念。2005 年，省委宣传部命名山城堡战役遗址为甘肃省爱国主义教育基地。 2008 年以来，环县县委、县政府计划投资 7600 万元，在山城乡政府东侧国道 211 线旁新建山城堡战役纪念园，现已建成碑文由原军委副主席张万年题写的“山城堡战役纪念碑”。纪念碑高 28 米，由代表一、二、四三个方面军联合作战的三个碑体组成，汉白玉浮雕装饰，配套汉白玉栏杆、花岗岩台阶，十分壮观。

庆阳市红色旅游景点（续五）

名　称	简　　介
屯字镇烈士纪念馆	屯字镇烈士纪念馆位于镇原县屯字镇街道旁，是为纪念当年第一野战军第六纵队在阻击马步芳匪军战斗中牺牲的烈士而建。纪念馆主要由纪念碑、展室组成。 1948 年 4 月，奉中央军委命令，第一野战军主力向国统区进军攻克凤翔、宝鸡等城市，第六纵队在执行这一战役任务中，一部分部队随野战军主力参战，一部分部队部署于长武、邠县地区阻击马步芳匪军，以保卫野战军主力侧翼的安全。在野战军主力完成预定任务向陇东转移中，担任前卫任务的第六纵队，为坚决掩护野战军主力，在屯字镇一带与优势之敌激战两昼夜。此次战斗中，全体将士奋勇杀敌，不少同志为党为国光荣捐躯，献出了宝贵的生命，其丰功伟绩千古不朽，丹心碧血永远辉映祖国河山。 庆阳人民为了缅怀革命先烈，激励后人斗志，于 1978 年在屯字镇修建了烈士纪念塔。在此基础上，随后又建成了屯字镇烈士纪念馆。纪念塔系水泥结构，呈四方形，高 10 米。塔基高 3 米，四面均有台阶迴廊。塔顶为仿庑殿顶。纪念塔正面大字竖书：“中国人民解放军第一野战军第六纵队屯字镇战斗烈士纪念碑”。右面大字竖书“为中国人民解放事业英勇战斗光荣牺牲”。左面大字竖书“屯字镇战斗革命烈士永垂不朽”。镇原县人民政府公布此塔为县级文物保护单位。
兴隆山红军长征宿营地	兴隆山，又称东老爷山，位于环县四合原乡，地处陕、甘、宁三省交界的群山环抱之间，是闻名遐迩的道教名山。从山顶远眺，山岳重叠，一望无际，高山深谷，尽收眼底。山顶依地形而就，保存有始建于明清的古庙、楼阁 20 余座，有砖石台阶相通。原庙内经常有三个和尚主持供奉香烛，据说该庙菩萨十分灵验，有求必应，因此声誉很大，陕甘宁三省的善男信女不惜长途跋涉来此参拜、求神、占卦，历史上曾喧闹一时。 1935 年 10 月 11 日，中国工农红军第一方面军长征从镇原三岔入境环县，两路行军，途经演武、合道、车道、毛井、小南沟、虎洞、环城、洪德、耿湾、四合原等 10 个乡镇，行程百余公里，播撒了红色革命火种。15 日，二、三纵队抄小路取道兴隆山，当晚就宿于此。由于兴隆山的庙宇有限，除司令部和电台发报人员外，战士们全部露宿，叶剑英、邓发、蔡树藩、张经武等首长都住宿在道观内。红军一向反对迷信，但又尊重信教自由，对庙内设施秋毫无犯。当地群众自发送粮运柴、盛情欢迎。日晨，红军部队离开了兴隆山，通过环县的天桥、华池的艾蒿坟，19 日到达了陕北吴旗镇。 2007 年以来，环县县委、县政府多次投资对兴隆山古建筑群进行了维修扩建，对红军长征宿营地旧址进行了恢复。如今的兴隆山是省级森林公园、省级文物保护单位和国家 2A 级旅游景区，已成为周边的旅游胜地和商贸中心。

庆阳市红色旅游景点（续六）

<table>
<tr><th>名　称</th><th>简　　介</th></tr>
<tr><td>“刘巧儿”旧居</td><td>刘巧儿是评剧《刘巧儿》中的艺术形象，她的原型人物是华池县的封芝琴。封芝琴老人今年 86 岁，家住华池县悦乐镇上堡子村，她居住的地方被人们亲切地称为“巧儿”旧居。
封芝琴，乳名捧儿，生于 1924 年。在她 4 岁的时候，她的父亲就把她许配给当地一户姓张的人家的儿子张柏，因为有亲戚关系，两人从小就有来往，并且情投意合，对于亲事都很满意。但当捧儿长到 18 岁的时候，张家因为家境贫寒迟迟没有提婚，捧儿的父亲封彦贵也嫌张家贫寒，又两次把捧儿许配给了两户家境比较殷实的人家，并收取了不少彩礼。这件事传出后，张家觉得受到了羞辱，于是户族动议，在一个夜晚把捧儿抢去和张柏成了亲。这件事发生在 1943 年，华池已经成立了抗日民主政府，政府认为抢亲不但影响社会安定，而且封张二人属于包办婚姻，就以此为由宣布他们的婚姻无效。面对这种遭遇，两人暗暗发誓，一个非捧儿不取，一个非柏儿不嫁。于是，勇敢的捧儿独自走了 50 里路，去找当时陇东分区最高行政长官马锡五告状，状告华池县抗日民主政府判案不公。这是陕甘宁边区第一例民告官的案件，审诉震动了整个边区。马锡五听取捧儿哭诉后，来到华池，走访群众，了解情况，对案件重新进行了宣判。虽然封芝琴和张柏儿属于包办婚姻，但双方情投意合，自愿结婚，婚姻有效；张家抢亲、封家卖女的行为违反了抗日民主政府颁布的相关条例，应受处罚。这个审判结果让所有群众称赞不已，当地群众由此称马锡五为“马青天”。勇敢的封芝琴不但为自己争取了的幸福，还因为她的故事诞生了新中国唯一以人名命名的审判方式——马锡五审判方式。这种“调解与审判”相结合的审判方式，在新中国法制史上占有重要地位，被西方国家称为“东方经验”。
封芝琴争取婚姻自主的故事感染了很多人，后来文艺工作者们以她的故事为蓝本创作了很多的文艺作品，其中最有名的是 1956 年长春电影制片厂制作的评剧电影《刘巧儿》，轰动了大江南北，它由著名评剧表演艺术家新凤霞担任主演。这部电影在全国放映的时候，正是新中国第一部婚姻法颁布之时，电影为婚姻法的颁布起到了积极的推动和宣传作用。而“刘巧儿”自信、自强、自立的精神更是影响了几代人，已经成为推动妇女解放的一面旗帜。这部电影上映之后，封芝琴就成了“刘巧儿”，“刘巧儿”也就是封芝琴。
封芝琴老人成了名人后，社会给了她各种荣誉，但是她仍然淡泊名利，积极参加劳动生产，从中可以看出她朴实的情怀。1994 年以来，华池县政府两次维修了封芝琴老人的住所“巧儿”旧居，并布置了展室，陈列了反映各个时期“巧儿”生活的图片和文字资料，还有“巧儿”自己亲手制作的香包、剪纸等各类工艺品，以及前来看望老人的游客的留影、题词等。2009 年，华池县政府又修建了“巧儿”新居。如今，“巧儿”展馆已成为华池旅游线路上的一个亮点。</td></tr>
</table>

庆阳市红色旅游景点（续七）

名　称	简　　介
寨子湾陕甘边苏维埃政府、军委旧址	寨子湾陕甘边苏维埃政府、军委旧址位于华池县林镇乡寨子湾，是1934年11月至1935年4月陕甘边苏维埃政府、军委驻地。驻地位于子午岭密林深处的一个座北向南簸箕形的沟掌上，沟掌下是巨大的山谷，沟底有水，林木茂密，人烟稀少，实为藏龙卧虎之地。 1934年11月4日至6日，陕甘边苏维埃政府在华池县南梁荔原堡选举成立，习仲勋任苏维埃政府主席，刘志丹任革命军事委员会主席。之后，苏维埃政府机关与军事委员会等机构均移驻寨子湾。驻地旧址有三组：一组在东崾岘，为军委员所在地，有6孔窑洞，西边3孔为军委办公室，次为刘志丹住室，再为刘志丹、同桂荣夫妻住室。二组在寨子湾，与东崾岘相隔一沟，为政府所在地，有4孔窑洞，分别为习仲勋办公室、住室、警卫班战士住室和伙房。三组在上崾岘，位于上述两组窑洞之间的山顶上，有窑洞9孔，为政治保安处的住处，共住约七、八十人，大队长为郭锡山，大队副为宋飞。上崾岘居最高处，修筑有哨所、炮楼、战壕等设施。这三组地方成三角形，有小道相通，日夜都有哨兵，彼此可相呼应，如发现敌情，政治保安处即可居高临下打击敌人，掩护政府人员安全转移。 1963年2月，寨子湾陕甘边苏维埃政府、军委旧址被甘肃省人民政府公布为省级文物保护单位。2009年，华池县委、县政府对两处旧址进行了维修、保护，搜集、展陈了许多资料。
五顷塬关中特委、特区苏维埃政府旧址	五顷塬关中特委、特区苏维埃政府旧址位于正宁县五顷塬乡南邑村。1934年9月，陕甘边南区革命委员会在中部县双龙镇小石崖成立。1935年7月移住三嘉塬，9月更名为陕甘边南区苏维埃政府，11月又更名为关中特区苏维埃政府。1936年1月下旬，关中特区苏维埃政府移驻新正县南邑村，贾拓夫任特委书记，秦善秀任特区苏维埃政府主席，张邦英任副主席。1937年10月，关中特区更名为关中分区，机关驻地先后迁至新正县马家堡、马栏，习仲勋任分区党委书记，霍维德任专员。 关中特区苏维埃政府移驻新正县南邑村期间，原全国人大常委会副委员长习仲勋同志在此战斗生活了半年多时间。驻地旧址原有8孔窑洞。2000年6月，习仲勋夫人齐心女士携家人来正宁参观旧址、追忆历史，并与当地群众合影留念。2009年，正宁县委、县政府筹资对旧址进行了维修保护。

对外经济贸易

【进出口总额】 进出口总额又称进出口贸易额或进出口总值，十一货币表示的一定时期内一国全部实际进出口商品的总金额，也就是同一时期的进口总额与出口总额之和。

【利用外资】 指我国各级政府、部门、企业和其他经济组织通过对外借款、吸收外商直接投资以及用其他方式筹措的境外现汇、设备、技术等。

【对外借款】 是我国利用外资的重要部分。指通过对外正式签订借款协议，从境外筹措的资金，包括外国政府贷款、国际金融组织贷款、外国银行商业贷款、出口信贷以及对外发行债券等。1996年及以前还包括对外发行股票。

【外商直接投资】 指外国企业和经济组织或个人(包括华侨、港澳台胞以及我国在境外注册的企业)按我国有关政策、法规，用现汇、实物、技术等在我国境内开办外商独资企业、与我国境内的企业或经济组织共同举办中外合资经营企业、合作经营企业或合作开发资源的投资(包括外商投资收益的再投资)，以及经政府有关部门批准的项目投资总额内企业从境外借入的资金。

【外商其他投资】 指除对外借款和外商直接投资以外的各种利用外资的形式。包括企业在境内外股票市场公开发行的以外币计价的股票（目前主要是在香港证券市场发行的H股和在境内证券市场发行的B股）发行价总额，国际租赁进口设备的应付款，补偿贸易中外商提供的进口设备、技术、物料的价款，加工装配贸易中外商提供的进口设备、物料的价款。

【对外承包工程】 指各对外承包公司以招标议标承包方式承揽的下列业务：⑴承包国外工程建设项目，⑵承包我国对外经援项目，⑶承包我国驻外机构的工程建设项目，⑷承包我国境内利用外资进行建设的工程项目，⑸与外国承包公司合营或联合承包工程项目时我国公司分包部分，⑹对外承包兼营的房屋开发业务。对外承包工程的营业额是以货币表现的本期内完成的对外承包工程的工作量，包括以前年度签订的合同和本年度新签订的合同在报告期内完成的工作量。

【对外劳务合作】 指以收取工资的形式向业主或承包商提供技术和劳动服务的活动。我国对外承包公司在境外开办的合营企业，中国公司同时又提供劳务的，其劳务部分也纳入劳务合作统计。劳务合作营业额按报告期内向雇主提交的结算数(包括工资、加班费和奖金等)统计。

统计资料

2014 年各类学校及幼儿园基本情况

单位：所、人

	学校数	在校（园）学生		毕业（离园）人数	招生（入园）人数	教职工数	
			女学生				专任教师
合　　计	1673	431684	202449	140934	118265	35940	32531
高等院校	1	16235	8350	3137	3868	1042	766
#成人学校	1	2845	1697	874	1082	54	35
中等职业学校	12	20447	10222	8775	4731	1708	1386
#成人中专	1	0	0	0	0	51	34
普通中学	172	143362	66215	52934	44786	14636	12902
#民　　办	9	–	–	–	–	–	–
#完全中学	17	–	–	–	–	–	–
#高级中学	24	–	–	–	–	–	–
#初级中学	103	–	–	–	–	–	–
#一贯制学校	28	–	–	–	–	–	–
小　　学	1054	170244	79307	26375	29206	14198	13808
#民　　办	0	0	0	0	0	0	0
特教学校	2	635	238	60	110	55	46
幼 儿 园	432	78263	36272	22466	32112	4246	3577
#民　　办	228	36466	17033	12706	15815	2291	1819
按辖区分							
西 峰 区	202	88720	40184	24468	22559	7585	7067
庆 城 县	99	37614	17689	10049	10584	3536	3197
环　　县	297	58653	27220	16681	17226	4587	4217
华 池 县	100	20923	9721	5595	5785	1979	1769
合 水 县	119	23563	10924	7043	7834	2011	1784
正 宁 县	142	33736	15556	8953	9312	3066	2596
宁　　县	351	70317	33449	18048	18874	5983	5329
镇 原 县	363	77752	36592	19713	19345	6096	5449
按办别分							
教育部门办	1434	369741	172389	123132	97397	32330	29720
民　　办	239	45708	21710	14665	17000	2568	2045
其他部门办	–	–	–	–	–	–	–

数据来源：市教育局

2014年分县区各类

	全　市	西峰区	庆城县	环　县
一、学校（幼儿园）数				
高等学校	1	1	0	0
中等职业学校	12	5	1	1
普通中学				
#高级中学	24	6	2	1
完全中学	17	4	1	3
初级中学	103	10	10	23
一贯制学校	28	4	4	3
小　学				
#六年制	1054	107	29	220
特教学校	2	1	0	0
幼儿园	432	64	52	46
二、在校（园）学生数				
高等学校	16235	16235	0	0
中等职业学校	20447	9173	1779	3263
普通中学	143362	30081	11631	21299
小　学	170244	33099	15787	24255
特教学校	653	221	47	63
幼儿园	65477	17359	8323	8098
三、教职工人数				
高等学校	1042	1042	0	0
中等职业学校	1374	429	119	240
普通中学	14636	3131	1216	1969
小　学	14198	2374	1490	1908
特教学校	55	53	0	0
幼儿园	4246	1264	711	470
四、专任教师数				
高等学校	766	766	0	0
中等职业学校	1320	620	92	203
普通中学	12259	2633	1085	1718
小　学	14451	2582	1540	1894
特教学校	46	44	0	0
幼儿园	3577	1188	480	402

学校及幼儿园基本情况

单位：所、人、%

华池县	合水县	正宁县	宁　县	镇原县
0	0	0	0	0
1	1	1	1	1
1	1	1	6	6
0	0	2	2	5
9	2	8	24	17
3	5	5	1	3
67	29	86	246	270
0	0	0	0	1
19	81	39	71	60
0	0	0	0	0
939	1001	974	1262	2056
6604	6796	11000	25912	30039
8948	10449	13585	30457	33664
21	52	27	41	181
3843	5543	6695	7809	7807
0	0	0	0	0
124	101	91	124	146
744	871	1335	2535	2835
850	724	1309	2843	2700
0	0	0	0	2
261	315	331	481	413
0	0	0	0	0
100	70	73	104	124
568	608	1159	2102	2386
862	839	1364	2758	2612
0	0	0	0	2
239	267	291	365	345

2014年分县区各类学校

	计算单位	全　市	西峰区	庆城县
小　学				
校舍建筑面积	平方米	1465463	211944	205185
#危房面积	平方米	303783	4962	28582
教学及辅助用房	平方米	830230	132856	105110
#普通教室	平方米	749648	123217	86514
实验室	平方米	27273	2568	8842
图书室	平方米	29888	3670	5493
微机室	平方米	21986	2990	4165
语音室	平方米	1084	90	96
行政办公用房	平方米	163868	15018	27907
#教师办公室	平方米	143425	12964	23064
生活用房	平方米	408882	50041	45349
#教工宿舍	平方米	186009	30022	17133
学生宿舍	平方米	22464	882	5642
食　堂	平方米	56185	3777	6222
厕　所	平方米	113843	12482	11725
其　他	平方米	30381	2878	4627
其他用房	平方米	62483	14029	26819
普通中学				
学校占地面积	平方米	4956999	984454	512977
校舍建筑面积	平方米	1852507	426006	171533
#危房面积	平方米	166844	34262	13372
教学及辅助用房	平方米	756813	217598	59916
#普通教室	平方米	550018	147226	36051
实验室	平方米	117941	40222	16183
图书室	平方米	41436	15897	4856
微机室	平方米	35271	6842	2734
语音室	平方米	5845	2210	92
行政办公用房	平方米	171023	41600	16857
#教师办公室	平方米	128980	29590	14914
生活用房	平方米	859559	149765	75443
#教工宿舍	平方米	209791	23386	19270
学生宿舍	平方米	424051	86061	38771
食　堂	平方米	131179	26866	11675
厕　所	平方米	55438	10602	4189
其　他	平方米	39100	2850	1538
其他用房	平方米	65112	17043	19317

及幼儿园办学条件（一）

环　县	华池县	合水县	正宁县	宁　县	镇原县
204647	90812	77228	119347	305930	250370
35322	9302	4931	36364	139937	44383
104555	46883	42345	72856	184289	141336
92048	40444	33518	63816	174849	135242
2857	2211	4283	3389	2116	1007
4984	2871	2388	3507	4054	2921
4354	1303	2126	2064	3088	1896
312	54	0	80	182	270
38604	6208	6128	19838	31898	18267
32931	4996	5215	17685	29478	17092
52573	36016	25951	22529	87036	89387
18960	14009	6858	3851	43677	51499
500	5267	4805	20	4268	1080
9683	7024	5530	3182	10226	10541
17526	7282	6902	10269	24708	22949
5904	2434	1856	5207	4157	3318
8915	1705	2804	4124	2707	1380
773887	263015	303132	386447	843402	889685
217852	103573	113184	157941	326514	335904
30681	24576	135	11312	37857	14649
79734	45731	41616	62244	124404	125570
58954	36220	31050	45737	93782	100998
12718	4481	6968	9058	15561	12750
3669	2431	1183	3555	5472	4373
3747	2086	2163	3774	7125	6800
646	513	252	120	1363	649
30803	5017	13852	18645	23071	21178
27933	4314	11738	13528	12979	13984
94389	51104	56024	72919	176518	183397
26540	13953	8365	15850	40008	62419
43855	23593	27324	27248	85532	91667
13968	7394	14762	5187	35349	15978
6877	3592	3809	4563	10576	11230
3149	2572	1764	20071	5053	2103
12926	1721	1692	4133	2521	5759

2014 年分县区各类学校

	计算单位	全市	西峰区	庆城县
中职学校				
学校占地面积	平方米	545022	310230	39999
#运动场地面积	平方米	70710	31892	6672
学校产权建筑面积	平方米	295966	148723	22112
#危房面积	平方米	12604	0	0
教学及辅助用房	平方米	145853	–	–
#普通教室	平方米	71882	–	–
实验室、实习场所	平方米	69919	–	–
图书室	平方米	2608	–	–
体育馆	平方米	516	–	–
会堂	平方米	928	–	–
行政办公用房	平方米	22685	–	–
生活用房	平方米	116315	–	–
#教工宿舍	平方米	2047	–	–
学生宿舍	平方米	92206	–	–
教工、学生 食堂	平方米	12981	–	–
生活福利及附属用房	平方米	9081	–	–
教工住宅	平方米	6918	–	–
其他用房	平方米	4195	–	–
图书	册	357276	148418	25409
数字资源	GB	4214	2461	767
计算机	台	4738	2461	420
幼儿园				
幼儿园占地面积	平方米	1033810	194591	137069
#运动场地面积	平方米	315039	60157	41724
校舍建筑面积	平方米	337573	87088	55788
#危房面积	平方米	4054	1597	0
教学及辅助用房	平方米	214409	57093	32187
#活动室	平方米	149224	32487	18268
睡眠室	平方米	32172	16256	7406
保健室	平方米	7502	1818	1596
图书室	平方米	7833	1750	1648
行政办公用房	平方米	48353	10632	6717
#教师办公室	平方米	35894	7251	4014
生活用房	平方米	38443	9623	7814
其他用房	平方米	36368	9740	9070
图书	册	282788	83550	39358
数字资源	GB	7955	3554	1815

及幼儿园办学条件（二）

环　县	华池县	合水县	正宁县	宁　县	镇原县
47765	17475	29997	42000	37985	19571
8568	137	8597	5000	7500	2344
46698	16550	18000	13977	15732	14174
0	10922	800	0	882	0
–	–	–	–	–	–
–	–	–	–	–	–
–	–	–	–	–	–
–	–	–	–	–	–
–	–	–	–	–	–
–	–	–	–	–	–
–	–	–	–	–	–
–	–	–	–	–	–
–	–	–	–	–	–
–	–	–	–	–	–
–	–	–	–	–	–
–	–	–	–	–	–
–	–	–	–	–	–
–	–	–	–	–	–
47215	23271	36895	23318	17250	35500
50	70	68	87	11	700
500	187	229	267	401	273
136918	51752	100227	108390	180416	124447
41412	13805	30344	38266	47510	41821
44476	18078	24287	28296	42731	36829
0	0	2157	0	60	240
29626	12589	16802	18608	26276	21228
22098	10593	13408	15696	19085	17589
2491	160	1132	321	2482	1924
1038	380	613	737	746	574
1525	573	488	425	852	572
6559	1648	3572	5122	6915	7188
4921	998	2600	3586	5943	6581
3381	2294	1620	2685	4712	6314
4910	1547	2293	1881	4828	2099
23167	10560	32027	38928	29322	25876
240	60	337.50	343	810	795.50

2014年分县区普通中学教职工基本情况

单位：人

	教职工人数	专任教师	初中	高中	行政人员	教辅人员	工勤人员
全市	14636	12902	–	–	538	807	389
西峰区	3131	2880	–	–	90	92	69
庆城县	1216	1140	–	–	18	42	16
环县	1969	1762	–	–	59	133	15
华池县	744	615	–	–	31	70	28
合水县	871	745	–	–	17	46	63
正宁县	1335	1235	–	–	36	30	34
宁县	2535	2124	–	–	175	170	66
镇原县	2835	2401	–	–	112	224	98

2014年分县区普通中学专任教师学历情况

单位：人

	合计	研究生	大学本科	大学专科	高中	高中以下
全市	12259	49	5668	2352	121	4069
西峰区	2633	27	1177	392	0	1037
庆城县	1085	3	547	217	0	318
环县	1718	8	863	273	38	536
华池县	568	0	281	105	9	173
合水县	608	0	269	156	0	183
正宁县	1159	3	554	259	4	339
宁县	2102	4	1021	432	22	623
镇原县	2386	4	956	518	48	860

2014年分县区中职学校教职工基本情况

单位：人

	教职工人数	专任教师	行政人员	教辅人员	工勤人员
全　市	1708	1386	129	97	96
西峰区	763	620	60	8	75
庆城县	119	92	8	15	4
环　县	240	203	19	16	2
华池县	124	100	10	10	4
合水县	101	70	14	17	0
正宁县	91	73	2	12	4
宁　县	124	104	10	5	5
镇原县	146	124	6	14	2

2014年分县区中职学校专任教师职称情况

单位：人

	合　计	副高级	中级	初级	无职称
全　市	1386	167	420	639	160
西峰区	620	81	191	250	98
庆城县	92	8	34	47	3
环　县	203	34	71	88	10
华池县	100	6	11	70	13
合水县	70	10	27	27	6
正宁县	73	11	28	23	11
宁　县	104	8	23	56	17
镇原县	124	9	35	78	2

2014年分县区小学教职工基本情况

单位：人

	教职工人数	专任教师	行政人员	教辅人员	工勤人员
全　市	14198	13808	210	108	72
西峰区	2374	2335	17	10	12
庆城县	1490	1485	0	0	5
环　县	1908	1850	40	12	6
华池县	850	815	21	9	5
合水县	724	702	8	2	12
正宁县	1309	1288	10	4	7
宁　县	2843	2736	93	4	7
镇原县	2700	2597	21	67	15

2014年分县区小学专任教师学历情况

单位：人

	合　计	研究生	大学本科	大学专科	高中阶段及以下
全　市	14451	15	4645	6508	3283
西峰区	2582	6	961	1344	271
庆城县	1540	1	536	683	320
环　县	1894	2	613	773	506
华池县	862	2	271	352	237
合水县	839	0	323	429	87
正宁县	1364	1	400	578	385
宁　县	2758	3	90	1100	753
镇原县	2612	0	639	1249	724

科技事业发展情况

	计算单位	2010	2011	2012	2013	2014
专利申请受理量	件	233	421	1096	845	1049
#发明	件	78	208	643	348	793
实用新型	件	53	116	219	304	165
外观设计	件	102	97	234	193	91
专利申请授权量	件	29	54	315	264	127
#发明	件	4	7	6	10	14
实用新型	件	13	30	156	156	78
外观设计	件	12	17	153	98	35
科技进步奖获奖项目	个	55	86	77	2	108
下派科技特派员人数	人	1699	1252	1202	1252	912

2014年分县区文化

	计算单位	全　市	西峰区	庆城县	环　县
文化（艺术）馆					
机构数	个	9	1	1	1
人　数	人	158	26	19	8
文艺活动场次	次	416	21	14	194
图书馆					
机构数	个	9	1	1	1
人　数	人	140	19	15	10
藏　书	万册	68.48	2.16	15.67	5.58
博物馆					
机构数	个	9	1	1	1
人　数	人	88	11	13	11
文物藏量	件	31211	1069	4878	4680
专业剧团					
机构数	个	9	1	1	1
人　数	人	360	54	24	46
演出场次	次	1648	258	260	240
#农　村	次	1130	189	140	208
观众人数	万人	211.83	63.6	26	33
演出收入	万元	101.428	0.02	38	23
文化娱乐场所	个	80	18	18	7
报纸出版					
种数	种	1	-	-	-
总印数	万份	1099.5	-	-	-
总印张	千印张	12561	-	-	-
文化站	个	116	7	15	20

数据来源：市文广局

事业发展情况

华池县	合水县	正宁县	宁　县	镇原县	市　直
1	1	1	1	1	1
16	9	17	14	13	36
10	55	65	36	8	13
1	1	1	1	1	1
8	14	13	12	18	31
5.82	6.03	2.22	5.26	7.37	18.37
1	1	1	1	1	1
5	11	6	7	8	24
1670	3291	1552	2782	3571	7718
1	1	1	1	1	1
52	12	22	15	47	88
240	160	216	2	185	87
156	21	200	2	138	76
0.1	2.11	32.5	0.12	37	17.4
0.1	40	0.17	0.09	0.04	0.008
7	3	8	12	7	0
–	–	–	–	–	–
–	–	–	–	–	–
–	–	–	–	–	–
15	12	10	18	19	–

教育、科技

【普通高等学校】 指按照国家规定的设置标准和审批程序批准举办，通过国家统一招生考试，招收高中毕业生为主要培养对象，实施高等教育的全日制大学、独立设置的学院和高等专科学校、短期职业大学。

【成人高等学校】 指按照国家有关规定审批，招收通过全国成人高教统一招生考试的具有高中毕业或同等学历的在职从业人员，利用脱产、半脱产、业余或函授等多种形式对其实施高等学历教育，培养高等教育专科或本科毕业水平的专门人才，修业年限、课程设置和总学时数均按高等学历教育要求付诸实施的学校。包括广播电视大学、职工高等学校、农民高等学校、管理干部学院、教育学院、独立设置的函授学院等。

【小学学龄儿童入学率】 指调查范围内已入小学学习的学龄儿童占校内外学龄儿童总数(包括弱智儿童，不包括盲聋哑儿童)的比重。计算公式为：

小学学龄儿童入学率＝已入学的小学学龄儿童数 / 校内外小学学龄儿童总数×100%

【独立研究与开发机构】 指有明确的任务和研究方向，有一定学术水平的业务骨干和一定数量的研究人员，具有研究、开发、开展学术工作的基本条件，主要进行科学研究与技术开发活动，并且在行政上有独立的组织形式，财务上独立核算盈亏，有权与其他单位签订合同，在银行有单独户头的单位。包括国务院各部门、中国科学院、中国社会科学院和各省、自治区、直辖市以及地(市)以上〔含地(市)〕各部门所属的国有科学研究与技术开发机构。

【独立研究与开发机构职工】 指在独立研究与开发机构工作，并由其支付工资的人员。包括长期职工、临时职工和招聘人员，不包括编制以外的离休、退休人员和停薪留职人员。

【研究与发展经费支出】 指用于研究与发展课题活动(基础研究、应用研究、实验发展)的全部实际支出，包括用于研究与发展课题活动的直接支出和间接用于研究与发展活动的支出（如研究院、所管理费，维持研究院、所正常运转的必需费用和与研究发展有关的基本建设支出)。

【科学家和工程师】 指具有大学本科及以上学历和不具备上述学历但有高、中级职称的人员。

【专业技术人员】 指已取得科学技术职称，或大学、中专的理、工、农、医科系毕业，以及国民经济各部门从工作实践中提拔，从事理、工、农、医等自然科学技术的研究、教学、生产的专业人员和在机关、企业、事业中从事科学技术业务管理工作的专业人员。

统计资料

QING YANG YEARBOOK

2014年国家体育锻炼标准达标学生数

单位：人

	合　计	及格级	良好级	优秀级
合　计	387115	174202	135490	77423
高等学校	15485	6968	5420	3097
中等专业学校	23227	10452	8129	4646
职业中学	14478	6515	5067	2896
普通中学	73552	33098	25743	14710
#高　中	58067	2613	20324	11613
初　中	96779	43551	33873	19356
小　学	104521	47035	36582	20904
特教学校	1006	453	352	201

2014年各类医院、卫生院诊疗人次及入院人数

	单位	2014
诊疗人次	万人次	403.5
#门、急诊	万人次	421
入院人数	万人	17.15
每百诊次的入院人数	人	4.25
每百门、急诊次的入院人数	人	4.07
每万人口执业（助理）医师	人	16.83
每万人口注册护士	人	13.62
每万人口医院、卫生院床位数	张	37.13

2014年卫生机构

	机构数（个）	床位数（张）	人员合计（人）		
				小 计	执业医师
总 计	1788	8255	12560	9017	2379
医 院	25	5440	4791	3942	1556
#综合医院	13	3673	3550	2877	1112
中医医院	8	1659	1171	1009	429
专科医院	2	54	70	56	15
骨科医院	1	30	40	33	11
其他专科医院	1	24	30	23	4
社区卫生服务中心（站）	26	136	313	284	84
乡镇卫生院	124	2455	3061	2751	449
中心卫生院	27	1133	1198	1076	200
乡卫生院	97	1322	1863	1675	178
采供血机构	1	-	33	14	1
妇幼保健院（所、站）	9	224	298	230	91
#市 属	1	-	91	68	23
县区属	8	-	207	162	68
疾病预防控制中心	9	-	316	226	97
#市 属	1	-	71	51	35
县区属	8	-	245	175	62
卫生监督所（中心）	8	-	200	171	-
#县区属	7	-	157	128	-
医学在职培训机构					
诊所、卫生所、医务室	318	-	1258	1230	34
村卫生室	1261	-	2233	169	67
地方病防治机构	7	-	57	-	-

数据来源：市卫生局

与人员情况

卫生技术人员（人）							在全部人员中			乡村医生和卫生员
执业助理医师	注册护士	药师（士）	技师（士）	检验师	其他	见习医师	其他技术人员	管理人员	工勤人员	
1362	3027	442	184	239	973	411	300	417	762	2064
210	1438	188	133	135	216	66	206	219	424	–
166	1094	120	99	101	157	28	193	165	315	–
38	316	65	32	32	59	38	12	44	106	–
6	28	3	2	2	–	–	1	10	3	–
6	12	2	1	1	–	–	–	7	–	–
–	16	1	1	1	–	–	1	3	3	–
34	113	16	2	4	20	11	4	7	18	–
297	993	110	46	54	483	319	79	53	178	–
119	365	48	23	25	156	140	16	16	90	–
249	628	62	23	29	327	179	63	37	88	–
1	3	–	–	4	5	–	1	5	13	–
17	73	4	3	6	21	15	8	28	32	–
–	20	1	2	1	6	15	6	10	7	–
17	53	3	1	5	15	–	2	18	25	–
36	28	6	–	36	23	–	2	36	52	–
–	2	–	–	14	–	–	–	9	11	–
36	26	6	–	22	23	–	2	27	41	–
–	–	–	–	–	171	–	–	12	17	–
–	–	–	–	–	128	–	–	12	17	–
692	352	118	–	–	34	–	–	–	28	–
75	27	–	–	–	–	–	–	–	–	2064
–	–	–	–	–	–	–	–	57	–	–

2014年分县区广播

	计算单位	全市	西峰区	庆城县	环县
广播					
调频发射及转播台	座	45	1	12	7
发射机功率	千瓦	11.43	0.01	1.68	0.69
广播节目套数	套	8	-	1	1
制作广播节目时间	小时	3380	-	480	290
#新闻资讯类	小时	981	-	170	130
专题服务类	小时	964	-	150	80
综艺类	小时	1021	-	0	80
广告类	小时	50	-	0	0
其他类	小时	360	-	160	0
全年总播出时间	小时	22361	-	2410	1045
平均每日播出时间	小时	61.26	-	6.6	2.86
广播覆盖人口	万人	265.15	37.73	28.79	35.51
覆盖率	%	100	100	100	100
电视					
发射及转播台	座	111	3	12	23
发射机功率	千瓦	33.793	0.14	9.28	2.75
电视节目套数	套	9	-	1	1
制作电视节目时间	小时	4590	-	747	94
#新闻资讯类	小时	1348	-	182	50
专题服务类	小时	940	-	365	12
综艺益智类	小时	224	-	60	12
广告类	小时	1674	-	20	20
其他类	小时	404	-	120	0
全年总播出时间	小时	24023	-	3029	2098
平均每日播出时间	小时	668.56	-	8.3	5.75
电视覆盖人口	万人	265.15	37.73	28.79	35.51
覆盖率	%	100	100	100	100
有线广播电视用户	户	539903	31986	4667	2609

数据来源：市文广局

电视事业发展情况

华池县	合水县	正宁县	宁　县	镇原县	市级
1	1	1	1	1	1
0.77	0.56	0.49	1.63	1.6	4
1	1	1	1	1	1
380	440	237	182	266	1101
200	68	65	102	94	152
90	52	53	80	152	307
60	324	0	0	20	537
0	0	0	0	0	50
30	0	119	0	0	53
740	1960	1694	1815	6310	6387
2.03	5.37	4.64	4.97	17.29	17.5
13.22	17.53	24.27	55.44	52.66	-
100	100	100	100	100	-
27	27	3	6	9	1
3.4	1.92	1.62	1.893	1.79	11
1	1	1	1	1	2
680	242	237	114	252	2224
400	120	56	62	142	336
100	70	52	49	80	212
90	20	0	0	0	42
60	32	9	3	30	1500
30	0	120	0	0	134
1960	3042	2064	2307	5797	3725
5.37	8.33	5.65	6.32	15.88	10.21
13.22	17.53	24.27	55.44	52.66	-
100	100	100	100	100	-
3026	2364	2810	3536	2995	-

2014年分县区体育事业发展情况

	合计	西峰	庆城	环县	华池	合水	正宁	宁县	镇原	市直
体育工作者人数（人）	126	24	11	8	22	6	4	13	7	31
专职教练人数（人）	65	10	6	4	11	2	6	3	6	17
等级裁判员人数（人）	815	170	21	32	20	17	16	35	54	450
#国家一级	218	60	1	2	2	0	1	5	4	143
国家二级	397	110	20	30	18	17	15	30	50	107
国家三级	–	–	–	–	–	–	–	–	–	–
举办县以上运动会（次）	19	4	1	1	2	1	1	2	2	3
参赛人次（人次）	31656	16520	200	220	1383	300	180	1267	1191	10395
市级以上比赛夺取奖牌(枚)	75	3	0	10	2	0	0	0	0	60
#金　牌	31	3	0	6	0	0	0	0	0	22
银　牌	22	0	0	2	0	0	0	0	0	20
铜　牌	22	0	0	2	2	0	0	0	0	18
登记等级运动员人数（人）	36	3	2	4	3	0	0	0	0	24
#运动健将	2	0	0	1	0	0	0	0	0	1
一级运动员	4	0	0	1	0	0	0	0	0	3
二级运动员	30	3	2	2	3	0	0	0	0	20
体育场地数（个）	3965	412	542	572	207	379	396	685	861	1
各类体校（个）	8	1	1	1	1	1	1	1	1	0

数据来源：市体育局

统计资料

QING YANG YEARBOOK

2014 年社会福利事业基本情况

	单位	全市	西峰	庆城	环县	华池	合水	正宁	宁县	镇原	市直
社会服务单位数	个	3321	393	397	485	264	240	281	457	621	183
民政部门行政机构	个	9	1	1	1	1	1	1	1	1	1
社会工作单位数	个	926	177	65	94	78	69	115	130	184	14
提供住宿的社会服务机构	个	25	2	1	2	3	3	3	3	2	6
#年末床位数	张	9916	810	947	893	650	587	1629	1531	1879	990
按登记机构分											
编制登记的收养性社会服务机构	个	14	1	1	1	1	1	2	0	1	6
#年末床位数	张	1960	70	230	153	20	100	240	0	157	990
民政登记的收养性社会服务机构	个	0	0	0	0	0	0	0	0	0	0
#年末床位数	张	0	0	0	0	0	0	0	0	0	0
按单位类型分											
老年人年与残疾人服务机构	个	19	2	1	2	2	3	2	3	2	2
#年末床位数	张	9170	810	947	893	647	587	1584	1531	1879	292
城市养老服务机构	个	2	0	1	0	0	0	1	0	0	0
#年末床位数	张	350	0	230	0	0	0	120	0	0	0
农村养老服务机构	个	9	2	0	1	1	2	0	2	1	0
#年末床位数	张	698	120	0	128	100	150	0	132	68	0
社会福利院	个	6	0	0	1	0	1	1	1	1	1
光荣院	个	1	0	0	0	1	0	0	0	0	0
军队离退休干部休养所	个	1	0	0	0	0	0	0	0	0	1
智障与精神疾病服务机构	个	1	0	0	0	0	0	0	0	0	1
复退军人精神病院	个	1	0	0	0	0	0	0	0	0	1
儿童收养机构	个	2	0	0	0	0	0	0	0	0	2
流浪儿童救助救助管理站保护中心	个	1	0	0	0	0	0	0	0	0	1
救助管理站	个	3	0	0	0	1	0	1	0	0	1
不提供住宿的社会服务机构	个	901	175	64	92	75	66	112	127	182	8
老龄服务机构	个	9	1	1	1	1	1	1	1	1	1
救助、低保服务机构	个	9	1	1	1	1	1	1	1	1	1
福利彩票机构	个	1	0	0	0	0	0	0	0	0	1
烈士陵园及烈士纪念馆	个	14	0	1	1	1	2	1	6	2	0
社区服务机构		865	173	61	89	72	62	108	119	178	3
社区指导中心	个	1	1	0	0	0	0	0	0	0	0
社区服务中心	个	270	101	13	5	9	24	52	18	48	0
社区服务站	个	89	15	3	12	14	8	12	12	13	0
社区养老机构	个	45	5	1	13	0	0	7	12	7	0
其它社区服务机构	个	63	6	0	0	49	0	0	5	0	3
其它事业单位	个										
成员组织	个	2375	214	330	389	184	168	164	325	434	167
社会组织	个	1028	99	149	134	64	83	63	55	214	167
社会团体	个	815	61	113	116	62	77	51	39	193	103
民办非企业	个	213	38	36	18	2	6	12	16	21	64
自治组织	个	1347	115	181	255	120	85	101	270	220	0
村民委员会	个	1254	94	153	250	111	80	94	257	215	0
社区居委会	个	93	21	28	5	9	5	7	13	5	0
其他社会服务	个	13	2	1	1	2	3	1	1	2	0
婚姻登记服务单位	个	8	1	1	1	1	1	1	1	1	0
殡葬服务单位	个	5	1	0	0	1	2	0	0	1	0
按登记机构分											
在工商部门登记社区服务机构	个	1	0	0	0	0	0	0	0	1	0
在编制部门登记社区服务机构	个	1	1	0	0	0	0	0	0	0	0
按单位类型分											
殡仪馆	个	1	1	0	0	0	0	0	0	0	0
公墓	个	4	0	0	0	1	2	0	0	1	0

2014 年主要民政抚恤、补助对象情况

	单位	全市	西峰	庆城	环县	华池	合水	正宁	宁县	镇原
抚恤、补助优抚对象总人数	人	14170	1825	1046	1637	555	913	2520	3139	2535
#在院集中供养人数	人	163	0	0	0	0	0	0	0	0
定期抚恤人数	人	383	46	30	27	43	22	67	67	81
#烈　属	人	108	14	5	5	6	11	22	15	30
因公牺牲军人家属	人	110	13	8	5	2	4	26	29	23
病故军人家属	人	165	19	17	17	35	7	19	23	28
定期补助人数	人	12527	1529	879	1489	433	793	2319	2804	2281
伤残人员	人	1260	250	137	121	79	98	134	268	173
优抚对象享受医保人数		1674	142	40	135	78	148	480	526	125
社会救济情况										
城市居民低保家庭数	户	21525	6087	2079	1720	1638	2107	2380	2791	2723
城市居民低保人数	人	50648	15141	5404	3719	3565	3946	5673	7217	5983
#“三无”人员	人	795	507	5	61	5	27	36	61	93
登记失业人员	人	15301	4938	400	630	475	2200	1761	2529	2368
城市临时救济人次数	人次									
农村居民低保家庭数	户	105019	3993	13051	21214	5108	7699	10753	18613	24588
农村居民低保人数	人	345379	12861	34741	86077	18976	24556	32723	67431	68014
农村集中五保供养人数	人	3674	303	230	462	175	301	640	864	699

2014 年新型农村合作医疗情况

	单位	全市	西峰	庆城	环县	华池	合水	正宁	宁县	镇原
开展新农合县(区)	个	8	1	1	1	1	1	1	1	1
参加新农合人数	万人	216.97	23.82	23.61	29.90	10.80	14.47	19.75	48.32	46.33
补偿受益人次	万人次	229.01	31.22	27.14	16.60	10.66	18.44	13.11	41.70	70.13
本年度筹资总额	万元	83930	9215	9162	11526	4168	5521	7673	18746	17919
参合率	%	98.18	98.2	98.01	98	98.35	98.18	99.35	98.03	98.00

社会保障基本情况

	单位	2009	2010	2011	2012	2013	2014
城镇职工社会保险参保情况							
养老保险	人	57602	64803	73347	75048	72859	74625
失业保险	人	77522	79046	81081	82831	82722	82628
医疗保险	人	111612	145732	126635	138415	139296	140926
工伤保险	人	26138	32594	36570	47710	56864	58068
生育保险	人	-	77724	85664	86054	86562	88813
城镇低保人数	人	-	59112	61308	56435	55521	50648
农村低保人数	人	-	333338	344346	345379	345379	345379
参加新农合人数	人	74550	2156217	2171066	2168092	2176988	2169741

抚恤及社会福利救济费用

	单位	2009	2010	2011	2012	2013	2014
抚恤	万元	2845	4037	6480	5798	5711	6565
城市居民最低生活保障	万元	11829	12857	17046	16306	18012	16059
农村居民最低生活保障	万元	14315	22062	43706	37833	48819	47239
自然灾害生活救助	万元	4186	3151	4938	4548	13940	6724
农村新型合作医疗补偿资金	万元	20921	24219	51295	40288	63400	72367

2014年婚姻登记和离婚情况

	单位	全市	西峰	庆城	环县	华池	合水	正宁	宁县	镇原
登记结婚	对	23815	4177	2647	3258	1178	1635	2175	4513	4232
初　婚	人	47272	8354	5238	6474	2320	3234	4329	8931	8392
再　婚	人	358	0	56	42	36	36	21	95	72
登记离婚	对	2717	690	271	202	113	83	237	608	513
调解及判决离婚	对	2341	331	324	234	121	310	253	403	364
离婚率	‰	68.43	73.39	72.81	65.55	53.54	69.82	65.38	71.08	67.04

2014 年各党派党员（成员）情况

单位:人

	全市	西峰	庆城	环县	华池	合水	正宁	宁县	镇原	市直
中国共产党	120673	17127	11869	14338	8169	7961	10665	20068	17982	12494
中国国民党革命委员会	–	–	–	–	–	–	–	–	–	–
中国民主同盟	439	221	68	10	9		18	32	50	31
中国民主建国会	–	–	–	–	–	–	–	–	–	–
中国民主促进会	139	20	38	3	2	16	8	–	3	48
中国农工民主党	28	2	–	14	–	–	–	–	–	12
九三学社	29	–	–	–	–	–	–	–	1	28

2014 年共青团和少先队组织情况

单位:人、个

	全市	西峰	庆城	环县	华池	合水	正宁	宁县	镇原	市直
基层团支部	5139	515	716	866	364	268	341	647	1221	201
共青团员	116097	9976	12617	14276	6699	4909	8686	17848	32207	8879
#女团员	55108	4603	6289	5886	3144	1408	4006	9083	15043	5646
青年团干部	7926	743	813	590	746	455	619	1240	2052	666
少先队员	174018	31403	15481	24776	8804	10168	13218	30598	34306	5264
辅导员	5906	890	506	783	265	364	455	1299	1195	149
“希望工程”累计救助失学儿童										

2014 年工会组织情况

	单位	全市	西峰	庆城	环县	华池	合水	正宁	宁县	镇原	市直
工会基层组织数	个	2949	577	435	301	259	234	290	397	297	159
有工会组织的职工	人	211753	42707	25927	19292	16209	15428	17529	28211	27654	18796
#女职工	人	75331	14171	11443	6814	5943	5412	6335	8631	9458	7124
基层单位工会会员	人	203857	38439	25488	18601	16183	15218	17425	27633	27078	17792
#女会员	人	73762	13669	11251	6602	5927	5324	6319	8550	9403	6717
专职工会工作人员	人	313	9	25	30	35	10	9	16	16	163
#女性	人	109	3	4	8	16	6	2	9	9	52

2014 年妇联组织情况

	单位	全市	西峰	庆城	环县	华池	合水	正宁	宁县	镇原	市直
各级妇女机构	个	1851	204	199	344	156	156	160	288	270	74
妇联干部	人	186	14	21	27	30	17	15	30	30	9
#大专以上	人	186	14	21	27	30	17	15	30	30	9
“春蕾计划”救助失学女童数	人	561	50	241	50	20	20	130	50	0	0

2014年法律服务工作基本情况

	单位	全市	西峰	庆城	环县	华池	合水	正宁	宁县	镇原
法律服务所	个	120	10	15	21	15	12	10	18	19
司法助理员	人	504	69	78	96	36	48	38	55	87
调解纠纷	件	7868	702	1517	552	1694	920	1348	634	501
法制宣传	场次	2353	98	1571	54	228	68	104	78	152

2014年律师工作基本情况

	单位	全市	西峰	庆城	环县	华池	合水	正宁	宁县	镇原	市直
律师事务所	个	16	1	1	2	1	1	1	1	1	7
律师	人	94	13	5	5	2	2	3	4	4	56
#专　职	人	88	8	5	5	2	2	3	4	4	55
受聘常年法律顾问	家	389	18	12	3	4	11	4	7	5	325
民事代理	件	2935	323	213	190	103	83	138	163	43	1679
刑事代理	件	289	74	44	23	18	10	24	36	6	54
行政案件代理	件	20	7	0	3	0	13	0	0	0	0

2014年公证工作基本情况

	单位	全市	西峰	庆城	环县	华池	合水	正宁	宁县	镇原	市直
公证机构	个	8	1	1	1	1	1	1	1	1	-
公证人员	人	53	17	5	5	3	5	5	5	8	-
#公证员	人	18	6	2	3	2	0	2	1	2	-
公证件数	件	10625	7254	373	370	398	327	391	258	654	-
#经济合同公证	件	4331	3652	6	95	211	127	46	52	179	-
民事关系公证	件	5694	3602	367	275	187	200	345	206	475	-

2014年人民调解工作基本情况

	单位	全市	西峰	庆城	环县	华池	合水	正宁	宁县	镇原
人民调解委员会	个	1879	381	192	334	152	103	123	321	273
村调委会	个	1290	104	153	251	111	80	94	282	215
居调委会	个	66	15	10	4	8	5	4	11	9
企业调委会	个	195	75	7	57	16	0	2	4	34
其他调解委员会	个	328	187	22	22	17	18	23	24	15
调解人员	人	11077	1572	992	2133	1016	770	898	2086	1610
培训调解人员	人	11575	1780	935	1412	959	955	738	2581	2215

社会福利

【社会福利事业单位】 指集中收养社会孤老、残、幼的机构，包括由民政部门管理的社会福利院、儿童福利院、精神病人福利院和城镇集体举办的福利院及农村集体举办的敬老院。

【社会福利事业单位收养人数】 包括民政部门管理和城镇、农村集体举办的社会福利事业单位中收养的老人、少年儿童、缺乏生活自理能力的残疾人员和精神病人。

【社会福利企业单位】 指以安置城镇有一定劳动能力的盲、聋、哑和肢体残疾人员就业为目的，享受国家减免税待遇的国有或集体企业。包括福利工厂、福利商业和服务业、假肢厂和安置农场等单位。

【离休、退休、退职人员】 指正式办理了离休、退休、退职手续，并享受相应的离休、退休、退职待遇的人员。

【保险福利费用】 指企业、事业、机关单位在工资以外实际支付给职工和离休、退休、退职人员个人以及用于集体的劳动保险和福利费用。

(1) 职工保险福利费用包括：

① 医疗卫生费：指实行公费医疗企业的职工及其供养的直系亲属的医疗费、医务经费、职工因工负伤就医路费以及住院伙食补助费等；卫生部门开支的事业及机关单位职工的公费医疗经费；未参加公费医疗的企业、事业和机关单位职工的医药费。

② 文体宣传费：指企业、事业和机关单位实际支付的文体宣传费，不包括学习费。

③ 集体福利事业补贴费：指对职工浴室、理发室、洗衣房、哺乳室、托儿所等集体福利设施各项支出与收入相抵后的差额补助费。

④ 集体福利设施费：指按照国家规定开支的集体福利设施费用，如职工食堂炊事用具的购置费、修理费、职工宿舍的修缮费用。不包括由企业、事业、机关单位自筹经费开支的职工福利设施的基本建设费用。

⑤ 其他：指上述费用以外，单位支付给职工的保险福利费。

(2)离休、退休、退职人员保险福利费用包括：

① 离休金：指发给离休人员的工资和按 1982 年国务院发布的“关于老干部离职休养制度的几项规定”，发给符合规定的离休干部相当于 1-2 个月标

准工资的生活补贴及 1988 年增发的生活补贴费。

② 退休金：指按照国家有关规定发给退休人员的退休费及 1988 年增发的生活补贴费。

③ 退职生活费：指按照 1978 年国务院《关于工人退休、退职的暂行办法》规定，定期发给退职人员的生活费及 1988 年增发的生活补贴费。

④ 其他：指上述费用以外，单位支付给离休、退休、退职人员的保险福利费。

二零一五年庆阳年鉴

附录

FU LU

附　录

2014年科技进步奖获奖项目

一等奖（16项）

1. 马莲河上游苦咸水淡化试验研究（庆阳市水利工作总站　贾工作、何鸿政、孔繁洲、张怀仁、马阳、杨锦行、王振坤、赵统刚、严伟、王文化、曹刚、王胜举）

2. 冬小麦新品种陇育6号选育（陇东学院农林科技学院　张成、刘自成、施万喜、孟建军、杨122、乔岩、王贵军、解粉红）

3. 西峰油田白马南区二次精细油藏描述（长庆油田分公司第二采油厂　王胜华、张莲忠、易红、李春娟、强阵阵、阎浩、王慧萍、胡晓威、潘家安、李海龙、李德胜、邱忠贤、锁玉霞）

4. 1FFMJ-120型仿地形废膜捡拾机研发生产推广（环县海明农技科研有限公司　刘清海、刘畅、左志刚、敬克龙、刘芯利、马金萍、王晓燕、李慧、邵小绮、杨小年）

5. 多功能图像水印研究及应用（陇东学院　刘正岐、杨永锋、杨丽寰、马宏艳、杨芳萍、郭涛、彭仁杰、杜俊、李芳芳）

6. 镇原油田不同油藏合理开发技术政策研究（长庆油田分公司超低渗透油藏第四项目部　王海红、康永梅、胡友清、刘一仓、毛飞跃、李建中、侯长冰、余建国、刘凯旋、胡克来、田云吉、曾永平、田富全）

7. 三维虚拟校园的场景规划与实现（陇东学院　郭涛、夏海荣、刘正歧、寇俊波、李芳芳、唐婷、米文丽、杨永锋、郭蓉、李飞）

8. 旱地大豆自然降水高效利用集成技术研究与示范（华池县农业技术推广中心、甘肃省农业技术推广总站　谯显明、刘广才、张彩霞、周德录、陈继录、王玉杰、封贵琴、缪会颖、李清川、高鹏、刘云成、方明金、张维博）

9. 日光温室棚型结构优化改进及新品种新技术引进试验（庆阳市农业科学研究院　付金元、肖正璐、秦一统、帅娜娜、颉敏昌、徐小洲、南炳东、张秀丽、张晓霞、王锐、冯敏、刘亚亚、马杰）

10. 陇东黄土高原区退耕还林工程碳汇效益研究（庆阳市林木种苗管理站　席忠诚、申家朋、杨忠年、刘向鸿、张东照、李亚绒、李永刚、翟卫东、毛宏斌、白璐、卢永东、李伟、彭小琴）

11. 短柄五加的有效成分及质量检测方法研究（陇东学院　胡浩斌、郑旭东、武芸、张鹏会、曹宏、胡怀生、张小伟）

12. 豆类种质资源建设与利用研究（庆阳市种子管理站　豆新社、巩芳芳、胡俊仕、赵晓玲、黄浩钰、张晓霞、杨洁、付强、邓明瑞、张小香）

13. 庆阳市秸秆生物反应堆技术引进试验示范（庆阳市科技开发中心　常永旺、张仲华、寇娟霞、田双明、蔡玉琳、王本辉、高杰、朱鹏岗、徐小洲、雷智刚）

14. 庆阳市中医医院中医药产业化开发与研究（庆阳市中医医院　夏小军、张靖、张晓莉、王锐锋、殷建峰、郭治塬、王维、刘小伟、刘玲、田龙龙、刘西宁、左睿）

15. 慢性阻塞性肺疾病早期诊断及干预措施的研究（庆阳市人民医院　李晓宏、郭川、王海峰、付彩儒、王环琴、李淑红、郝伟、葛家艳、李肖妮、翟科峰、张志峰、杭小平、董月新）

16. 龙蒲定神丸配合利培酮治疗妄想型精神分裂症的临床及实验研究（庆阳市老年保健医院　袁岳鹏、完颜长旭、宏亚丽、李永刚、张黎明、王宝红、赵浩明）

二等奖（82项）

17. 甘肃省建筑行业安全管理及应用研究（陇东学院土木工程学院　刘万锋、孙波、闫铁成、张映虹、王博、苏星、郭建博、梁淑红、路卫东）

18. 复杂地质构造带巨厚黄土覆盖区三维地震勘探采集方法可行性研究（甘肃金远煤业有限公司　杨庆峰、余岚、胡宗正、宿敬北、路少辉、王磊、何静、贺新东、张超）

19. 镇原油田结垢现状及防治对策研究（长庆油田分公司超低渗透油藏第四项目部　鄢长灏、毛飞跃、李建中、张发旺、胡友清、侯长冰、刘凯旋、康永梅、田云吉）

20. 马岭—西峰长9层沉积相及富集规律研究（长庆油田分公司第二采油厂　韩永林、安生虎、朱晓燕、蒋冬梅、张威望、李文伟、刘丽娜、郭科勇、吕玉娟）

21. 山岭隧道抗震分析方法及其中主应力对围岩-结构体系的影响研究（陇东学院土木工程学院　张斌伟、胡爱萍、刘万锋、王进玺、杨永东、杨宏平、李旭民、张兴元、李平）

22. 庆阳市科技入户视频培训网站建设（庆阳市科技开发中心　顾亦斌、赵越、夏海荣、王超、张仲华、陈丽莉、侯海亮、马薇、左利发）

23. 采油生产作业区全面绩效考核系统的设计与开发（陇东学院信息工程学院　曹建英、杜雅丽、李娜、赵满来、杜永辉、吕浩音、邵泽云、郭涛、吴钦翰）

24. 荷兰苹果品种引进试验示范（正宁县林业局　牛立平、范宗珍、高鑫、师亚萍、王锦锋、张庆霞、范继东、赵贞、赵菊莲）

25. 优质胡麻品种选育与推广（庆阳市农业科学研究院　乔红霞、孙小花、陈娟、李可夫、帅哲元、徐小洲、耿智广、张文伟、张金霞）

26. 陇东核桃优质高效栽培技术研究与示范（陇东学院　赵菊莲、范宗珍、张庆霞、王春林、王锦锋、张永明、白璐、韩雍、姚志龙）

27. 环县北部沙漠化和荒漠化监测研究（庆阳市林业生态环境调查规划院　陈翔舜、杜芬芬、李大超、豆广斐、张浩、王小卫、朱晓庆、宋一诚、王宝荣）

28. 陇东山旱地玉米优质丰产高效技术集成研究与示范（陇东学院　李志军、李科、姚志龙、宋兰芳、张述强、王贵军、张永明、马剑、韩萍）

29. 玉米新品种登海3622引进试验与示范（华池县农业技术推广中心　刘云成、李建霞、谯显明、王玉杰、白玉龙、杨永军、李清川、赵彦垠、陈继录）

30. 绒山羊健康养殖技术示范推广（庆阳市畜牧技术推广中心　陆军、高宪儒、杨德智、王丹妮、白鹏飞、贺怀刚、苟红晶、屈海红、姬祥）

31. 辣椒新品种引进试验与技术集成应用（正宁县蔬菜生产工作站　张建峰、贾纯社、蔺西玲、袁占芳、张英婵、赵淑梅、赵巧绒、高铁东、王汪洋）

32. 地下仿生蜂巢粮仓及其应用方法（蔡天印、蔡振、齐梅、蔡龙）

33. 马铃薯品种优选及脱毒种薯繁育体系建设（庆阳市种子管理站　胡俊仕、黄浩钰、豆新社、张晓霞、杨洁、巩芳芳、赵晓玲、杜志孝、杏东）

34. 主要瓜菜新品种引选及栽培技术研究（庆阳市农业科学研究院　王锐、秦一统、付金元、肖正璐、颉敏昌、张晓霞、张秀丽、南炳东、帅娜娜）

35. 华池林区中华鼢鼠防治技术研究（庆阳市华池林业总场　李华峰、马德辉、张学龙、张中梅、何志华、张敏、宋一诚、许兴成、杨金梅）

36. 辣椒设施无公害栽培技术体系建设与示范推广（陇东学院农林科技学院　赵晓玲、张占军、杨志英、张晓霞、王春林、邵旭馗、杨海平、郭麦霞、王彩霞）

37. 红小豆丰产栽培技术示范（华池县种子管理站　李晓莉、杨晓媛、王文金、张武锋、庞占琴、李可夫、张伟、穆红霞、王树琼）

38. 庆阳市旱地冬小麦全膜覆土穴播集成技术研究与示范推广（庆阳市农业技术推广中心　雷智刚、朱永永、刘永强、李城德、王巧菊、强世军、吴恩平、拜仓定、郑玉英）

39. 庆阳市马铃薯高产创建区有害生物调查及晚疫病综合防控技术示范推广（庆阳市农业技术推广中心　李金章、郭满平、高方、刘建平、张彩霞、魏慧珍、徐子骞、窦培华、惠曌华）

40. 菜豆优良品种引进筛选研究（庆阳市农业科学研究院　南炳东、颉敏昌、付金元、王锐、肖正璐、秦一统、张秀丽、张晓霞、帅娜娜）

41.陇东优质高产绒山羊选育及推广应用（甘肃省畜牧兽医研究所　周步峰、张建军、薛健、薛科邦、李旭东、王耀荣、李嘉龙、马凤鸣、谢文章）

42.钢架大棚民欣早椒引进示范（华池县蔬菜产业办公室　高方、李静芳、戴郭平、李海琴、朱海艳、贺彦明、何树珍、阎苗苗、魏敏）

43.庆阳市干旱山区特色经济林标准化模式栽培技术示范推广（庆阳市经济林木工作管理站　张东照、杨忠年、吕立君、尚金霞、李枫、赵会通、黄茂林、杨东宁、冯小虎）

44.二氧化碳气腹对腹腔镜手术患者心血管系统及血气指标影响的临床研究（庆阳市人民医院　周峰、李阿莉、常文洲、兀效儒、刘翔龙、宋春、王宁、慕春红、段春宁）

45.自拟养胃汤治疗慢性萎缩性胃炎临床研究（庆阳市人民医院　魏六栓、左丽萍、刘娟、王海英、陈凤、刘娴、祁巧燕、郝伟）

46.庆阳市1995年至2013年白血病流行病学调查及发病情况分析研究（庆阳市中医医院　段赟、陆晓峰、开金龙、龙青、王礼堂、孙榕、姚金华、李雪松、孙林）

47.益胃丸治疗慢性胃炎的实验研究及临床观察（庆阳市中医医院　孙林、赵丽红、张惠珍、夏小军、王锐锋、王正国、赵来峰、刘娟丽、南红）

48.镇痉止嗽散治疗毛细支气管炎临床研究（庆阳市人民医院　王文功、陈鑫、王军仓、柴凤霞、齐有清、王思媛、周梅、魏丹、刘小平）

49.庆阳市农村已婚妇女病现状调查及对策研究（庆阳市妇幼保健院　董永军、王娜娜、王世林、赵庭昌、于淑华、苏振琴、景秀珍、程同心、陈文婕）

50.丙氨酰谷氨酰胺联合血必净注射液治疗重症急性胰腺炎临床研究（庆城县岐伯中医医院　宋继红、魏丹、董月新、张志峰、方永军、张小明、陈鑫、杨三龙、孙珺珺）

51.比较3种降糖方案对2型糖尿病代谢记忆效应的影响（庆阳市人民医院　范颖芳、韩文彪、侯娟娟、张玲、樊琳、张菁、张国民、刘艳、虎淑妍）

52.子宫内膜癌组织VEGF、TSP-1和PTEN表达与血管新生的研究（庆阳市人民医院　李爱萍、白喜萍、李进虎、刘爱荣、尚玉翔、汪秀红、付旭东、周梅）

53.改良Fisch耳显微内外植技术的临床研究（庆阳市人民医院　王关琴、张文斌）

54.褪黑素抗氧化作用对大鼠梗阻性黄疸肝损伤保护作用的观察（庆阳市人民医院　张小明、刘翔龙、刘文、魏丹、刘洲花、陈家先、孙建伟、黄士哲、李黎）

55.黄鼬干粉治疗骨髓增生低下性疾病的实验研究（庆阳市中医医院　姚金华、杜志荣、夏小军、韩明祖、陈访杰、田占雍、段赟、开金龙、王燕）

56.保留后交叉韧带人工膝关节置换术（长庆油田职工医院　王树德、齐文胜、王君、韩文兴、杨伯炜、李建明、赵斌、杨国栋、张宇）

57.复方蟾香膏穴位外敷治疗白血病疼痛实验及临床研究（庆阳市中医医院　俄静、殷建峰、王锐锋、夏小军、刘鹏、赵海龙、付茹、开金龙、姚金华）

58.血清肿瘤标记物在卵巢癌早期诊断中的临床研究(庆阳市人民医院　侯娟娟、虎淑妍、方永军、谢旭、韩文彪、郑红军、邢洁、李娟、张成宪)

59.按住院患者病情严重程度实行分级管理的研究(镇原县第一人民医院　孙毅、张伟、宏亚丽、穆宏鹏、张龙梅、户有军、完颜长旭、安静)

60.庆阳市初中女生青春期教育现状与对策研究(庆阳市人民医院　黎云、刘变叶、钱翠霞、李爱萍、俞萍、祁丽蓉、范颖芳、刘丽媛、张丽萍)

61.麻疼丸治疗糖尿病周围神经病变的临床研究(庆阳市老年保健医院　张世龙、邓龙、刘小伟、苏建峰、袁岳鹏、邹亚兰、张　誉、马登娟、姚鹏)

62.阻塞性睡眠呼吸暂停低通气综合症的护理干预(庆阳市人民医院 后璇、张瑞芳、魏焕能、齐翠萍、张志峰、冯顺治、柳晓英、梁彩霞、贺红丽)

63.锁定式钢板治疗股骨反转子间骨折合并骨质疏松症的临床研究(庆阳市人民医院　刘康、张晓越、左灵妮、王建峰、李会娟、刘卉芳、杨维新、罗晓、李浩)

64.对原发性高血压病的健康教育及疗效研究(合水县社区卫生服务中心 丁会绒、周婷、陈玉峰、韩秀芳、李婷、段聪聪、扈颖、孙嘉)

65.新生儿窒息延迟断脐临床研究(环县人民医院　赵桂珍、黄咏梅、郭钰娉、蔺金军、崔玉萍、邓清云、杨萍、李秀荣)

66. 克氏针定位导向器的研制及临床应用(庆城县人民医院 刘峰、高云刚、王静、高振东、郝建湖、寇治军、张明东、肖洲、杨瑞龙)

67. 心衰还阳丹配合西药治疗慢性充血性心力衰竭的临床及实验研究(庆阳市老年保健医院 石志霄、左俊英、白洋、剡小丽、石恒录、付茹、左宝宁、王存宝、李海鹏)

68. 64排螺旋CT对71例泌尿系病变的应用分析(长庆油田职工医院 冯根义、聂西龙、常玉洁、李西安、杜小凤、李俊林、赵晨华、张碧云)

69. 立式摆药台的研制及应用(庆阳市华池县人民医院 许海英、武芹、贺红梅、倪树文、周梅、朱丽娟、任晓莉、党继梅、文晓会)

70. 手用ProTaper在老年根管治疗中的临床研究(长庆油田职工医院 张振华、张玉惜、朱玉平、程琳、魏鹏、张为民、张玥、方敏、何月珍)

71. 新生儿高胆红素血症合理治疗和健康教育模式联合应用的临床价值研究(镇原县第一人民医院 安文莉、任艳峰、安文辉、田树忠)

72. 糖尿病足溃疡中医护理与传统护理方法疗效对比分析(庆阳市人民医院 胡丽娜、高艳萍、张永前、赵继胜、安静洁、王磊、郭文能、王艳花、王西川)

73. 自制皮下引流管在预防腹部切口脂肪液化中的应用研究(庆阳市西峰区人民医院 廉金明、张仲生、田万科、王军锋、胡治锋、强生璞、张振刚、马勤川、胡文春)

74. 血塞通联合消脱止-M治疗下肢深静脉血栓形成的临床观察(庆阳市人民医院 张晖、杨培权、段丽萍、邓华宁、薛晓静、孟立峰、王林平、缪延栋、丁孝贤)

75. 子宫切除术后下肢深静脉血栓形成相关因素分析与对策(庆阳 市人民医院 俞萍、刘丽媛、侯慧芳、邝卫敏、李会娟、赵海涛、朱江红、王娜、张丽萍)

76. 芪参益气滴丸对冠心病心绞痛患者心肌总缺血负荷和心率变异性的影响(宁县中医院 詹宗文、勾韦华、李贵民、李西安、任晓刚、胡铭)

77. 庆阳市西峰区青年血液总胆固醇、甘油三酯水平调查分析(西峰区人民医院 张玲、李军、席维岳、侯娟娟、王军锋、许益国、赵芹、袁莹、米娜)

78. 244例冠心病患者经皮冠脉血运重建治疗分析(庆阳市人民医院 贾文侠、兰晓蕾、郭川、段思栋、王东琪、贺红祥、赵继胜、张丹、勾韦华)

79. 冰芷肛宁膏治疗肛门病术后疼痛的实验及临床研究(庆阳市中医医院 王思轩、左灵妮、殷建峰、刘康、徐亮、赵金龙、毛倩茹、丑红)

80. 马来酸曲美布汀灌肠联合护理干预治疗肠易激综合征临床研究(庆阳市人民医院 安静洁、张慧、安怡潼、李晓芹、张华琴、李耿、胡丽娜、秦志福、王西川)

81. 常规超声联合弹性成像、声触诊组织量化在甲状腺良恶性结节中的诊断价值(庆阳市人民医院 薛晓静、尚靖智、邢小明、付卫东、梁海鹏、付民、安怡潼、贾丽、赵翌霖)

82. 实时超声弹性成像临床应用122例分析(长庆油田职工医院 常玉洁、刘润琴、聂西龙、冯根义、李含章、杨晨曦、杨伯炜、李劲松、宋利刚)

83. 盐酸倍他司汀注射液联合血塞通治疗缺血性脑血管病临床研 究(庆阳市老年保健医院 李含章、王筱薇、付茹、石志霄、朱瑛、常玉洁、左麦红、左俊英、刘庆莉)

84. 清肝降压药枕的研制与应用(庆阳市人民医院 傅义宁、陈富荣、王治利、郝伟、王秀娟、姜岩、高浩强、郑雅琼)

85. 住院患者中医适宜技术应用依从性临床研究(庆阳市中医医院 朱丽娟、贺红梅、唐秀琴、张瑞芳、王倩、王锐锋、杨秀娟、杨菊、丑红)

86. 从肝脾论治胃溃疡临床疗效观察(庆阳市中医医院 樊彩琴、王正国、王世林、胡胜根、贺志强、王芳、白银银、尚晔)

87. 开胸患者术前疲乏状况的评估及干预对患者术后康复的临床意义(庆阳市人民医院 李珲、李玲娟、段惠萍、魏焕能、白银琪、脱亚莉、胡丽娜)

88. 围手术期预防性应用抗菌药物的现状调查及干预研究(庆阳市人民医院 李晓芹、畅红梅、吴月明、安静洁、王晓琴、龚旺梅)

89. 64层螺旋CT全齿科成像在根尖周病中的应用(庆阳市人民医院 曹亚红、武建利、张志峰、崔权、张治发、苏晓军、代凌云、张婧、马晓玲)

90. 归芪汤治疗产后缺乳症的临床研究(西峰区妇幼保健站 左淑霞、刘小伟、张世玮、芮锦伟、李阿丽、耿兆峰、杨秀娟、李雪琴、毛向明)

91. 影响庆阳市居民平均期望寿命的疾病分析及对策研究(庆阳市 疾病预防控制中心　景永峰、王芸、常杰、杭小平)

92. 穴位埋线治疗慢传输型便秘的临床研究(陇东学院岐伯医学院　刘志霞、龚旺梅、齐磊、刘志宏、张来平、方永军、刘桂仙)

93. 慢性肾脏病患者心理状态与生活质量调查及影响因素研究(庆阳市人民医院　王聪兰、孙樊红、王聪梅、李卫琴、米洁、徐云、耿静、杨翠宁、孙淑梅)

94. 回针缝法在会阴裂伤缝合中的临床研究(西峰区人民医院　左聪、李阿莉、王小萍、朱江红、毛娜娜、倪巧玲、付朝霞、周晓玲)

95. 微波烧灼法根治嵌甲临床研究(庆阳市人民医院　赵荣、冯晓梅、侯崇远、钟娜、马云、尚靖智、李博远、徐燕)

96. 叶酸增补知识在相关人群中的知晓现状调查(庆城县妇幼保健站　郭钰娉、任晓丽、赵桂珍、李晓宏、王盛麟、张淑蓉、樊庆玲、苏晨、许瑞红)

97. 超声引导下颈内静脉改良前路法穿刺置管术的临床应用(长庆油田职工医院　杨伯炜、杨国栋、张俊秾、王树德、侯文林、王君、常玉洁、李劲松、潘娟)

98. 预防接种后儿童监护人焦虑发生及干预研究（庆阳市人民医院　付彩儒、李雅丽、李晓梅、邓华宁、杭小平、贺红丽、冯鑫涛、杜志荣、李小勇）

三等奖(10项)

99. 水平井井筒配套工艺技术研究（长庆油田公司第二采油厂　何举涛、刘兴旺、刘彬、陈汉、陈伟、高艳宁、党丽军）

100. 镇原油田低产低效井综合治理研究（长庆油田分公司超低渗透油藏第四项目部　李建中、胡俊生、路涛、田云吉、侯长冰、康永梅、陈彦云）

101. 翠菊等四个草花品种空间诱变突变体的筛选（庆阳市农业科学研究院　马杰、豆丽萍、穆妮妮、付金元、何博、张彦山、付镇芳）

102. 陇东塬区无公害苹果园生态模式示范推广（陇东学院农林科技学院　张玉琴、李登绚、张玉霞、米发杰、张永明、武永福、张玉峰）

103. 冬小麦抗旱种质材料创新与抗旱育种研究及应用（陇东学院　施万喜、杨琥、刘自成、张成、孟建军、乔岩、王淑芳）

104. 苹果蜜饯的制备方法（张晓霞、负建民、刘亚亚、付金元、王亚静、肖正璐、史占彪）

105. 腹腔镜辅助中转小切口胆囊切除术的临床应用（长庆油田职工医院　胡铭、张建民、曹汉彬、李西安、邱玺鹏、王长庆、王华）

106. 经尿道等离子体双极电切术的临床应用（长庆油田职工医院　李西安、张治国、彭俊峰、张建民、王玉、魏鹏、王华）

107. 老年2型糖尿病并脑梗死患者与同型半胱氨酸、血尿酸及糖化血红蛋白的相关性研究（长庆油田职工医院　杨晨曦、米晓斌、魏鹏、李彦斌、陆星宇、常玉洁、刘会琴）

108. 窄谱中波紫外线联合加味苍肤水剂治疗掌跖脓疱病的临床研究（长庆油田职工医院　陆星宇、任雁威、缪珺、杨晨曦、张莲、杨伟、魏鹏）

庆阳市第三次全国经济普查主要数据公报（第1号）

庆阳市统计局

庆阳市第三次全国经济普查领导小组办公室

（2015年5月）

根据《甘肃省人民政府关于开展第三次全国经济普查的通知》（甘政发〔2012〕150号）和《庆阳市人民政府关于开展第三次全国经济普查的通知》（庆政发〔2013〕22号）要求，我市进行了第三次全国经济普查。这次普查的标准时点为2013年12月31日，普查时期资料为2013年年度资料。普查对象是在我市境内从事第二产业和第三产业的全部法人单位、产业活动单位和个体经营户。通过这次普查，掌握了我市第二、三产业的发展规模及布局，摸清了我市产业组织、产业结构、产业技术的现状以及各生产要素的构成，查实了服务业、战略性新兴产业、小微企业和高技术产业（制造业）的发展状况，普查数据质量达到预期目标要求。

根据《全国经济普查条例》，庆阳市统计局和庆阳市第三次全国经济普查领导小组办公室现分三个公报，将全市第三次经济普查的主要综合数据公布如下。其他普查数据将随着普查资料开发应用的进度，以不同方式陆续公布。

一、单位基本情况

2013年末，全市共有从事第二产业和第三产业活动的法人单位9193个，比2008年末（2008年是第二次全国经济普查年份，下同）增加2525个，增长37.9％；产业活动单位12606个，增加2967个，增长30.8%；有证照个体经营户33901个，减少1914个，下降5.3%（详见表1-1）。

表1-1 单位数与有证照个体经营户数

	单位数（个）	比重（%）
一、法人单位	9193	100
企业法人	3847	41.8
机关、事业法人	2717	29.6
社会团体和其他法人	2629	28.6
二、产业活动单位	12606	100
第二产业	1369	10.9
第三产业	11237	89.1
三、有证照个体经营户	33901	100
第二产业	1353	4.0
第三产业	32548	96.0

图 1-1 单位数与有证照个体经营户数结构情况

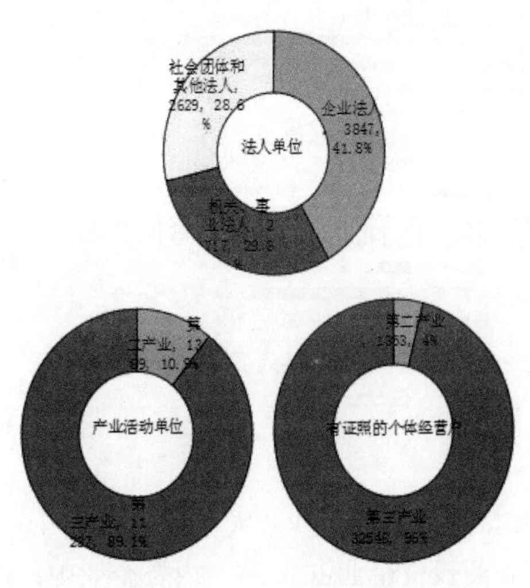

2013 年末，在第二产业和第三产业法人单位中，位居前三位的行业是：公共管理、社会保障和社会组织 3327 个，占 36.2%；教育 1376 个，占 15.0%；制造业 1091 个，占 11.9%。在有证照个体经营户中，位居前三位的行业是：批发和零售业 22464 个，占 66.3%；住宿和餐饮业 3969 个，占 11.7%；居民服务、修理和其他服务业 2991 个，占 8.8%（详见表 1-2）。

表 1-2 按行业分组的法人单位与有证照个体经营户

	法人单位（个）	有证照的个体经营户（户）
合计	9193	33901
采矿业	104	2
制造业	1091	1351
电力、热力、燃气及水生产和供应业	62	0
建筑业	156	48
批发和零售业	945	22464
交通运输、仓储和邮政业	177	1479
住宿和餐饮业	155	3969
信息传输、软件和信息技术服务业	43	304
金融业	63	—
房地产业	173	14
租赁和商务服务业	343	332
科学研究和技术服务业	303	244
水利、环境和公共设施管理业	77	0
居民服务、修理和其他服务业	132	2991
教育	1376	28
卫生和社会工作	249	504
文化、体育和娱乐业	293	144
公共管理、社会保障和社会组织	3327	—

注：表中法人单位合计数含从事农、林、牧、渔服务业和兼营第二、三产业活动的农、林、牧、渔业法人单位 124 个；有证照个体经营户合计数含从事农、林、牧、渔服务业活动的个体经营户 27 个。

图 1-2 按行业分组的法人单位数

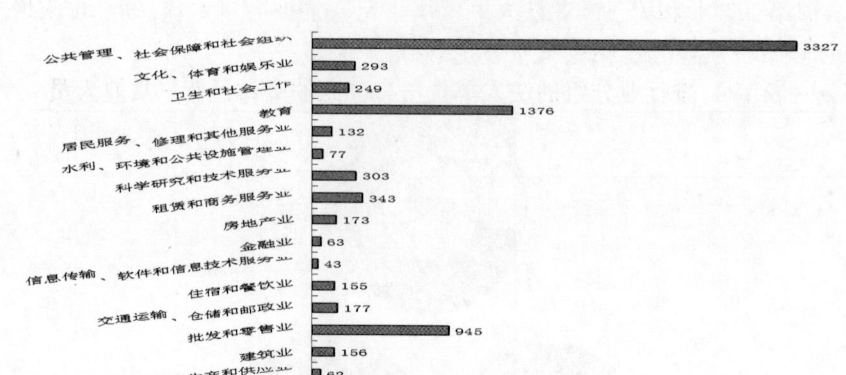

2013 年末，全市共有第二产业和第三产业的企业法人单位 3847 个，比 2008 年末增加 1809 个，增长 88.8 %。其中，内资企业占 99.8%，外商投资企业占 0.2%。内资企业中，国有企业占全部企业法人单位的 2.8%，私营企业占 62.1%（详见表 1-3）

表 1-3 按登记注册类型分组的企业法人单位

	企业法人单位（个）
合　计	3847
内资企业	3841
国有企业	106
集体企业	54
股份合作企业	29
联营企业	6
有限责任公司	785
股份有限公司	86
私营企业	2389
其他企业	386
港、澳、台商投资企业	0
外商投资企业	6

图 1-3 按登记注册类型分组的内资企业法人单位及结构

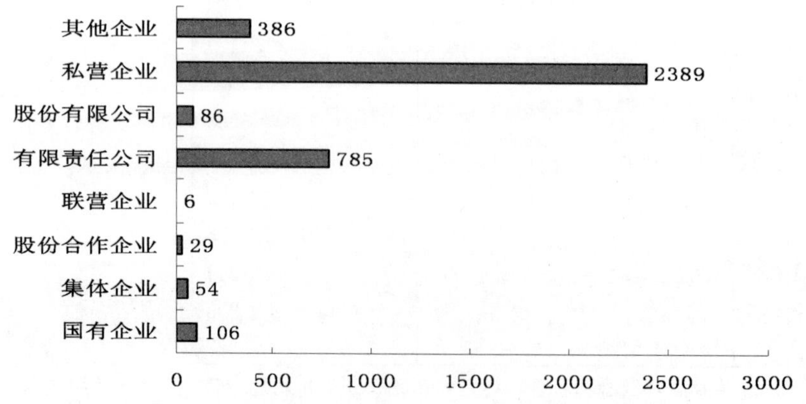

二、从业人员

2013 年末，全市第二产业和第三产业法人单位从业人员 308847 人，比 2008 年末增加 93782 人，增长 43.6%。有证照个体经营户从业人员 66574 人，比 2008 年末减少 73 人，下降 0.1%。

表 1-4 按行业分组的法人单位与有证照的个体经营户从业人员

	法人单位从业人员	有证照个体经营户从业人员（人）
合　计	308847	66574
采矿业	33485	12
制造业	38333	3399
电力、热力、燃气及水生产和供应业	5043	0
建筑业	52700	166
批发和零售业	19308	34873
交通运输、仓储和邮政业	9804	3174
住宿和餐饮业	6412	15656
信息传输、软件和信息技术服务业	1899	473
金融业	1853	—
房地产业	5080	52
租赁和商务服务业	3434	653
科学研究和技术服务业	5646	623
水利、环境和公共设施管理业	2109	0
居民服务、修理和其他服务业	1683	5852
教育	40105	154
卫生和社会工作	11617	915
文化、体育和娱乐业	4866	529
公共管理、社会保障和社会组织	62618	—

注：表中法人单位从业人员合计数含从事农、林、牧、渔服务业和兼营第二、三产业活动的农、林、牧、渔业法人单位从业人员 2852 人；有证照个体经营户从业人员合计数含从事农、林、牧、渔服务业活动的个体经营户从业人员 43 人。

图 1-4 按行业分组的法人单位从业人员分布

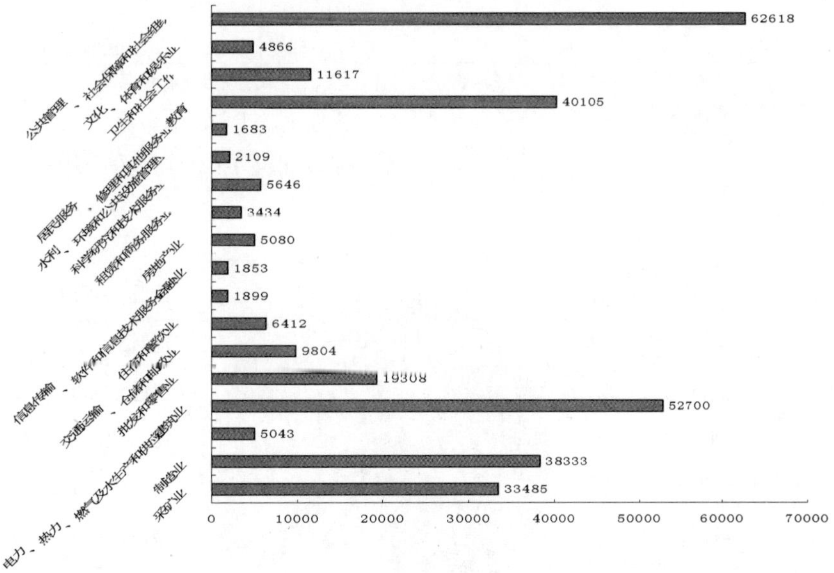

在法人单位从业人员中，位居前三位的行业是：公共管理、社会保障和社会组织 62618 人，占 20.3%；制造业 52700 人，占 17.1%；教育 40105 人，占 13.0%。在有证照个体经营户从业人员中，位居前三

位的行业是：批发和零售业 34873 人，占 52.4%；住宿和餐饮业 15656 人，占 23.5%；居民服务、修理和其他服务业 5852 人，占 8.8%；（详见表 1-4）。

三、企业资产总计

2013 年末，全市第二产业和第三产业企业资产总计 1378.16 亿元（不包括人民银行、银监、证监、保监所属企业）。其中，第二产业企业资产总计占全部企业资产总计的 64.6 %，第三产业企业资产总计占 35.4%。

四、小微企业

2013 年末，全市共有第二产业和第三产业的小微企业法人单位 3604 个，占全部企业法人单位 93.7%。其中，位居前三位的行业是：工业 1237 个，占全部企业法人单位 32.2%；零售业 565 个，占 14.7%,其他未列明行业 558 个，占 14.5%；。

小微企业从业人员 109272 人，占全部企业法人单位从业人员 58.1%。其中，位居前三位的行业是：工业 41044 人，占全部企业法人单位从业人员 21.8%；建筑业 30050 人，占 16%；交通运输业 7360 人，占 3.9%。

小微企业法人单位资产总计 565.20 亿元，占全部企业法人单位资产总计 41.0%。其中，位居前三位的行业是：租赁和商务服务业 231.57 亿元，占 16.8%；工业 194.59 亿元，占全部企业法人单位资产总计 14.1%；房地产开发经营业 35.95 亿元，占 2.6 %（详见表 1-5）。

表 1-5 按行业分组的小微企业法人单位、从业人员和资产总计

	企业法人单位（个）	从业人员（人）	资产总计（亿元）
合　　计	3604	109272	565.20
工业	1237	41044	194.59
建筑业	126	30050	16.16
交通运输业	114	7360	20.49
仓储业	30	519	5.24
邮政业	16	107	0.04
信息传输业	16	319	1.31
软件和信息技术服务业	15	93	0.51
批发业	333	4093	14.23
零售业	565	6686	22.12
住宿业	59	1690	3.31
餐饮业	91	3482	3.61
房地产开发经营	66	2687	35.95
物业管理	55	1420	2.26
租赁和商务服务业	299	2566	231.57
其他未列明行业	558	6836	12.95

注：表中小微企业法人单位合计数含从事农、林、牧、渔服务业和兼营第二、三产业活动的农、林、牧、渔业小微企业法人单位 24 个，从业人员 320 人，资产总计 0.86 亿元。

图 1-5 按行业分组的小微企业法人单位结构

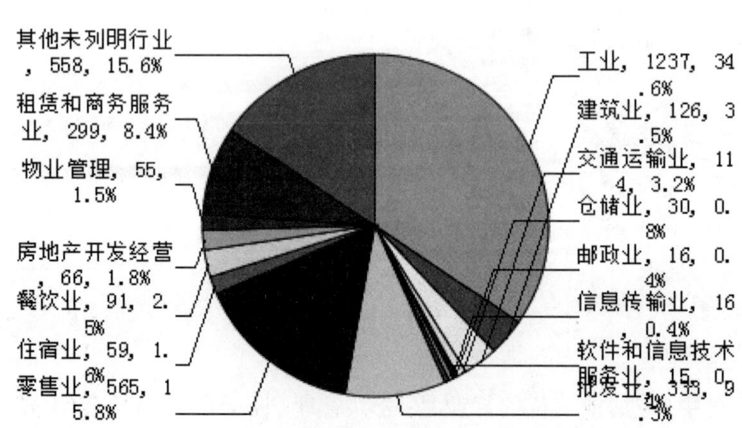

五、战略性新兴产业

2013 年末，在第二产业和第三产业企业法人单位中，有战略性新兴产业活动的企业法人单位 11 个，占全部企业法人单位 0.29%。其中，节能环保产业 8 个，占全部企业法人单位 0.21%；新材料产业 2 个，占 0 .05%。

有战略性新兴产业活动的企业法人单位从业人员 684 人，占全部企业法人单位从业人员的 0.36%。

六、主要经济结构变化情况

2013 年末，在全市第二产业和第三产业法人单位中，企业法人单位占 41.8%，比 2008 年末提高了 11.2 个百分点；机关、事业法人单位占 29.6%，下降了 12.7 个百分点；社会团体和其他法人占 28.6%，提高了 1.5 个百分点。企业法人单位从业人员占全部法人单位从业人员的 60.9%，提高了 2.4 个百分点；机关、事业法人单位占 29.8%，下降了 5.1 个百分点；社会团体和其他法人占 9.3%，提高了 2.7 个百分点。

在法人单位中，第二产业占 15.4%，比 2008 年末下降了 2.1 个百分点；第三产业占 84.6%，提高了 2.1 个百分点。第二产业法人单位从业人员占全部法人单位从业人员的 41.9%，比 2008 年末下降了 5.3 个百分点；第三产业法人单位从业人员占 58.1% ，提高了 5.3 个百分点。

注释:

[1] 三次产业的划分:

第一产业是指农、林、牧、渔业（不含农、林、牧、渔服务业）。

第二产业是指采矿业（不含开采辅助活动），制造业（不含金属制品、机械和设备修理业），电力、热力、燃气及水生产和供应业，建筑业。

第三产业即服务业，是指除第一产业、第二产业以外的其他行业。第三产业包括：批发和零售业，交通运输、仓储和邮政业，住宿和餐饮业，信息传输、软件和信息技术服务业，金融业，房地产业，租赁和商务服务业，科学研究和技术服务业，水利、环境和公共设施管理业，居民服务、修理和其他服务业，教育，卫生和社会工作，文化、体育和娱乐业，公共管理、社会保障和社会组织，国际组织，以及农、林、牧、渔业中的农、林、牧、渔服务业，采矿业中的开采辅助活动，制造业中的金属制品、机械和设备修理业。

[2] 单位的划分:

法人单位是指具备以下条件的单位:

（1）依法成立，有自己的名称、组织机构和场所，能够独立承担民事责任;

（2）独立拥有(或授权使用)资产或者经费，承担负债，有权与其他单位签订合同;

（3）具有包括资产负债表在内的账户，或者能够根据需要编制账户。

法人单位包括企业法人、事业单位法人、机关法人、社会团体法人和其他成员组织法人、其他法人。

产业活动单位是指具备以下条件的单位:

（1）在一个场所从事一种或主要从事一种社会经济活动;

（2）相对独立组织生产活动或经营活动;

（3）能提供收入、支出等相关资料。

有证照的个体经营户是指除农户外，生产资料归劳动者个人所有，以个体劳动为基础，劳动成果归劳动者个人占有和支配的一种经营组织。即按照《民法通则》和《城乡个体工商户管理暂行条例》规定经各级工商行政管理机关登记注册、领取《营业执照》的个体工商户。

[3] 小微企业:

根据工业和信息化部、国家统计局、国家发展和改革委员会、财政部《关于印发中小企业划型标准规定的通知》（工信部联企业 [2011] 300 号）精神和国家统计局制定的《统计上大中小微型企业划分办法》确定。本办法按照行业门类、大类、中类和组合类别，依据从业人员、营业收入、资产总额等指标或替代指标，将我省的企业划分为大型、中型、小型、微型等四种类型。

［4］战略性新兴产业：

根据《国务院关于加快培育和发展战略性新兴产业的决定》（国发［2010］32号）的精神和国家统计局制定的《战略性新兴产业分类（2012）（试行）》标准确定。战略性新兴产业分类是按照经济活动进行划分，是从事战略性新兴产业活动的集合，是在《国民经济行业分类》基础上，对与战略性新兴产业相关活动的再分类。

［5］表中的合计数和部分数据因小数取舍而产生的误差，均未作机械调整。

庆阳市第三次全国经济普查主要数据公报（第 2 号）

庆阳市统计局

庆阳市第三次全国经济普查领导小组办公室

（2015 年 5 月）

根据全市第三次经济普查结果，现将我市第二产业的主要数据公布如下：

一、工业

（一）企业法人单位数和从业人员

2013 年末，全市共有工业企业法人单位 1252 个，比 2008 年末增长 30.0%；从业人员 76742 人，比 2008 年末增长 56.9%。

在工业企业法人单位中，内资企业 1249 个，占全部工业企业法人单位 1252 个的 99.8%；外商投资企业 3 个，占 0.2%。内资企业中，国有企业 22 个，占全部企业的 1.8%；集体企业 19 个，占 1.5%；私营企业 890 个，占 71.1%。

在工业企业法人单位从业人员中，内资企业占 99.7%，外商投资企业占 0.3%。内资企业中，国有企业占全部工业企业的 39.2%，集体企业占 4.3%，私营企业占 37.2%（详见表 2-1）。

表 2-1 按登记注册类型分组的工业企业法人和从业人员

	企业法人单位（个）	从业人员（人）
合　计	1252	76742
内资企业	1249	76488
国有企业	22	30110
集体企业	19	3271
股份合作企业	21	424
联营企业	3	56
有限责任公司	142	7812
股份有限公司	12	2326
私营企业	890	28532
其他企业	140	3957
港、澳、台商投资企业	0	0
外商投资企业	3	254

图 2-1 按登记注册类型分组的工业企业法人单位及结构

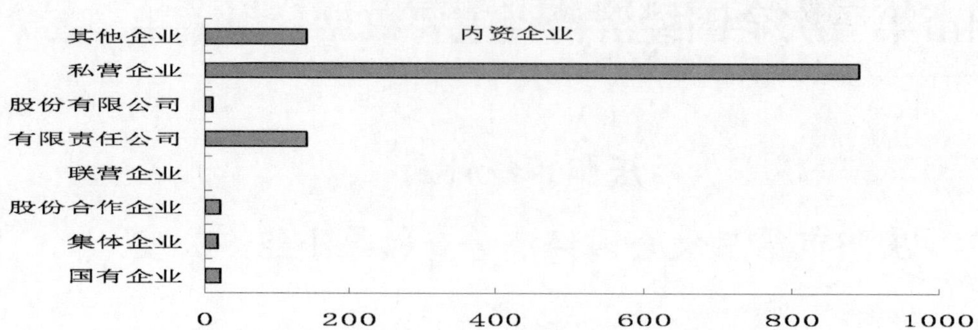

在工业企业法人单位中，采矿业 104 个，制造业 1091 个，电力、热力、燃气及水生产和供应业 57 个，分别占 8.3%、87.1%和 4.6%。

在工业企业法人单位从业人员中，采矿业占 43.6%，制造业占 50.0%，电力、热力、燃气及水生产和供应业占 6.4%。在工业行业大类中，石油和天然气开采业、非金属矿物制品业、开采辅助活动从业人员数位居前三位，分别占 33.7%、19.4%和 9.6%（详见表 2-2）。

表 2-2 按行业分组的工业企业法人单位和从业人员

	企业法人单位（个）	从业人员（人）
合计	1252	76742
煤炭开采和洗选业	1	9
石油和天然气开采业	9	25850
非金属矿采选业	27	262
开采辅助活动	67	7364
农副食品加工业	162	4565
食品制造业	52	2053
酒、饮料和精制茶制造业	37	1387
纺织业	9	249
纺织服装、服饰业	6	871
皮革、毛皮、羽毛及其制品和制鞋业	7	130
木材加工和木、竹、藤、棕、草制品业	10	86
家具制造业	4	20
造纸和纸制品业	10	239
印刷和记录媒介复制业	68	845
文教、工美、体育和娱乐用品制造业	153	6551
石油加工、炼焦和核燃料加工业	3	1445
化学原料和化学制品制造业	25	830
医药制造业	14	811
化学纤维制造业	0	0
橡胶和塑料制品业	31	820
非金属矿物制品业	420	14903
黑色金属冶炼和压延加工业	6	219
有色金属冶炼和压延加工业	1	5
金属制品业	28	725
通用设备制造业	11	669
专用设备制造业	13	463
电气机械和器材制造业	5	74
其他制造业	2	176
废弃资源综合利用业	10	156
金属制品、机械和设备修理业	4	41
电力、热力生产和供应业	22	2056
燃气生产和供应业	11	1846
水的生产和供应业	24	1022

（二）资产总计

2013 年末，全市工业企业法人单位资产总计 815.04 亿元，比 2008 年增长 2.82 倍（详见表 2-3）。

表 2-3　按行业分组的工业企业法人单位资产总计

	资产总计（亿元）
合计	815.04
煤炭开采和洗选业	0.34
石油和天然气开采业	531.23
非金属矿采选业	0.54
开采辅助活动	118.04
农副食品加工业	23.36
食品制造业	5.66
酒、饮料和精制茶制造业	5.56
纺织业	4.45
纺织服装、服饰业	0.53
皮革、毛皮、羽毛及其制品和制鞋业	0.14
木材加工和木、竹、藤、棕、草制品业	0.09
家具制造业	0.05
造纸和纸制品业	0.93
印刷和记录媒介复制业	1.48
文教、工美、体育和娱乐用品制造业	3.63
石油加工、炼焦和核燃料加工业	57.60
化学原料和化学制品制造业	1.41
医药制造业	5.13
橡胶和塑料制品业	2.56
非金属矿物制品业	22.48
黑色金属冶炼和压延加工业	0.83
有色金属冶炼和压延加工业	0.03
金属制品业	1.98
通用设备制造业	1.54
专用设备制造业	2.11
电气机械和器材制造业	0.22
其他制造业	0.67
废弃资源综合利用业	0.31
金属制品、机械和设备修理业	0.13
电力、热力生产和供应业	15.17
燃气生产和供应业	3.27
水的生产和供应业	3.57

（三）资产贡献率

2013 年，全市规模以上工业企业法人单位总资产贡献率为 39.89%，比 2008 年下降 11.8 个百分点。其中，采矿业为 37.39%，比 2008 年下降 16.4 个百分点；制造业为 57.32%，比 2008 年上升 80.0 个百分点；电力、热力、燃气及水生产和供应业为-0.31%，比 2008 年下降 12.7 个百分点（详见表 2-4）。

表 2-4 按行业分组的规模以上工业企业法人单位总资产贡献率

	总资产贡献率（%）
总计	39.89
采矿业	37.39
石油和天然气开采业	38.44
开采辅助活动	16.09
制造业	57.32
农副食品加工业	11.18
食品制造业	13.49
酒、饮料和精制茶制造业	21.46
纺织业	0.50
纺织服装、服饰业	2.50
造纸和纸制品业	7.99
石油加工、炼焦和核燃料加工业	94.34
化学原料和化学制品制造业	19.05
医药制造业	24.18
橡胶和塑料制品业	18.88
非金属矿物制品业	14.54
黑色金属冶炼和压延加工业	95.65
金属制品业	19.71
通用设备制造业	37.77
专用设备制造业	6.02
电力、热力、燃气及水生产和供应业	-0.31
电力、热力生产和供应业	-2.16
燃气生产和供应业	26.54
水的生产和供应业	-5.73

图 2-2 规模以上工业企业法人单位总资产贡献率变化

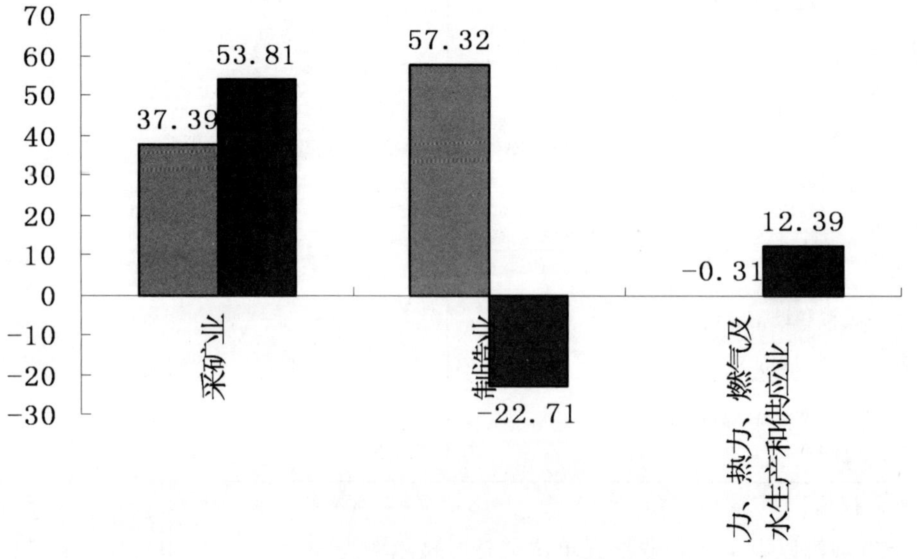

（四）企业研发活动

2013 年，规模以上工业企业法人单位 R&D 经费支出 14791.2 万元；R&D 经费投入强度为 0.23%。

二、建筑业

（一）企业法人单位数和从业人员

2013 年末，全市共有建筑业企业法人单位 151 个，比 2008 年末减少 42 个，下降 21.8%。从业人员 52624 人，增长 0.84%。

建筑业企业法人单位中，内资企业占 100%。内资企业中，国有企业占企业法人单位 4.0%，集体企业占 2.0%，私营企业占 57.6%。

建筑业企业法人单位从业人员中，内资企业占 100%。内资企业中，国有企业占企业法人单位从业人员 5.7%，集体企业占 2.2%，私营企业占 49.7%（详见表 2-5）。

表 2-5 按登记注册类型分组的建筑业企业法人单位和从业人员

	企业法人单位（个）	从业人员（人）
合　计	151	52624
内资企业	151	52624
国有企业	6	2976
集体企业	3	1179
股份合作企业	1	5
联营企业	0	0
有限责任公司	45	19665
股份有限公司	4	2536
私营企业	87	26165
其他企业	5	98
港、澳、台商投资企业	0	0
外商投资企业	0	0

建筑业企业法人单位中，房屋建筑业占 34.4%，土木工程建筑业占 30.5%，建筑安装业占 12.6%，建筑装饰和其他建筑业占 22.5%。

图 2-3 按登记注册类型分组的建筑业企业法人单位及结构

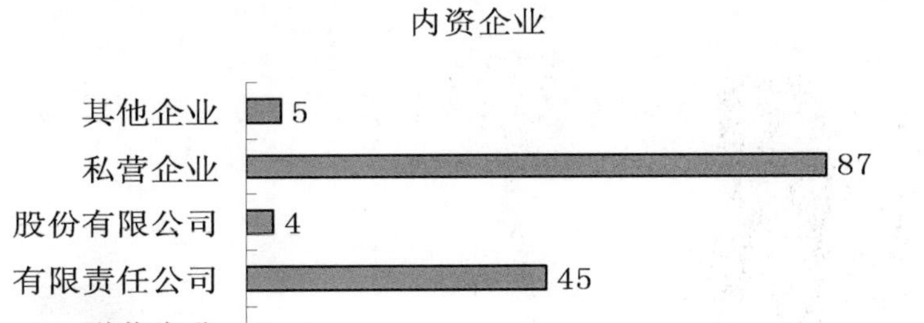

建筑业企业法人单位从业人员中，房屋建筑业占 58.5%，土木工程建筑业占 29.2%，建筑安装业占 10.5%，建筑装饰和其他建筑业占 1.8 %（详见表 2-6）。

表 2-6 按行业分组的建筑业企业法人单位和从业人员

	企业法人单位（个）	从业人员（个）
合　计	151	52624
房屋建筑业	52	30773
土木工程建筑业	46	15363
建筑安装业	19	5540
建筑装饰和其他建筑业	34	948

（二）资产总计

2013 年末，建筑业企业法人单位资产总计 75.81 亿元，比 2008 年末增长 228.5%（详见表 2-7）。

表 2-7 按行业分组的建筑业企业法人单位资产总计

	资产总计（亿元）
合　计	75.81
房屋建筑业	24.55
土木工程建筑业	36.99
建筑安装业	12.08
建筑装饰和其他建筑业	2.19

注释：

[1] 规模以上工业：是指全部年主营业务收入 2000 万元及以上的法人工业企业。

[2] 高技术产业（制造业）：按照《高技术产业（制造业）分类（2013）》，高技术产业（制造业）具体包括医药制造业，航空、航天器及设备制造业，电子及通讯设备制造业，计算机及办公设备制造业，医疗仪器设备及仪器仪表制造业。

[3] 研究与试验发展：是指在科学技术领域，为增加知识总量，以及运用这些知识去创造新的应用而进行的系统的、创造性的活动，包括基础研究、应用研究、试验发展三类活动。

[4] R&D 经费投入强度：是指 R&D 经费支出与主营业务收入之比。

[5] 表中的合计数和部分计算数据因小数取舍而产生的误差，均未作机械调整。

庆阳市第三次全国经济普查主要数据公报（第3号）

庆阳市统计局
庆阳市第三次全国经济普查领导小组办公室
（2015年5月）

根据全市第三次经济普查结果，现将我市第三产业的主要数据公布如下：

一、批发和零售业

（一）企业法人单位数和从业人员

2013年末，全市共有批发和零售业企业法人单位 944 个，从业人员 19300 人，分别比 2008 年末增长 134.8%和 167.4%。

在批发和零售业企业法人单位中，批发业占 36.1%，零售业占 63.9%。在批发和零售业企业法人单位从业人员中，批发业占 28.1%，零售业占 71.9%（详见表 3-1）。

表 3-1 按行业分组的批发和零售业法人单位和从业人员

	企业法人单位（个）	从业人员（人）
合 计	944	19300
批发业	341	5414
农、林、牧产品批发	59	1051
食品、饮料及烟草制品批发	54	1318
纺织、服装及家庭用品批发	20	264
文化、体育用品及器材批发	6	20
医药及医疗器材批发	14	244
矿产品、建材及化工产品批发	101	1712
机械设备、五金产品及电子产品批发	64	561
贸易经纪与代理	6	52
其他批发业	17	192
零售业	603	13886
综合零售	106	6264
食品、饮料及烟草制品专门零售	44	348
纺织、服装及日用品专门零售	44	1441
文化、体育用品及器材专门零售	45	1047
医药及医疗器材专门零售	28	487
汽车、摩托车、燃料及零配件专门零售	149	2227
家用电器及电子产品专门零售	88	602
五金、家具及室内装饰材料专门零售	60	740
货摊、无店铺及其他零售业	39	730

图 3-1 批发和零售业企业法人单位和从业人员结构

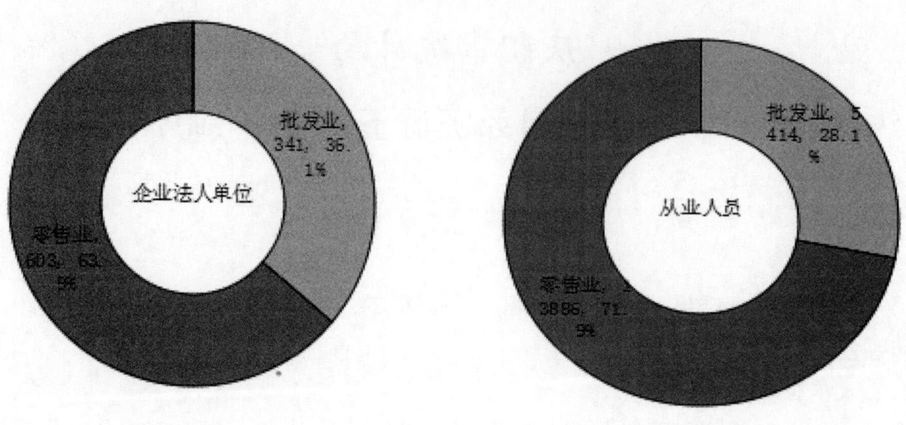

在批发和零售业企业法人单位中，内资企业占99.9%，外商投资企业占 0.1%。内资企业中，国有企业占企业法人单位的1.7%，股份有限公司占2.5%，有限责任公司占26.7%，私营企业占56.1% 。

在批发和零售业企业法人单位从业人员中，内资企业占99.8%，外商投资企业占0.2%（详见表3-2）。

表 3-2 按登记注册类型分组的批发和零售业企业法人单位和从业人员

	企业法人单位（个）	从业人员（人）
合 计	944	19300
内资企业	943	19265
国有企业	16	830
集体企业	9	352
股份合作企业	3	24
联营企业	0	0
有限责任公司	252	8448
股份有限公司	24	441
私营企业	530	7905
其他企业	109	1265
港、澳、台商投资企业	0	0
外商投资企业	1	35

（二）资产总计

2013年末，批发和零售业企业法人单位资产总计63.86亿元，比2008年末增长2.5倍。其中，批发业企业法人单位资产总计26.69亿元，零售业企业法人单位资产总计37.16亿元，分别比2008年末增长

1.4倍和4.0倍（详见表3-3）。

表3-3 按行业分组的批发和零售业法人单位资产总计

	资产总计（亿元）
合计	63.86
批发业	26.69
农、林、牧产品批发	3.12
食品、饮料及烟草制品批发	10.33
纺织、服装及家庭用品批发	0.53
文化、体育用品及器材批发	0.07
医药及医疗器材批发	1.72
矿产品、建材及化工产品批发	8.01
机械设备、五金产品及电子产品批发	2.04
贸易经纪与代理	0.37
其他批发业	0.50
零售业	37.16
综合零售	6.45
食品、饮料及烟草制品专门零售	1.40
纺织、服装及日用品专门零售	2.49
文化、体育用品及器材专门零售	3.41
医药及医疗器材专门零售	2.57
汽车、摩托车、燃料及零配件专门零售	10.60
家用电器及电子产品专门零售	2.32
五金、家具及室内装饰材料专门零售	4.46
货摊、无店铺及其他零售业	3.47

图3-2 按行业分组的批发和零售业企业法人单位资产结构

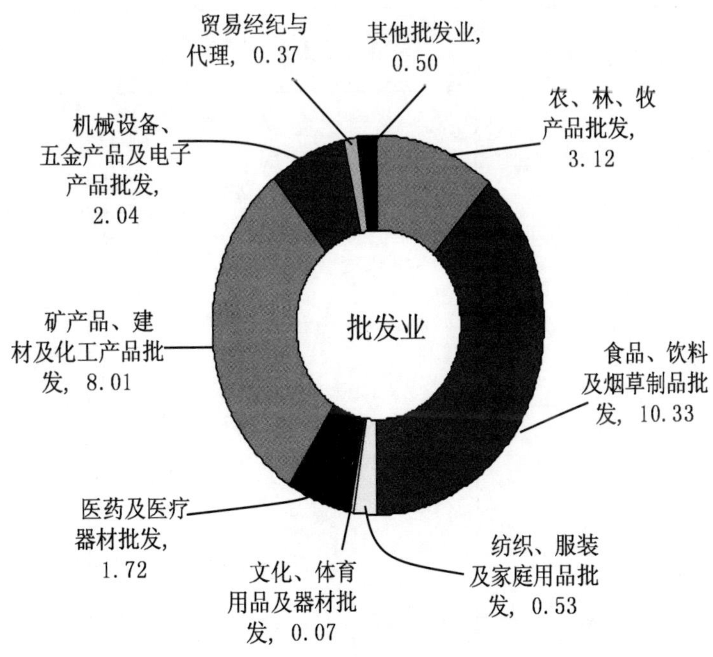

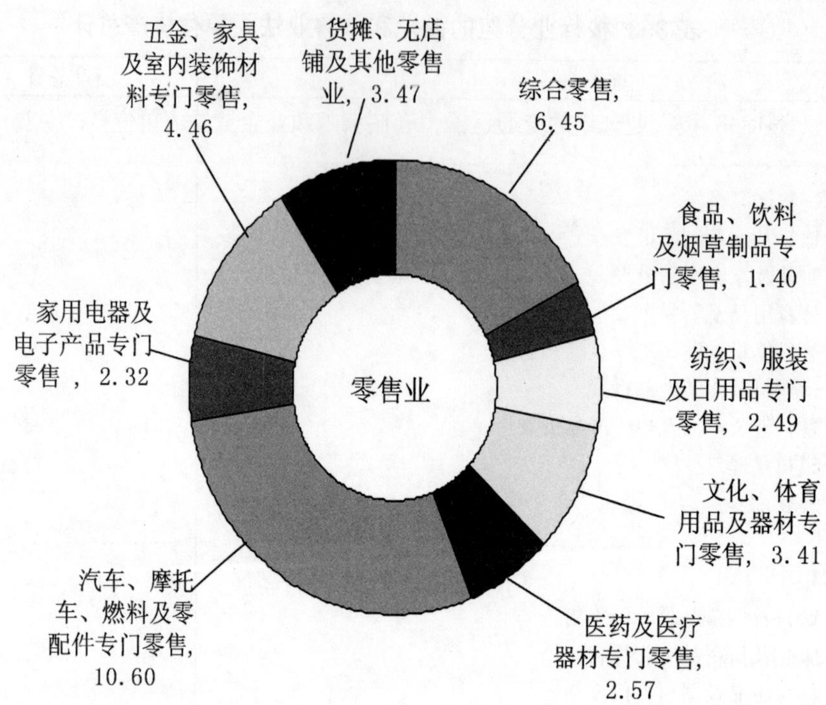

二、交通运输、仓储和邮政业

(一)企业法人单位数和从业人员

2013 年末,全市共有交通运输、仓储和邮政业企业法人单位 163 个,从业人员 9260 人,分别比 2008 年末增长 64.6%和 7.3%(详见表 3-4)。

表 3-4 按登记注册类型分组的交通运输、仓储和邮政业企业法人单位和从业人员

	企业法人单位(个)	从业人员(人)
合 计	163	9260
内资企业	163	9260
国有企业	9	1011
集体企业	1	2
股份合作企业	0	0
联营企业	0	0
有限责任公司	50	3070
股份有限公司	4	218
私营企业	83	4730
其他企业	16	229
港、澳、台商投资企业	0	0
外商投资企业	0	0

（二）资产总计

2013年末，交通运输、仓储和邮政业企业法人单位资产总计27.56亿元，比2008年末增长2.2倍（详见表3-5）。

表3-5 按行业分组的交通运输、仓储和邮政业企业法人单位资产总计

	资产总计（亿元）
合 计	27.56
铁路运输业	0.00
道路运输业	19.75
水上运输业	0.00
航空运输业	0.24
管道运输业	0.00
装卸搬运和运输代理业	1.06
仓储业	5.36
邮政业	1.15

三、住宿和餐饮业

（一）企业法人单位数和从业人员

2013年末，全市共有住宿和餐饮业企业法人单位154个，从业人员6401人，分别比2008年末增长17.5%和106.4%。

在住宿和餐饮业企业法人单位中，住宿业占39.6%，餐饮业占60.4%。在住宿和餐饮业企业法人单位从业人员中，住宿业占36.1%，餐饮业占63.9%（详见表3-6）。

表3-6 按行业分组的住宿和餐饮企业法人单位和从业人员

	企业法人单位（个）	从业人员（个）
合计	154	6401
住宿业	61	2309
旅游饭店	10	1282
一般旅馆	33	584
其他住宿业	18	443
餐饮业	93	4092
正餐服务	86	3741
快餐服务	2	108
饮料及冷饮服务	0	0
其他餐饮业	5	243

图3-3 按行业分组的住宿和餐饮业企业法人单位结构

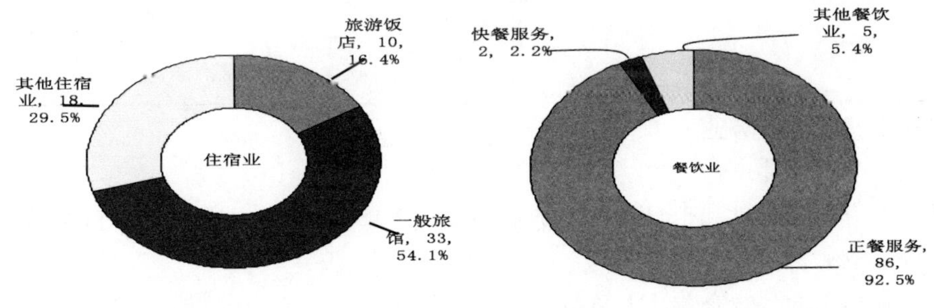

在住宿和餐饮业企业法人单位中，内资企业占100%。内资企业中，国有企业占住宿和餐饮业企业法人单位的 7.8%，股份有限公司占2.6%，有限责任公司占22.7%，私营企业占58.4%。

在住宿和餐饮业企业法人单位从业人员中，内资企业占100%（详见表3-7）。

表3-7 按登记类型分组的住宿和餐饮业企业法人单位和从业人员

	企业法人单位（个）	从业人员（人）
合　计	154	6401
按登记注册类型分		
内资企业	154	6401
国有企业	12	1558
集体企业	4	47
股份合作企业	0	0
联营企业	0	0
有限责任公司	35	1354
股份有限公司	4	36
私营企业	90	3176
其他企业	9	230
港、澳、台商投资企业	0	0
外商投资企业	0	0

（二）资产总计

2013年末，住宿和餐饮业企业法人单位资产总计为8.73亿元，比2008年末增长2.05倍。其中，住宿业企业法人单位资产总计4.03亿元，餐饮业企业法人单位资产总计4.7亿元，分别比2008年末增长1.1倍和3.9倍（详见表3-8）。

表3-8 按行业分组的住宿和餐饮业企业法人单位资产总计

	资产总计（亿元）
合计	8.73
住宿业	4.03
旅游饭店	2.04
一般旅馆	1.27
其他住宿业	0.71
餐饮业	4.70
正餐服务	4.39
快餐服务	0.09
饮料及冷饮服务	0.00
其他餐饮业	0.22

四、信息传输、软件和信息技术服务业

（一）企业法人单位数和从业人员

2013年末，全市共有信息传输、软件和信息技术服务业企业法人单位34个，从业人员1799人，分别比2008年末增长36.0%和63.5%。

在信息传输、软件和信息技术服务业企业法人单位中，内资企业占94.1%，港、澳、台商投资企业占0%，外商投资企业占5.9%。

在信息传输、软件和信息技术服务业企业法人单位从业人员中，内资企业占48.4%，港、澳、台商投

资企业占 0%，外商投资企业占 51.6%（详见表 3-9）。

表 3-9 按注册类型分组的信息传输、软件和信息技术服务业企业法人单位和从业人员

	企业法人单位（个）	从业人员（人）
合　计	34	1799
内资企业	32	870
国有企业	2	59
集体企业	0	0
股份合作企业	0	0
联营企业	0	0
有限责任公司	11	112
股份有限公司	3	545
私营企业	14	131
其他企业	2	23
港、澳、台商投资企业	0	0
外商投资企业	2	929

图 3-4 按登记注册类型分组的信息传输、软件和信息技术服务业企业法人单位及结构

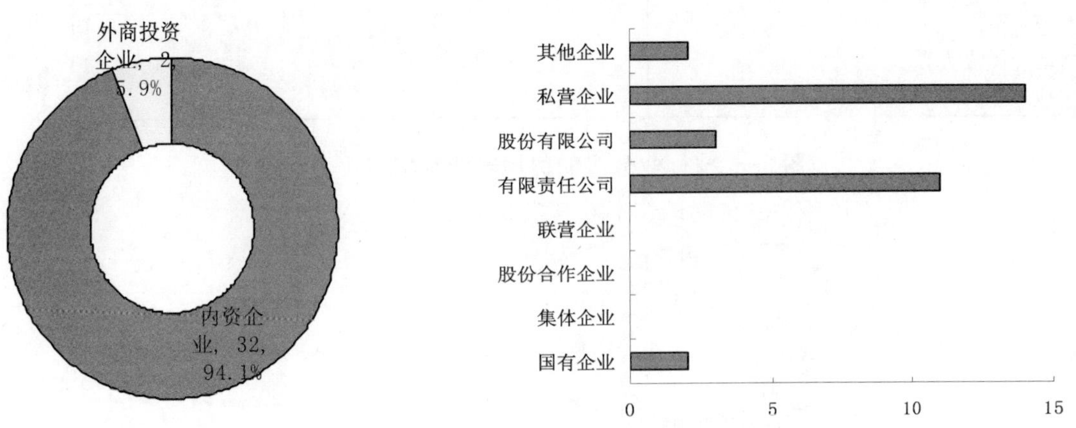

（二）资产总计

2013 年末，信息传输、软件和信息技术服务业企业法人单位资产总计 15.9 亿元（详见表 3-10）。

表 3-10 按行业分组的信息传输、软件和信息技术服务业企业法人单位资产总计

	资产总计（亿元）
合　计	15.9
电信、广播电视和卫星传输服务	15.24
互联网和相关服务	0.16
软件和信息技术服务业	0.51

五、房地产业

（一）企业法人单位数和从业人员

2013 年末，全市共有房地产业企业法人单位 167 个，比 2008 年末增长 145.6%。其中，房地产开发经营企业 85 个，物业管理企业 55 个，房地产中介服务企业 20 个，分别比 2008 年末增长 93.2%、139.1%和 1900%。

2013 年末，全市房地产业企业法人单位的从业人员为 4942 人，比 2008 年末增长 96.7%。其中，房地产开发经营企业 3252 人，物业管理企业 1420 人，房地产中介服务企业 156 人，分别比 2008 年末增长

77.8%、134.7%和100%（详见表3-11）。

表3-11 按行业分组的房地产业企业法人单位和从业人员

	企业法人单位（个）	从业人员（人）
合　　计	167	4942
房地产开发经营	85	3252
物业管理	55	1420
房地产中介服务	20	156
自有房地产经营活动	5	76
其他房地产业	2	38

（二）资产总计

2013年末，全市房地产业企业法人单位的资产总计为115.82亿元。其中，房地产开发企业112.81亿元，物业管理企业2.26亿元，房地产中介服务企业0.19亿元，其他房地产业0.07亿元（详见表3-12）。

表3-12 按行业分组的房地产业企业法人单位资产总计

	资产总计（亿元）
合　　计	115.82
房地产开发经营	112.81
物业管理	2.26
房地产中介服务	0.19
自有房地产经营活动	0.49
其他房地产业	0.07

图3-5 按行业分组的房地产业结构

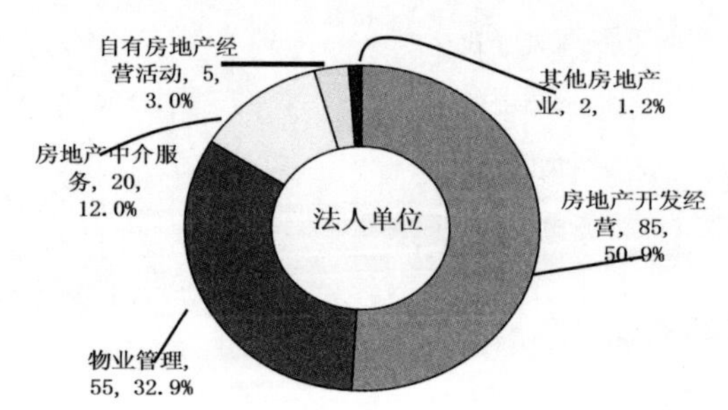

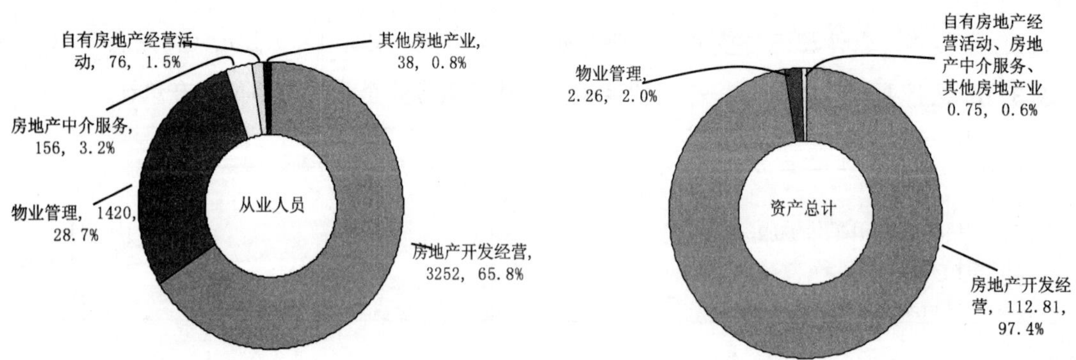

六、租赁和商务服务业

（一）企业法人单位数和从业人员

2013年末，全市共有租赁和商务服务业企业法人单位299个，从业人员 2566人，分别比2008年末增长5.8倍和6.0倍。

在租赁和商务服务业企业法人单位中，内资企业占100%，港、澳、台商投资企业占0%，外商投资企业占0%。

在租赁和商务服务业企业法人单位从业人员中，内资企业占100%，港、澳、台商投资企业占0%，外商投资企业占0%（详见表3-13）。

表3-13 租赁和商务服务业企业法人单位和从业人员

	企业法人单位（个）	从业人员（人）
合计	299	2566
内资企业	299	2566
国有企业	7	81
集体企业	0	0
股份合作企业	1	4
联营企业	1	1
有限责任公司	67	936
股份有限公司	7	51
私营企业	200	1367
其他企业	16	126
港、澳、台商投资企业	0	0
外商投资企业	0	0

图3-6 按登记注册类型分组的租赁和商务服务业企业法人单位及结构

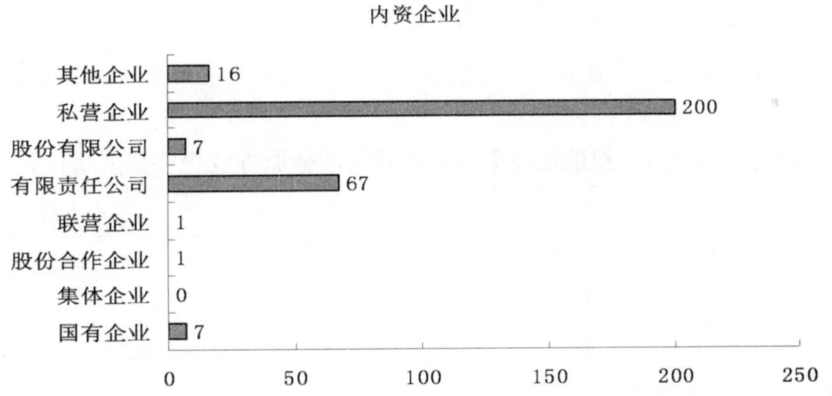

（二）资产总计

2013年末，租赁和商务服务业企业法人单位资产总计231.57亿元。

七、科学研究和技术服务业

（一）企业法人单位数和从业人员

2013年末，全市共有科学研究和技术服务业企业法人单位162个，从业人员2847人，分别比2008年末增长8.0倍和6.5倍。

在科学研究和技术服务业企业法人单位中，内资企业占100%，港、澳、台商投资企业占0%，外商投资企业占0%。

在科学研究和技术服务业企业法人单位从业人员中，内资企业占100%，港、澳、台商投资企业占0%，外商投资企业占0%（详见表3-14）。

表 3-14 按登记注册类型分组的科学研究和技术服务业企业法人单位和从业人员

	企业法人单位（个）	从业人员（人）
合　　计	162	2847
内资企业	162	2847
国有企业	8	228
集体企业	3	40
股份合作企业	0	0
联营企业	1	3
有限责任公司	36	685
股份有限公司	4	125
私营企业	90	1562
其他企业	20	204
港、澳、台商投资企业	0	0
外商投资企业	0	0

（二）资产总计

2013 年末，科学研究和技术服务业企业法人单位资产总计 7.3 亿元（详见表 3-15）。

表 3-15 按行业分组的科学研究和技术服务业企业法人单位资产总计

	资产总计（亿元）
按行业分	7.30
研究和试验发展	0.13
专业技术服务业	6.81
科技推广和应用服务业	0.36

八、居民服务、修理和其他服务业

（一）企业法人单位数和从业人员

2013 年末，全省共有居民服务、修理和其他服务业企业法人单位 126 个，从业人员 1492 人，分别比 2008 年末增长 1.5 倍和 0.86 倍。（详见表 3-16）。

表 3-16 按登记注册类型分组的居民服务、修理和其他服务业企业法人单位和从业人员

	企业法人单位（个）	从业人员（人）
合　　计	126	1492
内资企业	126	1492
国有企业	1	20
集体企业	3	40
股份合作企业	1	3
联营企业	1	8
有限责任公司	26	242
股份有限公司	2	30
私营企业	83	1081
其他企业	9	68
港、澳、台商投资企业	0	0
外商投资企业	0	0

（二）资产总计

2013 年末，居民服务、修理和其他服务业企业法人单位资产总计 2.7 亿元（详见表 3-17）。

表 3-17 按行业分组的居民服务、修理和其他服务业企业法人单位资产总计

	资产总计（亿元）
按行业分	2.70
居民服务业	0.26
机动车、电子产品和日用产品修理业	1.95
其他服务业	0.49

九、水利、环境和公共设施管理业

（一）法人单位和从业人员

2013 年末，全市共有水利、环境和公共设施管理业法人单位 77 个。其中，行政事业及非企业法人单位 38 个。水利、环境和公共设施管理业法人单位从业人员 2109 人。其中，行政事业及非企业法人单位 1462 人。

（二）资产

2013 年末，水利、环境和公共设施管理业行政事业及非企业法人单位年末资产 4.16 亿元，企业法人单位资产总计 0.93 亿元。

十、教育

（一）法人单位和从业人员

2013 年末，全市共有教育法人单位 1376 个。其中，行政事业及非企业法人单位 1336 个。教育法人单位从业人员 40105 人。其中，行政事业及非企业法人单位 36620 人。

（二）资产

2013 年末，教育行政事业及非企业法人单位年末资产 35.08 亿元，企业法人单位资产总计 1.02 亿元。

十一、卫生和社会工作

（一）法人单位和从业人员

2013 年末，全市共有卫生和社会工作法人单位 249 个。其中，行政事业及非企业法人单位 237 个。卫生和社会工作法人单位从业人员 11617 人。其中，行政事业及非企业法人单位 10913 人。

（二）资产

2013 年末，卫生和社会工作行政事业及非企业法人单位年末资产 16.85 亿元，企业法人单位资产总计 0.47 亿元。

十二、文化、体育和娱乐业

（一）法人单位和从业人员

2013 年末，全市共有文化、体育和娱乐业法人单位 293 个。其中，行政事业及非企业法人单位 76 个。文化、体育和娱乐业法人单位从业人员 4866 人。其中，行政事业及非企业法人单位 1923 人。

（二）资产

2013 年末，文化、体育和娱乐业行政事业及非企业法人单位年末资产 4.76 亿元，企业法人单位资产总计 2.85 亿元。

十三、公共管理、社会保障和社会组织

2013 年末，全省共有公共管理、社会保障和社会组织法人单位 3327 个。其中，行政事业及非企业法人单位 3327 个。公共管理、社会保障和社会组织法人单位从业人员 62618 人。其中，行政事业及非企业法人单位 62618 人。

注释：表中的合计数和部分计算数据因小数取舍而产生的误差，均未作机械调整。

中国统计出版社最新图书简目

(仅供参考，以实际出版为准)

统计资料

中国统计年鉴　中国统计摘要　中国发展报告
中国经济普查年鉴2013　国际统计年鉴　金砖国家联合统计手册
中国-东盟国家统计手册　中国区域经济统计年鉴　中国县域统计年鉴
中国城市统计年鉴　中国农村统计年鉴　中国地区经济监测报告
中国贸易外经统计年鉴　中国对外直接投资统计公报　中国商品交易市场统计年鉴
大中型批发零售和住宿餐饮企业统计年鉴　中国零售和餐饮连锁企业统计年鉴　中国住户调查年鉴
中国价格统计年鉴　中国农产品价格调查年鉴　全国农产品成本收益资料汇编
中国环境统计年鉴　中国能源统计年鉴　国外资源、能源和环境统计资料汇编
中国工业统计年鉴　中国建筑业统计年鉴　中国房地产统计年鉴
中国城市建设统计年鉴　中国城乡建设统计年鉴　中国第三产业统计年鉴
中国证券期货统计年鉴　中国科技统计年鉴　中国高技术产业统计年鉴
工业企业科技活动资料　中国劳动统计年鉴　中国人口和就业统计年鉴
中国人才资源统计报告　中国社会统计年鉴　中国文化及相关产业统计年鉴
文化及相关产业统计概览　中国教育经费统计年鉴　中国民政统计年鉴
中国民族统计年鉴　中国工会统计年鉴　中国残疾人事业统计年鉴
中国妇女儿童状况统计资料（英）　中国乡镇街道行政区域简册

省级综合统计年鉴系列

北京 天津 河北 山西 内蒙古 辽宁 吉林 黑龙江 上海 江苏 浙江 安徽 福建 江西 山东 河南 湖北 湖南 广东 广西 海南 重庆 四川 贵州 云南 西藏 陕西 甘肃 青海 宁夏 新疆 新疆生产建设兵团

市(县)级综合统计年鉴系列

天津滨海新区 石家庄 唐山 邯郸 保定 沧州 邢台 廊坊 承德 衡水 秦皇岛 张家口 太原 大同 阳泉 长治 晋城 朔州 晋中 运城 忻州 临汾 呼和浩特 呼和浩特新城区 鄂尔多斯 包头 沈阳 大连 长春 四平 哈尔滨 齐齐哈尔 黑龙江垦区 上海浦东新区 南京 无锡 徐州 常州 苏州 南通 连云港 淮安 盐城 扬州 镇江 泰州 宿迁 江阴 丹阳 杭州 宁波 温州 嘉兴 绍兴 金华 衢州 舟山 台州 丽水 合肥 安庆 马鞍山 福州 厦门 宁德 南昌 九江 上饶 新余 抚州 济南 青岛 枣庄 滕州 郑州 洛阳 平顶山 三门峡 南阳 商丘 济源 武汉 十堰 荆州 宜昌 荆门 咸宁 长沙 广州 深圳 惠州 东莞 南宁 柳州 桂林 来宾 海口 三亚 成都 贵阳 昆明 西安 兰州 庆阳 银川 乌鲁木齐 兵团一师 兵团十师

调查年鉴系列

天津 山西 内蒙古 辽宁 吉林 上海 福建 河南 湖北 湖南 广西 重庆 四川 云南 甘肃 宁夏 新疆

“十二五”规划教材

统计学（经济管理类专业本科适用，单薇 等）　抽样调查理论与方法（冯士雍 等）
贝叶斯统计（茆诗松 等）　统计学（黄良文 等）　试验设计（茆诗松 等）
统计学：从数据到结论（吴喜之）　医学统计学（于浩）　统计学（经济、管理类专业基础教材，张小斐）
概率论与数理统计三十三讲（魏振军）　概率论与数理统计三十三：学习指导与习题解答（魏振军）
非参数统计（吴喜之 等）　统计学：经济与管理中的数据分析（李慧云 等）
卫生管理统计学（新编医学院校基础课教材，尚磊）　医院统计学（新编医学院校基础课教材，徐天和 等）
社会统计学（蒋萍 等）　现代金融投资统计分析（李腊生 等）
国民经济核算初级教程（经济类、统计类、管理类专业适用，蒋萍 等）

重点图书

图解中国经济2015　新编英汉汉英统计大词典　中华医学统计百科全书
挑大学选专业2016—考研择校指南　挑大学选专业2015—高考志愿填报指南